U0901091

2011

（总第24期）

《福州年鉴》编纂委员会 编

方志出版社

图书在版编目（CIP）数据

福州年鉴. 2011 / 《福州年鉴》编纂委员会编. ——
北京：方志出版社，2011.9
ISBN 978-7-5144-0235-3

Ⅰ. ①福… Ⅱ. ①福… Ⅲ. ①福州市—2011—年鉴
Ⅳ. ①Z525.71

中国版本图书馆 CIP 数据核字（2011）第 198819 号

福州年鉴（2011）

编　　者：《福州年鉴》编纂委员会
责任编辑：陈曦　李沛
出 版 者：方 志 出 版 社
（北京市建国门内大街 5 号中国社会科学院科研大楼 12 层）
邮编　100732
网址　http://www.fzph.org
发　　行：方志出版社发行部
（010）85195814　85196281
经　　销：各地新华书店
法律顾问：北京市大禹律师事务所
印　　刷：福州德安彩色印刷有限公司
开　　本：889×1240　　1/16
印　　张：34
字　　数：1214 千
版　　次：2011 年 9 月第 1 版　　2011 年 9 月第 1 次印刷
印　　数：0001~2000 册
ISBN 978-7-5144-0235-3/K·198　　定价：220.00 元

《福州年鉴》编纂委员会

《福州年鉴》编辑部

《福州年鉴(2011)》撰稿人名单

（按姓氏笔画为序）

于孙杭　方易晓　方　南　王小雨　王正凯　王　宇　王学兴　王　勉　王晓莉　王　翀

王　鸿　王智武　兰增英　史中华　叶伟奇　叶彭清　叶　智　申家驹　白江燕　石国雄

刘力丰　刘必华　刘建平　刘婷婷　刘　媛　刘慧冰　庄亚辉　庄希闪　朱祖强　朱　颖

朱嘉碧　江　轩　江　源　许　宁　许孙泉　许丽钦　许绍松　许信证　许　涛　阮　俊

严　平　严　红　何仲武　何红蓼　余荣发　余端乐　吴军翔　吴旭华　吴陈勇　吴净真

吴建雄　吴金捷　吴娜娜　吴恭济　吴晓鹰　吴　惠　吴燕芳　吴　薇　宋方瑜　宋增清

宋　燕　张　灵　张　林　张　祎　张　春　张洪新　张晓江　张　斐　李大林　李　京

李和忠　李诗婷　李　勇　李　洁　李　敏　李敏新　李榕滨　杨　军　杨启昕　杨济亮

杨晓翔　杨绪光　肖　涛　苏燕铃　谷　兆　邱长新　邱吉华　邱凯儿　陈小平　陈云娟

陈元武　陈文琳　陈　华　陈成铜　陈丽燕　陈国轩　陈直华　陈茂华　陈　驹　陈俊忠

陈俏彬　陈剑雄　陈城忠　陈玲颖　陈　耕　陈　艳　陈　婧　陈　敏　陈添雄　陈　婷

陈　琼　陈　辉　陈群杰　陈　嘉　陈毓彪　陈静静　余晓超　周建国　周茂亮　周培灿

林一超　林中涛　林艺芳　林　风　林巧文　林任飞　林　冰　林伯方　林声哲　林　芳

林　怡　林明忠　林　英　林　俊　林　勇　林思桃　林钟淦　林徐峰　林　涛　林　捷

林　敏　林盛红　林登亮　林　磊　林燕芳　罗长武　罗明生　范国山　郑礼招　郑秀铭

郑宝华　郑美英　郑　祥　郑海云　郑润生　郑彩蝉　郑　婷　郑颖青　施家雄　施理光

胡志顺　胡艳霞　胡　超　赵彦邦　唐辰晖　唐良惠　唐　宜　唐炎曦　唐夏芸　夏飞飞

徐桂鹏　桑　莹　翁发春　翁昌福　翁　英　翁锦昕　郭芳辉　郭斯宁　郭霖枫　郭耀武

钱聪海　高列法　高佳景　高绍山　高　晶　曹友权　符　燕　黄一彬　黄庆华　黄　闽

黄家峰　黄　敏　曾　加　曾庆生　曾彩华　温贵平　游元秦　游向东　游红梅　程小彬

程　栩　董似瑾　董炳强　董晓燕　董　颖　蒋维潭　谢　鑫　简海冰　雷桃金　熊文春

蔡　华　潘　珍　颜学清　颜新华　黎发明　薛　平　薛超进　戴晓铧　戴清泉　戴　新

魏小云　魏文忠

编辑说明

一、《福州年鉴》创刊于1988年，由福州市人民政府主办，《福州年鉴》编纂委员会编纂，每年出版1卷。《福州年鉴(2011)》为总第24卷，主要记载2010年度福州市的基本情况、发展变化及年度大事要闻。

二、《福州年鉴(2011)》设有38个栏目、240个分目、1471个条目。全书配有35幅彩页、147张内文照片、50幅图表。卷中内容主要有三个部分：(1)卷首设特载、专文、大事记、市情概貌；(2)主体部分为各类事业；(3)卷末设县(市)区、人物、调研课题、附录。

三、本卷年鉴进一步优化框架结构，充实栏目内容，在保持2010卷基本篇目的基础上，对部分篇目的框架和内容进行增减、整合和充实。依据福州市机构改革和福州经济社会发展的实际，取消上卷中的“出版传媒”栏目，将其相关内容并入“文化”栏目；把上卷中的“商业贸易”栏目分成“商贸服务业”和“对外及港澳台经济贸易”2个栏目；增设“市委、市政府重点调研课题(节选)”专栏，增强年鉴资料的记述广度和深度；充实“银行业”栏目，增加中信、华夏、浦发、平安、稠州5家商业银行，分列为5个分目；充实“经济管理”栏目，增加国有资产监督管理分目；取消上卷中的“名录”栏目，进一步补充完善福州市机构和负责人名单，并将这部分内容归入“市情概貌”栏目，使读者查阅更方便。

四、本卷年鉴的稿件主要由市直部门、各县(市)区、驻榕部队、省直单位提供。有些全局性的工作，在相关条目中存在少量详略不同、角度各异、相互参见的交叉现象，以便尽量做到既不遗漏各部门的主要工作，又避免简单重复的问题。此外，由于各供稿单位资料来源、统计口径及统计时点不尽相同，个别数据可能略有差异，读者在引用相关数据时以福州市统计局正式公布的数据为准。

五、本卷年鉴的组稿、撰稿及编纂工作得到全市各级领导的关怀和重视，得到各部门、各县(市)区和有关企(事)业单位的大力支持，谨此，《福州年鉴》编辑部向所有关心、支持和直接参与本卷编纂工作的人员深表谢意与敬意。

福州市城区图
福州市
省政府
鼓楼区
晋安区
台江区
仓山区
图例
省政府驻地
市政府驻地
区政府驻地
镇政府驻地
机关企事业单位
学校 医院
公园
体育场
山峰
景点
汽车站
地图审图号：闽S（2009）35号
福建省制图院 编制

南
平
市
三
明
市
泉
州
宁
德
市
莆
田
市
福州市
闽清县
（梅城镇）
永泰县
（樟城镇）
闽侯县
（甘蔗街道）
古田县
莆田市
城厢区
荔城区
涵江区
秀屿区
鼓楼区
晋安区
台江区
仓山区
洋后镇
凤都镇
南山镇
大桥镇
卓洋
大甲
昆山髻
赤门
洋洋
巨口
黄田镇
太平镇
樟湖镇
西滨镇
洋中镇
洋中互通
水口镇
雄江镇
梅溪镇
白樟镇
金沙镇
白中镇
池园镇
坂东镇
三溪
塔庄镇
上莲
省璜镇
云龙
桔林
东桥镇
小箬
洋里
大湖
白沙镇
荆溪镇
上街镇
南屿镇
南通镇
鸿尾
廷坪
霍口畲族乡
小沧畲族乡
日溪
寿山
溪尾
汤川
大樟山
中仙
水口镇
南埕镇
石谷解
1803
红星
盘谷
白云
丹云
大洋镇
霞拔
东洋
长庆镇
清凉镇
城峰镇
葛岭镇
塘前
盖洋
嵩口镇
同安镇
梧桐镇
赤锡
岭路
富泉
一都镇
镜洋镇
东张镇
新县镇
庄边镇
游洋镇
石苍
白沙镇
菜溪
钟山镇
常太镇
萩芦镇
梧塘镇
江口镇
新厝镇
西天尾镇
国欢镇
三江口镇
黄石镇
新度镇
华亭镇
盖尾镇
郊尾镇
灵川镇
东海镇
北高镇
东峤镇
埭头镇
江阴镇
渔溪镇
上迳镇
宏路街道
福清
峰福铁路
向莆铁路
合福铁路
G316
G3京台
G70福银
G324
S304
S202
S203
福永高速
莆永高速
白云山森林公园
姬岩风景名胜区
青云山风景名胜区
旗山森林公园
寿山矿山公园
十八重溪风景名胜区
石竹山风景名胜区
东张水库（石竹湖）
大帽山
963
牛母山
1403
兴
化
图 例
比例尺 1:570 000
设区市行政中心
县级行政中心
街道办事处 镇、乡
居委会 村委会
设区市行政区域界
县级行政区域界
山峰
铁路及车站
在建铁路
高速公路及互通
在建高速公路
G316 国道及编号
S203 省道及编号
县道
一般道路
街道
景点
地图审图号：闽S（2009）35号
福建省制图院 编制

福州市地图
宁德市
三都澳
罗源县
连江县
长乐市
平潭综合实验区
平潭县（潭城镇）
马祖列岛
马祖岛（南竿塘岛）
北竿塘岛（长屿山）
白犬列岛
东引岛
西引岛
闽江口
定海湾
罗源湾
黄岐湾
海坛海峡
海坛湾
东海
台湾海峡
福州长乐国际机场
大鹤海滨森林公园
海岛森林公园
海坛岛风景名胜区
青芝山风景名胜区
南日群岛
福州至温州174海里（322千米）
福州至上海433海里（802千米）
福州至基隆149海里（276千米）
福州至三都67海里（124千米）
福州至沙埕104海里（193千米）
福州至浦江109海里（202千米）

福州数字 2011

FUZHOU YEARBOOK

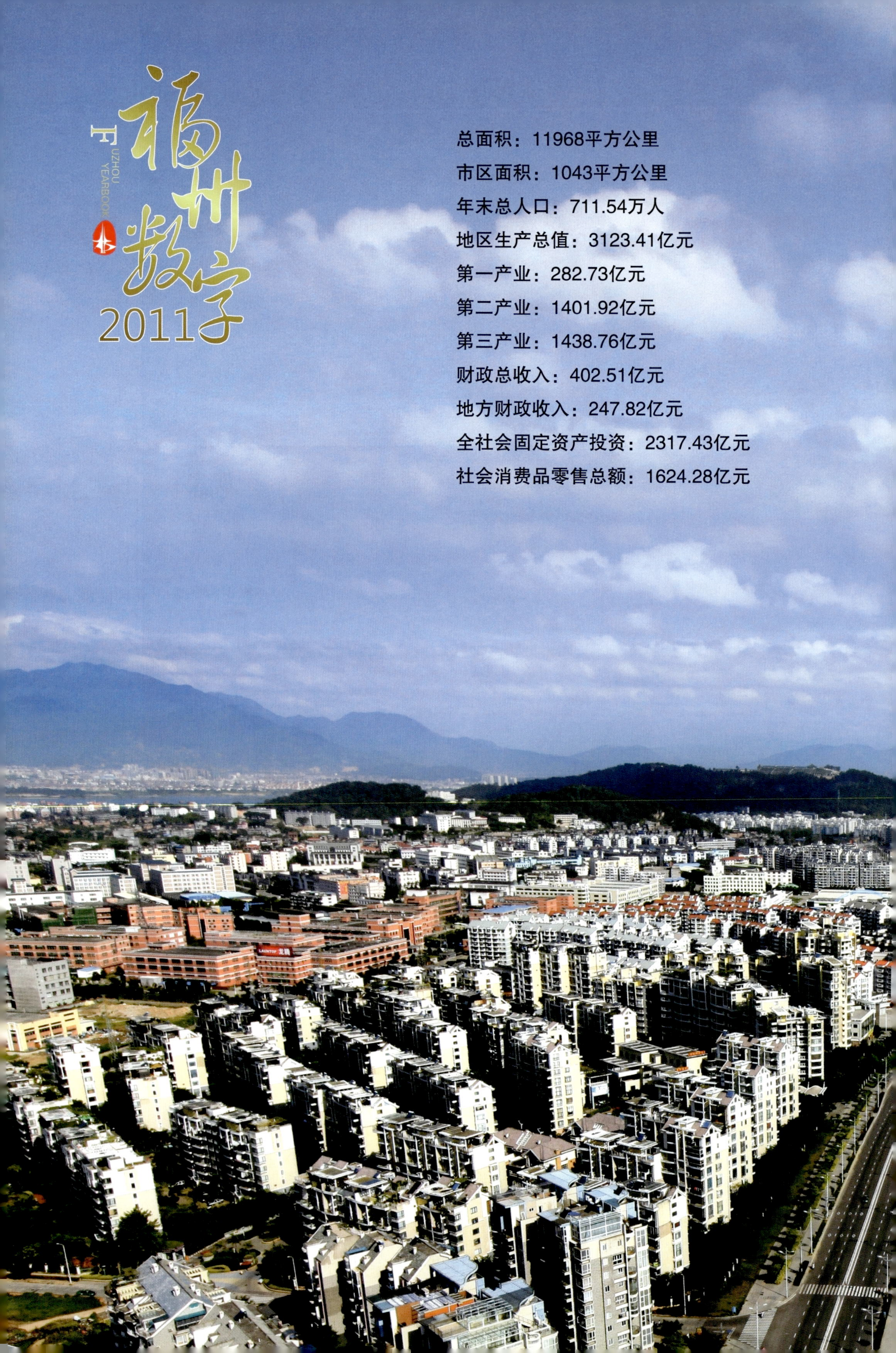

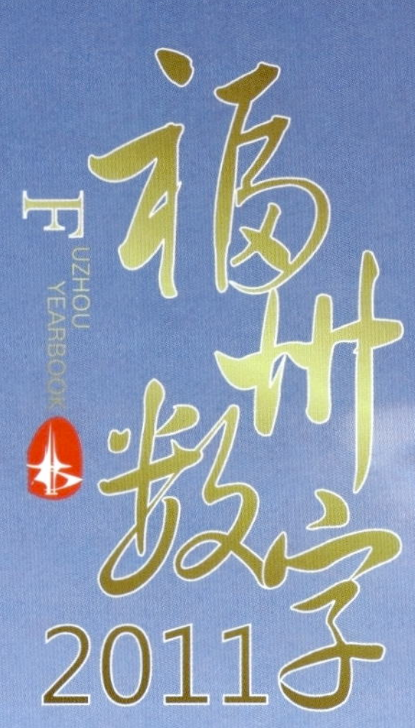

总面积：11968平方公里

市区面积：1043平方公里

年末总人口：711.54万人

地区生产总值：3123.41亿元

第一产业：282.73亿元

第二产业：1401.92亿元

第三产业：1438.76亿元

财政总收入：402.51亿元

地方财政收入：247.82亿元

全社会固定资产投资：2317.43亿元

社会消费品零售总额：1624.28亿元

商品出口总值：163.14亿美元
商品进口总值：82.86亿美元
实际利用外资：11.85亿美元
房屋施工面积：3599.46万平方米
房屋竣工面积：345.81万平方米
商品房销售额：502.86亿元
货物运输量：14907.41万吨
旅客运输量：18600.16万人次
普通高等学校：31所
中等职业学校：69所
卫生机构床位：24989张
卫生技术人员：35505人
供电总量：264.26亿千瓦时
城市供水总量：38974万吨
人民币存款余额：5961.07亿元
人民币贷款余额：5005.53亿元
城乡居民储蓄存款余额：2329.09亿元
职工年平均工资：34806元
城镇居民人均可支配收入：22723元
城镇居民人均消费性支出：15778元
农民人均纯收入：8543元
农民人均消费支出：6071元

（杨婀娜 摄）

“十一五”期间福州经济社会发展示意图

地区生产总值

单位：亿元

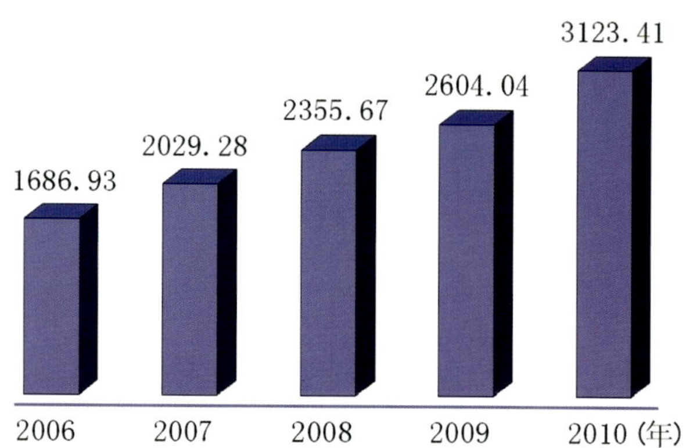

2006年地区生产总值构成

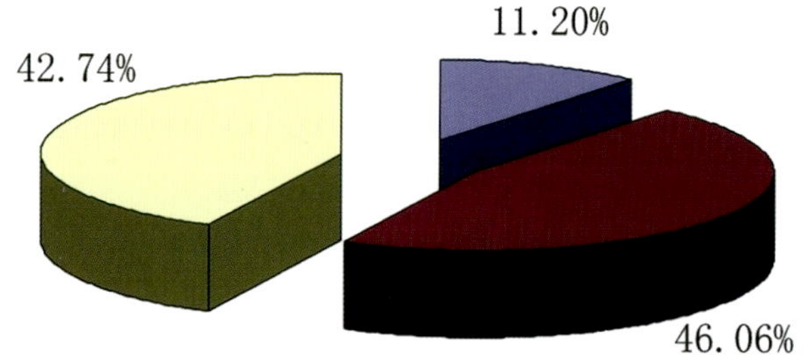

2010年地区生产总值构成

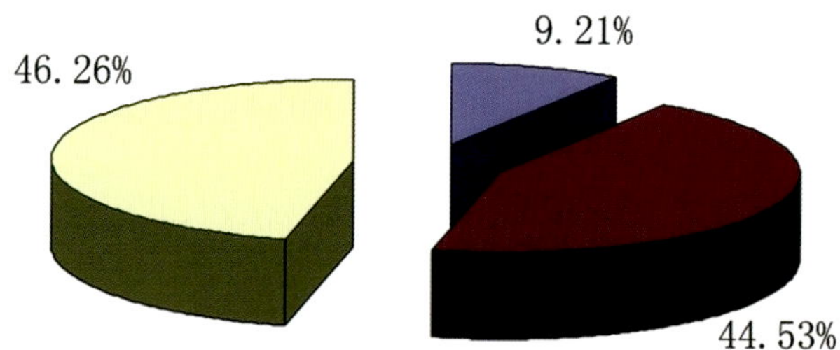

■第一产业 ■第二产业 □第三产业

农林牧渔业总产值

单位：亿元

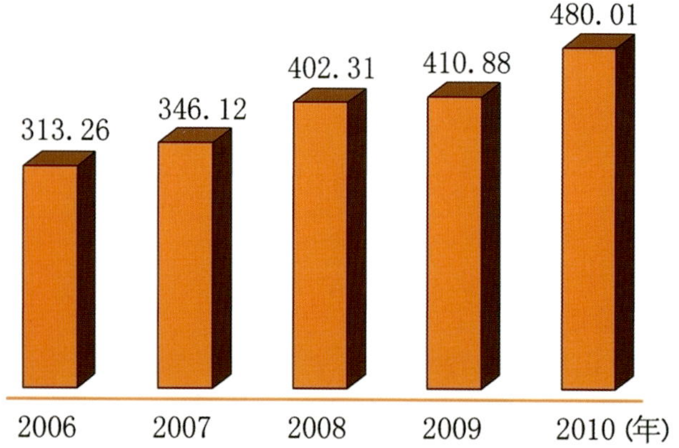

规模以上工业总产值

单位：亿元

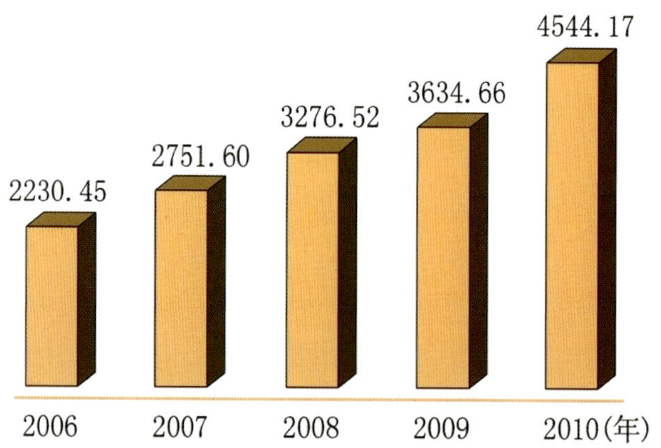

全社会固定资产投资

单位：亿元

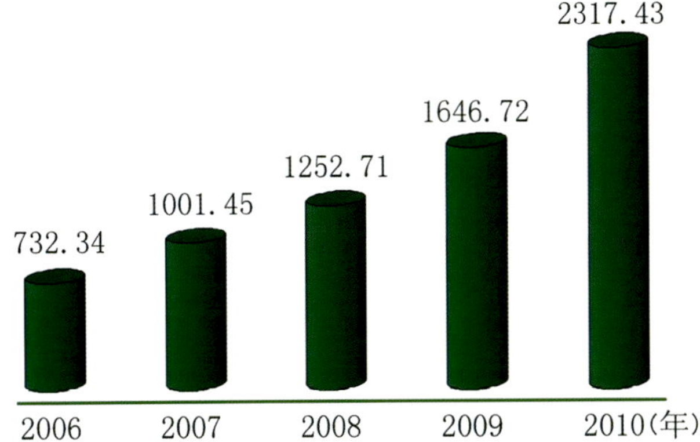

社会消费品零售总额

单位：亿元

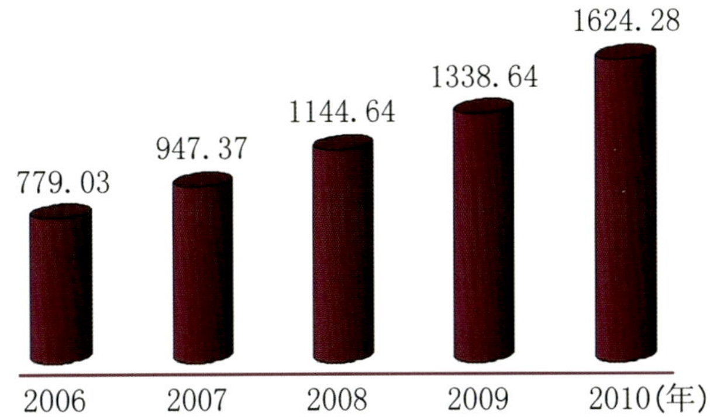

进/出口总额

单位：亿美元

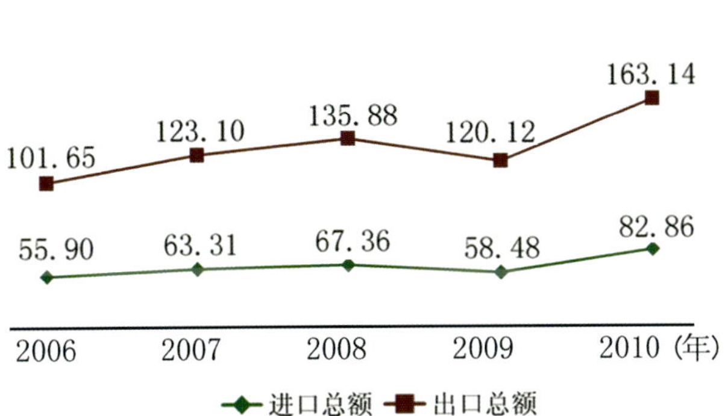

地方财政收入

单位：亿元

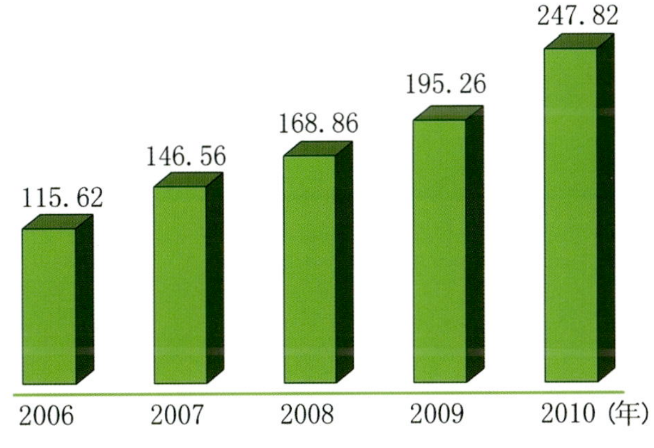

城镇居民人均可支配收入

单位：元

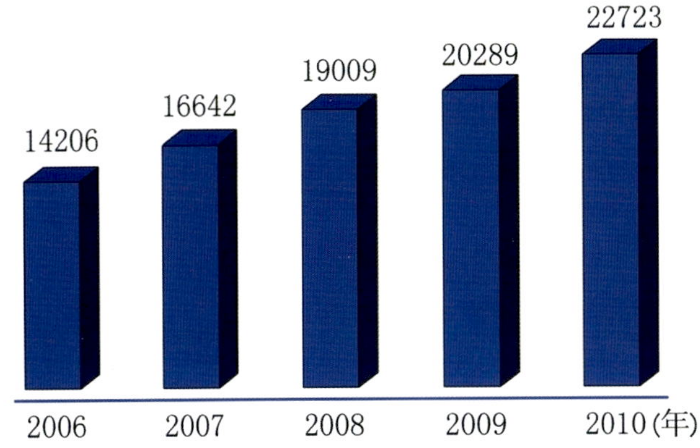

农民人均纯收入

单位：元

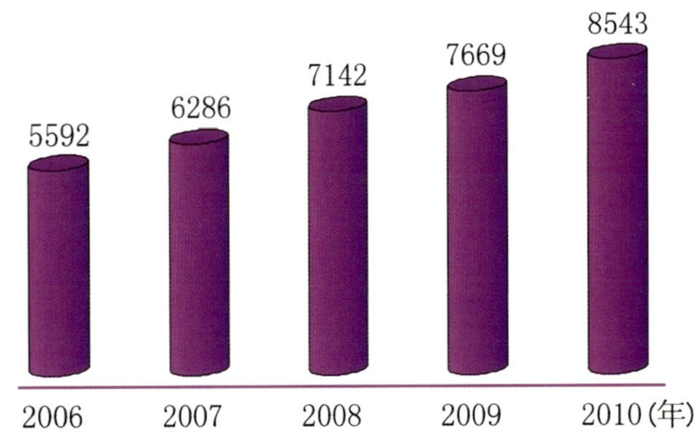

第八届中国•海峡项目成果交易会，省委书记孙春兰（右二）、省长黄小晶（中）参观展会。 （郑杰 摄）

5月6日，福州市经贸文化交流团团长、福建省副省长、福州市市长苏增添等一行，专程赴台北县和新竹市，走访台湾鸿海集团、旺宏集团、联电集团和鼎元光电科技有限公司等高新技术企业。图为副省长、市长苏增添在台中接受媒体采访。

（刘家铭 摄）

8月19日，省委常委、市委书记袁荣祥（中）和市委常委、常务副市长杨益民（右一）视察重点项目建设工地。

（黄立新 摄）

8月23日，福州长崎缔结友好城市30周年，省委常委、市委书记袁荣祥（右二），副省长、市长苏增添（右一）与长崎市市长田上富久（左二），议长吉原孝（左一）互赠礼品。

（黄立新 摄）

“中国温泉之都”申报成功

福州温泉资源丰富，从城市中心到各郊县，温泉分布之广、水温之高、水质之佳，在全国省会城市中独一无二，素有“闽中温泉甲天下”的美誉。2010年12月31日，福州市被国土资源部命名为“中国温泉之都”，成为全国唯一获此称号的省会城市。

① 闽清七叠温泉 （闽清县政府办 供）

② 连江贵安温泉 （陈建国 摄）

③ 永泰赤壁温泉 （黄立新 摄）

④ 永泰赤壁温泉 （黄立新 摄）

⑤ 闽清黄楮林温泉 （陈建国 摄）

全国绿化城市

2010年，全国绿化委员会授予福州市“全国绿化模范城市”称号。至2010年，福州市森林覆盖率54.9%，城区拥有绿地总面积6407.48公顷，中心城区新增园林绿地2787公顷、公园绿地820公顷，城市建成区绿地率36.9%，绿化覆盖率40.3%，城市人均公共绿地面积11.15平方米。

①	④
② ③	⑤

① 江滨休闲道绿化　（市园林局 供）

② 工业路羊蹄甲盛开　（杨婀娜 摄）

③ 南门兜环岛榕树　（郑敏良 摄）

④ 重建后的茶亭公园　（杨婀娜 摄）

⑤ 金山广场榕树　（郑敏良 摄）

左海公园　　（杨婀娜 摄）

白马河木栈道　　（杨婀娜 摄）

北江滨一角 （郑敏良 摄）

西湖公园梦山园 （杨婀娜 摄）

特奥会

9月19～25日，第五届全国特奥会在福州举行，成为继2007年上海世界夏季特奥会和2008年北京残奥会之后，全国残疾人运动员的又一次盛会。

① 9月20日，特奥会开幕式文艺演出。（俞松 摄）

② 8月16日，第五届全国特奥会火炬传递活动，在福州闽江公园启动。（陈建国 摄）

③ 女子乒乓球世界冠军陈子荷（右）和第五届全国特奥会形象大使林航亮接过第一棒火炬。（陈建国 摄）

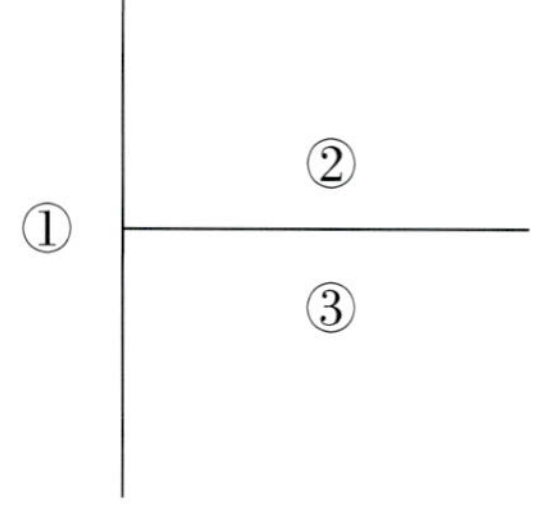

铁人三项赛

5月15～16日，福州国际铁人三项洲际杯赛暨全国铁人三项冠军杯系列赛在福州闽江公园举行，逾千名运动员参赛，是迄今为止福州市举办的一项参赛人数最多、规模最大的国际体育赛事。

男子国际优秀组获奖选手在领奖台上。 （包华 摄

奋勇冲刺 （俞松 摄）

游泳比赛　　（包华 摄）

雨中骑行　　（包华 摄）

① 5月17日，中国第一座独塔自锚式悬索桥——鼓山大桥及南北接线工程正式通车。大桥全长4812米，桥面宽42米。（俞松 摄）

② 12月25日，平潭海峡大桥建成通车。（杨婀娜 摄）

③ 12月25日，渔平高速公路通车。（俞松 摄）

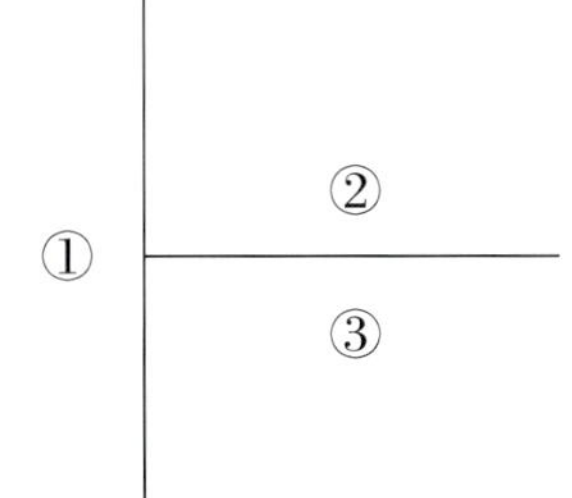

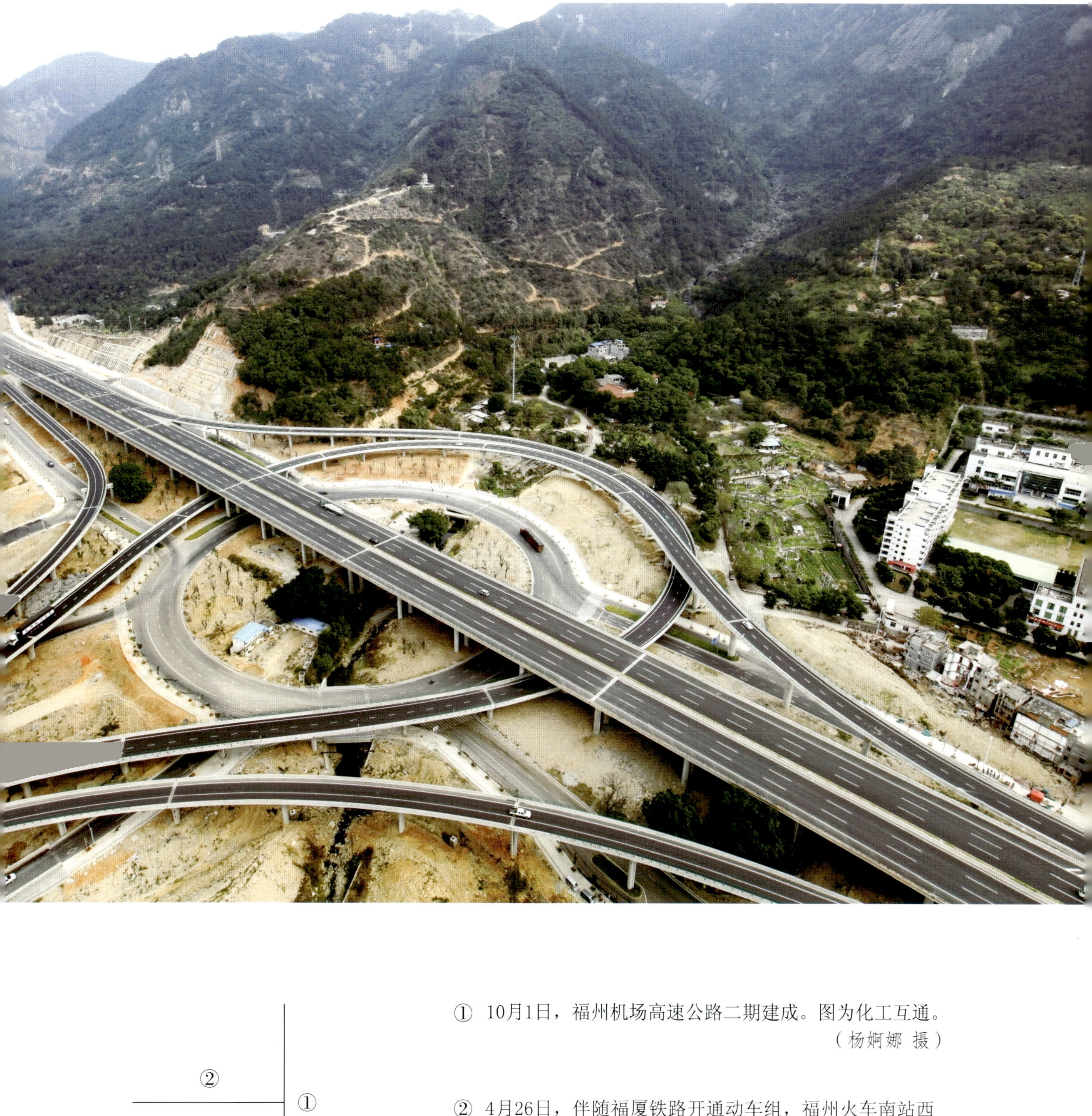

① 10月1日，福州机场高速公路二期建成。图为化工互通。（杨婀娜 摄）

② 4月26日，伴随福厦铁路开通动车组，福州火车南站西站房先期投入使用。（杨婀娜 摄）

③ 4月26日7时12分，时速250公里的“和谐号”D6210次列车驶出福州火车南站，首趟福厦动车组正式开行。（杨婀娜 摄）

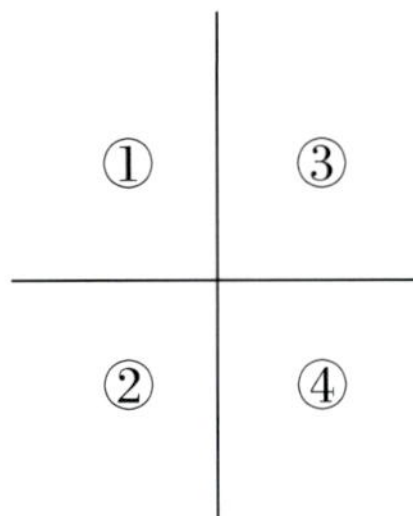

① 2010年，福清核电1号机组转入设备安装阶段。图为核电1号核岛穹顶在吊装中。（福清市政府办 供）

② 7月22日17时59分，长乐华能福州电厂三期工程5号机组成功通过168小时满负荷试运行，正式投产。（杨婀娜 摄）

③ 12月16日，东南电化公司搬迁工程在福清江阴正式动工。作为该公司前身的福州二化，至此结束了使命。（钟鹰 摄）
上图为上世纪80年代的福州二化。（刘家铭 翻拍）

④ 8月28日，以“深化合作，共谋发展”为主题的第六届泛珠三角区域合作与发展论坛暨经贸洽谈会在福州举行。本次大会总签约项目超过1263项。（俞松 摄）

第六届泛珠三角区域经贸合作洽谈会
The 6th Pan-Pearl River Delta Regional Economic and Trade Cooperation Fair
开馆暨合作项目签约仪式
OPENING AND SIGNING CEREMONY
FUZHOU · CHINA 中国 · 福州 2010.8

12月22日，台江金融街万达广场开业。（杨婀娜 摄）

9月，海峡南通农副产品物流中心正式运营。（闽侯县政府办 供）

3月31日，海峡（马尾）水产品市场开业。（杨婀娜 摄）

5月，福建省最大的展览城——福州海峡国际会展中心正式投用。（杨婀娜 摄）

世博会上参展的工艺品

2010年上海世博会期间，福州寿山石雕、脱胎漆器、软木画、漆筷、角梳等传统工艺品被正式列为上海世博会特许产品。福建馆展出寿山石雕32件/套、脱胎漆器11件/套、软木画1件、角梳1套、纸伞1件。其中，3.6米高朱红雕填镶嵌牡丹大花瓶堪称史上罕见。

《3.6米朱红雕填镶嵌牡丹大花瓶》—张家文、连勇、张升华

《梅瓶》—沈绍安

《金鱼缸》—郑益坤

《鼎炉》—沈幼兰

《冬韵双口脱瓶》—郑修铃

世博会上参展的工艺品

《福州角梳》—郑巧

漆器—《茶奁》

榕缘

乙丑年春日梅友

吴传福作

《软木画》—吴传福

《福州纸伞》—陈东升

《共品五德》—高山石—朱辉

《乐在其中两件套》—荔枝洞石—郑幼林

《福在眼前》—善伯洞石—郑幼林

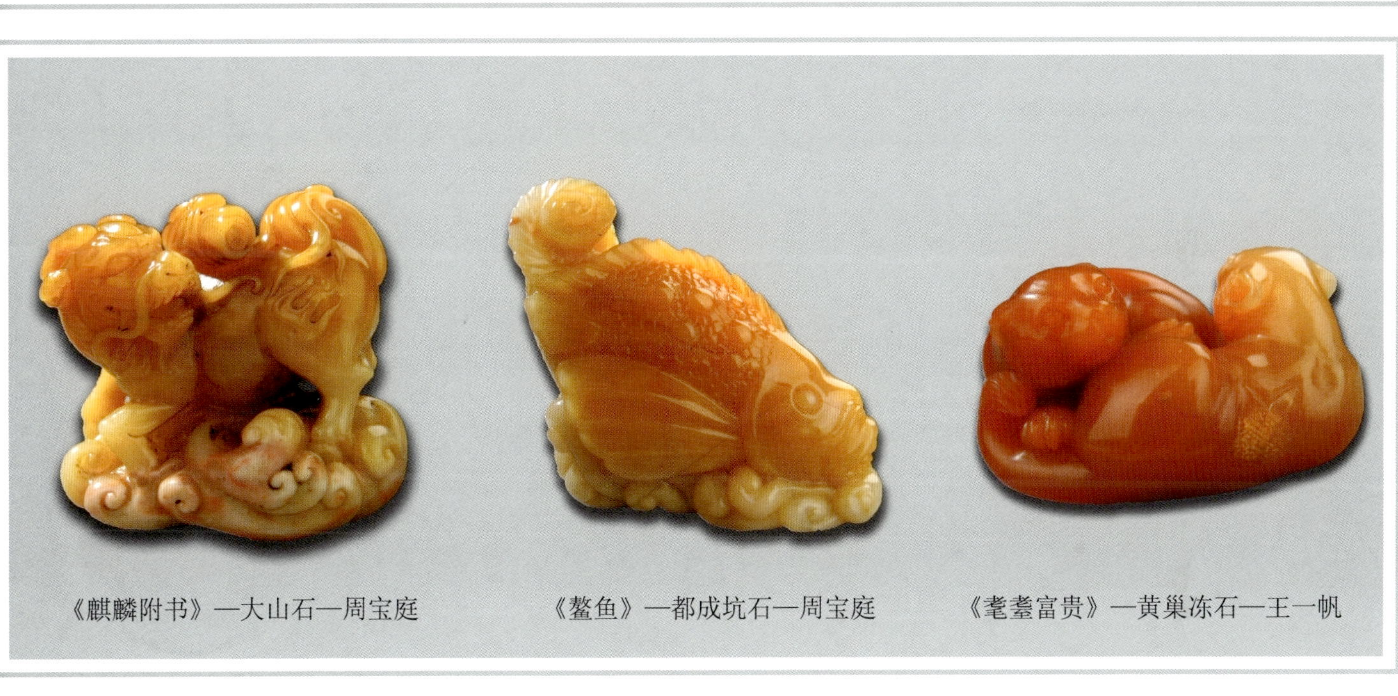

《麒麟附书》—大山石—周宝庭

《鳌鱼》—都成坑石—周宝庭

《耄耋富贵》—黄巢冻石—王一帆

《蟾蜍甲虫》—高山石—施宝霖

《蚕绵章》—花坑石—林平

《妯娌》—高山石—黄丽娟

（市工艺美术行业办　　供）

9月9日，福建省政府隆重表彰30位“福建省软件杰出人才”，其中福州市受表彰21人。
（福州软件园 供）

1月20日，新华都慈善基金会向闽江学院捐资5亿元办商学院，成为国内民营企业单笔捐资最大、大陆高校接受单笔捐赠金额最大的办学项目。（杨婀娜 摄）

7月28日，福州最大的文化创意园——福百祥

11月1日，第12届中国科协年会在福州举行。（包华 摄）

F园。（晋安区政府办 供）

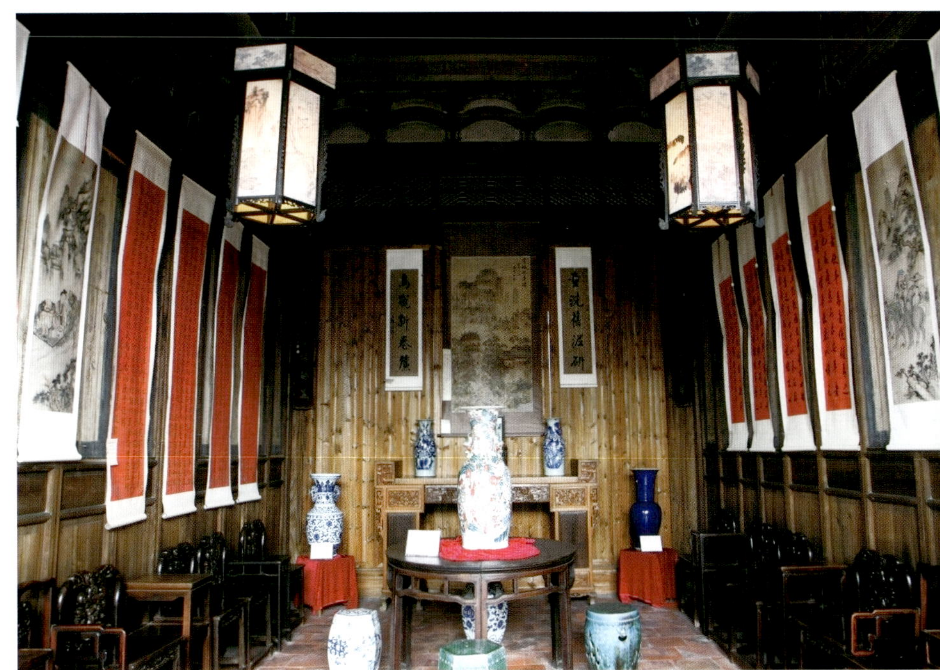

5月1日，国家级文物保护单位——二梅书屋·福建民俗博物馆正式对外开放。（杨婀娜 摄）

1月1～10日，举办“海峡两岸道教圆梦之旅暨第二届福清石竹山梦文化节”。（市民宗局 供）

6月19日，举办榕台职工发明项目签约仪式。（市总工会 供）

6月21日，福州—澎湖首航。（包华 摄）

2月16日晚，福州马尾花灯闪耀，空中礼花绽放，来自海峡两岸的民俗踩街队伍沿街欢快舞动。 （杨婀娜 摄）

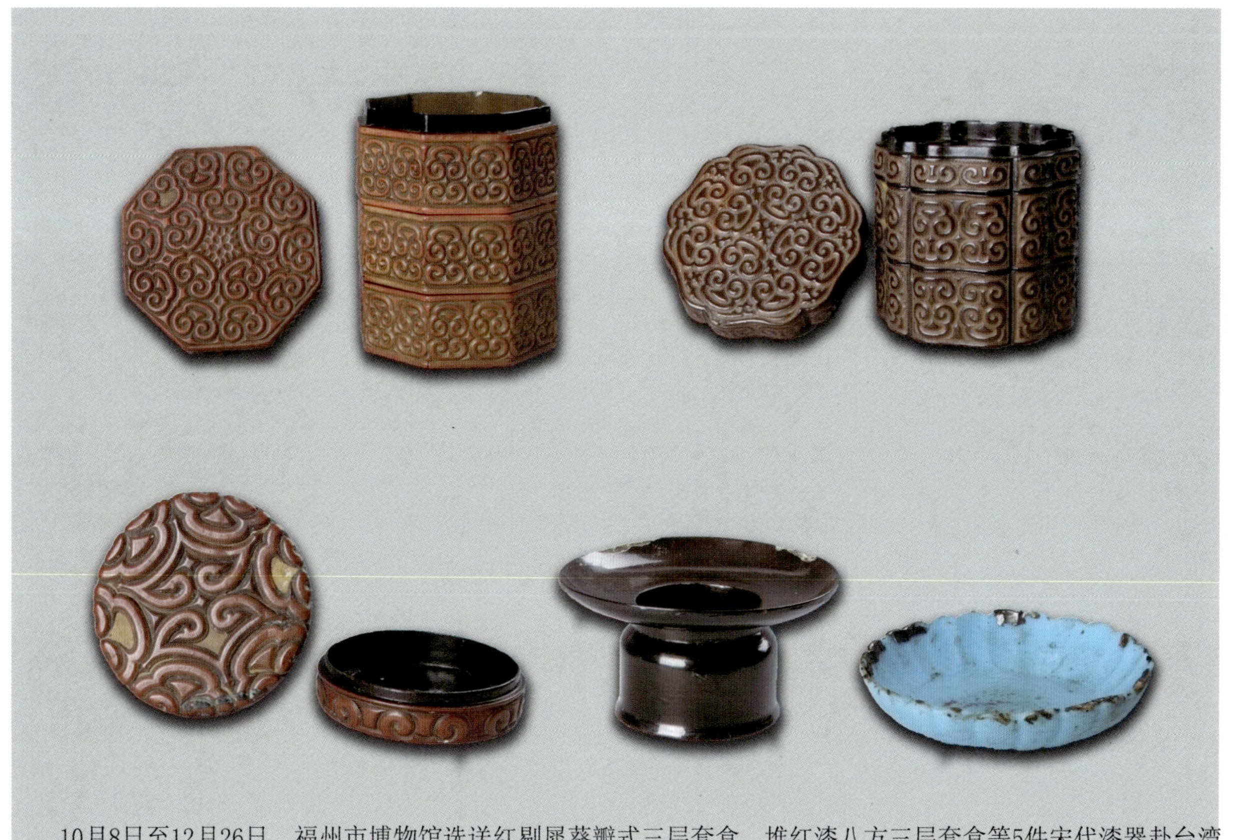

10月8日至12月26日，福州市博物馆选送红剔犀葵瓣式三层套盒、堆红漆八方三层套盒等5件宋代漆器赴台湾台北市，参加由故宫博物院与台北故宫博物院联合举办的《文艺绍兴——南宋艺术与文化特展》。 （市文物局 供）

1月9日，福州市志愿者队伍授旗暨“爱在福州，暖在榕城”社会志愿服务活动启动仪式在五一广场举行。标志福州志愿服务活动由松散型向规范化管理转变。

（陈建国 摄）

9月26日，市委常委、副市长、宣传部部长朱华（左）出席福耀集团董事长曹德旺（右）向福州市图书馆新馆等项目的捐资仪式。

（杨婀娜 摄）

10月12日，在福州闽江公园举办“情系海西·爱在榕城”新福州人大型集体婚礼。　（市总工会 供）

4月21日，福州各界以各种方式哀悼玉树地震遇难同胞。　（陈建国 摄）

① ②
③

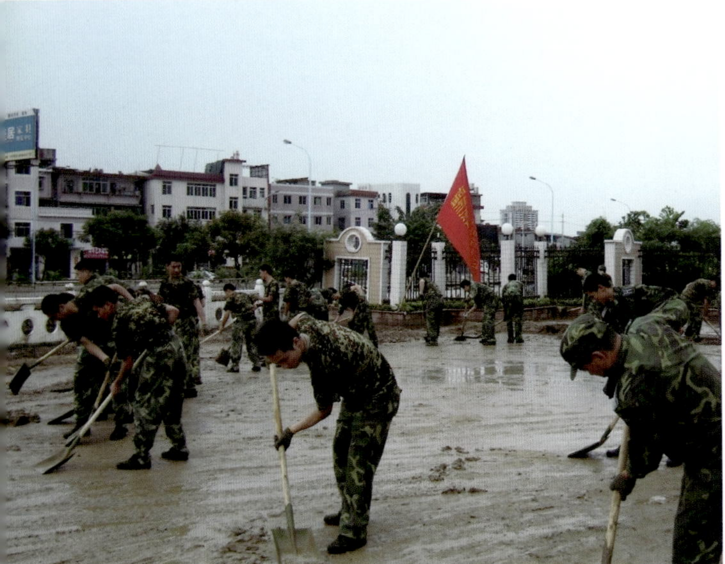

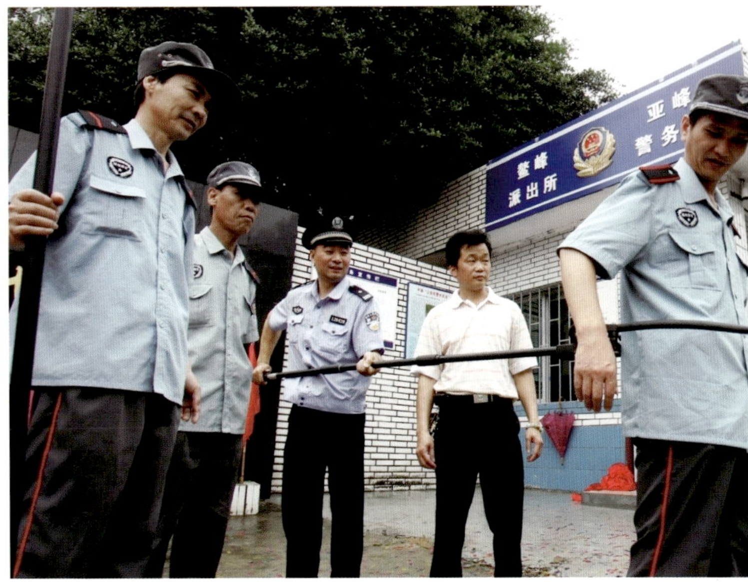

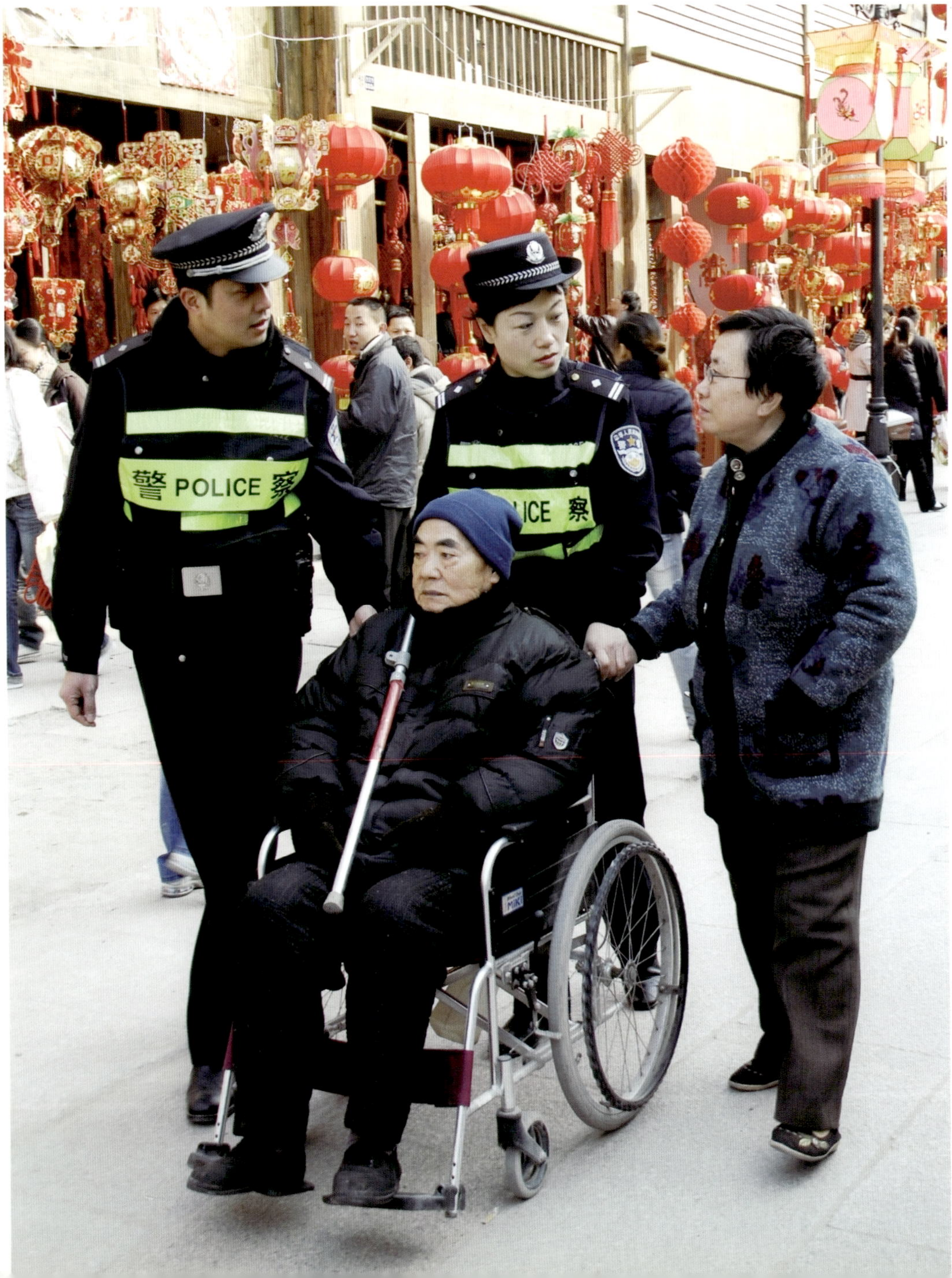

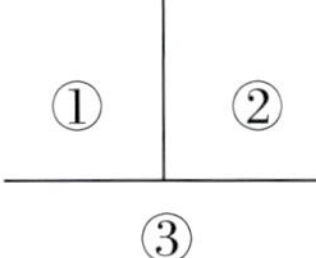

① 福州警备区组织民兵清扫台风过后的淤泥。（张广德 摄）

② 2010年，全市2766所学校的保安“武装”上岗。（俞松 摄）

③ 警民和谐（市公安局 供）

目　　录

特　载

专　文

大事记

市情概貌

中共地方组织

人民代表

人民政府

政治协商

民主党派和工商联

社会团体

外事　侨务　港澳台事务

政　法

国防建设

经济管理与监督

财政　税务

农村经济

工 业

城市建设与管理

建筑　房地产业

环境保护

交通　邮政

通信与信息化建设

口　岸

园区建设

商贸服务业

对外及港澳台经济贸易

银行业

保险　证券

科　学

教　育

文　化

卫生　体育

旅 游

社会民生

县(市)区

市委、市政府重点调研课题(节选)

人　物

附　录

Contents

Special Articles

Special Column

Chronicle Of Events

A Brief Introduction Of Fuzhou

Communist Party Of China Local Committee

People's Representative

People's Government

Political Consultative

Democratic Parties, Association Of Industry And Commerce

Mass Bodies

Foreign Affairs、Overseas Chinese Affairs And Taiwan Affairs

Politic And Law

National Defense Construction

Economic Administration And Supervision

Financial And Revenue Work

Rural Economy

Industrial Economic

City Construction And City Administration

Construction Industry And Real Estate

Environment Protection

Communications And Post Services

Communications And Information Construction

Customs And Commodity Inspection

Zone Construction

Trade And Service Trades

Foreign Economic Trade And Economic Trade To Hong Kong、Macao And Taiwan

Bank

Industrial And Commercial Bank Of China, Business Department

Insurance Stock

Science

Education

Culture

Public Health Sports

Tourism

Social Life

Villages And Towns

Key research topic(extracts) Of Communist Party Of China Fuzhou Committee

Figures

Annex

努力实现福州科学发展新跨越

——中共福建省委常委、福州市委书记袁荣祥 2010年12月29日在全市经济工作会议上的讲话

2011年是“十二五”开局之年，也是推动福州跨越发展的关键一年。根据党的十七届五中全会、中央经济工作会议和省委八届十次全会、全省经济工作会议精神，结合我市实际，2011年全市经济工作的总体要求是：以邓小平理论和“三个代表”重要思想为指导，深入贯彻落实科学发展观，按照市委九届十四次、十五次全会的决策部署，坚持以科学发展为主题，以加快转变、跨越发展为主线，围绕“富民强市、和谐宜居”发展定位，深化改革，扩大开放，统筹协调，为民惠民，继续打好“五大战役”，大干“十二五”开局之年，努力实现福州科学发展新跨越。具体工作中，要着重抓好以下几个方面工作：

一、立足扩大内需，努力在跨越发展上迈出新的实质性步伐

扩大内需不仅是促进发展方式转变的重要手段，也是推动跨越发展的根本动力。我们要找准切入点、把握关键环节，着力做好扩大内需工作，保持经济持续较快发展。

一要继续坚定不移地强化投资拉动。要千方百计增投入、上项目，保持经济跨越发展的强劲动能，力争全社会固定资产投资突破3000亿元。要优化投资结构，加强重大产业招商，突出重大产业投资，通过推动央企对接项目落地、鼓励企业增加技改投入等，力争制造业投资增长36%以上，有效改变工业投资特别是制造业投资比重偏低的状况。要拓宽融资渠道，在货币政策转向稳健、信贷规模控制趋严的情况下，我们要完成明年的投资目标，按老办法、老套路肯定不行，一定要想方设法激活投资主体，拓宽融资渠道，确保建设资金需要。要进一步强化民营企业投资主体作用，落实完善政策举措，优化投资环境，使更多的民间资金进入基础产业、基础设施、金融保险、公共服务领域，拓宽民营资本的投资渠道；要千方百计吸引央企和境内外大企业、大集团来榕投资；要积极培育资本市场，鼓励和支持符合条件的重点企业和科技型中小企业上市融资，引导市、县融资平台通过运营城市资源盘活存量、吸纳增量、提高效益。

二要继续坚定不移地强化项目带动。要按照好项目大项目能多则多、能快则快的原则，把开发、引进、建设项目作为重中之重，以项目建设的大突破，带动经济发展的新跨越。要全力突破重点项目，明年初步安排市级重点项目422项，年度计划投资825.9亿元，无论是项目数还是投资额都是历史最多，各分管领导、责任部门、业主单位要迅速对接任务、落实责任、排出序时、全力推动，确保每一项重点项目都顺利开工、顺利推进、顺利投产。要坚持高位嫁接项目，着力引进有资质、有实力的大企业参与我市项目建设，全力突破中国化工CPP、宝钢德盛镍业、中建工业产业园综合开发项目等已经签约的3个央企大项目和江阴煤化工等一批重大外资项目，力争再引进对接一批央企、民企大项目和世界500强企业项目，以这些大项目催生大产业、带动大发展。

三要继续坚定不移地强化“战役”推动。大干150天的成效说明，“五大战役”是我们推动发展提速、工作提效的重要抓手和有效载体。这次全省经济工作会议，突出强调明年要继续打好“五大战役”，大干“十二五”开局之年。黄小晶省长在会上对如何打好明年“五大战役”作出了具体部署，要求各地集中时间、集中力量速战速决。我们要迅速贯彻省里部署，延续拓展今年的做法，在强力推进今年“五大战役”续建项目的同时，精心谋划、快速跟进一批新的后续项目，继续以重大节庆、重大活动为时间节点，滚动推进一批重点项目，重大工程开工、竣工，掀起项目建设的新热潮。

四要继续坚定不移地扩大消费需求。消费需求是拉动经济增长的最终需求，从经济运行来看，投资形成的生产能力，只有进入最终消费才有意义。作为省会中心城市，福州具备十分有利的拓展消费需求、建设区域性消费中心的基础和条件。我们要充分发挥优势,用好政策机遇,通过创新消费模式、引导消费预期、培育消费热点等,积极推动消费结构升级和消费规模扩大,不断提高消费对经济增长的贡献率。一要切实增强消费能力,完善企业职工工资正常增长和支付保障机制,调整收入分配,通过提高城乡居民特别是农民收入、企业退休人员基本养老金、部分优抚对象待遇和城乡居民最低生活保障水平,增强居民特别是低收入群体消费能力,激发消费意愿,形成消费预期。二要积极培育消费热点,拓展汽车、家电、家具等大宗商品消费,培育教育、文化、娱乐、健身、休闲、旅游等消费热点,鼓励发展网络购物、信贷消费等新型消费方式,以消费结构的快速升级推动消费总量的持续提升。落实房地产调控政策,支持自住性需求,抑制投资投机性需求,引导住房合理消费。二要着力优化消费环境,继续实施财政补贴家电下乡和家电"以旧换新"政策,规范发展消费金融服务;推进城乡集贸市场升级改造,新建或改造"万村千乡市场工程"农家店100个、社区便利店80个,着力构建便利消费网络,促进城乡居民便捷消费,增强对周边地区的消费吸引力。

二、立足优化结构,努力在转变发展方式上迈出新的实质性步伐

要坚持不懈地把推动产业转型升级作为加快转变、跨越发展的主攻方向,大力推进产业结构的战略性调整,持续打造一批能够引领未来产业发展方向的战略性、支柱性产业,全面提升产业核心竞争力。

*一要抢占产业高端。*深入实施产业调整与振兴规划,大力推动传统产业改造提升,积极推动电子信息、纺织服装、机械制造、冶金建材、轻工食品、生物医药、石油化工、新能源新材料等八大重点产业的产业链向上下游延伸,价值链向中高端攀升,努力把特色优势产业做大做强,真正把规模优势转化为竞争优势、效益优势;抓紧制定新兴产业发展规划和相关扶持政策,集中投入,重点扶持,加快发展物联网、新型光电材料、半导体照明和光伏等新兴产业,着力以新兴产业的后发崛起引领制造业发展水平提升和发展方式的加快转型;继续落实促进服务业发展的政策措施,加快发展现代物流、科技研发、信息咨询、电子商务、中介服务、会展经济等新型业态,着力打造一批高端商务楼群,引进一批区域性总部经济,培育一批新型专业批发市场、现代服务业集聚区、商贸综合体和特色街区,积极拓展服务业发展空间;始终坚持把自主创新作为推动产业转型升级的中心环节,以中科院海西研究院开工建设为契机,加快引进建立一批国家和省级重点实验室、企业工程技术中心、博士后(专家)工作站以及行业技术创新中心等,加强产学研合作,加快科技成果转化,提高产业技术水平;切实加强节能减排工作,强化节能减排目标责任制,积极抢占低碳技术产业发展先机,不断增强发展的可持续性。

*二要突出产业项目。*推动产业转型、实现跨越发展,最终都要落实到产业项目上。制造业方面,明年要突出抓好东南电化和耀隆化工搬迁、鼎元光电等78项重点产业项目建设,组织实施华东船厂、青口镁合金等260项工业新增长点项目,加快推进金纶高纤,东南汽车三、四期等139项工业技改项目,力争新培育若干家产值超百亿元龙头企业,推动纺织服装产业集群向产值超千亿元目标迈进;加快推进星网锐捷等在建高新项目,推动全省物联网鼓楼示范区建设,争取高新技术产业产值突破1800亿元。服务业方面,要重点推进鼓楼国家服务业综合改革试点,推进海峡汽车文化广场、海峡钢贸城、仓山浦上万达广场、南通建材市场等批发交易中心和商贸综合体建设,推进琅岐、桂湖、贵安、三江口等旅游综合体开发,加快福州动漫产业基地二期、海西动漫创意之都、连江(时代华奥)海峡文化创意产业园等文化创意产业项目建设,着力提高第三产业的比重。

*三要做强产业区域。*注重发挥好现有各类开发区和工业集中区平台载体作用,继续加快工业经济向江阴、罗源湾两大港区为重点的南北两翼集聚,全面加快海西高新技术产业园、生物医药和机电产业园等建设,突出抓好福州经济技术开发区、台商投资区以及江阴开发区、滨海开发区、罗源湾开发区、可门工业区、闽侯经济技术开发区等园区资源整合、设施配套、功能提升和空间拓展,加速项目到园区落地、企业向园区集中、产业在园区发展。

三、立足提升品质,努力在塑造城市形象上迈出新的实质性步伐

良好的城市品质是城市吸引力和竞争力所在。福州作为省会中心城市,我们必须保持城市品位比周边城市更高,树立好窗口形象。要按照构建福州大都市区的要求,围绕三年实现城市面貌大改观的目标,以更高的标准、更实的举措、更强的力度,拓展空间,强筋壮骨,迅速提升综合服务功能,不断提升城市宜居品质。

*一要强力拓展城市空间。*在抓紧推进城市总体规划、土地利用规划修编报批,继续深化和完善分区规划,搞好专项规划和重点区域详规编制的同时,大力实施东扩南进、沿江向海城市发展战略,高起点、高标准、组团式、成片式推进东部新城、晋安新城、马尾新区以及"两江四岸"等重点区域的开发建设,集中打造功能突出、特色鲜明、时尚大气的现代化新城区,促进形成"一区三轴八新城"的城市发展格局。

*二要强力完善城市功能。*突出抓好绕城高速、福永高速等9条高速公路,合福高铁、向莆铁路等7条铁路,螺洲大桥、林浦大桥等4座过江桥梁等重大交通基础设施项目建设,加快建设地铁一号线,全力推进福州至长乐、福清、马尾铁路快速通道项目,积极推进三环路、螺洲大桥南连线、二环—三环铜盘连接线、湖东东路、南台大道等道路建设,继续实施一批防洪工程项目,全面建成琴亭湖,完成中心城区电网缆化下地。

*三要强力改善城市形象。*重点加快海峡金融商务区、闽江北岸中央商务区、东部会展商务区、奥林匹克中心区等城市综合体建设,提升城市的品位和档次。强化历史文化名城保护,推进历史文化街区保护修复,实施镇海楼、三坊七巷周边等建筑整治,传承历史文脉,丰富城市文化内涵。精心组织实施老城区改造提升,加快王庄、上海东、烟台山等危旧房(棚屋区)和城中村改造,推进福兴经济开发区改造提升,充分利用

城市空间，有效释放城市发展潜能。加强生态环境保护和城市管理，基本完成城区内河整治，持续抓好城市景观改造、交通综合治理、市容环境卫生等工作，强化重点路段、关键节点、标志性建筑灯光夜景建设，加大城市绿化美化力度，巩固提升创卫、创模、创园、创绿成果，努力使福州更时尚靓丽、更宜居宜业。

*四要强力提升城市文明。*明年是创建全国文明城市的总评年、决胜年，从现在开始我们就要以志在必得的信心和决心，举全市之力打好创建全国文明城市决胜仗。认真对照《全国文明城市测评体系》，全方位、大规模推进文明创建专项整治行动，集中力量攻坚，着力抓好薄弱环节整改。深入开展“公共文明建设好习惯”主题道德实践活动，提升市民文明素质，大力发展志愿者服务。持续深化省市共建、军地共建和行业创建工作，营造全社会共同参与文明创建的良好氛围。

*五要强力统筹城乡发展。*大力推进县城和重点镇基础设施建设，加快县城扩容提升步伐，着力打造一批具有地域特征、现代内涵和人文品位的闽江口城镇群。积极推动有条件的建制镇向中心城镇发展，加快青口、荆溪、龙田省级小城镇综合改革试点镇和10个市级示范性小城镇建设，不断提高城镇的聚集效应和综合承载能力。深入推进新农村建设，新启动300个“双百工程”村建设，持续改善农村生产生活条件。

四、立足夯实基础，努力在“三农”工作上迈出新的实质性步伐

刚刚召开的中央农村工作会议对做好2011年“三农”工作提出了“大兴水利强基础、狠抓生产保供给、力促增收惠民生、着眼统筹添活力”的四句话总体要求，强调要在工业化、城镇化深入发展中同步推进农业现代化。我们要坚决贯彻中央部署，采取有力措施，加大落实力度，力争农业农村发展有个良好开局。

*一要更加重视加大农业投入。*进一步整合涉农资金，努力做到财政支出重点向农业农村倾斜，预算内固定资产投资重点用于农业农村基础设施建设，土地出让收益重点投向农业土地开发、农田水利和农村基础设施建设；引导金融机构加大涉农信贷投放力度，积极推进农业保险工作，强化资金保障。

*二要更加积极发展现代农业。*稳定粮食播种面积，确保粮食生产安全；大力发展水产、畜牧、果蔬、茶叶、食用菌、花卉、竹木等特色优势产业，提高蔬菜等主要农产品品质，保障有效供给；大力推进福清国家现代农业示范区建设，加快发展设施农业、休闲农业和品牌农业，力争设施农业新增1万亩以上；加快推进农业产业化经营，扶持发展农业龙头企业，着力提升农业产业化水平和农民组织化程度；大力推广“五新”技术，强化农业科技创新，提高农业综合效益。

*三要更加突出抓好农田水利基础设施建设。*加快闽江下游南港及南江滨东段、三江口段、永泰段等防洪工程建设，抓紧实施连江潘渡溪、罗源起步溪等中小流域治理，不断提高防灾减灾能力；继续抓好冬春兴水利工作，加快推进罗源、闽侯县等中央小型农田水利重点县建设，完成闽清、马尾初级水利化县建设任务。

*四要更加注重增加农民收入。*鼓励发展多种形式的适度规模经营，引导农民发展各具特色的农村服务业，挖掘农业内部增收潜力；积极开展农民就业技能培训，争取转移农业富余劳动力5万人；抓紧研究有针对性的政策措施，支持农民专业合作社、专业服务公司、专业技术协会、农业经纪人等，为农民提供多元化、多层次的生产经营服务，促进农民多渠道增收。

*五要更加重视完善农村公共服务体系。*当前，农村公共服务体系建设还比较薄弱，与农民群众的期待还有较大差距。要加快城市公共服务向农村拓展，积极推进城乡公共服务均等化，大力发展农村教育、卫生、文化、体育等社会事业，整合优化城乡资源，使城乡群众共享现代文明。

五、立足先行先试，努力在深化改革开放上迈出新的实质性步伐

深化改革、扩大开放，是加快转变、跨越发展的动力源泉，也是解决经济社会发展深层次矛盾的根本途径。要坚持解放思想、先行先试，努力走出一条在改革中发展、在开放中提升的新路子，不断增强经济社会发展活力和动力。

*一要以更大决心推进重点领域和关键环节改革。*围绕增强国有经济竞争力，进一步完善国有资产监管体系和运营格局，做大做强市属投融资平台和产业集团；围绕建设服务型政府，继续深化政府机构改革，进一步强化绩效管理工作，着力提高行政效率和服务水平；围绕创新金融服务，完成农村商业银行组建，推进闽侯、连江等地村镇银行组建工作，支持福建海峡银行引进战略投资者，吸引更多的金融机构来我市设立分支机构；围绕推进城乡一体发展，积极推进城乡统筹综合配套改革试点工作，切实搞好集体林权制度配套改革和农村流通体制改革等，不断增强农村发展活力。

*二要以更大气魄扩大对外开放。*坚持吸收外资和对外投资并重，加快创新招商引资机制，合理把握吸引外资的方向和重点，坚持招大引强选优，积极引导外资投向主导产业、新兴产业、现代服务业和社会事业等领域，鼓励和引导有条件的企业加快“走出去”；坚持出口和进口并重，加快外贸增长方式转变，继续稳定和拓展外需，积极推进加工贸易转型升级，优化进口结构，切实发挥好进口对经济结构调整的重要作用；强化与港澳侨的合作，突出做好海内外榕籍重点客商和新生代华侨华人工作，策划推出针对性强的“回归”项目，推动“回归工程”取得新突破。

*三要以更大力度加强榕台交流合作。*紧紧抓住ECFA实施的有利时机，加快落实货物贸易早期收获计划，积极推进海关总署在榕设立涉台产品原产地办公室，促进榕台贸易快速增长；充分利用中央赋予的先行先试政策，进一步加强榕台工业、农业、金融、旅游业、物流业等领域的合作，积极促进两岸双向投资，推动建立榕台产业优势互补的合作机制；继续办好“海交会”“渔博会”等经贸招商活动，加快台商投资项目审批，切实做好台资企业和项目的跟踪服务；积极拓展榕台“三通”，全方位、多层次推动文化交流合作，不断提高榕台交流合作的层次和领域。继续加强与平潭综合实验区的对接，支持实验区加快建设。

六、立足改善民生，努力在提高幸福指数上迈出新的实质

性步伐

要始终坚持以人为本,切实把保障和改善民生放在更加突出的位置,着力解决好人民群众最关心最直接最现实的利益问题,不断提高人民群众的幸福指数。

一要强化就业工作。把促进充分就业作为经济社会发展的优先目标,落实更加积极的就业政策,完善城乡公共就业服务体系,重点解决高校毕业生、农村转移劳动力、城镇就业困难人员等就业问题;健全完善校企用工对接机制,加强劳动关系三方协调、工资集体协商和防止拖欠农民工工资等工作,着力构建和谐劳动关系。

二要完善社会保障。继续完善城镇职工基本养老和基本医疗、失业、工伤、生育保险制度,加快建设覆盖城乡居民的社会保障体系,努力在扩大养老保险覆盖面、提高统筹层次、完善转移接续办法等方面取得新进展,实现新型农村社会养老保险全覆盖,切实解决好失地农民社会保障问题;加大保障性安居工程建设力度,重点落实省下达的保障房建设任务,不断改善群众居住条件。

三要办好惠民实事。着眼办好人民满意的教育,进一步加大教育投入,着力缩小城乡、区域教育发展差距,促进各级各类教育公平均衡发展;扎实推进医药卫生体制改革,完善基层医疗卫生服务网络,提高基层医疗卫生服务水平;深入实施"文化强市"战略,进一步繁荣发展闽都文化,促进文化产业、文化事业共同发展;加快实施一批事关民生的重大社会事业项目,着力办好十项惠民工程,保障市场供给和价格稳定,抓好食品药品质量安全管理,努力让改革发展成果普惠共享。

四要加强社会管理。认真落实维稳第一责任,扎实推进"平安福州"建设,加强矛盾纠纷排查调处,改进新形势下群众工作,进一步畅通群众诉求表达、利益协调、权益保障渠道,健全重大工程项目建设和重大政策制定的社会稳定风险评估机制,着力解决社会管理的源头性、根本性、基础性问题,不断增强群众安全感和满意率。要严格落实安全生产责任制,扎实做好防灾抗灾工作,保障人民生命财产安全,全力维护省会城市和谐稳定。

政府工作报告

——福州市市长苏增添2011年1月6日在福州市第十三届人民代表大会第六次会议上的报告

2010年暨"十一五"发展回顾

过去的一年,在省委、省政府和市委的正确领导下,我市各级政府全面贯彻党的十七大,十七届四中、五中全会和胡锦涛总书记来闽考察重要讲话精神,深入贯彻落实科学发展观,以中央支持海西建设为动力,加速度、强投入、调结构、鼓干劲、上水平,圆满完成了市十三届人大五次会议确定的任务。预计全市生产总值3065亿元,比增14%;财政总收入402.51亿元,比增23.7%,其中,地方财政收入247.82亿元,比增26.9%;全社会固定资产投资2310亿元,比增40%;出口总额156亿美元,比增29.9%;实际利用外资按验资口径11.85亿美元,比增14.8%;社会消费品零售总额1560亿元,比增20.6%;居民消费价格总水平上涨3.2%;城镇居民人均可支配收入22720元,实际增长8.5%;农民人均纯收入8500元,实际增长7.6%;城镇登记失业率3.3%;人口自然增长率5.8‰。单位地区生产总值能耗下降2.75%、二氧化硫排放量减少0.1%、化学需氧量减少0.1%的节能减排任务预计可以完成。

一年来,我们围绕科学发展、跨越发展,集中力量抓了十件关系全局、关系长远的大事要事。一是主动融入海西发展。认真学习贯彻胡锦涛总书记和贾庆林、习近平、周永康等中央领导同志来闽考察重要讲话精神,主动站位、主动作为,把福州发展融入海西建设、福建发展全局中统筹谋划、统筹推进,发展理念、发展运作水平进一步提升;充分发挥省会中心城市的优势,及时制定出台促进高成长企业、出口创汇企业以及金融、旅游、物流、文化创意、动漫游戏等产业发展政策措施,产业规模、质量进一步提升。二是大力提升城市品质。积极实施"东扩南进、沿江向海"城市发展战略,加快疏解老城、推进新区建设,城市框架迅速拉开。南台岛、东部新城、晋安新城、马尾新区等重点区域详规编制、重要节点城市设计不断深化细化,海峡金融商务区、闽江北岸中央商务区等城市组团建设成效初显;全面推进"四绿"工程,完成西二环、北二环等主干道沿线绿化改造提升和海峡国际会展中心广场等重点区域绿化建设,城区新增绿地面积710万平方米。三是持续加大环境整治力度。闽江下游非法采砂得到有效遏制,闽江北港整治迈出了重要一步;在五城区分9批集中拆除违建,鼓岭违建拆除及一期整治取得成效。四是全力突破招商引资。引进蓝星化工重油催化裂解、宝钢德盛镍业、江阴煤化工、友顺电子、中建工业产业园综合开发等一批重大产业项目取得实质性进展,一批规模大、带动力强、前景好的工业项目加快发展。五是大力推进产业园区建设。海西高新技术产业园、生物医药和机电产业园建设快速推进,18个高新项目落户海西高新技术产业园,鼎元光电等产业龙头项目落户生物医药和机电产业园。六是加快商贸物流业发展。继海峡水产品批发交易中心、农副产品批发物流中心建成之后,海峡金融商务区万达广场、特易购中心等建成或基本建成,海峡汽车文化广场、海峡钢贸城、海峡西岸国际物流商贸城、浦上万达广场、红星美凯龙家居广场、苏宁物流配送中心等项目动工建设。七是有力提升旅游发展。琅岐、三江口等旅游综合体项目前期工作取得突破,连江贵安温泉旅游度假区、北区水厂源脉温泉休闲园、闽侯光明谷温泉旅游度假区等一批高端旅游项目建设步伐加快,船政文化、天生农庄等景区跻身国家4A级旅游景区,福州被命名为"中国温泉之都",形成了温泉游、闽江游、文化游等三大品牌,全市接待游客突破2300万人次。八是积极支持平潭开发。在规划编制、资金投入、转移支付、项目建设、人才交流等方面全面支持平潭综合实验区开发建设,平潭海峡大桥、渔平高速公路建成通车,平潭海峡大桥复桥、环岛路及福州至平潭高速铁路、长乐至平潭高速公路等一批重大项目动工建设。九是切实打好"五大战役"。贯彻落实省委、省政府"大干150天、打好五大战役"的决策部署,凝心聚力、激情创业、提速增效,发展气势、发展效益进一步凸显。实施"五大战役"项目248项,总投资4242.33亿元,完成年度投资816.46亿元,为年度计划的111.6%。十是迅速平抑市场物价。在全国率先建立蔬菜价格异动协商机制,及时有效抑制菜价较快上涨;同时,增设便民早市,强化"菜篮子"基地建设和物价监管,实行社会救助和保障标准与物价上涨挂钩联动,切实减轻物价上涨对低收入群体生活的影响。

与此同时,我们还着力推进以下八个方面工作:

(一)加快产业升级,三次产业发展取得新突破。全面落实强农惠农政策,粮食生产保持稳定。农业特色优势产业不断壮大,设施农业加快发展,全市农林牧渔业总产值475亿元,比增4.5%,福清成为国家级现代农业示范园区。农业产业化龙头企业产值突破380亿元,有效带动农户93万户。农田水利建设扎实推进,实施标准农田改造1500亩、土地整理开发复垦3.41万亩、标准化养殖池塘改造7991亩,除险加固水库14座、海堤11.95公里。农产品质量安全监管、动植物疫病防控切实加强。

加快工业产业结构调整。重点扶持英冠达电子、力恒锦纶、德盛镍业等180项工业新增长点项目,全市工业总产值4800亿元,规模以上工业总产值4490亿元。戴姆勒汽车、中铝瑞闽、捷星显示等30项重点工业项目竣工投产,锦源纺织、悦得软包装等25项重点工业项目动工建设。加快城区工业整合提升步伐,东南电化、耀隆化工、青岛啤酒等12家企业实施搬迁改造。积极扶持高新企业发展,全市高新技术产业总产值突破1500亿元;新大陆集团研发出全球首颗二维码解码芯片。全市新增1家国家级创新型试点企业、1家国家级企业技术中心、16家省级创新型试点企业、13家全国企事业知识产权示范单位,新成立7家行业技术创新中心、8家院士工作站、2家博士后科研工作站。中科院海西研究院在海西高新技术产业园落地建设。

加快发展提升服务业。第三产业增加值1440亿元,比增11%。鼓楼区成为国家服务业综合改革试点区域。现代物流业加速发展,国家3A级以上物流企业达12家,一批物流配送中心加快建设。城乡消费市场繁荣活跃,家电下乡以及家电、汽车"以旧换新"成效明显,"万村千乡市场工程"农家店覆盖乡镇率达98.7%。海峡国际会展中心建成投入使用,成功举办第六届亚太经合组织(APEC)中小企业技展会、中国文化用品商品交易会巡回展、中国(福州)首届国际游艇展等12场全国性、区域性展会。建成芍园壹号、榕都318等一批文化创意园区,福州被评为国家影视动漫实验园。

(二)增强发展后劲,重点项目建设取得新进展。实施项目带动,387个市级重点项目投资突破900亿元,创历史新高。向社会承诺的160个城市建设重大项目已如期开工、竣工。火车南站建成投入运行,合福铁路、向莆铁路福州段及可门、江阴支线等7个铁路项目建设扎实推进。动工建设京台线建闽高速公路福州段等5个高速公路项目,建成或基本建成机场高速公路二期、绕城高速公路西北段,完成3条国道路面改造。福州港新增吞吐能力260万吨,港口货物吞吐量达7100万吨、集装箱吞吐量达147万标箱。福清核电站建设全面提速,华能电厂三期建成投产,牛头尾一期、三山泽岐等风电项目基本建成。地铁1号线全线动迁,地铁2号线前期工作扎实推进。

(三)打造宜居城市,城乡统筹发展取得新成效。坚持高起点规划,新一轮城市总体规划修编已上报待批。坚持高标准建设,新改扩建福飞路等23条城区快速路、主次干道及25条支路街巷;动工建设淮安大桥、琅岐闽江大桥,加快建设林浦大桥和螺洲大桥,鼓山大桥建成通车;新辟公交线路32条,新增公交车570辆,新投放出租车1200辆,新增停车泊位1231个;实施白马河、晋安河(光明港)、磨洋河等主要内河综合整治,白马河步行道全线基本贯通;琴亭湖建成开园;连坂、长安等7座污水处理厂和红庙岭垃圾填埋场扩容工程、福清生活垃圾焚烧发电厂等项目建成或基本建成,实现每个县(市)至少建成一座污水处理厂的目标要求。加大城市管理力度,增加环卫设施的投入,实施卫生"门前三包"责任制,改造800幢建筑立面景观,加快推进中心城区主干道架空缆线下地。重点流域水环境综合整治和畜禽养殖污染、石板材行业污染、机动车尾气污染等专项治理成效明显,城区空气质量优良率达96.4%,市级集中式饮用水源地水质达标率达98.9%。

加快城乡统筹。积极推进荆溪、青口、龙田等3个省级试点小城镇和10个市级示范性小城镇建设,完成投资58.5亿元。新建改建农村公路315公里,全市建制村通客车率达92%。解决农村21.5万人饮水安全问题,新建农村户用沼气池3000口,新建改建农村卫生户厕2.87万户。新建或改造农家书屋719个、乡镇综合文化站37个、乡镇卫生院14所、示范性村卫生室17所。建成省级乡镇农民体育健身活动中心9个。基本完成20户以上自然村广播电视"村村通"建设和农村广播电视节目无线覆盖。

(四)拓展发展空间,对外交流合作取得新提升。外贸出口商品结构进一步优化,机电、高新技术产品出口分别增长33.5%和19%。全市新批千万美元以上外(台)资项目50项,合同金额9.6亿美元。实施"回归工程"项目171项,总投资329.8亿元。福州保税港区获批,首期验收工作积极推进。赴台开展经贸文化交流取得圆满成功,对接洽谈项目99项,总投资63.99亿美元。榕台海上直航、空中直航不断拓展,新开通5条空中客运直航航线以及空中货运直航航线。榕台交流合作全面推进,成功举办第十二届"5·18"海交会以及海峡版权(创意)产业精品博览会、船政文物赴台展、闽剧《陈靖姑》赴台巡演等对台交流活动。支援三明灾后重建及新一轮对口援疆、援藏工作有效推进,援建四川彭州灾区提前一年全面完成任务。

(五)创新体制机制,重点领域改革取得新成果。积极整合盘活国有资产,市属投融资平台、产业集团、专业公司加快发展壮大。大力推进公共资源市场化配置,实施燃气企业股权融资,公交线路特许经营权首次通过公开招投标成功出让。生物医药和机电产业园等项目采用BT模式建设,进一步拓宽了直接融资渠道。认真落实国家鼓励和引导民间投资健康发展的政策措施,民营经济发展空间进一步拓展。积极鼓励和推进企业上市,7家企业在境内成功上市,全市上市企业已达59家。制定出台促进审批提速增效的一揽子意见,审批流程进一步优化,办理时限有效压缩,办事效率有所提高。加快医药卫生体制改革,基本药物制度全面推行,市二医院内部运行机制改革取得初步成效。实施公益性文化事业单位内部三项制度改革,经营性文化单位转企改制步伐加快。农村综合改革稳步推进,"六大员""168"等农村工作机制不断完善。

(六)强化公共服务,各项社会事业取得新发展。建成开放新儿童公园、新茶亭公园、滨江休闲广场。动工建设海峡奥林匹克体育中心、城市发展展示馆、工人文化宫改造等一批公共设施项目。各级各类教育发展水平进一步提升,完成100所义务教育学校标准化建设,实施中小学校舍安全工程建设56.1万平方米,动工建设三江口高级中学、职业教育公共实训基地,成立闽江学院商学院,开办社区大学,在全省率先出台《学前教育管理办法》,马尾区在全省率先实行高中阶段免费教育,农民工子女入学、数字青少年宫建设等工作走在全国前列。动工建设肺科医院病房大楼等3个市级医院项目,新增床位1300张;县级医院、乡镇卫生院、社区卫生服务中心规范化建设水平进一步提高;新型农村合作医疗参合率达97.7%,重大疾病住院补充补偿等制度全面实施,补偿受益面不断扩大;全面完成省下达的基本公共卫生和重大公共卫生任务;医患纠纷第三方调解机制在市、县两级全面建立。开展首届茉莉花文艺奖评选活动,福州佤艺《水榭欢歌》、专题纪录片《天趣人意——福州脱胎漆艺》等一批文艺精品荣获全国性大奖,"激情广场大家唱"获得全国"群星奖"。在第十六届亚运会上,我市体育健儿获得6枚金牌;在第十四届省运会上,福州取得历史最好成绩。基本完成省下达的青少年校外体育活动中心和体育活动场所建设任务,建成健身路径427条,成功承办国际铁人三项洲际杯赛、全国群众登山健身大会等群众体育活动。第六次全国人口普查工作有序推进。创建全国文明城市活动深入开展,公共文明指数测评成绩位居全国省会及副省级城市第11位。

(七)办好惠民实事,人民生活水平取得新提高。城镇新增就业15.3万人,转移农业富余劳动力5.6万人。妥善处理劳动纠纷,有效维护劳动关系和谐。企业退休人员基本养老金水平、城乡最低生活保障标准进一步提高,城镇职工基本医疗保险、工伤保险实行市级统筹,城镇职工和居民基本医疗保险参保率达95.4%。新型农村社会养老保险试点扎实推进,被征地农民养老保障制度在鼓楼、台江、仓山、晋安等四城区和福清市全面推行。实施565万平方米危旧房(棚屋区)改造,超额完成省下达的2.54万套社会保障房开工建设任务。完成"造福工程"搬迁5000人,帮扶农村有劳动能力的低保对象1.02万人。建设、完善社区居家养老服务中心和服务站110个,新建"福乐家园"10所、农村敬老院9所。积极防抗台风、暴雨、洪水等自然灾害,有效保障人民群众生命财产安全。切实强化社会治安综合治理,深入开展严打整治行动,人民群众对社会治安满意率达94.97%。加强消防等应急救援装备的更新配置,坚决排查治理各类安全生产事故隐患,安全生产事故较大幅度下降。

(八)推进提速增效,政府自身建设取得新进步。着力转变政府职能,基本完成市政府机构改革。全面清理市政府规章,提请市人大审议地方性法规草案2项,对56项地方性法规提出清理意见,制定政府规章和规范性文件36件。推进行政权力阳光运行平台建设,网上审批及效能监察系统全面推广至县(市)区,网上行政处罚及执法监察系统在市直部门广泛应用并向县(市)区延伸,网上公共资源交易和中介诚信管理系统建设取得较大进展。便民呼叫中心12345系统获得中国信息协会颁发的中国城市信息化服务创新奖。"中国福州"门户网站绩效评估位居全国31个省会及计划单列市第四名。绩效管理扩大到市、县、乡三级和75个市级机关单位,组织开展了"十佳市级办事窗口"评选活动。加大治庸治懒力度,实施效能问责212人次。认真学习贯彻《廉政准则》,加强政务公开和政府信息公开,强化重点领域、重点项目的审计监督和行政监察,深入治理工程建设领域突出问题和"小金库",坚决纠正部门和行业不正之风,严肃查处违纪违法案件,惩治和预防腐败体系不断健全完善。认真执行人大及其常委会决议决定,自觉接受人大法律监督、工作监督和政协民主监督,广泛听取各民主党派、工商联、人民团体和社会各界人士意见建议,办复528件省、市人大代表建议、批评、意见和495件省、市政协委员提案,满意率分别达95.1%和99.6%。

2010年工作任务的圆满完成,标志着"十一五"规划的胜利实现。过去的五年,是践行科学发展、转变发展方式的五年,是积极应对发展中矛盾和困难、实现提速增效的五年,也是民生较大改善、群众得到更多实惠的五年。五年来,福州经济社会发展迈上了一个新台阶。

一是综合实力显著增强。主要经济社会发展指标完成情况均达到或超过"十一五"规划预期目标要求。全市生产总值突破3000亿元,接近翻一番,年均增长13.8%。财政总收入突破400亿元,翻一番以上,年均增长19.5%。全社会固定资产投资突破2300亿元,接近翻两番,年均增长30.8%,五年累计达6943亿元,超过1949~2005年投资总和。社会消费品零售总额突破1500亿元,翻一番以上,年均增长18.6%。出口总额突破150亿美元,接近翻一番,年均增长12.5%。福州被评为全国绿化模范城市、国家创新型试点城市、国家知识产权工作示范城市、全国流通领域现代物流示范城市、全国未成年人思想道德建设工作先进城市,并蝉联全国科技进步先进市、全国创建文明城市工作先进城市、全国双拥模范城等称号。

二是产业结构调整优化。三次产业结构由2005年的11.7:45:43.3调整为2010年的8.6:44.4:47。农业朝着特色化、品牌化、设施化、产业化的方向提升,形成水产、畜牧、果蔬、食用菌、茶叶、花卉、竹木等特色优势产业,市级以上农业产业化龙头企业达209家,水产品产量居全国前列。工业加速向南北“两翼”集聚,“两翼”四县(市)对全市工业增长的贡献率达53%。产业集群向规模化、多元化发展,形成机械制造、纺织服装、电子信息、轻工食品、冶金建材、石油化工、生物医药、新材料及能源等八大重点产业。现代物流、金融、信息服务、商贸、旅游、文化创意、服务外包等服务业加快发展。

三是城乡面貌变化明显。“东扩南进、沿江向海”城市发展战略在积极推进,城镇化率提高到60%。综合性、立体化的对外交通体系基本形成,福州发展跨入高铁时代,高速公路总里程增加到400公里,福州港成为国家沿海25个主要港口之一,福州(长乐)国际机场旅客吞吐量突破650万人次。新改扩建63条城区快速路、主次干道及70条支路街巷,新增城市道路100.8公里。全面整治提升西湖、左海,新改扩建动物园等城市公园21个,建成区绿化覆盖率达40.3%,全市森林覆盖率达54.9%。城市基础设施不断完善,保障服务、防灾减灾能力有效提升。新农村建设扎实推进,“双百工程”试点村达605个,97%的乡镇和93%的行政村完成省下达的农村家园清洁行动任务。“十一五”节能减排攻坚任务预计可圆满完成。城市环境综合整治定量考核成绩持续位居全国前列,福州在2010年中国环境规划院公布的环境宜居城市监测评价结果中位居榜首。

四是改革开放持续深化。基本完成市属工业、农业、商贸、外经贸国有企业改革和燃气、公交、自来水等公用事业公司制改造,构建形成以4个投融资平台、6个产业集团、2个专业公司为主构架的国资运营格局。公共财政体制不断完善,部门预算、政府采购、国库集中支付全面推行。民营经济持续健康发展。农村、科技、教育、文化、医药卫生和行政管理等领域改革取得新进展。对外开放格局基本形成,实际利用外资按验资口径累计达45.8亿美元,来榕投资或设立机构的世界500强企业从2005年末的52家增加到2010年末的86家,“走出去”到境外投资的企业或机构达176家。榕台交流合作先行先试不断取得突破,率先实施中央惠台政策,率先开展两岸海上货运直航,率先推动两岸双向投资。“5·18”海交会、海峡两岸合唱节、“两马”同春闹元宵、海峡渔业周暨渔博会等对台交流合作平台向常态化发展。榕港榕澳合作、海内外友城合作、闽浙赣皖经济协作、闽东北五市区域协作、对口支援以及侨务、外事、异地商会等工作取得新成效。

五是社会事业有效提升。各级各类教育协调发展,“两免一补”等惠民政策全面落实,新建中小学校36所,在全省率先实现“双高普九”、完成农村现代远程教育工程。基本建立覆盖城乡、功能完善的医疗卫生服务体系、疾病预防控制体系和突发公共卫生事件应急体系,在全省率先推行医疗救助“一站式”服务,有效防控甲型H1N1流感等重大传染病。基本完成街道、乡镇综合文化站建设,形成覆盖市、县、乡三级文化信息资源共享网络。精心打造闽都文化等品牌,基本完成三坊七巷历史文化街区文保建筑、乌山历史风貌区保护修复,三坊七巷入选中国十大历史文化名街,嵩口镇、闽安村、琴江村等村(镇)入选国家级历史文化名村(镇),寿山石雕等12项非物质文化遗产入选国家保护名录。闽剧《王茂生进酒》等8项文艺精品获得全国性大奖,闽都民俗文化节、城市精神征集评选、读书月等群众性文化活动蓬勃开展,福州成为全国首家合唱基地。竞技体育屡创佳绩,全民健身网络初步形成。低生育水平保持稳定,出生人口素质稳步提高。全面贯彻党的民族宗教政策,民族宗教关系和谐。新闻出版、广播影视、社会科学、科普、防震、地方志、档案、妇女儿童、老龄、残疾人等各项社会事业全面发展。

六是人民生活切实改善。城镇居民人均可支配收入、农民人均纯收入分别比2005年实际增长59.1%和45%。城镇登记失业率控制在3.4%以内,累计实现城镇新增就业74.55万人次、转移农业富余劳动力47万人。构建形成了五大险种齐全、功能基本完备、规模持续扩大、制度不断完善的社会保障体系,城乡低保应保尽保,社会救助、社会福利、社会优抚、社会慈善加快发展。初步建立多层次的住房保障体系,实施保障性住房建设1000万平方米,竣工603万平方米,解决1.4万户低收入家庭住房困难。累计为城乡人民兴办实事项目91件272项,较为有效地解决了一批民生问题。“春风·春雨·光彩”“榕商联村”“春风助学”等扶贫济困活动深入开展。“平安福州”建设扎实推进,信访、人民调解、法律援助、社区建设以及国防动员、双拥共建、民兵预备役、海防、人防等工作进一步加强,省会中心城市保持和谐稳定。

各位代表,回顾过去五年的工作,我们取得的成绩来之不易。这是在省委、省政府和市委正确领导下,全市人民团结拼搏、攻坚克难,社会各界大力支持、热情帮助的结果。在此,我代表福州市人民政府,向为福州建设发展付出辛勤劳动的全市广大工人、农民、知识分子、企业家、公务人员和外来建设者;向给予各级政府工作有力支持与有效监督的人大代表、政协委员和各民主党派、工商联、各人民团体、无党派人士、离退休老同志及社会各界人士;向为福州建设发展作出积极贡献的省直机关企事业单位和驻榕部队、武警官兵、公安政法干警;向关心支持福州发展的香港特别行政区同胞、澳门特别行政区同胞、台湾同胞、海外侨胞、国际友人,表示衷心的感谢!

在看到成绩的同时,我们也清醒地认识到,福州在发展中仍存在不少困难和问题,集中体现在:经济综合实力、核心竞争力和发展后劲还不强,第二产业大项目还不多,现代服务业发展、市场体系建设较为滞后;自主创新能力不高,高层次、高技能人才严重不足;改革攻坚任务较重,思想观念、体制机制上仍然存在制约发展的因素;城市规划建设管理水平有待进一步提升,城市卫生、园林绿化、内河整治等需进一步加强;城乡之间、地区之间发展还不平衡,农村基础设施建设滞后,基本公共服务较为薄弱;部分城乡群众生活仍较困难,住房、教育、医疗、物价、就业、社会保障等与群众的要求还有较大差距;影响和谐稳定的矛盾和问题仍然不少,时有发生安全生产事故以及突发性群体事件;个别政府部门以及一些工作人员服务意识不强,办事热情和积极性不高,不敢负责任、能拖则拖的现象时有发生;此外,廉政建设仍需加强。针对这些问题,我们将认真研究,采取更加有效的针对性措施,努力加以解决。

“十二五”发展暨2011年工作安排

各位代表,“十二五”时期是大有可为的重要战略机遇期,也是福州进入新一轮大建设、大发展的重要时期。经过“十一五”的共同奋斗,福州具备了提速发展的坚实基础和良好态势。中央支持东部率先发展和海西先行先试,省委、省政府作出全力推动福建跨越发展的重大战略部署,为福州加快新一轮又好又快发展提供了难得的机遇和条件。我们必须紧紧抓住机遇,“好”字当先、能快则快,立足全局、着眼长远,以人为本、民生为重,把科学发展、跨越发展贯穿于“十二五”发展的全过程,加快实现富民强市、和谐宜居的目标要求。

市委《关于制定福州市国民经济和社会发展第十二个五年规划的建议》中提出的发展总体要求是:高举中国特色社会主义伟大旗帜,以邓小平理论和“三个代表”重要思想为指导,深入贯彻落实科学发展观,全面实施国务院支持福建省加快建设海峡西岸经济区的《若干意见》,认真贯彻落实省委作出的推动福建跨越发展的战略部署,坚持“先行先试、加快转变、民生优先、党建科学”,以科学发展为主题,以加快转变、跨越发展为主线,围绕“富民强市、和谐宜居”的发展定位,持续推进“三个加快”,进一步做大经济总量、增强经济综合实力,充分发挥省会中心城市龙头带动作用。

发展的主要目标是:力争到2015年全市地区生产总值比2010年翻一番,人均地区生产总值率先赶超东部地区平均水平,地方财政收入翻番;福州进入全国文明城市行列,滨江滨海、宜居宜业的城市特色魅力更加凸显,国家生态市全面建成,生态环境质量保持全国前列,社会和谐稳定。

根据上述总体要求及目标,我市“十二五”发展的主要任务:一是提升现代产业竞争力,掌握新一轮发展主动权。大力发展第二产业,加快发展第三产业,力争培育形成6个千亿产业和15家以上百亿企业,工业总产值突破10000亿,高新技术产业增加值占地区生产总值比重提高到19%,第三产业增加值占地区生产总值比重达50%,打造海西先进制造业基地、现代服务业中心、文化创意产业中心、海洋经济强市以及重要的自然文化旅游中心城市和知名旅游目的地城市。二是创建全国创新型城市,抢占新一轮发展制高点。深入实施“科教兴市”“人才强市”战略,构建完善以企业为主体、市场为导向、产学研相结合的区域技术创新体系,力争全社会研发投入占地区生产总值的比重达2.5%以上,构筑“人才高地”,建设“数字福州”。三是争当改革开放排头兵,增强新一轮发展驱动力。推进收入分配、财政、投融资、国有资产监督管理、社会事业、行政管理、资源性产品价格等领域的改革攻坚,加快形成以技术、品牌、质量、服务为核心竞争力的对外开放新优势,鼓励各种所有制经济公平竞争、共同发展。积极主动贯彻落实海峡两岸经济合作框架协议(ECFA),大力推进榕台交流合作先行先试,建设闽江口榕台产业对接集中区、两岸文化交流重要基地、两岸直接往来综合枢纽和主要通道,打造两岸交流合作先行城市。四是打造福州大都市区,构筑新一轮发展大平台。加快中心城市“东扩南进、沿江向海”发展步伐,加快中心城市从单中心向多中心转变,加快形成“一区三轴八新城”的城市发展空间结构,着力建设经济繁荣的中心城市、生活舒适的宜居城市、环境优美的山水城市、人文和谐的文化名城,充分发挥省会中心城市的龙头带动作用,促进产业群、港口群以及周边城市群(城镇群)有机联动发展。五是推进城乡一体化进程,构建新一轮发展新格局。统筹城乡规划、产业发展、基础设施建设、社会事业发展,加快实现城乡基本公共服务、社会管理一体化,力争城镇化率每年提高1.5个百分点以上;加快构筑南北“两翼”产业发展新高地,大力推进江阴、环罗源湾等新增长区域发展,支持建设山区生态经济带;整体推进新农村建设,加快建设科学发展之村、宜居宜业之村、文明祥和之村和生态优美之村。六是建设人民幸福的“有福之州”,提升新一轮发展和谐度。顺应人民群众过上更好生活的新期待,更加积极地促进充分就业,提高社会保障水平,改善中低收入家庭住房条件,加快推进基本公共服务均等化,构建完善终身教育体系、公共文化服务体系、公共卫生体系,着力打造“法治福州”“文明福州”“平安福州”。

各位代表,2011年是“十二五”发展的开局之年。按照“十二五”发展规划的要求,确定我市今年的发展目标是:地区生产总值增长13%;地方财政收入增长15%;全社会固定资产投资增长22%;出口总额增长9%;实际利用外资按验资口径达12亿美元;社会消费品零售总额增长17%;居民消费价格指数涨幅控制在4%左右;城镇居民人均可支配收入增长12%,农民人均纯收入增长12%;城镇登记失业率控制在3.5%以内;人口自然增长率控制在7‰以内;省下达的节能减排目标任务应确保完成。今年重点抓好以下八个方面的工作:

(一)有效拉动需求,促进经济又好又快发展。

一是扩大城乡消费需求。着力提高城乡居民特别是农民的收入水平,增加居民生产性、经营性、工资性、转移性和财产性收入,逐步完善企业职工工资正常增长和支付保障机制,努力实现居民收入增长和经济发展同步、劳动报酬增长和劳动生产率提高同步,切实增强居民消费能力。积极推动城乡消费结构升级,合理引导住宅消费,汽车、家电、家具等大宗商品消费和教育、文化、娱乐、健身、休闲、旅游等热点消费,积极鼓励发展电子商务、信贷消费等新型消费方式。大力拓展农村消费市场,继续实施财政补贴家电下乡、家电“以旧换新”和“新网工程”建设。加强社会信用体系建设,切实维护消费者权益;进一步整顿和规范市场经济秩序,坚决治理“餐桌污染”,开展肉品质量安全追溯体系建设试点,保障食品药品安全,严厉打击制假售假、非法传销、商业欺诈、盗版侵权等损害群众利益的违法行为。

二是发挥投资引领作用。优化投资结构,提高投资效益,继续保持投资合理增长。全社会固定资产投资在确保完成2800亿元的基础上,力争突破3000亿元。继续集中力量打好“五大战役”,推进重点项目建设。初步安排市级重点项目430项,总投资7000亿元,年度计划投资900亿元。全面动工建设罗源湾北岸铁路支线,推进合福铁路、向莆铁路福州段及江阴铁路支线、福州至长乐机场铁路、福州至平潭高速铁路建设，争取建成可门铁路支线。推进福永高速公路、绕城高速公路东南段等9个高速公路项目建设，建成福银高速公路福州南连接线、西北绕城高速公路闽侯段、福泉高速公路扩建工程福州段。推进罗源湾港区将军帽作业区15万吨级散货码头等8个5万吨级以上泊位建设，争取建成江阴港区10号泊位及可门作业区4号、5号泊位。全面加快福清核电站建设，动工建设福清高山风电三期、连江北茭风电等能源项目，争取启动永泰抽水蓄能电站等项目。全面建设地铁1号线，争取动工建设地铁2号线。

三是稳定和拓展外需。进一步调整优化出口结构，推进国家科技兴贸出口创新基地和电子信息、船舶、家具及装饰品等省级重点出口基地建设，扩大机电产品、高新技术产品、自主知识产权品牌商品的出口。加快提升加工贸易，推动加工贸易向研发设计、营销服务等产业链和价值链两端延伸拓展。大力发展软件服务外包、信息技术外包、业务流程外包等服务贸易。充分发挥江阴保税港区、出口加工区政策优势和辐射功能，扩大国际中转、采购、配送和转口贸易。支持企业参加境内外重大展会，深度拓展传统出口市场，大力开拓自贸区市场和新兴市场。完善口岸“大通关”机制，扩大福州口岸出口货源。加强进出口预警、产业损害预警，积极应对国际贸易壁垒。

（二）大抓产业发展，增强经济综合实力与核心竞争力。

一是加快发展先进制造业。抓实东南电化、耀隆化工搬迁等78项重点产业项目和青口镁合金、华东船厂等260项工业新增长点项目，动工建设蓝星化工重油催化裂解、宝钢德盛镍业、中景石化、冠海大型修造船基地等30项重大项目，突破罗源铬铁、和硕笔记本电脑等一批重大项目前期工作。推进福清江阴、长乐空港、连江可门、闽侯铁岭及罗源、闽清等地工业园区的资源整合、设施配套、功能提升和空间拓展。鼓励高成长性企业发展，培育壮大骨干优势企业。支持现有企业技术改造、增资扩产，大力推进制造业信息化工程。认真实施名牌战略，支持名优地产品开拓国内外市场。

二是加快发展高新技术产业、新兴产业。全面推进海西高新技术产业园、生物医药和机电产业园、福兴经济开发区智能化产业园区、福州软件园等高新技术产业园区建设，实施金山工业集中区改造提升，推进星网锐捷、中科院海西研究院、海峡软件新城等一批项目建设。发展壮大新一代信息技术、生物与新医药、新能源、新材料、节能环保、光电、软件、物联网等高新技术产业、新兴产业，争取高新技术产业总产值突破1800亿元。大力促进“三网融合”，推进全省物联网鼓楼示范区建设，推动二维码技术应用。加强公共创新服务平台建设，争取新设立25家企业技术中心、研发中心，5个院士（专家）工作站，新建、完善5家行业技术创新中心。强化产学研合作，组织开展共性技术、关键技术攻关。依托“6·18”项交会等活动平台，强化项目、资金、人才、技术的双向对接。完善人才储备政策，打造留学人员创业园、大学生创业园等创业平台，着手建设人才公寓，吸引高层次、高技能人才来榕创业发展。

三是加快发展现代服务业。推进海峡汽车文化广场、钢贸城、水产品批发交易中心二期建设，争取动工建设海峡医药城，实施鳌峰片区花鸟市场等搬迁，加快小商品批发市场、南通建材市场等项目前期工作。完善海峡农副产品批发物流中心等周边配套设施，动工建设新南港大桥等项目。打造特色商圈，鼓励发展总部经济、楼宇经济，推进鼓楼国家服务业综合改革试点和台江海峡电子商务产业基地建设，加快仓山浦上万达广场、台江南星商城、晋安秀峰路综合商业广场及鼓楼、台江王府井百货等一批项目建设。大力培育和引进第三方现代物流企业，建设六大现代物流园区和农产品冷链物流配送中心等一批项目，构建综合性物流公共信息服务平台。鼓励发展金融业，着力打造区域性金融中心。办好全国制药机械博览会、中国动漫消费电子展、国际漆文化节等一批重大展会。支持发展现代传媒、动漫游戏、设计创意、工艺美术、广告创意等文化创意产业，推进福州动漫产业基地二期、长乐海西动漫创意之都、连江（时代华奥）海峡文化创意产业园、海峡（永泰）影视基地等一批项目建设。

四是加快发展旅游业。加快推进琅岐、贵安、三江口等旅游综合体开发建设。打响省会“中国温泉之都”品牌，动工建设温泉博物馆、桂湖生态温泉城、淮安温泉会议中心等一批温泉旅游高端项目，提升闽侯、连江、闽清、永泰等温泉旅游发展。完善闽江北港两岸旅游码头等配套设施，发展沿岸休闲产业，提升灯光夜景建设，促进水岸交融、船景互动。扩大文化游品牌影响力，规划建设三坊七巷社区博物馆、寿山石博物馆及综合交易中心等一批项目。发展滨海游、生态游、乡村游，提升青云山、鼓岭等重点旅游景区，打造特色乡村旅游带。争取开展外地临时来榕人员赴台旅游就地办证试点，发展海峡旅游。加强旅游品牌宣传、市场营销、线路整合、人才建设和商品开发，完善旅游公共服务体系，进一步开拓旅游市场、优化旅游环境。

五是加快发展海洋经济。优化海洋开发布局，构建罗源湾、闽江口、福清湾、兴化湾北岸等海洋经济集聚区。拓展远洋渔业，合理有序发展罗源湾外海水养殖，大力发展水产加工业。高标准建设一批临港工业、船舶与海洋工程装备、港口物流等重点项目。培育壮大海洋运输企业，提高海洋运输业的发展水平。加快海洋科技中试基地建设，发展海洋生物医药、保健食品、海水综合利用等海洋新兴产业。稳步推进福州港管理体制一体化，加快罗源湾航道疏浚与渔排搬迁，积极争取罗源湾港区对外开放。新辟福州港至西非、东南亚等国际集装箱班轮航线，发展铁路、公路、港口、航空联运。合理保护开发海域、岸线和海岛资源。

（三）大力提升城市品质，加快建设宜居宜业城市。

一是强化规划龙头作用。积极争取城市总体规划修编、土地利用总体规划修编获上级批复。加强专项规划、重点区域详规编制和重要节点城市设计，深化马尾新区规划、南台岛总体概念性规划和东部新城、晋安新城控制性详规，统筹长乐、福清城市规划，启动螺洲、林浦等历史文化风貌区的保护规划编制。落实山体、景区保护规划，启动沿山、沿江、沿河、沿湖、景区周边整治的规划建设立法工作。强化规划执行的权威性、严肃性。加快建设城市发展展示馆。

二是增强承载服务功能。加快推进海峡国际会展中心周边、奥林匹克体育中心周边、金融商务区和闽江北岸中央商务区、横屿、火车南站周边、火车北站周边等组团建设。大力提升马尾新区长安、马江、快安、琅岐等四大组团,动工建设马尾滨江休闲道、环山观光道、琅岐环岛路,推进琅岐闽江大桥、城区连接琅岐的快速道路建设。加快中心城区危旧房(棚屋区)、城中村500万平方米成片改造。加快推进螺洲大桥、林浦大桥、淮安大桥建设,确保西北三环建成通车。加快建设二环至三环铜盘连接线、湖东东路、南台大道等道路,改造提升福兴大道、福新东路、斗池路等20条城区道路。依据规划,加快市区地下或立体公共停车场建设。提高防灾减灾能力,建设闽江南北港两岸、三江口、琅岐岛防洪工程及魁岐排涝二站等项目。完善市政公用设施,新建改建五城区公厕75座,实施东南区水厂水质深度处理和城门水厂二期扩建,动工建设东南区水厂、城门水厂水源更换工程,全面完成市区液化天然气联网供气。

三是提升城市宜居品质。全面推进"四绿"工程建设,完成冬春造林绿化88.1万亩,加快改造提升光明港、晋安河等公园,实施东北三环等一批道路绿化景观改造提升。按照能绿则绿、拆违建绿、拆墙透绿、见缝插绿的要求,全面提高城市绿化水平。加快推进白马河、晋安河(光明港)、磨洋河等内河截污、疏浚工作,同时加快推动南台岛内河整治取得成效,力争年底前基本完成闽江以北城区内河整治,实现"水清、河畅、岸绿、景美"。提升公交服务,新增普通公交车350辆、清洁能源公交车260辆,新辟公交线路33条,优化公交线路20条,新建公交首末站10个以上。全面完成主城区架空缆线下地。继续加大违建拆除及景观整治力度。不断强化城区交通秩序综合管理,严格依法依规查处交通违法行为,加强出租车、公交车、摩托车、电动车交通监管,建设智能化交通控制中心,着力缓解中心城区主要节点交通拥堵。巩固无物业小区整治成果,对有条件的小区引进物业管理,切实改善小区居民生活环境。提升城市长效管理和精细化管理水平,建设城市数字网络化管理系统,加大"门前三包"、渣土管理、户外广告清理及非法采砂、"连家船"治理等工作力度。推进城市生活垃圾分类收集处置试点工作,基本建成餐厨垃圾分类处理厂。

四是加强生态文明建设。大力发展低碳产业、循环经济和绿色消费,加快建设资源节约型、环境友好型社会。加强生态工业园区建设,推行清洁生产,坚决淘汰造纸、皮革等行业落后产能。积极推进可再生能源建筑应用城市示范工作和再生资源回收利用试点工作。全面治理纺织印染、建筑陶瓷、畜禽养殖、石板材等重点行业污染,认真解决危险废弃物、餐饮油烟、生活噪声、建筑工地粉尘、机动车尾气等事关民生的环境问题。加强闽江、敖江、龙江、大樟溪等重点流域综合整治,确保饮用水源安全。加快建设洋里污水处理厂三期、连坂污水处理厂厂外管网一期、红庙岭垃圾焚烧发电厂二期等环保基础设施,提高污水、垃圾处理率。落实环保监管责任,严格执行环保"三同时"等制度,强化环境监测,增强环境安全突发事件应对和处置能力。完善重点流域、森林资源等生态补偿机制,加强湿地和自然保护区管理,强化重要生态功能区、风景名胜区和沿海防护林体系、近岸海域生态系统等保护,争取闽江口湿地成为国家级湿地保护区。扎实开展生态市创建活动,创建40个以上省级生态乡(镇)、600个以上市级生态村。

(四)加快城乡统筹步伐,促进农业增效、农民增收。

一是加快发展现代农业。毫不放松抓好农业生产,稳定粮食播种面积,确保粮食安全;大力发展水产、畜牧、果蔬、食用菌、茶叶、花卉、竹木等特色优势产业,切实保障主要农产品有效供给。加快发展设施农业和农产品加工业、流通业,支持农业产业化龙头企业、农民专业合作组织发展壮大。积极推进林业"五大基地"建设。大力推行标准化生产,严格农产品质量安全长效监管,发展培育一批绿色食品和有机食品。支持农业"五新"推广,完善农业科技服务网络和农业技术推广公共机构。加强重大动植物疫病、农林有害生物防控和森林防火等工作。

二是持续改善农村生产生活条件。把农田水利作为农村基础设施建设的重点任务,大力实施标准农田改造2900亩、标准化养殖池塘改造7000亩、土地整理2.41万亩、补充耕地1.17万亩,治理水土流失2.4万亩,除险加固中小型水库28座,启动7个县(市)区山洪灾害防治非工程措施建设。持续改善农村环境面貌,启动新一轮"双百工程"试点村建设,新建改建农村公路280公里,新增农村客车250辆,全面实施新一轮农村电网改造,解决农村12万人饮水安全问题,新建农村户用沼气池2300口,新建改建农村卫生户厕8000户。加快发展农村公共事业,提前一年全面完成农家书屋建设任务,实施1100个村广播"村村响"建设,为农村放映电影2.6万场、文艺下乡1000场,建设省级农民体育健身工程项目250个、农村健身路径220条。争取每个行政村都有一个面积在90平方米以上的综合服务场所。深入开展"春风·春雨·光彩""榕商联村""科普惠农兴村计划"等活动,完成"造福工程"搬迁2000人,对新一轮农村有劳动能力的低保对象1.4万人实行全面帮扶。

三是千方百计拓宽农民增收渠道。不断加大对"三农"投入,切实落实强农惠农各项政策。调整优化农业种养结构,推动农业产业化、规模化经营,完善产供销"一条龙"服务体系,充分挖掘农业内部增收潜力。拓展非农产业增收渠道,支持发展各具特色的休闲观光旅游等农村第三产业,增加农民家庭经营性收入;鼓励农村劳动力向二、三产业转移,加强农民转产就业培训,争取转移农业富余劳动力5万人,开展农业富余劳动力免费职业技能培训3万人。增强农村"造血"机能,引导金融机构加大涉农信贷投放力度,扩大农业保险覆盖面,完成农村商业银行组建,推进闽侯、连江等地村镇银行组建。深化农村综合改革,稳步推行农业用地依法、自愿、有偿、有序、合理流转,争取林权证发放到户率达60%以上,推进海域使用权制度等改革,完善农村工作机制,进一步激发农村发展活力。

四是着力增强县域统筹发展能力。赋予县(市)更大的发展自主权,推进强镇扩权改革试点。建立完善县级基本财力保障机制,继续帮扶财政困难县,加大对老少边贫岛地区的帮扶力度。支持各县(市)承接中心城区产业转移和企业搬迁,发展壮大县域特色经济。通过支持产业项目建设、社会事业发展和对口帮扶、转移支付等措施,逐步缩小县域发展差距。充分发挥县(市)城关、小城镇联结城乡、辐射农村的作用,加快县城扩容提升步伐,大力推进荆溪、青口、龙田等省级试点小城镇和10个市级示范性小城镇起步区建设与基础设施建设。

(五)深化改革开放,增创跨越发展新优势。

一是全面深化体制机制创新。完善国有资产监管体系和国有企业法人治理结构,做大做强市属投融资平台和产业集团,促进国有资产保值增值。创新开发建设模式,积极运用BT、代建等方式推进重大基础设施、公共设施项目建设,拓展直接融资渠道。支持民营经济发展,鼓励民间资本进入基础产业、基础设施、市政公用事业、社会事业、金融服务、商贸流通等领域,引导民间资本重组联合、参与国有企业改革。落实财税改革政策措施,推进财政科学化、精细化管理,逐步推行预算公开,发展股权投资。积极引导金融机构把信贷资金更多投向实体经济特别是"三农"和中小企业,支持企业上市融资和再融资。稳步实施资源性产品价格改革。全面推进公立医院内部运行机制改革,实施药品零差率,规范医疗机构药品集中采购,落实基层医疗卫生机构补偿机制,基本完成医药卫生体制改革三年重点工作任务。深化文化体制机制改革,充分调动文化工作者的积极性和创造性。扎实推进事业单位分类改革。发展和规范各类行业协会、市场中介服务组织。

二是全面提升对外开放水平。坚持招大引强选优,狠抓产业龙头项目引进落地,引导外资合理投向主导产业、新兴产业、现代服务业和非营利性的公共事业,鼓励企业增资并购、境外上市返程投资。认真办好第十三届"5·18"海交会,积极参加第十五届"9·8"投洽会等国内外重大经贸活动,进一步提高办会水平和招商实效。加强与海内外榕籍重点客商、新生代华侨华人的联系,打造创业投资平台,大力实施"回归工程"。强化与央属企业、跨国公司等海内外大企业、大集团的对接合作,争取更多的大项目在我市落地。提升福州经济技术开发区、融侨经济技术开发区等国家级开发区、投资区发展水平,增强其辐射带动功能。扩大先进技术装备、关键零部件和重要资源进口。鼓励对外直接投资,构建境外知名品牌、营销服务网络、商品集散中心和生产加工基地。提升榕港榕澳合作、海内外友城合作、闽浙赣皖经济协作、闽东北五市协作水平,拓展福州经济腹地和发展空间。

三是全面推进榕台交流合作先行先试。紧紧抓住海峡两岸经济合作框架协议(ECFA)实施的有利时机,认真落实两岸货物贸易早期收获计划,加快推进台湾精品商业街、海峡商品交易中心等项目,争取福州保税港区成为海峡两岸汽车贸易专属口岸,着力打造大陆对台贸易中心。拓展榕台金融合作,争取海峡银行与台湾金融机构合作取得突破。促进榕台在先进制造业、现代农业以及现代物流、金融服务、创意产业的深度对接合作,争取台商投资区扩区,争取启动建设东南IC制造业基地,大力推进鼎元光电、友顺电子、华映面板及东南汽车三期、四期等重大项目。加强海峡两岸农业合作试验区建设,积极引进推广台湾农业优良种苗、先进技术。进一步拓展榕台空中直航,推进榕台海上货运直航常态化,加快建设海峡快捷通道等项目。推动榕台文化、教育、科技、人才、旅游、体育、卫生、民俗、宗教和县(市)、乡镇(街道)等全方位、常态化交流合作,继续办好海峡两岸合唱节、海峡版权(创意)产业精品博览会、海峡渔业周暨渔博会等一批特色对台交流活动。在资金、项目、人才等方面支持平潭综合实验区建设,推动周边县(市)与平潭开发建设的对接合作,促进联动发展。

(六)提速建设社会事业项目,提高社会文明程度。

一是努力兴办省会一流教育。完善中小学布局,加大力度促进义务教育均衡发展,新建续建23所中小学校,实施400所义务教育学校标准化建设,完成中小学校舍安全工程建设32.2万平方米,全面完成农村中小学寄宿制学校建设工程三年建设任务,完善对家庭困难学生的资助制度。全面实施素质教育,大力开展课外科普活动和"阳光体育"运动。促进优质教育资源共享共用。坚持政府主导,鼓励社会多元投入,加快发展学前教育,新改扩建公办幼儿园36所,确保每个乡镇、每个街道都至少有1所公办幼儿园。推动17所普通高中学校达标升级,推进普通高中内涵特色发展,鼓励有条件的县(市)实施高中阶段免费教育试点。加强与产业发展相对接的中职、高职专业体系建设,建成职业教育公共实训基地,创建2所全国中职教育改革发展示范学校。加强高水平大学和重点学科建设,提升闽江学院、职业技术学院办学水平。倡导尊师重教,推进城乡、校际之间的师资交流,稳定农村教师队伍,提高教师队伍整体水平。支持民办教育发展,规范民办学校办学行为。扶持发展特殊教育、老年教育,切实加强继续教育、社区教育。

二是提高全民健康水平。优化医疗资源布局,加快建设儿童医院等4所市级特色专科医院以及金山、东部新城等2所新区医院。加强基层医疗卫生机构建设和城乡公共卫生服务,开展千名乡村医生规范化培训,实施百名医师帮扶基层医疗卫生机构,实现每个乡镇至少有一所卫生院、每个街道至少有一所社区卫生服务中心覆盖。建设居民健康信息系统。完善突发公共卫生事件应急处置体系,增强疾病预防控制能力。提高新型农村合作医疗人均筹资标准,完善"一站式"服务,扩大普通门诊补偿试点范围,全面推行省级医院即时结报。大力扶持发展中医药事业。鼓励、引导和规范社会力量兴办医疗机构。持续推进"平安医院"建设,规范医患纠纷处置,构建和谐医患关系。深入开展爱国卫生运动,打造健康城市。贯彻落实《全民健身条例》,协调发展竞技体育与群众体育,扶持老年人体育事业发展,积极申办第八届全国城运会。深化计划生育综合改革,依法加强人口计生管理,实现计生优质服务全覆盖。

三是推动文化繁荣发展。支持省科技馆新馆、海峡文化广场等项目建设,大力推进海峡奥林匹克体育中心、图书馆、妇女儿童活动中心、工人文化宫等一批代表省会城市水平的公共文化设施建设。开展全国先进文化县创建活动,加快社区文化活动中心、文化信息资源共享工程基层服务点建设。实施艺术精品建设工程。做好纪念中国共产党建党90周年、辛亥革命100周年等重大活动组织工作。提升"激情广场大家唱"等群众性文化品牌,开展"文明小戏"进基层活动,办好第四届闽都民俗文化节等特色节庆活动。加强历史文化名城保护,推进历史文化街区保护修复,强化重点涉台文物和脱胎漆器、软木画等非物质文化遗产保护利用,推动"三坊七巷"、福建船政建筑群申报世界文化遗产。

四是积极争创全国文明城市。加大创建文明城市宣传力度,大力弘扬闽都文化和"海纳百川、有容乃大"的城市精神,加强社会公德、职业道德、家庭美德、个人品德教育,深入开展"公共文明建设好习惯"主题道德实践活动,强化未成年人思想道德建设,进一步提升市民文明素质。建立健全长效机制,深化创建文明社区、文明村镇、文明单位等活动,大力发展志愿服务,着力培育文明风尚。结合创模、创卫复查,全力推进文明创建专项整治行动,提升创建工作实效。加强省市共建、军地共建,营造全社会共同参与文明创建的良好氛围。

(七)着力改善民生,不断提高民生幸福指数。

一是促进充分就业。加快建立城乡统一的公共就业服务体系,千方百计拓宽就业渠道,争取城镇新增就业14.5万人,下岗失业人员再就业0.8万人。落实就业困难人员小额担保贷款、社保补贴等就业援助制度,新开发一批公益性岗位,重点做好高校毕业生、农村转移劳动力、城镇就业困难人员、退役军人就业工作。加大就业培训力度,鼓励自主创业和自谋职业。依法维护劳动者和企业合法权益,深入开展创建和谐企业活动,加强劳动关系三方协调和工资集体协商,切实防止拖欠农民工工资,使劳动者在体面劳动中获得尊严。

二是完善社会保障。推进各类从业人员养老保险关系转移接续,继续提高企业退休人员基本养老金水平。开展四城区城镇老年居民养老保险试点,实现新型农村社会养老保险制度全覆盖。提高城镇职工和居民基本医疗保险参保率,实施城镇职工生育保险市级统筹。进一步完善征地拆迁补偿安置政策,落实被征地农民养老保障制度,推进和谐拆迁。认真实施以公共租赁房为重点的保障性安居工程建设,确保完成省下达的任务,加大安置房建设力度。完善城乡低保标准正常调整机制。提高农村五保供养水平,加大对城乡困难家庭、特殊困难群众的救助力度。尊老爱老,大力发展老龄事业,规范发展社会养老服务,新建30个社区居家养老服务中心、服务站和一批农村敬老院。扩大医疗救助、法律援助范围,大力发展社会慈善、社会福利事业,做好妇女儿童、残疾人等工作。

三是稳定市场物价。建立健全粮食、蔬菜、副食品储备制度。加强"菜篮子"生产基地和便民商业网点建设,新增蔬菜基地1万亩、生猪基地3家、禽蛋基地5家,升级改造集贸市场20个,新建或改造"万村千乡市场工程"农家店100个,建设便利店80个。落实鲜活农产品运输"绿色通道"等政策,降低或取消部分收费项目,畅通市场供应渠道。完善蔬菜、猪肉、禽蛋等主要商品价格异动协商机制,严厉查处哄抬物价等不法行为。落实社会救助和保障标准与物价上涨挂钩联动机制,适时增加对大中专院校家庭经济困难学生和学生食堂的补贴。加大中小套型、中低价位普通商品住房供应力度,严格监管商品房预售行为和质量安全,强化住房交易信息公开,切实遏制房价过快上涨,促进房地产市场平稳健康发展。

(八)全力构建"平安福州",维护省会中心城市和谐稳定。

一是强化社会治安综合治理和安全生产工作。健全社会治安防控体系,进一步拓展电子警察等技防系统的覆盖面,推进视频信息综合应用平台建设和警用地理信息系统示范应用,有效防范、严厉打击各类违法犯罪活动,努力提高人民群众对社会治安的满意率。完善社会监管矫正机制,依法规范推进社区矫正和青少年事务社工工作。强化生产安全、交通安全、校园安全、消防安全、社会安全的监管责任,加大消防等应急救援装备的更新配置力度,深入开展安全生产专项整治,切实排查治理各类安全生产事故隐患,坚决遏制重特大安全生产事故发生。加大避灾避险场所建设力度,设置2240个自然灾害避灾点,建设58处地震应急避难场所,形成覆盖全市所有建制村(社区)的避灾网络,为人民群众提供安全的避灾场所和基本生活保障。

二是提高社会管理水平。深入开展创建法治县(市)区活动,加强普法教育、法律援助、法律服务、司法鉴定等工作。完善公共安全管理机制,加强应急处置救援队伍建设,提高公共安全应急处置能力。着力解决社区办公用房困难,改善社区工作者待遇,规范和完善社区服务与管理。加快推进城中村改制。完善"一站式、一证式"流动人口服务管理模式。加强网络监管,强化社会舆论引导。全面实施市民卡工程,基本实现市民卡发放全市覆盖。进一步促进民族团结进步,维护宗教领域和谐稳定。加强对新经济组织和新社会组织的管理,促进其规范、健康发展。扩大基层民主和群众自治,促进社会公平正义。加强国防动员、民兵预备役和海防、人防等工作,深入开展创建双拥模范城(县)活动。

三是及时有效化解社会矛盾纠纷。推行重大项目建设、重大政策制定的社会稳定风险评估机制,从源头上预防和减少社会矛盾。积极推广应用维稳群众工作队管理系统,构建责任明确、整体联动、反应迅速、参与有序的维稳工作格局。完善人民调解、行政调解、司法调解相衔接的大调解工作机制。按照处理信访事项"路线图"要求,引导群众依法表达合理诉求。加强领导干部定期接访、下访和约访,及时有效地把社会矛盾和纠纷解决在基层、化解在萌芽状态。依法依规快速处置重大突发性群体事件,保障省会中心城市和谐稳定。

全面加强服务型政府建设

各位代表,"十二五"发展的新形势、新任务,对政府自身建设提出了新的更高、更严的要求。福州市人民政府将立足大局、着眼长远,以更加开阔的视野、更加昂扬的斗志、更加扎实的作风,去推动福州科学发展、跨越发展。

(一)提高学习力。更新学习理念,把学习作为提高政府行政能力的第一需要,牢固树立和增强终身学习、全员学习的理念,加快打造学习型政府。突出学习重点,联系实际加强理论、科技、法律、政策和业务的学习,切实提高干部理解、领会和运用政策的能力,提高推动工作、善于处理复杂问题的能力。增强学习实效，切实把学习成果转化为先行先试的实际行动、跨越发展的政策措施和为民惠民的有效举措，切实做到学用相长、学以致用。

（二）激发创新力。进一步站位全局，立足海西建设，不断推动发展新的跨越、工作新的提升，凸显福州省会中心城市的地位和作用。进一步先行先试，别人能做的我们不仅要能做，而且要做得更好；积极鼓励干部大胆试、主动闯，以先行抢占先机、以先试闯出新路。进一步创新创造，在遵循发展规律的前提下，主动冲破旧的思想观念、体制机制的束缚，能够一步到位的不分两步走。进一步宽容失败，关爱和支持勇于改革、善于创新的干部。

（三）强化执行力。大力转变工作作风，以“等不起”“慢不得”“坐不住”的责任感、紧迫感，雷厉风行地推进工作，分秒必争地抓好落实。大力提升机关效能，严格绩效管理，强化行政问责，坚决治庸治懒，促进提速增效，切实精减会议、文件，严肃查处行政不作为、慢作为和乱作为等行为。大力倡导真抓实干，大兴调查研究之风，对基层、企业和群众提出的问题，要推行“一线工作法”，做到情况在一线掌握、问题在一线解决、工作在一线推动。大力加强工作督查，以铁的纪律、硬的作风确保令行禁止、政令畅通。

（四）维护公信力。坚持依法行政，严格依照法定权限和程序行使权力、履行职责，依法规范行政权力运行，强化行政执法监督，使政府的每项工作都能符合法律法规的要求。坚持承诺有度，确保说到做到、说好做好。坚持阳光行政，扩大行政权力阳光运行平台应用范围，完善重大行政决策咨询、论证、听证等制度，提高政务公开、政府信息公开水平，确保政府工作在阳光下运作。坚持廉洁从政，强化惩治和预防腐败体系建设，健全和落实反腐倡廉制度，加强行政监察、审计监督，坚决纠正损害群众利益的部门和行业不正之风，深化对工程建设领域中存在的突出问题和“小金库”的专项治理，严肃查处违纪违法案件，时刻保持清正廉洁、艰苦朴素的本色。

（五）增强凝聚力。团结协作，牢固树立政府工作“一盘棋”的观念，加强部门之间、地区之间、条块之间相互支持、相互配合、相互促进。以高站位、大气魄推动快速发展，凸显跨越发展的气势，激发人民群众共建美好家园的积极性、主动性和创造性。民生为重，切实做到事关民生的财政投入优先保证、事关民生的利益问题优先解决、事关民生的保障机制优先构建，实现好、维护好、发展好最广大人民群众的根本利益。发扬民主，依法接受人大及其常委会的法律监督、工作监督，自觉接受政协的民主监督，认真听取各民主党派、工商联和无党派人士的意见，充分发挥工会、共青团、妇联等人民团体的作用，主动接受群众监督、舆论监督。

各位代表，福州新一轮发展的蓝图已经绘就，历史赋予我们的使命艰巨而光荣。让我们紧密团结在以胡锦涛同志为总书记的党中央周围，高举中国特色社会主义伟大旗帜，以邓小平理论和“三个代表”重要思想为指导，深入贯彻落实科学发展观，在省委、省政府和市委的正确领导下，不失机遇、乘势而上，凝心聚力、开拓创新，为推动福州“十二五”科学发展、跨越发展，为“开局之年”跃上新台阶而努力奋斗！

（编辑　郑姿娟）

回眸“十一五”展望“十二五”

编者按

“十一五”时期，是福州市推动科学发展、打造宜居城市、构建和谐福州取得巨大成就的5年，也是经济社会持续较快发展、城市综合实力不断增强、人民群众得到更多实惠的5年。以下摘录福州日报《回眸“十一五”展望“十二五”》专题栏目7篇文章，集中反映“十一五”期间福州市经济社会发展取得的重大成就，展望“十二五”福州科学发展、跨越发展的美好蓝图。

“十一五”福州市国民经济实现新跨越

“十一五”是极不寻常的5年，国际金融危机、汶川特大地震以及旱灾、水灾、雨雪冰冻等自然灾害次第发生，在跌宕起伏的道路上，福州和全国其他城市一样，经受空前严峻的挑战，走出坚定果敢的步伐，奏响科学发展的最强音——在党中央、国务院和省委、省政府的正确领导下，在全市人民的共同努力下，“十一五”国民经济实现新的跨越。

GDP突破3000亿元大关

从“十五”迈进“十一五”的门槛时，我们对福州发展的前景充满信心、充满期待。几年的奋进，一个个期待正变成现实。

先来看一组数字——

2006年，全市实现生产总值1656.94亿元，比上年增长12.2%。第一、二、三产业对GDP增长的贡献率分别为3.5%、58.3%和38.2%。

2007年，全市实现生产总值1974.59亿元，比上年增长15.1%，为1999年以来的最高增长水平。第一、二、三产业对GDP增长的贡献率分别为3.5%、58.2%和38.3%。

2008年，全市实现生产总值2284.16亿元，比上年增长13.0%。第一、二、三产业对GDP增长的贡献率分别为3.4%、58.0%和38.6%。

2009年，全市实现地区生产总值2524.28亿元，比上年增长13%。第一、二、三产业对GDP增长的贡献率分别为3.5%、51.8%和44.7%。

这组数字，来自市统计局、福州调查队的统计数字。从2006年到2009年，“十一五”前4年福州地区生产总值（GDP）年均增长13.3%，比“十五”平均增速11.4%加快1.9个百分点。福州“十一五”规划目标提出，“地区生产总值年均增长11%以上，到2010年地区生产总值达到2500亿元”，从硬指标看，这个目标，已提前1年完成。

2010年福州经济持续较快发展，GDP突破3000亿元大关，实现生产总值3065亿元，比增13.8%。

这些数字是用“真金白银”打造出来的，折射出福州过去5年平稳较快的发展道路。

应对挑战迎难而上

“十一五”规划是党中央提出科学发展观和构建和谐社会重大战略思想后编制的第一个五年规划。当福州人民带着科学发展的理念走进“十一五”时，迎接大家的是超乎想象的一系列严峻考验。

“十一五”规划刚开局，“三过”问题——投资增长过快、信贷投放过多、外贸顺差过大，就开始考验我们。

最严峻的考验在“十一五”的第3个年头出现。2008年，作为外向型经济较为活跃的福州，受国际金融危机持续加深、全球经济增长明显放缓的影响，外贸出口大幅度下滑、部分企业陷入困境、就业压力陡增……从“过热”到“过冷”似乎没有过渡，发展的势头急转直下。

面对国际金融危机的惊涛骇浪，党中央、国务院及时作出扩大内需、促进经济增长的重大决策部署。福州市出手快、出拳重，着力保增长、扩内需、调结构、促和谐，经济一路下滑的势头迅速得以止住，呈现出一个精彩的“V”形走势。

仅以2008年的一组数字，就足以见证这个精彩走势。

——实际利用外资创历史最好水平，合同利用外资在全省主要城市唯一保持增长，对外贸易总额首次突破200亿美元，达203.47亿美元。

——社会消费品零售总额突破千亿元大关，同比增长20.6%，首次进入消费品零售总额千亿元级城市行列。

——规模以上工业增加值完成805.2亿元，比增17%，增速高于全省平均水平；规模以上工业产值完成3265.4亿元，总量首次突破3000亿元，比增18.3%。

——完成交通基础设施建设投资45.33亿元，占年度计划的108.6%，同比增加20.1%。

这几年，福州始终坚定信心，迎难而上，呈现出平稳较快的良好发展势头。可以说，“十一五”期间，福州市在严峻的考验与挑战中，交出一份出色的答卷。

在转方式中推动跨越发展

进入“十一五”收官之年，省委、省政府作出推动福建跨越发展的重大部署，提出“大干150天，打好五大战役”。作为省会中心城市，福州市行动迅速，勇走前头。

2010年8月中旬，市委召开九届十四次全会，掀起推动福州科学发展、跨越发展的热潮。全市重点项目建设、新增长区域发展、城市建设、小城镇改革发展、民生工程等“五大战役”如火如荼推进。全市“五大战役”的248个项目完成投资816.46亿元，达到年度投资计划的111.6%。这是近年来福州市把握重大历史机遇、加快转变发展方式、推动经济持续较快发展的一个生动写照。

“十一五”期间，福州市紧紧抓住国家继续鼓励东部地区率先发展、中央支持福建省加快海西建设等历史机遇，努力在发展中促转变，在转变中谋发展。其主要成效体现在，产业结构进一步优化，初步形成以服务业为主体、高新技术产业为主导、南北两翼为重心的产业结构和生产力布局，节能减排等约束性指标顺利完成，创新驱动、内生增长的发展步伐越来越坚实。

与2005年相比，2009年福州市化学需氧量和二氧化硫排放量分别下降5.66%和22.7%，两项目标均提前实现。

目标的实现，印证了福州市的生态优势正逐步转化为跨越发展的经济优势。正如省委常委、市委书记袁荣祥和副省长、市长苏增添一直强调的：“跨越发展必须是在转变发展方式、提高发展质量基础上的跨越，必须是速度、质量与效益并重，当前发展与长远发展兼顾，经济、社会与生态环境相协调的发展。”

走过“十一五”，福州闯过一个又一个难关险隘，国民经济实现新的跨越。走进“十二五”，福州市必将继续牢牢把握中国发展的重要战略机遇期，推动科学发展、跨越发展，在加快全面建设小康社会进程中勇往直前！

“十一五”福州经济发展实现战略转型

连片的滩涂，杂草丛生的荒地，寂静的海港……这是5年前，福州南北“两翼”的情景。

5年过去了，如今的南北“两翼”已经发生翻天覆地的变化：宽敞的疏港大道车水马龙，高大的厂房拔地而起，满载货物的巨轮频繁进出海港……

南北“两翼”的飞速发展，正是福州市“十一五”期间调整产业结构、转变发展方式最真实的写照。5年来，在产业结构调整升级，提升园区发展水平，改造提升传统产业，构筑高新产业高地，加快发展现代服务业，鼓励引导工业项目向“两翼”集聚、积极培育临港产业集群等一系列政策措施的强有力推进下，福州市经济结构不断调整优化，发展规模不断扩大，发展质量明显提升，发展后劲显著增强。

“龙头”引领，工业总量“蛋糕”不断做大

工业经济是城市发展的关键所在。“十一五”期间，福州市工业发展克服全球金融危机的不利影响，企业数量从少到多，企业规模从小到大，规模和实力不断增强，工业总量持续壮大，工业经济在国民经济发展中的主体地位日益凸显。

至2010年，福州市的工业企业有1万多家，其中规模以上企业近3000家，全部工业产值从“十一五”初期的2210亿元，到2010年底4800亿元，年均增长18%。工业占全市国民经济比重逐渐提高，2006年至2009年工业增加值年均增长率为14.7%，高于全市GDP年均增长率1.4个百分点，工业增加值占GDP比重稳定在40%左右，工业在全市国民经济中的主体地位凸显。

工业经济的飞速发展，龙头企业的规模效应功不可没。“十一五”期间，福州市的工业不仅企业数量迅速增多，企业的规模和实力也大幅增强，培育出多个在全国乃至全球都有很大影响力的行业龙头企业。截至2009年底，全市工业企业中，产值200亿元以上的企业1家，即福建捷联电子公司，其液晶显示器产量全球第一；50亿元以上的企业6家，有东南汽车、华映显示科技、华冠光电等；10亿元以上企业57家，其中福耀集团汽车玻璃产量全国第一；1亿元以上企业602家，产值占全市规模以上工业产值的82.2%。

多措并举，从“一业独大”到“百花齐放”

电子信息行业作为福州市传统支柱产业，既是福州工业经济发展的骄傲所在，也是软肋所在。“‘一业独大’的格局，很容易‘牵一发而动全身’，对全市工业的可持续发展是不利的。”

为改变这种局面，“十一五”期间，福州市坚持以规模扩展、产业转型、结构调整为主线，落实重点产业调整和振兴规划，加快发展电子信息、机械装备等主导产业，改造提升纺织服装、轻工食品、冶金建材等传统优势产业，培育发展铝深加工、光伏太阳能、新材料、生物医药、环保设备等新兴产业，从原来电子行业“一业独大”的局面，转变为电子信息、机械制造、纺织服装“三足鼎立”局面，福州经济抗风险能力有效增强。

2009年，福州市机械制造行业完成产值674亿元，占全市规模以上工业产值的18.6%；纺织服装行业完成产值627亿元，占全市规模以上工业产值的17.3%；电子行业完成产值585亿元，占全市规模以上工业产值的16.2%，三大支柱产业占比达52.1%。电力能源行业完成产值315亿元，占全市规模以上工业产值的8.7%；冶金行业完成产值307亿元，占全市规模以上工业产值的8.5%。全市工业经济发展呈现出百花齐放、多元支撑的良好格局。

“两翼”齐飞，工业园区差异化发展

2006年1月，福州市“十一五”规划出台，第一次明确提出南北“两翼”的概念;当年10月,市第九次党代会提出,坚持实施“以港兴市”战略,拓展南北“两翼”;2007年1月,《关于实施“以港兴市”战略推进南北两翼发展的意见》印发,进一步明确要加快工业经济向南北“两翼”集聚。

从概念到规划,再到具体实施,短短数年间,福州市一方面积极引导中心城区工业企业向“两翼”转移,另一方面以深水港区为依托,着力引导能源、化工、船舶修造、冶金等大项目向“两翼”集聚。2009年,福清、长乐、罗源、连江“两翼”四县(市)完成全部工业产值1967亿元,占全市工业产值的50%;2010年1~10月,完成产值1963亿元,占全市工业产值的50.7%。

“十一五”是南北“两翼”工业飞速发展的井喷期,也是福州市园区建设规模最大、速度最快的5年。“十一五”期间,福州市大力推进园区建设和改造提升,形成各具特色、差异化发展的工业园区发展格局。其中,福州经济技术开发区以高新技术产业为先导,打造出以华映光电为代表的百亿电子城;青口汽车城以东南汽车为龙头,集聚100多家汽车零部件生产企业,形成上下游紧密配套的汽车产业链;融侨经济技术开发区做足“侨”文章,以冠捷、捷联电子为龙头,外向型经济飞速发展;长乐的纺织工业园、罗源的冶金工业园、连江食品工业园、闽清的建材工业园、永泰的生态工业园体现浓厚的地方特色;正在改造提升中的福兴经济开发区,加快建设中的海西高新技术产业园、福州市生物医药和机电产业园等,为福州市产业集聚发展打下坚实的基础。工业园区成为福州经济社会快速发展的支撑、产业集聚和产业集群的重要平台、开发型经济的重要载体,为福州市经济发展不断注入新的生机与动力。

后劲十足,高新产业、现代服务业大步向前

发展需要支撑,但更需要活力,而高新技术产业正是一个城市可持续发展的活力之源。

为加快高新技术产业发展,“十一五”期间,福州市密集出台一系列政策措施,从高新技术企业的人才引进、资金扶持、创新发展等方面予以全方位的支持,高新技术企业在榕城大地遍地开花、茁壮成长。其中,瑞芯公司是全球第四大MP3芯片供应商,曾获信息产业部颁发的2006年度“中国芯”最佳市场表现奖;福富公司获全国杰出软件外包贡献奖;网龙公司拥有网络游戏的研发核心技术,研发能力居于国内行业五强;福晶公司光学产品拥有全球领先的国际专利,是国家创新型试点企业;星网锐捷是第一批国家创新型试点企业,获国家级企业技术中心认定,以太网交换机产品是“中国名牌”;飞毛腿公司获“中国名牌产品”和“中国驰名商标”称号,市场占有率名列同行业前三名;福大自动化等4家企业入选2009年“中国软件业务收入百强”企业……

截至2009年底,全市高新技术企业226家,高新技术产业产值1355亿元,占全市工业产值的34%。全市有陶瓷、塑胶、模具、水产品深加工、机电装备与自动化等23家行业技术创新中心,覆盖福州市支柱或重点产业的60%,已认定的国家、省、市级企业技术中心122家。

高新技术产业为城市发展提供不竭动力,而服务业的发展则折射出一座城市的经济发展程度。翻开“十一五”期间每年的《政府工作报告》可以看出,加快现代服务业发展已经成为福州市新的经济发展思路。发展旅游经济、会展经济、文化创意经济、总部经济,建设海峡水产品、农副产品、汽车文化广场、钢材城、中医药城等大型批发交易中心,建设万达广场、特易购、SM城、奥特莱斯等一批城市综合体以及一批大型旅游项目和文化创意产业项目,“十一五”期间,福州市现代服务业正以前所未有的发展速度大步向前,为海峡西岸省会中心城市发展注入越来越多的现代都市元素。

“十一五”福州交出完美民生答卷

2010年11月中旬开始,在各地蔬菜价格普遍上涨的大背景下,福州市见事早、判断准、出手快,推出政府补贴、建立菜农早市、减免市场管理费等一系列举措,使福州市不少蔬菜价格重回“1元”时代。

这一平抑物价大手笔,只是5年来市委、市政府秉持“以人为本,民生优先”理念,时刻不忘群众冷暖的一个缩影。

加大投入为民办实事

“十一五”时期,全市经济总量和综合实力明显提升。2007年,全市实现生产总值1974.59亿元,15.1%的增幅创下1999年以来的最高增长水平;2008年,全市生产总值首次突破2000亿元,达到2284.16亿元;2010年,全市生产总值实现新突破,超过3000亿元。

经济发展的根本目的就是保障和改善民生。省委常委、市委书记袁荣祥多次强调:“进一步加快发展步伐,提升发展质量,就是为了让最广大人民群众更多地共享发展成果。”

随着财政收入的不断增加,福州的“家底”日益殷实,在民生领域投入的“真金白银”逐年增多,人民群众最关心、最直接、最现实的利益问题不断得到优先解决——

教育支出逐年增加。2001年至2008年,福州市的教育支出从3.03亿元增加到8.9亿元,年均增长16.6%。根据年初预算,2010年该项支出将达9.03亿元。

社会保障和就业等领域财政投入力度不断加大。2010年预算安排全市社会保障和就业支出8.65亿元,比2009年增长3.6%。

医疗卫生支出稳步增长。2008年,仅社区卫生补助经费一项,福州市就投入近2000万元,大幅提升了社区医疗服务水平,进一步满足社区居民的日常诊疗需要。按照年初预算安排,2010年福州市医疗卫生支出将达3.53亿元。

……

在受国际金融危机影响最为严重的2009年,福州市围绕保增长、扩内需、调结构、重民生的工作主线,千方百计筹措资金,大幅增加民生领域的财政支出。在当年的一般预算支出中,教育、科学技术、社会保障与就业、医疗卫生、公共安全等方面,全市合计支出132.4亿元,占全市一般预算支出的65%。

让更多百姓分享民生“蛋糕”

“参加新农合后,看病还真省了不少钱!”回忆起前段时间拿到了1万多元住院补助,家住永泰县的陈依姆乐呵呵地说。像陈依姆一样,“十一五”期间,更多的榕城百姓正分享着越来越大的民生“蛋糕”。“十一五”期间，福州市每年城镇新增就业人数超过14万人，其中2009年达15.23万人，至2010年底超额完成5年累计新增就业人数70万人的指标。在转移农业富余劳动力方面，仅2010年1至10月，福州市就转移农业富余劳动力4.62万人，完成年度任务的116%。

截至2010年10月31日，福州市城镇职工和城镇居民参加基本医疗保险的人数超过190万，加上参加新型农村合作医疗的343.6万人（不含平潭），享有基本医疗保障的城乡居民已超过500万人。其中，新农合参合率达97.73%，远远超过“十一五”期间农村居民新型合作医疗参保率达80%以上的指标任务。

5年来，受益于加大教育投入、完善教育布局、加强校舍建设、发展均衡教育等举措，福州市一大批教育民生项目稳步实施，新建各类学校30所，每年减免各项费用超亿元，全市教育质量得到持续提升。全市3～6周岁儿童入园率达91.91%，比2005年提高0.4个百分点；小学适龄人口入学率达99.96%，比2005年提高0.3个百分点；小学、初中毕业生升学率分别达96.12%和92.5%；高中阶段教育的毛入学率高达98.2%，比2005年提高了26%。

“过去看病，都是去大医院，挂个号都得排队等上半天，现在一些小毛病在家门口的社区卫生服务中心就可以治疗了。”刚把感冒治好的苍霞社区居民张女士提起住所附近的社区卫生服务中心，一个劲地夸它方便。如今，福州市有44个社区卫生服务中心，在城区的覆盖率达100%，“小病进社区，大病到医院，康复回社区”的医疗模式，正日渐成为榕城市民的选择。

“户型好，采光好，风景也好！”这是前些日子，65岁的台江居民曾礼金在领到台江区桂园怡景小区限价房钥匙时，对新居的称赞。5年来，随着福州市各类保障性住房建设力度的不断加大，一批又一批市民喜迁新居。至2009年底，全市城镇居民人均住房建筑面积达30.39平方米。2010年，福州市落实安排各类保障性住房建设项目58项31293套，已开工建设30175套，更多市民的居住条件将得到进一步改善。

城镇居民人均可支配收入年均增长7%，这是福州市在“十一五”规划中提出的硬性指标。2009年，福州市城镇居民人均可支配收入增幅为8.9%，2010年，福州市城镇居民人均可支配收入为22720元，增幅更是高达12.0%。

特色民生举措暖民心

2010年10月，马尾区大手笔为教育、医疗两大民生项目“埋单”，在全省率先推行十二年义务教育，率先实现新农合农民免费参保。这也成为近年来福州市着力先行先试，探索具有福州特色改善民生举措的一个缩影。

免费总是与方便如影随形。近年来，“免费”成为福州市改善民生的一个关键词——公园免费了，市民游玩更方便；公厕免费了，市民“方便”更方便；公交取消空调费，市民出行更方便……这些举措，都走在全省乃至全国的前列。

2010年6月，家住福清市的吴金梅老人患病住院，1个多月花费25.83万元。出院报销时，除了参加新农合获得住院统筹基金补偿款6万元外，根据2010年7月福州市刚出台的《2010年福州市重大疾病住院大额医药费用补充补偿实施方案》，她还可获得重大疾病住院补充补偿款3.23万元。这一福州市医改新举措，大幅提高参合农民重大疾病住院保障水平，让不少农村居民面临的看病贵问题得到明显缓解。

60岁以上的老人只要拨打一个电话，就能享受就医、送餐等一系列服务。这是鼓楼区水部街道新推出的居家养老服务模式。2008年，福州市出台相关政策，成为全国最早实施“居家养老”的城市之一。至2010年，福州市建立起以居家为基础、社区为依托、机构为补充的养老服务体系，保障市民老有所养。

此外，公厕改造、拆违见绿、公交优先以及“15分钟社区卫生服务圈”“15分钟教育圈”“15分钟劳动保障服务圈”等，都让福州百姓实实在在感受到民生改革举措带来的实惠。

市本级积极探索的同时，5年来，各县（市）区也在不断进行民生改革新尝试，并取得了积极成效。

在鼓楼区，通过鼓励高校毕业生面向基层就业，并帮助大学生申请小额担保贷款，用于开发投资少、见效快、风险小的项目，该区实现自主创业或自谋职业的大中专毕业生达数百人。

居民医保参保率连续多年位居全市第一的台江区，在全省首创居民健康身份证管理制度，率先推出惠民免费体检服务。

晋安区不但在全省率先开展被征地农民养老保障试点工作，还成为福州市新型农村社会养老保险的试点地区。

……

回望即将过去的“十一五”，福州朝着民生普惠的目标大步迈进，各项民生指标全面完成，城乡居民生活质量显著提高，交出一张张群众满意的民生答卷。

“十一五”福州市城市建设加快推进，城市面貌日新月异

福州，一座充满激情与梦想的城市。

东部新城建设高速推进，刷新福州城建历史；城市轨道交通项目获批并动工，福州将迈入地铁时代；城市综合体遍地开花，大大提升福州商贸服务业水平……“十一五”期间，福州以建设宜居、宜业城市为目标，不断提升城市功能，改善人居环境，现代宜居城市建设取得实质进展，城市面貌日新月异。

一个功能配套、环境宜人、特色明显、文明和谐的新福州呈现在世人面前。

“四纵四横”路网成形

城市建设，道路先行。近年来，按照“疏解老城、开发南台、拉开框架、发展新城”的思路，市委、市政府大做“路、桥”文章，加大财政投入，不断拉开城市框架。

在东部新城，鼓山大桥、福峡路、林浦路、螺城路、三江路、站前路、站后路、三环路一期、三环二期（湾边至福峡路）等一批主干路网建成通车，拉开新城主体框架。此外，三环二期（福峡路至林浦大桥）、林浦大桥、螺洲大桥等一批路桥建设力争2011年底前全部竣工通车。环岛路、南台大道立交等也将在2011年元旦前动工建设。

加快新区路网建设的同时，福州老城区路网改造提升也在快马加鞭同步推进。5年来,茶亭街、杨桥路、工业路、国货路、乌山西路、鼓东路、鼓西路等一批主次干道完成拓宽改造;乌山支路、学院前路、排尾支路等一大批断头路、丁字路相继打通。福州核心区域“四纵四横”主干路网结构已成形。“四纵”是指由白马路、八一七路、五一五四路、六一路—则徐大道构成的南北向路网主骨架;“四横”是指由杨桥路—东大路—化工路、乌山路—古田路—福马路、工业路—国货路、北江滨(台江路)构成的东西向路网主骨架。

中心城区规划的“两环十射”路网,已粗具规模。二环路实现全闭合,总长50公里的三环路,已建成32公里。林浦大桥、淮安大桥、魁岐互通、东北三环B段等正在全速推进,力争2011年底三环全线贯通。“十射”对外通道中,基本形成福峡路、甘洪路、金山大道、福湾路、林浦路、福飞路、远洋路、化工路等8条放射性通道。“十一五”期间,福州市新增道路面积668万平方米,新建、改扩建主次干道136条,总长316公里。

人居环境全面提升

绿化水平不断提高,污水处理持续深入,公交发展可圈可点……“十一五”期间,福州人居环境全面提升。

爱绿、植绿、护绿是福州的优良传统。福州的城市建设,从未离开过“绿色”“生态”“可持续”的理念。东街口是福州最繁华的商业中心,可谓寸土寸金。2009年国庆节前,福州市在东街口东北角建设一座面积3000多平方米的绿化广场。别看广场面积不算大,仅拆迁费用就花费约8500万元。这里原本是两家单位的建设用地,经市政府协调,单位主动搬迁,才有今天这高楼间的一抹绿。

相似的还有镇海楼下的屏山公园,在付出近亿元的工程费与拆迁费后,屏山公园西北片多了1.2万平方米的绿地。2009年国庆节前夕,有乌山北坡公园、西湖大梦山景区等一批绿化项目与市民见面,新增绿地3万多平方米。2010年更是福州园林史上绿地建设规模最大的一年,全市投入城市园林绿化建设资金8.6亿元。福州城市园林绿化达到3个指标:建成区绿化覆盖率40.3%,建成区绿地率36.9%,人均公园绿地面积10.95平方米。

做好园林绿化的同时,福州市还加快污水处理厂及管网建设。至2009年底,福州市城区建成污水处理厂5座,污水管道780公里,城市污水处理率81%。2010年底,连坂污水处理厂及其配套污水管网投用,大大提升福州城市污水的处理能力。全市城市生活垃圾无害化处理率98.1%。闽江(福州段)、敖江(福州段)水质达标率均达100%,市区集中式饮用水水源地水质达标率97.73%,城市水环境功能区达标率100%。

福州市公交发展同样可圈可点。2006~2010年,福州市新增公交车1317辆,新辟公交线路61条。2010年,福州市新增出租车1200辆,出租车总数4945辆,其中2010年的增幅逾三成。福州地铁1号线动工,计划2014年底试运营通车。

城市面貌焕然一新

“路变宽了,景变美了,我们的心情更加舒畅了。”家住洪塘路的林先生说,改造前,洪塘路两侧电线杆林立,上空密布“蜘蛛网”,两侧房屋低矮、破旧,道路、人行道坑坑洼洼,与福州靓丽的城市景观极不协调。2010年4月,结合道路改造,福州市对洪塘路沿线景观进行改造提升。如今,洪塘路道路宽阔平整,两侧绿树婆娑,店牌、店招整齐划一,楼体立面干净整洁。

“城市不仅需要变大,更需要变美,变得宜居、宜业。”市景观办一负责人说,福州市城区主次干道两侧,不少住宅是上世纪80年代建设的,年久失修、功能不全、管理不到位、安全隐患突出,亟须改造提升。2006年9月,按照“统一规划、统一设计、统一施工”的原则,市委、市政府大手笔对市区主次干道分阶段、有计划地实施道路景观改造。2008年,福州市更是将景观改造列入为民办实事项目之一,以提升城市总体景观,改善市民人居环境。

至2009年底,福州市先后完成二环路、华林路、铜盘路、国宾大道(余盛环岛—国宾馆)、古田路、乌山路、五一路、五四路、东街东大路、杨桥路、六一路、白马路、工业路、国货路、青洲路、罗星西路(含昭忠路、步行街等)等47条主次干道的景观改造,整治楼体2500多幢,有效提升了福州城市景观。

2010年,结合“五大战役”中的城建战役,市委、市政府投资23.8亿元,对二环路、五一五四路、鼓屏路、国宾大道等城市重要景观线路以及闽江两岸夜景灯光进行改造升级,以进一步提升福州城市整体景观水平。同时,持续推行“平改坡”或“平改绿”、广告招牌整治、拆除违章搭盖、保护历史建筑。2010年,福州市还启动架空线路缆化下地工程,杨桥路、鳌峰路、六一南路、北二环东路等一批道路完成缆化任务,下地电缆总长度近100公里。

城市综合体遍地开花

台江金融街万达广场12月22日全面开业。项目占地7.2公顷左右,总投资约40亿元,是一个总建筑面积约40万平方米的大型城市综合体,拥有星级酒店、甲级写字楼、大型高档购物中心、大型娱乐中心、SOHO办公、时尚步行街等。它的建设,是福州商贸服务业发展史上的一个里程碑。

位于台江区工业路的红星美凯龙家居广场,投资6.73亿元,建筑面积10万平方米,2010年3月开工建设,年底进入地面施工,将于2011年5月完工;位于浦上大道的仓山万达广场,总投资60亿元,占地约12.6公顷,建筑面积约65万平方米,也开工建设,力争2012年竣工。位于茶亭街的世茂国际中心、位于晋安区的SM城市综合体、位于仓山城门镇的海西国际物流商贸城、位于仓山区闽江大道的红星美凯龙家居广场、位于青口投资区的海峡汽车文化广场等一大批大型城市综合体,都开工或即将开工。

随着这些城市综合体的建成,福州城市形象又将迎来新一轮的提升。

“十一五”期间福州市重点项目稳步推进,城市面貌日新月异

设施完善生活有滋味

2010年底,福州市建成5条总长145.78公里的高速公路,全市高速公路总里程达400公里,实现“十一五”期间全市高速公路总里程突破370公里的总体目标;温福高铁、福厦高铁顺利通车,把福州带入“高铁时代”;城区道路不断拓宽,核

心区域形成“四纵四横”主干路网结构……“十一五”期间，福州大力推进基础设施建设，一个北承长三角、南接珠三角、西连内陆腹地、东出台湾海峡的立体交通网络基本形成。

万宝商圈是福州“十一五”期间建成的商贸重点项目，它改变福州居民的消费习惯，到万象、宝龙，聚餐、购物、娱乐一站式搞定。

2010年10月，三环路东北A段、三环二期、绕城高速公路西北段、机场高速公路二期、贵新隧道等一大批重大交通项目相继建成通车，福州居民外出更方便了，节假日的生活又多了几个选择：贵安泡温泉，永泰游览青云山，长乐、平潭、连江吃海鲜。

做客榕城年年看变化

“十一五”期间，福州市商贸服务业成为国民经济新的增长点。2006~2009年，全市实现社会消费品零售总额年均增长19.2%；2009年，全市实现社会消费品零售总额1338.64亿元，提前超额完成“十一五”目标任务；2010年，全市实现社会消费品零售总额1560亿元，比增20.6%。其中，大市场、大商贸、大流通等重点项目发挥重大贡献。

厦门某高校的王老师经常到福州出差，他说，每次来福州都能发现新变化。

2010年元旦，王老师到福州时去茶亭街逛了一圈，宽敞的路面、美丽的公园让王老师大为感叹。走在修缮后的南后街上，从鳞次栉比的古民居中寻访远去的历史，王老师说：“不仅仅10条街坊是一本书，严格地说，三坊七巷里的每一所民居都是一本书！三坊七巷修缮后，很好地展示福州深厚的文化底蕴。”

逛街时，王老师发现，GUCCI、LV、星巴克等国际品牌先后登陆福州。他说，全球顶级品牌先后入驻，充分体现福州商贸业的开放程度和发展水平。

惠民工程点滴见真情

“十一五”期间，福州市城镇居民可支配收入、农民人均纯收入年均分别增长12%和10%。居民收入的快速增长，反映老百姓生活质量的提高以及综合生活环境的改善。

“十一五”期间，福州市完成造林绿化面积7.59万公顷，森林覆盖率49.75%，城市建成区绿地率36.29%，绿化覆盖率41.15%。2010年4月，福州市被授予“全国绿化模范城市”荣誉称号。

2006年以来，福州市投入经济适用住房建设资金约23.5亿元，投入限价房（安置房）建设资金约99.59亿元。2006~2009年，福州市保障性住房及中低价位、中小套型普通商品住房建设用地为383.42公顷，占住宅建设用地总量的77.8%。2010年，保障性住房、棚户区改造、中小套型普通商品住房计划供地230.73公顷，占计划供地总量的75.6%。

产业布局调整集聚显效应

“十一五”期间，福州南北“两翼”发展迅速，福州新港船舶修造产业集群、电力能源产业集群、冶金产业集群、化工产业集群正加速成型，初步形成“‘两翼’齐飞”的临港工业发展布局。

2006年，《福州市国民经济和社会发展第十一个五年规划》第一次将发展海洋经济单列出来，并提出福州市将由海洋资源大市向海洋经济强市转变的目标。至2010年，福州港成为中国沿海20个主枢纽港之一，拥有生产性泊位121个，年集装箱吞吐能力达242万标箱，开辟国际班轮航线34条。

工业向南北“两翼”集聚构成“十一五”期间工业经济的主线。依靠港口经济的辐射和带动，位于福州南北“两翼”的福清和长乐、连江和罗源工业实力得到强劲增长。4县（市）的规模以上工业产值对福州市工业经济增长的贡献率达50%以上，成为全市工业的重要拉升力量。随着2010年福州市“五大战役”的强力推进，“两翼”已成为项目建设的大战场。

“十一五”期间福州市交通事业发展迅猛

“十一五”期间，福州市交通固定资产投资261亿元，年均增长40%，超过建国以来56年完成投资总和，是“十五”期间完成投资的1.9倍。温福、福厦铁路福州段和绕城高速、机场二期高速等一批连接城乡、服务周边的对外通道陆续建成，福州港建设取得新突破，一个多元、立体、快捷、高效的现代综合交通体系基本形成。

铁路“末梢”一跃成为交通枢纽

“以前要十几个小时才能到上海，现在6小时就到了，方便多了！”世博会期间，市民李女士带着女儿体验了一回“动车游”。

2009年9月28日，福建史上首条高速铁路——温福铁路正式开通运营，福建自此告别只有单线、低速铁路的历史，跨入“高铁时代”。2010年4月26日，福厦高铁开行首趟时速250公里的“和谐号”动车组。福厦高铁如今是中国高铁平均上座率最好的一条线路。福州，处于全国铁路网“末梢”的历史就此告别，福建沿海基本形成“两小时经济圈”。

作为中国铁路中长期规划“四纵四横”主通道沿海客运专线的重要组成部分，温福铁路北接甬台温铁路，福厦铁路南接厦深铁路，福州则恰好位于连接长三角与珠三角这条高速铁路的中心点，铁路“末梢”一跃成为交通枢纽。

此外，在建的向莆铁路，已经批复的京福高速铁路等一条条铁路动脉在此汇聚……福州，成为铁道部规划的全国十大铁路区域客运中心之一。

完善路网城区辐射范围扩大

位于绕城高速的桂湖收费站，正式更名为福州北（桂湖）收费站。改变的，不仅仅是名称，更意味着随着交通基础建设的不断完善，福州与外界的沟通将更加顺畅，福州的经济辐射范围也在扩大。

“交通对于沿线地区的经济具有相当大的带动作用。”绕城高速东南段通车后，闽侯、连江、长乐等县（市）的部分乡镇及琅岐等，将被纳入中心城市规划区，产生深远的影响。“十一五”期间，福州市高速公路以年均增长20%的投资速度高位运行。5年间，湾边大桥、机场高速、绕城高速西北段等先后建成。渔平高速、福泉高速扩建、福永高速等一大批高速公路项目正在加紧建设。与此同时，渔平高速延伸线平潭复线桥于9月28日开工建设，建瓯至闽侯高速公路（福州段）、绕城高速东南段、长乐至平潭高速公路等项目前期工作已全面展开,并于年内动工建设。

绕城高速建成后,与现有的国道主干线相接,无形之中扩大福州的经济发展区域,形成逐层推进的"大福州"格局。而机场高速二期、福泉高速复线的建设,则提高省会中心城市对外辐射与沟通能力,构成四通八达的快速交通网络。

"十一五"时期,福州市符合国家等级公路标准的公路总里程大幅增长,从2005年的4761公里增加到2010年的8350公里,初步形成以国道、省道为骨架,以县、乡、村公路为基础的干支相连、布局合理、四通八达的公路交通网络。

修建高速,完善路网,福州"大交通"格局稳步推进,建设高潮还在不断持续。

机场扩容,完善立体交通网络

2010年上半年,福州长乐国际机场完成旅客吞吐量316万人次,比2004年全年旅客吞吐量312万人次还要高一些。应对迅猛增长的客流,长乐机场投入2亿元启动扩容工程,主要包括候机楼扩容和停机坪扩建。扩容后的长乐机场年保障能力从650万人次提升至1100万人次以上。

机场扩容也为实现轨道交通与航空运输的无缝对接埋下伏笔。规划中的机场铁路,起于福州火车站北站,终于长乐机场,建成后,乘客一下机场便可直接坐上高铁。

"十一五"期间,福建与台湾实现空中直航,闽台城市群逐渐纳入"一日生活圈"。作为距离台湾最近的大陆省会中心城市,立体交通的长足发展使得交通不再是台商投资的瓶颈,也让台胞往返两岸更为便捷。

结构调整,港口优势逐步彰显

2006年,福州市第九次党代会作出"加快省会福州由滨江型城市向滨海型城市跨越、加快福州港由河口港向海港发展、加快工业经济向江阴罗源湾两大港区为重点的南北两翼集聚"的重大决策部署。

2008年12月15日,"金海缘"号货轮从福州港首航台湾台北港,成为大陆第一艘直航台湾本岛的货轮。

2009年7月13日,"新金桥"2号豪华客滚轮从马尾直航台湾基隆港,成为大陆第一艘直航台湾本岛的客滚轮。

……

福州港凭借独特的地理优势,成功实现对台由"小三通"到"大三通"的历史性跨越。

经过几年的努力,拥有深水港区江阴、松下、罗源湾的福州港,通过打造"一港四区"的新格局,形成既有大型外海深水港区,又有功能完善内河港区的新大港。"十一五"期间,福州港货物(扣除河砂)吞吐量实现年平均增长22.07%。

"十一五"期间,福州港完成港航建设投资约80亿元,是"十五"期间完成投资总额16.3亿元的4.88倍。福州港"南北两翼"建有深水泊位17个,其中5万吨级以上深水泊位14个。

以港口引导产业、以产业带动经济、以经济促进港口,三位一体,以港兴市……福州港,还将在"大港口"之路上越走越远。

"十一五"期间福州市卫生事业实现跨越发展

"十一五"期间,为切实解决群众"看病难看病贵"问题,福州市深化医药卫生体制改革,医院诊疗服务不断优化,基层医疗卫生服务体系逐步完善,药品零差率顺利实施,疾病防治能力稳步增强,越来越贴心便民的医疗服务实现市民看病从"方便、放心看"到"满意看"的新跨越。

医疗服务全面提升,"看病难"问题得到缓解

到医院看病,许多市民都有过这样的经历:候诊厅内人头攒动、摩肩接踵,病房爆满、病床摆到走廊里……细心的市民不难发现,这一切正悄然发生转变。

福州市的各大公立医院,几乎都采用电话、网络、现场自助预约等多种形式,为市民预约就诊提供方便。门诊取药、检验等窗口统一电子叫号,为患者就诊节约不少时间。

为满足市民日益增长的医疗需求,"十一五"期间,福州市不断加大投入,大手笔推进各项医疗卫生基础设施建设。2005~2009年,全市卫生基本建设投入5.84亿元,比"十五"期间增加2.1亿元,增长56%。这5年来,新病房大楼如雨后春笋般拔地而起,市传染病医院艾滋病治疗中心、福州市急救中心大楼、市神经精神病防治院病房楼等一大批新项目先后投入使用。

截至2009年,全市拥有各级各类卫生机构1898个(含个体诊所,不含村卫生室)。医院、卫生院床位数达21746张,比2005年增加4285张。随着病床的增多,"住院难"问题逐步得到缓解。

医疗服务体系升级,居民家门口就能看病

大医院人满为患,不少卫生院、社区卫生服务中心却门庭冷落,"十一五"期间,紧紧围绕这一矛盾,福州市从夯实基层卫生资源入手,着力推进社区卫生服务建设,全市社区卫生服务中心遍地开花,广大市民小病小伤不出门,在家门口就能享受到满意的基本医疗服务。

福州市居民一般步行15分钟,就可获得方便实惠的社区医疗服务。全市现有社区卫生服务中心45家,社区卫生服务站146家,社区公共卫生服务覆盖率达100%,每个街道至少有1家社区卫生服务中心。此外,17家省、市医院与27家社区卫生服务中心签订对口支援合同,福州儿童医院、市中医院、市六医院、市一医院、省人民医院等还开办7家社区卫生服务中心,医院与社区之间形成多个紧密的医疗联合体,实现双向转诊,零缝隙对接。城市居民"看病难"问题在"小病进社区,大病到医院,康复回社区"医疗新格局下逐渐"破冰"。

福州市各级财政也加大投入,大力改善农村卫生条件,不断健全以县级医院为龙头、乡镇卫生院为骨干、村卫生所为基础的农村三级医疗卫生服务网络。截至2010年11月10日,福州市有119家乡镇卫生院(不含平潭县和连江马祖乡),2000多个村卫生所。

"十一五"期间,福州市还培训乡村医生23700人次;通过城市医院对口支援、送医下乡等多种形式开展帮扶工作。5年来,福州市卫生部门派出医疗队362支,下乡医务人员2093人次,让许多偏远地区的农民不出村就看上城里的专家门诊。

新农合全面铺开,农民看病买药不发愁

"十一五"期间,福州市新农合全面铺开,参合率不断提高。全市含农业人口的11个县区全部建立新农合制度,提前

1 年完成省里确定的"实现新农合制度全面覆盖"的目标。2010 年,全市参合人数 343 万人,参合率 97% 以上。人均筹资水平达 150 元,住院补偿比例乡级达 80%,县级 60%,县级以上达 32% 以上。

不仅看病有保障,随着药品"零差率"的逐步推广,质优价廉的基本药物惠及全市百姓,普通市民不用再为高昂的药费发愁。从 2007 年起,福州市在鼓楼区 3 个社区卫生服务中心试点药品"零差率"销售。2010 年 2 月起,首批药品"零差率"试点的罗源、鼓楼、台江 3 个区县 24 家基层医疗机构实行药品"零差率"。试点后,门诊和住院次均费用明显下降。11 月起,第二批药品"零差率"试点扩大到福清、长乐、连江、闽侯、马尾、晋安、仓山等 7 个县市区,全市新增 18 家社区卫生服务中心、74 家乡镇卫生院为药品"零差率"试点单位,全市药品"零差率"范围可达到 70.8%。

2010 年福州市"五大战役"建设工作情况

2010 年以来,在市委、市政府的坚强领导下,在市人大的监督指导下,全市各级各部门深入学习贯彻总书记胡锦涛等中央领导到闽考察的重要讲话精神和省委八届九次全会、市委九届十四次全会精神,围绕国务院支持海西建设《若干意见》,贯彻落实省委、省政府作出的"大干 150 天,打好五大战役"的工作部署,全市上下掀起大干快上、比学赶超的热潮。

一、全面部署,"五大战役"形成氛围

7 月下旬,省委召开八届九次全会,提出要深入贯彻落实总书记胡锦涛到闽考察重要讲话精神,作出要推动福建跨越发展的重大战略部署。根据省委八届九次全会部署,福州市委、市政府迅速抓好贯彻落实,先后多次召开市委常委会议、市政府常务会议、市长办公会议进行学习传达,研究打好"五大战役"的目标任务、工作重点、具体措施。同时,紧密联系福州实际,广泛征求意见,集中各方智慧,研究制订福州市《关于贯彻落实省委八届九次全会精神推动跨越发展的实施意见》,并于 8 月 12 日召开市委九届十四次全会,全会明确提出要深入贯彻落实科学发展观,按照"先行先试、加快转变、民生优先、党建科学"的要求,持续推进"三个加快",强力打好"五大战役",推动福州跨越发展。根据市委、市政府确定的大干 150 天,"五大战役"的总体目标任务,全市各级各部门围绕"突破重点、全面提速、追赶超越、跨越发展"的要求,努力实现"五个全面突破"(全面突破发展空间、全面突破发展后劲、全面突破发展基础、全面突破发展园区、全面突破发展瓶颈);做到"五个全面提升"(全面提升发展速度、全面提升发展规划、全面提升城市品位、全面提升惠民工程、全面提升工作质量)。全市上下充分发挥工作主动性,不等不靠,坚持拓宽发展思路,大胆突破,自加压力,坚持做到工作落实到位、责任落实到位、考核落实到位、服务保障落实到位,集中力量加快一大批重点项目建设、新增长区域发展、城市建设、小城镇改革发展、民生工程等项目的竣工、开工和建设,为福州市打好"五大战役",加快经济社会各项事业的跨越发展提供持久、强劲的原动力。

二、强化措施,"五大战役"项目建设全面提速

(一)加强领导,落实责任。

市委、市政府对"五大战役"实行市四套班子领导跟踪落实责任制,第一时间成立 5 个市级工作领导小组,对"五大战役"项目进行责任分工,由市四套班子领导作为各战役工作领导小组第一、第二责任人,有关市直单位和县(市)区政府负责人作为领导小组成员。由市发改委作为"五大战役"项目进展情况汇总上报的总牵头单位,市重点办作为"重点项目建设战役"的牵头单位,市经委作为"新增长区域发展战役"的牵头单位,市建委作为"城市建设战役""小城镇建设战役"的牵头单位,市政府办公厅作为"民生工程战役"的牵头单位。为明确任务和责任,市委办公厅、市政府办公厅联合印发《福州市"五大战役"项目责任分工表》等文件,将各项任务分解细化,责任落实到人,责任落实到位,形成层层落实责任、层层传导压力,任务到人、责任到人的工作机制。各"战役"项目责任领导经常深入一线,现场指导推动,定期听取项目建设推进情况汇报,及时协调解决存在的困难和问题,确保如期完成各项工作任务;相关牵头单位积极协调解决各"战役"项目推进中存在问题。各"战役"牵头单位和项目责任单位按照《福州市人民政府办公厅关于报送"五大战役"项目实施进展情况的通知》要求,每旬、每月上报汇总各自"战役"项目进展情况,总牵头单位对福州市"五大战役"项目实施进展情况实行每旬、每月通报制度,上报"五大战役"项目专报 13 期、2995 份,汇总核对数据 9672 个、进展情况 3224 项。

(二)强化督促检查,严格通报评比。

1. 强化督查。以市委常委、市政府常务副市长杨益民为组长的市"五大战役"督查工作领导小组和市纪委、市监察局、市效能办等单位组织成立的专项监督检查组,对全市"五大战役"相关项目进展情况进行全面的督促检查,以严格的跟踪督办和严肃的绩效考评、行政问责来保障和推进"五大战役"顺利实施,有效地突破征地拆迁、行政审批、部门协作等影响"五大战役"项目实施的问题症结。

2. 通报宣传。福州市在市政府第一会议室设置 6 块固定展板,将地区生产总值、固定资产和各战役项目投资完成情况上板公布,按照项目完成投资进度,每旬、每月通报各责任单位完成情况,并分别标注代表完成情况好、中、差的红、黄、蓝三色流动旗。市委宣传部门组织新闻媒体开展"大干 150 天、打好'五大战役'"的系列报道,在全市上下形成良好的舆论氛围。

3. 严格奖惩。为表扬先进,鞭策后进,进一步调动和激发全市各级各部门加快推进"五大战役"的主动性和积极性。福州市出台《福州市实施"五大战役"工作奖励暂行办法》和《福州市实施"五大战役"工作年度考核评比具体办法》,年终按照《福州市"五大战役"项目责任分工表》下达的项目建设年度目标任务,设置综合、鼓励、服务和先进个人等奖项,比对每个项目责任单位目标任务的完成情况,作为工作绩效进行

奖惩。对在“五大战役”中,项目推动速度慢,服务意识不强的相关单位和人员给予效能告诫等处分。

(三)简化审批,提高工作效率。

为精简审批程序,提高工作效率,市政府出台《福州市促进重点项目审批工作提速增效的意见(试行)》,对“五大战役”的重点项目和省、市级重点项目实行“绿色通道”服务,全面改进作风,提高办事效率,优化公共服务,为打好“五大战役”、推动跨越发展提供良好的服务和有力的保障。

1. 简化环节,优化流程。在项目决策、城乡规划、土地管理、环境影响评价、建设管理、招标活动等项目前期审批各个环节进行程序简化,项目申报材料中不影响审批的,容许先缺件通过,待出件前补齐所缺材料。

2. 压缩时限,提高效率。对“五大战役”项目、省市重点项目以及实行备案的企业投资项目、实行审批的政府投资项目、实行核准的企业投资项目,减少审批环节,大幅压缩项目审批时限,提高审批效率。

3. 下放权限,减少层级。实行核准、备案的企业投资项目属市级权限内,又无明确规定必须由市级核准、备案的,全部下放给项目所在县(市)区投资管理部门核准、备案;列入重点项目的县(市)区项目,资本金中有市级政府资金注入的,委托县(市)区投资管理部门审批;企业投资备案项目,由目前的企业工商注册地投资管理部门备案,改为由项目所在地投资管理部门备案;省里委托或下放的审批事项,除有明确规定不能下放外,全部委托或下放给县(市)区投资管理部门审批。

4. 创新方式,优质服务。对符合受理条件的重点项目做到即收即办,在申报材料上加盖“急办件”印章,第一时间会商、第一时间审批、第一时间出件。项目需要在非工作时间(包括晚上及节假日)申报的,实行预约服务,照常受理;按照重点项目需要指定专人负责,随时提供上门服务,及时办理;提前开展项目出让地块、规划选址、征地拆迁、消防设计文件等阶段的前期指导和初审工作,并在项目消防工程等竣工验收前派技术人员进行现场检查指导。

三、激情奋战,“五大战役”硕果累累

在“五大战役”期间,全市上下以“5+2”“白加黑”的工作状态,凝心聚力,激情奋战,福州市各大“战役”取得全面胜利,为推动福州市科学发展、跨越发展奠定坚实的基础。2010年福州市安排市级“五大战役”项目248项,总投资4242.33亿元,年度投资计划731.59亿元,2010年完成投资816.46亿元,达到年度投资计划的111.6%,比年度投资计划多完成84.87亿元,并于12月中旬超额完成年度投资计划,提前10天全面完成市级“五大战役”项目年度投资任务,且五个战役项目完成投资均超过年度投资计划,各战役项目具体情况如下:

(一)重点项目建设项目40项,总投资1327.88亿元,年度投资计划198.73亿元,完成投资221.33亿元,达到年度投资计划的111.4%,比年度投资计划多完成22.6亿元。福州至平潭铁路、福州至长乐机场铁路、中科院海西研究院等7项开工动建,平潭海峡大桥、渔平高速公路、马尾中铝瑞闽高精铝板带项目、福州火车南站站房工程等10项建成或基本建成。

(二)新增长区域发展项目81项,总投资1705.89亿元,年度投资计划210.39亿元,完成投资233.86亿元,达到年度投资计划的111.2%,比年度投资计划多完成23.47亿元。福清核电站一期1~2号机组完成投资67.47亿元、达到市级“五大战役”项目年度投资总量近1/10,江阴东南电化建设项目、马尾琅岐闽江大桥、罗源德盛镍合金二期工程等36项开工或部分动建,海峡农副产品批发物流中心、奋安铝业铝合金型材技改项目、捷星显示液晶模组及显示器项目等16项建成或基本建成。

(三)城市建设项目76项,总投资917.77亿元,年度投资计划265.48亿元,完成投资290.85亿元,达到年度投资计划的109.6%,比年度投资计划多完成25.37亿元。台江上海东新村危旧房改造、红星美凯龙城市综合体、台江福机第一生活区及新村一里地块限价房建设等27项开工或部分动建,鼓山大桥及接线、城区东北段三环A段、福州海峡国际会展中心、福州金融街万达广场项目等15项建成或基本建成。2010年福州市增加城市绿地710万平方米,城市道路绿化普及率、达标率分别达100%和80.5%,超额完成年度建设目标任务。

(四)小城镇改革发展项目7项,总投资43.3亿元,年度投资计划12.3亿元,完成投资16.43亿元,达到年度投资计划的133.6%,比年度投资计划多完成4.13亿元。坚持高水准规划,研究出台配套扶持政策,强化项目带动作用;福州市3个省级试点镇的总体规划已经市政府审批,启动区控制性详细规划和专项规划正在抓紧编制、评审和报批;龙田福庐山公园一期等一批项目基本建成。

(五)民生工程项目44项,总投资247.49亿元,年度投资计划44.69亿元,完成投资53.98亿元,达到年度投资计划的120.8%,比年度投资计划多完成9.29亿元。海峡奥林匹克体育中心、历史博物馆暨城市发展展示馆、闽江学院六期等20项开工或部分动建,市儿童公园、东山新苑保障房、台江桂园怡景限价房等7项建成或基本建成。

四、注重实效,“五大战役”成效凸显

(一)项目建设、投资力度不断加强。全市上下协同努力、攻坚克难,充分调动各种积极因素,努力克服项目实施过程中出现的征迁交地、项目报批、工程协调等问题。2010年市级“五大战役”项目完成投资额比年度投资计划多完成84.87亿元,比战役开展前下达的“十大工程”投资计划多完成247.87亿元、增幅达43.6%,约占福州市全社会固定资产投资完成额1/3,全面完成市委、市政府确定的“五大战役”项目建设目标任务。年内,福州市全面超额完成省下达“五大战役”项目年度建设目标任务。

(二)大型项目带动作用愈加明显。在市级“五大战役”项目中,高速公路、铁路、能源、工业等行业的大型项目投资数量大,有力地拉动福州市全社会固定资产投资的持续增长,向莆铁路福州段、海西高新技术产业园、核电站一期1~2号机组、福州海峡国际会展中心、地铁一号线等23个大型项目年度完成投资额均超过10亿元,共完成投资430.77亿元,超过

市级“五大战役”项目完成投资总额的一半(而项目数仅占总数的9.3%),完成投资所占比重大,对保证市级“五大战役”项目建设任务顺利完成和全社会固定资产投资持续较快增长的骨干支撑和拉动促进作用愈加明显。

(三)项目效应作用持续凸显。市级“五大战役”项目中有49个项目建成或基本竣工投产,对增强发展后劲、实现跨越发展发挥重要作用。其中长乐国际机场高速公路二期工程、渔平高速公路等项目的建成通车,缩短周边县市到城区的路程,使二者联为有机整体,为福州新城区跨江向海发展提供有力支撑;马尾中铝瑞闽高精铝板带项目的建成投产,使福州市新增年产45~50万吨高精铝板带的生产能力,项目达产后年销售收入预计实现100亿元;海峡农副产品批发物流中心的开业运营,产生规模带动效应,在服务福州的同时还辐射至周边城市,成为海西规模最大、档次最高、功能最全和设备最完善的现代化农副产品批发物流中心,年交易额达100亿元以上;东山新苑保障房、台江桂园怡景限价房等社会保障房交付使用,改善一大部分中低收入家庭群体的住房问题;市儿童公园的建成开放,和附近的森林公园、八一水库、新动物园等形成一条新游览线路;东南汽车三期四期、蓝星化工重油催化裂解、德盛热轧2180毫米镍合金板工程、宦溪桂湖生态温泉城、金山医院等一批重大项目前期工作稳步推进,为尽快启动项目实施奠定扎实基础。

(福州市发展和改革委员会　王其斌)

城市建设创造多项第一

海峡国际会展中心、鼓山大桥、金融街万达广场、福州城市发展展示馆、琴亭湖……刚刚过去的2010年,一个个完工或正在建设的城建工程,让福州这座城市功能日益完善、面貌持续改善、品位不断提升的同时,还创造多项第一。

鼓山大桥:中国第一座独塔自锚式悬索桥

鼓山大桥是中国第一座独塔自锚式悬索桥。大桥南起二环三期快速路尾端,北接机场高速公路二期工程,南接线引桥长约3050米,北接线引桥长约242米,主桥长约1520米,总投资约16.3亿元。桥面宽42米,是截至2010年国内已建成桥面最宽的双索面自锚式悬索桥。2010年5月18日,鼓山大桥正式建成通车。

海峡国际会展中心:单体面积全国最大的会展中心

海峡国际会展中心位于仓山城门镇潘墩村浦下洲,工程由1个会议中心和2个展览区组成,占地133多公顷,总投资37.75亿元,总建筑面积38万平方米,相当于福州(金山)展览城的10倍,是单体面积全国最大的会展中心。作为福州东部新城的标志性建筑之一,海峡国际会展中心于2008年开工建设,2010年“5·18”建成投用。它的建成投用,不仅大大提升了福州城市建设的档次,还能有效满足福州举办大型活动的需求,推动福州会展经济大发展。

金融街万达广场:福州市首个大型城市综合体

万达广场是福州海峡金融街建设的第一个项目,也是福州市首个大型城市综合体。项目总投资40亿元,由大连万达集团开发建设。该项目将建成总建筑面积约38.95万平方米的超大型城市综合体,其中包括大型购物中心、大型娱乐中心、五星级电影院、5A级写字楼、高星级酒店等。2010年12月22日,金融街万达广场开业,为福州带来了先进的营销理念、丰富的管理经验和全新的商业业态。

新港电动汽车充电站:福州首座电动汽车充电站

福州首座电动汽车充电站——新港电动汽车充电站位于福州电业局新港变电站一侧,是一座中型充电站。该充电站占地面积约680平方米,投资约500万元。截至2010年已建成的部分包括1座综合办公楼、2台中型车直流充电机、2台小型车交流充电桩。2010年12月22日,新港电动汽车充电站正式投入使用。当天,福建省首辆电动电力抢修车也投入使用,这标志着福州由此迈入电动汽车时代。

琴亭湖:福州首个人工湖

琴亭湖是福州1949年以后开挖的第一个人工湖,位于五四北琴亭高架桥下,南起三环路,北至南平路,西至福飞路,东至罗汉山、福建儿童发展学院。设计库容71万立方米,蓄洪量为57.6万立方米。琴亭湖在满足市民休闲的同时,还担负着五四北片区的防洪重任。琴亭湖建成后,汛期可缓解下游晋安河的排涝压力,晋安河的排涝标准可提高到5~10年一遇,这将有效缓解五四北的内涝问题。

第一批“世博公厕”亮相

2010年12月24日,位于鼓岭、古田路旧城墙旁、鼓屏路与钱塘巷交叉口、华林路与北大路交叉口、铜盘路与屏西路交叉口等处的5座“世博公厕”开放。

福州市2010年新增公厕75座,包括新建固定公厕、新建活动式公厕、公建附属式对外开放公厕等。其中,新建的45座活动式“世博公厕”,除12月投用的5座外,其余40座于2011年元旦全部“上岗”。

福州城市发展展示馆:福州第一座城市建设展示馆

2010年12月23日动工的福州城市发展展示馆,位于南台岛海峡会展中心东侧,南依浦下河,北望闽江水。作为福州第一座城市建设展示馆,福州城市发展展示馆用地面积2.8万平方米,总建筑面积5.35万平方米,工程总投资约6亿元。

(摘自福州日报)

(编辑　郑姿娟)

1月

1日　福州市重点建设项目——1950年8月建成投入使用的八一七路经重新扩建整修后正式通车，特色旅游商业街——茶亭水街试开街。

同日　福州市正式实施国家基本药物制度，24家基层医疗机构所有药品按照购进价格销售。

5日　首批全国动漫企业认定名单公布，福建金豹动画设计有限公司和福州五彩动漫数字科技有限公司2家榕企上榜。

同日　福州市援建彭州市广电中心大楼主体结构封顶。

6日　福州首家旅游商品专业商场（天禄）旅游购物商场正式开业。

7日　福州市和浙江省省会杭州市正式缔结友城。两市签约6个合作项目，分别是福州市经委与杭州瑞龙科技公司的数码印刷制版材料制造基地项目、福州市旅游局与杭州市旅游委员会旅游合作项目、福州瑞芯微电子有限公司与浙江大学的多媒体系统联合实验室项目、两市地铁合作项目、福州聚春园集团与杭州市饮食服务集团厨艺和餐饮管理交流合作项目、福建省三奥信息科学有限公司与中国美术学院动漫合作项目。

9日　福州市志愿者队伍授旗暨“爱在福州，暖在榕城”社会志愿服务活动在五一广场举行启动仪式，标志着福州志愿服务正朝着以青年为主向全体社会成员共同参与转变、志愿服务活动由以阶段性活动为主向经常性活动转变、志愿服务管理由松散型管理向规范化管理转变。

同日　首届海峡两岸生态摄影作品展在福州画院开幕。这是福建省摄影界首次与台湾生态摄影家联合举办的摄影展，真实记录两岸生物的自然生存现状，展示海峡两岸生态保护的最新进展。

11日　全应用干细胞治疗疾病的门诊在福州总医院正式开诊，这标志着福州市干细胞治疗正式从临床试用逐步走向应用阶段。

11～14日　市政协十一届四次会议在福建会堂召开。市政协主席陈扬富向大会作工作报告，大会还审议通过市政协十一届四次会议决议。

12日　新华都慈善基金捐资5亿元在闽江学院成立商学院的签约仪式在福州举行。闽江商学院成为大陆高校接受单笔捐赠金额最大的办学项目。20日，该慈善基金在闽江学院举行捐资助学仪式。

12～15日　市十三届人大五次会议召开。会议分别接受练知轩、高翔辞去福州市第十三届人大常委会主任、副主任职务的请求。会议表决通过《关于福州市人民政府工作报告的决议》等6项决议。袁荣祥当选市人大常委会主任，苏增添当选市人民政府市长。

14日　福州市“红十字公益联盟组建行动”正式启动。

同日　新加坡籍华商郭献进被聘为福州市红十字会首位外籍华裔华商荣誉会员，并成为市红十字会第十一届理事会名誉理事。

同日　福州林则徐纪念馆、郑成功纪念馆、福建革命历史纪念馆、福州马尾船政文化遗址群入选首批“国家国防教育基地”。

同日　福州首张“防扒地图”正式发布。该地图集福州各大论坛网友曝光的遇偷经历和小偷地点，市民可上网查询。

17日　福建邮科通信技术有限公司、福建榕基软件股份有限公司、福建三元达通讯股份有限公司、福建富士通信息软件有限公司和福建新大陆软件工程有限公司入选国家重点软件企业。

20日　福州市创新基层团组织干部任用制，鼓楼区华大街道团工委副书记中，有6人分别来自高校、农科院、银行、传媒公司、劳动和社会保障局、青年人才开发中心，这是福州市街道团工委出现的首批编制外副书记。

31日　为期1周的“中华情——海峡两岸民间艺术嘉年华活动”在三坊七巷开幕。

2月

1日　福州市45名农民领到首批新型农村社会养老保险。

10日　新茶亭公园开园。新茶亭公园在广达路与八一七中路之间原址基础上，于2008年3月进行改扩建，公园面积由原来的3.53公顷扩大到5.87公顷,改建费用达2500元。

22日　福州市政府召开2010年第一次全体成员会议,传达学习胡锦涛总书记到闽考察的重要讲话精神和全省领导干部大会、市委常委(扩大)会议精神。

24日　首批福州市市直单位选派的27名干部赴福州(平潭)综合实验区挂职。挂职干部均为副处级干部或有培养发展前途,并具有技术专业特长的干部,分别来自建设、规划、国土资源、交通、园林等19个市直部门。

3月

18日　仓山福湾义序机电工业园澳蓝工业园——澳蓝(福建)实业有限公司蒸发式冷气机项目投产,是全国在建最大蒸发式冷气机生产基地。该项目占地2公顷,投资1亿元,于2008年7月动工建设。

26日　福州首发市民卡,市民持卡可享受医疗就诊一卡通服务。

28日　"福州橄榄"被国家工商总局商标局核准为地理标志集体商标,有效期是2010年3月28日至2020年3月27日。这是继"永泰芙蓉李""福州茉莉花茶""永泰柿饼"后,福州市获得的第4件农产品地理标志商标,也是全国橄榄行业首个地理标志商标。

4月

1日　福州市获全国绿化委员会授予的"全国绿化模范城市(区)"称号。

6日　开展福州市区交通管理综合整治工作。该次综合整治重点加强对电动自行车、出租车的交通管理,打击两轮摩托车非法营运,同时整治公交车、军警车、公务车、低速载货汽车、残疾人代步车等,整治人行道秩序、路口交通秩序、停车秩序、重点路段交通秩序、学校周边交通秩序和大型商场周边秩序,首日五城区查处交通违法6852起。

13日　福州市中级人民法院聘请20名在闽台商、6名市人大常委会侨台委及市、区台办工作人员,担任涉台民商事审判的特邀调解员。这是福州市法院系统首次聘任涉台案件调解员。

16日　福州市信用担保协会成立,为解决福州市中小企业融资担保难问题提供有效途径。福建世创集团董事长王莺官当选首任会长。

26日　福厦城际高铁首趟动车组正式开行。该次福厦线开通客运,把福州、莆田、泉州、厦门4个海峡西岸重要城市联系在一起,凸显"同城效应",将形成区域内1至2小时交通圈。福厦高速铁路总投资152.59亿元,全长274.9公里,最高运行时速达250公里。

5月

1日　《福州市闽江河口湿地自然保护区管理办法》正式实行。这是福州市首个调整规范湿地保护和管理行为的法规。

5日　福州公用行业"一站式"服务正式投入运行,为全国首创。二手房可直接在市房地产交易登记中心办理水、电、气、有线电视及固定电话5个公用行业的一条龙过户手续。

5~11日　以副省长、市长苏增添为团长,市委常委、副市长朱华,副市长徐铁骏为副团长的福州经贸文化交流团赴台开展榕台经贸文化交流活动。在经贸合作方面,签订7个合作备忘录;在文化创意产业方面,签署8个合作协议;在高校合作方面,签订3个合作协议;在旅游合作方面,深入洽谈7个项目;在金融合作方面,签订2个行动框架协议。

17日　全国第一座独塔自锚式悬索桥——福州鼓山大桥全线建成通车,是市区通往东部新城的重要走廊,也是连接二环路与三环路的重要通道。项目总投资14.3亿元,南起二环路与则徐大道交叉口,跨越闽江后与国货路互通立交衔接,全长4812米,桥面总宽42米,按双向8车道设计。

18日　海峡国际会展中心建成投用。项目总投资约35.5亿元,由会议中心和2个展馆组成,总建筑面积约38万平方米,于2007年12月开始动工建设,历时800余天,是国内最大单体会展中心之一,也是亚洲第二大会展中心。

18~22日　第十二届海交会在海峡国际会展中心签约中心举行重点项目签约仪式。福州市有23个重点项目上台签约,其中外资项目18个,总投资21.31亿美元,利用外资9.57亿美元;内资项目5个,总投资182.8亿元。

20日　《福州市电动自行车管理办法》正式实施。《办法》规定,在福州五城区内,对符合现行电动自行车国家标准的电动自行车,予以登记报牌,其余的超标电动车,从办法实施之日起,禁止在市区部分主次干道行驶,通过3年时间过渡,使其退出市区道路行驶。

同日　福州首家文化创意园区——芍园壹号文化创意园开园。有艺术公社、创意仓库、潮流公馆、艺术工厂、创意市集、七号秀场等。主要引进广告、设计、传媒、艺术、展示、动漫、影视等企业及个人工作室。

6月

1日　《福州市学前教育管理办法》正式实施。

4日　福州邮区中心局成立,福建省邮政运输局同时撤销。重组后的福州邮区中心局将承担福州邮区20个县市各类邮件、报刊处理及总包邮件的分拣封发和运输任务。

8日　福州市住房公积金管理中心启动个人征信查询系统,成为福建省首个拥有该系统的住房公积金管理中心。

9日　中共福州市委决定对干部选任提名制度实行重大改革,在福州市委九届十三次全会上,首次采取"五差额"办法票决。会上制定实施《中共福州市委全体会议任用重要干部差额投票表决办法(试行)》,该项举措为福建省首创。

11日　中国国家汉语国际推广领导小组办公室与中国孔子学院总部正式批准闽江学院与加拿大布鲁克大学合作开办孔子学院。

16日　福州市获评"全国创建学习型家庭示范城市"。

18日　由中国科学院、福建省人民政府、福州市人民政府共建的中国科学院海西研究院在榕举行签约、授牌和奠基仪式。12月21日正式动工建设,规划面积13.33公顷。

18~20日　"以项目—技术—资本—人才"为主题的第七届中国·海峡项目成果交易会在福州展览城举行,共对接项目5358项,总投资992.9亿元,其中,福州对接成功681项,总投资170.5亿元。

21日　福州与澎湖的空中直航航线正式开通。这是大陆与金马澎地区的首条空中航线,也是福州首次开通至台湾外岛机场的直航包机。

同日　闽江河口湿地院士工作站在长乐潭头镇湿地闽江湿地自然保护区成立,这是国内首个为开发和保护湿地而成立的院士工作站。

7月

1日　全市政府机构改革动员大会召开。对市政府机构改革方案和县(市)区政府机构改革、乡镇机构改革有关情况作了说明,改革后,福州市设立40个政府工作部门,2个部门管理机构,同时调整规范行业(产业)管理办事机构和议事协调机构的常设办事机构。

4日　南京举行的"上海世博主题论坛",在中国31个省会城市及5个计划单列城市中,福州市以综合最高分列宜居城市榜首。

26日　市委常委会召开会议研究福州市贯彻省委八届九次全会精神有关工作,强调全市各级各部门要按照省委、省政府大干150天、打好"五大战役"的工作部署,对接跟进,强化领导、强化责任、强化服务,按时推进各个项目。

同日　福州软件园产业基地获科技部认定国家现代服务业产业化基地。

27~29日　福州市妇女第十三次代表大会在福州人民会堂召开。会议审议通过《福州市妇女第十三次代表大会工作报告的决议》,选举产生市妇联第十三届执行委员会和市妇联新一届领导班子,陈晔当选为市妇联主席,贤青、傅春英、邓岚、陈小玲当选为市妇联副主席。

8月

15日　福州各界哀悼舟曲特大山洪泥石流灾害中遇难的同胞。

16日　第五届特殊奥林匹克运动会火炬传递活动举行。

24日　福州市授予日本长崎市市长福州市"荣誉市民"称号。

26~29日　第六届泛珠媒体合作峰会在榕召开。有11个经贸代表团参会,参展参会企业544家,客商8000余人。

9月

10日　福州市庆祝第二十六个教师节大会召开。会上表彰第二届福州市十佳班主任、福州农村优秀教师、2007~2009年度福州市先进教育工作者。

12日　市委、市政府召开"五大战役"专题会。听取福州市"五大战役"进展情况汇报,对福州市打好"五大战役"进行再动员、再部署、再落实。

19日　第五届全国特殊奥林匹克运动会在榕开幕,中共中央政治局委员、国务院副总理回良玉,全国政协副主席、中国残联名誉主席邓朴方等出席开幕式。

28日　福州市和鼓楼区"五大战役"重点项目之一的海峡软件新城开工,标志着福州软件园建设步入新阶段。海峡软件新城位于闽江与乌龙江两江分流入城口,占地20公顷,建筑面积约40万平方米,以"国际科技软件新都、海峡两岸高科技发展的引擎"为定位,产业主要分布在信息智能、现代服务、国际采购、工业设计和文化创意等方面。

29日　福州—台北货运航线正式开通。

10月

1日　福州市实行商品房预订协议网上签约制度。

10月8日~12月26日　福州市文物赴台展出。福州市博物馆选送红剔犀葵瓣式3层套盒、堆红漆八方3层套盒、红漆剔犀圆盒、蓝料菊瓣纹银扣小碟、黑漆渣斗和漆盅5件(套)藏品参加由台北故宫博物院主办的《文艺绍兴——南宋艺术与文化特展》。

16日　首届海峡医药健康产品博览会在福州国际会展中心开幕。

30日　福建省第十四届运动会闭幕。福州代表团夺得金牌总数(268.5枚)、奖牌总数(624枚)和总分数(7094.25分)3项第一,同时获体育道德风尚奖。

11月

1日　第十二届中国科协年会在榕召开。年会以"经济发展方式转变与自主创新"为主题。中共中央政治局委员、全国人大常委会副委员长王兆国,全国人大常委会副委员长、中国科协主席韩启德等出席会议。

9日起　福州市政府打响"菜价保卫战",采取应对措施平抑菜价,在全国首推蔬菜销售指导价,福州超市菜价平均下降两三成。为从根本上解决菜价问题,福州市政府还将探索建立长效机制,如建立蔬菜储备制度,决定在未来3年内再扩充蔬菜基地面积,对蔬菜种植户予以补贴、扶持,设立便民早市等。

10日　福州首个都市主题温泉休闲旅游度假区——福州北区水厂温泉休闲度假区正式动工建设。该项目是福州打造中国温泉之都的重点项目之一,位于福州福飞路39号,整个休闲区面积达2万平方米。

30日　中共福州市第九届委员会第十五次全体会议通过《福州市国民经济和社会发展第十二个五年规划的建议》。

12月

9日　在北京举行的福建省与中央企业项目合作洽谈会上,福州市分别与中国化工集团公司、宝钢集团有限公司、中国建筑工程总公司3家中央企业签订合作项目,3个项目分别涉及石化、冶金、工业园开发等领域,投资总额达508亿元。

同日　2010"感动福州"十大人物评选活动启动。

14日　福州市举行社区大学成立大会暨揭牌仪式,同时开通"福州终身学习在线"网上学习平台。

19日　榕首面交通诱导屏在西二环路设置,可显示实时路况,发布提示信息。

22日　福州市台江区金融街万达广场开业。该项目是福州市重点引进的大型城市综合体项目,也是入驻福州海峡金融商务区的首个启动项目。该项目总建筑面积约40万平方米,总投资近40亿元,集大型商业中心、超五星酒店、甲级写字楼、大型娱乐中心、城市步行街、SOHO办公六大业态于一体。

同日　福州首座电动汽车充电

站——新港电动汽车充电站正式投入使用,标志着福州市进入电动汽车时代。

25 日　渔平高速与平潭海峡大桥正式通车。渔平高速是海峡西岸经济区高速公路网的重要组成部分,是平潭综合实验区、福清市连接沈海高速公路的主通道。平潭海峡大桥全长 4976 米,是福建省第一座真正意义上的跨海大桥。

28 日　海西首个旅游温泉小镇开工建设。该项目是福建省重点项目,位于闽侯县荆溪镇光明村,规划面积 133.33 公顷。

31 日　福州市获"中国温泉之都"称号。

(编辑　吴　燕)

基本情况

【地理】　福州市是福建省省会（省辖市），位于福建省中部东端，介于北纬25°15′～26°39′、东经118°08′～120°31′之间。东临台湾海峡，西靠三明市、南平市，南邻莆田市，北接宁德市。东西最大横距128公里，南北最大纵距145公里，总面积11968平方公里，其中市区面积1043平方公里。南部为福州盆地的大部分；北部为山地，从西南向东倾斜；西部为中低山地；东部丘陵平原相间。山地、丘陵占全区土地总面积的72.68%，其中山地占32.41%，丘陵占40.27%。鹫峰、戴云两山脉斜切南北，闽江横贯市区东流入海。

【人口】　2010年，全市总户数199.07万户、户籍人口648.90万人，比上年增加10.57万人，平均每户3.26人。其中，市区总户数61.74万户、户籍人口188.59万人；八县（市）总户数137.32万户、户籍人口460.31万人。60周岁以上老年人口88.83万人，占总人口13.75%，比上年多1.91万人。男女比例：男性333.05万人占51.56%，女性312.84万人占48.44%，男比女多20.2万人。人口自然变动，出生人数14.55万人，出生率22.52‰，死亡人数5.18万人，死亡率8.02‰，人口自然增长9.37万人，人口自然增长率14.5‰。市区人口自然增长率比八县（市）低2.82‰。市区人口出生2.3万人，出生率12.19‰，死亡1.26万人，死亡率6.68‰，人口自然增长1.04万人，自然增长率5.51‰；八县（市）人口出生12.25万人，出生率26.78‰，死亡3.92万人，死亡率8.57‰，人口自然增长8.33万人，自然增长率18.21‰。人口机械变动，迁入14.14万人，迁出15.53万人，迁出多于迁入1.38万人，人口迁移负增长2.13‰。其中，市区迁入8.37万人，迁出8.15万人，迁入多于迁出2188人，人口迁移增长1.16‰；八县（市）迁入5.77万人，迁出7.37万人，迁出多于迁入1.6万人，人口迁移负增长3.49‰。　（陈茂华）

【民族】　汉族人口居多，占全市人口总数的98.97%。有45个少数民族，少数民族总人口约6.59万人，占1.03%。其中畲族人口4.8万人，约占少数民族总人口的73%。超过千人的少数民族有畲族、回族、满族、土家族、苗族、壮族6个民族。城区少数民族人口9000多人，主要有畲族、满族、回族等民族。

少数民族人口分布相对比较集中，有罗源县霍口乡和连江县小沧乡2个畲族民族乡。有民族行政村85个，其中畲族村79个，主要分布在罗源、连江、永泰、晋安、福清一带；回族村5个，分布在平潭县一带；满族村1个，分布在长乐市。有民族自然村358个，其中罗源县151个、连江县55个、永泰县76个、福清市29个、平潭县21个、晋安区14个、闽侯县8个、闽清县2个、长乐市1个、马尾区1个。

【宗教】　福州是全国、全省宗教工作的重点地区，佛教、道教、天主教、基督教、伊斯兰教五大宗教俱全，宗教历史悠久，具有信众多、活动场所多、分布范围广、与海外关系密切等特点。依法登记的市级宗教团体有5个（佛教协会、道教协会、基督教三自爱国会、基督教协会、天主教爱国会），市区登记开放的宗教活动场所有154处。著名佛教寺院有：鼓山涌泉寺、怡山西禅寺、金鸡山地藏寺、象峰崇福寺、瑞峰林阳寺、芝山开元寺。重点道观有：于山九仙观、金鸡山南天照天君宫、九门局九仙宫。主要基督教堂有：花巷堂、铺前堂、天安堂、观巷堂、仓霞堂、中洲堂。主要天主教堂有：泛船浦天主堂、上渡天主堂、西门天主堂、苍霞洲天主堂。伊斯兰教场所有：福州清真寺。　（市民宗局）

【资源】　*土地资源*　土地面积122.51万公顷。其中，耕地16.46万公顷，园地5.70万公顷，林地70.32万公顷，居民点及工矿用地9.05万公顷，交通用地2.07万公顷，水域13.06万公顷，未利用地5.84万公顷。

矿产资源　蕴藏着丰富的矿产资源，发现矿产56种、444处，探明储量21种。金属类矿产主要有金、银、铁、钨、钼、铜等。非金属矿产主要品种有叶蜡石、石英砂、花岗石、高岭土等。出产于

福州北郊寿山村的寿山石，属工艺叶蜡石，品种十分珍贵，其中，“田黄石”素称“石中之王”，价比黄金。工业叶蜡石主要用途是陶瓷、耐火材料、造纸、水泥、印纺、油漆等。全市叶蜡石产量达400万吨以上，占全省90%以上，居全国首位。主要产地福州晋安区、福清、罗源等地。石英砂、花岗石储量丰富，储量达数亿吨及数10亿立方米，主要分布在沿江、滨海县区，主要用于建筑业和玻璃工业等。福州高岭土储量在500万吨以上，主要产地闽清、永泰等县，主要用途是陶瓷业，故闽清素有“瓷都”之称。

（市国土资源局）

水力资源　河流众多，水力资源丰富。境内主要有闽江、大樟溪、敖江、龙江等。全市多年平均水资源总量101.76亿立方米，年径流量101.46亿立方米，人均水资源量1481立方米。其中闽江为福建省第一大河，主河道长541公里，境内流长136公里，多年平均径流量621亿立方米，约占全省水资源总量的一半（包括闽江支流大樟溪、梅溪、安仁溪）。（市水利局）

森林资源　有林面积77.17万公顷。其中，生态公益林32.24万公顷，商品林44.93万公顷，森林覆盖率54.9%，活立木总蓄积量2755.8万立方米。初步形成以城乡绿化美化为基础，以道路江河绿化为纽带，以森林公园和古文物为景点，功能齐全的环福州绿色生态体系。沿海防护林面积80533公顷，其中沿海基干林带870.54公里，面积19573公顷，形成抗御风、沙、水、旱、潮等五大灾害的沿海防护林体系。全市有省级以上森林公园9个，其中国家级4个、省级5个，省级以上森林公园经营总面积21359公顷。全市育苗面积1053公顷，年培育各类苗木7603万株。主要树种有杉木、马尾松、湿地松、木麻黄、相思树、油茶等。（市林业局）

海洋资源　拥有辽阔的海域和绵长的海岸线，全市海域面积10573平方公里，潮间带滩涂面积582.76平方公里；大陆岸线长度920公里，乡级以上海岛海岸线长度390公里。500平方米以上海岛505个，其中无居民海岛470个，有居民海岛35个。0～10米等深线浅海面积1314.1平方公里，10～20米等深线浅海面积1404.64平方公里；海洋生物种类1580种；罗源湾、福清湾、兴化湾是福建省的三大深水良港。

（市海洋与渔业局）

【气候】　2010年，福州市气候属较好年景，年平均气温正常，年雨量偏多，年日照时数正常。气象灾害总体较轻。

气温　福州市区及所属八县（市）（简称为全市）年平均气温为20.0℃，比常年平均高0.4℃，属正常。1971～2010年福州市逐年平均气温，见图1，2010年各月平均气温变化，见图2。各县（市）年平均气温为19.6～20.3℃，距平为0～0.6℃，除闽侯、罗源和福清偏高外，其余县（市）正常，详见表1。7月3日，永泰最高气温达39.7℃，位居全年全市高温榜首。12月18日，受强冷空气影响，永泰最低气温达-1.3℃，是全年全市的低温极值。

雨量　全市平均年雨量1718.1毫米，较常年平均多18.5%，属偏多，是1971年以来第7偏多年份，见图3；各月雨量分布见图4。各县（市）年雨量在1501.5～1982.9毫米之间，其中永泰县、罗源县、连江县正常，其余县（市）属偏多至异常偏多，详见表1。5月23日，平潭雨量达144.0毫米，为全年全市日雨

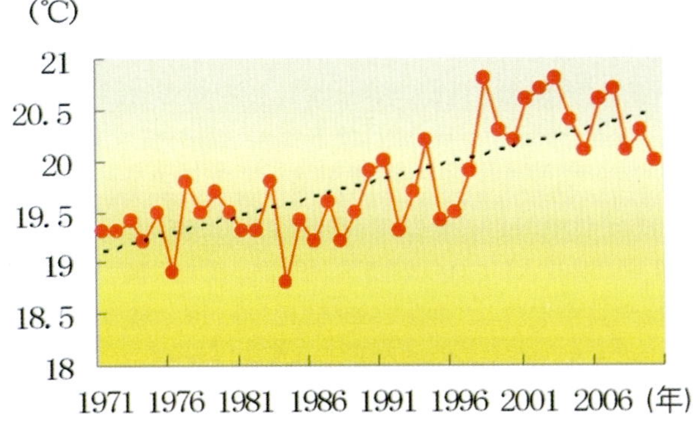

图1　1971～2010年福州市逐年平均气温

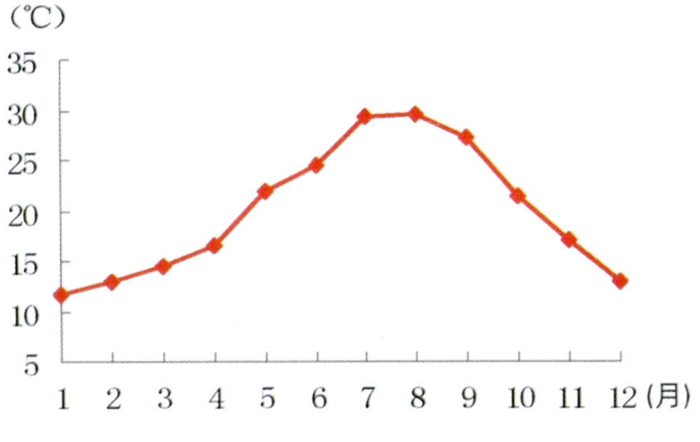

图2　2010年逐月福州市平均气温

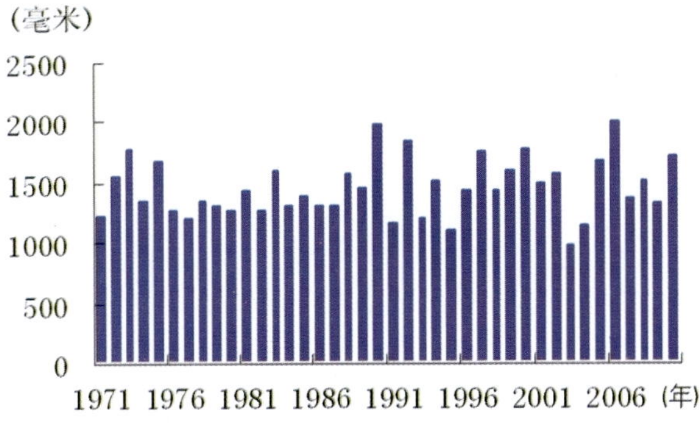

图3　1971～2010年福州市逐年平均雨量

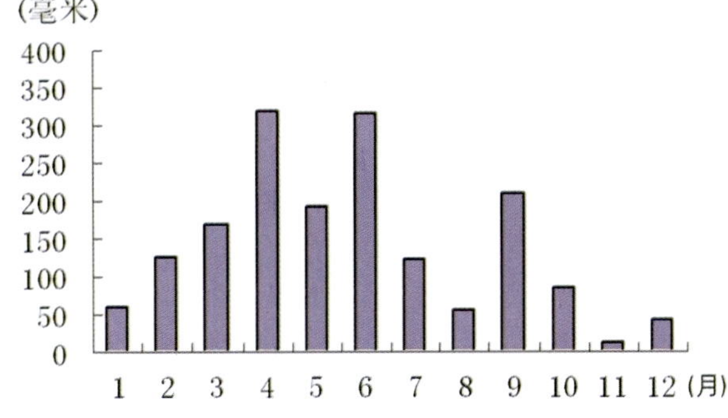

图4　2010年逐月福州全市平均雨量

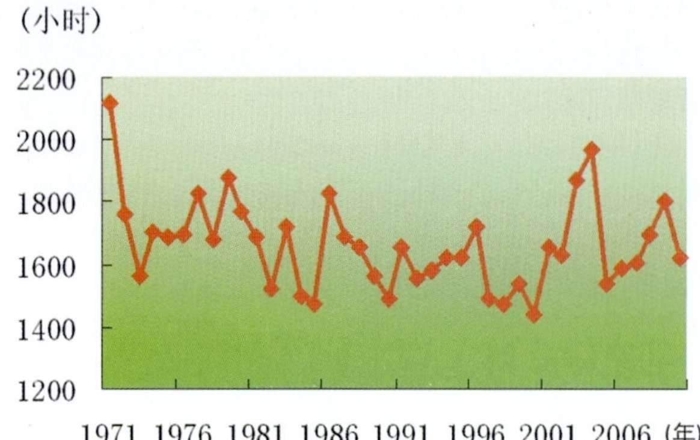

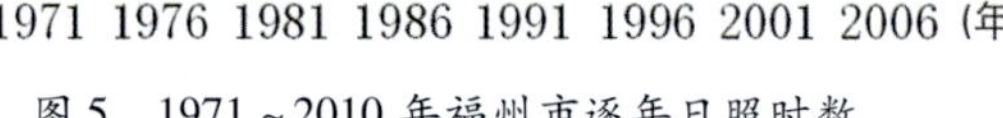

图5 1971~2010年福州市逐年日照时数

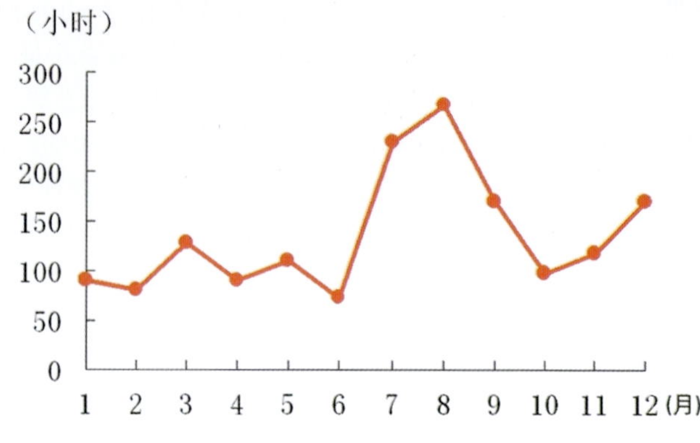

图6 2010年逐月福州全市平均日照时数

表1 **2010年福州各县(市)平均气温、雨量、日照评价**

	闽清	闽侯	永泰	罗源	连江	长乐	福清	平潭	福州	全市平均
平均气温	20.1	20.2	19.7	19.7	19.6	20.0	20.3	19.9	20.3	20.0
距平(℃)	0.2	0.5	0.0	0.6	0.4	0.5	0.6	0.3	0.4	0.4
评价	正常	偏高	正常	偏高	正常	正常	偏高	正常	正常	正常
雨量	1842.9	1822.5	1706.2	1665.5	1617.8	1719.1	1982.9	1501.5	1604.1	1718.1
距平(%)	24.4	28.7	9.4	1.9	4.4	26.5	38.1	22.7	15.1	18.5
评价	显著偏多	显著偏多	正常	正常	正常	显著偏多	异常偏多	显著偏多	偏多	偏多
日照时数	1644.0	1609.2	1674.3	1558.0	1698.4	1673.9	1601.3	1626.9	1519.8	1622.9
距平(%)	-2.0	-4.0	1.8	-3.7	10.3	0.5	-10.7	-0.5	-5.2	-1.7
评价	正常	正常	正常	正常	偏多	正常	偏少	正常	正常	正常

量之最。

日照时数 全市平均年日照时数为1622.9小时,较常年平均少1.7%,属正常。1971~2010年福州市逐年日照时数见图5,2010年各月日照时数变化见图6。各县(市)年日照时数为1519.8~1698.4小时,异常度为-1.10~1.17,连江偏多,福清偏少,其余县(市)均属正常,详见表1。

灾害 1.强冷空气:冬季受到几次强冷空气影响,其中1月11~14日,冷空气过程极端最低气温低,1月13~14日早晨,除平潭外,各县(市)极端最低气温为0.5~4.7℃。1月21~24日冷空气过程降温幅度大,各县(市)降温幅度10.8~12.3℃。2月11~13日冷空气过程降温幅度大,11日后期至13日全市过程日平均气温降幅13.8~15.2℃。2010年达到寒潮标准的有:(1)3月6日起受强冷空气影响,全市气温明显下降,过程日平均气温降幅9.5~12.1℃,过程极端最低气温出现在11日早晨,各县(市)最低气温为0.7~6.0℃,除福清市、平潭县外,各县(市)均打破历史同期(3月中旬)最低气温记录。此次过程除平潭县外,各县(市)均达寒潮标准。(2)受强冷空气影响,12月14日夜里起全市气温明显下降,过程日平均降幅11.0~15.3℃,过程极端最低气温-1.3~3.0℃,各县(市)均达寒潮标准。2.暴雨(不包含台风暴雨):(1)4月5日夜里至6日白天,受高空槽和低层切变影响,全市普降大雨至暴雨。永泰洑口乡房屋受损48座,受灾农户179户567人,水泥路坍塌200米,机耕路溜方530立方米,经济损失约56万元。(2)6月中、下旬,连续性强降雨过程持续时间近两周,为历史少见。期间出现3次全市性暴雨过程,分别在6月14日、15日和22日。其中14日闽侯、福州、福清等5地出现暴雨,闽清出现大暴雨;15日永泰、福州、福清、平潭出现暴雨;22日闽侯、福州、长乐出现暴雨,福清出现大暴雨。这次连续性暴雨,全市受灾,受灾乡(镇)84个,受灾人口14.59万人,倒塌房屋107间,直接经济损失1.93亿元。3.强对流天气:2010年福州市雷电灾害总体较轻,全市发生雷灾6起,其中4月1起,7月3起,8月2起,因雷灾死亡2人,伤1人,直接经济损失8.5万元。4.干旱:(1)6月27日雨季结束到7月25日,出现持续少雨天气,除福州出现旱兆外,闽清、永泰、福清出现小旱,其余县(市)出现中旱。(2)7月31日至8月30日,再度出现高温少雨天气,闽清、罗源、长乐出现小旱,连江和平潭出现中旱。5.高温:2010年除平潭外,各县(市)均出现≥35℃的高温天气。其中闽清、闽侯、永泰、福州和罗源出现34~53天≥35℃的高温天气,还出现2~12天≥38℃的高温天气。另外连江、长乐、福清出现6～25天≥35℃的高温天气。高温天气主要出现在：5月18日、6月30日至7月6日、7月10～13日、7月16～22日、7月28～29日、7月31日至8月4日、8月9～18日、8月22～29日、9月5～7日、9月13～16日。6. 热带气旋：2010年影响福州市的热带气旋（不含热带低压，下同）有5个，以台风“莫兰蒂”影响最严重。8月31日受第8号热带风暴“南川”（8月31日至9月1日）影响，这是有历史记录以来热带气旋影响时间最迟的年份。9月有3个热带气旋影响，分别是：第6号强热带风暴“狮子山”（9月1～4日）、第10号台风“莫兰蒂”（9月8～11日）和第11号超强台风“凡亚比”（9月18～21日）。10月17～25日受13号超强台风“鲇鱼”影响，“鲇鱼”是新中国成立以来登陆福建最迟的热带气旋。影响较大的热带气旋有：（1）9月10日3时30分，第10号台风“莫兰蒂”在石狮市沿海登陆，登陆时近中心最大风力12级。受其影响，各县（市）出现6到8级偏南风，以福州19.6米/秒（8级）最大，区域自动站以平潭的娘宫码头26.0米/秒（10级）最大。降水主要出现在10日早晨，9月8日8时至10日19时各县（市）累计雨量以福清124.7毫米为最大，区域自动站≥50毫米的测站有75个，以永泰盖洋131.7毫米为最大。全市有3个县（市）51个乡（镇）受灾，受灾人口3.4万人，倒塌房屋8间，转移人口1662人，直接经济损失1543万元。（2）10月23日12时55分，第13号超强台风“鲇鱼”在漳浦县六鳌镇沿海登陆，登陆时近中心最大风力13级。受“鲇鱼”和冷空气共同影响，沿海部分县（市）城区出现6～8级大风，有18个区域自动站出现10级以上阵风，以平潭南海31.4米/秒（11级）最大。过程降水集中在23日上午到24日凌晨，共有36个站点（包括区域自动站）过程雨量≥100毫米，以福清灵石林场222.0毫米最大。福清市24个乡镇受灾，受灾人口0.2万人，直接经济损失1424万元。

（郑颖青）

图7　1010号台风“莫兰蒂”路径

建置沿革

福州新石器时代晚期为闽族聚居地。青铜器时代，隶属于商周；战国为闽越诸侯国封地；秦为闽中郡；汉为闽越国都城，后立为冶县；三国属吴；晋为晋安郡；五代十国为闽国都城；南宋景炎元年（1276年），益王赵昰登基于福州，定为行都。元设路，明改路为府。明末，朱聿键即帝位，定都福州。清为府，民国为省会所在地。1933年，十九路军发动“闽变”，于福州成立“中华共和国人民革命政府”。1946年10月，正式设立福州市。中华人民共和国成立后，成立福州市人民政府。

表2　福州历代建置沿革暨领辖县份简示

朝　代	纪　年	建置名称	隶　属	领　辖　县　份
秦	秦始皇三十三年（前214年）	闽中郡	—	辖地相当于今福建全省，浙江省温州、台州、丽水，江西省铅山县和广东省潮、梅一带的部分地。
西汉	汉高祖五年（前202年）	闽越王国（王都）	—	闽越国辖地，除今福建全省外还包括浙、赣、粤的部分地。
	汉昭帝始元二年（前85年）	冶　县	会稽郡东部都尉	辖地相当于今福建省和江西省铅山县。

续表2-1

朝代		纪年	建置名称	隶属	领辖县份
东汉		建武二年(26年)	冶县	会稽郡东部侯官都尉	
		建安元年(196年)	侯官县	会稽郡南部都尉	
三国		吴永安三年(260年)	侯官县	建安郡	
西晋		太康三年(282年)	晋安郡	初隶扬州,元康元年(291年)改隶江州。	原丰、侯官、新罗、宛平、同安、罗江、晋安、温麻8县。
南朝	宋	泰始四年(468年)	晋安郡改名晋平郡。不久,复名晋安郡。	江州	原丰、侯官、晋安、罗江、温麻5县。
	齐	—	晋安郡	江州	原丰、侯官、晋安、罗江、温麻5县。
	梁	天监元年(502年)	晋安郡	初属江州,普通六年(525年)改属东扬州。	原丰、侯官、罗江、温麻4县。
	陈	永定元年(557年)	闽州	—	原丰、侯官、罗江、温麻4县。
		天嘉六年(565年)	晋安郡	东扬州	原丰、侯官、罗江、温麻4县。
		光大二年(568年)	丰州	—	原丰、侯官、罗江、温麻4县。
隋		开皇九年(589年)	泉州	—	原丰(开皇十二年改名闽县)、建安、南安、龙溪4县。
		大业二年(606年)	闽州	—	闽县、建安、南安、龙溪4县。
		大业三年(607年)	建安郡	—	闽县、建安、南安、龙溪4县。
唐		武德元年(618年)	建州	—	—
		武德六年(623年)	泉州	贞观初,隶岭南道	闽县、侯官、连江、长乐、长溪5县。圣历二年(699年),从长乐析出万安,合计6县。
		景云二年(711年)	闽州	—	闽县、侯官、连江、长乐、长溪、万安6县。
		开元十三年(725年)	福州	开元二十一年(733年)置福建经略使,驻福州,属江南东道。	开元二十九年(741年),增辖古田、尤溪,计辖8县(是年万安县改名福唐)。
		天宝元年(742年)	长乐郡	江南东道	
		乾元元年(758年)	福州	—	福州辖闽县、侯官、连江、长乐、长溪、福唐、古田、尤溪8县[永泰二年(766年),划侯官、尤溪部分地设永泰县,辖9县]。
五代	后梁	—	福州	—	闽县、侯官、连江、长乐、长溪、福唐、古田、尤溪、永泰、闽清[乾化元年(911年)置闽清县]10县。
	后唐	长兴四年[闽龙启元年(933年)]	长乐府(闽国国都)	—	闽县、侯官、连江、长乐、长溪、福清(原福唐)古田、尤溪、永泰、闽清、永贞、宁德、德化、顺昌14县。

续表 2-2

<table>
<tr><th colspan="2">朝　代</th><th>纪　年</th><th>建置名称</th><th>隶　属</th><th>领　辖　县　份</th></tr>
<tr><td rowspan="3">五
代</td><td>后
晋</td><td>开运二年
[闽天德三年
(945 年)]</td><td>闽以福州为东都</td><td>—</td><td>闽县、侯官、连江、长乐、长溪、福清、古田、尤溪、永泰、闽清、永贞、宁德、德化,辖 13 县。</td></tr>
<tr><td>后
汉</td><td>乾祐元年
(948 年)</td><td>福　州</td><td>吴　越</td><td>闽县、侯官、连江、长乐、长溪、福清、古田、永泰、闽清、永贞、宁德,辖 11 县。</td></tr>
<tr><td>后
周</td><td>—</td><td>福　州</td><td>吴　越</td><td>闽县、侯官、连江、长乐、长溪、福清、古田、永泰、闽清、永贞、宁德,辖 11 县。</td></tr>
<tr><td colspan="2">北　宋</td><td>太平兴国三年
(978 年)</td><td>福　州</td><td>初属两浙西南路,雍熙二年(985 年),置福建路,乃隶福建路。</td><td>闽县、侯官、连江、长乐、长溪、福清、古田、永泰、闽清、永贞、宁德,计 11 县[乾兴元年(1022 年),永贞改名罗源。崇宁元年(1102 年),永泰改名永福]。太平兴国六年(981 年),从闽县中析出怀安,辖 12 县。</td></tr>
<tr><td colspan="2" rowspan="2">南
宋</td><td></td><td>福　州</td><td>福建路</td><td rowspan="2">闽县、侯官、连江、长乐、长溪、福清、古田、永福、闽清、罗源、宁德、怀安、福安,辖 13 县。</td></tr>
<tr><td>景炎元年(1276 年)</td><td>福安府(行都)</td><td></td></tr>
<tr><td colspan="2">元</td><td>至元十五年
(1278 年)</td><td>福州路</td><td>初隶福建行省,至元二十二年(1285 年)后,隶江浙行省。</td><td>元初,辖 13 县,同上。至元二十三年(1286 年)后,辖福清、福宁 2 州和闽县、侯官、连江、长乐、古田、永福、闽清、罗源、怀安 9 县。</td></tr>
<tr><td colspan="2" rowspan="2">明</td><td></td><td>福州府</td><td rowspan="2">初属福建行省,洪武九年(1376 年)改行省为布政使司,乃属福建布政使司。</td><td rowspan="2">辖闽县、侯官、连江、长乐、古田、永福、闽清、罗源、怀安、福清、福宁、福安、宁德 13 县。成化九年(1473 年),减福宁、福安、宁德 3 县,辖 10 县。万历八年(1580 年),怀安县并入侯官县,福州府辖 9 县。</td></tr>
<tr><td>南明隆武元年
(1645 年)</td><td>福京、天兴府
(行都)</td></tr>
<tr><td colspan="2">清</td><td>顺治三年
(1646 年)</td><td>福州府</td><td>福建行省</td><td>清朝建立后,沿袭明朝,辖闽县、侯官、连江、长乐、古田、永福、闽清、罗源、福清 9 县。雍正十二年(1734 年),增辖屏南县。嘉庆三年(1798 年),增设平潭厅。
福州府计辖 10 县 1 厅。</td></tr>
<tr><td colspan="2" rowspan="5">中
华
民
国</td><td>民国 2 年
(1913 年)</td><td>闽侯县(废福州府,闽县、侯官先合并为闽侯府,又改为闽侯县,为福建省会。)</td><td>东路道(翌年改称闽海道)。民国 14 年,直属省辖。</td><td>民国元年 10 月,平潭厅改为平潭县。</td></tr>
<tr><td>民国 22 年 11 月至 23 年 1 月</td><td>“中华共和国人民革命政府”首都——福州特别市</td><td></td><td></td></tr>
<tr><td>民国 23 年</td><td>闽侯县</td><td>福建省第一行政督察区</td><td></td></tr>
<tr><td>民国 32 年</td><td>林森县</td><td>福建省第一行政督察区</td><td></td></tr>
<tr><td>民国 35 年</td><td>福州市(省会)</td><td>福建省</td><td>鼓楼、大根、小桥、台江、仓山 5 区。</td></tr>
</table>

续表2-3

朝代	纪年	建置名称	隶属	领辖县份
中华人民共和国	1949年10月1日	福州市(省会)	福建省	1949年,福州市人民政府成立,辖鼓楼、大根、小桥、台江、仓山5区。年底增辖鼓山、洪山2区。此后,领辖范围经多次变动,不断扩大。1983年,计辖鼓楼、台江、仓山、马尾、郊区5区和闽侯、连江、长乐、福清、永泰、闽清、罗源、平潭8县。20世纪90年代,福清、长乐先后改为县级市,福州现辖5区8县(市)。

(市方志委)

行政区划

【概况】 福州市简称榕,辖鼓楼、台江、仓山、晋安、马尾5个区和闽侯、连江、罗源、闽清、永泰、平潭6个县,福清、长乐2个县级市。总面积11968平方公里,其中市区面积1043平方公里。市人民政府驻鼓楼区乌山路96号。2010年,全市辖43个街道、99个镇、45个乡(含连江县马祖乡)、2个民族乡,479个社区居委会、2390个村民委员会。

表3 2010年福州市县(市)区行政区划一览

县(市)区名称	面积(平方公里)	街道、乡(镇)名称	社区居委会(个)	村委会(个)
鼓楼区	35	东街、南街、安泰、水部、温泉、鼓东、鼓西、华大、五凤街道,洪山镇	78	
台江区	18	茶亭、洋中、后洲、新港、瀛洲、苍霞、义洲、上海、宁化、鳌峰街道	73	
仓山区	142	仓前、下渡、临江、三叉街、对湖、上渡、金山、东升街道,建新、盖山、仓山、城门、螺洲镇	81	102
晋安区	567	茶园、王庄、象园街道,新店、岳峰、鼓山、宦溪镇,寿山乡、日溪乡	76	113
马尾区	281	罗星街道,马尾、亭江、琅岐镇	13	62
福清市	1518	玉屏、龙山、龙江、音西、宏路、石竹、阳下街道,东张、海口、龙田、高山、渔溪、城头、江镜、三山、江阴、港头、沙埔、东瀚、上迳、新厝、镜洋、一都、南岭镇	37	438
长乐市	658	吴航、航城、营前、漳港街道,梅花、金峰、潭头、玉田、江田、古槐、鹤上、首占、文武砂、湖南、文岭、松下镇,罗联、猴屿乡	22	231
闽侯县	2136	甘蔗街道,白沙、尚干、祥谦、青口、南通、南屿、上街、荆溪镇,竹岐、洋里、鸿尾、大湖、小箬、廷坪乡	23	297
连江县	1168	凤城、晓澳、浦口、琯头、敖江、东岱、东湖、丹阳、马鼻、透堡、官坂、黄岐、筱埕、苔菉、长龙、坑园镇,潘渡、蓼沿、下宫、安凯、江南、马祖乡,小沧畲族乡	29	242
罗源县	1187	凤山、鉴江、松山、起步、中房、飞竹镇,白塔、西兰、洪洋、碧里乡,霍口畲族乡	6	188

续表 3

县(市)区名　　称	面　积（平方公里）	街道、乡(镇)名称	社区居委会（个）	村委会（个）
闽清县	1466	梅城、坂东、池园、梅溪、白樟、白中、塔庄、东桥、雄江、金沙、省璜镇,云龙、上莲、三溪、下祝、桔林乡	20	271
永泰县	2241	樟城、嵩口、梧桐、葛岭、城峰、清凉、长庆、同安、大洋镇,塘前、富泉、岭路、赤锡、洑口、盖洋、东洋、霞拔、盘谷、红星、白云、丹云乡	10	254
平潭县	371	潭城、苏澳、澳前、北厝、流水、平原、敖东镇,岚城、中楼、白青、南海、屿头、大练、东庠、芦洋乡	11	192

（邱吉华）

国民经济和社会发展

【概况】　2010年,福州市实现地区生产总值3123.41亿元,比上年增长14.2%。其中,第一、二、三产业增加值为282.73亿元、1401.92亿元、1438.76亿元,分别增长3.9%、19.1%、11.5%;财政总收入(不含基金)402.51亿元,增长23.7%,其中地方财政收入247.82亿元,增长26.9%,财政一般预算支出262.42亿元,增长28%;全部工业总产值4869.05亿元,增长21.7%;社会消费品零售总额1624.28亿元,增长21.3%。

【农业】　壮大农业特色优势产业,产业化龙头企业产值突破380亿元,有效带动农户93万户。推进农田水利建设,实施标准农田改造100公顷、土地整理开发复垦0.23万公顷、标准化养殖池塘改造532.73公顷,除险加固水库14座、海堤11.95公里。

全市完成农林牧渔业总产值480.01亿元,增长4.1%;其中农业产值129.89亿元,增长2.7%;林业产值13.31亿元,增长9.0%;牧业产值61.10亿元,增长3.4%;渔业产值258.19亿元,增长4.7%。粮食种植面积继续调减,全年粮食播种面积11.60万公顷,比上年减少0.27万公顷;全年粮食总产量60.69万吨,下降2.0%。优势特色经济作物的生产规模扩大,全市食用菌产量10.67万吨,增长8.5%;茶叶产量1.66万吨,增长6.7%;肉、蛋、奶总产量39.57万吨,增长2.9%;蔬菜瓜果产量288.68万吨,增长4.4%;水果产量34.90万吨,增长3.1%。渔业生产重点发展水产品深加工和优高养殖,全市水产品产量177.10万吨,增长4.7%。

完成人工造林总面积1.68万公顷,增长36%,其中速生丰产林总面积4080公顷,沿海防护林总面积1960公顷。全年商品材产量22万立方米,增长69%,全市森林覆盖率54.9%。

继续引进台湾农业优良品种、技术,全年批准台资农业项目400多项,总投资超过6亿美元。一大批台湾名优水果、蔬菜、食用菌、花卉、茶叶、水产、畜禽等良种先后在榕落户。

【工业科技】　重点扶持英冠达电子、力恒锦纶、德盛镍业等180项工业新增长点项目。戴姆勒汽车、中铝瑞闽、捷星显示等30项重点工业项目竣工投产,锦源纺织、悦得软包装等25项重点工业项目动工建设。东南电化、耀隆化工、青岛啤酒等12家企业实施搬迁改造。

工业经济效益显著提升,工业经济效益综合指数高达223.94%,比上年提高25.62个百分点;规模以上工业总产值4544.17亿元,增长22.6%,实现利润总额323.64亿元,增长65.2%;产销衔接良好,产销率为96.9%,比上年提高0.4个百分点。

电子信息、交通运输、纺织化纤、冶金等主导产业继续保持较快增长,产品竞争力不断增强。德胜镍业、东南汽车、星网锐捷等15家列入高增长培育计划企业全年增长50%以上;捷联电子、华冠光电等21家企业列入省培育百亿元大企业、大集团,全年工业总产值超过1100亿元,增长30%以上。通信设备、计算机及其他电子设备制造业完成工业总产值722.83亿元,在各行业中位居首位,增长25.3%,超出全市平均2.7个百分点,对全市规模以上工业贡献率达18.3%,拉动全市规模以上工业经济增长4.1个百分点;交通运输设备制造业在东南汽车的带动下完成工业总产值353.87亿元,增长52.9%,增幅位居行业第一;纺织业完成工业总产值379.24亿元,增长19.9%;黑色金属冶炼及压延加工业完成工业总产值333.69亿元,增长27.6%。福州市成为国家电子信息产业基地之一和全球最大显示器生产基地。电子信息制造业总量在各行业中位居首位,交通运输设备制造业增幅位居行业第一。

加强区域科技创新体系建设,全市有2家国家级、48家省级、75家市级工业企业建立技术中心,星网锐捷、新大陆被评为国家级创新型企业,福晶科技、福耀玻璃、福建邮科通讯被评为国家级创新型(试点)企业。全市实施星火计划59项,其中国家级3项;火炬计划65项,其中国家级13项;有57项科技成果获市科技进步奖。专利申请量6134件,专利授权量4215件。全市认定高新技术企业250家,其中国家火炬计划重点高新技术企业7家,上市企业25家。高新技术产业总产值突破1500亿元。福州软件园拥有软件及电子信息等各类企业442家,国家863软件专业孵化器入驻企业71家。市高新区拥有各类企业207家,其中经认定的高新技术企业81家,实现高新技术产品产值358.80亿元,增长11.8%,利税31亿元,增长6.9%;出口创汇11.97亿美元,增长5.0%。

全市质量技术监督部门共抽查3452家企业产(商)品、4180批次,合格率为95.2%。其中,生产领域抽检1862家企业产品1903批次,合格率为93.0%;流通领域抽检1590家企业商品2277批次,合格率为97.0%。有101项产品获"福建名牌产品"称号。全市有13家企业21项产品采用国际标准或国外先进标准,全市法定计量技术机构8个,强制检定计量器具4.18万台件,增长18.9%。

【固定资产投资】 火车南站建成投入运行,相继开通温福、福厦高速铁路,加快推进向莆铁路、合福铁路福州段以及江阴港、可门港、罗源湾北岸铁路支线等铁路项目;机场高速二期、渔平高速通车,京台线建闽高速公路福州段等5个高速公路项目动工,完成3条国道路面改造。魁岐大桥、螺洲大桥、三环路、福永高速和福泉高速正进行改扩建;平潭海峡大桥、鼓山大桥、贵新隧道通车,地铁1号线全线动迁,地铁2号线前期工作正在推进。福清核电站建设全面提速,华能电厂三期建成投产,牛头尾一期、三山泽岐等风电项目基本建成。全市重点项目建设完成投资928.60亿元,占全社会固定资产投资的40.2%。

全市全社会固定资产投资2317.43亿元,增长40.7%,其中,全市城镇以上固定资产投资2231.69亿元,增长44.5%。房地产开发完成投资额670.69亿元,增长85.4%。商品住宅完成投资384.28亿元,增长52.4%;商品房销售额502.86亿元,增长9.9%;商品房销售面积597.83万平方米,下降13.4%。

【市政建设】 加快推进城市沿江向海发展,构建"大福州"城市空间结构,开展城市山体保护、内河景观整治和园林绿地系统等工作。市区面积1786平方公里,其中建成区面积220.22平方公里。城市道路总长度1101.3公里,道路面积2326.68万平方米,新增道路面积220万平方米,新建扩建道路48条。拥有公交车营运线路161条,公交营运车3498标台;各类出租车5809辆。城市供电、供水、供气能力增强,供水工程管网水质综合合格率超过99%。市区有自来水厂8座,日综合生产能力148.5万吨,全年供水总量3.90亿吨,其中生活用水2.06亿吨;液化气供气总量7.52万吨,其中家庭用气3.07万吨,城市气化率98.9%;天然气供气总量7412.5万立方米,其中家庭用气3017万立方米。全社会用电量264.26亿千瓦时,增长15.5%,其中居民用电59.01亿千瓦时,增长15.1%;工业用电157.32亿千瓦时,增长17.4%;农村用电3.13亿千瓦时,增长2.0%。

【城乡建设】 新改扩建福飞路等23条城区快速路、主次干道及25条支路街巷;动工建设淮安大桥、琅岐闽江大桥,加快建设林浦大桥和螺洲大桥,鼓山大桥建成通车;新辟公交线路27条,新增公交车807标台,新投放出租车1222辆,新增停车泊位1231个;实施白马河、晋安河(光明港)、磨洋河等主要内河综合整治,白马河步行道全线基本贯通;琴亭湖建成开园;连坂、长安等7座污水处理厂和红庙岭垃圾填埋场扩容工程、福清生活垃圾焚烧发电厂等项目建成或基本建成,实现每个县(市)至少建成1座污水处理厂的目标要求。加大城市管理力度,增加环卫设施的投入,实施卫生"门前三包"责任制,改造800幢建筑立面景观,加快推进中心城区主干道架空缆线下地。进行重点流域水环境综合整治和畜禽养殖污染、石板材行业污染、机动车尾气污染等专项治理,城区空气质量优良率96.4%,市级集中式饮用水源地水质达标率98.9%。

推进荆溪、青口、龙田等3个省级试点小城镇和10个市级示范性小城镇建设,完成投资58.5亿元。新建改建农村公路315公里,全市建置村通客车率92%。解决农村21.5万人饮水安全问题,新建农村户用沼气池3000口,新建改建农村卫生户厕2.87万户。新建或改造农家书屋719个、乡镇综合文化站37个、乡镇卫生院14所、示范性村卫生室17所。建成省级乡镇农民体育健身活动中心9个。基本完成20户以上自然村广播电视"村村通"建设和农村广播电视节目无线覆盖。

【贸易】 "万村千乡市场工程"农家店覆盖乡镇率达98.7%。国家3A级以上物流企业12家,一批物流配送中心加快建设。海峡国际会展中心建成投入使用,一系列常设性的展会带动广告、住宿、餐饮、旅游、通讯、购物、交通、娱乐等相关行业的发展。

全市建设和改造"农家店"320家,增长53.1%。继续实施家电下乡、以旧换新政策,家电以旧换新产品54.44万台,销售额20.15亿元。有大中型专业批发市场55个,总面积250万平方米,连锁经营企业58家,网点2123个,配送中心7个。有生猪直控基地28个,年出栏量55万头;禽蛋基地10个;蔬菜基地面积8000公顷,蔬菜基地产量90万吨。有5家企业31类产品获绿色食品使用权,42家副食品生产企业通过无公害农产品认证。在限额以上贸易企业商品零售额中,家具类增长69.6%,金银珠宝类增长51.6%,汽车类零售额增长37.7%。

举办各类会展活动142场,其中全国性会展12场。举办第十二届"5·18"海峡两岸经贸交易会、第七届"6·18"海峡项目成果交易会以及首届海峡版权(创意)产业精品博览会等。"5·18"海峡两岸经贸交易会期间,全市签约外资83项,利用外资26.73亿美元;其中,签约台资项目56项,利用台资10.88亿美元,比上届增长3.4倍。

对台贸易额20.23亿美元,新批台资项目57项,分别增长34.4%、111.1%。赴台开展经贸文化交流,对接洽谈项目99项,总投资63.99亿美元。新开通5条榕台空中客运直航航线以及空中货运直航航线。

【旅游】 推进琅岐、三江口等旅游综合体项目前期工作,加快连江贵安温泉旅游度假区、北区水厂源脉温泉休闲园、闽侯光明谷温泉旅游度假区等一批高端旅游项目建设步伐。船政文化、天生农庄等景区跻身国家4A级旅游景区。福州被命名为"中国温泉之都",形成温泉游、闽江游、文化游三大品牌。

全市接待国内旅游游客2275.11万

人次，增长17.4%；境外旅游者67.02万人次，增长10.6%。全市共有星级宾馆饭店73家，客房共计11047间。

【对外经济】 全市新批千万美元以上外(台)资项目50项，合同金额9.6亿美元。全市新批外商投资企业达186项，增长29.2%，合同金额达16.73亿美元，增长36.1%，实现实际利用外资(按验资口径)11.85亿美元，增长14.8%。实现进出口总值246亿美元，增长37.8%，其中进口总值82.86亿美元，增长41.9%；出口总值163.14亿美元，增长35.8%。从出口主体看，外资企业出口81.31亿美元，内资企业出口81.83亿美元，分别增长21.2%和54.3%。从出口产品看，高新技术产品出口39.75亿美元，机电产品出口81.23亿美元，分别增长13.6%和29.1%。从出口地区看，产品主要出口美国、欧盟、东盟、日本、荷兰等地。

全市新签对外劳务合作合同金额5553.14万美元，增长312.5%；完成营业额1763.11万美元，下降35%；年末在外人员3055人，下降2.2%。

【交通】 货物运量中，铁路货物发送量336.5万吨，增长3%；公路货物发送量8394.19万吨，增长10.0%；水路货物发送量6171.99万吨，增长2.4%；民航货邮吞吐量7.94万吨，增长23.1%，其中货邮出港量4.73万吨，增长29.6%。旅客运量中，铁路发送量1314万人次，增长94%；公路旅客发送量1.69亿人次，增长0.9%；水路旅客发送量55.65万人次，增长12.8%；民航旅客吞吐量647.68万人次，增长18.8%，其中旅客出港量331.91万人次，增长21.9%。现有国内航线(含港澳)62条，国际航线5条；新开辟福州—长沙—昆明、福州—南京—青岛、三亚—福州—徐州、北京—福州—连城、福州—东京、福州—台中、福州—高雄、福州—台北桃园等多条航线。两岸交流更加频繁，“三通”直航取得新进展，榕台空中双向直航已有6条航线、每月129个航班，同时开通了福州—台北货运航班；对台直航集装箱吞吐量达31.51万标箱，“两马交流”客运直航1342航次，旅客吞吐量5.85万人次。全市沿海港口货物吞吐量7124.8万吨，其中外贸货物吞吐量2719.8万吨。集装箱吞吐量147.05万标箱，旅客吞吐量5.85万人次。公路总里程10237.20公里，其中高速公路399.87公里。

【邮电】 完成邮电业务收入87.60亿元，增长6.8%，其中邮政业务收入5.07亿元，电信业务收入26.9亿元，移动业务收入46.63亿元，联通业务收入9亿元，分别增长10.5%、3.2%、8.3%和12.5%。程控交换机总容量349万门，电话用户201.9万户；共有IC卡公用电话1.52万部。移动电话用户达746.73万户，增长20.6%，其中中国电信99.4万户，中国移动534.33万户，中国联通113万户。网络信息技术普及，覆盖面广。全市因特网用户105万户，增长42.3%，宽带网用户86.6万户，增长25.0%。

【金融】 金融机构各项存款余额(含外资本外币)6100.92亿元，增长24.0%；金融机构各项贷款余额(含外资本外币)5231.41亿元，增长23.2%。在各项贷款中，短期贷款增速小于中长期贷款，个人消费贷款增势明显。中长期贷款3242.41亿元，增长27.7%；中长期贷款个人消费贷款958.73亿元，增长27.3%，其中个人住房贷款814.61亿元，增长22.0%；短期贷款1683.15亿元，增长22.0%。银行现金收入6286.64亿元，增长5.3%，其中商品销售收入263.40亿元，增长10.8%。共有3家外资金融机构在福州设立分行。

全市有上市公司26家，总市值3358.68亿元、证券公司2家、证券营业部72家，股民资金开户总数139.05万户，增长10.5%，其中新开户数13.16万户。全年股票、基金交易额19709.81亿元，增长3.6%；共有期货营业部23个，期货交易额28550.28亿元，增长167.8%。

全市保险业务保费收入119.53亿元，增长30.9%，其中财产险保费收入33.13亿元，增长43.3%，人身险保费收入86.41亿元，增长26.7%。人身险保费收入中人寿保险收入75.79亿元，健康保险收入8.40亿元，意外保险收入2.22亿元，分别增长28.9%、9.6%和28.1%。保费业务赔款及给付支出25.85亿元，增长1.7%，其中财产险赔付支出14.29亿元，增长10.2%，人身险赔付支出11.55亿元，下降7.3%。人身险赔付支出中人寿保险支出6.53亿元，下降21.1%，健康保险支出4.32亿元，意外保险支出0.71亿元，分别增长18.3%和31.1%。全市共有各类保险公司营业网点365个，外资保险机构在福州设立7家分支机构和2个代表处。

【教育】 完成100所义务教育学校标准化建设，实施中小学校舍安全工程建设56.1万平方米，动工建设三江口高级中学、职业教育公共实训基地，成立闽江学院商学院，开办社区大学，在全省率先出台《学前教育管理办法》，马尾区在全省率先实行高中阶段免费教育，农民工子女入学、数字青少年宫建设等工作走在全国前列。全市拥有高等学校31所，在校大学生28.17万人，研究生1.54万人；高职高专院校19所；中等职业技术学校69所，在校生13.76万人；高中116所，在校生12.31万人；初中314所，在校生23.53万人；小学1270所，在校生44.60万人。有市级示范园30所；小学英语开科率99.8%，小学信息技术开科率94.3%；省级达标中学61所，其中一级达标中学14所，高中阶段毛入学率98.2%。拥有民办小学27所，民办普通中学45所，民办职业中学17所，民办高等学校14所，民办高校在校生6.52万人。

【文化】 实施文化强市策略，集中力量打造三坊七巷、昙石山、寿山石、船政等文化品牌。修复后的“三坊七巷”以最高票入选首批中国十大历史文化名街，获评国家4A级旅游景区。加强文艺精品创作，专题纪录片《天趣人意—福州脱胎漆艺》获中国第二十五届电视金鹰好作品奖；福州伬艺《水榭欢歌》获第十五届全国群星奖大赛曲艺类“群星奖”；舞蹈《冰心·繁星》获第七届中国舞蹈“荷花奖”大赛铜奖；校园剧《青春起跑线》在第二届中国校园戏剧节上以位列非专业组榜首的成绩，获“中国戏剧奖·校园戏剧奖”优秀剧目奖。

全市拥有文化馆13个，艺术表演团体19个，艺术表演团体演出4423场次。全市拥有广播电台2座，广播节目18

套,广播综合人口覆盖率98.1%;电视台2座,电视节目16套,电视综合人口覆盖率98.6%。拥有有线电视用户158.59万户,增长18.5%,有线电视入户率83.1%,增长24.1%;行政村广播电视联网率85.4%;数字电视用户45.28万户,数字电视入户率23.0%,分别增长260.8%和276.9%。

全年出版图书2900种、8100万册;报纸27种、5.2亿份;各类杂志132种、3300万册;录音制品出版种数65种,录音制品出版数75万(盒)张;录像制品出版种数500种,录像制品出版数2000万(盒)张;电子出版种数40种,电子出版物出版数22万张。

【卫生】 动工建设肺科医院病房大楼等3个市级医院项目,新增床位1300张;提高县级医院、乡镇卫生院、社区卫生服务中心规范化建设水平;实施重大疾病住院补充补偿等制度,扩大补偿受益面;完成省下达的基本公共卫生和重大公共卫生任务;医患纠纷第三方调解机制在市、县两级全面建立。城镇职工和居民基本医疗保险参保率95.4%,新型农村合作医疗人数373.93万人,参合率97.7%。卫生机构1919家,其中医院85家;卫生机构床位2.50万张,其中医院床位1.98万张;专业卫生技术人员35505人,其中医生14275人。市区拥有社区卫生服务站136个,卫生技术人员973人;市区社区卫生服务中心46个,卫生技术人员1217人。全市共有村卫生所2363家,卫生技术人员4104人。

【体育】 举办2010年福州国际铁人三项洲际杯暨全国铁人三项冠军杯系列、第五届全国特奥会、第二届海峡论坛体育交流大会暨福州百队千人海峡门球赛、第四届海峡两岸10万人登山活动等赛事;举办冬泳、老年人万人健步行、半程马拉松等健身运动。全市有体育场馆431个,全民健身路径427条,全年举行县以上群众性体育竞赛活动105项。年内,福州籍运动员在国际蹦床比赛中获1枚金牌,首届青奥会获1枚金牌、1枚银牌。在第十六届广州亚运会上,获6枚金牌、1枚银牌、1枚铜牌。全国田径冠军赛获冠军,全国青年跆拳道锦标赛团体获冠军及3个个人冠军,全国高水平后备人才举重锦标赛获青年组男女冠军,市体校女篮队获全国少年U15锦标赛第一名。在第十四届省运会上取得奖牌624枚、总分7094分的历史最好成绩,蝉联省运会所设3个项目第一,获体育道德风尚奖。

【人民生活】 全市在岗职工年平均工资3.48万元,增长13.4%。实现城镇居民人均可支配收入2.27万元,实际增长12%;农民人均纯收入8543元,实际增长11.4%。全年居民消费价格上涨3.2%。

【社会保障】 全市参加城镇职工基本养老保险人数(含机关保、含离退休)129.06万人,领取城镇职工基本养老保险金的离退休人员27.37万人。国有企业下岗职工的基本生活得到保障,企业离退休人员按时足额领到基本养老金,养老金社会化发放率100%。养老、医疗、失业、工伤、生育等社会保险覆盖面不断延伸拓展。参加失业保险职工人数82.44万人,领取失业保险金人数1.12万人。全市医疗保险参保单位2.48万个,参加城镇职工基本医疗保险人数(含离退休)103.23万人;生育保险参保单位3.24万个,生育保险参保人数76.33万人;工伤保险参保人数90.97万人。推进新型农村社会养老保险试点,在鼓楼、台江、仓山、晋安等四城区和福清市推行被征地农民养老保障制度。

城镇新增就业15.3万人。城镇登记失业率为3.14%,“4050”人员再就业人数4132人,转移农业富余劳动力就业58957人,实现下岗失业人员再就业9036人。全市经工商注册登记的个体工商户12.94万户,增长12.2%,从业人员25.88万人,增长12.4%,城镇个体私营从业人员65.35万人,增长30%;私营企业5.73万户,增长12.7%,从业人员56.59万人,增长11.8%。

实施565万平方米危旧房(棚屋区)改造,超额完成省下达的2.54万套社会保障房开工建设任务。完成“造福工程”搬迁5000人,帮扶农村有劳动能力的低保对象1.02万人。建设、完善社区居家养老服务中心和服务站110个,新建“福乐家园”10所、农村敬老院9所。积极防抗台风、暴雨、洪水等自然灾害,强化社会治安综合治理,开展严打整治行动,人民群众对社会治安满意率达94.97%。

【园林绿化】 重点对道路、街旁绿地进行绿化、美化,大幅增加城市绿地,实施花化、彩化、香化,完成城区80多处立体绿化,城区新增绿地面积710万平方米,提高城市整体景观。全市拥有公园51座,总面积2288公顷,其中新增公园面积73公顷;建成区绿地面积8122公顷,绿地率36.9%,人均公共绿地面积11.15平方米;建成区绿化覆盖面积8869公顷,绿化覆盖率40.3%;城区道路绿化普及率100%。2010年5月,福州市荣获“全国绿化模范城市”称号。

【环境保护】 推进陶瓷企业改燃气降耗减排、电力企业烟气脱硫改造、绿色照明等重点节能减排工程,完成省里下达的节能减排任务。区域环境噪声、交通噪声均优于国家规定标准。整治重点流域水环境,清理闽江下游河道采砂活动。全市工业废水排放量4287万吨,下降18.6%,工业废水处理排放达标率90%,工业固体废物综合利用率94.4%。城区环境噪声为56.5分贝,市级集中式饮用水源地水质达标率98.9%,城区污水处理率90.1%,全市城市生活垃圾无害化处理率98.2%;城区空气质量优良率96.4%。全市有国家级自然生态示范区1个,自然保护区36个,面积(不含海域)1310.84平方公里。

(范国山)

机构及负责人

中共福州市委机构及负责人名单

中共福州市委员会

书　记:袁荣祥

副书记:苏增添

周振华

方清海

周　宏

常　委:梁建勇(5月免)

王　玲

王　鑫
徐启源
陈大强
林　彬(5月免)
杨益民(5月任)
朱　华
那兴海
杜源生(9月免)
秘书长:徐启源
副秘书长:赵学峰(5月免)
陈　蒲(7月免)
李新贤
陈建平(3月任)
陈奕辉(5月任)
张　忠
刘卓群
郑建平
吴晓杰(12月任)

市纪律检查委员会
(与市监察局合署办公)
书　记:方清海
副书记:陈善团(5月免)
陈建新
陈　旭
连世潮
张秀榕(9月任)
常　委:陈诚文
张秀榕(9月任副书记)
林子波
鄢　荣
黄建新
秘书长:林子波

市委办公厅(市委政策研究室,
市委、市政府接待办,机要局,保密局)
主　任:赵学峰(5月免)
李新贤(12月任)
副主任:朱秀兰
吴晓杰(12月免)
黄善贺

政策研究室
主　任:李新贤(12月免)
副主任:王振松

接待办
主　任:陈建平
副主任:林香平
江立强

机要局
局　长:王璐莹

保密局
局　长:林水华
副局长:王贤伟

市委组织部
部　长:周振华
副部长:徐诗文(常务)
柳　欣
陈涌华
陈学光(兼)
王玉琴(兼)

市委宣传部(市委对外宣传办公室、
市委网络文化建设和管理办公室、
市政府新闻办公室)
部　长:朱　华
副部长:王　征(常务)
高起平(常务,12月任)
余作尧(6月任)
鲍　闽
吕　英(6月免)
杨　凡
陈忠霖
林　矗(3月任,兼)

市委统一战线工作部
部　长:王　玲
副部长:刘少华
莫雪平
郭荣贵(3月任)

市委政法委员会(市社会治安综合治理
委员会办公室、市委610办公室)
书　记:王　鑫
副书记:时小雨(兼)
刘锡辉(常务,4月免)
叶忠育
林阿善
齐家麒
秘书长:杨　波(12月免)

综治办
主　任:刘锡辉(4月免)
副主任:余永俤
陈　长

610办公室
主　任:林阿善
副主任:陈若望

市委台湾工作办公室
(市政府台湾事务办公室)
主　任:郑　晓
副主任:曾秋玲
郭　云
刘书文(兼)

市委机构编制委员会办公室
(市政府机构编制办公室)
主　任:邱幸青
副主任:高　颐
唐文贵(12月任)

市委市直机关工作委员会
书　记:周振华(兼)
常务副书记:李榕生
副书记:王　聪(9月任)
张恒星
陈一飞
孙晓岚
林　敏(12月任)

市委教育工作委员会
书　记:林　彬(6月免)
副书记:俞云金(兼)
郑　勇
翁桂香(常务)

市委老干部局
局　长:王玉琴
副局长:郭龙生(1月免)
倪为民
高锦利(12月任)

市委精神文明建设办公室
(市精神文明建设指导委员会办公室)
主　任:杨　凡
副主任:王苏闽
曾　玉

市委信访局(市政府信访局)
局　长:张性魁
副局长:林廷瑞
陈吕南

市委农村工作领导小组办公室
(市政府农村工作办公室)
主　任:严金官
副主任:陈水娣
陈可传
宋国林(兼)
黄礼滨

市委机关效能建设领导小组办公室
主　任:薛海玲(6月免)
李　锋(6月任)
副主任:陈武光
伍南腾

福州市人大常委会机构及负责人名单

市人大常委会
主　任:袁荣祥(1月任)
练知轩(1月免)
副主任:陈瑞麒(4月免)

高　翔(1月免)
杨爱金(4月免)
施能柏
陈树雄(4月免)
赖昌贤(7月免)
陈　吉
薛海玲
鄢　萍(1月任)
秘书长:陈公文
副秘书长:赵宝昌
许燕英

市人大常委会法制委员会
主　任:赖昌贤
副主任:陈伯吉

市人大常委会办公厅
主　任:赵宝昌
副主任:陈又菲
刘　宇(7月免)
郭家彬

市人大常委会研究室
主　任:张　诚
副主任:丘志强

市人大常委会人事代表工作室
主　任:杨　康(6月免)
吕　英(6月任)
副主任:吴　菁

市人大常委会法制工作委员会
主　任:陈伯吉
副主任:余则连

市人大常委会内务司法工作委员会
主　任:梁文仪
副主任:刘延梅

市人大常委会财政经济工作委员会
主　任:王培德
副主任:唐庆机

市人大常委会城建环境工作委员会
主　任:林　清
副主任:陈　巍

市人大常委会华侨(台胞)工作委员会
主　任:陈明建

市人大常委会农村经济工作委员会
主　任:詹燕燕
副主任:陈　煜
杨国富

市人大常委会教科文卫工作委员会
主　任:吴三八
副主任:官君璧

福州市人民政府机构及负责人名单

市人民政府
市　长:苏增添(1月任)
副市长:梁建勇(5月免)
杨益民(5月任)
朱　华
杜源生(5月免)
陈　奇
时小雨
陈为民
徐铁骏
秘书长:瞿理明
副秘书长:冯小鲁(1月免)
王国华
张水健(2月免)
郭荣贵(3月免)
陈政生(1月免)
陈建平(兼,3月免)
潘丽珠
罗若谷(9月任)
陈希治(兼)
张性魁(兼)
胡冀闽
郑　灵(3月免)
杨新坚
卫　国(6月免)
林　矗(3月免)
胡孝辉
林树立
朱汉民
张定锋
许用贵
李　锋(6月任)
林汉隽(9月任)

市政府办公厅(挂市海防委员会办公室、市爱国卫生运动委员会办公室、市双拥工作领导小组办公室牌子)
主　任:(缺)
副主任:林　雯
朱训志
郭春曦

海防办
主　任:(缺)
副主任:李光宝(12月任)

爱卫办
主　任:陈厚才
副主任:钟　军
林　怡

双拥办
主　任:陈希治
副主任:洪小榕
王建荣

市发展和改革委员会
主　任:林钟德
副主任:朱光华(兼,6月任)
陈继鹏
李支酉
黄　超
林万震(6月任)
罗恩平
王韶红

市经济委员会
主　任:江　海
副主任:陈碧玉
刘秀先
牛建春
游通铃

市城乡建设委员会(2010年6月组建,不再保留市建设局)
主　任:林瑞良(6月任主任,免局长)
副主任:林　清(1月免副局长)
林京洪(6月任,免副局长)
罗蜀榕(6月任,免副局长)
李　凡(6月任,免副局长)
蔡　文(6月任,免副局长,9月免副主任)
黄霄辉(9月任)
张　帆(9月任)
郑　鸿(9月任)
总工程师:李　凡(9月免)
林宝钧(9月任)

市交通运输委员会(2010年6月组建,不再保留市交通局,挂市交通战备办公室牌子)
主　任:董　澄(4月免局长)
左美俊(6月任主任)
副主任:左美俊(6月任主任,免副局长)
刘选华(6月任,免副局长)
施向文(6月任,免副局长)
林昌达(6月任,免副局长)
刘用全(6月任,免副局长)

市重点项目建设管理办公室(2010年6月组建,挂市金融工作办公室牌子,与市政府办公厅合署办公)
主　任:胡冀闽(6月任)
副主任:梁文心(12月任)
刘　宇(6月任)
林秀燕(6月任)

市教育局

（与市教育工作委员会合署办公）

局　长:郑　勇

副局长:翁桂香

郑家夏

严　星

陈　红

黄　林

市科学技术局

局　长:黄琪生(6月免)

林治良(6月任)

副局长:黄春鹏

林治良(6月任局长)

郑寿平

市民族与宗教事务局

局　长:许　云(3月去世)

刘晓强(6月任)

副局长:陈小鸽

刘晓强(6月任局长)

杨国富(12月任)

饶春贵

市公安局(挂市政府打击走私综合治理工作办公室牌子)

局　长:王　鑫

副局长:吴仁华

卢炳椿

陈　仪

林　祥

张　鸿

郑雷声

冯　明

市监察局

局　长:陈建新

副局长:陈诚文(兼)

程良琛

兰鸣伟

市民政局

（挂市革命老根据地建设办公室牌子）

局　长:徐小榕

副局长:林文铨

庄　严

颜培林

吴　越

市司法局

局　长:叶伦腾(4月免)

俞建春(6月任)

副局长:杨　波(12月任)

方振荣

柯家欣

王信标

市财政局

局　长:林恒增

副局长:黄木基

方玉琳

林汉隽(9月免)

李小荣

韩芝玲(9月任)

蒋爱玉(9月任)

总会计师:林贞华

市人力资源和社会保障局(2010年6月组建,不再保留市劳动和社会保障局)

局　长:陈曾勇(6月任,免劳动和社会保障局局长)

副局长:陈荣生(6月兼任)

孙鲁闽(6月任,免劳动和社会保障局副局长)

秦　健(6月任,免劳动和社会保障局副局长)

袁苏欣(6月任,免劳动和社会保障局副局长)

熊玉平(6月任,免劳动和社会保障局副局长)

市公务员局(2010年6月组建,不再保留市人事局)

局　长:陈学光(6月免人事局局长)

陈荣生(6月任)

副局长:黄　震(6月任,免人事局副局长)

龚家飆(6月任,免人事局副局长)

冯　音(6月任,免人事局副局长)

市国土资源局

局　长:郑建闽

副局长:陈永贵

彭永麒

陈慧英

李　仲

聂晓梅

市环境保护局

局　长:纪建平

副局长:任义文

赵炳荣

汪家升

市城乡规划局

局　长:李月健

副局长:林仕滔

黄宇清

林　强

翁华锋

总规划师室主任:王秀卿

总规划师:吴建青

市住房保障和房产管理局(2010年6月组建,不再保留市房地产管理局)

局　长:郑云春(6月任,免房地产管理局局长)

副局长:林　勋(6月任,免房地产管理局副局长,9月免)

兰仰金(6月任,免房地产管理局副局长)

张海舟(6月任,免房地产管理局副局长)

市市容管理局(2010年6月组建,不再保留市城市管理执法局,挂市城市综合执法局牌子)

局　长:林　辉(6月任,免城市管理执法局局长)

副局长:郑保胜(6月任,免城市管理执法局副局长)

李伟贤(6月任,免城市管理执法局副局长)

江玉坤(6月任,免城市管理执法局副局长)

金德荣(6月任,免城市管理执法局副局长)

市安全生产监督管理局

（挂市安全生产委员会办公室牌子）

局　长:程爱国

副局长:梁文凌

李洪臣

市农业局

局　长:吴建成

副局长:石允淦

聂德毅

陈文辉

赖颂辉(12月免)

市林业局

局　长:陈信平

副局长:冯　平

廖胜彪

总工程师:张顺恒

市水利局
局　长:吴兰铮
副局长:陈谋祥
陈济斌(12 月任)
巫贤成

市海洋与渔业局
局　长:李振泰
副局长:林心銮
林文福

市商贸服务业局(2010 年 6 月组建,不再保留市贸易发展局,挂市食品安全工作办公室、市支前办公室牌子)
局　长:林厚新(6 月任,免贸易发展局局长)
副局长:叶　震(6 月任,免贸易发展局副局长)
陈燕敦(6 月任,免贸易发展局副局长)
陈　源(6 月任,免贸易发展局副局长)

支前办
主　任:林厚新(12 月兼任)
副主任:樊新江(12 月任)

市粮食局
局　长:赵时可
副局长:陈春恩
陈　颖
周　岚

市对外贸易经济合作局(2010 年 6 月挂市政府口岸工作办公室牌子)
局　长:张献勇
副局长:杨　光
潘　啸
林　周
陈镜清
严周文(12 月任)

口岸办
主　任:张献勇(12 月兼任)
副主任:黄　瑾(12 月任)

市文化新闻出版局(2010 年 6 月组建,不再保留市文化局和市新闻出版局,挂市文物局、市版权局牌子)
局　长:陈梅良(6 月任,免文化局局长)
副局长:黄修钗(6 月任,免新闻出版局副局长)
林剑生(6 月任,免文化局副局长)
卢　玲(6 月任,免文化局副局长)
胡　南(6 月任,免文化局副局长)
杨　勇(6 月任,免文化局副局长)
陈思源(6 月任,免新闻出版局副局长)

市广播电影电视局(2010 年 6 月由广播电视局更名)
局　长:陈　燕(6 月任,免广播电视局局长)
副局长:邓祥训
赵　洵(6 月任,免广播电视局副局长)

市卫生局
局　长:关瑞祺
副局长:薛金发
林云钦
于　萍
缪　伟
吴翔天

市人口和计划生育委员会
主　任:陈书碧(6 月免)
周应忠(6 月任)
副主任:黄　升
刘惠珍

市体育局
局　长:黄其钦
副局长:陈光华
高慧萍

市审计局
局　长:林良云
副局长:郑子平
郑生明
刘小红
总审计师:翁国荣

市统计局
局　长:林　岑(6 月免)
郑新清(6 月任)
副局长:王金聚
朱　政
金昌勇
总统计师:曹寿全

市旅游局
局　长:郑　立
副局长:陈学禄
林从宇
李春茂

市机关事务管理局
局　长:陈建平
副局长:林　平
吴光俊
林春贵

市政府外事侨务办公室(2010 年 6 月组建,不再保留市政府外事办公室、市政府侨务办公室,挂市政府港澳事务办公室牌子)
主　任:游晓东(6 月任,免市政府外事办公室主任)
副主任:郑建榕(6 月任,免市政府外事办公室副主任)
张　萍(6 月任,免市政府外事办公室副主任)
马亚明(6 月任,免市政府外事办公室副主任)
张素燕(6 月任,免市政府侨务办公室副主任)
林如灼(6 月任,免市政府侨务办公室副主任)

市人民防空办公室(2010 年 6 月调整为市政府工作部门挂市民防局牌子)
主　任:吴　强
副主任:潘大如
张景颂
郑清辉(12 月任)

市国有资产监督管理委员会
主　任:连国平
副主任:蔡立福
林敬金

市政府法制办公室
主　任:赵彦邦

市物价局
局　长:朱光华
副局长:黄家华
黄敬池

市政府驻北京办事处
主　任:郭建国(3 月任)
副主任:郭建国(3 月任主任)
洪　斌

市政府驻上海办事处
主　任:林　麟

市政府驻深圳(广州)办事处

主　任:(缺)

福州市政治协商委员会机构及负责人名单

市政协

主　席:陈扬富

副主席:吴依殿(4月免)

李纯粹(1月免)

陈书碧

何宜刚(1月免)

吴华瑞(1月免)

汤森金(1月免)

陈今明

陈震宙(4月免)

王聪深(4月免)

雷成才

郑有光(1月任)

范美先(1月任)

郑建闽(1月任)

林治良(1月任)

秘书长:林　雄

副秘书长:夏良宝

邱吉明

陈向上

市政协办公厅

主　任:夏良宝

副主任:黄建春

江智文(9月免)

市政协调查研究室

副主任:曹　波

陈小刚

市政协提案委员会

主　任:薛林甦

副主任:张克恭

市政协经济建设委员会

主　任:邱连生

副主任:袁诚勇

市政协教科文卫体委员会

主　任:汪芷江

副主任:林恩健

市政协港澳台侨和外事委员会

主　任:李肖琴

副主任:吴瑞成

市政协社会和法制委员会

主　任:高孔霖

副主任:胡慧玲

市政协民族和宗教委员会

主　任:石　亮

副主任:邱孝魁

市政协文史资料和学习宣传委员会

主　任:戚信总

副主任:郑新俊

市政协人口资源环境委员会

主　任:黄树灿

副主任:王荔仙

民主党派和工商联机构及负责人名单

民革福州市委会

主　委:夏先鹏

专职副主委:陈寰中

林　端

蔡恩典

民盟福州市委会

主　委:林治良

专职副主委:刘福莲

民建福州市委会

主　委:陈今明

专职副主委:林　敦

民进福州市委会

主　委:陈　奇

专职副主委:李松铨

农工党福州市委会

主　委:陈震宙

专职副主委:魏颖明

致公党福州市委会

主　委:鄢　萍

专职副主委:张　强

九三学社福州市委会

主　委:林绍彬

专职副主委:吴　茗

台盟福州市委会

主　委:郑建闽

专职副主委:甘海疆

福州市工商业联合会

主　席:邓麟喜

专职副主席:郭荣贵(3月任)

薛美芳

张德生

张翠芳

社会团体机构及负责人名单

福州市总工会

主　席:王　玲

副主席:郑湘国

傅春英

贤　青(兼)

朱琴厦

金　纶

共青团福州市委员会

书　记:陈奕辉(5月免)

何杰民(9月任)

副书记:何杰民(9月任书记)

郭海阳(援疆)

苏　建

雷连鸣

福州市妇女联合会

主　席:陈　晔

副主席:贤　青

傅春英(兼)

邓　岚

福州市科学技术协会

主　席:雷成才

专职副主席:曾章钗

陈玲玲

林　伟

福州市文学艺术界联合会

主　席:徐　杰

专职副主席:米　伟

唐晓燕(2月免)

福州市归国华侨联合会

主　席:蓝桂兰

专职副主席:付小苑

余岸明

福州市社会科学界联合会

主　席:林　山

专职副主席:陈由岖

陈苏华

福州市台湾同胞联谊会

会　长:陈小凡

专职副会长:林鸿榕

中国国际贸易促进委员会福州市支会(中国国际商会福州商会)

会　长:孙　健

副会长:吴毓青

陈晓玲

林连华

福州市人民对外友好协会

会　长:袁荣祥(兼)

副会长:郑建榕

福州市残疾人联合会

理事长:俞昌林

副理事长:黄大明

陈孔乐

林　支

福州市计划生育协会

专职副会长:黄　升(常务,3月任)

王　锋

福州市红十字会
会　长:朱　华(兼)
副会长:胡晓强(常务)
何　北
胡树林
福州中华职业教育社
主　　任:陈今明(兼)
专职副主任:刘心平

福州市中级人民法院负责人名单

院　长:李有才
副院长:陈天灯
林智明
欧阳春
夏先鹏(2月免)
欧岩峰

福州市人民检察院负责人名单

检察长:陈承平
副检察长:杨玉勋
吴钟夏
顾　颀
董良馨　盖宣闽

福州市直属副处级以上事业单位

闽江学院
党委书记:陈永正(4月免)
王新民(11月任)
党委副书记、院长:杨　斌
党委副书记、纪委书记:刘桂荣
党委副书记:叶锦文
副院长:赵麟斌
金德凌
陈建平
中共福州市委党校(市行政学院、市社会主义学院、共青团福州市委团校)
校　长:周振华
副校长:陈志昇(常务)
游伯笙
赵一源
林秀玲
张新怿
福州职业技术学院
党委书记:俞云金
党委副书记、院长:林承超
党委副书记:林福荣
副院长:金昌余
刘松林
詹碧卿
纪委书记:沈锦华
中共福州市委党史研究室
主　任:刘德洪
副主任:张和琛
福州市档案局(馆)
局　长:李运启
副局长:王秀萍
蔡光荣
福州市社会科学院
院　长:林文平
副院长:张兰英
福州日报社
社　长:鲍　闽
副社长:黄秀泉
叶向荣
中共福州市委干部理论教育讲师团
团　长:贺晓军
福州市农业科学研究所
所　长:郭建铭
福州市蔬菜科学研究所
所　长:陈文辉
福州市人民政府水电站库区移民开发局
局　长:陈水娣
福州市事业单位登记管理局
局　长:林德华
福州市人民政府发展研究中心
主　任:郭艳芳
副主任:孙占秋
林高星
福州市地方志编纂委员会
主　任:张　硕
副主任:王小珍
福州市地震局
局　长:张云焰
副局长:戴　黎
福州市仲裁委员会秘书处
秘书长:陈公文(兼)
副秘书长:邓世清
福州市土地发展中心
(市地产开发总公司)
主　任:郑建闽(兼,3月免)
王　松(3月任)
副主任:曾国俊(常务,9月免)
王　松(3月任主任)
张志强
梁文心(12月免)
福州市国有房产管理中心
主　任:程荣鹏(9月免)
曾国俊(9月任)
副主任:陈永辉
肖贤荣
福州市住宅发展中心
主　任:任志强
副主任:潘红卫(6月免)
何　振
福州住房公积金管理中心
主　任:林　峰
副主任:张美香
蔡　颖
郑宗沐
福州市房地产交易登记中心
主　任:陈　津
副主任:陈明辉
刘心欣
林礼岑(12月任)
福州市港口管理局
局　长:刘岩松
副局长:杨晓峰
邓　坤
黄振辉
许传新
总工程师:林　团
福州市供销合作社联合社
主　任:吴裕禄
副主任:郑业宁
陈宝乐
林洪锦
福州市园林局
局　长:刘晓明
副局长:刘用斌
杨　晓
陈锵艳
陈志光
总工程师:杨　晓
福州市三坊七巷管理委员会
主　任:卫　国(3月免)
林　飞(兼,3月任)
副主任:林　矗(常务,3月任)
金国栋(9月免)
叶子文
盖文玲(9月任)
福州市"数字福州"建设领导小组办公室
主　任:朱汉民
福州教育学院
院　长:高　山
副院长:张昌勋
程季平
黄耀荣

福州高新技术产业开发区管理委员会
主　任:梁建勇(6月免)
杨益民(兼,6月任,12月免)
许用贵(12月任)
副主任:郑　灵(常务)
林　健
杨信国
陈　辉
福州市知识产权局
局　长:张文胜(9月免)
福州市第一技工学校
(省机械工业技术学校)
校　长:(缺)
副校长:母安明(9月任)
刘伟诚(9月任)
余　丰(9月任)
陈学祥(9月任)
福州市第二高级技工学校
校　长:吴宗伦
福州市民用建筑统建办公室
主　任:任志强
副主任:何　振
周治浩
林国良
福州市规划设计研究院
院　长:高学珑
福州市政工程管理处
主　任:王家荣
福州市环境卫生管理处
处　长:王解芳(4月免)
福州市五一广场管理处
主　任:(缺)
福州市道路运输管理处
处　长:邓　达
福州市水路运输管理处
(福州市地方海事局)
处　长:洪德平
福州市公路局
局　长:左美俊
福州市海洋与渔业技术中心
主　任:陈国生
福州市海洋与渔业执法支队
支队长:王　林
政　委:朱　斌
福州市文化市场综合执法支队
支队长:(缺)
福州市妇幼保健院
院　长:林美华

福州市卫生局卫生监督所
所　长:颜国添
福清卫生学校
校　长:郭廷富
福州市疾病预防控制中心
主　任:郑能雄
福州市第一医院(红十字医院)
院　长:张　帆
福州市第二医院
院　长:郑道新
福州结核病防治院
院　长:王　琳
福州神经精神病防治院
院　长:方　向
福州市中医院
院　长:黄秋云
福州市传染病医院
院　长:潘　晨
福州市皮肤病防治院
院　长:王　林
福州市第八医院(福州铁路中心医院)
院　长:何在理(4月免)
福州市体育运动学校
校　长:(缺)
福州市业余科技大学
校　长:(缺)
副校长:黄兆津
福州市鼓山风景区管理处
主　任:邱泰斌
福州市港口管理局直属分局
局　长:刘筱元
福州市航道航标管理中心
主　任:李安平
福州市建筑设计院
院　长:林兴年
福州市城镇集体工业联合社
主　任:罗若谷(9月免)
副主任:王昌桃
陈　明
福州市投资管理公司
(福州市国有资产营运公司)
总经理:陈进宝
福州广播电视集团
董事长:刘　屏
总经理:王　晋
副总经理:曹金旺
刘义萍
陈　航
总工程师:林钦华

中共各县(市)区委员会　县(市)区人大　人民政府　政协负责人名单

中共鼓楼区委
书　记:林　飞(5月任)
副书记:林　飞(5月任书记)
杭　东(5月任)
林碧芬
李　力(2月免)
常　委:俞章华
许铭忠
陈　亢
陈仁德
黄良平
张学勇(9月免)
张志平
胡道坦(9月任)
林　峰(9月任)
张晓容(12月任)
鼓楼区人大常委会
主　任:郭秋水(2月免)
李　力(2月任)
副主任:刘珠妹(1月免)
郭光杰
陈哲夫(10月去世)
李松铨(兼)
林文华(2月任)
鼓楼区人民政府
区　长:林　飞(5月免)
杭　东(5月任副区长、代区长)
副区长:许铭忠(常务)
张宏荣
林　颖
胡道坦(9月免)
金国栋
刘建兴
徐金泰
张晓容(挂职,12月免)
张　林(9月任)
鼓楼区政协
主　席:姚宏逵
副主席:柯岩辉
林文华(1月免)
程建国
谢裕波
韩芝玲(2月任,9月免)
中共台江区委
书　记:马必钢

副书记:陈春光
林培清
陈宗胜
常　委:邓万铣
林国强
林品光
程　辉
陈高英
杨木泽
刘战兴
李　辉(挂职,12月任)

台江区人大常委会

主　任:陈金华
副主任:刘友忠(9月免)
郑琪鸿
郑功敏
宋晓非

台江区人民政府

区　长:陈春光
副区长:杨木泽
林　景
王建东
谢谦华
严立武
何长嘉
郑则传
叶仁佑(挂职)
唐　寅(援藏,7月任)

台江区政协

主　席:高珠英
副主席:陈荣发
陈居根(兼,10月免)
陈东波
林钦俤

中共仓山区委

书　记:范美先(5月免)
林文芳(5月任)
副书记:黄　平
张为民
卢　林
范建敏
常　委:钱庭勋
赵　坚(9月免)
崔兆英
陈忠银
潘邦瑞
阮　锋
曾开寿(9月任)
翁国平

仓山区人大常委会

主　任:林木清
副主任:王肇昌(2月免)
林兆水(9月免)
王亚罗(1月免)
林绍彬(兼)
吴文华(2月任)
陈玉莲(2月任)

仓山区人民政府

区　长:黄　平
副区长:潘邦瑞
宋仟根
张　涵
谢　侹
程必康
潘仰武
陈　峰
秦　凡(挂职)

仓山区政协

主　席:余风玉
副主席:陈镜溪
杨沂光
郭松钿
许书琅(1月免)

中共晋安区委

书　记:王明光
副书记:阮孝应
林圣婉
黄诗杨
陈　斌
常　委:刘昌棋
陈家炎
赵　坚(9月任)
唐　希
汤义明
曾开寿(9月免)
唐新文(9月免)
许　潮
童桂荣

晋安区人大常委会

主　任:林恭焜
副主任:洪锡金(1月免)
王乃平
林存星
魏晓辉
林菊容(1月任)

晋安区人民政府

区　长:阮孝应
副区长:刘昌棋(常务)
林继锵
李利民
侯爱平
董敬用
陈信英
陈华辉(挂职)
金昌钦

晋安区政协

主　席:陈秀华
副主席:黄　玲
林从华
张秉洁
林　澄(1月任)

中共福州经济技术开发区、马尾区委

书　记:郑有光
副书记:林新国
杭　东(5月免)
李　明
马尾区常委:沈　甦
吴友习
俞建春(6月免)
蓝　锋
潘　威(9月任)
张学勇(9月任)
王命瑞
纪文杰
开发区党委委员:沈　甦
吴友习
俞建春(6月免)
蓝　锋
潘　威(9月任)
张学勇(9月任)
张　凌

马尾区人大常委会

主　任:洪星光(1月免)
范公榕(1月任)
副主任:张传森(1月免)
郑光星(1月任)
吴　强
李　贞
程鸿远

福州经济技术开发区管委会

主　任:林新国
副主任:潘　威
李苏林
李占卫
高洪霖
许荔萌
张　凌

戴　希(挂职,6月任)

马尾区人民政府

区　长:林新国

副区长:潘　威(常务,9月任)

李苏林

李占卫

高洪霖

许荔萌

陈秋伸

游　力(挂职)

戴　希(挂职,6月任)

马尾区政协

主　席:范公榕(1月免)

施敏华(1月任)

副主席:林国金

杨友田

郭龙生(1月任)

江国强

刘晓东

中共福清市委

书　记:陈大强

副书记:陈伙金

林　贤

王德玉

常　委:曹祝军

高国富

陈　惠

王　聪(9月免)

魏唐茂

游美兴

林　中

翁芳明(援藏,7月任)

蔡福勇(9月任)

张文胜(9月任)

福清市人大常委会

主　任:蔡萍萍

副主任:张旗荣(兼)

陈建文

叶小斌(1月任)

朱育平(1月任)

福清市人民政府

市　长:陈伙金

副市长:游美兴(常务,9月免)

林　中(常务,9月任)

林茂清

蔡福勇(9月免)

陈少华(计生)

陈　生

王建生

陈恒东

游华冠

陈金友(挂职)

吴晓凡(科技,省下派,3月任)

陈存枫(11月任)

福清市政协

主　席:方裕开

副主席:陈力奇(1月任)

陈向群

方朝钦

严　萍(1月任)

中共长乐市委

书　记:吴贤德(5月任)

副书记:林文芳(5月免)

王绍知

唐新文(9月任)

常　委:林福明

延建霖

邓达木

郑　明

张礼强

程小马

林　捷

林建国(9月任)

吴文琪(9月任)

邓　岚(挂职,12月任)

长乐市人大常委会

主　任:陈进端

副主任:黄玉钗

郑宽挺

王命发(9月免)

长乐市人民政府

市　长:林文芳(5月免)

王绍知(5月任代市长)

副市长:王绍知(5月任代市长)

邓达木(常务,9月免)

郑祖英

林建秀

陈　钰

王建忠(计生)

林建国

吴文琪(9月免)

陈增国

庄晨辉(科技,省下派,8月免)

晁　旭(挂职)

王命发(9月任)

郑子记(9月任)

长乐市政协

主　席:林义耿

副主席:陈　真

曹以强

郑子记(9月免)

宋丽晶

中共闽侯县委

书　记:柯有民

副书记:高　明(5月免)

赵学峰(5月任)

张维船

张大斌

常　委:王彦强

胡光礼

郑华琼

李永祥

周韦景

施玉安(3月任)

许舜举(9月任)

江智文(9月任)

闽侯县人大常委会

主　任:潘革生

副主任:刘安娜(1月免)

陈维华

林善匡

张德兴(1月任)

曾小榕(1月任)

闽侯县人民政府

县　长:高　明(5月免)

赵学峰(5月任副县长、代县长)

副县长:李永祥(常务)

杨传金(9月免)

欧　建

林建善

许舜举(9月免)

杜　微

陈乐森

陈长泽(挂职)

许启华(援藏,7月任)

张建彬(9月任)

张　旗(9月任)

翁华锋(挂职,9月任)

林琼华(科技,省下派,11月任)

闽侯县政协

主　席:林善培

副主席:杨正金

张　旗(9月免)

郑铭魁
叶　玲

中共连江县委

书　记:高　明(5月任)
副书记:林　峰
陈　彪
姜卫平
常　委:刘　迟
邱德光(2月免)
姚双玉
林伦健
吴长明
陈珍光
陈晓晖
刘　明

连江县人大常委会

主　任:杨荣铨(1月免)
邱德光(1月任)
副主任:滕忠华
王大荣
王同生
李　晋

连江县人民政府

县　长:林　峰
副县长:林伦健(常务)
邱香英
林榕森
张金潮
孙祥光
雷言钦
林　涛(挂职)
林承祥(9月任)

连江县政协

主　席:兰钦明
副主席:郑理端
易立群
陶文平
林　竹

中共罗源县委

书　记:吴聪先(9月免)
何代钦(12月任)
副书记:何代钦(12月任书记)
何宗乐
周应忠(6月免)
尤典真(9月任)
常　委:吴国辉
黄定国
郑章干
陈敏鸿
尤典真(9月任副书记)
陈武成
傅历光
蔡　文(9月任)
刘延梅(挂职,12月任)

罗源县人大常委会

主　任:肖国绪
副主任:邱绍勇(10月免)
柯受安(10月免)
王永春
邱清崇
周在勤(1月任)

罗源县人民政府

县　长:何代钦
副县长:蔡　文(常务,9月任)
黄　菁
于红旗
董志干
兰可明
汪孝敏
黄元祥
郑立敏(挂职)
刘用场(科技,省下派,3月任)

罗源县政协

主　席:雷光秀
副主席:姚建传
何瑞强
李恒炎(1月任)
陈丽霞(1月任)

中共闽清县委

书　记:池　宁
副书记:王长鹰
肖　华
毛行青
常　委:蔡劲松
唐为民
黄新秋
郑子升(3月免)
姜　晗
刘春根
刘久兴(援疆,9月任)

闽清县人大常委会

主　任:吴孟桃(2月免)
郑子升(2月任)
副主任:温振东
王　强
陈孝贤
陈婉霞

闽清县人民政府

县　长:王长鹰
副县长:唐为民(常务)
王贞锋
华秀敏
黄　钢
张　彪
刘久兴(9月免)
李荣寿(挂职)
郑仕平(9月任)

闽清县政协

主　席:许建平
副主席:姚文彬
林国辉
黄忠岑(10月撤职)
张　文
陈诸凯

中共永泰县委

书　记:黄忠勇
副书记:林　强
陈双春
陈荣生(6月免)
常　委:阮文光
郭宜超
林　峰(9月免)
陈家恬
林存武
李瑞琨
陈日官(9月任)
赖颂辉(12月任)

永泰县人大常委会

主　任:林睦祥
副主任:张承榕(4月免)
黄以平
侯文辉
江晓鸣
陈振杰(8月任)

永泰县人民政府

县　长:林　强
副县长:郭宜超(常务)
王德冠
冯常胜
张仁灿
郑维忠(计生)
吴德泉
王寿钦
祝海辉(挂职)
林　实(科技,省下派,3月任)

永泰县政协

主　席:吴秋惠

副主席:郑慧中

王礼灯(1 月任)

江惠文(1 月任)

郑是平

黄志明

许善坤

张圣杰

吴红城

梁　栋

江典顺

张依俤

琅岐经济区党工委

书　记:高洪霖

副书记:郑光星(1 月免)

琅岐经济区管委会

主　任:高洪霖

副主任:郑光星(1 月免)

张圣杰

(王智武　陈　华)

(编辑　郑姿娟)

重要会议活动及接待

【市委常委（扩大）会议】 2010年，市委召开6次常委（扩大）会议，主要内容有：传达学习中央省部级主要领导干部深入贯彻落实科学发展、加快经济发展方式转变专题研讨班精神和省委常委（扩大）会议精神，研究部署福州市初步贯彻意见；传达学习中共中央总书记胡锦涛在福建考察时的重要讲话精神和省委常委（扩大）会议、全省领导干部大会精神，研究部署福州市初步贯彻意见；传达贯彻全国“两会”精神和省委常委（扩大）会议精神，研究部署福州市贯彻意见；传达贯彻全省领导干部深入贯彻落实科学发展观、加快经济发展方式转变专题研讨班精神，研究分析经济形势，动员全市各级各部门加快转变经济发展方式，为全年经济目标任务的顺利完成打下坚定基础；集中学习《求是》2010年第18期刊发的省委书记孙春兰《提高党员干部学习力、推动福建跨越发展》署名文章；传达学习中共十七届五中全会精神和省委常委（扩大）会议精神，研究福州市初步贯彻意见。

【2010年综治工作责任书签订仪式】 1月13日举行。省委常委、市委书记袁荣祥和副省长、代市长苏增添代表市委、市政府，分别与各县（市）区委书记、县（市）区长签订《2010年福州市社会治安综合治理工作责任书》。签订仪式由市委副书记周宏主持。市委常委、政法委书记、市公安局长王鑫通报2009年综治工作责任书落实情况。

【市纪委九届八次全会】 2月3日召开。会议学习贯彻十七届中央纪委第五次全会和省纪委八届八次全会精神，研究部署党风廉政建设和反腐败工作。省委常委、市委书记袁荣祥要求各级各部门要把思想和行动统一到中央和省纪委全会的精神上来；突出工作重点，推进反腐倡廉建设取得新成效；加强制度建设，提高反腐倡廉建设科学化水平；加强组织领导，全面落实党风廉政建设责任制，以党风廉政建设和反腐败斗争的新成效，为推动科学发展、打造宜居城市、构建和谐福州作出更大贡献。市委副书记、市纪委书记方清海主持会议，并代表市纪委常委会作《深入推进反腐倡廉建设，为海峡西岸省会中心城市建设提供坚强保证》的工作报告。

【全市组织工作会议】 2月5日召开。会议传达学习全国、全省组织部长会议暨贯彻落实干部人事制度改革《规划纲要》座谈会精神，总结2009年全市组织工作，部署2010年的组织工作任务。省委常委、市委书记袁荣祥强调，要贯彻中央和省委的部署要求，以提高公信度为目标深化干部人事制度改革，以统筹兼顾的办法全面提升组织工作科学化水平，以求真务实的作风确保工作任务落实，开创福州市党的建设和组织工作新局面，为推进海西省会中心城市建设提供坚强的组织保证。市委副书记、组织部长周振华主持会议，并就做好2010年全市组织工作作了具体部署。

【廉洁从政若干准则会议】 2月23日召开。会议学习全国、全省贯彻实施《中国共产党党员领导干部廉洁从政若干准则》电视电话会议精神，提出福州市初步贯彻意见。省委常委、市委书记袁荣祥，副省长、市长苏增添出席会议，市委副书记、市纪委书记方清海主持会议。

【赴南非、肯尼亚、俄罗斯友好访问和经贸考察】 3月7～18日，以省委常委、市委书记袁荣祥为团长的福州市经贸代表团一行6人，赴南非、肯尼亚、俄罗斯进行友好访问和经贸考察。代表团一行先后考察访问南非的开普敦、约翰内斯堡，肯尼亚的内罗毕，俄罗斯的圣彼得堡、莫斯科，洽谈签订投资贸易项目6个，总投资额3.2亿多美元。代表团还利用与福州社团乡亲及工商企业界人士会面、座谈、签约等机会，宣传推介海峡西岸省会中心城市的优势和投资环境，扩大福州在海外的影响。

【维稳工作专题会议】 4月11日召开。省委常委、市委书记袁荣祥主持会议并讲话。副省长、市长苏增添传达省委书记孙春兰、省长黄小晶在全省维稳工作专题汇报会上的讲话精神。袁荣祥强调，发展是硬道理，是第一要务；稳定是硬任务，是第一责任。各级各部门要坚定信心，迎难而上，团结奋斗，确保社会大局稳定。市委副书记周宏就做好当前福州市信访工作作了具体部署。市委常委、政法委书记、市公安局局长王鑫通报福州市维稳工作情况，对下一步工作提出具体要求。

【市委九届十三次全会】 6月9日召开。全会根据《中国共产党章程》及《党的地方委员会全体会议对下一级党委、政府领导班子正职拟任人选和推荐人选表决办法》，按照《中共福州市委全体会议任用重要干部差额投票表决办法（试行）》，首次采用差额推荐、差额考察、差额酝酿和市委常委差额提名、市委全委会差额票决的“五差额”办法，从10名差额人选中表决产生市交通运输委员会、民族与宗教事务局、司法局、人口和计划生育委员会、统计局等5名新任的市政府组成部门正职领导干部推荐人选。

【市文明委全体成员（扩大）会议】 7月5日召开。会议总结上年工作，研究安排下一阶段全市精神文明建设和文明城市创建工作。省委常委、市委书记、市文明委主任袁荣祥主持会议并讲话，要求各级各部门要深化认识重持续，围绕重点求突破，夯实基层强基础，致力创新促提升，强化领导抓落实，持续推动各项创建工作深化、拓展、延伸，以实际行动服务全市发展大局。副省长、市长苏增添在讲话中强调，要紧紧围绕各项工作目标要求，立足职责、密切配合、形成合力，全力推进福州市精神文明建设和文明创建工作有序有效开展。

【全市工作检查总结暨上半年经济形势分析会】 7月16日召开。省委常委、市委书记袁荣祥主持会议并讲话。副省长、市长苏增添，省委巡视二组组长曾元益，市政协主席陈扬富等出席会议。7月6～12日，市委、市政府在全市范围内组织开展工作检查活动。市四套班子领导和各县（市）区党政主要领导、市直有关部门主要负责同志一起，行程1500多公里，先后深入12个县（市）区的企业、工厂、学校、村居以及工业园区、重点项目建设工地，实地察看近70个基层单位。会上，市委常委、常务副市长杨益民通报上半年经济运行总体情况及下阶段工作安排。12个县（市）区汇报经济社会发展情况，市统计局、市重点办分别通报上半年绩效管理中期考评和重点项目推进情况。

【市委九届十四次全会】 8月12日召开。会议贯彻落实中共中央总书记胡锦涛到闽考察重要讲话和省委八届九次全会精神，总结上半年工作，研究部署下一阶段任务，审议通过《中共福州市委关于贯彻落实省委八届九次全会精神推动跨越发展的实施意见》。省委常委、市委书记袁荣祥在会上强调，全市各级各部门要以思想大解放引领跨越发展，以项目大推进支撑跨越发展，以方式大转变推动跨越发展，以城乡大统筹带动跨越发展，以民生大改善体现跨越发展，以作风大改进保障跨越发展，扎实推动福州科学发展新跨越。副省长、市长苏增添在讲话中要求各级各部门围绕“突破重点、全面提速、追赶超越、跨越发展”，抓好各项工作的落实，力争经过3～5年时间使福州的经济总量跃上新台阶，综合实力、核心竞争力进入全国省会中心城市先进行列，为福建发展和海西建设作出新的贡献。

【福州市领导干部“深入贯彻落实科学发展观、加快经济发展方式转变”专题研讨班】 8月12～13日举行。研讨班学员围绕加快转变、跨越发展这一主题，参加（列席）市委九届十四次全会，听取省委常委、市委书记袁荣祥和副省长、市长苏增添在市委全会上的重要讲话；听取副市长徐铁骏、中央党校教授韩保江作的专题辅导报告。同时，以自学、分组讨论的形式，学习讨论袁荣祥、苏增添的讲话以及《中共福州市委关于贯彻落实省委八届九次全会精神推动跨越发展的实施意见》。

【全市领导干部大会】 9月13日召开。大会传达学习国家副主席习近平考察福建、福州时的重要讲话和9月8日省委常委会、9月12日省委常委（扩大）会议精神，研究福州市贯彻落实意见。副省长、市长苏增添主持会议并讲话。苏增添强调，全市各级各部门要把贯彻落实习副主席的重要讲话精神作为重大任务，把加快福州科学发展、跨越发展作为贯彻落实习副主席重要讲话精神的实际行动，把解决群众困难作为贯彻落实习副主席重要讲话精神的根本出发点和落脚点，把加强党的建设作为推动福州科学发展、跨越发展的坚强保证。

【市委九届十五次全会】 11月30日召开。全会学习贯彻中共十七届五中全会和省委八届十次全会精神，回顾总结“十一五”时期福州市经济社会发展，审议通过《中共福州市委关于制定国民经济和社会发展第十二个五年规划的建议》，对“十二五”时期福州市经济社会发展作出全面部署。省委常委、市委书记袁荣祥代表市委常委会作工作报告，并就全面贯彻党的十七届五中全会和省委八届十次全会精神，加快推动福州科学发展、跨越发展，实现“富民强市、和谐宜居”作出动员和部署。要求全市各级党组织要在认真学习上下功夫，在联系实际上下功夫，切实把全会精神贯彻落实到福州市的各项工作中去，转化为推动福州又好又快发展的强大动力。受市委常委会委托，副省长、市长苏增添向全会作《中共福州市委关于制定福州市国民经济和社会发展第十二个五年规划的建议》的说明。

【市委九届十六次全会】 12月29日召开。会议贯彻中央组织部制定的《地方党委常委会向全委会报告干部选拔任用工作并接受民主评议办法（试行）》、省委组织部《关于深入贯彻执行〈地方党委常委会向全委会报告干部选拔任用工作并接受民主评议办法（试行）〉的实施细则》和《中共福州市委关于市委常委会向全委会定期报告干部选拔任用工作并接受评议的办法（试行）》的有关规定，对2010年度市委干部选拔任用工作进行民主评议，对2010年度市委新选拔任用的干部进行民主评议。

（市委办公厅综合处）

【重要公务接待】 1月30日，省委常委、市委书记袁荣祥，副省长、市长苏增添在于山堂宴请原中央政治局常委、国家副主席曾庆红一行。

3月1日,全国人大常委会原副委员长许嘉璐赴福州(平潭)综合实验区考察;晚上,省委常委、市委书记袁荣祥,副省长、市长苏增添,市委常委、秘书长徐启源在香格里拉大酒店宴请许嘉璐及台湾海西经贸考察团一行。

3月31日,中共中央政治局委员、国务院副总理王岐山在榕参观考察。31日晚,在省市领导袁荣祥、苏增添的陪同下参观三坊七巷古民居。

4月14~17日,中共中央政治局委员、国务院副总理张德江到福建考察。在省市领导袁荣祥、杨岳、李川、苏增添、徐启源的陪同下参观三坊七巷古民居,考察华映光电、新大陆科技、星网锐捷等高新技术企业,并到晋安区考察新型农村社会养老保险的试点工作。

4月16~17日,全国政协副主席郑万通率全国政协"促进区域经济协调发展"专题调研组一行22人在榕调研。调研组一行考察平潭坛南湾海滨沙滩、牛寨山等地和马尾中铝瑞闽公司、新大陆集团等企业,并召开座谈会。16日晚,省市领导袁荣祥、苏增添、陈扬富、徐启源、吴依殿在香格里拉大酒店宴请郑副主席一行。

4月21日,由中共中央政治局委员、广东省委书记汪洋,广东省委副书记、省长黄华华带队的广东省党政代表团一行97人,在省市领导袁荣祥、梁建勇、徐启源的陪同下参观中国船政文化博物馆、三坊七巷古民居。

5月18日晚,省委常委、市委书记袁荣祥在芳沁园宴请第八届全国人大常委会副委员长王汉斌、十届全国政协副主席罗豪才、张克辉等领导一行33人。

6月2日,全国政协副主席、中共中央统战部部长杜青林到榕考察指导工作。在省市领导孙春兰、杨岳、张燮飞等的陪同下先后参观三坊七巷的水榭戏台、寿山石雕刻艺术馆和林则徐纪念馆。

6月17日,市人大副主任鄢萍在长乐长山湖酒店宴请全国人大常委会原副委员长成思危一行9人。

9月4日,中共中央政治局常委、中央书记处书记、国家副主席习近平在榕考察。上午,在省委书记孙春兰,省长黄小晶,省委常委、市委书记袁荣祥的陪同下,参观考察福建戴姆勒公司、冠捷科技集团、海峡国际会展中心、福建歌剧院,会见福清侨领林文镜;中午,在于山堂一楼会见厅,接见曾经共事的市委班子成员,并合影留念。

9月7日中午,市人大副主任施能柏在长乐长山湖酒店宴请全国人大常委会副委员长严隽琪一行15人。

9月19~20日,中共中央政治局委员、国务院副总理回良玉在榕考察。19日上午,在省委书记孙春兰,省长黄小晶,省委常委、市委书记袁荣祥,市委常委、秘书长徐启源的陪同下,参观考察海峡国际会展中心、三坊七巷、福建省残疾人体育中心,副市长时小雨、陈为民参加部分考察活动。

10月23日,中共中央政治局常委、中央政法委书记周永康在福州考察指导工作。在榕期间,在省委书记孙春兰,省长黄小晶,省委常委、市委书记袁荣祥,副省长、市长苏增添的陪同下,先后参观考察市公安局鼓山派出所林春兰警务室、市中级人民法院、福建星网瑞捷股份有限公司,还看望慰问政法系统先进单位、优秀代表。

10月29~30日,中共中央政治局委员、全国人大常委会副委员长王兆国在榕考察。在榕期间,先后考察建设中的平潭综合实验区和一些高新技术企业并观赏闽江夜景。

11月5日,原中央政治局常委、全国政协主席李瑞环在副省长、市长苏增添的陪同下参观三坊七巷。

11月23日晚,市政协主席陈扬富在连江贵安会议中心宴请九届全国政协副主席赵南起一行10人。

12月16日上午,原中央政治局委员、国务院副总理钱其琛在市委副书记、组织部长周振华,市委常委、秘书长徐启源的陪同下参观三坊七巷。

12月19日,中共中央政治局常委、全国政协主席贾庆林在省委书记孙春兰、省长黄小晶的陪同下,参观第三届海峡西岸交博会福州馆。

12月29日,全国人大常委会副委员长华建敏一行在市委副书记、组织部部长周振华,市委常委、副市长朱华的陪同下参观三坊七巷。晚上,副省长、市长苏增添在芳沁园宴请华建敏一行。

(市委接待办)

纪检监察

【概况】 2010年,福州市各级纪检监察机关按照中央纪委十七届五次全会和省纪委八届八次全会的部署,围绕全市工作大局,以落实党风廉政建设责任制为抓手,以推进惩防体系建设为主线,致力改革创新,强化监督检查,严肃惩治腐败,积极拓展防治腐败工作领域,切实维护好群众切身利益,为福州经济社会发展提供坚强的政治和纪律保证。全市纪检监察机关新立案件809件,其中涉及县处级干部案件10件。

机关效能建设重点解决政令不畅、执行力低下和纪律松弛等问题,组织开展党委、政府决策落实情况督查,促进"五大战役""市长环保目标责任书"、节约用地、清理整治违法建设、闽江下游河道采砂管理、防抗台风、保障性安居工程建设、交通整治等决策部署的贯彻落实。开展机关作风督查,对市直部门的工作作风、行政办事效率进行明察暗访。全市给予效能问责207人次。

【党风廉政建设责任制】 发挥党风廉政建设责任制的"龙头"地位和抓手作用,协助市委以任务书的形式将党风廉政建设和反腐败工作5大项87个小项主要任务向各县(市)区和市直71个部门分别下达,全市形成横向到边、纵向到底,管人与管事相结合的责任体系。坚持每年一考核,县(市)区和市直部门交叉进行的办法,12月,市委组成14个考核组对全市60个市直部门(单位)落实党风廉政建设责任制情况进行考核,有41名党员领导干部因责任落实不到位等原因受到责任追究,通过责任追究,增强各级领导干部廉洁自律和拒腐防变意识。

【惩防体系建设】 建立健全3项工作机制:一是责任考核检查机制。以党风廉政建设责任制考核为载体,同步开展惩防体系建设工作检查,做到两项工作同部署、同检查、同落实；二是季度工作汇报制度。市惩防体系建设工作领导小组坚持每季度听取1次市直牵头单位落实惩防体系工作情况汇报，加强指导和督促，推动了工作；三是监督检查机制。市惩防办制作《市直单位贯彻落实建立健全惩治和预防腐败体系〈工作方案〉工作分工一览表》，对照检查各项工作落实情况，各牵头单位也注重加强监督检查，定期了解有关工作进展情况，确保各项工作落实到位。

【廉洁从政教育】 组织领导干部学习《中国共产党党员领导干部廉洁从政若干准则》《关于领导干部报告个人有关事项的规定》等法规制度，增强领导干部贯彻执行制度的自觉性，促进廉洁从政。在全市党员干部中深入开展以“强化制度教育、规范从政行为”为主题的廉政教育活动。通过印发廉洁自律规定制度汇编、组织党纪政纪知识测试和竞赛、举办廉政图片展等方式，增强党员干部遵纪守法和廉洁奉公的意识。开展警示教育，依托市委党校建立反腐倡廉警示教育馆，将警示教育列入党校教育培训课程。组织党员干部参观教育馆，开展讨论交流，撰写心得体会，增强教育效果。全年，组织包括市四套班子领导在内的222批1.02万人次党员干部到警示教育馆接受教育。

【农村基层党风廉政建设】 全面实施“五要”工程，强化对农村集体“三资”监管，推行会计委托代理和计算机网络监管，全市所有乡(镇)都实行村会计委托代理，网络监管实现全市联网。推行农村集体资源市场化配置，规范农村招标投标活动管理，有658宗村集体项目实行公开招投标，节约资金2973万元。推进农村基层民主建设，深化村务公开，全市95%以上的村居实现公开时间、地点、内容、方式和程序“五统一”。加强农村基层民主管理监督，建立健全村民会议、村民代表会议以及户代表会议制度，实现民主参与、讨论、决策。成立村务监督小组和村务监督委员会，实行村干部勤廉双述、重大事项报告、经济责任审计、村民质询评议制度，强化民主监督制约。

【党内监督工作】 开展贯彻执行《党内监督条例(试行)》和《党纪处分条例》情况检查，抓好领导干部报告个人有关事项、述职述廉、民主生活会、谈话和诫勉、领导干部任期经济责任审计等制度的落实。全市报告个人有关事项的处级以上领导干部1554人，述职述廉4085人次，任期经济责任审计48人。健全和落实党内情况通报、情况反映、决策听证等党务公开制度，规范党务公开的内容、程序、形式和组织方式，扩大党员对党组织工作的知情权、参与权、监督权。强化对干部选任工作的监督，定期检查干部人事制度执行情况，健全干部选拔任用前征求市纪委意见的程序，开展治理拉票行为专项行动，严查跑官要官、拉票贿选等不正之风，对289名拟提任的领导干部廉洁自律情况进行审核，对6名干部建议暂缓或不予提拔使用。

【廉政专项治理】 深入治理领导干部违规送收“红包”、有价证券、支付凭证、礼品礼金等问题，全市收到主动上缴礼金、礼品和购物卡等折合人民币10.68万元。开展“小金库”专项治理工作，全市查纠“小金库”12个，涉及金额335.18万元，处理相关责任人员6人。规范公车使用管理，纠正超标准超编制配备使用小汽车的行为，全市降低配备标准退回申购车辆76辆，节约财政资金558.75万元。查处4起“公车私用私驾”违规行为，清退20部借用下属单位车辆，对相关责任人作出效能告诫或党纪处分。严格公务接待经费预算管理和财务管理，实现2010年公务接待费用支出不得超过2009年按规定压缩后的经费预算规模。制止利用婚丧嫁娶事宜大操大办、铺张浪费行为，查处领导干部违反规定操办女儿婚宴的问题。执行中央有关厉行节约文件精神，严控领导干部出国(境)，全市制止压缩出国(境)团组51批119人次，节约资金416.5万元。

【腐败案件查办】 坚持“有腐必反、有案必查”，保持查办案件的强劲势头，全市纪检监察机关受理群众信访4399件次，其中检举控告类4005件次。新立案件809件，其中涉及县处级干部案件10件，乡科级干部案件84件，经济大案141件；给予党纪、政纪处分820人，移送司法机关处理63人，为国家和集体挽回经济损失2127.5万元。会同公安、建设等部门开展治理商业贿赂专项工作，重点整治工程建设领域串通招投标违法行为，查处商业贿赂案件56起，涉案金额896.27万元。坚持严肃执纪与教育挽救干部相结合，实事求是、宽严相济，注重办案综合效果，为183名受到失实反映的党员干部澄清事实，对轻微违纪的当事人给予批评教育或适当处理，保护党员干部干事创业的积极性。坚持依法依纪安全文明办案，注重运用现代科技手段，提高办案工作水平。发挥查办案件的治本功能，对37个典型案件开展“一案一整改”工作，协调、督促发案单位及其主管部门抓好案后整改，堵塞制度漏洞。

【行政权力阳光运行平台】 完成网上审批系统后台提升改造项目，提高系统运行速度。开发完善省、市、县三级联动申报功能，市物价局、林业局、药监局等12个部门实现省、市联动审批。全年，市直部门收到审批申请20.64万件，时限内办结率99.9%。推进行政处罚系统建设，在37个市直执法部门获得应用，全年办理案件3316件。完善网上公共资源交易电子监察系统功能，初步实现对网上建设工程招投标、网上政府采购和网上公共资源交易的电子监察。有191个建设工程项目实施电子招投标，总标的额54.49亿元，中标金额41.59亿元，节约率8.57%；市本级政府采购采取电子招投标的项目金额5.37亿元，比预算节约7099.12万元，节约率14.5%；国有产权采取电子竞价方式转让26个项目，交易金额1.87亿元，平均增值率31.9%。拓展平台应用范围，完成12个县(市)区网上审批及效能监察系统推广工作，全市320个单位3266项审批事项纳入网上审批系统，全年收到审批申请12.22万件，时限内办结率99.13%。

【中介组织管理】 对市场中介组织专项治理实行“回头看”，巩固市场中介组织与政府部门“四分开”工作成果。

推进行业协会与行政主管部门的脱钩分离,53家全市性行业协会完成脱钩。查处中介组织违法案件130件,责令整改65家。健全中介信用管理办法,理顺行业管理关系和行政管理权限,促进各类监管到位;发挥市场中介组织信用信息平台作用,全市中介组织的基本信息、良好信息和不良信息全部实现网上公开,发布各类信用信息7329条,网站访问量21.38万人次,有效促进中介组织依法、诚信执业。

【执法监察】 加强对扩内需保增长政策措施执行情况的监督检查。组织相关部门对全市66项新增中央投资项目和省市重点项目实施情况进行专项检查,发出整改通知书50多份;会同有关部门,加强对节能减排和环境保护、规范和节约用地、房地产市场调控等政策措施落实情况的监督检查。出台《关于党员干部参与违法建设行为的处理意见》,督促有关部门履行职责,依法查处非法占地、违法建设行为,维护城市建设与管理秩序和社会公共利益;加强对口援建工作监督检查,确保援建项目保质保量完成。全市纪检监察机关开展执法监察立项检查1221项次,提出监察建议748项,纠正、退还纠纪违法金额367.4万元。对建设、规划、房管、市容管理和国土资源系统依法行政情况进行综合监察,检查行政行为4486件,查明违规问题165个,查处违纪违法案件9件,提出整改意见217条,督促建立健全行政管理制度41个。加强对安全生产法律法规执行情况的监督检查,调查处理闽渔船"2·3"碰撞倾覆较大水上交通事故、琅岐金砂中心小学"3·11"安全责任事故等10起责任事故,给予21人党纪处分、21人政纪处分。

【工程建设领域突出问题专项治理】 对2008年以后立项、在建和竣工的规模以上建设工程项目进行排查,共发现问题2574个,整改纠正问题2334个,罚没、追缴款项金额6841万元,建立健全74项工程建设管理制度,促进建设市场的健康发展。

【绩效管理】 在75个市级机关单位和12个县(市)区开展绩效管理。县(市)区绩效管理指标体系分为统一考核指标和特色考核指标,市级机关单位的指标考核兼顾业务工作实绩、党的建设、履职能力建设等方面。完善评估方式,在沿用指标考核、公众评议及察访核验3种方式的基础上,引入日常督查的考核方式,由市委督查室、市政府督查室和市直机关党工委参与考核,有效促进市委、市政府重大决策和年度重点工作的落实。把规范行政权力运行、办理效能投诉和"12345"诉求件、县(市)区"五大战役"项目完成情况等纳入察访核验内容,推进政府管理创新和职能转变。6月17日,召开全市绩效管理总结大会,对2009年评估成绩达到优秀等次的鼓楼、闽侯、台江、马尾4个县(市)区和达到良好等次的其余9个县(市)区进行表彰。

【"五大战役"实施情况监督检查】 市纪委、监察局印发《关于加强对"五大战役"实施情况监督检查保障和推进跨越发展的通知》,对应"五大战役"成立5个专项监督检查组,重点检查县(市)区党委、政府和市直有关部门是否认真贯彻落实市委、市政府打好"五大战役"、推动福州跨越发展的决策部署;是否认真履行职责、承担责任,推进"五大战役"工程建设项目的高效、安全、廉洁实施;是否切实加强作风建设,采取有效措施治庸治懒等。采取听汇报、查资料、看现场等方式组织3轮监督检查,检查12个县(市)区、19个市直部门的117个项目,发现76个问题并督促整改,促进"五大战役"的顺利推进。

【纠正损害群众利益的不正之风】 纠风专项治理 会同和督促有关部门,对强农惠农资金进行专项清理检查,涉及项目369项、资金27.99亿元,纠正和整改违规问题涉及金额3912.88万元,查处违纪违法案件6件;加强对减轻农民负担工作的监督检查,查处损害农民利益问题19个,给予党政纪处分10人;开展教育收费专项检查,查处清退违规金额289.12万元,给予党政纪处分和其他处理26人;治理医药购销和医疗服务中的不正之风,实行药品集中采购,中标药品价格与国家零售指导价相比平均下降38.85%,查处案件4件,给予党政纪处分6人。加强社保基金、住房公积金、扶贫和救灾资金的监管,开展食品药品安全专项整治,治理和规范经营服务收费,巩固治理公路和水上"三乱"治理成果。

政风行风建设 在全市政府工作部门、直属机构、具有行政执法权的单位和公共服务行业开展民主评议政风行风工作,及时将群众提出的234条意见和建议反馈给有关部门,督促其整改问题、转变作风。继续办好"政风行风热线",拓宽热线传播途径,在"福州明珠网"上开通网络同步视频直播,并在"中国福州"

2月3日,市四套班子领导参观廉政警示教育馆。

门户网站设置专栏，及时发布直播访谈信息。全年有92家单位上线，主要领导上线率95.7%，受理群众咨询、投诉、建议1457件，办理反馈1394件，群众满意度93.7%。

【治庸治懒专项督查】 制定《关于严肃工作纪律深入治庸治懒的通知》，重申和提出机关及其工作人员“六个不准”规定，即：不准擅自脱离工作岗位，不准在工作时间打牌、下棋、打麻将、玩电脑游戏和从事股票、证券交易等与公务无关的活动，不准对工作推诿扯皮、拖延懈怠，不准以冷、横、硬等简单粗暴的工作方法对待群众，不准利用职务便利吃、拿、卡、要，不准弄虚作假、谎报项目进度和工作业绩。市纪委、监察局、效能办组织21个督查组对市直55个部门执行“六个不准”规定情况进行明察暗访，对违反规定的9个市直部门9名工作人员作出效能告诫，2名聘用人员作出辞退等处理。

【效能投诉受理】 全市机关效能投诉机构受理投诉2305件，应办结2275件，实际办结2268件，办结率99.69%，给予效能问责207人次。其中市机关效能投诉中心受理投诉927件，应办结883件，实际办结883件，办结率为100%；办理省机关效能投诉中心转办件167件。严格督办“12345”诉求件，发出网络催办意见、电话催办意见2万多次，促进各级各部门认真解决群众和企业诉求。

【十佳办事窗口评选】 5月，在40个办事窗口（包括市政府部门、中央及省垂管单位、公用企事业单位）开展2010年度“十佳市级办事窗口”评选活动。向2500名企业法人代表和500名五城区居民代表发出评选表3000份，回收2973份，回收率99.1%。经评选，市城乡建设委员会、市民政局、市公安局出入境管理处、市环保局、市劳动就业管理中心、市公证处、福州电业局、市气象局、福州出入境检验检疫局、市广电集团10个市级窗口单位当选。

（程小彬　胡志顺）

组织工作

【概况】 2010年，福州市组织工作以加强中共执政能力建设和先进性建设为主线，以开展深入学习实践科学发展观活动、深化干部人事制度改革和推进创先争优活动为重点，加强选干部、配班子，建队伍、聚人才，抓基层、打基础等各项工作。全年，提任正处级领导13人，副处级领导32人，首次采取差额投票的方式产生5名政府组成部门正职领导。依托市委党校培训县处级、科（局）长和乡镇领导共676人。在基层党组织中成立7个创先争优活动指导小组，确定183个单位作为党建工作示范点。2193个村实行重大村务“目标管理”，选派第三批819名党员干部驻村任职。新发展党员8496人。

【学习实践科学发展观活动】 召开深入学习实践科学发展观活动总结大会，全市有1.36万个党组织、27万多名党员参加第二、第三批学习实践活动。大会要求继续把学习放在突出位置，组织党员干部深入学习中国特色社会主义理论体系，增强党员干部贯彻落实科学发展观的自觉性和坚定性。对各参学单位整改落实方案或具体措施中明确的整改项目，采取整改挂牌销号、整改督查等办法，确保整改事项逐一落实，并适时组织开展自查和“回头看”。健全完善党员干部理论学习教育制度、党员领导干部民主生活会制度、领导班子和领导干部考核评价办法、基层党建领导体制和工作机制、改进干部作风的制度措施、营造深入学习实践科学发展观的舆论环境等方面的长效机制。

【领导班子和领导干部队伍建设】

思想政治建设　以“贯彻落实《党员领导干部廉洁从政若干准则》，切实加强领导干部作风建设”为主题，召开党员领导干部专题民主生活会。市委举办学习实践科学发展观专题研讨班，对全市235名干部进行为期两天的集中培训，提高干部队伍的整体素质。依托福州市委党校（行政学院）举办县处级干部进修班、科（局）长进修班、乡镇领导干部进修班等主体班次15期，培训领导干部676人。开展县级党校办学体制改革工作调研，拟定《关于开展县（市）区委党校办学体制改革的实施方案》，提高县级党校的办学实力。

选配各级领导班子　以开展政府机构改革为契机，在保持班子基本稳定的前提下，对涉及职能变化的有关部门领导班子进行调配，对缺额的班子及时补充。重视选好配强缺额的县（市）区和市直单位党政正职领导干部，加强县（市）区、乡镇（街道）党政领导班子建设。年内，市委常委会研究决定提任正处级领导职务13人、副处级领导职务32人；市管企业正职领导3人、副职领导4人；一批干部提任为处级非领导职务。全市有111名处级干部退休，免去职务。

干部人事制度改革　探索干部工作扩大民主的方法和途径，完善民主推荐、民主测评、民主评议、民意调查以及差额考察、考察预告、任前公示、任职试用期等制度。对干部选任提名制度进行重大改革，制定《中共福州市委全体会议任用重要干部差额投票表决办法（试行）》，并在6月9日召开的中共福州市委九届十三次全会上，首次采取“五差额”办法票决产生5名市政府组成部门正职领导干部，获得中组部肯定。加大竞争性选拔干部工作力度，按照省市联合、市县联动公开选拔领导干部工作的部署要求，组织指导全市10个县（市）区拿出一批科级领导职位进行联合公开选拔，提高全市竞争性选拔干部工作的整体水平。

探索公开遴选的办法补充机关工作人员，推动上级机关面向基层一线遴选优秀公务员工作。组织实施全市党群系统公务员和机关（单位）工作人员考录以及从优秀村党组织书记、村委会主任中考试录用乡镇机关公务员工作。对军转干部实行“公开计分标准、公开评定分数、公开职位岗位，从高分到低分依次择岗”的“全公开、全透明、全程监督”的“阳光作业”安置。

干部宏观管理　按职数配备干部，不低职高配，不超职数配备干部，严格按退休年龄准时退休。推进干部交流，对县(市)区法院、检察院、公安局(分局)正职满5年和市、县(市)区法院、检察院、公安局(分局)副职任满10年的全部进行交流。开展挂职干部的接收安置、选派和跟踪管理工作,接收10名到榕挂职干部,选派对口支援三明市灾后重建和第六批援藏、第七批援宁、第五批援疆干部及专业技术人员。从市直单位选派27名学历较高、专业对口、实验区开发建设急需的党政干部和专业人才到平潭综合实验区挂职。规范干部人事档案管理工作,实施"大组织工作网"建设项目,建立健全管理、保密等各项规章制度。

干部监督工作　加强以《党政领导干部选拔任用工作责任追究办法(试行)》等4项干部选任工作监督制度为主要内容的学习宣传,推动建立事前要报告、事后要评议、离任要检查、违规失责要追究的干部选拔任用工作监督体系。研究制定2010年干部选拔任用工作各项规定贯彻执行情况检查工作方案,修订完善百分制测评方式,在全市县处级单位组织开展对执行干部选拔任用工作政策法规和选拔任用科级干部工作的自查工作。规范举报受理工作,构建电话、信访、网上举报"三位一体"的举报网络,建立健全涉及用人问题举报和舆情的快速反应机制。对2008年之后受理存查的信访举报件进行梳理排查,对反映选人用人上不正之风的问题,实行立项督查。组织召开全市干部监督工作座谈会,查处用人上的违规违纪行为,保证选人用人风清气正。

【人才队伍建设】　开展各类人才需求项目(计划)的征集、上报工作,征集第十届"院士专家海西行"活动需求项目和2011年省专家服务团需求计划,组织3名省专家服务团成员申报2010年度产学研项目,并上报7个"海西人才台湾行"组团项目。引进美国哥伦比亚大学教授、经济学家、2006年诺贝尔经济学奖得主埃德蒙德·菲尔普斯等一批高层次人才和急需人才到榕工作。1名高层次人才入选第五批国家"千人计划",7名优秀人才入选福建省引进高层次创业创新人才,2个团队入选福建省引进高层次创业创新人才团队,21人获"福建省软件杰出人才"称号。制定《福州市优秀人才选拔管理办法》,评选出134名福州市首届优秀人才并予以表彰。依托各级继续教育基地和校企合作实训基地,培养高技能人才,全年培训3.2万多名专业技术人员、6.2万多名技术工人。加强社会工作人才队伍建设,63人通过全国社会工作者职业水平考试。(参见市政府"人事人才")

【基层党组织建设】　创先争优　指导基层党组织分系统成立机关、国企、学校、卫生、非公有制经济组织、社会组织、街道社区7个创先争优活动指导小组,确定183个单位作为党建工作示范点,总结推广"党员示范窗口""党员三必访"及"身边的党员身边的事、我们的支部我们的家"等载体做法。全市组织项目服务队、党员志愿服务队1178支,参与党员5.13万人。在"大干150天,打好五大战役"中,福州市组建党员突击队1816支,设立重点项目党员先锋岗3921个,在建设工地发挥模范作用。

农村党建　在农村,开展设岗定责、依岗承诺等活动,2193个村对重大村务实行"目标管理",设置无职党员岗位144个类别,覆盖农村党员9.84万个。组织优秀村干部参加录用公务员考试,15名村干部经考录成为乡镇机关公务员,选聘事业编制村党组织书记50人。完成党员干部驻村任职第二批总结和第三批部署工作,选派第三批819名党员干部驻村任职。

社区党建　整合社区资源,形成以街道党组织为核心、社区党组织为基础、驻区单位党组织和社区全体党员参与的社区党建工作格局。在各社区进行服务需求和服务资源登记工作,统一制发《社区便民服务手册》。加强社区工作者队伍建设,招聘大学生社区工作者100人。举办第九期社区党组织书记和社区工作者岗位资格培训班,提高社区工作者队伍素质。

非公有制组织党建　开展非公有制企业党组织"百日集中组建"工作,在省外27个大中城市的榕商商会和在福州市的8个异地商会全部建立党组织。非公有制经济组织和社会组织分别新组建党组织44家和7家。选配"两新"组织(新经济组织、新社会组织)党组织负责人,派出党建工作指导员1547人,围绕企业生产经营各个环节的重大问题提出合理化建议5700条次。推广台江区"党员诚信店"做法,开展推荐评选100家"党员诚信示范店"活动,新增授牌"诚信企业(行业)"197家。

机关党建　推进机关党的建设"三级联创"工作,加强机关党务干部队伍建设,开展机关党组织班子成员公推直选工作。打造以推进党建交流为主旨的"福州机关党建论坛",开展市直机关"读书月"活动。深化结对共建、"四进三服务"(进社区、进农村、进企业、进学校,服务发展、服务基层、服务群众)等主题实践活动,开展明察暗访和机关作风效能专项督查,治理慵懒等不良作风。(参见本栏目"机关党的工作")

【党员队伍建设】　贯彻《2009~2013年福州市党员教育培训工作实施意见》,探索建立党员创业就业服务中心,健全培训机制。推进远程教育设备和播放场所等基础设施的规范化建设,建立一批省、市、县不同层次不同类型的党员教育培训示范基地。建立流动党员管理信息库,推进党费信息库建设,规范党费监管。

加强农村发展党员工作,探索在外出青年和回乡知识青年中培养入党积极分子的有效办法。指导基层延伸"组织链",建立进城务工人员信息库,推行挂钩联系、定期汇报、双重政审等制度。加大对入党积极分子的教育、培训、培养力度,实行优进劣汰动态管理,保证入党积极分子队伍素质,全年发展新党员8496人。

【党员帮扶工作】　提高困难党员帮扶工作的实效性,制定分类帮扶措施,实现党员挂钩帮扶、一对一帮扶等工作的制度化。完善困难党员管理信息库,实行动态管理。做好1949年前入党的老党员生活补助发放工作,"两节"期间,慰问老党员、老模范、老干部和生活困难党员1.17万人,发放慰问金、慰问品计460万元。

(陈剑雄　许　宁)

宣传工作

【概况】 2010年，福州市围绕学习宣传贯彻胡锦涛等中央领导在闽考察重要讲话精神，报道福州市“在发展中促转变、在转变中谋发展”的思路、举措、经验和成效，营造加快转变、科学发展的社会舆论环境。组织城区交通管理综合整治、深化文明城市创建、打造宜居城市等40多场重大宣传战役。开展系列课题调研活动，形成调研报告500多篇。举办“两岸合唱节”“激情广场大家唱”等富有福州特色的文化宣传活动。中央、省属和境外新闻媒体对福州的报道达1.3万多篇(条)。

【理论工作】 制定《关于开展建设学习型党组织活动的实施意见》，将创建学习型党组织与开展“创先争优”活动紧密结合，覆盖全市580个党委(组)、1.29万个党支(总)部、28.7万余党员。发挥党委(党组)中心组学习的示范作用，按照“月读一书、月学一课、月调一题”的要求，实施市级领导干部、县处级干部、基层干部、普通群众“四位一体”学习转化机制。举办全市党委(党组)中心组学习秘书培训班，编辑《党委中心组学习秘书须知》。召开创建学习型党组织经验交流会，推出28个学习典型，编辑《学习·实践·经验——全市建设学习型党组织工作经验选编》《学习与创建——全市建设学习型党组织理论研讨论文集》等一批理论研究成果，《党建》《经济日报》及省学习工作《简报》刊发福州市学习创建工作经验方面的文章35篇(条)。设立“闽都大讲坛”鳌峰书院分坛，拓展大讲坛宣传中共创新理论的平台作用。建立4级千人理论宣讲队伍，每季度组织集体备课、骨干培训，编写4辑《基层理论宣讲面对面》，深入基层开展宣讲活动。

【新闻宣传】 抓住2010年福州重大活动密集的机遇，先后策划福州经贸文化交流团赴台交流、闽商大会、海交会、商交会、版博会、海峡两岸合唱节、APEC技展会、泛珠论坛、全国特奥会等一系列重大活动的宣传报道，展示福州良好形象。与中央电视台合作摄制《走遍中国——走进福州》7集系列专题片、《中国脱胎漆器》6集专题片、《榕城福州》专题片、《温泉古都，有福之州》城市旅游形象片、《福州风光》高清专题片等，在中央电视台、东南卫视、海峡卫视播出，扩大福州影响。全年，中央、省属和境外新闻媒体对福州报道1.3万多篇(条)。

制定《关于进一步改进和加强我市政府新闻发布工作的意见》，不断完善新闻发言人队伍建设，推动新闻发布常态化。做好自来水提价、电动自行车回购、平抑蔬菜价格等关系群众切身利益的敏感问题、热点问题的舆论引导，反映市委、市政府所采取的惠民举措和所取得的成效。拓展舆论宣传阵地，新开播广播“左海之声”频率，开办电视“家禧电视购物频道”，开办《福州日报》和《福州晚报》的手机报，开通福州新闻网WAP网站。开展整治互联网淫秽色情及低俗信息专项行动，举办福州市首届“十佳文明网站”评选活动。

【文化活动】 举办“两岸同歌”第十二届海峡两岸经贸交易会开幕式文艺晚会、第三届海峡两岸合唱节闭幕式暨颁奖音乐会、“大爱无言”第五届全国特奥会闭幕式文艺晚会等大型文化活动。在元旦、春节、中秋和国庆等重要节假日，开展新年音乐会、春节广场大型演出、传统艺术展演、庆国庆文艺演出等20多场群众性演出活动。“福州激情广场大家唱”被文化部授予公共文化服务项目类“群星奖”。组织百场文化大篷车文艺宣传活动，持续开展每月1场的“走进美的小区”文艺演出，全年市属院团下基层演出1000多次。落实《福州市茉莉花文艺奖评选奖励办法(试行)》，开展福州市首届茉莉花文艺奖评奖工作，评出以福州为题材的一批文艺精品。闽剧《王茂生进酒》入选国家舞台艺术精品工程，实现福州市国家舞台艺术精品工程零的突破；电视专题纪录片《天趣人意——福州脱胎漆艺》获第二十五届中国电视金鹰奖好作品奖，为福州市广播电视作品首次获该项奖；伬艺《水榭欢歌》获第十五届全国曲艺类“群星奖”，舞蹈作品《冰心·繁星》获中国舞蹈“荷花奖”铜奖。

【闽都文化】 开展“弘扬闽都福主题文化”专题调研，制定《福州市打造“福文化”总体方案》，策划寻找“福山”“为福州添福”等活动，在媒体开设“记者寻福”“我家有福”等栏目，组织编制《闽都文化丛书》，着力打造福文化品牌。组织“第三届闽都民俗文化节”，各县(市)区开展16大项70小项各具特色的系列民俗文化活动，“南后街元宵灯会”吸引200多万人次参与，市民满意率逾90%。扶持非物质文化遗产传承，打造非遗品牌，公布首批市级非物质文化遗产项目代表性传承人名单63人；开展“非物质

5月4日，中央电视台《走遍中国》福州系列采访活动举行开机仪式。

文化遗产进校园”活动,全市88所学校成为首批“非遗”教学和活动基地,2所学校成为“闽都文化传承示范校”。“闽都大讲坛”获“福建省首批社会科学普及基地”称号。加强重点文物修缮保护工作,完成陈氏五楼二期和鳌峰书院保护修复工程,启动闽王祠修复工程。

【文化体制改革】 福州日报社推进采编与经营“两分开”改革和人事制度、收入分配等内部机制改革,成立福州报业传媒有限公司,初步完成《福州晚报》、福州新闻网所有经营人员身份转变,福州日报社在2009年扭亏为赢的基础上,实现总利润2225万元。福州广电集团改革人事制度、财务管理制度和分配制度,推行频道制运作。市群艺馆、博物馆、图书馆、考古队等公益性文化事业单位完成全员聘用制改革。市歌舞剧院成立茉莉花艺术团,新进演员全部实行聘用制。市电影公司、大众电影院等单位转企改制基本完成,年内全市电影票房收入突破8000万元,增长率超过10%。

【文化创意产业】 制定《福州市加快文化创意产业发展的意见》,重新修订《福州市推动动漫游戏产业发展的若干政策》等产业指导性意见和政策,强化对产业发展的引导和扶持。加强文化创意产业基地建设,福州软件园影视动漫产业基地获国家广电总局“国家影视动漫实验园”称号,芍园壹号文化创意园入选“2010年中国文化创意产业区域发展创意榜”。把打造品牌作为文化创意产业发展的重要抓手,着力打造三坊七巷文化旅游品牌,提升其知名度和影响力,国庆黄金周期间接待游客114万多人次;着力打造温泉旅游品牌,获“中国温泉之都”称号,启动一批总投资近20亿元的重量级温泉开发项目,推出10项总投资近120亿元的重大温泉招商项目;着力打造海峡版权博览会品牌,境内外390家企业参展,同时举办海峡版权高峰论坛、国际漆文化高峰论坛、精品拍卖会等配套活动,吸引近50万人次参与;着力打造动漫游戏品牌,全年动画片产量超过3000分钟。组织文化企业参加第三届海峡两岸文化产业博览交易会,促成文化创意产业项目签约19个,金额25.39亿元,居全省各设区市首位。赴台举办文化创意产业推介会,签署合作协议8项。

【对台宣传】 与台湾中天卫视“闽台旺旺旅”合作制作10期共10个小时的旅游专题节目,在海峡卫视和台湾中天卫视同步播出。开展两岸媒体福州行活动,促进双方的交流与合作。福州广电集团与台湾TVBS电视台合作开办第一个反映台湾政经和两岸交流的新闻节目“海峡面对面”,实现节目交流互换。福州市首个对台入岛大众媒体——福州人民广播电台左海之声频率正式开播。福州新闻网推出“台湾新闻”栏目,为增进两岸民众相互了解搭建新平台。打造榕台文化交流品牌,举办第二届福清石竹山梦文化节、第八届两马同春闹元宵、第三届陈靖姑民俗文化旅游节、第二届闽王(王审知)文化节、第三届海峡两岸合唱节等一系列重大对台交流活动。开展入岛文化交流活动,组织闽剧《陈靖姑》赴台交流演出,参加“闽台宗亲交流和姓氏族谱展”和“福建船政——清末自强运动的先驱”展会。

【对外宣传】 拓展对外宣传阵地,启动《福州晚报》与美国、马来西亚的第二轮海外版合作,在印尼、英国新开辟《福州晚报(海外版)》,开办福州英文网,《闽都文化》杂志派送10多个国家的近60个福州同乡会,县(市)区7家侨刊乡讯海外发行超过40万份。制作《中国福州》综合宣传品、《福州欢迎您》系列光盘、《多彩福州》和《投资福州》等多门类宣传产品,向海外中餐馆、超市等公共场所投放。

(薛超进)

统战工作

【概况】 2010年,福州统一战线围绕服务科学发展、促进和谐稳定两大任务,加强多党合作和政治协商制度建设,服务非公有制经济工作,推进民族与宗教工作,增强海内外联谊,引导公益捐赠事业。年内,全市统战系统通过“两会”等平台提交意见建议1000多条,推进171项“回归工程”项目对接,实施“榕商联村”项目163项,为灾区认捐款物1.07亿元,鼓山涌泉寺等9个场所被评为全国创建和谐寺观教堂先进场所。举办“2010年福州市统一战线理论研究征文”活动,2篇调研论文获全省统战理论研究优秀成果一等奖,市委统战部获全省统战理论研究工作优秀组织奖。由市委统战部牵头建立的“政党理论福州研究基地”获2010年度福建省统一战线理论研究会研究基地“流动奖杯”。

在非公企业(商会)中,被评为省劳动关系和谐企业92家、市劳动关系和谐企业58家,获市“榕商联村”工作先进单位5家,获市“春风行动”组织奖4家,爱心单位10家。非公经济代表人士中,推荐参评“2010福建经济年度杰出人物”5人,授予全国劳模2人、市劳模15人,获市“榕商联村”工作先进个人5人,福州市“春风行动”组织奖先进个人3人、爱心人士37人。在2010年第三届世界闽商大会上,福州市有23名海内外榕商获省“捐赠公益事业突出贡献奖”,26人获“闽商建设海西突出贡献奖”,3人获省政府立碑表彰。

【多党合作和政治协商】 健全中共市委同各民主党派合作共事机制,落实统战部长与党派主委、工商联主席联席会议等相关制度。完善季谈会制度,在会议形式上,明确市主要领导参加的次数、会议主题、部门任务,增加市领导和市直部门负责人反馈性的发言讲话。在主题内容上,做到与市委重点调研课题、反馈机制、调研考察活动、联系交友制度“四个”结合。支持民主党派、工商联、无党派人士围绕福州“十一五”规划实施、绿色发展、跨越发展、对台合作等热点难点问题开展117项课题调研,其中参与市委重点调研课题35项。组织党外人士赴重点项目现场以及福清、闽侯和四川成都考察,提升调研成果质量。支持统一战线成员通过各级“两会”等平台建言献策,提出议案、提案、意见、建议等1000多条,其中,涉及市产业发展124条、重点项目建设58条、民生问题341条、宜居城市建设128条、对外交流

81 条、创新机制 42 条，有 48 件获得市级以上领导批示。有关调研、建议转化为信息上报 500 多条，被中央统战部采用 26 条，被《八闽快讯》采用 90 条，被《福州信息》采用 212 条，有 19 条获省、市领导批示。年内，获全省统战信息工作综合类一等奖。

【非公有制经济工作】 开展“百家企业大走访”活动，了解福州非公企业发展状况，帮助企业解决市场开拓、技术创新、资金周转、用地审批及用工招聘等方面的困难；召开“转方式、调结构、促发展”座谈会和专题报告会，交流发展经验。帮助企业拓宽融资渠道，促成福州再担保公司成立和市财政对担保行业的风险补偿和对担保协会的经费支持，与金融部门召开座谈会，畅通政银企对接机制，为资金供需双方搭建合作平台。在北京大学举办福州市非公经济代表人士高级研讨班，举办“联合国工业发展组织食品安全管理体系（ISO 22000）”知识培训班、“西点军校管理模式 CEO 高峰讲座”等 16 场培训，培训非公人士 1600 多人次。

【“回归工程”工作】 参与“5·18”海峡两岸经贸交易会等大型经贸活动筹备、会务工作，协助做好客商邀请、牵线搭桥和项目考察，完成福建省闽商大会与“海交会”的对接服务工作。指导统战系统各单位借助异地商会、行业协会以及港澳、海外社团、商会等平台，通报福州市产业政策、推荐招商项目，召开全市统一战线“回归工程”工作推进会，推动项目、资本、技术、消费、公益等多形式回归。有 171 项“回归工程”项目对接签约，投资额约 329.8 亿元。其中，11 项列入全市“五大战役”建设项目。

【“春风·春雨·光彩”行动】 结合“榕商联村”活动，开展“回报社会感恩行动”，组织百名榕商与百名在乡“三老”（老革命、老党员、老模范）代表和经济困难的市级劳模家庭结对互助，开展以“每年捐赠一笔助困（助学）资金、提供一个就业岗位（创业机会）、资助一批生活物资、培训一项就业技能、提供一个扶贫项目”的感恩行动，每年提供互助对象综合

5 月 15 日，福州市举行“春风·春雨·光彩”行动 2008～2009 年度社会各界捐赠公益事业表彰大会。

受益 1 万元以上资金或物资帮助。开展“榕商联村——五区帮五村”活动，组织市五城区统战力量为结对村发展提供帮助。全年，福州统一战线实施“榕商联村”项目 163 项，帮扶资金 2.3 亿元，资助贫困学生 1.35 万人。向贵州毕节地区捐赠 140 万元建设“同心水窖”，向第五届全国特奥会捐赠 56 万元。福建“6·13”特大洪灾发生后，市委统战部发出倡议书，召开灾后重建帮扶工作动员会，现场认捐 3020 万元。至年底，全市统一战线成员为灾区认捐款物 1.07 亿元。各民主党派还参与和谐社区共建工作，为结对的 15 个社区 80 家特困户送医、送岗、送暖，捐款 8.45 万元。

牵头开展社会各界人士捐赠公益事业的汇总统计工作。2008～2009 年度全市有 1354 人（家）社会各界人士、企业（单位）参与兴办公益事业，承诺金额 12.27 亿元，实际到资 11.06 亿元，其中用于教育基础设施建设 4.85 亿元，占 44.03%，用于文化和休闲基础设施建设 2.02 亿元，占 18.31%，用于道路建设 1.41 亿元，占 12.78%，用于助学助困 1.24 亿元，占 11.23%，用于医疗卫生 1885.83 万元，占 1.71%。5 月，召开福州市“春风·春雨·光彩”行动 2008～2009 年度社会各界捐赠公益事业表彰大会，对 2 年累计捐赠 50 万元以上的 305 位人士和企业（单位）分别授予“大榕树金质”“茉莉花银质”和“热心公益事业贡献奖”。

【民族工作】 开展“民族团结进步创建活动”，指导民族政策宣传、民族传统文化保护传承工作。通过专题调研和协调推动，把罗源县、连江县、福清市等少数民族和老区重点县（市）发展纳入福州“十二五”规划并专题体现。促成在第三轮驻村挂钩帮扶中安排 16 个单位帮扶 6 个民族村，为民族乡村发展引入助推力量。通过政府部门专项引导资金，动员社会力量参与帮扶晋安、罗源、连江、永泰等地 22 个少数民族村实施安全饮水建设项目 23 个，总投资 656 万元。推动统战系统各单位与贫困村结对帮扶，开展支农支教、义诊、实用技术培训等“三下乡”活动 35 次（场），筹资 47.86 万元为 11 个乡镇建设农家书屋等项目，推动“智力助农”。

【宗教工作】 发挥统战部牵头的联席会议制度作用，定期组织专题会议，加强信息研判和信息预警，确保上级对下情的掌握，及时准确传达上级指示精神，及时处置苗头性、预警性问题，维护社会安定稳定。发挥市、县、乡、村宗教工作网络和属地管理作用，完成天主教突发事件的各项处置工作。成立清理整治非法宗教活动场所和应突处置小组，指导民宗部门和有关县（区）依法对大学城周边非法基督教聚会点进行整治，有效

制止公共场所非法宗教活动。妥善处理宗教场所建设纠纷问题,破解房产落实、场所修缮、拆迁安置等难题,推动泛船浦天主教堂、清真寺等宗教场所保护性建设和真神堂、萃贤堂等基督教场所拆迁安置,促成地藏寺房产全部落实收回,推动有关部门在金山新区规划修建基督教堂。

推进"和谐寺观教堂"创建活动,选出59个示范场所作为第一批创建试点,纳入创建"平安福州"考评体系。鼓山涌泉寺、石竹山道院、鼓楼花巷基督堂等9个场所被评为"全国创建和谐寺观教堂先进场所"。

【联谊工作】 加强市直统战系统侨台工作联席会议协调职能,建立定期走访侨资企业制度。处理港澳台及海外乡亲来信和来访24件,推动福清江镜华侨农场、东阁华侨农场和连江华侨农场的发展,帮助归难侨职工协调解决生活保障问题。协助做好第十二届大陆"和平小天使"赴台交流和"台湾和平小天使"回访交流接待工作。支持福清石竹山举办第二届梦文化节,1000多名榕台道教界信众参与两岸举行的开、闭幕式庆典活动和分炉仪式,为1949年后大陆道教首次分炉台湾。做好榕籍乡亲社团和代表人士还乡考察省亲服务工作,组织436名海外榕商参加第三届世界闽商大会,全年接待港澳台及海外团组近2000人次。指导市海联会和世福总会、市侨联举办"相聚福州——第二届海外榕籍华侨华人青少年寻根之旅"夏令营活动,邀请世福总会青年团到榕参观、考察,加强与新华人华侨、华裔新生代的沟通交流。

【党外代表人士队伍建设】 建立和充实民主党派、党外知识分子、民族、宗教、新的社会阶层、港澳海外代表人士"六支队伍"信息数据库,有19个国家和地区的192名经济、管理、参政议政等领域人才及归国留学榕籍青年、国内各界榕籍青年代表进入数据库,初步形成数量充足、结构合理、素质较高、人数较多的党外代表人士队伍。完成第二批民主党派市委会、工商联机关干部赴基层挂职锻炼工作,与组织部门开展民主党派市委会领导班子后备干部推荐工作。

引导支持民主党派开展树立和践行社会主义核心价值体系活动,通过知识竞赛、专题讲座、问卷调查、演讲比赛、征文活动、书画摄影展等活动,坚定民主党派成员走中国特色社会主义道路的信念。以"转方式、讲诚信、重感恩、比奉献"为主题,推动创先争优活动在非公企业的全面开展,培养和树立盛辉物流集团、龙川集团、百洋食品、畅通物流、台江区五金机电商会等一批先进典型。

加强和规范基层商会、行业协会、异地商会的组织建设,指导成立市担保行业、钢材、木业、五金水暖等协会(公会)和丽水、漳州在榕商会,组建广州、金华福州商会,福州市异地商会增加至33家,帮助深圳等7家福州商会进行换届。召开福州市异地商会新春座谈会和福州市异地商会(沈阳)工作交流会,推动异地商会、行业协会强化内部制度管理。

(何仲武)

精神文明建设

【概况】 2010年,福州市推进新一轮群众性精神文明创建活动,持续开展全国文明城市创建、城市公共文明测评、社会志愿者服务、未成年人与公民道德建设等工作。举办"迎世博、讲文明、树新风""做文明有礼的福州人""短信文化节""道德模范与身边好人"评选、"八个十佳"评选等活动,增强市民的文明意识。

福州市在全国城市公共文明指数测评和未成年人思想道德建设工作测评中均取得第十一名。中央11家主要新闻媒体对福州市创建全国文明城市典型经验进行集中宣传报道。

【文明城市创建活动】 年初,制定《福州市2010年创建全国文明城市工作方案》,梳理市容市貌、交通秩序、市场秩序、住宅小区等10大类重点专项整治项目,动员各部门和城区开展集中整治,提升文明城市创建的整体水平。市委常委会、市政府常务会、市创建工作领导小组例会多次研究交通秩序整治工作,成立福州市区交通管理综合整治工作领导小组及其办公室,印发《福州城区交通管理综合整治专项整治工作方案的通知》,召开福州市城区交通管理综合整治动员大会,在全市范围开展城区交通管理综合整治,重点包括加强电动自行车、出租车管理,打击两轮摩托车非法营运,整治公交车、军警车、公务车、低速载货汽车、残疾人代步车交通违规,以及整治人行道交通秩序、路口交通秩序、停车秩序、重点路段交通秩序、学校周边交通秩序和大型商场周边交通秩序。同时,开展社区专项整治、市场专项整治等各项工作。

5月,市长办公会议专题研究无物业小区整治、市容环境、消防、农贸市场、出租车计价器、卫生监管人员及大型公益广告等问题。市委、市政府制定《福州市"门前三包"责任制管理办法》《福州市城市交通管理综合整治责任追究暂行办法》和《福州市无物业小区文明创建考核奖惩实施方案》。12月3日,召开创建全国文明城市工作部署会,成立创建工作专项协调组、软件组、宣传组、问卷调查组、共建组、督导组等工作小组,全面推进创建工作。市委制定《福州市创建全国文明城市奖惩暂行办法》,进一步完善创建工作的推动机制,实现文明城市创建工作的持续推进。

【公共文明指数测评】 围绕全国公共文明指数测评"三公一人"(即公共环境、公共秩序、公益活动、人际关系)的要求,由市调查队对全市公共文明指数情况进行测评,及时掌握福州城市公共文明基础情况。召开迎检工作部署会,要求各县区、部门围绕实地考察的17项指标和软件材料的8个方面内容进行整改提高。市文明城市创建工作包区督查组深入五城区进行督查,重点围绕省级公共文明指数实地测评的十几项内容,下发整改通知书督促整改。制定《公共文明建设年即公共文明好习惯主题道德实践活动方案》,在全市倡导公共卫生好习惯、公共交通好习惯、公共交往好习惯、公共环境好习惯、公共生活好习惯,提升市民的公共文明水平。

【志愿者服务活动】 3月,福州市志

愿者联合会正式成立，市委副书记周宏，市委常委、副市长朱华分别担任联合会会长、常务副会长。4月9日，福州市志愿者联合会召开第一次常务理事会。全市相继成立68支志愿服务团体，注册志愿者超过24万人。基本建立覆盖全市的志愿服务网络体系，初步形成全社会共同参与的志愿服务格局。全市志愿者围绕文明城市创建，开展以"迎世博、讲文明、树新风""公共文明·志愿服务""关爱空巢老人""爱在福州，暖在榕城""交通文明""倡导新风，文明过年"等为主题的各种志愿服务活动。8月，市直机关党员志愿服务队、市青年志愿者协会和福建义工俱乐部等志愿服务队伍，在城区交通主干道40个主要路口开展交通文明劝导活动。在国际铁人三项洲际杯赛暨全国冠军杯系列赛、"泛珠大会"以及第十二届海峡两岸经贸交易会、第七届中国福建商品交易会等大型会议期间，福州市广泛招募志愿者，在车站、码头、机场、宾馆、海峡国际展览城、比赛场地等为海内外来宾及各国运动员开展接待、引导、翻译等10多项志愿服务。

【未成年人思想道德建设】 1月，召开全市未成年人思想道德建设工作会议，提出"争当全省示范"的目标。推动净化社会文化环境工作，为未成年人健康成长营造良好氛围。先后挂牌成立未成年人课外阅读实践基地、未成年人心理健康服务中心，推进数字青少年宫建设。在全市中小学组织开展"走进乡土文化"系列教育活动，组织专家编写出版《闽都文化青少年读本》，举办"全市中小学经典诵读大赛及展演""传唱优秀童谣、做有道德的人网上签名寄语""做文明有礼的福州人"活动，运用传统节日资源，开展"拗九感恩""清明缅怀先烈"等宣传教育活动。组织"祝愿海西明天更美好"等主题系列活动，获全省优秀组织工作奖。

【公民道德教育】 开展"我推荐，我评议身边好人"活动。各县(市)区、部门推荐上报"身边好人"候选人60多人，4人评上"中国好人榜"，3人评上"福建好人榜"。组织各行业、部门及省级以上文明单位为玉树灾区募捐，捐款200多万元。挖掘传统节日内涵，立足地域特色，开展"我们的节日"系列活动。先后组织以"文明过年"为主题的大型宣传活动、第六届"拗九节"孝老爱亲系列活动、"红歌慰忠魂"与"网上祭先烈"清明活动，以及端午诗词吟诵、"中秋月·海峡情"中秋专场诗会、重阳孝老爱亲模范报告会等各种形式的节日活动。中央文明办在《精神文明建设》刊发《福州市"我们的节日"主题活动丰富多彩》专文报道。

贯彻落实中宣部、中央文明办、新闻出版总署印发的《2010年全民阅读活动行动计划》，在全市倡导读书学习风尚，发出《倡导全民阅读·共建书香榕城——"4·23世界读书日"倡议书》。开展"有福之州，书香满城"第五届读书月系列活动，表彰福州市十大"书香人家"家庭代表、"读书明星"个人。举办以"文明海西、'信'心相连"为主题的福州市第三届短信文化节活动，活动时间持续8个月，有400多万人次参与手机"福段子"创作，居全省首位。举办以"漫谈文明我争先"为主题的"文明公益手机动漫大赛"活动，从全国各地征集5000多幅(条)，扩大了短信文化节影响力。

组织参与全省"讲文明树新风"公益广告征集和"迎世博、迎特奥、讲文明、树新风"(网络)礼仪知识竞答活动，福州市获优秀组织奖。组织"做一个文明有礼的福州人"活动，制作宣传贺卡1000份，举办网络访谈、漫画比赛主题讲座等活动，并在《福州日报》《福州晚报》开辟"城市文明观察哨""做文明人，创文明城"专栏，宣传倡导文明行为，抨击曝光不文明行为，引导市民养成良好的行为习惯。9月20日，举办第八个"公民道德宣传日"暨福州市公共文明建设年"八个十佳"表彰活动。对评选出来的全市"十佳农民工""十佳交通协管员""十佳环卫工人""十佳出租车司机""十佳公交驾驶员""十佳导游(讲解)员""十佳交通示范路口""十佳魅力小街巷"进行颁奖。

【基层基础创建活动】 制定《关于组织开展新一届(2009～2011年度)省级、市级文明单位(学校、社区、村镇)申报和上届(2006～2008年度)全国级、省级、市级文明单位(学校、社区、村镇)届中复查的通知》，对新一届各类文明单位的申报和上一届文明单位复检的工作作出具体要求，推动文明单位管理规范化、制度化。市文明委表彰福州市第七届"五好文明家庭"标兵户90户、"五好文明家庭"1942户。同时开展农村精神文明建设调研，制定《关于加强农村精神文明建设的实施意见》。在福清市召开福州市农村精神文明建设工作现场会，研究健全完善农村精神文明建设的工作机制，推进农村精神文明建设示范村镇、集贸市场和文化广场典型的培育。

(何红蓼)

机关党的工作

【概况】 2010年，福州市直机关党的工作围绕服务中心、建设队伍两大任务，引导各级机关党组织和广大党员干部在服务福州科学发展、跨越发展中主动作为。全市建立10个市直机关创先争优活动示范点，37个单位被市委授予"第五届市直机关党建工作先进单位"，51个单位被评为市直机关建设学习型党组织先进单位。

开展"党建调研月"活动，组织机关党员干部围绕提高机关党建科学化水平、建设学习型党组织、加强机关作风建设、推进机关党内民主建设等7个重点课题开展调研，收到96篇论文，评选一等奖2篇、二等奖3篇、三等奖6篇、优秀奖9篇，汇编《提高学习力，增强创新力》优秀调研成果集。其中，市直机关工委课题组撰写的《切实提高新形势下市直机关作风建设科学化水平》和《福州市直机关建设学习型党组织的探索与思考》，获省直机关党建研究会2010年重点课题论文一等奖。

【基层组织建设】 开展中共中央新修订的《中国共产党党和国家机关基层组织工作条例》的学习、宣传、贯彻工作，做好机关党建工作列入市级机关单位绩效评估内容后的相关工作，推进机关党建工作责任制落实。开展"五好"

(支部班子好、党员队伍好、活动开展好、制度建设好、作用发挥好)党支部建设,加强党组织工作信息化管理,推动基层党组织规范化建设。针对不同类型党员实际需求,加大党员教育培训力度,各机关党组织举办培训班361期次。开展创建党建工作先进单位活动,合理修订考评标准,对107个市直单位创建工作进行全面考评,37个市直单位被市委授予"第五届市直机关党建工作先进单位"。拓展机关党内民主建设,指导14个基层党组织开展公推直选工作。

【学习型党组织建设】 组织机关党员干部学习贯彻中共十七届四中、五中全会以及中共中央总书记胡锦涛、国家副主席习近平考察福建时的重要讲话精神,把思想和行动统一到中央、省委、市委的决策部署上来。制定推进市直机关学习型党组织建设实施办法,完善思想理论教育工作联系点制度,举办市直机关"海西发展福州先行"知识竞赛和专题辅导报告会,开展市直机关"读书月"活动,举办赠书仪式、读书演讲竞赛、读书征文评选等活动,市直各机关党组织开展理论业务培训4156次,举办各类专题辅导报告会995场。对市直机关建设学习型党组织活动5年工作情况进行检查考评,召开现场推进会,表彰51个市直机关建设学习型党组织先进单位。

【创先争优活动】 把深入开展创先争优活动作为机关党建工作的重大政治任务,切实落实好中央和省委、市委的各项部署要求。加强典型宣传带动,重点树立在"大干150天、打好五大战役"中无私奉献、做出积极贡献的先进典型。举办市直机关创先争优先进事迹报告会、印发宣传册,用榜样的力量激励广大机关党员干部学先进、赶先进、当先进。实行工委领导挂钩联系点制度,定期召开工作汇报会,规范公开承诺方式,对各单位机关党组织开展创先争优活动进行点评。建立10个市直机关创先争优活动示范点,加强学习交流,带动创先争优活动整体水平提升。市直各机关党组织确定活动主题279个、设计活动载体445个,搭建机关党组织、党员发挥作用的平台,在推动跨越发展上创先进、争优秀。

【作风建设】 加强形势任务教育和专题培训,教育引导机关党员干部在改革审批制度、规范权力运行等工作中提升思想境界,转变工作作风,积极有效作为。开展机关作风建设专题调研,分别召开部分市直部门(单位)主要领导和人大代表、政协委员以及窗口单位服务对象等座谈会,听取意见建议,查找存在问题,提出加强和改进工作的思路和举措。参与治庸治懒工作,会同市效能办等部门对市直部门(单位)进行暗访,严肃工作纪律。协助开展"十佳市级办事窗口"评选活动,从正面引导窗口单位提高服务水平和办事效率。开展"奉献海西当先锋"系列活动,持续开展创建"共产党员先锋岗"活动,授予12个服务窗口为第四批"共产党员先锋岗"。深化"三进三服务"主题实践活动,组织机关党组织与农村、社区、企业党组织结对联创帮扶,年内,市直机关与359个村(居)、企业联创共建,党员领导干部结对帮扶3101户,提供帮扶资金1728.9万元。

12月9日,福州市举行市直机关创先争优事迹报告会。

【反腐倡廉】 制定《关于贯彻福州市〈建立健全惩治和预防腐败体系2008~2012年工作规划的工作方案〉的落实办法》,并逐项抓落实。在树立第一批机关廉政文化建设示范单位的基础上向企事业单位延伸,培育5个第二批示范单位并召开现场推进会。开展以"颂清风正气、促机关和谐"为主题的市直机关廉政书画摄影作品征集活动,举办书画摄影作品展、编印作品集,指导市直各机关党组织通过开设"廉政网页"、格言警句上墙、知识竞答、"廉内助"等教育活动,推进廉政文化进机关活动深入开展。参与检查考核市直单位执行党风廉政建设责任制,审批党员违纪处分案件8件,其中开除党籍5件,留党察看2件,严重警告1件。

【文明创建】 参与争创全国文明城市活动,宣传学习《福州市公共文明建设知识问答》,提高对文明城市建设的普及率和知晓率。指导各单位做好市直机关文明单位申报工作以及全国、省、市文明单位的届中自查、复查,推动创建工作进一步走向常态化。开展"爱我福州、奉献福州"主题教育活动,指导成立90支市直机关党员志愿者服务队。号召机关党员干部配合和参与做好交通管理综合整治工作,召开市直机关推进"四绿"工程建设动员大会,开展种植"共产党员先锋林""青年林""海峡姐妹林"等活动。开展"送温暖·献爱心"活动,发动机关干部向特奥会以及青海玉树、甘肃舟曲和闽西北灾区捐款合计662多万元。坚持"党建带三建",发挥机关工、青、妇组织优势,开展周末体育竞赛等活动,活跃机关文化生活。

【市直机关纪念建党89周年暨第五届党

建工作先进单位表彰大会】 6月29日召开。会议庆祝中国共产党成立89周年,表彰市直机关第五届党建工作先进单位。市委副书记、组织部长、市直机关工委书记周振华在会上要求全市机关各级党组织和广大共产党员继承和发扬党的优良传统,践行科学发展观,推进学习型党组织建设,改进机关工作作风,落实机关党建工作责任制,提高机关党的建设科学化水平,在加快推进省会中心城市建设中更好地发挥战斗堡垒作用和先锋模范作用。

(张洪新)

信访工作

【概况】 2010年,全市各级信访部门按照"抓预防、抓排查、抓化解、抓处置、抓责任"的要求,严格按信访"路线图"规范办理信访事项,做好矛盾纠纷排查化解工作,信访总量大幅下降。福州市群众进京非正常上访165人次,比降43%;到省上访980批5884人次,批次、人次数分别比降51%、40%;到市上访1106批5652人次,批次、人次数分别比降56%、55%。市信访局共办理群众来信9803件,比降25%;办理国家投诉办交办件155件,比增13%;办理省长信箱邮件2348件,比降8%;批转审核"12345"网上诉求问题15.26万件次,比增24%。全市信访部门共登记信访事项1.09万件次,交办信访事项430件,转送信访事项6687件;转办上级和本级政府交付处理的信访事项278件次;督促检查、跟踪督办信访事项603件;向公安机关移送132人次违法上访人员材料,向纪检监察机关移送16人次违反信访工作纪律人员材料。

【矛盾纠纷排查化解工作】 以历年未化解的信访积案和突出问题为重点,着重排查矛盾纠纷较为集中的征地拆迁、房屋"两权证"、涉法涉诉等方面存在的信访问题。在全国和省、市"两会"及上海"世博会"、特奥运动会、广州亚运会和各种经贸交易会等重大敏感活动时期,加大矛盾纠纷排查力度,逐案明确责任主体,随时掌握重点突出信访问题动态信息。7月,市信访联席办、市信访局会同市委政法委等有关部门,排查出210件信访突出问题,并督促相关单位落实责任,集中时间施策化解。11月,全市组织6个督导组,赴各县(市)区、市直有关部门专项督查,至年底办结息访107件。2010年,全市梳理排查信访积案367件,按时办结率76%,息访186件。

【领导接访和机关干部下访活动】 市党政领导干部按照《市党政领导干部接待群众来访活动实施方案》要求,每季度安排1天到所联系挂钩的县(市)区,带案下访、重点约访、接待来访,并形成工作机制。8月,省委常委、市委书记袁荣祥,副省长、市长苏增添分别赴永泰县、仓山区等地接待群众来访,协调解决重大信访问题。其他市领导也参加挂钩联系县(市)区接访、约访、带案下访活动。全年接访93批、567人次。各县(市)区坚持落实党政领导每月安排1天接待群众来访制度,全年接访3437批次、1.38万人次。市信访联席办、市信访局会同市直机关干部组成督查组,督导检查各县(市)区、市直有关职能部门重点信访问题化解工作情况,并敦促落实信访工作责任,推动"事要解决"。

【推进信访"路线图"工作】 按照信访"路线图"的工作程序,规范接访登记、受理告知、转送交办、督查督办等环节,促进信访工作走上规范化、法制化轨道。全年受理群众来信来访总量8.8万件人次,剔除重复后纯件数1.53万件,其中经调解息诉息访2966件。进入行政"三级办理"程序的1.24万件中,经处理答复且息诉息访或暂时息诉息访8076件,未息诉息访1882件;处理答复后不服进入复查515件,经复查且息诉息访或暂时息诉息访69件,未息诉息访367件;复查后不服进入复核92件,经复核未息诉息访81件。信访事项总数中息诉息访或暂时息诉息访数为1.11万件,占72.5%。

【维护信访正常秩序】 一抓防范预警,各县(市)区加强对辖区信访问题的排查,密切掌握可能引发大规模群体性上访的苗头动向,及时把问题解决在萌芽状态、解决在基层;二抓疏导处置,出现群众越级到省、市集体上访的情况,相关县(市)区、市直单位分管信访、分管业务的领导或主要领导按照省、市预案要求,及时赶到现场劝导处理;三抓落实后续,上访群众劝返当地后,责任单位依法依规解决群众的合理诉求,属地公安机关对违法人员依法查处。经综合整治,省、市党政机关信访秩序进一步好转。

(邱长新 叶 智)

老干部工作

【概况】 2010年,福州市委老干部局深化"老干部政策落实年"活动,修缮市老干部活动中心,召开离退休干部党组织创先争优推进会,组织离退休干部参观市重点建设工程项目,调整市直单位易地安置离休干部医疗周转金,利用社区资源为老干部提供就近服务,协调理顺部分改制或破产企业离休干部的服务管理工作,保障老干部各项政治、生活待遇的有效执行和落实。市委老干部局服务管理老干部3206人。其中,离休干部2206人(抗日战争时期参加革命工作的317人、解放战争时期参加工作的1889人),厅级退休干部54人,"5·12"退休干部(1950年5月12日以前退休)946人。

【落实政治待遇】 加强离退休干部党支部建设,举办市直单位离退休干部党支部书记和理论骨干培训班,制定《福州市直机关离退休干部党支部创建"五好支部"考评标准(试行)》,建立30个离退休干部党建工作联系点,充实市直单位老干部工作联络员,召开福州市离退休干部党组织创先争优工作推进会。年内表彰28个先进离退休干部党支部、91位先进个人。

利用老干部活动中心电教室开展学习活动,播放影片65场,参加集体学习的市直离退休干部党支部25个1300多人次。举办闽都文化大讲坛,邀请市直部门领导和专家学者为离退休学员解读

10月20日，福州市离退休干部参观福州市"大干150天"建设现场。

社会热点问题。组织离退休干部3批约1000人，参观鼓山大桥、福州火车南站、海峡国际会展中心和福州儿童公园等市重点建设工程项目。全年召开离退休干部通报会、学习报告会404场，举办各类读书班、培训班388期，参加学习交流的老同志3915人次，组织参观考察活动323批次1.38万人次。

重视发挥老干部的政治、经验、智慧优势，市委、市人大、市政府、市政协每季度分别组织召开老干部通报会和市级老领导座谈会，市级老领导提出建议和意见71条，市直有关部门均予以整改反馈。

老干部工作政策业务首次列入市委党校课程。10月26日，市委组织部副部长、老干部局局长王玉琴在福州市委党校组织(人事)干部培训班讲授"当前老干部工作面临的形势与任务"，部分市直单位、县(市)区组工干部参加培训。

【保障生活待遇】 调整不同时期参加革命工作的离休干部高龄护理费标准；适当提高部分抗战时期参加革命、工资待遇偏低的离休干部生活待遇；明确企业"5·12"退休干部高龄补贴、护理费和死亡一次性抚恤标准按照机关事业单位离退休人员的办法发放；调整易地安置离休干部医疗周转金等政策措施。马尾区、福清市、长乐市、闽侯县、连江县、闽清县、罗源县、永泰县离休干部参照市直标准，享受医疗同城同待遇。

针对易地安置离休干部医药费个人垫支大、报销周期长等问题，市委老干部局、市财政局、市卫生局联合下发《关于市直单位易地安置离休干部预借医疗周转金事项的通知》，规定：1. 市直单位易地安置离休干部预借医疗周转金统一调整为3000元；2. 机关、事业单位及离休干部"两费"(离休费、医药费)统筹金无减免的企业单位，易地安置离休干部预借医疗周转金由原单位负责。离休干部去世，由原单位收回预借周转金；3. "两费"统筹金减免的企业单位离休干部医疗周转金，由离休干部主管单位向市卫生局保健办预借。离休干部去世，由主管单位负责收回医疗周转金，并归还市卫生局保健办。

加大帮扶解困力度。坚持"进百家门、暖百家人、联百家情"主题实践活动，重大节日慰问离退休干部及配偶6684人次，发放慰问补助170多万元。协调解决待遇落实中的疑难问题，市委老干部局协调办理市林业局、市外侨办下属林场、农场等单位6名离休干部"两费"纳入福州市离休干部"两费"保障体系问题，专题研究解决连江县地方管理军队离休干部生活待遇问题。罗源、连江县在全市率先全额兑现离休干部住房补贴。

【丰富文化生活】 各级老干部工作部门通过涉老团体开展文化艺术、娱乐健身、参观世博等活动，丰富老同志精神文化生活。福州市老干部民乐团重新整理濒临失传的禅和曲《九龙圣水》，保存福州本土文化遗产。福州市老干部文化艺术团与省老干部活动中心共同承办"纪念中国人民抗战胜利65周年大型歌会"，市老年大学舞蹈队在全国"夕阳秀"老年舞蹈大赛中获最高奖"牡丹金奖"，并参加国庆五一广场"盛世中华"专场演出。

【学习活动基地建设】 老干部活动中心 福州市投资800万元对市老干部活动中心大楼进行整体修缮，装修后的大楼一期工程活动面积约5000平方米，设置党建室、接待室、阅览室、多功能厅、乒乓球室、棋牌室、书画室、桌球室、排练室、会议室、多媒体电教室11个活动场所，是全市离退休干部参加学习交流、娱乐赛事、健身演出、发挥作用的重要平台。各县(市)区推进老干部活动中心示范性建设，全市新增老年活动中心5436平方米。

老年大学 市老年大学投资230万元完善设备添置，鼓楼区、福清市、长乐市、连江县拨出专款或争取福建省扶持资金对老年大学进行修缮、建设和设备添置。老年大学示范校建设有效推广，省、市级示范校达标率77%。全市新增老年大学校舍1.81万平方米，老年大学(学校)890所，在校学员7.2万人。

【日常服务管理】 在10个社区试点开展利用社区为老干部提供"四就近"服务(就近学习、就近参加活动、就近得到关心照顾、就近发挥作用)。鼓楼区试点社区居家养老服务粗具规模，福清市建立社区离退休服务活动站，龙华园干休所开展"走出庭院，融入社区"活动，推进干休所和社区的文明共建。

市委老干部局向每位市直离休干部、"5·12"退休干部分发工作联系卡，发挥非在编老干部工作人员的作用，做好破产改制企业、机构合并企事业单位离退休干部服务管理工作。闽侯县委老干部局每月逐一与全县老干部联系，及时掌握状况，帮助解决实际困难。晋安、仓山区帮助受房屋拆迁影响的离休干部维权。

（李　敏）

党校工作

【概况】　2010年，中共福州市委党校按照《中国共产党党校工作条例》和《2010～2020年干部教育培训改革纲要》要求，发挥干部培训的主渠道作用，顺利完成各项培训任务。全年举办轮训班、培训班89期，参训8296人次，比上年增加24期、500多人次，是历年来最多的一年。2010年，有104名函授本科生毕业，338名函授大专生毕业，有在校函授学员319人。

【主体班培训】　举办主体班次15期，培训学员663人。其中5期科局班，4期县处班，3期乡镇班和中青班、组干班、党外班各1期。同时，承接市委安排的各种专题培训班4期，参训418人，其中，福州市加快经济发展方式转变专题研讨班1期248人；社区班2期122人；福州市第五期“两新”组织（新经济组织和新社会组织）党组织书记培训班，参训48人。与市直相关部门联合举办各类研讨班、培训班39期，参训3582人，包括新疆奇台县科级干部培训班、福州市团职军转干部培训班等。

【教学改革】　完善课程设置，围绕十七届五中全会精神，推出“转变经济发展方式研究”教学单元，安排《党的十七届五中全会精神解读》《保障和改善民生，促进社会公平正义》等11个专题。配合省市中心工作，新开设《抓住机遇，推进福州经济社会跨越发展》《建设马克思主义学习型政党》《小城镇综合改革的理论与实践》3个专题。全年开设21个新专题，专题更新率30%。

推广研究式教学，实现“每个主体班次都开设多种研究式教学专题课，每个教研部都开展研究式教学”的目标。推进现场教学，将三坊七巷开辟为“文化强市”现场教学基地，将省革命历史纪念馆开辟为党性教育现场教学基地，将福清市沙埔镇赤礁村开辟为农村党建现场教学基地。新开发6个现场教学基地，挂牌的现场教学基地达8个。

调整更新“菜单式”选学专题，办好“专家论坛”“领导讲坛”和“学员论坛”，广泛利用社会资源，聘请国内一流专家学者到校授课，提高办学质量和水平。推进开放式办学，制定《关于加强异地办班、参观重点工程、现场教学等活动的管理实施细则》，把课堂教学与社会实践考察有机结合，先后组织中青班学员赴延安进行“弘扬延安精神，加强党性修养”为主题的异地办班，组织县处班学员赴苏南进行“转变经济发展方式”为主题的异地办班等。全年多次组织主体班次学员参观考察福州市重点工程建设项目。

强化教学管理，加强对学员读书环节的组织管理，把自学读书的安排列入教学计划，每个主体班次均组织读书交流活动。制定《关于加强教师调课管理的若干规定》，规范管理。

【科研工作】　强化科研的决策咨询服务功能，把科研重点调整为海西发展研究，十七届四中、五中全会提出的重点、热点问题研究和福州市情研究3个方面。编印3期《党校教研》，组织教研人员参加“海西建言”活动，举办以“先行先试、跨越发展”为主题的福州市情论坛，编辑出版《2009～2010年度学员优秀论文集》。

课题申报数和立项数保持高位，全年申报国家社科规划项目10项，省级社科规划项目14项，省中国特色社会主义理论基地课题8项，省委党校系统中国特色社会主义理论体系基地课题33项，校级一般课题33项。所申报的项目中，省委党校中国特色社会主义理论基地课题立项18项，连续5年为该基地课题立项数全省第一。市中国特色社会主义理论基地课题立项5项，连续4年保持市中国特色社会主义理论基地课题立项数第一。

课题结项进展顺利，有6项省级以上课题结项，包括1项国家社科规划项目、3项福建省社科规划基金项目、2项省中国特色社会主义理论基地课题。2009年省委党校中国特色社会主义理论基地18项课题全部结项。

参与各级优秀科研成果奖的申报，在全省党校系统第八届社科优秀科研成果评比中，获奖7项，其中一等奖2个，二等奖2个，三等奖3个，在全省设区市党校中名列前茅；有10项科研成果获省委党校2009年课题优秀成果奖，是历年最多的一次。全年发表个人专著2部，论文114篇。其中，省级以上CN刊物论文88篇，市级CN刊物论文18篇，市级内刊8篇。

【师资队伍建设】　举办师资培训班，重点学习现场式教学方法。先后选派2名副处级干部、4名科级干部、1名科员参加干部培训，安排1名教师到高校进修，3名教师到市直机关挂职调研。组织工勤人员参加岗位培训。根据省委统战部的通知要求，选派1名校领导赴台参加第二届“海峡百姓论坛”，选派1名教师赴台参加“海峡两岸管理科学论坛”。全年调任5名专业人员充实教师队伍。暑假期间举办2期机关工会会员培训班。至年底，全校拥有专职教师47人，其中教授3人，副教授24人，讲师16人，助教4人；拥有硕士以上学历23人。

【基础设施建设】　投入119万元用于改善办学条件，3号楼、5号楼学员宿舍分别进行拆除、维修；新建900平方米停车场；更换400多张课桌椅；购买、培植各种树木花草，对校园绿化进行调整改造。4月，被全国绿化委员会评为“全国绿化模范单位”。

（李和忠）

政策研究

【概况】　2010年，中共福州市委政策研究室围绕推动福州跨越发展工作大局，发挥以文辅政、以智辅政的决策参谋作用，深化课题研究，加快成果转化，做好市委重大文稿起草、经济社会发展难点热点问题调研和决策信息咨询服务等3项重点工作，为市委决策提供有效的咨询参谋服务。

【文稿起草】 组织起草《中共福州市委关于贯彻落实省委八届九次全会精神推动跨越发展的实施意见》《中共福州市委关于制定福州市国民经济和社会发展第十二个五年规划的建议》《关于制定福州市国民经济和社会发展第十二个五年规划建议的说明》和"《中共福州市委贯彻〈中共中央关于加强和改进新形势下党的建设若干重大问题的决定〉的实施意见》重点工作分工方案"等4份文件,以及《中共福州市委2010年工作要点》《2011年全市工作思路调研参阅稿》等文稿。

【课题调研】 开展经济社会发展难点热点课题调研。完成关于"福州温泉文化建设年""加强社会工作人才队伍建设""'城中村'改制工作""公共租赁住房制度先行先试""民族宗教工作队伍建设""闽江口新增长区域建设""振兴福州茉莉花茶产业"等14篇课题调研。其中,《福州民族宗教工作队伍在数量、结构、素质等三方面亟待突破》《对加快城市进程中推进我市"城中村"改制工作若干问题的思考》等多篇文稿得到市领导批示、批阅,《福州培育温泉产业的对策研究》《积极稳妥推进福州公共租赁住房制度先行先试》等课题被省委政研室《调研文稿》等刊物选用。新辟《福州政研专报》,刊发《关于确保2010年地区生产总值突破3000亿元大关的建议》《关于构建福州幸福指数工作体系的初步设想》等4篇调研文稿,许多观点、建议被市委重要文稿吸收采纳。

开展年度市重点课题的组织协调工作。组织完成"规范促进民间投资""建设海峡西岸北部港口群""加快省会中心城市第三产业发展""培育战略性新兴产业的研究""建设闽江口榕台产业对接集中区"等24个年度市重点课题调研,供市委市政府和有关部门决策参考。指导县(市)区立足基层实际开展课题调研工作,在《福州调研》上选刊《推进福州经济技术开发区向新城区转变的若干思考》《加快闽侯县域第三产业发展的研究》《罗源县火车站片区开发建设的思路与建议》等10篇县(市)区调研课题。

【决策咨询】 围绕市委阶段性工作重点和领导关注焦点,收集整理国内外其他城市的经验做法和专家学者的观点,编发《决策参考》18期。根据中心工作和形势需要,及时增发多期关于跨越发展、城市建设、社会矛盾化解和"十二五"规划等方面内容供市领导参考。

编发《闽都通讯》12期,打造宣传福州、了解福州、传递信息、交流经验的市委机关刊物。编发《报刊资料索引》12期、《外报专送件》15期、《福州城市科学》4期、《福州城市研究》6期,为福州经济社会发展建言献策。

发挥市政策咨询研究会、城市科学研究会专家学者人才智力优势,突出其对有关重大政策、重大问题和重要规划的咨询参谋作用,就"推动福州跨越发展的实施意见""制定福州市国民经济和社会发展第十二个五年规划的建议"等专题组织召开多场咨询论证活动,向有关专家学者征求意见建议,有效提高决策的科学性和系统性。

(林徐峰)

保密工作

【概况】 2010年,福州市国家保密局改进技术手段,坚持技管并重、完善法规制度、深化宣传教育、加强监督检查、严肃案件查处、落实领导责任、强化队伍建设,履行"保安全、保发展"的职责,顺利完成全年工作任务。召开2次全市保密工作会议,开展新修订《中华人民共和国保守国家秘密法》(以下简称"《保密法》")的宣传教育和培训工作,组织各单位开展保密知识测试80多场,参加人数5.1万多人。编发《保密工作》简报6期,通报交流全市各单位保密工作情况。全市征订《保密工作》杂志1466份,居全省第二位。

【监督检查】 2月,召开市委保密委近期工作协调会,部署全市政府信息公开保密检查工作,下发《关于当前我市保密工作若干事项的紧急通知》。举办政府信息公开培训班1期,邀请省闽保公司高级工程师郑剑斌讲授《保密科技三个平台建设要义》等管理规范,协同市政府信息公开办检查平潭县、长乐市、永泰县、闽侯县、市国土局、市规划局、市教育局、市卫生局等县(市)区和市直单位执行政府信息公开保密审查工作情况。5月,协同市教育、公安、监察等部门对福州市高考各考点的保密室、考场的保密工作开展专项保密检查,配合市委组织部做好公务员考试录用考场的保密检查工作,与市台办联合召开第二届海峡论坛保密工作会议,部署论坛期间

5月15日,召开第二届海峡论坛在福州活动保密工作会议。

的保密工作。6月，下发《福州市涉密载体清理情况检查工作方案》，对福州市涉密载体清理检查工作的总体要求、组织领导、检查内容、检查方法等方面作具体安排。7月20日至8月20日，开展对市委组织部、市委政法委等17家重点涉密单位的计算机信息系统安全保密专项检查，对发现问题的单位，下发整改通知书，限期整改。联合市国土资源局对福清、闽清、连江、罗源等单位涉密图纸的使用管理进行保密检查。

【宣传教育】 5月宣传月期间，利用广播、电视宣传《保密法》142场次，听（观）众200多万人次，播放保密教育录像片297场次，观看人数50多万人次，出墙报、黑板报等专刊349期，挂宣传标语892条（幅），召开保密工作会议349场，6000多人参加，开展保密知识讲座21次，2500多人参加，举办保密培训班52期，3200多人参加。下发《关于做好第十二届海交会保密工作的通知》，在"5·18"海峡两岸经贸交易会筹备期间组成涉外保密检查组，在海交会主委会等重点单位开展涉外保密工作宣传检查。

鼓楼区推进保密法制宣传教育进社区、进学校、进企业、见群众，在街、镇悬挂横幅标语，巡回播放《保密警钟》教育片，组织保密法规图片、保密常识漫画和涉密案例图展社区行，在中小学校开设保密教育课等。连江县制作以涉密计算机保密管理、移动存储介质使用管理、政府门户网站保密管理等技术防范常识为主要内容的《保密技术防范常识》图片，在县委综合办公楼大厅展出。平潭、罗源在县有线电视台滚动播放字幕标语5天15次，长乐市在电影院播放幻灯宣传标语2天4场，永泰在县有线电视台开辟保密宣传专栏，连续1个月滚动播放保密宣传标语，同时在县城区和乡镇主要街道悬挂保密宣传标语横幅。连江、罗源以手机短信形式向全县副科级以上领导干部普发《保密法》宣传知识。

10月1日，新修订《保密法》正式施行，市保密局通过发放挂图、集中学习、知识竞赛等多种形式，多渠道、多层次、多角度开展学习宣传活动：一是征订200多套新《保密法》挂图和400多本新《保密法》单行本，下发给市直各单位和所属各县（市）区学习宣传；二是深入基层，先后到市纪委、市房地产交易登记中心、中国电信福州分公司、闽侯县保密局、永泰县检察院等单位宣讲新修订《保密法》相关知识，其中闽侯县、永泰县等保密局邀请福建省国家保密局陈立强宣讲新修订《保密法》"十个亮点"；三是编发2期新《保密法》专题宣传简报，通报各级各单位学习宣传情况；四是开展新《保密法》专题宣传、咨询活动，9月27日，福建省、福州市保密局联合在五一广场举办《保密法》宣传、咨询活动，布置新修订《保密法》图文展板，设立咨询台，发放新法宣传册，开展保密知识有奖竞答活动；五是与市委宣传部、市司法局、市依法治市领导小组办公室联合下发《关于组织开展〈中华人民共和国保守国家秘密法〉知识网络考试的通知》，在全市开展新法知识网络考试活动，参加考试人数12多万人，创历年福州市法律知识网络参加考试人数之最。

【技术防护】 构建省、市、县三级联网的保密监控管理体系，福州市投入200多万元，分成2期，为全市100多家市直单位的计算机统一安装配备内网安全保密监控管理系统。至年底，该系统在市直单位安装率接近100%。开展保密承诺书签订人员知识竞赛活动，下发《关于开展我市保密承诺书签订人员知识竞赛活动的通知》，向全市各单位提供新修订《保密法》《保密技术防范常识（图文本）》《信息系统和信息设备使用保密管理规定》等参阅资料。全市有3.26万人签订保密承诺书，参赛人数3.3万人。11月，市委编委会下文同意成立福州市国家保密局技术检查中心，核定事业编制3人。

（陈云娟）

党史研究

【概况】 2010年，中共福州市委党史研究室召开4次全市党史工作会议；编辑出版福州党史刊物书籍；开展革命遗址普查，完成211处革命遗址和其他遗址普查任务；3个革命历史场馆被授予"第二批福建省党史教育基地"称号；发行福建省委党史研究室主办的《福建党史月刊》2059份，比增33.7%，名列全省发行第一名。年内，《福州党史》季刊获评2009年度华东地区优秀党史期刊，福州市委党史研究室获评2009年度全省党史工作绩效考评综合三等奖，福清市、长乐市、闽侯县、罗源县党史研究室获评"2009年度全省党史工作先进集体"。

【专题研究】 党史专题书籍《福州市建设社会主义新农村带头人口述历史》完成统稿。该书是福建省委党史研究室2010年度重点科研项目，以口述历史的形式并配以影像资料，反映改革开放后福州市新农村建设中涌现出来的优秀带头人带领群众走共同富裕之路的思想、实践和经验，计划2011年付印。

【党史刊物】 编辑出版《福州党史》季刊4期，发表文章80篇36万字，每期印数800～850册。不定期编印《福州党史信息》内刊10期，编发信息20条，被省委党史研究室采用9条1.8万字，每期印数151份，全年印发1510份，发至省市有关部门领导和外省市兄弟单位。

【纪念胡也频烈士诞辰107周年暨铜像揭幕仪式】 5月4日，由福州市委党史研究室主办，福州三山陵园承办的胡也频铜像揭幕仪式在福州三山陵园名人艺术园举行。市委文明办、市档案局、市社科联、市文联及主办单位、承办单位领导，胡也频亲属蒋祖林夫妇、新闻媒体、学生等社会各界代表100多人参加。市政协副主席王聪深到会讲话，并与蒋祖林夫妇共同为铜像揭幕，社会各界代表向铜像敬献鲜花。

【福州市第二批"福建省党史教育基地"】 9月18日，中共福建省委党史研究室授予第二批23个单位"福建省党史教育基地"称号。福州市双虹小学革命史迹陈列馆、福清市漈头爱国主义教育基地、福建省连江县革命烈士陵园3家县（市）区属单位入选。全市有7家单位获"福建省党史教育基地"称号。

12 月 17 日,福州市党史工作会议在闽清县召开。

【革命遗址普查】 3 月 10 日,以市委党史研究室的名义下发《关于做好福州市革命遗址普查工作的通知》,组织各县(市)区 50 余名党史工作人员对全市革命遗址进行普查。期间,联络文物、规划、档案、图书馆以及乡(镇)、村有关部门 260 多个,深入走访当事人 400 余人,查阅各项档案资料 1800 多份,搜集旧照片 120 多张,实地拍摄照片 200 多张,拍摄录像资料 270 多分钟,填写遗址普查表格 211 份,撰写普查报告和说明文字 20 余万字。至 11 月 30 日,完成全市 211 处革命遗址和其他遗址的普查任务。12 月,根据普查成果,编纂完成《福州革命遗址通览》,并上报省委党史研究室统稿,待付印。

【参加全省党史会议】 12 月 1 日,全省党史工作会议在福州召开。市委常委、秘书长徐启源和市委党史研究室主任刘德洪参加会议。徐启源代表福州作题为《围绕中心,服务大局,努力推动省会城市党史事业跨越发展》的大会典型发言,从加强对党史工作的领导、提高党史工作科学化水平、打造高素质党史工作者队伍三个方面介绍福州市委抓好党史工作的经验和成效。

【驻村帮扶工作】 1 月 7 日,到捆绑帮扶村连江县长龙镇洪峰村看望慰问驻村干部和特困群众。3 月 2 日,市委党史研究室、市老促会、市老区办到捆绑帮扶村洪峰村,对市委党史研究室扶持建设的惠农工程——2 公顷茶园改造项目进行调研,试种的“闽科 1 号”茶树长势良好。帮助协调从市、县老区助建经费和党建造林专项经费中划拨 5 万元,用于购买喷灌设施,解决抗旱问题。12 月 17 日,到帮扶捆绑的闽清县桔林乡汤兜村看望驻村干部,调研帮扶工作,实地察看食用菌种植选址地点和大明谷温泉度假村。

(石国雄)

档案工作

【概况】 2010 年,福州市及县(市)区有各类档案馆 17 个,其中综合档案馆 14 个,专业档案馆 3 个。全市档案馆馆藏总量为 482 万卷(册)。“十一五”期间,福州市档案馆、长乐市档案馆晋升为国家一级档案馆;马尾区、台江区、晋安区、连江县档案馆晋升为国家二级档案馆;国土资源档案馆晋升为省一级档案馆。福州市、福清市、闽侯县、平潭县档案局被省档案局评为“2004 ~ 2008 年依法治档先进单位”。福州市档案局被福建省档案局授予“AAA 级国家综合档案馆”,获“全省档案普法教育先进单位”称号,福州市档案学会获“福建省档案学会 2008 ~ 2009 年学会工作先进集体”称号。

【档案规范管理】 规范机关档案 对各机关档案室编制文件材料归档范围和文书档案保管期限表、机关档案室升级达标、市直各单位案卷质量、管理情况的检查及撤并单位档案处置工作进行监督指导,对全市各县(市)区社保、婚姻、收养等档案进行监督指导。市委、市政府办公厅转发市档案局《关于做好政府机构改革中档案管理工作的意见》,确保机构改革中各单位档案完整齐全进馆。长乐市利用政务网对全市 18 个乡镇(街道)进行在线档案业务指导,福清市对国土资源局等多家单位进行业务指导,永泰县帮助指导机关和乡镇整理档案 3000 多卷。

规范经济项目档案 福州市档案局指导“5 · 18”海峡两岸经贸交易会档案登记收集工作;马尾区对省级重点建设项目“温福铁路”“福厦铁路”档案工作进行监督指导;晋安区、罗源县开展铁路建设沿线征地拆迁文件材料的收集整理和归档指导,督促铁路建设征地拆迁档案移交进馆;福清市配合省市档案局对部分重点建设项目档案管理进行专项执法检查,福清嘉儒风电场工程档案通过省档案局验收;连江县人大组织视察组对全县涉及重点建设项目档案的单位开展视察,并形成专题材料向县委汇报;闽侯县档案局召开重点建设项目档案工作现场会,制定《闽侯县建设项目文件收集整理规范(试行)》文件;平潭县对重点建设项目档案的形成进行全过程跟踪管理,引导项目建设单位“建一流工程,创一流档案”。

执法检查 福州市及台江区、鼓楼区、长乐市、福清市、闽侯县、罗源县以检查档案人员配备、制度建设、档案收集、保管、利用及贯彻实施《中华人民共和国档案法》情况为内容,对各部门进行档案执法检查,并对不规范的环节提出整改意见。12 月,市人大常委会党组成员、教科文卫委主任吴三八率领部分市人大常委会委员、市人大代表对福州市开展《中华人民共和国档案法》及《福建省档案条例》执法调研,重点就福州市档案馆、房地产档案馆和鼓楼区档案新馆进行考察。

【新农村建设档案工作】 市各级档

福州市鼓楼区档案新馆

案部门落实国家档案局、农业部、民政部《关于加强社会主义新农村建设档案工作的意见》，引导农业、农村档案工作走向规范化、制度化轨道。马尾区召开镇、街档案工作座谈会，商讨新农村建设档案工作对策，以区委办的名义下发《关于加强马尾区新农村建设档案工作意见》；福清市档案局、晋安区档案局加强与涉农主管部门的配合和协作，确保档案工作与新农村建设同步推进；长乐市档案局结合“双百工程”抓新农村建设档案工作，指导村居档案规范管理，并开展农村合作医疗档案建档工作；连江县深入12个村居开展新农村档案工作调研活动，整理案卷1084卷。

【信息化建设】　推进数据库建设　市档案局启动福州市电子文件档案管理中心项目纳入福州市数字化信息重点建设项目，总投资280万元。全市14个综合档案馆全部完成3个阶段数据库建库工作任务，各馆分布式档案基础数据库(二期)项目建设进展顺利，福州市和台江区、马尾区、鼓楼区、长乐市、福清市等12个档案馆完成项目建设，仓山区和晋安区也在稳步推进。至2010年，全市各级档案馆录入文件级目录217.53万条。

服务政府信息公开　全市接收1.3万份纸质文件、1.17万份政府电子文本信息，其中福州市档案馆接收纸质文件3985件，电子信息文件3985件。对政府公开信息纸质文本和电子文本进行编目和上架，并改善政府信息查阅场所的环境条件，除了在查阅场所提供政府信息，还运用网络、网站等手段，畅通政务信息公开渠道，为群众查阅政府公开信息提供便利服务。

【档案开发利用】　全市各档案馆新接收档案9.79万卷、3.03万件，各种影音档案1.24万件，底图4800件。其中市档案馆接收各市直机关档案23家、1.46万卷，接收7家政府机构改革单位档案1925卷、2089件，接收企业档案32家、2.7万卷，接收彭州援建项目工程档案1103卷。市各级档案馆还开展国家重点档案抢救和保护工作，裱糊重要档案4020卷。

全市各档案馆接待社会各界查档利用人员8.46万人次，提供档案和资料23.61万卷(册)次、1.96万件。其中市档案馆接待5853人次，提供各类档案1.68万卷。各档案馆为机关和社会人士提供编史修志、工作参考、解决社会纠纷等服务，为国企改制职工提供档案办理社保、医保、特殊工种证明，为学术研究及编写史志材料提供大量档案材料。同时利用馆藏资源，开展档案编研工作。市档案局完成《纪念辛亥革命一百年资料选辑》出版工作，马尾区运用馆藏和政府公开信息，开展福州开发区企业投资优惠政策文件、惠民政策文件汇编，编制《历史上的今天》《开发区回眸》《历届党代会文件汇编》。

【档案馆库建设】　市档案馆投资12万元，建成面积160平方米的档案特藏室；鼓楼区建成面积1800平方米的档案新馆，并投入使用；福清市档案新馆正式动工，建筑面积1.46万平方米；闽侯县档案新馆建设项目实现立项，总投资约3500万元，建筑面积1.1万平方米；连江县档案馆拟在县行政中心规划内按国家一类标准独立新建档案馆，建筑面积6800平方米；罗源县为档案新馆建设预留建设用地。

(林　敏　陈　辉)

(编辑　郭进绍)

综 述

2010年，福州市人大常委会贯彻省委、市委关于推动科学发展、跨越发展的重大决策部署，依法履行职责，完成市十三届人大五次会议确定的各项任务。全年召开9次市十三届人大常委会会议。

地方立法　颁布实施《闽江河口湿地自然保护区管理办法》和《福州市保护城市中学小学幼儿园建设用地若干规定(修订)》，作出《关于加强地方税收保障的决定》，审议地方性法规草案2项，废止地方性法规5项，修订地方性法规6项，开展4项立法调研。配合全国人大、省人大常委会开展11部法律法规草案的征求意见工作。

监督工作　对4项法律法规执行情况进行检查，听取和审议17项“一府两院”专项工作报告，作出11项审议意见，审查38件市政府、县(市)区人大常委会报送的规范性文件。

议案建议办理　对市十三届人大五次会议主席团交付审议的7件议案、559件代表建议(含闭会期间代表提出建议40件)，分别交由市人大常委会有关工作委员会、市人民政府、市中级人民法院和市人民检察院办理。

人事任免　接受常委会组成人员辞职8人，依法任免国家机关工作人员70人次。

重要会议

【市十三届人民代表大会第五次会议】

1月12～15日在福建会堂举行，出席会议代表426人，出席市政协十一届四次会议的全体委员、市政府组成人员和市直有关单位负责人列席会议。20名公民旁听大会。

会议听取市人民政府代市长苏增添作《福州市人民政府工作报告》、市发展和改革委员会主任林钟德代表市政府作《关于福州市2009年国民经济和社会发展计划执行情况及2010年计划草案的报告》、市财政局局长林恒增代表市政府作《2009年预算执行情况与2010年预算草案的报告》、市人大常委会主任练知轩作《福州市人大常委会工作报告》、市中级人民法院院长李有才作《福州市中级人民法院工作报告》、市人民检察院院长陈承平作《福州市人民检察院工作报告》。经过审议，会议决定批准6项工作报告，通过相应决议。

会议接受练知轩辞去福州市第十三届人民代表大会常务委员会主任职务的请求，接受高翔辞去福州市第十三届人民代表大会常务委员会副主任职务的请求。补选袁荣祥为福州市第十三届人民代表大会常务委员会主任，补选鄢萍为福州市第十三届人民代表大会常务委员会副主任。补选苏增添为福州市人民政府市长。选举产生福州市第十三届人民代表大会常务委员会委员6人。

【市十三届人大常委会会议】　第二十五次会议　1月9日召开，会期半天。会议审议通过福州市第十三届人民代表大会第五次会议有关人员建议名单、财政经济审查委员会组成人员名单、议案审查委员会组成人员名单、会议日程及选举办法，有关名单、会议日程及选举办法提请市十三届人大五次会议表决；听取福州市第十三届人民代表大会常务委员会代表资格审查委员会关于个别代表的代表资格的审查报告，表决通过相应的公告；补选杜源生为省十一届人大代表；审议并表决通过福州市人大常委会关于接受郑旭青等辞去福州市第十三届人大常委会委员职务的请求的决定。

第二十六次会议　2月26日召开，会期半天。会议审议并通过市人大常委会2010年立法计划草案；听取和审议市十三届人大五次会议主席团交付市人大常委会审议的代表团提出的7件议案办理意见的报告，并作出相关决定；听取市人民政府关于福州传统工业发展情况的报告。

第二十七次会议　4月22日召开，会期1天。会议听取和审议市政府关于加强社区卫生服务工作情况的报告，听取市政府关于城市内河整治情况的报告。审议并表决通过福州市人大常委会关于接受陈瑞麒等辞去福州市第十三届人大常委会副主任职务的请求的决定、关于接受陈善团等辞去福州市第十三届人大常委会委员职务的请求的决定；人事任免。

第二十八次会议　5月12日召开，会期半天。会议审议《福州市人民政府关于提请杨益民等同志职务任免的议案》，决定任命杨益民为福州市人民政府副市长，免去梁建勇的福州市人民政府副市长职务。

第二十九次会议　6月23日召开，会期2天。会议审议市人民政府关于提请审议《福州市城市总体规划（2009～2020）》的议案，审议市人民政府关于提请审查批准2009年市本级决算（草案）的议案；听取和审议市人民政府关于2009年市本级预算执行和其他财政收支情况的审计工作报告；听取和审议市人民政府关于加强法制宣传教育工作情况的报告；听取和审议市人大常委会执法检查组关于《中华人民共和国环境保护法》和《福州市环境保护条例》执法检查情况的报告；听取和审议市人大常委会执法检查组关于《福州市市容和环境卫生管理办法》执法检查情况的报告；听取市人民政府关于保障性住房建设工作情况的报告；听取市人民政府关于机构改革情况的说明；人事任免。

第三十次会议　8月25日召开，会期2天半。会议审议市人民政府关于提请审议《福州市科学技术进步若干规定修正案》（草案）的议案；审议市人大常委会主任会议关于提请审议《福州市人民代表大会常务委员会关于加强地方税收保障的决定》（草案）的议案；审议市人大常委会主任会议关于提请调整增补福州市第十三届人大常委会代表资格审查委员会组成人员的议案；听取和审议市人大常委会关于《中华人民共和国台湾同胞投资保护法》《福建省实施〈中华人民共和国台湾同胞投资保护法〉办法》和《福州市保障台湾同胞投资权益若干规定》执法检查情况的报告；听取和审议市人大常委会关于《中华人民共和国农业技术推广法》《福建省实施〈中华人民共和国农业技术推广法〉办法》《福州市农业技术推广若干规定》执法检查情况的报告；听取和审议市人民政府关于2010年上半年国民经济和社会发展计划执行情况的报告；听取和审议市人民政府关于2010年上半年市本级预算执行情况的报告；听取和审议市人民政府关于贯彻实施《福州市人民代表大会常务委员会关于查处违法建设的决定》工作情况的报告；听取和审议市人民政府关于道路交通管理工作情况的报告；听取市人民政府关于外贸进出口工作情况的报告。审议并表决通过关于接受赖昌贤辞去市十三届人大常委会副主任、市十三届人大法制委员会主任委员职务的请求的决定、关于接受陈莉娟辞去市人大常委会委员职务的决定。会议还任免一批市法院、检察院工作人员。

第三十一次会议　10月26日召开，会期3天。会议审议《福州市科学技术进步若干规定修正案》（草案修改稿）；审议市人民政府关于提请审议《福州市城市供水管理办法修正案》（草案）的议案；审议市人大常委会主任会议关于提请审议《福州市人民代表大会常务委员会关于废止部分地方性法规的决定》（草案）的议案；审议市人大常委会主任会议关于提请审议《福州市人民代表大会常务委员会关于修改部分地方性法规的决定》（草案）的议案；审议市人民政府关于提请审查批准2010年市本级预算调整方案（草案）的议案；听取和审议市人大常委会有关委员会和“一府两院”关于市十三届人大五次会议相关代表议案办理情况的报告；听取和审议“一府两院”关于贯彻实施市人大常委会关于加强人民检察院对诉讼活动的法律监督工作的决议情况的报告；听取和审议市人民政府关于“十二五”规划编制情况的报告；听取和审议市人民政府关于闽江南北港、敖江、龙江、大樟溪等重点流域水环境综合治理及饮用水水源保护工作情况的报告；听取福州市第十三届人民代表大会常务委员会代表资格审查委员会关于个别代表的代表资格的审查报告，表决通过相关的公告。

第三十二次会议　12月9日召开，会期半天。会议审议市人大常委会主任会议关于提请审议《福州市人民代表大会常务委员会关于召开福州市第十三届人民代表大会第六次会议的决定》（草案）的议案；审议《福州市城市供水管理办法修正案》（草案修改稿）；听取市人民政府关于新型农村社会养老保险试点工作情况的报告。

第三十三次会议　12月28日召开，会期半天。会议审议市十三届人大五次会议主席团交付市人大常委会审议的代表提出的7件议案办理情况的综合报告（草案），市十三届人大五次会议代表建议、批评和意见办理情况的综合报告（草案）。听取市十三届人大六次会议筹备工作和会议安排意见的报告。审议市十三届人大六次会议日程草案，将提交市十三届人大六次会议主席团第一次会议表决；审议《福州市人民代表大会常务委员会工作报告（稿）》；听取市十三届人大常委会代表资格审查委员会关于个别代表的代表资格的审查报告，表决通过相关的公告；审议市十三届人大六次会议有关人员建议名单（草案），决定提请市十三届人大六次会议预备会议表决；审议《福州市第十三届人民代表大会第六次会议选举办法》（草案），决定提请市十三届人大六次全体会议表决。

地方立法

【关于加强地方税收保障的决定】　8月人大常委会会议审议通过。在市十三届人民代表大会第五次会议上，代表提出制定福州市地方税收保障办法的议案。经市人大常委会主任会议研究决定先作出相关决定，经过一段时间贯彻实施和实践检验后，再通过法定程序上升为法律规范。常委会在调研论证的基础上，作出关于加强地方税收保障的决定，在全国地市级属于首次。《决定》着重解决税收管理中信息不对称问题，明确要求相关单位要主动提供涉税信息，从制度上保障地方税收依法及时足额征收。

【福州市科学技术进步若干规定（修正案）】　8月、10月两次人大常委会会议审议。该法规于1997年10月颁布实施，2002年5月作出部分修订。随着2008年新修订的科学技术进步法实施以及2009年国务院发布《关于支持福建省加快建设海峡西岸经济区的若干意见》等政策的出台，福州市科学技术进步若干规定滞后于政策环境要求，不能适应福州市科技发展的客观实际，急需修订。法规修订重点是进一步规范福州市科技体制改革，建立财政投入的管理和监督机制，保障科技投入，支持企业开展技术创新，推动企业成为技术创新主体，促进科技成果转化等。

【福州市城市供水管理办法修正案】
10月、12月两次人大常委会会议审议。该法规于2000年7月颁布实施。随着经济社会发展，供水行业管理出现一些新情况，特别是2005年开始实施的“一户一表、水表出户”改造工程以及2010年实施供水价格结构调整后，供水设施产权和维护管理责任有待进一步明确，供水企业的服务水平也需要整体提升。同时，窃水、转供水、私接乱改等损坏供水设施、干扰城市供水管理的行为，长期给供水安全造成隐患。为保障人民群众和供水企业的合法权益，常委会对城市供水管理办法进行修订，主要修订关于向终端用户收费问题，明确住宅小区业主与供水企业的供用水合同关系，理顺小区内供水管网及设施的产权关系、二次供水设施的管理办法以及二次供水成本费用关系，增加关于供水管网和设施的权属、建设、出资，维护管理等相关责任的内容。

监督工作

【开展《中华人民共和国环境保护法》《福州市环境保护条例》执法检查】
5月5日实施检查。强调市政府及有关部门要加强“一法一条例”的宣传力度，提高全社会的“环保优先”意识，彻底摒弃“先污染后治理”的发展模式。同时发挥公众参与、舆论监督的社会力量，提高公众的环保意识和执行环保法律法规的自觉性。市人民政府应当加大产业结构调整力度，限制和取缔规模小、能耗高、污染严重的企业，把环境保护与调整优化产业结构、转变经济发展方式结合起来，提高地方经济发展的质量和效益。督促有关部门加强环境污染综合治理，集中精力解决影响环境质量的突出问题。一是严格执行项目环评和“三同时”制度，做好建设项目的全过程管理，促进项目建设和环境保护协调发展。二是加强饮用水水源保护工作，加大禁养区内畜禽养殖搬迁治理工作力度，加快石板材行业整治步伐，严格执行污染物排放标准，重点整治污染物违规排放。三是落实污染物减排工作，加快在建污水处理厂建设进度，强化现有污水处理厂的运营管理，确保年度减排目标按计划完成。四是有序开展内河整治，加快城区污水管网建设，提高内河沿线污水接驳力度，实现雨污分流；尽快拆除沿河违法建设，加强内河周边餐饮业、洗车场等经营性场所的管理，避免生活、经营污水污染内河。五是重视对卫生机构的监督管理，对市各类医院尤其是小型医疗机构医疗废物转移处理情况开展1次全面检查，督促相关单位严格依法贮存、运送和处置医疗废物，防止疾病传播。贯彻执行“一法一条例”，推动福州市生态宜居城市建设。

9月27日，市人大代表听取磨洋河整治情况介绍。

【开展《福州市市容和环境卫生管理办法》执法检查】 6月1～2日实施检查。强调福州市各级政府要重视城市管理工作，加大宣传力度，优化抓手，提高公众参与度和市民维护市容环境、文明出行的自觉性。加强规划，有计划地改造老城区市容环卫基础设施，加快新区市容环卫基础设施建设和配套，解决垃圾穿城运输问题，提升城市废弃物收运处理能力。加大市政公用基础设施建设力度，完善人行道，排污排水管等配套基础设施，硬化、绿化城市市政“边角”“死角”。落实环卫专项经费，确保按标准足额到位，适时提高环卫工人的劳动报酬。明确部门职责，加强相关行政执法部门的工作配合和市容环境管理人员的统一调配，通过绩效考评、问责制等，形成责权一致的有效管理模式，推动各项工作的落实，实现市容环境长效管理。注意疏堵结合，以人性化方式规范化管理，解决两车乱停放，占道摆摊的现象和早、夜市脏、乱、差等突出问题，推动城市管理工作上一个新台阶。

【开展《中华人民共和国台湾同胞投资保护法》《福建省实施〈中华人民共和国台湾同胞投资保护法〉办法》和《福州市保障台湾同胞投资权益若干规定》执法检查】 7月14～15日实施检查。强调市各级各相关部门要加大对台湾同胞投资权益保护法律法规的宣传力度，提高政府及相关部门执行的自觉性，促进台资企业更好地以法律手段维护自身权益。要加大台湾同胞投资权益保护法律法规的执行力度，落实对台资企业的各项优惠待遇，依法办理台资企业土地征收补偿。要加强投资环境建设，帮助解决台资企业融资难等问题，增强为台湾同胞投资者服务的意识。要严格按照保护台湾同胞投资相关法律法规和政策的规定，妥善解决台商投资园区的提升改造问题，引导台资企业向新能源、新材料、光电、精密仪器制造等高成长性产业转型。要抓住两岸签署经济合作框架协议的重要机遇，深入研究框架协议的内容实质，推进和深化榕台两地经济合作。要根据《国务院关于支持福建省加快建设海峡两岸经济区的若干意见》及省、市贯彻意见等精神，加快福州市保障台湾同胞投资权益法规的修订工作。

【开展《中华人民共和国农业技术推广法》《福建省实施〈中华人民共和国农业技术推广法〉办法》《福州市农业技术推广若干规定》执法检查】 7月27～29日实施检查。强调福州市各级政府要加大法规宣传教育，加强农业技术推广队伍建设，理顺农技推广体系的管理体制，抓好基层一线农技人员归口归队，确保农技岗位编制不被占用。要切实提高农技人员待遇，引导和鼓励涉农大学毕业生到基层一线农技机构工作。要加强对农技人员的培训，并从时间、经费、环境上为其提供保证。要推进农业科技自主创新，以市场为导向，产学研相结合，推广和应用适应市场需求的高优、高效、特色农业、现代农业、规模农业等农业高新技术，加快农业科技成果转化。要把农业推广经费纳入本级财政预算，逐年增加经费投入。要每年安排农技引进和推广专项资金，农业、林业、渔业、水利等行政部门要依法设立部门农技推广基金。要严格审查制度，定期开展农技推广专项资金投入使用审计检查，确保专项资金不被截留挪用。

【听取和审议市政府关于"十二五"规划纲要编制情况的报告】 要求市政府及有关部门要贯彻落实中共十七届五中全会精神，围绕转变经济发展方式和改善民生两大主题，精心组织，编制出具有福州特色、高起点、高水平的"十二五"规划，推动福州市经济社会科学发展、跨越发展。要强化组织领导，采取有力措施，确保经费投入，切实加快总体规划纲要制定和各重点专项规划修改论证的进度。牵头编制部门要主动加强与各配合部门的协作，吸收整合有关资料和信息，不断增强规划内容的全面性。要认真评估"十一五"规划执行效果，总结经验教训，把握发展趋势，强化"十二五"规划的延续性、前瞻性和导向性。要加强规划纲要和上下级规划、各重点专项规划的衔接，保证主要指标、目标任务、政策措施等各个方面相互呼应。要广泛征求社会各界意见建议，开拓视野，提高对社会发展新情况、新形势的把握能力；创新思路，多方寻求对人民群众关心的热点、难点问题的解决办法。要关注省内外先进城市的发展动向，合理设置指标体系，科学制定目标任务，不断提高编制质量。

【听取和审议市政府关于《福州市城市总体规划(2009～2020)》编制情况的报告】 肯定并同意该规划，建议编制城市总体规划要贯彻落实《国务院关于支持福建省加快建设海峡西岸经济区的若干意见》以及省、市实施意见，按照《海峡西岸城镇群协调发展规划(2007～2020)》，准确定位，发挥平潭综合实验区的作用，强化与台湾以及海峡西岸经济区其他城市的联系与合作，预留发展空间，引导城市可持续发展。同时，要注重产业发展布局，加快城镇化规划，正确处理经济建设与资源保护的关系。《城市总体规划》依法批准后，市人民政府应当及时予以公布，接受社会公众和新闻媒体监督，并适时向市人大常委会报告规划的实施情况。强调要切实维护《城市总体规划》的权威性和严肃性。任何单位或个人不得随意改变《城市总体规划》，执行中确需局部调整时，应当严格按照法定程序履行报批和备案手续。

【听取和审议市政府关于加强法制宣传教育工作情况的报告】 强调市政府及相关部门要提高对法制宣传教育工作重要性和紧迫性的认识，健全组织领导，强化责任意识，加大财政投入，完善保障机制。要在突出重点的基础上，区别不同对象要求，着力增强法制宣传教育的针对性和实效性。要创新和丰富宣传教育形式，拓宽法制宣传教育的渠道和途径，把法制宣传教育融入社会基层组织和人民群众的工作生活之中，形成崇尚法律、遵守法律、依法办事的社会氛围。要加强司法行政部门与各部门、各单位的统筹与协调，形成分工负责、齐抓共管的法制宣传教育工作局面。

【听取和审议市政府关于贯彻实施《福州市人民代表大会常务委员会关于查处违法建设的决定》工作情况的报告】

强调各级政府及相关部门要加大对《城乡规划法》和《决定》宣传力度，使广大群众充分认识违法建设对全社会以及城市建设、管理产生的巨大危害，增强大局意识，主动支持查处违法建设工作。加快城市总体规划的报批工作，在此基础上组织编制并实施详细规划，通过规划的有序实施妥善解决城乡群众的住房和生活困难。政府各部门要强化配合，形成合力，全方位压缩违法建设的存在空间，有计划有步骤地推进拆违工作，力争在短期内取得明显实效。要建立、健全查处违法建设的管理机制，发挥基层作用，强化违法建设报告制度，通过明确责任、加强监督实现长效管理，推动福州市宜居城市建设上新台阶。

【听取和审议市政府关于道路交通管理工作情况的报告】 强调市人民政府及各有关部门要充分认识到道路交通管理工作的重要性和紧迫性，密切协作，推进交通管理综合整治各项工作。要在深入宣传、舆论引导、落实各种配套措施的基础上强化管理，确保"限摩限超电"工作顺利进行。要加快交通基础设施建设，完善中心城区路网，加快公交事业发展和停车场规划建设，改进和优化交通组织。要加强执法队伍建设，完善交通管理业务流程和执法监督机制，提高执法规范化水平。要结合普法宣传活动，多渠道、多形式开展交通安全宣传教育活动，增强各级各部门的交通安全责任意识和广大市民的交通法治和文明意识。

【听取和审议市政府关于2010年上半年市本级预算执行情况的报告】 要求市政府及有关部门要运用各种财税政策促进经济发展方式的转变，培育财源，优化财源结构；要强化收入组织工作，加大综合治税力度，挖潜堵漏，确保完成全年收入目标。要加强对预算执行的动态监控和分析，及时解决执行中存在的问题，加快支出进度。要严格预算支出管理，清理历年结转结余资金，超期限结转的项目资金应当及时收回，重新安排支出的要严格报批程序。要强化预算绩效意识，通过项目绩效评价等方法对资金使用情况进行追踪问效，提高财政资金的使用效益。要认真编制2011年预算,完善预算编制程序,部门发展性项目支出预算要提前报政府分管领导研究确定,避免预算执行中的重复报批。要着力抓好项目前期论证工作,完善部门和财政两级项目库,提高项目支出预算的可执行性。要细化预算内容,支出预算要尽可能细化到用款单位和项目,把预算编实、编细。

【听取和审议市政府关于2010年上半年国民经济和社会发展计划执行情况报告】 要求下半年市政府及有关部门要贯彻省委一系列决策部署和市委九届十四次全会的实施意见,围绕“突破重点、全面提速、追赶超越、跨越发展”的要求,推进重点项目建设,形成“投产一批、续建一批、开工一批、储备一批”的滚动发展态势;突出抓好大项目,以项目壮大经济总量、提升产业层次、增强发展后劲。要加快发展方式转变,实施产业振兴规划,做大做强战略性新兴产业;强化创新驱动,依靠科技创新更好地带动产业转型和技术升级;改造提升各级各类园区,增强工业发展承载能力。要加强产业链招商,提高利用外资水平;推进科技兴贸,加快外贸出口增长方式转变;拓展榕台经贸合作的领域和方式,提高合作的水平和层次。要统筹城乡发展,更加注重城乡规划、基础设施、公共服务一体化;培育扶持县(市)特色产业和龙头企业,促进县域经济蓬勃发展。要把保障和改善民生摆在更突出的位置,致力提高城乡居民收入水平;加快推进社会保障房建设,结合旧城改造和新城开发提升城市宜居功能,创造人民群众安居乐业的发展环境。

【听取和审议市政府关于闽江南北港、敖江、龙江、大樟溪等重点流域水环境综合治理及饮用水水源保护工作情况的报告】 强调市政府及有关部门要加强重点流域水环境综合整治及饮用水水源保护工作的宣传力度,提高各级干部和群众的水源保护意识,摒弃“先污染,后治理”的思想观念。要建立健全长效监管机制,根据各部门职能和管理范围,明确职责,加强配合,形成合力,提高工作效率。要全面排查和治理水源保护区内的各类污染源,重点排查养殖业污染和农业面源污染。要加快畜牧业发展规划制订工作,全面清理饮用水水源地周边、流域沿岸等重点区域畜禽养殖场。加快石板材加工集中区建设进度,完成2010年石板材行业项目的取缔、关闭、搬迁工作。加快污水处理厂和垃圾处理场的建设进度,健全污水处理等环保设施运行实时监控机制,确保工业废水达标排放。加大内河及流域支流沿线污水管网接驳力度,尽快完成沿河污水的接驳收集工作,实现雨污分流。全面整治重点流域沿江水岸,避免废物、垃圾污染水体,提高重点流域水环境质量,确保饮用水源的长期安全。

【听取和审议市政府、市法院、市检察院关于贯彻实施《福州市人民代表大会常务委员会关于加强人民检察院对诉讼活动的法律监督工作的决议》】 强调全市各级人民政府、人民检察院和人民法院要以贯彻落实中央司法改革举措、省人大常委会《关于加强人民检察院对诉讼活动的法律监督工作的决定》和《决议》精神为契机,提高对诉讼活动的法律监督工作的认识,做到敢于监督、善于监督、依法自觉接受监督。要积极探索、完善监督工作机制,加强民事执行和行政诉讼监督工作。健全和完善公、检、法机关在诉讼监督工作中的协调配合和信息互通制度。加强干警的法律素质、执法办案能力和监督制约机制建设,全面提升队伍的法律监督工作水平。

【听取和审议市人民政府关于加强社区卫生服务工作情况的报告】 主要了解福州市社区卫生服务机构的管理体制、规划设置、设施建设、人员配备、财政投入以及公共卫生服务职能履行等方面情况,督促政府加强社区卫生服务工作。督促政府加快社区卫生服务机构建设,明确社区卫生服务机构的功能定位,建立和完善相关经费保障机制及人员培养机制。

【其他监督工作】 常委会还听取市政府关于福州市传统工业发展、外贸进出口工作、城市内河整治、保障性住房建设和新型农村社会养老保险试点工作等情况的报告,对菜篮子工程建设和菜价调控、餐饮业食品卫生管理、三坊七巷保护开发、侨居造福工程、乡镇综合文化站建设等工作开展视察调研,及时向政府有关部门提出意见建议。

议案办理

【关于修订《福州市科学技术进步若干规定》的议案】 8月,市人大常委会第三十次会议对市人民政府提请审议的《福州市科学技术进步若干规定修正案》(草案)进行审议。一审前后,市人大常委会教科文卫委先后组织召开5场法规修订论证会,分别邀请部分科技企业负责人、科技界的市人大代表、市直有关部门负责人、部分常委会委员及各委办室负责人、教科文卫委委员参加座谈,广泛征求意见。同时,还组织前往闽侯县、马尾区征求当地企业、人大代表及相关部门的意见。根据常委会的审议意见、教科文卫委委员研究的意见及论证会的修改建议,教科文卫委会同法工委、市政府法制办、市科技局等对草案逐条进行研究、修改,形成《福州市科学技术进步若干规定修正案》(草案修改稿)。10月26日,市人大常委会第三十一次会议对草案修改稿进行审议。

【关于修订《福州市城市供水管理办法》的议案】 市人大常委会城环委开展立法前期调研工作,加强与市直相关部门的沟通,多次召集专题会议研究《福州市城市供水管理办法》修订有关工作。召开多场初步审议会,拟就调研考察提纲。7月,会同法工委组织有关部门赴北京等城市,对国内具有不同特点的供水行业进行考察,根据考察情况,再次修订完善后形成《福州市城市供水管理办法》(修订草案)。10月26日,市人大常委会第三十一次会议对修订草案进行审议。城环委根据常委会的审议意见及论证会的修改建议,会同有关部门对草案进行修改,形成《福州市城市供水管理办法》(草案修改稿)。

【关于制定《福州市地方税收保障办法》

的议案】 经市人大常委会主任会议研究决定，制定《福州市人民代表大会常务委员会关于加强地方税收保障的决定》（以下简称《决定》），再由市政府制定相应的实施细则。4月起，市人大常委会财经委会同法工委、市政府法制办、市地税局、市国税局着手《决定》的起草工作，通过学习借鉴山东等地经验，结合福州实际，起草《决定》（草案）的征求意见稿。随后，财经委组织召开4场座谈会，分别征求部分市人大常委会委员、市直有关部门负责人、企业界的市人大代表的意见，并经市人大法制委审议、市人大常委会主任会议研究，形成《决定》（草案）提交市人大常委会审议。8月，市人大常委会第三十次会议审议通过《决定》，并向社会公布。市政府将根据《决定》要求，制定出台实施细则。

【关于制定《福州市家庭服务业管理条例》的议案】 市人大常委会财经委多次组织有关部门进行研究，并于10月召集提出该议案的代表就福州市家庭服务业发展的现状、立法的必要性与可能性等进行立法调研，与市商贸服务业局、市政府法制办等有关部门进行沟通。鉴于福州市家庭服务业管理刚起步，市政府及有关部门还需加强统筹协调，制定发展规划，建立行业规范和标准，学习兄弟城市先进的管理经验，逐步推进家庭服务业的规范管理。因此，财经委建议先制定市政府规章或规范性文件，待条件成熟后，再考虑制定地方性法规。

【关于制定《福州市养老服务业管理办法》的议案】 市人大常委会内司委加强与相关部门沟通，广泛收集材料，多次与该议案领衔代表交换意见，并组织提议案的代表先后走访市民政局、市老龄办和鼓楼区社区居家养老机构等，调研福州市养老服务业发展情况，了解养老服务机构现状和居家养老服务工作情况。内司委建议督促市政府进一步落实有关老年事业发展的各项法规政策，并根据需要开展调研，待时机成熟时再列入立法项目。

【关于制定《福州市海洋生态环境保护规定》的议案】 市人大常委会农经委多次与该议案领衔代表沟通、召开议案办理会议、组织法律学习等，同时赴海洋与渔业局召开专题会议研究议案办理工作。9月，农经委与法工委、市海洋与渔业局以及沿海部分县（区）相关人员赴江苏等沿海城市开展海洋生态环境保护立法调研，通过实地察看、召开座谈会、查阅资料等方式，学习借鉴好的经验和做法。从考察调研的情况看，除青岛市因举办奥帆赛，法规的制定和实施过程较为顺利且取得较好成效外，其他城市在立法过程中，因海洋生态环境保护涉及范围广、影响大，经济发展与环境保护的矛盾较为突出，特别是立法和执法过程中，在废水排放标准、入海河流湖泊地表水水质标准、排污口建设等方面仍存在较大困难。经向省人大常委会农经委征求有关意见，《福建省海洋环境保护条例》修订列入省人大常委会2010年立法调研项目。为此，农经委建议将议案列入市人大常委会2011的立法调研项目，待条件成熟后安排审议。

【关于制定《福州市无物业小区物业管理暂行规定》的议案】 市人大常委会城环委多次专题研究议案的办理工作，同时组织开展调研。经了解，全国未有无物业小区物业管理方面的专门立法。市社区办和房管局拟出台"福州市无物业小区文明创建考核奖惩实施方案"，规范未实行专业物业管理小区的管理，明确各部门的职责及分工，对老旧小区管理采取业主自治、社区代管、委托专业化服务公司提供专项管理等模式。鉴于福州市无物业小区管理工作尚处于初步阶段，城环委建议先进行立法前期调研工作，待条件成熟时再制定法规。

代表工作

【办理代表建议】 市十三届人大五次会议期间，代表们围绕改革发展稳定大局，围绕政治、经济、文化和社会生活中的重大问题以及人民群众普遍关心的问题，提出建议、批评和意见（简称建议）共519件（包括大会主席团决定作为代表建议处理的代表议案7件）。

市政府系统承办495件市十三届人大五次会议代表建议。代表建议所提问题已经解决或基本解决的184件（A类），占总件数的37.2%；所提问题正在解决或列入计划逐步解决的271件（B类），占总件数的54.7%；所提问题因政策、财力或客观条件限制暂时无法解决的26件（C类），占总件数的5.3%；所提建议有关部门留作参考的14件（D类），占总件数的2.8%。代表对建议办理结果表示满意或基本满意的471件，占95.2%；不满意的24件，占4.8%。同时承办39件市十三届人大五次会议闭会期间代表建议，已办复38件，正在办理1件。市中级人民法院承办4件市十三届人大五次会议代表建议，1件闭会期间代表建议，代表对建议办理结果均表示满意或基本满意。市检察院承办1件市十三届人大五次会议代表建议，代表对建议办理结果表示满意。

市人大常委会机关办理16件市十三届人大五次会议代表建议，由常委会秘书长办公会议根据工作职责进行分解，分别交由相关委、办、室办理。各委、办、室按照代表建议办理工作流程，先听取代表意见、建议，再召集代表和有关部门共同研究建议办理工作，提出解决问题的措施，然后提交常委会秘书长办公会研究、讨论，最后按照统一、规范的格式答复代表。代表对15件建议办理结果表示满意或基本满意，对1件建议办理结果表示不满意。

【代表建议督办月活动】 9月，市人大常委会组织开展"代表建议督办月"活动，对6件代表建议进行重点督办，对31件"满意件"或"基本满意件"进行"回头看"，对58件"不满意件"进行分类督办，重点检查承办单位承诺的事项是否落实、是否还存在有条件办理却推诿不办或拖延办理的情况，促进旅游品牌建设、农村医疗改善、生态环境保护、内河整治等建议的有效办理。如对代表连续多年提出的关于磨洋河改造的建议，常委会开展重点督办，多次组织视察，动市政府将其列为市重点建设项目之一，投入2.2亿元进行综合整治，彻底解决磨洋河周边内涝问题，惠及鼓山33万人民利益，改善福兴投资区企业发展

4月1日,省人大常委会到福州开展海西若干意见实施情况调研。

环境。

【保障代表依法履职】 结合常委会监督议题,加强代表专题培训。举办3期培训班,组织市人大代表180人次,集中学习市容和环境卫生管理办法、农村土地承包经营纠纷调解仲裁法、台湾同胞投资保护法等内容,引导代表深入了解法律规定,提升代表依法履职水平。坚持常委会主任会议组成人员联系代表制度,安排联系80名市人大代表,通过经常性走访、座谈,了解代表工作生活履职情况,倾听代表意见建议。为代表知情知政提供服务,采取网络发布、寄送文件资料、召开政情通报会等方式,帮助代表及时了解和掌握人大常委会和"一府两院"的重要工作情况。

【组织代表闭会期间活动】 根据代表提出议案建议情况、职业特点及个人意愿,邀请59位人大代表列席常委会会议,安排代表1300多人次参加城市总体规划、饮用水水源保护、保障性住房建设等执法检查、集中视察和专题调研等活动,使代表参与常委会活动更直接、更有针对性,更好地发挥人大代表在管理地方国家事务中的作用。启动第二轮市人大代表回原选举单位述职活动,密切代表与原选举单位的联系,增强代表接受原选举单位监督的自觉性。

宣传调研

【宣传工作】 抓好常委会会议、主任会议等会议的新闻报道,办好《福州日报》"来自市人大常委会会议的报道""代表视线"2个专栏,及时与报社编辑部沟通,保证一定的报纸版面,坚持相对固定的版式。召开市属主要新闻媒体负责人座谈会和新闻记者通气会,加强与《福州日报》《福州晚报》《海峡都市报》《东南快报》《法制今报》和福州电视台、福州电台等省市主要新闻媒体的沟通联系,就记者安排、版面安排、新闻审稿、报道口径等问题进行协调,明确宣传报道重点,确保报道及时准确。加强对常委会执法检查、工作调研、代表建议办理等重要活动的宣传报道,8~9月,组织开展代表建议办理情况跟踪报道,并以《尊崇代表权利,落实代表建议》为主题在9月29日的福州日报制作专版宣传,全面报道部分关系民生的代表建议落实情况。全年,市属主要新闻媒体刊发新闻报道400多篇,省属主要新闻媒体刊发新闻报道60多篇。组织参评省十九届人大新闻奖,推荐10件新闻作品参评,4件作品获三等奖。

【调研工作】 围绕常委会审议议题和执法检查事项开展调研,为提高审议质量、增强监督实效打下基础。针对贯彻实施新修改的选举法可能面临的问题,深入县乡调研,与基层人大共同探讨解决办法,为换届选举工作顺利进行做好准备。组织市、县两级人大常委会参加全省"提高人大监督工作水平"专题研讨,福州市有6篇文章获奖。参与市委重点调研课题"福州绿色发展研究",调研成果在《福州调研》刊发。

人事任免

2010年,市人大常委会接受常委会组成人员陈瑞麒、杨爱金、陈树雄等8人辞职,任免市城乡建设委员会主任、市人力资源和社会保障局局长、市文化新闻出版局局长等国家机关工作人员70人次。

表4 **2010年市人大常委会及"一府两院"副职以上领导任免情况**

时间	被任免领导姓名	通过任免会议	任免职务
1月13日	练知轩	市第十三届人民代表大会第五次会议	决定接受其辞去福州市十三届人民代表大会常务委员会主任职务的请求。
1月13日	高　翔	市第十三届人民代表大会第五次会议	决定接受其辞去福州市十三届人民代表大会常务委员会副主任职务的请求。
1月15日	袁荣祥	市第十三届人民代表大会第五次会议	补选其为福州市十三届人民代表大会常务委员会主任。

续表4

时间	被任免领导姓名	通过任免会议	任免职务
1月15日	鄢　萍	市第十三届人民代表大会第五次会议	补选其为福州市十三届人民代表大会常务委员会副主任。
1月15日	苏增添	市第十三届人民代表大会第五次会议	补选其为福州市人民政府市长。
4月22日	陈瑞麒	市十三届人大常委会第二十七次会议	决定接受其辞去福州市第十三届人大常委会副主任职务的请求,报福州市第十三届人民代表大会第六次会议备案。
4月22日	杨爱金	市十三届人大常委会第二十七次会议	决定接受其辞去福州市第十三届人大常委会副主任职务的请求,报福州市第十三届人民代表大会第六次会议备案。
4月22日	陈树雄	市十三届人大常委会第二十七次会议	决定接受其辞去福州市第十三届人大常委会副主任职务的请求,报福州市第十三届人民代表大会第六次会议备案。
5月12日	梁建勇	市十三届人大常委会第二十八次会议	免去福州市人民政府副市长职务
5月12日	杨益民	市十三届人大常委会第二十八次会议	任命为福州市人民政府副市长
6月24日	杜源生	市十三届人大常委会第二十九次会议	免去福州市人民政府副市长职务
8月27日	赖昌贤	市十三届人大常委会三十次会议	决定接受其辞去福州市第十三届人大常委会副主任、福州市第十三届人民代表大会法制委员会主任委员职务的请求,报福州市第十三届人民代表大会第六次会议备案。

表5　**市十三届人大常委会第二十九次会议市人大常委会工作机构人事任免名单**

时间	被任免领导姓名	通过任免会议	任免职务
6月24日	杨　康	市十三届人大常委会第二十九次会议	决定接受其辞去福州市第十三届人大常委会委员职务,免去其福州市人大常委会人事代表工作室主任职务的请求,免去福州市十三届人大法制委员会委员职务
6月24日	吕　英	市十三届人大常委会第二十九次会议	任命为福州市人大常委会人事代表工作室主任

表6　**市十三届人大常委会第二十九次会议政府职能部门人事任免名单**

被任免姓名	任免职务	被任免姓名	任免职务
林瑞良	免去福州市建设局局长职务 任命为福州市城乡建设委员会主任	郑云春	免去福州市房地产管理局局长职务 任命为福州市住房保障和房产管理局局长
陈曾勇	免去福州市劳动和社会保障局局长职务 任命为福州市人力资源和社会保障局局长	林　辉	免去福州市城市管理执法局局长职务 任命为福州市市容管理局局长

续表6

被任免姓名	任免职务	被任免姓名	任免职务
林厚新	免去福州市贸易发展局局长职务 任命为福州市商贸服务业局局长	郑新清	任命为福州市统计局局长
		陈学光	免去福州市人事局局长职务
陈梅良	免去福州市文化局局长职务 任命为福州市文化新闻出版局局长	余作尧	免去福州市新闻出版局局长职务
		朱光华	免去福州市物价局局长职务
陈　燕	免去福州市广播电视局局长职务 任命为福州市广播电影电视局局长	李　锋	免去福州市人民政府侨务办公室主任职务
		左美俊	任命为福州市交通运输委员会主任
游晓东	免去福州市人民政府外事办公室主任职务 任命为福州市人民政府外事侨务办公室主任	刘晓强	任命为福州市民族与宗教事务局局长
		俞建春	任命为福州市司法局局长
黄琪生	免去福州市科学技术局局长职务	程爱国	任命为福州市安全生产监督管理局局长
林治良	任命为福州市科学技术局局长	吴　强	任命为福州市人民防空办公室主任
陈书碧	免去福州市人口和计划生育委员会主任职务	连国平	任命为福州市人民政府国有资产监督管理委员会主任
周应忠	任命为福州市人口和计划生育委员会主任		
林　岑	免去福州市统计局局长职务		

（戴晓铧）

（编辑　郭进绍）

重要会议活动及决策

【市政府常务会议】 2010年，市政府召开32次常务会议，由副省长、市长苏增添主持。会议主要内容有：

审议《关于推进四城区内工业企业优化布局提升改造的若干意见》《福州市关于进一步加强农村五保供养工作的意见》《福州市学前教育管理办法（试行）》《福州市工伤保险市级统筹实施办法》《关于进一步做好关闭破产国有、城镇集体企业退休人员及困难企业职工医疗保险工作的实施意见》《关于规范村委会养殖用海二次发包工作的实施意见》《福州市停车场管理办法》《关于进一步改进和加强福州市政府新闻发布工作的意见》《福州市城镇职工基本医疗保险市级统筹实施意见》《关于进一步加快旅游业发展的意见》《关于加快文化创意产业发展的意见》《福州市地理标志产品保护管理办法》《福州市土地利用总体规划（2006～2020）》《福州市促进金融业发展若干意见》《福州市城区经济适用住房上市交易办法》《福州市科学技术进步若干规定》《福州市"门前三包"责任制试行管理办法》《关于加强省会中心城市医疗资源配置和建设的意见》《福州市市级重点项目前期工作经费管理意见》《福州市促进重点项目审批工作提速增效的意见（试行）》《福州市医患纠纷预防与处置办法》《福州市重大事项社会稳定风险评估办法》《福州市城市供水管理办法》（修订）、《福州市促进院士（专家）工作站建设若干规定》《福州市对口援疆专项资金管理实施办法》《福州市对口支援三明市灾后重建资金管理办法》《福州市本级道路交通事故社会救助基金管理暂行办法操作细则》《福州市市级股权投资专项资金管理办法》《福州市"茉莉花奖章"授予暂行办法》《关于加快福州市现代物流业发展的若干意见（试行）》《福州市政府投资项目BT投融资管理暂行办法（草案）》《福州市示范性综合改革建设小城镇实施意见》《政府工作报告（讨论稿）》《福州市加快现代物流业发展的若干意见（试行）》《福州实施"五大战役"工作年度考核评比具体办法》《福州市国民经济和社会发展第十二五规划纲要》等文件。

研究1月经济运行形势、福州市"十二五"规划编制工作方案、医药卫生体制改革、进一步推进企业上市、延长市区工业企业土地使用税优惠政策、1～2月经济运行形势、"5·18"前竣工和新开工项目进展情况、福州至长乐机场城际铁路项目建设、贯彻落实全省小城镇综合改革建设试点工作会议精神、加快发展中遇到的矛盾和问题、第十二届海峡两岸经贸交易会项目、福州市第二批新农保试点单位、闽清县城市总体规划（2009～2020）、选拔推荐2010年度享受政府特殊津贴人员、福州市2010年深化经济体制改革工作要点、福州市2010年度各县（市）区和市级机关单位绩效管理实施方案、加强闽江下游旅游管理、1～5月经济运行形势、1～7月经济运行形势、福州市工业产业布局规划研究中期成果、环罗源湾地区工业产业布局规划，推荐2010年度福建省教育系统先进集体和优秀教育工作者，评选2007～2009年度福州市先进教育工作者、农村优秀教师、第二届"十佳班主任"、福州市第十四届中国国际投洽会筹备有关工作、清理市级非常设机构、第十二届中国科协年会福州市公共事务筹备工作、福州市首届茉莉花文艺奖评选、福州海峡奥林匹克体育中心项目主体育场建筑设计造型方案、东部新城保障房建设、2010年为民办实事项目推进情况、市政府规章清理意见、1～10月经济运行形势、建立福州市食品价格上涨与困难群众生活补助联动机制、环罗源湾地区工业产业布局规划及环评工作、2011年度城区电力和通信架空线路缆化下地、启动社会救助和保障标准与物价上涨挂钩联动机制、2011年市本级财政安排、推荐省对口支援彭州灾后恢复重建先进集体和先进个人、福州市2011年主要经济指标预期目标安排等有关问题。

通报福州市机关效能建设督查情况、市"五大战役"专项督查检查第一轮情况、市直部门重点项目审批提速增效情况和92个2011年元旦开、竣工项目进展情况等有关问题。

【省《政府工作报告》征求意见座谈会】 1月6日召开。省长黄小晶，省委常委、常务副省长张昌平,副省长叶双瑜、李川、张志南、洪捷序以及省直有关部门负责人听取福州市各方面对省政府工作报告(征求意见稿)的意见和建议。省委常委、市委书记袁荣祥主持会议。副省长、代市长苏增添,市领导练知轩、陈扬富等四套班子领导参加座谈会。

【福州市、杭州市缔结友好城市签约仪式】 1月7日在福州举行。省委常委、市委书记袁荣祥出席签约庆祝酒会,对两市缔结友好城市表示祝贺。副省长、代市长苏增添与杭州市市长蔡奇出席签约仪式,代表两市签订结好协议。福州市领导梁建勇、徐启源、朱华,杭州市领导杨戌标、佟桂莉参加签约仪式。福州市委常委、常务副市长梁建勇主持签约仪式。苏增添在签约仪式上致词,代表市委、市政府对杭州市党政代表团到榕考察表示欢迎。

【市政府全体成员会议】 2月22日召开,传达学习中共中央总书记胡锦涛在福建考察时的重要讲话精神和全省领导干部大会、市委常委(扩大)会议精神,要求全市各级各部门认真领会精神,进一步统一思想,振奋精神,凝心聚力,把握机遇,加快发展,确保完成2010年各项目标任务,全面提升福州发展水平,发挥福州在海西建设中的集聚带动辐射作用。副省长、市长苏增添主持会议并讲话。

【中科院海西研究院落户】 6月18日,由中国科学院、福建省人民政府、福州市人民政府共建的中国科学院海西研究院在福州举行签约、授牌和奠基仪式。省委副书记于广洲,中科院副院长施尔畏,国家自然科学基金委员会副主任姚建年,省委常委、市委书记袁荣祥,副省长李川,副省长、市长苏增添,省科协主席、中科院院士吴新涛,中科院院士、中科院福建物构所所长洪茂椿等出席仪式。中科院海西研究院位于福州高新区海西高新技术产业园,占地13.3公顷,首期规划建筑面积6.68万平方米,总投资6.67亿元,3年内新建海西材料科学与技术研究所、海西先进制造与集成研究所、海西动力研究所等3个非法人研究所和海峡两岸科技合作交流中心,到2015年海西研究院将达到2000人左右的规模。

【福州·宁德2010年山海协作工作座谈会】 12月13日在宁德市召开。福州市领导袁荣祥、苏增添、陈扬富、方清海、徐启源、施能柏、陈奇,宁德市领导陈荣凯、廖小军、林多香、林鸿坚、贾科、游美萍、谢仰俊、蔡小林、林鸿,闽东北"五联办"常务副主任陈铭玉出席会议。会议由宁德市代市长廖小军主持。福州市副市长陈奇、宁德市副市长林鸿分别介绍山海协作工作情况。会上,福州市向宁德市捐赠山海协作资金150万元。两市有关部门分别签订发展改革合作、高山反季节蔬菜基地建设合作、劳务合作、旅游合作、教育合作、交通建设合作、警务合作以及敖江流域水环境整治合作等协议。晋安区、马尾区、福清市、长乐市领导分赴宁德柘荣县、屏南县、寿宁县、周宁县开展结对协作活动。

【《政府工作报告》及政府工作征求意见会】 12月12日、14日,副省长、市长苏增添带领市直有关部门负责同志,就市十三届人大六次会议《政府工作报告》及政府工作,深入基层召开征求意见会,征求和听取鼓楼、台江、仓山、晋安等城区各界人士意见。来自鼓楼、台江、仓山、晋安的人大代表、政协委员等社会各界代表,与市领导面对面交流、探讨,为福州发展建言献策。与会人员结合工作实际,对产业发展、城市建设管理、社会事业发展、榕台交流合作和就业、社会保障、教育、卫生等民生工作提出许多意见和建议。苏增添表示市政府将认真研究这些意见和建议,尽可能吸收到《政府工作报告》中,并逐项落实到具体工作上,把政府工作做得更好,不辜负各界人士和广大人民群众的期望。

【全市经济工作会议】 12月29日召开。会议回顾总结2010年经济工作,研究部署2011年工作任务。会议要求全面贯彻中共十七届五中全会和中央、全省经济工作会议精神,确保"十二五"开好局、起好步,加快福州科学发展、跨越发展,努力实现富民强市、和谐宜居,以优异的成绩迎接建党90周年。省委常委、市委书记袁荣祥,副省长、市长苏增添在会上讲话。会议由苏增添主持。各县(市)区负责人就2010年经济工作主要成效和2011年经济工作思路作了发言。

【主要决策部署】 2010年,市政府主要抓了十件大事要事:一是主动融入海西发展。学习贯彻胡锦涛、贾庆林、习近平、周永康等中央领导同志在闽考察重要讲话精神,主动站位、主动作为,把福州发展融入海西建设、福建发展全局中统筹谋划、统筹推进,发展理念、发展运作水平进一步提升;发挥省会中心城市的优势,制定出台促进高成长企业、出口创汇企业以及金融、旅游、物流、文化创意、动漫游戏等产业发展政策措施,产业规模、质量进一步提升。全年,福州市实现地区生产总值3068.21亿元,比上年增长14%。其中,第一、二、三产业增加值为282.51亿元、1366.43亿元、1419.27亿元,分别增长4.0%、19.2%、11.0%。

二是提升城市品质。实施"东扩南进、沿江向海"城市发展战略,加快疏解老城、推进新区建设,城市框架迅速拉开。南台岛、东部新城、晋安新城、马尾新区等重点区域详规编制、重要节点城市设计不断深化细化,海峡金融商务区、闽江北岸中央商务区等城市组团建设成效初显;全面推进"四绿"工程,完成西二环、北二环等主干道沿线绿化改造提升和海峡国际会展中心广场等重点区域绿化建设。建成区面积220.22平方公里,新增道路面积220万平方米,新建扩建道路48条,城区新增绿地面积710万平方米,绿化覆盖率40.3%,获"全国绿化模范城市"称号。

三是加大环境整治力度。闽江下游非法采砂得到有效遏制,闽江北港整治迈出重要一步;在五城区分9批集中拆除270家违法建设项目,鼓岭违建拆除及一期整治取得成效。

四是全力突破招商引资。引进蓝星化工重油催化裂解、宝钢德盛镍业、江阴煤化工、友顺电子、中建工业产业园综合开发等一批重大产业项目取得实质性进展,一批规模大、带动力强、前景好的工业项目加快发展。全市新批千万美元以上外(台)资项目50项,合同金额9.6亿美元。全市新批外商投资企业达186项,增长29.2%,合同金额达16.73亿美元,增长36.1%,实现实际利用外资(按验资口径)11.85亿美元,增长14.8%。

五是推进产业园区建设。海西高新技术产业园、生物医药和机电产业园建设快速推进,18个高新项目落户海西高新技术产业园,鼎元光电等产业龙头项目落户生物医药和机电产业园。

六是加快商贸物流业发展。继海峡水产品批发交易中心、农副产品批发物流中心建成之后,海峡金融商务区万达广场、特易购中心等建成或基本建成,海峡汽车文化广场、海峡钢贸城、海峡西岸国际物流商贸城、浦上万达广场、红星美凯龙家居广场、苏宁物流配送中心等项目动工建设。全年,福州市社会消费品零售总额1581.71亿元,同比增长21.3%。批发销售1784.64亿元,同比增长29.2%。

七是提升旅游发展。琅岐、三江口等旅游综合体项目前期工作取得突破,连江贵安温泉旅游度假区、北区水厂源脉温泉休闲园、闽侯光明谷温泉旅游度假区等一批高端旅游项目建设步伐加快,船政文化、天生农庄等景区跻身国家4A级旅游景区,福州被命名为"中国温泉之都",形成温泉游、闽江游、文化游等三大品牌,全市接待国内游客2275.11万人次,增长17.4%,接待境外游客69.86万人次,增长11.0%。

八是支持平潭开发。在规划编制、资金投入、转移支付、项目建设、人才交流等方面全面支持平潭综合实验区开发建设,平潭海峡大桥、渔平高速公路建成通车,平潭海峡大桥复桥、环岛路及福州至平潭高速铁路、长乐至平潭高速公路等一批重大项目动工建设。

九是打好"五大战役"。贯彻落实省委、省政府"大干150天、打好五大战役"的决策部署,凝心聚力、激情创业、提速增效,发展气势、发展效益进一步凸显。实施"五大战役"项目248项,总投资4242.33亿元,完成年度投资816.46亿元,为年度计划的111.6%。

十是迅速平抑市场物价。在全国率先建立蔬菜价格异动协商机制,启动对大白菜、空心菜、上海青、豆芽4种大众蔬菜实施"协商批发价"和"协商零售价",由财政进行补贴,及时有效抑制菜价较快上涨;同时,增设便民早市,强化"菜篮子"基地建设和物价监管,实行社会救助和保障标准与物价上涨挂钩联动,切实减轻物价上涨对低收入群体生活的影响。2010年,福州市CPI同比上涨3.2%,涨幅与全省平均水平持平,略低于全国(3.3%)平均水平,实现控制在3%左右的既定的价格调控目标。

(市政府办公厅)

政务督查

【概况】 2010年,福州市政府督查系统以市人大十三届五次会议《福州市人民政府工作报告》255项重要工作部署为主线,对市政府召开的常务会议和市长办公会议578个议定事项逐件跟踪落实;开展"创文明城市""市长环保责任书"等专项督查96余次;落实督办市委、市政府为民办实事项目15件72项;组织政府系统落实办理省、市领导批示(办)件11377件;承办或转办省、市人大代表建议、政协提案1023件。探索督查与效能监察部门联手的"大督查体系",将重大工作的落实办理情况纳入各单位的绩效考核内容,提高督促检查工作的实效。全年,编发《政务督办》37期,其中落实专报编入《福建政务督查》,名列全省设区市第一。

【综合性工作督查】 对《政府工作报告》、"贯彻落实省工作精神之20项任务""全市经济工作分析会""为民办实事""省市重点建设项目"以及"五大战役"等综合性强的工作部署,及时分解督办,明确目标任务、责任单位、责任人、办结时限及市政府办公厅联系处室。做好与党委督查系统的工作衔接与协调,加强与县(市)区督查系统的联系与沟通,建立上下联动的督查体系网络。探索与党委督查、效能监察、组织部及市直单位等多部门联合督查机制。坚持"领导督查制度""重点项目回访制度",以及"整改工作和舆论督查相结合"制度等,在发现问题时或通过下发《督办(催办)通知单》,或实地调研,或由组织部、效能监察和督查部门组成督查小组联手问责,形成横向配合、纵向联动、多层面、多途径抓落实的督查体系,有效地促进各项工作及时落实到位。年内,督办落实《政府工作报告》10大方面255项工作部署,对市政府召开的32次常务会议175个议定事项和40次市长办公会议403个议定事项逐件跟踪,落实通报。并组织开展或协助有关部门进行"省市重点建设项目""五大战役"等专项督查96余次。落实督办市委、市政府为民办实事项目15件72项。

【领导批办件督查】 创新省、市领导批办件办理工作规程,在提速增效上下功夫,严格落实市政府主要领导批件10天反馈期,并要求"急件急报、特件特办"。严把单位领导"第一责任制",反馈件必须由承办单位主要领导审定、签发,并正式行文报送;健全批办件落实通报、退件重办、回访等制度,并采取批办件办理"月通报"、季度"回头看"等制度性措施,杜绝"批而不办、办而不实"的问题,提高批办件办理质量,达到"快、实、精、深"的督查效果,实现"三无"要求,即:无领导审查退回重办的查办件、无群众反映处理不公的查办件、无积压延误未办的查办件。年内,政府系统落实办理省、市领导批示(办)件11377件。其中,承办省委、省政府及领导交办、督办的事项161项(件),办结率100%;承办或转办市政府领导批示件11216件,办结率99.7%,其中承办市政府主要领导批示件2308件,反馈率100%,办结率96.6%。

【人大建议、政协提案督查】 根据副省长、市长苏增添的要求,各承办单位将办理代表建议、政协提案列入"一把手"工程,形成主要领导亲自抓、负总责,分管领导直接抓、严格把关,处室领导具体抓、认真办理,办公厅牵头督促落实的办理格局。一是强化落实办理程序和制度。把办理工作纳入行政问责的重要内容,及时分解部署,并规范办理时限、程序和方法。二是提高办理工作的层次,领导抓,抓领导。副省长、市长苏增添经常审阅建议、提案,并批示办公厅"要把代表建议、政协提案分解到每个责任部门落实办理”,早部署、早办理、早落实。三是求真务实重实效。市政府领导把事关全局性的建议、提案列入重要议事日程,把事关民生的建议、提案纳入为民办实事项目,提高建议、提案办理质量与效益。四是结合“回头看”,查找差距,立整立改。做好办理过程中的监督检查工作,保证按时保质完成办理任务。下半年的“回头看”检查活动对议案、建议、提案的再办理提出更高要求,即有条件解决的,尽力解决;原先受条件限制但现在条件具备的,抓紧解决;原先列入规划逐步解决的,抓好跟踪落实。并通过书面通知、现场督办、电话催办等方式进行再督办、再落实,提升落实办理工作质量。全年,承办或转办省、市人大代表建议、政协提案1023件(其中省人大代表建议33件、省政协提案76件,市人大代表建议495件、市政协提案419件),办复率100%;市人大代表满意率95.2%,市政协委员满意率99.1%。

(陈　敏　林明忠)

重点项目建设

【概况】 2010年6月,组建市重点项目建设管理办公室,加挂市金融工作办公室牌子,将原市重点项目建设领导小组办公室和市金融协调办公室的职责,整合划入市重点项目建设管理办公室。内设综合处、项目规划处、协调推进处、督查处、金融处5个处室。下设福州市重点项目拆迁服务中心1个正科级直属事业单位。市重点办制定《福州市政府投资项目BT(代建)融资管理办法》《福州市级重点项目前期工作经费管理意见》,推动项目建设。

年内,福州市级重点项目完成投资928.6亿元,占年度计划的120.56%,约占全社会固定资产投资额40%,比上年增加366.9亿元,增长65.3%,并超过2006~2008年3年完成投资量总和,创历年最佳水平。工业、能源、商贸服务等产业类重点项目完成投资418.9亿元,占全市重点项目完成投资的45%,福清核电站一期、金融街万达广场等项目完成投资超过20亿元。甘洪路拓宽改建、渔平高速公路延伸线等142项计划新开工和预备前期重点项目陆续动工或部分动工建设,比上年增加44项,当年开工项目数量创历年之最。建成或部分建成投产99项重点工程,比上年增加75项。

【交通项目】 铁路　福建省第一条城际间快速客货运通道福厦铁路于4月26日建成投入运营,并同步建成福州火车南站。向莆铁路、合福铁路、江阴铁路支线、可门铁路支线等在建铁路工程合计完成投资43亿元。年底,福州至平潭、福州至长乐机场2条快速铁路举行动工仪式。

高速公路　在建及新动工的高速公路项目11项,总里程约443公里。其中,机场高速公路二期、绕城高速公路(西岭至洋门互通段)于国庆节按期建成通车,从市区到机场的时间节省约20分钟。绕城高速公路打开福州北大门,从市区往连江、罗源两县及闽东、浙江一带可缩短里程达40公里以上。渔平高速公路于年底建成通车,进一步改善进平潭岛交通状况。福泉扩建、福银高速福州南连接线、福永高速3条高速公路和秀宅收费站搬迁等项目加快建设;绕城高速东南段、京台线建瓯至闽侯、沈海线福鼎至连江浦口、长乐至平潭等4条高速公路于年底举行动工仪式。

普通公路　甘洪路、省道203线永泰段改造等项目正式动工建设;长乐203省道峡漳线路面改造扩建工程、罗源碧里至将军帽疏港战备公路等交通重点工程加快建设;罗源省道201线碧里至鉴江公路等项目加快BT融资工作,将于2011年正式启动建设。

港口　松下港牛头湾3号码头、罗源湾港区将军帽15万吨级散货码头、江阴港区6号、7号、10号码头和松下港区18号、19号码头等7个5万吨级以上的集装箱、散货和化工码头加快建设;狮岐作业区1~4号通用码头、可门19号泊位、江阴港区15~17号码头等项目加快推进前期工作。

【能源项目】 华能电厂三期工程5号机组、6号机组相继建成投入运行。福清核电站一期1号、2号机组加快建设,完成投资超过60亿元;二期3号机组加快核准工作,部分基础工程动工。风电建设全面加快,福清三山嘉儒(二期)、高山风电场(二期)、三山泽岐风电场、牛头尾风电场(一期)、长乐午山风电场等5项风电项目进展顺利,部分风机安装到位。总装机容量达120万千瓦的永泰风际抽水蓄能电站接受国家能源局预可审查,争取“十二五”期间动工建设。

【市政设施项目】 桥梁　全长4976米的平潭海峡大桥及连接线工程于11月30日建成试通车;渔平高速公路延伸线平潭复线桥工程于9月28日动工建设,建成后将与平潭海峡大桥合并为8车道。闽江及乌龙江过江通道建设力度加大,鼓山大桥于5月18日前建成,螺洲大桥、林浦大桥、淮安大桥以及向莆铁路、绕城高速公路过江大桥加快建设。

道路　三环路东北段A段、三环路二期湾边至福峡路段工程建成,螺城路、南江滨路东段、林浦路、站前路、站后路、南江滨东段等市政工程建成或部分建成。福飞路改造、观风亭路等项目动工建设。

城市轨道交通　地铁一号线项目主线拆迁工作全面推进,白湖亭站建设正抓紧实施,火车南站地铁延伸段工程进场施工;地铁二号线项目加快前期工作。

旧区改造和保障性住房　全面启动五城区危旧房(棚屋区)改造,鼓楼区山头角、福大片二期,台江区上海东新村、仓山区烟台山历史风貌区、晋区安王庄片、马尾区魁岐片二期、新马片等旧屋区的拆迁工作顺利完成。加快保障性住房建设,桂园怡景限价房、鼓楼丞相坊安置房等项目建成,闽侯大学城二期安置房、台江红星苑限价房、鼓楼公正新苑保障房等项目加快建设。

生态环境　福清融元污水处理厂二期、连坂污水处理厂、闽侯南通污水处理厂、元洪投资区污水处理厂和福清生活垃圾焚烧发电厂、闽清城区垃圾处理厂等垃圾、污水处理项目建成或基本建成。城区主干道电缆下地工程基本完成;南台岛内河、白马河整治等工程建设加快推进。

【工业项目】 工业产业　福清捷星液晶模组及显示器、福清易佰特电子、福清福耀浮法线技术改造、罗源华东修造船厂、罗源恒久专用车等项目建成或基本建成投产;长乐金纶高纤三期、东南电化搬迁等项目动工建设;马尾上润执行器二期、福清福光光电、仓山高亮度LED封装生产线等项目加快建设。年产铝板带35万吨的中铝瑞闽高精铝板带项目部分试产;总投资65亿元的南方石化高级重交道路沥青项目开始拆迁交地工作;总投资108亿元的中化CPP项目取得突破进展,注册成立福州蓝星化工有限公司;德盛镍业公司与宝钢集团签订重组协议。

工业园区 海西高新技术产业园基础设施和安置房桩基动工,中科院海西研究所于年底开工;市生物医药和机电产业园基础设施建设启动安置房建设;闽侯经济技术开发区竹岐园、福州软件园五期产业区等园区项目建设加快推进。

【商贸旅游业项目】 *城市综合体、大型市场* 福州市首个建筑面积约40万平方米、总投资40亿元的超大型城市综合体——海峡金融商务区万达广场建成开业;仓山万达广场、红星美凯龙等项目相继动工建设,北江滨中央商务区完成一期拆迁,闽侯奥特莱斯等一批城市综合体项目抓紧推进前期工作。

海峡(马尾)水产市场AB交易区于6月开业,200多家商户、400多个店面进场营业;海峡(南通)农副产品批发物流中心项目蔬菜、果品、副食品等市场建成开业;海峡(青口)汽车文化广场动工建设,一期17.3公顷地块的15家企业4S店在年底完成主体工程建设;闽侯苏宁电器配送中心项目一期、连江海峡钢贸城、海峡现代医药物流交易中心等项目加快推进前期工作。总投资35亿元、总建筑面积38万平方米的海峡国际会展中心于5月建成,成功举办海峡两岸经贸交易会、中国海峡项目成果交易会等大型活动。

旅游业 福州市滨江旅游、永泰云顶景区一期、旗山休闲度假区等项目建成或部分建成开放;贵安温泉旅游度假村旅游度假项目及旅游区内基础设施配套工程有序推进。宦溪桂湖生态温泉城、福清东壁岛旅游度假区(二期)、琅岐岛国际旅游度假区等一批旅游项目加快前期工作。

【社会事业项目】 *教育* 福州教育学院新校区二期工程建成;福州三江口高级中学、福清高山中学新校区、宁化小学改扩建、闽江学院六期等动工建设;长乐福州外语外贸职业技术学院长乐新区等项目加快建设。

文化、体育 三坊七巷文化保护修复工程、船政古街等重点项目建设加快推进;海峡奥林克匹体育中心项目启动拆迁,计划2014年底前建成。

群众公共设施 占地面积8.3公顷的大型现代化儿童游乐园——福州市儿童公园建成开园;台江文教活动中心竣工投入使用;市海峡图书馆、市历史博物馆项目于年底前动工建设;市工人文化宫改扩建、福清市文体中心等项目加快建设。

公共卫生 连江医院病房大楼建成;市神经精神病防治院建设项目、市肺科医院负压隔离病房、闽清神经精神病防治院、福清市医院新院、永泰县医院门诊综合楼等项目动工建设。

(曾 加)

【金融协调】 *金融市场份额居全省首位* 银行业方面:截至年底,银行业本外币各项存款6100.92亿元,比增24.03%,为全省存款总余额的32.53%;本外币贷款余额为5231.41亿元,比增23.2%,为全省贷款总余额的32.86%。证券业方面:全市76家证券营业部累计完成股票和基金交易量19710亿元,股民资金开户总数达190万户,占全省市场份额的52.4%;全市24家期货营业部(含筹建1家),累计完成合约2797.1万手,成交金额28550.28亿元。保险业方面:全市实现保费收入119.63亿元,比增31%,占全省比重达28.2%。

金融产业发展速度效益双向提升 全市金融业实现增加值180.89亿元,比增12.6%,总量占第三产业比重12.7%,比上年提高0.3个百分点。实现税收61.05亿元,占第三产业全部税收比重达21.93%。全市银行业不良贷款余额27.61亿元,比年初减少10.76亿元;不良贷款率为0.53%,比年初下降0.38个百分点,比全省平均水平低0.31个百分点。全市商业银行实现本外币账面利润121.14亿元,增长37.6%。

金融服务体系持续扩展 先后引进恒丰银行、浙江稠州商业银行、厦门银行在福州成立区域性分支机构。由福州城区农村信用合作联社改制组建的福州农村商业银行经中国银监会正式审批并开业。福建海峡银行跨区域设立分支机构。闽侯县、连江县筹建村镇银行工作有序推进。兴业期货有限公司、金友期货经纪责任有限公司两家法人期货公司总部迁入福州,实现法人期货公司零的突破。福州市首家小额贷款公司——罗源县永融小额贷款公司通过市级初审并报省经贸委待批。完成两批82家融资性担保机构重新审核确认工作,并上报省里审批。以福州高新技术产业开发区争取列入全国“新三板”扩容名单为契机,拓宽企业尤其是高新技术企业的直接融资渠道。举办多场券商推介会,推进企业筛选、储备等工作。

(颜学清)

市委市政府为民办实事项目

【概况】 2010年,市委、市政府安排为民办实事项目涉及改善居住条件、改善交通、强农惠农等15个方面,包括保障性住房、棚屋区改造、增加公交车辆、农村饮水安全、除险加固水库等72个项目。

【改善居住条件】 (一)实施城市家庭保障性住房建设,扩大廉租房保障范围。远东丽景4600套和东山苗圃1500套廉租房项目完成规划总平,进行基础施工。“上海东”地块配建2700平方米廉租房,王庄地块配建5580平方米廉租房,基本完成拆迁,部分进入桩基施工。

(二)旧城区及危旧房(棚屋区)改造。启动危旧房改造565万平方米,完成拆迁486.8万平方米。其中,鼓楼区64.53万平方米、台江区102.25万平方米、仓山区70.5万平方米、晋安区

204.13万平方米、马尾区45.39万平方米。

(三)建设中小户型、中低价位的商品房。在仓山区联建村(南二环西侧尤溪洲桥头)建设6009套保障房,其中1区1号、2号限价房和四区1号、2号廉租房进入桩基施工。

【改善交通条件】 (一)新增公交车辆570部投入营运。新辟17路、135路、136路、138路等公交线路33条。

(二)投入49.4亿元,完成20项市区道路改扩建。其中,鼓楼区5项,晋安区4项,台江区1项,仓山区10项。

(三)投入3.6亿元,建成5处公共停车场1231个泊位。其中,金山公园东侧美林湾停车场210个泊位,台江西路地下停车场260个泊位,茶亭街地下停车场530个泊位,三坊七巷营房里停车场180个泊位和乌山北坡停车场51个泊位。

(四)投入2.6亿元,完成农村水泥路面铺设315公里。

【强农惠农】 (一)农村饮水安全。投入10371.7万元,实施永泰大洋镇,罗源县中房镇、霍口乡、飞竹镇、松山镇,平潭县澳前镇等17个镇的农村饮水安全项目,解决21.5万人饮水安全问题。

(二)除险加固水库。投入6990万元,完成3座中型水库除险加固工程,分别是福清建新水库、长乐三溪水库、闽侯三溪口水库。投入745万元,完成2座小一型水库除险加固工程,分别是马尾新店水库和浩溪水库。完成9座小二型水库除险加固工程,分别是长乐龙庆水库,福清坑底水库、外面笼水库、院后水库和北庄水库,连江儒洋水库、岭头水库,罗源羊角拢水库,马尾龙台水库。

(三)加固海堤。投入3881.5万元,完成6条海堤11.95公里加固工程。其中,罗源松山围垦海堤0.28公里、罗源白水围垦海堤3.51公里、长乐外文武海堤4.04公里、长乐漳港百户段海堤1.57公里、连江海西(道澳)海堤1.4公里、福清长安海堤1.15公里。

(四)实施"造福工程"。投入1552万元,完成居住在偏远地区及受地质灾害影响的山区、海岛群众1176户5000人搬迁。

(五)开展农村实用技术远程培训。利用福州市应急视频会议指挥系统为主载体,相关部门农业信息网络视频为辅助载体,完成农村实用技术培训9期8万人。主要培训内容有水稻育秧田管技术要点、春季猪病防控要点、果园管理技术要点、水产养殖疫病防治要点、灾后恢复淡水池塘养殖生产技术措施、测土配方施肥等。

(六)实施渔船保险。完成1944艘44.1千瓦以上海洋渔船保险工作,保费502.2万元。其中,连江县980艘、平潭县337艘、长乐市510艘、闽侯县54艘、福清市54艘、罗源县5艘、马尾区4艘。

(七)配备船舶安全系统。为全市1923艘44.1千瓦以上渔业船舶配备自动识别系统,预防和减少碰撞事故的发生。其中,连江县909艘、长乐市496艘、平潭县434艘、闽侯县69艘、福清市11艘、马尾区4艘。

(八)实施渔工责任保险。完成渔工责任保险3.33万人,保费639万元。其中,连江县1.42万人、平潭县6700人、长乐市4017人、闽侯县752人、福清市3752人、罗源县3219人、马尾区377人、仓山区339人。

(九)实施森林综合保险。全面落实30.14万公顷生态林综合保险工作,商品林综合保险签订协议2.57万公顷。

(十)建设农村沼气池。投入675万元,建成3000口农村户用沼气池。其中,永泰县1000口、罗源县200口、平潭县200口、福清市300口、闽侯县550口、晋安区300口、闽清县450口。

(十一)实施农村住房保险。全面落实农村住房保险工作,全市农村住房保险理赔860户271.4万元。

(十二)农厕改造。完成2.87万户农厕改造工作。其中,仓山区650户、晋安区800户、马尾区380户、长乐市3080户、福清市5213户、闽侯县3323户、连江县3474户、罗源县2710户、闽清县2985户、永泰县3501户、平潭县2638户。

【提高就业和社会保障水平】 (一)在晋安区组织实施新型农村社会养老保险试点。实施《福州市晋安区新型农村社会养老保险试点工作实施办法》《晋安区新型农村社会养老保险试点工作实施方案》和《晋安区新型农村社会养老保险经办规程》。全区落实参保4.99万人,参保率95.8%。其中,16~59周岁农民参保缴费3.55万人,60周岁以上农民1.44万人领取基础养老金。晋安区政府为农村重度残疾人、农村低保户、农村计生对象中独子死亡或伤残、手术并发症人员等缴费困难群体825人,代缴不低于50%的最低标准养老保险费。晋安区政府对独生子女及二女户家庭45~49周岁成员4411人,每人每年增发20元个人缴费补贴。

(二)对无力参加企业职工基本养老保险的县及县以上集体所有制企业退休人员,按照当地城市居民最低生活保障标准按月发放生活费。《福建省无力参保的县及县以上集体所有制企业退休人员老年生活保障金发放办法》于7月9日下发实施。549名无力参保的县及县以上集体所有制企业退休人员和市二轻系统(福州市城镇集体工业联合社)1000名退休人员完成市级审核工作,上报省厅。

(三)贯彻落实《福建省人民政府关于调整企业退休人员基本养老金的通知》。福州市22.1万名企业退休人员人均提高10%的养老金,于2月10日落实到位。

(四)完成农业富余劳动力5.6万人转移工作;组织农村劳动力及外省人榕农民工3.2万人免费职业技能培训。

(五)提高城镇居民基本医疗保险水平。从1月起,大学生以及城镇居民中未成年人(包括中小学生)财政补助标准,从每人每年80元提高到每人每年120元(成年人每年150元标准已于2008年1月起实施),并适当调整城镇居民基本医疗保险待遇。同时,将鼠疫、霍乱、非典等传染病普通门诊医疗保险费用,纳入城镇居民基本医疗保险基金支付范围。

(六)提高新型农村合作医疗水平。福州市新农合人均筹资水平由100元提高到150元。全市有343.61万名农民参合,参合率97.7%。

【改善教育条件】 (一)实施中小学

校舍安全工程。投入5.7亿元，实施拆除重建项目196项46.1万平方米。

（二）实施特殊教育提升工程。投入300万元，提升福州盲校和福州聋哑学校教学设备和学生康复训练设备水平，落实实施福州盲校校园美化、绿化工程、给水改造工程和福州聋哑学校明楼修缮、围墙改建工程。

（三）新（改扩）建市属中小学。1.新建7所市属中小学，即潭园小学、金山（七期）小学、浦新小学、西园新苑小学、福州三江口高级中学、福州六中分校、盛景黄山小学。2.改扩建10所市属中小学。竣工5所，即群众路小学教学楼、福州建筑职专二部新校区的学生宿舍食堂综合楼及实训楼、鼓楼区第二中心小学教学综合楼一期、仓山小学教学楼、井大小学教学综合楼。在建5所，即屏东中学高中教学楼、福州教育学院一附小魁岐分校、城门中心小学教学楼、福州三十九中教学楼、宁化小学。

（四）启动建设福州市职业教育公共实训基地。建设规模为：总投资1.5亿元，建筑面积3.68万平方米。年内完成一期工程施工图设计，进行编制工程量清单、控制价和基础施工。

（五）建设农村义务教育标准化学校。落实100所标准化学校建设工作，并提前于11月底完成市级达标评估工作。

【改善卫生条件】 （一）福州市《2010年基本公共卫生服务项目实施方案》于2月正式实施。全年完成居民健康档案255万份；发放健康教育印刷资料259.7万份，举办健康知识讲座3183场；新建立预防接种证7.5万人；新登记传染病7481人次；高血压病系统管理31.7万人，糖尿病系统管理5.5万人；居家重性精神病人治疗随访和康复指导1.2万人次；建立新生儿保健手册3.9万册，儿童系统管理26.6万人；新增孕产妇4.1万人，新建孕产妇保健手册3.3万册，产前健康管理3.5万人次；65岁以上老年人健康管理31.2万人，体检19.6万人次。

（二）实施农村妇女重大公共卫生项目。全市落实农村孕产妇住院分娩补助2.65万人；超额完成农村妇女乳腺癌免费检查4212人；落实农村妇女补服叶酸3.48万人。

（三）加强乡镇卫生院建设。投入1080万元超额完成14所乡镇卫生院加强建设工作。分别是罗源霍口，闽侯荆溪，闽清金沙、池园、下祝、云龙，永泰清凉、大洋、红星，连江坑园、丹阳，福清沙埔、三山、一都。投入361万元为闽清和永泰两县29所乡镇卫生院配置诊疗设备，于12月底落实到位。

（四）帮扶基层卫生院。完成市县级医院124名医生下派工作，通过采取医院整体对接的形式，从2010年9月1日至2011年8月31日，对受援医院开展全面帮扶工作。其中，1家省级医院、13家市级医院对口帮扶8家县级医院、16家乡镇卫生院；31家县级医院（含4家甲类卫生院）帮扶40家乙类和丙类乡镇卫生院。

（五）培训乡村医生。完成4035名乡村医生免费培训工作。

（六）建设示范性村卫生室。投入72万元，建成福清市小麦村、林厝村卫生室，闽侯县梧溪村、仙洋村、张际村等17所示范性村卫生室。为全市各行政村卫生室配备一套急救用品（氧气瓶、急救箱等）于11月底全面发放到位。

（七）建设三级综合性医院。计划投资10亿元，新建东部新区医院。选址确定城门黄山片区红山中学南侧，占地11.6公顷，完成建设项目用地预审、项目建议书、项目规划红线内相关航拍图等前期工作。计划投资13.5亿元新建福建省立医院金山院区。选址福州金山金榕南路、文体中心南侧，占地14.42公顷。年内，完成《项目环境评价》和《项目可行性研究》初稿编制、项目设计单位和勘察单位招投标、总平及平面布局设计等相关工作。

【丰富文化生活】 （一）改造乡镇综合文化站。投入1058.3万元，完成福清市三山镇、沙铺镇，连江县长龙镇、坑园镇等37个乡镇文化站改造完善工作。

（二）动工建设市图书馆。建设规模为：总投资6.1亿元，建筑面积7.22万平方米，年内完成设计，进入桩基施工阶段。

（三）实施农村电影“2131”放映工程。即到2010年基本实现全国农村一村一月放映一场电影。年内，福州市农村基本实现一村一月放映一场电影，共计放映2.83万场。其中，福清市6271场、长乐市2820场、仓山区1296场、晋安区1380场、马尾区765场、闽侯县3799场、连江县2957场、闽清县3278场、罗源县2613场、永泰县3169场。

（四）建设农家书屋。投入806.2万元，新（改）建719家“农家书屋”。其中，仓山区31家、晋安区29家、马尾区17家、福清市152家、长乐市80家、闽侯县91家、连江县76家、罗源县64家、闽清县90家、永泰县89家。

【改善体育设施】 （一）新建村级农民体育健身工程点和乡镇级农民体育健身活动中心。完成422个村级农民体育健身工程点。其中，仓山区5个、晋安区16个、马尾区12个（含琅岐）、长乐市48个、福清市67个、闽侯县55个、连江县44个、闽清县46个、罗源县31个、永泰县48个、平潭县50个。新建9个乡镇级农民体育健身活动中心（不含平潭）。分别是福清市渔溪镇、城头镇，长乐市梅花镇、文武砂镇，闽清县白中镇，闽侯县大湖乡、白沙镇，罗源县起步镇，永泰县大洋镇。

（二）推进“健身路径进村”工程。建设健身路径427条（不含平潭），其中，鼓楼区30条、台江区30条、仓山区30条、晋安区35条、马尾区22条、长乐市20条、福清市77条、闽侯县105条、连江县30条、闽清县16条、罗源县15条、永泰县17条。

【优化宜居休闲环境】 （一）开展闽江下游河道采砂专项整治活动。出动执法船艇540艘次，执法车辆1348车次，执法人员1.16万人次，依法查扣非法采（运）砂船8艘，对违规停泊的29艘采砂船规劝其驶往乌猪港、湾边集中停泊，查封清除非法堆砂场15家，并保持24小时全河段巡查严防态势，防止违法采砂行为回潮。

（二）加强闽江下游连家船、废弃码头清理整治。市联合执法队开展执法行动10次，清理拆毁连家船101艘，小木船、小水泥船25艘，拖离废弃破旧船只23艘，拆解餐饮船2艘，清理拆除岸边违章搭盖85处600多平方米;拆除废弃码头15座。同时,解决连家船民的生活补助、廉租房、就业、低保等问题,两江水域的连家船民全部搬迁上岸,实现整治目标。

(三)实施闽江南港航道整治工程。完成346万方疏浚工程量,航标抛设26座。9月25日正式实施通航。

(四)北港货船禁航。9月25日起,全面实施闽江北港解放大桥至淮安分流口货运船舶禁航,新建成“闽江内河水上监控中心”并投入运行。

(五)建成台江步行街。投入4700万元,完成台江旅游码头及配套设施、夜景灯光建设、江滨公园沿线改造与提升、江滨路景观步行带、立面景观改造等项目建设,“五一”节竣工投入使用。

(六)建成新儿童公园。投入1.59亿元,于9月30日建成对外开放,设艺术园、活力园、戏水园、小伙伴园、极限运动园和游乐园6个园区。

(七)建成琴亭湖公园。投入8亿元,初步具备开园条件,完成琴亭湖琴亭高架桥以南湖体、道路桥梁、水利设施和景观绿化工程。琴亭湖琴亭高架桥以北相应工程将于2011年3月完成。

(八)新增23辆大型环卫专用车辆。投入1445.3万元,于5月15日全部投入使用。

【启动小城镇示范建设】 (一)启动3个省级试点小城镇建设,分别是福清市龙田镇、闽侯县青口镇和荆溪镇。市政府于10月10日批复3个试点镇的总体规划。3个省级试点镇生成项目100个(在建项目62个,储备项目38个),计划总投资193.48亿元,完成投资40.3亿元。

(二)启动10个市级示范性小城镇建设。其中,福清市渔溪镇和高山镇总体规划通过市规划局的专家评审;闽侯县白沙镇和南屿镇、连江县琯头镇通过县政府审核;长乐市江田镇和古槐镇、罗源县起步镇、永泰县葛岭镇完成初稿,进行优化调整方案;闽清县梅溪镇委托设计,初拟规划方案。10个小城镇生成项目159个(在建项目78个、储备项目81个),计划总投资116.5亿元,完成投资18.2亿元。

【改善环境】 (一)实施水源保护。1~12月,闽江流域干流水质达标率100%,支流水质达标率85.4%;市级集中式饮用水源达标率98.9%,县(市)级集中式饮用水源地水质达标率100%,均达到省政府确定的考核目标。

1. 加强城镇基础设施建设。建成福州市红庙岭垃圾填埋场(扩容工程)、连坂污水处理厂、马尾长安和快安污水处理厂、永泰县污水处理厂、闽侯南通污水处理厂、福清融元污水厂二期、闽清县污水处理厂和垃圾无害化处理场。长乐滨海工业区污水处理厂完成总工程量的90%。

2. 加强工业污染控制。完成马尾区永丰余纸业、坤兴水产品和太阳电子等3家企业清洁生产审核,福州钜全汽车配件有限公司、晋安一品洗涤部、富利来洗涤公司等7家企业在线监控装置安装。实施福建台福食品有限公司、永泰长庆溪周边蜜饯行业、长乐市食品公司定点屠宰场、闽侯南屿屠宰场等工业废水治理。仓山永辉工业公司、闽侯县鸿辉鞋材、力业化工、闽清玛钢配件污水治理完成土建和设备安装,闽侯和丰纸业、永泰县温岐牲畜定点屠宰场和樟隆食品废水治理设施完成土建,进入设备安装。青口工业区新增12家(共48家)企业基本完成污水管网接入污水处理厂的建设任务。

3. 加强畜禽养殖整治。完成闽江流域禁养区内畜禽养殖场搬迁拆除1406家,禁养区外规模化养殖场污染整治402家。

4. 加强水电站下泄流量监控。闽清县水口水电站下泄流量监控装置正常运行;永泰界竹口水电站完成工程量的93%,下泄流量监控装置待电站建成即同步安装。

(二)开展“农村家园清洁行动”。完成闽清县梅溪镇和仓山区厚峰村,闽侯县梅溪村、杨厝村、禄家村、江中村、池坑村,连江县山堂村、蝉步村,福清市祥丰村、瑶峰村、后耀村、玉楼村、北坑村、北坨村、门头村、磨石村、桥尾村、大澳村、双屿村、凤迹村等20个行政村的家园清洁行动整治工作,并通过市级验收。

(三)提高森林生态效益补偿标准。对全市32.31万公顷生态公益林的补偿标准从原来的7元/亩提高到12元/亩。

(四)加强沿海防护林建设。投入1984万元,落实沿海防护林建设人工造林1959.6公顷。

【建设海峡妇女儿童活动中心】 计划投资2亿元,落实选址新儿童公园东侧地块,完成选址红线图,并进入土地报批、立项、项目总平和环境评估等前期工作。

【帮扶弱势群体】 (一)建设社区居家养老服务点。投入270万元,11月前全面建成30个社区居家养老服务点并投入使用。其中,鼓楼区10个(中山、洪山桥、龙泉、乐天泉、公益、灵响、乌山、汤边、大根和西湖社区),台江区10个(金洋、怡园、河上、浦东、利嘉、西洋、雁塔、菏泽、鳌峰苑和十三桥社区),晋安区5个(琴亭、南湖、双龙、五里亭社区和前屿村),仓山区5个(马厂、万春、红星、浦头社区和湖边村)。

(二)新建9所农村敬老院。其中,罗源县霍口乡敬老院和松山镇敬老院、连江县苔录镇敬老院、长乐市营前街道敬老院4所完成主体建设,进行内部装修。长乐市首占镇敬老院、闽侯县荆溪镇敬老院和永泰县赤锡乡敬老院3所进行上部施工。另外连江县黄岐镇敬老院和闽侯县青口镇敬老院2所利用旧学校改造,进行内部装修。

(三)动工建设连江县社会福利中心。建设规模为:总投资1000万元,征地3.3公顷,建筑面积3000平方米。年内,完成选址意见书、红线图、项目用地地类调查、用地预审、环评、规划总平面图、单体方案审查、立项及农转用审批等工作,并开始基础施工。

(四)实施“光明行动”。为1040名贫困的白内障患者免费实施复明手术,其中,仓山区30人、台江区31人、鼓楼区10人、晋安区62人、马尾区20人、长乐市50人、福清市108人、闽侯县189人、平潭县90人、连江县124人、永泰县89人、闽清县142人、罗源县95人。

(五)建设“福乐家园”。投入916.2万元,建成10所“福乐家园”并投入使用。其中,市级1所,鼓楼区、仓山区、马尾区、晋安区、闽清县、永泰县、平潭县、连江县、罗源县各1所。

（六）开展居家托养工作。投入325万元，扩大资助650名智力、精神和重度残疾人的居家托养。其中，鼓楼区、台江区、仓山区、晋安区和平潭县各60人，马尾区、福清市各50人、长乐市35人、闽侯县38人、连江县46人、罗源县30人、闽清县58人、永泰县43人。

（七）救助贫困残疾儿童。投入279.5万元，扩大康复救助300名贫困学龄前残疾儿童。其中，市区户籍259人给予每人1万元补助，其他户籍41人给予每人5000元补助。

【提升便民服务水平】 （一）建设农村社区综合维修服务体系。省、市投入100万元，建成长乐市农村社区综合维修服务体系，包括：长乐市1个市级维修中心、6个乡镇综合维修服务站（营前、玉田、古槐、金峰、航城、鹤上）和6个村级服务点（玉田镇吴村、古槐镇湖南村、鹤上镇东平村、金峰镇凤洋村、航城镇西关村和营前街道黄石村）。省、市投入100万元，建成闽侯县农村社区综合维修服务体系，包括：闽侯县1个县级综合维修服务中心、5个乡镇综合维修服务站（青口、竹岐、上街、鸿尾、大湖村）和4个村级服务点（南通街、荆溪关中村、甘蔗昙石村、白沙新街）。

（二）实施全市城区高速无线网络覆盖工程。新建基站4053个（电信753个、移动1300个、联通2000个），新增AP（WIFI接入设备）5300个（电信2200个、移动3100个）。

（三）建设民生信息化社区。全市建成443个民生信息化社区（电信203个、移动240个），完成任务数的110.8%。承办单位利用即时通讯优势，融合互联网技术、数据库技术以及通信技术，整合社区的信息资源和服务资源，为社区单位和居民提供便民服务，推进居委会电子化办公、社区党建和社区组织的信息化应用。

（四）实施“通信信息化助建新农村”项目。建成农村综合信息服务站示范点11个。分别是福清市龙田镇三农培训中心、龙田镇西华村农村服务站、海口镇岑都村三农培训中心、龙田镇东营村、阳下镇溪头村、宏路镇周店村、镜洋镇波澜村、沙浦镇赤礁村、海口镇岑都村、一都镇东山村三农服务点和“969155”三农服务中心。全面完成通宽带的建置村2304个，全市宽带通达率96.5%。全面完成156个乡镇、2383个村的惠农网和田园彩铃组建，为53万农民提供移动手机报和农信通信服务。

（五）启动实施市民卡工程。3月26日，市民卡首发仪式在福州市第一医院举行。首发市民卡先期开通社保应用，实现市民卡在市试点医院的医保就诊和结算流程。

（六）实施“万村千乡”市场工程。投入281.2万元，新建农家店320家。其中，福清市63家、长乐市52家、晋安区21家、仓山区17家、马尾区17家、闽侯县34家、罗源县43家、永泰县15家、闽清县34家、连江县3家、平潭县21家。

【建设和谐平安社会】 （一）建设“食品放心工程”。全市主要食品安全检测指标均达标。各项指标情况为：生猪“瘦肉精”尿样检测合格率99.9%，蔬菜农药残留快速检测合格率99.9%，大米黄曲霉毒素指标市场抽检合格率100%，水产品药物残留市场抽检合格率100%，二次供水水质4项常规指标抽检合格率100%，酱油、鱼露、食醋等卫生指标市场抽检合格率为99.3%，豆腐等豆制品市场抽检合格率为97.6%，食用油黄曲霉素B1、过氧化值、酸价市场抽检合格率为100%。

（二）帮助驻榕部队建设15个“四个一好”（即一个好食堂、一块好菜地、一个好猪圈、一个好饮水）项目。其中，饮水改造6项，食堂改造4项，猪圈改造（或新建）4项，菜地改造1项。

（三）巩固深化平安创建活动。全面实施《福州市平安先行乡镇（街道）考评实施细则》《关于贯彻落实省综治办、省工商局做好将查处取缔无照经营纳入社会治安综合治理目标考评工作意见的通知》《全市看守所安全管理大检查专项活动实施方案》《关于加快建立医患纠纷第三方调解处置工作机构的通知》，深化全市平安先行乡镇（街道）创建工作，加大查处取缔无照经营工作力度，提升看守所维稳和医患纠纷调解工作水平，确保平安建设和综治工作目标如期兑现。6月，完成对鼓楼、台江、仓山、晋安四城区现有的流动人口保安协管员、流动人口计生管理员、劳动保障管理员和市容管理协管员4支队伍的整合工作，提升社区平安建设水平。2010年群众公众安全感满意率94.97%，为2004年开展县（市）区调查之后的最好成绩。

（林明忠）

政府信息公开

【概况】 2010年，福州市各级政府及其工作部门贯彻实施《中华人民共和国政府信息公开条例》和《福建省2010年政府信息公开工作要点》，健全工作机制，深化公开内容，拓展优化公开形式，推进政府信息公开工作，满足社会公众获取、利用政府信息的需求。2月，中国社会科学院《中国法治发展报告（2010）》公布对43个省会城市及较大的市政府网站信息公开情况进行测评的结果，福州市排第六位。12月，在中国社会科学院、国脉互联政府网站评测研究中心组织的“2010年中国政府网站绩效评估暨第五届中国特色政府网站评选”中，“中国福州”门户网站位居全国31个省会城市及计划单列市政府门户网站第四名，其中“信息公开”绩效得分排名第一。

【建立健全信息公开长效机制】 一是加强政府信息公开机构队伍建设。建立健全全市政府信息公开工作联席会议制度，强化市政府信息公开工作办公室的工作职能。结合市政府机构改革，将市本级的政府信息公开单位由79家调整为69家。晋安、马尾、福清、连江、永泰等5个县（市）区成立专门的工作机构，其他县（市）区及市直各部门都依托办公室，确定专门人员负责政府信息公开工作。二是推动政府信息公开工作规范化、标准化建设。规范主动公开政府信息发布主体、内容、形式、范围等环节，完善依申请公开的接收、答复、提供等环节,依法处理涉及政府信息公开的行政复议和行政诉讼工作。三是完善政府信息公开相关配套制度。完善公开信息更新维护、历史文件梳理、主动公开信息送交、数据统计报送、政府信息发布协调、政府新闻发言人、保密审查、年度报告等制度。制定《福州市政府信息公开工作考核办法(试行)》《福州市政府信息公开工作社会评议办法(试行)》和《福州市政府信息公开责任追究办法(试行)》等制度,对政府信息公开工作每季度检查、通报,每年度考核、评议,促进政府信息公开工作规范有序开展。四是加强政府信息公开培训工作。将政府信息公开纳入公务员培训计划,实行全员培训,全面增强公务员特别是各级领导干部的政府信息公开意识和责任感。年内,全市举办业务培训班87场,参训2273人次。

【主动公开政府信息】 2010年,市各级政府及其工作部门主动公开政府信息26749条。其中,市、县(市)区、乡镇(街道)各级政府主动公开政府信息9000条,各级政府工作部门主动公开政府信息17749条。截至年底,全市累计主动公开政府信息101108条。其中,市、县(市)区、乡镇(街道)各级政府累计主动公开政府信息34340条,各级政府工作部门累计主动公开政府信息66768条。主动公开政府信息的主要类别有:机构职能类信息3735条,占13.96%;政策、规范性文件类信息2177条,占8.14%;规划计划类信息933条,占3.49%;行政许可类信息2743条,占10.25%;重大建设项目、为民办实事类信息1356条,占5.07%;民政扶贫救灾、社会保障就业类信息742条,占2.77%;国土资源、城乡建设、环保能源类信息1079条,占4.03%;科教文体卫生类信息1748条,占6.53%;安全生产、应急管理类信息2885条,占10.79%。

财政性资金公开 将2007年以后的政府财政预算、决算信息全部公开。发布政府采购信息类信息9117条,公开采购限额标准和招标数额标准。有行政事业性收费权的单位将收费项目、收费标准、收费主体、收费依据、收费范围、收费对象、收费情况、变更情况等全部公开。

规划及政府投资项目、行政审批过程公开 将2005年以后各年度国民经济和社会发展计划报告全部公开。公开城市总体规划、分区规划、重要地区控制性详细规划及土地利用规划等各类规划。每月公开为民办实事项目、政府投资重点项目等进展情况。土地征用及国有土地"招拍挂"相关信息全部向社会公开。全面公开行政审批项目名称、申报材料目录、办理流程、收费标准及依据等信息,实现各审批环节信息的全程透明、全程监督。

重大公共政策决策过程及执行公开 凡涉及经济社会发展全局、事关人民群众切身利益、社会关注度高的重大事项,均通过听证会、论证会、座谈会、政府网站、新闻媒体等途径广泛听取社会各方意见。及时公开涉及社会公众利益的重大公共政策、产业政策和重要事项,重点公开住房保障、促进就业、旧区改造、教育改革、医疗卫生改革等相关政策。及时关注、收集社会各方对政府政策实施情况的反应,为推进政策实施和完善政策提供依据。

公共服务类信息公开 公开行政机关职责、内设机构、职权目录和权力运行流程图以及调整、变动情况,接受群众监督。加快网上行政处罚系统建设,全市有45个执法部门5399项行政处罚事项、处罚依据、处罚标准、处罚结果以及执法人员的资格等信息在互联网上公开。依托"中国福州"门户网站,推进教育、社保、就业、医疗、住房、交通、证件办理、资质认定、企业开办等9大重点民生服务领域的信息公开。公开环境保护、食品安全等各类突发公共事件的应急预案、预警信息及应对情况。

【依申请公开政府信息】 2010年,市各级政府及其工作部门收到政府信息公开申请541件。其中,各级政府收到95件,各级政府工作部门收到446件。当面申请180件,占33.27%;以网上提交表单形式申请307件,占56.75%;以电子邮件形式申请10件,占1.85%;以传真形式申请2件,占0.37%;以信函形式申请42件,占7.76%。截至年底,全市累计收到政府信息公开申请2041件,其中各级政府收到241件,各级政府工作部门收到1800件。申请内容主要涉及土地征用与补偿、拆迁许可和补偿安置、城市规划和建设、建设项目立项审批、财政资金管理、工商管理等方面。全市办理答复政府信息公开申请612件(其中,84件为结转办理上一年度已受理未办结的政府信息公开申请件),有13件政府信息公开申请未办结。在612件已答复件中,"同意公开"391件,占63.89%;"同意部分公开"76件,占12.42%;"不予公开"14件,占2.29%;"非政府信息、政府信息不存在或者不属于本部门所掌握的信息"131件,占21.4%。2010年,福州市依申请提供政府信息暂不收费。

【信息公开渠道建设】 一是加强各级政府网站(专栏)建设,发挥政府网站的第一平台作用。对"中国福州"门户网站进行第三次改版,在"政府信息公开"专栏增设"政府信息公开目录""政府职权公开"两个二级栏目。以"中国福州"门户网站为核心,加强各级政府、部门网站(网页)政府信息公开专栏建设。2010年,市各级政府及其工作部门通过门户网站主动公开政府信息18262条,网站政府信息公开专栏或网页访问量达492万人次。二是构建多样化的公开渠道,方便公众查阅和获取政府信息。建立健全政府新闻发布体系,及时发布和解读公众关注度高、公益性强、涉及面广的重要政策等政府信息。发挥报刊、广播、电视、公共服务平台等媒体渠道的作用,继续提升档案馆、图书馆等各类公共查阅点、电子信息屏等现有公开渠道的服务水平。截至年底,市档案馆累计接收市政府及市直单位报送的主动公开政府信息19200件。各县(市)区也设立政府公开信息公共查阅点,为公众查阅政府信息提供服务。2010年,全市信息查阅场所接待现场查阅政府信息的社会公众33434人次。改版政府公报栏目设置,增加政府信息公开内容,通过指定的书报亭、书店、邮局等免费向公众发放。三是推动政府信息公开向基层延伸。探索在福清、长乐、晋安、鼓楼等县(市)区建立社区、农村政府信息公开平台,依托居委会、村委会等基层组织现有资源和设施,多形式地开展政府信息公开工作,为公众就近及时获取政府信息提供便利。

（叶伟奇）

政府法制

【概况】 2010年，福州市人民政府贯彻落实国务院《全面推进依法行政实施纲要》《关于加强市县政府依法行政的决定》《关于加强法治政府建设的意见》，进一步推进福州市依法政府工作。提高制度建设质量，全年提请审议地方性法规草案2件，出台规章和规范性文件36件，提出56项地方性法规的清理意见和建议，完成46件市政府规章的清理工作，废止8件，宣布失效3件，修改6件，保留29件（其中适时修改12件）。加强行政复议工作，全年审理行政复议案件71件。加强行政执法人员执法资格的认定和管理，全市完成9103名执法人员执法证的换证工作。进一步规范行政处罚自由裁量权，推进行政处罚网上运行工作。加强规范性文件备案审查，向上级行政机关和同级权力机关报备36件规章和规范性文件，审查市直部门、各县（市）区政府报备的规范性文件68件。

【推进依法行政工作】 按照《福州市人民政府贯彻落实国务院关于加强市县政府依法行政决定的意见》，对2010年市县政府依法行政工作作全面部署，市政府印发《关于贯彻落实福建省2010年推进依法行政工作要点的通知》，进一步明确目标，落实任务。学习贯彻国务院和省政府依法行政工作电视电话会议精神，召开各县（市）区政府和市直各部门法制机构负责人座谈会，对进一步推进依法行政工作和加快法治政府建设作出部署。积极培育依法行政示范县，加强对连江县依法行政工作的指导，提高其依法行政能力，整体推进全市法治城市、法治县（市）区创建活动。

开展法制宣传教育，围绕“法律六进”（进机关、进校园、进企业、进单位、进乡村、进社区）活动，抓好重点对象的法制宣传教育，加强领导干部学法用法，组织全市副处级以上领导干部参加普法用法法律知识考试。

完善行政决策机制，建立健全公众参与重大行政决策的规则和程序。凡涉及经济社会发展全局、事关人民群众切身利益的重大事项，都对决策的可行性、必要性进行调研，不仅征求人大代表、政协委员的意见和建议，还广泛听取社会公众的意见，发挥专家和专业咨询机构的作用。完善重大行政决策合法性审查制度，市各级政府及其所属部门在做出重大行政决策或制定出台规范性文件前，都经过法制机构进行合法性审查，或由法制机构组织有关专家进行合法性论证。

【立法工作】 严格按照《中华人民共和国立法法》规定的权限和程序立法，不断改进政府立法工作方法，建立健全专家咨询论证制度，扩大政府立法工作的公众参与程度，对关系人民群众切身利益的草案，采取听证会、论证会、座谈会或者向社会公布草案等方式听取社会公众意见。2010年，市政府提请市人大常委会审议《福州市科学技术进步若干规定》和《福州市城市供水管理办法》两件地方性法规草案，并出台《福州市商品交易市场业主责任规定》《福州市停车场管理办法》《福州市学前教育管理办法》《福州市“门前三包”责任制管理办法（试行）》《福州市人民政府关于开展违法建设专项清理整治的通告（第二号）》等36件规章和规范性文件。

按照市人大常委会《关于做好福州市地方性法规清理工作的通知》的要求，提出56项福州市地方性法规的清理意见和建议。同时按照国务院和省政府的统一部署和要求，对福州市现行有效的46件市政府规章进行全面清理。决定废止8件，宣布失效3件，修改6件，保留29件（其中适时修改12件），并将清理结果及时向社会公布。

【行政复议】 一是积极受理行政复议案件，发挥行政复议作为解决行政争议主渠道的功能，全年市政府本级收到行政复议申请71件。二是创新行政复议方式方法，提高行政复议工作质量和效率，在审理案件过程中，除书面审查外，还采取听证、实地调查等方式方法，凡涉及土地、林业等自然资源权属争议的案件，都尽量进行现场调查、核实，以查明案件事实。三是贯彻国务院关于化解社会矛盾纠纷“调解优先”的工作要求，灵活运用调解手段，努力做到定纷止争、案结事了，调解结案率进一步提高。全年审结的案件中，调解后申请人撤回申请复议案件终止审理的21件，占结案总数的41.1%，比上年增加50%。四是完善行政复议程序，进一步规范行政复议工作。在案件申请、登记、立案前审查、受理、调查取证、审查、制作复议决定书及送达等环节，严格按照福州市《行政复议案件办理程序规定》等规定执行。

【行政执法监督】 进一步规范行政处罚自由裁量权，重点对行政处罚裁量标准进行进一步细化量化，及时修订、调整处罚标准，规范简化处罚程序，全年修订调整处罚档次581个。着力推进行政处罚网上运行工作的开展，有45个执法部门的5156项行政处罚权上网运行。10月，福州市开展行政执法案卷评查工作，要求市、县（市）区各行政执法部门对照《行政处罚案卷评查标准》《行政许可案卷评查标准》及《网上行政审批（行政许可）案卷评查标准》（试行）开展自查，并抽查6个行政执法部门的行政处罚和行政许可案卷，对发现的问题，及时提出整改意见，以规范行政执法行为。做好行政执法证的换证工作，按照省政府的部署及时开展2010年全市行政执法人员行政执法证的换证工作，并以换证为契机，加强对行政执法人员执法资格的认定和管理，全市共完成9103名执法人员执法证的换证工作。同时部署做好2011年全省行政执法资格考试工作，完成考试报名及报名者资格初审等准备工作。

【规范性文件备案审查】 2010年市政府制定的36件规章和规范性文件都按时按要求向上级行政机关和同级权力机关报备。同时加强对市直部门和下一级政府规范性文件的备案审查工作，全年审查市直部门、各县（市）区政府报备的规范性文件68件。

（赵彦邦）

机关事务管理

【概况】 2010年,福州市机关事务管理局以“管理科学、服务精细、工作勤勉、办事干净”为标准,贯彻市委办公厅、市政府办公厅转发的《省委办公厅、省政府办公厅关于进一步落实党政机关厉行节约要求的意见》精神,修改完善《福州市直行政事业单位办公用房管理办法》,完善《福州市采购中心运作规程及规章制度》。加强重要活动保障工作,完成各类保障任务280场次。开展平安创建活动,协助信访部门劝导上访群众120批3000多人次。

【财务管理】 加强公务用车配置、会议差旅、公务接待及一般性支出等各项行政经费管理。做好财务代管单位干部职工个人住房公积金、医保基金变更解缴和个人所得税网上申报缴纳等工作。严格执行财务制度,推行国库集中支付,提高财务监管水平,完成市委办公厅、市政府办公厅等20多个单位的经费保障任务。对全市党政机关礼品礼金进行登记、收缴及处置,收缴礼金1.5万元,礼品38件。推进会计核算、票据管理等制度改革,组织人员参加税收、会计、审计业务学习培训。

【办公用房管理】 分期分批对办公用房进行普查登记,并提出部分办公用房对外出租管理意见,为逐步建立所有权与使用权分离、统筹规划、规范管理、合理调配的管理体制夯实基础。将市人大、市检察院的3处房产移交给市国有房产管理中心,接收市体育局、市海洋渔业局等单位上交的“两权证”27本。结合新一轮机构改革,调整分配市经委、市统计局、市外商投资协会、市旅管委等12家单位的办公用房。

【公务车辆管理】 开展公务车辆编制管理、配备更新和报废审批工作,重新核定全市398个行政事业单位的公务车辆编制。召开全市公务车辆管理工作会议,部署城区交通管理综合整治暨公务车辆交通管理秩序整治工作。利用市财政预算内资金和用车单位自筹资金、中央财政及省里专项资金,为市直单位配置更新公车110辆,调整公车牌号469面。开展公务车辆报废审批工作,报废公务车32辆,拍卖处理废旧车辆10辆,拍卖所得实行“收支两条线”管理。抓公务车辆“一统三定”工作(即统一保险、定点采购、定点维修、定点加油),739辆公务用车(不含省直垂管单位的车辆)参加统一保险,1992辆次公务用车参加定点维修,114家机关事业单位接受车辆维保监督。举办3期市直单位和定点维修企业参加的车辆管理系统业务培训班。规范车辆统一保险企业和定点维修企业的行为,建立健全明察暗访、征求意见、设立举报等机制,保证统一保险和定点维修工作有序开展。

【会务工作】 加强重要活动保障工作,在第十二届海峡两岸经贸交易会、第六届APEC技展会、第七届中国·海峡项目成果交易会、第十四届中国国际投资贸易洽谈会、第六届泛珠会议、第五届特奥会、福州·宁德及福州·莆田山海协作会议等活动期间,开展上下沟通协调、活动方案制定、会议场地设计、物资器材筹措、人员工作分工、安全工作指导、不同活动地点联动等方面工作,保证各项活动安全顺利进行。机关局完成各类会议和活动保障任务280场次,福州人民会堂完成各种会议、演出及宴会任务300多场次。

【公共机构节能工作】 出台《关于贯彻落实公共机构节能目标的通知》,对100多家市直行政事业单位节能情况进行检查,推广节能照明产品,推动合同能源管理工作的开展。完成福州人民会堂节能灯、机关食堂油灶改电、金安大厦电梯节能改造等4个重点节能示范项目。向省、市有关部门申报2010年度建筑节能示范项目3个。健全公共机构节能联络员制度,加强信息沟通和业务交流。制定《福州市公共机构能源资源消耗统计制度实施方案》,举办能耗统计培训班1期,在全省范围率先完成全市公共机构2005~2010年的耗能统计。围绕“绿色办公、低碳生活”主题,开展节能宣传周,举办公共机构节能减排产品展示会,参观节能产品和绿色建筑博览会,组织“6·15”能源紧缺体验日等活动,发放节能宣传海报和口号标语等3000多份。

【安全与消防管理】 以乌山机关大院、金安大厦及金山大厦市级领导住宅区安全保卫工作为重点,完善和落实集中办公区、领导住宅区《群体性突发事件紧急处置预案》《自然灾害事故紧急处置预案》和《火灾事故紧急处置预案》等各项安全工作规章制度,组织武警、保安等有关人员开展安全检查和反恐演练。加大对安保、消防、爱卫等公共事务指导力度,及时更新大院消防设备,完善乌山机关大院安全监控技防系统,与乌山大院25家单位签订《安全与消防工作目标责任书》。在公安、消防、防疫等部门配合下,不定期开展市直单位保卫、消防、卫生检查,全年乌山大院环境卫生消杀72次。严格实行机动车通行证管理制度,办理大院车辆通行证445面,年审2308面,严禁超标电动车和摩托车进入乌山机关大院。做好外来人员的登记检查工作,协助信访部门劝导上访群众120批3000多人次,维护机关大院正常工作秩序。

【政府采购中心工作】 健全内部监督运行机制,建立权责明晰、分工明确的内部制度体系,实现政府采购项目的透明性与公正性。提升软硬件建设水平,在改造整修办公场所、添置配齐专用设备、优化升级电子化招投标系统的同时,制定关于招标公告、质疑和投诉处理时限、退还保证金3条提速增效措施。全年完成公开招标项目277项,中标金额3.038亿元,节约资金6244万元,节约率17.1%;网上竞价项目437项,成交金额3970万元,节约资金128.4万元,节约率3.1%;自主委托项目19项及服务类公开招标项目3项。

【后勤保障服务】 定期对电梯、空调、水电、多媒体等设备进行维护保养,全年实施各项水电、办公场所维修1000余次,及时排查抢修受到自然灾害影响的破裂水管及受损线路。完善《乌山大院汛期地质灾害隐患再排查紧急行动实施方案》《乌山大院停水停电应急措施暂行办法》等制度。

规范机关公务车队管理，完善车辆回场制度，提高驾驶员安全行车和节约用油意识。实行公里数、维修费、停车费、百公里油耗、过桥过路费“五公开”制度，每月定期公示。完成省、市领导调研和重大活动保障用车任务，安全行车147万公里，连续16年被福州市道路交通安全协会评为安全行车先进集体，获“市直机关共产党员先锋岗”称号。

机关食堂加大对食品采购、加工、卫生等环节的监管力度，尽量稳定价格，丰富饭菜品种，保证每日菜肴品种15个以上，推出鲜捞、小炒、水果拼盘等，在传统节日免费提供水果或糕点，服务机关干部职工。

（陈添雄）

机构编制

【概况】 2010年，福州市机构编制部门组织实施市政府机构改革方案，完成40多个市直部门“三定”规定的拟订、协商、初审工作。县（市）区政府机构改革、乡镇机构改革和小城镇机构改革稳步推进。事业单位分类改革取得进展，完成全市5000多家事业单位的摸底调查。优化调整经济发展和民生保障方面的机构编制。推进机构编制管理创新，加强机构编制日常管理和监督检查，全年受理编制使用申请2088人次，其中机关1151人次，事业单位937人次；核减编制2141人次，其中机关1107人次，事业单位1034人次。

【市级政府机构改革】 在分组调研考察、借鉴省内外改革经验的基础上，拟出“贯彻中央精神、体现海西特色、符合福州实际”的市政府机构改革方案，经市委、市政府研究审定后上报省委、省政府审批，并报中央编办备案。6月14日，省委、省政府正式批复福州市政府机构改革方案。随后，市委、市政府下发《关于福州市人民政府机构改革的实施意见》，召开全市政府机构改革动员大会，市委办公厅、市政府办公厅联合印发《关于制定市政府工作机构“三定”规定的通知》，明确改革的指导思想、基本原则，以及“三定”工作的具体要求。改革前，福州市政府工作部门39个（监察局与纪委合署，不计入机构数），特设机构1个，部门管理机构4个，议事协调机构的办事机构2个，计46个。在实际工作及各部门“三定”时，还设置副处或高配副处以上领导的挂靠机构4个，派出机构5个，其他机构6个。经机构改革规范调整后，福州市政府设工作部门40个，部门管理机构2个，派出机构保留现状。与改革前相比，实际精简14个。

【市政府工作机构“三定”工作】 举办由市政府工作机构人事（干部）处长参加的“三定”工作业务培训班，指导各单位做好“三定”规定草案起草工作。抽调人员组成机构改革工作小组，根据各单位履行职责的法律法规和政策依据，并参照中央、省直各单位的“三定”，科学界定职能，明确职责分工，拟出市直各单位的“主要职责征求意见稿”。7月6日起，市委编办走访42家市直单位，与各单位主要领导沟通协商、征求意见。经过反复论证协调，研究分析各单位主要职责480多项，查找、核对法律、法规、规章和各类规范性文件2500多部（件）。根据法律法规，强化职责88项，增加和划入职责49项，取消和划出职责29项；理顺职责关系，健全工作机构间协调配合机制，明确部门职责分工27项；按照权责一致的原则，42个工作机构明确责任420多项。

【县（市）区政府机构改革和乡镇机构改革】 贯彻县（市）区政府机构改革的指导思想、基本要求、主要任务，指导各地拟订改革方案。按照转变职能、理顺关系、优化结构、严控限额的原则，对12个县（市）区上报的政府机构改革初步方案进行多次沟通协商、严格审核。至年底，台江区、仓山区、马尾区、闽清县、罗源县正式上报政府机构改革方案。

结合国务院《关于支持福建省加快建设海峡西岸经济区的若干意见》和2010年全省机构编制工作会议部署，督促指导各地扩大乡镇机构改革范围。福清市全面完成深化乡镇机构改革任务，马尾区、罗源县对深化乡镇机构改革方案进行充实完善，其他县（市）区也开展调研论证和方案拟定等工作。加强对深化小城镇机构改革试点单位长乐市金峰镇的业务指导，总结闽侯县青口镇的试点经验，明确改革目标定位，完善改革措施，发挥小城镇的产业集聚、辐射带动和体制机制创新作用，为小城镇综合改革建设试点创造有利条件。

【事业单位分类改革】 开展事业单位清理整顿，调整规范事业单位机构编制，为事业单位分类改革打基础。1. 调

7月2日，召开全市政府机构改革动员大会。

查摸底，细化分类目录。以事业单位承担的主要职责及社会功能为基础，对市属400多家、县(市)区属5000多家事业单位开展摸底调查，分类别、按单位进行分析梳理。通过职能分解分析，明晰经费来源，明确每个事业单位的类型及改革方向。2. 文化市场综合执法改革。整合市文化市场稽查大队、市广播电视稽查队、市新闻出版稽查大队3支队伍，组建福州市文化市场综合执法支队，并按照市、区统筹协调的原则，以区为主的模式，五城区在原有的文化、广电、新闻出版执法队伍基础上，组建各区文化市场综合执法大队。3. 整合资源，优化单位布局。撤并职能、业务消失或萎缩、已经转企改制的事业单位，收回福州市城乡建设发展总公司、福州市电力建设发展公司、福州市祥坂污水处理厂、福州市榕桥物业管理处、福州市直机关澡堂5个单位194名事业编制。会同有关部门，结合成品油税费改革，提出省公路通行费福州上街征收管理所人员分流安置方案，将人员编制用于加强路政、治超和公路养护等工作。参照福州市社会主义学院组建模式，在市委党校加挂“中国共产主义青年团福州市团校”牌子，为加强共青团干部教育培训搭建平台，使党校场所、师资、经费、组织机构等资源得到综合利用。4. 加强对县(市)区事业单位分类改革的指导。确定长乐市闽江河口湿地自然保护区管理处(长乐闽江河口国家湿地公园管理处)机构规格，批复调整仓山等城区的社区卫生服务机构人员编制，审核批复永泰青云山风景名胜区管委会“三定”方案。

【民生保障相关机构编制资源配置】

服务教育和社会保障事业发展　审核上报市属高校闽江学院和福州职业技术学院的机构编制调整方案。在市高等学校招生委员会办公室加挂“福州市学生资助管理中心”牌子，开展辖区内学生申请生源地信用助学贷款受理工作。全面开展对市直34所中小学(含特殊教育)的重新定编工作，通过实地调研和核对学校提供的学生学籍和花名册等方式，分别根据中小学、职专、盲聋哑学校的不同定编标准，重点保障学生心理健康、学校安全保卫的机构编制需求，科学合理地核定教职工的编制、内设机构及领导职数。新设成立福州市江南水都中学。会同市委组织部、市公务员局、市农业局等部门，做好选调生、公务员招录、县乡农技机构招聘千名高校毕业生及高校毕业生服务社区计划等工作，配合开展促进就业工作。增加福州市机关社保、农村社保管理中心人员编制，增强失业保险服务队伍力量。成立“福州市民卡综合数据交换中心”，推动信息共享，保障数据的综合和交换。

服务公共卫生事业　根据医院床位数、实际工作量变化等情况，按照标准，核增市第七医院事业编制。结合乡镇常住人口、地理位置以及服务工作量等因素，将乡镇卫生院具体分为甲、乙、丙3类，重新核定全市54个乡镇卫生院人员编制，其中卫生技术人员占编制总数90%以上。将卫生院预防保健组改建为公共卫生组(科)，承担疾病控制、妇幼保健等任务。核定全市44家社区卫生服务中心(其中五城区29家、八县(市)15家)的机构编制，另外146家社区卫生服务站不核定人员编制，采取政府购买服务的方式解决经费问题，社区卫生服务中心覆盖率达95.3%。

服务文化和旅游事业　保护非物质文化遗产，报省批准确定福州市三坊七巷管理委员会为相当正处级事业单位。在福州市群众艺术馆加挂“市非物质文化遗产保护中心”牌子，增加市林则徐纪念馆人员编制和领导职数。增加市旅游质量监督管理所人员编制和领导职数。将市园林局所属4个免费开放公园的经费形式改为由市财政核拨。将福州大熊猫研究中心更名为“海峡(福州)大熊猫研究交流中心”。

服务“平安福州”建设　根据公安队伍建设需要，适当增加福州市公安局部分基层单位科级领导职数。满足信访诉求件批转和审核工作需要，增加福州市网络信访中心事业编制。建立健全学校治安保卫机构，明确相关工作职责，加强和改进中小学(含中等职业学校)、幼儿园及其周边治安保卫工作。成立“福州市保密技术检查中心”，加强保密技术防范和检查工作。加强县(市)区纪检监察力量，报请上级编办批准，从乡镇机关调整49名行政编制给县(区)纪检监察机关使用。为25个市直单位、7个县(市)区下达行政编制45人、事业编制4人，配合做好军转干部安置工作。

【基层机构编制管理制度创新】　鼓楼区撤销法院内设机构“研究室”，在全市基层法院中首家专门设置“知识产权审判庭”，统一受理知识产权民事、行政、刑事案件，成为全省仅有的2个“三审合一”基层法院试点单位之一。仓山区在日常编制管理、使用过程中坚持行政编制、政法专项编制和事业编制分类管理，区、镇编制分级管理，做到分类管理不混用、分级管理不挪用；坚持“凡涉及职能调整、机构编制和领导职数增减必须严格执行编委及其办事机构一个部门承办、主管领导一支笔审批、机构编制部门一家行文”的“三个一”制度；坚持“编随事走、人随编走”的原则，适时调整编制，提高机关事业单位编制管理工作的科学性和合理性；坚持联合管理，加强编办与组织、人事、财政等部门的刚性制约机制，建立健全编办与纪检监察部门的协调配合机制。

【机构编制实名制管理与监督检查】

推进机构编制实名制管理，完善日常核编和公务员招考审核制度，受理机关事业单位申请用编600多项，把住人员“入口关”，从源头上预防“超编进人”。推进党政机关消化超编人员工作，督促超编严重的县(市)区把该项工作落实到位，共消化超编人员169人，闽清县、永泰县、长乐市完成消化任务，罗源县、连江县、闽侯县总体不超编。在保持乡镇机构编制和实有人员“只减不增”的同时，为有空编的乡镇及时补充人员，优化乡镇干部队伍结构。宣传贯彻中纪委《关于机构编制违纪行为适用〈中国共产党纪律处分条例〉若干问题的解释》，提高机构编制政策的贯彻执行力。严肃查处机构编制举报案件，强化机构编制纪律，结合中央编办《关于湖南省处理溆浦县机构编制违纪问题的情况通报》，组织全市开展全面自查，确保机构编制管理政策规定落实到位。

【事业单位登记管理与年检】　总结事业单位登记管理工作经验，规范工作流程，提高办事效率，健全登记资料档案库，提高登记管理工作规范化水平。办理福州市属事业单位设立登记6个、变更登记117个，年检372个，年检率100%。发挥事业单位法人证书使用联动机制的有效作用，形成对事业单位监督管理的合力。鼓楼区委编办、闽清县委编办严格实施事业单位“一户一档”制度，马尾区在登记管理工作中注重把好事业单位法人的审查关及事业单位变更事项的真实性、合法性审查关。

【机构编制管理基础性工作】 汇总、分析全市机构编制统计数据，完善统计“月清、季结、半年报、年终汇总”制度，实时反映市直、县（市）区机构编制调整变动情况，为领导决策提供参考。做好综合协调和参谋咨询工作，办理领导批示件、批办件90多件，受理各级各部门提出的100多项有关增设机构、增加编制、核定职数等方面的请示报告，办理人大代表和政协委员有关机构编制方面的建议、提案6件。开展机构编制重点难点问题调研，形成《社区卫生服务中心机构编制问题研究》课题论文，为规范和完善福建省社区卫生服务中心的机构编制管理提供具有针对性、可操作性的若干建议。

（陈　华）

人事人才

【概况】 2010年，福州市组建市公务员局，将原市人事局的政府系统公务员管理、政府奖励表彰等职责划入市公务员局，不再保留市人事局。全年，福州市接收落实就业单位的各类毕业生4.11万人，其中，博士生2人，硕士生3290人，本科生2.07万人，专科生（含高职）1.55万人，中专生1616人；进机关877人，进事业单位1856人，进国有企业4334人，进非公有制企业3.4万人。市属高校毕业生平均就业率94.3%，其中，本科生就业率88.01%，高职高专生就业率95.21%。办理各类人员工作调动187人，其中，市内调整12人，事业单位聘用99人，调进福州51人，调出福州25人。

年内，福州市人事人才公共服务中心获“2008～2010年度全国人力资源和社会保障系统优质服务窗口单位”“2007～2009年度福建省大中专毕业生就业工作先进集体”和“2008～2010年度福建省人事系统创建优质服务窗口”称号。

【公务员管理】 *招考录用* 加大从基层录用公务员的力度，市直机关录用有2年以上基层工作经验人员的比例达100%。提高笔试、面试、体检、网上公示等各环节的工作质量，确保考试的公平、公正。在公务员体检中取消乙肝表面抗原的体检项目，维护乙肝病毒携带者的就业权利。市政府系统2010年春季计划招考公务员613人，审批录用554人，完成上年度招考审批录用185人；秋季计划招考公务员264人，年内完成面试工作。完成省公务员局委托组织的福州地区2010年定向培养招录160名基层政法干警的面试、体检工作。

考核任免与培训 协调有关部门，制定机关工作人员2010年度考核政策，健全考核办法，强化考核结果运用，加大奖优罚懒力度，发挥公务员考核的评价激励作用。市直行政机关及参照管理单位7929名工作人员参加考核，其中优秀1328人，称职6589人，基本称职12人。开展县（市）区行政机关公务员绩效考核试点工作，推荐马尾区作为福州市公务员绩效考核试点单位上报省里审批。与市委组织部联合转发省委组织部、省公务员局《公务员培训规定（试行）》《公务员职务任免与职务升降规定（试行）》。参与市、县公安机关执法勤务机构人民警察警员职务模拟套改调研工作，为制订全省工作方案提供第一手资料。开展机关、事业单位科级职数审核及任职资格审查工作，审核审查正科级147人，副科级158人。组织新录用公务员初任培训，开设“海西建设与福州经济社会发展”“公务员心理调适”等10多门课程，增设素质拓展训练，帮助新录用人员做好角色转换，全年培训278人。

评先表彰 审核推荐上报各系统全国、全省先进集体候选单位26家，先进个人候选人57人。会同市重点办评选推荐全市重点项目建设先进个人96人，先进集体48家，优胜奖项目6个，由市政府给予表彰。实施公务员奖励，审核市直公务员嘉奖人员437人，三等功人员53人。

参公单位审批与管理 组织市直、县区参照公务员法管理事业单位审核上报，27家事业单位获省公务员局批准为第四批参照公务员法管理单位。按照规定的范围、对象、条件和程序对符合登记人员进行登记，市属70家参照公务员法管理单位登记1189人，县区270家参公单位登记1428人。

【高层次人才服务】 *落实人才政策* 开展福州市第一批引进高层次优秀人才评审认定工作，有18人通过评审，报市委市政府审批。开展企业高层次人才调研，有7人和2个团队入选省委省政府第一批“福建省引进高层次创业创新人才（团队）”。全市有6个人才高地和19名创业英才通过省专家评审并公示。落实高成长性高新技术示范企业的高端人才优惠政策，规定其义务教育阶段子女可择校入学，为12名高端人才办理认定手续。组织享受政府特殊津贴人员的推荐选拔工作，有3名专家和1名高技能人才通过省专家组评审。及时为全市1994年前入选的65名享受政府特殊津贴专家和《福建省高层次人才引进指导目录》里的76名引进人才发放政府特殊津贴和生活津贴款。

博士后工作站建设 贯彻《福州市促进院士（专家）工作站建设的若干规定》，发动企业申报设立博士后工作站，推荐海源机械公司等5家申报。经国家人力资源和社会保障部批准，福耀玻璃工业集团股份有限公司和福建海源自动化机械股份有限公司获准设站，全市博士后科研工作站达9个。指导和帮助新设站点招收博士后科研人员，为11名在站博士申请补助费，并及时拨付给设站企业和在站博士。

人才访学推荐 选送4名中青年高层次专业技术人员赴著名高校、科研院所、国家重点实验室院士、专家身边开展访学活动，选送福州市皮肤病防治院1名中青年高层次人才赴台湾长庚纪念医院开展访学活动。在全市开展中青年优

秀公务员赴美国进行中长期培训的选拔推荐工作,选送5名副处级以上干部参加全国培训备选人员外语水平考试。

【专业技术人员继续教育】 市人事考试中心新开设“科学发展观与海峡西岸经济区建设”“心理健康与心理调适”“国内外经济社会发展实例选编”3门公修课,参训8152人次。按照学校、医院专业技术人员的专业特点,有针对性地设置培训内容。以各学校、医院为基地,组织培训教育专业1.79万人,卫生专业8752人、农业专业975人、公需科目3875人。同时依托市财政金融职业中专学校开展市机关、事业单位工勤人员岗位继续教育培训工作,举办12期,参训3214人。市公务员局与市知识产权局联合授予市人事考试中心为福州市知识产权基地,并制定《福州市知识产权人才培养规划》。

实行继续教育办班计划申报认可制度。对各级继续教育基地举办的培训班、讲座等的培训内容、参加对象、收费标准、授课老师或专家等进行审核,确保教育培训工作得到有效监督。各基地拟举办的专业技术人员继续教育培训班经福州市人事人才公共服务中心网站公示后方可办班。加强培训班跟踪检查和指导,确保按计划严格实施。把继续教育开展情况作为报考专业技术职称、专业技术人员年度考核和评聘技术职务的依据。开展企事业单位专业技术人员继续教育证书验证工作,审验38702人,其中,高级3190人,中级11052人,初级24460人。

【引智工作】 实施引智项目 23个引智项目报国家外国专家局审批,内容涉及新材料技术、畜牧养殖、机械制造、医药卫生等领域,其中15项列入国家引进国外技术、管理人才项目计划。邀请英国建筑设计业专家、德国机械专家等6人到榕考察,帮助用人单位解决生产和科研中遇到的难题,对企业技术人员进行培训。

参加项目人才交流会 组织部分骨干企业、高等院校前往深圳参加中国国际人才交流大会,展示福州市招才引智政策,与外国专家组织进行沟通洽谈,推介福州市专家需求项目;结合2011年出国(境)培训项目内容,与20多个国家和地区的40多所大学和培训机构进行业务对接,初步达成专业专家派遣意向。

12月22日,国际刑侦专家李昌钰在福州市公安局作报告。

服务人才项目 发挥人事部门在人才与项目之间的桥梁作用。为携带项目、技术、资金的“海归”医药学专家郭金灿团队提供全程跟踪服务,帮助协调各部门办理有关手续,促成人才项目落地;邀请欧洲微电子博士访问团一行13名博士与相关企业座谈,寻找对接渠道;邀请国际刑事鉴识科学家、博士李昌钰到榕访问,为3000多名公安民警作学术报告,与市公安局签订刑侦技术合作协议书。

外国专家管理服务 开展全市外国文教专家聘请单位年检工作,检查相关单位执行国家有关外国文教专家管理工作的政策、法规、建立外国文教专家管理制度等情况,对存在的问题提出整改意见。43家单位获得聘请国外文教专家单位资格认可”,聘请美国、加拿大、英国等国家的文教专家或学者141人次。

开展出国(境)培训 派出技术、管理人才37批55人赴美国、澳大利亚、英国等11个国家与地区,培训范围涉及公共管理、水产养殖、教育、医药卫生、信息技术等多种领域。

【事业单位公开招考】 福州市2010年上半年事业单位补充工作人员招考工作,有111个事业单位向社会公开招聘225人,经笔试、面试、体检、考核、公示,聘用166人。会同市教育、卫生部门组织2场事业单位补充工作人员招考工作,其中,市区中小学公开招考67名在职教师和457名高校毕业生,市卫生系统事业单位公开招聘170名工作人员。2010年下半年福州市事业单位招聘工作人员考试,有180家事业单位向社会公开招聘389人,年底结束报名工作。

【事业单位人事制度改革】 推进岗位设置 重新核定全市事业单位专业技术人员高、中、初级岗位结构比例。各事业单位根据自身发展需要和人员的现实状况自主设岗,明确各专业技术岗位的职责、工作权限、任职条件等。至年底,市直事业单位基本完成岗位设置管理工作,核准岗位设置的单位数占应纳入总数的97%,认定岗位聘用的单位占应纳入总数的87%。12个县(市)区也全面推进岗位设置工作,核准岗位设置的单位数占应纳入总数的88%,认定岗位聘用的单位占应纳入总数的73%。

推进人员聘用制 市直推行人员聘用制的单位296家,全部完成聘用制,签订聘用合同人员数1.48万人,占应实行聘用制人数的75%;县(市)区推行聘用制的单位2941家,占应推行聘用制单位数的98%,签订聘用合同人员数6.54万人,占应实行聘用制人数的97%。对全市原聘任期已满的各类专业技术岗位,在具备专业技术人员资格人数超出核定岗位数的情况下,采取竞聘上岗方式选拔优秀人才。

职称制度改革　职称评审进一步向农村、基层和工作一线倾斜，实行特殊人才评审试点，调动专业技术人员积极性。破格推荐市文联李式耀（其作品曾获中国音乐界最高奖项"金钟奖"）到省文化厅参评二级作曲职务任职资格。引入竞争机制，采取量化考核、增加答辩环节、异地交叉评审、完善职称评审诚信制度等方式，促进职称评审的公平、公正。全年有953人获高级职称，3109人获中级职称，3892人获初级职称。在非公企业中有1027人获中级职称，1115人获初级职称。

【事业单位工资收入分配制度改革】　拟定《福州市义务教育学校绩效工资实施意见》《福州市市属公共卫生与基层医疗卫生事业单位绩效工资实施意见》和《福州市其他事业单位绩效工资实施意见》，召开相关工作会议加以部署推动，全面完成全市中小学教师绩效工资实施工作，基本完成市属事业单位实施绩效工资工作。

【促进高校毕业生就业】　拓宽毕业生就业渠道，引导、鼓励毕业生到基层创业和工作。一是实施2010年高校毕业生"三支一扶"计划，接收省级"三支一扶"高校毕业生60人，招募市级"三支一扶"高校毕业生18人。二是组织毕业生就业见习。遴选福州市40家国有企事业单位作为首批就业见习基地，约2000名高校毕业生参加就业见习。三是与有关部门联办福州市高校毕业生就业创业政策宣讲报告会，开展"高校毕业生就业援助月"活动，组织"就业岗位大征集"活动，通过网站发布930多家次用人单位的人才需求信息2.8万多条。四是协助首位台籍学生到事业单位就业。年初，在市属卫生系统事业单位公开招聘工作人员考试中，毕业于北京大学医学院的台籍硕士研究生陈柏睿取得福州市皮肤病防治院的聘用资格，在全省设区市中属首例。市公务员局召开做好陈柏睿就业后续服务工作协调会，帮助解决台生到榕就业在社会保险、职称评聘等方面存在的问题。

【完善人才就业服务】　健全以人才配置、社会化人事代理、网络化信息服务、专业化培训为主要内容的人才公共服务体系。一是发挥人才网站的引才功能。福州市人事人才公共服务网总访问量165万人次，日均574人次，注册人才库9万余人。二是举办人才招聘会。除定期举办人才交流会外，还举办春季大中专毕业生供需见面暨人才交流大会、女大中专毕业生创业就业专场招聘会、闽东北五市人才交流大会等人才交流会，搭建人才就业择业平台。全年举办各类招聘活动、人才集市36场，有1384余家用人单位进场招聘，提供招聘岗位4.37万个，有5.4万人次进场应聘，1.08万人次应聘登记。三是加强紧缺急需人才招聘。开展企业人才需求情况调查，发布企业人才需求目录。建立重点园区和骨干企业专人联系制度，为重点企业提供人事人才服务。3次组织100多家单位赴东北、西北、厦门等地开展人才招聘活动，推出岗位1000多个。针对城市轨道交通人才不足的状况，引进管理、技术、后勤等各类地铁专业人才，为进入"地铁时代"提供人才支撑。

【军转干部安置】　营职以下军转干部按照"考试和考核相结合、公开岗位、择优选岗"的办法进行计划安置。实行"安置政策公开、安置计划公开、考试有关事项公开、选择岗位公开、安置结果公开，强化监督"的"五公开、一监督"措施，保障军转干部在安置工作中的知情权、选择权、参与权、监督权。年内，完成省下达209名军转干部的安置任务，对47名营级以下及技术职务军转干部进行岗前培训。做好企业军转干部思想政治和维稳解困工作，加强军转干部自主择业政策宣传、就业指导和服务。审核发放企业退休军转干部生活困难补助金额501.72万元，医疗补助费71.32万元，健康体检费18.1万元，原军干校学员补贴9.74万元。

【工勤人员岗位升级考核】　规范工勤人员升级考核的报名、培训、考试等工作。与省工考中心合作，对福州市参加中高级汽车驾驶员工种考试的人员实行异地交换评委的考核方式，确保考核公平、公正。全年组织2029名工勤人员参加岗位升级考核培训、考试，合格率43%。

【离退休干部管理服务】　完善"福州银色人才网"，与"福建银色人才信息网"、市老龄办网站联网，搭建银色人才作用发挥平台。牵头召开市发挥离退休专业技术人员作用联席会议。组织开展科技文化卫生"三下乡"、健康讲座等有益老年人身心健康的活动。落实退休干部待遇，开展春节、老年节两节慰问活动，办理到龄退休手续430人。

（宋　燕）

发展研究工作

【概况】　2010年，市政府发展研究中心完成重点调研课题20个，编发《研究报告》12期，《领导参阅》8期，内刊《福州经济》6期。研究范围涵盖城市建设、产业发展、新兴产业、榕台合作等事关福州发展的重大问题，为领导决策提供参考。

【重点课题调研】　由发展研究中心牵头，与市政府办公厅、重点办、水利局、建设局、交通局、海洋渔业局等单位联合开展调研，撰写《综合利用资源优势完善我市砂石供应体系——关于福州市砂石资源综合开发利用的调研报告》，经市政府专题会议研究，直接转化为政府决策；撰写《关于设立"福州闽江口新区"的建议与设想》，获副省长、市长苏增添批示，供发改委研究；《城镇化和新农村建设统筹协调的发展研究》《大桥时代下琅岐岛开发与发展新探索》《高铁时代加快福州旅游发展研究》等文章在CN刊号杂志《福州党校学报》上发表。

【政策咨询服务】　为第六届泛珠三角省会城市市长论坛草拟讲稿《推进区域合作，促进泛珠区域城市化进程》；完成《以优化发展环境为己任，提升我市机关效能建设水平》《福州市保障菜篮子供应调控物价的情况综述》以及福州房地产泡沫问题等研究材料；帮助草拟组建政府顾问团方案等；与发改委共同承担"十二五"规划编制工作,除负责两个前期研究课题《"十二五"榕台产业合作重点与对策研究》《福州"十二五"新兴产业发展研究》外,还抽调两名研究人员到发改委协助工作,直接分工参与总规划的研究编写工作。

对2010年《政府工作报告》《福州市"十二五"规划》及众多子规划、《福州市建设国家创新型城市试点工作实施方案》、关于国务院加快海西发展《若干意见》落实情况汇报稿等提出修改意见。受致公党委托,完成在市政协会议上的发言提案;受市妇联委托,调研起草《2011~2020年妇女发展纲要》《2011~2020年儿童发展纲要》;受市旅游局委托,完成市旅游协会成立大会上市领导发言稿及相关材料。

5月5日,中央电视台《方志·中国》文献片在福州采访拍摄。

【经济刊物和文集】 《福州经济》杂志全年出刊6期,每期发行量3000册,免费寄往全国各地、福州市领导、部门、县(市)区和一些重点企业,致力成为传达政府声音、指导实际工作的重要阵地和福州改革开放建设的展示平台。年内还将2009年度研究成果汇编成《2009年福州发展研究》文集。

(王正凯)

地方志工作

【概况】 2010年,福州市地方志编纂委围绕全市发展思路及目标,结合新时期地方志工作实际,推进各项工作全方位地开展。一是创新工作方法,全面推动业务工作。年内《福州市志》5个分册完成总纂定稿28篇,占43%。县(市)区二轮修志工作全面推进。二是开拓思路,凸显特色,综合利用地方志资源。三是营造学习氛围,树立平安观念,构建和谐机关。四是开阔眼界,深入理论研究,促进各项建设。

年内,《福州年鉴(2009)》获中国地方志指导小组办公室和中国地方志协会共同主办的全国地方志系统第二届年鉴评奖地市级地方综合年鉴一等奖,获中国出版工作者协会举办的第四届全国年鉴编纂出版质量评比城市年鉴综合评比一等奖和条目编写特等奖、装帧设计特等奖、框架设计一等奖。《福州年鉴(2008)》和《福州人名志》分获福州市第七届社会科学优秀成果二等奖和三等奖。

【二轮志书编纂】 《福州市志》编纂情况:第一册(14篇)全部完成总纂定稿,送省方志委评审;第二册(11篇)完成总纂定稿5篇;第三册(13篇)完成总纂定稿2篇;第四册(17篇)完成总纂定稿1篇;第五册(10篇)完成总纂定稿6篇。凡例形成初稿,大事记、人物传在编纂中。

县(市)区志工作进展:《台江区志》进入出版环节;《永泰县志》报市方志委审定验收;《长乐市志》完成总纂修改稿;《闽侯县志》完成初步总纂,召开省市联合评稿会;《闽清县志》《连江县志》《福清市志》《晋安区志》完成总纂初稿;《仓山区志》《罗源县志》完成80%的总纂初稿,其中《仓山区志》召开部分志稿的省市联合评稿会;《平潭县志》《鼓楼区志》《马尾区志》处于初稿征集阶段。

【年鉴编纂】 《福州年鉴(2010)》进一步优化框架结构,充实内容。对科技、文化等栏目作了调整,补充人民生活、人口计生等内容。增加年鉴彩页版面,设立11个主题内容,增设2004~2009年福州海西经济社会发展状况示意图,彩页码数由19码增加到35码。6月底,稿件送出版社审核。10月,正式出版发行,比2009卷提前1个月。

【《船政志》编纂】 4月,市政府召开专题会议,研究《船政志》编写问题,市委常委、副市长朱华提出要以"国际视野、全国站位、福建眼光"的编纂定位,集中各方面力量,打造精品佳志。10月,市方志委与福州市社科院签订志书编纂协议,联合开展编纂,双方共同确定篇目,共同参与各个阶段工作协调,共同负责志稿审定。其中,方志委负责方案制定、立项、资金提供、志稿审核、出版;社科院负责志书的具体编纂、组织专家参与论证。年内,完成篇目设置,进入资料搜集甄别阶段。

【配合《方志·中国》拍摄】 5月5~6日,中国地方志指导小组与中央电视台联合摄制的电视文献片《方志·中国》在福州三坊七巷及马尾港进行拍摄。福州市方志委主任张硕和市地方志学会顾问、《三坊七巷志》主编黄启权接受电视采访,简要介绍福州志书出版情况、三坊七巷对福州文化和城市精神的影响以及在《三坊七巷志》编纂过程中对坊巷名人的挖掘、文物的抢救、故居的保护等。

【福州地情网建设】 6月,福州地情网完成改版。设23个栏目(志鉴动态、动态新闻、地情文献、市情概貌、区县(市)概况、古今大事记、古今地图、福州市方志简介、福州历史上的今天、福州境域、文化视野、法规文件、强镇名村、民情风俗、旅游景点、文物名胜、古今人物、名优特产、福州名菜、风味小吃、方志视频、两个专题类栏目),收录地情信息资料5400万字。至年底,网站总点击量超过63万人次,接受各类咨询上百次。

【福州市地方志学会第三届会员代表大会】 2月2日召开。省方志委副主任方清、市社科联副主席陈苏华、市民政局民间组织管理处处长郑团官、市方志委主任张硕、副主任王小珍、市地方志学会第三届会长黄启权等70余位专家学者、学会会员参加会议。大会选举张硕任福州市地方志学会第四届会长。

【《福州年鉴(2011)》组稿会议暨2010年度优秀撰稿人表彰会议】 12月13日召开。各县(市)区人民政府,市直各委、办、局(公司)分管领导及撰稿人共148人参会。市政府办公厅副秘书长杨新坚出席会议并讲话。会议总结2010年年鉴编纂工作,布置2011年组稿任务,并表彰《福州年鉴(2010)》的优秀撰稿人20人,2名优秀撰稿人在会上作经验交流。

【福州市地方志学会第十六次学术研讨会】 12月20日召开。福州市方志委主任、市地方志学会会长张硕,副主任、副会长王小珍,顾问黄启权,省方志委《福建史志》编辑部主任、省地方志学会秘书长滕元明以及全市地方志学会成员共约50人参加会议。学术研讨会收到论文34篇,有12位论文作者代表作交流发言。

(张 灵)

驻北京办事处

【概况】 2010年,福州市驻北京办事处按照国务院、省、市关于加强和规范各地政府驻北京办事机构管理的意见要求,明确定位,规范职责,开展信访维稳、项目招商、公务接待、大楼修缮等工作。全年,处置福州群众进京非正常上访138人次,促成福州保税港区、中石化CPP等重大项目审批或落地,完成公务接待87场628人次。

【信访维稳工作】 年内,福州市群众进京非正常上访呈现跨街镇、跨地区串访等特点。针对新情况、新问题,市驻京办加强与国家信访局、北京市治安管理总队、天安门公安分局等部门的联系,加强与福州市各县(市)区及市直相关部门的沟通、配合,健全完善驻京劝返工作制度、岗位职责和工作预案,建立外出巡查值班制度,发挥挂职干部专业优势和基层工作经验,化解多起群体性上访事件,处置群众进京非正常上访138人次,比降61%。

【项目促批与招商】 协调完成在京审批工作的市属重点项目有:福州市城市快速轨道交通1号线工程可行性研究报告于1月获国家发改委正式批准;福州保税港区于6月获国务院正式批准设立(享受保税区、出口加工区相关的税收和外汇管理政策);国道主干线福州绕城东南段公路土地预审于8月通过国土部审批。

招商引资方面:与市经委共同组织福州市生物医药园在京的论证会,并促成生物医药园于2010年10月动建;协调国资委等相关部门,促成中石化CPP项目落地福州;配合市领导及市直相关部门走访中国船舶、中国兵器、中国神华等数十家央企;促成商务部与市政府于5月在福州举办"2010国际投资合作(福州)峰会——跨国公司对接海西"活动;促成北京福州商会一行在"5·18"海峡两岸经贸交易会期间与福州市签署总投资数十亿的回归项目协议。

【公务接待工作】 驻京办在福州会馆大楼全面修缮的情况下,联系周边宾馆作为替代公务接待场所。全年完成接待87场628人次。其中,市领导43人次,市直部门562人次,省直部门23人次,实现公务接待"零差错"目标。

(简海冰)

驻上海办事处

【概况】 2010年,福州市人民政府驻上海办事处把握世博会在上海举办的历史机遇,寻找招商引资、经济合作的商机,为省外客商,尤其是跨国企业到榕投资办企业牵线搭桥,成功引导星巴克连锁咖啡等4个重大项目。接待参观世博的福州团组90多批次600多人次。编辑《上海信息》24期(每月2期)。

【招商引资】 集中力量联络一些有扩张愿望的跨国集团驻沪总部,主动上门拜访,介绍福州市产业概况,投资机会及软硬环境,激发外资企业产生到福州考察、投资的兴趣。成功引导4个重大项目:1. 全球最大的咖啡连锁零售企业美国星巴克咖啡有限公司落户福州,在市区铺设门店;2. 全国最大的家居零售企业"红星·美凯龙"进驻福州进行大规模投资;3. 欧洲第一、全球第二的跨国大型体育用品专营企业法国迪卡侬集团派出高层管理人员到福州进行实地考察、投资选址等前期工作,有望于2011年实现落地;4. 中国最大的外资百货百盛集团派出高层管理人员到福州进行实地考察、投资选址等前期工作。

【世博会接待工作】 做好前期沟通联系、宾馆酒店安排和接送工作,并与世博会协调,保证所有到访的福州市领导和各委、办、局团组都能顺利进园进馆,且在馆与馆之间调用专用电动工作车接送,避免拥挤劳累,为市领导和普通干部节省时间,提高参观学习效果。开园期间接待到沪参观世博的福州机关单位团组90多批次600多人次。

(吴金捷)

驻深圳(广州)办事处

【概况】 2010年,福州市人民政府驻深圳(广州)办事处秉承"窗口、服务、桥梁、纽带"的宗旨,开展招商、联络、信息、接待、商会等工作。年内,实现6个招商项目对接,接待各界人士65批311人次,编辑《广深信息快报》31期602条。被广州市政府评为“2010年度全国各地驻穗机构先进单位”,多次获评“信息工作先进单位”。

市政府驻深圳办事处成立于1984年,驻广州办事处成立于2004年,之后两办合署办公,实行“两块牌子,一套人马”方式运作。

【招商工作】 一是开展小分队招商。走访广东大中型企业55家,组织16家企业前往福州考察投资环境,实现6个招商项目对接,包括深圳益田集团(高端城市综合体项目)、深圳华强集团(大型城市文化综合体和电子信息高端服务业基地项目)、深圳金地集团(旧城改造和城市综合体项目)、深圳好百年集团(大型综合物流项目)、日本永旺集团(大型超市项目)、广东斯泰克电子科技有限公司(笔记本电脑电池、电源适配器项目)。二是拓展招商形式。走访有意向赴福州投资的大中型企业;参加其他省市的招商推介会宣传福州;走访广东有影响力的商会组织,向他们推介福州投资环境,通过商会平台寻找有意对外投资的企业;开拓中介招商、网络招商等新型招商模式,与中国海外招商公司、中国招商网等组织建立长期合作关系。三是加大“回归工程”招商力度。走访在粤榕籍企业家,向他们介绍福州经济发展情况、投资环境及“海西”建设的有关政策。陪同榕籍企业家回榕参观考察,有3家榕籍乡亲企业确定在榕投资意向。四是利用会展招商。邀请广东大中型企业及港澳台商、跨国公司、各国驻广州总领事馆、商会组织共计6批65人赴榕参加各种经贸交易会并考察福州投资环境。还利用广州、深圳的各种交易会平台,宣传推介福州,发放《5·18海交会展手册》近200份,《福州投资项目手册》近300册。

【接待工作】 接待福州市委、市政府、市直机关部门、各县(市)区领导及深圳(广州)市政府机关部门领导、各国驻广州总领馆官员、企业人士等65批311人次,其中厅级领导35人次,处级领导113人次。

7月31日,副省长、市长苏增添(左二)考察深圳益田集团。

主要接待任务有:3月,保障副市长徐铁骏一行赴深圳参加中能电气上市及招商活动;4月,保障副市长陈为民一行赴广东参加“中国(广州)进出口商品交易会”及开展招商活动;5月,保障副市长杜源生一行赴珠海、广州考察活动;6月,保障市政协主席陈扬富、市委统战部部长王玲一行赴深参加市政协港澳委员及海联会部分常务理事座谈会;7月,保障副省长、市长苏增添在深考察;8月,保障常务副市长杨益民一行赴深考察天安数码城及招商活动;12月,先后保障省委常委、市委书记袁荣祥,副省长、市长苏增添,市委副书记、组织部长周振华在粤参观考察和参加中央组织部会议的活动。

【商会工作】 保持与深圳市福州商会领导及榕籍企业家沟通联系。参加深圳商会的主要会议,听取意见和建议,并在节日期间上门拜访商会主要领导,增进双方感情。12月12日,筹备近两年的广州市福州商会正式成立,成为凝聚在粤榕籍企业家,服务福州招商引资的又一个民间社团组织。该商会成立初期就捐赠30万元支持“榕商联村”项目。

【信息工作】 全国发生系列校园案件后,报送《深圳出台多项措施保障学生安全》;结合建设低碳经济热点,编发《广州率先全国提出绿色经济发展规划纲要》;围绕福州小城镇建设工作,报送《广东出台简政强镇事权改革指导意见》等信息。全年编辑《广深信息快报》31期602条。被市政府办公厅《福州要讯》采用52条,被市政府办公厅专报省政府办公厅42条,被省政府办公厅采用5条,市领导重要批示2条,获评优秀稿件6条。《广深信息快报》发送量每月3期,每期220份,连续5年获评“信息工作先进单位”。

(谢　鑫)

(编辑　郭进绍)

综　述

2010年，政协福州市委员会团结各界人士，履行政治协商、民主监督、参政议政职能。全年，政协福州市第十一届委员会召开全体委员会议1次，常委会议9次。组织委员围绕福州市“十二五”规划、海西省会中心城市建设建言献策，收到提案466件，经提案委员会审查立案434件，立案率93.1%。其中，各民主党派、工商联和政协专委会提案91件；委员个人提案343件（含委员联名提案93件，归并提案23件）。经济发展方面的提案88件，占20.2%；城乡建设和管理方面的提案112件，占25.8%；社会事业方面的提案107件，占24.7%；民生保障及其他方面的提案127件，占29.3%。提案委员会将提案分别送交市委、市政府有关部门办理，至年底，提案全部办复，办复率100%。其中，提案提出的问题已解决或基本解决的占22.6%；提案的意见和建议被采纳，付诸实施或列入计划实施的占70.7%；由于条件不成熟或其他因素，暂时不能解决的占6.7%。未立案的32件转为社情民意或委员来信，得到有关单位解决或答复。

政协会议

【政协福州市第十一届委员会第四次会议】　1月11～14日召开。会议听取并赞同代市长苏增添作的《政府工作报告》，赞同市计划、预算报告；听取并赞同市中级人民法院、市人民检察院工作报告。审议通过政协主席陈扬富作的《十一届市政协常委会工作报告》和政协副主席王聪深作的《十一届市政协常委会提案工作情况报告》。通过《关于同意李纯粹等同志辞去福州市政协十一届委员会副主席职务的决定》，同意李纯粹、何宜刚、吴华瑞、汤森金辞去市政协副主席职务。补选郑有光、范美先、郑建闽、林治良为市政协副主席，补选刘福莲、夏海滨、高孔霖为市政协常务委员。

1月11日，省委常委、市委书记袁荣祥（中）参加政协第十一届福州市委员会第四次会议第一讨论组讨论。

【市十一届政协常委会会议】　第十八次会议　1月10日召开。会议审议通过《政协福州市第十一届委员会届中增补委员的决定》，同意增补郑有光、范美先为中国人民政治协商会议第十一届福州市委员会委员。

第十九次会议　1月11日召开。会议审议《关于同意李纯粹等同志辞去福州市政协十一届委员会副主席职务的决定》（草案），同意将决定（草案）提交市政协十一届四次会议审议通过；听取市委副书记、组织部长周振华关于补选福州市政协十一届委员副主席候选人名单（草案）的说明；听取市委常委、统战部部长王玲关于补选福州市政协十一届委员会常务委员候选人名单（草案）的说明；审议《中国人民政协协商会议第十一届福州市委员会第四次会议选举办法》（草案）和《中国人民政协协商会议第十一届福州市委员会第四次会议大会选举总监票人、监票人名单》(草案),同意将(草案)提交各组讨论酝酿,修改完善后,提交市政协十一届四次会议第二次大会审议通过。

第二十次会议　1月14日召开,会议审议《福州市政协十一届四次会议决议》(草案),并提出具体修改意见,待进一步修改完善后,提交市政协十一届四次会议第四次大会审议通过。

第二十一次会议　3月25日召开。会议传达全国"两会"精神和省委书记孙春兰在省委常委(扩大)会议上的讲话,省委常委、市委书记袁荣祥在市委常委(扩大)会上的讲话精神;听取市外经贸局、市交通局关于全市外经和交通工作通报,并进行评议;市政协主席陈扬富通报市政协2010年第一季度工作情况并就全市政协系统学习贯彻"两会"精神作出部署。

第二十二次会议　5月5日召开。会议听取市审计局、市城市管理执法局工作;听取市委副书记、组织部长周振华有关人事事项的说明,审议通过《关于同意吴依殿等同志辞去福州市政协十一届委员会副主席职务的决定》,同意吴依殿、陈震宙、王聪深由于年龄原因不再担任市政协副主席,并对他们在任职期间的工作表示肯定和敬意。

第二十三次会议　6月8日召开。会议听取并评议市农业局、市旅游局工作;审议通过《关于推进琅岐岛开发建设的常委会议建议案》;市政协主席陈扬富通报2010年第二季度政协工作。

第二十四次会议　8月31日召开。会议听取副市长陈为民作的《关于福州市"十二五"规划编制情况的通报》,结合福州市"十一五"完成的实际情况,就"十二五"规划编制工作进行讨论,提出意见建议;审议通过《关于张焰同志不再担任福州市政协第十一届委员会常务委员职务的决定》;市政协主席陈扬富就学习贯彻中共福州市委九届十四次全会精神,做好政协工作发表讲话。

第二十五次会议　11月11日召开。会议听取市政协副主席郑有光关于中共中央十七届五中全会、十一届全国政协常委会第十一次会议、省市委常委(扩大)会议和省政协常委会议精神的传达;审议通过《关于郑炳炎同志不再担任福州市政协第十一届委员会常务委员职务的决定》;会议围绕人民群众关心的物价上涨、学前教育、看病贵看病难等民生问题进行小组讨论,市卫生局、教育局、物价局、贸发局领导列席会议,听取常委的意见建议;市政协主席陈扬富就学习贯彻中共中央十七届五中全会、全国政协常委会议、省市委常委(扩大)会议和省政协常委会议精神,做好政协工作作出部署。

第二十六次会议　12月20日召开。会议协商《政府工作报告》(征求意见稿);听取市政府系统办理市政协十一届四次会议之后提案情况通报;听取市纪委关于全市党风廉政建设和反腐败工作情况的通报;审议市政协十一届常委会工作报告(讨论稿)、提案工作报告(讨论稿)、2010年市政协各专门委员会工作总结和2011年工作思路;审议通过市政协十一届五次会议议程(草案),市政协十一届五次会议日程,秘书长、副秘书长名单,开、闭幕式上主席台就座人员名单,执行主席日程安排,各组召集人名单和列席人员名单(草案),同意提交市政协十一届五次会议审议;决定市政协十一届五次会议于2011年1月5日在福州召开,会期4天半;决定授权主席会议审议市政协十一届常委会第二十六次会议未尽事宜;市政协主席陈扬富通报第四季度工作情况,并就开好市政协十一届五次会议,做好市政协当前的工作提出具体要求。

主要工作

【推进"十二五"规划编制】　把为福州市编制"十二五"规划纲要建言献策作为履行政协职能的重中之重,市政协各专委会、各参加单位和县(市)区政协开展密集调研,形成20篇调研报告。召开专题常委会议和县(市)区政协主席工作联系会议,形成专题报告供市委、市政府参考,组织政协委员与市委领导就"十二五"规划建议面对面交换意见。《建设海西创意产业中心》《提升福州市自主创新和核心竞争能力》《扩大文化内需拉动经济增长》《调整产业结构发展低碳经济》等意见和建议获市委、市政府主要领导批示,并得到相关部门的重视和采纳。开展推进琅岐岛开发建设、茉莉花种植基地建设、农村环境综合整治、种植业品种创新与推广、基层消防基础工作、海峡水产品交易市场及远洋渔业专用码头建设、规范农村土地流转促进农业规模经营等课题调研及提案办理。《弘扬榕商精神,凝聚榕商力量,共建海西福州》和《打造福州"中国温泉城"的建议》等提案列入政府工作议事日程。

【推进"五大战役"】　市政协领导按

12月21日,福州市政协开展重点项目视察。

照分工深入重点项目建设一线，了解项目建设进度，并提出具体要求。安排处级干部和工作人员协助副主席参与相关项目的督促检查工作。就“五大战役”实施中存在的普遍性问题向市委、市政府主要领导提出建议。组织省政协委员福州活动小组、异地商会会长、港澳台界委员、香港福州十邑乡亲视察福州市重点建设项目。组织专门小组赴重庆、珠海考察温泉开发建设情况，有关意见建议被市政府采纳。牵头组织10多个党政部门开展“规范促进民间投资”的调研，供市委决策参考。通过出访考察和发挥政协委员作用，先后引进20多个项目落户福州。

【推进城市建设】 对《多措并举加强城市交通管理建设》等关系民生的提案办理工作开展视察，推动问题的解决。就《榕“万宝商圈”增设人行天桥》《尽快落实福州魁岐九孔闸危桥改造工程》2份提案，与市建设局开展现场办理，推进提案落实。组织委员对市住房公积金管理中心、市电业局等开展民主评议，并将委员们的建议报送市有关领导参考。组织委员视察中心城区限摩限电情况，推动交通整治专项行动。在市人大常委会2010年立法计划项目书面协商中，提出尽快修订《福州市城市供水管理办法》和出台《福州市养犬管理办法》的建议。

【推进环保建设】 把《关于进一步加强福州市区饮用水环境综合治理》作为重点课题，并以主席会议建议案报送市委、市政府。《人民政协报》以“福州市政协持续推动水源保护整治”为题作了报道。《加强乌龙江两岸生态保护的建议》《提升福州公园水平、创建国家生态园林城市》等提案纳入福州市《闽江、乌龙江沿岸城市设计》和《福州市湿地保护概念性规划》。与市九三学社联合开展《白马河、晋安河、光明港综合整治及开发利用》《加强近岸海域环境保护》专题调研。督办《加强乌龙江两岸生态保护》重点提案，视察农村垃圾整治情况、市人口计生工作和红庙岭垃圾场垃圾处理情况，召开《我市环境保护工作形势》专题座谈会。

【推进改善民生】 召开常委会议，就保障和改善民生工作进行专题议政，市政府主要领导在会后报送的建议上批示，要求分管领导切实解决反映的问题。开展完善食品安全监管体系、城区社会救助体系建设、医疗保险体系建设中的城乡统筹和制度完善、少数民族教育工作、国家基本药物制度实施情况、加强社区青少年矫正工作、学校及周边治安综合治理情况等调研和视察，提出意见和建议。重点提案《关于进一步建立健全学校安全工作联运机制的意见》引起社会关注，市教育局与市公安局联合下发《关于加强学生课后托管服务管理工作的通知》。关于加强义务教育均衡发展政策引导，重点向农村薄弱学校倾斜，推进12年义务教育试点等建议，列入福州市城乡教育规划。市教育部门采纳《规范幼儿教育机构的建议》，加强全市无证幼儿园检查清理力度。

坚持把反映社情民意作为履职为民的重要渠道，编发《社情民意专报件》75期，235条社情民意被省政协采用，《关于修改〈国有土地上房屋征收与补偿条例（征求意见稿）〉的建议》等10条社情民意被全国政协采用。其中《兽用医疗垃圾处理亟待加强》得到中央领导批示，55件社情民意得到省市领导81人次的批示。22件信息分获2009年全省政协系统好信息一、二、三等奖。信息工作继续排名全省政协系统第一。

鼓励委员参与慈善事业，市政协委员捐出款项及财物近亿元，其中两位企业家委员向玉树灾区各捐200万元。做好贫困乡村对口帮扶工作，开展科技、文化、卫生下乡服务活动，参加特奥会爱心捐助、创建文明城市志愿服务、为灾区捐款等项活动。

【促进榕台交流合作】 召开新春台商座谈会，围绕台海形势、经贸合作、交往交流进行探讨，并将意见建议报市委市政府。持续建言平潭综合实验区建设，广泛征求海峡两岸专家学者和相关人士的意见，连续以社情民意形式报送建议。《加快两岸医疗和医保领域合作》的提案受到重视，全市增加12所台胞在榕就医定点医院，并提供政策优惠，划出两家三级综合医院规划地，引进台资创办医院。召开市地税局与台湾企业家委员对口通报座谈会，就相关问题座谈交流，释疑解惑。协调解决台企、委员的上市审批、用电、拆迁补偿、税收缴纳等问题。保持与台企协会的密切联系，慰问在榕读书的台湾大学生。

重点推动与台湾部分党派的交流，与台湾中上层人士和中南部地区的交流。邀请台湾新党等8个赞成两岸关系和平发展的党派负责人与福州市民主党派座谈，探讨如何加强党派交流，为推进两岸和平发展贡献力量。接待到访的台湾基隆市福州同乡会参访团，台湾兆丰证券股份有限公司参访团、台湾屏东县退休公教人员协会参访团、台湾中华传统整复推拿师职业工会联合总会参访团等近百人。组织“福州市政协民营企业家委员赴台考察团”和“福州市政协少数民族界委员赴台访问团”，赴台开展经贸考察和文化交流，协助政府引进项目。在市政协的推动下，拓福集团与台湾统一集团南联企业合作在福州开设24小时便利店，牵线引入台湾优质大米，促进“梦时代”等项目落地。与台盟中央、省台盟等联合举办“福州船政文化与近代海军史”研讨会。举办“跨越海峡·相约世博——2010年榕台青年夏令营”“第二届两岸中学生书画交流展”等活动，加强两岸青少年交流。

【增进各界团结协作】 在政协全体会议、常委会议和主席会议上，充分听取各民主党派、工商联和无党派人士的意见，重视他们提出的提案和反映的社情民意。召开专门会议与政协各参加单位沟通情况，协商问题，听取意见。有计划地组织各民主党派、工商联、人民团体参加政协开展的调研、视察、座谈等活动。

定期走访宗教团体，组织和支持民族宗教界委员开展活动，召开福州宗教界人士新春座谈会，增进民族团结和宗教和睦。市政府专题研究《关于发挥我市宗教团体资源优势参与社会养老公益慈善事业的建议》《在金山新区建设教堂，为信众提供合法的宗教场所的建议》，并出台实施意见，推动问题的解决。就福州基督教观巷堂房产问题、崇福寺饮用水问题、福古公路115县道雪峰段改道等有关问题进行协调。

接待参加“5·18”海峡两岸经贸交易会的美国、英国、荷兰、日本等国的福建、福州社团侨领和香港十邑同乡社团，以及来访的美国福建公所、澳大利亚澳中联合协会、俄罗斯华侨华人青年联合会、印度蒙纳克创新科技私营有限公司。派员赴港参加福州十邑同乡会成立70周年暨换届庆典。组团赴亚洲、欧洲、南美洲等多个国家开展项目招商和海外联谊活动。

自身建设

【学习型组织建设】 开展学习型组织建设年活动。组织政协委员和机关干部学习中央领导在闽讲话精神，中共十七届五中全会精神，省市委全会精神。举办委员暑期读书班、市政协系统科级干部培训班，学习贯彻省市委全会精神，听取市情通报。召开第五次全市政协理论研讨会，组织政协系统干部和社科专家学者，从履行政协职能的不同角度研讨人民政协事业发展的有关理论和实践问题。坚持周五下午知识讲座制度，邀请全国著名专家学者开展《转变经济发展方式与经济结构调整》《人民币升值对企业的影响与应对策略》《我国海洋的严峻形势和对策探讨》《改革收入分配制度》等方面的讲座。

【政协规范化建设】 制定《关于进一步加强专门委员会工作的意见》，明确专委会职能、运作、考核等问题，强化专委会基础性作用。依托专委会建立委员履职情况电子档案，强化委员参加“五个一”活动的管理。市政协拟定《福州市政协2010年民主监督工作意见》，印发市直有关单位，保证民主监督的有序展开。市政协领导带队检查各县(市)区贯彻落实《中共中央关于加强人民政协工作的意见》情况，提出具体意见和建议。统一完善县(市)区政协内设机构职能，协调解决个别区政协人员编制不足的问题。

【宣传与文史工作】 召开市委宣传部门和市级新闻媒体主要负责人会议，商定《关于进一步加强市级新闻媒体对市政协工作宣传的意见》。在政协系统报刊、新华网、中国经济周刊和地方党报党刊上刊登430多篇新闻稿。应邀参加全国政协十一届三次会议集体采访，介绍情况。制作《政协之声》专题片12部，以具体实例展现政协委员履职风采。制定《福州市政协网站信息管理工作制度》，成立编委会和编辑部，对网站进行改版充实。重视发挥文史资料“存史、资政、团结、育人”的作用，开展《福州工艺美术》《福州文史资料》征编工作，出版《福州文史》期刊4期。

(李大林)

(编辑　郭进绍)

民革福州市委员会

【概况】 2010年,民革福州市委员会下辖5个工委,3个总支,46个支部,党员941人。其中,大学以上学历401人,占42.6%,中高级职称553人,占58.8%。22人次担任市级以上人大代表、政协委员,其中,省级人大代表、政协委员6人。年内,发挥民革智力、人才优势,开展组织建设、参政议政、社会服务等工作。

【参政议政】 围绕农村社区化发展、榕台旅游、农村城镇化建设、支持和鼓励非公企业(含中小企业)发展、新兴产业发展等课题开展调研,形成调研报告7篇。其中,《加强榕台旅游合作,打响闽都旅游品牌》《福建省农村社区化道路选择研究》《福州市战略性新兴产业发展研究》《做好吸引与服务领军人才工作,为海西建设提供智力支撑》4篇调研成果入选福建民革2010年调研成果汇编,《福州市战略新兴产业发展研究》获省统一战线海西建言献策论坛三等奖,各项调研成果均转化为市政协十一届五次全会民革集体提案。

民革市委会在省、市级"两会"上提交提案、建议56件,其中市政协集体提案7件,市政协委员个人提案31件,《关于推进福州市小城镇建设的几点建议》《关于制定福州市战略性新兴产业发展技术路线图的建议》作为市政协大会发言。其中小城镇建设提案获市领导袁荣祥、杨益民、时小雨批示,推动福州市启动3个省级、10个市级示范性小城镇建设。

【组织建设】 年内,民革市委发展新党员25人。其中,中高级职称17人,占68%;大学学历以上22人,占88%。加大干部培训教育工作力度,先后选送15名后备干部到中央、省、市社会主义学院和中共市委党校学习深造。组织中心组成员、基层组织骨干、新党员、机关干部等100多人参加2010年度基层骨干和新党员暑期培训班,学习践行社会主义核心价值体系。组织新党员学习民革党章党史,并赴浙江学习考察。组织基层骨干、机关干部赴省外开展党务交流活动。开展基层组织换届工作,民革福清支部升格为民革福清市总支。

【社会和法制委员会成立】 10月24日,民革福州市委会社会和法制工作委员会成立大会在福州举行。中共福州市委统战部、民革福州市委会对口联系的市直政府部门、市民革各专门工作委员会、各县(市)区民革组织和社法委全体委员参加成立大会。省高级人民法院副院长、民革福建省委会副主委、福州市委会主委夏先鹏作指导性讲话。大会明确社法委主要职能和任务是进一步贯彻依法治国方略,推进社会主义民主法治建设。12月,社会和法制工作委员会全体委员参加福州五一广场"12·4"全国普法宣传活动。

10月24日,民革福州市委会成立社会和法制工作委员会。

【服务榕台交流】 促成台湾"张北两岸联合法律事务所"取得大陆执业许可证,使之成为首批台湾律师事务所驻福州、厦门代表机构(试点)之一,为维护台商、台胞合法权益开辟新渠道。推进拓福集团有限公司与台湾统一集团南联企业合作,在福州开设24小时便利店,引入台湾优质大米等。

12月20~28日,组团赴台湾高雄县,与高雄书画学会联合举办"纪念陈少若先生七十五诞辰山水画回顾展"。开展文化、经济、司法、宗教等方面交流活动,筹备2011年两岸合办画展,纪念辛亥革命100周年活动。加强和台湾前海军界人士联系,持续为马尾船政收集相关资料,促成福建船政文化展于12月23日在台北长荣海事博物馆开展。同时做好接待工作,年内接待台湾新党主席郁慕明、前台政界人士钟荣吉一行和前台军界人士郑本基等。

民革仓山区工委先后策划陈靖姑文化节、传统成人礼、端午祭、周岁祈福礼等活动,并赴台办展。民革鼓楼区工委企业第三支部党员律师赴台与台湾律师界开展交流。

【社会服务】 组织民革医卫界党员、书法家赴太平洋社区和琴湖社区为特困户送医、送岗、送暖、送春联,捐款1万余元。参加"春风·春雨·光彩"行动,分别组织农业、教育、医疗等各界民革党员开展"三下乡"活动,在罗源县霍口乡东宅村慰问当地生活困难的村民,向东宅小学捐赠书籍400多本、电脑2台,为村民义诊200多人次,赠送药品经费1500元,同时争取民革省委会的"逸仙基金会"专项基金对东宅村进行对口扶持。在连江县安凯乡镇安村开展扶贫助学活动,资助8名困难学生2400元,并向村委捐献2000元助学金。三八节,组织医疗卫生界专家在仓山区开展义诊咨询活动,接诊百余人次。

(王晓莉)

民盟福州市委员会

【概况】 2010年,民盟福州市委会下辖2个县级市委会,5个区工委,2个总支,64个基层支部。盟员总数1540人,其中具有中高级职称的盟员1128人,占73.25%;担任省、市、县(区)各级人大代表27人、政协委员90人。年内,履行自身建设、参政议政、社会服务等各项职责。

【参政议政】 在市政协十一届四次会议上,盟市委提交集体提案10件,内容涉及科技、文化、教育、旅游等方面,其中《扩大"文化内需",促进福州经济增长》被评为重点提案。盟市委主委林治良当选福州市政协十一届委员会副主席,副主委刘福莲补选为市政协常委,盟员江瑞平增补为市政协委员。全年报送社情民意信息114条,被全国政协采用2条,省政协采用16条,省委办公厅采用3条,市委办公厅采用9条。其中《建议进一步提高海关工作人员专业素质,增强台商对海关法律法规信誉度的认知度》《关于福州市东部新城仓山区"城门、螺洲、盖山"三镇拆迁补偿安置存在的问题及建议》等5条信息先后获省市领导陈桦、叶双瑜、苏增添的批示。盟市委先后获评盟省委信息工作组织一等奖、全市政协系统信息工作先进单位、全市统战系统信息工作先进单位。全年承办14个调研课题,其中《构建福州区域品牌》成为市政协十二五规划建议的发言。在第六届"全面推进海峡西岸经济区建设·建言献策论坛"上,盟员黄鸿鸿提交的《闽台高等职业教育交流与合作的政策探析》获论坛一等奖,盟员李仲才提交的《加强区域合作,做大做强海西文化旅游业》获论坛三等奖。

【政治学习】 开展树立和践行社会主义核心价值体系系列活动。组织征文活动和演讲比赛,举办盟员骨干和新盟员参加"树践"主题培训班,组织收看先进人物事迹报告会。结合民盟领导人费孝通诞辰100周年,引导盟员继承和发扬民盟前辈高尚情操,更加坚定走中国特色社会主义政治发展道路的信念。

【组织建设】 加强领导班子和基层组织"三力"(凝聚力、发展力、服务力)建设,盟市委领导班子成员及省市两级人大代表、政协委员就参政议政、民主监督等方面进行全面述职,巩固领导班子建设成果,提高履行参政党职能的能力和自身建设的科学化水平。盟市委从规范推荐程序、明确职责权利、加强队伍管理等方面入手,加强"特约人员"人员队伍建设。聘请56位特约宣传信息员,召开盟内特约人员座谈会,探讨促进特约人员工作发展的新思路,为加强政府廉政建设,推进依法行政发挥作用。全年新发展民盟盟员71人。

【社会服务】 组织盟员教师13人次参与福州市统战系统专家服务团,把民盟的"农村教育烛光行动"与海西"春

4月6日,民盟福州市委会志愿者服务团在福清开展"农村教育烛光行动"。

风·春雨·光彩”行动结合起来。组织盟员赴福清市东张中学和连江县华侨中学开展助学支教活动,应用“名师带徒”结对子等方式培训乡村教师。

开展捆绑挂钩扶贫工作。为连江县天竹村争取环保经费10万元用于改造村污水处理系统,建设农村沼气池,协助该村获评“福州市市级生态村”。在永泰渔溪村开展义诊送药活动,为村民义务书写春联,为贫困村民送去慰问金3000元和棉被、食用油等年货。为军门社区、琼河社区提供资金3000元用于扶贫助困和开办福利超市。

组织盟员为特奥会捐款3.03万元,向贵州毕节地区“同心水窖”捐款1.8万元,支援闽西北灾区抗洪救灾捐款6.77万元。

(王　翀)

7月2日,民建福州市委会召开会员企业与省交通银行银企座谈会。

民建福州市委员会

【概况】 2010年,民建福州市委会有1个县级市委会、5个区工委、28个支部、6个专门委员会,全市会员860人。担任各级人大代表、政协委员66人次,担任政府实职18人,担任省、市、县(区)特约人员25人次。年内,1人被授予“福州市首届优秀人才”称号,1人被评为福州市“三八”红旗手。1人在福州市“春风·春雨·光彩”行动2008~2009年度社会各界捐赠公益事业表彰大会上获“福州市热心公益事业大榕树金质奖章”,12人被民建福建省委会评为2009年“思源工程”和“海西春雨行动”先进个人。9人被评为省民建优秀会员,2人被评为全国优秀会员。

【参政议政】 提案工作　在福州市政协十一届四次会议上,民建市委会提交12篇集体提案。其中,《关于将我市打造成海西创意产业中心的建议》作为大会发言,《实施国家基本药品制度后加强社区卫生服务中心建设的建议》《关于进一步加强我市老年事业发展的建议》被列为2010年市政协重点提案,《加快培养文化创意产业高层次应用型人才》《建机械立体停车库,破解小区停车难》《打造“人文福州”社区旅游模式》等建议被省市主流媒体报道,《关于发展海西动漫产业的建议》《发展壮大海西城市群,提升产业集聚能力的建议》等入选民建福建省委会《2009年调研提案论文集》。

调研工作　完成调研报告及论文30篇,送交省民建作为各研究会年会交流材料。《关于振兴福州茉莉花茶产业的研究》在中共市委调研室专刊《福州调研》刊物上全文刊载。与福州市政协民宗委协作完成的《关于发挥我市宗教团体资源优势参与社会养老公益慈善事业的建议》调研报告得到副省长、市长苏增添的批示。《新形势下民主党派树立和践行社会主义核心价值体系问题研究》获福州市统战理论研究征文活动二等奖。《加强园林绿化建设,打造宜居城市》被评为2009年福州市优秀调研课题三等奖。《关于人民政协践行社会主义核心价值体系的若干问题思考》被市政协指定为政协研讨会唯一的民主党派大会发言材料。

信息工作　市委会报送各类信息110条,6条被省委办公厅采用,12条被省政协采用,8条被市委办采用,4条被市政协《政协信息》采用,另有5条被民建中央网站采用,40条被民建省委网站采用。《建议对我市国有资产出租实行市场化运作管理》得到省长黄小晶、省政协主席梁绮萍批示,《为办好海峡论坛献一策:加大论坛成果的转化率》得到省政协主席梁绮萍、副省长陈桦批示。《优化电力结构促进我省电力安全》《改进我市公车空调收费的建议》分别被评为2009年福州市政协优秀社情民意信息一等奖、三等奖。《建议在中小学停止使用粉笔和黑板,推广使用白板》信息专报件被评为2009年度福建省政协好信息三等奖。民建市委会被评为2009年度全市政协系统信息工作先进单位,1人被评为2009年统战信息工作先进个人。

【组织建设】 召开基层组织工作会议,就推进基层组织建设、加强凝聚力等进行经验总结和探索。全年发展34名新会员,平均年龄34.8岁,大学以上学历占65%,企业界会员占67.6%。表彰7个先进支部,17名参政议政积极分子,67名优秀会员。完成民建福清市委会换届工作。11月4日,民建中央副主席陈政立到榕调研基层组织自身建设,并对市委会工作作出指导。民建福清市委会、台江工委、市民建妇委会被评为省民建先进基层组织。市民建企业家委员会被评为全国先进基层组织。市委会主委作为福建省民建唯一的代表参加民建中央纪念建会65周年大会。

【服务会员】 6月,组织企业家会员参加福州中华职教社举办的校企合作座谈会,为校企合作牵线搭桥,强化合作共赢理念。民建部分企业家和职业学校就校企合作进行对接。7月2日,召开会员企业与省交通银行银企座谈会,利用会员资源,为企业家牵线搭桥,构建民建会员企业融资平台,帮助解决融资难题。7月7日,民建中央专职副主席、全国人大常委、武汉大学战略管理研究院院长辜胜阻到福清调研中小企业如何应对金融危机,走访民建会员企业并在座谈会上详细解读全国经济的发展形势,分析企业面临问题并提出指导性建议。

【社会服务】 挂钩帮扶 向挂钩帮扶的台江迎晖、中选社区10户贫困户送去慰问金和慰问品。组织民建晋安工委和企业家委员会前往挂钩帮扶的日溪乡党洋村,向10位孤寡老人发放慰问品,晋安工委向结对帮扶的7名贫困学生发放助学金6200元,会员企业用友软件福州分公司向该村15名贫困学生捐赠助学金1.3万元,会员书法家现场为村民书写春联近百幅。会同审计局前往共同挂钩帮扶的永泰县芋坑村慰问贫困户,发放慰问金和慰问品,实地察看援建的饮水、桥梁、道路等工程情况,协调争取5万元资金用于该村饮水工程建设,解决当地村民饮水难问题。组织福建中正药业、福州大华旅行社等会员企业前往永泰芋坑村考察开展中药材嫁接种植、开发农业生态风情园等投资项目。

公益活动 组织特奥会爱心捐助活动,募集善款2.17万元。响应民建中央"思源甘泉"行动,发动会员认捐思源水窖11口,计3.3万元。为闽西北山区特大暴雨洪灾捐款5.7万元。与福州青少年活动中心联合举办"同在榕树下·共享一片天"关爱农民工子女夏令营活动,丰富农民工子女的暑期生活,拉近城乡孩子之间的距离。会员企业福州美可食品公司每天免费为家庭困难儿童提供200多份点心。蓝天连锁超市主动配合政府物价平抑行动,在物价纷涨的时候对关系民生的蔬菜等商品实施降价。

(余端乐)

民进福州市委员会

【概况】 2010年,民进福州市委会有工委5个,总支3个,支部36个,会员653人。在具有技术职称的会员中,中高级职称570人,占87.2%。年内,开展组织建设、参政议政、民主监督、社会服务等各项工作。对《福州民进》会刊进行扩版、改版,从8版扩为24版,全年编辑出刊6期。

【参政议政】 全年开展13项调研活动,其中4项中共市委2010年重点调研课题,9项民进福建省委会调研课题。内容涉及社区矫正、居家养老、动漫衍生品、温泉产业、农业电子商务发展、闽江口闽台产业对接集中区研究、两岸文化创意产业的合作与共同进步、沿海留守儿童心理状况等。其中,《关于推进我市居家养老工作的调研及思考》被收入市委政策研究室主办的《福州调研》。有2篇调研文章被推荐至民进中央,5篇调研文章入选2010年省民进调研成果选编。关于居家养老、社区矫正、网络德育以及闽江口闽台产业对接集中区等4篇调研文章被收入第六届海西建言献策论坛成果汇编,其中《当前我省社区矫正工作现状、问题及对策》获福建统一战线第六届海西建言献策论坛三等奖。

参与政治协商和对口联系,为福州经济社会发展建言献策。先后参加中共福州市委、市政府、市政协组织召开的各种协商会、座谈会、专题会10余次,就福州市政治经济、文化教育和社会发展中的重大问题以及福州市十二五规划纲要建言献策。在中共市委与民主党派、工商联季谈会上,对职业教育、社区矫正、休闲农业、小城镇建设等方面提出建议。在市教育局、市政协教科文卫体专委会召开的对口单位联席会议上,对教育事业的发展建言献策。

在2010年各级"两会"上,市委会提交提案和建议104件。其中,市级"两会"提案29件,包括集体提案11件,个人提案18件;县(市)区级提案、议案75件。内容涉及食用菌产业、网络舆论、人民调解、幼儿教育、法院裁判文书网上公开机制等方面。在市政协十一届四次会议上,市委会作《加强法律援助工作,构建和谐福州》大会发言。《关于有效引导互联网新时代下网络舆论的建议》被列为2010年度市政协重点提案。民进市委会报送中共市委的调研文章《促进我市农村义务教育均衡发展的调查与思考》获2009年度福州市优秀调研课题成果二等奖。《完善农村义务教育经费投入保障机制》《促进学前教育发展》《促进农村职业教育发展》3件调研报告,被民进中央采用并改写成全国政协大会提案,《海峡都市报》、新华网、香港《凤凰周刊》等媒体对提案予以转载或评论。其中关于学前教育的提案被评为民进中央2010年度参政议政成果一等奖,该提案提到的入园难问题引发热议和关注,学前教育发展被列入《国家中长期教育改革和发展规划纲要》和《福建省中长期教育改革和发展规划纲要》。

全年报送社情民意信息87条,其中被民进中央和中央统战部采用3条,省政协及省委办公厅采用9条,市委办公厅采用4条,市政协采用6条。《给中考填报志愿一个自由的环境》《关于对医院专家处方限额不应一刀切的建议》等被省政协专报件采用,《中职生补贴应及时发放》等被市政协社情民意专报件采用,《开设福州火车南站快车专线的建议》获省领导批示。

【政治学习】 开展树立和践行社会主义核心价值体系活动,向各级基层组织下发《关于开展树立和践行社会主义核心价值体系学习教育活动的通知》《关于开展向李彬同志学习,进一步做好树立和践行社会主义核心价值体系活动的通知》等文件,并将《六个"为什么"——对几个重要问题的回答》专题书籍分发给各支部,组织骨干会员参加"六个为什么"问题征答活动。各支部参与社会主义核心价值体系学习体会征文活动,民进市委会刊发学习体会10多篇。暑期读书班以"树立理想信念,积极践行社会主义核心价值体系"为主题,学习民进中央主席严隽琪《用社会主义核心价值体系引领民进的工作》讲话精神。全年选送10名会员参加中央民进、省民进、省社会主义学院以及市委统战部、组织部举办的各类培训班、进修班、专题研讨班等。

【组织建设】 开展基层组织换届工作,优化组织结构,完成福清、二十中、台江小教、铜盘中学、华侨中学等5个支部的换届工作。将十五中支部与三十一中支部合并为十五中支部，三十七中支部更名为十四中支部。9～12月，长乐总支、经济科技支部、仓山综合支部、三中支部相继成立。

开展创建民进全国先进地方组织、先进基层组织活动，从提升素质、爱岗敬业、组织活动等方面推动民进市委会自身建设发展。8月，在福建民进成立25周年大会上，晋安一支部、连江总支、长乐支部、屏东中学支部被评为省民进先进基层组织，3人被评为省先进会务工作者，8人被评为省先进会员。11月，在纪念中国民主促进会成立65周年大会上，民进福州市委会被评为全国先进地方组织，晋安一支部被评为全国先进基层组织。全年新发展会员33人，主要分布在文化界、经济界、法律界以及部分行政事业单位。

【社会服务】 前往浦下社区、连辉社区慰问贫困户，送去慰问品和慰问金3000余元。会同下派单位市房管局、捆绑单位铁路医院前往平潭县敖东镇向阳村与下派干部座谈，并慰问贫困户3000多元。帮助罗源西兰乡石别下村落实筹措的农业发展资金累计18万元。为特奥会和玉树地震灾区捐款1.6万元。参与捐建"同心水窖"行动，向贵州毕节地区捐款7000元。7月，在福州市统一战线参与闽西北灾后重建帮扶工作动员会上，认捐两年共2.8万元帮助灾区重建。8月，前往罗源西兰乡石别下村为贫困学生送去助学金近6000元，并视察民进市委会筹资兴建的工程建设情况。11月，与省民进医卫界会员在连辉社区联合开展法律咨询、义诊活动。同月，会同捆绑单位前往下派帮扶村闽清东桥镇安仁溪村与村干部座谈，为该村协调筹措建设资金8万元。

民进市委会各基层组织也开展助困帮扶、智力帮扶等社会服务活动。台江工委慰问五保户，帮助协调解决白内障手术费用和社保等困难。连江总支联合连江慈善总会、连江工商联在连江潘渡中心小学开展"爱心助学，情系畲山捐赠仪式"活动，捐款约3万元，衣服100套，其中民进连江总支捐款5000元。福清一中支部组织会员前往高山中学、江阴中学送教下乡，屏东中学支部与连江总支前往筱埕中学开展一对一支教活动等。

（黄庆华）

农工党福州市委员会

【概况】 2010年，农工党福州市委会有县（市）委会1个，工委会5个，总支5个，支部64个。全市农工党员1425人，其中新发展党员48人。党员平均年龄53岁，高中级职称占80.2%，大专以上学历占77.1%，医卫界占60.9%，教育界占24.6%。有各级人大代表19人，政协委员76人。年内，获农工党中央授予的"全国社会服务工作先进集体"称号。1人获卫生部授予的"援外医疗先进工作者"称号，1人获省"三八"红旗手称号，2人获"市首届优秀人才"称号，2人获市"三八"红旗手称号，1人获福州市热心公益事业茉莉花银质奖章。

【参政议政】 向福州市政协十一届四次全会提交集体提案10件，其中提交省委会作为集体提案提交省政协十届三次全会的《关于省会中心城市公立医院改革的建议》，获省、市领导黄小晶、陈桦、苏增添、朱华批示，省委常委、副省长陈桦到榕就该项提案作专题调研，推动省卫生厅与市政府共同制定《加强和调整省会中心城市医疗资源实施意见》。另外，《进一步加快村卫生室建设，缓解农民看病贵、看病难的若干建议》被列为重点提案，《尽快制定〈福建省粮食安全保障条例〉的议案》被福建省十一届人大三次会议主席团立案，《关于尽快建立医保联网方便市民报账的建议》被评为2010年度"市人大代表好建议"。

向农工党省委、市政协、市委统战部报送社情民意信息117条，全国政协采用4条，农工中央采用5条，省委办公厅和省政协采用23条，农工党省委会采用43条，市委办公厅和市政协采用4条。《关于加强兽用医疗垃圾处理的建议》获国务院副总理回良玉批示，《平潭开发要注重生态环境保护》等8条信息获省委书记孙春兰等省领导批示。《加强中央空调清洗的建议》和《党外人士对新疆"7·5"事件反响》分获市政协系统好信息二等奖和三等奖。年内，被农工党福建省委、福州市委统战部评为"社情民意信息工作先进集体"。

完成调研文章41篇，其中市各民主党派、工商联2010年重点课题4项，农工党福建省委会重点课题2项。被第六届海峡西岸经济区建设建言献策论坛、中共市委政策研究室采用3篇。13篇报送农工党福建省委会，获2010年度农工党全省优秀调研论文一等奖1篇、二等奖1篇、三等奖4篇。市委会重点调研课题《创建福州健康城市的建议》被纳入福州市"十二五"规划。

【政治学习】 将践行社会主义核心价值观活动作为政治学习的核心，制定学习教育活动方案，分动员部署、学习教育、总结推进3个阶段实施。通过举办专题讲座、骨干和新党员专题学习班，在《福州农工》开设学习专栏进行宣传教育。结合农工党成立80周年，开展征文、知识竞赛、党史教育、向农工党创始人邓演达纪念园捐款等活动，进行多党合作优良传统再教育。向全市基层组织下发学习通知，引导广大党员把社会主义核心价值观体现在履职、参政、服务社会的自觉行动中。向农工党省委、市委统战部报送树立和践行社会主义核心价值体系先进人物宣传材料4篇。

【组织建设】 巩固"基层组织建设年"的工作成果，继续开展基层走访活动，召开基层组织建设经验交流会，规范学费缴纳、管理、使用。结合农工党福州市委会成立60周年，全市基层组织开展"回顾历史、继承传统、增强自身、促进履职"活动15场。开展基层组织评先活动，量化评先标准，调动各级基层组织参与党务工作的积极性。年内，17个基层组织得到农工党市委会的表彰。

【农工党福州市地方组织成立60周年庆祝大会】 1月6日举行。农工党中央秘书长陈建国，农工党福建省委会主委、省农业厅厅长陈绍军，市委常委、统战部长王玲，市人大副主任陈树雄，副市长陈奇,市政协副主席陈书碧以及农工党全省市级组织、福州市各民主党派、工商联、各人民团体、各县(市)区统战部,对口联系单位和各基层组织所在单位中共党委负责人应邀出席大会。全国人大副委员长、农工党中央主席桑国卫为大会题词,全国政协副主席、农工党中央常务副主席陈宗兴为大会发来贺信,29个地市的农工党兄弟组织也发来贺信、贺电。

【社会服务】 开展5场捐助活动,捐款14.8万元。其中,为闽西北特大洪灾捐款捐物价值8.13万元,为全国特奥会捐款3.2万元,向贵州毕节地区健康饮水工程及青海玉树灾区捐款2.55万元。

捐资2.16万元开展定点扶贫工作。为永泰县葛岭镇万石村引进优质果苗1800多株,帮助村民脱贫;定期到福清市一都镇东山村开展医疗下乡活动,并扶持3名贫困生就学,发放助学款9200元;连续5年帮扶晋安区宦溪卫生院和闽侯县白沙卫生院,购买办公设备,开展双向转诊、医师培训等工作;到定点帮扶的宁化、凤凰社区开展节日慰问活动,为10户特困家庭送去5000元慰问金和年货。各区工委也为共建社区居民建立健康档案、为社区特困户免费体检、举办科普讲座、赠送健身器材等。

开展以"土壤环境与健康"为主题的环境与健康宣传活动5场次,受益群众1000人次,发放低碳减排、绿色生活等环保宣传材料3300份。在第二十二届"国际科学与和平周"活动中,组织百余名专家开展送医送药、法律咨询活动8场次,受益群众6600人次,发放食品卫生、疾病预防等卫生科普材料2.2万份。其中,台江区工委组织28位眼科专家到永泰县开展"健康校园爱眼行动",鼓楼区工委邀请20位法律专家开展法律咨询活动。

【理论研究与社会宣传】 向市委统战部、市政协上报理论文章9篇,获"福州市统战系统第二届论文征集组织奖"和"福州市政协第五次理论研讨会论文征集组织奖"。2篇文章获市统战系统论文优秀奖,2篇文章被市政协刊物刊登。畅通与媒体的联系渠道,在《人民政协报》《团结报》《福建日报》《福州日报》等报刊上刊登新闻稿件21篇。在农工党中央、农工党省委刊物上发表文章6篇,各类动态信息被市政协等部门采用18条。编辑《福州农工》6期、《工作简讯》12期。

(林　风)

致公党福州市委员会

【概况】 2010年,致公党福州市委有县(市)委会1个、工委会5个、支部34个,党员741人,新发展党员29人。党员平均年龄55.1岁,中高级以上职称占70.72%,有16人在政府机关和司法部门担任副科级以上职务。担任各级人大代表20人次、政协委员73人次。致公党福建省委副主委、福州市委主委鄢萍当选为福州市人大常务委员会副主任。

年内,获致公党福建省委"2010年度调研和提案工作先进集体""2010年度反映社情民意信息工作先进集体",福州市政协"第五次政协理论研讨会论文征集"组织奖、福州市委统战部"2010年度福州市统战系统信息工作先进单位"、福州市直统战系统"海西发展·福州先行"知识竞赛第一名。在"双岗建功"活动中获得市级以上单位表彰22人次。

【参政议政】 在省、市"两会"期间提交提案、议案和建议81件,有2件提案被致公党省委会采用为省政协集体提案;在市政协十一届四次大会上提交党派集体提案10件、个人提案28件,《关于加强福州市中小学生命安全教育和管理的建议》被列为重点提案,《福州(平潭)海峡产业投资基金的初步构想》作为大会发言。完成调研课题39个,被《福建省社会主义学院学报》《福州调研》等杂志及统战、政协等系统理论研究会采用7篇次,其中《发展壮大福州市文化产业》获2010年福州市委重点课题优秀成果特别奖。

编辑上报社情民意信息127篇,其中,被全国政协采用2篇,中央统战部采用2篇,致公党中央采用15篇;被中共省委办《八闽快讯》和省政协专报采用88篇次;被中共福州市委办、市政协专报采用29篇;有19篇获省市领导批示。获福建省政协、致公党福建省委、福州市政协好信息表彰10篇次,受致公党福建省委、福州市委统战部"信息工作先进个人"表彰6人次。

【政治学习】 组织学习中央领导人胡锦涛、习近平在闽考察讲话精神、全市统战部长会议精神、关于社会主义核心价值体系的内涵、省委书记孙春兰署名文章《提高干部学习力,推动福建跨越发展》精神、中共十七届五中全会精神及中共福州市委九届十五次全会精神

11月10日,致公党福州市委会"致公小学"挂牌仪式在闽清茶口村茶口中心小学举行。

等。组织中心组学习6次，机关干部学习会议13次。选送党员参加市委党校、各级社会主义学院、致公党省委和中共省、市统战部及政协组织的各类学习班超过200人次。

【组织建设】 确立教育一支部、台江二支部、仓山支部、晋安支部、马尾一支部5个基层组织建设年活动试点。开展问卷调查活动，走访致公党福清市委、5个区工委、20个支部，开展交流谈心活动近百人次。完成闽侯、长乐支部换届工作。制定《致公党福州市委基层组织考核内容及评分标准》，马尾一支部获致公党中央"树立和践行社会主义核心价值体系，推进基层组织建设"活动先进集体表彰，3人获"全国先进个人"称号。福清市委会、机关支部获"致公党省委组织建设先进集体"称号，4人获"省先进个人"称号。致公党福州市委在六届六次全委(扩大)会上表彰11个市级组织建设先进集体，29名市级先进个人。

【联谊工作】 加强与海外侨团的联谊工作，接待巴西、加拿大、澳大利亚、新加坡等国家和地区的侨胞侨眷500多人次；与台湾访问团、台商考察团沟通，传递福州及海西经济社会发展的新形势。陪同第十届全国政协副主席、原致公党中央主席罗豪才出席第十二届海峡两岸经贸交易会，参与接待海外侨商；牵线搭桥引资引智，为福清海口中学引进建设资金近2000万元；邀请印尼、马来西亚、新加坡等国家和中国台湾、香港地区的170家客商到榕参观参展，促成意向投资额达3500万美元。

【社会服务】 以海西"春风·春雨·光彩"行动为平台，引导基层组织、骨干党员开展下乡义诊、扶贫助困及"送教下乡"等活动，服务对象超过1000人次。推动落实捆绑联系村(闽清县塔庄镇茶口村和连江县潘渡乡塘坂村)的道路建设、科技文体活动中心及"农家书屋"等科技文化项目建设资金20余万元，促成"闽清茶口致公小学"正式挂牌。为第五届特奥会、"爱心水窖"和闽西北特大洪灾灾区捐款捐物价值8万元。

【纪念中国致公党成立85周年】 开展有奖知识竞赛活动，征集党员书画作品、摄影作品10余幅，参加致公党中央举办的系列书画、摄影展。举办"树立和践行社会主义核心价值体系暨纪念中国致公党成立85周年演讲比赛"，并选送4名优胜者参加致公党福建省委举办的"我和致公党"演讲比赛，分获一、二、三等奖。

(魏小云)

九三学社福州市委员会

【概况】 2010年，九三学社福州市委会下辖2个县级市委会、5个区工委、1个基层委员会、37个支社；全体社员561人，平均年龄51.33岁，其中高级职称占50%，中级职称占42%。有14人担任各级人大代表，62人担任各级政协委员，25人担任各级特约监督员。

年内，开展政治学习、组织队伍建设、参政议政、社会服务等工作。社市委被社中央评为全国社会服务工作先进集体，被社省委评为参政议政工作先进集体。4人被社中央评为先进个人，1人被社中央评为社会服务工作先进个人。4人被社省委评为参政议政先进个人。4人的科技成果分获福州市科技进步二、三等奖，2人被评为福州市首届优秀人才。

【参政议政】 在2010年的各级"两会"上，社市委提交提案、议案和建议144件。其中，向全国政协全会提交提案9件；在省政协全会提交大会发言1件，党派提案3件；在福州市"两会"提交提案或建议57件。《关于加强乌龙江流域生态保护的建议》被市政协列为重点提案，《关于尽快启动〈福州市科学技术进步若干规定〉的修订工作的议案》被市人大全会列为大会议案，《福州市科学技术进步若干规定》(修订)被列为福州市人大常委会2010年立法计划立法项目(大会共两项)；《关于规范一次性餐具消毒的建议》获市人大代表好建议奖。

开展热点、难点问题调研活动，为推动福州发展建言献策，提交关于"发展低碳经济""城市内河整治""青潭溪水库建设""立体绿化""建立二水源生态保护补偿机制""平潭岛建设的生态保护"等7篇调研报告。《平潭岛生态建设与发展的建议》和《发展低碳经济，打造福建宜居城市》两篇论文获2010年"海西论坛"三等奖。与市政协人口环境资源委员会联合开展"农村家园清洁""白马河整治"课题调研。向市委统战部提交统战理论研讨文章，其中《发挥福州异地商会作用，繁荣社会主义市场经济》《积极探索参政议政经验，推动党派提高履职能力》获2010年福州市统一战线理论研究征文选编一等奖。

了解社情民意，及时反映人民群众

11月25日，九三学社福州市委会开展内河整治课题调研。

的心声,全年向省、市政协、统战部和社中央、社省委报送动态信息和社情民意信息85件,《拆迁危旧房期待示范性协议文本》《当前加强我省防抗台风工作的几点建议》《民主党派人士对国务院出台政策遏制房价过快上涨的反映》等18件信息被采用。其中《加强农村畜禽养殖污染整治的建议》被省政协专报采用,并得到省政协主席梁绮萍批示,《关于迅速排查我市外立面改造等工程消防隐患的建议》得到副省长、市长苏增添批示,《关于保护半野轩的建议》得到市政协主席陈扬富和市委常委、副市长朱华批示。

【政治学习】 把"树立和践行社会主义核心价值体系"学习教育活动作为2010年政治思想教育的重点。一是在年初的工作会议上进行全面动员部署,制定系列活动方案并向社各基层组织转发《九三学社福州市委员会关于开展"树立和践行社会主义核心价值体系"活动的通知》。二是邀请中共省委党校教授林建华在社市委承办的"天和论坛"上就社会主义核心价值体系相关内容作专题辅导讲座,各基层组织骨干社员和统战系统干部200多人参加活动;组织30多名社员参加社省委的专题辅导报告会;将"树立和践行社会主义核心价值体系"列入当年全委会议、常委会议、主委会议和基层组织的重要学习内容,多次召开中心组学习交流会。三是开展"树立和践行社会主义核心价值体系"征文活动,部分优秀论文被社省委、市政协和市统一战线理论研究会采用。四是开辟社市委网站和刊物"树立和践行社会主义核心价值体系"专栏,刊发学习资料,交流学习经验和心得体会。五是开展"树立和践行社会主义核心价值体系"知识竞赛活动,9个基层组织代表队参加竞赛。六是组织社员参加"身边的榜样——树立和践行社会主义核心价值体系先进人物事迹报告会"电视电话会议,并推荐2名先进个人参加"福州市树立和践行社会主义核心价值体系先进人物事迹报告会"。

【组织建设】 年内,成立九三学社闽侯基层委员会。发展科技界、医卫界、高等教育院校社员24人,平均年龄37.69岁,其中高中级职称占92%。注重后备干部培养,建立200名各类人才数据库,全年安排8名社员参加2010年度九三学社福建省委会社员骨干培训班、福州市第三期党外干部培训班。

【社会服务】 开展扶贫、助学、科技、文化、卫生下乡等社会服务活动10多场。对晋安区华美、砌池社区10户贫困家庭进行春节扶贫慰问,送去3000多元慰问金;联合市红十字会到下派干部捆绑帮扶村闽清县白樟镇樟山村开展春节慰问活动,送去价值3000多元慰问品;资助闽侯大湖乡品学兼优的8名贫困生2400元助学金;为寿宁地区贫困生捐赠价值500元的书籍;组织有关专家和社员在晋安区寿山乡开展"科技和平周"科普咨询、义诊、健康咨询和专家进学堂等活动,送去科普读物近千本,良种数百包;多次组织园林、农业等方面专家到对口帮扶的日溪乡东坪村开展科技服务,帮助规划建设园林苗木种植基地,筹集5万多元启动资金,培训园林工人,种下第一批试验苗木;为支援贵州省水窖建设、"6·13"闽西北特大水灾受害地区和支持特奥会,社市委和各基层组织捐款10余万元。

(吴陈勇)

台盟福州市委员会

【概况】 2010年,台盟福州市委会有基层组织4个,盟员90人,其中新发展盟员10人。盟员平均年龄53.5岁,具有中高级职称38人,各级人大代表11人,政协委员23人。年内,提交议案建议28件,接待台湾客人7批83人次,捐助公益事业1.5万元。在市政协十一届四次全会上,台盟福州市委会主委郑建闽当选为福州市政协副主席。在市人大十三届五次会议上,台盟福州市委秘书长粘少梅当选为福州市人大常委。

【参政议政】 台盟市委机关以及盟员在全国以及省、市"两会"上提交提案、议案、建议28件,向中共福州市委统战部、福州市政协等部门上报信息88条,其中21条重要信息被相关单位采用;完成《论我市"退二进三"策略中台资企业的利益保障》《关于加强福州市品牌建设的问题研究》《加强上下杭涉台侨文物保护,打造海西特色历史文化街区》《关于农民专业合作社若干典型个案的分析与思考》《关于大力发展我市中职教育的建议》《居家养老服务站点建设的建议》《关于农村中小学校布局调整的思考与建议》《关于校园及校园周边安全问题的建议》《加强涉台文物保护开发利用的研究》《提高城市规划建设水平的几点思考》等10篇调研课题,其中《论我市"退二进三"策略中台资企业的利益保障》得到副省长、市长苏增添批示。

【政治学习】 将开展树立和践行社会主义核心价值体系活动作为政治理论学习的核心任务。6月4日,省、市台盟联合召开"开展树立和践行社会主义核心价值体系活动"动员大会,台盟盟员、台胞及机关干部80多人参加。定期安排学习心得交流、专题学习会等活动,引导盟员将践行核心价值体系与实际工作相结合。邀请省委党校教授林建华作《建设社会主义核心价值体系,增强社会主义意识形态的吸引力和凝聚力》讲座,详细阐述社会主义核心价值体系的时代背景和科学内涵。

【服务榕台交流】 协办"相约世博——榕台青年夏令营"联谊活动,促进两岸学生交流。协办"福州船政与近代中国海军史研讨会",增强船政文化连接两岸同胞感情的文化纽带作用。深入在榕台企,了解他们在投资中遇到的问题以及对福建省建设平潭综合实验区的意见建议,并向有关部门反映。全年,接待台湾客人7批83人次,赴台交流3批10人次,为台商提供各类咨询服务95人次,走访慰问台商78人次,接待处理台商投诉4人次。

【社会服务】 参与全市"春风·春雨·光彩"行动,将福屿社区作为台盟市委结对子帮扶对象,多次到该社区慰问社区困难户,了解他们的生活、工作情

8月19日,第七届榕台青年夏令营开营。

况,并送上慰问品。三八节期间,台盟市委到福州市第二福利院慰问孤残少年儿童,并送去慰问品。全年,发动盟员、所联系台胞和机关干部向特奥会、西南干旱、闽北水灾以及福州偏远山区的贫困学生捐款1.5万余元。2010年,台盟市委获福建省红十字会"红十字人道荣誉奖"。

(程　栩)

福州市工商业联合会

【概况】 2010年,福州市工商联会员数(包括团体会员和企业会员)2.02万家。市属基层商会10家,其中行业协会(商会)7家;异地商会33家;各县(市)区工商联所属异地商会34家,其中,7家街道工商联(商会),14家乡镇商会,13家同业公会。非公有制经济人士中,有全国人大代表1人,省人大代表6人、省政协委员8人,市人大代表36人,市政协委员56人。年内,开展组织建设、"回归工程"、社会服务、参政议政等工作。

13家会员企业获评"2008～2009年度省级劳动关系和谐企业",3家非公企业评为全国劳动就业先进企业,5个异地商会、会员企业和5名会员企业家被市委、市政府授予"榕商联村"先进单位和先进个人称号,曹德旺、刘用辉2名企业家获"第三届全国非公有制经济人士优秀中国特色社会主义事业建设者"称号。

【参政议政】 组织"百家非公企业大走访"等活动,开展10个课题调研,《抓党建、筑和谐、促发展,不断探索异地商会党建工作新途径》等多篇调研文章获得省委统战部、市直机关党工委等部门的表彰。将调研成果以政协提案、人大议案和建言献策等方式,向市政协大会及市委、市政府办公厅呈送提案或民情专报件20多件,促成市政府出台《关于加快物流业发展的若干意见》。经市工商联先期调研和后期推动,市委常委、统战部长王玲多次主持召开相关部门与信用担保行业协会及担保企业座谈会,市政府办公厅召开扶持担保业发展专题会议,促进福州市信用担保业的发展。

【组织建设】 一是发展直属会员,着重发展经济实力强、在行业中比较有代表性、政治素质高、有参政议政热情的企业家加入工商联,全年发展新会员近3000人。新增补59名执委,其中常委55人。二是组建异地商会、行业商会(协会)和基层工商联组织,先后在浙江金华、广州组建福州商会,在榕成立浙江丽水、福建漳州、龙岩连城和三明沙县等地的福州商会,使全市异地商会增加至32家;先后组建福州市工商联钢贸商会、五金水暖商会和福州市工商联木业(公会)总商会和福州市信用担保协会等行业商会(协会)组织;鼓楼区工商联在温泉街道、华大街道、五凤街道和水部街道分别建立街道工商联。三是加强异地商会和基层商会管理,分别召开"异地商会企业家座谈会"和"异地商会工作(沈阳)交流会";利用国庆节等假日,组织回乡的异地商会企业家参观市政建设;专题举办"异地商会秘书长培训班";帮助6家异地商会进行换届和4家异地商会进行社团法人登记;制定《县级在榕异地商会管理办法》和《在榕异地商会和行业协会例会制度》等规章制度。五是开展"创先争优"活动。建立28个创先争优工作联系点,结合"百家非公企业大走访"活动,推动创先争优活动在非公企业开展,并培养和树立一批不同类型的创先争优先进典型。组织机关干部和企业党组织负责人到泉州市"九牧王""特步"等企业学习非公企业开展创先争优活动的经验;组织在榕商会支部全体党员、部分入党积极分子参观海军博物馆、马江海战纪念馆等;全年有171人向各个商会党组织递交入党申请书,85人确立为入党积极分子。

【回归工程】 "回归工程"是福州市发挥海内外榕籍乡亲的资源优势,鼓励和引导其回乡投资兴业,促进资本回归、项目回归、人才回归、技术回归、信息回归、感情回归等的一项引资引智举措。2010年,市政府依托市工商联成立市"回归办",各县(市)区也先后成立"回归办"机构,并召开全市"回归办"工作会议,建立与各县(市)区政府、各工业区管委会的联系,掌握全市招商引资的具体政策和用地、规划等方面的信息。市回归办走访全市所有异地商会,分别召开"回归工程"专题座谈会,健全"回归工程"的招商网络。年内,全市引进"回归工程"项目171个,投资329.8亿元,其中金纶纺织、百洋食品等9家企业11个项目被列入福州市"五大战役"重点项目。其中通过"5·18"海峡两岸经贸交易会签订亿元以上的"回归工程"工业制造业项目12项,总投资52.7亿元、3000万美元,有3个项目单体投资超过10亿元;通过"9·8"厦门投资贸易洽谈会签订回归项目3项,总投资

12.5亿元、1.5亿美元;通过沈阳异地商会交流会,签订"回归工程"项目13项,总投资24.8亿元、200万美元。

【服务会员】 一是开展"百家非公企业大走访"。用近4个月时间,走访120多家会员企业,调研企业在转变生产方式中面临的困难和问题,及时向市委、市政府反映企业的诉求和建议,并收集会员企业典型事例进行宣传报道。二是推进宣传信息服务。对福州新闻网的"榕商频道"进行改版,使"榕商频道"成为工商联会员企业学习理论、掌握政策、开展交流的窗口和载体,最高日点击率突破1万。通过《中华工商时报》《福建日报》《福建工商时报》《福州日报》等媒体刊登宣传非公经济发展的稿件100多篇。加强信息员网络建设,建立基层工商联、异地商会、基层商会(协会)及近百家重点企业的信息员网络队伍。三是开展咨询培训和人才培养服务。在开展非公企业专业技术人员职称评定服务中,接听咨询电话600多个,接待上门咨询人员近100人次,帮助会员企业评定高、中、初级职称840人。与市委统战部联合组织53名会员代表参加在北京举办的"2010年北京大学福州市非公经济代表人士高级研修班",组织企业家参加在中央社会主义学院举办的培训班,举办"切实转变经济发展方式,加快推进海西经济区的建设"等培训讲座10多场,参训600多人次。

【社会服务】 2010年,市工商联基层商会、异地商会和行业协会及广大会员向青海玉树灾区捐款1.01亿多元,向闽西北"6·13"特大洪水灾区捐款1689万元,向贵州毕节地区"同心水窖"捐款80万元,向福州特奥会捐款38万元,为福州"四绿"行动捐资10万元,为公益事业捐资301.2万元。异地商会企业家与贫困大学生结成帮扶对子466人,捐资助学逾600万元。在市委统战部、市工商联联合开展的"百名榕商与百名'三老'结对帮扶"活动中,100名工商联会员企业家通过"五个一"方式进行帮扶,即每年捐赠一笔助困(助学)资金、提供一个就业岗位(创业机会)、资助一批生活物资、培训一项就业技能、提供一个扶贫项目,结对帮扶时间为2年,每年为帮扶对象提供1万元以上的资金或物资帮助。

"榕商联村"活动是市工商联参与海西"春风·春雨·光彩"行动的重要载体。至2010年,共实施产业帮扶、公益帮扶、智力帮扶等7类项目130个,投资4.32亿元,涉及90多个乡镇150多个村,惠及10万多农民。在2010年异地商会新春座谈会上,福州市"榕商联村"活动达成公益帮扶项目32项,帮扶类型涉及饮水工程建设、农村文教基础设施建设、村道建设、医疗卫生设施建设、村容改造、助学和用工帮扶等,累计帮扶金额1.12亿元。同时帮助下派村筹集资金1000多万元用于造福工程,建成造福工程面积22.5万平方米。

5月,福州市举行海西"春风·春雨·光彩"行动2008~2009年度社会各界捐赠公益事业先进个人和企业表彰活动,市工商联115个企业和个人获得表彰。

(郑 婷)

(编辑 郭进绍)

福州市总工会

【概况】 2010年,福州市总工会围绕全市工作大局,团结动员广大职工投身"五大战役",服务福州发展。全市创建800个市级"工人先锋号"和"五一先锋岗",9项职工创新成果获第十九届全国发明展金奖。维护职工合法权益,追讨欠薪近1500万元。

与市委组织部联合下发《关于进一步加强新形势下党建带工建工作的意见》,加强行业性工会组织建设,成立市木业商会工会联合会、市商贸商会工会联合会、市律师行业工会联合会、台江五金行业工会联合会等一批新的行业性工会。全市基层工会1.68万个,涵盖法人单位3.32万家,工会会员近160万人。

【创建"工人先锋号"】 开展以"促转变、促发展、当先锋、作贡献"为主题的创建"工人先锋号"活动。在全市庆祝"五一"国际劳动节大会上,发出"在加快福州发展中当先锋作贡献"的倡议,推动公交、出租车改善软硬件,提升窗口服务行业"工人先锋号"形象。在《福州日报》开辟"来自'工人先锋号'的报道"专栏,宣传创建典型。全市命名表彰800个市级"工人先锋号""五一先锋岗";84个集体获评省(部)级"工人先锋号"。围绕市委"大干150天,打好五大战役"的决策部署,在全市各重点工程中开展以"比施工进度、比工程质量、比安全生产,创'工人先锋号'"为主题的劳动竞赛活动,参与企业近1万家,职工90多万人次。

【职工技术创新】 发动职工为创新型省会中心城市建设作贡献,征集437项职工创新成果,参加第五届"6·18"海峡两岸职工创新成果展,获金奖47项,银奖74项,铜奖130项;有20个项目在展会上进行展示,签约18项,总投资12.476亿元。征集55个职工创新成果参加第十九届全国发明展,获金奖9项、银奖12项、铜奖20项,其中"组合式异型汽车玻璃钢化成型器制造方法及采用的装配工装"项目还获发明者协会国际联合会(IFIA)颁发的"科学发明奖"。举办"我为企业发展献一计"——第二届"金点子"大赛,参与职工20多万人,提出金点子8万多条。

【职工教育培训】 把职工思想政治教育与城市精神文明建设相结合,组织"争创文明城市,共建美好家园"职工志愿活动。建立健全职工技能培训、技能竞赛、技能等级鉴定一体化运作机制,畅通技术工人成长成才渠道。组织开展10多个行业、上百个工种的"名师带高徒"、岗位练兵、技术比武等活动,参与职工20多万人次;结合纪念三八国际妇女节100周年,举办大型女职工技能竞赛活动。

开展"关爱职工·夏送清凉"活动,加强劳动安全检查监督,慰问高温岗位职工。开展"安康杯"竞赛活动,动员全市5700多家企业、80多万职工参加竞赛,开展安全知识教育培训,推广安全设备措施的应用,形成"关注安全、关爱生命"的用工氛围。在企业工会工作研讨班、市总工会机关"五月风"工会干部讲坛上开设"职工心理疏导理论与实践"课程,提高工会干部开展职工心理疏导工作的能力和水平。

在福州电视台"劳动者之歌"专题节目、市总工会"五月风"门户网站以及"先模一条街"等宣教阵地,宣传劳模先进典型和全市工人阶级所作出的杰出贡献。举办"五一"讲述劳模的故事、"我心中的劳模"评选宣传等活动,推动形成"崇尚劳模、学习劳模、争当劳模、关爱劳模"的社会氛围。开展进企业、进工地、进工业园区,送演出、送电影、送书籍的文化"三进三送"活动9场次。

【履行工会维权职责】 推动企业建立健全职工工资协商共决机制、正常增长机制和支付保障机制。全市签订集体合同5019份,覆盖企业2.39万家、职工104万人,签订工资专项合同4368份,覆盖企业2.17万家、职工99.5万人。开展和谐企业创建工作,建立健全劳动关系矛盾排查制度,建立企业劳动关系矛盾"红色""黄色"分级信息档案,做到早发现、早报告、早介入。开展工业园区职工生活文体设施建设情况调研,向市政府提出加强工业园区职工生活文体设施建设的意见建议。加强信息员队伍建设,全市有各级信息员600多人。开展“深情问薪金”活动,为农民工追讨欠薪近1500万元。

【开展“春风行动”】 召开福州市“春风行动”10周年工作座谈会,总结经验,表彰实施“春风行动”先进单位和先进个人。“两节”期间,市各级工会筹措送温暖资金800万元,慰问困难企业300多家,困难职工8000多户,困难劳模800多人和农民工近5万人;帮助农民工平安返乡15万人次。开展“温馨在榕城”活动,为留榕农民工送年夜饭、送电影、送文艺演出。举办“情系海西·爱在榕城”首届新福州人大型集体婚礼,有百对“新福州人”参加,营造农民工扎根福州、融入福州、建设福州的良好氛围。开展“春风助学”活动,资助困难职工子女8000多人,建立11家“春风助学”勤工俭学基地。开展抗震救灾、抗洪救灾捐款活动,为玉树地震灾区筹集爱心款物500多万元;为闽西北洪涝灾区筹集爱心款物700多万元。在全市企事业单位中开展职工医疗互助活动。为2000名农民工提供上岗培训和岗中职业技能提升培训;为1.12万名在职职工提供技能提升或转岗等综合素质能力培训,帮助他们提升岗位职业技能水平。委托专业培训机构对300名建档的困难职工子女提供创业能力培训,延伸和拓展以创业带动就业的帮扶模式。

(陈丽燕)

共青团福州市委员会

【概况】 2010年,福州市有14~35周岁青年148.2万人,其中14~28周岁青年113.6万人,团员总数42.7万人,团青比例37.6%;全市建有各级团组织2.1万个;团干部2.8万人,其中团市委专职干部26人,县(市)区团委专职干部42人,市直属单位团委专职干部7人。团市委立足教育引导青年、服务青年和维护青少年合法权益的基本职能,引领全市团员青年投身海西省会中心城市建设。

【基层团建工作】 坚持党建带团建,探索建立党团组织联建、党团服务联动、党团活动联创“三联”机制,基层团建工作在全省实现“四个率先”,即率先在338家符合建团条件的国有企业单位100%建团,率先在18个省级以上工业园区100%建团,率先在1342家规模以上非公企业100%单独建团,率先在47个带有行业协会性质的新社会组织100%单独建团。“两新”组织(新经济组织、新社会组织)团建实现“三个全覆盖”,即在427家非规模但有党组织的“两新”组织、203家团属青年社团会员单位和9098家符合建团条件的“两新”组织中实现共青团组织的全覆盖。

1月31日,在连江清禄鞋业举办情暖2010“两节·春风送暖”慰问活动。

【主题实践活动】 突出“团旗辉映党旗红,创先争优走前头”主题,开展“团员承诺”和青年突击队竞赛活动。开展“号队”联建活动,组织100个青年文明号集体与100支青年突击队结对,服务重点工程建设。联合江西、重庆等省(市)共青团组织,建立一批驻榕团工委,引导外来务工青年群体在“五大战役”中建功立业。组织团员青年参与抗灾救灾,为西南地区抗旱救灾筹款236万元,为闽西北抗洪救灾募款128.39万元。围绕全市重大活动,组织5542人次的青年志愿者为“5·18”海峡两岸经贸交易会、“6·18”海峡项目成果交易会、城区交通整治、“四绿工程”、第六届“APEC技展会”、第六届“泛珠论坛”等提供志愿服务。完成第五届特奥会火炬传递和青少年高峰论坛的承办工作,获评组委会“优秀组织奖”和“优秀表现奖”。

【就业创业服务】 开展青年创业小额贷款工作,创新“企业扩张型”贷款、“1+X”贷款等服务模式,联合相关金融机构发放贷款7587万元,扶持1426名青年创业,带动5082名青年实现就业。完善中国青年创业国际计划(YBC)工作网络,发展创业导师122人,扶助61名青年获得创业资助305万元,位居全省首位。发挥全市152家青年就业创业见习基地作用,提供青年就业创业见习岗位3675个,其中完成见习1412人,通过见习并留用769人。组织青年就业创业技能培训,争取政府补贴培训名额2300个,举办各类培训班56场,培训青年6308人,扶持青年就业创业3533人。

【思想政治教育】 以纪念“五四”“六一”“十一”等节庆为契机,开展思想政治教育活动。引导少先队员争当“四好少年”,增强对中国共产党和社会主义祖国的感情。举办福州百名优秀青年走进校园励志报告会100场。推进青年马克思主义者培养工程,开展理论专题讲座、学习交流和实践考察等活动共计11场,用中国特色社会主义理论体系引领教育青年理论骨干2667人。在市委党校挂牌成立市团校,通过办班培训与网络培训相结合方式,培训“两新”组织团

4月30日，福州市召开纪念“五四”运动91周年大会。

干部、乡镇（街道）团干部、农村（社区）团支部书记、少先队辅导员和大学生骨干等4993人。

【维护青少年合法权益】 开展共青团与人大代表、政协委员“面对面”活动，征集并提交提案、建议1013条。开通“12355”青少年服务台，为1293人提供心理咨询、法律援助、就业指导、助学帮困等公益服务。组织“希望·圆梦”公益活动，募集爱心捐款705万元，资助贫困生200人，援建希望小学2所，资助30名农村贫困肢残患儿进行手术治疗或安装矫形器械。开展农民工子女暑期公益夏令营100场，以“1支队伍+1所学校”的方式结对帮扶323所学校7.8万名农民工子女。

开展关爱闲散青少年和农民工子女专项行动，初步掌握全市12.68万名闲散青少年和2.3万名闲散农民工子女的生存状况，起草《福州市社会闲散青少年的基本情况》和《福州市罪错闲散青少年调查分析报告》，供决策部门参考。组织青少年事务社工开展问题青少年帮扶工作，重点在社区、学校接触问题青少年2.17万人次，开设个案工作283例。推动建立关爱闲散农民工子女的数据收集、查询、分析、帮扶机制，募集爱心资金60万元。

【榕台青少年交流合作】 以项目推介会、对接会、文化活动等形式，推动榕台青年在农业、经贸、科技、教育等领域的交流合作。首次组织10名青年企业家赴台开展经贸交流，邀请855名台湾青少年到榕参加第三届榕台少儿艺术节等活动，承办第十二届祖国大陆和平小天使赴台交流访问活动，组织58名福州少年儿童赴台交流参访，接待台北青少年育乐中心等15个到榕参访团。

（胡　超）

福州市妇女联合会

【概况】 2010年，福州市有县（市）区妇联12个、街道妇联40个、社区妇联460个、乡（镇）妇联133个、村妇代会2193个。年内，市妇联服务妇女创业就业，加强妇联基层组织建设，促进两岸妇女交流合作，实施“留守儿童关爱工程”和“春蕾计划”。

【搭建妇女创业就业平台】 推动妇女小额贴息贷款政策落实，配合财政、劳动、金融部门做好扶持妇女创业小额贴息信贷工作，有574名创业妇女获得贴息支持，总贷款额度1820万元，贴息金额152.9万元。“三八”期间，联合市人力资源和社会保障局、市公务员局举办以“助力创业就业巾帼建功海西”为主题的女性创业就业大型专场招聘会2场，提供女性岗位近1.2万个，7500多名外来女务工人员、女大学生受益。面向有创业意愿的贫困农村妇女提供一次性创业补助，全年为经济欠发达县的28个贫困农村妇女提供2000元/人的创业补助金。开展农村实用技术培训，联合县（市）区妇联举办“双学双比”培训班44期，培训农村妇女3828人。协助省妇联完成7个农村妇女科技培训项目，近7000人参加培训。依托双学双比领导小组各成员单位的力量，为近3万名农村富余女劳动力提供转移技能培训，并帮助2.6万名农村妇女实现转移就业。组织女企业家参加“6·18”海峡项目成果交易会，有5个项目签约。

【维护妇女儿童合法权益】 围绕妇女最关心、最直接、最现实的利益问题，推动妇女儿童活动阵地建设、农村妇女健康普查等重难点问题的解决。海峡妇女儿童活动中心选址于福州市儿童公园（新建）东侧地块，陆续开展土地报批、立项、项目建议书上报、项目总评、环境评估等前期工作。推动福州市台江区及连江县妇女儿童活动中心建设纳入省财政扶持名单。组织城乡低保妇女每两年进行一次免费妇科病检查，首轮检查2.51万人，完成率92.28%。组织各县（市）区开展“妇女儿童发展纲要”实施情况终期自查工作，全面启动新一轮发展纲要编制。

开展法制宣传活动。三八节妇女维权周期间，开展以“关注服务妇女民生，促进社会稳定和谐”为主题的综治宣传等20多场活动，发放宣传材料、宣传品6.82万份，展出宣传展板96面。“6·26”国际禁毒日期间，各县（市）区妇联及乡镇（街道）妇联开展28场禁毒宣传活动，发放禁毒宣传资料4.4万多份，禁毒宣传品3.65万多份。“11·8”福州市法律援助宣传日及“12·4”法制宣传日期间，全市各级妇联先后组织开展以“弘扬法制精神，促进社会和谐”为主题的普法宣传系列活动20多场，发送“平安家庭”手机宣传短信3万条，活动现场发放法制宣传品、宣传材料10万多份。

开展维权服务，开通“12338”妇女维权热线，同时依托福州市法治社区信息化公共服务平台，建立社区妇女维权工作站服务窗口，引领妇女维权工作进入数字化阶段。年内,全市妇联系统受理信访案件1440件次,其中来信60件次,来电464件次,来访902件次,网络来信14件次,结案率99.6%。

【纪念三八国际劳动妇女节100周年】　以"时代巾帼,光荣使命"为主题,召开三八国际劳动妇女节100周年暨表彰大会和学习贯彻中共中央总书记胡锦涛相关重要讲话精神座谈会,举办优秀女性事迹报告会、女性摄影展,并开设电视专题报道、日报专版等,纪念三八国际劳动妇女节100周年。还评选表彰福州市"三八红旗手标兵""三八红旗手""三八红旗集体",福州市"十佳巾帼示范村""十佳巾帼示范基地",福州市"巾帼文明岗""五好文明家庭""五好文明家庭"标兵户。

【引导妇女参与和谐社会建设】　深化五好文明家庭、廉政文化进家庭等特色家庭创建活动,开展全国、省、市级"五好文明家庭"的评选推荐工作。投入平安家庭创建经费162.5万元。至2010年,全市有"平安家庭"185.47万户,占全市总户数的94.3%。"平安家庭"示范社区(村)2571个,达标率91.1%。在年底召开的"平安家庭"推进会暨表彰会上,有4个先进示范县(市)区、32个先进集体、189个先进示范社区(村)和210户福州市"平安家庭"标兵户受到表彰。联合市纪委开展廉洁治家格言警句征集活动。发动城乡妇女和家庭参与社会志愿服务工作,举办"巾帼家庭志愿者低龄老人助爱高龄老人游江滨"和"情暖金秋——万名巾帼志愿者关爱老人社区服务"活动,招募巾帼助老志愿者600多人。开展"小手拉大手,争当文明福州人"宣传活动,号召榕城广大市民共同参与,从自身做起,带头实践文明言行,争做文明市民。联合市园林局举办"倡导低碳生活、建设生态海西、情系西部灾区"爱绿护绿献爱心活动,向全市妇女及家庭发出"爱我榕城、绿满家园"倡议。为玉树灾区和西南旱区募集7.1万元善款。

【促进榕台妇女儿童交流】　举办"第四届海峡妇女论坛·福州分论坛"活动,围绕"海峡姐妹携手,共促和谐发展"的主题,研讨两岸妇女合作与发展议题,推动两岸女企业家合作共赢。福州市妇联与高雄市妇女会在论坛上签订友好交流意向书。省市妇联联合组织各界妇女开展"营建海峡姐妹林,建设海西生态省"活动,种下无患子树苗300株。市妇联接待台湾知名人士辜振甫夫人严倬云一行,密切与台湾妇女组织的联系。组织海峡两岸医务工作者前往闽清县三溪镇中心小学开展"海峡两岸心连心,共为学子献爱心"春蕾女童结对资助见面会暨义诊活动。

【关爱流动留守儿童及"春蕾女童"】　加大贫困儿童助学力度,做好贫困女生的调查摸底工作。全年各级妇联募集"春蕾款"34.85万元,其中资助义务教育阶段贫困女童157人,贫困女高中生53人,贫困大学生72人,特困农村留守流动儿童130人。筹集资金30多万元,在农村留守流动儿童集中的村(居委会)或学校、特教学校建立"阳光图书室"1个,援建"爱心书屋"25所,建立"留守流动儿童之家"2个。六一节期间,以农民工子女为主体,开展百名困境儿童庆"六一"游园活动。年底,联合省妇联发起"恒爱行动——寻找爱心人士为孤残儿童编织爱心毛衣"活动,市离退休女干部联谊会、市三胞妇女联谊会、市直机关妇工委等近200名爱心奶奶、爱心妈妈编织爱心毛衣230多件,分送到孤残儿童手中。

【推进家庭教育工作】　与市教育局联合举办全市家庭教育工作骨干培训班,提高学校、基层家教骨干的实际操作能力和指导能力。家庭教育宣传实践月和省社会科学普及宣传周期间,举办家庭教育公益讲座,提高学生、家长的安全意识以及心理健康水平。开展家庭教育理论研讨工作,编印福州市第十三届家庭教育理论研讨优秀论文集。向全市各村(居)发放家庭教育书籍,为家长提供家教个案诊断。深入社区调研社区学生托管试点工作,并向鼓楼区首批社区学生托管试点南街街道柳河社区、鼓西街道后县社区等社区托管中心捐赠图书500多册。

【妇联基层组织建设】　召开深入开展创先争优活动动员部署会,提出实施意见;班子成员分组前往创先争优活动挂钩点就"党群共建创先争优"开展调研;召开福州市党群共建创先争优暨推进妇联基层组织建设工作会议,推动基层妇联组织"三个一"建设(即一个阵地、一支队伍、人均一元工作经费)。11月底前,福州市完成村、社区"妇女之家"的全覆盖。市妇联工作专项经费实现按妇女人均1元标准纳入财政预算,各县(市)区均实现按妇女人均1元标

3月4日,福州市召开纪念"三八"国际劳动妇女节100周年暨表彰大会。

准安排妇联经费。开展“千村妇代会创先争优”活动，发挥妇联农村基层组织在推动农村妇女参与新农村建设的作用，表彰先进妇代会组织281个，优秀妇代会主任281人。

【召开福州市妇女第十三次代表大会】 7月27~29日，福州市妇女第十三次代表大会在福州人民会堂召开。来自福州市各族各界和香港、澳门、台湾的448名代表参加大会。省委常委、市委书记袁荣祥到会并作重要讲话。市妇联主席陈晔代表福州市妇女联合会第十二届执行委员会作题为《坚持科学发展，凝聚妇女力量，为加快海峡西岸经济区省会中心城市建设而奋斗》的工作报告，提出未来5年的奋斗目标和任务。大会选举产生由62人组成的福州市妇联第十三届执行委员会和市妇联新一届领导班子。

（林燕芳）

福州市文学艺术界联合会

【概况】 2010年，福州市文联有作家协会、音乐家协会、美术家协会、书法家协会等11个文艺家协会，会员约4500人。年内，开展各种文艺活动，打造地域文艺品牌，扶持诗歌、文人剪纸、漆艺等具有福州特色的文艺创作，奠定在全国的优势地位，美术、摄影、戏剧等创作多次获国家级和省级大奖。承办福州市首届茉莉花文艺奖的评选工作，开展榕台文艺交流，开通福州文联网站，推动东方书画社展示中心入驻南后街，开展“爱福州、爱家乡”原创歌曲征集推广活动，提升福州地域文化的认知度与认同感。

【重要文艺活动】 2月23~28日，由市美术家协会主办，市东方书画社承办的《沈亮迎虎年书画展》在三坊七巷南后街东方书画社展示中心展出。

2月27日，由市文联、市美术家协会共同主办的“舞动2010·福州市新春雕塑作品邀请展”在福州画院展厅开幕。

4月9日，由省作家协会、市文联共同主办，融侨集团与福建省海峡朗诵艺术团联合承办的“映象·闽江”大型中外诗歌朗诵音乐会在南江滨公园九龙壁广场开幕。

6月26~27日，由福州市文联、莆田市文联、中华妈祖文化交流协会联合主办的2010年“映象·妈祖”湄洲岛诗歌、散文采风创作活动在莆田湄洲岛举行，来自福建省及澳大利亚的50多名作家、诗人齐聚湄洲，进行为期两天的采风创作活动。

8月8~15日，市美术家协会会员44件作品参加由福建省委宣传部、省文联、中国美术馆主办，省美术家协会承办的“锦绣海西——福建省当代美术（晋京）大展”。

9月23日，由市文联主办、市作协、百家会商务会所、福建省诗歌朗诵协会承办的“秋香诗韵——中秋诗歌朗诵音乐会”，在百家会商务会所举行。

10月1~13日，由市美术家协会主办的“走出横江渡”同窗七子30周年画展在乌山画院展出。

10月21日，由市文联主办的福州市百名文艺家采风系列活动拉开帷幕，在福州画院举行授旗仪式，近百名文艺家参加仪式并到三坊七巷和马尾船政进行文艺创作采风。

10月30日，由市文联主办，市舞蹈家协会和市国标舞交谊舞委员会承办的福州首届“海峡两岸‘博生杯’国际标准舞蹈邀请赛”在福州市体育馆举行。

11月1~2日，市文联与闽都文化研究院共同举办“台湾作家闽都文化采风行”活动。台湾著名作家、诗人痖弦、尉天骢、辛郁等21人到榕参加采风，两岸文学界朋友举行座谈会，并一同参观三坊七巷、林觉民故居、冰心故居、郑和广场、郑和航海馆、郑振铎公园以及马尾船政文化博物馆等福州历史文化印记。

11月5~28日，市书法家协会、市美术家协会与福州新闻网在三坊七巷联合举办“墨香飘万家”小幅书画作品推介展销活动。

11月28日，由福建省博物院、福州市民间文艺家协会承办，福州市剪纸艺术研究会协办的中国·福州“万科杯”海峡文人剪纸邀请展在福建省博物院举行。期间还举办海峡文人剪纸论坛。

11月30日，由市文联主办，市美术家协会、福州东方书画社承办的“第三届中国书画名家海峡西岸采风活动暨名家书画精品邀请展”在南后街福州东方书画社展示中心正式启动。

12月26~28日，由市文联、市作协共同举办的“哈雷、伊路作品研讨会暨诗与城市精神座谈会”活动在福州召开。

【茉莉花文艺奖】 3月，由市委、市政府主办，市委宣传部、市文联承办的福州市首届茉莉花文艺奖正式启动。全市申报参评作品1392件，入围参评作品678件。其中，文学作品126件、美术作品168件、书法作品53件、摄影作品92件、音乐作品70件、舞蹈作品29件、曲艺作品27件、戏剧作品21件、民间工艺92件。

12月30日，召开福州市首届茉莉花文艺奖颁奖大会，为文学、美术、民间工艺、音乐、舞蹈、戏剧、曲艺、书法、摄影9个艺术门类107件获奖作品颁发证书、奖牌、奖状和奖金。其中，特别荣誉奖作品6件、荣誉奖作品3件，一等奖作品15件，二等奖作品33件，三等奖作品50件。

【文学作品出版】 福州市文学界在国家和省级出版社出版的长篇小说、传记文学、报告文学、诗歌散文、文艺理论等100多部，影响较大的有：《燕居草》（散文集）陈兴茂著，《左宗棠》（传记作品）苏翔天著，《风风雨雨都是歌》（作词歌曲集）夏雄著，《聆听与遥念》（散文集）林秉杰著，《魅力长乐》林秉杰著，《邓子恢》（长篇小说）钟兆云著，《乡亲们》（长篇小说）钟兆云著，《项南画传》（传记作品）钟兆云著，《厦门金门两岸情》（报告文学）钟兆云、林建合撰，《纯粹阅读》（散文集）蒋庆丰（哈雷）著，《零点过后》（诗集）蒋庆丰（哈雷）著，《风火墙》（中篇小说）林那北著等。

【文人剪纸大会】 11月28日，由市委宣传部、中国民间文艺家协会剪纸艺术委员会、市文联主办，省博物院、市民间文艺家协会承办，市剪纸艺术研究会协办的“中国·福州‘万科杯’海峡文人剪纸邀请展”在福建博物院举行。展出全国24个省（自治区、直辖市）百余位剪纸艺术家提供的“文人剪纸”作品200幅,同时举办海峡文人剪纸论坛,对剪纸艺术的现状及发展方向进行研讨。中国剪纸专业委员会主席赵光明,中国剪纸专业委员会副主席孙洪杰、张凤琴、刘平、周兴国等剪纸专家参加交流大会。《光明日报》刊登《剪纸:民间坚守与文人参与》专题报道,对文人剪纸大会的成果给予高度评价,肯定福州文人剪纸艺术的领军地位。

【“诗城”品牌建设】 在市文联的直接参与推动下,“映象·闽江”大型中外诗歌朗诵音乐会、“秋香诗韵——中秋诗歌朗诵音乐会”“哈雷、伊路诗歌研讨会暨诗与城市精神座谈会”等一系列以诗歌创作、朗诵、研讨为主题的会议和活动先后在福州举行,为诗人创作交流提供平台,逐步奠定福州“诗城”品牌建设的基础,凸显福州诗群在全国的优势地位。其中,“哈雷、伊路诗歌研讨会暨诗与城市精神座谈会”引发《人民日报》等全国性媒体的关注和讨论,并被新浪第三极作家群落联合推选为“中国诗歌年度十大事件”之一,为福州打造“诗歌之城”营造氛围。

【原创歌曲征集推广】 开展“爱福州、爱家乡”地域原创歌曲征集活动,收集大量原创歌曲并评出优秀歌曲《我的父母之乡》《鼓山》《三坊七巷》等15首制作成光盘,推进榕城文化以音乐的形式得到传播。启动“爱福州、爱家乡”原创歌曲演唱与推广活动,举办“原创歌曲走进校园”的首场演唱会,激发福州本土音乐人创作福州题材、福州话歌曲音乐作品的热情。

【榕台文艺交流】 举办“中国·福州海峡文人剪纸交流大会”“首届海峡两岸(福州)国际标准舞邀请赛”“海峡两岸摄影交流展”“第三届海峡两岸书画名家采风行活动暨名家名作展”“台湾词作家方文山歌词创作讲座”“两岸音乐人闽南语歌曲创作研讨会”“台北爱乐剧工场音乐剧《双城恋曲》福州唱响”等30余场对台重点活动项目;参与省文联组织的文艺家赴台交流团,前往台湾参观文化机构、场馆,学习当地发展文艺的成功经验和方法;邀请台湾作家团一行23人到榕采风,促进两岸文艺界沟通与融合。

【新机构成立】 4月28日,福州市美术家协会雕塑专业委员会成立。5月21日,福州市文联、闽都文化研究院、福建省(海峡)诗书联赋研究会、福建省通俗文艺研究会、福州电视台生活频道、福州五彩动漫数字科技有限公司等27家文艺文化协会、社团、企业、传媒组织共同发起倡议,组建闽都文化创意产业联盟。7月17日,福州市收藏家协会成立。

【福州文联网站开通】 2月12日,福州文联网站(http://wl.fuzhou.gov.cn)正式开通。该网站是福州市人民政府办公厅主办,福州市文学艺术界联合会、福州市“数字福州”建设领导小组办公室承办,广大文艺工作者参与和共建的文学艺术类网站,是福建省首家由地市级文联创立的文联系统网站。

【东方书画社展示中心开放】 10月1日,东方书画社在南后街设立的东方书画社展示中心正式对外开放。展厅面积400平方米,先后举办各类书画、漆艺展览20多场,不定期组织书画座谈会、研讨会、品鉴会、雅集交流等各类活动100多场,接待参观人数100多万人次。画社还与福建坦洋功夫有限公司合作,成立东方茗红艺术沙龙。

(杨绪光)

福州市社会科学界联合会

【概况】 2010年,福州市有县(市)区社科联12个,市属中国特色社会主义理论体系研究基地6个,社科类学会(协会、研究会、促进会)55个。学会个人会员1.3万多人,团体会员1900多个,举办报告会、科普咨询、培训班等活动80多场。年内,市审计学会、市出版工作者协会、市税务学会、市国际税收研究会完成换届工作。福州市第七届社会科学优秀成果一、二、三等奖和佳作奖46项获市政府表彰奖励。

【理论学习】 8月18日,召开市社科界学习贯彻市委九届十四次全会精神座谈会。来自市社科院、市职业技术学院、市委党校等各方面20多位专家学者结合中共中央总书记胡锦涛在闽考察重要讲话和省委八届九次全会精神,围绕加快福州跨越发展建言献策。8月19日,《福州日报》专版刊出与会专家关于建设低碳福州、发展职业教育、发展医疗卫生事业等重点发言摘要。10月28日,举办市社科界学习中共十七届五中全会精神报告会,邀请省社科院研究员潘叔明为市社科界专家学者,学会会长、秘书长等专题解读十七届五中全会精神。

【学术活动】 5~11月,与市委宣传部联合开展“福州市建设学习型党组织理论研讨会”征文活动,收到论文93篇,评出一等奖3篇,二等奖7篇,三等奖18篇,优秀论文结集出版,并于连江召开研讨会。5月26日,与省炎黄文化研究会、省社科联、省社科院、省林则徐基金会、省林则徐研究会、市政协、林则徐纪念馆联合举办“福建省鸦片战争170周年论坛”,中共福建省委原副书记、省炎黄文化研究会会长何少川,南开大学历史学院教授、博士生导师李喜所,厦门大学历史系教授、博士生导师杨国祯分别作题为“牢记鸦片战争的历史教训,实现中华民族的伟大复兴”“鸦片战争与中华民族的三次觉醒”“历史的真实与林则徐精神”的报告。6月29日,与市老年学学会联合举办“关爱老年心理健康研讨会”,省老年学学会、市老龄办、市老年服务协会、市老年大学及福建师大社科联离退休分会、福州军休所、福州养老机构等单位领导及专家学者40多人参加。9月13日,与闽江学院、市科协联合举办经济学报告会,邀请2006年诺贝尔经济学奖得主埃德蒙·菲尔普斯主讲“中美市场经济:不同的机制和文化”。

【文化活动】 8~9月,与市委宣传部、省收藏家协会、市博物馆、市收藏家协会联合开展“福”文化物品征集评选活动(即“我家有福”征集活动),征集到各类有“福”物品3000多件。10月15~

9月13日，邀请诺贝尔经济学奖得主埃德蒙·菲尔普斯教授作学术报告。

17日，与市委老干局、市老龄办、市霞光画院在福州画院共同举办"海西霞光"书画展，展出100多幅离退休老同志的书画作品。11月24日，与省文联共同组织全国散文名家看三坊七巷采风活动，中国作协原党组副书记王巨才等8人到林则徐纪念馆、严复故居等景点参观，并在中央媒体上发表反映三坊七巷题材的文学作品，推介三坊七巷旅游文化。

【社会科学宣传普及】 7～8月，向"闽都大讲坛"推荐《闽江风情》系列讲座，由市社科联主席林山主讲，并在福州电视台生活频道连播4讲。9月，制定《福州市社会科学普及基地管理暂行办法》，闽都大讲坛、林则徐纪念馆、福州市博物馆列为福州市首批社会科学普及基地。闽都大讲坛、林则徐纪念馆还被省委宣传部、省社科联命名为全省首批社会科学普及基地。9月18～24日，组织开展第二届"社会科学普及宣传周"活动。活动主题为"弘扬科学精神、服务海西建设"，市社科联所属10家学会、研究会及社科理论工作者与义务宣传员200多人在温泉公园参与省、市共办的"社会科学在你身边"现场宣传咨询活动；各县(市)区社科联通过广播、电视、报刊等媒介宣传社科知识，以组织开幕式、知识竞赛、报告会、分发科普读物等形式开展活动，吸引群众参与。科普周期间，全市张挂标语、横幅等近百条；展示图片、图板100多套；举办报告会7场，听众2000多人；发放《社会科学概览》《社科普及画册》和科普音乐唱片等其他宣传品2万多份。

【出版《福州涉台文物图录》】 5月18日，与市委宣传部、市台办、市文物局合编的《福州涉台文物图录》由福建美术出版社公开出版，并作为"5·18"海峡两岸经贸交易会的重点宣传资料向海内外宾客发行。该书收录福州市具有代表性的涉台文物图片和相关历史照片336幅，分涉台史迹、涉台宗教与民间信仰、涉台人物、涉台家族4个部分，反映福州涉台文物的概貌及特征，是一本集知识性、资料性、普及性、鉴赏性为一体的图册。

（严　平）

福州市科学技术协会

【概况】 2010年，福州市科协所属市级学会72个，其中新增2个。个人会员约1.5万人，团体会员800多个。新成立企业科协82家，总数达256个，位列全省第二。科协专家人才库新增入库专家7645人，总数达20069人。市科协获中国科协授予的"海智计划"先进单位称号，获福建省科协颁发的"学会工作先进集体"称号和"学会精品项目奖"。全年，市本级预算内科普经费774.15万元，人均科普经费1.15元，比增5.3%。县(市)区科普经费649.75万元，人均科普经费0.96元，比增25.5%，其中长乐市人均科普经费最高，达1.42元。

【科普工作】 制定《福州市全民科学素质工作"十二五"规划》《福州地区科普场馆平台共建共享规划》，在全省《全民科学素质行动计划纲要》实施情况督查评比中，福州市全民科学素质工作位居全省前列。投入200万元专项经费，在全市386个行政村继续实施农村科普"一站一栏一员"(科普工作站、科普宣传栏、科普宣传员)建设，村级科普设施"三个一"覆盖率占行政村总数的84.13%，全面完成"十一五"任务。编制全省首个"福州数字科普地图"。新建电子科普画廊16座，新增城市标准科普画廊18座，总数达318座，城区覆盖率超过80%。新建、重建5个青少年科学工作室，总数达12个。新增社区科普大学2所，总数达16所，学员1100人。新增市级科普教育基地3个，总数32个，新增省级科普教育基地8个，总数36个，福州动物园等8个单位获"福建省科普教育基地"称号。全市科普志愿者超过5000人。福清科技馆进入建设施工阶段。鼓楼区五凤街道白龙社区等33个社区(村)被评为第六届福州市科普示范社区(村)。鼓楼、福清等8个县(市)区被评为"第四届福建省科普先进县(市、区)"。

"科技人才活动周"期间，组织150个部门和单位、4000多名科普志愿者开展重点科普活动90项，赠送科普图书1万册，科技资料3万份，科普挂图2500套，受益城乡群众15万多人次。"全国科普日"期间，组织600个部门和单位、8125名志愿者开展重点科普活动60项，举办科普报告会62场、科普培训班173期、科普知识竞赛29场、科普知识展览133场，播放科普录像(电影)117场，使用科普展板1601块、科普挂图1.27万张，发放科普资料38.37万份，受益城乡群众46.5万人。第十二届中国科协年会举办期间，市科协承办、协办"科普活动启动仪式"及"院士专家社区行"活动，组织273个部门和单位、1190名志愿者开展重点科普活动20项，举办科普报告会19场、科普培训班49期、科普知识展览17场，播放科普录像(电影)20场,使用科普展板535块、科普挂图6608张,发放科普资料7.93万份,受益群众6.21万人。

年内,福州科技馆开展"开心农场""水火箭""新春科普游园"等专题科普活动,逾3万人到馆参观、参与活动。市科普大篷车开展"进农村、进校园、进社区"活动25场,受众超过3万人次。

【科普惠农兴村计划】 开展培训、咨询、科普宣传等科技"三下乡"相关活动近60场次,其中开展实用技术培训近40场次,培训农民3000多人次,赠送科普图书近万册,赠送其他科普资料5000多份,惠及农民数万人。组织农村科普宣传员培训班7期,参训500人次。在全市10个县(市)区的21个行政村开展农村科普示范点建设。20个惠农项目获省级以上表彰,获奖补资金199万元。其中,福清市畜牧业协会等7个农村专业技术协会(农村科普示范基地)、闽侯县竹岐乡苏洋村林长光等2名科普带头人分别获评2010年度全国科普惠农兴村先进单位和带头人,获国家级奖补150万元;福清市花卉盆景协会等5个农技协,福建省蓝湖食品有限公司天湖山茶园等4个基地,陈连登等2名带头人分别获评2010年度全省科普惠农兴村先进单位和带头人,获省级奖补49万元。市科协、市财政局继续安排专项经费50万元,评选表彰市级农技协8个、科普示范基地6个、带头人8人。

福州市畜牧兽医学会等9个学会和闽侯县科协等5个县级科协组织24个"学会联村送科技"项目。市农业函授大学举办农村种植、养殖实用技术培训班205个,培训农民8097人次。并在6个省定薄弱村开展农村实用技术培训,培训农民360人。

【青少年科技活动】 承办第二十五届全省青少年科技创新大赛,福州市有42个项目获奖,其中一等奖14项。6个被推荐参加全国竞赛的项目全部获奖,其中一等奖1项,二等奖3项,三等奖2项。第二十六届福州市青少年科技创新大赛评出优秀科技创新项目244项,其中一等奖69项,二等奖80项,三等奖95项,优秀科技辅导员科教创新作品17项,优秀科技教师8人,优秀组织奖6个。举办"2010年福州市小学生信息学竞赛",有1615人报名参赛,301人进入复赛。组织"第十六届全国青少年信息学奥林匹克分区联赛(NOIP2010)福建赛区竞赛",有1804人报名参赛,283人获福州赛区奖项。"福州市第六届青少年电脑机器人竞赛",评出一等奖13项、二等奖14项、三等奖28项。组织参加"第八届福建省青少年电脑机器人竞赛",福州代表队获一等奖11项,二等奖10项,三等奖17项。有7个项目得到全国竞赛资格,获得一等奖5项,二等奖1项,三等奖1项。全年举办7个申报英特尔求知计划培训项目、中小学校科技辅导员培训班,培训师生近1000人。组织教育工作者科技教育论文评选活动,评选出一等奖6篇,二等奖11篇,三等奖19篇。推荐17篇优秀论文参与第十九届全省教育工作者科技教育论文评选活动,获得二等奖3篇,三等奖3篇。

【学术活动】 3月19日,"青年科技企业家创新创业论坛"在福州举行。中国科协副主席袁家军,中国科协常委、书记处书记冯长根,以及中国科协常委会青年工作专门委员会部分委员、专家出席论坛。"5·18"海峡两岸经贸交易会期间,市科协举办、承办"第六次中国科协论坛——科学理解传统医学""2010中国·福州国际漆文化传承与创新高峰论坛""2010中国创新设计红星奖全国巡展(福州站)"等系列活动。国内外120多位专家参加科学理解传统医学论坛,与会院士专家还考察、指导福州市相关医药企业。11月1~3日,第十二届中国科协年会在福州举行。期间,市科协与中国可持续发展研究会联办"中国低碳发展之路研讨会暨福州市科协2010年学术年会",与中国科协国际会议中心联办"新能源汽车发展论坛",倪维斗、赵忠贤、田昭武、郭孔辉等院士出席活动,10个国家和地区的著名专家、学者参会,对中国特色的低碳发展之路提出建议,并起草《关于新能源汽车产业发展的四项建议》,报送国家有关部门。

联合农业局、市环保局等部门开展《福州市电子信息产业集群的现状及发展对策研究》等12个重点调研课题,《福州市城市坐标系统转换的现状及发展研究》等4个学会调研课题,对电子信息、机械、纺织等重点产业技术及科技人才状况进行调研,分析制约重点产业升级的共性技术、关键技术问题。16项调研成果和2010年全市学术年会论文集核心观点汇编成《福州市科协调研》和《决策参考》,呈报市委、市政府及相关职能部门。推荐20篇学会论文参加第九届福建省自然科学优秀学术论文奖评选,《小熊猫繁殖周期血清雌二醇和孕酮含量变化》等14篇论文获奖,居全省设区市前列。

【榕台科技交流】 与台湾地区近百个民间科研机构、高校、企业和401位专家、学者建立联系。邀请39名台湾专家学者以及业界知名人士到榕参加科技论坛与学术活动。与市海洋与渔业局联合承办"2010海峡两岸渔业经济合作与发展论坛",邀请中国工程院院士林浩然等7名海峡两岸渔业专家作主题演讲,同时举办"水产食品与人体健康"大型科普讲座。联合台湾中华创意发展协会等两岸创意产业机构举办"第三届海峡两岸创意设计作品巡回展""2010年海峡两岸版权(创意)精品博览会机器人表演",台湾48所高校及创意机构、大陆10个城市125所高校报名参赛,共收集2065件创意设计作品,精选300多件作品在杭州、青岛等10个城市巡展。邀请多位台湾专家在福州市举办讲座,并赴南京、青岛等城市交流。与台湾自然科学博物馆、财团法人台湾自然科学博物馆文教基金会等单位联合举办"2010年海峡两岸中学生自然探索夏令营",两岸40名师生参加活动。举办第二十五届福建省青少年科技创新大赛和闽台青少年科技教育论坛,金门、马祖16名选手报名参赛,其中3名选手获二等奖。举办第二十六届福州市青少年科技创新大赛暨第三届"两马"青少年科技创新作品巡回展,马祖选送的15个项目进入决赛,14个项目获奖,2个项目入选省级比赛。市科技馆与台湾自然科学博物馆合作,引进"鸣虫特展",配套举办"虫虫音乐会""探秘小昆虫,认知大自然"等主题科普活动。

【企业科技工作】 与在榕高校科研院所合作 举办在榕高校与纺织服装(创意设计)行业对接会、"6·18"渔业项目对接会、院士专家企业行等对接活动,促成院士专家209个项目与福州市企业成功对接,推动137名专家服务福州市128家企事业单位,开展技术咨询、技术诊断、联合攻关、人才培训等,解决技术需求99项。成功推动张钹、顾国彪等9名院士分别与伊时代、凯捷利等8家企事业单位合作建立院士工作站,建站数位居全省首位。制定《福州市促进院士(专家)工作站建设的若干规定》,对设站企业分别给予30万元、15万元补助,并对研发项目申报、评审给予加分支持。院士及其团队与设站企业开展14个项目的科技合作,总投资1.41亿元,预计投产后可新增产值11.81亿元,实现税收9710万元,利润1.74亿元。与福州大学等在榕高校共同推动,选派37名专家在企业设立26个专家工作站,开展46个项目的科技合作,总投资3.35亿元,预计投产后可新增产值13.47亿元,实现税收8264万元,利润2.22亿元。科技咨询服务中心完成技术服务项目39项,实现技术咨询合同60项,合同金额586万元,创税利57万元。"科技成果对接网站"影响力不断增强,网站总访问量212万人次,日均访问量6200人次。

科技奖项评选 推荐科技工作者参与科技奖项评选,获"第十届福建青年科技奖"3人、"第二届紫金科技创新奖"2人、"福建省引进高层次创业创新人才奖"1人、"福州市引进高层次优秀人才奖"1人。福建嘉达纺织股份有限公司等20多个企业开展110多项"讲理想、比贡献"活动,600多名企业科技人员参与竞赛,"玛莎"服装面料的开发等69个项目获奖。

(游红梅)

福州市红十字会

【概况】 2010年,福州市红十字会有基层组织479个,集体会员381个,成人会员3.6万人,青少年会员2.97万人。红十字志愿组织50个,志愿工作者2.5万人。新设立闽清县下祝卫生院"红十字救护站"。全市有福州、罗源、福清、闽清、闽侯5家红十字医院和平潭、闽清2家"红十字救护站"。

全年,重点救助白血病、脑炎、脑积水、尿毒症、肝移植、股骨头坏死患者114人以及10个双残家庭,发放救助金146万元。6名白血病患儿每人得到中国红十字基金会"小天使彩票公益金"3~5万元的专项救助。接受爱心捐赠款物价值4140多万元,其中,接受爱心捐款2580多万元、捐赠物资价值1560万元,救助弱势群体2万多人次。年内,市红十字会获福州市"春风行动"组织工作先进集体称号,1人获中国红十字会总会玉树地震救灾先进个人,1人获全省红十字系统先进个人,1人获福州市"春风行动"组织工作先进个人。全年编发《福州红十字》10期,中央和省、市新闻媒体刊播福州市红十字会相关消息810多篇次。

【救灾赈灾】 救灾募捐 为西南旱灾、青海玉树地震、闽西北水灾和甘肃舟曲泥石流灾害募集善款善物价值2500多万元。青海玉树发生强烈地震后,市红十字会向全社会发出募捐倡议书。4月17~18日,市红十字会组织千名志愿者上街募捐,筹得善款3.5万多元。19日,市直机关在市委大院举行"情牵玉树·抗震救灾"捐款活动,袁荣祥、苏增添、陈扬富等四套班子领导以及部分市直机关干部参加捐款,现场收到首批捐款9万多元。24日,市红十字会将价值百万元的保暖衣被送往玉树灾区。鼓楼区红十字会联合软件园企业党委和团工委举办募捐晚会,组织区直部门、学校、社会各界共捐款185.2万元。仓山、马尾、闽侯、闽清等县区分别与党工委联合开展募捐活动。市红十字会募得善款1200多万元,物资价值600多万元。

灾后援建 4月13日,组织县(市)区红十字会代表、捐赠企业代表赴四川彭州考察灾后援建项目,并对接冠名事宜。7月19~22日、10月13~17日,市红十字会先后2次赴南平延平、顺昌、三明泰宁和龙岩上杭、长汀等闽西北水灾地区考察灾后对口援建项目事宜,确定灾民新村、医院和路、桥援建项目8个,援助金额410万元。

【援助帮扶】 "红十字博爱送万家"活动 元旦、春节期间,募集善款善物价值100多万元,将2000份救助物资和部分慰问金分发给城乡失地农民家庭、失业下岗家庭、因病致贫家庭、农村及城区低保线下的4类困难家庭。还给市皮肤病防治医院麻风住院部的30多名孤残老人送去年货和慰问品。同时,与市计生委、计生协和市妇联等单位慰问200多户外来务工计生对象贫困户。

定点帮扶 与市工商局、建行城东支行联合帮扶定点贫困村——永泰县白云村,对该村困难户、急危险重病人和贫困学生进行重点救助,并对该村予以资金扶持,增强其造血功能。组织红十字医院与省司法厅劳教局建立医疗协作关系,对福州地区劳教单位卫生所进行对口帮扶。

医疗设备捐助 向中国红十字基金会申请捐助1台价值560万元的大型肿瘤治疗仪,接受福建洪诚生物制药有限公司捐赠的6台价值115万元的化学发光分析仪,接受台胞修汉勋捐赠的电子血压计480台,及时发放给冠名红十字的医疗机构和基层卫生院,增强受助医疗单位的诊治能力。

"除四害,献爱心"活动 7月,与市卫生有害生物防制协会联合对市第一、第二社会福利院、市精神病人疗养院、市光荣院、市儿童福利院、市救助站6家社会福利单位进行"四害"消杀工作,帮助改善卫生环境。

助学活动 5月28日,市红十字会与福建商专在闽侯县荆溪镇后屿小学联合开展"党旗映队旗,大手拉小手"助学活动,送去书包、书本、文具盒等文具,并为20名家庭困难学生发放助学金。8月20日,市红十字会举行"博爱情·学子梦"助学金发放仪式,向近百名大中小学生发放总额近20万元的助学金。根据捐款人意愿,一批家庭困难学生得到市红十字会每月200~500元不等的资助。11月26日,与福建商专开展共建"爱心书库"活动,为连江潘渡中学送去近千册课外书籍。

【"生命工程"建设】 全市累计无偿

献血4000毫升以上的志愿者达2248人,获得无偿献血金质奖570人、银质奖428人、铜质奖1250人;报名登记捐献器官24人,实现眼角膜捐献1例;遗体捐献报名登记45人,实现捐献5人。造血干细胞捐献者资料登记入库353例,完成高分辨配对40例,体检3例,成功移植8例。3月26日,市红十字会在三山陵园举行第四次遗体和器官捐献者追思悼念仪式。

【卫生救护培训】 市红十字会与仓山区红十字会联合培训100余名乡村医生,为第六届"泛珠论坛"志愿者进行紧急救护知识培训,为部分外资、台资企业员工和消防官兵进行卫生救护培训,举办培训班28期,经培训获急救员证书1630人,获急救培训师资资格证书8人,获水上救护培训师资格2人。7月,市红十字会举办全市应急救护技能比赛,福州市6所冠名红十字医院和13个县(市)区组队参赛,评出一等奖1人,二等奖2人,三等奖3人。8月,市红十字会组队参加全省应急救护技能比赛,1人获三等奖。

【志愿者服务】 组织红十字义工服务团、爱心志愿者社团、天新公益园和在榕各大中学校等志愿者团体实施志愿服务200多场次,服务内容包括尊老敬老、助残扶弱、募捐筹款,以及运送救灾物资前往玉树地震灾区、运送救助衣物前往广西大化县瑶乡等。志愿者还参与募捐箱管理工作,开启募捐箱54次,清点善款4.66万元。

5月8日,市红十字会与省红十字会在五一广场联合举办纪念"5·8"世界红十字日广场文化活动,举行舞蹈、歌唱、红十字知识和特奥知识问答、游戏互动等活动,现场招募志愿者100多人。12月1日"世界艾滋病日"和12月5日"国际志愿者日"期间,全市红十字会开展应急救护演练、红十字义诊等多场志愿服务活动。

【公益机构建设】 设立"福州红十字透析援助中心" 在福州红十字医院设立,每月为贫困尿毒症患者提供350元透析补助,帮助患者充分透析,延长生命。

建设"备灾救灾中心" 备灾救灾仓库建设一期工程项目通过立项审批,确定征地0.73公顷,第一期建设面积2500平方米。投资960万元,其中,财政拨款760万元,自筹200万元。

成立福州红十字青年挑战社区关爱中心 关爱中心设在仓山区,由市红十字会荣誉会员、名誉理事、新加坡籍华裔郭献进牵头创办。中心开展红十字运动知识、急救技能培训,帮助30多名吸毒青年重返社会。

组建"红十字公益联盟" 启动有600多家企业组成的红十字公益联盟,投放红十字募捐箱160多个,所募款项全部用于市红十字会开展系列救助行动,促进爱心企业与弱势群体之间的互动。鼓楼区红十字会与区工商局、个协会联合建立"红十字劳动者公益金"。

【榕台红十字交流】 畅通"两马"红十字绿色通道,双向救助急危险重人员21人次。12月3日,马祖红十字参访团一行31人到榕参访座谈,商讨两岸红十字友好合作事宜。全年接待台湾到榕参访交流人员120多人次。

引进台湾华易开发有限公司到平潭投资项目,该公司与福州平潭澳前卫生院(福州市平潭澳前红十字救护站)达成协议,决定先期投资100万元在人道事业、医疗服务等方面进行合作和建设,服务当地群众和在榕投资生活的台湾同胞。12月,市红十字会组团赴台参访,验收台湾"8·8"水灾市红十字会援建项目——台湾嘉义日安社区。

(林　怡)

福州市残疾人联合会

【概况】 2010年,福州市有残疾人39.3万人,特教学校10所,普校附属特教班27个,特殊教育普通高中1所,残疾人中等职业教育机构2所。全市聘用残疾人联络员1030人,登记在册志愿者1836人,受助残疾人6445人。全年发放二代残疾人证4.9万本,换发比例13.13%。市残联获"第五届全国特奥会先进集体"称号,3人获"第五届全国特奥会先进个人"称号。台江区残联获"中残联2006~2010年度全国特奥工作先进单位"称号。

市残联将2010年确定为作风建设年,制定《关于开展作风建设年活动,不折不扣完成2010年省、市为民办实事项目的决定》,不断提高服务水平,促进康复与就业,维护残疾人权益。出台《福州市残疾人扶贫开发基地建设标准及扶持办法(试行)》《城区残疾人自愿购买符合标准的残疾人代步车补贴工作方案》等5项优惠政策,帮助解决残疾人在生产生活中遇到的困难和问题。

【为民办实事项目】 有4项"助残工程"列入省、市为民办实事项目。

"光明行动"项目 市财政投入经费45万元,免费筛查眼病患者5023人,发放眼科健康科普宣传资料5201份,完成白内障手术1040例,超额完成800例的年度任务。

"福乐家园"项目 市、县两级财政投入916.2万元,新建10所公办"福乐家园",其中市级1所,鼓楼区、晋安区、仓山区、马尾区、罗源县、平潭县、闽清县和永泰县各1所(社区型),总建筑面积3588平方米,接收智障学员168人。至年底,福州市20家"福乐家园"接收智障学员340人。

"居家托养服务"项目 资助650名智力、精神和重度残疾人居家托养,每人每年补助5000元,其中市级300人、省级350人。

"贫困残疾儿童康复救助"项目 确定13家定点残疾儿童康复机构,收集在训人员资料651人。为259名福州籍残疾儿童每人发放1万元康复补助款,为41名福州以外的福建籍残疾儿童发放每人5000元康复补助款。

【康复工作】 全市13个县(市)区均开展社区康复服务,受益残疾人21万人次。筹建市残疾人康复就业中心,各街道、乡镇结合社区卫生院建立社区残疾人康复站点100个。11个县(市)区开展白内障无障碍区创建工作,并通过验收,获"白内障无障碍区"称号。鼓楼区获"全国残疾人社区康复示范区"称号。扶持民办康复机构,全市民办康复机构

13家，训练残疾儿童1000人。

开展盲人定向行走训练24人；培训聋儿81人，接收残疾人事业专项彩票公益金救助贫困聋儿20人；接收智力残疾康复训练儿童300人，培训家长300人；肢体残疾儿童机构康复训练79人，肢体残疾人社区、家庭康复训练143人；为25名贫困肢体残疾儿童实施矫治手术，每例补贴手术、训练费1.5万元；2.24万名精神病人接受监护；完成年度“长江新里程项目”，为贫困残疾人安装普及型假肢30例，装配矫形器10例；供应残疾人辅助器具2286件，其中为贫困残疾人免费发放1018件。

【就业工作】 残疾人就业服务大厅接待残疾人300多人次，求职登记113人次，登记用人单位63家，推荐残疾人就业34人。新增1家盲人按摩机构，全市登记盲按机构62家。举办残疾人就业招聘会2场，提供就业岗位600多个，安置就业残疾人50人。委托地税部门代为征收残疾人就业保障金，审核残疾人2023人，征收入库1.2亿元，比增12.5%。市本级（直属局和外税局）征收入库3981万元，征收覆盖率51.84%。

实施残疾人就业优惠政策。市级投入50万元，扶持福清市圣禾现代农业有限公司、永泰县海民养殖合作社、晋安区“同乐园”等5所残疾人扶贫开发基地，安置120名残疾人就业。为11家安置15名残疾大学生的企业发放一次性岗位补贴7.5万元。对从事个体经营的残疾人，每人一次性给予2000元启动资金；自主创业并带动其他残疾人就业的，每接纳1名残疾人就业，按每人每年2000元的标准给予奖励；个体经营、灵活就业和从事自由职业的残疾人凡参加社会养老保险、医疗保险和失业保险的，其个人缴纳部分按福州市上年度城镇在岗职工平均工资的25%给予补贴。省邮政报刊零售公司赠送10个“爱心报刊亭”给福州残疾人，并给予免定额销售、免货物押金、利润全部返还给残疾人经营者的优惠政策，市残联补贴每个报刊亭每月配送费用360元和电费50元。

加大残疾人职业技能培训力度。举办盲人按摩、珠宝制作、手语、美甲、农村种植、技能培训、养殖、加工业等职业技能培训班8期，培训残疾人330多人；开展盲人医疗按摩考前摸底调查工作，选送4名盲人参加省残联举办的医疗按摩培训、考试；8月12～13日，举办福州市首届残疾人职业技能竞赛，包括计算机、盲按、珠宝制作、手工编织、水彩绘画等8个项目，参赛残疾人62人；12月9～12日，福州市36名残疾人技能选手代表队在福建省第四届残疾人职业技能竞赛中获团体总分第二名和道德风尚奖。

【扶贫助学】 下达各县（市）区贫困残疾人脱贫任务2500户，发放省级扶贫开发资金40万元。实施“危房改造工程”与“安居工程”，市、县两级投入930万元，为750户农村特困残疾人改善居住条件。专项补助重度残疾人，全市登记上报重度残疾人1.07万人，经民政部门审核发放重度残疾人生活救助46.76万元5650人，全省重度残疾人困难补助金发放率100%，资金到位率100%。开展“两节”慰问活动，市财政拨款10万元，为全市200户贫困残疾人家庭每户发放慰问金500元。

义务教育和就读于中等职业学校的残疾学生享受免费教育，就读于高中的残疾人学生享受助学金。福州籍残疾学生及贫困残疾人家庭子女考上中专、大专、本科院校的，分别一次性给予1000元、1500元、2000元补助。2010年，全市投入资金105.68万元，助学669人，其中市财政对五城区发放助学金17.15万元，助学111人。

【维权工作】 建立残疾人法律救助体系，法律援助机构免费为刑事案件中盲、聋、哑被告人提供法律援助。对全市领取最低生活保障金的残疾人发放法律援助证，建立残疾人法律援助“绿色通道”。特奥会期间，市残联和五城区残联对辖区残疾人信访维稳情况进行全面调查，及时帮助协调解决问题，确保特奥会期间福州市没有残疾人到省、市上访。全年，市残联办理来信来访107件。其中，处理来信38件，来访15件，“12345”诉求件54件。

【创建全国无障碍城市】 结合“全国助残日”“国际残疾人日”等残疾人节日，开展各种宣传活动，发放无障碍设施建设宣传小册子3000多份。在《福州日报》《福州晚报》等主流媒体开辟专栏，宣传无障碍建设相关知识。为迎接第五届全国特奥会及全国无障碍城市建设验收，市残联组织福州市无障碍督导小组每周1次对交通枢纽、医疗机构、城市道路、特奥运动员入住酒店及周边设施进行督导，并就发现的问题及时通报有关单位。省、市投入资金300多万元，对33家接待酒店、20家“福乐家园”、8家特奥会运动员比赛场馆进行无障碍设施建设和改造。市公交公司完成五一路沿线公交车站盲文站牌的设置，市少儿图书馆、市图书馆、长乐市图书馆等公共文化机构设立盲人阅览室，并配备盲道、轮椅。福州市二环以内设置无障碍设施的道路48条，单项总长度169公里，占道路总长度76.69%。完成铜盘路、宁化路、中山路等30条人行道和市区38条道路的无障碍设施改造。实施家庭无障碍改造，为15户困难残疾人家庭安装楼层间呼叫闪光门铃、扶手和升降衣架等家庭无障碍设施。2010年，福州市成功创建全国无障碍城市。

【文体活动】 2月28日，在温泉公园举办“爱心捐助·情暖海西”残疾人手工艺品展示公益活动，进行迎特奥宣传文艺表演、拍卖及手工艺品展示。拍卖4件残疾人手工艺品，筹得助残公益金8850元。

9月19～25日，第五届全国特奥会在福州举行。市残联投入100多万元，与团市委策划福建省首场火炬传递；从市开智学校、育智学校、市智协等选拔林航亮、梁思佳等31名智障人士担任特奥会火炬手；组织迎特奥进社区活动10多场次，参加互动的市民3万多人次；配合省残联在五一广场举办“全国助残日”活动，上万人次参加；选拔42名特奥选手参与第五届全国特奥会，获37金16银6铜。

选送5名残疾人运动员参加广州亚残运会，获得五人制盲人足球金牌和乒乓球单打铜牌。组织46名残疾人运动员参加第六届省残运会，获团体总分第三名。

【协会活动】 福州市肢残人协会 市肢协与市电视台“关注”栏目合办迎新春送温暖暨首届年会活动,为几十名贫困残疾人送温暖,发放年货与慰问金。推广残疾人手驾车,开展郊外海滨一日游、闽南闽东自驾车游等活动。组织“侨融爱心行”等迎特奥会宣传文体活动和参与无障碍设施督导,并组织会员参加特奥会开幕式与闭幕式。

福州市盲人协会 4月,市盲协在森林公园举办盲人趣味运动会;9月,在五一广场举办盲人“逐光”音乐晚会;10月,在盲校举办第27届盲人节活动,大批会员与志愿者参与活动。

福州市智力障碍者及亲友协会 4月14日,市智协组织各社区“福乐家园”智障人士及家长共300多人游览闽侯白沙湾生态农庄;7月10日,省、市智协在福州海峡学院举行“2010·福州·社区特奥运动会”,省启能中心、“福乐家园”、长乐市“福乐家园”及台江区育智学校125名运动员和家长、老师、志愿者300余人参加;11月24日,组织“福乐家园”孩子和家长280多人游览新福州动物园。

福州市聋人协会 定期组织法律讲座,及时揭露针对聋人的非法传销活动的欺骗性和危害性;举办手语角,对广大志愿者进行手语培训;三八节组织全体会员游览福州西湖,重阳节组织部分老年会员前往厦门座谈;12月12日,组织会员参与省聋协、移动公司、福州火车站在火车北站广场举办的“手语大爱——共筑信息无障碍通道”大型公益活动。

福州市精神残疾人及亲友协会 5月,在市老年大学组织“迎残运,促海西”大型文艺演出,300多人参加;10月,组织游览西湖公园,邀请精神病医生专家现场义诊咨询;12月3日,组织看望市精神病院病人,并与市老年大学共同联欢。

(郑海云)

福州市个体劳动者协会 私营企业协会

【概况】 2010年,福州个体劳动者协会有会员12.75万户,从业人员25.31万人;私营企业协会有会员5.64万家,从业人员55.77万人。全市有个体劳动者协会15个和私营企业协会2个,有个协分会80个,市私协分会10个,个协行业分会12个,会员小组767个。市个体协会有党员1375人,团员2708人,“会员之家”52个,各种信息服务组织20个。市私企协会建立企业工会2868个,会员企业负责人中党员889人,团员701人。

【服务银企对接】 市个私协会主动联系民生银行,搭建银企平台,组织各行业贷款专场座谈会10场,与银行一起和150多家个体工商户、私营企业进行面对面的沟通接洽,大部分个私企业与银行达成贷款意向,有90家企业实现贷款,贷款金额8000多万元;市个私协会帮助鼓楼区协会与市建设银行联系,为福州西域电子有限公司等15家个私企业穿针引线,达成贷款意向近千万元;连江县协会丹阳分会与当地农业银行协调联系,为12名会员贷款36万元,黄岐分会以“会员二户保一户”的做法,为16名会员贷款60多万元;平潭县协会出面协调税务、信贷、劳动等部门减免税收、提供小额贷款,春节期间为个体会员办理信用贷款7场次,帮助提供收入证明和担保承诺,填写贷款表格等,有6户会员受益,融资金额30万元。

【服务企业用工需求】 市个私协与长乐市协会一同赴四川华莹、巴中等劳动力资源丰富地区帮助企业招工100多人,市个私协还与当地个私协会建立劳务信息互通关系。长乐市协会与妇联、爱心俱乐部联合举办三八节长乐非公企业为女性提供就业岗位活动,长乐市春秋旅行社、大众海尔、长发贸易有限公司等13家非公企业为下岗、失业女性和大中专毕业生提供就业岗位,1000多人到场,100多人达成招工意向。平潭县协会组织协会理事会员企业平潭县冠超市、福建阳光生态农业、福州金富琳食品等公司提供就业岗位,召开就业咨询会13场次,有558人待业或失业人员实现就业和再就业。

【商标品牌工作】 市私协在个私经济网站上开展实施商标品牌战略宣传,指导各县(市)区协会为会员企业创商标品牌提供服务。永泰县协会扶持草席业发展壮大,指导福建省永泰县安利席业有限公司打造自主商标品牌,帮助该公司依靠品牌开拓市场。组织工作人员走访草席生产企业,了解企业的经营规模、发展状况,解决企业难题,帮助指导草席生产企业的商标品牌工作,推荐“忆罗”商标申报省著名和市知名商标。市个私协邀请安利公司参加由市委宣传部和市工商局主办的“创商标品牌、助海西腾飞”福州市商标知识电视竞赛初赛选拔。闽清县私协协助县工商局、县委宣传部举办闽清县“豪业杯”商标知识竞赛,邀请会员企业参赛,增强会员的商标战略意识。

【维护会员权益】 走访调研会员企业1500多家,了解企业经营情况,为企业排忧解难。市个私协聘请律师4人,受理侵权事件61件次,完成处理55件。闽侯县帮助解决个体工商户旧城改造搬迁问题;鼓楼区为辖区内因土地拆迁征用出具有效经营证明65份,为办理社保医保提供有效证明138份。

【业务学习培训】 市个私协会以国务院关于支持福建省加快建设海峡西岸经济区若干意见为指导,举办“企业与法”培训,组织会员学习《福建省人民政府进一步鼓励和扩大民间投资的若干意见》;结合诚信体系建设,组织各县(市)区协会及会员单位参加个私企业法律知识竞赛;与厦门大学管理学院EMBA中心共同在福州大戏院举办名家论坛,邀请国际知名的公司治理和企业战略专家郎咸平做题为《中国经济形势与企业战略突破》的讲座;组织会员企业参加省个私协会与海峡人才市场联合举办的“管理咨询服务活动”;组织16家会员企业参加“运用企业登记管理职能支持企业发展若干意见”座谈会。全年组织业务培训157次,参训5764人次。

【职称评审】 加大宣传力度,印制《福州市私营企业职称评审须知》,在企业营业执照年检期间将《须知》发放给参加年检的企业,同时在协会的网站及有关媒体发布职称评审的信息,第一时间将省里关于职称申报的新精神、新规定传达给广大会员企业。年内,市私协组织职称评审4次,参加971人次,获得证书809人。

【党建工作】 个协组织建立党总支1个,党支部30个,发展党员46人;私协组织建立党委1个,党支部8个,发展党员62个。实施党内组织数据库工作,深化党员教育管理,组织党员负责人22人学习现代企业管理领导艺术和企业文化理论培训,组织32名入党积极分子参加党的基本知识和科学发展观教育培训班。抓好两新组织党建工作,有4家企业建立党组织。开展党建工作调研,完成非公经济党组织在工人中发展党员工作的调研任务以及省个私协关于建立个私协会党组织新体制新机制的探讨调研。发动基层党组织为西部抗震救灾捐款7.9万元。

(王小雨)

福州市消费者权益保护委员会

【概况】 2010年,福州市消费者权益保护委员会围绕"消费与服务"主题,强化维权理念,服务广大消费者。针对不同时期,不同季节的消费热点,把一些典型案例向社会公布,以案析法,提高消费者自我保护意识,同时发布消费警示、提示、忠告,避免误入消费陷阱。与社科联联合开展"社会科学在您身边"宣传咨询活动,与省汽车行业协会联合开展创建"诚信车商联盟"活动,与市移动公司联合开展评选"百佳放心店"活动,营造和谐消费环境。

全年,组织专题新闻发布会6场,在国家、省级媒体发表各类新闻报道40篇,市、县级媒体88篇,发布消费警示、提示、忠告90篇。受理消费者投诉1.27万件,解决结案1.23万件,结案率97%,为消费者挽回经济损失1204.11万元,其中欺诈行为得到加倍赔(补)偿10件,金额2.77万元,接待来访、咨询1.32万人次,收到消费者锦旗、表扬信17件。按受理消费者投诉的商品类别,服务类、百货类、家用电子电器类分别占投诉总量的33.37%、32.65%和19.53%。消费者投诉的商品性质主要集中在商品质量与合同纠纷,分别占投诉总量的46.65%和15.78%。全年发生消费重大典型案例6件,死亡2人,致伤3人,直接经济损失84.7万元。

全市有县(市)区级消委会14个,乡镇、街道分会182个,消费维权站点3546个。

【"3·15"维权活动】 "3·15"期间,与省、市有关部门在五一广场联合开展"扩大消费需求,调整经济结构,促进科学发展,保障社会和谐"消费维权公益宣传·咨询·服务活动。现场进行法规咨询、商品辨别、诚信承诺、受理投诉、展板展示、文艺踩街、有奖征答和发布2009年十大侵权案例等活动,并向基层分会维权站点赠送《消费知识手册》。副省长洪捷序、副市长陈为民以及其他省、市有关领导参加活动。5家乳制品企业、3家通讯企业、7家家电下乡企业展示消费维权知识,13家保健品企业郑重承诺"自觉承担保护消费者权益,节约资源,保护环境"等社会责任,并签订诚信经营承诺书。

全市组织各种活动81场次,接受消费者咨询4.38万人次,现场受理投诉638件,挽回损失15.43万元,发放宣传材料20.67万份,发放纪念品2.3万件,发表电视讲话6篇,报刊刊载35篇。

【开展糕点卫生质量比较试验】 市消委会以普通消费者的身份,在福州市流通领域对糕点、面包、蛋糕的卫生质量进行监督检查和随机抽样监测。购买(采样)12家大型超市(商场)、10家糕点专卖店销售的永辉、美可等34家生产企业生产的糕点、面包、蛋糕126批次。委托省工商局商检分局依据国家糕点面包卫生标准对菌落总数、大肠菌群、霉菌、致病菌进行检验监测和比较试验,合格117件,合格率92.86%;不合格9件。检测结果通过媒体予以公布。

【暗访邮政营业窗口服务】 根据中国消费者协会《关于联合开展邮政营业窗口服务情况专项调查活动的通知》要求,在福州市区、永泰县、平潭县聘请10位社会监督员。按照《邮政普通服务标准》,对市区7个邮政营业场所和3个农村邮政所服务窗口进行暗访体察和消费者评议,实地了解邮政企业执行相关服务规定的情况,收回监督员体察表10份,消费者调查问卷300份。从监督员暗访体察、消费者问卷调查结果来看:市邮政营业窗口基本上能按《邮政普通服务标准》规范服务,总体评价较好,消费者满意度95%。但也存在不足,如:多数营业厅人员少,当班营业员仅1~2人;随着城市化扩大,营业网点少,不方

12月15日,举行福州市消费者评议座谈会。

便消费者投递;个别营业员对邮资收费有诱导和就高行为。

【行业服务调查评议】 省、市消委会联合开展医疗、通讯行业社会调查和消费者评议活动,了解消费者对医疗、通讯服务情况的意见和建议。通过对消费者投诉的典型案例评议、召开消费座谈会评议和问卷调查评议,在全市征集170名社会调查员,发放调查问卷3900份,收回有效问卷3785份。

消费调查和消费者评议结论:

医疗服务行业 75%消费者认为看病贵;59%消费者住过院,住院期间,37%消费者遇到乱收费、多收费、重复收费;14%消费者接受医疗服务时发生过医疗纠纷,50%消费者认为医疗机构在处理医疗纠纷推卸责任,21%消费者认为医疗机构封锁病历、取证难;55%消费者认为医疗人员服务态度一般,34%消费者认为医疗人员冷漠、问诊敷衍;86%消费者认为看病排队时间长;84%消费者认为医生字体潦草、看不懂;52%消费者认为医院与药店同品种的药价格差很多;61%消费者遭遇同级医院互不认可检查报告;17%消费者反映被医院虚假广告欺骗过;消费者对治疗疑难杂症医疗广告基本相信占7%,半信半疑占36%,认为虚假广告占57%;对医疗美容广告基本相信占4%,半信半疑占34%,认为虚假广告占62%;24%消费者认为医生开大方,12%消费者认为医生收红包;消费者对医疗行业服务满意度人均63.5分。

通讯服务行业 消费者选择电信、移动、联通三大运营商分别为32%、53%、15%。46%消费者认为近几年通讯资费明显下降;79%消费者认为运营商能提供合法收费票据和通信账单;76%消费者认为运营商能提供便捷优良的通信服务,有专门机构负责处理消费者投诉;37%消费者认为运营商存在虚假、夸大宣传现象;44%消费者认为运营商对垃圾短信未采取有效措施;19%消费者遇到过强制服务收费或者要求购买指定商品套餐服务等不公平交易行为;通讯服务行业损害消费者合法权益的主要表现,多收费乱收费占14%,夸大宣传占12%,通讯质量差占8%,垃圾短信占25%,强制收费占6%,套餐服务陷阱占16%,随意开通收费项目占11%,泄漏消费者个人信息占8%;消费者对福建省通讯行业整体服务满意度人均73.83分。

省、市消委会发布消费警示,提请医疗、通讯行业主管部门亟须对服务行业进行规范,加强医德医风教育和诚信理念教育。同时加强对消费者教育,引导消费者科学、合理选择医疗、通讯消费,尤其是要加强对农村消费者宣传、教育工作,提高其自身保护意识。

【案例举要】 1月15日,福清市龙田镇9岁小孩郭某某使用燃气热水器洗澡发生意外,送医院抢救无效死亡,医院诊断系一氧化碳中毒。经调解,死者家属获厂家补偿11万元。

2月1日,刘先生在福清市渔溪镇某酒楼参加朋友聚会,离开酒楼时,醉酒从楼梯摔下抢救无效死亡。经调解,死者家属获酒楼补偿9.5万元。

8月,石先生在广东佛山某家具公司购买家具后,委托某物流公司保价将家具运至福州。在验收时,发现新购的欧式家具全都出现不同程度的损毁。经调解,该物流公司补偿消费者3.5万多元,另免第二次托运费1000多元。

(郑宝华 陈成铜)

(编辑 郭进绍)

外事 侨务

【概况】 2010年，组建福州市人民政府外事侨务办公室，加挂市人民政府港澳事务办公室牌子，撤销原福州市政府外事办公室和市侨务办公室。市外侨办全年接待外宾团组69批818人次，友城到访团组15批195人次，其中，副部级以上团组8批132人次，经贸团组16批；在经济、科技、文化、教育等领域与国际友好城市及地区开展合作与交流，进行文化交流6次，经贸交流4次，举行福州市与日本长崎结好30周年纪念活动；批准因公出国（境）377批946人次，制止出访44批111人次，调整压缩出访18批35人次；批准非公企业出国（境）180批530人次；处置各类涉外事件32件，完成海地撤侨等重大涉外事件处理。市外侨办加强与海外华人华侨联系，全年接待重点华侨华人72批次757人次。借助侨法颁布20周年之际，开展侨务法制宣传和培训活动。从扶助贫难侨、落实侨务信访工作、办理“三侨子女”身份证明认定等方面依法维护侨胞权益。举办华侨农场管理人员培训班2期，参加人员110多人次。举办侨资企业因公出国（境）及申办APEC商务旅行卡推介会，服务侨资企业发展。

市外侨办被国务院侨办评为“全国侨办系统先进单位”，福清市外侨办1人被评为“全国侨办系统先进个人”；市外侨办获中国人民对外友好协会、中国国际友好城市联合会颁发的“国际友好城市交流合作奖”；市外侨办被省外办授予“全省涉外管理服务奖”；市外侨办、闽清县侨办获省侨办、省公务员局、省人力资源开发办公室联合授予的“2005～2009年度全省侨办系统先进集体”称号，闽侯县外侨办、福清市外侨办各1人被评为“2005～2009年度全省侨办系统先进工作者”。

【部级团组访问福州】 3月1～2日，柬埔寨国王诺罗敦·西哈莫尼首次访问福州。柬埔寨副首相兼王宫事务部大臣贡桑奥亲王、柬埔寨驻华大使凯·西索达、中国驻柬埔寨大使潘广学等随同到访。3月2日，省委常委、市委书记袁荣祥，副省长叶双瑜，副省长、市长苏增添等会见西哈莫尼国王一行。在榕期间，西哈莫尼国王一行参观访问三坊七巷、东南（福建）汽车工业有限公司等。

5月16～20日，圭亚那乔治敦市市长汉密尔顿·格林一行5人访问福州，参加第十二届海峡两岸经贸交易会，寻求与福州在软件服务外包、市政工程建设、园林管理、植物物种交流、空手道交流等方面的合作。

6月15～18日，巴布亚新几内亚东高地省副省长约翰·博伊多一行6人访问福州，参观鼓山、三坊七巷等。

6月17～18日，斐济初级产业部常务秘书梅松·史密斯一行3人访问福州，参观鼓山、三坊七巷、中国船政博物馆等。

6月29日～7月1日，亚太经贸合作组织（APEC）秘书处执行主任穆罕默德·努尔·雅各布到榕参加第六届APEC技展会，出席开幕式等活动，参观中国船政博物馆、罗星塔公园。

10月21～24日，瑞典韦姆兰省副省长赫思途率韦姆兰省歌剧院交响乐团一行47人访问福州，进行友好演出，并探讨韦姆兰省下辖城市与福州市结好的可能性。

11月15～17日，日本长崎县知事中村法道、议长末吉光德一行54人访问福州，与省博物院签署建立友好馆协议，举办友城交流会，与厦航等有关部门探讨开辟福建与长崎旅游包机的可行性。福州市友好城市日本长崎市副市长智多正信等2人随同到访。

11月18～20日，法属波利尼西亚议会主席奥斯卡·特马鲁率领代表团一行3人访问福州，迎接“寻根之路”独木舟抵达目的地，参观昙石山博物馆、熊猫馆、东南造船厂等，考察连江县水产养殖和渔业加工情况。

【经贸团组参访与技术交流】 1月12日，瑞士瑞信银行董事蒋明一行访问福州，与市政府办公厅、市发改委、市外经贸局、市规划局、长乐市、平潭县、海峡高新技术产业园管委会、福建海峡银行等部门座谈。

2月22～23日，美国塔科马市代表、塔科马港务局临时首席商务官朱彤访问福州，分别与市外办、市外经局经贸交流试点项目等内容交换意见,并与福州科技学院、福建五矿金江公司、圣力集团等有意到塔科马投资的福州企业负责人进行洽谈。

5月14~19日,日本前众议院议员、前内阁府政务官、现自民党大阪支部女性局长冈下信子率经贸考察团一行6人访问福州,参加第十二届海峡两岸经贸交易会。

5月16~23日,美国塔科马—福州经贸项目顾问麦克·富乐率领塔科马经贸代表团一行5人到福州参加海交会,介绍塔科马市概况并宣传企业,拜会市外办、市外经局、福建省中医院、福州市第二医院、福州职业技术学院、福建兴源森纸业有限公司等。

5月17~20日,马耳他—中国友好协会主席瑞诺·赛勒加率企业代表团一行7人访问福州,参加第十二届海峡两岸经贸交易会、第六届中国福建商品交易会。

5月17~23日,肯尼亚蒙巴萨友好代表团访问福州,参加海交会系列活动,参观福州市垃圾处理厂、市消防队等,游览三坊七巷、长乐郑和纪念馆、中国船政博物馆等。

5月19日,法国迪卡侬集团中国区总裁孟东一行访问福州,计划在福州开设概念店并成立外商独立公司。

6月29日,印尼金锋集团董事长林文光一行访问福州,考察“5·18”海峡两岸经贸交易会签约项目。

7月1日,美国星巴克咖啡公司大中华区董事长兼执行总裁王金龙一行访问福州,考察商务拓展事宜。

7月14日,印度蒙纳克创新科技有限公司董事长维伦南基·塞特拉一行访问福州,计划将公司总部落户福州,在福州软件园区设立印度软件基地。

7月30日,嘉里集团董事长郭鹤年一行访问福州,了解签约项目情况。

8月21日,英国特易购集团全球首席执行官特里·莱希一行访问福州,考察特易购在金山落户问题。

9月5日,南非国会议员黄世豪一行访问福州,开展经贸考察。

10月13日~11月12日,长崎市水产农林部水产中心技术员富永真一到福州研修、学习改良种亲鲍和海带种苗养殖技术。11月11日,副市长陈奇会见客人并向其颁发研修结业证书。

10月25~26日,越南司局级党政干部培训班一行27人访问福州,参观马尾造船厂、中国船政博物馆、三坊七巷和网龙公司。

11月7~10日,西班牙政府和企业家代表团一行76人访问福州,在福州举办“西班牙美食节”,福州多家企业和行业协会参加“美食节”“福建省和西班牙企业家对接会”等活动。

【文化教育交流】 5月15~16日,福州铁人三项洲际杯赛暨全国冠军杯系列赛在福州市举行,国际友城日本长崎市2名选手池形成信、池形爱获男女组分项目冠军。

5月24~26日,日本那霸市青少年交流团一行19人访问福州,与多个学校举行联欢等活动,参观琉球人墓园、熊猫馆和三坊七巷等。

6月8~10日,澳大利亚肖尔黑文市新任市长保罗·格林和助理副市长安德鲁·吉尔等一行3人访问福州,参观三坊七巷、南江滨公园和中国船政博物馆等。

6月30日~7月4日,美国塔科马市教育局长亚瑟·贾维斯,塔科马—福州友城委员会主席、太平洋路德兰大学音乐作曲系教授游子国率领塔科马市教育代表团一行17人访问福州。

10月27日~11月3日,德国莱法州福建友好促进会主席德勒夫·冯·伯利斯伯爵带领莱法州友好代表团访问福州,参观戴姆勒汽车公司以及闽清古民居,就福州市与美因茨市签订结好意向书事宜进行沟通。

11月7~9日,韩国平泽市副议长金载钧一行12人访问福州,拜访市人大,参观三坊七巷、马尾港、闽江公园等。

【市领导出访活动】 3月7~18日,省委常委、市委书记袁荣祥,市委常委、福清市委书记陈大强,应俄罗斯日立工机有限公司、南非国会议员、肯尼亚地方政府联合会的邀请,率团赴南非、肯尼亚、俄罗斯考察洽谈。

4月21日~5月2日,市政协主席陈扬富应日本东荣商行、印度企业家联合会、斯里兰卡国家商会的邀请,率团出访日本、印度、斯里兰卡进行项目招商。

5月21日~6月1日,副市长陈奇应美国洛杉矶艾维戴尔商会、加拿大NTS国际集团、墨西哥CK国际商会的邀请,率团出访美国、加拿大、墨西哥考察洽谈。

5月21日~6月1日,市委常委、市委统战部部长王玲应挪威NORDIC集团公司、芬兰纳尔公司、瑞典欧洲经济文化交流中心邀请,率团出访挪威、瑞典、芬兰进行经贸洽谈、海外联谊。

6月16~28日,市政协副主席、经济技术开发区管委会书记郑有光应德国JQG公司、英国佳士高水务公司、香港升兴控股有限公司邀请,率团赴德国、英国、香港进行考察洽谈。

7月15~26日,市委常委、副市长朱华应英国剑桥科技园公司、法中经济文化中心、德国布鲁克纳机械制造有限公司邀请,率团赴英国、法国、德国考察洽谈。

7月19~30日,副省长、市长苏增添应日本长崎市政府、印尼金锋集团、以色列海泽拉优质种子公司、香港中国海淀集团公司邀请,率福州市经贸代表团赴日本、印度尼西亚、以色列、香港考察洽谈。

7月20~30日,福州经济技术开发区管委会主任、马尾区区长林新国应英国英中贸易投资有限公司、瑞中经济文化促进会、香港综艺投资有限公司邀请,率团赴香港、瑞士、英国考察洽谈。

7月24~31日,副市长时小雨应意大利得利满公司、匈牙利Purator公司、俄罗斯泵与生态环保设备工程公司邀请,率团赴意大利、匈牙利、俄罗斯考察洽谈。

7月30日~8月11日,市人大副主任施能柏应俄罗斯圣彼得堡亚太地区合作中心、匈牙利黑维兹市政府、奥地利亚洲友好协会邀请,率团赴匈牙利、奥地利、俄罗斯考察洽谈。

8月14~25日,市委副书记周宏应英国福建总商会、法国里尔市政府、香港福州十邑同乡会邀请,率团赴英国、法国、香港进行经贸考察和海外联谊。

10月6~17日,副市长陈为民应美国塔科玛港务局、墨西哥华人商会、古巴对外友好协会邀请，率团赴美国、墨西哥、古巴考察洽谈。

10月12～19日，副市长徐铁骏应日本株式会社东荣商行、韩国友利投资证券公司邀请，率团赴日本、韩国考察洽谈。

10月27日～11月7日，市委副书记、市纪委书记方清海应阿联酋沙迦（政府）工商联合商会、中国—土耳其商业促进会、西班牙巴塞罗那商会、香港贸易发展局邀请，率团赴阿联酋、土耳其、西班牙、香港考察洽谈。

10月18～29日，市政协副主席陈今明应南非西开普敦经济署、肯尼亚工商会、毛里求斯华商经贸专业联合会邀请，率团赴南非、肯尼亚、毛里求斯考察洽谈。

11月6～17日，市政协副主席陈书碧应英国英中贸易投资有限公司、爱尔兰共和国总理府、丹麦马士其船舶租赁公司邀请，率团赴英国、丹麦、爱尔兰进行经贸洽谈。

12月7～9日，市人大副主任陈吉受英国菲尔维斯有限公司、瑞士苏格兰皇家库斯银行瑞士分行、德国布鲁克纳公司邀请，率团赴英国、瑞士、德国进行考察洽谈。

【服务商贸会境外团组】 5月18～22日，第十二届海峡两岸经贸交易会、第六届中国福建商品交易会在福州举行。市外办邀请外国友城团组3个、使领馆团组6个，驻华机构团组2个，港澳团组3个，记者团组3个，其他外国团组3个，外交部团组1个，共21个团组，其中正部级团组2个，共63名外宾参展、参会。海交会期间，省、市领导苏增添、洪捷序、方清海、朱华等分别会见使领馆团组和友城团组，向客人介绍福州经济社会发展情况、资源优势和发展前景，推介海西建设和平潭岛开放开发。

7月1～3日，第六届APEC中小企业技术交流暨展览会在福州举行。市外侨办协助组委会负责全部外国来宾的邀请、接待及翻译任务，并协助客人的参展品通关、展位布置等。安排外宾出席APEC技展会的欢迎晚宴、镇海楼茶话会、开幕式、第三届APEC中小企业对话世界500强财富论坛等系列活动。

9月8日，第十四届厦门投资贸易洽谈会在厦门举行。市外侨办邀请日本冲绳县产业振兴公社福州代表处代表团等4人参会，并协助他们参展。在投洽会开幕式、市领导参观展馆、省团项目签约仪式、市投资推介会暨重大项目签约仪式、招待午宴、“投资海西”对口洽谈会等重要活动中，市外侨办安排工作人员全程陪同翻译，完成各项工作任务。

【外国记者到访福州】 5月17～22日，加拿大《桥》杂志社记者1人到榕采访报道第十二届海峡两岸经贸交易会与第七届福建省商品交易会。9月28～30日，澳大利亚广播公司2名记者和1名中方雇员前往闽侯青口镇青圃岭村采访环境保护等问题。

【福州市与日本长崎结好30周年纪念活动】 福州市与日本长崎市于1980年10月缔结友好城市，2010年为两市结好30周年。7月17～19日，福州市水产展销团一行5人赴长崎市出席“福州—长崎、五岛列岛海产品展览会”。7月19～22日，副省长、市长苏增添率福州市友好访问团一行8人前往日本长崎市访问，参加两市结好30周年系列纪念活动。在长崎期间，苏增添一行拜会长崎县知事中村法道，拜访中国驻长崎总领事馆总领事李文亮，会见长崎市长田上富久、议会议长吉原孝，出席在长崎市举行的日本第八届海洋节纪念典礼和长崎市议会全体议员欢迎会并演讲，考察合作项目。7月21～23日，福州市水产可持续发展论坛团一行5人赴长崎市参加“长崎市·福州市水产交流论坛”。7月30日～8月3日，由福州市体育局、市外侨办、市体育总会、市体校组成的福州市龙舟队访问团一行16人访问长崎市，与长崎市议会部分议员组成福州—长崎联合龙舟队。

8月23～25日，以长崎市长田上富久为团长、议长吉原孝为副团长的长崎市友好访问团一行104人（其中官员团40人、经贸考察团44人、市民团20人）访问福州。省委常委、市委书记袁荣祥，副省长、市长苏增添会见长崎市官员团一行；在闽江公园（南园）举行植树活动，市委常委、副市长朱华，市人大副主任鄢萍和长崎市长田上富久、议长吉原孝等共同栽下象征两市友好关系的榕树；市政府举行仪式，苏增添代表福州市授予田上富久福州市“荣誉市民”称号，田上富久代表长崎市授予苏增添“长崎市国际亲善和平荣誉证书”；苏增添和田上富久代表两市签订“面向未来、进一步促进友好交流”协议书；举行庆祝酒会接待长崎市访问团全体成员。长崎市友好访问团分为城建、体育、自来水、水产养殖、经贸考察及旅游推介6个小组，分别进行考察、座谈交流活动，举办“长崎市旅游推介会”，向福州市民推介长崎风光及民俗风情，向福州旅行社和市民推介多条旅游线路。

7月21日，副省长、市长苏增添（中）在日本长崎拜会当地政府官员。

9月10日，福州市和长崎市在“2010中国国际友好城市大会”上获“对华友好城市交流合作奖”。

【“福州亭”落户美国塔科马市】 “福州亭”坐落于美国华盛顿州塔科马市中国协和园，是福州市应国际友好城市美国塔科马市要求，赠送给该市的纪念物，象征两市友谊长远，为塔科马市所在的美国南普吉湾地区第一座中国式建筑，也是中国协和园内的第一座建筑物。9月16日~10月28日，市外侨办牵头派出“福州亭”安装指导团一行4人在塔科马指导工作，受到塔科马市市议会的表彰。当地媒体《新闻论坛报》《塔科马每日资讯》和《塔科马周报》等以及美国最大华文报纸《世界日报》都在头版进行报道。

【涉外事务】 处置各类涉外事件32件，完成年度涉外文书核查工作。完成海地大地震撤侨行动，妥善处置福州籍劳工在安哥拉工伤事故善后赔偿、在韩服刑福清籍公民突发脑溢血、福清籍公民在越南边境死亡案以及新加坡总领事馆反映的某公司副总经理涉嫌非法侵占案等一批影响较大的涉外事件。联合市委组织部、宣传部等10个部门，向各县(市)区党委、政府，市直有关单位、人民团体和高校下发《关于贯彻落实〈关于进一步加强境外非政府组织在华活动管理工作的意见〉的工作意见》，并建立联络机制。

代办领事认证1187份，主要涉及单位外派劳工合同证明，国外投资资质证明，个人工作、探亲、定居、求学所需要的各种公证资料。接待来自19个国家的外国驻华使领馆团组26批103人次，法国驻华大使、肯尼亚驻华大使、越南驻华公使等先后访问福州。

【海地撤侨工作】 1月12日，海地发生7.3级强震，在海地的48名零散中国公民(34名为福州籍)被困当地。外交部牵头成立赴海地撤侨工作组，搭乘包机接回在海地的零散中国公民。省、市政府组成接收工作小组前往海地，经73个小时的努力，顺利完成撤侨任务。市政府专门制定福州接机方案，由各县(市)区派专人、专车将当事人送到家里。福州市6人获个人三等功。

【因公出国(境)管理】 全年审核和审批因公出国(境)377批946人次，其中党政干部因公出国(境)46批145人次，占总数15%，民营企业因公出国(境)180批530人次，占总数56%；制止出访44批111人次，调整压缩出访18批35人次8天，节省经费约511万元。办理护照521本，其中颁发新护照334本；办理通行证370本，其中颁发新通行证195本。办理各国签证156批568人次，签证成功率99.5%。为福州市26家民营企业31人次向外交部申请APEC商务旅行卡。

【侨资侨智引进】 市外侨办邀请57个侨商团组、513名侨商代表参加“5·18”海峡两岸经贸交易会，侨商总人数和团组数分别比增32%、72%。加拿大台籍侨胞陈信诚将台湾大米引进海交会，这是继引进台湾水果之后的又一个重要突破，成为该届海交会亮点之一；巴西福建同乡总会会长何安率领巴西经贸考察团同平潭综合实验区进行磋商，基本确定在平潭岛投资酒店旅游项目，总投资10多亿元；英国福建工商联合会会长陈爱国带领该会部分侨商前往罗源县考察农贸市场，有意在罗源投资农改超项目；印尼侨领何文金同福清市政府签订金银首饰加工厂项目意向书；澳洲闽籍侨领洪绍平考察闽侯戴姆勒工厂，洽谈相关经贸项目，对平潭基础设施、旅游度假项目展开考察，初步形成投资意向。

8月13~14日，胡文虎基金会主席胡仙博士率团访问福州，并就在福州开办老人院事项开展考察活动。

9月8日，邀请美国福建公所、加拿大华商总会等海外榕籍侨商团体4批23人次参加在厦门举行的第14届中国国际投资贸易洽谈会。

9月10~14日，加拿大福建社团联合总会主席欧阳元森率领23名侨商组成加拿大福建社团联合总会访问团，到福州开展商贸考察。访问团一行具体了解福州零售业发展情况，并重点考察平潭综合实验区的投资项目情况。

9月14~15日，马来西亚中华总商会总会长、金狮集团董事局主席钟廷森率领马来西亚中华总商会企业家代表团一行8人访问福州，开展商业/住宅地产、农业(种植业)、食用油/油脂、食品等项目的考察活动。

11月27日，印尼AG集团总裁郭说锋率团到榕开展水产加工、仓储物流等方面的经贸考察。

12月5日，印尼三林集团总裁林逢生率团到榕访问，对“9·8”厦门投资贸易洽谈会签订的能源意向项目开展进一步考察。

【侨务联谊工作】

接待重点华侨华人72批次757人次，先后向美国、加拿大等国家和地区的20多个社团庆典活动发电致贺，支持和指导澳大利亚福建商会、加拿大福建社团联合总会等多个海外社团活动在国内举行庆典活动。

6月3~12日，市外侨办与福清市外侨办主办第一期“2010年海外华裔青少年中国寻根之旅夏令营”，组织35名新加坡榕籍青少年在福州开展寻根问祖、学习参观活动。

6月24日~7月1日，市外侨办与福清市外侨办主办第二期“2010年海外华裔青少年中国寻根之旅夏令营”，70名印尼榕籍青少年在福州及上海世博园开展学习参观活动。

7月22~28日，市外侨办与台江区台侨办组织16名海外台籍青少年参加省侨办主办的“2010年中国寻根之旅夏令营福建营”活动，并赴北京参观学习。

12月22日至2011年1月4日，市外侨办组织52名印尼榕籍二、三代青少年参加省侨办主办的“2010年海外华裔青少年中国寻根之旅福建冬令营”活动。

【侨资企业因公出国(境)及申办APEC商务旅行卡推介会】 11月25日，由市外侨办举办，县(市)区外(侨)办代表和70多家侨资企业代表参加。外侨办主任游晓东在会上介绍APEC商务旅行卡的办理情况及该卡可以通行18个国家和地区的便利，向与会企业家分发《福州市民营企业人员申办APEC商务旅行卡的办法和管理规定》等材料，并回答企业家们提出的有关问题。

【侨务法制宣传】 开展侨法进侨场、进侨社活动。在福州长龙华侨农场举行"侨法宣传暨送温暖医疗队专家义诊活动"，内科、妇科、五官科、内分泌科等专科的医疗专家免费为近百名归侨侨眷现场问诊，免费发放价值5000多元的日常药品，发放侨法宣传资料100余份；在鼓楼区水部街道广场举办大型侨法宣传、法律咨询暨送温暖医疗队专家义诊活动，100多位归侨侨眷参与，现场进行法律咨询及专家义诊活动，发放侨法宣传资料200多份。

开展大型广场侨法宣传活动。参加由中共福州市委宣传部、福州市依法治市领导小组办公室、福州市司法局联合在五一广场主办的纪念"12·4"全国法治宣传日10周年暨福州市"12·4"法制宣传日大型广场系列活动，现场进行侨法宣传。

编印发放侨法宣传资料。向福州市直有关部门发放省侨办编印的《重要涉侨法律、法规、规章及规范性文件汇编》300本，向各县(市)区侨务部门发放1500本，并印制发放各类侨法宣传资料2000多份。

【帮扶侨资企业】 市外侨办分别派人走访福建省金纶高纤股份有限公司、福建省丰泉环保控股有限公司、亚通塑胶科技有限公司等50多家重点侨资企业，了解企业在金融危机中遇到的困难和应对措施。陪同国务院侨务办公室、全国人大华侨委、省人大、省政协、省侨办领导等有关调研组，看望、调查、了解侨资企业的经营情况，对企业反映的工业厂房配套设施、企业搬迁、产业纠纷、税费、社保、用工等问题，提出解决措施和办法。

组织10多家侨资企业高级管理人员参加省外经贸厅、省发改委、省经贸委等联合举办的"2010年度福建经济形势与政策报告会"，帮助侨资企业了解当前海西及福建省经济发展形势和省市各级政府在支持企业发展、扶持对外经贸、货币信贷等方面的扶持政策。

组织侨商参加在福州(平潭)综合实验区召开的"福建侨商开发平潭投资推介会"，100多位2006～2008年度全省明星侨资企业董事长、总经理和知名侨商代表赴平潭岛参会，30多位侨资企业负责人实地考察平潭综合实验区，了解各项工程的进展情况。

【维护归侨侨眷权益】 *扶助贫难归侨* 福州市散居社会贫困归侨有688人的生活水平接近当地贫困线，市外侨办与省侨办、省民政厅、福州市民政局多次到福州市乡镇、村居贫困侨家庭中开展调研，随机抽取贫困归侨的名单，入户核对家庭收入情况，议定将符合或基本符合低保条件的贫困归侨全部纳入低保。春节期间，市县两级侨办领导走访慰问160多户贫困归侨，送上慰问金。

侨务信访工作 接待来信来访1200多人(件)次，问题主要集中在旧城改造的拆迁安置、补偿问题；落实侨房政策；侨资企业在投资、生产经营中遇到的困难和问题；散居农村的归侨侨眷宅基地、承包地、祖坟地的纠纷；出入境定居以及其他日常信访等。市外侨办帮助访民将问题转交给相关部门办理，同时协调推动困难问题的解决。

"三侨子女"身份证明认定 主动到"三侨子女"考生相对集中的福清、平潭两地调研情况，为全市参加普通高校和成人高考的归侨子女、华侨子女、归侨学生出具"三侨"子女高考升学证明251份，无一差错。

【华侨农场建设】 福建省首个海产品农超对接基地在江镜华侨农场揭牌，是福州市华侨农场首次引进沃尔玛公司与福清兆华水产有限公司的合作项目，也是首个进入大品牌超市销售通道的绿色食品项目。东阁华侨农场引进4家企业或公司，实现落户3家，办理注册1家。长龙华侨农场对生态园"八国风情园"项目进行重新规划，范围扩大到整个长龙镇和透堡镇范围，先后有深圳华侨城集团、菲律宾华商到长龙考察生态园项目，火箭专家黄春平也到长龙考察太空育种基地及航天娱乐设施项目。

【侨胞捐助公益事业表彰】 全年，福州海外侨胞捐赠社会公益事业6.8亿元。5月15日，市委、市政府举行"春风·春雨·光彩"行动2008～2009年度社会各界捐赠公益事业表彰大会，43位侨胞获"福州市热心公益事业大榕树金质奖章"，30多位侨胞获"福州市热心公益事业茉莉花银质奖章"。5月18日，省政府为捐赠金额1000万元以上的海外乡亲举行表彰仪式，福州市15位侨胞获"华侨捐赠公益事业突出贡献奖"金质奖章、奖匾和证书。

港澳事务

【概况】 2010年，福州市拓宽与港澳合作领域，做好港澳地区政府官员、知名企业负责人及社会各界名流到榕报批及接待工作。全年审批143批371人次因公出访港澳，办理港澳通行证352本；接待香港官员和各类团组6批38人次；办理香港居民身份确认45份；帮助香港居民解决困难，处理房屋纠纷、房产问题9起，接待上门了解有关政策、诉求困难、请求帮助的香港居民17起27人次。

【交流合作】 3月24～26日，香港圣保罗医院院长何美兰一行访问福州，市港澳办协调市残联、闽侯县政府等部门与客人就进一步开展慈善合作进行沟通交流，双方达成支持福州市"光明行动"白内障免费手术项目，在闽侯县羊里乡选址建立希望小学等初步合作意向。

4月30日～5月4日，"香港时尚购物展·福州"举行，市港澳办配合香港贸发局驻福州代表处完成前期筹备和宣传工作，选派联络员做好有关保障工作。

"5·18"海峡两岸经贸交易会期间，香港特区政府驻粤办、香港贸发局及香港有关企业到榕参会。香港特区政府驻粤办是福州市港澳办成立后首次参加海交会。

7月15日，市港澳办陪同香港贸发局福建代表罗焕钊一行参观三坊七巷和林则徐纪念馆。9月6日，罗焕钊专程到市港澳办拜访，双方就继续共创良好平台，深化榕港两地经贸、人才等进行交流。

9月7～8日，市港澳办陪同中央政

府驻香港联络办办公厅主任陈林一行在福州参访。

9月18日，市委常委、统战部长王玲会见以福万(香港)有限公司执行董事、香港福州十邑同乡会青年委员会主任林智彬为团长的香港榕籍青年福州访问团一行16人。

(陈　婧)

侨　联

【概况】　2010年，福州市侨联发挥海外网络优势，进一步凝聚侨心，发挥侨力，汇集侨智，为推动福州科学发展、跨越发展建功立业。全年接待各国侨胞20余批300人次，主办“首届海峡西岸经济区侨联(社团)协作会议”。加强宣传交流工作，开通市侨联网站“闽都侨声”，制定并试行全市侨联信息报送奖励办法。年内，中国侨联网登载市侨联信息6篇，《中国侨联工作》刊载3篇，《福州信息》《福州要讯》刊登9条，《福州日报》刊发报道10篇，福州电视台《福州新闻》采播9条。

【侨资项目引进】　开展“服务项目带动，促进侨资回归”专项活动，引导总额8.13亿元的5个侨资项目达成在榕投资意向，其中福清渔溪镇与融鹦物流有限公司就兴办物流、仓储等达成的项目，福清渔溪镇与福州福和盛大酒店就拟建四星级福和盛大酒店达成的项目实现落地。参与陪同中国侨联常委、香港嘉祥交通(亚洲)有限公司董事局主席姚志胜考察东部新城和荆溪小城镇建设项目，陪同澳大利亚福建总商会、巴西福建同乡会、中国国民党印尼归侨联谊会、印尼金锋集团(中国公司)到平潭综合实验区考察，组织侨联企业界委员和侨联青年委员会成员参加“西部贸易洽谈会”，接待第六届APEC技展会马来西亚中小企业公会代表团。

【侨胞捐助公益事业】　发动侨界社团、人士开展赈灾、助学结对互助等捐助活动。市侨联副主席、名城集团董事局主席俞培俤捐资1000多万元在福清嘉儒村建设公益项目，马来西亚侨胞捐资200万元兴建闽清白中中学教育大楼，印尼侨胞捐赠1000多万元建闽侯“良好学校”。发动侨界力量资助50名贫困侨生上学，继续与东建集团联合举办“魏可英助学奖学金”颁发仪式，为19名侨界贫困大学生发放5万元助学金。青海玉树地震后，动员澳大利亚侨领林辉源向灾区捐款10万澳元，美国长乐公会捐款3万美元，鼓楼区侨联动员各街镇、社区侨联组织和侨资企业家会员捐款近10万元。闽西北“6·13”水灾后，全市侨联一个月内募款近900万元支援灾区。

【联络联谊活动】　以亲情、乡情、友情为纽带，加强与海外侨胞联络联谊，接待英国、美国、加拿大等国家和地区乡亲20余批300人次，随团出访南非、埃及等国。出席香港福州十邑同乡会、长乐联谊会、连江联谊会换届庆典，参加著名侨领、世界福州十邑同乡总会永久名誉会长黄双安80寿辰庆祝活动，向其颁发市侨联荣誉主席聘书。加强与二、三代华侨华人联系，与市海联会和世福总会青年团共同主办“相聚福州——第二届榕籍华侨华人青少年寻根之旅”夏令营，与市文联共同主办“庆世博、迎六一”福州市首届海峡两岸暨侨胞青少年书画展，邀请日本NPO儿童歌舞团到榕交流演出，接待日本一桥大学、龙口大学教授到榕开展学术交流。以各类节庆、纪念活动为平台，开展联谊，凝聚侨心，举办全市侨界“迎中秋、庆国庆”联欢会，与省侨联联合举办“中国心、赤子情”印尼归侨回国50周年纪念活动，举办“侨心系海西、共游母亲河”活动，组织各国侨胞、华侨华人青少年、海西侨联(社团)协作会议嘉宾夜游闽江。

【创新侨益维护平台】　市侨联法律咨询委员会更名为市侨联法律顾问委员会，增补多名法律界资深人士为委员，每周召开一次工作例会，不定期开展法律咨询。市侨联加强与司法部门沟通联系，成立福州市法律援助中心侨联工作站，为全省首创。与市中级法院联合出台《关于涉侨民商事案件诉讼调解与人民团体调解衔接机制的若干意见》，为维护侨胞权益、促进和谐稳定提供制度保障。与省侨联、晋安区侨联共同举办“纪念侨法颁布20周年侨务法律法规宣传咨询活动”，参与“11·8”福州市法律宣传日法律宣传活动，深入社区、侨户，为次侨胞提供法律服务。

【侨联基层组织建设】　组织侨联班子、干部深入各县(市)区侨联调研，推动“党建带侨建”制度创新。主办全省侨联“创家交友”现场交流会(福州站)活动。举办福州市侨联基层(社区)组织建设现场会，组织全市侨联基层组织代表实地观摩鼓楼区河东社区、后县社区、屏山社区基层(社区)组织建设先进典型，总结全市“创家交友”成绩，开展典型经验交流，为首批命名为市级“侨友之家”的19家侨联基层组织授牌，开创全省设区市侨联评选市级“侨友之家”首例。

【首届海峡西岸经济区侨联(社团)协作会议】　10月18～21日，主办首届海峡西岸经济区侨联(社团)协作会议。海峡西岸经济区闽粤浙赣4省20城市的侨联组织、港澳台社团负责人及侨商侨领代表等近百人参加会议，20个城市侨联签署《海峡西岸经济区侨联(社团)合作框架协议》，5个投资总额8.13亿元侨资项目签订投资意向书。同时举行福州市侨联网站开通仪式。中国侨联顾问唐闻生参加会议并讲话，副省长、市长苏增添代表福州市委、市政府设宴招待与会嘉宾。

(唐　宜)

台湾事务

【概况】　2010年，福州市发挥五缘优势，拓展两岸三通直航，服务台商和台胞，促进榕台交流合作。全市批准台资项目65项，合同台资5.54亿美元。

【经贸合作】　开展赴台经贸交流　5月，副省长、市长苏增添率团赴台开展以“走亲、访友、做生意”为主题的经贸文化交流活动，为福州市历年规模最大、规格最高的赴台交流团组。在台期间，举办“台中—福州科技产业对接论坛”“2010福州文化创意产业台北交流会”“福州旅游(台北)交流会”等，拜访知名台商郭台铭、中国国民党副主席蒋孝严等，考察宏基集团等多家重点台湾企业，在光电科技、文化创意等多个领域达成合作共识，签订25份协议，对接洽谈项目99项，总投资63.99亿美元，引进鼎元光电等一批台资大项目。在台采购金额14.55亿美元。人民日报、中央电视台等多家中央媒体，台湾联合报、东森电视台等33家台湾媒体对福州市经贸文化交流团的活动进行采访报道，促进了福州在两岸交流合作中影响力的提升。

发挥经贸活动平台作用　一是提升“5·18”海峡两岸经贸交易会对台品牌效应，2010年有40个台湾嘉宾团组及参展台商2000人参会，新党主席郁慕明、台湾统一企业集团总裁林苍生、联华电子总裁宣明智等台湾知名人士与工商界人士参会。签约台资项目56项，利用台资10.88亿美元，分别比增51.35%、340%。吸引台湾岛内423家企业参展，设置展位904个、面积1.9万平方米，分别比增78%、219%、262%。促成台湾大米首次正式引进，并专设在榕台商创业展馆。二是邀请台湾东森国际等重点团组参加“9·8”厦门投资贸易洽谈会。投洽会上，福州市有31个台资项目签约，投资总额13.11亿美元。三是举办第六届APEC技展会、第七届海峡两岸信息产业技术标准论坛、2010海峡(福州)渔业周暨第五届海峡(福州)渔业博览会、中国(福州)首届国际游艇展览会、首届海峡医药健康产品博览会等一系列涉台专业性展会论坛，打造多元两岸经贸合作平台。

推动榕台产业对接　一是促成台资金融保险业项目落户。年内，君龙人寿保险股份有限公司(台湾人寿保险股份有限公司与厦门建发股份有限公司合资设立)福建分公司、厦门商业银行(台湾富邦金控入股)福州分行、国泰财产保险有限公司福建分公司等相继在榕设立并开业。福建海峡银行与台湾金融机构合作及富邦金控海峡(福建)产业投资基金项目有序推进。二是推进榕台制造业项目对接。以电子信息、汽车制造、光机电一体化、精密机械等先进制造业和软件动漫游戏产业为重点，推动落实5月福州市经贸文化交流团在台期间洽谈的合作项目和海交会、投洽会签约项目，实现亿光LED、英业达电脑一体机、台湾中华汽车电动汽车和新车型等大台资项目落地。同时跟踪协调鼎元光电LED、友顺、东南汽车三四期等重大台资项目，推动尽快落地。三是推动海西塔商业广场、台湾百脑汇(福州)数码广场以及台湾85度C餐饮等商贸服务业重点项目。

【文化交流】　民间民俗交流　年内举办“第三届海峡两岸合唱节”“福州船政与近代中国海军史研讨会”“海峡两岸道教圆梦之旅暨第二届中华梦乡福清石竹山梦文化节”“第二届闽王文化节暨海峡两岸共祭闽王大典”“第八届两马同春闹元宵”“第三届陈靖姑民俗文化节”等系列活动，组织福州市高山族台胞赴台参加丰收节活动，组织船政文化(文物)赴台展出和闽剧《陈靖姑》赴台巡演，组团赴台湾南投县参加第三十一届“台湾区福州同乡社团联谊会”，策划和制作《船政文化与台湾》《福州市涉台文物图录》《咫尺海峡榕台缘》《两马交流交往，马尾先行先试》等书籍，促进榕台民间民俗文化交流品牌影响力的提升。

青少年交流　举办第二届海峡论坛“和平天使，两岸手拉手”青少年交流活动、“亲情海峡·彩虹书画——2010年榕台中小学生书画交流展”“首届‘两马’少年儿童体育夏令营”和“2010年两岸中学生自然探索夏令营”活动，与上海联办“跨越海峡·相约世博”第七届榕台青年夏令营活动。赴台举办两岸城市青少年创意族谱联展，福州市台江区第四中心小学“十番音乐”赴台进行交流访问。

教育和人才交流　市教育局、市职教中心、鼓楼区教育局、福州延安中学、鼓楼一小、鼓楼二小等分别组团赴台开展交流活动。福州外语外贸职业技术学院和福州职业技术学院分别组织学生赴台湾亲民技术学院、台湾中洲技术学院学习交流。接待台北市优质教育交流访问团，并主办“榕台两岸优质教育学术交流暨校长论坛”。7月，市皮肤病防治院录用台籍毕业生陈柏睿，这是福州市事业单位首次录用台籍硕士毕业生就业。年内，市委、市政府授予3位在榕台商“福州市首届优秀人才”称号。

体育交流　举办“2010年福州铁人三项洲际杯赛暨全国冠军杯系列赛”“第二届海峡论坛·海峡两岸体育交流大赛暨福州第四届海峡门球邀请赛”和“第五届‘两马’体育联谊赛”等活动。

人大、政协与台湾县市议会交流　市人大应高雄县议会邀请组团赴台开展交流访问。市政协邀请台湾部分党派负责人到榕参访，并举办以“增进党派了解，促进两岸合作”为主题的“榕台部分党派交流合作座谈会”，是大陆民主党派市委会与台湾有关党派之间首次开展的一种新模式、新尝试的交流活动。

乡镇对口交流　组织福州市9个乡镇并邀请台湾对口乡镇参加福建省在台湾南投县举办的“两岸特色乡镇对口交流会”，组织6个两岸对口乡镇参加在三明市召开的“海峡两岸乡镇对口交流会”。全市有6个乡镇(街道)与台湾8个乡镇签订8份对口交流合作协议。长乐市航城街道、福清市镜洋镇、闽侯县大湖乡、连江县黄岐镇、闽清县白中镇5个乡镇(街道)被福建省列为闽台乡镇对口交流重点乡镇。

【拓展榕台三通直航】　空中直航　增加空中客运航线航班，先后开通福州至台中、桃园、高雄、花莲、澎湖5条直航航线，榕台空中客运直航航线达6条，每周26个航班(往返52架次)。实现两岸空中货运直航。3月15日，福州至桃园航线首航班机搭载778公斤货物，实现福州空港榕台空中直航之后载货通航的零突破。6月，福州机场被列为两岸空中货运直航点。9月29日，台湾华航福州至台北全货机航线通航，至年底，该航线每周2个航班。

海上直航　巩固和提升福州至高雄、台中港、台北港、基隆港等港口海上货运直航的常态化。继续发挥“两马小三通”航线作为两岸海上直接往来的通道作用，全年共运营1342航次，运送旅客5.85万人次。

通邮　12月21日，中国邮政航空公司开通福州—台北邮货自主运输航线,成为大陆首家开通两岸货邮运输的航空公司。两岸邮包业务由福建扩大涵盖到全国。“福州邮政速递邮件处理中心”作为两岸总包邮件交换处理、特快邮件、国际包裹处理的场所在年内完成规划设计,开始动工兴建。“福州邮政第二枢纽”处于筹建阶段,计划2014年建成投入运行。

【媒体交流合作】 《福州晚报》与台湾民众报业股份有限公司签订合作协议书,在《民众日报》上专版推介福州。5月福州市经贸文化交流团赴台交流期间,《民众日报》推出8开40页推介福州专版,重点介绍海西先行先试政策及福州市的文化、旅游、投资、商贸、文化创意、科技研发、农业等现状、特色和规划,同时在台湾葡萄藤社群网设网络专区进行刊登,重点内容摘要刊登在《民众日报》电子版,供台湾民众浏览,促进台湾民众对海西和福州的了解,增强福州与台湾各地、各界的互动。6月,福州广电集团率“海峡面对面”栏目组赴台进行交流考察活动,走访TVBS、中天电视台、东森电视台、亚洲卫视等多家电视媒体,并与台湾同行进行专题交流和洽谈,还与多家台湾电视媒体达成多项产业合作意向。

邀请台湾旺旺中时传媒集团为海交会协办单位、台湾中天电视台为支持媒体,邀请台湾《中国时报》、中天电视台等12家岛内主流媒体参与海交会的宣传报道,并首次实现两地媒体共同直播开幕式的合作方式。组织开展两岸媒体福州行活动,台湾媒体对5月份福州市经贸文化交流团赴台介绍的创意文化产业、动漫文化产业的发展情况等进行实地踏访。

【服务台商和台胞】 一是主动帮助企业解决困难。举办“在榕台资企业座谈会”“台资企业劳动和保障政策咨询座谈会”“台资企业环保政策咨询座谈会”“海关政策咨询座谈会”等,向台资企业宣传讲解政策,帮助企业转型升级,开拓内销市场、解决招工难及融资等问题,并针对城市规划调整,做好台资企业搬迁的指导工作。市台协会与厦门银行福州分行签订支持福州台资企业发展合作协议,该行承诺向福州台资企业提供50亿元信贷支持。推动福建海峡银行举办“台资企业产品推介会及融资对接会”,意向融资金额3.6亿元,实现对接9家企业,金额9766.5万元。二是做好台商投诉协调案件调处工作。发挥台商权益保障工作联席会议机制作用,不断创新服务台商举措。市法院围绕建立健全“涉台审判六项机制”开展涉台审判工作,建立涉台民事案件集中审判机制。市首聘20位在榕台商为涉台案件特邀调解员,福州仲裁委首聘3位台籍专业人士任仲裁员等依法保障台商权益,为台胞台商融入海西建设,促进榕台交流合作提供建言献策、表达心声的有效途径和平台。落实台商子女就读和台商就医优惠政策。三是维护台胞权益,健全《福州市台胞救急救难暂行办法》,完善成员单位联络员季度工作会议,做好台胞救急救难,台胞台属投诉求助以及海上涉台突发事件等工作。

(郭霖枫)

台　联

【概况】 2010年,福州市台湾同胞联谊会贯彻中央对台工作的重大决策和战略部署,团结和联谊台湾岛内、港澳和海外台湾同胞,了解和反映台胞的意见、要求,配合有关部门按政策为他们排忧解难,依法维护台湾同胞的正当权益。配合上级台联及有关涉台部门,做好到榕探亲、访友、旅游、投资、就学等台湾同胞的接待、服务工作。协助台胞在榕经商、投资和进行学术、科技、文化、体育等方面的合作,推动两岸“三通”和双向交流。至年底,全市有台胞1674人。

【开展榕台交流活动】 通过走出去、迎进来,加强榕台两地民间的交流交往。1月28日~2月5日,承办第十二届祖国大陆和平小天使赴台交流活动,58位福州小朋友参加演出。3月7日,组织近百名在榕女台胞、台商、台生在闽侯白沙湾举办“和平树根连两岸、团圆心榕台一家”活动,立下“海峡和平友谊林”纪念碑,以“铭志于树、寄情于林”的方式纪念三八妇女节。3月25日,邀请台联理事、台胞、台商近百人搭乘“闽江之韵”游船,开展“同赏闽江景、共叙两岸情”活动。端午前夕,组织中老年台胞前往福州郊外棋盘山欢度佳节;6月20~22日,协办第二届海峡论坛“和平小天使,两岸手拉手”青少年交流活动。中秋时节,走访在榕定居的困难孤寡老台胞,看望在榕投资的部分台商和台胞代表,举办台胞联谊活动;8月19~24日,接待第十二届台湾和平小天使访问交流团。9月,组织福州市高山族台胞赴台参加丰收节活动。重阳之际,组织老台胞游三坊七巷、赏民俗文化、品福州美食。9月28日,参加由福州市政协举办的“榕台部分党派、团体交流合作座谈会”并作专题发

8月19日,欢迎台湾和平小天使到榕交流。

言，与台湾新党、劳工工党等8个党派负责人对话交流。11月17～21日，接待由台北政治大学教学发展中心主任、政大教育学院教授陈木金率领的台北市优质教育交流访问团一行，并主办“榕台两岸优质教育学术交流暨校长论坛”交流活动。年内，还与台湾中小企业协会、台北经贸交流协会等经贸社团和台商进行多方面的交流活动。

【发挥台胞作用】 福州市台胞担任省、市、区（县）人大代表、政协委员有30余人。在福州市政协十一届四次会议和人大十三届五次会议上，13位台籍政协委员和人大代表向大会提交《开展两岸青少年交流互访活动的建议案》《关于我市城市交通管理的几点建议》《加强对我市食品卫生安全管理的建议》《建立现代化无公害处理设施的建议》等。在福建省、福州市“十二五规划”报告征求意见会上，市台联也提出一些意见和建议。向福州市海外青联会推荐黄昱等14名在榕工作、学习的台籍青年和台生，参加新成立的福州海外青年联谊会，并当选为第一届理事会会员。加强涉台审判工作，福清市台联、连江县台联小组分别推荐4名台商和1名台胞担任法院涉台审判特邀调解员，直接参与大陆的涉台司法工作，协助法院及时化解涉台纠纷案件。

【为台胞排忧解难】 8月，市台联领导先后走访看望在福建省皮肤病院工作的台生周汝真、在福建中医学院就学的台生郑华盟。听取他们对在大陆求学、就业的情况反映，并对部分福建高校台生的基本情况和就业取向进行了解，提出加强就业指导、两岸学历采认、开展基础教育、试行国民待遇、鼓励自主创业等意见和建议，为台生就业创造良好的条件。

开展台胞困难群体和老龄群体的摸底、统计、建档等各项基础性工作，了解、核实台胞困难户的数量、产生的原因、收入情况、享受社会保障和社会救助情况，编制翔实的台胞档案，并建立台胞数据库。开展台胞困难学生补助，困难台胞就业岗位培训，以及低保、医保、社保和失业保险等方面的摸底、统计、核实、上报工作。开展“送温暖”活动，把两节慰问与平时探望结合起来，深入各县（市）区走村串户，看望慰问老台胞和困难台胞。全年看望、慰问台胞100多户，发放慰问品、慰问金4.5万元。主动协调解决台胞反映的住房、拆迁、入学、改籍、社保、医保、就业、民事纠纷等问题。

（叶彭清）

金门联

【概况】 2010年，福州市金门联以“以金联台，以金促台”的宗旨，团结和发动广大在榕金胞，开展各项两岸交流联谊工作。对外联谊方面，多次接待到访金胞，如金门议会访问团、金门县政府代表团等。并主动开展对外交流，如选送青年金胞参加第四届“两岸金门子弟国学夏令营”，参加第三届金门同乡会年会。对内联谊方面，在传统节日期间，组织福州金胞联欢与聚会，加强感情联系。服务金胞方面，做好在榕金胞扶贫济困工作，营造温馨的“金胞之家”氛围，并协助金胞解决具体困难。

【榕金交流】 4月18日，与到榕参访的金门议会访问团联谊座谈，向金门代表团宣传福州的投资环境和经济社会发展情况，就两岸人员往来、文化交流、寻根谒祖等方面内容进行交流探讨。

5月16日，金门双鲤公共事务会一行35人到榕与市金门联交流，双方就如何进一步加深两岸交流交往等交换意见。

7月6～10日，以培育两岸金门子弟热爱家乡、认知中华传统文化为主题的第四届“两岸金门子弟国学夏令营”在金门举办。市金门联选送福州青年金胞吴洁琼、翁淑颖与来自泉漳厦的大陆金门籍青年以及金门5所乡镇初中、金门高中的学子们一起参加夏令营活动。

8月10日，金门县政府代表团与福州市金门同胞恳谈午宴在福州市景城大酒店举行。由金门县县长李沃士、议长王再生率领的金门代表团一行27人与福建省金门同胞联谊会、福州市金门同胞联谊会以及在榕金门同胞代表进行会谈。

9月10～15日，参加第三届两岸金门同乡会年会。两岸23家同乡会代表参加会议。与会代表针对年会的可持续发展和两岸交流等问题展开讨论，并在许多方面达成共识。

12月21日，与省金门同胞联谊会联合迎接桃园县金烈乡亲公共事务协会一行24人到榕参访。该协会是2010年8月新成立的旅台金门乡亲的第17个同乡社团，为首次访榕。

【对内联谊】 1月31日，举办2010年新春联欢会，百余名在榕乡亲和各兄弟单位代表欢聚一堂，共叙乡情。9月18日，举办福州金胞“庆中秋、迎国庆”茶话会，100多名福州金胞参加。10月15日，举办重阳节茶话会，老金胞们围绕会务工作展开讨论，对如何在内联、外联方面更好开展工作提出许多有益建议。

【服务金胞】 在日常工作中关心金胞的工作、生活情况，坚持定期走访、探望老龄金胞，慰问生活困难、患病金胞，协助金胞解决具体困难。完成2009、2010年度在榕金胞“两补”工作，以“不漏一户、不少一人”为原则，向全体在榕老龄金胞、遗偶及困难金胞发放扶贫济困专项资金，受惠生活困难金胞15人，老龄金胞及遗偶66人。

（李　洁）

（编辑　郭进绍）

政法委

【概况】 2010年,福州市政法系统围绕全市经济社会工作大局,推进社会矛盾化解、社会管理创新、公正廉洁执法"三项重点工作"。把维护社会安定稳定放在首位,开展矛盾纠纷排查调处工作;坚持先行先试,推出一系列社会管理新方法举措;加强执法规范化建设,强化执法监督,推进"阳光执法";深化新一轮"平安福州"创建活动,全力落实社会治安综合治理各项措施;推进政法队伍党的建设,提高政法队伍整体素质,政法综治各项工作取得长足进步。公众对社会治安的满意率达94.97%,同比提高0.45个百分点,创历史新高。

【全市政法工作会议】 2月25日召开。省委常委、市委书记到会并讲话,要求要强化维稳意识,主动服务发展第一要务,在服务经济转型升级、服务重大项目建设、服务企业发展、服务两岸交流合作等方面力求有更大的作为;要突出源头治理,抓好社会矛盾化解、社会管理创新、公正廉洁执法三项重点工作;要坚持统筹兼顾,深化平安福州建设,提高平安建设水平;要抓住关键环节,全力维护信访秩序,确保社会和谐稳定;要加强组织领导,确保维稳工作落实到位。会议要求全市各级政法部门一要主动服务经济社会发展,改进执法方式方法,落实便民利民措施,维护市场经济秩序,促进榕台交流合作;二要推进社会矛盾纠纷化解,健全维稳风险评估机制,完善"大调解"工作体系;三要推进社会管理创新,突出特殊人群服务管理,加大重点地区综合整治,规范社会组织分类管理,强化信息网络建设管理,加快构建社会管理新格局;四要推进公正廉洁执法,加强执法规范化建设,强化执法监督,加快执法信息网络建设;五要统筹推进政法各项工作,深化新一轮"平安福州"建设,强化隐蔽战线斗争,强化严打整治斗争,强化防控体系建设,充实整合基层力量资源,加强社会治安综合治理;六要加强政法机关党的建设和队伍建设。

【政法工作】 全市政法各级各部门,主动作为,全力服务海西建设大局。公安机关加大对重大经济犯罪的打击力度,全年查破经济犯罪案件718起,挽回经济损失7092.8万元。检察机关推进专项查处工作,查办工程建设领域职务犯罪和涉及教育、医疗、就业和社会保障等民生领域案件,查办贪污、贿赂及渎职等职务犯罪案件193件256人。审判机关依法调节民商事法律关系,依法妥善审理各类民生案件,建立由资深法官主办群体系列案中的部分案件,其他主审人协办的专业审判模式。加快涉台审判先行先试,开展"百名法官进台企"活动。创新知识产权审判模式。司法行政部门对12个县(市)区和10个市直部门进行"五五"普法检查验收,并通过省里的检查验收。

加强岗位练兵,加强执法规范化建

2月25日,全市政法工作会议召开。

设，强化执法监督，推进“阳光执法”。公安机关出台107项执法制度，确定行政处罚权项目931项、2546档；组织全市公安民警进行信息化应用培训和执法办案系统比武竞赛考核；建立干警执法档案制度。检察机关制定12项规定78项内容规范执法工作制度；规范和推广量刑建议制度，开展“将量刑纳入法庭审理程序”改革，探索庭审量刑辩论模式，并将量刑建议体现在法院判决书中；建立“一案一总结”“一月一评庭”机制；建立检务督察专员制度，开展捕诉案件规范、双人办案规定以及车辆管理制度等专项督察；修订公开听证规则，落实刑事案件进程信息告知和当事人权利义务告知等制度。审判机关建立审判管理办公室；在连江法院开展量刑规范化试点工作，试点工作通过最高院验收，试点经验被省高院作为汇报重点在全国试点法院经验汇报会上介绍交流，并在全市法院进行推广；建立向案件当事人发放廉政效能征求意见卡等制度，组织开展明察暗访，加强对信访、立案窗口和庭审活动的监督检查，通过约谈、告诫等措施及时遏制违法违纪问题的发生。司法行政机关制定完善法律服务执业岗位标准、执业工作规范和执业环节流程；先后组织全市司法行政干部参加学习培训156人次，组织法律服务工作者参加各类业务培训672人次；开展“司法大走访”活动，通过“走出去、请进来”、召开座谈会、发放征求意见、提出建议、参与执行工作、邀请监督执行现场等方式，推动司法公开。

开展执法办案信息化建设，基本实现执法办案流程信息网上录入、管理。公安机关在全省率先实现执法办案系统全市运用，做到“案件网上受理、审批网上流转、文书网上生成、监督网上进行”。市法院在全省率先开展网络庭审直播，近2万名网友通过中国法院网和福州法院网观看庭审，福州法院网点击率超过370万次，被中国法院网评为2009年度全国网络宣传先进单位。

开展“学习型机关、学习型党组织、学习型政法队伍”活动，公安机关开展警示教育；检察机关开展“恪守检察职业道德，促进公正廉洁”主题实践活动；审判机关开展“人民法官为人民”主题实践暨

10月29日，市委常委、政法委书记王鑫视察基层综治信访维稳中心。

司法公信建设活动和廉洁司法“六个一”活动。司法行政机关开展“规范执法行为，提高执法水平”和“中国特色社会主义法律工作者”等主题实践活动。

【综治工作】　制定《关于推进社会矛盾纠纷大调解工作的意见》，对人民调解、行政调解、司法调解三位一体的“大调解”工作的组织架构、工作体系、无缝衔接和保障机制等做出明确规定。创新基层调解组织建设，长乐市建立以调解员个人名字命名的“潭头镇陈长谋调解室”和“文武砂镇东岱村林秀宝调解室”，发挥农村基层调解工作个人的示范效应。连江县法院在全国法院率先聘请马祖当地知名人士担任涉台案件特邀调解员。晋安区推行“一线工作法”，要求领导干部进村入户，在一线调查研究、在一线发现问题、在一线协调解决问题。全市开展“人民调解化解矛盾纠纷专项攻坚活动”，全年排查各类矛盾纠纷1.81万件，调处成功1.76万件。全市各县(市)区全面完成医患纠纷人民调解组织建设。全市法院调撤一审民商事案件3.33万件，调撤率71.2%。

推进社会管理创新，开展四城区“四员”(流口协管员、计生协管员、劳动协管员、市容协管员)队伍整合工作，统一组建2328名社区服务协管员队伍；推广社区流动人口“一站式”服务，全市有251个街道(乡镇)、社区(村)开展流动人口“一站式”服务管理工作；建设出租屋物业管理系统，推广“出租屋视频门禁系统”和“出租屋门禁系统”；结合第六次全国人口普查，开展流动人口信息采集工作，全市流动人口登记时点数110.02万人，出租房屋登记时点数10.09万户；开展闲散农民工子女摸排活动，全面摸排6～25周岁闲散农民工子女底数39.69万人；开展重点青少年排查专项活动，全市排查出服刑在教未成年子女1138人、在押青少年犯1026人、刑释解教青少年1640人；探索建立预防青少年违法犯罪的长效机制，台江区成立“台江区鲲鹏青少年事务服务中心”，创立专业的青少年事务社工服务模式，鼓楼区尝试开展青少年社会调查员工作制度，在全省首开社会调查先河；加强肇事肇祸重性精神病人的排查管控，各县(市)区对肇事肇祸精神病人进行滚动排查，建立健全重性精神病人强制治疗管理制度，对有肇事肇祸、潜在暴力倾向等重性精神病人，按每人每年5000元标准设立救助基金，列入县(市)区财政预算；加大对五城区物业小区治安防范措施落实情况跟踪督导力度，及时整治管理不善的物业小区，实行公安派出所与物业管理公司治安联勤、责任捆绑问责，推进物业管理小区视频监控系统联网工作，同时整改安防设施有欠缺的无物业小区；建立24小时网上巡查工作机制，并初步建立由多个警种组成

的300名兼职网络评论员队伍，办理各类网络违法犯罪案件302起，处置网上各类有害信息3万条，关闭和上报封堵非法网站831家，刑事拘留61人，批捕46人，行政处罚违法人员18人；3月25日起，在全市开展为期1个月的校园周边治安专项整治行动，5月起，开展为期2个月的学校及周边地区安全防范工作专项督导活动，9月新学年开学，市综治委再次派出督导组对各县（市）区进行督导检查。

【平安建设】 开展新一轮“平安福州”创建工作。推进全市各类“平安先行”和“平安先进”创建活动，市直单位以基层和行业系统创建为重点，各县（市）区以乡镇（街道）和村居（社区）为主体，把综治工作和平安创建作为评选精神文明和党建先进单位的前提条件，加大新一轮平安建设力度。在巩固平安家庭、平安校园、平安医院等前期创建成果的基础上，将看守所安全管理工作纳入社会治安综合治理，将查处取缔无照经营纳入社会治安综合治理目标考核范围。永泰县开展“平安林区”“平安景区”创建，重点抓防火、管理、矛盾化解等工作。突出“平安企业”创建重点，在县级以上工业园区（经济开发区）设立综治服务站，在民营、台资等非公有制经济组织设立综治平安工作机构。马尾区将综治维稳信访维稳中心延伸到工业园区。开展“平安铁路示范县（市）区”创建活动，抓铁路护路联防工作，对联防工作进行细化分解。开展“迎新春、颂平安、建和谐、赠春联”活动、大型政法综治和平安建设集中宣传月活动、“送法进高墙”活动、“一对一”的心理咨询帮教活动、“消费与服务—3·15权益日”大型法制宣传活动、“依法禁毒·构建和谐”大型宣传活动、百场“大篷车送法进乡村法制文艺宣传活动”等。在福州新闻网开通《法制频道》栏目，在全省首家建立福州普法网站，创立互联网普法新平台，在罗源县鉴江湾海上养殖区建立福建省首个海上法制宣传图书室。与福州电视台、福州日报、晚报、省法制今报等媒体协作配合，开展“法眼大讲坛”进校园活动、普法讲师团、“法制宣传教育校园行”以及中小学生暑期“聚焦法眼、快乐学法”征文比赛等系列的主题活动。以《法眼》栏目为平台，开辟《检察之窗》《平安边防线情景短剧》等专栏。全年平安建设知晓率达76.03%。

开展治安重点地区和突出问题排查整治，开展“排查整治突出问题，优化海西发展环境”活动，针对种植原植物毒品（罂粟）、“六合彩”和山头聚赌、涉枪、涉黑、涉恶，以及可防性盗窃案件高发、治安情况相对复杂等问题，确定9个列入省综治委重点跟踪督导、10个未列入省综治委但作为市级重点跟踪督导、15个市级挂牌和107个县级挂牌重点整治单位。对省、市级挂牌单位重点整治工作，实行市委政法委、检察院、法院、司法局分管领导联系点制度。

各县（市）区将原乡镇（街道）综治服务中心全部统一更名为综治信访维稳中心，并严格按照“四个统一”（统一硬件条件，统一运作模式，统一规章制度，统一管理考核）的要求，加强规范化建设，加大联调、联防、联动、联勤、联治、联管、联创为主要内容的工作机制建设力度，完善基层综治网络建设，形成化解矛盾和维护稳定工作合力。召开全市乡镇（街道）综治信访维稳中心建设（长乐）现场会，推进全市乡镇（街道）综治信访维稳中心建设和“大调解”工作体系建设。建立维稳工作队和信息员队伍，在全市各乡镇（街道）、村居（社区）建立维护社会稳定工作队和维稳工作信息员队伍，一类乡镇（街道）50人，二类、三类乡镇（街道）30～40人，并在每个村居（社区）确定1～2名维稳工作信息员，专门负责调查、搜集、处理维稳信息。探索建立和推广“福州市维稳群众工作队管理系统”。强化综治维稳责任落实，强化综治委成员单位主要领导综治履责实绩档案建设，落实综治黄牌警告、一票否决权制和治安捆绑问责制，市、县两综治委对治安问题突出的68个单位予以综治黄牌警告。

（陈元武）

公　安

【概况】 2010年，福州市公安机关以“三项重点工作”（社会矛盾化解、社会管理创新、执法规范化建设）为主线提升维护平安稳定大局能力。全年没有发生影响大局稳定的事件、案件和事故。“八类暴力”罪案比上年下降16.8%，“两抢”案件比降27%；群体性事件起数和人数分别比降24.8%和23%；交通事故“四项指数”全面下降；火灾起数、死亡数、伤人数下降，没有发生重大火灾事故。2010年，福州市公众对社会治安满意率达94.97%，比上年同期提高0.45%。发现、打击违法犯罪能力有较大提升。全市“打黑”数、抓在逃人员数、破毒品案件数均居全省第一。

贯彻落实公安部《关于支持福建省公安机关服务和保障加快海峡西岸经济区建设的意见》，在省市重点工程建设工地设立治安岗，排查、调处、化解各类矛盾纠纷7441起。在创建全国文明城市工作中，开展13项集中整治行动，“老、大、难”的电动车管理得到规范。在整顿经济秩序行动中，严打经济领域犯罪活动，获2010年全国公安机关打击整治发票犯罪行动“十强城市”称号。确定的社会管理创新20个重点项目取得明显进展和成效；新增51辆“110”巡逻车，更新、升级车上警用装备，打造警防、民防、技防的治安防控体系。

全年查处民警违法违纪41人，比上年下降10.3%。2010年度，市民对公安工作满意率达93.1%，比上年提高0.33%。有18位民警因公负伤，涌现一批勇擒歹徒、忠诚履职的先进典型。鼓楼分局副局长陈其清获全国劳动模范，鼓山派出所副所长林春兰获全国公安机关“爱民模范”称号，连江县可门边防派出所警官谢延旺获“感动福建十大人物”称号，林春兰、涂颜森获全省“我最喜爱的十大人民警察”称号。上报全国、全省公安专项集体先进17项、个人先进44项。

【20项社会管理创新】 ①旅馆业管理系统；②校园治安管理系统；③维稳工作系统；④交通管理服务系统；⑤出入境管理服务系统；⑥虚拟社会综合监管系统；⑦技侦新战法系统；⑧电脑防盗追踪系统；⑨出租屋物业管理系统；⑩娱乐场所监管系统；⑪工作执法网上综合考核

系统；⑫案件办理监督模式；⑬涉案物品管理规范模式；⑭涉案车辆管理系统；⑮枪支信息管理系统；⑯警务通系统；⑰看守所医疗卫生工作社会化改革；⑱治安卡口查缉布控系统；⑲警用地理信息基础平台；⑳开通网上警务室。

【刑事犯罪侦查】　破获刑事案件2.07万起，其中，年内案件1.63万起，抓获各类刑事作案成员10023人，摧毁犯罪团伙205个、成员858人。打掉黑社会性质犯罪组织案10个、恶势力团伙143个，抓获其团伙成员799人，从中挖破命案、枪案、伤害等重特大案件1120起，缴获涉案枪支21支。发生现行命案117起，破获112起，破案率95.7%，另破年前积案26起，整体破案率达117.9%。抓获本地年前命案在逃嫌犯66人，协抓外省市命案在逃嫌犯36人。其中“4·5”杀害民警并劫持人质案、“5·8”杀人碎尸案、“8·2”仓山区伤害学生致两死一伤案、“10·4”义洲街道双命案、“11·25”台江区两死一伤案等5起恶性命案均在短期内告破。全市破获盗抢、诈骗等多发性侵财罪案1.54万起，抓获嫌犯4426人，其中“两抢一盗”案1.44万起，嫌犯3851人。破获虚假信息诈骗案616起，摧毁犯罪团伙17个、成员118人；缴获银行卡1328张、手机卡149张、电脑23台、现金428.8万元。立拐卖妇女儿童案件396起，破获146起，打掉犯罪团伙11个，打击处理犯罪嫌疑人95人，抓获涉拐在逃嫌犯24人；解救被拐妇女79人、儿童83人。抓获网上各类在逃人员8908人，其中公安部A级、B级通缉嫌犯各1人，外省嫌犯564人，历年嫌犯844人。

【侦破十大刑事要案】　①5月，市公安局抽调150名警力组成专案组，抓获“地下出警队”黑恶犯罪团伙涉案人员121人，缴获一大批管制刀具、镀锌管等作案工具，破获故意伤害、聚众斗殴、寻衅滋事等各类案件316起。此案侦破得到中央领导及省委批示，得到人民日报、人民网、新华网等媒体的报道。②3月，破获长乐市以林腾为首的黑社会性质犯罪组织，抓获成员14人，缴获来复枪、防暴枪8支及砍刀10余把，查明其欺压、残害群众和强迫交易罪等20余起。林犯被判18年徒刑并处罚金，11名成员分别被判11～1年不等刑期并处罚金。③8月，仓山分局摧毁省挂涉台“六合彩”诈骗350万台币的犯罪团伙，抓获成员7人。④4月5日，破获曾建峰杀人（1死、2伤）案和在省附一医院妇产科劫持8名妇幼案。⑤5月8日，破获牛玉斌赌博欠债而杀人碎尸案。⑥破获发生在仓山区的“2·3”特大绑架案，嫌犯廖某等3人因绑架1女孩、勒索200万元被抓，人质安全解救。⑦侦查省挂“7·1”系列抢夺金行案，抓获嫌犯2人，破获发生在鼓楼区津泰路及厦门、龙岩、漳州、泉州等地同类案件9起，追回被抢的金首饰等价值20余万元。⑧破获许某等3人特大持枪盗窃汽车犯罪团伙案，查明其流窜福州、漳州、浙江、广东等地，利用盗车解码器偷车作案20余起，涉案金额800余万元，缴获赃车1辆、仿制手枪2支、子弹8发、砍刀1把、车牌27副、解码器4个等。⑨连江县破获张某等7人流窜盗抢29起、案值100余万元的犯罪团伙案。⑩晋安区摧毁广东籍飞车“两抢”作案30起的犯罪团伙，抓获高某等7人，当场缴获金项链15条（重703克）、作案工具摩托车3辆等。

12月，应福州市公安局邀请，国际著名刑事鉴识科学家李昌钰博士（右）前来作学术报告，并接受聘任福州市刑侦技术高级顾问。

【经济犯罪侦查】　组织实施“打击整治发票、银行卡、假币犯罪”3个专项行动。3月27日，市公安局组织经侦、行动技术、特警部门和鼓楼分局100余名警力，在市区对以邓某、管某坤（均安徽太和县人）、黄某立（福州马尾人）为首的3个假发票犯罪团伙组织进行搜捕，抓获嫌犯成员30人，缴获各种类型的假发票160余万份（可开具金额60多亿元）、无票面金额限制的假发票3000余份和假印章100余枚，捣毁开票、藏票窝点7个。6月4日，马尾区公安局经侦大队对胐头村仙支路某号印刷假发票的大型窝点采取行动，当场缴获印刷机3台和晒版机、切纸机、压线机、烘干机、温控仪、扫描仪等各1台，以及经印制装箱的假发票5箱，约113.7万份，票面面额达2.8亿元。全年，发票犯罪案件立案59起，破55起（其中公安部督办案件4起，省公安、税务联合督办案件8起），打掉发票犯罪团伙7个，捣毁大型、小型印制窝点各4个，储藏窝点32个，抓获犯罪嫌疑人87人（均刑事拘留），取保候审17人，治安拘留3人。抓获被上网查缉的4名在逃人员。缴获各类假发票848.7万份（可开具票面金额988亿余元）及印刷机、切纸机、电脑等一批制假设备。超额完成公安部、省公安厅下达的收缴假发票的指标任务。福州市获2010年全国公安机关打击整治发票犯罪专项行动“十强城市”之一称号；福州市公安局经侦支队获公安部授予该专项行动“成绩突出集体”称号。

全市破获银行卡犯罪案件354起（省公安厅督办的6起案件均破），捣毁信用卡刷卡“套现”窝点15个。收缴涉案银行卡879张,涉案金额3.61亿元,为金融部门挽回经济损失620万元。抓获犯罪嫌疑人286人(在逃人员191人),移送起诉271人。市局经侦支队获评全国打击银行卡犯罪专项行动先进集体。

抓获假币犯罪嫌疑人3人。公安收缴假人民币213万元,与银行部门临柜同期收缴假币量之比为62.9%。

(曹友权)

【禁毒工作】 破获毒品案件1015起(其中百克以上毒品大要案38起),比上年上升3.9%,抓获犯罪嫌疑人1362人,其中逮捕1231人;缴获各类毒品(折合海洛因)36.35千克;摧毁贩毒团伙81个307人;查获处置吸毒人员3003人。破案数、抓获嫌犯数、查获吸毒人员数居全省第一。同时,缴获涉案汽车22辆、摩托车1辆,钢珠枪3支、自制手枪和仿真手枪5支,子弹121发,毒资74.6万余元以及一批制、贩、吸毒工具。

闽清县、福清市、鼓楼区等7个县(市)区因毒情比较严重,被省、市列入挂牌重点整治。对来自重点国家、重点地区的重点对象加强摸排监控,掌握走私毒品的动向,发现和控制境内外毒品流入福州市。同时开展公共娱乐场所涉毒问题整治,查处不法业主。在娱乐场所建立远程监控系统。年内,查处娱乐场所涉毒案件133起,查处474人。

禁毒部门将登记上网的吸毒人员按其户籍所在地,督促各县(市)区,逐一核查落实管控措施。9~11月,全市开展吸毒人员排查、收戒专项行动,强制隔离戒毒人员692人。截至12月,全市登记录入的吸毒人员1万多人,参加社区戒毒(康复)人员1000多人,其中年内新增295人。禁毒部门规范易制毒化学品的管理,有361家企业录入监督管理系统。年内,通过网上审核、审批各类易制毒化学品1180批次。针对毒品原植物生长季节性特点,有关地区组织协调各乡镇,采取重点踏查、普遍踏查与群众举报相结合的方法,发动社会各方力量参与地面踏查。市禁毒支队与罗源县协同有关部门运用科技手段对重点区域进行航拍踏查。经国家禁毒办"天目—10"专家组的卫星航测与实地地块比对,没有发现福州辖内大块非法种植的罂粟,也没有发现未被铲除的小块种植罂粟地块。

6月2日,公安民警到学校开展禁毒宣传。

宣传贯彻《中华人民共和国禁毒法》,采取张贴禁毒图片、发放宣传图册、电视台播放专题片、"在线访谈"、悬挂横幅标语、现场解答禁毒知识等多种形式开展宣传活动。禁毒支队在鼓楼区、晋安区和强制隔离戒毒所等配合下,在某中学举办1场由3名正在接受强制隔离戒毒和社区戒毒人员的现身说法,受教育的学生、家长、居民1000多人,会后还制成光盘下发。支队还与有关公司协作,编制禁毒宣传动漫片在新村楼宇、写字楼、机场、车站、公共娱乐场所等播放。6月,在禁毒宣传月期间,全市发放各类宣传品16万余份,制作宣传展板326面,设立宣传专栏536个,悬挂跨街标语168面,举办禁毒咨询118场。全年在报纸上发表有关禁毒报道87篇,电视台播放12篇。

(宋增清)

【社会治安管理】 年初,全市开展社会治安"冬季行动"。破获各类刑事案件4351起,抓获犯罪嫌疑人4769人;摧毁组织强迫妇女卖淫团伙7个,查处卖淫嫖娼案件122起284人,端掉卖淫窝点23处;查处赌博案件770起2728人,摧毁赌博犯罪团伙33个213人,端掉赌博窝点167处,查处"六合彩"赌博案件44起90人,收缴赌资181.71万元。6月中旬至年底,全市开展"严打整治行动"。破刑事案件1.42万起,其中诈骗、"两抢一盗"等多发性侵财案件5272起,八类暴力案件1174起,抓获各类嫌犯1.1万人。全市开展治爆缉枪专项行动。破获涉爆案件13起,涉枪案件35起,收缴非法枪支373支,各类子弹3.1万发,炸药2246.2千克,黑火药(或烟火剂)9.1千克,雷管5493枚,导火索566米,管制刀具1301起,烟花爆竹9636件,抓获各类涉枪涉爆违法犯罪嫌疑人员98人。

在全市322家歌舞娱乐场所安装远程视频监控系统,实时掌握该场所警情,从中发现、查处吸贩毒案件25起46人,赌博案件3起14人。全市131家公寓式酒店纳入旅馆业治安管理信息系统,投入运行后日均登记1000余人,抓获网上在逃人员6人,发现布控对象5人次,对8家不如实登记住客的业主予以处罚。全年,利用旅馆业信息系统抓获网上在逃人员374人,协助查获吸毒案件143起206人。

3月底开始,在全市校园开展百日安全活动及整治其周边社会治安。全市2885所学校,配备保安4165人,配备率达100%,同时配有防卫器械。设立校园警务室157个、治安岗448个。1079所校园门口安装集音频、视频与报警功能的安防系统,并与辖区派出所或就近警务室监控系统相接。整治取缔校园周边"三厅一室一吧"127家。检查银行营业网点857个、金库66个、运钞车186辆、自助银行359家、自助机具1420台，发现隐患112处，发出整改通知书70份，落实整改106处。安全检查途经福清、长乐两地的福建成品油管，发现占压物安全隐患16处，整改14处，确保巡护管道86公里未发生重大涉油案件。

（陈茂华）

【特警工作】　特警支队专门就街面执勤和接处警作出相关规定，进一步规范特警巡逻和对案（事）件的处置工作，同时组织查缉飞车（包括徒步）抢劫抢夺训练演练。全年，支队夜间街面执勤出动警力4.9万人次，抓获盗窃、吸毒、群殴等违法犯罪嫌疑人22人。抓捕队出动警力382人次，配合刑侦、技侦、禁毒等部门执行缉捕任务33次，抓获包括公安部A级通缉令的4名新疆籍嫌犯及其他犯罪嫌疑人201人。配合做好上海世博会“环沪护城河”以及广州亚运会“环粤安保圈”反恐安全保卫工作，出动警力1354人次，妥善处置群体性事件和疑似爆炸物、劫持人质突发性事件等12起。配合完成党和国家领导人到榕警卫及大型集会安全63场次，出动警力3735人次。

继续完成援疆维稳任务。2009年12月至2010年4月，特警支队奉命第三批派出100名民警赴疆驻乌鲁木齐市，协助维持社会秩序。其间，出动2.3万人次，巡逻、设卡盘查可疑人员2443人，抓获各类违法犯罪嫌疑人13人（其中2009年“7·5”事件嫌犯2人），服务群众2503次。4月中旬至6月中旬，市特警支队对新疆昌吉州到榕驻训的46名公安特警及防暴民警，采取分编管理、集中训练方法，与他们同住、同训练、同执勤，完成各项训练任务。

2010年，市公安特警支队再次获评市级文明单位，获集体一等功1次，个人一等功5人次、二等功10人次、三等功219人次。

（宋增清）

公安民警上门为困难群众免费拍照。

【社区警务】　2月下旬至5月，全市组织开展流动人口和出租房屋治安管理专项活动。出动警力4.31万人次、专职协管员3.97万人次。新登记流动人口25.11万人，新办理暂住证24.55万人，新报备出租房屋5462户，新签订治安责任保证书5713户。检查流动人口45.11万人次，检查出租户11.09万户次、旅馆2971家次、工地工棚1630个次。从中破获刑事案件461起，抓获犯罪嫌疑人651人，“流口”受治安行政处罚1307人。9月开始，全市开展“流口”信息化管理会战。至12月，登记在册办证暂住人口107.53万人，出租户9.98万户，签订治安责任保证书9.86万户。结合办理暂住证上网比对，抓获在逃人员50人。针对部分没登记的流动人口犯罪这个难题，各地对“流口”违法犯罪案件实行市、区、街“三级”倒查制度。全年倒查801起、1002人，从中找原因、促整改、堵漏洞。市公安局社区警务部门探索社会管理创新，在仓山区出租屋进行视频门禁系统建设试点和推广。全市出租屋2447户、人口2.88万人建立“出租屋视频门禁系统”。其中，4城区建立“出租屋散居式门禁系统”出租屋1127户、1.79万人。

6~9月在第六次全国人口普查之前，全市开展户口整顿工作。市公安局发出《致广大居民的一封信》，承诺：对每个人提供的个人信息将仅用于户口整顿工作。各派出所社区民警入户核对15.43万户，核对率89.21%，核对人数53.26万人，核对率91.33%。登记人户分离39.98万条（其中有人无户15.99万条、有户无人23.99万条），婚嫁未迁入户口1.26万人，未落常住户口1.87万人，被收养小孩未落户304人，新登记暂住人口30.31万人，境外人员7093人，户籍人口漏登补录447人，应销未销人口1.74万人，注销重复户口191人，注销暂住人口30.86万人、境外人员6021人，纠正户籍登记差错项目21.38万条；整顿清理“挂口挂户”9.56万人；提供破案线索734条，破获刑事案件216起，查处治安案件343起，抓获逃犯71人。

制发二代身份证26.2万张、临时证3.3万张、加急证9.88万张。建立质量纠错机制、消除“重人”“重证记录”411条。结合办理“二代证”，通过CCIC人员的核查比对，抓获网上在逃人员31人。缴获使用、购买伪证、冒领居民身份证28张；打击查处伪造、变造证件案件17起，缴获证件17张，抓获违法犯罪人员28人。查处使用虚假证件材料骗领居民身份证、冒用他人身份证案件22起、29人。

全市建成网上警务室143个，其中网站10个、博客6个、QQ群128个。回答群众各类咨询756件。通过网站办理暂住证59本，获举报违法线索9条，查处治安案件5起。

（陈茂华）

【出入境管理】　全年，全市公安出入境管理部门办理各类出入境证件48.09

万件次,比上年上升16.5%。其中,公民因私出国(境)39.48万人次(公民因私出国14.72万人次、内地居民往来港澳地区20.65万人次、大陆居民往来台湾4.11万人次),办理出入境通行证3410人次,办理各类外国人证件、签证、居留许可2.26万件次,办理台湾居民签注、证件2.97万件次,长乐国际机场口岸落地签注办证1.82万件次,"两马"直航办证签注1.22万件次。

在接待大厅设立自助受理服务区,预设15个智能化设备席位,配置5台自助受理机、2台自助填表机,申请人通过自助填表机填表、照相室免费拍照、自助缴费机缴款,实现窗口办证"一站式"服务。在机场、口岸受理窗口设识别证件智能设备。在受理窗口配置电脑触摸屏,方便申请人查阅相关办证资讯。在"海峡论坛""5·18""6·18"期间,设立参会客商专办窗口,提供随到随办服务。福州机场和马尾口岸为入境参加经贸、文化、体育等大型交流活动的境外人员开设服务专窗;对以团队形式入境的台胞,推行事先办证、入境发证的做法,提高口岸通关速度。

依法查处"三非"外国人案件887人,其中非法入境外国人2人、非法就业2人、非法居留883人;被遣送出境6人、列入不准入境人员名单7人。接收查处国外遣返人员3615人。查获出入境领域案件3起,其中部挂案件2起,批捕4人,行政处罚12人次。

2010年,出入境管理处获福建省"巾帼文明岗"、市"三八"红旗先进集体称号,案件调查科专案组获集体三等功,港澳台审批科、外管科获福州市"巾帼文明岗"称号。

(宋增清)

【网络安全监察】 1月始,全市开展为期6个月的网吧专项整治。重点整治违反实名登记管理规定、接纳未成年人、技术安全措施不落实、违反治安消防安全管理规定等4个问题。检查网吧5792家次,查处接纳未成年人16家,实名登记制度不落实161家,违反治安、消防安全管理20家,发现并处理违规卡1.17万张。摸排出"黑网吧"线索152家,查处取缔62家,转工商部门处理90家。3月1~15日,出动警力3588人次,重点对校园周边网吧238家(其中无证照网吧49家)进行整治,发现接纳未成年人网吧7家10人,查处违反实名登记规定网吧23家,违反治安、消防安全管理规定网吧27家。结合网吧整治,市公安机关利用网营服务业场所实名登记,通过网吧管理系统抓获在逃人员270人,其中涉及命案在逃人员4人。

公安网安部门开展打击互联网和手机媒体淫秽色情及低俗信息,打击网络赌博行动。处置网上淫秽、赌博等有害信息6495条。破获仓山区"快播室"网站传播淫秽色情信息案、罗源县"5·28"六合彩赌博案等重大网络违法犯罪案件24起。办理各类网络违法犯罪案件38起,刑事拘留61人,逮捕46人,行政处罚违法单位和违法人员20人。协破案件299起,抓获嫌犯647人。全年处置有害信息3.39万条,其中处置利用网络散布"福州自来水有毒"的谣言、涉日游行示威事件等有害信息26起。

【警卫工作】 完成级别警卫任务53批次。其中,党和国家领导人到榕考察警卫任务10批次。其中,1月28~31日,中共中央政治局原常委、原国家副主席曾庆红到榕视察;4月14~31日,中共中央政治局委员、国务院副总理张德江到福州市考察;5月16~18日,全国政协副主席、工商联主席黄孟复,全国人大常委会副委员长王汉斌,十届全国政协副主席罗豪才、张克辉到福州赴会;6月18~20日,全国人大常委会副委员长陈至立、周铁农抵榕出席交易会开幕式;6月30~7月3日,全国人大常委会副委员长蒋树声到福州赴会;8月27~31日,全国人大常委会副委员长周铁农、全国政协副主席李兆焯、十届全国政协副主席罗豪才到福州出席泛珠论坛大会;9月3~6日,中共中央政治局常委、国家副主席习近平到福州调研;9月19~20日,中共中央政治局委员、国务院副总理回良玉,全国政协副主席、中国残联名誉主席邓朴方到福州出席第五届特奥会;10月23日,中共中央政治局常委、中央政法委书记周永康到榕调研;10月30日至11月3日,中共中央政治局委员、全国人大常委会副委员长王兆国,全国人大常委会副委员长、中国科协主席韩启德,全国政协副主席、科技部部长万钢到福州出席科协年会。

完成省市人大、政协两会,第十二届海峡两岸经贸交易会和第七届中国福建商品交易会,第八届中国·海峡项目成果交易会,第三届世界闽商大会,第六届泛珠经贸洽谈会,第十二届科协年会,第四届南后街灯会,"两马"同春闹元宵等重要会议及大型商贸等活动。警卫处协调安全保卫工作35场次。

【道路交通管理】 发生道路交通事故2141起,死亡449人,受伤2531人,直接财产损失285.5万元,"四项指数"与上年相比全面下降。其中,起数减少328起、下降13.2%;死亡减少1人,下降0.4%;受伤减少412人,下降14.0%;直接财产损失减少82.5万元,下降22.4%。发生交通肇事逃逸案件140起,破获129起,侦破率92.1%;死亡事故逃逸案件34起,破获30起,侦破率88.2%;分别与上年相比上升5.4%和2.8%。

新上牌机动车12.9万辆。其中,汽车9.2万辆,摩托车3.5万辆,其他车辆2000辆。全市机动车保有量107.4万辆,比上年增加11.2%。其中,汽车44.8万辆,比上年增加22.4%;摩托车61.7万辆,比上年增加4.1%。市区(含马尾区)机动车保有量42.2万辆,比上年增加14%。其中,汽车32.9万辆,比上年增加20.3%;摩托车8.58万辆,比上年下降5.5%。机动车驾驶人117.4万人,比上年增加9%,其中汽车驾驶人86.1万人,比上年增加26.4%。

开展交通专项整治,全市先后组织实施校园周边交通秩序、示范公路创建等16个专项整治,严厉查处酒后驾驶、涉牌涉证、违法超车、客车超员、超速行驶、无证驾驶等交通违法行为。查处机动车各类交通违法行为390万多起、拘留4100多人。市区集中开展公务车辆、公交车、出租车、"黑的"、"摩的"、电动自行车等整治,查处机动车各类交通违法行为290万多起,非机动车和行人各类交通违法行为60万多起。

完善绕城高速等进出城主干道的交通标线。完成中心城区20多条道路

579处出租车专用停车泊位、943处公交车停靠站、653组道路沿线学校标志、617面人行横道指示标志、152面车道行驶方向标志，以及火车北站、“限摩限超电”“两车”停放点等交通标志标线。建设598个方向电子警察。设置新型钢质护栏27公里，修整旧式护栏30公里，重新油漆护栏100多公里；改造防撞阻车器306处，主干道交通护栏和高架桥更换反光膜和反光标3万多片。

进行交管服务创新。项目有机动车检验合格标志远程核发、机动车登记远程查验、驾考预约凭二代身份证和“一卡通”、科目二新建第二考场、整合升级考试设备、“一站式”办证。实行道路交通违法网上银行缴交罚款；开发、实行车辆通行证网上审批、网上办证等。

组织新闻媒体随警报道交通整治情况，在《福州晚报》曝光重点车辆交通违法行为64万多起。印发《请勿酒后驾驶》《警钟长鸣》《交通安全宣传画册》、文明交通贺年卡等宣传材料63万份(册)以及5张/套的有奖明信片。制作《平安你我他——安全出行》《危在旦夕》《暑期学生交通安全》等电视专题片7部，分别在省、市电视台播出。

【重大交通事故案例】　2月5日凌晨2时27分，李某醉酒驾驶闽AJ8232号商务车，在晋安区思儿亭闯入高架桥工地，造成3死1伤。肇事后逃逸被抓。系福州市历年交通肇事案件以危害公共安全罪立案的第一人。

3月5日2时，李某某驾驶闽E51294号中型车，因超速行驶，在324国道63公里福清路段，与郑某某驾驶的闽ABJ795号小客车发生相撞，3死2伤。

4月14日7时40分，徐某某驾驶闽D57858号重型半挂车，在324国道宏路镇路段，因驶向路左，与陈某某驾驶的轻型厢式货车发生碰撞，导致货车上4死3伤。

5月6日7时10分，江某某驾驶闽A23888号集装箱车，途径143县道9公里罗源路段，因超车驶入对方向车道，与迎面行驶的电动车相撞，造成对方车上3人死亡。

12月10日23时45分，毛某某驾驶闽A37959号重型自卸车，行至115县道13公里闽侯路段，与相向行驶的林某某驾驶的闽AT3554号轿车相撞，导致对方3死2伤。

【消防工作】　全市发生火灾866起，死10人，伤4人，直接财产损失2323万元。与上年相比，起数下降22.75%，死亡数下降54.55%，受伤数下降84.62%，直接财产损失数上升51.92%。全年，消防官兵接警出动3389起。其中，扑救火灾866起、抢险救援2120起、社会救助403起；抢救疏散群众3675人；抢救财产价值4.7亿元。在“7·6”仓山民房倒塌事故中，消防官兵救出13名被困群众。“9·19”福清市阳光城发生大火，消防官兵救出19名遇险灾民。

市政府拨消防专项经费1.37亿元，省财政拨付大学城消防站车辆器材经费480万元，三坊七巷管委会拨付三坊七巷消防站器材费和开办费853万元，市数字办拨付信息化建设费175万元。新建的大学城、台江区上浦、福清市音西等5个消防站投入执勤。购置压缩空气泡沫等14辆消防车和2.1万件(套)器材装备。90米登高平台车进入采购程序。新建市政消火栓521个，设置天然水源1293处。完成全市350兆无线通信指挥三级组网建设，实现辖内信号全覆盖。

市政府召开3次联席会专题研究部署消防工作，与各县(市)区政府签订消防安全责任书。冬防期间，市里组织5个组分赴各县(市)区检查2010年度消防工作目标责任状落实情况。全市消防部队官兵防火安全检查单位1.17万家，发现火灾隐患1.68万处，整改火灾隐患1.59万处。排查整治住宅小区1560个，整改火灾隐患3256处。政府挂牌督办17家重大火灾隐患单位全部整改销案。

开展《中华人民共和国消防法》实施一周年宣传、消防志愿者行动、“119”消防日组织大型疏散演练暨市民体验活动等72场次宣传活动，参加群众20万余人。全市接待消防知识咨询5万多人，发放《家庭防火手册》等宣传资料50万余份，发送消防安全短信50万余条，张贴、悬挂消防安全标语40多万条，更新3000余块“防火墙”公益广告宣传版面，举办1830场消防知识讲座，消防站接待群众23万余人。在市级以上媒体刊播消防稿件1322篇，其中中央级121篇。在网络上刊发1362篇。

练兵灭火坚持“从严、从难、从实战出发”的原则，将全市部队分为东、西、南、北4个片区，采取对抗赛形式进行冬训，以及基础性训练、班组合成训练、车辆器材装备性能测试和应用性训练等。结合实战分别在香格里拉大酒店、海峡国际会展中心等处举行大型综合灭火演练17场，一般性灭火演练3149场。在全省消防部队铁军比武竞赛中，福州支队获得团体第二名。

【重大火灾案例】　3月22日下午4时40分，台江区龙岭顶63号突发大火，消防支队调集32辆消防车、192名消防官兵，经5个多小时扑救才将大火扑灭。过火面积达4000平方米，90多户200多名居民受灾。

7月22日16时40分，华林路金诺大厦25楼2505号房间起火，民警江凤华接警后即带6名保安员赶到25楼救人，当踹开门时被大火喷伤倒地，1名保安员抢救无效死亡，江凤华脸部深二度烧伤。

11月21日晚9时30分，台江区新港街道中选社区木屋毗连区发生大火，消防支队出动10多辆消防车扑救，至11时大火被扑灭。过火面积1300平方米，50户居民受灾。火因系居民生活用电不慎引起。

12月7日凌晨2时许，台江区后洋里木屋区突发火灾，33辆消防车、260多名消防官兵赶赴现场扑救。至4时许大火被扑灭，过火面积1600平方米，45户居民受灾。

(陈茂华)

【边防管理】　全市公安边防部门破获偷私渡案件43起223人，抓获组织者231人(其中全省“十大督捕”对象4人)；摧毁“2·28”“5·1”“11·18”等特大组织偷渡团伙7个。

在沿海地区开展打击走私、缉枪治爆和追逃等“严打”整治行动中，全市边防部门破获刑事案件349起，查处治安案件1764起，查处违法犯罪嫌疑人员3184人，追捕网上在逃人员446人；破获涉毒案件170起,查获204人,缴获各类毒品187.6千克;查获无合法手续的成品油案件39起92人,暂扣成品油1050吨;查获涉枪、涉爆案2起6人,收缴炸药150千克、仿制枪支12支,子弹1341发和管制刀具98把。

边防部门集中清理信访积案和排查矛盾纠纷。全年,排查、调处、化解各类矛盾纠纷1380起,清理刑事、治安积案127起。配合地方党政部门化解群体性上访问题3件,及时劝返5名欲赴省、赴京的上访者。加强信息情报工作,获取邪教煽动性违法活动等各类信息动态,被省公安边防总队转发、采用137份。参与上海世博会、广州亚运会及福州市“5·18”海峡两岸经贸交易会、“6·18”海峡项目成果交易会等重要安保任务。出动警力7500人次、车辆2200辆次、船只680艘次。奉命派遣“公边35263”海豹摩托艇赴沪参加世博会期间的海上执勤;选派26名官兵赴粤参与亚运会安保工作。

集中开展“大走访”爱民实践活动。采取“走上门”“警民恳谈”“警民相约警务室”等形式问计于民、问需于企。辖内46个边防派出所走访群众14万户,为群众排忧解难6628次,帮助300多名失业人员和农民工实现再就业,为外来工讨回拖欠工资15万元;帮助76名困难儿童纳入政府救助体系;出动警力5000余人次参与海上救助、防汛抗台风等,救助遇险群众124人,挽回经济损失3000多万元。全市创建“爱民固边”模范村(镇、区)97个。罗源县边防大队获评全国边防部队“爱民固边”战略先进集体。

【森林公安】 1~3月,市森林公安机关开展“冬季攻势”专项行动。全市受理各类森林案件63起,查处48起。其中,立刑事案件24起、破11起,抓获犯罪嫌疑人17人(其中负案在逃人员5人);查处林政案件39起,林政处罚40人;收缴一批木材和省级以上保护动物及其制品。4~6月开展“春季行动”。出动森林公安警力585人次、其他护林力量237人次。查处森林案件199起,破刑事案件25起,抓获犯罪嫌疑人47人(其中负案在逃人员23人)。9~11月,实施严厉打击破坏野生动植物资源违法犯罪活动的专项行动。查处各类森林案件117起,立刑事案件12起破9起,抓获嫌犯11人。全年,市森林公安机关受理森林案件609起,查处576起。其中,立刑事案件109起、破76起(由国家局、省局督办的6起),抓获嫌犯97人(内负案在逃人员44人),被批准逮捕19人,移送起诉72人;查处治安案件15起、林政案件485起,处罚512人。11月14日,在深圳市龙岗区抓获2000年3月28日闽清县白中镇黄石村森林发生过火面积96.33公顷的肇事者许某成,使这起由国家林业局和省公安厅督办的造成直接经济损失2.9余万元、扑火中6人致死的特大失火案告破。通过侦查破案和执法活动,全年收缴木材502.81立方米(其中红豆杉约40立方米)、省级以上保护野生动物1057只(条)、制品98公斤,为国家挽回经济损失324.6万元。

抓紧森林公安信息化建设。对未接入公安网的24个森林派出所和2个直属警务室实施入网工程,给有关基层单位配备专用电脑和执法办案系统必备的打印机、扫描仪等。市公安局专门印发《关于全市森林公安机关使用二级受理台暂行规定》《关于森林公安机关正式全面启用执法办案系统的通知》的文件。从2月开始对全市203名森林公安民警分批进行执法办案系统培训和网上实战训练,使各级领导和办案民警掌握系统操作技能,实现网上办案、审批、开证、监督。

【110指挥中心】 受理报警求助电话168.2万余起(日均4.6千余起),其中指令处警45.29万起,救助服务1.23万起,接转联动服务1.01万起。未出现因接派警不及时、不规范问题的投诉。启动布控堵截预案106次,指挥抓获现行犯罪嫌疑人128人。

全年编发《预警信息》736期。针对突出的警情,指挥中心协调组织跨区域统一行动8次,多警种联合抓捕行动28次,抓获各类犯罪嫌疑人432人。指令抓获在逃人员427人。指导、协助各级公安机关抓获“两抢”犯罪嫌疑人219人、盗窃犯罪嫌疑人606人(抓获盗窃数比上年同期上升46.2%)。同时,给举报或协抓路面“两抢”犯罪活动的25位群众兑现发放奖金16万元。

提升信息化建设与应用水平。一是对警用指挥地理信息系统分阶段进行升级改造,使福州地图数据从2004年的120平方公里更新至2009年的380平方公里。二是完成包括接处警系统与执法办案系统对接,接处警录音系统升级,接处警查询统计功能优化,无线与有线指挥调度系统改造等。三是坚持“每天小检、定期大检”制度,规范系统维修保养。全年,技术民警排除短信发送系统、接处警系统数据库、报警电话程控交换机等各类技术故障1500余次。

【监所管理】 推行监所医疗卫生社会化改革。以连江县为试点:由县医院在县看守所设驻所医疗室,并向全市各监所推广此做法。“××医院驻所医疗室”分别正式挂牌。截至2010年,监所有医生43人,其中年内新增民警医生6人,新聘及医院派驻的医生23人,基本实现“小病不出所,危、急、重病人员及时得救治。”

在全市10个看守所、8个拘留所开展“安全管理大检查”和“整治执法过程涉案人员非正常死亡问题”的专项活动。建立健全执法安全监督管理制度23条,集中在押人员进行警示教育970人次,民警执法安全培训572人次。检查发现、整改事故苗头68条,预防执法安全事故24起。为13名重病犯及时办理出所住院治疗,暂予监外执行11人,保外就医4人,并加强对数百名死、危、重刑犯的安全监护。市一、二看守所将一批余刑犯分别移押其他看守所,缓解两所关押爆满状况,消除安全隐患。同时在监管场所增加视频探头和增设技防系统,购置囚车,改造监房及提讯(询)室等基础建设。及时发现、制止12名被监管人员和在拘人员企图自杀行为。

在在押人员中开展深挖犯罪工作,截至11月30日,全市监所收集转出各类犯罪线索1722条,破获刑事案件1585起(其中部、省挂牌督办案件4起,命案12起),抓获犯罪嫌疑人741人(其中网上查缉的对象18人)。福州市强制隔离戒毒所连续4年获全省行政场所深挖犯罪工作第一名。市第二看守所以法律为武器，通过思想发动、政策攻心、依法兑现、宽严有别，敦促在押人员坦白检举，从中协破刑事案件822起，抓获涉案嫌犯263人。

监管场所实行向社会开放，增进社会各界对监所的了解。在第二看守所进行试点，先后组织6个“开放日”，接待各界人士205人到监区参观有关设施和体现人道主义的管理。中央和省、市新闻媒体对做法及意义给予肯定，从不同视角作报道50多篇。6月21日，市强制隔离戒毒所邀请省政协委员和省人大常委会法制委、林则徐基金会领导等50多人到所参观。10月22日，社会各界人士30余人到市拘留所参观，与被拘人员零距离接触交谈，教育感化违法人员，并对所方在管理教育方面所做的工作给予理解。

（曹友权）

【公安法制】 年初，市公安局就2010年执法规范化建设专门发出“工作意见”。法制部门分别召开3次会议抓落实，在公安网页上刊发工作动态、执法制度、网上监督等信息485条。向公安部、省公安厅推荐申报福州市创建执法示范单位。经批准，确定马尾区公安局、东街派出所为“全国公安机关执法示范单位”；罗源县局等3个县级公安机关和24个基层科所队确定为“全省公安机关执法示范单位”。整理汇编市局制定的各类执法制度8类61件，印制400册和刻录光盘100张，发至基层派出所供指导执法实践。制定、审核《关于规范网上执法办案活动的指导意见》《关于人身伤情鉴定有关问题规定》等152件执法规范性文件。

各级法制部门对全市公安机关承办的刑事、行政案件实施网上监督。通过“110”接处警查询系统和执法办案系统查询各类报警案件11万多起，刊发执法监督日报2810份。5～10月，市局法制处组织力量对鼓楼区、台江区、仓山区、晋安区4个分局办理盗窃、赌博、轻伤害刑事案件采取刑事拘留强制措施的376起案件、刑拘582人的情况进行审核复查，发现属于不予关押、可直接转行政处理（含劳教）的46人、转取保候审28人。全年，各级法制部门及法制员审核各类案件及强制措施案件3.49万起，纠正各类执法问题4186件。受理报批劳（少）教316起，经审核合议审议，决定少教1人，劳教308人，延长劳教1人，不予劳教6人。市局和各区法制部门对个案督办件、信访件226件进行核查，纠正执法不当80起，追究执法责任11起12人，发出《执法建议书》及《纠正违法通知书》290份。各级公安机关组织执法质量考评265次、2.16万起案件，纠正7565个执法问题。受理公安行政复议案件380起，办结357起，其中维持135起，撤销19起，变更1起，申请人自动撤回202起。当事人提起行政诉讼案件65起，人民法院一审审结56起，其中维持41起，撤销2起，变更10起，原告撤诉3起。受理国家赔偿案件9起，办结8起，均不予赔偿。

各级法制部门提供法律咨询服务1.25万人次，参与研究协调、处理疑难、复杂案件363起，协助其他部门办理案件165起。组织普法宣传306场次，受教育群众10.43万人；进校园法制宣传448场，受教育学生15万余人次。

（宋增清）

【公安科技信息通信建设】 7月，市公安局确定社会管理创新的20个重点项目，其中有工作执法综合考评系统（即“一网考”）、“警务通”、治安卡口系统、PGIS 4项由市局科技信息通信处负责牵头主办。采取“定人、定时、定责”措施，于年内实现功能开发并推广应用。“一网考”系统通过接口开发，自动抽取有关业务系统数据302万条，便于各级领导运用该系统考核所属民警的工作绩效。实施的“警务通”系统，实现各类公安信息的查询与比对；交通违法现场与非现场执法、拍照、处罚单据的打印等。全市有3847名民警应用新建立的“警务通”系统，配发手机终端人手1台、发便携式打印机799部。民警运用“警务通”查询有关信息81.9万次，办理违法停车抄告18.7万次、发违法停车短信告知7.8万次。治安卡口建设，主要依托公安信息网络，搭建高速公路、国道、省道的治安卡口平台。年内，福州市有6个县、23个治安卡口、92条车道实现所有数据实时采集。福州市PGIS项目建设，被列入全国第二批示范应用单位。12月底已完成信息入库，实现GPS定位及视频监控与福州市PGIS平台对接，并在旅店业管理、人口管理、布控比对、重大活动保障、案事件分析、安全警卫应用等方面发挥作用。

完成长乐、平潭两县29个派出所接入网全百兆的升级改造。全市有236个基层单位实现百兆接入，占应接入网单位的80%。完成322个社区警务室（占总数49%）的联网工作。全市新增无线通信基站12座48个信道，经运行测试通过项目验收。市局指挥中心350兆调度台系统设备将无线链路改为网络链路。

（曹友权）

社区警务室装上视频监控

【警察培训】 市人民警察培训学校举办新警、警衔晋升,中层领导信息化应用、武器使用和手枪应用射击等培训班26期,受训1667人。举办各类公安信息应用系统短训班82期6875人次、民警执法资格考试等专项培训考试考核77场6017人次。年内,该校被公安部评为全国公安教育先进集体,1人获评福州市先进教育工作者,1人获评福州市优秀人民警察。

市警察培训学校加强和改进公安教育训练工作。针对实战需要分别举办公安信息化、执法规范化,群众工作和舆情引导等专项培训。采取专题讨论、案例分析,模拟场景等互动方式教学,增强民警实战应用能力。年内,学校申报的“公安民警信息化应用培训课程”和“群体性事件的预防和处置”等6门课程、讲座,获福建省2010年度民警教育训练“精品课程、精品讲座”教材,其数量居全省9个设区市人民警察培训学校之首。

(宋增清)

检　察

10月12日,举行福州市检察机关“优秀诉讼监督案例”评选会比赛。

【概况】 2010年,全市检察机关推进社会矛盾化解、社会管理创新和公正廉洁执法3项重点工作,加强法律监督、自身监督和队伍建设,开展送法进企业活动,深入53家国有、民营企业开展法制宣传和法律咨询。走访台资企业,加强榕台检察官司法互助、个案协查和实务研讨交流。依法妥善办理涉及企业的案件,落实“五个正确区分”“五个不轻易”等法律政策,保障涉案企业的正常生产经营秩序。

全年为基层检察院办理35件实事。各基层检察院围绕加强科学规范管理、提升法律监督水平,抓好“亮点”工作,改进薄弱环节,带动各项检察工作全面协调发展。加强基层检察院领导班子建设,配合做好基层班子成员交流调整工作,改善基层班子的年龄和知识结构。加强检察信息化建设,推进办公办案软件应用,发挥科技装备在促进规范执法中的作用。提升基层检务保障水平,仓山区、连江县和平潭县检察院启用新办公办案大楼,鼓楼区、台江区、马尾区和长乐市检察院办公办案大楼建设进展明显。全市检察机关有15个集体和34名个人受到省级以上表彰,有4个基层检察院获评“全省先进基层检察院”,其中,鼓楼区检察院获得“全国模范检察院”称号。

【刑事检察】 批准逮捕各类刑事犯罪嫌疑人7757人,起诉9576人(其中市检察院批准逮捕244人,起诉626人),分别下降4.6%和5.7%。批准逮捕黑恶势力犯罪、严重暴力犯罪和涉毒犯罪嫌疑人2706人,起诉3127人,占捕、诉人数的34.9%和32.7%。对福州“4·5”劫持人质案、长乐“6·9”恶性杀人案等严重危害群众安全感的案件,坚持提前介入引导侦查,依法快捕快诉。建立轻微刑事案件逮捕必要性说明制度,扩大相对不起诉的适用范围,对主观恶性较小,犯罪情节轻微的初犯、偶犯、过失犯和未成年人、老年人犯罪案件,依法作出无逮捕必要不捕593人,相对不起诉447人,分别上升4.7%和53.6%。坚持调解优先,对因家庭邻里纠纷引发的轻伤害案件,促成当事人和解224件。试行附条件不起诉,对51名犯罪情节轻微的嫌疑人,在作出相对不起诉的同时,进行特定期限的帮教和考察。

办理群众信访3146件,市检察院检察长、副检察长接访群众405人次。建立执法办案风险评估预警机制,加强分析各个执法环节可能引发的不稳定因素,把问题解决在萌芽状态。在控告申诉接访窗口增设法律咨询服务,全面推行检察文书说理制度,对不批捕、不起诉、不抗诉和涉检信访等检察文书加强释法说理,主动做好息诉工作。开展集中清理涉检信访积案和案件评查工作,对排查出的103件重点积案,综合采取释疑解惑、教育疏导等措施,办结92件;重点评查2004年以来群众反映强烈的涉检信访案件和上级交办督办的案件,评查396件,并逐案进行复查,及时整改问题。建立检调对接机制,配合法院和基层调解组织依法调解民事申诉案件18件。福清、晋安等基层检察院设立人民调解室,邀请人民调解员、司法调解员参与信访接待和刑事和解等工作。

开展“五五”普法工作,成立法制宣讲团,深入乡村、社区开展举报宣传和法制教育95场。深化“青少年维权岗”工作,推行未成年人犯罪案件专人办理、分案起诉等制度,加大教育挽救力度。派员到41所学校担任法制辅导员,组织送法进校园活动140场。依法严厉打击侵害未成年人的犯罪,针对侵害在校生犯罪多发的问题,向教育主管部门和学校发出23份检察建议,促进加强校园安全防范。重视对在校生犯罪案件不捕不诉后的跟踪帮教,帮助43名青少年重返校园,其中17人考入高校。加强对社区矫正的法律监督,在重点社区设立社区矫正检察官办公室,纠正脱管、漏管等问题249人次,帮助54名矫正对象解决教育、就业、低保等方面的实际问题和困难。开展司法救助工作，向39名生活确有困难的案件当事人及其近亲属发放救助金35.5万元。

【职务犯罪侦查和预防】　立案侦查各类职务犯罪案件193件256人，其中，贪污贿赂犯罪案件163件221人，渎职侵权犯罪案件30件35人。查办贪污贿赂大要案160件，重特大渎职侵权案件5件，大要案比重达85.5%。加强渎职侵权检察工作，重点查处渎职和贿赂相交织的犯罪案件，立案侦查涉嫌贪赃枉法、徇私舞弊等职务犯罪的行政执法人员17人、司法工作人员14人。加大追逃力度，抓获在逃职务犯罪嫌疑人30人。市检察院组织专案，查办了闽江非法采砂问题背后的贿赂犯罪案件15件22人和福厦铁路征地拆迁过程中的渎职犯罪案件7件11人。

针对办案中发现的问题，协助发案单位建章立制265项。对决定不起诉的职务犯罪案件，派员到被不起诉人所在单位或社区公开宣读处理决定和训诫书。完善与党校联合开展廉政教育的长效机制，单独或协同有关单位建立警示教育基地，开展各类廉政教育活动360场，发放预防资料7500多册。开展行贿犯罪档案查询工作，向工程招标单位提供查询1380批次。会同食品药品监管、安全生产监管等15个部门开展行政执法告知活动，促进依法规范行政。深入电力、金融等领域开展专项预防调查，分析职务犯罪发案规律和原因，提出防范对策和建议，推动完善社会管理机制。

【诉讼监督】　对应当立案而不立案和不应当立案而立案的，督促侦查机关立案102件、撤案62件。对应当逮捕而未提请逮捕、应当起诉而未移送起诉的，决定追加逮捕324人、追加起诉230人。对侦查活动中滥用强制措施、违反办案期限等问题，提出书面纠正意见161件。推进行政执法和刑事司法相衔接，督促行政执法部门向侦查机关移送涉嫌犯罪案件75件。试行侦查人员出庭作证和建议更换办案人制度。市检察院和马尾、永泰等基层检察院就21件案件推行侦查人员出庭作证；仓山、晋安等基层检察院针对办案中发现的问题，建议并督促侦查机关更换办案人14人次。

对认为确有错误的刑事裁判提出和提请抗诉49件（其中市检察院向市中级法院提出抗诉8件，提请省检察院抗诉5件），法院审结的30件中改判11件、发回重审6件。对刑事审判活动中违反法定程序、侵犯当事人权益等问题，提出书面纠正意见58件。完善和落实检察长列席同级法院审判委员会会议和量刑建议制度。全市两级院检察长列席审委会93次（其中市检察院列席12次），对128件案件发表意见；提出量刑建议5514件7896人（其中市检察院提出212件516人），占起诉人数82.5%，法院审结的案件中采纳量刑建议4584件6556人。鼓楼、连江等基层检察院协同法院探索规范庭审量刑辩论模式，一些基层检察院将看守所在押人员羁押期间表现纳入量刑建议。

会同有关部门开展看守所、监狱安全管理大检查等专项活动，对“牢头狱霸”、超负荷羁押和监管不到位等问题，提出书面纠正意见417件。完善刑罚变更执行同步监督机制，及时纠正减刑、假释和暂予监外执行不当等问题207人次。鼓山地区检察院立案侦查监管人员职务犯罪案件3件3人，依法纠正误算刑期、劳教期问题17人次。

围绕加强和改进民事行政检察工作，组织专题调研，加强抗诉职能，提升办案质量，拓宽监督领域。对认为确有错误的民事、行政裁判，向市中级法院提出抗诉3件，提请省检察院抗诉15件，法院审结的11件中改判5件、调解结案3件。提出再审检察建议24件，法院采纳建议并启动再审程序19件。对民事审判和行政诉讼中存在的问题，提出书面纠正意见57件，其中5件涉及民事虚假诉讼。通过发出检察建议、加强协调督促等方式监督民事执行案件16件，开展督促起诉和支持起诉13件。闽侯、闽清、罗源等基层检察院会同法院出台加强民事行政诉讼监督工作的规范性文件，与律师协会、司法所和社区建立民事行政诉讼监督线索联系点。

【加强检察监督制度】　实施省、市人大常委会关于加强人民检察院对诉讼活动的法律监督工作的决定、决议。2010年，重新明确54项分解任务和11项诉讼监督机制试点工作。市检察院在定期指导督促各项分解任务落实的同时，组织诉讼监督机制试点工作现场会和优秀诉讼监督案例评选等活动，及时总结和推广典型经验做法。与相关司法机关和行政执法部门组织联席会议、专题调研35场，会签文件或形成纪要21份。会同市公安局就建立轻微刑事案件逮捕必要性说明制度和刑事案件信息互通机制，出台两项规定；会同市中级法院制定在刑事司法工作中加强检法协调配合与相互制约的意见，共同抓好决定、决议的落实。

主动接受人大常委会和人大代表的监督。落实监督法和省实施办法，配合人大常委会开展专题调研和执法检查，做好专项工作报告。重视市人代会审议意见和人大代表的建议、批评、意见。办理市人大代表关于“尽快补足缺编干部、解决案多人少问题”的建议，招录选调生和公务员95人，其中79人充实到基层检察院。市人大常委会交办转办的10件信访件全部办结并答复。拓宽联系渠道，建立班子成员分组联系人大代表制度，邀请人大代表视察渎职侵权检察工作、参与检务督察以及旁听公诉案件庭审、检察长接访等活动，有275人次视察或参加市检察院检务活动。

接受政协民主监督和社会各界监督。邀请政协委员参加视察和座谈活动，听取意见、建议，办理政协提案和交办件。市检察院聘请9名政协委员担任民主监督员。严格执行人民监督员制度，对31件拟作撤案、不起诉处理和犯罪嫌疑人不服逮捕决定的职务犯罪案件启动人民监督员监督程序。加强诉辩联系，举办检察官与律师辩论赛，召开联席会议，注意听取律师意见，保障律师依法执业。市检察院会同福州电视台开设“检察之窗”专栏，基层检察院通过建立检察门户网站、开展检察开放日活动等形式，增强检察工作透明度。

依法接受公安机关和法院的制约。对公安机关要求复议、复核的案件，进行全面复查，严格依法办理。对法院判决无罪、改变定性、删减事实的案件，客观对待，认真评查，提高办案质量。

10月29日,召开福州市第二届检察官律师辩论赛。

【检察队伍建设】 开展创先争优活动,深入推进“恪守检察职业道德、促进公正廉洁执法”主题实践活动,突出加强忠诚教育和“反特权思想、反霸道作风”专项教育,建立检察官宣誓制度,细化检察官职业行为规范,弘扬“忠诚、公正、清廉、文明”的检察职业道德。开展向李彬学习活动,以“讲身边事、学身边人”为主题,宣传全市检察队伍中涌现出的公正廉洁执法的先进典型。推进大规模教育培训,分别会同中国政法大学、福建师范大学举办诉讼监督和检察业务培训班,开展检察人员论辩赛、侦查监督业务竞赛和渎职侵权检察部门大练兵等活动。鼓励检察人员参加学习深造,全市检察人员中具有本科以上学历的占85.9%,有82人取得硕士以上学位。

制定和修订侦查监督、公诉、控告申诉检察等12项制度规范,重点完善案件集体讨论、逐级审批、报备审查等程序要求。落实内部各个执法环节相互制约的法律规定,严格执行职务犯罪案件撤案、逮捕、不起诉报上一级检察院审查决定的制度。注重以公开促公正,推行案件公开听证,听证范围从刑事申诉案件和涉检信访案件拓展到拟作相对不起诉的职务犯罪案件和有被害人的刑事案件,举办90场由案件当事人和人大代表、政协委员等参加的公开听证会。加强和改进检务督察工作,市检察院任命各基层检察院督察长,设立督察专员,建立围绕突出问题和重要制度开展专项督察的机制,先后开展执行检察委员会制度、捕诉办案规范、扣押冻结款物管理、警车管理和“禁酒令”等专项督察活动,通报所发现的问题,限期整改,存在执法过错的实行责任追究。加大纪检监察工作力度,及时调查核实反映的检察人员违法违纪问题。

(刘 媛)

审 判

【概况】 2010年,福州市法院受理各类案件10.50万件,审结10.25万件,同比上升3.46%和1.97%,审结率97.57%。其中,福州市中级人民法院(下称“中院”)受理各类案件1.90万件,审结1.84万件,同比下降8.70%和9.26%,审结率96.62%。全市法院案件总量连续4年居全省法院第一名。1月,中院被最高法院确定为首批“全国法院文化建设示范单位”,在全国、全省法院系统第二十二届学术讨论会上,获奖排名均第一,在全省中院院长抓队伍建设责任制检查考评中获第一名,被市委授予市直机关第五届党建工作先进单位。全市法院52个集体、125名个人受到省级以上表彰,82个集体、272名个人受到市级以上表彰。长乐法院被授予“全省十佳法院”并立集体一等功,连江、永泰法院被授予“全省优秀法院”。

【刑事审判】 全市法院受理一审刑事案件6229件1.04万人,审结6110件9988人,审结率98.09%;受理二审刑事案件1145件,审结1131件,审结率98.78%。一审审结故意杀人、绑架、抢劫、爆炸、毒品和黑社会性质组织犯罪等严重危害社会治安案件2321件3992人。依法审判社会关注的被告人曾建峰杀人并在市区劫持8名人质案、被告人黄志伟在长乐等地残杀5名无辜群众案、黄堤豪故意杀害未成年人案。中院召开15场宣判大会,一批罪行极其严重的犯罪分子被依法执行死刑。全市法院一审审结金融诈骗、生产销售伪劣商品

6月7日,召开福州市法院系统第二十二届学术讨论会。

等经济犯罪案件360件526人；一审审结贪污、贿赂、渎职犯罪等案件162件237人。中院为18名符合法律援助条件的被告人指定辩护人；对328名被告人予以从轻、减轻处罚，其中，宣告缓刑35人，宣告无罪1人。为169名被害人及其家属执行赔偿款863.7万元；发放司法救助金36万元。全市法院审结减刑案件9442件、假释案件412件。

【民商事审判】 中院成立全省首个"民事涉军维权基地"，开展法律咨询和诉讼指导。全市法院受理一审民商事案件4.89万件，审结4.70万件，审结率95.98%，诉讼标的额53.88亿元。受理二审民商事案件3492件，审结3363件，审结率96.31%。全市法院一审审结婚姻、继承、赡养、扶养纠纷1.1万件，交通、医疗、工伤等人身损害赔偿纠纷5170件，劳动争议等纠纷1154件，合同纠纷和借款、保险、证券、期货等金融纠纷案件4969件。闽发证券有限责任公司破产清算案件进行两次破产财产分配，分配财产62.45亿元，清偿率52.33%，位居全国同类案件前列。

中院和鼓楼法院知识产权审判庭开展"三审合一"（统一受理知识产权民事、行政和刑事案件）试点工作，受理知识产权案件461件，审结398件，审结率86.33%；其中中院受理346件，审结333件，审结率96.24%。依法审结中央电视台《焦点访谈》栏目关注的农民诉某研究所红肉蜜柚植物新品种权属纠纷案件，并被最高人民法院列为2010年中国知识产权司法保护十大案件之一。开展以案释法、庭审直播、走访企业、召开联席会等活动。

中院成立涉台民商事审判领导小组，指导协调全市法院涉台民商事审判工作；制定《关于积极探索涉台审判先行先试、全力服务和保障海西建设的实施意见》，从机构设置、人员配备、建章立制、司法交流等方面拓宽涉台审判职能。全市法院审结一审涉台民商事案件1188件。马尾法院设立"维护台商合法权益合议庭"，连江法院在全国法院系统首次聘请马祖人士担任涉台民商事案件特邀调解员，推动涉台审判工作先行先试。全市法院开展"百名法官进台企"活动，通过走访大型台资企业、设立"涉台法律服务联系点"、开通法律服务电话等形式，了解台商的司法需求，帮助台商解决实际困难，依法保障在闽台企台胞的合法权益。

【行政审判】 全市法院受理一审行政案件716件，审结669件，同比上升14.74%和13.78%，审结率93.44%。受理二审行政案件249件，审结242件，审结率97.19%。探索行政诉讼案件协调和解等工作机制，通过协调，行政相对人与行政机关和解后撤诉案件205件。办理非诉执行案件，支持行政机关依法惩治违法建设和征收社会抚养费等工作。针对行政审判中反映出来的涉及社会管理的苗头性、倾向性问题，提出司法建议146条。

9月28日，社会各界代表应邀参加"法院开放日"活动。

【执行工作】 全市法院受理执行案件3.23万件，执结3.21万件，同比上升13.52%和13.61%，执结率99.38%，执结标的额24.95亿元。其中，中院受理执行案件1998件，执结1800件，执结率90.09%，执结标的额9.47亿元。全市法院采取评估、拍卖324件次，对362名被执行人实施司法拘留、限制出境，采取罚款措施122件次，罚款金额13.64万元，公示曝光928名被执行人，敦促被执行人履行义务。中院探索执行工作新模式，试行执行案件分段集约管理，即将执行分为财产调查、财产控制、财产变现3阶段并由不同的执行组负责；执行异议、复议、案外人异议、追加（变更）执行主体等审查裁决事项由林业庭负责，强化执行各环节之间的相互监督和制约。年内，中院执行工作质效考评居全省第三名。

【审判监督】 中院审结各类再审案件155件，其中维持原判21件，改判57件，发回重审61件，调解撤诉等16件。会同市检察院出台《在刑事司法中加强检法协调配合与相互制约的若干意见》，完善检察长列席审判委员会制度、法院与检察院联席会议制度，听取检察机关对法院工作的意见和建议。受理检察院刑事、民事抗诉案件11件，审结8件，其中维持1件，发回重审3件，改判4件。成立审判管理办公室，加强对案件流程、审限、效率、质量、效果的综合协调管理。建立案件质效评查、数据分析通报、制度落实、沟通协调等机制，保障审判权的公正、高效、规范运行。在开展"百万案件评查"活动中，组织全市法院评查案件517件。

【调解工作】 全市法院坚持"调解优先、调判结合"的原则，将调解贯穿于立案、审判、执行、申诉、再审工作全过程。调撤一审民商事案件3.33万件，调解撤诉率达70.85%；依法审查确认非诉调解协议效力2240件。组织培训人民调解员2443人次。聘请10名专家担任知识产权案件调解员，49名台商和有关工作人员担任涉台审判特邀调解员。将2125件纠纷化解在立案之前。中院调解某公司诉某房地产开发公司标的额

6000万元的建设工程施工合同纠纷案，促成协议自动履行；分别与福州仲裁委、市林业局、市台办、市侨联等部门联合制定有关制度，加强审判工作与人民调解、行政调解、仲裁等方式的衔接。

【诉讼服务】 中院把原立案信访窗口改建成诉讼服务中心(总面积570平方米)，在原立案审查、救助服务、查询咨询、来访接待的基础上，增设诉讼引导、材料收转、诉前调解、判后答疑、调处衔接和效能监督等功能。全年，中院院长接待日接访1236人次；信访窗口接待群众来访1794人次，办理群众来信1671件次，通过"12345"在线解答群众各类疑问330件。全市38个人民法庭深入116个巡回审判点，巡回审判案件2273件；向118名刑事被害人、特困申请执行人和涉诉信访人发放司法救助款217.75万元。

【司法公开】 开展"法院开放日"活动，邀请社会各界代表参观法院，旁听刑事宣判执行会。全市法院走访企业和基层单位775个、各类人员3930人，了解群众司法需求。"福州法院网"公开裁判文书1326篇，选择7件具有代表性的知识产权、损害赔偿、房屋买卖等案件进行庭审网络直播，2万余名网友在线观看。

【普法宣传】 通过开庭、宣判、接待群众、判后答疑等方式以案说法，把办案的过程作为宣传和普及法律的过程，并深入社区、农户、海岛为社会公众提供法律咨询服务，教育引导群众依法表达诉求，维护自身合法权益。全市法院举办各类法律咨询、讲座393场，发放各类法制书籍、宣传材料5.94万份，受教育群众19.04万人次。开展"送法进校园"活动，全市法院选派97名法官担任学校法制副校长和辅导员。参与社区矫正工作，与公安、司法等有关部门配合，回访考察、跟踪帮教判处缓刑、管制、免刑人员、刑释解教人员等1378人次，帮助131名失足青少年重返校园或安置帮教，8人考上大学。

【队伍建设】 全市法院干警参加各类培训2361人次。其中，中院、基层法院院长7人参加国家法官学院的主题培训；邀请北京大学、清华大学、中国政法大学等高校的专家教授到中院举办讲座8场。调整审判队伍结构，2010年，中院干警本科以上学历占干警总数的90.6%；法官中具有研究生学历和法律硕士学位的占25.5%。继续选派年青法官到基层法院锻炼，中层副职后备干部到信访、民事、执行等艰苦岗位锻炼，完成22名基层法院领导成员的横向交流和上下交流任职工作。做好人民陪审员换届工作，全市法院选任477名人民陪审员。举办全市法院司法警察专业知识和技能竞赛。

(吴旭华)

司法行政

【概况】 2010年，福州市司法行政工作以社会矛盾化解、社会管理创新、公正廉洁执法3项重点工作为着力点，服务社会和谐稳定，推动人民调解、法律服务、社区矫正、司法鉴定、普法依法治理等工作的开展。台江区和福清市被评为首批"全国法治县(市)区创建活动先进单位"。

全市有司法所188个，司法助理员291人；公证处14家，执业公证员82人，公证从业人员240多人；律师事务所98家，执业律师728人；法律援助中心14家，法律援助工作人员42人；司法鉴定机构22家，注册执业鉴定人员326人，从业人员500多人；基层法律服务所87家，基层法律服务工作者420人。

【医患纠纷调解处置中心挂牌成立】 1月20日正式挂牌成立，并制定应急处置预案，制定各项规章制度，建立案件专家责任机制、专家会商机制、医患纠纷应急处置机制。参与《福州市医患纠纷预防与处置暂行办法》草案修定。8月，全市各县(市)区全部成立医患纠纷人民调解组织。全年，接访医患纠纷投诉140件，符合受理条件予以立案72件，涉及患者死亡的重大纠纷59件，应急现场处置42件，结案59件，结案率82%。

【司法所业务用房建设】 省司法厅下达福州市56个司法所业务用房建设项目，其中，属于财政困难县的建设项目30个，非财政困难县的建设项目26个。年内，计划建设项目完工或正在施工的54个，占项目总数96.4%。

长乐市潭头司法所、连江县敖江、琯头司法所、福清市龙田、城头司法所5个省级示范司法所竣工并投入使用。

【社区矫正】 1月，福州市社区矫正试点工作全面试行。2~9月，出台《福州市社区服刑人员公益劳动管理规定》《福州市社区矫正经费使用管理规定(暂行)》《福州市社区矫正工作应急处置办法(试行)》。全年，接收矫正对象4433人，解矫1314人，在矫3119人；社区服刑人员重新犯罪4人，重新犯罪率0.09%。为配合上海世博会、广州亚运会举行，前后开展两场闽籍在沪社区服刑人员、闽籍在粤社区服刑人员专项摸排活动。对重点社区服刑人员加强排查、管控，排查出的重点人员均做到逐人建立管控方案，落实管控措施。

【人民调解】 草拟《关于推进社会矛盾纠纷大调解工作的意见》，对大调解工作的组织架构、工作体系、衔接和保障机制等提出设想。尝试破解三大调解衔接问题，选择仓山区、闽清县先行先试"检调对接""诉调对接"机制。开展"人民调解化解矛盾纠纷专项攻坚活动"，发挥人民调解"群众性"优势和维护社会安定稳定"第一道防线"的作用。全年，排查矛盾纠纷2.63万件，调处2.50万件，调处成功2.37万件，调处成功率95%。各级司法行政机关"12348"法律服务咨询热线电话及时接受电话咨询1.1万次，接待群众来访4879人次，解答来电来访提出的涉法问题以及群众关心的热点难点问题，引导当事人通过法律途径解决诉求。

【安置帮教】 有针对性地摸排全市符合低保条件的刑释解教人员低保落实情况，帮助有困难的刑释解教人员落实低保救助。初步建立起由市社会治安综合治理委员会指导协调，以司法行政部门为主，相关成员单位密切配合、齐抓共管，社会力量积极参与的刑释解教人员安置帮教工作格局。全年，全市刑释解教人员1.51万人，其中，刑满释放人员1.29万人，解除劳教人员1146人，重新犯罪197人，重新犯罪率1.3%。

【普法活动】　4月，下发《关于组织开展"五五"普法检查验收工作的通知》和《关于开展福州市"五五"普法检查验收工作方案的通知》。组织召开福州市"五五"普法检查验收工作现场会，推广台江区、闽清县司法局和市工商局开展"五五"普法自查工作的先进经验。5月11日至6月9日，与市委宣传部、市依法治市办联合在全市开展"五五"普法检查验收工作。7月28日，调整充实依法治市领导小组。市依法治市办与市政府法制办联合在连江县召开法治城市、法治县(市)区创建活动暨依法行政示范县经验交流会。

举办以"依法行政与'法治福州'建设"为主题的全市依法行政网络法律知识竞赛。组织开展2010年全市干部通用法律知识统一考试，和以全市国家机关干部和企事业干部为对象的保密法知识网络考试。举办以"创建'法治福州'，服务海西建设"为主题的大学生法律知识竞赛；组织普法讲师团到县(市)区开展39场法制进校园宣传教育活动；开展2010年福州市中小学生暑期法制宣传教育活动。以创建和谐企业工作为契机，加强企业普法信息化平台建设；加强企业女职工学法用法工作，举办流动妇女(女农民工)普法培训班。与市妇联联合在全市2849个社区(村)成立妇女维权服务站。全市开展86场"法律进社区"公益活动；在三八国际妇女节、"3·15"消费者权益保护日、"6·26"国际禁毒日开展形式多样的专项法制宣传教育活动；在"12·4"全国法制宣传日确立10周年，举办以"弘扬法治精神、促进社会和谐"为主题的2010年"12·4"全国法制宣传日大型群众性法制宣传现场活动；举办"为法治喝彩，助海西腾飞"2010年"12·4"全国法制宣传日大型专题文艺晚会。

【律师工作】　全市执业律师担任法律顾问1114家，其中，担任政府法律顾问93家，企事业单位及社会团体法律顾问908家。首批3家台湾律师事务所驻福州代表处正式成立，大陆对台湾地区法律服务业予以开放。

连江县司法局敖江司法所业务用房

开展义务法律咨询1405人次，办理诉讼案件1万多件，非诉讼案件2218件，收费8104万元。广大律师参与人民调解、司法调解、行政调解，参与信访和群体性事件的处置；担负起服务保障福建跨越发展的重大使命，着眼服务"五大战役"，从项目开发的可行性论证、融资引资、招标投标、征地拆迁、工程建设到建成运营等所有环节，为"五大战役"涉及的重点领域、重点工程和重点项目提供全方位、全过程的法律服务。

【公证工作】　办理各类公证22.37万件，其中，国内民事公证3万多件，涉外公证16.97万件，涉台公证2万多件，涉港澳公证987件；公证收费5210.9万元。主动为城市重点工程、重点项目以及财产转让、土地征用、房屋拆迁安置补偿、土地承包、土地流转等涉及民生和涉农事项提供全方位公证法律服务。福州市公证机构设置调整方案得到司法部和省司法厅的批准。组织对全市13个公证处开展公证质量检查。

【法律援助】　全市各法律援助工作机构办理各类法律援助案件2510件，比增6%，提供法律咨询1.13万人次。

推行法律援助10项便民措施，拓宽便民渠道，主动参与12355青少年服务台建设，扩大法律援助覆盖面。与全国33个城市的法律援助机构代表共同签署《全国城际间法律援助工作协作太原协议》，降低农民工维权成本。建立法律援助与司法救助相互衔接机制，与福州市中级人民法院联合出台《关于民事诉讼法律援助的规定(试行)》。在已建立县(市)区法律服务—乡镇(街道)法律援助站—社区(村)法律援助联络点三级服务网络的基础上，授权律师事务所等法律服务机构代为受理公民申请，出台《福州市村(居)法律援助联络员工作规则(试行)》和《福州市法律援助志愿者律师奖惩办法(试行)》，规范法律援助志愿者队伍管理。

6月，福建省首家侨联法律援助站在福州市归国华侨联合会挂牌成立。

【司法鉴定】　市司法鉴定机构业务范围涉及法医临床、法医病理、法医毒物、文书痕迹、交通事故损失、DNA、微量物、电子、林业、海事、环境等19种类别。全年，接受委托办理各类鉴定件2.57万件，收费2078万元，为社会提供法律援助134件，减免金额3万多元。

【国家司法考试】　国家司法考试福州考区设4个考点，网上报名4505人，现场确认3730人(其中香港考生3人，台湾考生3人，澳门考生1人)；参加考试人数3300人，参考率88%。达到合格分数线的考生人数774人，上线率23.5%，其中，普通高等学校2011年应届本科毕业生328人。

(张　祎)

(编辑　郑姿娟)

国防建设

兵役

【概况】　2010年，福州市征兵工作围绕新兵质量这个核心，按照省政府、省军区提出的“四个确保”(确保100%完成任务、确保零责任退兵、确保新兵输送安全、确保廉洁征兵不发生问题)要求，早部署、早协调、早宣传、早开展，科学筹划，严格审查，落实各项征集政策。各类报刊发表征兵信息29篇，街道悬挂征兵横幅4983条，通过手机发送各类征兵信息约300万条，印发征兵宣传手册3.13万册，宣传图片4.21万份，张贴兵役登记公告2.52万份，张贴标语3.58万张，给适龄青年发信9853封。成立14个兵役登记领导机构，开设登记站2565个，抽调工作人员7832人，摸清全市适龄青年28.55万人，兵役登记15.27万人，确定预征对象1.43万人。其中，农业户口占75.5%，城镇户口占24.5%；大专以上文化程度占34.3%，高中以上文化占65.7%。全市新兵征集超额任务数121人，其中解放军占62.1%，武警占37.9%；高校应届毕业生占10.7%，各级各类院校毕业生占84.2%；党员占4.7%，团员占80%；城镇户籍占36.5%，农村户籍占63.5%。征兵工作从9月1日开始至12月30日结束。

【征集应届大学生入伍】　新兵征集的主体对象为高中毕业以上文化程度的青年，优先征集学历高的青年和应届大学毕业生入伍。针对全市大学应届毕业生通过网上报名应征的男青年不足160人，高校征兵工作面临困难的情况。各县(市)区征兵办制定相应优待政策，开辟绿色通道，做到“四个优先”(优先报名应征、优先体检政审、优先审批定兵、优先优待安置)，科学调剂安排城镇指标，首先满足大学毕业生入伍需要，确保合格的大学毕业生都能参军入伍；出台大学应届毕业生应征入伍增加优待金、退役后提高自谋职业金标准和事业单位招收人员优先录用等地方性优惠政策，吸引更多的大学毕业生参军入伍。仓山区和晋安区征兵办人员深入各大中专院校进行调查摸底，掌握大学生应征入伍后的基本情况，并在校园网开展宣传，邀请退伍返校就读的大学生谈体会，引导大学生算好“成才账、政治账、经济账”。

【女兵征集】　女兵征集首次利用全国统一的“应征女青年网上报名系统”，全部实行网上报名，同时强调征集对象为参加高考有分数可查的2010年普通高中应届毕业生和普通高等学校应届毕业生，并增加体能测试，公开程度更大，征集条件更严。

【征兵优待政策】　11月15日，召开市政府第38次市长办公会议，会议决定调整全市部分征兵政策：一是同意调整高学历青年征集政策。凡自愿应征入伍的全日制普通高校在校学生(男生)在其就读学校所在地的县(市)区应征，优待金按照城镇兵标准，由院校所在县

10月17日，福州市征兵宣传大会召开。

(市)区发放;凡在福州闽侯上街大学城应征的在校学生,均纳入母校所在的四城区征集范围,预征对象的政审工作统一由上街公安分局组织实施,再由母校区所在分局进行综合审查。全市其他属地在校大学生,无论户口是否迁入学校属地,均纳入学校属地公安派出所政审范围。凡户口在福州市或挂户人才市场的全日制应届高校毕业生,均纳入户口所在地征集范围。在待遇上,除享受城镇青年标准外,建议另给予一次性5000元经济补助,并于次年3月31日前发放到位。二是提高现役士兵年优待金标准。从2010年开始,农村籍义务兵年优待金由不低于当地上年度农民人均纯收入的100%调整到150%,城镇籍义务兵年优待金由不低于当地上年度城镇居民人均可支配收入的30%调整到50%。三是提高退役士兵一次性补助金标准。从2010年开始,五城区服役满2年的城镇退役士兵自谋职业一次性经济补助金标准由不低于2万元调整到2.5万元;服役满2年后被选取为初级士官下士并服役满5年的士官自谋职业一次性经济补助金标准由不低于2.5万元调整为3万元;服役满5年后被选取为初级士官中士并服役满8年的士官自谋职业一次性经济补助金标准由不低于3万元调整为3.5万元;服役满10年以上的中级士官自谋职业一次性经济补助金标准由不低于3.5万元调整为4万元。各县(市)参照市标准执行。四是上述所需经费,鼓楼、台江、仓山、晋安等四城区由市、区财政按5:5承担,县(市)区由各县(市)区财政自行承担。

民　兵

【概况】　全市民兵协助地方政府抢险救灾、应急处突、反恐维稳出动民兵分队61个,计2万余人次,消除安全隐患130余处,挽回经济损失3000多万元。

【民兵组织整顿】　2月19日至5月10日,进行全市民兵组织整顿(以下简称整组)。2月19日,福州市专题召开2010年度民兵预备役工作会议,福州警备区司令员江建雄、政治委员那兴海就全市民兵预备役工作进行专项部署。

3月5~10日,福州警备区举行2010年度专武干部集训。

整组工作突出实案化力量编组,突出多样化任务能力建设,重点抓基层规范化建设。同时抓宣传发动、培训骨干和检查指导工作。重点编建铁路护路、道路交通保障、机场抢修、工兵、军港(码头)抢修、海上救护等分队。福州市增建民兵突击队和供水、电力和燃气设施抢修分队,配备42艘冲锋舟和必备的救生器材。各县(市)区均组建1支30人的防台抗台分队和1支抗震救灾分队,晋安、福清、长乐、闽侯、闽清、永泰分别组建1支森林灭火分队。以长乐人武部为重点,同步展开福清、连江、罗源和平潭4个沿海人武部规范化建设。上半年进行3个不同层次、不同类型、具有代表性的规范化建设先行试点。各单位依据市政府出台的《福州市民兵基层规范化建设三年规划》和试点观摩会的部署要求,全面展开基层规范化建设。

【人武部规范化建设】　省政府、省军区赋予福州市长乐人武部规范化建设试点任务。试点工作围绕国防后备力量建设转型发展和规范化体系建设的总体部署,确立"理论先导、系统建设、军民融合、注重创新"的试点思路,研究探索"以信息系统为支撑、以能力建设为抓手、以人才培养为根本、以制度机制为保证"的规范化建设路子,重点围绕制度机制建设这个问题,立足区位特点,深入研究实践,带动和促进人武部规范化建设的整体推进。7月9日,省政府、省军区在长乐市人武部隆重召开现场观摩,长乐人武部规范化建设作为样板在全省推广普及。

【民兵军事训练】　编实训强3支应急队伍,成建制组织民兵应急分队开展遂行多样化任务能力训练。3月,组织民兵基础理论知识普及和专武干部的培训;4月8日,与市交战办共同组织交通战备路桥抢修应急保障大队的集结演练,出动人员150多人,大型机械36台次;4月21日,结合福州市防空警报试鸣,抽调3000余名民兵预备役人员分4批次前后历时40余天,以实战为背景,在台江区组织大规模的防空疏散掩蔽演练;7月9日,与福建省地方海事局、福州市地方海事局、东海救助局福州基地和福建八方水上客运公司在闽江水城组织水上交通应急救援演练;7~9月,先后组织51名民兵技术骨干参加上级培训,组织11名空军预编预备役士兵参加军区组织的演练;9~12月,组织全区13支民兵多样化任务分队451人,完成动员集结、快速机动、组织指挥、专业技能、应急行动、情况处置、野外宿营内容的训练演练。

【新任武装部长集训】　3月24~29日,在福州市晋安区岭头组织全区81名2007年后新任乡(镇、街道)武装部部长、副部长进行集中强化训练。提出“全面系统学、重点突出练、弱项求突破、强项有巩固”的集训指导思想,采取理论授课、技能训练、讨论交流、参观见学和考核评比的方法,提升新任武装部长专业素养和业务技能。

【“三支应急队伍”建设】 按照人员定位、任务明确、装备齐全、通联顺畅、训练落实、演练经常、指挥到位的要求,编实训强3支应急队伍(区快反分队、民兵突击队、民兵应急分队)。3月,警备区组织为期1个月的专业理论辅导,重点指导区快反分队反恐训练、抗洪抢险等课目。4~6月,各人武部组织民兵突击队和民兵应急连训练。先后聘请市武警二支队教员指导快反分队反恐训练,依托海防某师组织全市民兵工兵、防化兵骨干集训。警备区采取不定时间、不定地点、不打招呼的方法,围绕抗洪抢险、森林灭火、反恐维稳等课题组织快反分队进行4次现地拉动演练,各县(市)区组织2~3次民兵突击队拉动演练,共出动兵力3500余人次。各值班部位同时参加省军区组织的三级指挥联动演练。结合全市民兵整组工作,明确将民兵非战争行动物资器材配备表列入年度民兵预备役工作。全年,福州市各人武部投入资金75多万元,用于抢险救灾物资器材采购。

国防动员

【概况】 2010年,福州市国防动员委员会重视国防宣传教育,开展国防教育进机关、进学校、进企业,组织开展形式多样的国防教育活动。重视国防基础设施和后备保障力量的建设,注重贯彻“军民兼容、寓军于民”方针,将军事需求融入到基础建设中。提高基于信息系统的体系动员保障能力,谋求经济建设与军事工作的“双赢”。

【国防宣传教育】 制定《关于做好福州市2010年全民国防教育工作的通知》,部署全年国防教育计划和国防教育系列活动,开展“三进”(国防教育进机关、国际市场教育进学校、国防教育进企业)活动。结合元旦、春节和有关纪念日活动,开展走访慰问、军政座谈会、军民共建座谈会、军民联欢晚会以及体育友谊赛、国防教育讲座、国防教育知识竞赛、“军事日”等活动,市电台、电视台进行跟踪报道。6月,组织福州市委、市人大常委会、市政府、市政协四套班子领导80多人到驻榕某师过军事日,参观新式装备,观看军事训练科目表演;市双拥办与市直机关党工委联合举办福州市直机关第十六届“双拥杯”男子篮球比赛;市双拥办和市文新局联合举办福州市第一届“双拥杯”读后感征文比赛;市国防教育讲师团、福州警备区和人武部领导到基层、党政机关、党校和各级各类学校上国防教育课40多次。7月,开展学习、宣传、贯彻《中华人民共和国国防动员法》活动。

【国防基础设施和后备保障力量建设】
先后完成73630部队进出道路建设任务,协调落实东绕城高速公路建设项目列入国家交通战备建设。争取国家国防交通建设补助经费3181万元,其中罗源碧里至将军帽320万元,永泰埔埕口至洑口梧村1725万元,永泰马洋至埔埕口710万元,连江长龙战备公路426万元。连江长龙战备公路和东部绕城高速已完工。先后8批次,出动警力约4000人、保障车辆200多台次,为陆、海、空三军部队赴闽轮训、海军导弹运输、311基地重要装备前送和部队驻训归建等军交运输提供公路交通保障。开展12个支前物资供应站建设,完善硬件设施,建立工作机制,健全规章制度,明确任务职责,并投入使用。推进马尾船舶修造改装动员中心申报国家级动员中心的前期工作,组织编制《福建省马尾船舶修造改装动员中心可行性研究报告》。先后组建3类9家后备修理工厂和3个联储联供点,并按照规定完成向上申报程序。组织对潜力系统的数据录入,并上报军区。

双拥共建

【概况】 2010年,福州市双拥工作以创建新一届全国双拥模范城(县)为契机,开展共建活动。全市有870多对军民共建点和军民共建“三挂钩”单位,80%以上被评为县(团)级以上文明单位或先进单位。

【拥军支前】 全市各级各部门投入资金帮助部队改善水、电、路等基础设施、训练设施、文化设施及菜篮子工程建设达130多项。市本级财政支持国防建设和驻榕部队各项建设计1亿多元。长乐市拨出专款100万元支持73301部队进行“海防战备信息系统”建设;投入200万元资金帮助人武部进行规范化建

4月2日,福州警备区司令员江建雄、副市长陈为民参加福建省军事设施保护工作电视电话会议。

设;拨付7万元支持预备役防化营军官训练设施建设;拨出专款20万元支持73125部队进行营区污水管网综合整治;专门安排15万元帮助73302部队62分队进行营区水电管线改造。福清市财政投入472.3万元帮助73683部队524分队、73661部队、94899部队和73678部队进行地下光缆、输油管道改道;投入21万元帮助73307部队、73123部队和94899部队开展营区周边环境绿化美化;投入40.28万元补助73123部队和73307部队租用镜洋土地作为部队副食品生产基地;投入23万元帮助新入住的海警四大队营区基础设施建设。连江县投入10万元帮助73331部队进行营区供水管线改造;拨出专款22万元支持73122部队进行营区战备道路建设。闽清县支持部队争创"绿色军营"活动,为73117提供营区绿化树木100株,景观苗木4万多株,草皮5000多平方米,价值8万多元。永泰县投入经费50万元帮助县武警中队、县消防大队改善训练和办公条件。

市财政安排拥军专项经费200万元,开展科技、文化、教育等拥军活动。市菜科所组织科技人员50多人次到驻闽部队指导科学种菜,为驻闽部队举办26期的培训班,培养蔬菜生产骨干1000多人。市图书馆在驻榕部队建立30个"图书流通点",给每个图书流通点配送图书1000~3000册,并随时免费轮换,有效缓解各部队购书经费不足的问题。福清市与驻军开展"入营暨入学、退役即毕业"活动,通过创办"士兵职业教育基地",培养军地兼通技能型士兵,共为驻融部队开办各类培训班10多期,培养各类骨干650多人。7月26日,驻融73123部队的516名士兵获得由福清职业技术学校颁发的毕业证书,专业涉及计算机、汽车维修、厨师等与部队退役士兵就业密切相关的8项内容。连江县依托县职业中专学校为部队开设计算机、商务外语、烹饪等专业培训班,培养学员200多人,县农林部门经常组织科技人员深入基层连队,给部队官兵传授蔬菜种植、家禽饲养、食用菌栽培、科学养鱼、营区绿化等技术。全年全市投入1000多万元用于开展科技拥军工作,向驻军捐赠一批科技书籍,帮助驻军建立和完善多媒体教室、阅览室、图书室等文化设施。

配合福州警备区开展军事设施"两区两范围"(军事禁区、军事管理区、军事禁区外围安全控制范围和作战工程安全保护范围)划定工作。对全市所有军事设施"两区两范围"进行重新划定,解决一批历史遗留未划定的老大难问题。406个军事设施完成划定393个,划定率96.8%,超额完成省里下达的95%的划定指标。同时,对全市军事设施"两区两范围"标志牌进行统一更换,完成827块标志牌的安装设置,投入经费100多万元,改造和完善军事设施视频监控、门禁报警和脉冲电网等信息化保护措施。

3月12日,警备区官兵参加植树节活动。

【拥军优属】 春节前夕,市四套班子领导率福州市"两节"慰问团,分组走访慰问24个驻榕部队机关单位;市双拥办代表市委、市政府走访慰问驻榕部队17个副师级和团级机关单位及50个基层连队,市本级向南京军区领导机关及驻榕部队官兵赠送慰问金550多万元。各县(市)区各有关部门及共建单位也相应组织开展多种形式的走访慰问活动。全年,全市向部队赠送慰问品、慰问金达1000多万元。

抓优抚经费的配套落实,及时足额兑现各项抚恤补助金。8月起,福州市将未就业随军家属基本生活补助金标准从每人每月120~150元提高到每人每月300元。开展"关爱功臣活动",将城区重点优抚对象全部纳入廉租住房管理保障范围,人均住房面积在6平方米以下的重点优抚对象每人每月享受120元的住房补贴。

【拥政爱民】 驻榕部队在完成自身战备训练任务的同时,主动参与和支援福州市的"三个文明"建设。全年,驻榕部队出动官兵12万多人次,工程车辆机械1.2万台次,参加地方重点工程建设、水利工程建设19处,扶贫帮困283户,植树造林56.68公顷。派出校外辅导员近2050人,帮助各类学校军训学生3.7万人。

【抢险救灾】 驻榕部队出动官兵3.5万多人次、车辆4000多台次,参加抢险救灾181次。警备区出动民兵预备役人员1.99万多人次参加抢险救灾,修固海堤1400多米,扑灭山火26次,转移群众4.3万人次,挽回经济损失1500多万元。4月15日,中央7套军事新闻专门报道闽侯县人武部出动冲锋舟解救被洪水围困群众的新闻。

(史中华)

人民防空

【概况】 2010年,市人防办在政府机构改革中由原来的国动委议事协调机构调整为政府工作部门,并加挂民防局牌子。全年完成人防工程“结建”项目审批162个;建成应急人防机动指挥所,并纳入福州市应急救援指挥保障体系。市人防办连续7年被国家人防办评为通讯报道先进单位。

【人防工程建设】 市人防“结建”审批由原来与规划部门串联(前置)审批改为并联(同步)审批,缩短审批时限。市人防办会同城市地铁公司确定人防施工图审查机构及地铁一号线初步设计评审,完成白湖亭站人防工程审批。筹划编制《福州市人防工程总体规划(2010~2020年》,完成《旧人防工事现状图》《规划大纲》《规划文本》初稿、《规划说明书》《规划平面图》的编制工作。6月,全省人防工程质量监督现场观摩会在福州举行。市人防办对五城区52个工程进行质量监督,监督面积25.2万平方米。全市竣工验收项目97项。组织召开5次防护设备管理座谈会,严格防护设备定点厂家准入福州的备案手续,建立健全防护设备管理规定和管理制度,出台《关于加强和规范防护设备市场管理的通知》。为统一全市“结建”审批、质量监督和竣工验收标准,12月,市人防办举办人防专业知识培训班。

【指挥通信建设】 建成以大型指挥(卫星)通信车、信息(卫星)采集车、卫星通信便携站以及单兵通信系统构成的机动指挥所。完成地面应急指挥中心、地下指挥所和机动指挥所三位一体的指挥通信平台建设,具备固定和机动相结合的指挥体系,基本形成应急指挥通信保障能力。完成国防动员潜力调查及编报重要经济目标工作,与水口电站、西区水厂联合确定防护方案,并指导其开展训练;建设大学城防空警报设施。全年新增警报5台,警报鸣响率100%,覆盖率95%。4月21日,市人防办结合市防空警报试鸣,在台江区开展防空防灾应急疏散演练,全区中小学生和部分居民约3.5万人参加演练。

【人防宣传教育】 把防空防灾宣传教育工作落实到机关、学校、企业、社区

4月21日,市人防办在台江区开展应急疏散演练。

和网络。全市有130所初级中学开展《人防知识与安全应急》教育,年受教育学生5.6万人。市委党校确定市人防指挥所为国防教育教学实践基地,年内举办人防知识学习培训班5期,培训科、处级干部330人。全年,市人防系统在市级以上新闻媒体刊登稿件280多篇(幅),研究性文章5篇,编发《福州人防》工作简报4期,福州人防网站刊登福州人防系统工作动态159条(市本级70条、县(市)区89条),图片资料111幅。市人防办编印65万册《居民防空防灾手册》向福州市五城区居民免费发放,向各级党委、政府及相关部门赠送《中国人民防空》《福建人防》《我与人民防空征文汇编》3万册。

9月18日,市人防办联合福建省军区司令部、福建省人防办、福州警备区在五一广场举行大型纪念中国人民防空创立60周年宣传活动启动仪式。向群众发放《福建省人民防空条例》《中华人民共和国人民防空法》《居民防空防灾手册》《我与人民防空征文汇编》等宣传资料2万多份,展出人民防空挂图展板30面;展示7台卫星通信指挥车、5台信息采集车,现场解答市民群众提出的人防法规、工程建设等方面问题1500多人次,组织防空防灾知识有奖问答100题。

【人防法制建设】 修订《福州市人民防空警报设施管理办法》。处理2007年人防执法检查中发现的人防“结建”审批和竣工验收的遗留问题,监督建设单位(开发商)履行应缴未缴的易地建设费、应建未建防空地下室、应验收未验收报告完工项目等义务。全年追缴易地建设费18.8万元,处罚金3万元,并补建防空地下室,完成部分防空地下室的整改和验收。

(唐辰晖)

武装警察

【概况】 2010年,武警福州市支队坚持把安全稳定作为部队建设的“基础工程”“保底工程”,确保部队平稳发展、秩序正规。建立条令学习日制度,开展安全月、条令月活动。开展“治‘三松’、严纪律、保安全”专项教育整顿和驾驶员、公勤人员作风纪律整顿。开展士官“竞争上岗”“末位察看”和“集中整训”活动。组织所有机关干部和大、中队主官集中开展从严治警集训。先后迎接总部副司令员薛国强等6批总部工作组检查调研,接受总队大量检查、试点和考核。支队党委被武警党委评为先进党委,支队被武警总部评为“连续15年预防事故案件工作先进单位,被总队评为“基层建设先进支队”。

【政治思想建设】 围绕培育当代革命军人核心价值观主题,联系官兵思想

9月28日，支队举行"迎国庆"文艺演出。

实际，加强部队政治建设。投入60余万元，建设支队录播室，集中精干力量编写《经常性教育12讲》，并拍成授课录像，发布在网上供基层下载选用。支队有20篇理论调研文章在《解放军报》《基层政治工作研究》《政工学刊》《人民武警报》等刊物上发表及总部政工网上转发，有13篇经验做法被上级转发。在各类报刊、电视（电台）、网络等媒体刊稿335篇，其中，中央级118篇（条），有2篇是头版头条。

划拨经费5万元补助16名特困干部，为10名生活困难党员每人发放500元生活补助，划拨经费8.7万元走访慰问干部家属，安排11名干部子女就学鼓一小、乌山小学、群众路小学等重点学校。清退不合理占房27套，盘活公寓房源30套，争取地方经租房59套。安排卫生队定期巡诊92车次，接诊人数4700人次，组织卫生常识教育120课时，发放药品23.3万元。

【基层建设】 成立督察组，每周不定时间、不定路线、不定单位，下基层进行督察检查。"两节""两会""五一""十一"期间，派出检查组进行拉网式检查。7月底，支队投入160万元，经过机关和大、中队官兵半个多月连续奋战，完成总队基层正规化建设试点任务。总队依法从严治警集训队分两批共350余人到九中队参观指导。

同时以《纲要》为统揽，坚持因才施用，注重梯次培养，把一些有经验和能力素质较强的干部调整充实到警卫分队等敏感重要岗位。

支队党委机关派出6批工作组137人次下基层蹲点调研帮建。对连续5年以上未创先进的中队，由常委定点挂钩重点帮建。对季度落实《纲要》先进大队、中队进行表彰。七一前夕，四、七大队党委，一、十五、十八、二十六中队党支部被总队评为"先进基层党组织"，有4人被评为"优秀党务工作者"。

【执勤处置突发事件】 1月11～30日，支队派出142名官兵担负省市"两会"临时警卫勤务。协助公安机关处置群众上访事件18起，劝离无关、无证人员500余人次。

2月24～28日，福州市2010新春元宵灯会在三坊七巷、五一广场、文庙、闽江公园和马尾区同时举办，观灯群众超过200万人次。支队出动兵力4380人次、车辆380台次，处置各种突发情况12起，排除险情10处，有效增援警力18批次，协助找回走散儿童和老人16人。

8月20日至10月14日，每天派出80余名官兵协助福州市公安局，对市区30个重要街面、路口进行夜间武装巡逻，先后协助公安干警处置各种治安事件75起。巡逻历时56天、出动兵力3600余人次。

9月19日晚，第五届全国特奥会开幕式。支队18名护旗手担负护卫国旗、运动会会旗和特奥会会旗任务，160名官兵参加《我的爱》《我的运动场》节目的演出。

10月15日至12月19日，亚运会、亚残运会时期，派出91名官兵协助福州市公安局，对福州市区重要目标、重点区域实施联合武装巡逻执勤。先后出动兵力4186人次、车辆112台次，协助特警处置各类治安事件23起。

10月23日，出动兵力180人、车辆10台，配合莆田支队，担负第十四届省运会开幕式现场观众通道、演员出入口、外围巡逻和场馆各类特种车辆守护任务。

险情处置　4月26日凌晨，一男子翻墙进入省领导住地。五中队成员迅速将其抓获，并完成对目标核心区控制，进行全面搜索，加强周边警戒，确保目标安全。

5月21日，罗源县松山镇北山村村民黄某某，因与女友发生感情纠纷，持匕首挟持女友于一居民房内。三十二中队接到罗源县公安局情况通报后，派员迅速赶往事发现场，并成功处置这起事件

9月28日，福建省莆田市仙游县园庄镇后洋小组人陈某某，因祖屋破损无法居住拆除翻建，遭当地有关部门暴力拆除，遂前往省政府中大门反映情况。在上访未果情况下欲点燃汽油引火自焚。二中队成功处置这起事件。

10月2日，一男子到省公安厅北门上访，乘机闯入院内，情绪激动，掏出水果力，以自杀威胁，要求见厅领导。四中队官兵将其制服，并移交公安机关。

【移押罪犯】 3月25日，出动30名官兵协助闽江监狱完成570名罪犯从闽江监狱五大队监区移押至省未成年管教所和闽江监狱上街监区服刑。5月11～17日，派出255名官兵，出动车辆32台次，调用各类枪支116支，子弹5100余发，防暴器材40副，押解犯人1000人，完成"1013"人犯押解、集结地警戒、开进押解和装载地警戒等任务。9月27日，出动官兵162人，完成295名在押人员移押永泰县看守所和部分回迁福州市第一、第二看守所任务。

【赴平潭试验区造林】 3月28日至4

月12日,派出370余名官兵担负平潭综合试验区造林绿化任务。出动兵力3562人次,车辆247台次,绿化荒山面积168.27公顷,植树45万株,超额完成上级赋予任务。

【抢险救灾】 6月18~26日,闽西北地区突降暴雨,南平、三明、龙岩灾情严重。支队出动车辆24台次,兵力112人次,2次连夜紧急向南平、三明、龙岩输送救灾物资。途中,天气恶劣,路况复杂,发生多次山体滑坡、路面塌方等险情。输送小组严密组织,灵活指挥,安全行车近1.5万公里,运送救灾物资178余吨。

【后勤保障】 投入经费790余万元用于部队基础设施建设。机关附属楼和作战指挥中心完工并投入使用;四大队部和十三、十四中队以及福清核电站新建营房主体结构完工,并进行细部装修;完成二十七中队新建营房装修;推进小柳干部经济适用房建设;进行福州、榕城、仓山、闽江、女子5个监狱中队的营房规划;争取建设经费,推动三十一、三十二中队营房迁建工作。

选送54人参加炊事员、军械修理工、驾驶员、汽车修理工、卫生员等专业技术培训,培训现任军械员60人次、拟任军械员19人,复训驾驶员24人。开展"岗位大练兵活动",在总队基层后勤业务大比武中获团体总分第三名,9个项目技能竞赛获5个单项第一名、4个单项第二名和2个单项第三名。

(许　涛)

(编辑　郑姿娟)

列队待命

宏观经济管理

【概况】 2010年,福州市贯彻落实省委八届九次全会精神,围绕“突破重点、全面提速、追赶超越、跨越发展”,打好“五大战役”,全面完成“十一五”目标任务,为“十二五”规划启动实施打下坚实基础。全市生产总值完成3123.41亿元,增长14.2%。第一产业增加值282.73亿元,增长3.9%;第二产业增加值1401.92亿元,增长19.1%,其中工业增加值1127.59亿元,增长18.8%;第三产业增加值1438.76亿元,增长11.5%。全社会固定资产投资完成2317.44亿元,增长40.7%,其中城镇固定资产投资2231.69亿元,增长44.5%。社会消费品零售总额达1624.28亿元,增长21.3%。财政总收入(不含基金)402.51亿元,增长23.7%,其中地方级财政收入247.82亿元,增长26.9%。出口总额163.14亿美元,增长35.8%。

【发展规划】 牵头开展“十二五”规划编制10个前期课题调研,组织推动33项重点专项规划和各县(市)区规划编制工作。不定期与市政协、社会各界召开专家座谈会。起草完成“十二五”规划基本思路和《规划纲要》(征求意见稿)。

牵头开展《福州市生态市建设总体规划》《福州市工业产业布局规划》《南北两翼区域发展规划》《福州港罗源湾港区控制性详细规划》《福州市构建海峡西岸金融服务中心专项规划》,保税港区《总体规划》和《实施方案》,《福州市农村卫生服务体系规划》《福州市2009~2010年农村初中和中心小学寄宿制学校建设项目规划》《福建省“十二五”战略性新兴产业重大项目规划(福州)》《2010~2015年中职教育基础能力建设规划》编制工作。代拟《关于2010年深化经济体制改革工作的意见》《福州市促进重点项目审批工作提速增效的意见(试行)》《福州市省级小城镇综合改革建设试点政策意见》《福州市示范性综合改革建设小城镇实施意见》《福州市促进金融业发展若干意见》《2010年福州市医药卫生体制改革实施意见》等重要文件。开展《建设闽江口榕台产业对接集中区的研究》《福州市游艇产业总体规划》《推进福州市绿色产业发展的几点意见》等课题调研。

【体制改革】 指导全市深化经济体制改革工作 市政府印发实施由市发改委代拟的《关于2010年深化经济体制改革工作的意见》,推进国有企业改革,加快投融资体制改革,深化农村体制改革等。

推进公共资源市场化配置改革 全市公共资源进行市场化配置项目47项,新拓展公交线路特许经营权招投标、基本药物集中采购和确标、中小学学生簿册统一招标、污水处理特许经营权项目实行BOT招标等项目。经营性土地公开拍卖、国有产权交易、政府采购、基本药物分片确标、公共线路特许经营权、通信管道经营权、户外广告经营权等公开招投标工作进展较大,配置效益提高。

扶持企业改制上市 市政府印发实施由市发改委代拟的《福州市人民政府关于进一步推进企业上市的意见》。建立40多家重点上市后备企业资源库,确定8家企业作为2010年度重点推进和培育的上市目标。开展对三奥信息、四创软件、锐达数码、茶花家居、冠林电子、大昌生物等10多家上市后备企业调研工作,协调解决企业上市过程中的具体难题。加强对企业上市的培训辅导,与市外经局、市经委联合举办“5·18”海西投融资论坛暨投资项目对接会、全市企业上市座谈会,组织企业参加安永2010里程碑论坛、上海证券交易所的董秘培训、韩国上市推介会等。2010年,中能电气、三元达通讯、星网锐捷、海源机械、兴业证券、永辉超市、榕基软件7家企业在境内上市,募集资金80亿元;腾新食品等一批企业上报中国证监会;雪人制冷等7家企业进入辅导报备。至年底,福州市有上市企业59家,其中26家企业在境内上市,33家企业在境外上市。

促进行业协会改革和发展 新培育钢铁、机电、信用担保、婚庆4家行业协会;筹备组建汽车流通、金鱼2家协会;对原有协会进行政会分离。完成广告行业协会、纺织行业协会、塑胶同业公会行政人员退出协会职务工作,改选后由行业龙头企业领导人担任。

深化医药卫生体制改革　制定《2010年深化医药卫生体制改革实施方案》,对基本药物实施分片确标。全面实施新型农村合作医疗保险制度,新农合筹资标准由100元/人提高至150元/人,参合率97.7%。继续加强农村初级卫生保健工作,形成覆盖全市城乡的各级卫生医疗网。市城镇职工基本医疗保险实行市级统筹,参保率96.1%。加快社区卫生服务中心和乡镇卫生院建设,新增社区卫生服务中心2个,社区公共卫生服务覆盖率100%,基本实现城区公共卫生服务全覆盖。

【宏观管理】　加强中央增投资金管理　对2008年、2009年福州市申请到的新增中央投资项目,及时下达到项目业主,并督促各级财政部门尽快将中央增投资金下拨到位。协调项目配套资金、工程招投标、季节影响等问题,指导促进各项目快速、有序推进。加大项目监管力度,"防、查、治"项目申报、资金配套、工程实施、施工招投标等关键环节。配合中央、省、市扩大内需检查组对增投项目开展检查活动4次,对提出的130多条整改意见,通过跟踪、督察和落实,全面整改到位或作出说明。年内,2008年、2009年福州市申请到的4批228个项目,新增的中央预算内投资5.24亿元全部拨付至业主单位,地方应配套资金9.69亿元100%配套到位。228个项目累计完成投资58.76亿元,占总投资的85%;完工171项,完工率75%。

推进基础设施建设　做好市政道路、交通配套设施建设项目前期审批工作。全年审批闽江北岸中央商务中心下穿通道、甘洪路拓宽、金融街周边道路、福飞路改造,福兴工业区路网,火车北站南北广场及市政配套设施、龙头路、白湖亭立交、东部新城洪榕路等一批市政道路、交通配套设施项目50项,总投资121.72亿元。推进城市新区建设,全年批准东部新城、闽江北岸中央商务区晋安新城鹤林片区、火车北站周边区域等前期开发、土地收储项目160项,总面积1900公顷。推进高速公路、港口建设。配合市交通委开展福州绕城公司公路东南段、长平高速公路、京台线福州段等项目前期工作。统筹协调推进全市港口开发建设,全年福州港新增吞吐能力260万吨,港口货物吞吐量达7100万吨、集装箱吞吐量达147万标箱。加快在建铁路建设进度,全年全市在建铁路完成投资51.41亿元。4月26日福厦铁路正式开通运营;向莆铁路完成年度投资30.5亿元;合福铁路福州段完成年度投资5.18亿元;江阴港铁路支线完成年度投资8亿元;可门港铁路支线完成年度投资4.03亿元;4月26日福州火车南站西站房建成投入使用,11月底东站房建成。促成台湾中华航空股份有限公司与福州市结成战略合作伙伴,开通福州—台北全货机航线、福州—东京客运航线。12月21日,中邮航开通福州至台北货邮航线,福州成为大陆与台湾地区第一个通邮城市。

优化产业结构　夯实农业发展基础,滚动实施闽江防洪堤、海堤强化加固七期、旱片整治、渔港、沿海防护林、生物防火林、生猪标准化规模养殖场、品牌农业良种等一批农业基础性、生产性项目。加快推进闽侯县青口镇、荆溪镇和福清市龙田镇等3个省级小城镇综合改革试点镇和10个市级示范性小城镇建设。市政府印发实施由市发改委代拟的《福州市省级小城镇综合改革建设试点政策意见》和《福州市示范性综合改革建设小城镇实施意见》。工业经济加快向以江阴、罗源湾两大港区为重点的"南北两翼"集聚,"南北两翼"4县(市)完成规模以上工业产值2307.06亿元,占全市规模以上工业总产值的50.8%,初步形成沿海临港工业带。推进福清核电、华能福州电厂、LNG利用工程等重大能源项目建设,华能电厂三期工程实现双投。加快服务业发展,推动福州市鼓楼区成为国家发改委确定的首批37个"国家服务业综合改革试点区域"之一。推动高新技术产业,组织引导企业做好申报国家信息产业项目工作,软件园、福大自动化、星网锐捷、新大陆、榕基、福富、三元达、网龙等18家企业获国家发改委高新技术产业专项补助资金8211万元。协助福州市相关企业与北京大学医学部、西安交通大学、第四军医大学等高校联姻,邀请中科院院士、工程院院士等一批国内外科技界领军人物担任国家工程实验室、省级工程实验室研发工作。至此,全市认定高新技术企业250家,高新技术产业总产值突破1500亿元。

全面发展社会事业　计划新建、改建的农村初中学生宿舍和食堂等生活用房建设项目23项,规划建设面积2.86万平方米,全部动工建设。全市校园安全工程完成投资1.57亿元,其中,拆除重建项目开工190栋,开工面积44.3万平方米;竣工25栋,竣工面积56.1万平方米。争取到职业教育经费600万元。配合文化旅游部门继续推进三坊七巷游、昙石山文化游、船政文化游、寿山石文化游等闽都文化保护开发项目建设。打造"中国温泉之都",形成都市温泉、城郊温泉、淡水温泉、海水温泉相结合的温泉产业。推进福州海峡奥林匹克体育中心项目前期工作。新建或改造农家书屋719个,乡镇综合文化站37个。建成省级乡镇农民体育健身活动中心9个。基本完成20户以上自然村广播电视"村村通"建设和农村广播电视节目无线覆盖。促进社会保障房建设,全年完成联建新苑、东山苗圃、东山新苑、远东丽景、首山丽景等廉租房、经济适用房、公租房、限价房项目和闽江北岸中央商务中心、地铁项目,奥体中心、火车南站、火车北站及配套工程、东部新城、晋安新城等重点开发区域安置房项目以及上海东、王庄新村等旧屋区改造等31项安置房、保障房项目前期审批备案工作,总建筑面积605.76万平方米,总投资241.98亿元。

【重点建设】　推进重大项目前期工作　加快推进地铁2号线、平潭岛上岛铁路、长乐机场铁路、福清核电、可门电厂三期、江阴电厂二期、罗源火电厂一二期、红庙岭垃圾焚烧发电厂、东部新城开发、闽江北岸中央商务区开发、金融街开发、福州海峡奥林匹克体育中心等一批重大项目前期工作。深化闽江水资源利用和水环境保护项目的前期研究工作。牵头开展福州市闽江北港驳岸整治改造工程方案设计工作,形成《方案设计》送审稿报市政府审定。实施项目游艇产业规划,组织开展《福州市游艇产业总体规划》课题研究,完成课题研究文本评审工作。

6月18日，省委常委、市委书记袁荣祥（中），副省长、市长苏增添（左一）参观第八届“6·18”海峡项目成果交易会福州展馆。

打好“五大战役” 成立“五大战役”项目工作小组，设立专门办公室（战役办），采取有效措施确保“五大战役”顺利实施。对“五大战役”相关项目进展情况进行定期的督促检查，按照项目完成投资进度每旬、每月编发《“五大战役”项目专报》，通报各责任单位完成情况，并标注流动旗进行评比。牵头制定《福州市促进重点项目审批工作提速增效的意见（试行）》，为“五大战役”项目和省、市重点项目实行“绿色通道”服务。形成《福州市实施“五大战役”工作年度考核评比具体办法》（送审稿）报市委、市政府审核。开展10项惠民实事有关工作。牵头组织市直各单位形成关系群众利益10项实事工作的实施方案。2010年248项“五大战役”项目超额完成任务，完成投资816.46亿元，其中，重点项目建设战役项目40项，完成投资221.33亿元；新增长区域发展战役项目81项，完成投资233.86亿元；城市建设战役项目76项，完成投资290.85亿元；小城镇改革发展战役项目7项，完成投资16.43亿元；民生工程战役项目44项，完成投资53.98亿元。

开展重点项目融资 督促世行、亚行等政策性银行贷款项目按合同进度施工，确保按比例提款。世行贷款项目累计提款7476.194万美元，占总贷款额度1亿美元的74.76%。亚行贷款项目累计提款1815万美元，占总贷款额度5580万美元的32.53%。全年向省发改委（含国家发改委通过省发改委转下达）争取到各类资金补助5.72亿元，比上年增加5481.12万元。其中，中央资金4.53亿元，比上年增加4934.62万元；省级资金1.19亿元，比上年增加546.5万元。

促进项目成果对接转化 主办或联合主办中国海西·闽侯高新产业发展对接峰会、中国（长乐）锦纶市场与技术对接会、仓山区项目成果对接会、银企对接会、仓山区与福建师范大学产学研对接会等对接活动16场。第八届“6·18”海峡项目成果交易会，全市对接项目681项，总投资170.5亿元，其中，合同项目439项，总投资113.22亿元；协议项目193项，总投资51.55亿元，合同、协议项目占对接项目总数的92.8%，投资额占对接项目总投资的96.64%。投资逾1亿元的项目22项，占对接项目总数的3.2%，总投资103.9亿元，占对接项目总投资额的60.9%。大型综合旅游项目万达联合集团建设琅岐和武夷山国际旅游度假区框架签约；中科院、福建省政府、福州市政府共建“海西研究院”签约；中国工程院院士顾国彪与福建凯捷利集团签约建立院士工作站。至年底，第八届“6·18”海峡项目成果交易会福州市对接的681项项目中，动工或投产的项目574项，占对接项目总数的84.3%。

（刘慧冰）

工商行政管理

【概况】 2010年，福州市工商行政管理局贯彻落实国家工商总局支持海峡西岸经济区建设的一系列优惠政策和省工商局促进企业发展“二十条”意见，拓宽政策空间，创新市场监管措施，服务地方经济发展。全年新增内资企业338户，实有内资企业9055户，注册资本318.55亿元；新增私营企业1.23万户，实有私营企业5.73万户，注册资本2058.29亿元；新增个体工商户3.23万户，实有个体工商户12.94万户，资金数额45.18亿元；新增农民专业合作社212户，实有农民专业合作社481户，注册资本7.07亿元；新增外商投资企业246户，实有外资企业3995户，投资总额189.41亿美元，注册资本104.76亿美元。全市工商系统查办各类经济违法案件4888件，罚没入库1920.9万元。

【出台促进企业发展“十八条”意见】 9月，经市政府转发实施。主要内容：放宽企业名称核准限制与放宽投资人身份证明限制，放宽企业出资方式限制，支持国有企业改制重组与支持非法人市场主体转制为公司制企业，其中非法人市场主体转制、企业名称允许使用阿拉伯数字、个体户试营业等措施在全省首次试行。

【扶持企业存续发展】 办理57家个体工商户转型为个人独资企业登记手

续,办理3家国有企业改制登记手续,注册资本3394万元;办理103家重点项目企业筹建登记,注册资本29.17亿元;办理175家企业分期到资延期手续,3.29万家企业年检时免于提交审计报告,1250家逾期年检企业免于行政处罚,为1547家困难企业延续主体资格;办理股权出资登记2件,帮助企业实现融资5441.83万元;办理股权出质设立登记162件,出质股权数额30.66亿元,实现融资96.05亿元;办理动产抵押登记521件,实现融资80.58亿元。

【企业注册登记】 推广"一厅式"办公模式,落实分层分类登记,完善网上并联审批、网上登记年检等便民举措,整合注册登记窗口13个,新增外资登记授权局2个,拓展外资登记"一局多点,远程核准"窗口4个。

个体经济 至2010年,全市有个体工商户12.94万户,比增12.16%;注册资金45.18亿元,同比减少5.95%;新开业个体工商户3.23万户,比增19.22%;开业资金额12.07亿元,比增32.86%;注销、吊销个体工商户2914万户。在个体工商户总户数中排名前5位的是批发和零售业、居民服务和其他服务业、住宿和餐饮业、制造业和交通仓储业,分别有9.05万户、1.58万户、1.27万户、4224户和2012户,各占总户数的70%、12.23%、9.84%、3.26%和1.55%;从事第一、第二、第三产业的个体工商户的户数分别为822户、4343户和12.42万户,分别占个体工商户总数的0.63%、3.36%和96.01%。

私营经济 至2010年,全市实有私营企业5.73万户,比增12.73%;注册资金2058.29亿元,比增44.79%;从业人员56.59万人,增加5.95万人,比增11.75%;全市注册资本逾亿元的私营企业290户,增加133户,比增84.71%;1000万元~1亿元以上的私营企业4213户,增加1240户,比增41.71%;500万元~1000万元的私营企业4484户,增加1409户,比增45.82%;100万元~500万元的私营企业9392户,增加1015户,比增12.12%。从事一、二、三产业的户数分别为1813户、1.24万户和4.31万户,分别占私营企业总数的3.16%、21.59%和75.25%。

内资企业 全市国有集体企业户数继续下降,产业布局日趋合理,产业结构不断优化。至年底,全市有内资企业9055万户,新增企业338户,其中国有企业1892户,集体企业3826户,股份合作企业259户,公司2780户,其他企业298户。在总户数中排列前5位的是批发和零售业、制造业、金融业、租赁和商务服务业、建筑业,分别有3030户、1389户、1386户、522户和520户,各占总户数的33.46%、15.34%、15.31%、5.26%和5.74%。内资企业注册资本318.55亿元,增加34.25亿元,比增12.05%。

农民合作社 至2010年,全市登记农民专业合作社481户,增加212户,比增78.81%;出资总额7.07亿元,增加4.16亿元,比增140%。

外商与中国港澳台商企业 至2010年,福州市外资和港澳台资企业3995户(含分支机构1197户),增加31户,比增0.78%;投资总额189.41亿美元,增加6.98亿美元,比增3.83%;注册资本104.76亿美元,增加1.61亿美元,比增1.56%;外方认缴额88亿美元,占认缴注册资本84%,比增0.25%。企业法人户均注册资本367.97万美元,比上年增加5.66万美元,比增1.56%。福州市外商和港澳台商投资企业(不含分支机构)三大产业实有户数所占比重分别为:2.31%、69.41%、28.27%,三大产业注册资本的比重分别为:3.6%、66.81%、29.58%。第三产业投资比重比上年略有增长,第一、第二产业稍有下降。从分布情况看,企业法人户数位居前5位的国家或地区分别是:中国香港特别行政区1155户,中国台湾地区511户,美国233户,日本200户,英属维尔京群岛173户;其余国家或地区的企业所占比例均低于3%。从新登记情况看,全年新增外资企业246户,其中法人企业123户,比增21.78%;投资总额6.36亿美元,同比减幅6.63%;注册资本3.21亿美元,同比减幅9.93%;外方认缴额2.7亿美元,同比减幅19.46%。注、吊销企业245户,其中注销法人企业31户,分支机构76户;吊销法人企业124户,分支机构14户。

【市场监管】 查处各类案件4888件,比增3.81%;罚没入库1920.9万元,比增35.08%。

发挥市商检中心作用,构建"四位一体"的食品监测体系,引导企业实行流通食品质量可追溯管理,全市累计发放食品流通许可证1.4万份,其中2010年新发放食品流通许可证1.08万份,建成食品可追溯体系示范点36个。开展节日食品、肉制品、地沟油、乳制品以及滥用食品添加剂等专项整治,抽检各类

11月16日,市工商局开展打击侵犯知识产权和制售假冒伪劣商品专项行动。

食品1601批次，查处食品违法案件230件，罚没134.97万元。

依托中介信用信息平台，实现中介组织长效监管，采集发布中介组织基本信息和信用信息15757条，查处中介违法案件130件，罚没227.5万元；加大查处取缔无照经营的工作力度，将查处取缔无照经营统一纳入社会综合治理目标考评范围，开展无照经营查处暨酒类商品专项整治。查处无照经营案件1643件，罚没319.49万元；查处违反登记法规案件645件，罚没877.29万元（其中查处“三虚一逃”案件96件，罚没445.17万元）；创建“零无照经营一条街”61条。

查处不正当竞争案件125件，罚没172.43万元；查处公用企业限制竞争违法行为，办理公共服务类案件204件，罚没148.78万元，其中查处电力行业公用企业限制竞争案件3起，罚没48.31万元；开展“迎世博、禁传销”专项执法行动，建立起工商、公安、高校三方打击和防范传销联络员制度，摧毁传销窝点22个，教育遣返611人，解救受困群众165人，立案查处2件，罚没10.8万元，移送司法机关案件2件；加强商业贿赂案件查办，立案查处47件，罚没48.85万元；查处走私贩私案件80件，罚没27.5万元。

运用企业信用分类监管系统，加强对T类企业安全生产的监管。联合城管、卫生、文化、公安等职能部门开展安全生产执法大检查，先后开展冬季防火安全检查、公众聚集场所消防安全整治、“三合一”场所专项整治，检查各类经营场所9045家，发放《责令改正通知书》2091份，函告相关部门1025份，查处取缔黑网吧145户，查扣电脑主机1824台、显示器1600部，罚没45.73万元。

组织开展电动车市场整顿，出动执法人员1447人次，执法车辆467车次，对460户电动自行车销售企业进行检查指导1831户次，关闭不符合规定的电动车销售企业171户，立案查处违规销售电动自行车案件10件，罚没入库2.2万元；与建设、市容管理、安监、公安等相关部门配合开展液化气市场整治，出动执法人员1162人次、车辆338台次，对市区90多家液化气经营企业及液化气供应站（点）进行专项巡查622户次，发出责令整改通知书9份，整改8户，取缔非法销售液化气经营户1户。查处侵犯知识产权和制售假冒伪劣商品案件119件，罚没13.06万元；查处广告违法案件627件，罚没228.5万元；查处合同案件519件，罚没114.12万元。

【商标广告管理】 以“创商标品牌，助海西腾飞”为主题，与市委宣传部联合开展首届福州市商标知识电视竞赛，152家企业参赛，近万家企业和数万名群众参与。办好在《福州日报》开辟的《商标纵横》专栏，组织知识产权宣传月主题活动，发动企业和公众参与“跨越杯”福建公益广告大赛暨“商标风采”展示活动。年内，新增注册商标5791件，比增25.1%，新增驰名商标6件，比增50%，新获地理标志证明商标2件。至年底，全市驰名、著名、市知名商标和地理标志商标分别达16件、406件、460件和5件，商标国际注册总量占全省50%。加强商标专用权的保护，立案查处商标侵权案件604件，罚没476.4万元。

健全广告联席会议、广告审查、违法广告公告、信用评价等长效监管制度，加强广告日常监管，完成对全市广告媒体的信用等级评定，开展打击虚假违法广告活动，重点对药品、医疗服务、保健食品、房地产广告专项整治行动，检查各类广告1368条（次），责令整改537条（次），查处各类广告案件627件，罚款228.5万元。

【工商法制机制建设】 加强工商法治建设，起草《福州市商品交易市场业主责任规定》，是以政府令形式出台的全国首部针对市场业主责任的地方性规章。成立市工商系统公职律师团，制定《公职律师管理暂行办法》，建设系统法律人才储备库和依法行政智囊团。先后获“全国工商行政管理系统法制工作先进集体”“全省集中清理执行积案活动先进集体”“全省工商干部学法用法征文活动组织奖”等称号。通过福建省工商局和福州市政府对“五五”普法工作的检查验收。

健全维权机制完善市、县、所三级“12315”申诉举报分流机制，制定指挥中心应急处置预案、接诉答复检查考核、接诉员定期培训等制度，加强对消费者申诉举报工作的统一领导、指挥调度、分流转办和督查督办，提高“12315”数据分析的科学性和准确性。全市建立“12315”消费维权示范站点88个，其中省级示范站点45个，培训维权站点人员1069人次，编发消费宣传专栏69期，数据分析报告17篇，发布消费提醒156篇。开展“3·15”系列宣传活动和“12315”消费维权“开放日”活动。发放行政指导建议书1564份，约谈消费投诉较多的经营者629家。“12315”接受消费者咨询14.13万人次，受理消费申诉举报2.07万余件，为消费者挽回经济损失2438.84万元，比增88.38%，加倍赔偿9.35万元；受理举报5013件，罚没32.51万元。

加强行政指导推行即时行政指导，完善行政指导的程序、监督、评估、激励等制度，实施一般行政指导项目186个、重点行政指导项目30个、即时行政指导1.74万件。

【服务福州（平潭）综合实验区】 对接国家工商总局、省工商局支持福州（平潭）综合实验区各项政策措施，在上年基础上增加在福州（平潭）综合实验区对台小额贸易企业直接登记，允许适用“福州（平潭）综合试验区”字样作为行政区划等支持条款。建成350平方米注册大厅，成为全省第一个可受理各类企业主体办照申请的国家、省、市、县“四级合一”窗口，首次启用“工商验资E线通”系统。至年底，实验区新增内资企业325户，新增注册资本34亿元，分别比增135%、607%；全区实有内资企业1255户，注册资本总额63亿元，分别比增35%和117%。实验区新增外资企业10户，新增投资额1.14亿美元，新增注册资本4394.4万美元，分别比增900%、702%和519%；实有外资企业45户，投资总额2.43亿美元，注册资本1.03亿美元，分别比增28.6%、103%和74%，其中新设立台资企业3户，新增投资额8704.6万美元，新增注册资本2996.2万美元，分别比增200%、513%和322%；实有台资企业8户，投资总额1.12亿美元，注册资本4330.74万美元，分别比增60%、343%和225%。

市工商局做好服务台胞工作

【推动榕台经贸交流】 完善台商企业联络员制度,落实提升台商注册登记水平8条措施等政策举措,放宽主体资格限制,简化登记程序,服务台资企业项目落地。借助"5·18"海峡两岸经贸交易会、"6·18"海峡项目成果交易会等平台,参与招商引资。全市新增台资企业32户,投资总额1.26亿美元,注册资本6438万美元,台方认缴3641万美元。至年底,全市台资企业511户,投资总额10.38亿美元,注册资本6.47亿美元,台方认缴5.56亿美元;台湾个体工商户140户。

(阮 俊)

国有资产监督管理

【概况】 2010年,市国资系统所出资企业(指福州市人民政府授权国有资产监督管理机构履行出资人职责的企业)资产总额549.77亿元,比增49.52%;所有者权益213.39亿元,比增43.16%;营业收入52.30亿元,比增8.38%;利润总额4.77亿元,比增2.45亿元;上交税金3.05亿元。所出资企业的资产总额、利润总额比增数高于全省国企的平均比增数(33%、46.4%);资产总额、所有者权益、利润总额、归属母公司的净利润等增幅均名列全省各设(区)市前茅。

【资产优化配置】 根据国有经济发展与资产保值增值需求,按照市委、市政府关于国有企业"强体瘦身"和调精、调优、调大的目标,先后实施3轮资产优化配置,对所出资企业进行战略重组,所出资企业户数由16家调减为10家,市政府另增加授权履行出资人职责企业2家,共整合为12家,形成投融资平台、产业集团、专业公司分类管理的国资运营格局。12家所出资企业在省、市"五大战役"中,共承接福州重点项目175项,总投资1779亿元,分别占福州市重点项目数与投资额的70%和42%。涉及城市基础设施建设、区域片区综合开发、房地产开发、水务产业、港口建设、农产品批发市场、海峡会展中心等城市发展项目,其中海峡会展中心、海峡农副产品批发物流中心、平潭海峡大桥等重点项目相继投入运营。通过新一轮的国有资产资源配置与有效运作,实现交建集团、城乡建设发展公司2家企业资产超100亿元,新榕城建、房地产发展2家企业资产超70亿元的目标。

【资产履职监管】 完善法人治理结构 逐步健全完善新整合的12家企业法人治理结构,健全公司的董事会、监事会和经营班子。配合市委组织部对交建集团有限公司、新榕城市建设有限公司、房地产发展集团有限公司、城乡建设发展有限公司、民天集团有限公司、城市地铁有限责任公司、三坊七巷保护开发有限公司7家市管企业的董事会、经营层人选进行推荐、考察和充实配备,推进企业决策层、监督层和执行层相分离。制定并实施《福州市国资委履行出资人职责企业董事会建设指导意见(试行)》,指导企业进一步建立健全董事会组织工作结构,实行董事会的规范化运作,通过完善董事会决策、议事和重大事项报告制度,确保董事会对公司进行有效的战略控制和管理。正式实行外派监事会制度。

落实资产经营责任 对符合业绩考核条件的所出资企业实施任期和年度资产经营业绩目标责任考核,并直接同任免、薪酬、奖惩相挂钩。完成2009年度及第一任期(2007~2009)所出资企业资产经营业绩目标责任书考核、经营绩效评价工作,并按薪酬管理意见,确定、兑现企业负责人年度薪酬及任期延期绩效薪酬。修订出台《福州市国资委履行出资人职责企业负责人资产经营业绩考核暂行办法》和《福州市国资委履行出资人职责企业负责人薪酬管理意见(试行)》。

规范投资项目监管 审核2010年度企业投资计划,加强企业投资项目实施过程的监管;促进企业推进2006年以前投资亏损项目的限期整改工作,规范所出资企业当期建设项目。督促指导企业开展"十二五"规划编制及修订。

产权和资产变动监管 组织"二次竞价"及国有产权转让6项,转让保留底价6168.4万元,实际成交金额6899.2万元,增值730.8万元,平均增值率11.85%,其中福州明达电厂发电机组设备转让保留底价5500万元,实际成交金额6080万元,增值580万元,增值率10.55%。按照《福州市市属企业国有资产评估管理暂行办法》等文件规定,采取随机选择方式确定评估机构,强化评估机构的责任意识,同时加强对评估报告合规性和合理性的审核,对整体资产评估项目中确需核销的不良资产和确需剥离的土地、房产,按规定予以核销和剥离,并组织专家参与审核,减少偏差。全年组织办理资产评估核准备案项目16项,涉及资产评估值2.95亿元。

建立法律风险防范机制 汇编完成《国资监管文件汇编(四)》,进一步完善监管规章制度。建立企业法律机构负责人季度座谈会制度，为所出资企业依法决策、依法经营和依法管理提供有效法律支撑。设立法律顾问库，各所出资企业按照市国资委《律师事务所库管理细则》要求，从库中聘请法律顾问。

所出资企业财务监管 完善企业财务月度快报网络和编列企业现金流量表机制。完成2009年18家所出资企业财务决算报表数据的收集、汇总及2009年决算审计报告审核工作。

维护国有资产权益 组织专业人员追索受托企业债权，全年追讨6355万元，比上年增加5000多万元。以3778.36万元回购原省拖拉机厂和市轻工局供销公司价值7185万元的银行金融债权，盘活国有土地15.33公顷、厂房5.95万平方米及办公大楼2733平方米，解决多年积压的金融债务问题。

【投融资平台运作】 年初，市政府办公厅转发《关于建立市级投融资平台企业运作机制的意见》，对各投融资平台建立完善的责权利相统一的管理机制，要求各投融资平台企业按照“举债合理、科学用债、诚信偿债”原则，多渠道筹集资金，加快城市发展项目建设。同时，建立市级投融资平台协调推进机制，成立市级投融资平台协调推进小组，及时协调解决投融资运作中的问题。

4家投融资平台企业积极运作自身资产，拓展直接融资。交建集团融债8亿元用于机场二期及绕城高速公路等项目的建设；建工集团融债10亿元用于新榕公司的海峡国际会展中心建设；市水务公司实现金融租赁融资1亿元；城建发展公司按照市政府批准的资金平衡方案启动片区综合开发建设项目，年内投入15.7亿元。各投融资公司加大银行信贷的争取力度，共获银行授信约101.98亿元，年内使用银行授信约67.84亿元。新榕城建公司还与多家银行签订“银企战略合作协议”，获综合授信50亿元。推进上市融资主体培育工作，新榕城建公司、水务公司等通过中介策划机构推进IPO前期工作。

（王学兴）

价格管理

【概况】 2010年，福州市价格主管部门以“保持经济平稳较快增长、加大结构调整力度、管理好通胀预期”为主线，把稳物价、遏通胀、安民心、促发展作为贯彻落实“大干150天、打好五大战役”决策部署的重要任务，坚持强化价格调控与优化价格监管并重，落实价格政策与规范价格秩序并重，突出重点，抓好通胀预期管理，多管齐下稳定市场物价。妥善处理好价格改革与稳定物价的关系，一方面围绕扩大内需，开展涉企涉群“清费、治乱、减负”工作，建立健全收费监管的长效机制，保护各类经营者和广大消费者的合法权益，维护公平竞争的市场环境，进一步减轻企业和社会群众不合理的价费负担。另一方面，推进资源性产品和环保价费改革，对具备充分竞争条件的瓶装液化气价格，由市场进行自主调节；运用差别价格政策、支持价格政策、梯级价格政策、区域同价政策等，进一步改革水价、电价、运价、医药价费、涉房价费、经营性和服务性价费。

围绕民生商品价格、“三农”价费、涉群价费以及教育、医疗、房地产等热点价费，实施支农惠农价格政策，贯彻落实医药价格机制改革，推动建立实施社会救助和保障标准与物价上涨挂钩机制，畅通价格信息传递渠道和价格权益诉求渠道，综合运用价格监测、成本调查、专项检查、市场巡查、价格认证、提醒告诫、宣传引导等多种方式，疏导价格矛盾，化解价格纠纷。

【价格总水平调控】 2010年，福州市CPI同比上涨3.2%，涨幅与全省平均水平持平，略低于全国（3.3%）平均水平，实现控制在3%左右的既定的价格调控目标。从月度走势来看，福州市及市区CPI基本上呈现前低后高波浪式上涨的走势，11月涨至全年峰顶。

从分类指数来看，构成CPI的八大类指数呈现“六升两降”态势，“六升”即食品类涨7.4%、居住类涨3.4%、医疗保健涨3.2%，娱乐文教涨1.5%，烟酒用品涨1.4%，衣着涨1.0%；“两降”即交通通讯降1.4%，家庭设备用品降1.7%。食品类上涨明显，成为拉升CPI的主要原因。

平抑市场菜价 启动市场价格“一日一报”应急监测和“一日一巡”市场巡查机制，在全国率先建立民生商品价格异动协商机制，启动对大白菜、空心菜、上海青、豆芽4种大众蔬菜实施“协商批发价”和“协商零售价”，由财政进行补贴，做到既遵循市场规律、保护经营者自主的定价权，又确保菜价及时回稳，解决老百姓“买菜贵”问题。

临时价格干预 在泛珠论坛暨经贸洽谈会召开期间，对市区宾馆客房价格实行临时价格干预。强化对旅游景区门票价格、停车场收费、景区内商品和服务明码标价的价格监管，杜绝借机涨价行为。

价格应急能力建设 健全价格应急值班、监测、预警、巡查机制，完成实时价格应急监测系统试运行工作。加强价格应急调查和农产品成本预测，关注民生农产品的成本变化趋势，把握价格和成本变动的规律。强化对粮油、副食品、成品油、液化气、房地产、钢材、农资等10大类1000多种民生重要商品和出现价格异动的部分商品（绿豆、大蒜、生姜

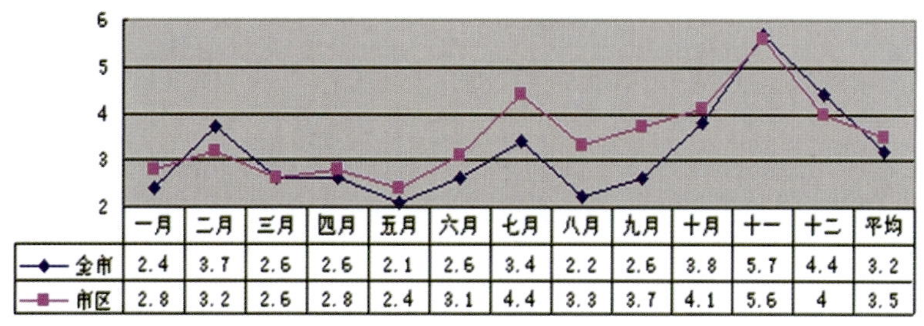

	一月	二月	三月	四月	五月	六月	七月	八月	九月	十月	十一	十二	平均
全市	2.4	3.7	2.6	2.6	2.1	2.6	3.4	2.2	2.6	3.8	5.7	4.4	3.2
市区	2.8	3.2	2.6	2.8	2.4	3.1	4.4	3.3	3.7	4.1	5.6	4	3.5

图1 2010年福州市及市区居民消费价格总水平涨跌总情况（以2009年同期为100）

等)的跟踪监测、预测预警、调查巡查,及时发布农产品价格走势信息。建立价格重大新闻快速反应机制,把媒体关于反映价格上涨的报道作为重要线索,及时核查其真实性、准确性,深入调研、掌握成因,披露信息、澄清事实,稳定消费者的心理预期。

价格信息服务　加强价格信息调研和专报工作,部分价格信息及调控监管对策建议,得到上级党委、政府的重视和采纳。市物价局编写上报市政府的菜价行情及监管信息1条被国务院办公厅采用。有关生猪、蔬菜、食用油、出租车运价以及价格举报投诉分析等信息得到省、市有关领导的批示,推动民生商品价格异动协商机制、燃油附加费等价格调控监管措施的出台。

【商品价格改革与监管】　电价改革与监管　开展城乡用电同价调研测算,出台实施趸售县电价调整方案,分阶段推进城乡用电同价。开展建筑饰面石材行业实行差别电价企业甄别公示工作,分2批对652家不符合环保要求的建筑饰面石板材企业实行差别电价,从名单公布之日起至2010年12月31日的生产用电电度电价在正常基础上加0.20元/千瓦时,2011年1月1日起生产用电电度电价在正常基础上加0.45元/千瓦时。落实新建小水电标杆电价制度,严格小水电价格审批管理;开展趸售县电价执行情况和供电成本的监审工作。为实施阶梯式电价制度,开展居民生活用电测算调研工作。

水价改革　组织实施以落实终端水价制度为重点的城区自来水价格结构性调整,从解决长期存在的二次供水引发的自来水跑冒滴漏导致的水价外高额水费分摊问题入手,实施"水表出户、一户一表、抄表到户"计价方式改革,取消价外水费分摊。9月1日起,该水价格调整方案正式实施,其中居民生活用水价格每吨由1.20元调为1.40元,在全市抄表收费到户工作基本完成前提下(2011年9月1日抄见水量起),再由1.40元调为1.70元。水价调整到位后,价外水费分摊同步取消。正式核定福州市二水源供水价格,为0.10元/吨;调整闽清县部分水库的供水价格。

医药医疗价格机制改革　实施基本药物零差率试点工作,在选择县(区)24家社区医疗卫生单位实施基本药物零差率试点工作的基础上,除永泰、闽清外的所有县(市)区推行基本药物零差率制度。至年底,福州市实施该制度的社区卫生服务机构31家,基层卫生院83家,覆盖率逾70%。以市区及福清、长乐3家医院的3个病种作为试点,开展单病种付费价格成本测算工作,剔除不合理费用,确定并上报福州市单病种价格水平;以长乐、平潭、闽清3个县(市)9个卫生院为试点,进行乡镇卫生院普通病房床位成本测算。核定医疗机构医疗服务项目、医院医疗制剂、部分医疗机构病房床位费等医药价费标准。

电动自行车价格备案和专项整治　配合福州市交通综合整治工作,开展电动自行车110余个品牌,近700款产品的价格备案,综合采取巡查、走访、提醒、告诫、立案调查、处罚等措施实施专项整治。4月底至年底,出动检查人员940余人次,检查近420余家销售经营网点。至年底,福州市区电动自行车明码标价率100%。

整治和规范住房价格秩序　落实商品房销售价格报备制度,全年受理40余家企业报备的拟售商品房"一房一标价"资料,基本涵盖2010年度市区在售商品房楼盘;多次开展商品房销售"一房一标价"执行情况检查。加强保障房价格管理,经成本测算,核定或上报5个楼盘经适房价格。

【非商品收费监管】　规范涉群涉企收费行为　开展2009年度收费年审,全市审验收费单位1499个,审验率100%。清理整顿涉群、涉企收费,健全完善收费公示等监管制度,落实国家和省里取消、停征、减征的收费项目,督促涉企收费重点部门开展涉企收费清理整顿自查自纠工作。对价格调节基金实行减半征收政策,年减轻市区餐饮企业负担750万元。取消、降低部分有线电视收费项目标准,数字电视机顶盒价格由原来的政府定价改为市场调节价。加强对税务发票工本费管理,核定地税系统涉及的9类112种税务发票工本费。规范党政机关及其所属单位培训办班收费管理,加强对公务员继续教育、会计资格人员培训、统计职称培训、药检培训收费管理,清理各类职业资格考试、鉴定、培训、发证等收费行为。加强教育收费监管,调整公办幼儿园收费标准及民政系统社会福利院寄养收费标准。

规范经营性和服务性收费　春运期间对10元以下客运票价尾数问题进行清理和重新公布。重新核定分离后的城市客运场站公司收费标准。针对成品油价格高位运行的状况,4月25日起,出租汽车燃油附加费执行每车次1元。改进停车收费管理,公开征求社会对物业管理区域及社会公共停车场车辆停放收费标准的意见。在全市开展治理经营性服务收费工作,对43个市直行政主管部门及4个垄断企业进行收费自查,重新梳理历年来的经营性收费管理文件。

规范涉房服务收费　规范如房屋登记信息服务收费、档案服务费收费、土地使用权交易服务费等。改进物业收费管理,对福州市物业服务收费管理实施细则进行修改,12月28日,福州市物价局、福州市住房保障和房产管理局联合下发《关于印发〈福州市物业服务收费管理实施细则〉的通知》,该细则于2011年3月起执行。

房地产评估机构从业行为监管　开展省市两级房地产评估机构资质认定网上联动审批工作;对福州市18家房地产评估机构从业行为开展年检,开展房地产评估机构资质初审工作和房地产评估机构信用单位推荐工作,1家评估机构获评"全省房地产评估机构信用单位"。

【价格监督检查】　价格与收费专项检查　开展涉农价费、涉企收费、行业协会收费、旅游价格、教育收费、电力价格等价格与收费专项检查。全年全市查处价格违法案件166件,实施经济制裁203.76万元,上缴财政203.15万元。

民生价格市场检查　定期对成品粮、食用油、肉、蛋、菜、牛奶及奶制品、成品油、液化气等民生商品价格开展市场价格巡查,并召开市场价格巡查通报会,及时纠正不正当价格行为。围绕福州市交通整治、房地产市场整治和泛珠论坛暨经贸洽谈会等重点工作,开展电动车价格、商品房价格及宾馆、旅游景点价费专项整治工作。加强对市场价格异动商品的监督检查,介入调查涉嫌串通价格等不正当价格行为,查处炒作农产品价格的行为。综合运用调查、劝导、提醒、告诫等手段,加强节假日和重大活动期间的市场价格监管,规范节假日期间的食品、交通、旅游、商业价格促销方面的价格与收费行为。

价格举报受理　全年受理群众价格举报和咨询 4105 件,受理市政府"12345"便民呼叫中心转办的群众诉求件 444 件。

【依法治价】　价格行政权力阳光运行平台　2010 年,实行网上价格行政审批 65 件。推行"网上行政处罚系统",价格行政处罚的流程通过软件设计予以确定,实现行政处罚裁量"零自由"。全年立案查处的一般程序案件 7 起和简易程序案件 20 起在该系统运行。

成本监审和调查　全年完成成本监审任务 27 项,核减金额 2.87 亿元,包括经济适用房成本、自来水供水成本、小水电上网成本、私立学校学费和住宿费、趸售县供电成本、公交和出租车运营成本等。完成 5 大类 18 个品种的农产品成本常规调查任务,完成农户种植意向、农资购买情况、农户存粮情况、生猪应急调查等专项和直报调查任务;开展蔬菜生产、批发和零售各环节的成本及收益情况、部分合标电动自行车的经营成本和收益情况等应急调查。

【价格服务】　深化以"七进"为主要载体的"价格服务进万家"活动。"进商场"以巩固和提高商家价格诚信为重点,突出健全制度和完善机制,推进经营者自律、价格部门监管和消费者社会监督三方面有机结合,促进商贸流通企业价格诚信工作健康发展。"进企业"重在规范供水、供电 2 个垄断行业价格行为。"进农家"重点依托农产品价格信息服务工作局际联席会议和市物价局"12358 网站"2 个平台,收集、整合、发布福州市涉农部门及全国各地的农产品价格信息。"进校园"将中小学、高校及中等职业学校以及民办学校纳入到"进校园"工作中,做到统一监管服务。"进社区"结合规范物业服务收费行为,采用分片包干的方式,对辖区内主要物业管理企业开展走访、巡查和政策宣传工作。"进景区"以规范明码标价为重点,促进提升重要旅游景点档次,做大福州市旅游名片。"进医院"将工作覆盖面从大医院扩展到基层卫生医疗机构,提高其药品和医疗服务明码标价率,接受群众监督。全年,办理各类价格认证 2468 件,标的金额 8815 万元,其中,刑事案件 2293 件,标的金额 5391 余万元;其他价格鉴定 175 件,标的金额 3424 万元。

（郑礼招）

市物价局运用价格杠杆倾心服务"三农"

食品药品监督

【概况】　2010 年,福州市食品药品监督工作职责调整为负责对全市的"三品一械"(药品、保健食品、化妆品和医疗器械)进行监管。全市有药品生产企业 30 家,批发企业 103 家;零售连锁企业 16 家(门店数 281 个),市区连锁率 36%,全市连锁率约 18%;单体药店 1308 家;保健食品生产企业 39 家,经营企业 1856 家;化妆品生产企业 28 家,经营企业 3375 家;医疗器械生产企业 72 家,经营企业 1031 家(其中法人经营企业 562 家);医疗机构制剂室 9 家,初步形成以福抗、福药、同仁堂、南少林药业、福兴制药、梅生医疗、康利特公司为龙头的医药工业体系,以同春、九州通、惠好为主导的医药物流网络。

投资 30 万元新建真伪药品展示室,收集存放各类标本 1254 份,接待人大代表、政协委员、媒体记者、市直部门、共建部队和市民代表等 867 人次。

【药品监管】　药品经营与生产企业监管　初步建立药品远程动态监控体系,103 家药品批发企业完成电子监管入网登记受理、审核工作,97 家药品批发企业完成接口开发。将 60 家药品集中采购配送企业、455 个配送品种列为重点监管对象,全部进行现场检查。继续推行药品零售企业质量负责人考试制度,加强对驻店药师在岗履职的监管,开通药品监管电子服务平台 QQ 群。加强对高风险和 12 家基本药物生产企业的质量安全监管,将驻厂监督工作与实施质量受权人制度有机结合,完成药品生产企业 GMP 认证检查 3 家,跟踪检查 3 家。

药品技术监督　市药品检验所通过实验室资质认定复查评审和扩项评审,具有对药品、洁净室环境、保健食品、化妆品等 4 个领域 137 个项目进行检测的能力。全年完成监督性抽验 1346 批,检出不合格 31 批,不合格率 2.3%,全检 571 批,全检率 42.42%;完成快检 2713 批,检出阳性 75 批,阳性率 2.76%。

GSP 认证与三联动工作机制　建立"GSP 认证与市场监管、稽查处罚、社会监督三联动”工作机制。完成零售药店认证跟踪检查898家次,抽调检查员267人次,其中零售药店认证695家次(限期整改48家次、复查不合格6家),跟踪检查203家次(限期整改24家次、复查不合格11家、县以下跟踪检查38家);跟踪现场检查批发企业12家。

农村药品监督与供应网络建设　全市有药品监督员、协管员、信息员近2000人,行政村监督网络覆盖率100%。福州五城区聘请药品协管员59人,开展药品安全巡查工作。10月13日,福州市区首个药品城乡监管一体化办公室在茶园街道社区卫生服务中心挂牌成立。实现乡镇、行政村药品配送100%到位,配送到乡(镇)、行政村的药品分别达日常用药量和用药品种的97%和95%。在“老、少、边、岛、渔”地区设立“便民药柜”81个,设置“流动药箱”30个,2065个行政村设有医疗机构和零售药店。

【保健食品、化妆品监管】　检查保健食品、化妆品生产企业55家次,经营企业(含药店)3580家次,检查保健食品7800种次,化妆品1530种次,责令下架假冒产品2750种次。监督抽验保健食品94种次,化妆品32种次,核发《保健食品经营企业卫生条件审核证明》790家。

【药械监管】　全面实行药械生产企业和特殊药品安全管理责任承诺制度,严格落实药械生产企业定点联系制度,做到每月安排、每周落实,检查覆盖面100%。

制定《福州市药品医疗器械安全信用分类管理实施办法》(试行),建立企业电子档案,实现企业监管信息的全市系统资源共享。与市诚信促进会、市医保中心联合开展药品市场诚信体系建设,开展“药店示范点”评选活动,全市评选出“药店示范点”58家。指导组建“福州市诚信促进会医药行业分会”。

【“规范药房”建设】　完成药房(药库)规范化建设且验收合格及以上的医疗机构3229家。其中,市、县两级医疗机构53家,合格率100%;乡镇级医疗机构164家,合格率100%;社区卫生服务站、村卫生所、个体诊所等3075家,验收合格3012家,合格率98%。

12月30日,市食品药品监督局组织人员对农村药品实行监管。

【“三品一械”监测整治】　组织专项执法检查24次,出动执法人员8569人次,执法车辆2636台次,检查涉药(械)单位7426家次,立案396件,移交公安6件,罚没款入库359万元。开展为期1年的打击非法渠道采购药品专项整治行动,检查药品零售企业1265家,当场扣押药品54家,通报福州市医保部门处理54家,其中4家被取消医保定点资格。

建成ADR网络直报点225个,基本实现辖区内乡镇级卫生院以上医疗机构ADR监测全覆盖;新增MDR网络直报点79个。成立福州市药械安全监测与评价专家委员会,全年上报药品不良反应报告3738份,其中新的、严重的报告760份;医疗器械不良事件报告276例,报告数居全省第一。

继续与经营企业签订规范市场经济秩序目标管理责任书,把拒绝销售和使用违法广告药品作为一项重要考核内容。对违法广告严重以及假冒伪劣产品的信息,以短信群发的方式通知辖区内企业停止销售相关产品,全年发送短信5600多条。监测发现违规药品广告28个品种266次,保健食品广告10个品种293次,违法医疗器械广告105种次,均移送工商部门和上报省局。工商部门对其中的40件药品广告、6件医疗器械广告、28件保健食品广告进行处罚,罚没款74.35万元。

【行政许可工作】　新审批核发药品零售企业药品经营许可证147家(其中连锁门店20家),受理行政变更事项302项,换发药品经营许可证172本,注销药品零售企业33家。受理审核新开办医疗器械法人经营企业50家、非法人经营企业75家,新增体外诊断试剂企业16家;审批一类医疗器械产品注册27个。

【药事法规宣传】　承办全省“安全用药,关注农村”农村电影放映公益宣传首映式;开展宣传“五进”活动,发放《食品药品安全手册》等资料2万余份;加强与广播、电视、报刊等媒体的沟通交流,全年有关食品药品监管稿件播发600余篇。全市设立家庭过期药品回收点165个,联合药品生产企业共同举办“中医药文化中国行,家庭过期药品回收进社区服务活动”。

(吴净真)

质量技术监督

【概况】　2010年,福州市质量技术监督局围绕“提升质量安全水平、服务经济发展方式转变和经济结构调整、促进经济平稳较快发展”的主线,强化服务意识,改进管理水平。推动设立“福州市市长质量奖”，培育推荐名牌产品，引导企业提升经营质量和竞争能力。深入实施技术标准战略，全市各企事业单位参与修订国际标准1项，国家标准6项，企业标准200项，产品采标标志21项，初步建立以国家标准、行业标准为主体，地方标准为补充的先进标准体系。指导各县(市)局出台关于加强计量工作的意见，获得地方政府对计量工作在政策、经费等方面的支持。开展质量、食品安全、民生计量、特种设备、电动自行车等执法检查和眼镜、液化石油气、一次性塑料餐具、地沟油、食品添加剂、乳制品等专项整治。同时做好特奥会比赛场馆、签约饭店特种设备的安全保障工作。

【质量检查与整治】 细木工板和电动助力车用密封铅酸蓄电池产品检查 5月，开展现场核查和企业调查，配合承担细木工板和电动助力车用密封铅酸蓄电池产品监督抽查的质检机构做好抽样工作。共检查细木工板企业20家，电动助力车用密封铅酸蓄电池企业3家。

验配眼镜产品整治 7月，配合省质监局组织全省验配眼镜产品质量专项整治启动仪式，分别开展2场验配眼镜产品免费检验活动，宣传眼镜产品质量知识。召开全市验配眼镜产品专项整治工作部署会，部署获证企业自查自纠和建档以及无证企业限期取证工作。摸查无证验配眼镜企业，并逐家下发《限期取证告知书》。办理验配眼镜申证企业53家(104店)，上报省局28家(45店)，发放验配眼镜工业产品生产许可证20家(32店)，不予行政许可决定书4家(8店)。完成全市(含县市)184家获证眼镜店、88家无证眼镜店的两查工作。

民用液化石油气抽检整治 对在民用液化石油气中违规添加二甲醚行为开展整治工作，联合市质量技术监督稽查支队、市产品检验所对福州3家液化石油气充装站销售的液化气进行第一批抽检。上半年，市质监系统抽检液化石油气充装站31批次，其中，25批次检出二甲醚含量逾3%，最高含量达40.7%，对抽检结果及时予以处理。下半年，再次抽检14批次，有11批次二甲醚含量在3%以下，其中，有6批次未检出。

【参加福建省质量奖评选】 组织推荐19名专家参与省质量奖评审人员培训班，在报纸、网站等发出“请为福州企业投一票”的公告，为6家参评企业扩大宣传。同时参与省质量奖现场评审工作，安排观察员全程参与现场评审。经评审，福建捷联电子有限公司获首届“福建省质量奖”。

【名牌产品培育推荐】 组织开展福建名牌产品动员申报工作，会同各有关部门、行业协会，发动符合申报要求的企业参与争创2010年福建名牌产品。全年全市推荐117项产品(其中农产品14项，软件产品8项，工业品95项)参评，101项产品获“福建名牌产品”称号，名列全省第二。

【“合格电动自行车产品”目录管理】 草拟《“福州市电动自行车管理办法”修改意见》《福州市电动自行车目录管理工作实施方案》，多次召集部分电动自行车生产、销售企业进行座谈，与目录管理领导小组各成员单位沟通，确保目录管理工作顺利开展。联合省产品质量检验研究院共同制定抽检方案，对《福州市合格电动自行车产品目录》(第一批35个品牌，150个车型；第二批113个品牌，515个车型)的产品开展市场监督抽检工作，共抽检71批次，其中18批次不合格，并通报市交巡警部门停止其上牌资格，保障目录管理工作的有效实施。11月3日，承办省质监局与福州市交通整治办联合举办的“12365电动自行车产品质量现场咨询活动”，为消费者提供消费者维权知识及电动自行车相关政策咨询等，邀请福建省产品质量检验研究院的专家为消费者进行电动自行车产品技术和选购常识的咨询解读。受理群众咨询30人次，发送宣传材料400多份，受理群众投诉3件。

电动自行车申报现场

【食品安全监管】 全年，出动执法人员4644人次，检查企业1518家次，小作坊429家次，捣毁非法食品生产窝点34个，立案查处食品及食品相关产品案件183起，查获不合格产品货值86万元，下达整改通知书522份。配合省局完成首批快速检测工作计划。肉制品、腐竹、食用植物油生产企业产品经受快速检测考验，未发现质量问题。

一次性塑料餐饮具整治 3月起开展，查获一次性发泡塑料餐盒158万余只。对于在执法过程中发现大量使用一次性发泡塑料餐盒的现象，市质量技术监督局提请以市政府办公厅名义下发《福州市一次性塑料餐盒专项整治工作方案》。成立专项整治领导小组，研究细化整治方案，并召开全市质监系统专项整治工作动员部署会议。集中整治工作从9月至10月底结束，市质监局联合工商、卫生、经委等多个职能部门对生产、流通和餐饮等环节发现的不合格一次性塑料餐盒追查来源与流向，并通报相关部门。

“地沟油”整治 成立防范生产加工和使用“地沟油”专项整治领导小组，出动执法人员368人次，对辖区食用油生产企业及使用食用油生产加工食品的生产企业、小作坊进行清查。联合相关部门取缔无证照经营熬猪油等窝点10个。

食品添加剂整治 4月起开展，首先规范食品生产企业使用食品添加剂登记制度，明确企业使用登记时限和监管单位录入时限，动态跟踪并定期通报县级局食品添加剂登记使用信息管理系统的运行维护情况。全市831家企业1707种产品的3501条添加剂使用记录录入食品添加剂管理系统，同时印发手册对全市食品监管人员进行食品添加剂知识再培训，并向市政府提交《福州市食品生产企业使用添加物质安全监管情况专题报告》。

问题乳粉清查行动　对全市51家乳制品和含乳食品生产企业实行包干到人责任制，定期对含乳食品生产企业是否购进新的原料乳粉、是否已批批送检等情况进行清查核实，督促企业建立健全满足全过程控制和可追溯要求的质量安全管理制度。对乳制品生产企业成品每周抽检1次，含乳食品生产企业的成品每月抽检1次，对乳粉原料按15%进行监督抽检，对婴幼儿乳粉生产企业实施驻厂监督。年内监督抽检乳制品（含原料）和含乳食品514批次，经检验三聚氰胺含量均符合临时限量值规定。

质检邀您看企业·食品安全大家行　6月起，分4次开展，其中市局、福清局分别联手福州市及福清市检验检疫局开展检查活动。全年开展活动28场，邀请人大代表、政协委员、新闻工作者、高校师生、消费者代表等221人参加。进一步督促食品生产企业落实食品安全主体责任，打造消费者信得过的放心工厂、透明工厂，通过搭建社会各界、生产企业和监管部门之间的交流与沟通平台，使社会各界加深对食品生产现状的了解，营造全社会“重视产品质量，关注食品安全”的良好氛围。

【标准化管理】　深入实施技术标准化战略　全市企事业单位参与制修订国际标准1项，国家标准6项，行业标准21项，地方标准6项，企业标准200项，产品采标标志21项，初步建立以国家标准、行业标准为主体，地方标准为补充的先进标准体系。23家福建省首批实施技术标准化战略试点企业全部通过省级考核组验收，其中7家考核优秀。福建亚通新材料科技股份有限公司等4家单位的4项标准获2010年“福建省标准贡献奖”，福建国光电子科技股份有限公司的1项标准通过2010年“中国标准创新贡献奖”公示期。深化“标准战略进工业园区”工作，通过发函、传真、电邮、走访等多种方式，深入5个工业园区进行调查，初步建立园区重点企业标准化数据库及企业信息联络员制度，培训企业标准化人员，其中福州市元洪投资区作为全省首家省级标准化示范园区试点项目取得积极进展。

农业标准化　重点围绕粮油、蔬菜、食用菌、茶叶、水果、畜牧、水产等主导产业及主要农产品，帮助企业不断完善从种苗到产品销售全过程的标准化管理体系。起草全市农业标准化“十一五”工作报告和“十二五”规划。加强与农业、林业、水利部门的合作，开展国家、省、市三级农业标准化示范区建设。组织市农业标准化工作领导小组成员单位及有关专家检查8个县（市）的5个国家级、7个省级和12个市级农业标准化示范区，向市政府递交《当前我市农业标准化工作存在问题的报告》，副市长陈奇作重要批示。光阳蛋业等5个第六批国家级农业标准化示范区通过国标委和省局组织的检查验收。

3月15日，市质监局召开福州茉莉花茶地理标志审定会。

服务业标准化　以民生服务、旅游服务和物流服务为切入点建立试点项目。开展福建永泰生态旅游国家级服务标准化试点项目，以及闽侯乡村休闲游、福州市第二医院健康体检服务、金航货运物流代理等3个省级服务业标准化试点项目建设。年内健康体检服务规范和永泰生态景区旅游服务规范2项地方标准获省局批准立项。在健康体检服务标准化试点项目建设中，市质监局多次派标准化工作服务小组和省标准化院专家深入福州市第二医院体检中心进行调研，指导其起草制定省地方标准《健康体检服务规范》，并与福建省健康管理协会、省立医院等10多家在福州市有较大影响的医疗机构负责人进行座谈。作为国内首个健康体检服务标准，《健康体检服务规范》预计于2011年初完成标准审定并发布实施。

地理标志产品保护　新申报2项地理标志产品，新获批寿山石和漳港海蚌2项地理标志产品，定海湾丁香鱼通过质检总局组织的专家技术审查，新增使用地理标志产品保护专用标志企业数30家、专用标志33.6万枚。为加强对福州市地理标志产品的管理，推动福州市政府常务会议审议通过《福州市地理标志产品保护管理办法》，于6月10日颁布实施。这是福建省第一部由设区市政府出台的地理标志产品综合性保护管理办法，标志着福州市地理标志产品保护工作进一步升级。

标准化信息服务平台建设　面向福州市各企事业单位、科研院所，采用自荐和推荐的方式，征集重要行业领域中参加过国家、行业、地方标准制修订工作以及具有较高技术理论和丰富实践经验的技术专家140多人，建立福州市标准化专家库（首批聘请81位），为企业提供多方面的专业技术支持，并为福州市实施技术标准战略提供决策参考。

在福州市质量信息网上完善重要标准发布信息及标准化动态，为企业提供标准化信息服务（1 次/1 周）；发布 WTO/TBT 技术法规资讯，使企业及时了解最新的标准技术法规，应对技术性贸易壁垒。年内召开"福建省企业标准信息服务平台"推广会 13 场，向全市 603 家重点企业免费发放电子密钥。

【计量监管】 指导各县（市）局出台关于加强计量工作的意见，获得地方政府对计量工作在政策、经费等方面的支持。全市有 26 家省市重点企业完成能源计量数据的集中采集和联网传输，另有 8 家企业签订安装合同。

民用"三表"检查 7～9 月，对市区商品住房组织开展对民用"三表"（电表、水表及煤气表）首检情况的调查摸底。共调查分布在鼓楼、台江、仓山、晋安等城区交付使用 3 年内的居民小区 31 家，涵盖别墅住宅、高层住宅、普通商品房及拆迁安置房，检查 4.03 万户居民的"三表"。将调查发现的问题向市建委反映，并向市政府提交专题报告，建议将民用"三表"首检合格作为新建住宅是否通过质量验收的条件之一。

民营医疗机构在用计量器具检查 6 月起，对市区 33 家民营医疗机构在用血压计、血糖分析仪、验血仪、心电图机、B 超、X 光机、监护仪和氧气呼吸器等计量器具开展检查。针对大多数民营医疗机构特别是美容整形专科医院未按规定按期送检计量器具，未经检定使用计量器具的问题，向民营医疗机构宣传计量法律、法规以及计量科普知识，要求有关单位限期将医疗计量器具送检，并到市质监局备案。

机动车安检机构检查 通过实地检查、明察暗访、档案抽查、数据监测等手段，对全市 18 家机动车安检机构进行拉网式清查，发出整改通知书 10 份，查处未取证营业、超范围检验的安检站 3 家。

定量包装商品检查 节假日期间，对关系民生的生产和销售大米、食用油、肉制品、水产干制品以及茶叶、电线、涂料和瓶装液化气开展定量包装商品净含量监督抽查。上半年抽查定量包装生产、销售企业 64 家 156 批产（商）品，合格率 88.5%。抽查瓶装液化气 52 批，合格率 82.7%。中秋、国庆节前，对流通领域的大米、肉制品、调味品、月饼等定量包装商品净含量进行监督抽查，抽检 46 批次，合格率 95.6%；抽检月饼包装空隙率 18 批次，合格率 88.9%。

诚信计量体系建设 开展"推进诚信计量建设和谐城乡行动"，先后 5 次召开加油站、液化气充装供应站负责人诚信计量座谈会及市场经营者工作协调会，引导广大经营者贯彻落实《商业、服务业诚信计量行为规范》和《推进诚信计量建设和谐城乡行动方案》，逐步建立起以经营者"自律、自理、示范"为基础，以经营者自我承诺为核心的诚信计量自我约束机制。全市有 78 家集贸市场、152 家加油站、46 家液化气充装站和供应站签订诚信计量承诺书。重点加强对涉及民生的加油机、电子秤等强检计量器具的监管，加大对瓶装液化气的计量监督抽查。免费检定各类电子秤、台案秤、医疗计量器具 2.4 万台（件），减半收费检定各类计量器具 5963 台（件）。

【特种设备监察】 加强特种设备安全监察，全市在册特种设备 4.37 万台（锅炉 3454 台、压力容器 8059 台、电梯 2 万台、起重机械 1 万台、厂场内专用机动车辆 2070 台、大型游乐设施 85 台、客运索道 3 条），其中在用特种设备 3.66 万台（锅炉 1497 台、压力容器 5727 台、电梯 1.91 万台、起重机械 8441 台、厂场内专用机动车辆 1787 台、大型游乐设施 80 台、客运索道 3 条），另有压力管道 857.88 公里、气瓶 119.7 万只（液化石油气钢瓶 114.4 万只、无缝气瓶 3.4 万只、溶解乙炔气瓶 1.62 万只、焊接气瓶 2461 只）。

气瓶充装站、检验站整治 5 月 11 日，召开全市气瓶充装、检验站专项整治工作动员部署会议，制定下发福州市气瓶充装站、检验站专项整治工作实施方案。针对大部分气瓶充装站充装作业持证人员人数不能满足整治要求的问题，7 月中旬，举办气瓶作业人员培训班 1 期，参加 200 多人。为防止可燃气体混入氧气充装环节，要求各氧气充装站均配备手持式可燃气体检验仪和手持工红外测温仪。年内出动特种设备安全监察人员 330 多人次，检查气瓶充装、检验站 174 家次，下达特种设备安全监察指令书 58 份。基本完成辖区内在用 86 家气瓶充装站、10 家气瓶检验站的前期验收工作。

场（厂）内专用机动车辆普查清理整顿 6～10 月开展。全市清理《厂车增补目录》外在册厂车 100 家 462 台；普查新增《目录》内在用厂车 47 家 71 台，梳理厂车日常检验和注册登记信息。至年底，全市《目录》内在册场（厂）车 660 家 2021 台，其中在用 548 家 1747 台，报停 162 家 274 台，注册登记率 100%；新考核及复审场（厂）车司机 1923 人，有效持证人数 3352 人，持证上岗率 100%。出动检查人员 310 人次，检查企业 143 家设备 614 台，10 月 13 日，该项工作通过省质监局的验收检查。

重点工程特种设备检查 市、县两级安全监察人员对辖区内在建重点工程建设项目工地特种设备使用情况进行全面摸底梳理，摸清全市涉及使用起重机械的在建重点项目有：福州渔平高速公路、福泉高速公路扩建、福永高速公路、福银高速公路南连接线、福州秀宅高速收费站、福州机场高速二期工程、福州绕城高速公路、向莆铁路、连江可门港输港铁路等工程。在专项行动期间，出动 70 余人次对 35 个使用特种设备的重点工程建设项目工地进行检查，发出《特种设备安全监察指令书》16 份，立案查处 11 起，罚没款合计 41.11 万元。

电梯安全督查 3 月起，对福州市 93 个住宅小区 1146 台电梯超期未检进行监察，发出安全监察指令书 70 份。年内有 45 个住宅小区的物业公司申报年检电梯 835 台。11 月 29 日，与市物业协会配合为各物业公司培训电梯安全管理人员 300 人。

大型游乐设施安全整治 7 月 2～6 日，检查公园、旅游景点 10 家，客运索道 2 条，大型游乐设施 73 台（套），多数设备运行情况良好，未超过安全检验合格有效期，安全保护装置可靠有效，查处在检查中发现的违规安装等行为，在平潭龙凤海滨浴场发现 1 台在运营使用的"海盗船"未办理施工告知、未经监督检验、无使用登记证，平潭局予以查封；福清“天生林艺”公园的“星球大战”游乐设备1台未经监督检验合格,检查人员下达监察指令书,责令公园不得投入使用。

特奥会特种设备安全保障　9月19~25日,第五届全国特奥会在榕举行。市质监局制订工作方案以及事故紧急处置措施,召开特奥运动会期间比赛场馆、签约饭店的特种设备使用单位及维保单位负责人会议,部署特奥会特种设备安全保障工作。同时组织安全监察人员对特奥运动会8个比赛场馆、19家签约饭店的特种设备进行全面检查,在用的特种设备有电梯151台、锅炉8台、压力容器70台。要求使用单位、维保单位在赛时段实行24小时值班制。

锅炉节能监管　根据上年全市锅炉水质检验及锅炉结生水垢情况的检验结果,梳理出86台水质检验不合格、受热面结垢2毫米以上、额定蒸发量在4吨以上的锅炉,实施重点安全监察。同时把福州市年综合能耗5000吨标煤以上重点耗能企业名单印发安全监察员,要求对计划加装能源计量数据集中采集装置的重点能耗企业,跟踪进行节能技术诊断服务,指导企业进行锅炉节能技术改造。4月,召开福州市部分省级重点耗能企业数据采集与锅炉节能座谈会,确定10家使用10吨以上锅炉的企业作为首批试点企业,通过国家中心对企业进行在用锅炉的数据采集和实时监测。7月,联合市经委召开数据采集推动工作会,将重点耗能企业能源计量数据采集工作按辖区分解到位,实行目标责任制。联合技术机构帮助重点耗能企业开展以锅炉节能测试等为主要内容的计量服务。探索提高锅炉热效率的方法、途径。

(董　颖)

安全生产监督

【概况】　2010年,将市安全生产监督管理局由部门管理机构调整为市人民政府工作部门,加挂市安全生产委员会办公室牌子。年内福州市对深入开展“安全生产年”“责任落实年”、企业主体责任落实活动、安全生产专项整治、“打非治违”等工作作了具体部署和指导,开展重点建设项目、企业安全生产等执法检查,按照“谁主管、谁负责”“属地管理”的原则和要求,在道路交通、危险化学品、消防、民爆物品、非煤矿山、交通运输、建筑施工、学校及校园周边安全、渔业生产、职业病防治10个重点行业和领域开展安全生产专项整治,市安办加强综合指导、协调,强化全过程督促检查,有效解决安全生产工作中的难题。全年发生各类生产安全事故3083起,比减589起,下降16%;死亡505人,比减23人,下降4.4%;受伤2537人,比减418人,下降14.1%,直接经济损失2382.9万元,比增1204.5万元,上升102.2%。发生较大事故6起,比减10起,下降62.5%。

【安全事件协调部署】　“3·11”琅岐金沙小学围墙雨披倾覆事故和“7·6”仓山城门镇违建房屋倒塌事故发生后,市领导在第一时间赴事故现场指挥抢险救援,并立即启动应急预案,召开会议部署开展学校安全、整治拆除违章建筑等安全生产大检查、大整治工作。2月26日,召开市长办公会议,要求“结合机构改革,统筹考虑增加市安监局内设处室,尽快成立福州市重大危险源监控中心和安全生产应急救援中心,落实编制人员”,同时要求“各县(市)区政府要加强乡镇(街道)安监机构、队伍建设,至少配置2名专职安监人员,充实加强基层安监力量”。3月12日,召开全市安全生产工作大会,副省长、市长苏增添对2010年安全生产工作提出5点要求。副市长徐铁骏每季度主持召开1次防范重特大事故会议,分析安全生产形势,通报安全生产情况,对“落实企业主体责任活动”“打非治违”“一岗双责”等工作进行部署。

针对福州市在落实企业主体责任活动方面存在开展不平衡、个别地区、单位进度缓慢等问题,召开会议部署工作。针对万达金融广场存在的安全问题,多次约谈万达广场业主、施工、监理并召集安监、建设等单位共同研究确保施工安全的有效防范措施。针对福州市区道路交通秩序乱象多、违章严重、事故多发等问题,市委、市政府多次召开会议,部署开展城区交通秩序大整治行动,制定《福州市电动自行车管理办法》,明确规定福州市五城区电动自行车的销售、登记和通行管理细则,有效解决市区电摩事故多发问题。针对福峡路开通后道路交通事故多发问题,市政府专门召集有关部门和专家到现场会诊,共同分析探讨事故原因,研究制定增设警示标志、完善防护设施、加大宣传力度等整改措施和方案,事故明显减少,中央电视台《今日说法》栏目专门做采访报道。年内,市政府、市安委会(安办)、安监局先后下发400多份关于加强安全生产工作的文件,并作具体指导与部署。

【重点行业(领域)整治】　危险化学品方面　把好准入关和危险化学品安全许可。全市办理危化品生产、经营许可申请事项596项。开展执法行动665次,出动执法人员965人次,检查危险化学品生产经营企业637家,发出整改指令124份,发现各类隐患370条,责令停产停业整改2家,关闭取缔102家,实施经济处罚6.4万元。抓涉危工艺危化企业自动化改造和安全标准化工作。全年有3家危化生产企业通过省里考评为二级标准化企业,6家企业通过市考评为三级标准化企业,8家企业进行二、三级安全标准化评审。开展化工行业安全发展规划编制工作,市政府下拨42.2万元专项经费,由市安监局牵头,委托有资质的编制机构进行调研和起草规划编制,并上报市政府审批,七县(市)化工行业安全发展规划在各县(市)政府评审。

非煤矿山安全方面　严格市场准入和行政许可。对符合颁证条件的21家非煤矿山企业颁发安全生产许可证,对46家非煤矿山企业进行延期换证。5家矿山企业通过市级标准化考评。推行安全生产风险抵押金和引入安全生产责任险,提高矿山企业的准入门槛。至年底,有40多家非煤矿山企业缴存风险抵押金、有50多家非煤矿山企业投保安全生产责任险。对全市非煤矿山进行安全生产大检查,消除各类安全事故隐患,检查矿山158家(次),发现隐患201条,发出责令改正指令书68份。

【“打非治违”专项行动】　制定下发《福州市集中开展严厉打击非法违法生产经营建设行为专项行动实施方案》，8月1日～11月底开展专项行动。检查生产经营单位7212个，查出一般隐患1.21万条，整改1.19万条，整改率98%，其中，学校安全方面清理整顿408所无证幼儿园，通过整改补办许可证217所，限期整改43所，关停无证园148所；开展粉尘和高毒物品危害治理，整改隐患116项，落实资金58多万元，提请关闭企业12家，警告23家；水上交通和渔业船舶安全方面，查处各类违法、违规案件26起，结案20起，罚款50多万元；闽江河道采砂联合执法行动中，市县两级出动执法船只803艘次，执法车辆2102车次，执法人员1.47万人次，查扣非法采砂船16艘，违法违规运砂船29艘；特种设备方面，检查电梯使用单位50家，检查超期未检电梯380部，发出指令书43份，查封逾期未改正的电梯4部，检查锅炉使用单位33家，检查气瓶充装单位42家，查封正在充装的非自有产权气瓶和超期气瓶24只。11月，市政府开展液化气市场整治，重点打击违规充装和“黑气”，在闽侯青口现场销毁600多个报废钢瓶；推进“拆违”行动，全市先后公示9批次违章项目名单，涉及200多家建设单位，5城区就拆除及督促整改违法建设4914外，面积逾143万平方米，中央电视台12套“法治视界”栏目作了15分钟的专题报道，对福州市“拆违”行动给予肯定。

【落实企业主体责任活动】　应落实企业主体责任活动的企事业单位和个体工商户16.62万家，开展活动的14.44万家，覆盖率87%；完成自查自评8.98万家，占54%，完成复核确认5.92万家，占36%，其中，评为A级5635家、B级4.59万家，C级7689家，D级17家。

【安全生产宣传与培训】　全国第九个“安全生产月”宣传　省、市安委会在五一广场联合举办以“安全发展、预防为主”为主题的大型“安全生产咨询日”活动，40多个省、市部门和单位采用事故案例展板、悬挂挂图、标语、横幅和发放宣传画、知识手册、有奖猜谜等形式进行宣传，现场解答有关安全生产方面的咨询。举办“平安是福·和谐家园”安全主题文艺晚会。市安监局被中宣部、国家安监总局、全国总工会等部门联合评为“安全生产月优秀组织单位”。

重要行业（领域）安全宣传　公安交巡警部门在省、市电视台滚动播出交通整治内容和公益广告，与东南快报社联合制作20万份《福州市交通信息图》随报发行，组织交通文明志愿者上路宣传劝导。海洋渔业部门召开渔民警示教育会47场，参加5200多人，发放宣传材料8200多份，向群众发送安全生产宣传教育短信24万条，在台风汛期、重大活动时及时向渔民发送有关安全信息。市教育局举办全市“全国中小学生安全教育日”“福建省学校安全教育周”“综治宣传月”“防灾减灾日”及“交通安全集中宣传教育”等系列活动，并在各学校推广5分钟/天安全教育做法。文化新闻部门创作和编排反映安全生产、平安建设的作品，利用重大节日和“落实科学发展观，服务新农村”三下乡文艺演出等活动，开展宣传安全生产知识，营造“平安福州”的和谐氛围。

6月13日，市安监局举办安全生产咨询日活动。

安全生产培训　重点开展企业法人代表、主要负责人、安全管理人员、特种作业人员培训，举办各类培训班135期，培训企业负责人、安全管理人员5527人，特种作业人员1.68万人。

【事故查处和责任追究】　对2010年发生的各类安全生产责任事故，市、县两级政府按照《生产安全事故报告和调查处理条例》以及对事故查处“四不放过”（事故原因未查清不放过，当事人和群众没有受到教育不放过，事故责任人未受到处理不放过，没有制订切实可行的预防措施不放过）的原则，及时查明事故原因，分清责任并对有关责任单位、责任人提出相应的处理意见和整改防范措施，把落实安全生产责任制与事故行政责任追究有机结合起来，全年调查处理生产安全事故48起（其中较大事故6起），移送司法机关依法追究刑事责任6人。

【安全生产保障能力建设】　市级重大危险源监控及应急救援信息平台建设　有20多家企业与市级平台对接运行，市财政对每家联网企业给予3万元补助。长乐市建立“安监政务网站”“安全生产视频监控中心”和“重大危险源”等八大数据库，达到预警、监管、防范在先的目的。市建委规定2011年起6类市政工程项目必须安装远程视频监控系统，24小时对在建工地进行实时监控。危险品运输车辆和大中型营运客车全部安装GPS卫星安全监控终端，并在部分运输船舶上安装船载GSP数据采集终端,推进市区出租车安装 GPS 系统工作。至年底,建成市、县级渔业安全应急指挥中心6个、渔港养殖区视频监控点11个,完成配置三类渔船通讯终端6461台。

应急救援演练与应急救援体系建设 市政府出台《福州市应急救援实施办法》,进一步整合应急资源,规范应急救援行动的机制和制度。6月21日,市建委在BP(福建)长乐液化气厂举行燃气行业应急抢险演练,23家企业400多人参加;7月9日,市地方海事局在闽江水域举办福州市内河水域规模最大的水上交通应急救援联合演习;11月9日,市消防支队在长乐市开展人员密集型企业疏散逃生演练活动,中央电视台新闻频道全程直播演出实况。11月,成立“福州市综合应急救援支队”,统筹协调突发公共社会安全事件应急抢险救援任务。

(林　涛)

审　计

【概况】 2010年,福州市审计局完成审计和审计调查项目(单位)462个,查出违规金额1.51亿元,管理不规范金额92.39亿元。应上缴财政8198万元,应减少财政拨款或补贴337万元,应归还原渠道资金2108万元,应调账处理金额11.21亿元。移送司法机关、纪检监察和有关部门经济案件线索23件,涉及金额8858万元。

在全省审计系统考核评比优秀审计项目和现场审计实施系统(AO)应用实例中,福州有27个项目获奖,其中,优秀审计项目和表彰审计项目7个(市审计局3个、县(市)区4个);AO应用实例项目20个(市审计局11个、县(市)区9个)。福州市审计局获评“全省AO应用实例活动评选组织奖”,审计宣传信息和统计工作分别名列全省审计系统第一名和第二名。

【预算执行审计】 对59个具体组织预算执行部门单位进行审计和审计调查,查出违规和管理不规范金额24.31亿元,应上缴财政5161万元,应减少财政拨款或补贴337万元,应归还原渠道资金562万元,应调账处理金额660万元。移送纪检监察和有关部门经济案件线索3件,涉及金额132万元。发现存在预算编报不真实、未按规定征收和缴纳预算收入、隐瞒转移截留预算收入、财政收入不实、资金滞留闲置、财政支出核算不实、违规改变资金用途、超预算列支、决算草案编报不完整、预算结余不实等方面问题,并进行综合分析研究,从机制、体制和制度提出加强财政预算管理的意见与建议,引起市委、人大、市政府的高度重视,市政府专题召开市长办公会议,整改与落实审计发现问题。

4月29日,市审计局局长林良云为《审计法实施条例》培训班授课。

【财政决算审计】 对58个县、乡镇(街)政府的2009年度财政决算进行审计,其中县级4个,乡镇(街)54个。查出违规和管理不规范金额7.49亿元,应上缴财政1555万元,应归还原渠道资金1049万元,应调账处理金额428万元。发现存在未按规定征收和缴纳财政收入、财政收支核算不实、违规改变资金用途等方面问题,为各级政府加强预算管理提供依据。

【政府投资审计】 对五大类160多个重点建设项目(单位)进行审计和审计调查。审计总金额210多亿元,查出违规、损失浪费和管理不规范金额60.53亿元,核减工程价款1.05亿元,核减率11.85%;连江、罗源、永泰、仓山等县(区)的政府投资审核中心,对1227项政府投资建设项目预(决)算等进行审核,核减工程款3.62亿元,核减率9.52%。市审计局组织对中小学校舍安全工程、对口支援四川彭州市灾后恢复重建项目、地铁1号线、三环路等重点建设项目进行跟踪审计,及时指出存在问题,督促责任单位整改,促进规范建设资金管理和使用。

【民生资金审计】 对农村饮水安全工程、农村低保、城镇居民基本医疗保险、闽江流域水环境综合整治等106个专项资金进行审计和审计调查,查出违规和管理不规范金额2.68亿元,应上缴财政489万元,应归还原渠道资金58万元。移送司法机关经济案件线索1件。发现存在违规改变项目计划和资金用途、应缴未缴专项资金、资金滞留闲置、未纳入财政专项管理、账外资产、配套资金不落实、部分项目进展缓慢等问题。对城镇居民医保、闽江流域水环境综合整治、玉树地震捐赠款物跟踪审计等审计报告得到省、市领导批示、批转,责令相关部门进行研究整改。制定强农惠农审计监督实施意见。

【经济责任审计】 对112个部门(单位)的119位党政领导干部和国有企业领导人员进行任期经济责任审计,查出违规金额4303万元,其中主管责任金额

3131万元，直接责任金额1172万元。管理不规范金额7.95亿元，其中，主管责任金额6.29亿元，直接责任金额1.66亿元。福州市经济责任审计工作领导小组制定《福州市领导干部经济责任审计项目计划委托管理办法（试行）》，对经济责任审计项目的委托、授权和安排计划作出明确规定。市审计局制定《关于进一步规范经济责任审计评价和责任界定的意见》和《关于规范经济责任审计项目业务审理事项的通知》，进一步规范福州开展经济责任审计工作。

【内部审计】 福州内部审计机构162个，其中专职机构38个。内审人员422人，其中专职人员124人。完成审计项目1511个，其中，财务审计740个，效益审计7个，经济责任审计508个，基本建设审计23个，专项资金审计142个，内控评审及其他3个，其他审计事项88个。查出损失浪费金额4万元，增加经济效益1701万元，提出审计建议意见被采纳337条，建议给予行政处分17人。

3月，福州市内部审计协会召开第一届理事会第二次会议，审议通过《福州市内审协会会议管理制度》《福州市内审协会印章管理制度》《福州市内审协会财务管理制度》《福州市内审协会业务活动管理制度》《福州市内审协会档案管理制度》和《福州市内部审计工作考评办法》等管理制度6项，并从审议通过之日起施行。

【审计整改检查】 对2009年度市本级预算执行和其他财政收支审计查出的问题进行审计整改检查。各有关责任部门单位基本能够纠正和整改审计所发现的主要问题。至年底，按照规定期限应缴财政资金2591.85万元，全部收缴；应追回或归还资金713.29万元，全部追回或归还；清理收回土地出让金、承包金等3197.38万元，采纳审计建议和意见41条。

【审计转型工作】 为适应海西“跨越发展”需求，解决审计队伍在审计理念、思维方式、工作方法、管理体制等方面存在的不相适应的问题，组织开展“加快审计转型、跟进海西建设、服务跨越发展”为主题的“加快审计转型年”活动，着力推进“五个转变”。一是由偏重于微观层面向关注宏观层面的审计监督转变，注重从完善体制、机制、制度以及政策层面思考审计发现的问题；二是由关注一般预算资金向关注全部政府性资金转变，促进建立健全公共财政管理体制；三是由合规审计向合规审计与绩效审计并重转变，促进提高财政资金使用效益；四是由手工账册审计向计算机审计转变，探索以在线审计、实时审计为特征的联网审计；五是由处理处罚为主向审计处理处罚与监督服务并重转变，牢固树立“审计是手段、服务是目的”的理念。《中国审计报》以“加快审计转型、主动跟进海西省会城市建设”为题，报道市审计局开展“加快审计转型年活动”做法与成效。

【审计信息采编】 采集、开发和编报《福州审计信息》与《福州审计要情》124期472条，被市级以上党政部门和新闻媒体采用335条（次），采纳率71%。其中，《福州审计关注全部政府性资金及绩效》《审计建议重视民办中等职业教育学校发展问题》《福州市农村低保管理工作中存在的主要问题》《林业优惠政策调整后林业专项经费不足的问题应予重视》《审计建议加强矿山生态环境恢复治理》《福州市城镇居民基本医疗保险基金审计中发现的问题》《福彩公益金的管理使用有待进一步规范》和《福州市中小学校舍安全工作建设情况审计调查发现的主要问题及建议》等10余条信息，被上级党政领导批示或批转到相关部门进行研究整改落实。

【审计论文及学术交流】 福州审计机关完成审计科研论文92篇，完成年度计划，其中，完成重点课题论文87篇，占年度计划161%；被市级、省级、国家级刊物和网站采用发表的论文42篇，占年度计划131%。市审计学会组织相关教授、专家学者对2009年度审计科研论文进行评选，评出优秀论文38篇，其中一等奖2篇、二等奖5篇、三等奖10篇、优秀奖21篇。

福州市审计局、福州市审计学会、福州市内部审计协会联合举办“关于在加快海西建设中审计如何发挥作用的问题研究”“积极探索全部政府性资金审计、加快推进构建财政审计大格局”“部门决算（草案）审计”和“政府投资审计”等学术研讨会4场，福建高校教授、专家学者、市审计学会，市内部审计协会成员等300多人次参加，30篇论文在会上交流。

【审计信息化建设】 全面推广应用“金审工程”一期成果，实现办公“自动化、无纸化”目标，加强审计管理系统（OA）和现场审计实施系统（AO）交互应用。推荐20个AO应用实例全部获福建省审计厅应用奖和鼓励奖，其中，11个被省审计厅推荐参加国家审计署AO应用评选。在OA与AO交互对接方面实现审计业务网上复核和审理，开通内部局域网及互联网站。完成“金审工程”二期联网审计硬件系统建设。

（陈直华）

统计与调查

【概况】 2010年，福州市各级统计系统投入“大干150天，打好五大战役”的活动，发挥统计部门信息、咨询和监督作用，准确反映“五大战役”成果。编辑出版《福州市情》《福州统计月报》《福州统计年鉴》等月度、年度综合性统计资料，加强对社会经济运行情况的分析监测；开展专题调研，发布经济运行情况；参与建立《福州市2010年度县（市）区绩效管理实施方案》，落实《2010年福州市绩效考评部分指标任务分解》要求，完善和深化统计监测体系。建成连通各县（市）区统计部门，依托政务外网的统计信息网，制定《福州市统计报表网上直报系统建设方案》，12个县（市）区开展规模以上工业、能源、批发零售贸易业、建筑业、房地产开发、劳动情况等统计专业联网直报。联网直报系统运行状况良好，整体建设情况达到验收要求，逐步实现由纸介质报表报送方式转变为网络采集和报送方式。

福州调查队接受国家统计局和省总队委托完成“公众对城市环境保护工作满意率调查”“全省九个设区市政府绩

效考评公众评议调查”“全省九个设区市社会治安公众安全感电话调查”“组工工作公众满意率调查”“党风廉政建设公众满意度调查”等调查。

【普查与专项调查】 第六次全国人口普查 3~5月,开展人口普查试点工作,3~10月,划分普查区、普查小区,5~9月,联合公安部门开展户口整顿。8~9月,完成全市3.93万名普查指导员和普查员的选聘与业务培训。9月,开展人口普查宣传,9月26日,在五一广场举行第六次全国人口普查宣传月启动仪式。10月,开展入户摸底工作,编制户主姓名底册,抽取长表调查户。11月,正式入户登记。经过自查、复查、质量验收、快速汇总及编码等环节,普查表在市普查办进行集中光电录入,建立人口普查数据库。

第二次全国R&D(即研究与试验发展)资源清查 5~6月,通过省R&D清查办的数据质量抽查,8月通过国家统计局第二次全国R&D资源清查数据的质量抽查。

其他专项调查 第二次全国经济完成普查公报和普查资料开发,完善更新基本单位名录库,对普查全过程进行技术总结。开展公路、水路运输和港口能源消费调查,走访10多家客运站、物流企业、交通局和运输公司,现场调查96辆各类柴(汽)油载货(客)营运车,收集92家省、市属远洋、沿海和内河运输企业及福州港的能源消费资料。开展国内游客抽样调查,到宾馆、饭店、景区、景点、住户开展《福建省国内游客抽样调查问卷》调查,收回问卷1100份,调查有效率100%。开展大城市月度劳动力调查,福州市被列为全省唯一开展大城市月度劳动力调查的城市,完成10个县(市)区、15个乡镇街道、30个社区居(村)委会,共3600户,每月600户住户的调查工作,数据质量通过国家统计局和省统计局的核查。

【常规调查】 城镇住户调查 完成城镇居民家庭人口、就业、收入、消费、储蓄、耐用消费品和住房情况等调查;完成城镇住户基本情况抽样调查;执行数据评估制度、数据反馈制度、相关指标上报制度和数据质量检查制度。2010年,福州市城镇居民人均可支配收入与消费支出稳步增长,全年人均可支配收入为22722.78元,比增12%,扣除价格因素实际增长8.5%;人均消费性支出15777.64元,比增11.9%,扣除价格因素实际增长8.4%。

9月26日,在五一广场举行福建省第六次全国人口普查宣传启动仪式。

农村经济调查 对农村住户、农产品生产价格、农业(产量、面积)、农户固定资产投资调查进行新一轮样本轮换。2010年,农村住户调查样本数新增40户,农产品生产价格调查样本新增45家农产品生产单位(规模户),农户固定资产投资调查样本数新增4个村。农业面积调查采用卫星定位仪(GPS)工具进行精确测量并实行计算机管理;主要畜禽监测调查样本进行摸底和更新。对新抽中的调查单位、样本村、调查户,分别对照调查专业进行入库,选聘各类辅助调查员进行培训,加强对调查网点(户)的管理和维护,组织实施“调查规范化标准”,确保“网点科学化、操作程序化、岗位责任化”以及调查网点对总体的代表性。2010年,福州市农民人均纯收入为8543元,比增11.4%,扣除价格因素,实际增长8.2%。

服务业调查 开展部分服务业抽样调查企业的摸底工作,对由于停产、倒闭或搬迁等原因成为无效样本的企业逐一落实,保证样本框的实时完整性,对样本企业进行更新轮换。2010年服务业年报、半年报工作调查包括11个服务业门类653家企业,完成服务业年报、半年报的编报说明和企业填报情况说明工作,撰写福州市部分服务业调查分析材料。按照《服务业调查统计数据质量检查与评估方案》,对县(市)区服务业调查数据质量进行抽查,抽查企业296家,检查各类数据4137笔。

限额以下商业调查 根据各县区限下商业市场运行特征,对鼓楼、台江、闽侯、晋安、福清、连江等县区的限下商业网点开展限下商业市场销售情况调研,完成多篇市场运行状况及专项课题分析调研材料;分县区召开多场辅助调查员业务培训会和辅助调查员座谈会,直接培训一线辅助调查员;建立限下调查业务工作台账登记制度、对样本点暗访检查制度、市级抽查结果通报制度等;市级增加对省级样本点辅助调查员和调查点补贴及市级样本点补贴。全年限额以下批发和零售业、住宿和餐饮业销售额为1522.25亿元,比增11.2%,实现零售额822.18亿元,比增11.1%。

工业品价格调查 在调查网络基础上,对关、停、并、转的企业进行替换,对新增直报企业有关人员进行培训、指导。至2010年,福州市工业品价格调查企业623家,其中,省点企业560家,市点企业63家,省点企业中市直报企业150家。抽中的调查企业中,其上报的产品行业覆盖工业统计的31个大类,148个中类,在抽中的企业中,含福州地区所有大型企业,每个产品生产企业超过2家的至少选择2家。调查网络覆盖90%以上中类、销售产值的比重大于60%的企业。2010年,福州市工业品出厂价格上涨3.09%,原材料、燃料、动力购进价格上涨6.69%。

房地产价格调查 按照国家统计局《房地产价格统计调查方案》的要求,在原有房地产调查企业基础上,淘汰一批已无房销售或营业的企业,并将2家新企业纳入福州市房地产调查体系。调整后福州市房地产调查单位162家,其中房屋销售单位108家,土地交易单位1家,物业管理单位26家,房屋租赁单位31家。全年房价运行呈现同比普涨态势,房屋销售价格同比上涨3.3%。

固定资产投资价格调查 福州市固定资产价格调查企业36家,其中建安价格调查企业27家,其他投资价格调查企业9家。参与调查的企业数为全省最多。

规模以下工业调查 规模以下工业企业抽样框中,企业名录库单位数6327家,个体名录库单位数26347家。福州市规模以下工业实现总产值324.88亿元,现价增速为10.4%。

福建产品市场占有率调查 完成2063家样本企业的产品市场占有情况调查。2009年度全市工业产品三大市场实现总销售收入3103.8亿元。规模以上工业产品三大市场销售比重是:省内销售占29.02%,省外销售占30.29%,境外销售占40.69%。

企业景气调查 对调查样本单位进行清理核实,替换和增加相关行业企业。全年调查样本数254家,企业家填报率和报表回收率100%。调查显示:福州市企业家信心指数与企业景气指数保持稳定,第四季度企业家信心指数为147.69点,同比上升21.17点,企业景气指数为148.39点,同比上升20.86点。企业家对市场信心日渐增强,企业经营状况回升向好。

居民消费价格调查 1月1日起,执行CPI(居民消费价格指数手执数据电子采价工作,新聘5名专职采价员协助开展。根据CPI调查制度原则,收集2010年福州市城乡居民消费支出调查数据以及有关部门的统计数据,为第三次CPI基期例行更换做准备。对闽侯、连江、福清、长乐、永泰等5个县(市)的专业调查基层网点、基础台账数据、调查企业、调查户的原始数据及汇总数据等方面进行检查,走访调查点96户,检查数据3625笔。组织2011年度国际比较项目(ICP)调查的前期准备工作。2010年,福州地区CPI为103.2,上涨3.2%。

【调查服务】 接受市委、市政府和部门委托开展的专项调查,为地方经济和社会发展服务。先后完成的有:每年2次(中期、年终)省对市及市对12个县(市)区政府绩效公众评议调查,对75个市级机关单位绩效管理公众评议调查;受市综治办委托对13个县区开展社会治安公众安全感电话调查;受市文明办委托,3月上旬在5城区共37个社区开展城市公共文明问卷调查;受市道路运输管理处委托进行出租车乘客满意度调查;受妇联委托开展老年妇女生活状况和需求调查以及儿童生活环境调查;参与福州市文明办主持的“福建省2010年行业优质服务指数测评”调查。参与福州市创建全国文明城市问卷调查工作。

【统计法制建设】 市统计局组织县(市)区政府分管统计的领导、县(市)区直各有关部门、各乡镇主要领导、分管统计的领导、统计负责人和统计员参加省局开展的“五五”普法考试,全市各级党校举办统计法培训班7期,培训300多人。在五一广场开展“12·4”全国法制宣传日活动。全市1450人参加全国统计从业资格考试,1950名持证统计人员参加继续再教育;191人取得福建省人民政府行政执法资格证或国家行政执法证,持证率92.7%。

对3个县(区)和3个市直单位6个乡镇(街道)、30家工业企业、13家投资项目单位、11家房地产企业、11家建筑企业、30家贸易餐饮企业开展统计执法抽查工作,反馈检查结果,提出整改意见。全市自查单位6560家,抽查单位683家,对55家单位发出责令整改通知书,拟立案查处案件15起。全年对939个单位进行统计执法检查,立案查处统计违法案件44起,警告并处以行政处罚34起,罚款金额11.5万元。

【统计执法】 福州调查队进一步建立完善统计报表签领、催领、催报、查询等制度,规范报表催报单、统计检查查询书等各类法律文书格式,进行统一编号、存档工作。全年走访527家企业(单位),发出统计报表催领单、统计报表催报单,统计检查查询书各1份。在2010年执法大检查期间,福州调查队与市统计局、监察局、司法局联合成立大检查领导小组,走访222家企业/单位,发出统计报表催领单、统计检查查询书各1份。

(严 红 杨 军)

(编辑 吴 燕)

财　政

【概况】　2010年，福州市各级财政部门围绕“扩内需、保增长、调结构、惠民生、保稳定”和“加快转变、跨越发展”的主线，实施积极财政政策，通过组织财政收入、调整和优化财政支出结构、推进各项财政改革、加大财政监督管理力度和改进服务保障等一系列措施，推进财政科学化精细化管理，全面超额完成财政收支任务，保障重点支出和民生改善。全年财政总收入402.51亿元，增长23.7%。其中，地方级财政收入247.82亿元，比增26.9%，完成年初预算的113.3%；划中央收入154.69亿元。全市财政支出（一般预算支出）260.05亿元（含省专款和上年结转等支出），比增54.96亿元，增长26.8%。全市基金预算执行情况良好。其中，政府性基金收入419.54亿元，增长199.8%，完成预算的292.7%；支出319.19亿元，增加216.93亿元，增长212.1%。社会保险基金收入19.80亿元，增长26.5%，完成预算的116.5%；支出19.66亿元，增加4.72亿元，增长31.6%。

市本级地方财政收入94.66亿元，比增27.3%，完成年度预算的117.9%；加上划中央收入48.25亿元，市本级财政总收入累计完成142.91亿元，增长23.6%，完成预算的114.4%。政府性基金收入275.26亿元，增长304.0%，完成预算的379.0%；社保基金收入15.78亿元，增长47.6%，完成预算的136.6%。本级财政支出（一般预算支出）58.07亿元，完成预算的88.1%，加上省专款和上年结转等在当年体现支出16.95亿元，市本级财政支出75.02亿元，增长17.3%。同期政府性基金支出147.78亿元，增加108.65亿元，增长277.7%；社会保险基金支出15.40亿元，增加5.38亿元，增长53.8%。

配合税务部门依法加大对营业税、土地增值税、限售股个人所得税等税种的征缴力度，加强对重点项目、重点税源的监管。全年税性收入215.19亿元，占地方财政收入比重达86.8%，比上年提高1.3个百分点。

“十一五”期间财政总收入、地方财政收入提前一年实现翻番，2010年分别是2005年的2.4倍、2.5倍，年均增长19.5%、20.5%。财政收入结构不断优化，财政总收入占GDP比重从2005年的11.2%上升至2010年的13.1%，提高1.9个百分点，地方财政收入占GDP比重从2005年的6.6%上升至2010年的8.1%，提高1.5个百分点。同时争取中央、省级资金支持，强化非税收入收缴，加强国有资本经营收入管理。把握房地产市场复苏有利时机，配合有关部门加快收储地块拍卖出让，确保出让金收入及时足额入库。全市土地基金收入411.73亿元，增长210.2%，比“十一五”前4年土地基金收入的总和多36.66亿元。

【扶持产业发展】　传统产业　投入财政资金2.42亿元，引导培育高成长性工业企业加快发展，扶持一批拥有自主知识产权、科技创新型、具有产业集聚效应的大中型龙头企业，其中，拨付资本金1.10亿元，启动生物医药和机电产业园BT融资建设，提升福兴经济开发区。兑现星网锐捷、海源机械等7家企业上市奖励，鼓励企业通过资本市场融资做大做强。提供中小企业融资担保机构风险性补贴，支持企业实施产业振兴和技术创新公共服务平台建设，扶持农产品产业化和绿色食品深加工，促进中小企业经济发展，推进企业发展方式转变，实现产业结构优化升级，培育壮大税源载体。

新兴产业　拨付资金0.42亿元，加快海西高新技术产业园建设。补助资金0.19亿元，支持中科院海西研究院建设和瑞芯微电子、升腾资讯建设国家核高基重大科技项目。拨付资金0.15亿元，对软件园四期建设工程贴息，扶持软件、动漫等高科技和文化创意产业发展。扶持科技计划项目157个，重点支持列入国家、省级科技计划项目的研发，扶持孵化器发展项目、高校和科研院所合作平台以及行业技术创新中心等，促进行业升级创新。

【扩内需稳外需】　投资10.80亿元发展新型商贸流通，建成南通农副产品交易中心。加大家电、汽车摩托车下乡及以旧换新工作力度，发放补贴资金4.10亿元，带动产品销售39.20亿元。

推进新农村服务网络工程和"万村千乡市场工程",促进农村市场繁荣。加强经费保障,做大会展业,拨付招商经费0.35亿元,建设区域性会展中心城市,支持举办第十二届海交会、第六届APEC中小企业技展会、中国文化用品商品交易会巡回展、中国(福州)首届国际游艇展等一批重大展会,配合省里举办泛珠大会、中国科协年会等重大活动,促进招商引资。推动旅游项目建设,拨付旅游专项经费0.20亿元,争取省级补助0.11亿元,促进福州成功入选首批"中国温泉之都",支持创建5A级旅游景区、全国农业旅游示范点、省级旅游名镇名村,落实入闽旅游和对台旅游奖励政策,对规模较大的旅游设施项目贷款实施财政贴息,做大做强闽江旅游、坊巷和船政文化等城市重点旅游品牌。投入外贸扶持资金0.61亿元,加大扶持重点外贸企业力度,扩大出口信用保险覆盖面,支持企业拓展海外市场,鼓励企业引进先进技术和关键设备,扩大重要资源和原材料进口,促进重大招商项目尽快落实落地,有效应对国际贸易和技术壁垒,外贸出口呈现全面恢复性增长。

【服务城市建设】 重点基础设施建设 探索融资模式,拓宽融资渠道,提出基础设施建设BT融资、融资租赁等方案,实行存贷挂钩引导金融机构支持福州建设。全年投资73.10亿元,支持铁路、高速公路、城市地铁、市政道路等城市基础设施建设。其中,投资48.13亿元建成鼓山大桥、三环二期、福峡路以及会展岛周边等一批市政道路,拓宽改造杨桥西路、通湖路。拨付资金11亿元,用于城市地铁1号线全线动迁、部分站点动工建设;对交建、水务、新榕等投融资平台承担的公益性及半公益性建设项目固化补助5亿元,支持和推动多方融资,确保平潭海峡大桥、机场二期、绕城高速、渔平高速年内建成通车,以及福泉、福永等高速公路扩建续建;拨付资金3.37亿元,支持向莆、合福等铁路建设;拨付电力线路缆化下地建设资金5亿元,改造电力线路434公里和通信线路125公里;拨付市政景观整治资金0.60亿元,支持四城区整治800栋楼宇外立面。

节能减排和环境保护 兑现奖励补助资金0.45亿元,鼓励企业进行节能改造,发展循环经济。拨付环保资金0.36亿元,突出对污染监测项目、重点污染源达标治理和闽江敖江水源地保护的扶持。拨付0.10亿元,用于晋安北峰山区生态维护及扶持"二水源"保护区域发展。筹资0.76亿元,开展生态乡镇建设和农村环境连片综合整治示范项目,解决危害群众健康的突出环境问题。拨付资金2.48亿元,用于南台岛12条内河、磨洋河、浦下河整治,以及连坂、洋里等污水管网和闽江下游、南江滨东段防洪工程建设。拨付资金3.54亿元,用于市政基础设施的运转、维护、管理。新增大中型环卫专用车33辆、环保公交车500辆。

园林绿化 拨付资金1.18亿元,建成开放新儿童公园、新茶亭公园、五凤公园和乌山历史风貌区三期等,完成浦下河、东西河两岸以及城区街巷景观绿化,改造提升南江滨等休闲路绿地。

公共交通 拨付资金1.50亿元,加快公交场站建设,对新购公交车辆、夏季免空调费及开辟新线、冷线政策性亏损给予补助和贴息,扩大公交覆盖面。继续补贴高龄老人、残疾人免费乘坐公交车及乘车意外保险等。新投放出租车1200辆,对出租车更新电子打票机予以补助。支持整治超标违规电动车,及时足额兑现回购补贴。

【改善民生】 全市财政集中统筹用于改善民生的支出149.11亿元,占财政一般预算支出的57.34%。市本级农业法定支出0.75亿元,增长20.7%;教育法定支出10.70亿元,增长21.7%;科技法定支出1.95亿元,增长18.3%。3项法定支出均高于财政经常性收入的增长幅度。

完善社会保障体系 安排拨付再就业专项资金1.01亿元,用于公益性岗位人员工资和社会保险补贴、灵活就业人员经费补贴、创业培训、农民工劳动技能培训、鉴定以及小额担保贷款贴息。适时调整提高市区城乡居民最低生活保障标准,全年五城区支出城乡低保金0.48亿元,确保2.04万人最低生活保障,基本做到"应保尽保"。安排3亿元,着手解决部分城区集体土地留用地补偿历史遗留问题。对四城区耕地面积少于30%的被征地农民实行养老保障,核拨5个试点村被征地农民养老补助1900万元。继续完善城镇职工医疗保险制度,2.5万名市属国有企业退休职工和1200名新参保的市属困难集体企业退休人员基本医疗保险补助支出0.60亿元。合理统筹安排资金,保障下岗失业人员基本生活,提高企业退休人员养老金,在晋安区实施新型农村社会养老保险试点。

完善住房保障体系 督促市住房公积金中心本部上交年度廉租房建设补充资金0.41亿元,拨付廉租房资金1.90

5月17日,鼓山大桥正式通车。

3月11日,福州市召开2010年全市财政工作会议。

亿元,购置东山新苑、金山生活配套房,发放保障对象租赁补贴,解决部分低收入群体的住房问题。拨付资金33.42亿元,实施王庄、上海东等城区危旧房改造。落实住房制度改革政策,市本级为2064人发放住房货币补贴2437万元。

推进新农村建设　投入农林水资金2.18亿元,支农资金稳定增长。拨付资金0.55亿元,落实"造福工程""农村户用沼气建设工程""病险水库除险加固工程"等惠农实事,支持"双百工程"和重点特色示范村建设。拨付资金0.26亿元,加大农业科技投入,扶持台资农业示范企业,促进榕台农业合作与交流,参加海峡两岸"林博会""花博会""茶博会",实施"强龙带动"工程,推动"五新"技术引进转化和农业产业化推广。落实中央惠农政策,全市发放种粮农民农资综合直补和粮食直补7385万元。支持福清、闽清开展村级公益事业一事一议财政奖补试点,开展乡镇村其他公益性债务清理工作。

支持教育文体卫生事业发展　拨付资金1.69亿元,实施中小学校舍安全工程建设,重建乌山小学、屏东中学等11所学校教学楼和综合实验楼。拨付资金1.37亿元,动建三江口高级中学、金山七期小学等新区布点学校,改扩建旅游职专、建筑职专新校区等学校。安排资金0.10亿元,扶持发展学前教育。拨付资金0.58亿元,继续为城乡义务教育免学杂费。支持210项农村中小学校舍维修改造和寄宿生宿舍建设,推进城乡教育均衡发展。实施文化体育惠民工程,拨付资金0.44亿元,支持承办国际铁人三项洲际杯赛和第五届全国特奥会,奖励参加第十四届省运会获奖运动员、教练员。开展全民健身运动,建成西河游泳场水下工程。拨付资金0.24亿元,支持新农村文化设施建设,扶持文艺精品与地方特色剧种的创作与演出。支持举办第三届海峡两岸合唱节和首届海峡版权(创意)产业精品博览会,促进海峡两岸文化交流。加大文物保护投入,强化历史文化名城保护和"三坊七巷"修复改造。拨付资金1亿元,启动工人文化宫改扩建。推进医药卫生体制改革,实施基本药物制度,健全基层医疗卫生服务体系,促进公立医院改革。全年用于医疗卫生资金5.15亿元,增长37.8%。全面推进新型农村合作医疗改革,对全市371万名参保农民配套补助5531万元;提高城镇居民医疗保险政府补助标准,为90万名参保的城镇居民(含在校大学生)实施政府补助3000万元,为2.6万名退休职工支出基本医疗保险补助5971万元。推进医疗救助城乡一体化,开展城市医疗救助试点,基本形成覆盖城乡各类群体的医疗保障体系框架。拨付资金0.26亿元,建设市肺科医院负压病房、市精神病院和闽清精神病院门诊楼;拨付资金0.35亿元,用于实施乡镇卫生院改造提升工程、乡村医生补贴、公共卫生防治、社区医疗卫生补助。

支持"平安福州"创建　安排公共安全支出8.54亿元,推进社区、道路视频监控系统建设,建设防震减灾体系二期工程,成立应急抢险救援队,建成大学城上浦消防站。拨付资金0.24亿元,购置90米消防登高车。成立医患纠纷调解处置中心,化解纠纷成效显著。设立社会救助基金,对道路交通事故受害人依法进行救助,确保交通综合整治工作顺利开展。治理餐桌污染,建设食品放心工程。

对口帮扶　及时安排、筹措对口帮扶的四川彭州、新疆奇台、西藏朗县以及三明市灾后援建资金,制定并实施相关支援灾后恢复重建资金筹集及管理使用办法,加强援建资金监管,严格审核把关,及时拨付资金。市财政累计拨付援建彭州项目建设资金3.2亿元,完成22个援建项目竣工财务总决算;筹集资金3亿元,对口支援三明市灾后重建,已拨付房屋安置点及桥梁援建项目工程款2.05亿元。

【推动县域经济发展】　市本级通过财政转移支付及专项补助拨付下达各县(市)区资金11.53亿元,比增31.9%。主要用于财力补助、工资调整、农村税改、计划生育、社会事业、工业技改、节能环保、外贸出口、交通运输等方面补助,重点扶持欠发达县,拓展"南北两翼"。另外,市级调度、拨付市级配套资金5亿元,支持平潭县基础设施建设。

【创新管理机制】　预算改革　初步建立部门、财政两级"项目库",完善定员定额标准体系,细化项目预算内容。严格控制一般性支出,压缩公务购车、会议经费、公务接待费和出国(境)经费,市级行政事业单位的公用经费预算压缩5%,项目支出原则上实行零增长,出国(境)经费预算压缩20%、公务接待费预算压缩10%。有效控制预算追加支出,增强预算执行约束力,提高预算支出执行率和资金使用效益。

国库集中支付改革　纳入集中支付系统的市级预算单位379家,全年新增30家。升级国库支付系统,初步形成在国库单一账户制度下财政资金运作的内部约束机制,实现对财政资金流动全程式监控,避免用款的盲目性和随意性,强化预算执行管理职能。5月,在鼓楼、台江、仓山、晋安四城区设立区级金库,推进县(市)区级国库集中支付改革。

财政监管 制定《关于市本级财政资金审批拨付管理内部流程的规定》,规范资金审批流程,提高拨付效率。市重点项目资金管理在线监控系统进入实际运行,有效保证资金安全。自觉接受人大、政协的监督,对照审计部门的要求及时规范、积极整改。完善财政内部监督约束机制,加快财政管理信息一体化建设,建立涵盖财政收支全流程和财政管理全方位的制度体系。加强财政督查,修订《福州市财政局财政专项资金监管办法》,强化专项资金监管。组织开展100万元以上财政专项资金检查,检查金额4.79亿元,纠正违规金额23万元;牵头开展社会团体和国有及国有控股企业"小金库"专项治理;组织协调督查全市强农惠农政策落实情况,2007~2009年市县两级强农惠农资金支出132.19亿元,自纠自查发现违规金额30万元,全部整改到位;对32家单位开展年度会计信息质量检查,纠正违规金额449万元;协助开展工程领域重点突出问题排查治理,对查出的问题依法做出处理。完善政府采购制度体系,调整《福州市市级政府集中采购目录及标准》,扩大集中采购范围,优先采购和强制采购节能减排、绿色环保、自主创新及本地名优产品。建立电子化政府采购管理交易系统,实现全地区政府采购电子招投标系统统一平台运作,完善网上竞价机制,解决采购效率和运作规范问题。全市完成政府采购金额11.386亿元,节约资金1.626亿元,节约率12.50%。规范财政投资评审,累计完成各类评审项目3150项216.81亿元,其中,完工结算1951项53.52亿元,净核减7.23亿元,核减率13.51%。产权转让实行竞价,4月,产权交易电子竞价系统正式运行。市产权交易中心转让产权项目25项1.869亿元,比转让底价增值4518万元,增值率31.9%。完善非税收入收缴系统,完成73家单位非税上线,涉及约30项收费项目;按照"正税清费"的原则,清理和规范行政事业性收费,减轻企业和群众负担;实行财政电子化票据改革,市本级783家单位完成电子化管理升级。严格单位银行账户开设审批工作,保障财政性资金安全监管。

财政支出绩效评价试点 尝试建立以产出和成果为导向,绩效评价结果与预算编制、预算执行相结合的管理机制。从上年财政预算安排100万元以上的专项支出中抽取8个项目纳入考核范围,对预算支出项目完成进度、质量以及所获经济、社会、生态效益等进行考评,将评价结果作为下年度预算安排的重要依据。

【行政审批与信息公开】 重新梳理《福州市财政局行政职权目录》,细化行政处罚自由裁量权,形成按制度办事、以制度管人的长效机制;制作程序严谨、执行有序的权力运行流程图,并在"中国·福州"门户网站公开。新增34项网上审批项目于6月全部上网运行,56项行政处罚项目也全部实行"网上处罚"制度,自觉接受社会监督。做好政务信息公开工作,2010年主动公开政务信息27条,受理并及时答复依申请公开申请13件,提高行政透明度。严格执行各级领导批示件督查制度,确保政令畅通。办理省、市人大建议和政协提案共42件,办复率100%。做好"12345"便民服务诉求回复与信访接待,受理"12345"便民服务热线诉求件244件。

(熊文春)

国家税务

【概况】 2010年,福州市国家税务局组织入库税收收入236.68亿元,同比增收24.32亿元,增长11.45%。其中,直接收入224.68亿元,同比增收39.68亿元,增长21.45%;免抵调库12亿元,同比减少15.36亿元,下降56.14%。办理出口退税73亿元,同比增加22亿元,增长43.14%;海关代征53.26亿元,同比增收15.46亿元,增长40.92%。

截至年底,福州市国税局管征各类纳税人9.27万户,比上年增加5345户,增长6.12%。其中,企业5.25万户(含一般纳税人1.85万户),个体工商户4.02万户。全年税收收入中,外商投资企业占20.14%,港澳台投资企业占18.59%,国有企业占9.55%,集体企业占0.49%,私营企业占15.96%,股份公司占33.23%,股份合作企业占0.23%,联营企业占0.13%,个体经营占1.53%,其他企业占0.15%。

【税收收入】 国税收入总量位居厦门、泉州之后,列全省第三位。全年入库增值税101.96亿元,增长1.83%;消费税9.12亿元,增长136.32%;企业所得税110.80亿元,增长11.49%;储蓄存款利息所得个人所得税1624万元,下降77.12%;车辆购置税14.62亿元,增长76.90%。15个征收单位全部实现增收,其中平潭局、罗源局、闽侯局和琅岐局4个单位增幅逾30%,分别达到55.89%、47.61%、38.79%和32.35%。在88个行业中,有70个行业主体税种直接收入出现增收。税源结构有所改善,中小规模的税源贡献率从上年的61.61%提高到64.98%。增收行业较多的有:商业增收9.81亿元,交通运输设备制造业增收7.38亿元,房地产业增收5.65亿元,电力、热力生产和供应业增收3.11亿元,通信设备、计算机及其他电子设备制造业增收3.07亿元。

"十一五"期间,福州市国税收入由2006年首次突破百亿大关(117亿元)提高至2010年的236.68亿元,年平均增幅19.5%。从收入总量来看,福州市国税局累计组织收入904.48亿元,比"十五"期间总收入378.33亿元增收526.15亿元,增长1.39倍。

【增值税管理】 落实《增值税一般纳税人资格认定管理办法》,统一全市一般纳税人认定标准,降低认定门槛,简化和统一申请资料、认定程序。对增值税即征即退实施先评估后退税管理,防范虚开增值税专用发票、骗税等涉税违法行为。开展2008~2009年度全市增值税优惠政策执行情况调查,两年度福州市享受各类增值税优惠政策1.25万户次,其中未达起征点8066户次,实际减免税款27.67亿元。推广网上办税,至年底,全市增值税一般纳税人网上申报1.79万户,占一般纳税人户数的99%;网上认证开户1.8万户,占一般纳税人总数的99.9%;网上抄报税企业1.11万户,占防伪税控企业户数的71%,较上年提高37个百分点。

【企业所得税管理】 开展2009年度企业所得税汇算清缴工作。通过汇算清缴补税16.82亿元,盈利企业1.96万户,盈利面64.72%,比上年提高4.44%。全市落实免税收入、减计收入、减免所得额等482户(次),减免收入82.85亿元;落实减免税、抵免税1812户(次),减免税款6.63亿元;审批金融企业呆账损失、企业财产损失222户(次),金额3.34亿元。在全市范围内推行普遍的查账征收制度。下发《关于企业所得税征收管理有关问题的公告》,统一规范核定征收的标准和范围,明确纳税人申请办法和基层税务机关操作流程。实行企业所得税风险预警管理,全市所得税企业申报亏损面、低税负面分别比上年下降5个和8个百分点。

【国际税收管理】 组织非居民收入4.66亿元,比上年增长5.19%。反避税调查取得重大成果,完成日本电产(福州)三协有限公司和福州大同纺织纤维有限公司2户企业的反避税调查案件。其中,三协公司调增应纳税收入额5.65亿元,补交企业所得税5500多万元。这是福建省历史上补税金额最大的反避税案件。贯彻执行《国际税收情报交换工作规程》,向美国、日本、韩国和澳大利亚4个国家提供231条电子自动情报。

【税收征管模式变革】 按照"管理机构扁平化、管理方式专业化、管理手段信息化、纳税服务规范化和内外部门协作化"的思路,在全系统推行征管模式变革,实施税源专业化管理。将税收管理员部分职责分解到职能科室和办税大厅,减轻管理员负担。县级局作为税源管理的最基本组织单位,其职能科室直接承担具体管理工作。推行税政集中审批管理,将73项涉税事项由办税服务厅统一受理、税政科集中审批,其余事项由办税服务厅直接办理。探索分类管理,

10月28日,福州市国税系统干部深入冠捷电子调研企业发展情况。

制定《纳税人分类标准编制管理办法》,将行业细分为3351个类别,完成4.79万户纳税人分类代码编制工作。将个体税收定额由层层审批改为办税服务厅电脑即办,促进定额公平。推行纳税评估和"免、抵、退"税专业化管理。利用团队方式开展行业调研工作,上市公司、商业税收、重点建设项目、房地产企业4个专业化调研组2年组织补税近16亿元。推动信息管税和社会综合治税,9月,市人大通过《关于加强地方税收保障的决定》,福州成为全国第一个通过税收保障立法并且适用于国地税的省会城市。《中国税务报》12月20日整版报道福州市国税局专业化管理做法。

【税收法制建设】 运用税收执法管理信息系统对执法过程进行监控,全市国税系统执法系统准确率99.54%,比上年提高0.14%。市局对13件重大税务案件进行审理,受理5件行政复议案件,其中4件通过疏导化解争议。开展整顿和规范税收秩序工作,打击偷、逃、骗税等涉税违法犯罪活动。全年检查纳税户262户,合计查补收入5.49亿元,其中企业自查4.13亿元。与公安、地税等部门配合开展打击发票违法犯罪活动,查获涉假发票687.81万份,查补税款1516.18万元,抓获并刑事拘留犯罪嫌疑人87人,立案59件。开展"大小非"股票减持专项整治,初步确定14户应补税7951.22万元。开展打击电动车假发票工作,发现虚假嫌疑发票1.2万份。完成酒类经销企业、涉黑企业、电力企业、出口退税企业等专项整治。开展税收法制宣传,联合省地税直征局和市税局首次推出2009年度全市纳税百强榜,欠税公告9次151户欠税人。

【优化纳税服务】 办税服务厅即办事项由上年的45项大幅增至119项。在八县(市)实现涉税业务"同城通办"的基础上,10月1日起,福州城区实现涉税业务跨区"同城通办"。至年底,受理跨区"同城通办"涉税事项2693件。推出FLASH场景式办税服务系统,通过短信平台向纳税人发送47.94万条宣传和提醒短信。与福州市地税局、福建省地税直征局联合评出2008~2009年度纳税信用A级纳税人478户,B级纳税人5.44万户,C级纳税人2213户,D级纳税人24户。创建咨询服务新模式,在各基层局成立税法咨询维权中心,提供税收政策宣传、税法培训辅导、现场咨询、网络服务、维权服务、税法援助等专业的税法咨询服务。扶持发展总部经济,实行汇总纳税管理的总部数量增加到59家,涉及总、分机构658个。7月,福州市国税局向社会公布简化一般纳税人认定手续、简化出口退税手续等30条服务海西发展涉税新措施。

(魏文忠)

地方税务

【概况】 2010年,福州市入库地方税费283.29亿元,比增64.97亿元,增长

29.76%，其中，税收收入194.8亿元，比增42.59亿元，增长27.98%；费金累计入库63.08亿元，比增9.24亿元，增长17.16%。

管征各类纳税人11.46万户，比增5729户，增长5%，其中，管征内资企业6.01万户，比增5991户，增长11%；管征港澳台商投资企业2250户，管征外商投资企业1944户，管征个体经营户4.25万户，比上年减少688户；管征其他类型纳税户7722户，比增426户，增长6%。

【营业税征管】 推进房地产税收"一体化"管理，对房地产开发企业的税收管征以开发项目为单位建立台账，逐户逐项跟踪。晋安局建立《房地产企业项目管征明细台账一、二》《销售台账》和《已开发票明细表》《票税比对表》《税负变化表》等三账三表，建立房地产企业制度化管征模式。对重点工程建设项目实行专人专项跟踪管理及定期巡查制度，全年市属重点工程入库地方税2.86亿元，比上年增收0.96亿元，增幅50.19%。审核检查货物运输业243户自开票纳税人提供的年审资料和纳税人的营运车辆、办公经营场所、财务核算、发票等使用情况，对符合条件的236户自开票纳税人办理合格审批手续，7户被通知整改或取消自开票资格。在住宿业推广计算机开票系统，通过票表比对加强纳税评估，查补营业税80万元。推广计算机开票707户，开具发票130.79万份，开具金额7.95亿元。娱乐、餐饮、旅店业入库营业税3.25亿元，比增19.76%。全年营业税入库85.87亿元，比增16.79亿元，增长24.3%。

【企业所得税征管】 新增地税管征企业所得税企业4184户，比增739户，实现计税所得额2.67亿元，企业所得税额0.18亿元，比增0.13亿元。企业所得税累计入库20.39亿元，同比增收6.27亿元，增长44.45%。

分析核查未纳入地税管征的企业所得税户，由国地税联合办证中心开展新户的企业所得税认定工作，对跨区移户企业下发《跨区移户企业企业所得税管征通知书》，通知迁入机关纳入管理；对新户认定企业所得税由地税管征制作《企业所得税管征交接单》与管征单位交接；每月对新增企业所得税异议的纳税户进行专业认定。

加强非居民税收管理，开展服务贸易对外支付开具税务证明的审核工作，全市开具税务凭证560份，其中，征税凭证355份，征收税款4455万元，较上年同期增收940万元。开展常驻代表机构管征工作，将地税现有管征的名单与国税部门、工商部门进行比对，将未管征户及时纳入管理范围，将多处代表机构的管征方式改为按经费支出法征税。加强预提所得税的管理，将上市公司纳入重点工作内容，按照《国家税务总局关于加强非居民企业取得我国上市公司股票股息企业所得税管理有关问题的通知》，组织各基层局对上市公司2008年及以后年度分红情况开展专项调查。开展反避税管理工作，组织开展2009年度关联业务网上申报工作，首次将关联业务网上申报工作扩大至内资企业，要求将内资的企业集团、上市公司以及规模企业也纳入申报范围，全年受理外资关联业务网上申报2082户，较上年增加417户。

【个人所得税征管】 个人所得税入库33.04亿元，同比增收5.89亿元，增长21.68%。全市年所得12万元以上的纳税人2.27万人依法进行纳税申报，比增4.82%。开展限售股转让所得个人所得税的征管，采取委托证券机构扣缴的办法，全市所辖22家证监机构营业部扣缴限售股转让个人所得税逾1亿元，纳税人数为5143人。

【地方小税种征管】 财产行为税组织入库76.84亿元，占全市地方税收收入增量的64%，比上年增收26.24亿元，增长51.85%。

土地使用税 加强土地使用税税源清查工作，将国土资源部门提供的土地登记信息资料分解下发给各征收单位，比对分析土地基础数据。仓山局利用国土资源局的土地清查资料，核实辖区内109户土地使用税纳税户。

土地增值税 对纳税人在项目全部竣工结算前转让房地产取得的收入，按分类预征率征收土地增值税，并开展土地增值税预征自查比对工作，全市土地增值税预征自查应补税款3417万元。加强土地增值税清算工作，对纳税人开发的房地产项目达到清算条件而不办理清算手续的单位，下达税务事项通知书。对中介机构出具清算报告加强日常稽核，对于符合要求的鉴证报告，予以采信，对出现退税清算项目或清算报告有疑问的项目，列入重点评估和检查对象，采取边清算检查、边约谈入库办法加快清算税款入库进度。全年土地增值税收入组织入库18.4亿元，比上年增收8.1亿元，增长79.46%。

耕契两税 定期对房屋交易、土地权属变更与契税征收情况进行调查。与房管、国土等部门协调，严格执行"先税后证"政策，对所有办理房产证、受让土地和变更登记的单位和个人，必须先办理契税完税手续，凭税务部门的完税凭证或免税证明，方可办理房产证、土地使用证和变更登记。全年"耕契"两税入库25.4亿元，比增13.14亿元，增长107.19%；契税22.98亿元，首次逾20亿元，比增12.83亿元，增长126.38%。

城市维护建设税 加强国地税信息比对，确保城建税新政平稳过渡（自2010年12月1日起，对外商投资企业、外国企业及外籍个人征收城建税和教育费附加）。组织对外资企业和个人开展城建税和教育费附加税源测算和调研工作，继续委托委托国税窗口代征附征税费工作，降低附征税费征收成本，减少附征税费偷逃税问题的发生。全年城建税入库8.59亿元，比上年增收1.61亿元，增长23.19%。

【规费征缴】 征收入库基本养老保险费30.17亿元（含省直征局），比上年增收3.97亿元，增长15.17%；失业保险费入库3.06亿元，比上年减收1982万元，减少6.07%；医疗保险费入库15.96亿元，比上年增收4.23亿元，增长36.02%；工伤保险费入库9990万元，比上年增收435万元，增长4.55%；生育保险费入库6624万元，比上年增收492万元，增长8.04%；机关事业养老保险费入库2.18亿元，比上年减收1668万元，减少7.12%；工会经费入库6994万元，比上年增收1179万元，增长20.28%；江海堤防工程维护管理费入库1.82亿元,比上年减收2279万元,减少12.73%;残疾人就业保障金入库1.22亿元,比上年增收1573万元,增长14.76%。

【纳税服务】 制订纳税服务规划 市地税局以“三个有利于”的原则,以“易”(操作更容易)、“一”(一次性办结)、“初”(关注初次办理)作为切入点,打造“三易”(易缴税、易办税、易学税)平台,制定下发《2010~2012纳税服务易遵从规划》。依托信息化技术,建立纳税服务考核评价机制,在规定限期内实现“同城通缴、同城通供、同城通办”目标。

规范办税流程 印发《新增即办涉税事项操作指南》,在全市范围内统一当场即办事项,规范前后台业务流程的衔接,统一将新增停业登记、个体共管双定户注销、万元版以下发票领购申请、新登记个体户税收定额核定、涉税证明开具等19项涉税事项下放办税服务厅即办,各类即办事项比例占全部受理件数的80%以上。年内晋安区局新增实行申报期早会制度、AB岗制度和通办制度。

“12366-2”纳税服务热线 依托信息技术和网络,整合、改进现有的“12366”纳税服务热线、网上“12366”、政府“12345”便民呼叫中心的涉税咨询、投诉、举报等功能,增加“12366-2”人工座席服务五大功能(短信告知功能、预约服务功能、满意度评价功能、需求分析功能、税情通报功能);实现“12366”热线与基层办税厅咨询台联动,对属于基层的专项问题,由“12366”转接到基层涉税服务台予以解决,同时将基层涉税服务台加入市局的税企在线互动QQ群,由基层咨询台收集纳税人涉税需求,向市局“12366”上报基层涉税需求快报、本月咨询服务情况及涉税咨询热点。全年“12366”热线开通话间中继线5条,设置人工座席21个,其中市局5席、基层16席,接听咨询电话2.78万个,采集热点问题250条。

“易遵从纳税服务网” 9月开通,网站服务的定位是“易缴税、易办税、易学税”,设置10个频道31个栏目,开通“网上申报、定额早知道、定额公开、欠税公告、公告送达、表报下载”等快捷通道,并提供可供社会监督的办税公开信息。网站开发即时通讯软件“税企通”,将各部门及税管员的联系电话直接公布在“税企通”上,纳税人可进行在线咨询服务、传送涉税资料、群发短信、召开电话会议、多方视频会议、网络接收传真等;开发网络培训平台,办税员、税务干部可通过互联网完成涉税知识普及教育、业务学习和在线考试等。全年点击率逾5万次。

【科学征管模式】 建立征管状况分析制度 建立税收征管状况风险预警和应急反应机制,对发现的征管漏洞,按地区、行业等类型层层解析,将问题落实到具体岗位和责任人;按季发布《税收征管状况分析情况通报》,通报分析情况、结果应用情况、整改措施落实和反馈情况以及各单位总结出的好经验、好做法,并适时组织征管状况分析工作的监督考核。

9月1日,市地税局举行纳税服务网暨“税企通”启动仪式。

基础管征工作 加强户籍管理,比对登记信息,把握税源和纳税人的变化规律。建立清漏守户考核机制,将清漏守户工作列入税管员、基层分局工作职责予以考核,定期通报管理分局(所)开展清漏守户工作情况,将企业所得税等单项税种登记情况列入绩效考核内容。加强行业征管,按照“全面稳步增长、突出重点行业”原则,采取下达考核任务和重点监控的双控管理办法,重点考核娱乐、住宿餐饮业营业税增长情况,以2009年为基数,下达年增长20%的考核指标,并对该行业的重点税源户实行分户重点监控。通过确定合理的个人所得税征收率,调整核定税种结构。

税源专业化管理 按照“提升税源控管水平、降低税收执法风险”的思路,遵循“管户与管事、属地与专业、管理与服务”三结合的原则,制定并下发《推进税源专业化管理的指导意见》。规范全市税源分类管理推广模式,统一采取“重点局+属地局+类型局”“重点局+属地局”“区域重点局+属地局”3种模式。将台江鳌峰分局定为个体专业局,专业管征全区近万个个体户;台江双杭分局、晋安新店分局、鼓楼洪山分局、仓山仓前山分局等定为重点税源管征局,重点管征各区重点行业及重点大户。推进管户与管事相结合的管理机制,对税源管理按照征管流程环节设置岗位,实行专业化分工,优化人力资源配置,把综合业务素质较好的人员配置到风险等级高、业务复杂程度高、综合技术应用要求高的专业管理岗位。将纳税评估岗细分为评估管理岗和评估实施岗。外税分局将纳税评估从户管员职责中剥离出来,成立纳税评估科,实行日常评估与专业评估相结合;台江区局在个体分局中设置3个科,分别负责税源管理、税籍管理、综合管理,在重点分局成立纳税评估组和日常管理组,转变以往1人统管的管理模式。

税源监控管理 加强纳税评估工作,选择美容业、金融业、房地产业、“三师”(注册税务师、注册会计师、律师)行业、民营医院、旅游业等热点行业开展评估。全市抽取14户典型户实施纳税评估,9户存在问题,其中2户移送稽查查处,问题户占异常户比例为64%。逐步建立物业管理、广告、美容美发、旅游和医疗等行业评估模型和指标体系,并依此筛选异常户,广告业通过数据分析确定营业税税负、人均个税差异、利润总额、支付比率等评估指标,物业管理业通过数据分析确定营业税增减变动率、代收代付比率等评估指标。全市评估户数5074户,入库评估差异税费1.27亿元。加强税务审计工作,全市实际税务审计户数1.58万户,税务审计入库税款5.99亿元。通过严格税务师事务所登记备案制度、规范税务审计工作底稿和审计报告、推广“阳光代理”、开展中介行业执业质量复查等一系列措施。全年税务中介出具税务审计报告8444份,入库税款3.48亿元。

【信息化建设】 重点完善税库行联网相关软件,继续推行以网上报税、自助缴税、个体批扣、电话缴税、委托代征POS移动缴税为主体的全方位电子缴税系统。7月,在长乐试点开设福建省首家24小时自助办税服务点。至年底,电子缴税系统覆盖福州市所有的纳税户和代征单位,全市采用多元化电子申报纳税人户数逾10万户。开展税费征管基础信息核查工作,以逐户发放核查表、税管员交叉复核、基层自查、市局抽查和后台非空与逻辑审核等办法,补充完善征管基础数据。重点监控纳税人名称、组织机构代码、纳税人识别号、行业大类、行业小类、登记注册类型、主管税务机关、税管员等24个指标,发现异常指标16.4万项次,总体异常率4.39%,总体异常率下降至0.64%,落实更正异常数1.69万户次。

8月,市十三届人大常委会第三十次会议正式通过《关于加强地方税收保障的决定》,核心内容包括建立信息交换平台,保障涉税信息的共享,解决涉税信息传递不畅、涉税源头控管不严等问题。市地税局通过工商、国税、技术监督、建设、法院等部门共享纳税人相关的经济、税收等信息,以加强税收征管,防止税收流失。连江县局与县人民银行签订信息共享协议,定期向人行提供欠税、处罚等信息数据,由人行纳入征信系统,作为银行放贷和信息卡办理环节判定征信的重要依据。

【依法治税】 重点监管占欠税数据80%的欠税大户,将涉嫌逃避追缴欠税的欠税户移送公安机关,全市清回陈欠2743万元,欠税余额减少1704万元。开展税收法制培训,全系统举办各类法规培训68场,受训4221人次。在局域网开设“税法论坛”,有注册会员393人,浏览近10万人次。落实政策文件会签制,执行文件会签会办、备案备查制度,所有规范性文件均由法规部门会签后出台,对外文书合同由法规审核把关,审核各类税收文件25份;审查基层局报备规范性文件8份,发现并纠正存在问题文件1份;审核对外签订的各类合同、协议28份、税收证明5份。对企业所得税管理、房地产土地增值税、“耕契”两税管理、欠税管理等开展执法督察。各基层局按要求开展自查,查补税金额673.69万元,在自查基础上,市局对6个县市(区)局开展复查,复查覆盖面35%,发现8大类31个问题,应补税款26.59万元。

推进“五五”普法工作,面向机关干部和纳税人开展普法教育活动,开展税收法律宣传和援助服务工作,并通过福州市“五五”普法领导小组考核验收。组织第19个税收宣传月活动,围绕与公民生活密切相关的税收政策、税收管理和纳税服务等方面内容,通过《福州日报》《海峡财经导报》、对外门户网站等媒体进行宣传,开展“助力海西、服务发展——税收服务志愿者大联动”“三易”纳税服务新闻通报会等税法宣传活动。推行税收法律法规公开制度,通过政府信息公开网公开22份。对建筑安装、房地产、交通运输、证券、药品经销等行业开展专项检查,在检查中按税源大小实行“分级分类稽查”。在房地产专项检查中,将检查范围延伸到房地产开发的上下游企业,如建筑安装、营销策划、广告、设计等关联企业。全市稽查立案检查394户,查结246户,有问题企业237户,查补地方收入2.45亿元。严厉打击非法印制、倒卖假发票违法犯罪活动,依法惩处违法犯罪分子,及时将查获的疑似假发票移送有关部门鉴定,为公安部门逮捕犯罪嫌疑人提供证据。继续延伸对假发票“买方市场”的检查,查处发票违法企业309户,涉及非法发票1.08万份,涉及金额2.05亿元,查补地方收入0.13亿元。全年破获大型制售假发票团伙6个,捣毁窝点10个,收缴作案机器设备49台,缴获制假印章117枚,刑拘96人,查获假发票682.07万份,票面金额30.3亿元。加大对举报案件的跟踪和管理,在原有信件、电话、上门举报的基础上,增加网络、传真举报途径。全年受理举报667件,查结490件,查补税费1.53亿元,加收滞纳金956.70万元,罚款0.39亿元。

(夏飞飞)

(编辑 吴 燕)

农村经济

新农村建设

【概况】 2010年,农村经济实现农林牧渔总产值479.35亿元,比增4.1%;农民人均纯收入8543元,比增11.4%,实际增长8.2%。全市40个综合示范村累计实现项目158项,总投资8700多万元,重点推进"路网、树网、水网"等三网建设,累计修建道路350公里,修建公园29个,全市40个综合示范村实现工农业总产值112亿元,90%以上综合示范村完成工农业总产值增幅比当地乡镇平均水平高1~2个百分点以上,农民人均收入高出1~3个百分点以上,基本形成1个以上主导产业。各综合示范村初步形成工业推动型(如福清市溪头村、波兰村)、商贸带动型(如闽侯县昙石村、岐安村,晋安区岳峰村)、海洋经济带动型(连江县下屿村、东水村)、特色农业推动型(如罗源县上长治村、西洋村)、观光休闲农业推动型(如连江县天竹村、罗源县许洋村)、劳动力转移带动型(如永泰县下苏村)等经济发展模式。

新启动实施"双百工程"示范项目750项,完成投资3.5亿元。各"双百工程"村完成工农业总产值年均增幅比当地乡镇平均水平高1~2个百分点以上,农民人均纯收入增幅高2~3个百分点以上,80%"双百工程"村基本实现富余劳动力的转移就业。第二批300个"双百工程"村中,年村财收入超过100万元的有20多个村,超过50万元的有60多个村,超过10万元的有120多个村。300个"双百工程"村拆除危房、废弃旧宅60多万平方米,修建休闲公园120个,增加绿化面积92公顷,完成"三格化"改厕5000多户。

全市11个村列入省级"百村示范"联系点村,至2010年,实施项目35个,总投资2000多万元,实施道路硬化50多公里,公园建设12个,经济项目19个。全市372个(不含平潭)"绿色村庄"创建村完成310个,完成率83%,新增公园215个,新增公园面积102公顷,种植各种树木96万株。

【强农惠农政策】 发放惠民惠农专项资金15.5亿元。其中,种粮农资综合补贴7225.34万元、农机购置补贴2124.75万元、农机具9034台、拉动农民投资5845.75万元、直接受益农户8850多户。家电下乡补贴5526万元、农村低保补助8226万元,农民工劳动力及农村劳动力转移培训补助3784万元,免除农村学生学费学杂费以及补助困难学生生活费3.44亿元。查处涉农乱收费、乱罚款和乱摊派,减轻农民负担金额520余万元。全市没有发生涉农负担的恶性案件、严重群体性事件和造成重大影响的其他案(事)件。

【沼气建设】 完成新建农村户用沼气3000户,其中福清市300户、永泰县1000户、闽清县450户、罗源县200户、平潭县200户、闽侯县550户、晋安区300户,配套农村改厕1430户。项目总投资1107万元,其中中央投资300万元、省级补助120万元、市级配套255万元、农户自筹432万元。完成乡村沼气服务站建设35个,项目总投资248.7万元,其中中央投资87.5万元、地方配套87.5万元、自筹73.7万元。完成养殖场大中型沼气工程8个,项目总投资2065万元,其中中央投资533万元、地方配套523万元、企业自筹1009万元,并新建大中型沼气池发酵总池容1.37万立方米,解决畜禽养殖污水随意排放破坏周边农业生态环境的问题。

【村财监管】 全市统一使用会计二级科目及编码,规范村级会计核算行为,确保会计科目明晰反映经济业务内容。利用农村财务计算机网络监管平台,对村级财务货币资金管理以及财务公开的具体内容、公布时间、公开的完整性、真实性等进行全面监督、控制和管理。通过平台远程监管,结合日常信访调处,分别深入福清市、长乐市、闽侯县、罗源县、仓山区、晋安区等县(市)区,督查货币资金管理、财务公开等方面违规操作15件,指导村集体建立健全各项内部控制制度。

(徐桂鹏　朱祖强)

农业产业化

【概况】 2010年,全市209家市级产业化龙头企业实现产值382.7亿元,比增13.5%,上缴税收7.05亿元,比增21.6%,带动农户70.6万户,带动农户增收53.9亿元,比增19.8%。全市24家省级重点产业化龙头企业带动农户33.73万户,带动农民增收27.84亿元。

【设施农业】 5月、11月,市委、市政府分别在长乐和福清召开全市推动设施农业发展现场会,成立设施农业专家服务团,举办设施蔬菜栽培技术培训班3期,动员鼓励全市农业系统专业技术人员以技术入股,帮助种植户开展技术服务。全市各类设施蔬菜生产面积1.49万公顷,占全市耕地总面积11%,其中,新建标准设施大棚蔬菜面积740公顷。在福清、长乐等沿海发达地区通过土地流转、连片开发,建设高标准高起点的钢架大棚,推动设施农业规模化品牌化。在闽侯县鸿尾乡、闽清县塔庄乡、永泰县梧桐镇,罗源县松山镇、起步镇建立5个设施农业示范点,实行市县两级农业部门领导和技术人员分片包干负责,从选点、建棚、种植等方面进行督促指导,通过示范带动当地农民发展设施农业。

市农业局制定《关于对设施蔬菜新品种、新技术创新应用奖励的试行意见》,鼓励设施蔬菜生产应用新品种新技术。引进一批以色列的西红柿、彩椒、小黄瓜高产优质品种在福清绿叶现代农业公司试种成功后,与以色列海泽拉公司签订170万元的购种合同,首期提供60万元种子给农户种植。与荷兰瑞克斯旺公司洽谈引进甜辣椒、茄子设施农业品种合作事项。设施钢架大棚首次列入中央农机具购置补贴范围,全市申请设施大棚专项补贴资金2851万元,可补贴建设大棚面积370.87公顷,占全省资金额度57%。市农办、农业局、财政局联合对新建设施(蔬菜)大棚实行资金补助,发放补助资金1537.45万元,补助面积619.13公顷;奖励发展设施农业33.33公顷以上乡镇6个,奖金299.82万元。福清市、长乐市、连江县、闽侯县、罗源县等县(市)财政给予1:1配套资金补助。

【开展农业服务】 成立粮食高产创建工作领导小组,制定并实施《2010年春耕备耕春防主要工作安排表》,具体明确抓春耕备耕51件实事,组织市、县、乡三级百名高级专家服务团,分片包干负责督促各县(市)区落实春耕备耕计划,指导春耕生产。

开展科技下乡、现场咨询指导和科技培训等活动近300多场(次),接受技术咨询1.5万多人次,发放科技书籍、农业技术资料近6万份;春、夏、秋种期间,组织农机服务农业生产,组建机耕服务队2315个,农机维修服务队364个,维修农机具1.23万台,投入拖拉机、插秧机、收割机等农机具1.815万台(套);出动执法人员3204人次,检查农资5836.96吨、货值3654.46万元。永泰县在葛岭镇台口村创办全国首个农民田间学校。

全市"969155"热线咨询电话接到3500余人次咨询,办结率100%。其中,市级"969155"热线接到群众咨询电话300人次。在福州农业信息网上发布各类信息5000余条。

举办农业专家服务团科技入户活动

【农产品质量安全监管】 根据农业部和省农业厅农产品质量例行监测结果,福州市"瘦肉精"检测合格率100%,蔬菜检测合格率97.3%。全市新增无公害农产品产地认定企业9家,无公害农产品产品认证企业8家、产品35个;新增绿色食品认证企业6家、产品10个;新增有机食品认证企业1家、初产品1个和加工品2个;新增2个产品获国家农产品地理标志登记保护;福清市成为创建全国绿色食品原料(枇杷)标准化生产基地。

加强在建4个国家级、5个省级和15个市级标准化示范区的监管工作。深入生产基地、批发市场、农贸市场和超市开展宣传,强化蔬菜生产质量安全意识,指导农户实施标准化生产,严把农药销售关口,科学指导农民安全用药。督促各级落实监管责任,严控不合格产品进入市场。加强动物及动物产品质量安全监管,规范动物产地检疫和屠宰检疫,动物产地检疫乡镇开展面100%,市区牲畜定点屠宰场所有进场的生猪耳标佩带率100%,动物检疫合格证明持有率100%。全市产地检疫生猪、牛、羊137.8万头、禽类75.99万只;屠宰检疫生猪、牛、羊107.05万头,禽190.4012万只;检出病死畜禽全部进行无害化处理。加大"瘦肉精"和莱克多巴胺等违禁药物监管力度,重点开展饲养场、定点屠宰场的生猪、肉牛监测,检测"瘦肉精"1.45万头份、莱克多巴胺2767头份。

(徐桂鹏 朱祖强)

农业科技

【农业科技交流】 组织名优新农产品参加全国农交会、绿博会、有机食品博览会,海峡农博会、茶博会,“5·18”海峡两岸经贸交易会、“6·18”海峡项目成果交易会、“9·8”厦门投资贸易洽谈会等经贸活动,签订合同或协议金额2.8亿元。6个产品获第八届中国国际农产品交易会金奖,居全省第一;6个产品获中国绿色食品博览会畅销产品奖,占全省50%;1个产品获中国有机食品博览会金奖。

【人才培养】 市农业广播电视学校招收中专学历生318人,开设专业6个;在校生人数901人。完成2007级学员的毕业验收工作,有7个专业281人获中专学历文凭,毕业率91%。闽侯县分校获评“全国中等职业教育工作突出学校”。

(朱祖强)

种植业

【概况】 2010年,全市农业产值129.89亿元,全市粮食播种面积11.6万公顷,比上年减少2706.67公顷,总产量68万吨,比降2.0%;单产385千克,亩增1千克。经济作物生产总面积20万公顷,总产量360万吨。蔬菜面积10.1万公顷,产量271万吨,产值42.5亿元,蔬菜产量居全省第一;果树面积4.6万公顷,产量35万吨,产值13亿元;茶叶面积9000公顷,产量1.7万吨,产值5亿元;食用菌总产量22.6万吨(鲜品计),总产值9.4亿元,秀珍菇产量占全省60%,白色金针菇产量占全省50%。

【粮食生产】 2月25日,市政府下达粮食生产指导性计划。3月18日,市委、市政府成立春季农业暨粮食生产领导小组。3月22日,在福清召开全市春耕暨重大动物疫病防控工作现场会,市政府与各县(市)区政府签订粮食安全生产责任书。在福清、长乐、闽侯、连江、罗源等县(市)选育一些流转规模比较大、期限相对长、操作较规范的流转联系点,全市土地流转面积7046.67公顷,水稻“单改双”面积213.33公顷。全市种植面积逾3.33公顷的种粮大户由上年298户增至324户,逾6.67公顷的种粮大户由上年223户增至250户,逾33.33公顷的种粮大户由上年26户增至32户,逾66.67公顷的种粮大户由上年6户增至8户。2个早稻万亩示范区平均产量逾480千克,3个晚稻万亩示范区平均产量逾500千克,1个中稻万亩示范区平均产量逾650千克,2个花生万亩示范区平均产量逾240千克。开展冬种生产及马铃薯高产创建活动,建立脱毒马铃薯高产示范片1333.33公顷,农业“五新”技术展示田66.67公顷,辐射带动全市1万公顷马铃薯提高单产。

【经济作物生产】 蔬菜产业 针对蔬菜生产实际需求,集成专项技术重点推广,推广出口型结球甘蓝标准化栽培技术666.67公顷,苦瓜、西瓜、甜瓜嫁接苗抗枯萎病技术2266.67公顷,西红柿小拱棚越冬栽培技术1066.67公顷,胡萝卜微喷灌节水栽培技术1000公顷,大白菜、花椰菜高山反季节生产技术2666.67公顷,大棚西甜瓜高效栽培技术600公顷,大棚蔬菜反季节栽培技术1666.67公顷。福清市重点发展甘蓝、西芹、芋头等出口创汇蔬菜4000公顷,推广蔬菜微喷灌技术2000公顷。闽侯县重点发展沿江沙洲马铃薯生产和200公顷反季节空心菜设施栽培,在5个乡镇分别建立千亩级叶菜类高产示范片。长乐市重点发展马铃薯种植,种植面积逾2666.67公顷,建立4片千亩高产示范区;种植蚕豌豆666.67公顷,白萝卜、西芹等冬菜4000公顷。连江县重点发展蚕豆、莴苣、西兰花等2333.33公顷,推广蚕豆秸秆回田技术,培肥地力。

水果产业 建设千亩福橘基地完成良种繁育2.5万株,在闽侯县小箬乡建园开垦33.33公顷。闽清县雄峰金银花专业合作社在闽清县雄江镇建立10公顷“雄峰一号”金银花示范基地,被列为省厅良种育苗基地,带动周边农户种植800公顷。

茶叶产业 恢复发展福州茉莉花茶品牌。福州茉莉花茶产值效益较上年提高逾30%,根据中国茶叶公共区域品牌价值评估,福州茉莉花茶品牌价值16.85亿元,居全国第十一位,成为全国性品牌最多的茉莉花茶产业。福州春伦茶业公司被列为国家级农产品研发分中心。评出福州茉莉花茶茶王7个和福州茉莉花茶工艺传承大师6位,仓山区获评中国茶叶百强县第十八名,4家茉莉花茶企业居中国茶叶百强企业前列。

食用菌产业 食用菌在新品种开发、工厂化、周年化、专业化栽培、标准化生产方面取得突破,珍稀食用菌品种秀珍菇开发、白色金针菇工厂化生产走在全国先进行列。福建仙芝楼生物科技有限公司被省发改委批准为福建省药用菌工程研发中心,并列入市重点项目,总投资2052万元,新建实验室4个、中试生产线2条。福建仙芝楼生物科技有限公司与中国医学科学院药物研究所于德泉院士合作建立“仙芝楼院士工作站”,成为全省农业系统首个院士工作站。福州兴荣生态农业科技有限公司在马尾亭江租地6.67公顷,投资1600万元,新建日产金针菇等各种食用菌10吨的工厂化周年生产线。福建益升食品有限公司扩建日产2.5吨金针菇、3吨杏鲍菇工厂化周年生产线。

【农业“五新”技术推广】 新品种 推广高产优质抗病粮食作物良种9万公顷,其中,水稻品种5.672万公顷,甘薯1.81万公顷,马铃薯4000公顷,大豆玉米等3333.33公顷、花生8000公顷,推广高效蔬菜品种及台湾农作物品种4万公顷,主要粮食作物良种覆盖率逾96%。

新技术 强化超高产栽培,推广水稻精确定量栽培技术、免耕直播、抛秧、旱育秧以及再生稻高产栽培,对现有的实用增产技术进行集成组装、配套创新。全市推广农业部确认的超级稻1.45万公顷,平均亩产571千克,比一般杂交稻亩增产57.2千克,其中高产示范片2000公顷,平均亩产623千克,比非示范片超级稻亩增产74.3千克;示范推广再生稻4666.67公顷,平均亩产235.4千克,其中高产示范片1333.33公顷,平均亩产

举办水稻机械化育插秧现场会

311千克，比非示范片增产75.6千克。

新肥料　推广测土配方施肥10.4万公顷，示范推广新肥料3个，示范面积1000公顷。

新农药　示范推广新农药10种，建立核心示范片53个，核心示范面积2900公顷次，辐射推广面积4.39万公顷次，防治效果逾80%。

新机具　机耕作业面积10.67万公顷，机械插（抛）秧2601.33公顷，机收水稻2.53万公顷。举办水稻机械化育插秧现场会、微耕机推广演示会、小型农机具演示会、植保机械演示会等各种现场演示23次，培训农民3000多人，新增5家农机专业合作社，服务面积533.33公顷。农机安全形势呈现“三降一持平”（事故数、受伤人数、直接经济损失下降，死亡人类持平），闽侯县获评全国创建农机安全示范县，连江县获评全国创建水稻机插秧示范县。

【植物病虫害防控】　全市农作物主要病虫发生28.01万公顷次，开展农作物病虫害防治34.38万公顷次，挽回粮食损失1.71万吨，农作物病虫害造成损失有效控制率3%以内。

开展病虫害统防统治，长乐市、永泰县、闽清县新成立9个植保农民专业合作社或病虫害专业化防治队。完善、健全50盏农作物病虫测报灯建设，组织村级植保员培训286人次，农民培训4018人次。发布病虫情报83期、7120多份，病虫情况电视预报18期，手机短信27期6770条，被各级农业信息采用30条，发放明白纸2.36万多份。把好调运检疫和产地检疫关，开展进口空心菜、玉米等国外引种的疫情监测，在福清市、永泰县设立橘小实蝇系统监测点，加强对扶桑绵粉蚧等新检疫病虫害的普查和监控。

（朱祖强）

农垦业

【概况】　2010年，福州市农工商集团总公司实现营业收入1739万元，国民生产总值21582.9万元，亏损578.8万元。上缴税金154.5万元，茶叶产量457吨，水果产量3780吨。

【集团主业】　茶业　加强与福建省海峡茶业交流协会合作，举行“全民饮茶日”福建启动仪式，茶界百岁泰斗张天福、省海峡茶业交流协会领导以及茶界同仁参加活动。参与省里茶事活动，促进协会、市场在学术信息等方面的交流。加强市场与产地的对接工作，组织市场商户参与三明尤溪县、大田县的产品推介会，以及其他产地供应商的对接活动。全年茶叶交易总额10亿元，创税800万元，新增就业人数300多人。

省现代农业茶叶技术体系福州推广站工作分别向周边地区推广生态茶园建设技术、茶树病虫害综合防治技术140公顷，标准化示范区33.33公顷；扩建喷灌片13.33公顷，管灌片53.33公顷。举办技术人员培训7期，参训308人次。试验站恩顶农场基地的茶叶栽培和无公害病虫防治技术获成功，将作为优秀示范点向全省推广。优山茶场以市场为导向，打造茶叶品牌，年内完成6.67公顷茶园改造任务，累计完成良种改造66.67多公顷，主要品种有金观音、黄观音等。

种植业　江洋农场分别扩大种植日本甜柿、翠梨4公顷，鸿尾农场对品质较差的部分橄榄树进行品种改良，海口农场嫁接换种火龙果3.33公顷。红旗茶场新引进“吉祥农业”项目，占地6.67公顷，计划投资额300万元，主要经营新型建材、花卉苗木等。完成道路拓宽平整1500米，平整土地0.67公顷，新型材料车间基本建成。

养殖业　引入福建省福丰农牧发展有限公司与田垱茶场合作，建成年出栏10万头生猪的大型生态环保型农牧业生猪养殖基地，其中种猪养殖项目投资约1.8亿元，占地约19.33公顷，建成现代化猪舍8万多平方米，存栏母猪5000多头，该场以标准化圈舍建设为重点，推广“无污染、零排放”养殖模式，克服传统养殖模式的污染物排放问题，被省农业厅推荐为农业部创建生猪养殖标准化示范场。

市农工商种禽公司新址选在江洋农场西洋岭，占地约23.33公顷，投资4000万元。年内通过环评，将陆续启动项目总评规划及相关审批手续。

新农村建设　2007年3月至2010年底，市农工商集团配合有关部门，先后在所辖的9个农场及7个场带村，以百户为单位配置齐全垃圾清洁设备，同时配备保洁员、监督员开展宣传、推进工作，建立环境保洁运行管理的长效机制，至此，9个市属农场及7个场带村全部通过市政府“家园清洁行动”的达标验收。江洋农场完成达标验收项目有：改造中低产田20公顷，建设小水渠2千米，植树造林100公顷。完成4个场带村10公里道路水泥硬化等。

【建设用地征迁】　鳝溪农场因“向莆铁路”“市政道路”等国家项目建设，被征迁土地12.67公顷，拆迁房屋9.45万平方米，涉迁该场住户345户。市农工商种禽公司拆迁面积5926平方米。红星农场继续落实征迁任务,完成交地3.33公顷。

(张　春)

林　业

【概况】　2010年,全市实现林业总产值103.48亿元,其中,第一产业32.12亿元,第二产业66.81亿元,第三产业4.55亿元。全市林地面积77.17万公顷,占土地总面积的64.3%,森林覆盖率54.9%。全市省级以上森林公园经营总面积2.13万公顷,其中:国家级森林公园4个(旗山国家森林公园、灵石山国家森林公园、平潭海岛国家森林公园、长乐董奉山国家森林公园),省级森林公园5个(闽清白云山森林公园、长乐大鹤森林公园、闽侯五虎山森林公园、平潭十八村森林公园、连江西溪森林公园)。建成国家级、省级生态示范区和自然保护区24个。4月,福州市获评"全国绿化模范城市"。

【全市林业工作会议】　6月8日召开,会议提出新时期林业工作的目标任务是:以科学发展观为统领,以生态建设为重点,持续深化林权改革,推进实施"五大"工程,加快建设"五大"基地,着力构建林业生态体系、林业产业体系、森林文化体系、科技支撑体系,力争到2015年,全市森林覆盖率提高到55.5%,林业总产值达145亿元;到2020年,全市森林覆盖率提高到55.8%,林业总产值达200亿元,把福州建设成为生态环境优美、林业产业发达、森林文化繁荣、林区社会和谐的现代林业先行区。会前,市委、市政府印发出台《中共福州市委、福州市人民政府关于持续深化林权改革加快福州现代林业发展的意见》。

【集体林权制度改革】　完成1498个村的林改任务,占有改革任务村数1503个的99.7%;完成商品林登记发证23.41万公顷,完成生态林登记发证面积19.33万公顷,林权发证率61%,持证农户数6.55万户、林权到户率22.3%。建立县级林业服务中心9个,乡镇林业服务中心84个,成立林业专业协会57个,林业合作经济组织660个。林权抵押贷款金额6408万元,林权流转645起,流转面积1.76万公顷,流转金额1.04亿元。永泰县商品林采伐改革"三公"分配试点工作在全市推行。

森林综合保险被列入市政府2010年为民办实事内容,全市32.24万公顷生态林全部纳入森林综合保险。市林业局、市中级人民法院联合建立涉林诉前矛盾纠纷联合调解工作机制,制定《涉林纠纷诉前调解工作操作规程(试行)》,将林权登记和林业承包经营权纠纷案件纳入诉前调解范畴,全市没有发生涉林群体性上访案件。

【造林绿化】　完成营造林任务2.15万公顷,占任务的127%。完成沿海防护林建设任务5240.6公顷,其中,人工造林1959.6公顷,封山育林3281公顷。新造油茶、竹林面积分别为718.66公顷、333.33公顷。12月1日,全市召开造林绿化动员大会,对2010~2011年造林绿化工作进行全面的动员和部署,副省长、市长苏增添与各县(市)区政府主要领导、市直10个责任单位负责人签订造林绿化责任状。会议要求全市各级各部门必须完成省里下达的5.87万公顷造林绿化硬任务。

【"四绿"工程建设】　4月20日,市政府印发《福州市城乡绿化一体化"四绿"工程实施方案》,明确将2010年定为城乡"绿化年"。提出要按照生态城市建设要求,以"弘扬生态文明,共建绿色海西"为主题,以"全社会办林业、全民搞绿化"为方针,以实施绿色城市、绿色村镇、绿色通道、绿色屏障"四绿"工程为重点,开展植树造林活动,推进城乡绿化一体化,提高全市森林覆盖率和城市绿化率。"四绿"工程总投资45亿元,通过各级政府、各界人士捐建、各单位认建认养等形式进行资金筹集,年内实现投资约30亿,完成率67%。"绿色城市"方面,完成城市绿化0.07万公顷;完成绿色军营建设48个;完成绿色校园建设164个。"绿色村镇"方面,完成绿色乡镇创建47个,完成率87%;完成绿色村庄创建285个,完成率76.6%. 新增公园180个,新增公园面积111公顷,种植各种树木116万株。"绿色通道"方面,高速公路完成路基上下边坡绿化92公里;普通公路完成绿化里程538公里。"绿色屏障"方面,完成荒山造林1.69万公顷;完成绿色屏障造林8333.33公顷;完成水土保持综合治理面积0.83万公顷。

【森林资源保护】　2010年,全市发生森林火灾7起,过火面积162.1公顷,受害面积70.3公顷。森林火灾发生率和森林受害率分别为1.04次/10万公顷和0.13‰,与上年相比分别下降88.52%和94.2%,未发生重、特大森林

12月1日,福州市召开造林绿化动员大会。

火灾和人员伤亡事故。全市林业主要有害生物防治面积1.15万公顷,松材线虫病疫情发生面积从2009年秋季的1845.13公顷压缩到351.26公顷,下降80.96%,实现疫情发生面积和县级疫点数"双下降"。开展"冬季行动""春季行动""严打整治行动"等专项执法行动,严打破坏森林和野生动植物资源违法犯罪行为。查处林业行政案件927起,侦破刑事案件76起,挽回直接经济损失356.6万元。全省首个关于湿地保护的地方性法规《福州市闽江河口湿地自然保护区管理办法》经福建省十一届人大常委会第十四次会议批准,于5月1日正式颁布实施。

永泰油茶良种苗基地

【林业产业】 全市商品材产量23.14万立方米,销售量20.96万立方米。木材加工及木、竹、藤、棕、苇制品制造产值27.42亿元。花卉种植面积2726公顷,实现产值8.1亿元,其中,鲜切花(叶、枝)、盆栽、盆景、观赏苗木、草坪等花卉植物产值4.0亿元,人造花、根艺、观赏石、观赏鱼、花卉资材等花卉相关产业产值4.1亿元。全市从事花卉、苗木生产的企业301家,农户3006户,花卉从业人员逾1.2万人。利用"5·18"海峡两岸经贸交易会、"6·18"海峡项目成果交易会、"9·8"厦门投资贸易洽谈会等经贸活动平台,完成林业招商项目7项,总投资8.05亿元。全市有木材生产和销售任务的10个林场全面实行木材生产和销售公开招投标,完成木材生产4.86万立方米,木材销售4.78万立方米,实现木材销售收入4300万元。全市投入森林公园和森林人家基础设施建设资金6381万元,其中,自筹资金173.6万元,引资6000万元,建成旅游道路59公里,完成公园绿化造林127公顷,改造景观林203.5公顷,拥有床位总数805张,餐位总数3680个。全市森林公园接待游客15.33万人,实现旅游收入244.3万元,吸收社会就业人员571人。至年底,建成森林人家36家,实现营业总收入500万元。

【林业科技】 围绕林业生产建设重点工程及森林生态安全问题开展科技攻关,开展"沿海滩涂互花米草除治""东方杉引种栽培""油茶高优品系选育和丰产培育配套技术""杉木优良材料选优研究"等课题研究。遴选一批先进成熟、效益显著的科研成果和实用技术加以推广,涉及沿海防护林建设、商品林资源培育、竹林经济林种植等多方面内容。开展短周期工业原料林桉树、火炬松标准化造林示范和水仙花标准化栽培示范,重点扶持永泰县油茶良种壮苗科技入户示范、闽清县生态林林下利用科技入户示范基地、平潭县防护林树木良种科技入户示范工程等建设。截至年底,全市11个县(市)区开通"96355"林业服务热线电话,免费为林农提供林业技术、林业政策法规、市场信息等咨询服务。选派科技特派员到基层、企业、乡村挂点服务,指导林农、企业完成油茶种植规划300公顷、种植133.33公顷、油茶良种苗木培育10多万株;建立油茶生产示范基地5个,桉树速生丰产林基地、毛竹林丰产基地各1个。

【全民义务植树活动】 3月3日,福州市绿化委员会印发《关于深入开展全民义务植树月活动的通知》。3月23日,在福州市三环一期植树点开展以"弘扬生态文明,共建绿色海西"为主题的全民义务植树活动,参加活动500多人次,种植各类树苗3000株。全市植树月活动期间,先后组织"3·12"植树节万人植树活动,纪念"三八国际妇女节"100周年、"海峡和平友谊林""人大林""政协林"等纪念林植树活动,军民共建植树活动,福州市青年自愿者植树活动,增芳榕城种植市花——茉莉花活动,在城区小区、社区开展身边增绿"三台"绿化活动,周末义务植树和园林志愿者进社区服务等活动近50场,参加人数3万多人次,种植各种乔灌木近20万株。种植珍贵树示范村完成非规划林地植树造林161.21万株。

【林博会、花博会获佳绩】 第六届海峡两岸林业博览会参展展品"碳的生活牌竹碳系列产品"和"迎福牌山茶油"获博览会金奖产品。以"三剩物"(木材加工、林木采伐、造材剩余物)再利用材料加工的木塑产品,成为该届林博会唯一特色展品。福州市政府获"展示展销一等奖"。在"第二届海峡两岸现代农业博览会·第十二届海峡两岸花卉博览会"上,福州花卉展以福州名片"三坊七巷"为主题背景,分设现代插花区与传统插花区布馆,完成插花作品27件,获组织奖及作品金奖1项、银奖1项、铜奖5项。

(高佳景)

畜牧业

【概况】 2010年,畜牧业产值61.10亿元,增长3.4%。全市肉、蛋、奶总产量39.57万吨,比增2.9%,其中肉产量25.31万吨,增长3.37%;蛋产量12.05

万吨,增长2.34万吨;奶产量2.21万吨,减少9.75%。生猪存栏175.91万头,增长1.65%,出栏275.68万头,增长3.7%;家禽存栏1424.36万只,增长3.3%;出栏2309.99万只,增长3.96%。

【产业化经营】 制定全市畜牧业发展规划和全市畜禽养殖污染治理规划。全市禁养区内有养殖场3712家,拆除3508家,拆除完成率94.5%。禁养区外有养殖场2424家,拆除2053家,拆除完成率84.7%。推进畜禽标准化规模养殖,落实15个生猪标准化养殖项目;开展畜禽养殖标准化示范创建活动,5个养殖企业入选国家级畜禽养殖标准化示范场,15个入选省级畜禽养殖标准化示范场。建立全省最大生猪养殖基地福丰农业发展有限公司,存栏种猪6000头,年出栏生猪10万头。加快良种繁育体系建设,福清市永城畜牧有限公司入选国家首批20强生猪核心育种场,成为福建省唯一的国家生猪核心育种场。加大畜牧新技术推广示范力度,在闽侯、福清、长乐等县(市)推广生猪生态养殖模式35万只,在福清、闽侯、连江等县(市)年出栏万头以上规模猪场20家,推广猪"小单元"全进全出饲养方式。

【重大动物疫病防控】 市、县重大动植物疫情防治指挥部联合监察局、效能办组织春秋两季重大动物疫病防控进展情况督查,对督查中发现问题进行通报,限期整改,及时反馈。3月22日,市政府在福清召开全市春耕暨重大动物疫病防控工作现场会,市政府与各县(市)区政府签订重大动物疫病防控责任书。制定并实施《2010年福州市动物疫病强制免疫实施方案》《2010年福州市动物疫病监测实施计划》《2010年春防主要工作安排表》。落实"免疫日"制度,开展集中强制免疫,规范免疫程序。完成2010年春秋两季重大动物疫病强制免疫工作,全市家禽高致病性禽流感、家畜口蹄疫、生猪高致病性猪蓝耳病、猪瘟等疫病平均免疫密度100%,免疫抗体合格率达到规定要求。

加强动物疫情举报核查报告制度,严格执行24小时专人值班和领导带班制度,及时储备应急物资和调拨强制免疫疫苗。投入动物疫病防控经费1562万元,储备消毒剂33吨、消毒设备298台,储备防护服等用品1.12万件(个、双),连续注射器及其他用品等3.59万件;调拨各类疫苗3897万毫升604.4万头份。全年举办各种技术培训126期,培训6840人次。

(朱祖强)

海洋与渔业

【概况】 2010年,福州市渔业经济总产值574亿元,占全省的38.4%;水产品总产量177万吨,比增4.7%;渔业产品产值258.2亿元,比增4.7%,占全市大农业的54%,其中,远洋渔业产量18.5万吨,产值19.5亿元,创历史新高。水产品加工总量128.6万吨,比增9.88%;水产品加工总产值163.4亿元,比增12.26%。水产养殖面积4.88万公顷,机动渔船1.66万艘,渔业人口52.1万人。全市确权发证18宗,面积1565.75公顷,征收海域使用金7720.8万元,其中国家和省审批项目5宗。通过省里预审项目1宗,面积3.24公顷,通过专家评审项目12宗,面积347.45公顷;上报省厅预审项目7宗,面积2312.61公顷。

在"2010北京·金鱼锦鲤大赛"上获奖的福州金鱼 (游庆辉 摄)

【规划制订】 "十二五"相关规划 邀请省农科院有关领导和专家建言献策,广泛征求相关部门意见,编制完成《福州市"十二五"渔业发展规划》。依托市海洋开发管理领导小组,成立规划编制工作领导小组和规划编写组,制定规划编制工作方案。年内,组织有关专家和相关部门编制完成《福州市"十二五"海洋经济发展专项规划》初稿,并上报市政府审定。

海洋环境保护规划 为统筹安排海洋各类用海及资源,保护海洋,实现海洋的可持续发展,编制完成《福州市海洋环境保护规划》(报批稿),2月正式报送市政府。4月,市政府召集相关部门和沿海县(市)区政府,召开协调会,吸收相关意见完善规划后颁布实施。

用海规划 《可门经济开发区临海工业区(一期)区域建设用海规划》获国家海洋局同意,进行编制海域使用论证和环评。《江阴工业集中区东部片区临海工业园区域建设用海总体规划》获省厅评审并报国家海洋局审批。《闽江口用海规划》经专家审议,形成报批稿提交市政府审议。

规范村委会养殖用海二次发包工作 制定《关于规范村委会养殖用海二次发包工作的实施意见》,经市十三届政府第五次常务会议审议通过,由市政府办公厅转发各县(市)区贯彻执行。《实施意见》主要对村委会养殖用海二次发包工作的工作原则、组织领导、发包程序等做详细的说明和规定,同时明确责任追究以及保障措施。

【海洋综合管理】 提升审批效率 通过并联审批、减少审批环节等办法,使海域审批时限从平均12天缩短到8天。通过提前介入主动服务,关口前移现场办公,专人督办跟踪落实,优化审批缩短时限等方法,为项目用海单位提供优质高效的服务。推进南方石化、平潭大桥等重点项目的审核审批,促进福州临港产业的发展。

海砂开采临时用海管理 一是划定禁采区。通过政府网站和《福州日报》向社会公告。二是建立配套制度。制定《关于实施〈福建省海域采砂临时用海管理办法〉有关问题的补充通知》,对海域采砂实行预审和加强监管等有关问题进行规定。三是加强审核把关。规定海域采砂临时用海要通过所在县(市)海洋主管部门预审和福州市海域使用项目审核委员会的审核同意后,才能上报审批。四是列入网上审批。明确禁采区,向市政府法制办和效能办申请列入网上审批,项目名称定为"海域采砂临时用海审批",权力编码为"FZ01HY—0016"。五是加强运行监管。加强对批准的海域采砂单位所采用的船舶、采砂区域等监管,批准海域采砂临时用海2宗,预审6宗。

【海洋生态环境保护】 海洋环保联席会议 首次与环保部门召开联席会议,探索建立联席会议制度、联合执法、联合检查等海陆一体化海洋环保机制。会议重点讨论《福州市海洋环境保护工作联席会议方案》和近岸海域水环境功能区达标率低的问题,认为造成近岸海域水环境功能区达标率低的主要原因是监测站位布设和评价方法的不统一。双方就部门定期对接、加强协作通报、联合执法督查以及技术数据共享等方面达成共识。

海洋环境保护宣传 "5·12"防灾减灾日,省、市、县三级海洋与渔业行政主管部门联合在连江黄岐开展"普及海洋与渔业防灾减灾知识,增强海洋与渔业安全防范意识"为主题的防灾减灾宣传及现场咨询活动。"6·8"海洋宣传日,在琅岐隆重举行福州市2010年世界海洋日暨全市海洋宣传日活动启动仪式,300多人次参加,现场发放海洋环境保护宣传资料4000多份。

赤潮防灾减灾 全年发生赤潮4起,发生面积1000多平方公里,赤潮种类为东海原甲藻和夜光藻,赤潮发生呈现出面积大,原发性的特点。首次组织召开应对赤潮灾害专家会,指导受赤潮影响区域的渔民防灾减灾。开展海洋灾害应急管理示范区建设试点,探索省、市、县、镇、村五级联动海洋灾害应急机制。编发福州市赤潮信息通报22期,及时传达赤潮发生信息。

无居民海岛开发和保护 配合研究制定《福建省无居民海岛保护和利用控制性详细规划》,开展无居民海岛地名的普查工作,对海岛的地理位置、海岛主要特征、植被现状、开发利用现状等情况进行全面调查。福清市作为全国试点单位,完成海岛地名普查工作,并被评为先进单位。至2010年,福州有12个无居民海岛列入国家第一批开发利用无居民海岛名录。

海洋环境保护整治 实施省海洋环保重点项目长乐市陈塘港海洋生态综合整治和平潭县滨海旅游区海湾环境生态修复项目,总投资1700万元。聘请专家编制整治方案,在整治项目区拆除不符合规划的养殖设施,定期开展海洋环境监测,种植红树林,成立海上保洁队伍,制作宣传牌和设置标志等。

"海漂垃圾"整治 在沿海各县开展市重点海滩和海湾"海漂垃圾"整治,主要在罗源鸟屿、连江岗屿、平潭坛南湾、罗源梅花南岸、连江黄岐渔港、福清沙浦镇东陈村、长乐漳港、马尾琅岐岛等地开展。

海洋工程环境评价 按照《海洋工程环境影响评价技术导则》编制海洋工程的海洋环境影响报告书(表)。核准工程用海项目6宗,全部开展海洋环境影响评价工作。

海域动态监视监测管理系统 全面完成市县两级海域确权数据整理,录入1150宗用海项目权属数据。形成海域使用审批、信息综合管理、业务化定期监测等方面具有较高的现实应用价值的工作态势。编制《2009年海域使用动态监视监测公报》,为合理利用海洋资源保护海洋生态提供服务。

【水产养殖业】 海带养殖 全市海带养殖面积4960公顷,产量18.2万吨,产值8亿元。继续推广海带—江蓠轮养模式,提高养殖海区利用率,净化海水水质,增加养殖户收益,同时促进鲍鱼的养殖。

鲍鱼养殖 全市鲍鱼在养量达20亿粒,产量突破2万吨,比增60%,实现产值25亿元。连江县成为全国鲍鱼养殖第一县,获"中国鲍鱼之乡"称号,同时在福州推广鲍鱼与海参混养新模式。

鳗鱼养殖 长乐市是全国最大的欧洲鳗养殖基地,探索出鳗鱼健康养殖模式——长乐模式。全年投苗4000万尾,

9月28日,连江县获"中国鲍鱼之乡"称号。

实现产值12.7亿元。

苗种培育　全市289家育苗场培育各类海、淡水苗种69亿尾(只、粒),个别高优品种育苗取得突破。福清市宏峰泰海珍品养殖有限公司和连江官坞海洋开发有限公司开展海参人工繁育技术试验,均获成功,培育出规格2~3厘米(500头/千克~600头/千克)优质海参种苗2000多万头。鲻鱼育苗在连江县也获成功。

远洋渔业　全市远洋渔业产量18.5万吨,产值19.5亿元。新增远洋渔业印尼基地1个,全市有远洋渔业基地7个,远洋渔船221艘。连江远洋渔业企业在韩国成功上市,融资近3亿元。

养殖新技术应用　支持开展湾外养殖新技术应用,推广6组金属大网箱试验。福清市开发浅海人造组合沉箱礁同箱分层试养海参、鲍鱼养殖新技术,长乐市采用南美白对虾人工湿地循环水养殖新技术,高优新品种、新模式养殖效益明显。罗源县采用南美白对虾与草鱼、胡子鲶混养和海带与江篱轮养的养殖新技术,既减少病虫害发生又提高养殖综合效益,亩平均产量300千克~400千克,最高亩产500千克,亩平均盈利4000元~6000元,最高可达1万/亩。

观赏鱼产业　全市有养殖场100多家,上规模的30家,开发的产品200余种,以金鱼、锦鲤等为主,主要销往上海、广东、日本、美国及东南亚等地,年销售额约3000万元。全年出口观赏鱼22批4.2万尾、货值2.6818万美元,批次、货值分别增长214.3%和997%。在全国第四届金鱼锦鲤大赛中,福州观赏鱼囊括总冠、亚、季军,并在10个分类冠军中独占五元。年内筹划建立观赏鱼行业协会和观赏鱼养殖基地,推动行业从传统养殖向开发水生观赏植物、饵料、休闲游乐的方向发展。

休闲渔业　全市"水乡渔村"项目8个。年内,闽清金洋、永泰东湖山庄、连江三屿等3个休闲渔业基地获省级"水乡渔村"称号。

【水产品加工业】　扶持水产加工企业新、改、扩建项目资金107万元,引导企业投入3亿元,鼓励水产加工企业新技术应用和新产品开发项目。

一是鱼糜制品。开发利用远洋渔获加工的鱼糜制品精品(如旗鱼丸、章鱼丸等产品)。二是贝类加工品。全年鲍鱼加工730吨,比增12%,产值1.7亿元,出口创汇470万美元;牡蛎加工1850吨,采购原料4.1万吨,加工牡蛎产值逾8500万元。三是藻类加工品。加工海带鱼丸系列、海带调味素、海带豆腐330吨,产值2700万元,其中,海带豆腐190吨,产值2280万元;海带丸系列、海带调味素加工140吨,产值420万元,全部销往美国和加拿大。四是烤鳗加工品。全年烤鳗出口1.45万吨,产值20.5亿元,创汇2.2亿美元。五是对虾加工品。全市对虾系列加工产品产量2.76万吨、产值11.87亿元、出口创汇1.17亿美元。六是海参加工品。福清胜田(福清)食品有限公司开发海参加工,并取得成功,公司投资2580多万元自行研发"双窑复温法制备淡干海参技术产业化应用项目"于9月投入批量生产,全年加工鲜活海参880吨,制出海参加工品22吨,新增产值1.5亿元。

【渔业惠民政策】　开展渔船AIS系统建设和渔业辅助船船载终端配备工作,全市44.1千瓦以上渔船安装渔船AIS系统船载终端2053台。推进渔业互助保险办理,渔工统保3.342万人,占应保渔工数的99.3%,签单保费527万元;60马力以上渔船投保1949艘,占应保渔船2126艘的91.7%,签单保费483.7万元。渔工理赔95起,理赔金额235.7万元;渔船理赔11起,理赔金额76.5万元。推进标准化池塘改造项目,立项面积532.73公顷,其中,现代渔业项目339.4公顷,省级标准化池塘改造项目193.33公顷,并申报验收。利用省、市级专项资金135万元,开展乌鲻、胭脂鱼、草鱼、鲢鱼和鳙鱼和娃娃鱼等苗种的增殖放流,总计放流苗种215.73万尾。其中,放流乌鲻鱼苗96.32万尾、淡水鱼苗116.1万尾、胭脂鱼苗3.3万尾和娃娃鱼鱼苗100尾。开展油价补贴工作,全年获中央财政直补的油价补助资金1.727亿元,全市发放补贴资金1.690亿元,占全市补助总额的97.9%。

【科技兴渔】　渔业病害跟踪防治　重点加强对罗源湾内外、网箱养殖等养殖区的大黄鱼、鲍鱼、紫菜等大宗水产品养殖病害的跟踪监测,及时发现和掌握养殖病害的发生和发展动向。加强宣传教育,强化技术指导,指导渔民采取有效防治措施。

科研攻关　承担农业部罗源湾海水鱼刺激隐核虫病监测,每年罗源湾可减少病害损失3000万元~5000万元;"中科红海湾扇贝的引种与试养"成为全省渔业"五新"重大推广项目;"有益菌在南美白对虾池塘养殖生产中的应用"试验产量提高30%;"一种简易赤潮预警方法"通过国家知识产权局初审并公开;"鲨芪康胶囊的研发"项目取得国家食品药品监督管理局保健仪器证书。

渔业培训　举办水产养殖规范用药培训班2期,培训水产苗种场、三类基地法人代表、技术员共380人。利用伏季休渔期,在各主要渔区巡回举办四等职务船员和普通船员"四小证"培训班14期,培训2323人,以提高捕捞渔民的生产技能和安全生产自救互救知识水平和渔民上岗持证率。召开渔民警示教育会47场,参加5200多人;开通移动信息平台,向全市渔民发送各类渔业手机信息27万多条。采取深入基层巡回集中培训的方式,对连江、平潭、长乐、福清、罗源、闽侯、马尾等县(市)区60马力以上渔船的船东船长举办安全生产职责和责任制培训班9期,培训1802人,这是对渔民安全生产教育的新举措之一。与市边检站联合举办培训班3期,参训338人,主要就边检出入境有关规定、涉外法律法规和安全生产知识等进行培训。组织市海洋与渔业技术中心与省水产技术推广总站联合举办市高级水产技术推广员培训班1期,全市县(市)、镇(乡)两级基层水技员共90人参加。

【渔业生产监管】　水产品质量安全监管　加强"餐桌污染"治理和"食品放心工程"建设,关注国内水产品质量安全预警通报,开展上市水产品的质量安全检查、检测等。开展水产养殖业巡查执法122次,出动执法人员396人次,完成抽检任务415批次。检查各类养殖场323家次,查处水产养殖业案件9宗,对7家育苗场、2家养殖场药残超标的苗种、养殖鱼类实施无害化处理。完成水产品药物残留检测任务 479 批次，总体红残检测合格率 95.2%，其中，农业部、省海洋与渔业厅在福州市流通环节开展市场水产品质量安全例行监测 8 次，抽检水产品样品 100 个，合格率 93%；在养殖源头开展市场水产品质量安全例行监测 4 次，抽检水产品样品 151 个，合格率 98.8%。

加强水产品流通环节质量安全监管，出动执法人员 90 人次，开展流通环节水产品质量安全甲醛、双氧水现场快速检测 511 批次，未发现不合格水产品。协助市水产批发市场、马尾海峡水产品交易中心开展水产品快速检测自检，完成 1.5 万批次，未发现不合格水产品。安排 50 万元资金推进无公害水产品产地认定和产品认证、健康养殖示范场建设，完成 27 家无公害产地认定和产品认证，面积 440 公顷；无公害产品认证 33 个，产量近万吨。

渔业安全生产监管 开展港口检查行动 268 次，登临检查渔船 1.093 万艘次，发现安全隐患渔船 614 艘，发出整改意见书、整改通知书 516 份，88% 整改到位。指导渔船签证站建设，全市设置到位渔船签证站 35 个，全年办理各类渔船签证 1.053 万艘次。开展渔船 IC 卡建设工作，在实船核查工作基本完成的基础上，完成统计造册、渔船公示及第一批 IC 卡的更新改造和申请上报。

【行政执法】 *海洋监察* 完善岸线巡查“三级监控”机制，开展无居民海岛执法检查和“海盾”专项行动。全年海洋案件立案 54 起，结案 52 起，收缴罚没款 2203 万元；福州渔平高速公路有限责任公司非法占用海域行政处罚案件处罚金额达 1944.327 万元，为全省查办的最大 1 起违法用海大案。开展打击非法开采海砂行动 53 次，查办非法采砂案件 44 起；非法倾废案件 1 起，收缴罚款 194.782 万元。市海监支队被中国海监东海总队评为东海区 2010 年度“优秀海监支队”，被国家海洋局东海分局评为“2010 年度东海区海洋行政执法先进单位”。

渔政渔监 查处渔业案件 294 起，罚款 236.393 万元，其中支队查处渔业案件 90 起，罚款 68.473 万元；新渔船登记 586 艘次，注销登记渔船 216 艘，监督拆解渔船 93 艘。加强休季休渔监管，全市应休渔船 6014 艘。探索经营单位承诺制度，与全市 53 家酒楼、餐馆经营者签订保护水生野生动物承诺书，查处违法经营单位 5 家，查获并放流中国鲎、鲟鱼等保护动物 46 只。开展水产养殖业执法，重点查处水产品药残检测及超标，根据各级的抽检结果，及时督促、协同有关县（市）区开展查处工作，对药残超标的水产品及时进行封存并实施无害化处理。

渔船检验 检验 44.1 千瓦以上渔船 1665 艘，44.1 千瓦以下渔船 8652 艘，检验 163 台件船用产品，其中，螺旋桨 113 台、液压绞钢机 50 台。完成渔船建造图纸审查 46 套。指导督促渔船修造企业的审核换证工作，辖区内资质到期的渔船修造企业换证率 90%。进行渔船实船核查，完成检验数据库的数据清理工作，建立完备的渔船数据库。

【渔业对台对外交流】 5 月，组织 2 个海洋与渔业团组共 23 人跟随市政府和省海洋与渔业厅组织的福州市经贸交流团农业分团、福建省渔业经贸考察团赴台考察交流。在台期间，成功举办“海峡渔业经贸交流座谈会”；副市长陈奇和台湾省渔会理事长黄一成分别代表海峡（福州）渔业周暨渔业博览会组委会和台湾省渔会签署《关于邀请台湾省渔会协助组办海峡（福州）渔业周暨渔业博览会备忘录》；福州渔业企业与台湾相关企业共签订 10 个合作项目，涵盖水产加工、渔业贸易、远洋渔业等方面，总投资 8543.5 万美元，其中利用台资 1618 万美元。福清市贸旺水产发展有限公司为全国首家在台设立水产品贸易办事处。

在纪念福州与长崎两市结好 30 周年之际，组织论坛交流团和展销交流团共 16 人首次赴日交流，9 家水产企业 20 多种名优水产品在日展销，并举行“学术交流报告”和“福州市渔业发展现状报告”活动，推动两市在渔业领域的交流与合作。

在“6·18”海峡项目成果交易会、“9·8”厦门投资贸易洽谈会等经贸活动中，组织签约、对接、招商海洋与渔业类项目 38 个。福建福铭食品有限公司与台湾中华娱乐渔船协会签订“利用鱼下脚料研发胶原蛋白产品”项目（总投资 2000 万元），并参加“9·8”厦门投资贸易洽谈会省政府举办的主会场签约。

承办“2010 海峡（福州）渔业周·第五届海峡（福州）渔业博览会”，开展海峡两岸渔业资源增殖放流活动，投放大规格鱼苗 112.42 万尾；吸引 200 多家国内外企业 10000 多名参展商和采购商参展、订货、采购；组织福州 24 家企业与 41 家境内外企业及高等院校、科研院所

9 月 27 日，由国家农业部、福建省人民政府共同主办的海峡两岸渔业资源增殖放流活动启动仪式在马尾举行。 （汤忠民 摄）

签订42项渔业合作项目,现场签约金额38.56亿元;举办水产科普知识展览、海峡两岸渔业经济合作与发展论坛、“水产食品与人体健康”大型讲座、2010海峡“水乡渔村”杯钓鱼比赛、“游闽江赏夜景、叙友情话发展”等活动。

(高 晶)

水 利

【概况】 2010年,福州市水利局以“安全水利、民生水利、生态水利”建设为重点,进行省市重点工程、水库海堤强化加固、农村饮水安全工程、节水灌溉、水土流失综合治理等水利项目建设76项,总投资30.20亿元;加强2009~2010年、2010~2011年冬春水毁修复工作;编制水利发展“十二五”规划大纲,申报闽江下游防洪排涝工程等21项水利工程的中央投资立项,组织通过福州(平潭)综合实验区新城区防洪防潮排涝工程、福州元洪投资区等67项水利工程的勘测设计与技术审查;开展200平方公里以下流域水功能区划工作;清理闽江水域连家船101艘;开展河道采砂、闽江下游两岸违法堆砂场专项整治行动,建立闽江巡逻、查扣违法采、运、吸砂船的日常工作制度。

【水利事业发展规划】 完成福州市水利发展“十一五”工作总结和“十二五”总体规划大纲编写,完成“十二五”水利信息化、水利重点建设项目、水资源开发利用和保护3个专项规划。通过省水利厅向水利部申报闽江下游防洪排涝工程、闽江“北水南调”工程等重点项目21项,预算总投资95.80亿元,其中16项(续建7项、拟建9项)列入中央投资立项。完成福州(平潭)综合实验区新城区防洪防潮排涝工程等25项水利工程规划、可行性研究与初步设计的勘测设计和福州元洪投资区、福州(平潭)滨海新城、闽清城区、闽清一中、马尾区琅岐岛、连江贵安等42项防洪排涝工程及农村饮水安全工程项目技术审查。

【水利工程建设】 *省市重点工程建设* 总投资23.38亿元,建设闽江下游南港盖山义序禄家洲段、南江滨东段、闽侯上街、侯官、南屿段、农产品物流中心段及永泰段防洪工程和魁岐排涝二站等8项防洪排涝工程,其中,完成闽侯侯官防洪工程建设,魁岐排涝二站处于筹建阶段。至年底,累计完成投资10.68亿元,进度达45.68%。

冬春修水利建设 2009~2010年度冬春水利建设任务完成投资3.92亿元,占计划102.22%;投入劳动力1363.55万工日,占计划102.57%;完成土石方1606.94万立方米,占计划111.25%;修复水毁工程573处。至年底,2010~2011年度冬春水利建设任务完成投资2.37亿元,占计划3.63亿元的65.29%;投入劳动力716.40万工日,占计划1592万工日的45%;完成土石方685万立方米,占计划1353.50万立方米的50.61%;修复水毁工程193处,占计划338处的57.10%。

水库海堤加固 完成18座中小型病险水库除险加固任务,包括闽侯三溪口、闽清岭里、长乐三溪、福清建新4座中型水库,马尾新店、浩溪2座重点小(一)型水库与12座列入省政府规划的598座小型病险水库除险加固计划小型水库。完成七期海堤强化加固任务15条26.38公里。

水土流失综合治理 2010年,全市完成水土流失治理面积1.03万公顷,占总任务102.9%。其中,水利部门完成2720公顷,完成投资463万元,包括营造经济林101.67公顷、造林329.67公顷、封禁1894.33公顷、坡改梯337.67公顷、建设防洪沟3.2公里、引水渠5.2公里、护坡3.3公里、道路17.44公里、蓄水池76口。

中小河流综合治理 建设罗源起步溪近期防洪工程和永泰清凉溪防洪工程(列入全省重点地区中小流域治理首批20个试点项目)。完成福清市龙江、永泰县温泉溪和晋安区井后溪3项河道清水工程,清淤河道9.02公里。完成橘园洲、鳌峰洲防洪堤等16项堤防加固、闸站维修及江景美化工程。

农村饮水安全工程 投资1.04亿元,完成17项农村饮水安全项目,解决17个乡镇21.55万人(含农村学校人口6857人)饮水安全问题。

节水灌溉工程 投资324万元,建设闽清县岭里灌区、闽侯县大湖老区新特果树示范场节水灌溉等8处13个节水灌溉工程,改善灌溉面积840公顷。完成长乐莲柄港泵站更新改造工程,完成投资1441万元。投资1.21亿元,建设福清市东瀚北盛围垦、牛头湾围垦、三山五七场围垦、连江县北埭南段围垦4项围垦工程,其中东瀚北盛围垦工程完成。

【闽江水域综合整治】 *闽江水域河道采砂整治* 完善《福州市河道采砂管理办法》,编制2010年闽江下游河道采砂计划实施方案,编制《闽江下游河道监测报告》,设置闽江下游15个河砂限采区。实行河砂政府专采专供,实施采砂许可证、《河砂准运单》制度。市水利局、公安局、边防、海事局、港务局、海洋与渔业局等市直部门组建联合执法队伍,建立福州市水政监察支队与边防支队联合执法巡查机制。截至年底,市水政、边防联合执法队出动执法船艇786艘次、执法车辆1862车次、执法人员1.11万人次,查扣违法采砂船32艘、运砂船19艘。组织闽江下游堆砂场专项执法检查,查封取缔未经审批设置的非法堆砂场18处。

闽江水域清理整治行动 组织城管执法、海事、规划、港口、公安、环保等部门和有关区政府约1000人次开展闽江水域清理整治联合执法行动10次,拆毁连家船101艘,小渔船25艘,木排木筏51个,拆除岸边违章搭盖150处1500多平方米;拖离或拆解37艘废旧水泥船和2艘餐饮船。

【水行政工作】 起草送审《闽江下游河道管理办法》,开展39条中小河流二级水功能区划和200平方公里以下流域水功能区划工作。审批设置闽江沿岸34处堆砂场及福州市重点办所属4家专供砂场和8处临时卸砂点。完成闽江下游河道监测,通过马尾、晋安、长乐、闽侯4个县(市)区水行政执法队伍能力建设成果验收。组建福州市第一次全国水利普查领导小组办公室,制定《福州市第一次全国水利普查工作方案》,开展全国水利普查方案设计、试点、培训和宣传动员前期工作。

（陈　嘉）

防汛抗旱

【概况】　2010年，福州市未发生明显旱情，而且遭受洪涝灾害总体较轻，没有台风正面登陆或严重影响。造成福州市损失的洪涝灾害主要是暴雨、洪水和台风“莫兰蒂”“凡亚比”“鲇鱼”的外围影响，全市有10个县（市）区、110个乡镇受灾，受灾人口16.96万人，紧急转移人口约5.55万人次，倒塌房屋115间，直接经济损失3.05亿元，约占福州市GDP 3065亿元的1‰，其中，农林牧渔业直接经济损失9908万元，水利设施直接经济损失6771亿元，工业、交通业直接经济损失1.221亿元。全年启动Ⅳ级应急响应3次，Ⅲ级应急响应1次，Ⅱ级应急响应1次。城市与县城防洪减灾效益较为明显，减少受淹范围103.95平方公里，减少受灾人口28.2万人，减少直接经济损失9.85亿元。

【“6·13”洪灾】　6月13～26日，受高空槽和西南暖湿气流共同影响，全市各地普降大到暴雨，部分县（市）大暴雨，过程雨量250毫米～300毫米，局部超过350毫米。受闽江上游强降雨影响，6月19日1时，水口水库最大入库洪峰流量3.2万立方米/秒，出库流量2.88万立方米/秒。各水文控制站点实测最高水位均超过警戒水位，其中，竹岐水文控制站点水位13.14米，超警戒水位1.14米；大樟溪永泰站水位32.819米，超警戒水位1.82米。市防汛指挥部开展各项应急调度指挥工作，沿江县（区）做好防御准备。出动驻榕部队及武警部队官兵4680人，闽侯县紧急转移祥谦镇龙祥岛等低洼地带群众505人。闽江最大洪峰于6月19日凌晨4:50安全通过福州。

该次洪灾造成闽侯、闽清、永泰境内普通公路部分路段受毁，104国道亭江段、316国道竹岐至鸿尾段因内坡滑坡一度交通中断；永泰城峰镇东门旗山小区后山发生大面积裂缝失稳地质灾害险情，紧急转移286户1115人，闽清、永泰、闽侯、马尾、福清、鼓楼、仓山、平潭、罗源等地发生86处小型滑坡、崩塌地质灾害；市区局部低洼地带出现道路或小区积水，新店秀峰路因受三环路和琴亭湖施工影响，河道排水受阻，道路淹深0.3米，影响市区正常交通运行。9个县（市）区、84个乡镇受灾，受灾人口14.59万人，倒塌房屋107间，全市直接经济损失达2.75亿元，其中，闽侯、闽清、永泰受灾较为严重，分别为0.54亿元、0.53亿元、0.39亿元。全市农作物受灾面积7670公顷、成灾面积3711公顷、绝收面积0.69公顷，农林牧渔业直接经济损失7874万元；损坏堤防22处4.4千米，损坏护岸203处，损坏灌溉设施893处，损坏水文观测站、机电泵站、水电站等7处，水利设施直接经济损失6017万元；停产工矿企业18个，中断供电线路8条次，通讯线路13条次，公路22条次，工业、交通业直接经济损失1.191亿元。

【抗击台风】　全年，影响福州市的热带气旋6个，主要影响福州市的台风有“莫兰蒂”“凡亚比”“鲇鱼”，台风过境时主要造成洪涝灾害。在抗击台风暴雨中，福州市加强监测会商，突出做好台风路径、短历时强降雨、水库及江河水位的监测预警和调度，重点做好人员撤离和科学调度等工作。全市转移海上渔船和渔排养殖人员约2.67万人次，组织回港或就近避风船只3.46万艘次。在台风“凡亚比”影响期间，为确保防台风和举办特奥运动会的顺利进行，采取适时优化调度，24小时监控内河水位措施，圆满完成任务。

第10号台风“莫兰蒂”　9月8日2时在台湾台东县南部海面生成，生成时近中心最大风力7级，风速16米/秒，向西南方向移动，风力逐渐增强。10日3时30分在泉州石狮沿海登陆，登陆时近中心最大风力12级，风速35米/秒，登陆后横穿福州市上空，全市普降暴雨，过程雨量均超150毫米，3个县（市）区、51个乡镇受灾，受灾人口3.4万人，倒塌房屋8间，转移人口1662人，全市直接经济损失1540万元。

第11号台风“凡亚比”　9月15日8时在太平洋面上生成，生成时最大风力7级，风速15米/秒，向西北方向移动。20日7时在漳州古雷镇登陆，登陆时近中心最大风力12级，风速35米/秒。该次台风走势稳定，风力逐渐增强，是2010年登陆福建省较强的台风，但因台风登陆点远离福州市区域，没有给福州市造成灾害损失。

第13号超强台风“鲇鱼”　是登陆福建省的第5个台风，10月23日12时55分“鲇鱼”在福建省漳浦县登陆，登陆时近中心最大风速38米/秒，风力13级，登陆后缓慢向偏北方向移动，强度迅速减弱。受台风和冷空气共同影响，福州市风大、雨大、浪大、潮大。该次过程降水集中在23日上午至24日凌晨，日雨量以福清灵石林场189毫米为最大，造成福清市24个乡镇受灾，受灾人口2000人，全市直接经济损失1424万元。

（林　芳）

（编辑　吴　燕）

工业

综述

2010年,福州市工业产业结构调整加快,城区"退二进三""腾笼换鸟",有计划、有步骤地推进中心城区工业企业搬迁改造、梯度转移,引导石化、冶金等重化工业项目向以江阴、罗源湾港区为重点的南北两翼集聚,两翼临港工业迅速崛起。两翼四县市(罗源、连江、福清、长乐)完成规模工业产值2303亿元,占全市工业总量50.9%,增长贡献率达55.4%。机械制造、电子信息、纺织服装、轻工食品、冶金建材五大支柱产业齐头并进,协调发展。全市工业总产值4853.4亿元,比增21.7%;完成增加值1092.8亿元,比增18.8%,其中,规模以上工业完成产值4528.6亿元,比增22.6%;完成增加值1076.3亿元,比增20.4%。完成工业固定资产投资514亿元,比增16.8%,增速保持全省平均水平之上,超6.8个百分点完成2010年市人大确定的预期发展目标。单位GDP能耗为0.637吨标准煤/万元,超额完成年度目标计划。

做大工业经济总量　强化运行调度要素保障,加强对县(市)区工业发展的分类指导,每月召开工业经济运行调度会,健全工业经济运行监测预警机制。扶持东南汽车、冠城大通、福大自动化等15家高成长型龙头企业加快发展。全年实现产值493亿元,实现逾50%的高成长。培育捷联电子、华映系体系(华映光电、华映显示科技、华映视讯)等2家大企业大集团达到百亿规模。英冠达电子、力恒锦纶、德盛镍业等180项工业新增长点项目,新增产值730亿元,对工业经济增长贡献率达80%。

机械制造产业完成产值897.8亿元,比增33.5%,东南汽车全年产销超12万辆。冶金建材产业完成产值616.9亿元,比增19.1%;鑫海冶金、亿鑫钢铁、三金钢铁3家企业实施兼并重组,进一步提升冶金产业产能与竞争力。福州电网供电面积1.22万平方公里,供电人口700万人,拥有35千伏及以上变电站161座,主变压器290台,总容量1604.29万千伏安。医药化工行业规模以上工业总产值累计完成143亿元,比上年增长23亿元,增加19%。电子信息产业完成产值722.8亿元,比增25.3%,捷联电子产业增长贡献率为69.4%,星网锐捷、新大陆通信、飞毛腿电子等3G通讯、物联网关联企业增长逾40%。纺织服装产业完成产值796亿元,比增20.7%,力恒锦纶、金纶高纤等重点企业实施技改及加快裂变。轻工食品产业完成产值952.4亿元,比增19.4%。生物医药、新材料、新能源等新兴产业发展粗具规模。

打好新增长区域发展战役　成立战役推进领导小组,强化责任分工、任务分解和跟踪协调,督促推进项目按序时进度完成。福州市列入省"新增长区域发展战役"重点项目162项,总投资2438亿元,年度完成投资418亿元,超额完成计划16%;市新增长区域发展战役重点项目81项,总投资1705亿元,年度完成投资234亿元,超额完成计划11%。

市产业调整和振兴工业重点项目168项,总投资740亿元。加快实施"三个一批"项目,即:戴姆勒汽车、德盛镍业、中铝瑞闽、捷星显示等30项重点项目全部竣工投产;中国化工江阴CPP项目、东南电化、耀隆化工搬迁项目等25项重点项目按时开工建设;宝钢德盛、鼎元光电、英孚电子等19个项目开展前期工作。

推进工业园区建设　海西高新技术产业园区完成总平规划与路网建设,年内,福汽集团总部与研发项目在内的17个项目签约入驻,中科院海西研究院正式落地动建,福抗药业、久策集团等6家企业动工,另与50多家企业洽谈入驻相关事宜。福兴经济开发区初步完成改造提升总平规划,8家企业总部大楼项目落实并开展前期工作,总投资50亿元的城市综合体建设(总部经济大楼)与中国建筑工程总公司达成EPC建设协议。推进南屿生物医药与机电产业园、东南IC制造业基地等产业园区建设。推动产学研结合,抓一批能带动全市行业技术升级的共性技术和关键技术的研发、推广和应用项目,推进科技成果向现实生产力转化。坚持自主创新和培育战略性新兴产业与发展高新技术产业相结合,加快培育发展光伏太阳能、新材料、新能源、生物医药、环保设备、物联网等新兴产业。加大规划引导和政策支持力度，建立以企业为主体的自主创新体系和产学研相结合的研发机制，培育一批支撑产业持续发展的具有自主知识产权的知名品牌。鼓励创建行业和企业技术中心，新大陆公司被认定为国家级企业技术中心，雪人股份等9家企业被认定为省级企业技术中心。

招商引资与经贸交流活动　依托"5·18"海峡两岸经贸交易会、"6·18"海峡项目成果交易会、"9·8"厦门投资贸易洽谈会等大型经贸招商活动平台，以工业集中区为载体，以电子信息、石油化工、机械制造、船舶修造、冶金等产业为重点，密切与台湾相关行业协会、企业联系，促进两岸产业深度对接，推进台湾鼎元光电、友顺电子、英孚电子等项目；印尼三林集团煤化工等一批重大外资项目取得实质性进展；央企招商取得重大突破，宝钢集团、中国化工集团等10家央企与福州市签订项目合同，总投资1658亿元，其中，中国化工集团江阴CPP项目、宝钢德盛镍业等3个项目在北京与中央企业举行签约仪式，总投资508亿元。开展回归工程，吸引外地福州籍企业家回榕投资兴业。在谈内资工业项目204项，总投资522亿元，外资工业项目118项，总投资94.7亿美元。

与长三角、珠三角、中西部以及友好城市开展经贸交流与合作。完成省、市政府部署的第六届APEC中小企业技术交流暨展览会招商招展和相关保障工作，第六届泛珠三角区域合作与发展论坛暨经贸洽谈会（福州市）公共事务工作。组织第五批援疆、第六批援藏项目规划编制工作，加强协调，做好跟踪服务。发挥驻榕机构的窗口和纽带作用，帮助福州工业品开拓国内市场，促进福州市经济协作和对口支援工作取得新成效。

推进工业节能降耗工作　建立全社会单位GDP能耗考核体系，落实目标责任制，推动重点领域节能工作；推进工业重点用能企业科学合理用能，编制节能规划；鼓励企业投资节能技术改造，扶持鑫航公司高炉煤气利用等72个节能项目，节能量达13万吨标准煤；福人木业等9家企业被认定为省级资源综合利用企业；推荐44家企业参加省清洁生产审核评估、验收；鼓励发展循环经济，加快淘汰落后产能工作，完成国家工信部下达的5家制革企业关闭任务；加大城区电缆下地力度，完成福飞路等69条主干道全线缆化工作。

服务企业　争取中央、省扶持项目88项，扶持资金7500万元；落实市工业发展扶持项目241项、扶持资金6900万元。扶持担保机构发展，有16家融资性担保机构获市级风险补助392万元，22家融资性担保机构获省级风险补助537万元。组织开展企业成长培训12期1280人，开展高级管理提升培训1期300人，推动12家企业管理咨询机构开展100项企业管理咨询诊断项目。联合印发《关于规范市级政府投资工程建设项目设备材料采购活动的意见》，发布的10批《福州市建设项目使用地产材料推荐目录》中，有205家企业参与的386个品种1189个型号规格的产品入围。

开展涉企收费减免政策的贯彻落实和督促检查，年内，在堤防工程维护费、新型墙体材料基金、城市副食品价格调节基金、社保三项费用下调等方面减轻企业负担4.8亿元。查处纠正闽清后佳合资水电站工商执照暂缓年检以及企业反映工程项目收费等有关问题。开展企业减负兼职监督员和县（市）企业减负办主任业务培训，开展企业和企业经营管理者合法权益保护工作。

（张晓江　于孙杭）

机械冶金

【概况】　2010年，福州市机械冶金行业经济运行基本面保持向好趋势，年初高速恢复性增长，下半年回归平稳发展，继续位列全省机械冶金行业首位，产值比厦门高371.9多亿元。全市规模以上企业677家，全产值突破1300亿，累计完成产值达1316亿元，比增30.1%，新增产值335亿元，超额完成全年计划9.7%，占全市工业比重29.1%。12月产值创历史新高，达137.4亿元。

【机械工业】　全市规模以上企业625家，完成产值899.9亿元，比增34%，产值继续位列全省机械行业首位，比厦门高64.6亿元，占全省机械工业比重23.9%。

交通运输设备制造业　完成产值353.9亿元，比增52.9%。第二季度末至第三季度初，受小排量汽车税收增加影响，汽车销售市场有所减弱，福州机械工业增幅有所减缓，8月开始汽车产销回升，10月基本恢复到正常水平，第四季度回升幅度较大。全年，东南汽车汽车产量12.07万辆，比增36.2%；戴姆勒汽车产量1.14万辆，产值36.5亿元。船舶骨干企业冠海造船厂产值15.253亿元，比增40%；福州利亚船舶工程有限公司产值15.352亿元，比增81.2%。马尾造船公司、东南造船厂生产均较正常，增幅平稳。12月中旬，华东船厂18万吨级船坞正式投产。

电气机械及器材制造业　产值228.5亿元，比增26.1%。内燃机及发电设备各企业出口订单复苏，内销订单有所增加，产值、产量约比上年同期平均增长20%以上。利莱森玛发动机公司增幅达101%，万德电气公司增幅达

冠海造船厂　　（连江经济开发区　供）

43%,港发机电公司增幅达40%。通用设备制造业完成产值131.9亿元,比增20%。

其他机械工业　金属制品业完成产值64.1亿元,比增21.7%。专用设备制造业完成产值63.2亿元,比增17.9%。仪器、仪表办公用机械制造业完成产值56.5亿元,比增27.5%。

【冶金工业】　冶金行业高速增长的态势略有减缓,趋于平稳。累计产值位居全省第一,比三明市多149.9亿元,占全省冶金工业比重23.9%。在德盛镍业、亿鑫钢铁、金盛钢业、中铝瑞闽、南方铝业、三金公司、天宇钢铁公司等企业的拉动下,冶金行业规模以上52家企业累计完成产值416亿元,比增22.5%,基本完成预期目标但略有缺口。其中,钢铁产能受节能减排、房地产调控及逐渐进入市场淡季、钢材市场价格波动不稳影响,增长步伐减缓。吴航钢铁公司、鑫海冶金公司仅比上年同期略有增长,中钢公司比上年同期略有下降。

钢铁行业　规模以上工业企业完成产值333.7亿元,累计产值位居全省首位,比增27.6%。德盛镍业产值比增102.4%;亿鑫钢铁公司产值比增41%,钢坯产量比增27.5%;金盛钢业公司产值比增55%,产量比增157.8%;三金公司比增45.3%;宏顺型材公司比增30%;天宇钢铁公司比增58%;宇星公司比上年略有增长。中钢公司、吴航钢铁公司产值、产量在上年基数上下徘徊。至年底,钢材价格每吨在4500元~4600元之间。

有色金属业　规模以上企业完成工业产值82.3亿元,比增17%。中铝瑞闽公司产值增速达24%,铝材产量增幅8.9%;南方铝业公司增速累计达47%,铝材产量增幅38%;广福有色金属公司产值增速累计达58%,铜材产量增幅17.3%。

(陈群杰)

电力工业

【概况】　2010年,福州电网供电面积1.22万平方公里,供电人口700万人,拥有35千伏及以上变电站161座,主变压器290台,总容量1604.29万千伏安。其中,220千伏变电站23座,110千伏变电站94座,35千伏变电站44座。拥有35千伏及以上输电线路4505千米(输电线路包含电缆),10千伏线路17566千米。

【电力供应】　福州地区电网依靠省网络供电,有500千伏、220千伏2个电压等级主干电网,其中,500千伏电网拥有可门火电厂(240万千瓦)、江阴火电厂(120万千瓦)、水口水电站(80万千瓦)3座主力电源以及洋中(100万千伏安)、福州北(150万千伏安)、东台(200万千伏安)3座500千伏变电站,500千伏网架形成三向延伸、南北贯通、布点均匀的链式结构;220千伏电网以500千伏变电站作为主电源点,并有东部福州华能电厂(272万千瓦)、西部水口水电站(60万千瓦)作为补充,220千伏电网双回多环、南北拓展、分区供电、相互支援、网架坚强。

年内,福州地区新增永泰梧桐水电站1座,装机容量2.5万千瓦,嘉儒、玉山风电站新增装机容量2.4万千瓦。福州地区联网中小型电厂总装机容量760.4兆瓦,其中火电容量6兆瓦,水电容量530.7兆瓦,风电容量198兆瓦,其他容量25.7兆瓦;所占比例分别为0.79%,69.79%,26.04%,3.38%。全社会用电最高负荷463.5万千瓦,比增14.27%,网供最高负荷为381.9万千瓦,比增15.83%。福州市全社会用电量264.26亿千瓦时,比增15.54%,居全省第二位;其中第一、第二、第三产业以及居民生活用电量分别是3.13亿千瓦时、161.92亿千瓦时、40.21亿千瓦时、59.01亿千瓦时,分别比增1.96%、17.27%、10.78%、15.07%。福州电业局售电量246.4亿千瓦时,比增16.8%;最高负荷468.28万千瓦,比增15.45%;综合线损率2.37%;供电可靠率99.95%;电压合格率99.77%。

全年完成配网带电作业827次,比增69次;向县公司拓展带电作业104次,比增26次;客户业务扩充工程带电作业率97.26%,增供电量3451.05万千瓦时,比增22%。

【电网建设】　投资20.18亿元建设福州地区主网、配网,较上年增长44.2%。主网方面,新、扩建会展变、凤坂变、罗星变等110千伏及以上电压等级变电站14座,有效保障福州东部区域、南台岛及马尾区的供电稳定可靠;成功敷设平潭岛第二条110千伏海缆,平潭告别单电源供电历史;新增主变容量993兆伏安,建成5条220千伏线路和16条110千伏线路,共207.8千米。配

福州市首座电动汽车充电站

电网方面，完成新建（或改造）架空线路120千米、电缆200.46千米，改造配电站所23座，并推进单相变建设，新装55台单相变，完成236个低电压或重载台区改造，改善低电压区域居民的用电质量。农网方面，建成3个新农村电气化县、12个新农村电气化乡、135个新农村电气化村。

开展重点工程的跟踪服务和项目对接，开辟大干150天重点工程项目“绿色通道”及“点对点、面对面”方式优化办事程序，完成福州海峡国际会展中心、省政府屏山大院、特奥会比赛场馆、绕城高速、三坊七巷改造等省重点项目的送电工作，完成10千伏及以下重点业扩工程259项，35千伏及以上工程9项。

投运全省首座智能化变电站——110千伏会展变；启动福州智能配电网示范区建设，建设方案通过国家电网公司审查，将配电自动化扩展到城市中心区，完成8万架智能电表安装，公变终端覆盖率100%；建成全市首座电动汽车充电站及70个电动汽车充电桩。

【电力线路缆化工程】　成立电力线路缆化办公室，与市缆化办、重点办对接，结合市政工程实施，制定乌山路、六一南路等电力线路缆化实施计划，年内完成缆化投资12.01亿元（其中土建部分5.54亿元，电气部分6.47亿元），完成乌山路、鳌峰洲路、福峡路等65条道路缆化，道路长度77.57千米，电缆长度155.14千米；完成13项110千伏及以上输电线路缆化项目，竣工线路长度82.91千米，电缆长度248.73千米。

【技术创新】　投入科技开发费用1028万元，“10千伏带电作业用升降旋转式绝缘平台的研制与应用”获全国发明展览会金奖；“悬式绝缘子新型带电清扫工具研究”和“单相电能表防窃电原理的研究及应用”获全国发明展览会铜奖；“新型智能配电故障线路指示器的研发”和“无线宽带电力应急通信系统”获福建省科技进步三等奖；14项成果获福建省电力有限公司2010年度科学技术奖，其中6项成果获一等奖。申请专利12项，取得专利授权9项，获奖等级和获奖数量均位居省内供电企业首位。

9月19日，市电业局为特奥会提供现场保供电。

【安全生产】　开展“三个不发生”（不发生大面积停电事故，不发生人身死亡和恶性误操作事故、不发生重特大设备损坏事故）百日安全活动，2007年7月1日至2010年底，福州电业局实现连续安全生产1279天，实现年度内3个百日安全记录，以全市第一的成绩获评福州市安全生产A级企业。推进安全风险管控机制建设和安全管理标准化建设，组织春季、秋季、防人身触电等专项安全检查，落实安全整改，获全国安康杯优胜企业奖。完善应急处置体系，加强电力设施保护和消防工作。

【供电服务】　开展“送温暖、保增长，真诚服务365”系列活动，推出“绿色能源，电力关怀”主题活动，拓宽电费缴交及电费查询方式，开通网银和POS机缴费，推广电费充值卡，与邮政合作便民服务站深入社区收费，拓宽缴费渠道。正式投运“95598”福州供电服务中心，整合服务资源和流程，提升服务效率和能力。全面开放业扩市场，推广应用《10千伏及以下电力用户业扩工程技术规范》，实行客户经理“挂牌服务”，实现业扩项目服务规范、标准、快速。实施完善保电机制，健全应急指挥中心功能，推出“一户一手册”“一场馆一预案”，实行“定人定岗定哨”现场巡视，完成“5·18”海峡两岸经贸交易会、“6·18”海峡项目成果交易会、全国特奥会临时电源工程等保供电任务330项。结合市区缆化工作，梳理市区配电网网架结构，对城区40条道路架空线缆化提出规划改造方案，解决道路周边存在的单辐射、重载线路供电问题。

（刘力丰）

医药化工

【概况】　2010年，福州医药化工行业通过项目带动产品结构调整，转变经济增长方式，同时解决国有企业遗留问题。化学原料及化学制品制造业扭转2009年产值负增长的局面，全市医药化工总体呈现快速增长趋势。全年医药化工行业规模以上工业总产值累计完成143亿元，比上年增长23亿元，比增19%。其中，医药制造业完成产值50.2亿元，比增11%；石油加工及炼焦完成33亿元，比增13%；化学原料及化学制品制造业完成60.7亿元，比增32%。

双强公司主产品二丁酯市场转好，完成产值3.86亿元，比增163%。耀隆公司完成工业产值3.7亿元，比增3.3%。一化公司主要产品氯酸钠及ADC发泡剂销路良好，完成工业产值1.83亿元，比增16%，销售值比增40%，出口交货值增长50%。福抗药业公司制剂和原料药产量下降，完成工业产值10.5亿元，比降18%。海王福药完成工业总产值5.7亿元，比增3%。丽珠福兴医药完成3.6亿元，比增45%，销售值比增35%。康利特完成销售1.46亿元,比降38%,出口值下降18%。泰普生物完成产值2亿元,比增200%。医药各子行业中中药饮片和生物制品收入、利润增速表现最好,中药饮片行业的快速增长主要受益于中药材涨价;生物制品行业的快速增长主要得益于血液制品涨价、疫苗强制应用范围扩大、出口增长等因素。

【重点项目建设】 制定产业结构调整和振兴规划,实施技改项目20项,其中:新建项目5项、续建项目15项,医药行业12项、化工行业8项,完成固定资产投资15.5亿元。中国化工集团项目总投资372亿元,占地260公顷。其中一期投资108亿元,产值214亿元,规模为100万吨/年CPP,乙烯20.6万吨/年、丙烯24.5万吨/年,下游配套项目为丁辛醇、丙烯酸和酯、环氧乙烷、乙丙橡胶等产品。6月底,福州蓝星化工有限公司在榕完成注册,一期注册资本金5亿元一次性到资,10月底完成江阴项目土地摘牌工作,实际征地182.67公顷,总金额约3.73亿元一次性到资。委托国际知名咨询公司莱森特公司做产品方案规划,选定18种产品进行下一步福建周边市场分析及产品方案论证。通过招标方式选定中煤地质工程总公司进行土地初勘。年内总钻探孔108个,总进尺4100米,并与拥有油田资源的印尼华商就项目所需原油多次进行接触协商。

【技术改造】 *耀隆化工搬迁技改项目* 选定搬迁方案和产品方案,一期项目投资15亿元,新建年产20万吨合成氨、40万吨联碱、10万吨硝酸、6000万标方氢气、3100万标方一氧化碳的装置。全年实际完成固定资产投资1.8亿元,以6666.67元/公顷的价格购地75.47公顷,搬迁项目工程采用“EPC”设计、采购、施工总承包的方式,通过中化国际招标有限公司公开招标,赛鼎工程有限公司和天辰工程有限公司2家企业中标建设单位,辰达工程监理有限公司和成达工程有限公司2家企业中标监理单位。12月28日举行开工动员会,项目计划于2012年上半年建成投产。

东南电化公司搬迁技改项目 征地121.74万公顷,完成固定资产投资3.7亿元,完成土方工程以及排水带工程。年内搬迁工程项目环评报告获国家环保部审批,项目申请报告获国家发改委核准。项目落户江阴工业集中区石化专区,12月15日举行开工动员会,计划建成年产12万吨离子膜烧碱、10万吨甲苯二异氰酸酯、10万吨聚氯乙烯联产装置,形成具有循环经济特点的新型化工新材料基地。

【生物医药产业园建设】 加快招商力度,在财税、融资、用地、用工、品牌、科研、市场、服务8个方面给予优惠和支持,鼓励本地和外来企业前来投资。福抗药业公司、金山药业公司、迈新药业公司、闽海药业公司、海王公司等15家企业有意入驻,产品涉及基因工程细胞工程酶工程等现代生物技术,开发基因工程药物、诊断试剂和生物医学分析仪器、生物中药、生化医药中间体等。园区建设围绕构建专业化、特色化、现代化福州生物医药城的总体要求,着重发挥福州对台优势,推动福州生物医药产业基地建设成为国家级产业基地,将南屿建设成为年工业产值超100亿的“药城”。

【技术创新】 海王公司、辰星公司、闽海公司、百仕韦公司、一化公司等企业与中国药科大学、第二军医大学、南京军医大学达成产学研合作协议。全年全行业开发新产品31项,产学研联合开发项目24项,“6·18”海峡项目成果交易会上报对接项目12项,技术需求项目12项。年内企业申报市科技进步奖5项,申报市产品质量奖并获奖的产品有2项,其中,百仕韦医用高分子公司的安全型静脉留置针获市科技进步二等奖、闽海药业公司的国家三类新药米格列奈及胶囊、仙芝楼生物公司的有机鹿角灵芝提取及深加工技术获市科技进步三等奖。医药企业申报多项国家二、三、四类新药,一批科技成果落地转化。

【安全管理】 与耀隆公司、化工供销公司、汽车队3家企业签订安全生产责任书。督促耀隆公司投入2200万元治理安全隐患,新增变换气制碱塔、7号造气炉,改造吹风气、碱碳化、碱锅炉等操作室。全年开展行业安全大检查9次,发现安全隐患48条,整改率100%。

实现无重大人身伤亡事故,无重大火灾事故,无重特大爆炸事故,无重特大设备事故。因工死亡事故控制在0.1‰,因工重伤人数控制在0.1‰以下。工业卫生各指标控制在上级主管部门下达的指标内。

(翁锦昕)

电子信息产业

【概况】 2010年,福州电子信息产业累计完成产值722.8亿元,比增25.3%;完成出口产值510亿元,比增20.7%;出口对销售的贡献率为68.9%。福州电子信息产业集聚效应明显,形成以冠捷、捷联、华映、日立数字等为主的平板显示产业,以福富、网龙、顶点、榕基、福大自动化为主的软件产业,以高意、福晶、华科为主的光电子产业,以星网锐捷、三元达、邮科为主的通讯设备制造业。全行业主要产品产量中,显示器、打印机、液晶投影仪、POS机、调制解调器、计算机网络产品、手机电池等产品的产量位居全国前列。软件业以福州软件园为主要载体,抓住电子政务建设的契机,发展为政务信息化服务的政务软件;利用行业优势,发展电信、广播影视、金融、证券、财税、交通、电力、装备制造、烟草、公安、邮政、社保等行业应用软件、应用系统和应用平台;以建材、纺织服装等传统产业为突破口,发展电子商务、企业信息化应用软件;发挥电子信息制造业的优势,发展数字视听产品、网络通信产品和社区智能化等嵌入式软件,推动全社会利用信息技术提高自动化控制水平;以互联网和物联网应用为契机,发展网络安全软件和动漫网络游戏软件。

产值增长的企业主要是:捷联电子、华冠光电、华映显示科技、飞毛腿电子及电池、华映光电,分别比增14.5%、25.4%、21.9%、32.7%和22.9%。产值下降的企业主要是:新大陆电脑完成产值9.02亿元,净降1.69亿元,比降15.8%;日立数字映像完成产值13.55亿元,净降1.26亿元,比降8.5%;产量下降的主要企业是：新大陆电脑的溯源产品比降87.5%；捷联电子液晶电视比降16.8%。至年底，市电子信息行业有星网锐捷、新大陆2个国家级企业技术中心，20家省级企业技术中心和16家市级企业技术中心。

【重点项目建设】 列入《福州市产业调整和振兴2010年工业重点项目计划》项目24项，总投40.6亿元，其中总投资逾亿元项目11个；在建项目14个；投产项目10个，新增产值9.6亿元。星网锐捷3G终端产品、鸿博光电LED示范工程等10个项目列入省重点，总投24.5亿元。捷星显示科技液晶模组及显示器、新大陆电脑行业设备专用芯片开发及产业化、福大自动化纺织行业经编机控制系统改造等项目投产；星网锐捷网络通讯终端系列产品、福光光电电视摄像光电系统、马尾上润二期暨智能执行器等项目开工建设；兆元光电LED产业基地项目、晶圆科技8英寸集成电路芯片生产线等项目取得前期突破。

【园区电子产业】 福清（融侨）显示器产业园以台资企业捷联电子、华冠光电为龙头，推动光电产业集聚，促进产业升级。2010年，园区引进外资企业捷星显示科技、英冠达电子、亿冠晶电子等项目，在液晶显示产业中下游形成完整的产业链。捷联、华冠、捷星、英冠达4家企业完成产值392亿元。

马尾（国家）显示器件产业园实行技术改造，加快产品转型升级，成为全国重要的液晶显示模组生产基地。2010年，华映光电、华映显示科技、华映视讯共生产液晶显示模组与背光模组6550万套，完成产值111亿元。

福州软件园通过国家广电总局审核验收，正式挂牌"福州国家影视动漫实验园"，成为国家动画产业基地。定位为"国际科技软件新都、海峡两岸高科技发展的引擎"的福州软件园海峡软件新城开工建设，新城坐落闽江与乌龙江两江分流入城口，占地20公顷、建筑面积约40万平方米。建设主要包含综合楼地块（拟建6座高层建筑）、动漫二期地块（拟建1幢24层综合大楼和19幢小体量研发楼）、招商项目自建地块等，其中，综合楼地块和动漫二期地块将采用BT模式建设。产业主要包括信息智能、现代服务、国际采购、工业设计和文化创意等。

表7　　主要企业产值增长情况　　单位：亿元、%

企业名称	净增产值	2010年产值	2009年产值	比增
捷联电子	37.96	300.22	262.26	14.5
华冠光电	14.67	72.48	57.81	25.4
华映显示科技	11.16	62.03	50.87	21.9
飞毛腿电子及电池	8.19	33.21	25.02	32.7
华映光电	8.19	43.90	35.71	22.9

表8　　主要产品产量情况

产品名称	净增产值	2010年产值	2009年产值	比增
液晶显示模组（万片）	3652.85	6550.05	2897.20	126.1%
液晶显示器（万台）	363.74	2710.88	2347.14	15.5%
机顶盒（万台）	127.22	267.21	139.99	90.9%
打印机（万台）	16.06	110.09	94.03	17.1%
液晶投影仪（万部）	6.37	38.05	31.08	20.1%
晶圆片（万片）	23.37	53.59	30.22	77.3%

【终端产品】 星网锐捷在教育网市场占有率继续保持第一，并向政府、金融行业拓展。锐捷网络数字化校园整体解决方案获教育部教育管理信息中心颁发的"2010年度中国教育信息化优秀方案奖"。在"2010中国IT用户满意度年会"上，锐捷网络获"企业级网络设备用户满意度第一"和"政府行业用户首选品牌"两项大奖。

联迪商用蝉联国家金卡工程"金蚂蚁奖"，是电子支付设备领域的唯一获奖者，继续巩固其金融POS第一品牌的地位。企业入围全国首家标准社保卡项目，福建省大型医院社保卡信息化全部采用企业生产的SCE－7100终端。

爱普生蝉联针式打印机销售冠军，在IT服务年度评选上，企业生产的针式打印机再获"2010年服务满意度金奖"。

新大陆公司发布拥有完全自主知识产权的全球首颗二维码解码芯片，并围绕该芯片提出179项专利申请（包括120项二维码芯片专利、37项二维码识读引擎专利和22项二维码物联网应用商业模式专利），企业技术中心被认定为国家级企业技术中心。

欧浦登公司生产的薄板钢化玻璃拥有国际领先技术，企业研发并生产全球最薄的LED液晶电视面板，厚度0.7毫米，该面板专门为日本索尼公司新款3D电视定做，并获美国康宁公司大量订单。2010年欧浦登公司完成产值2.88亿元，比增97.6%。

捷星显示科技的3条液晶显示模组与整机生产线全部投产，企业生产的"刀锋"系列超薄LED液晶显示器，厚度1.29厘米，为全球最薄的液晶显示器。2010年捷星显示科技生产液晶显示器141万台，完成产值10.36亿元。

【软件行业】 在工业和信息化部发布的2010年中国软件业务收入百强企业名单中，福州市有五家软件企业入围，在省内处领先地位（全省6家），分别是：福大自动化（第21位）、星网锐捷（第41位）、福建新大陆（第50位）、国脉科技（第63位）、福建富士通（第79位）。2010年，软件产业共获得各项扶持资金4611.59万元，涉及的奖项包括优秀骨干人才承担的产业化项目补助、福建省优秀软件产品奖励和软件骨干企业享受省市政府退税奖励等11个项目，福大自动化、新大陆软件、伊时代、瑞芯微等骨干企业获得扶持。2010年,福州软件园建成2500平方米的公共技术服务基地,为软件公共技术资源汇聚和技术服务提供集中的硬件环境,解决软件园服务信息化缺位的问题。

【集成电路产业】 瑞芯微电子在香港电子展上,发布大中华区首家基于Android平台的主芯片及全套解决方案,在中国国际信息通信展上,瑞芯微发布新一代3G移动互联芯片方案,产品覆盖平板电脑、智能手机与信息机等平台,全球70%的平板电脑终端厂商已经采用瑞芯微方案。贝莱特公司自主研发设计的具有完全自主知识产权的FBS102多功能视频图像处理系统控制软件获国家版权局计算机软件著作权登记证书,并获得国家科技部资金扶持。福顺微电子调整产品结构,生产6英寸晶圆片20.5万片,比增142.4%;生产4英寸晶圆片33.1万片,比增52.0%,全年共完成产值2.38亿元,比增89.7%。福顺半导体加大新型SMD电子元件的研发销售,全年完成产值3.96亿元,比增22.2%。

【网络游戏产业】 网龙公司(含天晴数码)进入中国原创游戏行业的"第一梯队",在网博会上获"中国网络游戏原创奖",其自主开发的《魔域》《征服》和《机战》等产品在海内外市场齐头并进。公司还与迪士尼公司合作开发《梦幻迪士尼》,在金翎奖评选中获"玩家最喜爱的十大网络游戏"。掌上世界自主研发的国内首款写实战争手机网络游戏《霸业OL》,在金翎奖评选中获"最佳手机网络游戏奖"。

【动漫创意产业】 天狼星动漫《手机小子—爱情外挂》获第四届中国原创手机动漫大赛"最佳手机动画奖",《手机小子—金牛座》获第七届金龙奖原创漫画动画艺术大赛的"最佳手机动漫奖"。神画时代《逗逗虎》获第二届中国国际版博会"十大最具产业价值影视动画作品形象奖"。金豹动漫"JONJON 囧囧珠宝系列"获迎世博纪念品全球华人设计大赛"最佳创意金奖"。

【政务信息服务业】 福州市进一步完善"中国·福州"门户网站、市直党政部门办公自动化系统(OA系统)、便民呼叫中心"12345"系统、网上审批及效能监察系统、空间地理基础数据库、市民卡等电子政务平台,实现电子政务信息服务从重建设、轻应用向注重深化应用转变;从信息网络分散建设、独立运行向资源整合利用、互联互通转变;从偏重自我服务向注重公共服务转变,"中国·福州"门户网站月访问量达2900多万次。

【获奖项目】 *市科技进步奖* 邮科通信技术公司第三代移动通信室内覆盖及共建共享关键技术研究获福州市科技进步奖一等奖,捷联公司彩色液晶显示器、顶点软件股份公司客户营销管理系统等4项产品获福州市科技进步奖二等奖,联迪商用设备公司射频识别技术及应用产品开发等18项产品获福州市科技进步奖三等奖。

优秀新产品 捷联电子公司NS-LCD19F型19寸液晶电视获福建省优秀新产品三等奖,冠捷、思迈特等企业17项产品获福州市优秀新产品奖。

产品质量奖 福建捷联电子有限公司获首届福建省政府质量奖,福建星网锐捷通讯股份有限公司生产的固定无线电话机等14项(其中复评4项)产品获福建省名牌产品奖,福州锐达数码科技有限公司IQBoard牌互动电子白板系统等3项产品获福州市产品质量奖。

【企业技术创新】 福建联迪商用设备有限公司新一代电子支付统一核心技术平台开发及其应用等8个项目获省企业技术创新专项资金补助,全行业有11个项目申报福州市产学研联合开发项目。福建新大陆集团有限公司企业技术中心通过国家级企业技术中心认定,冠林、福大自动化、国通通过省级企业技术中心认定。

【榕台项目对接】 福建省经贸交流考察团和福建省经贸文化交流考察团2次赴台,其中榕台对接项目有:与台湾电电公会等组织对接,承接台湾信息和光电产业转移;与台湾全宏半导体等进行新能源、新光源、新显示项目招商;与中国电子信息产业集团、华映等洽谈液晶面板投资。"6·18"海峡项目成果交易会期间,市电子信息产业征集对接项目104项,涉及软件、光电、电子制造等领域,总投资13亿元,其中,合同77项,协议18项,意向9项;亿元项目3项,千万元项目22项。

(林 捷)

轻纺塑料工业

【概况】 2010年,福州轻纺工业规模以上企业有940家,完成工业总产值1317.87亿元,比增26.14%,工业总产值占全市工业比重的29.10%,经济总量为6个行业之首。城镇集体工业联合社行业规模以上企业完成产值491.16亿元,比增22.78%。年内,翔隆纺织获"全国纺织工业先进集体"称号,6人获"全国纺织工业劳动模范"称号,1人获"全国纺织工业先进工作者"称号。

【轻纺工业经济】 *纺织工业* 规模以上企业453家,完成工业总产值796.01亿元,比增26.9%(按可比价增长20.7%),占全市规模以上企业工业总产值4528.26亿元的比重为17.5%,占全省纺织工业总产值2655.07亿元的比重为29.98%,位居全省第二。4个行业:纺织业237家企业,产值379.24亿元,增幅24.42%;化学纤维制造企业26家,产值188.66亿元,增幅31.18%;毛皮、羽绒制造企业55家,产值133.41亿元,增幅32.93%;服装企业135家,产值94.70亿元,增幅20.96%。

轻工业 规模以上企业487家,完成产值521.86亿元,比增25.01%。食品业规模以上企业318家,工业总产值443.41亿元,比增24.47%,其中,农副食品加工业326.52亿元,比增27.37%;食品制造业77.40亿元,比增21.99%;饮料制造业39.49亿元,比增8.43%。其他轻工规模以上企业169家,工业总产值78.45亿元,比增28.12%。纺织业和食品业在福州市工业八大支柱产业中分别位列第二和第四。

【城镇集体工业联合社行业】 塑胶行业 规模以上工业实现产值 279.15 亿元，比增 26.03%，其中，亚通公司完成产值 16.56 亿元，比增 13.42%；恒杰塑胶公司总产值较上年增长 1.2 亿元；时代包装公司的 BOPP 膜完成产值 10 亿元；福建茶花公司生产稳步增长；冠捷集团配套的塑料零配件制造业有所好转，福捷塑胶公司完成产值 3.6 亿元，比增 35.76%，利亚塑胶公司尝试研发外销产品，不再完全依赖冠捷集团，冠捷配套产品仅占总产量的 60%，全年完成产值 1.8 亿元，比增 28.6%。

皮革及制鞋行业 规模以上工业完成产值 133.41 亿元，比增 28.4%，其中，清禄集团完成 39.36 亿元，比增 51.42%；祥兴箱包集团完成产值 37.31 亿元，比增 33..5%。

家具及竹藤草制品业 规模以上企业完成工业总产值 78.6 亿元，比增 13.9%。代表企业诚丰家具公司产品主要销售国内市场，公司实现产值 11.42 亿元，比增 15.04%。10 月，企业通过“中国驰名商标”认定。

【技术改造和名牌创立】 轻纺行业实施技术改造 68 项，对列为省、市重点项目的企业，与企业建立联络员制度，及时将项目进展情况汇总上报。为指导轻纺行业在当前转变经济增长方式和工业化信息化两化融合工作，在福州纺织轻工行业现状和发展建议基础上，完成福州纺织行业和轻工行业的产业调整振兴实施意见，并编写行业“十二五”现代纺织工业和轻工业发展专项规划。

加强与国家和省、市专业管理部门，以及行业协会、工程学会、专业高等院校的联系，开展技术进步项目申报及“6·18”海峡项目成果交易会福建项目成果对接，完成对接项目 13 项，需求项目 12 项。推荐金纶高纤、锦江科技、长源纺织、同源纺织等企业参加省级技术中心的评定，同时推荐有实力企业参评“福建省著名商标”“福建名牌产品”“市知名商标”和福州市优秀新产品奖，推荐产学研项目 3 项，推荐市科技进步奖 3 项。

全市轻纺工业万元产值能耗下降到 0.13 吨标准煤，其中轻工业万元产值能耗为 0.11 吨标准煤，纺织业万元产值能耗为 0.16 吨标准煤。食品制造万元产值能耗为 0.23 吨标准煤；造纸及纸制品万元产值为 0.31 吨标准煤；棉纺印染业万元产值能耗为 0.21 吨标准煤；化学纤维万元产值能耗为 0.15 吨标准煤等高耗能产业降耗目标基本实现。组织重点耗能企业申报省市节能备选项目，申报节能专项补助资金，通过示范性企业带动全行业，推动节能减排全面铺开。

塑胶行业中，福融实业（福建）有限公司的高阻隔塑料软包装材料和多功能农膜项目、福建三盛实业有限公司塑料发泡系列产品项目、福建悦得软包装有限公司的多层共挤多功能高阻隔双向拉伸聚丙烯薄膜项目等 12 家 12 项技改项目列入省、市重点项目计划，总投资 18.7 亿元，其中固定资产投资 16.6 亿元。项目投产后将新增产值 45.2 亿元、利润 3.4 亿元、实现税收 1.9 亿元，创汇 5585 万美元。年内计划投资 8.2 亿元，实际投资 6.1 亿元，占全年计划投资 75%。

利用“6·18”海峡项目成果交易会等平台开展产学研工作。福建亚通公司的绿色节能建筑一体化和建筑排水用新型降噪管道、福建祥龙塑胶的高性能低成本的 PET/MLLDP 塑料管材、福建振云塑胶的环保型改性聚氯乙烯高抗管材、福建融音塑胶的高性能 PP—R 玻纤三层复合管、福建亚太公司的绿色无卤阻燃母料等 7 个项目与相关高校和科研院所对接成功。

全年，塑胶行业有 4 家企业的 4 种产品商标获“中国驰名商标”，分别是：福建茶花塑料用品公司的“茶花”塑料日用品、福建祥兴箱包公司的“高原 HIGLAND 及图”、福建亚通公司的“亚能 ATON”、诚丰家具（中国）公司的“诚丰 SHINGFENG 及图”。有 4 家企业 4 种产品获“福建省名牌产品”称号，分别是：福建祥龙塑胶的“南星 + 图形拍 PP—R 管材（管件）”、福建振云塑业“振云 + 图形塑料管材（管件）”、福建恒杰塑业的“恒杰 + 图形牌 FPPE 高强度非开挖管”、福州恒鑫轻工制品公司“HOMESTAR 好事达牌木制家具”。有 4 家企业的产品获市产品质量奖，2 家企业的产品获市科技进步奖。

【服务基层单位】 因福州市闽江北岸商务中心建设需要，八塑厂上浦路厂房被征用，城镇社就职工安置方案、安置费用测算、资金平衡、起草职代会决议、职工解除劳动关系协议书等方面提供全方位服务，基本完成职工安置工作。全面完成城镇社下属企业职工从事特殊工种认定工作，帮助福州塑料橡胶厂最后一批 260 名职工获认定。处理原湘闽鞋厂职工社保遗留问题，帮助同市社保中心协调，保证部分即将达到退休年龄的人员能及时办理相关手续，享受退休待遇。落实《福建省无力参保的县及以上集体所有制企业退休人员老年生活保障金发放办法》的通知，开展福州市县（市）区无力参保企业退休人员的资料收集、报送及审核工作。至年底，五区八县 1240 人通过省人力资源社会保障厅的审核，发放生活保障金。

（陈 驹 蔡 华）

工艺美术

【概况】 2010 年，福州工艺美术行业规模以上企业 191 家，其中新增规模以上企业 8 家。全年产值 80.12 亿元，比增 8.1%。黄金首饰类源于国际金价持续上涨，比增 16.2%，家居饰品类比增 5.6%。年内，经民政部中国工艺美术学会批准，首届中国工艺美术学会石雕艺术专业委员会落户福州。

【技术革新】 53 家工艺企业申报“产学研”项目，其中 39 家企业产学研项目列入市县重点扶持项目。年内，重点实施福建华和造型艺术有限公司的“脱胎漆器精雕、薄料、印锦的博古挂屏”、福州三宝工艺美术研究开发公司的“快速成型的脱胎漆器”和闽侯弘博工艺品有限公司技改项目。推荐福州黎明脱胎厂与福建师大化学材料学院联合试验改性聚氨酯涂料应用于日用漆器获成功，改性聚氨酯宾馆系列产品占企业产品的 50% 以上。促进闽侯夫达工艺品厂与福州大学老教授在产品结构调整方面进行技术合作，完成低毒高效玻璃镜系列工艺品的研发，该系列产品在广州 2010 年秋季

福州漆艺工艺流程

进出口商品交易会上获外商青睐。

【人才培养与认定】 10月,会同市人事局举办第二期福州市工艺美术专业技术培训班,聘请福州大学工艺美术学院、闽江大学工艺美术学院的专家教授,针对工艺美术行业特点,就创新设计、研发制作、雕塑造型等方面进行《图形创意》《艺术的社会功能》《什么是设计》等专题讲授,专业技术人员80人参加。

根据《关于在部分企业开展直接推举认定技师高级技师试点工作的通知》,会同市劳动局指导西园软木画协会和福州传承软木画有限公司开展技师评选认定工作,制定技师评选认定办法,组织现场考核和评审,12人分别被认定为软木画行业的技师和高级技师。全年工艺美术专业技术人员近百人报名评审专业技术任职资格,评审通过83人。

【参展赛事】 负责首届中国·福州海峡版权(创意)产业精品博览交易会漆器和石雕展区的招商、布展、展示和接待工作。漆艺展区展出来自北京、上海、扬州、平遥、成都、天水、福州、台湾以及日本的作品106件。石雕展区展出福州寿山石、青田石、昌化鸡血石、内蒙巴林石、台湾的玫瑰石、五彩石玉等石雕精品205件。

"5·18"海峡两岸经贸交易会期间,组织寿山石雕、脱胎漆器、软木画的省级工艺美术师参加第四届海峡两岸高技能人才交流合作项目成果会;"6·18"海峡项目成果交易会期间,组织脱胎漆器、寿山石雕、软木画的妇女技能人才参加中国妇女创新成果博览会,组织工艺美术企业参加第六届APEC技术交流暨展示会与泛珠江三角洲中心城市改革开放成果展示会,参加第三届海峡(厦门)文化产业博览交易会、第45届全国工艺品旅游纪念品暨家居用品交易会(扬州漆博会)、福建省"6·18泛珠论坛"工艺品展览。在修复后的三坊七巷设立雕刻艺术中心,每月举办1场中国工艺美术大师精品展。

上海世博会期间,福州寿山石雕、脱胎漆器、软木画、漆筷、角梳等传统工艺品被正式列为上海世博会特许产品。在福建馆展出寿山石雕、脱胎漆器、软木画、角梳等福州精美工艺品,其中,送展的3.6米高牡丹缠枝脱胎大花瓶堪称史上罕见。6月和9月,在上海世博会福建馆分别举行脱胎漆器和寿山石雕专展。省长黄小晶代表省委、省政府向上海世博会组委会赠送福州市中国工艺美术大师黄时中制作的《螺钿镶嵌梅花脱胎方瓶》。

10月29日~11月1日,第六届中国名石雕刻艺术展暨评选活动在浙江省临安市昌化镇召开。福州市选送265件寿山石雕作品,在评选中有93件获奖,其中金奖20件、银奖39件、铜奖34件。

【宣传推介】 与福建电视台、海峡电视台、台湾中天电视台、福州电视台、福州日报、福州晚报等多家媒体合作,宣传推介福州市脱胎漆器、寿山石雕、软木画等传统工艺美术。与中央电视台联合拍摄播出大型纪录片《天趣人意——福州脱胎漆艺》,再次与央视合作,制作福州脱胎漆器10分钟宣传短片,在上海世博会福建馆脱胎漆器专场期间滚动播放。福州工艺美术行业还配合台湾中天电视台"台湾脚逛大陆"节目拍摄寿山石雕和脱胎漆器专辑,并在福建海峡卫视播出寿山石雕专辑。

【首届中国工艺美术学会石雕艺术专业委员会落户福州】 12月20日,召开中国工艺美术学会石雕艺术专业委员会成立大会暨第一届第一次会员代表大会。来自浙江青田、内蒙巴林、河北曲阳、福建惠安等全国主要石雕产区行业代表77人参会。大会选举产生中国工艺美术学会石雕艺术专业委员会第一节理事会主任、副主任、秘书长、副秘书长。

【行业管理】 组织10家主要生产脱胎漆器企业申报贴标,获国家质检总局正式批准,同时制定《福州市脱胎漆器地理标志产品费用标志使用管理细则》。福州市寿山石行业协会开展制定《福建省寿山石国家地理标志产品地方标准》工作,并申报国家地理标志产品保护获成功。

工艺美术行业制定安全目标管理工作责任制,生产企业法人代表签订《安全生产目标管理工作责任状》,全行业未发生重大伤亡和火灾事故。

(吴 薇)

(编辑 吴 燕)

城市建设与管理

城乡规划

【概况】 2010年,福州城乡规划局组织编制近期建设规划、抗震防灾规划、住房建设规划(2010~2012年)等专项规划,开展东部新城、晋安新城、马尾新城及其他重点区域控制性详细规划编制,做好城市重点地段修建性详细规划、城市设计及市政道路规划。服务重点项目、旧屋区改造工程、保障房、安置房等项目建设,做好信访、信息化建设工作,指导各县(市)规划,统筹城乡协调发展。开展城乡规划宣传,治理违法建设。

【重点规划编制】 城市总体规划编修 按照"东扩南进、显山露水""以人为本、宜居宜业"的总体要求,进一步落实规划措施。依据《中华人民共和国城乡规划法》,《福州市城市总体规划》(草案)进行社会公示30天,征求市民公众意见和建议。6月23日,市人大常委会审议通过《福州市城市总体规划》(草案)。7月,市政府将成果上报省政府。8月,《福州市城市总体规划》通过省住建厅组织的技术审查,并将修改完善后的规划成果上报省政府审查通过,最后上报国务院审批。

城市专项规划研究 编制综合交通和历史文化名城保护2个专项规划,通过专家评审,实现与总体规划实时对接与反馈。编制福州市十二五(2011~2015)建设规划,完成十二五规划子项编制工作,对接各部门的十二五规划,落实空间和用地需求,指导城市十二五规划期间的发展与建设。该规划通过专家评审并上报市政府研究。编制抗震防灾专项规划,专项规划分析评价福州城市现状及抗震防灾水平、存在问题,提出规划对策措施。规划成果征询专家意见和市直部门意见,并上报市政府研究,修改完善后的成果上报省住建厅并通过技术审查。编制福州市区2010~2012年住房建设规划。明确2010~2012年福州市区住房建设的规模与布局,以及年度建设计划。该规划获市政府批复,并上报省住建厅备案,向社会公布。

控制性详细规划编制 进一步整合、优化、提升东部新城控制性详细规划方案。整合提升晋安新城规划,规划进一步明确晋安新城的功能定位,通过功能整合、布局优化,打造宜居宜业的城市新区。编制完成象园、茶会、连潘三片区控制性详细规划,实现晋安新城控制性详细规划全覆盖。启动晋安新城茶会核心区城市设计工作。编制马尾新城分区规划,6月下旬,市城乡规划局与深圳规划设计研究院完成正式合同签订,并开展实质规划编制工作;9月,由深圳规划设计研究院提交第二阶段正式成果并上报市政府审议;11月,上报市委审议。完善马尾新城控制性详细规划编制工作,完成快安、马尾、长安三片区的控规方案编制工作,上报市政府审查。推进其他重点区域的控制性规划编制工作。完善中心城内各组团的控规编制和调整,进行全面更新覆盖,基本完成鼓楼区福屿、小柳、西洪三片区,台江群众东、新港、达道片区,晋安新店、晋安新城区域内控规更新工作,规划成果上报市政府审批。

城市重点地段修建性详细规划与城市设计 市城乡规划局在"五大战役"中负责规划编制任务7项。闽江两岸城市设计、秀峰路和福飞路沿线景观整治规划2项规划编制任务基本完成。邀请国内外知名规划设计机构及设计团队承担五大战役中重点区域的规划编制任务。乌龙江两岸沿线城市设计、南台岛总体概念性规划及重点区域城市设计、马尾新城分区规划及城市设计、晋安新城核心区城市设计分别委托美国RTKL公司、上海同济城市规划设计研究院、深圳规划设计研究院等设计机构承担规划设计任务。

市政道路规划编制 完成福州市城市综合交通规划;编制完成福州市公交首末站建设规划并通过专家评审,规划对公交首末站用地进行控制,确保场站建设的可持续发展;开展福州市区外围客货运枢纽及接驳场站规划,对综合交通枢纽的布局和用地进行控制;完成下院综合交通枢纽交通组织与总平面规划。开展"福州市地下管线信息管理系统"升级改造工作,应用GIS和大型数据库技术对福州市已有地下管线数据以及新近普查成果进行整合和优化,建立完整、实时的福州市地下管线空间数据库。

服务市政设施建设 促进合福铁

路、上岛铁路、京台高速公路、机场二期高速路、绕城高速、城市地铁工程、三环路、淮安大桥、马尾大桥、鼓山大桥、螺洲大桥、三江路、林浦路、站前路、站后路、南台大道、环岛路以及社会保障房周边路网等市政道路的建设。清理整治违章管线、架空杆线。推进南台岛12条内河整治和洋里污水厂二期、连坂污水厂及厂外管网工程。开展福州市220千瓦、110千瓦变电站定点规划及线路走廊规划,推进市区电力杆线缆化下地工作。

【规划管理】 建设项目规划审批 核发《选址意见书》669项,选址面积2459.65万平方米;用地规划许可证368项,用地面积1762.36万平方米;建设工程规划许可证(建筑)119项,总建筑面积270.92万平方米;建设工程规划许可证(市政)575件。审核建设项目规划492件。

服务重点项目建设 与市土地发展中心配合完成政府收储地、公开出让地的规划审批工作。全年,办理市土地中心收储用地《选址意见书》66幅,面积424.07公顷,建设用地规划许可证39幅,面积407.73公顷。推进轨道交通1号线、福州市海峡妇女儿童活动中心、福州市城市发展展示馆、福州海峡图书馆、福州市地铁大厦、福建省科技馆(新馆)、福建省歌舞剧院综合楼、福建省交通信息指挥大楼、福建省立医院金山院区、福建省海峡演艺中心(省实验闽剧院、省杂技团舞美楼、省艺术研究院)、海峡体育中心等重点项目的开发建设。

旧屋区改造工程项目规划审批 将"城中村""城郊村"等纳入旧屋区改造的范围。办理华大村下、后营旧屋区改造、古乐路沿线周边旧屋区改造、仓霞地块旧屋区改造、太平汀洲危旧房改造、烟台山历史风貌保护与改造项目、共和路片旧屋区改造项目等38副地块的规划审批手续,面积约205公顷。

保障房建设规划 重点解决城市中低收入家庭和市政工程、旧屋区改造被拆迁居民的住房需求。按照2010～2012年每年需配建6800套廉租房、3000套经济适用房、2000套经济租赁房的社会保障房建设计划,严格控制规划建设用地,促进项目建设。全年,选址确定各类保障性住房用地16幅,总用地面积381.47公顷。

推进城市发展展示馆建设 规划展示馆与历史馆合建,选址于南江滨路会展中心东侧,用地面积约2.86万平方米,总建筑面积约5.35万平方米,设计地下1层、地上4层,1、2层作为城市规划展示厅。由市建设委员会负责组织实施,12月动工建设。海峡会展中心8号展厅作为临时规划展示区。

指导各县(市)规划 指导闽清、永泰城市总体规划修编及报批工作,闽清县城市总体规划获市政府批复。配合有关部门做好海西高新技术产业园及市生物医药和机电产业园区控制性详细规划的编制及报批工作。推进小城镇规划建设,市城乡规划局同相关部门组织编制福州市青口、荆溪、龙田3个省级试点镇的总体规划,3个镇的总体规划通过评审,市政府原则通过。开展各专项规划和控制性详细规划编制工作。根据市政府关于市级示范性综合改革建设小城镇名单的通知,指导相关县(市)建设(规划)局开展市级示范性综合改革小城镇规划编制工作。加强对县(市)部分区域的规划管理。继续加强福州大学新校区区域、北峰区域、长乐国际机场等地区的规划管理工作,加强城乡规划监督与检查。

领导批办件和信访件办理 全年,承办市委、市政府督查件635件,省、市人大、政协提案92件。办理"12345"便民呼叫系统诉求件2809件,时限内办结率100%。修订《福州市城乡规划局信访工作责任制》,完善处置措施、明确工作职责。全年,收到群众信访件353件,反馈率100%,接待群众来访93次。

规划信息化建设 完善"规划信息一体化系统"建设,开发"规划信息一体化系统"与"网上审批系统"的数据交换接口,提高"一书两证"(城市规划行政主管部门核准发放的建设项目选址意见书、建设用地规划许可证和建设工程规划许可证)审批效率,规范审批数据档案管理。完成旧版"规划业务审批系统"到"福州规划信息一体化系统"间的数据迁移。"福州市行政执法业务监管系统"正式上线使用。

规划批后跟踪管理 重点监察基础后监测各座现状层数,基础后监测建筑间距及退距,基础后监测数据与规划建筑红线放线数据相较等数据。严格审核建设项目竣工规划,落实整改不按规划建设的项目。

【清理违法建设】 依法查处未批先建、先建后批、乱建抢建等违法行为。经公示的9批270家城区范围内违法建设项目大部分被强制拆除或自行拆除,个别违法建设项目按照要求自行整改。截至年底,全市拆除及督促整改违法建设3905处,面积152.63万平方米;全年罚款430万元。

(温贵平)

国土资源管理

【概况】 2010年,福州市国土资源系统围绕"富民强市、和谐宜居"的发展定位,加快用地报批进度,保障国家和省、市重点项目建设,服务经济发展;妥善处理土地证历史遗留问题,规范征地程序,落实地质灾害防治,维护人民群众权益;落实耕地保护制度,加强矿产资源开发管理,加强国土资源监管,促进国土资源节约集约利用;加强地籍管理,开展测绘工作,推进信息化建设,夯实国土资源业务基础。年内,市国土资源局被国土资源部评为"保增长、保红线"行动成效显著单位。

【规划修编】 开展新一轮福州市土地利用总体规划修编,8月25日,《福州市土地利用总体规划(2006～2020年)》报国土资源部审批。市辖10个县(市)区土地利用总体规划获省政府批复,涉及中心城区的晋安、闽侯2个县(区)规划需待市级土地利用总体规划批准后方可审批。同时完成151个乡镇的土地利用总体规划文本初稿编制。

加快第二轮矿产资源总体规划编制,对矿产资源规划初步成果进行审查和修改完善,编制《福州市矿产资源总体规划(2008～2015)》上报省政府审批。

【地籍管理】 办理土地登记发证

8.28 万件,其中,市辖区个人 7.04 万件,单位 374 件。开展土地登记资料查询业务,市辖区办结土地登记资料单位公开查询 1360 件。协助执行各级法院的土地查封冻结及执行裁定,协助执行案件 81 件。

开展城区土地证历史遗留问题摸底调查,在解决单元式楼房土地分割登记方面取得进展。提请市政府出台土地证办理指导意见,在政策层面指导土地证的办理工作,规范土地竣工变更登记。福州市仅四城区不能办理土地证的开发项目有 130 项,楼房数量 671 座,对其中 58 个楼盘土地证的历史遗留宗地情况制定调查处理表予以处置。

完成第二次全国土地调查后期扫尾工作。完成 2009 年全国"一张图"工程的核查、第二次全国土地调查成果的修善与上报工作。开展第二次全国土地调查专项经费使用绩效自查和土地调查成果的设区市汇总工作。完成福州市及各县(市)区镇级以上城镇土地调查地类部分的数据汇总和专项用地调查统计汇总上报。

【土地保护与利用】 坚守耕地红线,完善耕地保护制度,将耕地保有量及基本农田保护考核指标执行情况列为各县市(区)政府主要负责人业绩考核的重要内容,加强耕地和基本农田管理。

加强土地开发复垦整理,完成土地整理立项规模 2200 公顷,补充耕地 583.07 公顷。完成土地整理开发"十二五"专项规划的编制工作,各县(市)专项规划编制工作稳步推进。开展沿海县(市)区滩涂围垦评价调查工作。

合理安排各类用地,优化空间布局,引导各类建设项目节约集约用地。审理用地预审 357 件,用地规模 4392.6 公顷,其中,市级审批 297 件,用地规模 2422 公顷;转报省厅预审 60 件,用地规模 1970.6 公顷。

保障重点项目建设用地。获国务院和省政府审批农用地转用和土地征收 189 个批次(232 个项目),总用地面积 3361 公顷,其中,农用地 2474 公顷(含耕地 1271 公顷)。

【土地市场规范管理】 加强土地市场的监管和调控,促进土地市场交易规范化、制度化。全市出让经营性土地 176 宗,面积 707 公顷,成交价款 479 亿元;出让工业用地 101 宗,面积 744 公顷,成交价款 14 亿元。

结合工程领域专项治理及串通投标违法行为专项整治工作,对 2008 ~ 2010 年的立项、在建、竣工规模项目开展排查,对缺少用地预审、未办理用地建设批准书、未办理用地批准手续等方面的问题进行整改,重点解决非法批地、低价出让土地、擅自改变土地用途、违规征地拆迁以及违法违规审批和出让土地使用权等问题。

推进城区危旧房(棚屋区)改造建设,加大保障性住房项目土地供应力度。本着"统一规划,统一政策,统一建设,统一管理"和"政府主导,市场运作,群众参与"的原则,出让上海东、王庄等多个旧屋区改造地块,以节约和合理利用城市土地和空间资源。全市供应经济适用房、廉租房用地 31.95 公顷,拆迁安置房用地 101.3 公顷。

【矿产管理】 *矿产资源开发整合* 各县(市)区下发整合实施方案,召开整合工作会议,组织矿山企业签订整合协议,办理划定矿区、地质报告、环评等手续,以及注销采矿许可证关闭矿山等各项工作。全市参与整合矿山 254 个,其中兼并重组 107 个,提高规模 71 个,整合关闭 76 个。整合后全市矿山数量减少至 168 个,探矿权数量由 29 个减少至 10 个。

重点流域水环境和饰面石材业整治 加大督促检查力度,促进饰面石材矿山开采总量削减、矿山生态环境恢复治理等工作。连江县、罗源县制定并实施饰面石材矿山年度开采量削减 10% 计划,对 51 个矿山进行生态环境初步治理。闽江流域各县(市)关闭重点流域两侧禁采区所有矿山。

矿山生态环境恢复治理 以重点流域水环境综合整治和饰面石材矿山综合整治为主线,市、县两级国土资源部门落实矿山地质环境保护政策,结合矿山年检、日常监督,督促矿山企业边开采边治理。

【地质灾害防治】 编制完成 2010 年度地质灾害防治方案、应急预案;加强对灾害治理和搬迁避让工程的监管,开展矿山和旅游景区地质灾害防治及县(市)区地质灾害详细调查,配合做好中小学校舍安全工程;健全完善群测群防体系,开展地质灾害群测群防"十有县"建设工作;开展基层防灾人员防治知识培训,在全市范围内开展乡镇国土资源所地质灾害防治"五到位"(对辖区内居民建房、地质灾害隐患简要评估到位,对地质灾害隐患点群测群防员联系到位,对地质灾害隐患点组织巡查到位,对地质灾害防治宣传材料发送到位,发生地质灾害灾情险情预案和人员到位)宣传培训活动;组织 162 户受地质灾害威胁的居民实施灾后异地搬迁重建。

落实汛期值班制度、灾情速报制度,通过采取群测群防、应急演练、气象部门参与地质灾害预警预报和落实地质灾害巡排查、速报、值班等制度措施,提高地灾防治水平。全市发生 267 处地质灾害,无人员死亡和较大经济损失。6 月,针对永泰城峰镇旗山小区后山裂缝,成功转移疏散一级撤离区 260 户 1033 人。

【执法监察】 *违法建设清理整治* 强化市、县(市)区、乡(镇)、村(居)执法动态巡查制度,明确属地政府土地监管和部门联合监管职责,建立与纪检监察等部门查处违法建设联席会议、信息情况通报、案件调查协助配合、案件移送制度,加大对违法建设强制拆除力度。全市发现违法建设 690 宗,面积 58.35 公顷;立案 585 宗,面积 56.39 公顷;处罚 576 宗,罚没款 676.87 万元。强制拆除违法占地建筑 741 处,面积 64 万平方米。

土地卫片执法检查 2009 年度卫片监测图斑 591 个,面积 1312.87 公顷,其中,违法用地 217 宗 131.83 公顷,全部查处。

违法用地查处 清查未报即用违法用地案件 40 宗,面积 17 公顷,并立案查处。配合国家土地督察上海局开展土地例行督察,整改工作通过预验收。

行政处罚网络信息化工程 国土资源网络行政处罚进入实际应用阶段,实现对违法案件从巡查发现、立案调查、决

定处罚到结案销案的全程监控及违法案件数据自动统计。将GPS全球定位仪初步应用于动态巡查、卫片执法、案件取证等执法监察的多个领域,进一步优化GPS数据查询分析统计功能,通过推广应用电子信息技术,提高执法监察的办案效率和质量,增加案件审理的透明度,规范实施自由裁量权,提升国土资源执法监察水平。

群众信访件办理 重新制定《福州市国土资源处置信访群体性事件应急预案》,建立健全涉及国土资源事项的信访工作应急处置机制。全国"两会"期间,专门抽调信访工作人员进京配合信访部门做好非正常上访处置工作。全年,受理上级批办转办件193件,已办理157件,正在办理36件;受理群众来信诉求件701件;接待群众来访615批1919人次;受理福州市"12345"便民呼叫中心诉求件1741件,全部答复完毕;办理国土资源信访答复17件;应信访群众申请,办理信访复查105件。

(邱凯儿)

市政建设

【概况】 2010年,福州市区完成市政公用设施投资132.28亿元,福州城区建成区面积220.22平方公里,比增37.26平方公里。完成白马河水系11条内河的截污;完成862栋楼宇立面改造,78条道路电力杆线以及49条道路通讯杆线缆化下地。全年,完成供水量3.7亿立方米,比增6.79%,平均日均供水量101.37万吨,比增6.79%;社会用电量264.26亿千瓦时,比增15.54%,居民生活用电量59.01亿千瓦时,比增15.07%;开采地下热水总量270.78万吨,平均日均地下热水开采量0.75万吨;天然气使用约1.778亿立方米(含液化石油气),城市气化率98.83%;处理污水1.57亿吨,城市污水处理率90.1%。

【城区路桥建设】 完成路桥建设投资93亿元(含拆迁),比增10.7%;新建、改扩建道路长度80.9公里(其中新增道路长度49.8公里),新建、改扩建道路面积302万平方米(其中新增道路面积约216万平方米)。至年底,城市道路(宽8米以上)总里程837公里,总面积2019万平方米。鼓山大桥、三环路二期(湾边—福峡)、东山环A段、儿童公园西侧道路、龙头路、福飞路改造、琴亭湖、丞相坑保障房周边道路、西庄小区周边道路、金融街片区周边道路等48项路桥工程竣工投入使用,螺洲大桥、淮安大桥、林浦大桥等40个项目在建,启动斗池路、福兴路、螺洲大桥南接线等8个项目。

【市政设施维护】 进行市政设施维护、破路修复工作,完成投资3.19亿元。路面修复改造方面,完成湖滨路、广达路等15条道路71万平方米"白改黑"改造;修补沥青路面、水泥路面16万平方米、人行道7.7万平方米,建成杨桥东路、华林路、东大路等道路盲道10条。雨、污水口清疏方面,清掏检查井、进水井、污水井39.8万座(次),完成对福马路(铁路桥两端)、南二环路(首山段)、达明路等8处雨水管道的改造和清疏。路灯维护方面,开展本地LED节能灯具性能试验,敷设更换电缆2.6万米,修理或更换灯具1.5万套,主干道路灯亮灯率99.13%,次干道、小街巷路灯亮灯率98.44%。桥梁维(养)护方面,完成桥梁维护834座(次);完成90座中小桥的常规检测、36座(次)大型重点桥梁的专项检测,及二环路13座高架桥和市区10座人行天桥的涂装铺装、闽江二桥栏杆修复、金鸡山隧道抢险加固。通信管道建设方面,完成通信管道施工49项,挂牌出让通信管道17条路段、180.2孔公里。

【市政设施管理】 市政设施监控管理信息系统初步建成。对病害的发现、信息采集、任务下达、整改反馈的全过程进行跟踪,已处理病害信息2.6万条。

制定并实施《福州市市政工程文明施工管理办法》,要求小体量维修垃圾袋装并即产即清,大体量垃圾要求用帆布遮盖、围挡,当天清运;修订《道路维护质量验收和评定细则》《道路养护工程施工质量检查管理办法》,加强新建、改建路桥项目的移交和管理。

制定《雨天巡视管理办法》,按照雨量大小分片区进行循环巡视,对市区10个易涝点安排专人值班,处理突发事件,全年处理福飞路下穿隧道积水、光铜路九龙山庄前内河驳岸坍塌、金鸡山隧道渗水等险情。设立"市政直通车"及"968966"热线等投诉平台,处理市民反映的热点难点问题。

【城市景观建设】 拆除五一路、五四路、六一路、二环路沿线以及福飞路、福峡路、北江滨路等路段违法违规广告6781面,完成杨桥路、道山路、国货路等路段的店招牌匾改造3426面;闽江两岸、五四路、西湖、左海公园周边等区域的夜景灯光提升改造工程完成投资3757万元;鼓屏路、福飞路、乌山路、琴湖路、杨桥路等24条道路沿线建筑立面景观综合改造完成862幢(处)。完成52条主次干道电力杆线缆化下地和113条道路通信杆线缆化下地,完成投资12.5亿元,以解决电力缆线与通信缆线架空布设影响城市景观问题。

(许信证)

【供水】 福州市自来水有限公司供水生产能力为132万立方米/日,完成工业总产值现价2.82亿元,比增9.62%。出厂水水质综合合格率100%,管网水水质综合合格率99.92%,比增0.04%。全年日均供水量101.37万吨,完成供水量3.7亿立方米,比增6.79%。

完成三环路二期义序水厂出水干管改造工程和环岛路、贤南路、火车站站东路等23条道路给水管道迁移工程,铺设给水管道总长约12.3公里,造价约2108.6万元;完成井盖方改圆项目180个,总投资约213万元;完成改表位项目317个,总投资约120万元;完成尤溪洲大桥的过河钢管防腐项目,总投资约23万元。至2010年,福州城区供水管道总长1542.61公里,其中口径100毫米以上的有1030.73公里。

正式启用短号码客服号"968933",增加举报、用水咨询、报修等功能,配置话务质检员岗位,建立考核机制。改造企业外部网站,为用户提供网上报修、自动查询、网络缴费等功能,建设用户投诉

表9　　福州市自来水有限公司水质合格情况　　单位:%

月份		1	2	3	4	5	6	7	8	9	10	11	12	全年平均
出厂水		100.00	100.00	100.00	100.00	100.00	100.00	100.00	100.00	100.00	100.00	100.00	100.00	100.00
管网水	浑浊度	98.39	100.00	100.00	99.44	98.92	98.32	99.46	100.00	100.00	99.46	98.89	100.00	99.41
	色度	100.00	100.00	100.00	100.00	100.00	100.00	100.00	100.00	100.00	100.00	100.00	100.00	100.00
	臭和味	100.00	100.00	100.00	100.00	100.00	100.00	100.00	100.00	100.00	100.00	100.00	100.00	100.00
	余氯	100.00	100.00	100.00	100.00	100.00	100.00	100.00	100.00	100.00	100.00	100.00	100.00	100.00
	细菌总数	100.00	100.00	100.00	100.00	100.00	100.00	100.00	100.00	100.00	100.00	100.00	100.00	100.00
	总大肠菌群	100.00	100.00	100.00	100.00	100.00	100.00	100.00	100.00	100.00	100.00	100.00	100.00	100.00
	CODMn	100.00	100.00	100.00	100.00	100.00	100.00	100.00	100.00	100.00	100.00	100.00	100.00	100.00
	其余31项	100.00	100.00	100.00	100.00	100.00	100.00	100.00	100.00	100.00	100.00	100.00	100.00	100.00
水质综合合格率		99.80	100.00	100.00	99.93	99.87	99.79	99.93	100.00	100.00	99.93	99.86	100.00	99.93

和建议平台,用户可在线办理业务。

9月1日,福州市城区自来水价格调整,对实现一户一表、水表出户的用户实行阶梯式水价,即用水量0~18吨(含18吨)2.25元/吨(基础水价1.4元+污水处理费0.85元);19吨~25吨2.95元/吨(2.1元+0.85元);26吨以上(含26吨)3.65元/吨(2.8元+0.85元)。对未实现一户一表或因水表出户改造而无法实行阶梯式计量水价的居民生活用水,采用季节性加价,7~11月供水高峰期每吨上调0.28元,上调后水价为2.53元/吨。　(桑　莹)

【供电】　社会用电量264.26亿千瓦时,比增15.54%,居全省第二位,其中第一、第二、第三产业以及居民生活用电量分别是3.13亿千瓦时、161.92亿千瓦时、40.21亿千瓦时、59.01亿千瓦时,分别比增1.96%、17.27%、10.78%、15.07%。福州电业局售电量246.4亿千瓦时,比增16.8%;最高负荷468.28万千瓦,比增15.45%;综合线损率2.37%;供电可靠率99.95%;电压合格率99.765%。

全年投入资金12.01亿元实施电力线路缆化工程,其中,土建部分5.54亿元,电气部分6.47亿元,完成乌山路、鳌峰洲路、福峡路等65条道路缆化,道路长度77.57千米,电缆长度155.14千米;完成13项110千伏及以上输电线路缆化项目,竣工线路长度82.91千米,电缆长度248.73千米。开展重点工程的跟踪服务和项目对接,开辟大干150天重点工程项目"绿色通道",完成福州海峡国际会展中心、省政府屏山大院、特奥会比赛场馆、绕城高速、三坊七巷改造等268项重点工程的送电工作,其中,10千伏及以下重点工程259项,35千伏及以上工程9项。　(刘力丰)

【供热】　市区现有热水井84口,全年开采地下热水总量270.78万吨,日平均开采量0.75万吨。供热范围30平方公里,新建供热管网6.6公里,供热用户282家,年销售温泉量150.8万吨,销售额1000万元,上缴地方各税132万元,上缴温泉资源费80万元,利润总额66.4万元。征收温泉资源费213万元,全额上缴市财政。做好温泉有偿使用权出让工作。合理安排热田开采井布局,依法处理违法、违章、"跑、冒、滴、漏"行为80多起。维修、维护、更新温泉水表99台次。12月,福州市获首批"中国温泉之都"称号。

开展供热基础设施技术改造,投资92万元改造树兜温泉泵站调节池技改项目,11月竣工并投入生产。在市区热田范围内加密布设18口温泉开采井,作为地下热水开采动态水位监测点。2009~2010年,市区地下热水水位略有回升,在开采淡季,温泉路至树汤路一带,有7口热水井见有温泉自流现象。

(郑美英)

【供气】　完成天然气利用工程项目建设投资4806万元,建成福清门站、青口门站;3座LNG加气示范站投入使用。全年随道路新敷设次高压管道7.1公里,新增燃气管道102公里;新增管道燃气用户点火数2.9万户,至年底有管道气用户36.2万户,鼓楼、台江、晋安等中心区有28.1万户完成气源转换。供应管输天然气6600万立方米,液化石油气7.52万吨,车用液化天然气0.58万吨(折合气态812万立方米),城市气化率98.85%。

加强燃气市场监管工作,组织检查燃气企业75家(次)、燃气器具安装维修企业21家(次),依法查处瓶装燃气企业违规充装行为5起,对2家不具备安全条件的企业责罚停产整顿;各区查处无证充装点122处,查扣504只钢瓶。完成福州市国有燃气企业改制,福州市国有燃气合资公司(福州华润燃气有限公司、福州华润液化气有限公司)登记注册。

【污水处理】　完成污水处理设施建设投资6.1亿元,其中,连坂污水厂厂区工程通水运行,浮村污水厂厂区土建工程完成,洋里污水厂三期工程完成立项及设计招标,并开始征迁工作。建成污水管道54公里,市区污水处理厂污泥资源化处置率近30%;处理污水1.57亿吨,削减COD(表示水质污染度的重要指标)排放量2.72万吨,城市污水处理率90.1%。　(许信证)

园 林 绿 化

【概况】 2010年,城市园林绿化工作响应省、市实施“四绿”工程和“大干150天,打好‘五大战役’”的号召,实施花化、彩化、香化工程,重点对道路、街旁绿地进行绿化、美化,大幅度增加城市绿地。完成城区400多处立体绿化,城区新增绿地面积1568万平方米。全市拥有公园51座,总面积2288公顷,其中新增公园面积139公顷;建成区绿地面积8122公顷,绿地率36.9%,人均公园绿地面积11.15平方米,比增0.54平方米;建成区绿化覆盖面积8869公顷,绿化覆盖率40.3%,比增1.05%;城区道路绿化普及率100%。5月,福州市获“全国绿化模范城市”称号。

【城市绿化】 道路绿化 完成东部新城会展中心周边(一轴两带三区)及会展岛一、二、三期,霞州路,会展中心广场等其他道路配套绿化30多个项目建设(交地部分),完成投资1.65亿元。8月,福州市9家房地产企业捐建西、北二环6座高架桥下绿化公益工程,总投资803万元,10月底基本完成,增加新绿地2.21万平方米。启动由融侨集团捐资1亿元进行改造提升的福州南江滨休闲路绿地项目,西起金山大桥下,东至上渡林产品市场,全长2.7公里,面积约13.58万平方米。新改造的南江滨休闲路绿地包括“融侨广场”“福文化广场”“民俗公园”“南江滨的一天”和“华侨公园”五大主题。一期“融侨广场”和二期“华侨公园”分别于春节期间及5月底对外开放,年底,整体项目全部完工。

单位及小区周边绿化 重点对西二环、北二环、五一路、五四路、华林路、永安街、鼓屏路、福飞路等道路两侧的单位、小区、街旁绿地进行统一梳理、整治,筛选小绿地、单位栏杆、驳岸、分车带、小花坛、行道树下可进行绿化的地点以及单位门前绿地200多处进行统一设计,分别与区园林局以及沿街单位小区进行分工协作,设置400余处立体绿化项目;对西北二环路、福飞南路及五四北路的部分行道树树池和尤溪洲大桥北引桥下采用花境形式进行绿化,年底,整体改造项目完工。

内河沿岸绿化 11月启动,完成浦下河北岸沿河绿化面积8.4万平方米,总投资2161万元。对白马河沿岸进行改造,建设沿河步行道,北起西湖、南至闽江公园,总长约3000米,东、西岸宽度3米~40米不等,总面积约8.67公顷,年底建成开放。

园林艺术造景 在二环路、五四路、古田路的部分渠化岛、地下通道口上置放桩景、盆景、立体花球、垂直榕造型盛花花瓶,在乌山路与二环交叉口、屏山绿地等处摆放“花篮”造景及花钵造型组合,在红霞新城等处摆放艺术花架,并创新以麦秆菊作为菊花造型花材在西宾外墙墙面布置5朵艳丽“菊花”。

义务植树活动 3月6日,福州市园林局联合福州晚报等媒体,在福州动物园开展义务植树活动,来自全市100名学生志愿者以及50名园林志愿者共同在动物园南侧种植巨尾桉树苗800株。3月23日,福建省委书记孙春兰,省长黄小晶,福州市委书记袁荣祥,副省长、市长苏增添等省市领导及驻闽部队首长,带领省市机关干部、驻榕部队官兵500余人,在主场福州市三环(一期)植树点参加义务植树劳动,种植榕树、刺桐、木棉、洋紫荆、碧桃等近3000株。福州市各县(市)区同时启动“弘扬生态文明,共建绿色海西”义务植树活动,参加者达5000人,植树5万多株。全年组织园林志愿者、机关、企事业单位等近万人,在

五四路街头绿地

动物园、鼓山风景区、金山公园等处开展义务植树活动13场,植树5000多棵。

【古树名木保护】 5月1日,由福州市园林科学研究院主编的《古树名木管理与养护技术标准》被批准为福建省工程建设地方标准(DBJ/T13－120－2010)。10月,正式启动福州市第一批城市古树名木挂牌和GPS定位工作,该项工作委托市园林科学研究院开展。全年,安排马尾马限山纪念园7株古树名木、市教院二附小内4株古树、台江区双丰新村内古榕树、晋安区琯尾街古榕树、仓山区洪光村古榕树、麦园路17号省对外经贸职业技术学院内古榕树、上高路种福寺前古榕树等10余株古树的保护性修剪。对仓山区城门镇浚边村市浚边小学4株古榕树、人字榕、新店东园村古红榕、望北台真武庙古榕树、台江区双丰新村内古榕树支撑保护,对闽江公园内三宝寺旁古榕树、鼓山喝水岩古樟树、钱塘小学古银杏进行保护性修复工作。

【公园景区建设】 新儿童公园 9月30日开园。公园占地约8.3万平方米,立项投资1.59亿元,是2010年市委、市政府为民办实事的重点工程,并列入民生工程战役项目。公园以"榕树下的童年"为主题,结合少年儿童的身心特点,设置戏水园、活力园、小伙伴园、艺术园、极限运动园、游乐园6大园区,其中最大的园区是戏水乐园,约2000平方米;艺术园里有20多米长的才艺展示墙,还有露天小舞台和可容纳200多人的露天弧形观众席;极限运动园里设有滑道和攀岩等活动项目;活力园设有攀爬网、独木桥、荡秋千;小伙伴园设有摇摇椅、小木屋、大型滑滑梯等游乐设施。开园后又陆续建设安装大型游乐设施7个。

五凤山公园 1月1日开放。位于鼓楼区五凤街道大腹山余脉的北侧,丞相坑路以南,占地面积约4.7公顷,总投资约350万元,2009年10月17日开工建设。五凤山公园是以日常休憩、体育健身运动和福州凤文化交流等为主要内容的城市综合型山地公园,主要有五凤广场、林荫广场、休闲广场3个入口广场,环绕山体的登山健身步道,供游人适时停歇的景观平台、休闲凉亭,形成"一山——大腹山大空间景观;两带——大腹山下带状休闲公园和大腹山上登山道健身带;三区——中心景观区、生活娱乐区、运动休闲区"的公园整体格局。

新儿童公园大门

琴亭湖公园 占地面积32公顷,其中,湖面面积19公顷。总投资9亿元,年内,完成湖体开挖及蓄水,并对外开放。市园林局完成交地部分绿化建设。

茶亭公园 2月10日经改扩建后重新开放。新园从2008年3月开始重建,占地面积5.87公顷,面积增加2公顷,改建费用2500万元。新公园风格定位为传统古典式园林,体现中国传统古典园林"一池三山"布局,保留公园原有荷花种植特色。整个公园以水景为主,水域面积达1.8公顷,建有水域相连的多个荷花池,种植名贵荷花一百余种,有"荷香戏台""渔舟唱晚""榕荫广场""观莲游廊"等景点24个。

其他公园广场整治 对屏山公园镇海楼登山道约60米进行改造,并对公园东北角进行拆迁绿化;改造提升温泉公园厕所、西侧大门、温泉池周边绿化景观等;结合台江步行街改造建设滨江旅游休闲广场,2月建成开放,总面积扩大至1万平方米;改造与保护烟台山历史风貌区,建成烟台山脚下4000平方米绿地;完成马尾船政滨江廊道一期工程建设,规划总面积5.9万平方米;乌山历史风貌区三期保护工程于10月前建成,开放冰壶景区,并于年底建成占地面积约1200平方米的"澹庐"明清古民居建筑、配套用房、吴清源围棋会馆、乌山北入口及停车场周边景观工程;合理整改动物园舍笼,繁殖、增购、救助动物近300多头,增设遮阴长廊290米,承办福建省第28届"爱鸟周"活动启动大会,增设10辆游览观赏车;改造提升闽江公园灯光,完成望龙园舞台修复工程、旅游建设工程以及福州国际铁人三项赛场地改造工作等;改造西湖、晋安河等公园基础设施。

4A级旅游景区绿化建设 2月9日,鼓山、于山2个风景区获"国家4A级旅游景区"称号。鼓山风景区投入300余万元,修建全民健身道路,改建万松湾、半山亭公厕,扩建十八景厕所;新增登山古道休息木平台560平方米;对古道沿线部分景点环境进行改造,铺设块石地面500平方米;完成扩建的3座公厕周边及古道沿线1800平方米的绿化种植工程项目。投资近50万元,完成上山古道250盏路灯灯罩及路灯改造、更换工程。实施鼓岭整治,新建鼓岭绿化3.3万平方米和柳杉公园改造工程;完成登山古道整治拆迁工作,拆除违章建筑面积约400平方米。于山风景区安装景区夜景灯光,对戚公祠进行改造;对园路、仿生态步游道等进行修复和调整;拆除阿拉木罕餐馆等建筑。

【花化彩化香化绿化工程】 完成福峡路分车带、鳌峰路、工业路、福马路、六一路、江滨大道等中心城区"四纵六横"道路及"旅游通道"开花乔灌木及色叶植物的种植;在王审知环岛,乌山路等20多条道路、环岛及街头绿地实施花化,种植开花乔木类1956株,灌木类3588株,地被63.64万多株。西湖公园补植地被植物和草坪等约2000平方米,补植各种乔灌木700多株,增加各种水生植物品种和新花卉品种。动物园选点种植各类植物1.5万多株,节日摆花近8万盆。闽江公园种植福建山樱花、碧桃、波斯皂荚等开花乔木约1800株,大花波斯菊、茉莉花、半支莲、番蝴蝶等开花地被15万株,爬山虎、炮仗花、三角梅等攀援植物7000余株,时花约13万盆;南园及金山公园新增荷花、睡莲等水生植物6000株。于山风景区补植灌木1万多株,地被1000平方米,附生乔木种植兰花200多株,实施垂直绿化500平方米,在节日和市重大节日活动期间摆放时花2万盆。光明港公园补植乔木230株、地被1万多株、水生植物1800株,改造草皮1200平方米,对400株芒果和波斯皂荚的土壤进行改造。白马河公园补植各类乔灌木、香花植物1.5万株,修剪各类乔木150株。晋安河公园对公园沿线重点地段进行绿化提升改造,并注重原有苗木与新栽苗木的协调搭配,种植绿地面积9689平方米,补植各种苗木10.7万株(丛)、35个品种(其中花化21个品种),修剪乔木130株。茶亭公园加强对原来公园保留下来的4株大榕树、5株南洋杉、大香樟、闽润楠的养管工作,种植爬藤植物800株,荷花和睡莲6000平方米。各区属公园如温泉、金牛山、金鸡山、高盖山等公园也相继种植开花、彩化植物。

【春节园林艺术精品展】 2月13~28日,由市园林局及市风景园林学会在西湖公园举办,分为花艺展、盆景精品展、雅石精品展、观赏鱼展及水仙花艺术造型展5项内容,展出植物造景、盆景、雅石、观赏鱼、水仙花雕刻、组合式盆栽等各类作品约600件,并摆放郁金香、风信子、欧洲水仙近5万盆鲜花妆点公园。展览历时15天,评出各类金、银、铜奖38个,观众喜爱作品奖7个、优秀奖11个。

【参加福建省第四届菊花展】 11月9~30日,福州展区设在西湖公园,开展20多天,参观100多万人次。展出各种菊花和莳花8万盆,有大型花篮、菊柱、菊墙、菊球等造型艺菊。在全省评比中,福州展区获"综合奖"一等奖,"布置奖""创新奖"第二名,插花艺术大奖第二名,多头菊、独本菊和塔菊大奖第三名,获奖总数列全省九地市第一位,团体总分第二名的好成绩。

【参加第七届中国(济南)国际园林花卉博览会】 2009年9月22日至2010年5月8日,福州市投入100万元由市园林局负责"福州园"建设,"福州园"以"巷园·写意"为主题,通过具有福州特色的"墙"和"园"的有机结合,展示福州坊巷格局和传统造园艺术的精粹。展园整体布局采用福州传统园林"宅""园"相结合的格局特色,重点体现具有福州特色的封火山墙、门头房、巷道等建筑元素,同时通过假山、水池、亭廊、天井、壁画等,体现福州私家园林的造园艺术。参展获以下奖项:福州市政府获组织奖,"福州园"分获室外展园综合银奖、建筑小品银奖,市园林局获评先进集体,4人被评为先进个人,1人获2个插花银奖。

公园花化

【园林规划与管理】 园林规划编制 进行《福州市"十二五"生态园林建设专项规划》编制,8月完成初稿,并向相关部门征求意见。

工程监督检查 开展40余个绿化工程的质监工作,总面积160多万平方米,总造价3.2亿元,对监督过程中发现的问题及时督促施工单位和监理单位进行整改,全年发出整改通知书51份,为接收管理打下良好基础。针对刚试行的绿地养护社会化试点工作,对推行的68.37万平方米市区闽江以北绿地和行道树3.3万株社会化养护项目,加强对中标单位的检查,针对发现的问题制定整改措施;针对单位、小区的绿化养护,发动五区七县(市)参加省级园林式单位、小区的评比工作,7月7日,对各县(市)区申报的118家单位、小区单位进行初审,筛选出80家单位、小区进行申报,经评选,有29个小区、15个单位当选。

服务社区活动 3、4月,分别在鼓楼、台江、晋安、仓山开展4场园林服务进社区活动,给居民提供养花种草咨询、赠送画册、茉莉花等;组织100多名志愿者开展文明劝导活动,加强园林宣传,普及园林知识,提高市民素质,增强爱绿护绿意识。

(曾庆生　陈城忠)

三坊七巷

【概况】 2010年,福州市三坊七巷管理委员会、福州市三坊七巷保护开发有限公司围绕提升文化、聚集人气、做旺旅游和商业的目标,通过资本集中运作,加快文物保护、历史建筑及市政基础设施和配套旅游服务项目建设,推进商业开发与历史文化传承有机结合。10月1日,三

9月28日，在"星巴克"咖啡开业庆典上，副市长时小雨（右）向经营方赠送礼品。

坊七巷官方网站改版后上线，扩展完成网站论坛版块，开通三坊七巷新浪微博和博客，形成"四位一体"的整合式互联网营销体系，通过开展线上线下的互动活动，加强宣传、扩大三坊七巷的影响范围。

年内，三坊七巷28处重点文保单位完成修复19处，在修5处；131历史建筑完成修复49处，在建55处。更新建筑完成南后街及澳门西风貌协调区建筑面积6.94万平方米。

【规划设计】 三坊七巷申报世遗　8月，清华大学启动编写申报世界文化遗产文本——《福建省福州市三坊七巷世界遗产突出普遍价值研究》，完成合同洽商，书籍、历史文献、现状基础资料、研究成果及背景资料的收集。启动申报文本框架梳理、材料分析及现场考察工作，并先后2次召开申报世界文化遗产研讨会。

社区博物馆规划　9月，市三坊七巷管委会、市规划设计研究院、清华大学建筑学院、北京清华城市规划设计研究院联合编写完成《福州三坊七巷社区博物馆规划及近期实施方案》。11月2日，召开《福州三坊七巷社区博物馆规划》专家论证会，调整设计方案，围绕"一条主线"（一片福州三坊七巷，半部中国近现代史）、"四项内容"（里坊制度活化石、明清建筑博物馆、近代名人聚居地、非遗文化展示区）的特色开展项目建设。

旅游规划　9月，中国科学院地理资源与科学研究所、市规划设计研究院着手编写《福州三坊七巷旅游总体规划》及《三坊七巷创建国家5A级景区申报计划》，并进入初稿讨论阶段。规划范围包括"一祠两山两街区"（林则徐纪念馆、乌山、于山、三坊七巷、朱紫坊），规划总面积1.6平方公里。

【保护修复】 完成小黄楼、林聪彝故居、天后宫、刘家大院、郭柏荫故居、新四军办事处、光禄吟台、琼河七桥之二桥亭和双抛桥、谢家祠、尤氏民居、刘冠雄故居、王麒故居、刘齐衔故居13处文物单位的修复及国家级文物保护单位林觉民故居和严复故居的修缮。

完成131历史建筑中的2009年第二批、2010年第五批及洗银营续建工程34处，以及乌塔广场园林景观工程、消防站建设工程、南街派出所、乌山北坡停车场建设工程、文儒坊市政优化工程等4.5万平方米。启动新一批历史建筑和更新地块建设，并采取BT建设模式加快更新地块工程进度，修复及新建建筑面积9.8万平方米，投资额2.7亿元。

完成吉庇路A、吉庇路B等8幅地块的选址及规划指标审批工作，完成除光禄坊F地块外的7幅土地挂牌出让工作，出让地块3.03公顷，成交价5.7亿元。

【文化活动】 传统民俗节假日举行大中型街面及坊巷内文化民俗活动，包括"春节团拜会""中小学民俗文化节""南后街元宵灯展""中秋拜月"等，并恢复坊巷入夜打更的风俗，还原设立旧时代人力黄包车，引进流动民间艺人项目，再现三坊七巷历史风俗原貌。平常周末安排民间折子戏专场演出，举办慈善募书、越剧纳凉晚会、周岁祈福典礼、喜娘大赛、中国围棋甲级联赛——福州"三坊七巷"专场赛事等活动，实现文化活动常态化。

发展文化创意产业，开发文化创意产品，策划推出三坊七巷手绘地图、旅游宣传折页、三坊七巷礼品盒、印章纪念册、含三坊七巷元素的书签、珍藏册等旅游衍生产品，丰富三坊七巷的历史文化内涵。

【旅游开发】 完善景区内的旅游配套设施，升级旅游软件，增加无线无干扰讲解系统；开辟以"名人故里游""坊巷院落游""古建园林游"为主题的1小时、2小时、3小时和一日游的旅游线路，满足不同游客需求；邀请作家北北创作三坊七巷讲解词，组织实施三坊七巷院落文史档案编撰工作；着手编撰《院落记忆》丛书。

全年接待游客人数逾800万人次，国庆黄金周客流量达114.3万人次。公务接待1527批2万人，其中，党和国家领导人6人，省部级领导45人，还有柬埔寨国王西哈莫尼、日本长崎市市长田上富久、议长吉原孝等。

【招商管理】 引进"星巴克"咖啡入驻南后街，提升三坊七巷的整体商业氛围。落实已修复院落招商引资工作，通过三坊七巷展示中心现场接洽、实地踏勘、已开发景点展示，促进符合业态规划的项目落地。全年，南后街销售商铺46间，成交面积3492.43平方米，成交金额1.71亿元，签约入驻58个商家，租赁面积2.33万平方米。

（董炳强）

市容管理与执法

【概况】 2010年，市容环境卫生管理工作围绕创建全国文明城市、打造宜居城市目标,打响"城市建设战役",全面推进市容环境整治、建筑垃圾清理、制度法规建设、环境卫生管理等工作。全年办理省、市人大政协的建议、提案45件,办结、回复率100%,满意率和基本满意率100%。受理"12345便民呼叫系统"投诉2100多件,群众信件150多件,接待来访群众近百人,110社会联动电话接警1.1万多件。办理领导决策件、批办件760多件。

【市容环境整治】 开展主次干道流动摊点、沿街叫卖行为的清理整治,清理占道流动摊点、夜市大排档2.46万余个,查扣并销毁摊车2500余部。会同各区对全市便民市场进行摸底调查,新辟夏季瓜果临时经营点18个,新增便民早市19个,设立擦鞋摊、小维修便民摊点26个。开展早市蔬菜农药残留物快速检测培训工作,在每个便民市场配备1套农药检测和公平秤设施。开展乱张贴整治,组织清洗乱张贴、乱涂写非法小广告132万多张,对乱张贴的电话号码停机4732部。推进"门前三包"制度责任的落实,全市签订"门前三包"责任书3.6万份,总签订率约98%,并加大力度查处违反"门前三包"行为。开展渣土运输整治,利用"GPS"导航定位系统加强渣土车运输过程监管,查处违章车辆,有效遏制渣土滴撒漏污染路面现象。开展摩托车、电动车、自行车乱停放整治,纠正乱停放9.1万余辆次,处罚2900余辆次。开展户外广告整治,拆除大型户外广告、立柱广告近2600面,查扣各类占道移动广告牌4600余面、布幅广告890多面。开展地摊、游商兜售非法出版物专项整治,收缴各类非法出版物4万多件。开展乱撒冥钱治理。取缔销售"孔明灯"15起,制止燃放"孔明灯"180多起。收容流浪犬1800多只。查处破坏园林绿化案件24起。

【环境卫生整治】 创建五一路、五四路、乌山路、华林路、六一南路、君竹路等10条路段为达标示范路。在市区25条主要干道落实全日制保洁、50条道路推行快速保洁,对二环路及重点路段共200万平方米道路每日实行"三机扫、两冲洗"作业,每半月对主干道人行道冲洗一遍。制定完善环卫行业管理标准。开展公厕、转运站的评星活动,刷新维护240座公厕,维护率逾60%;购置新型垃圾集装转运箱50个,区环卫部门购置更新62个,整治垃圾运输滴漏现象;购置2套除臭设备,解决部分垃圾转运场臭味影响周边居民生活的问题;安装果皮箱1953个。开展餐厨垃圾和废弃食用油脂管理工作。扩大垃圾处理费收费面,推进居民垃圾处理费捆绑水费征收工作,全市征收垃圾处理费约4200万元。

【内河整治与管理】 全市签订《护河公约》1896份,签订率98%。修订《市、区内河管理责任分工》《护河员招聘和管理办法》《管理员和护河员职责与奖惩办法》《内河管理日常检查评比规定》等规章制度。进一步完善内河三级管理保洁机制,增派护河管理员,加强督促检查护河保洁员到岗到位和卫生保洁情况。清理海峡国际会展中心周边浦下河、连坂河、潘墩河、螺城河等8条河道垃圾约30吨、水浮莲1.5万平方米;清理光明港红星村段沿岸临河搭建7处、乱堆放15处,查处非法捕捞红虫等违章行为;制止乱扔乱倒垃圾行为437起;拆除临河搭盖12起;立案查处沿河违反《福州市城市内河管理办法》案件11件;制止乱拉缆线17起、7000多米。科学调控生态补水,加强机电设备维修维护招投标和维护工作,全年各泵站保持安全运行无事故。加大中心城区内河生态补水量,完善内河水闸科学调控,进一步提高中心城区生态补水内河水质,增强补水效果。进一步提高防洪排涝水平,在防抗台风、暴雨中,事先停止引水、腾空河道,观测雨情、水位,及时开机排涝。

【建筑垃圾管理】 办理新成立符合资质的渣土公司准运证3张、渣土处置申报工地85家、运输卡9178张,核准报备临时受纳场15个,审验运输车辆617车次。打击偷、漏、报工地、无证运输、"滴、漏、撒"、未"平斗运输"及未落实净车出场乱倒卸等违章现象,查处违章渣土车辆429部,暂扣156部,查处工地噪音1931起。清理污染路面237万平方米。逐步完善渣土运输车辆GPS监控系统,实行车辆静、动态管理。

【垃圾无害化处理】 城区生活垃圾无害化处理率98.2%。红庙岭垃圾综合处理场填埋垃圾约17万吨;焚烧垃圾58万吨,发电1.63亿千瓦时;抽取沼气量540万立方米,发电670万千瓦时;垃圾渗滤液达标处理量47.5万吨。

【制度法规建设】 起草《福州市"门前三包"责任制管理办法》《福州市市容

4月26日,市市容管理局组织对T型广告牌进行拆除。

津泰路活动式公厕

和环境卫生管理办法》修订意见、《关于加强餐饮单位废弃食用油脂管理工作的通知》等规章，报市政府审定。制定《行政处罚案件网上运行工作制度》《关于调整建筑垃圾和建材运输违章车辆扣押处理时限的意见》《关于进一步明确建设施工工地外运建筑垃圾界定标准的意见》《关于加强散装砂石子运输车辆管理的通告》《福州市市区便民早市管理办法（试行）》等规范性文件。规范行政许可，实施城市管理行政处罚审批网上运行，对150项的行政处罚事项细化量化到541个档次；开展3G手机的执法试点，网上行政处罚系统办理2000多件。实行弹性工作制，推行路段包干管理，确定市区“6纵6横”（马尾“1纵1横”）23条道路以及16个市容管理重点区域，分别由各区执法局和市直属大队分段包干，实行全日制管理。修订完善《福州市市容绩效评估细则》《福州市环卫绩效评估细则》和《局直属大队绩效评估方案》，明确市、区、街（镇）、社区（居）的任务与责任。

【市容环境卫生宣传】 在省、市新闻媒体及通讯刊登稿件243件。在《福州晚报》开辟“文明就差这一点”栏目，定期对破坏市容环境卫生行为进行曝光，曝光不文明行为25期。组织志愿者近1.5万多人次开展市容环境卫生宣传督导活动。发放“维护环境卫生、共建美好家园”宣传单6万份，《福州市城市管理法律法规市民手册》3.5万多份，《福州市“门前三包”管理办法法规规章汇编》宣传书册6万册。参加福州人民广播电台政风行风栏目直播节目。

【基础设施建设】 投资5752万元建设红庙岭一期扩容工程，新增垃圾填埋库容150万立方米，完成垃圾填埋市库区建设工作。红庙岭洗车场建设工程完成主体工程，计划2011年3月份投入使用。完成无障碍公厕改造83座。新增高压冲洗车、清洗扫路车等22部，后装式垃圾压缩车8部，三轮电动保洁车60部。环卫机械化清扫率58%。

全年新增公厕106座，其中新建固定公厕22座、活动式公厕48座、公共建筑附属式公厕对外开放27座、改造提升公厕9座，超额完成31座；1000面导厕牌和600套公厕标志牌完成布设。

【环卫队伍建设与保障】 全市有环卫工人5451人，其中在编751人，编外4700人（主要为外来务工人员），退休1192人（含编外39人）。截至年底，为编外环卫工人办理城镇职工基本养老保险2165人，城镇职工基本医疗保险2438人。

（周建国）

（编辑　吴　燕）

建筑业

【概况】 2010年，福州市完成建筑业总产值1087.27亿元（不含平潭），比增33.24%，其中，市区完成产值346.94亿元，比增22.8%；福州市以外的建筑市场完成产值572.34亿元，比增47.4%。市区受质量监督项目281项，面积1366.5万平方米，比增27.4%；办理房建项目施工许可证158项，新开工工程125项，竣工备案工程126项，全市建筑业从业人员65.17万人。

【行政审批】 梳理、简化施工许可证的审批时限，取消2个环节、合并2个环节，后置3个环节，安全文明施工措施和施工图审查备案只进行程序性审查，允许大中型及重点项目的桩基先行审批施工，建设单位获得工程规划许可证后即可预约现场踏勘，通过简化环节、优化程序，可为工程建设节约整体工期75天以上。全年办结各类审批件1108件（含许可类278件、申报类319件、变更类511件）。市城乡建设委员会政务服务中心在全市"十佳窗口"评比中排名第一。

【建筑招投标】 3月1日起，福州市正式运行电子招标投标平台，完成电子招投标的工程213项，总标的61.4亿元。深化随机抽取法确定中标单位的做法，1500万元以下的投资项目142项采用随机抽取法确定中标单位，24个1500万元以上的投资项目参照采用直接抽签法确定中标单位。重大财政投资项目引入大型央企参与投标，进行资金流向审计，地铁等重大项目采取异地评标。

【建筑市场监管】 推行外地企业在榕分支机构备案制度，要求备案人员到位率应达到备案总人数的80%，每月考核2次，对人员到位率达不到要求的企业清出市场。全年有82家通过备案，备案人员3264人；5家企业被清出市场。按照《福州市建筑市场责任主体及责任人清出制度若干规定》，针对建筑市场和现场的14种违法违规行为，实行清出管理。有8家企业（其中3家施工企业、5家监理企业）被予以停止1年参加福州地区政府投资项目投标活动的处理，其责任人1年内不得在福州市从事相应业务；2家检（监）测单位被通报批评，责任人2年内不得在福州市承接相应业务。

针对建筑市场存在的未批先建、擅自变更施工设计、施工企业无施工资质、无安全生产许可证、企业"三类人员"无安全生产考核合格证书、特种作业人员无操作资格证书问题，开展违法违规行为和责任主体的整治，立案查处各类建设工程违法违规案件75起，罚款714.7万元。开展在建项目综合考评，对不合格的20家（次）施工、监理企业、17个项目经理、总监进行通报批评，并在媒体曝光。推进建设领域突出问题整治，市建委牵头开展项目412项，占市区专项整治总项目数的82%，组织建设单位自查自纠，发现问题543个。至年底，完成整改525个，整改率96.7%。

【劳务市场监管】 实施建筑劳务分包制度，要求一级以上总承包企业承揽的新开工项目须选择成建制的劳务分包队伍，至2010年，全市有劳务企业186家，比增29%。推行农民工工资支付保证金制度，欠薪不良记录的施工企业或外地在榕施工企业，要求设立保证金专户，按施工企业资质等级预存相应数额的保证金，农民工工资保证金累计预存1.37亿元。印发《关于切实解决农民工工资拖欠问题的通告》，公布拖欠受理电话、投诉举报方式，存在欠薪不良记录的开发企业不能参与新地块的招拍挂。

【建筑定额管理】 一是完成《城市轨道交通工程费用取费标准（试行）》，在全国范围内率先健全地铁工程的计价体系，为福州市地铁1号线工程编制设计概算以及招标控制价提供计价依据。二是调整工程安全文明措施费的定额标准，为提高工程的安全文明施工水平起到重要的引导作用；三是根据市场和现场情况跟踪价格信息，调整模板定额标准，出台高大模板、节能环保补充定额标准。

【建筑节能和设计管理】 制定并实施《关于推进可再生能源建筑应用城市示范工作的实施意见》《项目评审管理暂行办法》《专项补助资金管理暂行办

法》,建立"可再生能源建筑应用专家库",并组织3个项目申报2010年度国家太阳能光电建筑应用示范项目。全年新备案建筑节能材料、产品23项,检查新备案和已备案的节能材料104项。完成全市建筑面积3000平方米以上的政府办公建筑及大型公共建筑的建筑能耗数据调查统计;组织6家单位参展第四届"绿博会",上报对接项目12项,技术需求2项。完成施工图设计备案项目256项,开展16家勘察设计企业资质申报和14家企业设计施工一体化资质的审核。完成63家勘察设计单位资质换证工作。完成福州市区240平方公里范围内建筑物抗震性能调查工作,建立基础资料库;开发"福州市建筑物防震减灾地理信息系统",为城市建设提供基础资料和辅助分析工具。市建委获"2009年度全市节能工作先进单位"称号。

【工程质量安全监管】 受理质量监督项目281项,面积1366.5万平方米,比增27.4%,其中停工项目26项,竣工验收80项。发出工程质量整改通知书2165份,受理质量监督投诉469件。检查工程安全文明施工情况2280次,发出安全事故隐患责令整改通知书344份,责令停工整改通知书29份,对存在安全事故隐患的25个项目予以相应的行政处罚。全年发生安全生产事故6起,死亡5人,伤3人;未发生重大安全生产责任事故,整体形势处于受控状态。

开展住宅工程分户验收,制定《福州市住宅工程分户验收监督要点》,有8个项目执行分户验收。实施《工程质量安全动态管理办法》,根据工程建设中施工单位、监理单位的责任人存在问题的记分情况,对责任人进行约谈、记不良记录、停工整改、立案查处、直到清出市场的行政处罚。全年,对99人次的企业或项目责任人进行记分,未出现超过分值要约谈的情况。

评选闽江杯优质工程18项、榕城杯优质工程117项;有57项参评市级文明工地,上报参评省级文明工地的有23项。至2010年,全市有预拌混凝土企业22家(其中2家搬迁停产),混凝土搅拌车519辆,混凝土泵车122辆,散装水泥发放库155个、中转库58个,固定接收库41个,流动罐389个,生产能力为1165万立方米/年。供应散装水泥432万吨,供应商品砼约341万立方米。

【代建工程】 海峡国际会展中心于2010年5月中旬竣工交付使用;完成福州市捐建给友好城市(美国塔科玛市)的"福州亭"工程安装。采取BT模式融资,建设海峡奥林匹克体育中心项目;启动福州市城市发展展示馆、三江口高级中学、闽清及福州市精神病院扩造工程等4个项目建设,海峡妇女儿童活动中心、福州市肺科医院负压病房楼、福州职业技术学院二期工程、福州儿童医院、金山七期小学等5个项目开展前期工作。

【城建档案管理】 工程档案接收审核要求档案接收后5个工作日内审核完毕。全年接收成品档案165项,整理入库档案3045盒7200卷;形成录像档案3975分钟,照片档案6539张;"城市建设档案信息管理系统"录入城建档案卡片信息3045条,至年底有数据6.598万条;接待查档530人次,调阅档案1080卷。

(许信证)

房地产业

【概况】 2010年6月,福州市房地产管理局更名为福州市住房保障和房产管理局,增加建立住房保障体系、完善廉租房制度、指导住房建设等职责。

全年完成房地产开发投资670.69亿元,比增85.4%,占固定资产投资的30.05%;房屋施工面积累计3599.46万平方米,比增36.6%;房屋新开工面积1451.48万平方米,比增165.9%。

5月,海峡国际会展中心交付使用。　(郑敏良　摄)

【市场管理】 实行一系列信贷、土地、税收、限购等调控政策,开展房地产开发经营、商品房销售、房产中介行为等各类专项检查。全年商品房销售 6.59 万宗,面积618.82 万平方米,金额545.74 亿元,分别比降 21.54%、23.96%、7.31%,其中福州市区商品房销售 3.70 万宗,面积 300.97 万平方米,金额 350.14 亿元,分别比降 38.2%、44.76% 和 26.49%。1 ~ 12 月,市区商品房成交均价 10789 元/平方米,房价总体平稳,市场调控取得成效。二手房交易 4.24 万起,面积 480.9 万平方米,分别比降 20.25%、5.98%,申报成交金额 165.45 亿元,比增 1.75%,其中福州市区二手房交易 3.51 万宗,面积 374.7 万平方米,金额 141.16 亿元,分别比降 24.99%、12.08% 和 0.77%。

表 10 1 ~ 12 月福州市区商品房交易情况表

月份	面积(万平方米)	金额(亿元)	均价(元/平方米)
1 月	25.39	26.89	10591
2 月	13.46	14.79	10986
3 月	19.11	21.54	11271
4 月	25.56	28.90	11309
5 月	9.30	8.89	9570
6 月	12.24	13.31	10877
7 月	9.11	10.36	11374
8 月	13.85	15.83	11428
9 月	19.96	20.82	10430
10 月	34.34	36.47	10620
11 月	22.66	23.78	10494
12 月	25.11	26.70	10663

【住房保障】 将住房保障工作列入市委、市政府年度为民办实事项目内容,成立福州市保障性安居工程协调小组。编制《福州市 2010 ~ 2012 年保障性住房建设规划》,统筹安排 3 年的保障性住房建设用地。制定《福州市城区经济适用住房上市交易办法》,8 月 1 日开始施行。启动保障性住房申请常态化受理机制,放宽保障房准入条件,扩大住房保障覆盖面。城区廉租住房申请人家庭年收入条件由上年的 2.5 万元以下放宽至 3 万元以下;经济适用住房申请人家庭年收入从 3.5 万元以下放宽至 3.8 万元以下,人均住房建筑面积从 13 平方米以下放宽至 14 平方米以下;受市委、市政府以上表彰的外来务工人员不受户籍条件限制,首次纳入城区住房保障范围。全市开工建设廉租住房 1.15 万套、经济适用住房 3169 套、公共租赁住房 5694 套、限价商品房(安置房)1.08 万套。全年通过廉租住房、经济适用住房和经济租赁房等三类保障性住房保障住房困难家庭 3632 户。

【拆迁改造】 市区批准拆迁项目 84 个,总用地 767.76 公顷,拆除各类确权房屋 491.47 万平方米,搬迁居民 2.72 万户。上海东、王庄、东牙巷、国棉厂宿舍区、闽渔东片等旧屋区改造项目先后启动,琴亭湖及周边道路、向莆铁路鼓山段、南台岛 12 条内河整治工程、磨洋河整治工程、轨道交通 1 号线部分站点等市政重点项目拆迁全面展开,冠城大通公司及周边、秀峰路综合商场、海峡糖酒食品城、福机厂北厂区等地块纳入土地征迁收储范围。调整房屋拆迁补偿安置政策,一至三级地段过渡费由 8 元提高至 10 元,四至六级地段过渡费由 7 元提高至 8 元,取消拆迁安置房屋等面积部分的层次调节差价款。

【物业管理】 开展物业小区文明创建活动,加快无物业小区整治改造,推行小区物业服务质量评价机制和物业服务收费明码标价公示,加强对业主大会、业主委员会的指导监督,通过完善制度、强化监管、规范服务、培育品牌,不断提升物业服务整体水平。截至年底,福州市有一级资质物业企业 7 家,二级资质企业 18 家,三级资质企业 329 家,暂定三级资质企业 85 家。有 22 个项目获评全国物业管理示范项目,59 个项目获评省级物业管理示范项目,315 个项目获评市级优秀物业管理项目。全年注销 19 家三级资质物业服务企业,29 家三级资质物业企业被降低为暂定三级。加强对住宅专项维修资金缴交、存储、支取等环节的管理,新归集资金 5.73 亿元,历年累计 18.28 亿元。

【房产交易售后"一站式"服务】 5 月初,市房地产交易登记中心牵头开展房屋交易后续相关行业,如水、电、气、固定电话、有线电视等 5 家公用行业服务窗口入驻福州市房地产综合大楼,与房产证、土地证、公积金等办理及物业维修基金、金融服务等配套,实现"一站式"服务。全年服务收件总量 2.62 万件,日均收件量 152 件。据评估,每年可减少通流量逾 30 万人次,为全国创新举措。

【房地产市场信息系统统一平台建设】 年初,市房地产交易登记中心筹备覆盖全市的新房地产市场信息系统的立项审批和开发建设工作;6 月,进入实质招标阶段;10 月,进入新系统软件开发阶段,预计 2011 年 6 月正式投入使用。

(许丽钦 翁发春 曾彩华)

(编辑 吴 燕)

环境保护

综 述

2010年,福州市通过加快环保基础设施建设,落实主要污染物减排、重点流域水环境综合整治、生态县(市)、生态乡(镇)、生态村创建、工业园区环境治理等环保重点工作,强化环境监管,严格环境执法。全市生态环境持续良好,环境质量状况继续保持优良水平。福州市区空气质量优良率96.17%,市区饮用水源水质达标率98.90%,市区环境噪声56.5分贝。城市生活污水集中处理率93.22%,生活垃圾无害化处理率98.38%。全市工业废水排放量5079.95万吨,工业废水处理排放达标率95.31%,工业固体废物综合处置利用率98.14%,工业危险废物综合处置利用率100%,医疗废物处置率100%。

市、县两级出台贯彻省环保监管"一岗双责"规定的实施意见,全面建立县、乡、村三级环保管理网络,县(市)区成立环保委员会,乡镇(街道)成立环保工作站,村(居、社区)明确环保员,形成环保工作齐抓共管的格局。制定并实施《关于推进四城区工业企业优化布局提升改造的若干意见》《关于加强农村环境保护工作的实施意见》《关于进一步加强工业园区环境整治工作的通知》,下发《工业园区环境整治工作责任书》,深化区域环境整治;印发《关于开展福州市"生态市、生态县(市)、生态乡镇、生态村"建设的实施方案》,推进生态创建;将城区餐饮、娱乐、商贸等第三产业的环保审批和监管下放各区环保局。

环境质量

【大气环境】 福州市城区空气污染指数(API)平均值为59,略高于上年的54;全年空气质量以优、良为主,优良率96.17%,低于上年的96.7%。全年出现轻微污染12天,重污染2天,首要污染物均是可吸入颗粒物。空气质量在全国31个省会城市、直辖市中列第5位。城区空气中二氧化硫、二氧化氮和可吸入颗粒物均值分别为0.009毫克/立方米、0.032毫克/立方米、0.074毫克/立方米,均达到国家环境空气质量二级标准。城区降水pH均值为5.54,酸雨率29.48%,酸雨率较上年略有升高。各县(市)中,永泰城关空气质量最好,闽清最差。永泰、连江、长乐空气质量等级为优,其余为良。

【水环境】 闽江流域福州段水质总体保持良好,闽江干流福州段、支流大樟溪、梅溪口断面水质均值达到相应功能区标准,达标率100%;敖江流域福州段水质功能区达标率100%,干流5个断

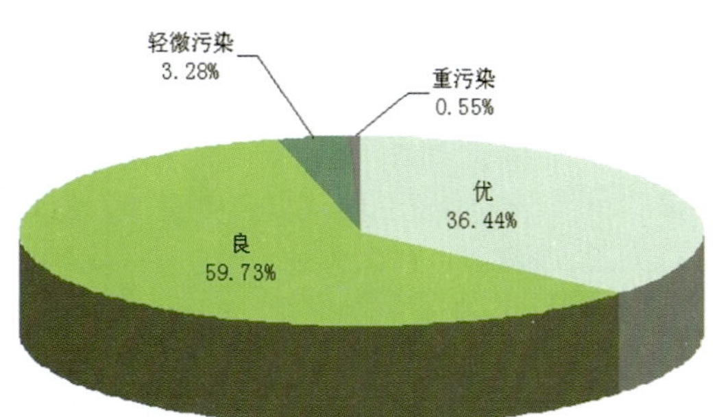

2010年福州市空气质量分级比例

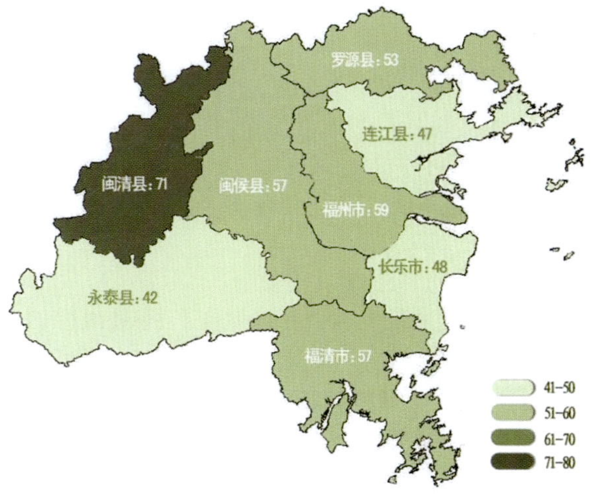

2010年福州市各县(市)API年均值

面浊度年均值达到相应标准限值;龙江流域水质功能区达标率75%,与上年持平。龙江上游的前洋桥、大斜龙江桥断面水质达标率100%,下游污染仍较严重,海口桥、倪浦桥断面水质达标率分别为83.3%与16.7%。

2010年,山仔水库、东张水库除总氮、总磷外各项指标年均值均达到相应功能区标准,水质处于中营养化状态。西湖水质各项指标均达到相应的功能区标准,除总氮、总磷外各项指标均达到地表水Ⅳ类标准,总氮、总磷指标介于Ⅳ类和Ⅴ类之间,与上年相比,总氮浓度略有上升,总磷浓度略有下降。福州城区6个饮用水水源地水质达标率98.90%,比上年提高1.59个百分点。各县(市)城关饮用水水源地水质良好,福清达标率为83.63%,其余6县均为100%。

福州城区内河水质达标率50%,以有机污染为主。晋安河的三孔闸、光明港的九孔闸2个省控断面水质年均值达到Ⅴ类标准,港头的氨氮、五日生化需氧量、溶解氧及彬德闸的氨氮年均值超出功能区标准,污染程度与上年基本持平。

福州市近岸海域年均值达标率44.4%,高于上年的33.3%,主要污染物为无机氮、活性磷酸盐、化学需氧量等。

表11　**2010年福州市3条河流水质达标情况**　单位:%

河流		断面数	水域功能达标率	Ⅰ类~Ⅲ类水质比例	交界断面达标率
闽江	干流	8	100	100	100
	梅溪	1	100	83.3	—
	大樟溪	3	100	100	100
	全流域	12	100	97.61	100
敖江干流		5	100	100	100
龙江		4	75.0	50	83.3
合计		21	95.24	89.68	100

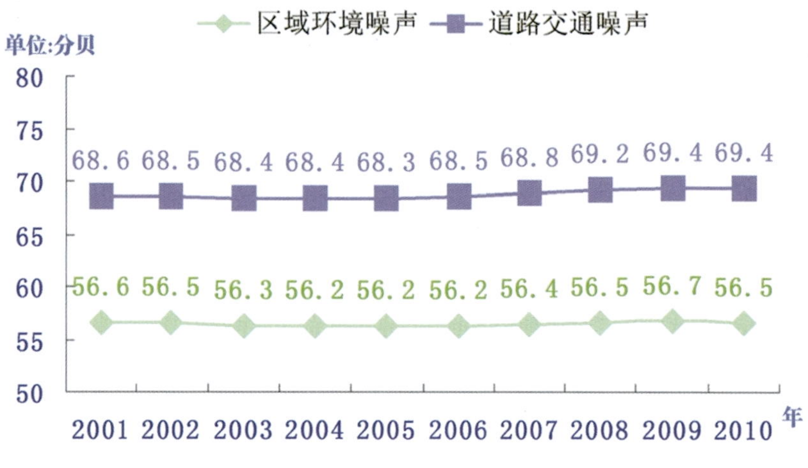

2001~2010年福州市区域环境噪声、道路交通噪声变化趋势示意图

【声学环境】　建成区区域环境噪声年均值56.5分贝,比上年下降0.2分贝,处于轻度污染水平。交通噪声年平均值69.4分贝,与上年持平。在开展监测的市区62条交通干道中,道路交通噪声声级大于70分贝的有23条,累计长度72.2千米,占总长比例的38.75%,高于上年的36.28%。

【生态环境】　将2015年创建成为国家级生态市纳入全市"十二五"规划。落实"以奖代补""以奖促治"等政策措施,结合新农村建设和清洁家园行动,推进生态乡镇和生态村创建。创建26个省级生态乡镇、208个市级以上生态村,全市有4个乡镇、3个村获推荐申报国家级生态乡镇、村。启动农村环境连片综合整治,投入各级资金4900万元,133个村庄列入整治范围,受益人口29.2万人。至2010年,全市建成区园林绿地面积8122公顷,建成区绿化覆盖率40.3%,绿地率36.9%,城市人均公共绿地面积11.15平方米;公园41座,新增公园面积73公顷,公园总面积2222公顷;各类自然保护区面积430.4平方千米,森林公园面积138.1平方千米,风景名胜区面积742.3平方千米;林地面积77万公顷,森林覆盖率54.9%。

环境监察整治

【环保整治】　以"加强环境执法监管年"活动为抓手,开展"整治违法排污企业、保障群众健康"环保专项行动,重点实施重金属污染企业专项整治,铁路、高速公路、国道、省道两侧黑烟污染专项整治,闽江、敖江、龙江干支流沿岸企业违法排污专项执法检查。出动1.23万多人次,检查企业5775家次,关闭环境违法企业39家。组织开展环境安全隐患排查和后督查,出动执法人员1700多人次,排查企业347家,发现环境安全隐患49起。实施工业园区和皮革行业整治,全市24个市级以上工业园区中有11个完成规划环评编制,14个实现污水集中处理;8家皮革企业中有4家关闭停产。

【污染减排】　全市化学需氧量排放量4.9363万吨,二氧化硫排放量7.994万吨,分别比上年净削减826吨和83吨,比上年减排1.65%、0.14%。实施结构减排,加快产业结构调整,推进四城区工业企业优化布局提升改造,搬迁存在环保、节能减排问题的企业。落实项目减排,实施54个化学需氧量减排项目和66个二氧化硫减排项目。新建并投入运行7座污水处理厂,完成配套管网建设81.9千米。全年累计污水处理量2.39

亿吨,比上年同期新增污水处理量4456万吨,污水处理厂平均运行负荷率逾85%。51家企业通过清洁生产审核省级验收或评估,五城区完成252台锅窑炉改造,闽清县10家建陶企业完成燃煤改天然气工程。加强管理减排,建立减排联席会议制度,对所有减排项目实行"月调度、月通报、季督查",完成全市52家国控、省控重点污染源在线监测设备的验收和有效性审核。

【水环境整治】 闽江整治 以畜禽养殖和工业污染治理为重点。编制完成《福州市畜禽养殖污染治理规划》和《福州市畜牧业发展规划》,完成闽江流域禁养区内养殖场搬迁拆除1426家,禁养区外规模化养殖场污染治理414家。消减取缔闽江干流投饵类、施肥类网箱养殖约1400箱。开展造纸、皮革、化工、医药、印染、重金属等行业污染整治,完成福建台福食品公司等12家重点企业的废水治理,基本完成永泰长庆溪周边蜜饯行业废水治理和青口工业区的污水管网建设。

敖江整治 以石板材行业治理和塘坂水源地保护为重点。分别关停连江、罗源两县石材企业54家、280家,分别削减12%、11%的石材开采总量。停止两县新、扩建建筑饰面石材开采项目的审批,对所有石材加工企业和矿山征收差别电价。清理沿路、沿河两侧乱堆放废料(渣)163公里。实施塘坂水源保护区周边乡(镇)、村的污水和垃圾处理设施的日常督查和在线监控,落实罗源霍口乡东元亭村、岐峰村和晋安日溪乡山秀园村、党洋村的畜禽养殖场搬迁拆除工作。向山仔水库投放生态鱼苗100万尾,抑制藻类暴发,改善水库水质。

龙江整治 坚持"三治并举"(治污、治洪、治乱),拆除流域周边畜禽养殖场238家,总面积24.7万平方米,实现禁养区内和东张水库饮用水源保护区无畜禽养殖污染。拆除虎溪周边的违法排污企业2家,严禁在东张水库和虎溪上游新建工业项目,并种植速生林。新划定3个乡镇集中式饮用水源保护区,对16个集中式饮用水源保护区实行集中整治。建成融元污水处理厂二期工程,完善污水收集处理系统,福清城关污水处理能力提高至12万吨/天,配套污水干支管网超过57千米。完成融侨开发区120家企业雨污分流改造。

【固体废弃物处置】 落实工业固体废物申报登记制度,对危险废物的产生、贮存、运输、处置利用全过程实行监管,在电镀、制革行业率先建立危险废物台账管理制度,加强对废弃电器电子产品处理过程的环境监管。开展危险废物污染防治专项检查、重金属污染防治专项检查、重点行业企业环境风险及化学品检查。实行医疗废物重点监管,制定《福州市医疗废物处置应急预案》,将医疗废物集中收集处置范围扩大到社区个体诊所和乡镇卫生院。全市综合处置利用工业固体废物680.76万吨,处置利用率98.14%;综合处置利用工业危险废物14947.22吨,处置利用率100%;无害化处置医疗废物3376.51吨,处置率100%;无害化处理生活垃圾81.84万吨,处理率98.38%。全市共有6家具有危险废物经营资质的企业。

【机动车尾气管理】 全年路边抽检车辆3200多部,停放地检测车辆760部,查处尾气超标车辆292部。加快车辆更新步伐,督促公交公司淘汰110部旧车,更新232部新车,通过"以旧换新",更新机动车1600部。

环境监测与科研

【环境监测】 全市所有环境监测机构均达到省级标准化建设要求,连江、永泰2县完成监测站省级标准化验收工作。完成国家、省、市重点污染源废水、废气的监督性监测,取得数据2.97万个;对30多个国控、省控河流断面和湖库断面地表水环境质量开展监测,及时掌握福州市重点污染源及国控、省控段面环境监测数据,为环境管理服务。建设投运敖江流域花园溪、兰水溪水质自动监测站和移动环境空气质量监测车,建成五四北路和闽侯、马尾各2家路边空气自动监测站,开展农村环境质量监测试点。

【环保信息化建设】 完善福州市环境监控中心功能,加强污染源在线监控体系建设,至2010年,全市有8个县(市)区开展污染源在线监控工作,罗源、福清、长乐、马尾、闽侯等5个县(市)建立监控分中心。加快环保业务信息化步伐,建成福州市污染源普查成果应用系统和市环保局环境管理GIS应用系统,福州市环境监测及污染源管理地理信息系统建设稳步推进。

【环保科研】 以服务流域整治、污染减排等环保重点工作为环境科研重点,发挥科技对环境保护的技术支撑作用。开展流域污染控制技术、景观水体生态修复技术、城市交通噪声污染控制、区域环境风险评估与预警机制、农村污染控制新技术研究和推广等环境科研工作;完成福州市环境保护"十二五"规划以及总量控制等环保专项规划编制工作,形成完善的"十二五"环保规划体系;完成通湖路改造工程等63项财政性投资市政重点建设项目的环评报告编制,完成福清市饮用水源地区划、福清市饮用水源地环境保护规划等24个规划和区划报告的编制,完成500平方公里以下流域规划环评、福州市总体规划环评、台商投资区扩区总体规划环评等7项规划的

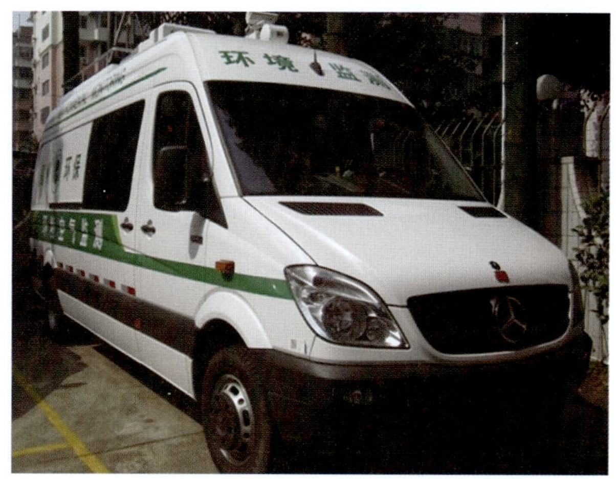

市环保局投资200万元购置空气质量移动监测车。

环评文件编制。

环保宣传与投诉件受理

【宣传教育】 围绕污染减排、流域整治、生态创建等环保中心工作,结合“3·22水日”“4·22地球日”“6·5世界环境日”开展形式多样的环境宣传。以“低碳减排,绿色生活”为主题,开展环保摄影大赛、环保基础设施一日行、环保宣传进社区、纪念世界环境日文艺晚会等“环保宣传月”系列活动。开展“绿色社区”和“绿色学校”创建,推进全民环境教育。2010年,全市创建3个国家级、13个省级、110个市级“绿色社区”;创建2所国家级、23所省级、120所市级“绿色学校”。建立健全环境保护公众参与机制,拓宽公众参与渠道,全市有7个县(区)成立环保协会,16所在榕高校成立20个环保志愿者协会。

【环保信访投诉处理】 强化110社会联动,畅通“12345”政府热线、“12369”环保投诉热线等渠道,使群众诉求得到充分反映。全年受理各类环境投诉6962件,处理率100%,办结率98.2%。环境噪声污染和大气污染仍是群众信访投诉的热点问题,占投诉件总数的87%。加强环境信访办理和纠纷调处工作,对2009年度重点排查的22件信访件全部息诉息访。全年办理答复涉及环保工作的人大代表建议、政协委员提案42件,办结率100%,满意率97.6%。

(申家驹)

(编辑　吴　燕)

6月5日,市环保局举办全市纪念世界环境日晚会。

交通 邮政

公 路

【概况】 2010年,福州市公路通车里程达1.02万公里,公路密度为85.53公里/百平方公里;高速公路通车里程达400公里。完成交通固定资产投资110.8亿元,居全省第一位,比增57.9%。建成高速公路121公里、国省道及其他重要干线公路42.59公里,建设改造农村路网315公里,实施农村公路安保工程1250公里。完成公路养护社会固定资产投资8.6亿元,比增26.5%。组织实施迎国检系列争先工程,重要网络干线完成大修84.58万平方米/467公里,完成3条国道、4条省道规范化工程建设;危桥改造22座;公路绿化完善与品质提升538.46公里,超计划85.7%;实现公路综合优良率85%,干线优良率88%。全市道路运输行业完成客运量1.54亿人次、货运量8394.19万吨、货运周转量111.45亿吨公里,分别比增0.89%、10%和14.05%。

【重点项目建设】 安排交通重点建设项目15项,完成投资100.9亿元。机场高速公路二期、绕城高速西岭至洋门段、福清渔溪至平潭高速公路、平潭海峡大桥4个项目建成通车,绕城高速闽侯改线段、福泉高速扩建、福银高速福州南连接线、福州至永泰高速公路、乌龙江大桥改造及接线拓宽工程、秀宅收费站搬迁等在建项目建设稳步推进,渔平高速公路延伸线(平潭复线桥)、绕城高速东南段、长乐至平潭高速公路、沈海复线宁德漳湾至连江浦口高速公路福州段、京台线建闽高速公路福州境内段5个计划新开工项目动工建设,莆田兴化湾至三明尤溪高速公路福州段前期工作有序推进。至年底,在建高速公路项目9项,总投资425.56亿元。

绕城高速连江飞石路段

渔平高速公路延伸线(平潭复线桥) 9月28日动建。平潭复线桥起于渔平高速公路东瀚互通,经福清市东瀚镇赤表村、北清屿,建平潭大桥跨越海坛海峡,终于平潭县娘宫,与省道305线顺接,路线全长6.001公里(其中桥梁长度4756.68米),设计时速80公里,建设总工期3年。项目建成后与平潭大桥及接线工程组合成双向6车道高速公路。

长乐至平潭高速公路 12月20日动建。长平高速是进出平潭综合实验区的第二通道,项目起点位于长乐前塘枢纽互通,终点与拟建的福州至平潭铁路公铁合建特大桥衔接,路线全长22.6公里,双向6车道,设计时速100公里,项目估算总投资约27.14亿元。

绕城高速公路东南段 12月20日动建。该段是福州环城高速公路的组成部分,也是沈海复线的组成部分。项目起于连江洋门岭枢纽互通,经浦口、东岱、长门特大桥、琅岐、潭头、江朱枢纽、古槐、罗联、玉田,终点青口,接沈海高速公路青口枢纽互通,线路全长93公里,双向6车道,设计时速100公里,项目投资总估算107亿元。

沈海复线宁德漳湾至连江浦口高速公路福州段　12月20日动建。该段是海西高速公路网规划"二纵"沈海复线的重要组成部分。项目起于宁德市蕉城区飞鸾镇,与沈海复线福鼎至宁德段相衔接,经罗源县起步镇、罗源城关,连江马鼻、透堡,终于连江浦口,与福州东南绕城高速公路衔接,路线全长48公里,双向6车道,设计时速100公里,项目估算总投资约49.1亿元。

京台线建瓯至闽侯高速公路　12月20日动建。建闽高速主线起于建瓯的弓鱼枢纽互通,与国高长深线相交,途经建瓯市、古田县、闽清县、闽侯县,终于闽侯白头枢纽,与福州绕城高速西北段衔接,线路全长约152公里,双向4车道,设计时速100公里,项目估算总投资约197亿元。

其他项目　乌龙江新建复线桥工程,完成施工总产值48%。市公路局参与省道202线闽清段公路改建、省道203线长乐段拓宽、县道197线、192线鳝溪经过仑至鼓岭段公路路面改善等代建工程建设,总投资1.8亿元。

【农村公路建设】　市委、市政府出台农村网络化公路建设及自然村公路建设补助政策,市级财政对全市农村公路网络建设项目(基础网络和干线网络)统一按7万元/公里补助,永泰、平潭、闽清及晋安4个县区自然村公路维持5万元/公里补助政策,其他县(市)区的老区及少数民族自然村公路建设按照上述4个县区的补助政策执行。全年完成农村公路建设投资2.6亿元,完成农村公路水泥路面铺设315公里。

【公路养护】　公路工程项目交工、竣工验收合格率100%。推进"绿色长廊和谐公路"、绿色通道建设,完成绿化里程538公里,其中国省干线绿化里程284公里,县乡道254公里。组织200新型公路钢桥演练,首次实现机械运用与人工操作有机配合。在防台防汛中,全力保障公路畅通并完成灾后重建。派路桥抢险大队赴三明、将乐灾区,完成钢桥构件拼装救灾任务。

【路政管理】　加大对"职业车托""集中冲关"等的打击力度,全年检测车辆2.66万部,处理超限车辆1.32万部,卸载5742部4.97万吨,辖区公路货车超限率控制在4.76%。落实路政人员上路巡查制度,加强对重大违法专项治理及路面动态监控,规范叉道口、路边店、广告牌的管理。清理拆除违章、不规范的非交通标志牌3847平方米,拆除违章建筑143座3821平方米,清理占道堆放6840平方米,整治平交道口115处1954平方米,制止违法加水点50余处。开展"路政管理规范化建设年"活动,推进行政许可网上审批,实现市县两级联动,审批行政许可事项301件,均按时办结。

(张　斐　兰增英)

公共交通

【概况】　2010年,福州市城市公共交通管理职能由市城乡建设委员会转至市交通运输委员会,2011年1月,市交通运输委员会正式履行该管理职能。至2010年,全市有公交3042辆(欧Ⅴ及以上排放标准车辆320辆,欧Ⅲ排放标准车辆1392辆,欧Ⅱ及以下排放标准车俩1330辆,折合标台数3498辆),有营运线路161条。其中,市公共交通集团有限责任公司有车辆2226辆,线路120条;福州闽运公共交通有限公司有车辆320辆,线路18条;福州康驰新巴士有限公司有车辆358辆,线路17条;福州营达公交有限公司有车辆138辆,线路6条。按常住人计算,每万人拥有公交车12.19标辆。年内新辟线路33条,其中市公共集团15条,闽运公交公司18条;调整(延伸)线路33条,其中市公交集团25条,闽运公交公司4条,康驰新巴士3条,营达公交公司1条。线路长度2500.80公里,线网平均密度2.83公里/平方公里(其中中心区3.30公里/平方公里)。公交站点300米覆盖率57.6%,500米覆盖率94.8%。

全年,购车投资4.05亿元,新购液化气清洁能源车320辆,新型环保公交车432辆(更新139辆,新增293辆),主要用于新辟海峡国际会展中心、火车南站等重点地段周边的路网,填补仓山区、金山新区城乡结合部、鼓楼片区部分道路公交空白。增加"限摩限电"涉及78条线路的日营运趟次,满足市民出行需求。全年,完成公交客运量5.94亿人次,营运里程1.95亿公里,分别比增20.46%和16.77%,市民出行率约22.10%。

(林　勇)

【市公交集团】　开辟新线15条,其中开辟135路、136路、138路、601路、602路等大公交线路5条,501路、502路、503路、505路、506路、507路、508路、509路、511路、512路等城乡小巴士线路10条,调整或延伸线路25条,延长11条线路营运服务时间,购置379辆公交车辆(新购263辆,更新116辆)和

6月9日,市公交集团新购置的城乡小巴士正式启用。

500 辆出租车。全年完成客运量 4.243 亿人次，为上年的 117.16%；完成行驶里程 1.423 亿公里，为上年的 109.77%。

（李　京）

【福州闽运公共交通有限公司】　3 月正式成立，由福建省汽车运输总公司投资建设。公司注册资本 3000 万元，成立之初与原主管部门（市城乡建设委员会）签约经营线路 20 条，年内开通 18 条（液化气清洁能源车约占 95%）。该公司是继福州市公共交通集团有限责任公司后，独立经济核算的第二家公交公司，标志着公交行业竞争正式拉开序幕。

【福州客运场站运营有限公司】　4 月 13 日，福州城市客运场站运营有限公司从福州市公交集团剥离并划归福州市水务投资发展有限公司管理，由福州市交通运输委员会对其履行行业管理职能，5 月正式挂牌成立。新成立的场站运营公司的经营范围为：对市区公交客运停车场、枢纽站、首末站、中途及夜间停靠站等公交客运场站服务设施、公共广告的投资、建设；自有产权租赁。

全年完成场站建设投资 2100 万元，新动物园配套公交首末站、大学城中心共享区公交枢纽站、化工路桥下福建工程学院公交停车场及 79 个中途候车站建成投入使用；建设鹤林新城公交首末站改扩建工程，2011 年 3 月完工。

【文明公交创建活动】　开展创建"文明单位，文明班组，文明职工"活动，规范文明行车行为，重点整治公交车车容车貌。选购欧Ⅲ及以上排放标准（含 320 辆欧Ⅴ液化气清洁能源车）的车辆投入营运。加大公交车运行违章违纪现象整治力度，开展文明行车礼让行人专项活动。市公交集团开展"爱在福州、暖在榕城""争做志愿者、创造新生活"主题活动，与《东南快报》共同开展以有奖评选福州"最温暖公交司机"、推荐和评选"十佳公交司机"，以及以"创全国文明城市"为主题的一系列争先创优活动，增强驾乘人员安全行车、文明服务意识。

（林　勇）

水　路

【概况】　2010 年，福州市船舶运输能力达 857 艘 244.71 万载重吨，比增 21.32%。完成客运量 55.64 万人次，比增 12.72%；货运量 6274.58 万吨，比增 4.12%，货运周转量 669.951 亿吨公里，比增 16%。两岸直航货运 530 航次，运载货物（含货物、集装箱量）239.62 万吨，比增 36%。因两岸直航后运营航空公司数量的增加，"两马"客运量下降至 5.8525 万人次，比减 35.73%。

【闽江综合整治】　9 月 25 日 8 时起，南港试通航、北港禁止货船通行，承担监管任务的市地方海事局分别在解放大桥上游苍霞海事码头和淮安分流口附近水域设置上下游禁航工作点，实行 24 小时监管，禁止货船通过闽江北港。南港航道开通后，大量货船均由南港通航，大幅度降低北港船舶通航密度，以实现"南港河道以货运为主，北港以旅游休闲为主"和"南港走货船，北港秀景观"的规划目标。开展闽江内河运输船舶载重线及其标志专项整治，勘划船舶永久性载重线标志 155 艘，查纠擅自改造舱口围板高度的船舶 148 艘，复核船舶吨位 289 艘，查纠 5 艘吨位不符的运沙船，从源头上规范运沙船管理。

【行政执法】　强化对南港航道整治工程、绕城高速公路跨闽江大桥、向莆铁路闽江特大桥、螺洲大桥等水工作业现场和桥区航段、重点渡口的监控和巡查的执法检查，以交叉检查、与宁德等地市海事部门联合执法等方式，加强对设区市交叉水域"反超载、反违章"的现场执法，通过稽查数据分析表明，辖区非法营运、超载运输、配员不足等违章现象明显下降。全年水上交通行政执法出艇 747 航次，参加 2241 人次，检查各类运输船舶 1868 艘次；处罚案件 115 件 45.875 万元，其中，稽查队 16.125 万元，直属海事处 13.05 万元，湾边海事处 8.00 万元，水口海事处 8.70 万元。

【安全建设】　实施福州市水上交通安全管理"数字海事""科技兴航"和"科技兴安"战略。投资 651 万元建成 2010 年度"为民办实事"项目与"数字福州"重点建设项目"闽江内河水上监控中心"，在辖区重点渡口、航段、桥梁安装 28 路全球眼视频监控点，在 16 艘船舶推广安装 GPS 导航系统，10 月投入试运行。

7 月 9 日，市地方海事局与省地方海事局、交通部福州海事局、东海救助局福州基地等单位在闽江北港解放大桥与闽江大桥之间水域联合举行"2010 年水上交通应急救援联合演习"活动，15 艘船艇 150 多人参加落水搜救、船舶消防与人员疏散、船舶溢油与防油污、船舶失控与防碰撞、船舶检阅 5 个科目演练。

开展内河船员培训，举办内河船员基本安全专业培训班 2 期，53 人参加；闽江内河船员全员安全长效管理安全培训班 8 期，934 人参加；内河客船特殊培训班 8 期，163 人参加。

【闽江游】　"闽江游"接待游客 5.058 万人，比增 54.64%。年内闽江游航线新添"闽江之春""鼓山号""双杭号"3 艘新游船，"闽江游"游船达 8 艘 650 客位。12 月 1 日，福建八方海上旅游客运有限公司投入"八方锦绣"和"金外滩 2 号"2 艘游轮共 104 个客位，并开通北江滨缤纷园码头至南江滨九龙璧码头的"水上巴士"专线，该专线是继闽江夜游和闽江一日游后，推出的又一项旅游产品。

（庄亚辉）

港　口

【概况】　2010 年，福州港实行"走动管理，上门服务；科技管理，网上服务；重点管理，跟踪服务；规范管理，透明服务"的"四管理、四服务"做法，提高港口管理服务水平。深化港航管理体制改革，航道"两局一站"机构编制核定接收工作取得新进展。全年，完成港航建设投资 14.41 亿元，比降 20.25%。完成货物吞吐量 7124.8 万吨，比降 12.0%，其中外贸货物吞吐量2717.2万吨，比降

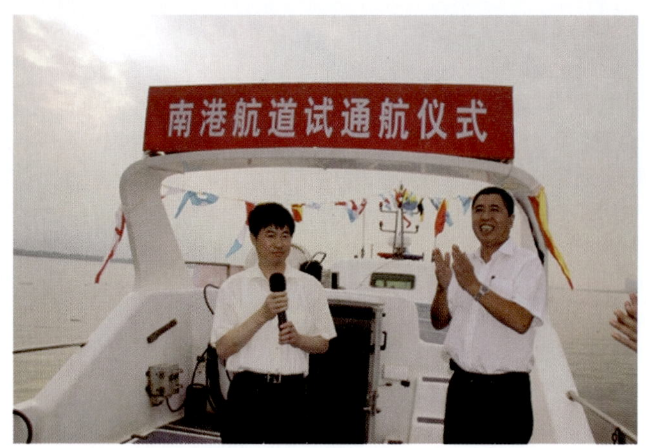

9月25日,市港口管理局举行南港航道试通航仪式。

3.7%。集装箱吞吐量完成147.05万标箱,比增20.3%,其中外贸集装箱完成102.35万标箱,比增20.1%。旅客进出5.85万人次,比降35.8%。福州港未发生重、特、大安全事故。

【港口规划编制】 《福州港平潭港区总体规划》通过省厅和省发改委的审查,由市政府上报省政府和交通运输部审批。开展《福州港罗源湾港区游艇码头规划》和《松下港区总体规划》编制工作。启动"大福州港"总体规划修编工作,重新开展《福州港总体规划环境影响评价》编制工作,2010年底完成初稿并上报审查。

【基础设施建设】 至2010年,福州港"南北两翼"建有深水泊位17个,其中5万吨级以上深水泊位14个(13个于"十一五"期间投入使用),形成年通过能力4876万吨,其中,集装箱190万TEU。"南翼"建成江阴2号、3号、4号、5号10万吨级集装箱专用码头和松下康宏10万吨级码头,"北翼"建成可门华电储运10号15万吨散货码头,在建的还有将军帽和可门4号、5号30万吨级码头以及松下港区牛头湾作业区3号15万吨级码头。年内,完成闽江南港航道整治工程,建成福清湾深水航道一期工程。

"十一五"期间,完成港航建设投资约80亿元,其中2010年完成14.41亿元,是"十五"完成投资总额16.353亿元的4.88倍,新增泊位数21个,新增吞吐能力4596万吨,其中集装箱161万TEU。完成航道、防波堤等港口公用基础设施建设投资约6亿元。先后开工建设闽江口航道增深工程、罗源湾深水航道一期工程、福清湾深水航道工程、松下港区防波堤工程、闽江南港航道整治工程、江阴港区进港航道二期工程等6项工程,其中闽江口航道增深工程、罗源湾深水航道一期工程主航道及南支航道、福清湾深水航道工程、闽江南港航道整治工程4个项目完工或基本完工,新增航道里程108.1公里,其中30万吨级航道6.2公里,15万吨级航道7.1公里,10万吨级航道30.1公里,5万吨级航道10公里,3万吨级航道20公里,内河四级航道35公里。2009年、2010年,到港5万吨级以上船舶均达500余艘。

【港口结构调整优化】 完成货物吞吐量7124.8万吨,集装箱吞吐量147.05万标箱。"南北两翼"港区货物吞吐量完成3987.7万吨,其中,集装箱吞吐量65.01万标箱。江阴港区(含平潭)吞吐量1170.4万吨,其中,集装箱64.67万标箱。松下港区吞吐量468.6万吨。罗源湾港区吞吐量2458.5万吨。福州港"南北两翼"港口吞吐量占福州港总吞吐量的比重超五成,其中集装箱吞吐量占全港集装箱吞吐量的42.85%。

2010年,开展并完成"福州港集装箱箱源生成"重点课题调研。向船公司兑现福州市航线补贴政策,促进江阴港区集装箱运输的发展。新开外贸集装箱航线3条(近洋航线2条、内支线1条)。报请福州市政府研究出台鼓励福州港发展集装箱运输的航线补贴和揽货组船奖励办法政策。

"十一五"期间,福州港货物吞吐量实现年平均22.07%的增长,其中集装箱吞吐量实现年平均12.83%的增长。

【推动对台"三通"】 完成对台货物吞吐量360.8万吨,比降56.3%。两马航线旅客进出5.85万人次,比降36.8%。完成对台集装箱吞吐量31.5万标箱,比增16.7%。年内对福州港客运站客运大厅和马尾作业区4号泊位分别进行改造,以适应"两马"航线发展及对台经贸发展的需要。福清市政府与快捷公司签订合作意向书,拟将江阴港区14号泊位战备码头改造为对台快捷客运码头。完成在平潭金井作业区1~2号建设2万吨级对台滚装码头的规划工作。

【港航行政管理】 至年底,有119人取得省政府颁发的行政执法证书,133人取得交通运输部颁发的交通行政执法证书。制定《福州港口章程》、行政执法6项配套制度及其他有关港口建设、经营、安全监督等12项管理制度。规范港口航道行政权利运行,进一细化步行政处罚自由裁量权,重点完成全港新版港口经营许可证换证工作,69家港口企业取得新版港口经营许可证。卫星定位技术被运用到沿海港湾航道行政执法中。健全完善旅客、自然灾害、危险品"三大救援预案"。推动企业安全责任主体活动实施方案落实工作,完成上海世博会和广州亚运会期间港口安保工作。

(符　燕)

铁　路

【概况】 2010年,福州辖区铁路有峰福线、福马线、杭深线及其联络线,计252.577公里。随着温福和福厦的铁路开通,福州地区站段管辖范围进一步延伸,福州站管界向南延伸至福州南站,中心里程为峰福线K406+378公里处。福州车务段向北延伸经连江、罗源至福鼎车站,管界位于杭深线K682+067公里处,向南延伸经福清至仙游车站,管界位于杭深线K999+546公里处。福州客运段担负10对普速旅客列车和32对动车(其中福厦29对,温福线3对)的旅客运输乘务工作。福州工务段担负峰福线、福马线和杭深线的线路、桥梁、隧道、路基设备维修养护任务,全段固定资产原值14.19亿元。福州车辆段配属客车

1381 辆，动车组 22 组。福州机务段配属机车 298 台，其中电力机车 188 台，内燃机车 110 台。全年，旅客发送总量 1772.3 万人，运输收入 21.976 亿元，其中客票收入 17.231 亿元。

【福州车站】　福州站站场设 7 台 14 线，年内启用 5 台 10 线。每日图定（列车运行图）到发旅客列车 54 对（温福动车 5 对、福厦动车 29 对、普速 20 对），备用福厦方向周末假日线 6 对。售票组织方面，开展"创品牌、塑形象"活动，整合 18 台自动售票机，设立集中动车组自助售票区，并对售票班制实行"2 + 1"模式（基础班组和高峰班组 + 开设开车前 1 小时购票窗和高峰期的"一站窗"），推行弹性梯次售票，节日小长假最高开窗数 24 个。年内，福州车站继续获全路"文明车站"称号。

【福州南站】　2010 年 4 月 26 日福州南站西站房建成启用，旅客候车面积 1 万平方米，可同时容纳 3000 人集结候车。站场设 7 台 14 线，启用 5 台 11 线，其中到发线 9 条、正线 2 条，每日图定到发温福动车 9 对、福厦和温福通过 23 对，日均发送 6700 人。

福州南站作为全国十大区域客运交通枢纽之一，位于福州市仓山区城门镇胪雷村，于 2008 年 9 月 2 日开工建设。福州南站与既有的福州北站形成快速便捷的铁路枢纽，乘动车数小时内向北经温福线可抵达长江三角洲，向南通过福厦线、厦深线到达深圳，向西通过向莆线、沪昆线、昌九城际轨道抵达长沙、武汉。

【福州工务段】　福州工务段担负峰福线、福马线和杭深线的线路、桥梁、隧道、路基设备维修养护任务。

峰福线 K257 + 000 ~ K409 + 696、福马线：正线延长 173.321 公里，隧道 50 座 19143 延米，桥梁 146 座（特大桥 1 座）/11722 延米，涵渠 377 座/9863 延米；路基本体 191.866 公里、排水设备 209.685 公里。

杭深线管辖里程从省界分水关隧道 K664 + 589 经福鼎、太姥山、霞浦、福安、宁德、罗源、透堡、连江、温福线路所、福厦线路所、福州南、福清、渔溪、涵江、莆田、与厦门工务段分界处 K983 + 500。正线延展长度长 637.821 公里，站线延展长度 101.201 公里，道岔 299 组。曲线最小半径 1600 米，最大坡度 6‰。福州联络线 K3 + 585 ~ K17 + 355 正线延展长度 26.973 公里，站线延展长度 0.282 公里，道岔 26 组。杭福联络线K0 + 000 ~ K4 + 234，正线延展长度 7.042 公里，站线延展长度 0.478 公里，道岔 2 组。福州南动车联络线 K0 + 000 ~ K3 + 741 正线延展长度 7.006 公里，站线延展长度 15.576 公里，道岔 49 组。全段固定资产原值 14.19 亿元。

表 12　**2010 年福州市辖区车站情况**

站　名	线　别	业务性质	所属单位	附　注
福州站	峰福线	客运	福州站	动车、普速列车
福州南站	杭深线	客运	福州站	动车
福清	杭深线	客运	福州车务段	动车
渔溪	杭深线	不办理业务	福州车务段	
连江	杭深线	客运	福州车务段	动车
罗源	杭深线	客运	福州车务段	动车
闽清	峰福线	客货运	福州车务段	普速列车
闽侯	峰福线	货运	福州车务段	普速列车
杜坞	峰福线	货运	福州车务段	普速列车
福州东站	福马线	货运	福州车务段	普速列车
樟林	福马线	编组站	福州车务段	普速列车
魁岐	福马线	货运	福州车务段	普速列车
马尾	福马线	货运	福州车务段	普速列车

【福厦高铁】　4 月 25 日 18 时全线开通。4 月 26 日，福厦铁路动车组首发仪式在福州站一号站台举行。福建省副省长张志南，省政府副秘书长林依标，福州市常务副市长梁建勇，以及省市和南昌铁路等有关部门领导出席。7 时 12 分，载有 805 名旅客的福厦铁路首列动车组 D6201 次车从福州站驶向厦门，首次开行时速 250 公里。

福厦铁路于 2005 年 9 月 30 日开工建设，总工期 4 年 7 个月。北起峰福铁路福州站，南至厦门车站，沿途设福州南站、福清、渔溪、涵江、莆田、仙游、惠安西、泉州、晋江、翔安、厦门北站。

【动车组配属】　年内，福州车辆段共配属动车组 22 组，其中 CRH1A 型动车组 8 组（CRH1 - 081A、CRH1 - 082A、CRH1 - 083A、CRH1 - 084A、CRH1 - 085A、CRH1 - 091A、CRH1 - 092A、CRH1 - 093A）；CRH1B 型动车组 3 组（CRH1 - 051B、CRH1 - 053B、CRH1 - 054B）；CRH2A 型动车组 7 组（CRH2 - 015A、CRH2 - 017A、CRH2 - 151A、CRH2 - 152A、CRH2 - 153A、CRH2 - 154A、CRH2 - 155A）；CRH2E 型动车组 4 组（CRH2 - 126E、CRH2 - 128E、CRH2 - 134E、CRH2 - 136E）。CRH1 型动车组为青岛 BST 公司生产，采用动力分散型交流驱动方式，运用速度为 250 公里/小时。CRH1A 型动车组以 Regina 为原型车，以 5 辆动车和 3 辆拖车共 8 辆车构成一个基本编组，两列动车组联挂运行；CRH2 型动车组生产厂家为青岛南车四方股份有限公司，采用动力分散型交流驱动方式，运用速度为 250 公里/小时。CRH2A 型动车组以 E2 - 1000 系列 EMU 为原型车，对其进行设计优化，以 4 辆动车和 4 辆拖车共 8 辆车构成一个基本编组，两列动车组联挂运行。

【福州江阴港铁路支线】　2009 ~ 2010 年，江阴港铁路支线永久征地完成 199

公顷,完成设计数量的100%;拆迁完成8738平方米,完成设计数量的100%;路基土石方完成861.05万立方米,占设计总量的75.2%;路基附属工程完成4024立方米,占设计总量的6.7%;桥梁工程完成3370成桥米,占设计总量的63.5%;预制梁完成69孔,完成设计的43.2%;架梁完成32孔,完成设计的20%;涵渠工程完成738横延米,占设计总量的75.6%。实现2010年度工程建设目标。

江阴港铁路支线于2009年4月开工建设,总投资22.7亿元。

【合(肥)福(州)铁路客运专线(福建段)】 5月14日,福建省副省长张志南、江西省发改委副主任陈一星、南昌铁路局局长邵力平在福州共同为京福闽赣铁路客运专线有限公司揭牌,京福闽赣铁路客运专线有限公司正式成立,标志合福客运专线工程建设进入实质性阶段。至年底,全线开工596个工点,路基土石方完成1412.12万立方米,占设计数量的49.53%;桥梁工程完成折合19104.34成桥米,占设计数量的11.75%;隧道工程完成折合31433.64成洞米,占设计数量的11.38%。全年完成投资53亿元,其中福建段累计完成29.3亿元,占年度计划30.53亿元的95.97%。

该线于2009年12月31日开工建设,其中福建段长283公里,投资166.43亿元。

(刘建平　林登亮)

5月14日,福建省副省长张志南、江西省发改委副主任陈一星、南昌铁路局局长邵力平在福州共同为京福闽赣铁路客运专线有限公司揭牌。

机　场

【概况】 2010年,福州机场完成各类飞机安全起降62108架次,比增20.42%;旅客吞吐量647.6万人次,净增数量首次突破100万人次,比增18.81%;货邮吞吐量7.9万吨,净增量首次突破1万吨,比增23.21%。福州国际航空港有限公司获福建省“安康杯”竞赛活动先进单位,这是福州机场连续第5年获得该荣誉。福州机场“猎豹”QC小组研制出登机牌盖章、扫描一体机,效果显著,被授予“全国优秀质量管理小组”称号;1人获全国民航五一劳动奖章。

【航空运输】 引进立荣、中华、祥鹏、首都、大韩等6家航空公司,福州机场运营的航空公司数量由上年的16家增至22家。国内航线方面,福州机场新增徐州—福州—三亚、福州—长沙—昆明等航线;地区航线方面,福州机场承运旅客52.2万人次;国际航线完成起降3658架次,比增21.17%,承运旅客18.5万人次,比增46.47%。深圳航空公司增开福州—东京航线,每周三班,分别是星期二、四、六。大韩航空开通福州—首尔定期包机航线。

对台客运航班和客流分别达1574架次和21.6万人次,分别比增3.7倍和3倍,载客率73%。榕台直航的运营航空公司由2009年的2家增至6家,台湾航点由2个增至6个。9月29日,台湾中华航空全货机首次落地福州空港,标志榕台首次实现货运直航。12月21日,中国邮政航空福州—台北航班开邮,开辟大陆首条对台空中邮运航线。中华航空和邮航执飞的福州—台北货运航线的开通,有效缓解福州航空货运发展的运力不足问题。

【安全建设】 完成各类安全投入39项,完成投资2851万元。主要项目有:完成对机场供水站、机场110千伏变电站、候机楼地下变电站实施增设监控系统等相关改造;机场部分围界加装蛇腹铁刺丝,机场南北灯光带、消防站加装二道围界;对机场消防站消防水泵控制方式进行改造,购置1台具有快速调动功能主力泡沫消防车和活动道面平台、牵引挂具等飞机拖曳设备,提高应急反应速度;同时,完成福州机场候机楼国内安检通道扩容改造,候机楼及货库监控系统、候机楼消防系统和安检信息系统升级等。

举行各项应急救援演练,10月19日,与福建省反恐办联合开展以反劫机为主要内容的桌面推演,检验福州机场及各保障单位在处置紧急事件时协调配合和作战能力。福州机场一线各保障单位还开展信息离岗系统故障、机场停电、应急救护等各类单项演练。

福州机场理顺各运作接口和环节,清理评估体系文件,适时对质量管理体系文件进行调整和完善,修订各类文件107个,新建文件116个。9月,福州机场ISO 9000质量管理体系通过专家组评审。

【机场服务】 引进专业机构创新候机楼花卉租摆,提高绿化美化水平,营造艺术化候机环境;推行候机楼商户对服务员进行服务礼仪、技巧及行为规范的培训,助推服务品质。福州机场客运站严格执行旅客购票时间不超过15秒规定,机场服务开展“四多”服务活动(多询问一声,多解释一遍、多引导一步、多提醒一次),为顾客提供情感上的价值满足。制定推行《福州机场贵宾厅运行标准》《福州机场VIP服务质量标准》和《福州机场VIP服务流程》等服务标准,提升服务员在外形、气质、服务意识和服务技巧。5月5日,福州空港问询电话全部并入厦门国际航空港集团24小时服务热线“96363”。只需拨打“96363”,即可问询福州机场当日进出港航班情况、乘机知识、机场巴士和酒店住宿等内容,同时完成福州机场货运站信息系统与福州机场问询电话“96363”的对接,为航空货代公司和货主提供便捷的信息服务。在海南航空2010年度配载代理单位服务质量评比中，福州机场在海航17家代理公司中获得第一名，被授予“海航配载代理优秀单位”称号。

10月，在第五届全国特奥会期间，福州机场专门制定各种应对措施，及时了解特奥代表的乘机信息，增开温馨专用通道，精心挑选业务骨干做好服务工作等。对候机楼内的所有无障碍设施，包括厕所、坡道等进行维护包养，确保特奥期间设施的正常使用。11月，第十二届中国科协年会在福州海峡会展中心开幕，福州机场下属的福建空港食品公司进行中国科协年会用餐保障，确保5700份航空餐从生产线下来2个小时内送达会场。

【正式启用机场客运站】 福州机场客运站投资建设3个车岛及54个停车位，基本满足长短假期间停车需求，于5月1日正式启用。将莆田、宁德、南平、三明等机场专线的客运班车一并纳入机场客运站管理，逐步形成以福州机场为中心的地面交通网络。福建空港快线运输公司开辟“闽江饭店—福州火车南站—机场“线路，“福州市区—机场”专线取道福州快安高速，实现机场至福州市区的全程高速。

【基础设施建设】 推动机场总体规划修编各项工作，完成机场扩能项目的可行性研究并通过专家及行业评审，委托专业机构进行环境评价。投资3亿多元，主要包括候机楼扩容和停机坪扩建。停机坪扩建工程于8月动工建设，计划于2011年8月竣工。扩能后，福州机场停机位数量将由原来的24个增至36个，机坪总面积增至30万平方米，安检通道增至17个，候机区面积增加3000多平方米，福州机场年保障能力将从650万人次提升到1200万人次。完成容量评估工作，福州机场容量高峰小时起降提高到23架次；配合机场高铁前期设计工作，优化进场路线方案；交通部东海第二救助飞行队在福州机场的临时基地建设工程项目于年底启动建设。

设施设备投资6677万元，其中，设备采购3727.8万元、设备技改大修2949.4万元。年内，完成登机桥、强弱电系统、中央空调等大修、技改项目；对机场指挥室、机场联检区域、候机楼值机柜台等区域的供电系统实施备份改造，提高低压供电系统的安全裕度；新增国际、国内16个值机柜台离港、航显设备，更新国内远机位8个登机口航显设备；完成机场滑行引导标记牌、机位号码标记牌更新工程及机场中心变电站110千伏开关及主变的修复工作。

（林中涛）

邮政

【概况】 2010年，福州邮政实现邮政业务总收入5.19亿元，比增11.06%。全局人工成本产出率2.19%；人均有效收入8.34万元/人。年内，全区邮政服务客户综合满意度为90.32分，比上年提高2个百分点。举办“和谐之声·唱响邮政”合唱比赛、“合理化建议活动”及“知识为伴，共享书香”读书月活动为主题内容的福州邮政第二届企业文化节。为特奥会、玉树地震灾区及舟曲地震灾区捐款14.24万元。

【业务经营】 邮务类业务 实现收入2.413亿元，比增12.54%，其中，函件业务实现收入9804万元，比增12.88%。贺卡项目首次突破4000万元，实现收入4130万元，在全国省会城市中暂列第三；实现2011年报刊大收订流转额1.309亿元，比增5.9%，畅销报刊和新华社报刊完成进度名列全省第一，余额较基数（9月16日余额为基数）净增4.45亿元，完成跨年度指标33%；报刊业务实现收入5785万元，比增8.37%；集邮业务实现收入5540万元，比增8.85%，其中定向开发邮品实现收入2075.24万元，比增19%。省质监局《海西基石》个性化邮册创收138.6万元；《三坊七巷》专题邮册创收近百万元；福清建市20周年个性化邮册创收91.2万元。年册提前完成省公司下达目标；国内包裹业务实现收入494万元，比增11.23%，“思乡月”项目完成税后差价收入298.8万元，比增27%。

代理类业务 全区代理金融期末余额89.84亿元，较基数净增9.45亿元，列全省第四，平均余额84.21亿元，较基数净增5.91亿元；全区存款活期比重为50.42%，较上年增长3.74个百分点；特色资金项目揽收6亿多元。代理金融类业务实现收入2.23亿元，比增7.93%。全区代理保险销售3.51亿元，销量列全省第一，代理保险市占率16%。代理速递实现结算收入2025万元，比增1.57%，完成资费收入1.04亿元。行业账单业务实现收入910.92万元，比增16.41%。交通银行、华夏银行、工商银行、农业银行银企账单项目实现突破，银企账单回收率较上年提高逾96%。机票业务出票2.72万张，占全省销售总量26.5%。对账短信业务净增对账短信户数13.81万户，年平均扣账率由上年56%提至69%。代缴费金额突破8个亿。电子商务业务实现收入2176万元，比增39.11%，名列全省第二。

综合营销 划归大客户服务部维护开发的15家总部客户实现业务总收入5110万元（除银行、速递物流公司收入），比增10.54%。全年，开发机票协议客户48户；销售报刊礼仪卡30余万元；开发公司业务客户16户，沉淀余额3110.58万元，其中大客户部开发的盖山镇东扩企业安置地拆迁补偿安置款项目总资金量3亿余元，第一批3000余万元资金在邮政储蓄银行落户，形成日均余额1480万元。

专业营销 金融专业：全区配备大理财营销综合客户经理112人，配备率57.14%。从社会保险公司招聘9人负责大理财业务。函件专业：成立实体化BIU团队（商业智能团队），由团队核心人员担任函件局集团商务部、批发零售部、通讯会展部等6个团队带头人。城北、城南营业局分别成立函件分局，提升函件专业营销能力。全年，BIU团队开发6大行业69家客户，实现收入242万元。报刊专业：信报投递局组建全省第一个报刊专业营销中心。2011年报刊大收订期间，信报投递局和各县（市）局分别配备专职校园报刊营销人员。

阵地营销 在全区营业窗口推广落实“微笑、开口、出单”。通过创新日奖励兑现模式、营造开口氛围、推行机关督导制度等措施，对账短信户数由年初发展200户/日提高至约590户/日。全区日均保险销量96万元。在“国庆七天乐”短程竞赛中,7天保险销量2133万元;“扬威八闽”短程竞赛首战日销售各类保险358件1233万元,111个网点出单,刷新福州局单日保险销量、单日保险件数、单日网点活动率3项纪录,打破全省保险日销量纪录。

员工营销　制定《福州邮政员工积分管理办法》,开展综合营销积分兑换活动。四季度,207人参与综合营销积分活动,发展邮政储蓄余额1700余万元。

【体制机制改革】　完成邮区中心局重组和信报合投改革,推进邮政金融经营管理体制从“以条为主”向“以块为主”调整和转变。

一是提高效益。通过将有效收入、劳动生产率等效益型指标纳入绩效考核和工效挂钩考核办法,加大考核比重。全局人工成本产出率2.19%,名列全省第二;人均有效收入8.34万元/人,名列全省第四;存货周转率1.67%,名列全省第四;印制费成本下降4.12%,函件有效收入占比59.64%,列全省第二;集邮综合差价率41.5%,较上年提高1个百分点。二是降本增效。采用专业化经营模式推进房产盘活规范化经营管理,全年房屋资产出租收入2115万元,比增26.19%。推广集中采购,加强供应工作全过程实时监控,减少库存量20万元,节约进货成本约30万元。实行单车核算,加强动态管理,剔除油价上涨因素与上年相比,节约车辆运营成本约20%,近100万元。减半征收2009年房产税及土地使用税政策,减赋258万元。对市区17个取消值夜的投包点过夜包裹进行投保,全年节约成本12万元。三是激励措施。针对窗口常态化业务,划小经营周期,出台“次日兑现奖励”等超常规奖励政策。按照省公司营业网点分等分级办法,完成全区236名支局长、所主任的职级和岗位工资调整工作。7月起,提高招聘工住房公积金缴交额,与劳务派遣公司协商缴交在岗3年以上劳务工的公积金。四是制定如《服务管理办法》和《服务投诉考核办法》等涉及人力资源、财务、业务、服务、后勤支撑、民主管理等管理规章制度,规范企业经营管理行为。推进邮政营业、内部处理、投递、营销4个工种“双定”标准实施工作,探索建立邮校合作引入人才的模式。

【邮政通信网建设】　网点标准化建设　完成白湖亭、北大路、五四北等13个营业网点和24个投递点改造任务;7个网点新安装多媒体发布系统,18个网点新安装门楣屏;全区投放排队机28部。制定全区空白乡镇邮政局所建设和整修计划,完成4个空白乡镇邮政局所整修方案设计和会审工作。

信息化项目建设　组织邮政储蓄个人网银系统、国际批译系统、航空票务系统等工程的上线推广工作。组织开发综合营销积分管理系统、邮政物资供应链管理系统、绩效考核管理系统。

(荣　友)

(编辑　吴　燕)

中国电信

【概况】 2010年,中国电信继续创新发展模式,推动企业由传统基础网络运营商向现代综合信息服务提供商转型,实现规模发展,收入规模创新高,全年完成全业务经营收入26.43亿元,比增4.67%。福州分公司获"2009年度全国安康杯竞赛优胜企业"称号,被中国通信企业协会通信网络运维专业委员会评为"2010年度节能减排先进单位"和"2010年度通信电源维护先进单位",WLAN与PHS室外基站共址及替换技术等3个研发项目分获2010年"6·18"海峡两岸职工创新成果展金、银、铜奖。

【通信业务】 以天翼、宽带、信息化三大业务为主线,聚焦聚类、农村、校园三大市场。优化有线宽带速率体系,分阶段取消K级速率,加快推进光纤入户,提供有线宽带高带宽能力,提升天翼宽带高端品质。组织开展小灵通升级、天翼易通卡、公交翼支付业务等营销活动,推进天翼用户发展。推进智慧政务建设,相继与政府部门合作建成警务e通、数字城管、市县电子政务平台、税企通等项目,提升城市管理水平。推进平安治理工作,参与"平安福州""平安校园""数字工地""数字小区"等项目建设,配合公安系统,利用"全球眼"、门禁系统、视频监控系统加强对娱乐场所、出租房、建筑工地的治安监控,营造"平安福州"的和谐环境。推进物联网基础平台建设,升级定位导航平台,满足物流企业对GPSONE、GPS的需求。打造数字景区、智能校园、智能医院、智能社区等与居民生活息息相关项目。全年宽带用户数86万户,天翼用户95.1万户,3G手机用户逾10万户,完成60个信息化乡镇和180个信息化村的建设。非话收入占比提高8.14%,逾50%。

【网络建设】 加快"光进铜退"(用光纤代替铜缆,逐步实现光纤接入的一项工程)、"光进e家"(光纤进大楼、光纤进村或光纤到户,并全业务IP化,用户通过一根光纤实现普通上网、VOIP、ITV视频等多业务综合接入的一项工程)项目建设,全年净增光纤到楼44万线,光纤到楼网络宽带能力达85万线,其中"光进e家"小区(村庄)388个,覆盖用户17万户。加大通信线路的维护管理,开展"保障光缆安全"等系列劳动竞赛活动,提高光缆线路维护人员的安全意识。加强外力施工现场安全防护和通信线路路由巡查,及时排除故障隐患,减少故障次数,保障网络的安全畅通。进一步提升天翼无线宽带网络质量,优化天翼网络,通过改善弱覆盖、网络疏忙、系统优化等手段,推进WIFI、EVDO网络提质。天翼网络全区新建1784个室外站点,495个室内信源,基本实现行政村以上区域的连续覆盖。CDMA网络移动通信掉话率降至0.4%,语音网络接通率97.5%,EVDO连接成功率98.0%,移动网络质量总体优于其他运营商,并

5月7日,电信福州分公司"翼支付"数字平台正式启动。

在重点区域(如市区、高铁、高速、校园、海域)形成竞争优势。IT支撑运营能力稳步提高,完成网厅高校营销便捷受理、公交翼支付和积分兑换等项目的IT支撑保障;深化客户行为预警分析系统、自助取数e平台的升级改造和建设;提高账期稽核效率,持续优化账期流程,下账时间缩短2天,对外查询的开放时间缩短3天。

【客户服务】 实行投诉处理首问负责制,优化全业务投诉处理流程,全年全业务投诉率12.5次/万用户,投诉处理及时率97.81%,均优于全省平均水平。宽带装机预约履约率从原来52.3%提升到99%以上,宽带客户修障及时率从原来89.9%提升到97%以上。

健全营销服务体系,完善"六好"(生活好、学习好、氛围好、管理好、形象好、业绩好)局所建设。从实体、直销、电子、社会等渠道入手,对全区45个核心网点(主营业厅、旗舰店、高校特服部)进行布局改造,引入开放式销售柜台和自助式终端展柜,便于客户体验和办理业务,减少等待时间;创新团队机制,落实VIP客户服务和渠道服务监督工作;突出实操培训,促进员工综合能力提升;开展活动宣传,组织线上"激情3G翼起来""宽带提速""赢大奖送积分"等各类宣传;优化网厅俱乐部专区,完善互动和业务功能,通过网厅搭建操作简便、内容丰富、自助功能完善的俱乐部平台,增加会员交互功能,新增重点业务受理功能17类。加快网点建设,全年新增特约服务部以上级别的核心网点34家。

(陈俏彬)

中国移动

【概况】 2010年,中国移动福建公司福州分公司全业务运营步入体系化发展阶段,围绕"五个着力"(着力优化收入增长结构、着力维系核心市场、着力加快TD发展、着力转变增长方式、着力强化精细管理),坚持效益运营,追求创新突破。福州全区运营收入完成44.9亿元,增幅超过8%,通信用户数超过500万户。福州HLR用户数总容量达828万户。福州分公司在企业主体责任评定中被评为A级企业。13个项目获"6·18"海峡两岸职工创新成果奖(1金5银7铜);《基于脉搏信号控制的手机远程监护系统》以C类单项第一名的成绩获第十九届全国发明展览会银奖。

福州分公司青年文明号走上渔排为渔民服务。

【网络建设】 新建GSM站点771个,新增载频1.01万块。完成具有民族自主知识产权3G制式的TD网络三期工程建设,并启动TD四期工程建设,新建TD基站1350个,基本完成福州市区及八县(市)城关的TD网络覆盖。新增传输管道462千米,杆路433千米,光缆4342皮长千米。在市区和郊县重要全业务节点安装PON设备,可提供约36万的用户接入。在46所高校实现WLAN全覆盖。推进网格化维护体系,以"提升网络质量和客户感知竞赛"为抓手,开展六大项目提升、"压告警、灭红灯""传输重要节点电源双路由整治"等专项活动,保障网络安全稳定,核心网实现"零"重大故障。在2个月内完成机场高速以及绕城高速红线内40个站点的建设开通,实现福州机场高速以及绕城高速移动信号的全线覆盖。

【通讯保障】 完成传统节假日、"5·18"海峡两岸经贸交易会、"福州市两会"、第六届泛珠三角区域合作和发展论坛暨经贸洽谈会、第五届全国特奥会等92次的应急保障任务。开通应急通信车辆126车次,出动保障抢修人员756人次。完善"红橙黄蓝"和"重要基站保障方案"等专项预案,制定传输灾难性故障应急预案,提升应急保障能力。

【信息化建设】 立足于"移动信息专家"的战略定位,围绕建设"无线城市"、推动"物联网"发展的目标,福州分公司拓展集团专线、呼叫中心等重点业务,增强集团综合业务提供能力,推动移动信息化规模发展。完成福建省信息化局委托建设的"鼓楼物联网示范区"一期试点项目。建成鼓楼城市网格化、社区居家养老、旅游自助导览、智能交通、移动电子商务、社区安防六大项目,在项目推广过程中摸索出政府主唱、产学研用、梯度推进、融合带动四大模式,为进一步提升物联网应用普及打下基础。其中,物联网鼓楼示范区"智能交通项目获第五届"中国通信与信息化应用优秀成果"银奖。

围绕政务、民生、产业三大服务内容,建成面向政府、行业与广大民众提供基于WWW、WAP和手机客户端的综合信息应用服务的"无线城市"门户,推动无线城市向更宽领域的应用和普及。助力行业信息化应用，建成福州市公安警务通系统、福建省银联"生意通接入系统"、省委组织部基层党建系统、省发改委综合VPMN系统，完成永泰、仓山、长乐网上审批等10余个信息化项目。

【客户服务】 秉承"服务为本，客户为根"的服务理念，贯彻执行省公司"241"服务举措，落实集团公司关于"客户信息五条禁令"的工作要求，严密保护客户信息。开展"服务质量提升大会战""移动服务，10分满意"主题营销活动，提升客户满意度。《移动通信营业厅服务规范》及《移动通信投诉处理服务规范》被福建省质量技术监督局正式公布为"福建省地方标准"。

【品牌建设】 在持续深化全球通、动感地带、神州行三大传统业务品牌的基础上，着力打造G3新品牌。一是秉承"积极、掌控、品位"的全球通品牌主张，与社会焦点结合，通过举办全球通再续"移动心林"绿化行动、推出全球通龙卡业务、开展"全球通相约璀璨群星，共谱穿越经典全球通之夜"等活动，不断传播全球通品牌价值。二是继续秉持"时尚、好玩、探索"的品牌核心，以校园市场价值回馈为重点，通过开展第六届"挑战杯"动感地带大学生创业计划及"新人新歌赛音乐擂台"等活动，提升动感地带品牌价值。三是紧密围绕"和谐""公益"等特性，以"惠农"为主线，通过开展"情满海西情暖返乡路"农民工爱心专列、"情系三农惠万家"神州行"三下乡"(至2010年，举办500余场次的文化下乡、500余场次的科技下乡、1600余场次的电影下乡)及"新农合""新农保"等活动，深化神州行品牌形象。四是以"提升TD民族产业影响力、提升TD产品全民普及"为目标，推广G3品牌。

全年开展系列G3终端回馈活动及预存话费优惠购机等营销活动，持续扩大福州地区G3客户规模，至年底，福州3G客户达17.94万户，是上年的4倍。

(刘婷婷)

中国联通福州分公司

【概况】 2010年，福州联通公司获中国联通集团先进集体称号，通信服务收入首次超过9亿元，比增逾10%，收入、利润完成率及全年经营绩效得分均排名全省前列。完成"5·18"海峡两岸经贸交易会、"6·18"海峡项目成果交易会、第六届泛珠经贸合作洽谈会、第五届全国特奥会、第十二届中国科协年会等重大活动的通信保障工作。开展手机和互联网淫秽色情专项整治行动，净化网络环境，维护信息安全。

【市场经营】 发挥WCDMA的技术和产品优势，拓展社会渠道，开展3G体验式营销，定期组织3G用户开展聚类沙龙等体验活动，联通3G业务收入与用户数同比增长均超过200%。9月25日，推出联通版iPhone4，掀起销售高潮。开通"38871001"助销呼叫中心热线，并在社区以网格化建设宽带助销网点，在自有渠道、社会代理渠道之外，形成新的销售服务渠道，实现联通宽带业务"融入社区、贴近用户"的目标。利用移动OA、销售管家、一卡通、视频监控等综合业务和行业应用，为省市企事业单位提供一揽子的通信服务，利用3G网络速度快的优势，成功提供福州海关应急指挥平台、福清市公安局移动警务业务以及全省首个平安校园视频监控行业应用项目——连江平安校园项目等行业服务。年内，成功中标福州大学宽带及WIFI业务，与5所大中专院校签订"数字校园"信息化项目战略合作协议。

【网络建设】 新建WCDMA基站330个、室内分布系统190套，有效改善城区和重要乡镇的深度覆盖和网络质量，WCDMA话务量增长400%，数据流量增长421%。在2G投资有限的情况下，开展设备资源整合，并以市场为导向，重点覆盖2G话务热点，全年新建2G基站104个，话务量增长7.13%，GPRS数据流量增长122%。新增宽带网络覆盖用户38万户。完成近百个小区的网络改造和提速。完成规模化县域优化工作，解决问题点180处，改善县域无线信号覆盖和信号质量。

【客户服务】 围绕"尊享3G满意在沃"的服务主题，推进3G客户专属服务，开展iPhone俱乐部、3G体验日活动52场。改进公司服务短板，优化完善全业务服务质量监督体系建设，进一步强化部门联动、前后台互动的服务质量联动机制，重点防范新产品新业务的售前、售中和售后各主要环节的服务风险，挖掘客户投诉背后存在的产品瑕疵和业务管理问题，解决服务热点难点问题；发挥客服中心作为渠道信息中心功能，推动将客户建议变为公司产品设计、市场经

为第十二届"5·18"海峡两岸经贸交易会提供网络支撑和保障。

营、业务发展的落脚点。在自有服务渠道实施总部"零容忍"服务改进计划,营业服务质量改进考核全省第一,全年未发生企责申诉。重点开展固网服务质量提升活动,推进固话宽带新装"3 日通"和"24 小时"修障服务标准,持续优化装机和维护流程,提升整体固网服务质量。

【基础管理】 一是根据经营实际,持续优化公司组织架构。完成集团客户事业部组织机构的重组,设立集团客户响应中心以及仓山校园客服中心、闽侯大学城客服中心。二是初步建立全成本评价体系,提高公司整体资源配置的科学性,各类成本均控制在年度预算目标值内。三是在安全生产管理上,坚持"安全第一、预防为主"的工作方针,严格实施安全生产年度作业计划,做到每月有自检,季度有抽检,全年无安全责任事故。四是开展"创先争优降本增效"活动。

(江　轩)

信息化建设

【概况】 2010 年,福州市"数字福州"建设领导小组办公室继续提升市政府门户网站——"中国福州"网站集群建设水平,打造由网上行政审批、行政处罚、公共资源交易、中介诚信管理 4 个系统构成的"行政权力阳光运行平台";推进建设福州市便民呼叫中心"12345"系统;深化市直党政部门办公自动化系统应用;拓展空间地理基础数据库应用;加快市社会保障卡(市民卡)项目建设;加强技术服务与故障排查。全年重点建设项目 89 项,其中,在建重点项目 42 项,计划新开工项目 31 项,预备、前期项目 16 项;建设完成或基本建设完成的信息化重点建设项目 11 项:福建电子口岸(福州)建设、福州新闻网二期工程、福州市公共服务信息化统一平台、福州市网上审批及效能监察系统、福州市市直党政部门办公自动化系统、空间地理数据库(一期)、福州港闽江口内港区水上交通安全电视监控系统(CCTV)工程、福州市强制戒毒所安全防范系统改造项目、机动车电子档案及号牌合成系统、福州市防灾减灾气象服务信息系统、福州市森林防火指挥中心信息化建设。

【"中国福州"门户网站】 "中国福州"门户网站进行第三次改版,围绕"信息公开、在线办事、互动交流"三大功能定位,重点建设教育、社保、就业、医疗、住房、交通、证件办理、资质认定、企业开办等九大重点民生服务领域,开辟在线访谈、在线调查、网上投稿、在线征集、建议提案等互动平台。"中国福州"门户网站在"2010 年中国政府网站绩效评估暨第五届中国特色政府网站评选"中位居全国 31 个省会城市及计划单列市政府门户网站第四名,其中"信息公开"绩效得分排名第一,较 2009 年上升两个名次。

在"第五届中国特色政府网站评选"中获"服务创新奖"称号。主要举措:一是创新建设理念。实行"统一规划、集中建设、分级管理、资源共享、集群发展"的建设机制,注重市直部门网站的资源整合,打造"中国福州"门户网站群,构建全市公共服务信息化统一平台,原则上政府部门不再单独建设网站,若要建设部门网站,必须统一依托"中国福州"门户网站平台建设。截至年底,"中国福州"门户网站群建成 1 个主站(包含政务、市民、企业、三农、旅游 5 大频道)、20 个子网站、12 个场景式导航服务网页,网站月访问量增至 2900 多万次,比增 61%。二是创新管理理念。下发《关于印发"中国福州"门户网站群栏目维护分工表的通知》,严格落实市直部门信息更新维护责任制。截至年底,全市有市直部门 96 个 325 人参与门户网站相关栏目的信息更新维护工作。采用"以站养站"模式,加快子网站建设步伐。三是创新服务理念。开通民生领域服务大厅等 5 个特色鲜明的服务系统,开辟"场景式导航服务"、便民查询服务等新功能。

【行政权力阳光运行平台】 网上行政审批系统　截至年底,全市有 320 个单位 3266 项审批项目开展网上审批服务;市级系统受理审批件逾 19.4 万件,办结率 99.82%。

网上行政处罚系统　将全市 45 个执法部门 5399 项行政处罚事项、处罚依据、处罚标准、处罚结果以及执法人员的资格等信息全部公开在互联网上,基本实现行政处罚裁量"零自由"。全年全市有 501 项行政处罚业务在网上办理。

网上公共资源交易系统　包括建设工程网上招投标平台、政府采购网上交易、国有产权网上交易、国有土地出让网上交易 4 个部分,招标方(采购方、出让方)、中介代理、评标专家、投标方(供应商、竞买方)等各方主体通过网络公开、公平、公正地进行交易。全市有 367 项公共资源交易项目在网上办理。

市场中介组织信用信息平台　将福州地区所有市场中介组织的信用信息(包括基本信息、良好信息、不良信息)统一在网上发布,企业及群众可进行查询、监督,并在网上受理相关投诉。

【便民呼叫中心"12345"系统】 截至年底,全市有市、县、乡三级 1380 个单位加入系统服务,受理各类群众有效诉求件逾 38.6 万件,10 个工作日内及时办结回复率 98%,群众满意率 93.61%。2010 年,该系统获中国信息协会颁发的"中国城市信息化服务创新奖"称号。

【政务网建设】 截至年底,福州市直部门政务网横向接入节点 151 个,全市(含五区八县)接入政务信息网的节点 500 多个。县(市)区基本建成本级横向网,实现主要党政部门与政务网的连接。开展视频会议系统技术保障工作,全年全市召开电视电话会议 97 场,其中依托政务网视频会议系统省级召开 72 场、市级召开 20 场;依托应急会商指挥系统召开 5 场。

【市直党政部门办公自动化系统】 发文方面,对已建办公自动化系统的 71 家市直党政部门,市政府及市政府办公厅的所有公文通过电子公文传输系统进行交换,不再印发纸质文件;收文方面,58 家市直政府部门向市政府及市政府办公厅行文,全部通过电子公文传输系统进行公文交换,市政府办公厅不再受理其报送的纸质公文。截至年底,全市注册用户 4300 个,实现网上处理发文

3.5 万余份，收文近 4.4 万份；通过公文交换平台发文 1.7 万份，收文 7 万份。2010 年福州市直党政部门办公自动化系统获评“中国城市信息化管理创新奖”。

【空间地理基础数据库】 DOM 正射影像制作技术改造项目、空间地理基础数据库数据共享服务平台、地址编码数据库、1:500 数字线划地图 < DLG > 数据库项目通过终验，开始向市直部门提供数据共享；GNSS 综合服务系统项目正在试运行；地下管线数据库项目通过评审并开始建设；数字高程模型 < DEM > 和 1:2000 数字线划图 < DLG > 数据库项目完成可研报告编写。国土局、公安局、统计局、房地产交易登记中心等部门在办理日常行政事务中，开始利用空间地理基础数据库建设的成果。

【社会保障卡(市民卡)项目】 完成 230 万张卡片招标；完成社保卡(市民卡)制发卡系统、金融 IC 卡系统、医保系统等配套工程改造与建设工作；各县(市)区所有医疗机构启动就诊一卡通改造，其中，县级以上公立医院完成就诊一卡通改造工作，可以进行社保卡(市民卡)医保(新农合)结算。

(叶伟奇)

(编辑　吴　燕)

口岸管理

【概况】 2010年，将原福州市口岸海防办的口岸协调职责划入市对外贸易经济合作局，市对外贸易经济合作局加挂市人民政府口岸工作办公室牌子。福州口岸工作贯彻国务院《关于支持福建省加快建设海峡西岸经济区的若干意见》以及福州市《实施"以港兴市"战略，推进"南北两翼"发展意见》和省、市委关于"大干150天，打好五大战役"各项决策部署，改善通关环境，提高服务质量。全年福州口岸完成货物吞吐量7124.79万吨，比降11.98%，其中，完成外贸货物吞吐量2719.84万吨，比降3.64%。完成集装箱吞吐量147.05万标箱，比增20.26%，其中，完成外贸集装箱吞吐量102.35万标箱，比增20.10%。"两马"客运直航累计出入境旅客5.85万人次，比降35.76%，空港口岸出入境旅客累计73.66万人次，比增44.87%。

【口岸开放】 编制《福州市"十二五"口岸发展规划意见》，报海关总署审定。牛头湾作业区扩大开放通过省口岸办组织的省级验收，并向国家口岸办申请验收。罗源湾港区对外开放，由国家有关部委进行审理。罗源湾港区、牛头湾作业区松下码头以及连江瀚海船业有限公司码头临时靠泊国际航行船舶获交通运输部批准。5月，福州保税港区获国务院正式批准成立。

【口岸建设】 启动江阴口岸检验检疫应急处置中心和连江颜岐通关查验中心建设以及福建可门港物流有限公司4号、5号深水泊位、将军帽15万吨级散货码头、福建华东船厂有限公司18万吨级、30万吨级船坞建设。江阴港区4号、5号深水泊位投入运行，新增集装箱吞吐能力80万标箱。

【口岸通关】 由福州海关、厦门海关、福建检验检疫局、厦门检验检疫局在福州共同签署《在福建省内实施进出口货物直通放行和区域通关备忘录》，3月15日起，在全国率先全面实施进出口货物直通放行制度，改善口岸通关环境。福州出入境检验检疫局发挥职能、技术、信息、资源等优势，率先推动实现闽赣、闽湘进出口货物的直通放行，提升服务海西建设发展水平。福州边防检查部门从固化定式养成、创新勤务机制、强化口岸维稳等三个方面提升边检服务水平。市地方海事局抓"对台交流合作、服务海西发展、海事自身发展"三项内容，提升服务和监管水平。年内完成福建电子口岸福州分中心（一期）建设，实现投资367.27万元。海关查询、国检快速查验一期（舱单申报系统）、船舶进出境申报等系统投入试运行。

（陈　勇）

表13　**2010年福州口岸客运情况**　单位：人次、%

口岸类型	出/入境	客运量	同比(%)
海港口岸	出境	30124	-36.55
	入境	28401	-34.89
	合计	58525	-35.76
空港口岸	出境	367826	40.23
	入境	368783	43.28
	合计	736609	41.73

表14　**2010年福州海港口岸对台客货直航情况**

类　别	完成量	比增(%)
客运(人次)	58525	-35.76
货运(万吨)	341.30	-15.05
集装箱(万标箱)	34.07	25.72

海关监管

【概况】 福州海关关区范围包括福建省内的福州、莆田、三明、南平、宁德5市，总面积7.9万平方公里，关区海岸线总长2278公里。主要口岸有福州长乐国际机场空港、武夷山机场空港、福州马尾港、福清江阴港、莆田秀屿港、宁德三都澳港等。福州海关现设有18个内设机构、3个派驻机构、9个隶属海关及3个事业单位。

2010年，福州海关关区共监管进出口货物总值199.8亿美元，其中，进口87.9亿美元，出口111.9亿美元。监管进出口货运量3464.7万吨，监管集装箱逾80.6万标箱，监管进出境运输工具1.17万艘(架)，监管出入境人员101.8万人次；征收关税和进口环节税入库84.49亿元；查获刑事案件38起、案值8885.21万元，走私行为案件10起、案值1656.31万元，查办违规案件505起，抓获走私犯罪嫌疑人95人。

【支持地方建设】 一是关注政策形势变化。根据国家进出口政策调整的新变化，先后向省市政府报送材料40多篇次，提出应对意见和建议。加强进出口监测预警工作，编发进出口监测预警信息270篇次，为社会各界提供统计数据咨询服务447次。开展ECFA(海峡两岸经济合作框架协议)实施等重大事项的单项调研分析。二是优化通关环境，深化跨关区区域通关合作，办理该类报关单780票，货值2.09亿美元，比增100%；协调推动省内货物直通放行和闽赣、闽湘省际货物直通放行的实施，海西大通道建设取得实质性进展。参与跨境人民币结算试点工作，帮助福建省申报的5791家企业通过海关总署审核，并出台措施便利企业结算。支持省重点项目和重点企业发展，支持出口商品基地建设，帮助相关企业减免税款5.24亿元。坚持"7天工作制"，加班累计审核进出口报关8.54万份、进出口货值29.42亿美元，分别比增47.2%和51%。推进福建电子口岸建设，参与完成《福建省电子口岸平台总体技术框架》的编制，电子口岸新增入网企业931家，比增22.82%。三是支持海关特殊监管区建设，5月福州保税港区正式获批，平潭综合实验区总体发展规划的促批工作获海关总署支持，武夷山陆地港于12月26日在省内率先试运行。提供集中办理内销征税手续等便利通关措施，引导相关企业灵活对接国际国内市场，促进福州、福清2个出口加工区业务大幅增长，其中福州出口加工区进出口报关单7235票，比增36倍；货运量9.51万吨，比增72倍；货值8.57亿美元，比增133倍；征收税款1.62亿元，比增1799倍。福清出口加工进出口报关单9747票，比增811倍；货运量5.5万吨，比增78倍；征税7327万元，比增506倍。

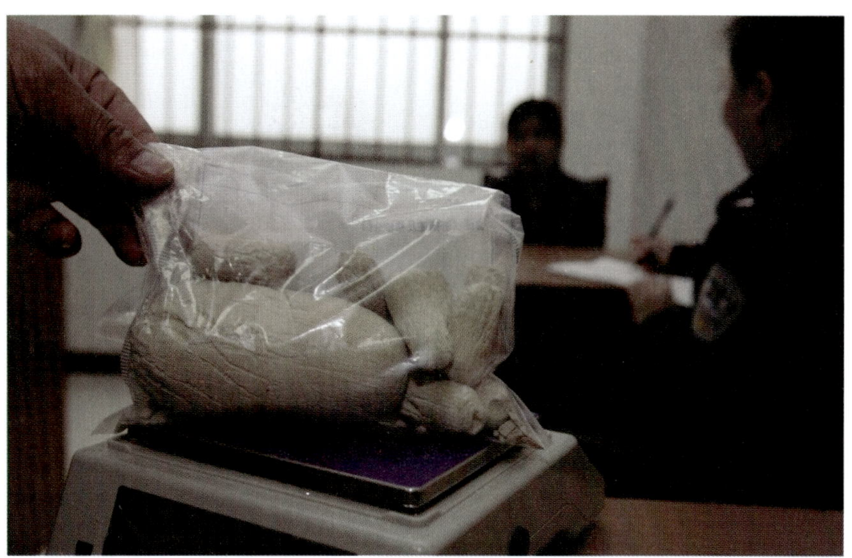

3月5日，福州海关在福州关区查获毒品。

【通关监管】 实行出口分类通关改革，作为全国第二批试点海关，在关区最大的业务现场开展进口分类通关改革试点工作，提升通关效能。继续推广"报关单条形码"和"接打放一体化"，简化业务流程。定期对业务现场的通关时效进行考核评比，加大超长报关单的监控治理工作力度，提高通关时效。解决监管查验水平不高的问题，全年监管查验指标模块得分97.91分，进入"深绿区域"。规范监管场所管理，推广查验自动派单系统。加大行邮渠道物品的监管力度，推广运行公用自用物品监管系统。推广运用新版直属海关风险管理平台，同时将风险布控的绩效考评要求落实在实际查获上。全年关区风险布控率7.08%，风险布控有效率等8项指标全部高于总署考核标准。

开展专项稽查、常规稽查和减免税货物后续稽查，稽查企业208家，稽查补税入库5912万元，比增39.3%。开展稽查绩效考评工作，稽查有效率等10项业务指标继续保持全国海关先进行列。全年关区进口平均海关作业时间2.68小时，比减27.57%；出口平均海关作业时间0.12小时，比减85%；进口24小时放行率为73.98%，比增0.86%；出口24小时放行率为98.63%，比增1.59%。进口平均通关时间23.18小时，比增1.62%；出口平均通关时间5.06小时，比减24.48%。关区查验率3.62%，查获率15.64%。

【税收征管】 开展规范申报工作，关区规范申报准确率83%，提高15%。加强对税收质量及税收征管各个环节的事前分析、事中监控和事后评估，关区一般贸易价格水平为1.01227，高于总署考核标准。年内通过打促税，"归类、审价、稽查、打私"等各种渠道补税入库1.7亿元。加强关银协调，及时核销税款，税单核销率100%。全年征税84.49亿元，比增49.65%，各项税收征管指标全部处于绿色区域。

【综合治理五项措施】 全年刑事立案38起，案值8885.21万元，涉嫌偷逃税款1828.97万元，抓获犯罪嫌疑人95人，分别比增111.1%、352.5%、400%和

111.1%。行政立案515起,案值3.260亿元,涉嫌偷逃税款1472.33万元,分别比增34.8%、78.4%和减少1.9%。

一是坚持"以打促税"。开展"打击出口骗退税"等专项行动,查获多起涉税大案,其中1起汽配走私案案值1.2亿元,涉税1060万元。开展积案清理,追缴拖欠税款,执行税款入库531.8万元。二是打击海上成品油走私。查获海上成品油走私案19起,查扣成品油2966.8吨,案值约2312.5万元,涉税748万元。三是非涉税渠道打私成效显著,查获毒品走私案件15起。先后查获福建省首例孕妇人体藏毒进境案、关区首起白人携毒进境案、关区旅检现场首起出境毒品走私案、关区首起利用机器零配件夹藏毒品案等案件,多家新闻媒体作深入报道。四是加强缉私情报工作。从加强关区走私态势分析、强化海上缉私情报工作和"以案找案"3方面入手,全年自主经营刑事线索成案5起,合计案值9135万元,涉税1679万元;经营行政线索成案10起,合计案值1.076亿元,涉税365.34万元。五是加大打假维权力度。查获知识产权侵权案件401起,比增36.9%;查扣涉案物品241万件,比增164%;案值1050.4万元,比减14.2%。

【促进对台贸易】 监管对台空中直航航班1556架次,进出境人员21万人次,分别是上年的3.89倍和3.9倍。监管"两马"航线船舶1390艘次,进出境人员6.61万人次。与其他口岸部门共同支持,9月29日,福州空港首条对台货运包机航线正式开通,12月21日,中国邮政航空有限责任公司在福州与台北间开通首条两岸邮货快递直航包机航线。参与"5·18"海峡两岸经贸交易会、"6·18"海峡项目成果交易会、海峡论坛及海峡两岸游艇产业合作论坛等重大涉台交流活动的筹划准备、组织实施和通关保障等工作,确保人员和展品高效便捷通关。

(黄家峰)

检验检疫

【概况】 2010年,福州检验检疫局完成出入境货物检验检疫14.04万批、货值62.85亿美元,分别比增22.1%、41.82%。检疫出入境船舶5132艘次,比增-14.31%。检疫出入境人员11.86万人次,比增-29.84%。健康检查1239人次,比增25.4%;受理出入境集装箱报检31.40万标箱,比增12.21%;签发各类原产地证7.762万份,帮助出口企业获得国外减免关税约6164万美元;办结行政处罚案件22起、罚款10.54万元。全年未收到企业投诉,未发生违法违纪案件。至年底,有国家级青年文明号2个,省级青年文明号1个。

【口岸卫生检疫监管】 一是加强对入出境船舶、集装箱和口岸的医学媒介监控。捕获医学媒介生物7.50万只,占福建局系统口岸捕获数的270%,截获媒介总数、5个单项(鼠、蝇、蚤、蜱、螨)列全省第一,检出汉坦病毒,省局刊发警示通报,本底监测检出流行性出血热病毒阳性,首次在外轮上截获印度板齿鼠。二是构建完善口岸联防联控机制。与市卫生局、口岸相关部门签订合作备忘录,并加强与省局保健中心和技术中心合作,提升口岸卫生检疫把关能力。查获10名船员使用伪造健康证,检出HIV阳性1例。三是做好核生化恐怖事件防范。落实24小时值班制度,完善16项突发公共卫生事件应急预案,并组织开展演练,落实应急物资储备,加强信息情报收集、监测与预警和口岸核生化安全监测与风险管理,加大与公安、环保、卫生等部门的沟通协调力度,有效提升口岸核生化恐怖事件防范能力。

【出口食品化妆品检验监管】 监督检查出口食品企业128家,清查出口鳗鱼及其他水产品备案基地109家、出口茶叶基地159家、出口食用菌基地65家、出口蔬菜基地66家,累计完成添加剂备案45项,完成添加剂和非食用物质监控样品31份。进口食品检出不合格52批次、218.74万美元,批次、货值不合格率分别为1.49%和1.36%;出口食品化妆品检验检疫1.12万批次、5.19亿美元,同比分别增长8.85%和32.53%,其中,出口烤鳗387批、6135.47吨,货值1.11亿美元,分别比增15.18%、18.81%和91.26%,辖区烤鳗、茶叶、蔬菜等大宗、敏感出口产品实现进口国/地区的不合格"零通报",出口茶叶数量、品种居福建局系统之首。

推进出口食品、农产品质量安全示范区建设。10月26日,作为质检总局遴选的首批接受考核的示范区,长乐出口鳗鱼示范区顺利通过国家质检总局组织的考核,并被确定为重点推进的典型示范区之一。

【进境植物疫情监管】 重点开展有害生物截获和监测。截获各类植物性有害生物197种、3054种次,分别比增28.76%和129.80%,其中,检疫性有害生物10种、128种次,比增42.86%和190.91%。进境植物疫情截获评价指标名列福建局第三。开展长芒苋植物调查94.27公顷。加强对进境种苗隔离试种的监管和疫情疫病监控工作,在福建局辖区首次在进境向日葵种子中发现疑似重要检疫性有害生物1例,在进境番茄种子中发现检疫性有害生物1例。在长乐市、罗源县等卸货码头及矿砂使用企业发现外来检疫性杂草长芒苋以及飞扬草、马缨丹等24种外来入侵非检疫性杂草,保证国家农业生态安全。

【工矿产品检验监管】 加大对进口铁矿砂、煤炭等大宗资源性商品,进口废物原料、医疗设备、旧机电等重点敏感商品的把关力度。检验监管进口铁矿砂和煤炭200批、1024.53万吨、10.33亿美元;检出不合格162批次,对外索赔787.26万美元,检验监管批次、数重量、货值、检出不合格批次以及对外索赔金额,均名列系统第一。推进出口工业产品企业分类管理。累计对489家工业产品企业实施分类管理等级评定,并以风险分析为基础,重点监管转移到危险包装、出口玩具、援外物质等重点敏感产品。加强对进口废料以及敏感进出口轻纺、机电产品的检验,进口废料检出不合格2批、476.90吨、70.86万美元,不合格率分别为0.24%、0.25%、0.11%。针对国外通报较多的鞋类、服装、瓷灯座等质量问题,分别制定具体应对措施加强检验监管和送检,降低通报率,提高检出率。检出不合格童鞋33批、100.1万美元,不合格率分别为0.91%和1.38%，批次、货值不合格率相当于辖区鞋类产品平均水平的395%和511%；进境棉花产品对外索赔2.83万美元，为企业挽回直接经济损失约19万元。

【工作质量提升活动】　开展质量提升服务进企业、检测整顿、窗口建设和证单质量提升、通道礼仪建设、质量管理体系内审等系列活动，组织参加各类培训150多次，参训近3000人次。率先制定并实施《福州局工作质量责任追究办法》，加强一线工作人员的规范执法意识，全年未发生系统性、区域性、重复性以及个别严重的工作质量问题。一线窗口建设，突出抓制度建设、窗口服务、检务管理3个环节，制定岗位职责说明书，实行AB岗制度，编撰更新《检务知识手册》；将对外窗口从"柜台式服务"改为"桌面式服务"，设立"行政许可业务专窗"，执行福建局窗口服务规范，制定急单特办制度，设立大通关热线；建立内部差错登记与反馈制度，实行周期控制专项稽查和定期通报制度，加强周期控制分析和整改。年内，通过总局"窗口建设和证单质量提升"活动的考核验收，其中检务周期管理和创新"1+3+8"模式获好评，即以"提升产地证工作质量和窗口建设水平"这一目标为主线，从"宣传引导、监督管理、窗口服务"3个方面重点切入，强化"政策宣传、企业注册、产品注册、签证管理、申领员管理、档案管理、退证管理、企业服务"8项具体工作环节创新。

【科技兴检活动】　建立4个专业小组，选拔36名科技人才组建各专业的科技骨干队伍，申报19项科研制标项目，4项科研制标项目获立项，发表论文33篇，其中核心期刊发表15篇；主办17场科技骨干讲学，听课人数420人次，一线全体业务人员参训；2人获评2010年度福建检验检疫局科技兴检先进个人。

【检验检疫服务海西建设】　服务进出口产业发展　服务国家重点支持产业，支持新能源产业发展，主动指导毅丰（福建）新能源工业有限公司的产品出口，首批15吨木质颗粒燃料顺利从马尾口岸输出日本，开创福建省竹木草制品生产加工企业废料成为可再生能源先河。

服务省市重点项目，对中铝瑞敏公司高精铝板带、华映光电公司二期液晶组、罗源海峡西岸软包装科技园三期、省汽集团戴姆勒项目、统一公司新罐装生产设备等省级重点项目，采取"重要设备随到随验、备品备件由检验检疫局培训的企业认可的检验员验收、检验检疫机构抽查"的便利模式，支持闽清电瓷产品、长乐纺织品、闽侯塑料盘企业和竹木草制品产业集群，主动跟踪福建戴姆勒汽车、中储粮项目的进展情况，对大型纺织企业实施"整体报备、分批进口、口岸便捷通关、目的地快速检验检疫"的模式，加快检疫查验速度，确保重点项目建设顺利投产。

服务辖区龙头企业、重点产品，帮助烤鳗龙头加工企业长乐聚泉公司通过ISO/IEC17025实验室认可，成功申报"国家鳗鱼加工技术研发分中心（福州）"；帮助水产品龙头加工企业梅花水产加工厂以"零不符合项"通过美国FDA检查；指导推动建成福建省首个出口米制品原料大米基地（100公顷）和首个省外出口米制品原料大米基地（400公顷）；通过对辖区重点、龙头、敏感食品企业开展技术诊断、技术咨询活动，撰写技术诊断、咨询报告，为企业解决出口食品、农产品从源头原料到加工过程质量安全卫生控制的技术难题，提高辖区出口食品、农产品质量安全水平；通过产区调查与研究，证实日方对辖区出口企业输日干香菇辐照项目的自主检查存在误判，推动日本官方取消该检查，在应对日本技术壁垒/措施取得突破；对省茶叶进出口公司出口香港等地区的茶叶制品实行"特别检验放行制度"，帮助快速通关，促进产品扩大出口。促进对组合电线龙头加工企业福州住电装有限公司和福建源光电装有限公司产品出口，出口电线电缆的批次、货值同比分别增长44.6%和79.5%。

服务口岸　码头建设方面，争取优惠政策及各方支持，在确保国门安全的前提下，打破常规支持罗源湾港区内的5个码头和长乐松下码头延长临时开放期限；推进综合检测用房项目获批，整合设立保税港区检验检疫机构，先后配备1200多万元的检测仪器设备；推进闽赣、闽湘进出口货物直通放行工作。矿产品进口方面，采取"直提"转运作业新模式，推行"一站式"（一次报检、一次检验、一次放行）服务，检验周期由28天压缩至14天，检测效率位居全国检验检疫系统前列。大豆进口方面，坚持24小时值班制度，实现快速通关。工厂检疫设施建设、管理体系、产品进口审批等方面，优化服务措施；对进境码头、运输沿线、定

7月18日，福州检验检疫局人员在可门港对进口煤炭进行舱口检视。

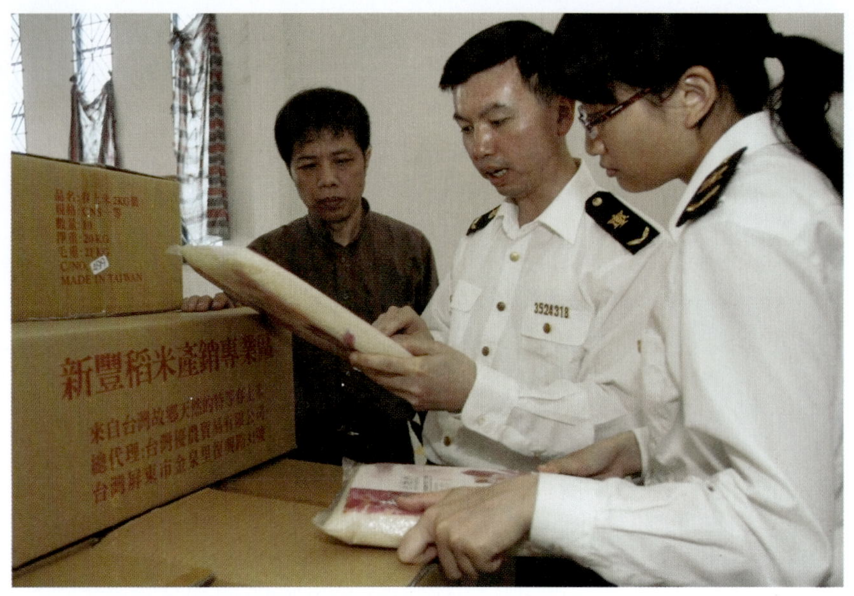

5月16日，福州检验检疫局对首批特批入境的台湾大米实施检验检疫。

点加工厂等重点区域实施监测，截获有害生物2516种次。帮扶松下码头、鑫通码头通过省市两级验收，福州港可门作业区成为全省最大的散杂货集运地，福州松下码头成为全省最大的进口大豆码头。

服务企业　推荐8家出口工业品企业评定一类企业，推荐3家企业对外注册，指导1家企业通过国外检查；累计减免检验检疫收费223万元；帮助企业获得国外减免关税约6164万美元，免费为企业开展培训、咨询、辅导活动103次1207人次。开展“质量提升服务进企业”活动，确定辖区17家企业作为重点服务对象，推进落实“一对一”帮扶。推荐40家企业参加“质量对比提升”活动。组织消费者代表和媒体记者到辖区出口食品企业开展“质检邀您看企业，食品安全大家行”活动，《国门时报》《福建日报》、福州电视台等媒体予以报道。优化检验检疫模式，加强工作流程和周期管理，实现植物产品和鞋靴类等大宗产品放行周期平均缩短30%。全年出口家具和竹木草制品达3.41万批次，货值5.96亿美元，同比分别增长23.86%、29.41%。与辖区重点进出口企业签订《进出口产品质量安全责任书》，对辖区2000多家企业信用等级评定进行周期复审，企业诚信经营的意识明显增强。

服务闽台交流　对“5·18”海峡两岸经贸交易会、“6·18”海峡项目成果交易会以及海峡两岸渔业产品博览会等进行重点服务。促进300吨台湾大米获总局特批并由马尾口岸顺利入境展销。进一步优化“两马”客运直航和对台小额贸易便捷工作模式，检验检疫出入境对台直航客轮1388艘次，比增－4.90%，旅客5.87万人次，比增－35.8%；检验检疫对台小额贸易货物521批次，货值359.2万美元，分别比增－48.62%、－27.42%。黄岐与马祖的小额贸易方式逐渐呈现“快件”式特色，台湾货物24小时内即可送达用户手中。

（杨晓翔）

边防检查

【概况】　2010年，福州边防检查站围绕维护国家安全和社会稳定大局，提高边检服务水平，推动口岸维稳工作，圆满完成上海世博、广州亚运安保工作。制定、落实服务定式考评标准，完善“实时可视可控”服务监督模式，推动服务定式养成。“网上报检室”新增自动备案功能，扩大自助办证范围；推出团队旅客散客验放服务法，缩短旅客候检时间；规范“边检110”运作，优化“边检警务区”“边检警务室”模式，出台远洋渔工权益保护约谈等机制。强化口岸维稳，落实“检查、查控、监护、情报”等勤务环节和工作制度；全面启用DMS系统，开发便携式船舷外侧监控设备，加强对偏远码头、重点船舶、在港船舶动态监管。检查出入境船舶4256艘次、人员5.724万人次，查处违法违规人员136人次、船舶7艘次，查获在控人员6人次。

2010年，福州边防检查站被公安部评为“全国公安边防检查机关2007～2009年度提高边检服务水平成绩突出单位”，记集体三等功1次，在公安部提高边检服务水平联合考评中获第一名，连续3年被公安部边防局评为安全工作标兵单位，连续4年被总队评为“先进支队级党委”，连续5年被省公安厅评为执法质量优秀单位，连续6年被总队评为执法质量优秀单位。1人获评全省第四届“十大边防卫士”。3月26日，经总队与福建省创建青年文明号组委会联合决定，福州边检站执勤业务二科被授予“省级青年文明号”，成为该站第三个获此殊荣的基层单位。　（钱聪海　王　鹏）

【规范化建设】　对《制度汇编》进行修改，通过“日检查、周通报、月讲评”等措施，推动制度全面落实；落实循环检查讲评、安全分析评估等制度，保持部队安全稳定，被部局评为“安全工作标兵单位”；坚持系统化组训、科学化施训，获总队警务技能、军事体能达标考核综合成绩第一名。学习借鉴“杭州样本”的经验做法，规划建设集“办事、办案、办公”为一体的执法场所；制作海港案件的电子笔录模板22种，提升笔录制作的效率和质量；率先在全省边防部队配备数字化审讯（询问）移动工作站，提升执法水平。优化各码头作业点、旅检现场、报检室、营区266个监控探头，安装营区红外周界安保设施，实现对口岸监控、内部安全管理重要部位全覆盖。　（钱聪海）

【服务两岸直航】　“两马同春闹元宵”安保　活动在马尾举行，边检站派出警力200余人次，完成大型焰火晚会、民俗表演、灯展等安保工作。

服务马祖天后宫进香团　3月13日，边检站增派警力，提前部署，为马祖进香团成员提供优质的通关服务，针对进香团随船携带妈祖金身、阵头旗、香炉等民俗物品的情况，边检站合理安排警力，开足验证通道，增派台外检查员帮助旅客搬运物品，引导通关，半小时内进香团成员完成通关。

（吕　澄　郑　维）

【创建爱民固边模范口岸】　6月24日，在福州青州集装箱码头举行启动仪式。福州青州集装箱码头是该站与市口岸部门商议确定的第一个爱民固边模范口岸创建试点。试点创建工作旨在积累经验、扩大规模、连点成片，实现"码头企业自管不断增强、口岸通关环境不断优化、警民关系更加和谐"的目标。

（郑　维）

4月16日，福州边检站为马祖谒祖相亲提供高效服务。　（王鹏　摄）

海防管理

【概况】　2010年，福州市海防委员会办公室协调沿海县（市）区海防办，完成2010年度福州沿海地区海防执勤道路、海防监控站配套工程、海防标志牌等海防基础设施项目建设。市公安边防部门破获偷渡案件41起221人，抓获组织者244人，破获涉毒案件156起181人，缴获各类毒品187.6余千克等；省公安边防总队海警第一支队舰艇累计出航422次，航时4223小时07分钟，航程4.23万海里，出动警力8080人次，检查各类船舶1036艘、渔船民7825人，办理各类案件22起，案值1500余万元。市海洋与渔业局海洋案件立案54起，结案52起，收缴罚没款2203万元；查处渔业案件294起，罚款236万元；办理渔船登记586艘次，监督拆解渔船93艘；检验44.1千瓦以上渔船1665艘，30.55万千瓦，15.98万总吨，检验44.1千瓦以下渔船8652艘，9.72万千瓦，2.12万总吨；检验163台件船用产品，其中螺旋桨113台、液压绞钢机50台。市海事局接到各类海上险情66起、遇险船舶73艘、遇险人员831人，组织救助66起，救助遇险人员778人，救助成功率93.62%。办理船舶进出港签证26.64万艘次，国际航线船舶查验5954艘次，其中，两马客轮1344艘次5.85万人次，直航1042艘次，完成巡航5842次里程16.53万海里，巡航人数1.4万人次。年内，市海事局与马祖港务、旅游等相关部门就加强"两马"海上搜救协作、开辟两岸高速客运航线等议题达成共识，为两马同春闹元宵、"5·18"海峡两岸经贸交易会、"6·18"海峡项目成果交易会和海峡论坛等活动提供护航服务保障。

【平安海域创建活动】　市海事局完善重大水工项目提前介入机制，参与港口及岸线资源规划，加强海上安全信息服务及水上安全监管服务，保障华东船厂30万吨修造船项目、罗源将军帽一期作业区、福州市魁歧大桥等重点工程建设。支持临时口岸开放，注重发挥口岸查验单位牵头作用，共同构建高效运作的口岸大通关，主动走访国电、华电等电力企业，为煤电油运船舶开辟绿色通道。

市海防办把"平安养殖""平安船只""平安澳口""平安海滨"等作为创建工作的延伸，在沿海地区建设一批海防执勤道路、码头和海防监控系统基础设施项目等。市海洋与渔业局为全市44.1千瓦以上渔船提供风险保障，保险期1年，完成1944艘44.1千瓦以上的海洋渔船保险工作，保费502.2万元。为全市渔工提供风险保障，保险期1年，保险金额每人10万元或15万元，完成渔工责任保险3.34万人，保费639万元。

市海防办制定《福州市平安海域建设工作考评实施方案》、每半年组织1次"平安海域"创建工作的检查考评、沿海县（市）区年度"平安海域"建设工作综合自评情况反馈制度等。年内，沿海5个县（市）区"平安海域"建设工作达到市综合考评要求。市公安边防支队开展船管站清理整顿工作，辞退、解聘不合格、作用发挥不明显的船管员18人，续聘合格船管员188人，新聘船管员17人，调整2人。至年底，全市有船管员205人，其中专职169人，兼职36人，有党员78人，占全部船管员的38%。

市、县两级海防办和涉海职能部门开展"宣传月""安全月""季度性""时段性""节假日"等宣传。省公安边防总队海警第一支队开展禁毒宣传教育活动，发放禁毒宣传资料1300余份，举办禁毒知识图片展览3场，展出挂图50余张，悬挂宣传海报10张、横幅3条，接待咨询群众300余人。市海洋与渔业局海洋执法支队开展渔船安全生产宣教培训活动，2月，在全市重点渔业乡、镇、村、渔港召开防范渔船碰撞事故发生警示教育宣讲会，参会8650人。6月"全国安全生产月"活动期间，结合伏季休渔，召开渔业安全生产座谈会9场，参会约1560人。连江县口岸与海防办投入4000多元，印刷300册《海防管理基本知识》《海防管理宣传单》等分发给沿海乡镇和有关单位。

【军警民联防】　市公安边防支队6名边防大队长进入当地公安机关领导班子，连江、罗源、长乐边防大队派出所23名主官进入驻地乡镇党委班子，"进班子"人数名列全省边防部队首位。辖区责任区民警188人全部兼任村官，18名民警村官受到驻地党委政府"七一"表彰。民警兼任村官工作被市委组织部纳入日常工作范畴,实行“五个统一”(统一领导、统一教育、统一培训、统一考核、统一奖惩)。

省公安边防总队海警第一支队走访政府及涉海部门67个,航运企业25家,渔船215艘,渔排43个,渔船民762人,入户访查22户56人。设立北江滨抢险待机点,承诺服务范围,全面启动“闽江110”建设。逐步推行海上风险管理警务模式,加强与海关、海事等涉海部门以及边防兄弟单位的联系与合作,每月对辖区海域治安动态、维稳创安、台轮管理、抢险救难等信息进行评估、研判。福州海事局联合地方海事局等单位在闽江台江水域举行2010年水上交通应急救援联合演习,与马尾边防工作站开展防恐安保联动等实战演练。

省公安边防总队海警第一支队制定“处置海上突发事件应急预案”和“海上救助应急预案”。市公安边防支队、省公安边队总队海警第一支队分别与市海洋与渔业局海洋执法支队联动开展海上联勤治理,福清南青屿边防所与辖区东京山空军部队建立村居治保为主体的军警民联防机制。

【海防基础建设】 督促沿海县(市)区海防办完成2010年度福州市沿海地区海防执勤道路、海防监控站配套工程、海防标志牌等相关项目建设任务,协调沿海县(市)区海防办完成2007~2009年度福州市沿海地区海防执勤道路的验收工作。协调省海防办完成福州市海防监控中心的升级改造,协调福州市涉海职能部门加快福州沿海地区海防监控信息整合和宽带的扩容相关工作。调研福州市海防监控系统运行情况、沿海船管站基础设施现状情况、沿海海防基础设施建、管、用工作,上报海防监控设施建设现状情况报告。

(高列法)

海上防务

【概况】 2010年,武警福建省边防总队海警第一支队坚持以开展海上执勤执法为中心,以三项建设和三基工程为主线,抓实重大活动安保、创新机制建设等重点环节,进一步提升执勤执法和治安管控成效,有效维护辖区治安安全稳定。海警35021艇“海峡号”执行双向遣返接运任务3次154人,连续20年保持安全无事故。海警35001艇“武夷山号”连续5年出色完成全国重大海上勤务,受到公安部边防局局长郭铁男少将赞扬。1人当选福建省第二届“我最喜爱的十大人民警察”,并被授予“特级优秀人民警察”称号。支队刑事侦查队被部局评为“基层执法示范单位”。

【执行上海世博会海上安保任务】 3月23日~7月17日,支队海警35001艇和35011艇代表福建边防总队赴上海执行世博会安保第一阶段任务。在执行安保任务的118天中,参战官兵担负执勤海域的海上治安管理、船舶检查和重要目标安全警卫等安保任务,舰艇编队执行一级勤务4次,二级勤务3次,三级勤务57次,航程2.36万海里,航时2433小时20分;接处警3次,检查船舶795艘次,渔船民5941人,救助病重船民1人,查获并协助处理违法船舶30艘次,劝离、教育违章船舶98艘次,发放渔船民安全手册620份。海警35001艇党支部被世博边防安保一线指挥部评为“优秀战斗堡垒”,并被推荐参评“与世博同行”全国青年文明号。

【海警船艇进驻福清】 9月28日,支队海警35046艇进驻福清四大队,担负起平潭周边海域海上救助、治安管控、重点目标保护和打击违法犯罪等任务。启动“半个小时出警服务圈”工程,缩短海警船艇出警处置福清、平潭海域海上突发事件的时间,解决福清、平潭海上治安管控“盲点”问题,净化海上治安环境、促进海洋经济健康发展,有效维护福清江阴港、平潭综合实验区建设顺利进行。

【海上治安管控】 落实世博安保等级巡逻制度,采取轮换接防、无缝衔接的方式,保证辖区海域每日有舰艇执勤巡逻,提高见警率,减少防控盲区。增派警力分阶段对重点海域、敏感地区巡逻查控,严密防范针对涉海工程、码头等海上重要部位的破坏活动,以及不法分子违法犯罪活动。全年,派遣舰艇422艘次,航时4223小时,航程4.2万海里;检查各类船舶647艘,渔船民2675人;查处各类案件22起,总案值1500万余元;参加抢险救灾16次,挽回经济损失1000余万元。开展辖区无人岛礁专项踏查,踏查无人岛、礁118个,采集各类影像资料200余份。

【警务工作新机制】 与福州、宁德边防支队在联合警务、联合办案、信息共享等方面建立长效机制,采取派员驻边防派出所警务室联合开展警务工作的方式,共同打击沿海各类违法犯罪行为。支队与地方刑警大队、大队与驻地公安派出所分别建立办案联络点,实现执法信息、数据共享,强化社会治安管控效能。推行海上风险管理警务模式,每月对辖区海域治安动态、维稳创安、台轮管理、抢险救难等信息进行评估、研判,确保对各类不稳定因素做到提前预知、提前介入管理、提前防范化解。

(王 鸿)

海上缉私

【概况】 2010年6月28日,“福州市人民政府打击走私综合治理工作办公室”职能及工作人员划入市公安局。福州市反走私工作坚持“打防结合、综合治理、突出重点、坚持不懈”的工作方针,组织开展反走私综合治理工作和打击走私专项斗争和联合行动。全年查获涉嫌走私案件11起,案值740.24万元;查获涉嫌贩私案件146起,案值1728.3万元;查获行政违法违规案件375起,案值1.05亿元,结案247起,结案总案值8260.79万元,罚没入库433.05万元,补税入库195.27万元。主要走贩私物品有:成品油、禽肉冻品、“洋垃圾”旧服装、香烟、洋酒、毒品、手机、化妆品、象牙制品、违禁和侵权印刷品、光盘等

【打击走私专项行动】 全年共组织开展5次打击走私专项斗争和联合行动,其中,马尾海关缉私分局行政立案257起(走私案件立案1起),总案值7421.95

万元，结案112起，案值3962.82万元，罚没入库141.98万元，补税入库105.07万元。福清海关缉私分局行政立案118起（走私案件立案2起），总案值3087.25万元，结案135起，案值4297.97万元；罚没入库291.07万元，补税入库90.2万元。驻榕海警第一支队查获成品油走贩私案件20起（涉嫌走私“红油”案件4起662.75吨，无合法手续成品油案件16起1574吨），总案值1500万元。市公安边防支队破获涉嫌走贩私案件54起，总案值532.5万元。破获成品油案件50起，其中，涉嫌走私红油67吨，无合法手续成品油1087.7吨；破获特大走私毒品案2起，缴获毒品“K粉”150千克；查获走私禽肉冻品2起54.6吨、冰鲜白带鱼1起4吨。市工商局查获涉嫌贩私案件80起，案值60.85万元，主要物品有无合法来源进口柴油24.5吨、“洋垃圾”旧服装约8万件，无中文标签进口奶粉、口香糖等188.6公斤以及洋酒、手机、化妆品等。市烟草专卖局查获各类违法卷烟1450.74件，其中，走私进口香烟239.24件，冒牌假烟803.26件、乱渠道香烟408.2件。移送大要案30起，刑拘49人，批捕22人，判刑40人。

3月5日，市打私办开展打击治理非法经营走私进口旧服装专项行动。

【打击走私综治工作】　每季度召开沿海县（市）打私办主任季度会议，布置阶段性工作和综治任务。分别在台江区、福清市和平潭县集中销毁2009年底及2010年春节专项行动查获的非法进口“洋垃圾”旧服装11万余件（含由福清市和台江区政府组织职能部门联合查获的3万余件），重约20吨。平潭县工商局在流水镇垃圾焚烧场销毁“洋垃圾”旧服装6.7万余件，重约14吨。

根据长乐市长源纺织和永泰县金泰纺织等企业，因2007年进口自动络筒机申报产品与实际生产产品不一致，受到海关缉私部门调查的情况，市打私办深入企业调研，向市政府呈报《关于长乐市长源纺织有限公司进口竹纤维络筒机使用情况的报告》，通过与海关业务部门沟通协调，解决进口络筒机的合理使用问题。专题调研福州市开展打击走私贩私香烟违法犯罪活动和查缉假冒香烟情况，以及缉私职能部门之间的协作配合问题，向省打私办报送《福州市2007年以来打击香烟走私和假冒卷烟的情况报告》。在中秋国庆期间深入连江、长乐、福清市检查调研并通报沿海成品油和禽肉冻品走私的新动态。配合省打私办在福清市和福州（平潭）综合实验区举办进出口企业和沿海重点乡镇反走私法律法规培训班1期。

【平潭县建立重点乡镇反走私防控体系】

根据《平潭县开展沿海基层镇村反走私综合治理工作实施方案》，在4个沿海重点乡镇成立反走私工作领导小组。建立乡镇、村委两级反走私工作联络站，落实责任制并建立工作制度。加强对港澳口、码头等重点部位和渔船民的动态监管，及时掌握进出港口船舶动态。对台轮进行定点停泊，检查进出货物，防止被走私分子利用或夹带走私物品。同时在渔民中建立反走私群防群治网络，初步形成镇、村（居）、渔民三级防控体系。省、市打私办多次深入平潭县重点乡镇调研，针对平潭县近年盗捞倒卖海底文物和成品油走私活动较为频繁的特点，市、县两级研究制定“关于开展平潭县沿海重点镇村反走私综合治理专项整治工作方案”。省打私办2次到平潭流水镇及重点村居调研检查。

【落实反走私责任制】　各级政府签订社会治安综合治理责任状，各县（市）打私办与各乡镇签订反走私综合治理责任状。根据省打私办《关于印发福建省设区市反走私工作综合治理责任制细化评分标准的通知》精神，结合福州市反走私工作实际，制定《福州市2010年反走私工作综合治理责任制细化评分标准》，作为年度反走私工作开展和年终考核依据。年内，省打私办反走私工作综合治理考评检查组对福州市落实反走私工作综合治理责任制情况进行检查考评，福州市综合考评分97.8分。

【修订反走私综治考核标准】　对全国打私办《关于做好反走私综合治理考核标准修订工作的通知》精神，在充分研讨和征集意见的基础上进行补充修订，明确相对应的职能部门对易发生走私货物、存放走私商品，及组拼装车船的场所，每季度开展一次以上普查并建立档案；建立定期书面报告制度；定期对辖区海湾、港口、码头等进行排查，对易发生或容易发生走私货物上岸的码头、岸点等建立专门档案；加强市场监督检查，适时组织打击流通领域走私贩私专项行动；完善反走私领域企业守法诚信体系建设的基础框架和运行机制。

（庄希闪）

（编辑　吴　燕）

福州经济技术开发区

【概况】 福州经济技术开发区面积23平方公里，设有台商投资区、科技园区、马江园区、长安园区和出口加工区。区内聚集中华映管、爱普生、统一企业、顶新国际、汇津水务、中国铝业、新大陆等国内外知名企业近百家，是海峡西岸跨国公司、台商和上市公司投资最密集的区域之一。2010年，全区生产总值232.08亿元，增长13.3%；完成工业总产值594.88亿元，增长18.2%，其中规模以上工业产值591.04亿元，增长18.7%。上市企业累计融资60亿元。完成出口总值22.6亿美元，增长33.4%，实际利用外资2.55亿美元，增长62.6%。财政收入32.2亿元，增长23.1%，地方财政收入19.2亿元，增长26.7%；固定资产投资119.39亿元，增长45.7%。

【重点企业】 华映光电福建公司有华映光电股份有限公司、福建华映显示科技有限公司、福建华映视讯有限公司3家公司，全年实现产值111.274亿元，比增21.4%，华映光电中小尺寸液晶项目和华映中小切裂罐项目固定资产总投资2.57亿元，2010年完成投资1.145亿元。

新大陆科技集团 有新大陆电脑、新大陆通信、新大陆自动识别、新大陆环保、新大陆生物5家公司，全年实现产值16.638亿元，比增11.1%，新大陆二期固定资产总投资9500万元，实现投资1369万元。

马尾港区码头

【工业经济】 城区工业整合、技改提升步伐加快，中铝瑞闽高精铝板带、华映切裂罐等19个项目竣工投产，东亿食品、福龙生物等20家企业实施搬迁改造，东南造船、力鼎动力等21家企业通过技术改造，实现产品结构调整优化和规模扩张。企业自主创新能力增强，“国家创新型企业”新大陆成功研制全球第一颗二维码解码芯片，伊时代创建福州首个企业“院士工作站”，三澳数字播控系统等17个项目入选国家火炬计划或省自主创新产品，数字家居智能终端等7个项目获科技型中小企业创新基金扶持。创新成果加速转化，生物医药纳米制剂等60个项目成功对接。

【对外对台经贸】 新增对外贸易经营权企业25家，70家企业获外贸扶持奖励1900万元，29家企业列入首批跨境贸易人民币结算试点。对外贸易实现恢复性增长，完成出口总值22.6亿美元，增长33.4%，其中机电、高新技术产品出口增长38.2%。出口加工区拓展保税物流成效凸显，完成进出口货值8.3亿美元。新增合同利用外资2.24亿美元，增长3.64倍，实际利用外资2.55亿美元，增长62.6%。按照一类口岸标准全面改造福州港客运站，开通两岸邮件专船，马尾港成为台湾活鱼搬运直航港口。马尾至台湾本岛海上货运航线实现常态化，“两马”航线运营1440

航次、往返人员6万多人次。

【招商引资】 新批"三资"项目9项，增资项目11项。其中，"三资"项目总投资3.55亿美元，比增75%。参加"5·18"海峡项目成果交易会，签约外资项目13项，总投资5.13亿美元，协议外资2.5亿美元；参加"9·8"厦门投资贸易洽谈会，签约项目16项，总投资3.699亿美元，协议外资1.949亿美元。

【重点项目建设】 在提升产业支撑能力方面，建成儒江大道东三段、马江大道及快安大道改造工程、君竹路改造工程、闽白公路拓宽改造工程等基础设施；在调整产业结构方面，建成新日鲜总部大楼、省船舶工业技术研究中心、省电子信息产品监督检验中心，及多家汽车4S店等商贸项目；在突出对台产业对接方面，新增中鼎台湾商品市场二期、青州对台直航码头等项目，加强琅岐海峡农业示范区建设，推进华映中小尺寸液晶技改等技改项目的建成投产，台资企业得到进一步的发展和提升；在加大社会民生项目方面，巩固"创卫""创模"成果，推进文明创建，完成港口路等6条主次干道电网缆化下地，更新城区公交车17辆，交通违规、户外广告等整治工作取得新成效。建成天马山体育休闲公园一期、马江影剧院、开发区图书馆、老干部活动中心等。大面积启动全区旧屋改造，完成改造任务62.9万平方米，新建安置房45万平方米。魁岐安置房、双协安置房、仙芝安置房、罗星安置房相继建成或在建。

开发区列入省"新增长区域发展战役"项目22项，完成投资35.96亿元；列入市级"五大战役"项目12项，完成投资30.7亿元。推动上润二期、东南造船、万德电机等技改项目的建设，加大琅岐闽江大桥等项目的促批促建力度。福州水产品批发市场一期投入使用，中铝瑞闽高精铝板带、上润智能执行器等项目也竣工投产，琅岐闽江大桥、东部战略通道之沿山、沿江路等项目相继开工建设。围绕"推动马尾由单一的经济技术开发区向新市区转变，着力打造宜居宜业的新城区"的最新发展定位，制定市政提升、快安城市综合体、马尾科技文化中心、马尾公交客运中心、天马山体育公园、船政文化创意、亲水绿化、危旧房及景观改造、企业总部建筑群等"十大工程"建设。

【基础设施建设】 琅岐闽江大桥、环山观光道、经五路等重要通道开工建设，新建或完成改造铁南路等7条市政道路，滨江休闲道建成开放。加快建设快安城市综合体、城市中心广场、青少年活动中心、科技馆、图书馆。实施重点节能减排工程3项，长安、快安、青洲污水处理厂新改扩建工程竣工投入运行，畜禽养殖污染等专项治理成效明显。完成亭江新店、浩溪和琅岐幸福、龙虎山等水库除险加固，实施万亩片（六垱）海堤除险加固、省道201琅岐段等一批重要基础设施工程，为琅岐全面开放开发奠定基础。

【生态环境】 率先创建国家生态工业园区，推进ISO 14001区域环境管理体系持续稳定运行，推广低碳经济、绿色经济，二氧化硫排放量累计削减22.95%，化学需氧量累计削减10.1%。建成区绿化覆盖率40.31%，森林覆盖率62.25%，空气质量保持在优良水平，饮用水源水质达标率100%。城乡绿化一体化加快推进，完成造林133.33公顷，抚育幼林300公顷。提升高速铁路、高速公路马尾段、城区主干道两侧及视线范围的绿化美化水平，新增各类绿地面积68.87公顷，种植乔木4.48万株。结合新农村示范村建设，创建"绿色村庄"10个。年内被评为"全国绿化模范区"。

（吴　惠）

融侨经济技术开发区

【概况】 园区设有光电科技园、出口加工区、洪宽机电园、大埔工业园4个区，以电子信息产业为主导，并发展玻璃精加工、铝冶炼、塑胶、食品、机电和装备制造业等传统优势产业。2010年，实现工业总产值661.3亿元，比增23.8%，其中规模以上工业产值650.4亿元，比增24.1%；财税收入12.17亿元，比增8%；进出口总额113.2亿美元，比增20.4%，其中出口62.2亿美元，比增20.2%；主导产业电子信息产业完成438.5亿元，占全区总产值比重66.3%；全区累计合同利用外资1.705亿美元，实际利用外资9170万美元；完成固定资产投入40亿元。年初，被国家工业和信息化部评为首批"国家新型工业化产业示范基地（显示器）"。

【重点企业】 福建捷联电子有限公司 2010年，公司总产值300.222亿元，总销售量逾3300万台，直接出口28.8亿美元。液晶显示器产销量位居全球第一位，液晶电视出货量居全球第四，液晶电视委外代工为全球第一。公司于2002年5月在福建省福清市注册成立，投资金额9980万美元，注册资本4500万美元，有员工1.6万多人。主要从事液晶显示设备的研究开发、生产制造和销售推广业务，主要产品为：液晶显示器（LCD MONITOR）、液晶电视（LCD TV）和电脑一体机（AIO）。

福耀玻璃工业集团股份有限公司 2010年，公司实现产值99.635亿元，营业总收入85.080亿元，比增39.92%。公司于1987年在福州注册成立，福耀集团股票于1993年在上海证券交易所挂牌，成为中国同行业首家上市公司，是专业生产汽车安全玻璃和工业技术玻璃的中外合资企业，是国内最具规模、技术水平最高、出口量最大的汽车玻璃生产供应商，"FY"商标是中国汽车玻璃行业迄今为止唯一的"中国驰名商标"。公司在福建、吉林、上海、郑州、重庆、北京、广州、湖北、海南、内蒙等地建立现代化的生产基地，还在美国、日本、韩国、澳大利亚、俄罗斯、德国及西欧、东欧等国家和中国香港地区设立子公司和商务机构。

【扩区申报】 扩区申报工作自2009年启动，根据福清市对开发区扩区范围和面积调整部署，结合已安排具体项目的江阴西部填海区、海峡光电科技园规划范围及已获批的保税港区、出口加工区等，推动福清市规划局调整扩区范围，将现有近10平方公里面积扩增29.15平方公里。完成开发区土地集约利用评价更新工作，更新成果经省国土厅审核后上报国土部。同时在《开发区扩区总体规划》《产业规划》《环评报告》等初步成果形成的基础上，调整充实相关材料。

【招商引资】 “5·18”海峡两岸经贸交易会期间，签约项目21个(其中合同项目15个，协议项目6个)，总投资5.139亿美元。组织企业参加第八届“6·18”海峡项目成果交易会，成功实现对接科技项目26个，总投资5.552亿元。第十四届“9·8”厦门投资贸易洽谈会期间，签约项目15个(其中外资项目11个，内资项目4个;合同项目12个，协议项目2个，意向项目1个)。全年新批及增资项目18家，项目投资总额(含增资)4.647亿美元，合同外资1.705亿美元，实际利用外资金额9170万美元，内资实际到资4.710亿元，其中宏路中心区新批及增资项目11家，总投资2.679亿美元，合同外资9530万美元，实际利用外资6646万美元，内资实际到资1.791亿元。总投资3.4亿元的捷星电子，总投资1.5亿元的英冠达、总投资1.1亿元的亿冠晶等一批项目顺利投产。

【项目建设】 完成固定资产投资40亿元，重点解决建设手续报批、土地、环保、安评等建设过程的突出矛盾和问题。光电园捷联电子新厂区一期工程总投资4亿元，完成投资3.56亿元，完成建筑面积约14.6万平方米，基础工程基本完成，预计于2011年9月下旬建成投入使用。福耀浮法线技术改造总投资2.03亿元，5月完成改造并投入生产运营。捷星显示科技和英冠达电子分别于5月、7月投入生产，2010年度分别实现产值10亿元、9亿元。福融辉实业2栋仓库及宿舍、办公楼、外围道路、绿化及配套管网工程建成并投入使用。易佰特电子7栋厂房及3栋宿舍完工，预计2011年5月实现部分投产。福光光电1号厂房完工。

【自主创新】 开展体系认证有效性检查及标准化建设情况调查，鼓励条件成熟企业申报名牌。全年申报并获批中国驰名商标1家(诚丰家具)、省名牌5家、省著名商标3家。组织各类体系认证企业17家。永强力加、福强、冠威智能先后获评高新技术企业，捷联获评省产品质量奖，另有2家企业获评福州市级质量奖，13家企业获得省市科技进步奖，涌现出国家、省、市科技项目28项，企业新增专利282项(其中110项为发明专利)，区域创新环境、企业自主创新水平持续提升。同时开展国家高新技术产业化基地及2011年国家火炬计划项目申报，其中高新基地申报通过省政府上报国家科技部。

【服务企业】 鼓励齐翔鳗业、益丰鳗业、华信食品等企业利用日本烤鳗消费启动，及日元升值有利时机，恢复生产，扩大出口，产值增长均逾50%。帮助捷星、英冠达协调免交新增出口电子手册保证金，缓解企业流动资金紧张。发挥政府采购职能，组织一批企业纳入省、市采购目录，鼓励市政公共项目同等情况优先采购诚丰家具、成龙木业、冠捷电子等区内企业产品，帮助企业提质增效。搭建企业用工新平台，组织区内企业参加各类用工招聘会。主动深入湖北武汉、甘肃庄浪、宁夏彭阳等地开展劳务对接，为冠捷、明达、洪良、永强力加、睿鸿光电等企业输送员工近4000人，缓解企业用工难问题。

推行ISO 14001环境管理体系建设，提升园区环境。鼓励企业淘汰高污染、高耗能设备，完成节能减排指标任务。配合市环保局，控制和减少化学需氧量和二氧化硫排放量，对特耐王等企业排污强化监管及技术工艺改进工作。通过引导企业建立党组织、工会组织，新建党支部10个，工会8家，至2010年，区内有党组织129家，工会组织179家。开展安全生产“三项行动”和“三项建设”，加强与消防大队、安监部门联系，密切与宏路、石竹派出所联系配合，发挥冠捷保安巡逻队作用，开展打击“两抢一盗”“打黑除恶”、建筑工地整治、重点地区治安防控等行动，推进平安区域建设。

健全群体性劳资纠纷联动反应机制，健全突发事件的“快速”处理机制，妥善协调处理东丰制衣、冠捷公司、明达公司员工意外伤亡事故。建立健全劳动监察制度，完善劳动合同备案程序，加强劳资双方工资协调机制。全年处理各类案件28件，其中，工伤死亡9起15件，

冠捷电子生产车间 (郑敏良 摄)

合同及工资纠纷 13 件，调解成功率 100%。

【基础设施建设】 全年投入 2159.6 万元完善光电科技园区的基础设施。依托清繁大道（光电园段）及市政福通路、西环路、福政路，与园区一至四号路形成完整的道路网络。完成憩园景观工程，光电园二、三号路及西环路北侧绿化工程，西环路北侧二至三号路段人行道工程，新太城溪拦水坝工程，福融路（清荣至西环）道路工程。推进南部片区基础设施建设及区内其他相关配套设施的完善。

（陈玲颖）

福州高新技术产业开发区

【概况】 福州高新区是 1991 年经国务院批准成立的国家级高新区，总规划面积 5.5 平方公里，实行"一区四园"的管理模式，下辖马尾园、仓山园、洪山园、台西园（由原洪山园分出）四个园区，分别隶属马尾、鼓楼、仓山、台江行政区，规划面积分别为 1.4 平方公里、3.5 平方公里、0.4 平方公里、0.2 平方公里。2010 年实现工业总产值 495 亿元，比增 18%；总收入 474 亿元，比增 13%；利税 39 亿元，比增 31%。对 2010 年度实现税收增长并实施国家、省级计划项目、固定资产投资项目等增资扩产、促进产业发展举措的重点企业兑现财政奖励 1236 万元。至 2010 年，拥有各类企业 207 家，其中经认定的高新技术企业 81 家。

【招商引资】 举办"第十二届海交会福州高新区海西园招商专场会"，组织人员参加"第十二届海峡两岸经贸交易会""第八届中国福建项目成果交易会""第十四届中国国际投资贸易洽谈会"等大型招商活动，并在香港《大公报》《文汇报》等媒体专版宣传、推介海西园招商项目，接待海内外企业逾 200 家，客商约 1500 人次，有意向入驻海西园的项目达 68 个。

年内，海西园正式签约入驻 18 个高新产业项目。其中中科院海西研究院、福抗总部、久策总部、中青创投、山亚科技、永福设计、创业大厦等 7 个项目正式动工建设。博思软件、福懋光电、邦邦科技、星网锐捷、中冶二局、网讯信息、东南设计、润富科技、仙芝科技以及福汽集团总部戴姆勒研发中心等项目均完成总平设计和勘探工作。18 个自建项目用地面积 60.75 公顷，总投资额 50.22 亿元。福建都市传媒股份有限公司、福建天创信息科技有限公司等 9 个中小高新企业签约入驻创业大厦，总投资额 1.3 亿元。至年底，有 16 个项目将注册地点移入福州高新区海西园，注册资金总额 15 亿元。

【海西高新技术产业园建设】 为实施海西发展战略，福州市委、市政府重新规划布局城区高新技术产业发展，2009 年 7 月 23 日，位于闽侯上街总规划面积 12.35 平方公里的福州高新区主体园——海西高新技术产业园启动建设。2009 年 9 月 6 日，海西园正式动工。2010 年 9 月 2 日，市政府审议并原则同意海西高新技术产业园控制性详细规划；9 月 19 日，海西高新技术产业园总规环评通过福州市环保局审批。年内，园区主干道科技东路建成通车；乌龙江大道左半幅基本建成；高新大道完成 500 米雨污管线施工；10 条园区市政道路完成规划设计、图审和财审等施工前期工作，并组织招投标。110 千伏马保变电站动工建设，10 千伏项目施工供电专线安装到位。园区供水管网、污水管网、广电、通讯、网络等管线全面入区，并开展土地平整工作。海西园一期基本实现"七通一平"。全年完成固定资产投资 20.04 亿元。

为满足中小型高新技术企业入园需求，加快高新产业集聚，经市政府批准同意，园区开始启动科技研发楼群——创新园项目建设的各项前期工作。创新园项目规划面积 13.3 公顷，总建筑面积 27 万平方米，总投资 6 亿元，一期占地面积 8.34 公顷，建筑面积 11.7 万平方米，投资 2.5 亿元，年内完成总平面规划、管线综合、单体设计和地质勘探。

【中国科学院海西研究院建设】 经省政府第 47 次常务会议研究决定，在福州高新区海西园启动建设"中国科学院海西研究院"。该项目由中国科学院、福建省人民政府、福州市人民政府三方共建，规划用地 13.32 万平方米，合约 13.3 公顷，项目总投资 6.7 亿元，一期建设总建筑面积 10 万平方米（含地下室建筑面积 4000 平方米），建设年限 3 年。新建海西材料工程研究所、海西先进制造技术集成研究所、海西动力工程研究所 3 个非法人研究所和海峡两岸科技合作交流中心。6 月 18 日，项目在"6·18"海峡项目成果交易会主签约中心签约，并在海西园举行奠基仪式；同时，召开中国科学院海西研究院领导小组和建设工作组第一次会议。年内，通过项目总平方案审

6 月 18 日，中国科学院、福建省人民政府、福州市人民政府在海西园举行中国科学院海西研究院奠基仪式。

查,完成建设用地规划许可证办理,项目用地全部交付,12 月 21 日正式动建。

【"新三板"试点申报】 "新三板"指非上市股份有限公司股份报价代办转让系统。是国家为完善多层次资本市场体系,继主板、创业板之后计划推出的新的板块。它为非上市公司提供股权交易、投融资平台。对福州高新区以创新性和成长性为特色的科技型中小企业成长意义重大。2010 年,重点开展福州高新区"新三板"试点申报资料准备和向园区企业推介宣传以及新三板企业资源培育工作。一是对园区企业进行企业资源调查和筛选,据此拟定开展工作的企业范围。二是协助市政府出台《福州高新区非上市股份有限公司进入代办股份转让系统试点风险处置应急预案》《关于鼓励福州高新区企业进入代办股份转让系统的暂行办法》等文件和相关政策。同时,通过组织推介会、答疑会、点对点对接等方式向园区企业推介宣传新三板和开展新三板企业资源培育工作,推动高新区企业进入"新三板"试点。至年底,有 18 家企业进入券商工作范围,其中 6 家企业正式与券商签约。

(黄　闽)

福州保税区

【概况】 2010 年,福州保税区(含保税物流园区)引进项目 280 个,比增 273.33%;项目总投资 2.62 亿美元,比增 189.19%;实际利用外资 470.68 万美元,比增 4.42%。财政收入 2.75 亿元,比增 20.43%。进出口总值 43.31 亿美元,比增 3.58%。

【国务院批复设立福州保税港区】 5 月 18 日,福州保税港区获国务院批准设立,成为国家批准成立的第 14 个保税港区,规划面积 9.26 平方公里。包括福州保税物流园区 1.2 平方公里,福清出口加工区 2.95 平方公里,福州港江阴港区 1~9 号泊位 4.45 平方公里,铁路物流园区 0.66 平方公里。

【保税区物流产业】 新引进宏捷国际供应链、迅捷物流、东星汽车运输、新天地物流、添骏达储运、大象物流、泰航国际物流、中化盐业等物流企业 8 家。截至年底,区内物流企业有 61 家,其中全国百强物流企业 3 家,形成出口拼箱、进口分拨和贸易配送三大物流特色。区内物流企业为冠捷、捷联、华映光电、福耀玻璃、清禄鞋业、南孚电子、佳通轮胎、南方铝业、力恒化纤等福州市及周边地区大型制造企业提供 60.46 亿美元的物流配送服务。

5 月 4 日,福州保税港区与台湾基隆自由贸易港区在台北签订《两区对接协议》。

【与台湾基隆自由贸易港区签订对接协议】 5 月 4 日,福州保税港区与台湾基隆自由贸易港区在台北签订《两区对接协议》,开创两岸特殊经济区域对接先河。6 月 18 日,福州保税港区与台湾自贸港区对接圆桌会议在榕召开,台湾高雄、台中、基隆三大自由贸易港区参加。双方以"合作、先行、共赢"为主题,就福州保税港区与台湾自贸区"两区通关无纸化、互设办事处和互为中转口岸"等议题进行实质性探讨。推进两岸与制造业配套的现代国际物流业、金融业、物流信息技术等多领域深层次的合作。

【与武夷山陆地港签订战略合作协议】 11 月 25 日,福州保税港区与武夷山陆地港签订战略合作协议,建立"福州保税港区—武夷山陆地港物流集散中心",利用保税港区政策功能优势与武夷山毗邻江西地缘优势,开展业务对接合作,打通福州保税港区—武夷山陆地港—江西物流绿色通道。12 月 26 日,武夷山陆地港经由福州保税港区出口的第一票报关业务试运作。

【园区建设】 一是加强窗口建设。加强投资服务中心和经发局 2 个对外窗口建设,深化服务机制建设,对企业投资生产、经营中的各种问题实行"一条龙"服务。全年,为企业办理有关项目审批、变更、进口设备审批、加工贸易审批等 350 多项,外企年检 40 多家。二是加强企业服务。定期走访企业,召开企业座谈会,协调海关、国检、工商、税务等驻区机构,解决企业困难和问题,确保企业安心生产。三是改善通关环境。优化监管模式,完善"以核代验""VMI"(供应商管理库存)运作模式,简化"一日游"货物流程,提供 24 小时预约通关和加班服务,推广试行"四三三"(四:海关、进出口企业、园区仓储企业、园区营运企业。三:一点两面,一点指进出区卡口,两面指待检区和区内仓库。三:巡查、远程监控及进入企业内部系统管理三项监管措施)新监管模式,促进企业高效运作。四是开展"平安先行单位"创建活动。与区内 60 多家企业签订安全生产责任制,全面加强企业安全生产培训,对企业安全生产和消防进行定期重点检查。加强治安综合治理工作,营造团结和谐、规范有序、安全稳定的企业投资发展环境。五是创建和谐劳动关系。组建保税区和谐企业创建工作领导小组,新成立企业工会 11 家,改善企业用工环境,成功调解金诚、长宏、万利等企业近 20 起劳资及债务纠纷。

(黎发明)

元洪投资区

【概况】 福州市元洪投资区为国务院正式核准的国家级工业园区，园区位于福清长乐两市交界处的福清湾畔，地跨福清市海口、城头两镇，规划面积40平方公里，首期开发10平方公里，主要划分为三个区块。2010年，投资区实现规模以上工业总产值85.51亿元，比增35.8%；上缴税收6500万元，比增18.2%；合同外资4595万美元，比增126.92%；实际利用外资311万美元；内资实际到资4.67亿元，比增208.48%；固定资产投资13.47亿元，比增47.2%。骨干企业有康宏油脂、世纪印福油脂、坤彩精化、红冠面粉、新福兴玻璃、万年青水泥等，其中坤彩精化上缴税收1019.53万元，万年青水泥上缴税收956万元。世纪印福公司和康宏公司获评2010年度福清市“十大产销企业”。

【重点企业】 福州坤彩精化有限公司 集生产、研发、销售为一体的珠光颜料专业化精细化工企业，企业总投资3亿元，占地面积10公顷，于2009年8月正式投产。拥有13条环保节能型高级珠光颜料专业生产线。该公司设有标准检测中心、产品开发中心和多个应用实验室，拥有10余项自主知识产权、专利产品和自营出口权，产品销往世界60多个国家和地区，广泛应用于化妆品、塑料工业、涂料工业、印刷行业、装饰装潢材料的领域。2010年企业产值达6亿元。年内，二期项目建设完成土地预约35.73公顷，自主开发氯氧化铋、铝银浆、轿车用高档油漆颜料、合成云母项目的开发，并将建设20个应用实验室，预计建成后可新增产值10亿元。

福建康宏股份有限公司 以大豆加工为主，以饲料贸易、物流、科技创新相结合的现代化民营企业。公司占地8.7万平方米，资产总额3.89亿元。拥有1条年加工能力为45万吨大豆的一次性浸出生产线，拥有1家子公司，1个驻外办事处。公司“多佰”牌主导产品为三大系列：大豆食用油、大豆饲料蛋白、浓缩磷脂。产品在省内市场占有率高，除省内销售外，还外销到广东、湖北、湖南、云南、陕西等地，产品产销率达100%。2010年产值达26亿元。

【项目招商与建设】 新招项目24个，总投资51.28亿元；新增规模以上企业6家，总投资3.15亿元。在建、筹建经纬新纤科技、坤彩精化二期、集佳油脂、双胞胎饲料、新福兴二期等项目12个。“5·18”海峡两岸经贸交易会期间，洽谈项目4个，总投资2.9亿元，“6·18”海峡项目成果交易会期间，促成8个项目实现对接、1个项目实现技术需求，“9·8”厦门投资贸易洽谈会签约的经纬新纤科技项目，总投资58亿元，一期投资20亿元，征地面积66.67公顷，2个月内完成征交地工作，并开工建设。

开展征地拆迁安置工作，其中，污水处理厂及周边项目完成征地13.58公顷，源华能源二期项目完成征地9.2公顷，集佳油脂项目完成征地9.9公顷；帮助企业做好投产前服务协调工作，代办项目规划、用地报批、建设、环保检测及验收审批、消防审核及验收、房屋产权登记、供电、营业执照、税务登记、银行开户等手续近200项。

【基础设施建设】 投入基建资金约1亿元，主要项目有：污水处理一期管网B标段，工程造价约1100万元；污水处理厂主体工程，工程造价约3705万元，6个月内完成建设；泰华电力土方工程总土方量116万立方米，工程造价约2000万元；元城九路路面0.68公里和洪嘉大道路面2.06公里雨污管道工程，工程造价约1800万元；集佳油脂项目土方工程总土方量约40万立方米，工程造价约650万元，泰华电力土方工程总土方量约12.7万立方米，工程造价约180万元；污水处理厂土方工程总土方量约34万立方米，工程造价约480万元；污水处理厂道路及管网土方工程总土方量约31万立方米，工程造价约440万元；海城路南侧排洪沟扩建工程，工程造价约75万元；洪新大道排水沟工程，工程造价约90万元；泰华电力北侧排洪沟工程，工程造价约71万元。

（施家雄）

福建康宏股份有限公司成品油灌装车间

青口投资区

【概况】 福州市青口投资区位于福州市闽侯县东南部，是省、市、县重点打造的汽车产业基地。全区规划面积56平方公里，规划工业用地18平方公里，完成工业用地开发7平方公里。有东南汽车、奔驰戴姆勒、海越斯伏尔特种汽车3家整车厂落户。2010年实现工业总产值267亿元，比增57.9%，其中规模以上工业产值259.8亿元，比增63.1%；上缴税收18.8亿元，比增56.8%；固定资产投资49亿元，比增46.2%。

【重点企业】 东南汽车产值88亿元，比增42.7%；东南(福建)汽车工业有限公司汽车产量12.07万辆，比增36.2%；汽车配套厂规模以上工业产值91.9亿元，比增46.5%；福建戴姆勒汽车工业有限公司汽车产量1.14万辆，产值36.5亿元；非汽车行业规上工业产值43.7亿元，比增24.5%。

【招商引资】 引进福建麦特新铝业科技有限公司、福建蓝海物流有限公司等内外资项目32项，主要是汽车电子、新材料等汽车配套企业，其中外资项目15项，总投5814万美元，实际到资3566万美元；内资项目17项，总投15.62亿元，实际到资14.6亿元，比增153.7%。

【重点项目建设】 福建三盛实业有限公司总投资6000万美元，注册资本金2000万美元，生产汽车塑料装饰件、塑胶制品。该项目一期用地14.96公顷，年内该公司6~11号、16~18号厂房竣工，部分产房投入使用。

东南(福建)汽车工业有限公司(以下简称东南汽车)建成二期15万台/双班的产能，并启动三期建设，通过扩建厂房，新增冲压、焊装、涂装、总装四大工艺生产线，达到新增产能24万台/双班，完成后产能提升至39万台/双班(含原一、二期产能15万/双班)。编制完成东南汽车三期扩建建设项目报告，并进行三期建设前期申报，项目计划建设期为2011年1月至2012年7月。

海峡汽车文化广场项目总建设用地97.07公顷，分为汽车超市综合区和4S专营区两大部分，其中4S专营区用地约36.4公顷，规划容纳4S汽车销售企业45家；汽车超市综合区用地60.67公顷。汽车超市综合区规划汽车超市区、汽车用品市场区、办证检测区、仓储维修区、汽车文化区、休闲娱乐区、配套生活区等七大功能区，总建筑面积约75.5万平方米。项目分3期建设，一期工程主要包括海峡汽车超市主楼、汽车用品市场、办证大厅、检测中心和主干路桥等单项工程，建筑面积22.4万平方米，年内基本完成。

【基础设施建设】 基础设施项目22项，总造价约7.54亿元(新污水处理厂占5亿元)，完成投资1.14亿元，其中，奔驰大道、青潭溪河道整治工程、324国道青口段两侧改造工程、白水路等道路路灯改造工程、区内道路标志标线工程等5个项目完工，奔驰大道两侧、环岛绿化工程、324国道至203省道五虎线路口段改造工程、洋下污水提升泵站、洋下片区河道岸线防护工程、辅澜路洋山路西段工程、3号地块填方工程、三盛二期填方工程8个项目在建，进行324国道峡南至青口一桥段道路两侧改造工程、五虎山片区卜洲桥2个项目设计。

(林巧文)

福州软件园

【概况】 福州软件园位于福州市五凤山麓，规划面积3.3平方公里，重点打造动漫、IC、物联网等软件产业集群，有瑞芯微电子、福晶科技、榕基软件等骨干企业。至2010年，全园入驻企业415家，其中，产值超亿元的17家，超千万元的37家，软件出口逾300万美元的2家，集聚各类技术人才1.7万多人。园区实现技工贸总收入169亿元，比增39.7%，税收3.6亿元，比增20%。2010年，获"国家现代服务业产业化基地"和"国家影视动画实验园"称号。

福州瑞芯微电子有限公司获2009年度第四届"中国芯"和"最佳设计企业奖"；福晶、三元达、联迪、顶点、富春5家企业被评为"福建省创新型企业"，其中福晶被列为"国家级创新型(试点)企业"；瑞芯、福昕等2家企业分获"福建省2009年度科学技术奖"一、三等奖，9家企业分获"福州市2009年度科学技术奖"一至三等奖；福富、榕基、三元达3家企业被列入国家规划布局内重点软件企业。园区有10家企业被省政府评为福建省重点软件骨干企业，其中4家企业为享受省市政府奖励政策的福建省软件骨干企业。年内，全园新认定高新企业6家，"双软企业"8家，高新企业增至40家、"双软企业"增至73家。

【重点项目建设】 软件园五期工程"海峡软件新城"和动漫二期列入2010年福州市"五大战役"重点建设项目，9月28日建设。"海峡软件新城"位于闽江与乌龙江两江分流入城口，定位为"国际科技软件新都、海峡两岸高科技发展的引擎"，占地20公顷、建筑面积约40万平方米；福州动漫基地二期占地面积近6.67公顷，总建筑面积7万多平方米，总投资额2亿元，将吸纳动漫游戏设计、产品设计、建筑设计、广告策划等文化创意企业。至年底，软件园五期综合楼A楼完成桩基检测、前期钻探、平整土地、道路建设等工程；动漫二期建筑工程完成勘察工作及部分建筑设计方案。

【招商工作】 按照"抓质量、打基础、增税源、强后劲"的要求，严把入园门槛，推动D、E区的招商引资工作，引进锐科软件、鸿博数据等105家企业。为降低厂房空置率，D区引进信睿网络、实达系统集成等23家企业，入驻率逾95%；E区引进力得电子、歌德软件等11家企业。鉴于园区发展日趋成熟，研发楼资源日益稀缺，根据年初确定的"质量年"建设目标，全年清退非软、无成长性企业20家，清退研发楼面积5913平方米。同时加快现有企业升级改造，推动网讯科技增资7000万元，富春通讯股改增资4000万元。

【上市企业】 组织"上市后备企业沙龙"，推动成立福建企业投融资联盟，完善中小企业的创业及投融资服务体系。6月1日和9月15日，福建三元达通讯股份有限公司和福建榕基软件股份有限公司先后在深圳上市，至年底，园区内上市企业有3家。另有新大陆、浙大网新、网龙公司等6家上市公司在园区设立分支机构。

【动漫产业】 10月，福建神画时代数码动画有限公司开发的"逗逗虎"形象获由国家出版总署和广电总局联合颁发的"2010第二届中国年度十大最具产业价值动画形象奖"，是全省唯一获奖单位；福建金豹动漫开发的JONJON囧囧形象获迎世博全球华人珠宝设计大赛最佳创意金奖。11月7日，福州国家影视动漫

12 月,由福州软件园承建的福州动漫体验馆建成。

【后勤保障服务】 完成软件园A区创业楼功能改造,并与中西餐饮、便利店、邮政、自助银行等服务机构签订入驻协议,完成软件园D区软件会所装修,内设宴会厅、会议厅、洽谈室、茶艺室、康乐室等,于"5·18"海峡两岸经贸交易会期间进行试营业。新增高峰期49路公交车班次,由5辆增至7辆,实现1班/3分钟贯穿园区。同时委托鼓楼区园林局进行园区绿化施工及养护,实现绿化率40%,植树1.2万株。进一步改善、更新自动门、道闸、停车棚等公共设施。

(郭斯宁)

实验园授牌,标志着福州动漫基地正式跻身国家队行列,基地动漫企业获发行许可证的播出量逾3000分钟,基地动漫企业获《福州市推动动漫游戏产业发展的若干政策》(试行)政策奖励补助295万元。

福州动漫体验馆于年底建成,该项目是福州市"大干150天、打好五大战役"的重点项目,位于鼓楼区通湖路衣锦坊67号,面积1100平方米,总投资约500万元,是集中展示动漫发展历程和推介福州动漫产业品牌的平台,也是集科普教育、娱乐体验、产品发布、演播、衍生产品展示、创意交流于一体的基地,年底前正式开馆。

【技术与产业服务】 初步建成动漫集群渲染平台,为企业提供高效、稳定的动漫渲染服务,并通过互联网,为全省动漫企业提供高性价比的动漫渲染服务;重点建设软件新产品体验中心(T-PARK)海外产品展示平台,改造空间2600平方米;建成3D园区导航漫游和在线产品体验系统,定制软件产品体验案例若干。

依托省公共服务平台,组织企业与项目对接,通过举办软件外包项目推介会,软件企业分别和金融企业、跨国公司成功对接。为企业发布项目、技术和产业方面的最新信息,创办《福州软件视窗》和《政策汇编》并发送至相关单位。年内,举办软件企业资质与高技术企业资质认定、技术贸易合同认定、软件出口流程等知识讲座12场。

【人才体系建设】 市研究生培训服务工作总站新增中国文化大学(台湾)等2所台湾高校进站硕士班,总站共合作办班40个班次,累计进站学员1500多人,获相应学位学员和结业学员1000多人;园区联合美国SUN公司引入JAVA国际认证实训机构,与全省28个高校以及联盟会员企业形成产学研相结合的平台;与本地优秀企业、教育机构共同开发先进理论和实用技术实训类课程,培训新开发者、软件工程师和软件构架师等不同层次人才。

加大对园区企业高层次人才的扶持力度,园区13名企业高管子女安排就读满意学校,对企业高层管理(技术)人员首次购车、购房和参加专业学历学位教育培训兑现扶持政策,提供补助,先后有13家企业241人凭个人所得税税单向管委会申领政府相关经费的补助,补助金额共计64.199亿元;园区从丞相坊安置房中首批拿出68套作为园区企业高管人才的配套房,并进行整体装修。9月,福建省政府首次表彰30名福建省软件杰出人才,其中,福州软件园17人获奖。

滨海工业集中区

【概况】 福州市滨海工业集中区北起省道203线(峡漳线)漳港段,南至松下镇与福清交界处,东临东海,西至古槐镇董奉山脉,涵盖漳港街道、文武砂镇、古槐镇、江田镇、松下镇5个乡镇(街道),规划总面积92平方公里。2010年,全区完成规模以上工业总产值334.27亿元,比增29.45%,占长乐市规模以上工业总产值39.29%;两税合计上缴4.43亿元,比增30.24%;固定资产投资24.21亿元,比增56.91%;合同外资1967万美元,比增223.07%;外资实际到资1661万美元,比增50.05%。在产规模以上企业85家,初步形成以鑫海冶金为龙头的冶金产业,以力恒锦纶、凯邦锦纶为龙头的锦纶产业,以金源纺织、华源纺织为龙头的棉纺产业,以东龙针纺、永丰针纺为龙头的花边产业,以雪人制冷、鑫隆机械为龙头的装备制造产业,以元成豆业为龙头的粮油加工产业。其中,棉纺企业9家,工业总产值93.55亿元,占全区工业总产值27.99%,上缴税收1.26亿元,占全区税收28.44%;化纤行业8家,规模以上工业总产值109.96亿元,占全区工业总产值32.90%,上缴税收0.89亿元,占全区税收20.09%;经编针织企业33家,规模以上工业总产值33.24亿元,占全区工业总产值9.95%,上缴税收0.46亿元,占全区税收10.38%;冶金机械行业26家,工业总产值59.26亿元,占全区工业总产值17.73%,上缴税收1.48亿元,占全区税收33.40%。全区亿元工业企业41家,比上年新增8家,实现工业总产值319.29亿元,占全区比重达95.5%。

【重点企业】 较具代表性的重点企业有金源纺织、金纶高纤、力恒锦纶、鑫海冶金、元成豆业。2010年,工业总产值净增长前10名企业分别为:元成豆业净增18.27亿元,力恒锦纶净增11.67亿元,金纶高纤净增10.35亿元,金源纺织净增2.51亿元,凯邦锦纶净增2.45亿元,正鑫纺织净增2.41亿元,双强化工净增2.40亿元,二棉厂净增2.37亿元,金沙港纺织净增2.23亿元,振华化纤净增1.80亿元。上缴两税净增长前10名企业分别为:金纶高纤净增1815.23万元、鑫海冶金净增1149万元、力恒锦纶净增1074.27万元、金源纺织净增958.47万元、正隆纺织净增850.53万元、泰源纺织净增745.72万元、凯邦锦纶净增643.43万元、元成豆业净增596.76万元、华源纺织净增465.22万元、双强化工净增413.21万元。

打造"百亿企业"和"千亿园区",力争用3~5年打造3家百亿企业。恒申合纤项目规划面积100公顷,投资60亿元建设年产10万吨氨纶、20万吨聚合和18万吨纺丝生产线;山力化纤扩建项目规划面积66.67公顷,投资20亿元建设年产60万吨差别化纤维项目;金纶高纤增资18亿元建设年产50万吨差别化纤维项目,3家企业投产后工业总产值均可突破百亿元。

【招商引资】 "5·18"海峡两岸经贸交易会期间,引进外资项目3项,总投资1.105亿美元,分别为力恒锦纶、机械制造、康师傅食品项目;内资项目4项,总投资8.5亿元,分别为凯邦锦纶、集佳油脂、力川齿轮、华艺装饰项目。"9·8"厦门投资贸易洽谈会期间,引进内资项目2项,总投资26亿元,分别为翔孚国际物流项目和山力化纤项目;引进外资项目3项,总投资2.05亿美元,分别为恒申合纤、金纶高纤、光隆精密机械项目。至2010年,全区共引进各类项目128项,总投资173.87亿元,其中落户投产88项,在建6项,合同协议34项。

【重点项目】 列入省、市重点项目的有15个,年度计划投资8.2亿元,完成投资5.96亿元,占年度计划72.68%,其中在建重点项目4个,年度计划投资4.2亿元,完成投资5.32亿元,占年度计划126.67%。松下码头2号泊位、松下港散粮中转库、力恒锦纶二期建成投产;建设松下码头0号、3号泊位、鑫海码头18号、19号泊位榕振船舶一期、松下物流园区、大唐午山风电场等项目,进行福州面粉厂整体搬迁工程。对中储粮、省储备粮、恒申合纤、海西高科技企业港等省市重点项目和"五大战役"重点项目,指定专人挂钩联系并定期召开主任办公会跟踪协调推动,及时帮助解决项目推进过程中存在的难题。

【项目用地】 组织办理工业项目用地选址10次16宗,规划面积682公顷。上报审批7个批次7宗项目用地,总征地面积65.9722公顷,分别是嘉隆针纺征地面积0.7415公顷,雪人制冷征地面积2.2773公顷;福州面粉厂征地面积3.3206公顷);铁牛金属征地面积1.9898公顷;松下码头2号、3号泊位征地面积55.2294公顷;金凤陵园征地面积1.0572公顷;通宇电缆征地面积1.3564公顷。

全年,合计出让土地面积127.6668公顷,挂牌出让亘德生物68.8783公顷、恒申合纤13.8448公顷、福建中储粮12.6653公顷、鑫越针纺1.1345公顷、嘉隆针纺0.7415公顷、雪人制冷2.2773公顷、凯邦锦纶24.8045公顷、福州面粉厂3.3206公顷等8宗工业用地。

【基础设施建设】 污水管网 污水主干管工程分漳港—两港段、两港—松下段进行施工,年内,埋设22.02公里,占总里程26.65公里的82.63%,完成投资3256.74万元,占工程总投资的46.03%。

污水处理厂 完成厂区的规划选址、林地审批、土地预审及征地报批等手续,项目初步设计和项目可行性研究报告获长乐市发展与改革局批复,完成地质勘察报告和施工图的图审工作,委托长乐市投审中心对厂区施工图预算工作进行控制价审核。

码头建设 基本完成松下码头12号、13号泊位工程可研报告编制,对海域征用进行预审。鑫海码头18号、19号泊位完成12米宽路坯和码头水工工程沉箱预制场平整,完成7.87公顷林地报批砍伐并开挖土方20多万立方米,完成水上部分堆场平整12公顷,完成港区大道土方开挖6万立方米。元载码头项目征用松下村19.46公顷土地,其中陆域(虾池)13.16公顷,生产性海域7.50公顷,完成土地平整,同时委托设计单位进行规划设计。

路网建设 完成松下码头疏港路扩建工程。松下港防波堤工程海洋环境影响评价通过省海洋与渔业局组织的论证,年内,堤心推填完成1612米,共计79.7万立方米。北侧大块石砌坡完成39.2万立方米,南侧平台理坡完成19.8万立方米。

二期用地平整 基本完成滨海二期第一次土方平整,并开展工程竣工验收准备工作,合同金额450万元。滨海二期第二次土方平整完成公开招投标,合同金额168万元。

中心区 利用中心区的产业、员工集聚优势,发展第三产业。年内,完成滨海商贸城项目规划设计和土方平整,并上报审批。基本完成滨海外来工活动中心土地预审、项目立项、征地补偿。研究启动外口公寓和社会保障房建设。通过项目建设,提升中心区的规模档次,使周边村民共享工业区项目建设的发展成果。

(林一超)

罗源湾开发区

【概况】 罗源湾开发区以松山、白水2个垦区为腹地涵盖周边区域,规划总面积约3107公顷。至2010年,批准投资项目100多个,落地投产企业60家,合同投资总额逾450亿元,实际投资总额80多亿元,在宝钢德胜、时代包装、华东造船、华能集团等一批龙头企业的带动下，形成冶金、建材、能源、船舶修造、包装材料、轻工食品和机械制造等产业集群。

2010年，完成工业总产值167亿元，比增70%，其中规模以上工业产值166亿元，比增69.6%；完成固定资产投资30.27亿元，比增9.4%；地方级财政收入9918万元，比增62.4%。

【重点项目建设】 合同投资总额逾450亿元，完成投资80多亿元，其中9个项目建成投产：嘉纳塑胶、信和竹木、弘景木塑（一期）、千里马节能灯、顺丰钢材市场、三金高速线材、宇通铜业、吉晟竹木、海西软包装二期；14个项目开工建设：远嘉叶蜡石、宇星彩板、恒久专用汽车、恒乐汽车配件、嘉纳塑胶（二期）、永荣不锈钢（二期）、BOPP第三条生产线、博美生物、PVC布革、正祥酒店、闽源鞋业、宝钢德盛镍25、恒久电子、西海岸树脂。

【招商引资】 新引进项目16项：宝钢德胜、华能集团、罗源湾滨海城（世纪金源）、海宁医院（附属配套）、祥兴箱包生产、流体阀门、10万吨冷轧、福州旺达物流码头、建材仓储商贸服务中心、根雕、铬铁生产、铝型材加工、永柱阀门生产、数控机械、正兴塑胶、防水塑胶制品。合同投资总额约292亿元，其中外资8亿美元。宝钢集团、华能集团、世纪金源国内三大百强企业相继落地，罗源湾开发区发展后劲明显增强，罗源湾开放开发取得质的飞跃。

【基础设施建设】 完善配套"两路、一堤、一桥、一片区"工程：全线贯通岐鹤路砼路面工程，完成松岐中路路基拓宽工程，部分完成江滨南堤路防洪工程，启动岐鹤桥建设工程，完成南片工业区项目用地填方；筹资2.6亿元加快推进金港片区防洪排涝体系工程建设，完成白水垦区东岸燕窝蛋新水闸工程，全线贯通土港排洪渠渠坯工程，启动亿鑫排涝站、防浪墙工程，完成白水垦区滞洪区清淤。

（罗源湾开发区管委会办公室）

福兴经济开发区

【概况】 福兴经济开发区位于福州市晋安区鼓山镇，规划总面积5.5平方公里。至2010年，有企业450家，其中，规模以上工业企业98家，年产值亿元以上工业企业25家，骨干企业有福万玩具、华联汽配、盛辉物流、福马企业等。

2010年，规模以上工业产值完成98亿元，比增8.9%，固定资产投资完成22亿元，税收3.9亿元，新批合同外资4358万美元，比增642.42%，实际利用外资3628万美元，比增470.7%，自营出口8.333亿美元，比增39.2%，占晋安区经济总量50%以上。

【"五个一批"项目建设】 一是保留一批。重点培育发展高意科技、日立工机等7家具有高成长性、高附加值且无污染的高新技术企业，有针对性地进行结构调整和技术改造，进一步提升规模档次和发展水平，创建一批拥有高新技术产品和先进生产工艺，年产值逾10亿元，平均每亩产值逾1000万元，平均每亩税收逾30万元的高成长性企业。二是自建一批。选择一批实力较强，符合规划，且前期工作比较扎实的重点企业，利用自有用地、自建总部大厦或集团运营中心，尽快形成企业总部的集聚效应和溢出效应。首批重点突破盛辉物流、宏捷物流、茶花集团、福晟（六建）集团、金泉机械、海峡印务、新华发行、福州烟草等8家企业进行自建。三是重组一批。对不符合规划功能定位的现有企业，允许其跨行业对外招商，寻求合作者，采取兼并、重组模式，引进有实力的企业参与改造，在2012年底前基本完成企业转型工作。四是搬迁一批。即搬迁影响道路、缆化下地等基础设施重点项目建设的企业；搬迁影响生产、生活环境，特别是存在安全隐患和环保、节能减排问题且难以治理的企业；搬迁不符合园区功能规划的企业；搬迁自身空间难以满足进一步发展的企业。依法关闭高污染、高能耗、低效益企业及严重亏损、资不抵债、不能偿还到期债务、扭亏无望企业。为促进土地使用权收储，采取BT等模式统建一批商务办公大厦和多高层厂房，等价置换搬迁企业土地。初步确定鸿福纺织、海燕饲料、扬帆空调等10家作为首批搬迁企业。五是引进一批。主动承接台湾先进制造业转移，吸引先进国家和地区以及央企投资开发区，进一步提升发展水平。对园区内现钢材市场及周边地块和搬迁企业地块，实行统一规划、统一收储、统一招商，着力培育光电、精密仪器制造、工业总部、研发中心、营运中心、工业设计、动漫游戏和文化创意等智能化产业。与五金建材总部大厦、设计创意产业中心大厦、海峡广告创意大厦等8个项目进行洽谈。同时建立项目库为收储地块的招商做好项目储备。

【园区改造提升】 年内，形成《福兴经济开发区智能化产业园区规划前期研究报告》上报市政府审定，规划指出：2010～2013年，将建成以工业为主的集科、工、贸为一体的智能化产业园区，重点对接和承接台湾高新技术产业。7月9日，副省长、市长苏增添主持召开专题会议研究改造提升工作，成立以副省长、市长苏增添为组长的福州市福兴经济开发区改造提升工作领导小组，下设办公室，由副市长徐铁骏兼任办公室主任；区政府成立以区长阮孝应为组长的区领导小组。8月初，市、区鼓山镇及福兴经济开发区各有关单位抽调骨干人员集中办公，下设综合协调组、规划审批组、搬迁安置组、基础设施组和招商引资组5个组。先后召开镇村工业小区、民营企业、自建项目企业、台资外资企业、国有集体企业等企业座谈会20多场次，走访50多家企业，并重点约谈协特莱照明、福川化学、日光照明等台资企业。同时发放征求意见表200多份。

在福州市规划设计院、加拿大GWI规划设计集团和台湾天杉科技咨询顾问公司联合编制《福兴经济开发区改造提升规划前期研究报告》的基础上，由市规划设计院编制《控制性详规》，形成初步框架；委托新加坡邦城规划设计公司编制《城市设计》和《福兴经济开发区产业发展规划》。同时开展开发区规划环评工作。

【投资环境建设】 先后为华科、高意、闽东本田、日立工机、顺大、福华纺织、钜全活塞等规模企业、台外资企业协调解决厂房租赁、生产车间建设、厂区周边治安环境等难题。协调市、区有关部门,筹集近百万元在开发区建设科技含量高、配套齐全的“林春兰警务室”,改善园区治安环境。全年牵头组织协调解决企业生产生活方面困难问题40多件。

及时将辖区内17家新增企业纳入安全监管范围。开展安全生产级别评定,应纳入评级工作的企业、单位561家(户),其中,法人单位413家(户),个体工商户148家(户),年内完成266家法人单位及个体工商户评定(A级企业9家、B级企业252家、C级企业1家),剔除特殊类型单位63家,包含关停并转类、债权债务清理类、不属本辖区范围类、无法查找等类型;对58家辖属安排错误单位进行二次分解。

组织安全工作拉网式大检查,检查各类企业564家次,发现安全隐患135条,现场整改95条,发出限期整改通知书32份,限期内整改到位。整治存在“三合一”(厂房、仓库与居住场所设置在同一幢建筑内)现象的企业4家,对2家出现墙体裂缝的企业进行整改。开展职业病防治整治,调查工业企业9家,测出有害作业点374个,合格作业点332个,合格率88%;安排接触有害工种工人2483人进行职业性健康体检,其中,当年度就业的人员1147人。开展化学危险品企业整治,对发现无证存储危险品的企业督促整改到位。

【基础设施建设】 配合市城建委做好福兴大道、福新东路、福光路、河滨路4条主干道和湖塘路、后屿路、红光路、樟林路、埠兴路、双福路6条次干道的改造工作。配合市电业局做好电力缆化工作。推进钢材市场及周边地块成片改造。组织实施钢材市场搬迁,以该地块作为园区改造提升切入点,推进福兴经济开发区成片改造建设。推进城市综合配套区建设,对龙安路以东25.67公顷地块进行全面摸底调查,开展地块收储准备工作。推进镇、村工业小区改造提升。对镇、村工业小区进行全面调查摸底,就改造模式、思路与有关村进行研究探讨。

(福兴经济开发区管委会)

连江经济开发区

【概况】 2010年,连江经济开发区完成规模以上工业总产值89.19亿元,比增52.77%,占全县同期总量的46.21%;固定资产总投资19.65亿元,比增63.75%;新批合同利用外资637万美元,比降38.75%;实际利用外资571.4万美元,比增54.85%;外贸进出口3.79亿美元,其中:外贸出口3.22亿美元(海关口径),比增40.87%,占全县同期总量的90.55%;外贸进口5709万美元(海关口径),比增1.69%;内资到资7.98亿元。另外,青岛啤酒、茶花塑料、世纪电缆、百洋食品等在建和新开工项目28个,总投资18.12亿元,年内完成投资6.31亿元。

【重点企业】 福州百洋海味食品有限公司 2010年实现销售收入3.48亿元,上缴税收1400万元。公司于1996年3月成立,由连江县海味食品厂与日本国日洋贸易株式会社共同投资兴办,总投资达1.1亿元,注册资本2680万元。经营范围为农副产品、水产品饮品、食品加工及水产养殖等,所生产的切章鱼段、海鳗片、丁香鱼、冻鲅鱼、鱼浆等系列产品热销日本市场。

清禄鞋业有限公司 2010年实现产值17亿元,税收1800万元。公司于2002年9月成立,位于连江经济开发区敖江园区内,有32条配套成型流水线,并通过中国质量认证中心ISO 9001(质量管理体系)和英国BSI国际认证机构ISO 14001(环境管理体系)及OHSAS18001(职业健康与安全管理体系)的认证。专门从事生产世界名牌adidas运动鞋,产品全部出口。

【招商引资】 按照“大项目带动、配套项目跟进、产业集群发展”的招商思路,优先引进环保节能型、科技含量高、投资强度高、项目产出大和产业辐射带动能力强的项目。全年引进签约项目20个,总用地226.73公顷,投资总额约45.38亿元,引进投资超亿元的项目有青岛啤酒、德通金属、神州学人电机、富得巴机械等大项目。在谈线索项目有福安机电园、国际泳装面料、冠城大通、瑜鼎机械等11个,总用地225.33公顷,投资总额约83.95亿元。对42家拟在山岗片区投资办厂的企业,进行实地考察,通过与投资方洽谈评估业主实力、项目效益和建厂意愿等方面,确定后方签约项目。重点引进外资大项目、科技型项目,福泰钢铁公司与福州三山集团合作成功,增资3.5亿元上马技改项目,10月,福泰公司恢复生产,征用13.33公顷用地用于二期技改项目;冠海造船(四期)增资3亿元,扩增16公顷用地,可新增20亿元产值。

【重点项目建设】 全区列入市县“五大战役”项目20个,总投资21.901亿元,累计完成投资6.5亿元,占年度计划的127.45%,其中新开工项目10个,竣工项目6个,前期突破项目4个,列入市“五大战役”项目有青岛啤酒、茶花家居塑料、百洋食品3个项目。主要采取“三个强化”(强化责任管理、强化目标进度、

建设中的连江青岛啤酒公司东南向全景

强化服务协调)推进项目顺利进展,其中世纪电缆、星源机械、百洋食品、威尔生物、中龙金属等项目竣工投产,青岛啤酒、茶花塑料、瑞云食品、震阳电气超额完成年度投资,年底,劳安设备、冠海造船(三期)等项目开工建设。

【土地利用】 农转用组织报批192.17公顷,批复87.61公顷,促进神州学人电机、德通金属容器、富得巴机械等大项目落地动建。开展闲置用地清查,清查出格林生物等23个建筑面积不足和未动建的企业,配合县国土局调查取证,采取有效措施盘活有限的土地资源。加强标准厂房、闲置厂房和倒闭工厂资源的清查,帮助玉丰金属等企业共计2万平方米的厂房进行二次招商。

【基础设施】 投入4039万元用于基础设施建设。重点抓好山岗片区基础设施配套建设,委托省城乡规划研究院对山岗片区的一期控规进行修改,进一步优化山岗片区的规划布局。投资2777万元,平整东湖口、山岗片区约86.67公顷以及水电路网建设(其中山岗片区设计相应合理的台面,完成平整70.2公顷用地);动建2000吨规模供水工程;完成虎山11万伏变电站至山岗片区双杆单回电力线路工程量的70%;完成通园大道水泥路面铺设及国防电缆搬迁管道工程施工。投资1245万元,建设敖江园区小洋片、岱云片、山亭片区间道路、水电等基础配套设施。投资17万元整治琯头园区中央大道周边环境。开展绿色园区创建工作,筹备编制“绿色园区”建设规划,敖江园区环境长效管理和突击整治相结合,纠正30多家店面占道经营行为,有效改善园区环境。

(陈国轩)

金山工业集中区

【概况】 2010年,金山工业集中区航空港工业集中区有56家企业入驻,认购和认租99幢59.5万平方米标准厂房,总投资逾30亿元,其中外资项目5项,总投资2300万美元。至年底,29家企业开始投产,其余27家企业进行厂房装修和厂房移交工作。生物医药和机电产业园已签约投资合同和协议7项,总投资78亿元,其中外资项目4项,总投资53亿元,协议外资3.6亿美元。项目全部达产后预计年产值可达182亿元,年税收可达7亿元。

航空港工业集中区主楼

【引进和签约项目】 航空港工业集中区 引进项目涵盖电子、生物医药、服装、印刷、工艺品、食品、机械、家具8个产业,主要包括台湾超雅食品、福抗药业、健立莱医疗器械、三师电子、台湾大永精机、神州学人机械、德国申舒斯水表、汉青科技环保型数码油墨、意大利意玛服装、美国舞后纺织、民营新华安、永盛、劲盛、锦星、金风帆、明仁纺织、鑫家荣、家艺、达华、开生、杉合木制工艺品等。

福州市生物医药和机电产业园 签约兆元光电LED项目,拟投资30亿元;福顺微电子6英寸芯片、福顺晶圆8英寸芯片项目,总投资10亿元;海寰药业项目,总投资8亿元;欧浦登(日本)光学有限公司带有偏光功能的LED背光源电视超薄深黑面板项目,总投资3亿元;福州迈新生物技术开发有限公司肿瘤病理诊断试剂的产业化项目,总投资1.5亿元;许继集团电器生产设备项目,总投资15亿元;福建金山大道健康产业园项目,分2期投资近10亿元。

【福州市生物医药和机电产业园建设启动】 产业园毗邻大学城、科技城、汽车城,总规划面积12.27平方公里,其中工业用地633.33公顷。引入“BT”模式(先由企业融资建设,政府再完全回购)建设园区基础设施项目,总投资50亿元,由中国建筑股份有限公司实施投资。年内完成41个项目的选址手续,选址面积为477.4公顷。完成安置楼项目的土地报批手续,用地面积为14.33公顷,办理土地报批手续的项目8项,用地面积100公顷。

至年底,完成控制性详细规划、水利规划、产业规划、概念规划、城市设计等规划编制工作。完成1~4号、6号、13号道路的选址,并启动道路勘探和设计工作。安置楼建设用地首期启动约14.27公顷,设计总建筑面积约46万平方米,容积率3.2,建筑密度19.1%,可安置4266户。该项目完成立项、土地预审、可研报告、地灾评估、总评会审、钻探等前期工作。完成交地6.67公顷,可建设6幢楼,面积10万平方米(含地下室),12月30日正式动工建设。

【投资环境建设】 设立专门机构为入区企业实行全程服务,实行一个窗口对外、一条龙服务、一站式办结服务模式。征地建厂的企业可无偿使用工业区办公室一间;可无偿代办各项注册和建设审批手续。同时降低入园门槛,向入区企业提供征地自建厂房、委托代建厂房、购买标准厂房、租赁标准厂房等多种投资方式。园区土地和标准厂房均以开发成本价向生产企业出让。对购买航空港标准厂房的企业由管委会全程代办厂房按揭贷款手续。

(朱　颖)

金山投资区

【概况】 2010年,福州金山投资区工业园区建成面积587.74公顷。其中,金山片100公顷,桔园洲片168.67公顷,浦上片143.07公顷,福湾片176公顷。园区内有企业507家,其中,上市企业3家,拟上市企业3家,规模以上企业218家,亿元以上企业41家;优质企业集聚,中能电气、鸿博印刷、腾新食品、好事达家居、北京同仁堂、星网锐捷公司、联合动力、财茂集团等重点企业形成园区支柱产业。全年,实现税收近7亿元,工业总产值完成218亿元,比增13.54%,其中规模以上工业产值完成206.5亿元,比增14.7%。

【五大战役项目】 列入省、市、区"五大战役"重点项目9项,截至年底,完成固定资产投资7.312亿元。财茂服装城、泰普生物原位杂交与荧光定量PCR系统产业化等重点项目基本建成;全面推进博能特产能扩大、星网锐捷终端、金飞鱼技改、瑞达电子光动能电波钟表基地、联合动力8-20KWATS移动能源、鸿博印刷高档数字化商业票据印刷生产线以及金和生物技改等一批重点项目,其中金飞鱼技改项目总投资6700万元,2010年累计完成固定资产投资3775万元,完成56.34%;鸿博印刷生产线项目总投资3000万元,2010年累计完成固定资产投资2650万元,完成88.33%;联合动力移动电源项目投资5500万元,2010年累计完成固定资产投资4000万元,完成72.73%;金和物生技改项目总投资3500万元,2010年累计完成固定资产投资1850万元,完成52.86%;博能特产能扩大项目总投资700万美元,2010年累计完成固定资产投资273万美元,完成39%。

【投资环境建设】 对现有工业园区产业进行优化布局、提升整合。加强和完善园区管理服务,按片区设点,跟踪服务分辖企业。建立健全政企沟通服务平台,沟通协调各相关部门,对企服务由生产领域向生活领域延伸。

【基础设施建设】 对工业园区内破损水、电供应管网和老化道路有计划、分步骤进行全面维护检修;对污水、雨水管网进行整修配套;开展安全生产专项整治,重点关注园区消防管网与设施的改造与维修,形成金山工业园区消防管网初步改造计划,启动分片改造工作。

(吴燕芳)

鸿博印刷办公大楼

江阴经济开发区

【概况】 江阴经济开发区于2005年经福州市人民政府批准实施,总体规划面积158.6平方公里(含岛南组团、岛北组团、新厝组团和渔溪组团),一期实施开发67.51平方公里,建设用地面积51.65平方公里,重点发展港口运输、物流仓储、医药化工、电力能源、冶金机械等五大产业集群。2010年,累计完成工业总产值64.767亿元,比增3.66%;其中规模以上工业产值累计完成64.371亿元,比增3.33%;上缴税收2.23亿元,比降13.99%;合同外资167万美元,比降69.29%;外资实际到资822万美元,比增197.83%;内资实际到资9.46亿元,比增67.58%;完成固定资产投资38.15亿元,比增10.88%。码头集装箱吞吐量64.67万标箱,比增26.58%。

【招商引资】 签约合同项目10项,总投资123.17亿元,其中,外资项目5项,总投资5400万美元,利用外资(注册资本口径)1934.5万美元,分别是德隆进出口鞋帽加工项目,总投资2500万美元,利用外资1005万美元;两岸直航客轮码头项目,总投资2200万美元,利用外资265万美元;智能家具项目,总投资70万美元,利用外资35.7万美元;宝利特增资项目,增资500万美元;濠锦化纤增资项目,增资1000万港币;内资合同项目5项,项目总投资119.5亿元,分别是中国软包装集团聚丙烯生产项目,总投资90亿元;华美纸业项目,总投资5.5亿元;富源有色金属加工项目,总投资1亿元;8号、9号5万吨级集装箱泊位项目,总投资15亿元;12号5万吨级化工码头项目,总投资8亿元。

重点跟踪宁夏华夏特钢有限公司彩色不锈钢项目、林德集团工业气体项目、三林集团与耀隆化工、国电集团合作项目、大连嘉源高清洁燃料油、18号5万吨级通用泊位、福耀集团浮法玻璃生产线等大型在谈项目。

【重点项目建设】 江阴港区4号、5号泊位 9月10日,在江阴港区4号、5号泊位举行福州港务集团全资子公司——福建江阴国际集装箱码头有限公司开港经营仪式。4号、5号泊位为2个5万吨级集装箱泊位,最大可靠泊15万吨级集装箱船,主要从事集装箱装卸兼营散杂货业务。12月23日,中海集运"新湛江"内贸集装箱船靠泊福建江阴国际集装箱码头,该航次共完成作业量1947标箱,其中中转箱量1111标箱,这是江阴国际码头内贸中转箱业务迈出的第一步,标志福州港正逐步迈向区域性枢纽港。至年底,进出口箱量10839标箱,其中,进口6214标箱,出口4625标箱。

中国化工集团CPP项目 6月,项目完成公司设立,一次性到位一期注册资本金5亿元;7月,专门工作小组进驻福州。年内完成土地招拍挂工作及土地初勘。

中国软包装集团聚丙烯项目 至年底,设立项目公司2家,到资8000万元。9月,完成项目可行性研究、环境评估、安全评估报告编制委托。其中1家项目公司福建中景石化有限公司完成项目可行性研究。

东南电化项目 环境评估报告获环保部审批,项目立项通过国家发改委核准,完成全部报批手续。完成总图布置和TDI装置废酸浓缩设备进口招标,正在实施二期用地53.33公顷软基处理和上层填方覆盖工程,TDI、烧碱及聚氯乙烯、热电联产、输变电等工程招标设计工作同步开展。

耀隆化工项目 7月完成填方工程并验收交付。完成项目可行性研究、备案、征地、安全评估、环境评估和工程初步设计。按EPC(工程总承包)形式委托中化国际招标有限责任公司代理公开招标,区内道路、配电房等辅助性工程开始施工。

疏港高速公路江阴段 12月25日,全长14公里,投资约13.5亿元的渔(溪)平(潭)高速公路江阴段建成通车。该项目于2009年4月1日动工建设。

疏港铁路支线 江阴港铁路支线长约12.22公里,项目总投资22.47亿元,2010年项目完成投资13.6亿元。基本完成线下工程路基填筑部分和港区后方133.33公顷的填海工程。物流货场房建工程进入施工。

【基础设施建设】 港口建设 福建江阴国际集装箱码头有限公司投资的4号、5号泊位开港,该泊位兼具散杂货装卸能力;6号、7号泊位恢复工程建设;10号泊位化工液体码头工程建设水陆并进,陆域形成32.5万平方米(含驳岸2325米),年度完成投资额2亿元。开展8号、9号泊位、11号泊位、15~17号泊位以及14号福州新港客轮码头前期工作。

路网建设 在建道路工程10个,道路总长约7.193千米,总投资约3370万元。至年底,完成建港路(二期)道路工程、福隆路一期道路工程、顺宝路一期道路工程、口岸园区道路工程、顺宝路二期、港前路延伸段、兴林路西段、福隆路二期建设。港前路支路完成半幅路面稳定层。兴林路路面工程完成85%,完成桥梁桩基工程建设,开始桥面空心板梁施工。

环保配套设施建设 4月,江阴工业集中区污水处理厂一期工程各项出水指标基本实现污染物达标排放;10月,分别委托省环境监测站和省湄洲湾环境监测站对污水处理厂厂内及污水排海管道开展验收前监测,12月,上报省环保厅竣工验收。环境监管方面,重点监查污水排放量大、废气排放量大的企业,督促企业安装远程在线监测和视频监控设备,并与各级环保部门联网,年内,区内重污染企业安装污水在线监测设备、废气在线监测设备各3套,视频监控设备5套。投入300多万元,对10条总长约12千米的明沟进行彻底清淤,对明渠进行衬砌,对沟底进行水泥硬化。投入360万元实施园区绿化道路和玉玺山公园绿化工程,种植苗木20万株,绿化面积20平方米。投资750万元实施园区道路路灯工程。

其他重要基础设施配套建设 融侨新港大酒店按五星级标准建设,总投资1.2亿元,5月17日正式营业。江阴工业集中区西片防潮排涝路堤二期工程建设,完成土石方约300万立方米,占总工程量91%,完成投资1.5亿元,11月12日合拢。口岸服务中心大楼基本完工,总投资1.2亿元,12月正式启用。完成闽江调水江阴支线工程控制性工程隧洞开挖任务,启动管道工程施工和洋边调节库的征地拆迁工作。

(许绍松)

上街投资区

【概况】 闽侯上街投资区总规划面积23平方公里,包括福州大学城片区、余盛工业区、马保工业集中区、即海西高新技术产业园上街片区、居民区,其中福州大学城占地面积12平方公里,入住师生近15万人,是投资区主要的园区。投资区有天元茶叶、兰顿塑胶、惠好医药等一批知名企业落户,上街根雕、木雕、骨梳等民间工艺也位于区内。2010年,上街投资区完成财政总收入5.09亿元,其中地税3.81亿元,比增41.4%,国税1.18亿元,比增12.4%;实现工业总产值15.08亿元,比增9.3%,其中规模上工业产值完成10.07亿元,比增18.2%;完成固定资产投资56.78亿元,比增59.9%。完成内资到资20.03亿元,比增245.9%,出口创汇2850万美元,比增24.1%,外资到资581万美元。

【招商引资】 借助"福州地区大学城""海西高新技术产业园"构筑新的发展平台,签订合同内资项目1项,福建鹭燕中宏医药有限公司征地1.25公顷、总投资1.2亿元人民币;协议外资项目1项,福建捷扬房地产开发有限公司外资增资3000万美元;合同外资项目1项,戴姆勒汽车研发中心合同7500万美元。完成新批3家外资企业,分别是:非凡财富(福建)信息技术有限公司800万美元,福建聚全新材料技术有限公司800万美元,福建万能新材料技术有限公司800万美元。年内,协调解决企业在生产经营过程中存在的难题,并举办全区非公企业"创和谐"培训班。

【项目建设】 大学新校区建设 重点协调教师生活区、旗山湖开挖、医大附三医院等动建项目,推进教师生活区、大学生体育场、福大专家公寓及相关高校续建项目用地的房屋拆迁。累计完成交地30.4公顷,拆除房屋237座362户7.61万平方米。海西高新产业园建设,年内完成交地55.95公顷,拆除房屋3.15万平方米。至2010年,有福抗药业、网迅投资、久策投资、山亚科技、星网锐捷总部25家企业以及中科院海西研究院入驻。

安置房建设 在建项目有建平2号(蔗洲)、美岐2号二期、中美2号安置点3个,总建筑面积54.75万平方米,其中建平2号(蔗洲)、美岐2号二期安置点基本竣工。阳光(厚美)安置点建设,总建筑面积1.62万平方米,总投资约3000万元,年内完成交地和招投标工作。庄南安置点建设,占地面积1.88公顷,总建筑面积4.04万平方米,总投资约4000万元,进场施工。完成浦口安置点面积8.5万平方米、686套安置房的回迁工作。

【基础设施建设】 改造道路总长8978米,总投资2.38亿元。工贸路和新上街大道A、B标段、源通路、惠好路、马保路等建成通车。筹建选址在污水处理厂三期用地范围内的垃圾中转站(日处理300吨垃圾)。

(杨启昕)

(编辑 吴 燕)

商贸经济

【概况】 2010年,在政府机构改革中,市贸易发展局更名为市商贸服务业局,并加挂市食品安全工作办公室、市支前办公室牌子。全年,福州市社会消费品零售总额1581.71亿元,同比增长21.3%。批发销售1784.64亿元,同比增长29.2%。限额以上企业实现超常增长,完成759.54亿元,同比增长34.8%。列入统计的食品、饮料、烟酒类、服装鞋帽、针纺织品类、日用品类、中西药品类、汽车类、家用电器等6大类主要商品零售额分别增长19.8%、23.7%、28.6%、30.1%、37.7%和48.2%。国税部门实现商业税收39.48亿元,同比增加33.51%,其中,批发业29.18亿元,同比增加42.60%;零售业10.30亿元,同比增加13.09%。商业增值税入库28.11亿元,同比增加28.64%。

【投资建设】 固定资产投入大幅增长,第三产业全年投资额1024.34亿元,比增40.4%,占城镇项目投资65.62%。有36个商贸项目列入市重点建设项目,总投资537.17亿元,年内计划投资75.65亿元,累计完成96.8亿元,超额27.96%,开竣工项目21个,其中6个项目实现竣工营业或部分营业。列入"五大战役"中的新增长区域发展战役项目海峡农产品批发物流中心,完成投资3.53亿元,超额17.6%完成任务。各类市场建设不断拓展完善,马尾水产品交易中心完成投资3亿元,市场交易区全面建成开业,市场规模比原市场翻一番。9月12日,海峡农产品物流批发中心的蔬菜、果品、家禽、副食品四大批发市场建成开业,市场规模比原市场扩大近两倍。大型城市综合体8个项目,总投资176.5亿元,年度计划完成投资48.8亿元,实际完成78.9亿元,超额61.7%,其中,台江金融街万达广场建成开业。12万平方米的汽车超市及二手车交易市场已封顶,一期总投资预计12亿元,累计完成投资5亿元,有23家汽车销售企业取得4S店建设用地,其中,9家企业开始动建,2家4S店落架开始装修,9家正在办理建设手续。福州(连江)海峡钢贸城项目用地25.8公顷,成功挂牌出让,征地工作基本完成,项目总投资3.2亿元,累计投资5700万元。万村千乡市场工程按时完成省定任务,有100个乡镇275个行政村建设农家店320个,其中:日用品店236个、农资店84个,建设配送中心7个,超出市政府目标120家,完成160%,新增营业面积6.77万平方米,农家店乡镇覆盖率98.65%,行政村覆盖面进一步提高。创建省级社区商业示范点3个,其中,推荐全国社区商业示范点1个,已经通过省评并报商务部。共完成农贸市场升级改造15个,其中,市区12个、县(市)3个。

【管理和发展规划】 市政府批准出台《福州市加快现代物流业发展若干意见(试行)》《福州市关于进一步加强"菜篮子"工程建设的意见》《福州市公物拍卖企业指定与管理若干规定》;原则通过《福州市会展管理办法》《福州市鼓励展会发展专项资金使用管理办法》;《福州市"十二五"现代服务业发展专项规划》《福州市城市商业网点规划2011~2020》《福州市"菜篮子"工程发展规划(2010~2020)》等3个专项规划相继通过专家评审;《成品油零售体系十二五发展规划》完成修编,进入征求意见阶段。

【物流业】 福州市被列为全国流通领域现代物流示范城市。达到国家标准的3A级以上物流企业13家,其中,4A和3A级企业分别比上年增加2家和1家。基本完成东部分拨中心的选址工作,苏宁物流配送中心、海峡西岸国际物流商贸城等一批物流项目动工兴建。落实物流行业的优惠政策,全面实施物流企业的土地使用税按工业企业土地使用税征收及补贴办法,城区四级以上土地按税额8元/每平方米征收,使城区2~4级用地的物流企业可减税4元/平方米~10元/平方米,之后财政再返还2元/平方米,大幅度地减轻企业负担。主办第三届海峡物流论坛,来自海峡两岸物流、港口等领域500余位企业家参会,其中,台湾及海外嘉宾超过70人。论坛就海峡西岸经济区的交通、物流规划和发展及同台湾的产业对接进行讨论,共谋推动两岸物流合作与发展,并以海峡两岸物流中心城市为题参展第二届海峡两岸物流与供应链暨新技术新产品博览会。

【会展业】 共举办各种展会208场,其中,温泉会展中心164场,海峡展馆7场,经贸会展中心37场,全年展馆收入达4832万元,同比增长164%,其中,海峡会展中心3000万元,温泉会展中心1532万元,经贸会展中心300万元。大型会展12场,主要有:2010中国(福州)海西建筑装饰及家居艺术博览会;第十五届、第十六届中国(福州)国际汽车展示;香港时尚购物展·福州;第十二届海峡两岸经贸交易会;第八届福建项目成果交易会;第六届APCE中小企业技术交流暨展览会;中国(福州)首届国际游艇展览会;第六届泛珠三角区域合作与发展论坛暨经贸洽谈会;第五届中国国际(福州)渔业博览会暨第二届海峡(福州)渔业周等。

【餐饮业】 住宿业实现社会消费品零售总额14.49亿元,餐饮业200.64亿元,同比分别增长21.5%和19.0%,一家大型五星级酒店建成开业,早餐工程有所发展,有早餐配送企业7家,经营摊点435个,年营业额达1500万元左右,真味包点食品有限公司和正嘉食品有限公司被商务部选定为"早餐示范工程"项目试点企业,并给予700万元资金支持,建成2000平方米和4500平方米主食加工配送中心各一个,增加20家固定门店。百胜餐饮(福州)有限公司在"5·18"海峡两岸经贸交易会上与商贸服务业局签署未来3年投入3亿元开发连锁新店的协议,其中,3年内在福州市投入9600万元,开设4~5家新店。

【拍卖业】 全市拍卖企业组织各类拍卖活动1174场,比上年增长6.7%,总成交额达111.9亿元,比增136.59%。其中,房地产、土地使用权成交占八成左右,实现利润2139.38万元。全市有23家拍卖企业被指定为公物拍卖企业,其中,15家为全省范围公物拍卖企业,8家为全市范围公物拍卖企业。通过对全市58家拍卖企业、5家分支机构进行核查,全部符合条件。

【典当业】 典当行业经营小幅增长,典当业务4.91万笔,比增1.1%。典当总额10.45亿元,比增5.7%,其中,动产4.70亿元,比增0.7%;房地产4.34亿元,比降6.1%;财产权利1.41亿元,比增138.4%。余额2.78亿元,比增30%。

【副食品商业】 基地生产 全年投入财政专项资金1510万元,其中,副食品直控基地安排资金710万元,蔬菜安排专项资金800万元,2010年完成生猪出栏量55万头,牛1100头,羊1.9万只,肉禽220万羽,产蛋品1500万千克,超额完成市政府部署的目标任务。严格按照省里要求,做好生猪活体储备,城区储备活体生猪3万头,比储备任务量1330吨(折合2.66万头)超额12.8%,并全部落实到市级直控城市副食品生猪基地,确保应急所需。

商品流通 做好市场调控工作,11月初蔬菜销售市场出现波动,及时通过协调批发企业和本土生鲜超市对空心菜等4个大众化蔬菜品种实行企业销售协商价,以及批发市场免收交易管理费等调控措施,有效平抑菜价,一个月监测的11种大众蔬菜价格全面下降,降幅2.65%~59.15%。全年蔬菜批发交易量62.43万吨,与上年持平;生猪全年屠宰批发交易量35.6万头,比上年下降5.4%;家禽全年批发交易量706.5万羽,比上年增长5.4%;蛋品全年批发交易量2.48万吨,比上年增长3.6%。

市场监管 加大食品安全监管力度,紧紧围绕畜牧业产品、种植业产品、水产品、饮用水、加工食品和餐饮业等主要食品的污染开展专项整治和全面治理,全市主要食品安全检测指标全部实现达标。其中:生产和流通环节生猪"瘦肉精"尿样检测合格率99.94%,蔬菜农药残留市场抽检快速检测合格率99.63%;大米黄曲霉毒素指标市场抽检合格率100%;水产品药物残留市场抽检合格率99.67%;二次供水水质抽检合格率100%;豆腐等豆制品卫生市场抽检合格率97.82%;食用油黄曲霉素B1、过氧化值、酸价市场抽检合格率100%;肉蛋乳制品卫生指标市场抽检合格率99.44%;罐头、饮料、糕点、酒类卫生指标检测合格率98.29%。市食品安全监管部门组织联合执法3.25万次,查处案件1455起,涉案金额607万元。大力实施"放心肉"工程建设,完成"12312"、牲畜屠宰监管技术支撑和肉品质量安全信息可追溯系统等"三合一"系统建设,其中,牲畜屠宰监管技术支撑系统完成市、县两级经贸部门和6家规模以上企业定点屠宰场建设,确定肉品质量安全信息可追溯系统建设实施方案。成立福州市商务综合行政执法试点工作领导小组和商务综合行政执法支队,建立13个县(市)区12312工作站,建立全市统一接收、按区县自动分流的24小时服务的系统。全年接收举报投诉咨询电话686件,办结率、回复率均达到100%。在商务部组织的全国44个试点单位商务综合行政执法试点第二次考核检查评比中,福州市名列第六名。

【家电产品下乡】 继续实施家电产品下乡、家电汽车"以旧换新"政策,其中,各类家电下乡销售36.14万台,销售金额7.78亿元,分别比上年增长139%和152%,财政发放补贴0.91亿元(34.76万台),比上年增长170%;家电"以旧换新"销售新家电63.42万台,总销售额23.65亿元,回收旧家电67.81万台,分别比上年增长8.05倍、7.7倍和7.1倍。拆解旧电器37.51万台,财政发放补贴1.67亿元;汽车全年以旧换新3285辆,比增766.75%,购新车4.39亿元,财政补贴5145.6万元。二手车交易4.89万辆,同比增长2.01%,金额28.5亿元,同比增长20.66%。

(刘必华)

粮油贸易

【概况】 2010年,福州市完成粮食订单收购2925吨,其中市本级储备订单粮食1000吨,福清市1039吨,闽清县850吨,琅岐36吨:签订省内外粮食产销合同118万吨。鼓励主产区实力强企业进入粮食批发市场,提高市场供应能力。全年市场交易量220万吨,日周转库存大米1万吨以上,市场供应充足,粮情稳定。

"放心粮店"

产6家。

实施粮食批发市场扩建工程,新建油脂批发中心、杂粮批发中心。年内,两批发中心及配套服务中心建设项目均可进入施工阶段。

【国有粮食产业建设】 推荐符合条件的粮食企业参加产业化龙头企业、省名牌产品评选。市米业公司、面粉公司、元成豆业、上瑞集团等19家企业被评为中国农业发展银行、国家粮食局重点支持的粮油产业化龙头企业。首次正式引进台湾大米300吨参加"5·18"海峡两岸经贸交易会展销。市粮食局下属企业市禾盈公司充分利用资产优势,先后新开10家专营中高端粮油食品连锁店,采用"统一采购、统一配送、统一标志、统一营销、统一价格、统一核算"的"六统一"管理模式,恢复国有粮店直营,创建"放心粮店",累计营业额100万元。

【粮食订单收购】 继续执行国家的种粮直补、粮种补贴、保护价收购等扶持农业生产的各项政策。对储备订单收购的粮食,在市场收购价的基础上,按省定标准,给予每50公斤10元的直接补贴。全年完成粮食订单收购2925吨。其中,市本级储备订单粮食1000吨,福清市1039吨,闽清县850吨,琅岐36吨。

【产销协作】 组织粮食企业参加省内外粮食产销协作洽谈会,签订产销合同118万吨。引导粮食企业多渠道采购粮食,获准参加国家临时存储粮定向竞价销售的5家企业共竞买9.27万吨东北粳米,并按规定价格投放市场,保证市场供应和价格稳定。组织粮食企业从东北三省调粮,申请入关运费补贴的东北粳稻(大米)数量5.70万吨。鼓励主产区实力强企业进入粮食批发市场,全年市场交易量达220万吨,日周转库存大米1万吨以上。

【粮食收购管理】 开展粮食收购许可证年审工作,11月,福州市粮食局组织人员对全市粮食经营者的收购资格进行全面核查,禁止非法从事粮食收购;对取得但不再符合或不履行国家规定的各项义务的,视情况暂停或取消其收购资格;对取得收购资格的企业跨地区直接从事或委托收购业务的,要求收购企业必须到所在地的县级粮食行政部门和工商部门备案。至2010年,全市收购资格有效的经营者107家(法人单位91家,个体工商户16家),其中,新增6家、注销7家、变更1家。

(胡艳霞)

历时11天开展全国粮食库存检查、春季粮油安全大普查的自查自纠及交叉检查,福州市粮油储备数量账实相符、粮情稳定、储粮制度落实。

【粮食安全体系建设】 在福州粮食批发交易市场、食用油脂批发市场、骨干加工企业以及市区15家大型超市设立粮油市场信息监测点,根据市场价格波动情况,实行周报、日报制度,建立健全粮食行业信息数据库,全面收集全市粮食供需情况、行业状况、生产供应能力等方面数据,为宏观调控提供可靠依据。探索建立与周边地区的粮食安全应急协作机制,与温州市粮食局签订《共建粮食安全保障体系合作协议书》。

【现代粮食流通产业建设】 做好福州海峡(松下港)粮食产业集群暨物流园区发展规划,扶持、引导推进松下港区资源整合、产业集聚,促进形成东南沿海重要的粮食集散加工基地。全力推进市面粉公司整体搬迁入驻松下港粮食物流园区,完成5000万元投资建设任务。至2010年底入驻各类粮油企业10家,投

烟　草

【概况】 2010年,福州市烟草系统卷烟销售27.37万箱,比增1.03万箱,增幅3.92%;实现税利总额12.23亿元,同比增长13.60%。投入终端建设资金约500万元,重点打造"千家形象店",为零售客户配发卷烟柜台2000余个、终端设备1500套、信息窗1000个、灯箱3000余个,经营指导手册1万余份。发挥GPS系统对车辆运行监控和安全管理的作用,优化送货线路,作业量同比增加4.68%,调度车次同比减少23.73%,送货油耗同比降低10.35%。

全年查办各类违法经营卷烟案件2386起,查获涉案卷烟1451件,其中假烟803件,乱渠道烟409件,走私烟239件。移送大要案30起,破获国标违规卷烟网络案件4起,市标网络案件5起,刑拘犯罪嫌疑人49人,批捕26人,网上追逃2人,判刑40人。

【销售网络建设】 调整品牌布局整合7个非重点骨干品牌,计21个规格;新增引进1个知名品牌,1个规格。全国销量排名前15名的(1~3类卷烟)品牌比重54.27%,同比提高4.24个百

分点;全国销售额排名前15名的品牌比重82.35%,同比提高2.41个百分点。重视低焦产品销售,焦油含量8毫克的七匹狼(蓝)销量突破1.6万箱,同比增长65%。提高知名品牌上柜覆盖率,七匹狼(软灰)从年初的40%提高至11月底的71%。

调整营销策略 8月起,从零售价290元/条以上品牌入手,试运行自动策略货源投放系统。客户经营效益不断增加,三季度末全市零售客户户均盈利1753元,比增4.2%,综合毛利率同比提高2个百分点。

加强客户细分 实施“百千万工程”(发展“一百家核心客户”,主攻300元以上高端品牌;培育“三千家紧密型客户”,主攻100元~200元品牌;打造“三万家普通客户”,主攻一般品牌培育)以“保星提星”“提升盈利”为重点,加强客户分层培训,不断提升客户星级。全市三星级以上客户占86.7%,较年初提高20个百分点。

建设电子商务 全面推进后台扣款。推动贷记卡扣款。稳步推广POS终端销售,POS销售客户1300户,占客户总数5.1%,销量比重为8.7%。推进网上订货,网上订货率75%以上。试点推行自动网配,将POS销售客户作为目标客户,通过既定公式由系统自动计算配货量,初步构建起以电子商务为支撑的批零统一经营平台、资金流转平台,创新和发展新型卷烟营销网络。

革新营销模式 在罗源、永泰和平潭3个分公司试点推行副经理直管模式,实现管理层工作重心下移,副经理靠前指挥,提高终端服务的及时性。设置市场经理、品牌经理、信息分析员、客户经理等岗位,推行前后台专业分工,提高终端服务的专业性和有效性。

【烟草专卖监管】 重点整治“五大市场” 针对“福州火车站市场、台江批发市场、海峡批发市场、福清龙田市场、长乐金峰市场”等五大卷烟市场存在违法违规现象,采取宣传先行、营造氛围,教育为主、打击为辅,专销联手、社区共建等综合治理措施。

全面推进市场整治 以“五大市场”整治为中心,全面开展全市卷烟市场治理工作。全年查办各类违法经营卷烟案件2386起,查获涉案卷烟1451件,其中假烟803件,乱渠道烟409件,走私烟239件。移送大要案30起,破获国标违规卷烟网络案件4起,市标网络案件5起,刑拘犯罪嫌疑人49人,批捕26人,网上追逃2人,判刑40人。

完善“四个体系” 将“四个体系”(市场监管指标体系,专卖终端管理体系,案件查处监控体系,专卖管理绩效考核评价体系)与ISO 9000质量管理体系对接,逐步实现“四个体系”流程固化、深入运行。“四个体系”平潭现场推进会的召开,进一步促进内容细化、程序优化、流程固化、表格简化、考核量化、责任强化,实现指标可测量,运行可跟踪,过程可监控,效果可评价。

提高重点市场持证率 加强对新兴住宅区、新兴工业园区、特营场所、大户下线户等区域市场的证件办理,进一步提高福州城区、福清、长乐等重点市场的持证率,全市新增办证户4179户,零售客户总数2.82万户,较年初提高7.8%。以平潭城关专管所建设为试点,从硬件和软件的更新升级着手,逐步推进标杆所建设。

9月16日,福建省卷烟零售终端建设暨电子商务课题推进会在福州召开。

完善内部监管 全力解决管理所内管职能缺位问题,实现“重心下移”“关口前移”。管理所围绕定量审查、预警核查、策略访查、走访检查等“四查”工作进行监管,并抓准重点时节、重点项目、重点部门,对集团客户及优质商超、促销活动、代送代收户、物流送货4个关键节点组织专项检查,确保内管机制顺畅运行。

【完善企业管理机制】 开展各层次、各岗位、各类型的员工培训22场(次)、8600人次。采取公开竞聘的方式,公平、公开、公正选拔人才。统筹抓各类各层次队伍建设,进一步构建人才梯队。至2010年,全系统从业人员1188人,其中大专以上学历636人,持各级职业资格证书512人。

(林思桃)

石 油

【概况】 2010年,福州成品油市场经历资源从过剩到供不应求,从买方到卖方快速转变的过程。中石化森美福州分公司顺应市场变化,转变观念,在巩固加油站枪出加油的基础上,完善小额配送、库出小额配送等营销手段,提升客户满意度,确保福州成品油市场的稳定供应。同时,进一步强化加油站油品数量质量相关管理制度的落实,重点加强油品进、销、存3个环节的监管力度,确保足量付油、质量100%合格。

【市场成品油供应】 10月,成品油资源供应发生变化,福州地区受周边省份成品油供应紧张的影响,出现供不应求的局面。中石化森美福州分公司作为福州成品油市场最主要的供应方,担负起市场保供的重责。通过多方组织油源,合理调配资源,确保政府机关、企事业单位、市政重点工程项目以及社会车辆的用油。

【业务拓展】 公司紧跟福州城市规

划，在三环路新建2座加油站，收购3个农村网点，进一步延伸服务范围，完善网点覆盖面。加油站建设推广一站一设计、一站一精品的形象改造。完成20座加油站的形象改造工作，全市有高标准、新设计、新形象的加油站77座。

在稳固加油站枪出加油外，进一步拓宽经营思路，实行“走出去”策略，开展小额配送及库出小额配送业务。年内，配备10部行驶安全、服务高效、计量精确的小油罐车，专门为客户提供送货上门服务。同时，在回馈客户方面，在分公司各个发卡充值网点开展IC卡充值送保险和送读卡器、移动积分兑换加油卡等多项活动。探索开发非油品服务项目，力图为客户打造“一站式”消费服务。至2010年，开业56家便利店，商品销售涵盖日用品、彩票、餐饮、汽服等多种领域。便利店经营管理遵循因地制宜，量体裁衣的策略。根据便利店所处位置，细分城市、国省道和农村等不同类型市场：城市便利店开展功能完备的非油品业务；国省道便利店重视柴油车与长途车的需求；农村便利店主要突出农资产品的销售，尽可能满足客户的需求。

“一站式”消费服务

【规范化管理】 3月起，分公司在全区开展“比学赶帮超”活动，收集并汇总各类加油站经营管理方面的先进经验，印制《加油站先进经验交流材料》，选拔优秀员工组建宣讲团，在全区巡讲加油站先进管理经验。坚持开展“加强加油现场干净整洁”“加强加油现场及卫生间干净整洁”“清理、排查站内外杂乱的标牌、广告等”“精神风貌建设”“文明用语及服务态度”“安全来自长期的警惕，意外源于片刻的松懈”等为主题的规范化管理主题活动，提高加油站服务水平。

5月，“标准化一体运营管理平台”成功上线，历时近3年的标准化工作取得阶段性成果，形成完善的“3+1”企业标准体系，基本实现管理制度化，制度表单化，表单流程化，流程信息化的目标。

【安全管理】 重点加强现场管理、现场车辆疏导，杜绝顾客自行提枪加油、站内乱停车、车辆不熄火加油等不安全现象。开展“安全生产月”活动、安全生产大检查、国庆安全保卫和“百日安全无事故”竞赛活动。举办2010年加油站领班安全生产培训班，站长、领班安监取证培训、计量员培训、HSE管理系统培训、电工证培训和消防取证培训等多期培训班，重点加强员工的安全教育、安全隐患排查治理、直接作业环节管理、交通安全管理、安全保卫工作。组织员工开展灭火实战演练，落实防恐、防台、防洪、防山体滑坡、防火、防汽车自燃等应急预案。全年加油站扑灭汽车自燃火险22起，有86名员工受到奖励。年末，经过上级验收，中石化森美福州分公司HSE评级达3.0级。

（陈俊忠）

供销合作

【概况】 2010年，福州市供销系统销售总额29.67亿元，同比增长21.46%。其中，售给农民的农业生产资料总额3.68亿元，同比增长10.48%；消费品零售13.41亿元，同比增长22.87%；农副产品购进9.96亿元，同比增长25.5%；利润汇总实现盈利466.3万元，同比增幅13.06%；上缴税费总额2218.9万元，同比增长24.8%。至2010年底，全系统资产总额6.3亿元，所有者权益2.8亿元，同比增长3.7%。

【体制机制改革】 出台《福州市供销社关于深化直属企业体制机制改革实施方案》《福州市供销社关于深化直属企业劳动人事制度改革的实施方案》和《福州市供销社直属企业劳动人事管理暂行办法》，引导和推动直属企业新一轮深化改革的工作。12月底，直属系统完成对实行全员改制分流的企业领导班子实行聘任制，对所有直属企业劳动用工实行合同制，完成企业体制机制的进一步转换过渡。

【烟花爆竹安全经营】 坚持“保安全、保供应”的原则，在福州城区烟花爆竹零售点采用全新帐篷式销售。春节期间，设置零售点1243个，其中，临时帐篷310个，销售烟花爆竹11.2万件，金额2322万元。

【农资储备供应】 各级社、农资公司在保障农资储备、确保供应的基础上，深入研究市场，掌握市场动态，备足货源，稳定价格。春耕前，全系统储备各类化肥9.427亿标吨，超额完成市发改委下达2009～2010年度冬储计划任务的4.7%。春耕期间，主动开展农资供应便民服务，长乐、闽侯、连江、罗源、闽清等县（市）供销社增设临时供应网点，延长营业时间，坚持早开门、晚关门，实行预约登记，上门服务，送肥送药到田间地头、农户家中，接受农民科技咨询，指导农民科学用肥、合理用药。

【"新网工程"建设】 争取"新农村现代流通服务网络工程"专项资金273万元,安排补助8个项目。新建成农资连锁配送中心2个,累计12个;培育发展消费品连锁经营企业(配送中心)1个,累计8个;改造建设农产品批发交易市场2个,累计8个;改造建设再生资源交易市场(分拣中心)3个,累计9个;建设烟花爆竹配送中心1个,累计11个;建设农资连锁经营网点301个,累计763个;建设日用消费品连锁经营网点252个,累计675个。

【项目建设】 参与入股海峡农产品批发市场,进行果品市场搬迁工作。农产品批发市场之一的新果品市场占地10.23公顷,建筑面积4.33万平方米,市场摊位140间。推进再生资源回收体系建设,完成67个中转站的建设,有200个中转站在建设中,配套的"在线收废"网站建成并开通使用。1.93公顷的福州废金属分拣中心一期基本建成,二期4公顷的鼓山镇园中部分在建设中,改造升级的再生资源集散交易市场(城门樟岚)、废纸打包车间厂房、废钢铁分类挑选车间厂房建成。

福清市光阳蛋业和福清市富强畜牧加入供销社后,通过供销社申报国家农业产业化重点龙头企业,光阳蛋业获"2009年中国驰名商标",得到市政府百万重奖,富强畜牧通过供销社申请再投资130万元扩建升级绿色生猪基地。平潭县供销社与社会能人合作创办平原联合信家超市,面积3000平方米,总投资310万元,年创利36万元。

【农村维修服务体系建设】 闽侯县投资130万元建成292.8平方米的农村社区综合维修服务中心,设立农业机械、家用电器、沼气、太阳能用具、摩托车、电动自行车、电脑、手机等维修服务部和业务培训中心,建成5个维修服务站、4个村级服务站。长乐市投资92.21万元建成230平方米的农村社区综合维修服务中心,技术力量依托长乐市大众服务公司,维修设备完整,服务项目全面。建立金峰等6个乡镇维修服务站、6个村级服务站。福清市再投入32.5万元,对维修服务体系进行整合提升。至2010年,拥有1个服务中心、6个服务站、37个维修服务部、12个维修联系点。年内维修装配农机具3458件、摩托车6690辆、家电4.83万件、沼能灶具1094件、电脑5142台,接受咨询服务8022人次。

【农村合作经济组织建设】 全系统新发展各类专业合作社10个,总数81个,专业协会3个,总数40个,为社员、会员推销农产品金额0.92亿元,为社员、会员增收890万元,带动周边农户5785户,建立农产品基地340公顷,与超市对接4家。全系统新建和改造村级综合服务社205个,总数1187个,建设农村社区综合服务中心8个。全年发布各类农产品单条信息3318条,接受各种咨询4145人次,信息网络促进商品成交8.6亿元。福清市上迳供销社与土产日杂公司领办成立齐翔农产品农民专业合作社,注册资金33万元,经营蔬菜、水果、农作物种植,租地10公顷。永泰葛岭供销社与村民共同组建绿园李梅专业合作社,为社员提供生产资料、李梅加工、运输、贮藏、信息等服务,在供销社帮助下,专业社业务已进入超市和果品市场。

(戴　新)

(编辑　陈子明)

对外及港澳台经济贸易

利用外资及港澳台资

【概况】 2010年，新批准外商及港澳台商投资企业186家（项），按验资口径，合同外资及港澳台资16.73亿美元，同比增长36.05%；全年实际到资11.85亿美元，同比增长14.82%，增幅比全省（1.14%）高13.68个百分点。其中，引进港澳投资项目72项，合同港澳资10.44亿美元，实际利用港澳资8.21亿美元；新批台湾省直接投资项目57项（不含第三地），新批合同台资1.47亿美元，占全市新批合同外资及港澳台资总额的8.79%，行业主要分布在制造业、批发零售业。新批总投资千万美元以上项目52项，合同外资及港澳台资9.97亿美元，占全年合同外资及港澳台资总额的59.61%。有103家外商及港澳台商投资企业投产开业。外商及港澳台商投资企业出口81.31亿美元，同比增长21.20%，占全市出口总额的49.84%。

至2010年，全市累计批准外商及港澳台商投资企业9238家，在业投产的外商及港澳台商投资企业2523家。有86家世界500强企业在榕投资设厂或设立办事处。

【外商及港澳台商投资项目】 外商及港澳台商直接投资的186项中，农、林、牧、渔业9项，金额9022万美元；制造业46项，8.72亿美元；电力、燃气及水的生产和供应业2项，8336万美元；建筑业1项，－119万美元；交通运输、仓储和邮政业4项，4406万美元；信息传输、计算机服务和软件业7项，7571万美元；批发和零售业72项，2.7亿美元；住宿和餐饮业10项，3271万美元；房地产业3项，5326万美元；租赁和商务服务业23项，7349万美元；科学研究、技术服务和地质勘察3项，1834万美元；水利、环境和公共设施管理业3项，5992万美元；居民和其他服务2项，25万美元；文化、体育和娱乐业1项，39万美元。主要来自中国香港、台湾省，新加坡、韩国、日本、西班牙、澳大利亚、新西兰、印尼、马来西亚、美国、加拿大、萨摩亚、百慕大、开曼群岛、英属维尔京群岛、毛里求斯、塞舌尔等23个国家和地区。其中香港10.44亿美元；台湾省1.47亿美元；英属维尔京群岛9659万美元；开曼群岛6197万美元；百慕大5635万美元；萨摩亚5486万美元。

【首届“中国（香港）国际服务贸易洽谈会”】 4月29日，由商务部与香港贸易发展局共同主办的“中国（香港）国际服务贸易洽谈会（2010福建分会）”在福州召开。这是中国（香港）国际服务贸易洽谈会自2007年举办以来，首次在内地城市举办。福州市作为承办单位开展各项筹备工作，市外经贸局精心组织130多家企业出席“两地服务业携手推动内地企业走出去”主题论坛，40多家企业分别参加“金融及专业服务合作”“基建和地产服务合作圆桌会议”和“物

台商林茂盛农场喜获丰收。 （罗源县政府办供）

流业合作"等分论坛。福州企业代表就两地如何充分发挥各自优势，促进榕港企业深入合作和共同开拓海外市场等议题与香港企业代表进行探讨。

【服务贸易】 福州市发展批发零售及商贸服务、动漫创意、服务外包等服务贸易产业，外商及港澳台商投资服务业的比重大幅上升，尤其是一些重要领域取得突破。台湾金融业、能源进出口，海峡汇富产业投资基金，世界500强企业星巴克等都落户福州。全年服务贸易领域(不含房地产)合同外资及港澳台资5.37亿美元，占合同外资及港澳台资额的32.04%。

【重大项目升级转化】 把3000万美元以上外资及港澳台资项目和5亿元以上的重大内资项目列入《福州市重大协调推进项目》。全年跟踪重大协调推进的内、外资及港澳台资项目145项，重大招商外资及港澳台资项目获批26项，内资投资5亿美元以上的内资项目注册21项。

【赴台招商】 5月，福州市赴台举办大型招商推介活动，成功洽谈并签约台资项目99项，总投资额达63.99亿美元。其中重大利用台资项目有：8英寸IC项目、鼎元光电LED项目。和硕笔记本电脑项目、江阴港海峡快捷客运项目、清禄区域总部和研发中心项目、大润发商业购物中心项目。

【"海交会"和"投洽会"】 第十二届海峡两岸经贸交易会福州市签约外资及港澳台资项目183项，利用外资及港澳台资26.73亿美元。与上届相比，合同外资及港澳台资同比增长63.67%，千万美元以上合同项目利用外资及港澳台资同比增长84.20%。

第十四届厦门投资贸易洽谈会福州市签约外资及港澳台资项目148项，利用外资及港澳台资24.93亿美元，与上届相比，该届签约项目利用外资及港澳台资额超过4.7亿美元，为历届最高。

经济技术合作

【概况】 2010年，福州市新批对外投资的企业(含境外机构)40家。协议投资总额1.929亿美元，其中中方协议投资额1.543亿美元，分别比上年增长71.4%和74.88%。至2010年，全市经核准设立的对外投资企业(含境外机构)176家。在台湾省设立企业9家，协议投资总额1.24亿美元，其中大陆投资额6069.05万美元。年内，新签对外及港澳台劳务合作合同392份，合同金额5723.22万美元。

【劳务输出】 外派劳务人员1794人次，期末在外人数为3271人。派出对台渔工25批次596人。主要派往中国台湾、澳门、香港，新加坡、韩国、日本、印度尼西亚、马来西亚、菲律宾、新加坡、蒙古、印度、越南、柬埔寨、以色列、缅甸、泰国、孟加拉、文莱、塞浦路斯、新西兰、澳大利亚、美国、加拿大、古巴、巴哈马、哥伦比亚、俄罗斯、乌兹别克斯坦、哈萨克斯坦、罗马尼亚、德国、法国、英国、意大利、荷兰、西班牙、南非、阿尔及利亚、埃及、赞比亚、莫桑比克、毛里坦尼亚、几内亚、埃塞俄比亚、苏丹、加纳、尼日利亚等国家和地区。从事渔工、海员、建筑、制衣、机械、针织、电子、餐饮等业务。

对外及港澳台贸易

【概况】 2010年，进出口总额246亿美元，比上年增长37.81%。出口总额163.14亿美元，增长35.82%，占福州市GDP的34.99%(按1美元=6.58元人民币换算)，占全省出口总值的22.81%；12月单月出口19.78亿美元，创福州市单月出口最高纪录；出口商品销往206个国家和地区。进口总额82.85亿美元，增长41.89%；进口商品来自110个国家和地区。

在进出口总额中，对台进出口总额20.23亿美元，同比增长34.42%，其中出口4.25亿美元，同比增长32.66%，占全市出口比重2.60%；进口15.98亿美元，同比增长34.89%，占全市进口比重19.2%。港澳进出口总额9.62亿美元，同比增长50.73%，其中出口9.03亿美元，同比增长46.11%；进口0.59亿美元，同比增长191.4%。

福州市冠捷电子(福建)有限公司、福建华冠光电有限公司、福建华映显示科技有限公司、福建华闽进出口有限公司、中国(福建)对外贸易中心集团5家企业列入2009年中国对外贸易500强企业，分别为第53位、253位、322位、401位和430位。

【成立外贸出口基地商会】 在省级15个出口基地建设中，福州市承担筹备成立福建省船舶出口基地商会、福建省家具及装饰品出口基地商会、福建省电子信息产品出口基地商会。并分别于8月20日、9月17日、9月29日挂牌成立。充分运用商会的力量，构筑电子信息、船舶建造、家具及装饰品三大产业统一对外及港澳台的招商信息网络，推进外贸出口工作。

【人民币跨境结汇试点】 上半年，福州市被商务部定为人民币跨境结汇试点城市。为使人民币跨境结汇真正惠及每一家外贸企业，福州市组织企业参加省外经贸厅以及金融系统的培训，并组织企业申报，有1508家外贸企业通过审核推荐上报，数量居全省第一。

表15　**2010年福州市出口额3000万美元以上商品情况**　单位：亿美元、%

金额分类	商品名称	出口金额	占出口总额比重
10亿美元以上(3种)	液晶显示器，各类鞋靴、服装	48.98	30.02

续表 15

金额分类	商品名称	出口金额	占出口总额比重
1 亿美元以上（18 种）	制作或保藏的鳗、箱包、纺织品，彩色电视接收机、液晶显示板、彩色电视零件、其他彩色监视器，电子节能灯，车用安全玻璃、内燃机发电机组、金属雕塑像及饰品、车用布线组、机动集装箱船≤6000 箱、拖轮及顶推船、载重不超过 15 万吨的机动散装船、其他木家具等	47.38	29.04
5000 万~1 亿美元（23 种）	干香菇、尿素，塑料制餐具及厨房用具、塑料制小雕塑品及其他装饰品，瓷制塑像及其他装饰品，家用器具及零件，压燃式内燃机发电机组，彩色投影机，集成电路，车身零件及附件，电动的挂钟，其他金属家具，电灯及照明装置，非电气的灯具及照明装置，玩具等	15.19	9.31
3000 万~5000 万美元（28 种）	冻对虾仁，小虾及对虾，软体动物及水生无脊椎动物、其他硅，头孢三嗪及其盐酸化合物、小塑料制品、木制小雕像及装饰品、黄金制首饰及其零件、钢铁制品、非合金铝矩形板、片，其他点燃式活塞内燃发动机的零件，柴油机的零件，微型自动数据处理机，手持式无线电话机的零件，液晶显示器彩色模拟电视接收机，灯座，其他摩托车零件、附件，灯船、消防船、起重船等不以航行为主的船舶，光学元件，电动的闹钟，金属框架坐具，卧室用木家具，厨房用木家具等	10.36	6.35
合计	72 种	121.91	74.72

表 16

2010 年福州市主要出口市场情况

单位：万美元、%

国别（地区）	出口金额	占出口总额比重
欧　盟	318630	19.53
美　国	345777	21.19
东　盟	193479	11.86
日　本	147136	9.02
中国香港	89947	5.51
墨西哥	20806	1.28
加拿大	28949	1.77
中国台湾省	42468	2.60
印　度	35134	2.15
巴　西	28574	1.75
澳大利亚	24923	1.53
韩　国	23092	1.42
阿联酋	23243	1.42
南　非	14135	0.87
波　兰	13019	0.80
土耳其	17023	1.04
俄罗斯	17729	1.09
巴拿马	20843	1.28
智　利	14915	0.91

续表 16

国别(地区)	出口金额	占出口总额比重
尼日利亚	10713	0.66
沙特阿拉伯	10244	0.63
伊　朗	10237	0.63
合　计	1451016	88.94

表 17　**2010 年福州市进口额 3000 万美元以上商品情况**　单位:亿美元、%

金额分类	商品名称	进口金额	占进口总额比重
10 亿美元以上(1 种)	液晶显示板	17.88	21.58
1 亿美元以上(10 种)	黄大豆,饲料用鱼粉,聚酰胺切片,用锯或其他方法切割成矩形的大理石及石灰华,乙烯聚合物的废碎料及下脚料,铬铁,3000≥排量>1000ml 车用往复式活塞发动机,处理器及控制器	21.67	26.16
5000 万~1 亿美元(12 种)	棕榈液油、无烟煤、镍矿砂及其精矿,其他芳烃混合物,甲醇,1,2-乙二醇,改性的丙烯腈-丁二烯-苯乙烯共聚物、纵锯切刨或旋切白松,冷轧铁或非合金钢卷材、厚<0.3mm,车身(包括驾驶室)的未列名零件、附件,载重量不超过 15 万吨的机动散货船,单项记录价值≤￥2,000 非税、证进口商品等	7.74	9.35
3000 万~5000 万美元(22 种)	其他煤,石油沥青,其他芳香多元羧酸及其酸酐等及其衍生物,三乙醇胺,初级形状的聚丙烯,供运输或包装货物用的塑料盒、箱及类似品,粒面剖层革(整张革除外),辐射松原木,含铝量低于 99.95% 未锻轧非合金铝,船舶用柴油机,自动络筒机,船用推进器及桨叶,耗散功率 1 瓦及以上的晶体管,彩色电视机零件(除等离子显像组件及零件),小轿车用自动换挡变速箱及其零件等	7.90	9.54
合计	45 种	55.19	66.63

表 18　**2010 年福州市主要进口市场情况**　单位:万美元、%

国别(地区)	进口金额	占进口总额比重
中国台湾省	159816	19.29
韩　国	157514	19.01
日　本	95468	11.52
东　盟	78810	9.51
欧　盟	92895	11.21
美　国	61425	7.41
智　利	10201	1.23
南　非	17991	2.17
阿根廷	24982	3.02
合　计	699102	84.37

(谷　兆)

(编辑　陈子明)

银行业

中国人民银行福州中心支行

【概况】 2010年，中心支行根据福建省提出的实现海西跨越发展的目标和任务，对重点项目建设、新增长区域发展、城市建设、小城镇改革发展、民生工程等“五大战役”的实施，提出30条措施意见，着重协调解决金融资源有效配置问题。联合金融监管部门及省政府相关部门，制定《2010年金融服务海西建设工作要点》，从融通信贷资金、创新金融服务、扩大直接融资、拓展保险功能、促进闽台金融合作等6个方面，提出26条措施意见，并以任务分解的形式明确责任部门。

强化信贷“窗口指导”，引导金融机构做好辖内14项调整和振兴产业以及重点转型升级项目的配套资金供应；联合省经贸委、发改委、财政厅等部门制定《关于加大对循环经济发展的投融资政策支持的意见》，引导金融机构加大对“减量化、再利用、资源化”等循环经济项目的信贷支持力度；发布辖内淘汰落后产能计划表并适时进行风险提示，有序压缩和收回对落后产能的授信。

支持省内十大重点文化产业发展，提高旅游产业融资效率，培育内需新增长点；推动海域使用权抵押贷款等涉海信贷产品创新，支持辖内开发海洋经济；深化林业金融创新，引导金融机构开办茶园资产抵押贷款业务，年末辖内林权抵押贷款余额占全国的1/3；在辖内推广专利权质押贷款，拓宽科技型中小企业融资渠道；制定融资性担保业务监管制度，重启融资性担保公司设立登记，完善中小企业信用担保体系。

做好保障和改善民生金融服务，引导银行业落实差别化房地产信贷政策，加大对符合条件的普通商品住房和保障性住房建设的信贷支持力度；扩大促就业小额担保贷款业务规模，部分贴息资金被列入中央财政预算，当年辖内发放各类促就业小额贷款相当于2003～2009年历年发放贷款的总和；在辖内推广生源地信用助学贷款，构建助学贷款发展长效机制。

推进人民币跨境业务，支持稳定外需，与省外经贸厅共同成立跨部门协调小组，联合拟定辖内人民币跨境结算业务点面结合的宣传方案，试点货物贸易出口企业推荐原则和试点操作指引等一系列文件，推动辖内跨境贸易人民币结算试点的实施。

【服务海西建设】 搭建项目融资对接平台，组织布设第八届中国·海峡项目成果交易会金融服务馆，促成9家融资机构与48家企业签订战略合作及融资协议，意向融资总金额124.6亿元。推介企业发行债务融资工具，辖内企业发行债

6月18～20日，由中国人民银行福州中心支行与福建银监局、福建证监局、福建保监局联合举办的第八届中国·海峡项目成果交易会金融服务馆，在福州海峡国际会展中心成功举办。

务融资工具进展迅速,发行企业数、发行期数和发行金额均大幅增长,发行结构渐趋合理。加快对台金融合作先行先试,争取并促成国家外汇管理局批准,将辖内新台币兑换业务试点银行机构,扩大至交通银行、兴业银行、厦门银行及其签约代兑机构;推动台资金融机构入闽设立机构取得新进展,台湾富邦金控旗下富邦银行(香港)股份有限公司参股的厦门银行开设福州分行,由厦门建发与台湾人寿合资设立的君龙人寿保险有限公司在福州市设立首家省级分公司,台资的国泰财产保险有限责任公司福建分公司获准在福州市开业,至此全国5家台资保险公司有3家在福州落户;拓展闽台金融新的合作方式,促成首家海峡两岸合资的产业投资基金管理公司——海峡汇富产业投资基金管理有限公司正式落户福州,基金总体规模200亿元,首期募集50亿元,主要投向海峡西岸经济区重大基础设施项目、优势产业项目、高成长企业以及闽台产业对接项目。

【维护金融体系稳定】 持续开展具有地方特色的涉外企业风险、“三农”金融服务、金融理财产品、担保公司、典当业等8个项目定点监测;在辖内全面实施金融风险案件事件快报制度,指导辖内部分人民银行先行探索建立金融重大事项报告制度,及时将新型农村金融组织的风险监测结果,向当地政府、监管部门和金融机构通报,实现维护金融稳定关口前移;增强风险提示的前瞻性和针对性,关注打击非法证券活动的情况;向辖内金融机构下发关于做好“世博”“五一”期间金融服务与维护金融稳定工作的指导意见,确保关键时期金融机构未出现重大风险事件和影响金融稳定的突发事件。

【推动金融服务创新】 参与人行总行金融统计标准化试点,完善时序库指标体系,新增指标687项,并提供时序库数据查询;组织福建海峡银行和紫金矿业集团财务有限公司在全国率先完成按标准化机构编码报送金融统计数据。

推进现代化支付系统建设,完成人行总行人民币银行结算账户综合改革和中央银行会计核算电子对账系统导入方式试点;在全国率先试点开办农村地区“小额现金支付业务”,全年非现金结算业务金额占全部结算额的比重同比提高8个百分点;个人跨行通存通兑业务量居全国首位,大、小额支付系统业务量分别居全国第七位和第五位;独创“福建模式”推广金融IC卡,发卡量位居全国首位;联合省公安厅建设和运行“福建省公民身份信息核实系统”,在全国率先解决联网核查疑义信息再核实问题。

创新企业和个人征信系统数据核查模式,全年企业征信系统收集各类企业数约占辖内企业总数的90.5%,个人征信系统收录自然人数约占辖内人口总数的60.6%;与省经贸委、省银监局联合公布辖内首批信用等级A级以上融资性担保机构名单,并将担保机构信用评级结果录入企业征信系统,规范管理征信评级市场。

加快全国财税库银横向联网系统推广步伐,辖内电子缴税笔数和金额均进入全国前十位;支持地方财政体制改革,成立福州市四城区国库;在辖内实现批量办理出口退税业务,缓解出口企业资金周转困难;组织辖内各级国库稳步推广涉农资金、补助资金国库直接支付业务,使国库服务更加贴近政府和民生。

加强人民币流通状况监测预警,旺季现金投放预测准确率91.8%;在福州分库和中心支库试行以明确岗位职责、规范业务操作流程为重点的发行库标准化管理,发行基金调拨和摆布科学、安全、高效;与16家省级金融机构签订人民币流通服务承诺书,实现金融机构主动履行社会责任的转变,成为全国首创;推进钞票处理中心标准化建设,现钞清分从以人民银行为主的模式,逐步向人民银行、商业银行和社会共同承担的社会化模式转变。

提高反洗钱工作有效性,收集可疑交易线索数、报案数、立案数和判决数,同比分别增长155%、172%、470%和650%;作为全国唯一的反洗钱监管覆盖银证保所有金融机构的试点单位,顺利完成反洗钱监管交互平台综合试点;建立健全以客户为单位的大额现金存取动态综合监测机制,初步完成打造“百名反洗钱现场检查主查人团队”任务。

【改进外汇金融管理】 实施进口付汇管理改革试点,在全国率先完成《进口付汇管理办法新旧对照表》;清理逾期未核销业务,贸易外汇管理实现向总量核查、非现场核查和主体核查的转变;实施贸易信贷非现场核查试点,建立贸易信贷外汇收支非现场监测体系;在全国率先实施外汇金宏系统企业网上申报改革,规范国际收支现场和非现场核查流程;构建跨境异常资金流动监测预警长效机制,自主开发“跨境资金非现场监测系统”“金融机构信息管理平台”。

推进贸易投资便利化,支持紫金矿业集团以人民币支付2009年度H股部分股息,汇入香港渣打银行叙做质押贷款及汇率和利率调期等保值交易后支付股息,批准该集团开展人民币境外放款和增资,核准福州海晨建设发展有限公司0.8亿美元等值人民币境外投资,辖内资本项目人民币跨境交易取得重大突破。

全面推行外商投资企业网上外汇年检,做好会计师事务所代理申报工作,辖内企业参检率97.41%;专项检查项目由原来单一的银行合规性,拓展到银行资产负债运用、远期结售汇、衍生产品、理财产品等多项;配合司法机关做好“2·13”地下钱庄案的审理,提起公诉的违法交易金额成为辖内地下钱庄案件起诉金额之最;突破在调查取证和法律适用上的瓶颈,在全国率先对某境外机构及公司实际控制人违规汇入外汇及结汇行为实施行政处罚。

(王　勉)

中国建设银行福建省分行

【概况】 2010年,中国建设银行福建省分行将福州地区作为业务发展的重点区域,坚持贴近福州经济特色、贴近百姓金融需求,充分发挥自身传统优势和专业优势,以服务福州“大干150天、打好五大战役”为重心,以新思路推出新举措,全力支持福州跨越发展、服务福州加快海峡西岸经济区中心城市建设。资产规模、负债规模,经营效益、资产质量,均名列省内金融同业前茅。至年底,在福州地区各项存款余额906.79亿元，各项贷款余额663.81亿元，当地四行占比分别为32.17%和37.78%，均居首位。

【改革举措】 一是对福州地区的福清、长乐、闽侯、平潭4个县级支行实施省分行直管，缩短管理半径，加大资源倾斜力度。二是整合福州地区各机构的对公经营职能，将对公大中型客户信贷经营重心上移至省分行和福州地区各二级行，推进贷后管理分离，加快对公会计柜台从交易核算型向销售服务型转变。三是提高专业专注经营水平，成立省分行信用卡汽车分期付款中心，并对福州城区附行式自助设备实施集中专业化管理。四是优化人力资源结构，提高福州地区各机构直接从事客户服务与产品销售的人员占全部员工的比例。五是推进分级分类绩效考核和薪酬分配体制建设，优化完善领导班子、领导人员及员工考核办法，将员工收入与业务发展、岗位价值、个人业绩贡献紧密结合起来。

【服务海西建设】 继续将福州地区作为信贷投放的重点区域，创新应对信贷规模严重紧张的情况，通过盘活存量、用好增量、合理利用外部资源，最大限度地满足福州客户（项目）的信贷需求。全力支持福州地铁、福清核电等重点基础设施项目建设；推广“速贷通”“成长之路”及网络银行“e贷通”等特色产品，扶持福州地区中小企业发展；加大支持经济适用房和商品房建设力度，支持居民改善居住条件；运用“民本通达”金融服务品牌，在教育慧民、医疗健民、环保益民和社保安民四大领域精耕细作。全年，在福州地区新增贷款114.98亿元，当地四行占比31.41%；至年底，对福州地区福清核电、福州市交通建设集团有限公司等重点客户（项目）承诺贷款（意向性承诺）561.78亿元。

【创新产品融资】 找准市场需求与建行业务的结合点，研发推广新产品，在提供传统信贷融资的同时，通过非信贷的方式，广聚资源服务福州跨越发展。先后为福州地区企业设计并发行4期股权投资类理财产品，募集资金16.6亿元；在福州创新发行“乾元”保障性住房委托贷款型人民币理财产品，为福州保障性住房建设企业募集1亿元资金；与担保公司协作，向包括福州地区在内的17家中小企业发放金额2亿元的集合信托贷款；推出自主研发的“乾元－旭日升”开放式理财产品，以灵活的申购、赎回方式及高于同期存款利率的收益水平，赢得包括福州客户在内的广大投资者的广泛认同。

（罗长武）

中国农业发展银行福建省分行营业部

【概况】 2010年，中国农业发展银行福建省分行营业部履行政策性银行职能，支持海峡西岸新农村建设，支持福州地区粮食安全建设，大力支持农村流通体系和农业农村基础设施建设。成立连江县支行，完善机构网点建设，形成与区域经济相适应的机构布局。全年发放各类贷款56.1亿元，同比多放9.7亿元，增幅21%；年末贷款余额74亿元，比年初增加12.7亿元，增幅20.7%。账面盈利1.84亿元，比上年增加0.28亿元，增幅17.8%。各项经营管理综合考核位列全省系统第一。

【服务海西建设】 一是支持粮食安全建设。累计发放各级粮油储备和调控贷款5.8亿元，支持轮换和增储粮食32万吨保障福州地区的粮食安全；发放18.8亿元粮油调销贷款，支持调入粮油118万吨，保证“引粮入闽”。二是支持优势产业发展。扶持具有区域特色水产养殖、果蔬种养、棉纺加工等行业的农业产业化龙头企业做强做大，实现信贷投放25亿元。促进“菜篮子、米袋子”工程建设和区域特色农业的发展壮大。三是支持民生工程建设。重点支持由政府组织实施、能充分体现国家支农惠农政策的民生项目，实现信贷投放12.3亿元，支持平潭综合实验区、永泰县、连江县等地开展土地收储、整治和重点项目建设。

【加快转型步伐】 一是拓展政银合作。分别与连江县政府和平潭综合实验区签订50亿元、300亿元战略合作备忘录。二是抓住大客户群体。优先支持一批规模较大、带动能力较强、具有竞争优势的农业企业发展壮大，如粮油贸易、纺织、水产加工行业的许多龙头企业都得到信贷优先支持。三是延伸产业链。支持农副产品批发市场、冷链、生鲜储备等物流网络建设和农超对接，将信贷范围扩大到收储、加工、流通等全环节。

【加强客群服务】 按照“高层营销、中层作业、基层服务”的服务模式，开展大客户维护工作，加大对优质客户的信贷支持力度，满足客户合理的增量信贷需求，12家黄金客户共获7.3亿元增量贷款支持。开展国际结算业务，办理国际业务445笔、金额6028万美元。创新柜面服务手段，推广客户短信通知平台，推行网银结算业务。

【强化风险管控】 严格执行“三个办法、一个指引”和“三查”制度，落实尽职管理，突出抓好贷前条件落实、资金支付管理和收贷收息工作；对7家政府融资平台的债务开展清理核实；加强封闭管理和贷款关键环节管理，组织“北粮南调”资金使用和库存情况检查；组织对79家贷款客户开展以生产经营、财务状况、贷款保障等为主要内容的客户风险排查工作；配合总行完成“两地三中心”灾备系统的上线工作。

（李榕滨）

中国工商银行福建省分行营业部

【概况】 2010年，中国工商银行福建省分行营业部深入拓展新客户、新产品、新市场和实现中间业务新突破，在总行直属分行和一级分行营业部经营绩效考评中连续4个季度获第一名。实现经营利润首次突破20亿元，蝉联同业第一；累计发放贷款1000亿元，增量首夺市场龙头；存款余额突破700亿元，增量同业排名第一；实现中间业务收入首超10亿元，保持系统领先；不良贷款维持较低水平。

获“福建省五一劳动奖状”;在《东南快报》3·15金融消费者满意度调查活动中被评为“满意度最高”的银行之一。

【对公业务】 一是支持重大项目。营业部支持福州地铁建设、温福铁路(福建段)、福厦铁路项目等铁路建设,泉厦高速、福泉高速公路扩建、福州绕城高速公路西北段项目等高速公路建设,福州螺洲大桥、站东路、林浦路等市政工程建设,松下码头、可门码头、江阴港泊位、江阴建滔化工码头等港口、码头建设,福清市冠泽蔬菜种植中心等民生工程项目建设。全年累计发放项目贷款33亿元。二是加强中小企业融资。成立小企业信贷中心、小企业金融业务发展推动团队及11家小企业专营机构,推出小企业网络循环贷款等多种适合小企业的融资产品,为企业的采购、生产加工、销售等各个环节提供融资支持。简化小企业贷款审批流程,创新还款方式,将担保方式从以往单一的房地产抵押方式发展成现有的应收账款、存货、机器设备抵押和其他物权质押等多种灵活方式。全年累计发放中小企业贷款73.45亿元。三是多渠道满足客户合理的融资需求。争取总、省行支持,倾斜信贷规模于福州,并通过向系统内兄弟分行转让银团贷款、与国内资质良好的信托投资公司互动合作等方式扩大贷款投放空间。四是推进“绿色信贷”。以国家产业政策和环保政策为导向,支持环保低碳产业领域,增加对新能源、节能减排等产业的贷款比重和市场份额,对鸿山热电、福建液化天然气(LNG)、福清核电项目等绿色环保项目累计发放融资47亿元。五是把贸易融资作为企业法人客户短期融资的主要方式。发展固定资产支持融资、资产池融资、银团贷款、区域理财、国内信用证同业委托代付、中短期融资券、租赁保理等创新产品,重点发展表外业务。六是加强机构同业业务。遵循“三个办法一个指引”,对信贷资金全面实施实贷实付、受托支付管理。新增股权主理银行托管业务和大宗商品交易资金托管产品,托管品种覆盖15项。向福建海峡银行、省农信社推进“银银平台”系统。推广军人保障卡,组织军人专属产品体验活动,开展新业务培训及军银座谈会。

【中间业务】 一是完善中间业务工作机制。加强各类产品的联合营销,把国内信用证、银行承兑汇票、保理、保函、电子银行等特色产品与客户需求实现无缝对接。二是推广国际业务创新产品。办理全省工行首笔跨境贸易人民币结算业务和首笔加工贸易保证金台账业务;在全省工行首开先河开立以美国环保总署为受益人的反担保保函。三是打造投行业务品牌亮点。通过股权/债权、信托+理财等方式,设计个性化融资方案,利用资产池为35家企业39个项目融资43亿元。四是推进结算现金管理服务。为核心企业客户、系统行业客户、中小企业提供集资金集中、综合理财、风险管理为一体的综合化金融解决方案。设立全省首家“工银金行家旗舰店”。投产与中联钢商务有限公司大宗商品交易市场的银商转账业务,实现银商转账业务零的突破。

【个人金融业务】 一是支持个体商户发展。抓住异地商会、工程分包商、专业市场、特许经营项目等龙头,重点支持大宗商品专业市场、商品集散市场,以及特色专业市场的优质经营商户和个体工商户,加快县域支行和单一网点支行个贷业务发展。陆续成立6家“工银商友俱乐部”,对福州区域的商户发放工银商友卡1.5万张。二是加强信用卡服务。继续做好牡丹交通联名卡、社保卡、农保卡、公积金卡、数字电视卡等发卡工作;推行网上办卡业务,推广“信用卡目标客户快速营销项目”;发展分期付款业务。牡丹信用卡被《旅客报》《福建之窗》评为“2009年度最具有商旅人气的信用卡”;在《东南快报》“福建百姓最喜爱的10张信用卡”评选活动中,牡丹贷记卡当选“最喜爱的网上支付卡”,牡丹交通IC卡当选“最喜爱的车友卡”。三是提升电子银行服务水平。推出企业网银本地特色新增功能“POS机交易明细查询”;开通多渠道代缴学费业务;开通企业网银多级组合授权业务;为9家特约网站开通手机短信支付业务;成功办理网上循环贷款;开通高校银企互联项目。在2010年《福州晚报》“我喜爱的银行网银”评选活动中,工行网银人气名列首位。四是继续深化网点渠道建设。新建或改造网点28个,其中贵宾理财中心4个,一般理财网点17个,便利店2个,部分扩建改造3个,自助银行2个,营业部网点改造率达72%。

【风险管控】 贯彻银监会“三个办法一个指引”,加强贷款用途管理。做好潜在性风险贷款和不良贷款的清收转化及退出工作,化解担保圈贷款风险。加强政府融资平台融资风险、大宗商品价格波动风险、关联交易风险、假贸易融资风险、房地产市场风险等的防控。严格执行贷款大户风险监控制度。坚持行领导挂帅清收大额不良贷款制度,综合运用多种清收处置方式,提高不良贷款回收率和现金清收比率。开展“学规定、促发展”教育活动和“内控和案件防控制度执行年”活动;开展“小金库”专项治理自查自纠;加大柜员自办业务处罚力度;深化重点业务、关键环节风险审计检查。

【文明建设】 推进文明行业创建。确立南门支行营业室等4个窗口为省级

9月27日上午,中国工商银行福建省分行首家“工银商友俱乐部”在福州台江中亭街举行启动仪式,向台江支行授“工银商友俱乐部”牌匾。

创文明行业示范窗口，华林支行等5个窗口为市级创文明行业示范窗口。开展“2010服务价值年”活动，加强客户投诉管理。开展“服务质量月”主题活动，闽都支行营业室、南门支行营业室获2010年度中国银行业文明规范服务千佳示范单位。实施“大堂制胜”工程，配备专职大堂经理107人，兼职大堂经理49人。

【服务社会】　为福州大学、福建师范大学、福建工程学院等院校发放助学贷款8436笔，金额3611.62万元。围绕2010年上海世博会和广州亚运会，部署服务世博、服务亚运的各项措施，统筹协调涉外业务、机具设备、服务环境、安全防护等各个环节，满足世博、亚运期间金融服务需求。作为2010年广州亚运会官方门票代售网点的闽都支行营业室与鼓楼支行营业室，提供安全、优质、专业、高效的金融服务，实现亚运期间服务零投诉和生产运行零事故。举办及参加多场金融知识宣传咨询活动。发动广大党员、干部职工踊跃为玉树地震灾区捐款28万元；向遭受特大洪涝灾害的南平、三明灾区捐款20万元。

（董似瑾）

中国农业银行福建省分行营业部

【概况】　2010年底，农行省分行营业部本外币各项存款593.48亿元，比年初增加91.31亿元；本外币各项贷款318.57亿元，比年初增加55.7亿元；不良贷款继续“双下降”，余额比年初下降3.31亿元，当地四行占比比年初下降1.65个百分点；实现中间业务收入3.55亿元，拨备后利润11.9亿元。

【服务海西建设】　一是主动对接当地经济建设。加大对交通、电力、房地产、临港工业、市政基础设施等优质项目的金融支持，重点支持嘉儒风电场二期、福清核电二期、福州市轨道交通1号线工程、仓山万达广场、沈海高速、京台高速等重点项目。二是提升“三农”和县域服务水平。推进“三农”金融事业分部试点改革，创新“三农”业务经营机制、业务流程和管理方式，改进“三农”金融产品与服务，提高“三农”运作效率、服务水平和可持续发展能力。成立10个小企业金融服务分中心、培育小企业服务特色支行和小企业金融服务精品机构，满足县域小企业融资需求。与3个福州市小城镇改革试点单位签订综合改革建设合作协议，支持农村基础设施、产业集群和城乡统筹发展，重点支持福清电子信息基地、闽侯汽车城、福清洪宽台湾机电园及两岸区域物流中心建设。“三农”贷款比年初增加21.5亿元。

【扶持民生工程建设】　大力扶持学校、医院、广电等公共性、服务性项目以及社会保障和帮困扶贫项目。支持医保和新农合系统、金保工程系统等建设，在社保领域的项目投资预算达2.1亿元。扩大惠农卡和农户小额贷款覆盖面，发放惠农卡23.79万张，新增6.81万张，其中代理新农保发卡5.29万张，为“失地农民”发放惠农卡1万多张；农户小额贷款授信9549户，新增1025户，授信金额3611万元。开展“结对子帮扶”“送温暖、献爱心”“金秋助学”“农行富蕴助学计划”等一系列活动。帮扶贫困学生1.24万人，发放助学贷款6360.63万元；为社会捐出公益性捐款项目22个、4362人次、金额104.38万元，其中为西南旱灾、玉树震灾捐款32.8万元，为帮扶挂钩贫困村永泰福长村捐款2万元。

【网点建设与终端投入】　一是优化网点布局。重点调整优化城区行和经济百强县城所在支行的网点，对辐射半径重叠、存款规模小、面积小、发展潜力弱的网点，实行“迁、并、改”工程，对社会金融服务需求大的地方，增设新的网点。二是推进网点转型。分基础网点、精品网点、理财中心三个层次建设网点，把地处城市中心位置、金融资源丰富、高端客户群体集聚、市场潜力大的地段的网点作为标杆网点进行建设。提供超级网银、手机银行、转账电话等各种电子银行业务服务。全年实施网点转型项目123个，其中竣工项目56个，精品网点占比达24.6%。三是加大自助渠道建设。加快自助设备投放步伐，重点加大现有网点辐射半径、需求量大的城乡结合部，以及城市主干道、繁华商业区的自助机具投放。新增自助银行24个，自助机具106台，更新自助机具22台。

【推行文明服务】　加强对营业现场环境和人员状况的管理和监督，确保营业现场管理条理化、有序化和制度化。简化服务流程和办事程序，为客户提供“一站式”服务，推行服务承诺制和限时办结制，加快业务处理速度。统一员工着装，推行挂牌和亮牌服务，规范员工服务行为。加大内外检查监督力度，定期开展文明标准服务检查，提升行业文明服务水平。年内，下辖1个网点获评中国银行业文明规范服务千佳示范单位，4个网点获评福建银行业文明规范服务示范单位，3人获评福建银行业文明规范服务明星。设立党风廉政建设和窗口文明标准服务投诉电话，参加福州市政风行风热线现场，解答和处理群众反映的热点问题；开设“95599”热线，24小时受理顾客咨询、投诉，确保群众诉求渠道畅通。

（林盛红）

中国银行福州地区直属支行

【概况】　2010年，中国银行福州地区直属支行贯彻落实省行“调结构、扩规模、防风险、上水平”的12字方针，准确把握工作重点，借助“开门红”“福州城区网点大型系列营销活动”“侨汇通真情回馈活动”“好友豪礼”“出国金融服务”等系列活动，推进福州地区各项经营管理工作的开展。年末福州地区总资产较上年末增长10.47%，本外币各项存款余额较年初新增59.69亿元；本外币各项贷款余额较年初增加81.39亿元；实现中间业务收入同比增长12.82%。

【服务海西建设】　主动融入“海西”建设，加强与政府部门沟通与联系，针对市政建设、港口码头、铁路公路、能源电力、房地产龙头企业等重点行业和重点项目，全力开展营销。初步形成大连万达、福州地铁、国电等一批重点客户组成的核心客户群,密切跟进平潭风电、青口科技等一批优质客户,全年上报审批公司项目144个。加大对重点项目的支持力度,推动重点项目储备向有效提款需求转化。年末,福州地区人民币公司贷款余额较上年末增长46.48%。加大对能源、资源、交通运输、装备制造、重大基础设施等重点基础性行业的信贷支持力度,扶持战略性新兴产业发展,加快培育新的业务增长点。通过公司金融"开门红"活动、"对公客户攻坚战"等一系列活动,扩大基础客户规模。全年,第三方存管客户增长率为48.32%,单位银行结算账户增长率为53.65%,养老金账管客户数增长率为110.9%。

【中间业务】 通过不断扩大结算市场份额,在维持国际结算手续费及结售汇收入稳定增长的同时,提升保函、保理等优势产品中间业务收入占比;发展国内融信达、融易达、国内综合保理、国内商业发票贴现等融资安排费收入;注重国内结算基础产品的推介,完善网点支付结算功能,提高网点中间业务收入贡献度;拓宽资金业务收入来源,推广黄金远期和黄金租赁组合业务、本外币利率互换业务、做大远期结售汇业务;向客户提供金融市场资讯、业务培训、产品咨询以及相关市场政策解读分析服务,拓展金融市场顾问咨询服务业务,扩大中间业务收入来源。

【个人金融业务】 个人金融业务围绕"增客户、扩规模、创收益"的发展方向,提升网点效能,扩大客户基础,发展核心存款,扩张个贷市场份额,提高中间业务收入贡献,做大做强个人财富管理和银行卡业务,实现个人金融业务快速健康发展。一是坚持产品创新,先后推出"商户通""智能通""日积月累""零贷20通"等一系列产品,推动各项业务的快速增长。二是发展具有区域特色的非标类业务,并实现批量化、标准化操作,零售贷款中间业务收入对中间业务的贡献度较上年同期增长64.43%。三是坚持收单发卡并重,通过持续推广信用卡分期付款业务,开展重点产品如白金信用卡、公务卡产品营销,研发推出长城海峡旅游卡、长城大学生卡、中银信达免税联名卡等新产品,提升中银信用卡收入。四是批量拓展基础客户,通过加大公司联动、拓宽收付平台,争取归集账户等措施,在代发薪业务、代收付业务和拓展社保客户方面取得较大的突破。年末,福州地区人民币储蓄存款余额较上年增长8.2%;人民币零售贷款余额较上年增长21.5%。

【网点转型】 从提升网点效能出发,着重抓基层网点建设,理顺网点管理机制,同时落实网点分级分类,实现动态调整和差异管理。一是研究确立"重点突破,以点带面"的网点转型新方案。选择10家业务基础好、人员素质高的二级支行,由职能部门负责人定点挂钩,在人员、费用、资源上予以倾斜,打造具有示范效应的全功能型网点。二是优化网点布局规划。结合福州城区金融商圈的状况确定未来3年的网点布局方案,在硬件改造上,突出且明确3个功能区域划分(自助服务区、标准服务区、贵宾服务区),使布局在功能上更加人性化。三是完善网点分类管理,根据网点特点进行不同的功能定位,实现差异化发展。

【蓝图建设】 蓝图建设是福州地区中行继股改上市之后的又一项重大系统工程,是全面提升福州地区中行信息科技水平的重大战略举措。福州地区中行严密部署,进行蓝图上线的准备工作。各行成立IT蓝图实施办公室,明确组织领导与工作责任,加强蓝图宣传动员,按照省行蓝图工作安排和要求,开展核心系统培训、客户信息采集、数据迁移验证、集中切换演练各阶段工作任务,稳妥推荐IT蓝图上线工作。

【风险管控】 配合省行"飞行检查",继续加大对热点行业和潜在风险较高行业的风险管理力度。针对异地授信、集团客户、抵质押管理、资金监控、民营企业授信管理等薄弱环节,改进管控办法。建立重大突发事件报告机制,及时化解和防范风险。提高对"三个办法、一个指引"落实情况的执行力。加强对供应链融资产品信用风险的管理,强化中小企业新模式情景分析功能,完善新模式风险审批机制。针对核心系统各项业务管理、操作制度,完成19项个人金融相关业务规章制度的落地,进一步加强个人账户案件风险防控,开展"个人账户案件风险排查工作",个人金融业务内控检查,以及严格落实《中国银行个人金融业务操作风险监控与检查工作指导意见》,同时配合蓝图投产做好相关内控准备工作。优化各项业务流程,提高内控效率和产品创新风险管理。

【文明优质服务】 将文明优质服务工作纳入绩效考核范畴,各行成立文明优质服务工作督导组,定期和不定期对网点进行检查指导,同时不断完善服务设施,并将服务理念融入业务发展的全过程。配合福建省银监局开展银行业公众教育日活动。在总行文明优质服务检查中,福州地区中行获整体好评,有两家营业机构被中国银行业协会表彰为"2010年度文明规范服务千佳示范单位"。

(陈 琼 余晓超)

兴业银行福州分行

【概况】 2010年,兴业银行福州分行业务规模、资产质量和综合效益均创历史最好水平。至年末,分行总资产1029.32亿元,比增12.9%;本外币各项存款余额541.82亿元,比增14.4%;本外币各项贷款余额324.83亿元,比增27%;按五级分类法,不良贷款比率0.12%,较年初下降0.39个百分点,不良贷款余额、比率均实现"双降"。

在《当代金融家》杂志组织的2010年中国银行业"好分行"评选中,获综合奖,是福州区域唯一获奖的银行。辖属华林支行获2010年"全国银行业千佳服务示范单位"称号,分行营业部、长乐支行获2010年"福建银行业百佳服务示范单位"称号。

【支持平潭综合实验区开发建设】 推动兴业银行总行与平潭综合实验区签订100亿战略合作协议,筹建兴业银行平潭分行,年末正式开业,成为平潭综合实验区第一家分行级金融机构。参与平潭综合实验区具体项目的对接工作，重点支持路、桥、水、电、铁路以及土地收储等基础设施建设项目。赋予平潭分行较大的经营权限，并简化业务流程，搭建支持平潭综合实验区建设的绿色通道。

【服务海西建设】 持续加大对省市重点建设项目及大型集团客户的拓展力度，加大贷款投放力度。继续打造节能减排业务品牌，建立"绿色信贷"长效机制，将环境与社会风险管理融入形成各类信贷管理制度，在项目审查和审批过程中严格执行"环保一票否决制度"，推动赤道原则行业绩效标准在项目贷款中的落实。加大对高新技术节能减排企业的扶持，年末分行节能减排贷款余额超过9亿元。扶持本地小企业发展，成立小企业中心，搭建为小企业金融服务的专业化平台，探索小企业融资模式，推进"芝麻开花中小企业成长上市计划"推广方案，促进小企业业务的快速发展。

【零售业务】 推进零售事业部改革，推进营业厅功能改造，提升营业厅综合服务能力。强化自助渠道管理，优化自助网点布局，分行投入使用的自助机具达323台。发展电子银行业务，根据客户需求提供个性化网银服务方案，全年，分行企业网银交易柜面替代率34.4%。个人网银交易总笔数占所有渠道对私交易总笔数的23.85%。规范理财产品销售流程，稳步推进理财销量增长。个人贵金属交易开户突破千户，全年交易量同比增长178%。推广"兴业通"业务，打造"兴业通"经营业主综合金融服务品牌。加大个人经营贷款的拓展力度，针对大型专业批发市场设计经营贷款专属产品并开展综合营销。推进社保卡项目实施，构建社保卡的良好用卡环境，全年累计发放省本级社保卡13.5万张，全面实现ATM受理社保IC卡电子钱包圈存、圈提及查询等业务，并在第一批14家省属医院投放电子钱包圈存自助设备。

【风险管控】 继续完善内控风险管理机制，加强重点领域信贷风险管控。以银监会政府融资平台贷款清查为契机，规范融资平台贷款管理。贯彻落实银监会"三个办法一个指引"，加强贷款全流程风险管理。组织开展"内控和案防制度执行年"活动，加强制度梳理和后评价工作，推进全面合规体系建设推广。全面推进柜面流程再造，规范会计基础工作。强化安全责任意识，落实安全保卫工作责任制。

（陈　艳）

中信银行福州分行

【概况】 2010年，中信银行福州分行贯彻落实"调结构、强管理、促发展"的指导思想，把握形势，转变战略，开拓进取，核心指标创历史新高，资产质量保持良好，合规经营基础稳固。年末，分行总资产445亿元；本外币各项存款余额408.33亿元，其中人民币各项存款402.38亿元；本外币各项贷款余额为348.78亿元，其中人民币各项贷款335.91亿元；全年实现经营利润8.03亿元。

在福州、泉州、莆田、漳州设立营业网点24家。其中，福州14家、泉州7家、莆田2家、漳州1家。

【服务海西建设】 支持交通、能源、通讯等基础性行业，以及总分行战略客户和优质中小企业。支持福厦高铁、漳州古雷石化、国家电网、福建电子信息集团等项目建设，为海西建设添砖加瓦。支持加大先票后货、存货质押等产品推动力度，并将供应链金融业务模式推广到林板、服装、水暖、珠宝金融等领域。成立小企业金融中心，采取小企业抵质押担保、联保授信、担保公司与再担保公司相结合的担保模式，控制授信风险。年末，对公贷款余额233.76亿元。

【零售业务】 加大投资性资金拓展力度，强化产品配置、服务提升等精细化管理，储蓄理财双支撑效应初步显现。开展住房按揭贷款、留学贷款、经营贷款业务，个人贷款规模突破百亿元。

【国际业务】 发展进口开证和国内信用证业务，与境内外同业密切合作，为贸易融资、国内信用证融资等业务提供稳定的资金来源，进出口收付汇量、国际业务中间收入创新高。为"走出去"企业搭建平台，办理全省首批人民币跨境结算业务。

【投行托管与资金资本业务】 成立投行托管部，增强市场营销与组织推动，债券承销、资产管理、国内保理、托管业务等均实现较大突破，业务产品线不断丰富。发展远期结售汇、付汇增值、结汇增值、对公理财、债券分销等特色业务。

【合规经营】 继续落实合规经营责任制，推进"内控与案防制度执行年"，组织贷款新规培训，向企业宣传贷款新规，营造合规文化氛围。派员代表福建银行业参加华东6省贷款新规知识竞赛获团体第二名；组队参加全省银行卡、反洗钱知识竞赛，分别获团体及个人第一名、团体第二名。

【风险管控】 抓贷款三查工作，坚持客户经理授信、放款等综合培训及持证上岗制度。通过现场及非现场检查渠道，有效掌控行业和企业经营变化信息，加大对风险隐忧客户的走访力度，主动调整、优化信贷结构，实现不良贷款"双降"。内控管理方面：建立票据风险滚动排查机制，加强内部审计力度；坚持重要会计岗位人员跨行轮换制度，加大反洗钱力度，强化银企对账、结算账户等关键环节管理；加强安全保卫工作，保持全年安全无事故。

（唐夏芸）

招商银行福州分行

【概况】 2010年，招商银行福州分行抓住当前海西建设提速的重大机遇，兼顾资本约束和规模扩张的双重要求，以经营效益最大化根本目的，做大资产业务客群，扩大负债业务规模，推动新兴业务增长，各项业务快速发展，市场份额提升，业务结构、收入结构进一步优化。同时，风险防范机制不断健全，机构网点建设顺利推进。全年，分行全折人民币自营存款余额322.9亿元，较年初增加102.18亿元；全折人民币自营贷款余额

261.17亿元,较年初增加55.42亿元;不良贷款余额5415.31万元,较年初增加2835.49万元,不良贷款率2.07‰,较年初上升0.7‰;实现经济利润4.75亿元,同比增加1.3亿元,增幅37.79%;实现非息净收入2.24亿元,同比增加6245万元,增幅38.75%。

【服务海西建设】 与中央重点、省、市重点项目加强合作,给予必要的信贷支持。支持中央投资计划项目3个,省重点项目15个,覆盖核电、大型道路工程、廉租房建设以及企业内部技术升级改造等项目,合计贷款余额逾9亿元。在贷款规模有限的情况下,通过招银租赁续做融资租赁的方式等,拓宽省内企业融资的新渠道,支持东南汽车、东南造船厂、福州市公交集团、福州市自来水公司等一批大中型国有企业的发展。成立小企业信贷中心和中小企业金融部,加快创新力度,优化审批流程,结合中小企业客户的具体需求,配套特色产品和授信政策支持,切实推动中小企业业务的发展。针对"6·18"海峡项目成果交易会,设计极具创新特色的"点金618"系列融资产品。

【产品创新】 公司业务方面,设计具有招行特色的中小企业融资新品牌——"助力贷",重点拓展债券承销、现金管理、公司理财及融资租赁等新兴业务。国际业务方面,创新推出"联动购汇通+利率掉期"业务、"订单融资"、在香港分行单边操作NDF交易等。拓展黄金租赁、资金搭桥、同业代付、票据等同业业务。个人贷款业务方面,推出个人消费信用贷款等新业务,加大个人经营贷款、住房贷款、商业用房贷款的拓展力度,个贷业务量价齐升,规模突破百亿大关。财富管理方面,发展代理保险业务,加强公、私募基金产品的筛选和推广力度,发展黄金业务。

【客户开发】 分行对公基本客户数较上年新增32.2%,中小企业贷款客户数新增18.3%,金葵花卡客户新增30%,一卡通金卡客户新增15%,信用卡新户数新增3.6%。同时,以分行财富管理中心为平台,发挥招行零售高端客户产品体系优势,为高端客户提供专业性增值服务和产品投资渠道,高端客群增长迅速,增幅43%。

【风险管控】 严格执行"三个办法,一个指引",针对监管部门关注的地方政府融资平台贷款、房地产贷款、信贷资金入股市等问题,开展自查及整改工作。持续实施全面合规管理,开展各项内控和案件防控工作,强化内控督导工作,完善风险防控机制,促进合规稳健经营。

【网点建设与终端投入】 "十一五"以来,招商银行福州分行抓住海西建设带来的发展机遇,加快网点建设,累计新增经营网点11家,自助银行13家。截至2010年,在福州、泉州两个中心城市共设18家同城经营网点,在省内县域经济百强地区的福清、长乐、晋江、石狮、南安设有5家县城支行,共计23家经营网点。

(李诗婷)

中国民生银行福州分行

【概况】 2010年,中国民生银行福州分行以"紧盯利润、狠抓存款、强攻中收、确保转型,精细管理、创新服务、合规经营、科学发展"为发展策略,坚持思想工作与业务发展并重,坚持调结构、增效益,促进结构优化与利润的全面提升,持续保持不良资产率基本为零、安全运营无事故的良好局面。年末,总资产256亿元,比年初增长55.24亿元,增幅27.51%;实现账面利润5.64亿元,比年初增长3.88亿元,增幅达221.43%。分行各项存款余额174.81亿元,同比增长15.6%;分行各项贷款余额196.39亿元,同比增长28.59%。

【支持海西重点项目建设】 优化调整信贷结构,集中有限的信贷资源在重点建设领域形成有效配置,做到分行承诺的贷款资金及时到位,承诺的额度足额兑现,新增额度优先用于重点项目。创新金融产品和服务,优化贷款审查、信用评级等信贷管理,优化审批环节;争取总行信贷规模向海峡西岸经济区建设倾斜,以大额长期融资满足重点项目建设资金需求。2010年末,分行(不含事业分部)存贷比达112%。

【创新产品为中小企业融资】 发展中小企业业务尤其是小微企业业务,解决中小企业融资难问题。小微业务方面,推出担保方式灵活、流程便捷高效、资金管理安全创新产品"商贷通"。分行商贷通客户达5321户,余额达52亿元,较年初大幅增长35亿元。中小业务方面,主推"财富罗盘"系列产品,针对不同客户群体需求,制定个性化服务方案,解决中小企业融资难问题。分行中小企业贷款余额15.5亿元,较上年末劲

8月6日,民生银行福州分行员工举办乔迁庆典仪式。

增14.5亿元。

【提升零售服务能力】 一是提升厅堂现代化服务水平。继续在全辖推广SOP(支行标准化作业模式)和关注客户需求能力,提升支行日常管理水平,提升厅堂现代化程度,规范支行各岗位的工作职责与协作关系。福州东街支行当选为"2010年度中国银行业文明规范服务千佳示范单位";屏山支行、温泉支行获评"2010年度福建银行业文明规范服务示范单位";2人当选为"2010年度福建银行业文明规范服务明星"。二是全面启动私人银行业务。在服务高端客户方面进行诸多有益的探索,并在特色产品开发方面下大力气。拓展并推出合作律师、财务、税务、名牌汽车、文物鉴赏等诸多服务内容,并组织多次主题活动,如高端会所的寿山石鉴赏、红酒文化与品鉴、美容养生等,提高高端客户层次,为高端客户提供多元化投资渠道。

【加强合规风险管理】 贯彻执行中国银行业监督管理委员会发布的"三个办法一个指引"贷款新规,推进机构信贷管理的精细化、科学化,有效把握银行风险,保护广大金融消费者的合法权益,初步呈现银行、客户、市场多赢的局面。一是加强制度建设。组织多个部门多维度讨论,从流程建设、法律审查、合同修订等多个环节着手,制定《中国民生银行福州分行信贷资金流向监控实施细则》和《中国民生银行福州分行个人信贷业务贷款资金支付操作规程》,从制度上保证贷款新规的贯彻执行。二是IT系统革新。对IT系统进行革新、改进,确保个贷资金用途依法合规。开发个贷资金流向监测系统,2月正式投入使用。三是全面落实合规风险管理分级责任制。通过签订合规责任状,明确各机构负责人对本机构合规风险管理负第一责任,督促各机构负责人全面履行合规风险管理职责,要求案件、投诉和监管处罚均必须为零,对未有效履行合规风险管理责任的,将予以责任追究。四是强化服务,全力保护金融消费者权益。一方面,着力降低客户融资成本。另一方面,加强客户宣传,保护金融消费者权益。五是严格执行,确保信贷资金进入实体经济。分行不仅加强贷款资金支付管理,还加强贷后资金监管,确保业务合法合规。

【网点建设】 加大网点建设力度,强化金融服务功能,至2010年,分行有营业部1家、支行网点14家、自助银行51家,其中,10月20日,华林支行迁址长乐并正式开业;12月20日,分行首家二级分行莆田分行正式开业。

(陈小平)

中国光大银行福州分行

【概况】 2010年,中国光大银行福州分行表内外资产总额355亿元,比年初增加98亿元,增长38%,其中各项贷款余额212亿元,新增43亿元,增长26%。一般性存款余额191亿元,新增62亿元,增长48%。同业存款余额22亿元,新增2亿元,增长12%。不良贷款下降至319万元,不良贷款率从年初0.08%下降至0.02%,继续实现不良贷款"双降"目标。收回对公不良贷款现金901.92万元,核销呆账贷款本金209.62万元,完成总行下达清收、压缩存量不良资产任务556%。中间业务净收入实现1.10亿元,完成全年任务118%;税前利润4.01万元,较上年增长28%;风险调整后利润2.05万元,完成全年计划的138%。

【对公业务】 对公存款余额154.4亿元,较上年末新增52亿元,增幅51%。日均存款127亿元(不含异地存款2亿),较上年末新增25.4亿元,增幅25%。新增对公核心客户数72户,完成总行任务197%。

推进具有福建省区域经济特色的中型企业的授信合作,营销一批新客户。年底,分行有效授信公司客户数682户。对公贷款时点余额162.62亿元,新增26.29亿元,增长19.28%,其中,贸易融资24.03亿元,新增8.38亿元,票据贴现2.84亿元,减少19.6亿元。

中小企业新增客户数及新增表内贷款余额均在总行全年任务400%以上,新增客户数及表内贷款余额超过前10年的总和。中小企业管辖客户数537户,较年初增长289户,增长116%,占全行授信客户数比73.16%;中小企业表内贷款余额45.38亿元,较年初增加28.68亿元,增长172%;新增表内贷款规模在全行排名第五位。中小企业模式化授信平台28个,平台项下新增中小企业客户88家,授信余额25.50亿元,授信平台方案审批通过率100%。

实现贸金非息收入3316万元,增长56%,完成任务数118%;实现货押业务发生额约22亿元,增长161%,完成任务数的138%;实现贸易融资日均20亿元,增长72%,完成任务的127%;实现国际结算收付汇量14.8亿美元,增长93%,完成任务的146%。

【零售业务】 储蓄存款时点数37亿元,较年初增加9亿元,增长34%;年日均存款30亿元,较上年增加6.5亿元。个贷余额49亿元,较年初新增16.8亿元,增长52%。广义理财产品销售157.17亿元,继续保持着理财银行的优势。三季度在全系统内率先完成第三方存管整体指标完成率,以领先第二名70个百分点的优势领跑全国其他分行。

新增信用卡客户5.21万户,9月末完成总行滚动考核任务指标。获2010年度信用卡业务十佳锐意进取奖、十佳卓越贡献奖。

【风险管控】 分行坚持全面风险管理和全程合规管理的理念,严格执行平行作业、独立审查审批、授信后管理、风险预警等各项制度,强化信贷全流程管理和信用风险垂直化管理,完善二级分行、异地支行和县域支行风险管理体系,加强动态管理,优化审查审批及授信管理流程,及时开展各项合规查检,开展客户经理风险合规培训等工作。

【模式化经营】 完成模式化经营实施方案的制定、目标客户的筛选和调研、业务方案的研讨。围绕"做深做透重点客户""六个集中"推动新客户模式化经营。

【成功上市】 2010年8月光大银行成功把握上市时机,在短短的十几天实现“闪电”上市,得到市场普遍认可。到年底上市只有四个月就成功入选上证180、上证50、沪深300指数样本股。

【网点建设】 3月30日、7月7日,漳州异地支行、金山同城支行先后开业。8月18日,于山支行迁址,同时分行财富中心开业;12月8日,福清支行开业,龙岩分行的设立获总行、银监部门批准,并在建设之中。

【开展“阳光服务”】 加强客户服务体系建设和优质服务示范网点建设。分行阳光服务工作确立“从硬件环境向软件服务转移”的工作思路,开展员工技能培训,加强服务的考核与监督,服务环境保障、服务设备和运营系统保障、服务质量保障、运营安全保障。福州分行营业部、于山支行、古田支行、长乐支行在创建银行业文明规范示范单位考评中获“2010年度福建银行业文明规范服务示范单位”称号。

(林 磊)

华夏银行福州分行

【概况】 2010年,华夏银行福州分行资产总额达112.34亿元,比上年增加13.79亿元,增长13.99%;实现拨备后利润2.04亿元左右,比上年增长132%;贷款准备金覆盖率223.64%,比上年提高80.11%;存款付息率1.18%,同比下降0.44个百分点;中间业务收入2525万元,同比增加773万元,增幅44.15%。一般性存款余额101.72亿元,增幅36.78%;一般性存款日均75.66亿元,增幅18.97%,其中储蓄存款余额22.07亿元,增长67%;储蓄日均15.55亿元,增幅52.15%。非保证金存款日均55.52亿元,增长76.09%;活期日均存款占比44.72%,比上年提高近10个百分点;保证金存款占比21.35%,同比下降15.21个百分点。

【服务海西建设】 积极扶持船舶、纺织、电子信息等行业的龙头企业和优势企业。加大授信支持省电子信息集团及其核心企业星网锐捷;支持省重点船舶工业企业东南造船厂、马尾造船厂等授信客户;优先支持福州建工(集团)总公司、中建七局第三建筑有限公司、福建省第一公路工程公司、福建省第五建筑工程公司等地方龙头企业,投放贷款1.45亿元。继续支持长乐纺织、晋江鞋服、福建石化等行业龙头及代表性的企业,巩固和发展一批行业优质客户,并建立长期、稳定的合作关系。至2010年末,电子信息行业、纺织行业和石化行业的贷款余额分别为0.82亿元、5.43亿元和0.67亿元。

支持地铁等基础设施建设。向福州市城市地铁有限责任公司发出贷款承诺函6亿元。加大城市中心旧屋区改造建设项目的信贷支持力度,先后发放贷款3.26亿元,推进项目一期5万多平方米安置房的建设进度。

【优化信贷】 至2010年末,各项贷款余额76.02亿元,比上年末增长21.91%,其中中小企业贷款余额7.05亿元,比上年末增加7.05亿元;个人贷款余额5.5亿元,比上年末增加1.55亿元;项目贷款(房地产开发项目贷款)余额7.25亿元,比上年末增加5.96亿元。加大信贷客户调整力度,调整退出经总行认定的低质正常类客户14户,退出贷款3.53亿元;退出15户批发零售行业客户,退出贷款4.02亿元;压缩退出关注类贷款0.89亿元,进一步优化客户结构。贷款平均收益率6.17%,同比提高0.46个百分点。不良贷款余额为0.65亿元,比年初减少0.3亿元,不良率为0.86%,不良贷款实现双降。

【产品营销】 组织各专业部门按月召开营销推进会,制定并下发《华夏银行福州分行2010年各行业重点客户和无贷户营销指引》《华夏银行福州分行2010年产业集群营销指引》《华夏银行福州分行2010年福州市重点项目营销名录》,编写《营销指南》。

实施团队营销。对列入分行重点开发的项目、客户,组建营销服务团队,明确目标、责任、实施时限和激励机制。明确客户经理的营销目标。对每个客户经理按季下达存、贷款、产品营销、客户开发目标任务,按月进行评价,表彰和通报批评。

组建产品经理团队,制订年度重点产品推广计划和宣传计划,确定产品推广的目标客户。着力打造物流金融、现金新干线、投资理财、投行等创新产品,举办“龙舟计划”“环球智盈”品牌发布会,创立物流金融、法人账户透支、中小企业品牌。分行网上企业银行有效客户762户,完成总行全年计划的101.6%,实现交易金额359.38亿元,手续费收入51.8万元,交易量3.64万笔;完成供应链金融业务量5.514亿元;完成商旅卡9604张,丽人卡2587张,VIP信用卡2087张,新增个人网银1935户。

【客户开发】 强化支行网点个人客户达标工作。开展以“提升支行网点个人客户开发与服务水平,优化个人客户结构,夯实个人业务基础”为目的的网点综合评价工作。先后开展“夯实客户基础,促结构调整”“客户、存款月月增”“2010年三季度对公存款营销竞赛活动”“2010年三季度百日百户客户开发营销竞赛活动”等营销竞赛活动。同时加强银企互动,组织重点客户参加“龙舟计划”“环球智盈”品牌推介会。

12月末,对公客户数2689户,比年初新增565户,增长26.6%。对公客户中,日均存款在10万元以上的有效客户987户,比年初新增192户,增长24.15%;日均存款50万元的重点客户637户,比年初新增144户,超额完成总行下达全年增量计划72户。新增个人有效户7732户,贵宾户1346户。

【拓展中间业务】 新增同业信托理财、代理商业银行业务等手续费收入。中间业务收入渠道进一步拓宽,贷款类、理财类、网银及卡业务类、银承汇票和国际结算类收入构成中间业务收入的主要来源。随着理财类和网银及卡业务类等中间业务的发展,非资本性业务收入占比达56.36%,同比增长20.89%,逐渐摆脱对资本性业务收入的依赖。

【网点建设与终端投入】 大力推进网上银行、自助银行、T-POS的投放和建设。全年新增自助银行6家,单点自助设备4台,专业市场布放T-POS机500台。分别完成分行新大楼、闽都支行搬迁,第一家二级分行泉州分行开业,启动长乐支行的筹建工作,对部分支行网点进行装修改造,进一步完善服务网络。

【风险管控】 加强会计专业管理 通过层层签订目标责任书,逐项细化分解工作目标。严格检查监督,全年通过各类检查,发现问题53个,督促营业机构及时整改,确保问题整改到位并避免差错重犯。加强账户管理,将银企对账工作纳入会计内控管理工作的重中之重,提高对账的时效性。至三季度末,分行对账回收率均保持在90%以上,其中50万元以上重点客户对账单回收率均为100%。

强化贷后管理 提高授信准入要求,加强对重点客户风险排查工作。定期组织开展授信业务的分析与评价,对存在问题和风险隐患,及时进行整改。加强授信风险预警,通过提前提示收贷、收息,逐笔落实到期还本付息资金来源,不断加强对资产质量的监测。组织开展五级分类,确保完成资产质量计划。严格规范实地见证、放款管理的操作,提高信贷运行合规性。

强化内控 强化制度梳理、审核工作,确保录入制度的完整、合规和系统性。加大发现问题的整改力度,全年内外部检查发现129个问题,整改128个,整改率99.2%。加强员工异常行为排查,采用检查、谈话、家访、业务检查、走访客户等方式及时了解和掌握员工思想、情绪、家庭和行为变化,对重点领域的重点人员、重点行为排查面达100%,提前防范业务风险,开展内控和案防制度执行年活动。组织对案件风险突出和操作风险环节进行自查,并健全完善16项相关制度。

加强与监管部门联系 创造良好的外部条件,及时发布合规监管信息和建议,促进分行更加有效的合规管理。完善授权管理,落实总行转授权管理工作。

【文明规范服务】 客户经理加强与客户联系,及时了解客户需求和信息,提供相应的综合服务方案和差异化的服务方案。对重点客户,专业部门和经营单位实施跨部门协作。同时提升柜面服务水平,以"千佳"示范单位为契机,聘请专业礼仪培训师开展服务礼仪培训,加强对柜员业务技能的培训。加大服务检查监督,通过定期服务检查通报和"神秘人"暗访,促进全行服务水平的提升。加大对营业网点的装修改造,先后完成晋安、闽江支行改造,提高服务形象。分行营业部入选全国"千佳服务示范单位",东大支行在省"百佳服务示范单位"评选中名列前茅。

加强效能监察,提高服务效率。将提高授信业务工作效率作为效能监察的立项点,通过查找授信业务在制度、管理、操作层面上存在的问题,明确授信审批环节的工作时限,有效推动相关部门转变工作作风,提高工作效率,促进全行信贷业务的发展。

(林　冰)

浦发银行福州分行

【概况】 浦发银行福州分行是上海浦东发展银行股份有限公司在全国设立的第33家直属分行。2008年6月,中国银监会正式批准浦发银行筹建福州分行,2009年3月5日经福建省银监局批准福州分行正式对外营业。上海浦东发展银行股份有限公司是1992年8月设立、1993年1月开业、1999年在上海证券交易所挂牌上市的股份制商业银行。

浦发银行福州分行开业以来各项业务持续稳定发展。截至2010年年底,分行资产总额超过200亿元,达到207亿元;各项存款余额达到204亿元,同比增长191%,其中,一般性存款余额突破百亿大关,达到117亿元;贷款余额91亿元,同比增长71%;实现税前利润1.55亿元,在开业的第二年就扭亏为盈。先后获福州人行2009年"11·8用卡安全宣传活动"唯一"优秀组织奖"、反洗钱金融知识竞赛"团体二等奖","轻松理财"品牌入选"2009年榕城最深入人心理财品牌"十佳、获福建省红十字会"人道荣誉奖"等荣誉。

【服务海西建设】 把支持海西经济建设,作为自身发展的依托点和特色立行的着力点,坚持立足福州,辐射全省,不断深化服务内涵、创新金融产品、提高服务质量,将"融入海西、服务海西、贡献海西"作为己任。克服信贷资源紧缺的客观条件,积极发行信托理财业务,从全国范围大量募集资金支持省内企业发展。

支持支柱产业、服务"三农"。全年累计提供信贷资金超过50亿元,重点支持福州地铁、省投资集团风电项目等省市重点建设项目。通过海域使用权抵押贷款、码头和水电站质押等手段,向重点涉农项目投放信贷规模近5亿元。

完善机制体制,支持小企业发展。创新性地通过联保联贷、中小企业集合信托等多种手段,为中小企业提供资金支持。面向中小企业创新推出"海西助力1号"和"闽商1号"信托产品,募集资金支持中小企业。

支持出口型企业发展。主动加强与省外经贸厅的沟通合作,配合举办福、泉、漳等6市的进出口金融服务知识巡讲,为全省近600个重点进出口企业讲解金融支持。开办福建省首批人民币跨境结算业务,为进出口企业提供优质的人民币跨境结算服务,帮助企业规避汇率风险。

【网点建设】 8月,福州分行第一家同城支行——闽都支行开业;12月,第一家异地分行——泉州分行开业。

(罗明生)

中国邮政储蓄银行福州分行

【概况】 2010年,中国邮政储蓄银行福州分行树立"以客户为中心"的核心经营管理理念,全力抓发展、抓服务、抓管理、抓队伍、抓安全,完成省分行下达的年度计划及市分行年初预定的各项目标。发挥KPI考核、绩效考核和季度业务竞赛3项激励考核机制,调动全行员工积极性。全年实现银行自营收入4750万元,列全省第一位,利润完成省分行下达预算目标的100.3%。

【服务海西建设】　发挥邮储银行覆盖城乡的网络优势,融入海西经济区建设,加大服务社区、服务"三农"和服务中小企业的力度。加强与政府的沟通联系,参与政府重点项目与福建省投资集团、省高速公司、华电集团等合作。通过与共青团组织密切合作,共同推出"青创贷"项目,为创业青年提供资金支持,并在福清、长乐、连江(县)等支行取得成效。主动参与"新农保"金融服务工作,承接平潭新农保项目,同时走村入户,构建邮储"信贷村"、"信用村",支持"三农"经济发展。开办小企业贷款,为小企业贷款提供专业、高效的服务,保证小企业贷款业务的开展。

【拓展业务项目】　做好省分行7个项目的对接工作,深入开展市分行推广的项目,并辅导各支行寻找项目。个金业务围绕余额和有效客户增长目标,重点跟进校园项目、两通及POS业务项目、代发工资项目、土地赔偿款项目、社会养老金代发项目等的落实工作;信贷业务重点跟进与团委合作的青年创业小额贷款项目、"信用村"项目、小企业"两园百会"项目及与房产中介联手的二手房项目;公司业务围绕余额发展目标重点加快财政项目、小城镇建设项目、财政资金下拨项目、土地建设项目、水利项目、社保项目、各地特色资金项目等的运作,拉动公司余额快速增长。通过全年的摸索、拓展和研究定位,在四季度明确49个个金项目、94个公司项目和4个重点信贷项目,并实行项目滚动式开发拓展,为市分行落实项目带动、推进项目持续发展奠定良好基础。

【网点建设与终端投入】　一是加快网点建设。有福清支行营业部、华林支行、浦上支行、台江支行4个网点完成迁址装修工程,福州工业路支行完成网点原址扩建改造工程并投入使用,网点建设改造面积总计4730平方米。市分行营业部及办公场所、平潭支行和永泰支行的装修改造工程、南街24小时自助银行建设工程均在进行。二是加大自助设备和服务终端的投入使用。全区银行新增ATM机具5台,CRS机具6台,自助终端3台,校园圈存机1台,个人网银终端7台,用户疏忙作用明显,并开展全区交易量少的机具的调整工作,提高设备使用效率。完成ATM硬件加密改造工程的测试系统切换工作,对全区所有在用的ATM软件进行升级,增加ATM业务功能,提高ATM的安全系数,降低自助设备的资金出错率。

【加强风险管控】　按季组织召开风险管理委员会会议、风险管理联络员预备会,解决基层及各业务部门提出的风险问题。建立市区一级支行、二级支行,代理支行各1个,县(市)级支行2个,作为重点项目风险监测点,针对年内新开办业务及监管部门检查过程中发现的问题,进行风险提示和报告,全年出示涉及信贷业务、公司业务、用印管理、反洗钱工作、商易通违规操作、批量存款违规操作及收单业务风险防范等的风险提示书计8份,梳理出风险点31个,提出控制措施32条。汇总各部门发现的风险问题的落实情况并进行通报,将风险问题的整改落实情况列入KPI考核范围。

(吴娜娜)

福建海峡银行股份有限公司

【概况】　2010年,福建海峡银行股份有限公司抓住难得的政策机遇和市场机遇,加强与台湾金融机构的交流沟通,成立专门的工作小组,研究与台湾金融机构在业务合作与资本合作上的先行先试工作,为下一步的合面合作奠定基础。全年,公司资产总额538.1亿元,比上年增加122.8亿元,增幅29.57%;存款余额377.8亿元,比上年增加94.8亿元,增幅33.48%;贷款余额241.6亿元,比上年增加45.7亿元,增幅23.34%;票据贴现余额26.8亿元,比上年减少6.5亿元,减幅19.5%;资本充足率15.56%,核心资本充足率15.88%,贷款损失拨备覆盖率216.38%;实现账面利润7.2亿元,同比增加3.5亿元,增幅92.27%,实现净利润6亿元,同比增加2.77亿元,增幅85.59%。

【服务海西建设】　一是支持重点建设项目,包括为海峡国际会展中心、海峡农副产品批发物流中心、福州鼓山大桥及连接线、闽西物流商贸中心、宁德霞浦廉租房建设项目等重点工程项目提供信贷支持。年末各项重点项目贷款余额8.13亿元,新增信贷投放3亿元。二是支持新兴产业发展,加大"企明星"小企业贷款发展力度,推广房产抵押100%、设备抵押超值贷、科技项目补助贷等特色产品,满足科技型等各类中小企业的融资需求。在贷款金额500万元以下小企业细分市场中,占有率全省领先,居福州市首位。三是支持新农村建设协调发展。县域、乡镇的14家支行年末各项存款总额62.48亿元,比年初增加26.1亿元,一般贷款40.4亿元,比年初增加12.7亿元。四是加大居民消费信贷支持力度,年末个人贷款余额72.8亿元,比年初增加12.5亿元,增幅20.65%;全年为福州市下岗失业人员提供贷款267万元,累计3114.5万元;落实"为民办实事"项目,推进福州市民卡项目建设。

【拓展经营网点】　加快跨区域经营步伐,全年建设自助网点30个,企业和个人网上银行客户数分别为3981户和1.47万户。年内,泉州分行开业,首家省外分行——温州分行开业,莆田分行筹建;设立福建海峡银行平潭、龙海、云霄、漳平支行;总行新大楼建设列入福州市重点建设项目之一。

【强化风险管控】　"三个办法一个指引"为导向强化信贷基础管理工作,信贷风险管理全流程影像平台系统上线运行。通过强化制度建设、开展IT系统革新,以精细化管理全面提升信贷风险防控水平。开展银行案件防控执行年活动,开展操作风险排查工作。开展信息科技风险排查和应急演练,落实上海"世博会"和广州"亚运会"期间的信息系统安全保障任务和金融服务。出台《合规手册》,建立覆盖总行各部门、各分支机构、法律顾问的全面合规咨询渠道。开展新设分支行机构后评估工作,提升管控能力;开展持续全年的内控审计评价工作,完善风险事前防范、事中控制以及事后监督评价与纠正的内控机制。

（黄　敏）

平安银行福州分行

【概况】　2010年，平安银行福州分行发挥平安集团综合金融服务优势，加强内部控制和风险管理，实现各项业务健康发展。分行资产总额86.89亿元，同比增长47.61%。一般性存款总额71.53亿元，同比增长71%；各项贷款余额82.8亿元，同比增长59.11%；全年实现净利润1.47亿元，同比增长63.98%；不良贷款率为0.038%，远低于总行设定的0.22%的比例。全年保持“三无”，即无重大差错，无责任事故，无经济案件。

【支持海西建设】　与总行沟通，争取更多信贷资源支持海峡西岸经济区建设。分行全年新增贷款27.55亿元，增长幅度达59.11%，增速位居福州市银行业首位，超过全国银行业增长17%的水平。在传统业务方面，继续支持省市重点项目，满足政府融资平台贷款项目的信贷投放，向总行特别申请并继续执行基准利率下浮10%的最低利率标准。向交通、能源、城市基础设施、节能减排项目及主要工业生产企业提供26亿元综合授信额度，发放18.5亿元贷款支持。推进中小企业“赢动力”品牌建设，贯彻落实总行“业务专业化、营销专业化、考核专业化、管理专业化”的经营思路，加强分行SME专业团队的运作管理水平，加快推进六项机制建设，开展批量营销，产业对接，支持产业发展和产业升级，新推出中小企业“一贷通”融资产品组合，解决中小企业融资难题。年末，分行中小企业贷款余额16.7亿元，较年初增加7.2亿元，增幅76%；个人消费贷款余额22.13亿元，较年初增加9.23亿元，增幅71.5%。

【对公业务】　结合行业经营和批量化营销，加强专业化团队建设，组建以财政业务为核心的战略客户中心，以漳州、宁德区域为营销阵地的专业团队和福州本地作战的3个中心，逐步走上批量化营销、专业化经营的道路。引进优秀管理人才和资源型、专业型客户经理；开展“励志行动”，提高客户经理人均产能。以业务创新和机制改革为抓手，推进条线沟通和前后台互动，完善对公业务管理机制，强化资源调配。完成再贴现、进口开证、进口押汇、海外代付、内保外贷等首发业务，全行国际业务、贸易融资、网银、现金管理等对公业务产品类指标完成率在全总行名列前茅，中间业务收入较上年增长204%。

【零售业务】　零售条线践行“两条腿走路”的创新经营思路。首例批量营销项目——上海、杭州湾钢贸项目获批落地。搭建综拓、证券等销售渠道，推动零售业务拓展。严格落实“竞争、激励、淘汰”机制，保证零售队伍的活力和战斗力。

【中小企业业务】　全年中小企业总收入完成率112%；非息收入852万元，新增贷款10亿元，获总行“沙场秋点兵，争先夺锦标”的争先奖；年末存款余额18亿元，较年初增加14亿元，增长率360%；新增中小企业授信客户162户，增长率164%，新增客户数名列各分行榜首。根据中小企业客户区域特点和产业集群的优势开展粮食行业、福安工程船舶行业、电机行业，按摩器等行业的批量营销，并在钢贸行业综合运用供应链融资，针对企业不同阶段的不同产品作出选择。全力推出“一贷通”产品，致力解决中小企业融资难题，实现从中小企业营销乱战到初步摸索出适应福建地方民营经济的营销模式。

【综拓业务和渠道建设】　对公综拓业务抓队伍建设、渠道建设和重点项目落地。完成对公综拓管理部及业务拓展部的架构调整，充实分行综拓队伍力量。坚持以1+N为基础，以1+1模式为补充，联合渠道共同开展客户营销。根据渠道销售改革，重点加强常规产养渠道的宣导培训和相关业务推动，配合产险直销业务员转型整合要求，加强银行基础知识宣导。

【倡导优质服务活动】　倡导前后台良性互动，加强后线对前线的服务支持，提升柜面人员的业务技能与服务意识，启动支行服务PK竞赛及后线“被”评价机制，提升全行员工主动服务的意识，通过优化柜面作业流程和客户经理接待环节，缩短客户等候时间。在2010年度福建银行业文明规范服务示范单位（全省评选98家，有4200多家银行网点参选，占比率为2.3%）和服务明星（全省评选100人）评选活动中，平安银行福州古田支行和平安银行福州分行营业部获“省级文明规范服务示范单位”称号。

（宋方瑜）

12月1日，平安银行福州分行在福州香格里拉酒店隆重举办SME“一贷通”产品推介会。

浙江稠州商业银行福州分行

【概况】 浙江稠州商业银行福州分行于2009年12月14日获得银监会批复筹建,2010年3月23日取得金融许可证,3月25日取得工商营业执照,5月11日开业。分行坚持"服务中小,支持个私"的市场定位,把自身发展与区域经济紧密结合,致力于向中小企业和个体工商户提供优质的金融服务。年末,资产总额为19.6亿元,各项存款余额18.55亿元,各项贷款余额6.92亿元,不良贷款为零,超额完成总行下达的利润指标。

【服务中小支持个私】 采取差异化竞争的策略,主要授信客户定位在200万元~500万元之间。截至2010年末,500万元(含)以下贷款(含贴现)134户,金额4.6亿元,占贷款余额(含贴现)67.07%,充分体现"小企业主办行"的市场定位,有效地支持区域内中小企业的发展。

【服务海西建设】 介入南安水暖、福安电机、船舶制造、闽清陶瓷等福建省特色产业,向南安市5家水暖卫浴企业发放1亿元流动资金贷款,支持当地特色产业的发展。通过对农业龙头企业和农户的授信,灵活抵押和担保方式,带动当地"三农"事业的发展。年末,服务三农授信余额3.9亿元,其中贷款余额3亿元。

(唐炎曦)

福建省农村信用社联合社福州办事处

【概况】 2010年,福建省农村信用社联合社福州办事处指导福州城区及八县(市)农村信用社改革与发展,福州城区农村信用合作联社改制成"福州农商银行"。全市9个行社共增资扩股6.06亿元,全辖资本充足率12.82%,增强资本金实力,抗风险能力持续提升;辖区有308个营业网点,职工2424人,是福州金融网点分布最广泛、服务对象最多的金融机构。至2010年,全市农村信用社各项存款余额275.68亿元,比年初增长26.09%;各项贷款余额187.32亿元,比年初增长28.41%;不良贷款占比1.5%,比年初下降3.15个百分点,实现不良贷款"双下降"。

【服务海西建设】 全辖支农贷款余额141.45亿元,比年初增20.20亿元,增长16.66%,启动创建信用村(社区)59个、信用乡(镇)4个,完成创建信用村23个,授牌8个。发放小信贷款证5.20万本,授信金额3.65亿元,小额信用贷款2.26亿元,比年初增长19.49%;发放210万元贷款支持72户农村妇女创业,发放巾帼创业贷款1087户2.32亿元;发放春耕备耕贷款23.53亿元,发放计生"二女户"贴息贷款556户1018万元,发放扶贫小额贴息贷款724户2596.40万元;全辖开通163个网点受理生源地信用助学贷款,授信1840.58万元,发放454.35万元,惠及家庭经济困难学生808人,做到应贷尽贷;发放青年创业小额贷款3178.60万元,支持农村青年824户创业,青年创业小额贷款余额2931.60万元;代发粮油补贴、库区补贴、农村低保等财政性补贴款项28.32万户金额3.16亿元。发展"小额支付便民服务点",辖内罗源、永泰联社获人行批准并安装30台设备,将金融服务延伸到农村地区的每一个角落,改善农村地区支付结算环境,推进"金融服务不出村工程"建设。

【网点建设与终端投入】 开展精品网点创建及重点经济区域网点建设3年规划工作,全辖投入安防资金1644万元加大营业网点装修改造力度,有15个营业网点被评为全省农信系统"精品网点",其中"三星级"网点7个、"四星级"网点8个。推广实施综合柜员制,有47个营业网点实施综合柜员制。

加快ATM、存取款一体机、自助终端、POS、生意通等自助机具的布设进度,至2010年,全辖发行银行卡59.32万张,布设ATM机161台、存取款一体机36台、自助终端63台、自助银行27个、POS终端656台、居家银行321台、生意通321台、固话支付16台;发展万通宝4781户,贷款余额10.89亿元;签订短信银行11.21万个,电话银行1.84万个。

【强化风险管控】 组织开展年度联社稽核工作综合评价,按A、B、C、D类确定评价,量化稽核工作水平;组织开展新增不良贷款、大额贷款、内控制度建设及执行情况、存款风险滚动式、从业人员经商办企业整治、代理国库业务、信息科技风险、安全保卫突击等多个专项稽核检查项目,进一步加强内审,提升稽核工作水平。开展合规风险机制建设,抓业务流程、风险点、规章制度的梳理,倡导和培育合规文化,建立健全风险机制。全年,全辖查找风险点153个,梳理制度808项,拟废止制度85条,拟修改制度90项,拟整合制度67项,拟增补制度44项。

【业务技能选拔赛】 8月26~27日,举办业务技能大比拼选拔赛,9个行社代表团152名选手参加角逐12个技能项目;11月8日,福州农信代表队以270分获全省业务技能大比拼团体赛第一名、团体总分第三名;举办反洗钱知识选拔赛,获福州市金融机构反洗钱知识竞赛团体三等奖和个人优秀奖;举办全市农信系统内部培训师选拔赛。

(吴恭济)

(编辑 陈子明)

中国人民财产保险股份有限公司福州市分公司

【概况】 2010年,人保财险福州市分公司围绕“促发展、增效益、防风险”工作主基调,突出销售能力、盈利能力、服务能力和组织能力四方面建设,明确转变发展方式、提升盈利能力、加强队伍建设3个工作主旨。在全省系统岗位技能竞赛中,获团体总分第一,两个单项团体第一,个人单项3个第一的成绩。全年,毛保费收入8.91亿元,比上年增长34.4%;实收保费8.92亿元,比上年增长29.7%;赔付支出4.4亿元,比上年下降17.0%。

【发展方式转型】 车险业务注重结构调整,推进家用车及非营业车拓展,重点对营业性车队进行整治改造,鼓励发展家用车竞回业务,在考核激励机制的推动下家用车竞回率稳步提升。非车险严控质量关,主要从业务调整、业务改造及严控自留比例3个管控方面着手。除续保业务以外,对新增业务,特别是大项目业务严格审核,对业务的自留比例进行严格控制。改进展业方式,开展“三进入”活动,通过开设讲座、课堂、服务点,悬挂宣传横幅、张贴海报,并以省、市、支公司三级联动的工作方式,开展保险宣传营销工作。

【渠道资源优化】 采取合同动态管理和分配体系改革,实施有计划、有重点的营销增员,壮大销售队伍,完善自有渠道。组建各类型专业团队60个,对所有4S店、部分行业以及大客户实行专管专营管理;推广高效运作模式,共建产、售联合销售团队,抓“互派专员”方式的推进和监督,推动交叉销售向更深层次迈进。全面铺开新的银行渠道,合作银行主体增加到18个,合作银行分支机构达108家。加大宣传推广力度,加强电销落地服务工作,推进电销业务发展。

【强化销售支持】 建立业务资源综合协调机制,加强内部沟通,通过客户回访做好客户基本信息的采集、管理和运用;把握成本与管控之间关系,合理配置财务资源,实现财务资源向规模大、效益好的支公司和险种倾斜,发挥财务分配的有效激励作用;找准市场的切入点,争取政府行政和政策支持,取得2011年度省市直公务车辆承保权,连续14年保持该项目的优势地位。配合市政府为民办实事举措,承保公交车上高龄老人乘车责任保险。承保福泉、渔平、宁武等标段高速公路建工险。全面承保全市石化生产性企业安全生产责任保险。与消防部门建立合作机制,推动福州市区的火灾公众责任保险业务发展。

【精细管理举措】 推进公司战略转型,借鉴先进管理经验,倡导精益思维和精益文化,致力于打造精细化管理公司,通过降低展业成本,提高工作效率,以更

9月18日,人保财险福州市分公司员工参与社会科普宣传活动。

严格、更系统的标准,持续提升公司管理水平和核心竞争力。以业务处理省集中平台建设为切入点,全力配合推进核保、理赔、95518的三大集中,解决作业流程和服务效率问题。在承保方面,全险种实施分类制度,制订承保政策,规范经营行为,防范风险业务,改变管理粗放局面。制定差异化的费用政策,出台非车险及银保业务费用奖励办法、千分制考核办法、家财一卡通单项考核办法、ERU排名榜等措施,加大对效益型险种的奖励及考核力度,鼓励发展家财险、ERU、借款人意外险、产品责任险等新增长点。

【提升服务能力】 加快推进电话车险服务平台建设,利用品牌效应和广泛的服务网络,开展电话车险管家服务。车主只要拨打"4001234567"将车子的信息告知客服人员,就能提供报价和上门送单服务,车主足不出户便可完成签单交款等事项。推出理赔绿色服务通道、新理赔无忧工程、服务标准化等服务举措,简化服务流程,压缩理赔时间,加快理赔速度,顺畅客户沟通,创造优质、高效、便捷的保险服务环境。如出险客户短信通知、3G手机移动查勘理赔质量电话回访、4S店驻店团队服务等,将"理赔无忧——车险快捷服务"进一步引向深入。加强车险客户短信回访的检查指导,落实短信回访工作。建立医疗跟踪系统,强化人伤案件管理,对伤者治疗过程提供全程跟踪咨询服务。开发4S店驻点跟踪系统,实现出险信息查询、驻点后续处理、跟进流程查询等项功能。发挥保险社会管理功能,放大保险保障效应,在台风季节,第一时间启动防灾防损预案,组织服务团队走访投保企业,开展风险隐患的排查工作,科学指导防灾防损工作,帮助企业增强防灾防损意识,提高防灾防损能力。

(肖 涛)

中国人寿保险股份有限公司福州分公司

【概况】 2010年,实现总保费(含集团)26.69亿元,同比增长16.78%;新单保费收入15.99亿元,同比增长9.92%;首年期交保费收入5.05亿元,同比增长54.49%,不含银保专项的首年期交保费收入3.75亿元,完成率78.55%;短期险保费0.63亿元,同比增长14.57%。经营效益提升,死亡重疾指数0.45,续期收费率92.6%,精算退保率5.59%,三项精算指标较上年同期明显改善;费用开支控制在年初预算指标额度内,实现费用预算收支平衡略有结余。全市系统共有国家级青年文明号1个、省级、市级青年文明号分别为7个和2个。

下半年,福禄满堂养老年金保险隆重上市。

【市场份额】 按照新会计准则,在福州22家寿险公司中,福州分公司总保费市场份额37.4%,高出主要竞争对手18.8个百分点;长险首年期交市场份额39.11%,高出主要竞争对手14.14个百分点;银保趸交和期交、意外险市场份额均居福州寿险行业首位。

【渠道发展】 个险渠道完成首年期交保费2.25亿元,同比增长7.64%,完成率70.84%,其中5~9年期首年期交保费1.14亿元,同比增长40.91%,10年期及以上首年期交保费0.97亿元,完成率109.25%,短期险保费0.26亿元,同比增长20.69%,完成100.77%;拥有持证个人代理人4157人,有效人力1370人。银保渠道实现首年保费13.63亿元,其中实现不含专项的首年保费12.33亿元,完成率96.09%;实现首年期交保费2.8亿元,同比增长137.28%,其中实现不含专项的首年期交保费1.50亿元,完成率93.82%。五大渠道期交同比均呈正增长,且增长幅度进一步扩大;客户经理406人,理财师153人,销售队伍人力较上年末净增54人,人均网点配比持续增长,达1:1.75。团险渠道通过重点项目公关,推进代理渠道建设发展步伐,将短期险业务常态化,促进短险业务健康可持续发展。实现短期险保费0.32亿元,完成102.48%,其中意外险保费0.19亿元,完成179.29%。实现团寿险保费818.81万元,企业年金规模1.9亿元。

【经营体系改革】 一是根据全市系统各营业单位业务规模情况,编制各单位、各渠道2010年人员定额,明确市县两级分支机构组织架构以及领导职数配置。二季度调整县公司的班子分工,强化对个险渠道的管理。出台《福州分公司分支机构整改实施细则》,规范分支机构用工关系、理顺分支机构管理关系。二是加强工资预算管理。出台《2010年工资预算管理办法》,确定全市系统各单位公司分类并确定2010年各单位基准薪酬。三是制定《县级支公司绩效考核职能指标及考核细则》《市县两级员工2010年薪酬管理办法》《市县两级员工绩效评估实施方案》《月度绩效考核办法》等一系列绩效考核办法,并制定营业单位年度预算完成达成奖以及超额奖励办法,完善公司绩效激励考核体系。四是创新客户服务中心管理模式。同城柜面(鼓楼、仓山、晋安)不再单设理赔岗,理赔岗人员就地转化为保单服务岗,对城区所有保单服务岗人员进行培训。

【客户服务】 一是树立“以客户为中心”的经营理念,推行“国寿1+N”服务。开展丰富多彩的牵手活动、6·16客户节等系列附加值活动,其中健康深呼吸活动、金卡年会活动,因富有创意,福建电视台、《福州晚报》等媒体对此进行专题报道。推广客户服务岗位标准,开发自助服务终端查询功能;开展业务管理实务及流程优化工作;发挥对各销售渠道的后援支持与服务保障功能。在业务管理方面优化相关业务单证、核保、理赔流程,加强关键岗位、关键环节风险管理,实现理赔服务的高效、透明和人性化。二是增强品牌宣传的深度和广度。加强与福建电视台、福州晚报等媒体的联系与合作,在省级以上媒体公开发表稿件65篇,对福州分公司福禄满堂养老年金保险等产品进行相关专题专版宣传。三是增强信息技术水平和支持。增强日常应用系统数据维护,参加国寿E家、非法软件清理、SET杀毒软件部署、视频新系统上线以及县支公司现场服务和省公司下发的IP地址改造任务。四是增强教育培训资源和密度。提供充足财务资源,充实讲师队伍,提升讲师水平,加强讲师管理,完善制式教育与非制式教育计划,并通过定期考核来检验和巩固教育成果。

【风险管控】 一是严格执行中国保监会《人身意外伤害保险经营标准》;加强销售人员预警回访工作,开发营销员信用评估系统。二是加强内控合规管理。重点修订完善《内控执行手册》,开展内控标准执行工作,建立全员内控承诺机制。全面加强收付费环节风险管理,丰富非现金收付费的实现手段,完善银联收付费系统的实时付费功能;开展“诚信我为先”活动,防范销售误导风险。三是履行反洗钱工作职责。做好客户身份识别、客户身份资料和交易记录保存、大额和可疑交易报告等反洗钱核心工作,开展客户风险等级划分工作,组织开展反洗钱工作检查,加强内外部沟通协调。被人行福州中心支行列为2010年福建省、福州市级反洗钱现场检查免检单位。四是严格开展自查自纠工作。组织对全市系统包括市公司个险销售部、县支公司、营销服务部、农网、营销员及内勤人员持有的“保单检查卡”“保单服务卡”及违规“保险存折”进行全面清理。

(黄一彬)

中国太平洋人寿保险股份有限公司福州中心支公司

【概况】 2010年,是太平洋人寿保险集团公司实现A+H股成功上市,迈向国内和国际市场后经营运作的第一年,也是太平洋寿险福建分公司稳健经营、结构优化、效益提升、持续发展的一年。太平洋寿险福州中心支公司围绕集团、总公司及福建分公司的战略部署,以保监会“转方式、调结构、防风险、促发展”为工作主线,推动实施“以客户需求为导向”的战略转型,调整业务结构,加快核心业务发展。全年规模总保费收入突破5亿元,同比增长49%。

【业务经营】 个险渠道保费收入5657.49万元,标保及费用贡献均独占全省鳌头,整体成效好。银保渠道保费收入2.32亿元,标保、规模保费及期交总量均位居全省第一,银管队伍从年初50人发展至120余人,人力增长120%,队伍精细化程度日渐加深。团险渠道保费收入1650.46万元,在旅意险及航意险市场拓展中取得良好成效。保费渠道保费收入1.80亿元。续期渠道全年续期突破1.77亿元,同比增长20%。5月起,在福州中心支公司辖属机构中,万商大厦、东街、晋安、安泰4家营销服务部经保监局验收,成功晋升支公司。旅意险与52家大小旅行社达成合作协议,打造10万元的月保费平台,市场占有率达70%;航意险先后抢占19个代理网点,实现月保费平台20万元,市场占有率达85%以上。

8月21日,太平洋人寿保险福州中心支公司开展客户服务节活动。

【客户服务】 运用先进IT技术,使P10系统项目成功上线,提升公司营运服务水平。7月16日,福州中心支公司代表福建分公司在全国第二期P10上线启动会中进行经验介绍。同时以客户为中心,倡导服务零距离,创新服务模式,提升公司服务及品牌形象。年内,在中国质量万里行促进会公布的服务质量明察暗访结果显示中,福州中心支公司客服大厅窗口的服务质量为最高评价级别A类,合格率为100%。《中国保险报》《东南快报》《太平洋保险报》等媒体均以“零距离”服务为题材,对福州中心支公司的服务工作进行专题报道。

【奉献爱心】 组织“情系玉树手相牵——为玉树地震灾区捐款”活动,全体员工共捐款2万余元。与公司定点助残单位福州市聋哑学校共同举办“托起绿意·爱创家园”爱心植树活动。同时,公司还捐赠书包、图书、护眼小台灯给参加活动的聋哑孩子,公司的30位品优营销员与福州市聋哑学校的30位优秀学生,举行手拉手爱心互助结对子仪式。

(江　源)

中国太平洋财产保险股份有限公司福州中心支公司

【概况】 2010年9月,经保监局批准,太平洋财产保险股份有限公司福建分公司内设机构营业中心(原辖区福州市五区、闽侯、闽清、永泰)及营业二部(原辖区福清、长乐、罗源、连江、平潭)正式合并成立福州中心支公司,全面负责福州五区八县的业务。

福州中心支公司围绕“内抓管理、外树形象、开源节流、提升素质、文化主导、合规经营”的总体要求,以及分公司下达的全年预算目标,推进销售管理体制改革和四级机构管理体制改革,支持和配合分公司核保核赔、人力资源、财务的三集中管理,提升车险精细化管理、非车险尤其是核心业务拓展、渠道拓展、客户服务4项能力的建设。在提高市场份额的同时,致力于提升服务水平,在业内首推车险理赔移动视频查勘(3G)等服务。全年,保费收入3.11亿元,同比增长57.87%,占福州产险市场份额的10.32%,同比上升0.94个百分点。

【重大承保项目】 按总公司、分公司车险渠道化和非车险条线化的发展要求,着力打造专业化销售团队,先后成立车商渠道、交叉销售、重大项目、船舶险等专业化团队。在重大承保项目上,先后承保合福铁路7个标段的建工一切险、建工人意险;承接福州市二环、三环、绕城高速等建工险项目;6月,中标温州港集团一揽子保险项目;续保福建省三钢集团、中钢、福州港务集团、福建东南汽车、福建湄州湾氯碱化工的财产险以及福州海关、福州人民银行的车险业务等,实现重大项目保费收入近5000万元。船舶险业务发展也取得“零”的突破,与“南方远洋公司”“五星控股公司”等有发展前景,有市场影响力的民营船舶企业建立合作关系,完成船舶险保费近950万元。

【建设多元化销售渠道】 一是发挥县域营销服务部的功能与作用,利用各县域机构地理位置优势及特色,加大当地在建项目的保险业务拓展力度,同时将保险服务向县域边区延伸。二是与各中介机构深入合作,制定和实施专管专营细则,并配备专业的技术人员,提升公司服务品质。三是全面推动交叉销售工作。利用现有的资源,推动产、寿交叉,建立业务互动机制,相互沟通协作、相互借鉴学习,提高销售能力。四是推广电话车险销售。车主只需拨打电话,足不出户即可享受到车险咨询、快速报价、折扣讲解、免费送单等一条龙服务,为客户提供更快捷、更便利的车险服务。五是建设4S销售平台。至2010年,已与近30家车行建立合作关系,在各合作车行安排驻店服务人员,在店受理车辆投保、业务咨询、小额案件理赔等,为客户提供保赔一体的一站式服务。六是开拓重型汽车销售商与融资方渠道,推动施工机具保险的发展。同时在营运车经销商中推广人身意外险以及公路货物承运人责任险,在4S车行推广君安驾意外险等新产品。

【推出特色理赔服务】 贯彻落实新《中华人民共和国保险法》,切实保障被保险人利益,对现有理赔等业务流程进行梳理,及时整改提高。“95500”客户服务平台推出赔款催领、关切回访、气象提示、短信提醒等一系列增值服务。每月下发《理赔时效分析》,逐月改善车险理赔服务环节的时效性。在辖区内大规模开展车险理赔“三四五”(三全:全天候电话服务平台、全年无休平台、全覆盖流动服务平台;四承诺:限时查勘、限时赔款、全国通赔、重大赔案先行赔付;五关怀:保险参谋、医疗顾问、法律咨询、防损指导、电子划款)服务承诺。

(白江燕)

证　券　业

【概况】 2010年,福州市资本市场保持健康平稳运行态势。全市有A股上市公司26家,总市值3358.68亿元,比上年同期增长10.52%。新增上市公司7家,首发融资额90.54亿元,比上年同期增长90.54亿元;有4家上市公司通过增发再融资212.68亿元。通过资本市场实现直接融资303.22亿元,较上年分别增长844.82%,1247.05%。

全市有兴业证券股份有限公司、广发华福证券有限责任公司两家法人证券公司,76家证券营业部(年内新增16家),2家证券分公司,2家基金分公司。两家法人证券公司资产总额408.52亿元、净资产103.96亿元,较上年分别增长12.85%、49.4%。证券营业部全年证券交易量2.14万亿元,较上年增长1.82%。

全市有兴业期货有限公司、金友期货经纪有限责任公司两家法人期货公司,23家期货营业部(年内新增4家)。两家法人期货公司资产总额16.93亿元、净资产3.48亿元、实现利润总额0.1亿元。23家期货营业部期货交易额2.86万亿元,利润总额2656.53万元,较上年分别增长167.76%、48.71%。

全市新增拟上市辅导备案企业9家,投资咨询公司1家,具有从事证券、期货相关业务资格的会计师事务所1家,资产评估机构2家。

【推动优质企业进入资本市场】 支持上市公司通过增发、配股等各种方式实现再融资,扩大股权融资规模,提高资产质量和市场竞争力。兴业证券股份有限公司、永辉超市股份有限公司、福建星网锐捷通讯股份有限公司、福建三元达通讯股份有限公司、福建榕基软件股份有限公司、福建海源自动化机械股份有限公司、福建中能电气股份有限公司7家公司在A股市场发行上市,募集资金90.54亿元。福建中福实业股份有限公司、华映科技(集团)股份有限公司、福建新大陆电脑股份有限公司、兴业银行股份有限公司4家上市公司通过定向增发、配股等方式实现再融资212.68亿元。兴业银行股份有限公司、福耀玻璃工业集团股份有限公司2家上市公司通过发行短期融资券和各类债券融资38亿元。

【支持证券期货经营机构创新发展】

支持证券期货经营机构通过风险处置、综合治理、实施合规管理等举措，提高证券期货经营机构的综合竞争实力和服务地方经济社会发展的能力。兴业期货有限公司、金友期货经纪有限责任公司将公司总部迁入福州，实现福州法人期货公司零的突破。兴业证券股份有限公司已发展成为集证券、基金、期货、直接投资、融资融券等业务为一体的较大规模的全国性证券公司，并于2010年10月成功上市融资26.3亿元。集合资产管理、期货IB业务、股指期货、融资融券等创新业务也在其他证券期货经营机构陆续开展

【推动场外市场建设】　把握证监会启动中关村试点范围扩大工作的有利时机，福建证监局、科技厅、福州市政府开展政策宣传推介、企业培育指导和园区申报审批等工作，在福州软件园、马尾高新园、洪山科技园举办3场推介会，有50多家企业参加会议，引导园区企业寻求新三板发展。

【整肃违法违规行为】　强化打非联席会议机制和打非维稳联络员的作用，现场打击非法机构9家，移送案件与犯罪线索64起，协调关闭非法网站16个，以“黑名单”形式公布不法机构及网站名称180个；配合公安机关破获“恒润雄方”等非法发行股票或非法证券投资咨询案，涉案金额2亿多元，抓获犯罪嫌疑人30多人并对120多名非法经营人员进行教育。

（陈　婷）

（编辑　陈子明）

综述

2010年，福州市科技工作围绕“打好五大战役，推动福建跨越发展”的战略部署，以服从与服务经济建设和社会进步为宗旨，以创新、产业化为主线，发展高新技术产业，扶持科技型中小企业技术创新活动，引导技术创新要素向企业和产业集聚，加快建立以企业为主体、市场为导向、产学研相结合的区域性技术创新体系。

以福州市列入科技部“国家创新型试点城市”为契机，多措并举开展市校合作，促进创新资源合理分配与流动，促进中央、省属科研院所更多的科技成果在福州转化为现实生产力。全年，新增市科技局备案的技术贸易机构23家，福州市技术交易活动总金额呈现稳中略降的趋势，完成技术合同认定2267项，合同成交总额10.52亿元，其中技术开发合同503项、合同金额4.08亿元，技术转让合同119项、合同金额2.13亿元，技术咨询合同558项、合同金额4702.9万元，技术服务合同1087项、合同金额3.84亿元。

全年，福州市新认定7家行业技术创新中心（累计30家），新认定51家企业为高新技术企业，累计277家，覆盖大部分重点行业。有127个科技项目获国家、省科技计划扶持立项，有“福建实达电脑设备有限公司”等41家企业的“平推票据打印机/BP－650K(82列)”等76个项目被认定为省自主创新产品，占全省（厦门除外）的45%。有19项科技成果获省科学技术奖，57项科技成果获市科学技术进步奖。在获奖项目中，按技术水平分：属国际领先1项，国际先进4项，国内领先16项，国内先进14项，省内领先10项，省内先进3项，市内领先7项。

全市专利申请量6134件，比增30.29%，其中，发明专利申请2216件，比增44.84%；专利授权量4215件，比增37.21%，其中授权发明专利529件，比增63.78%。市知识产权局获“全国知识产权部门和公安机关知识产权执法保护先进集体”称号。获第十二届中国专利奖优秀奖和外观设计优秀奖各1项。获第十九届全国发明展金奖9项，银奖12项，铜奖20项，其中1项金奖项目获发明者协会国际联合会颁发的“科学发明奖”。鼓楼区、晋安区、马尾区、闽侯县被列入福建省知识产权强县工程。

“十一五”期间，福州市连续8次蝉联“全国科技进步先进市”称号，获批全国创新型试点城市，入选国家知识产权工作示范城市，相继进入“全国投资硬环境40优”“中国城市综合创新力50强”“科技强警示范城市”“国家科技兴贸出口创新基地”“信息产业国家高技术产业基地”“十城万盏半导体照明应用工程试点工作城市”等行列。全市有陶瓷、塑胶、模具、水产品深加工、机电装备与自动化等30家行业技术创新中心，覆盖全市支柱或重点产业的60%。共有新认定的高新技术企业277家，占全省的40.5%（除厦门外）。有152个项目获国家创新基金，101个项目获省创新资金，224个项目获市创新资金；161个产品被认定为福建省自主创新产品，福州市科技成果获省科学技术奖87项，获市科技进步奖287项。实施各级农业科技计划262项，其中国家级星火计划31项。

（陈艳梅）

科技创新体系建设

【入选国家创新型试点城市】 4月6日，科技部下发《关于同意福建省福州市为国家创新型试点城市的函》，批准福州市列入国家创新型试点城市，把推进创新型试点城市作为部省会商优先议题，在项目、基地、人才、政策等方面给予引导和支持。市科技局编制《福州市创新型城市试点工作实施方案》，并于7月15～16日通过科技部专家咨询会论证。“福州市创新型城市建设”项目获科技部立项，并获专项资金支持。

福州市成立以副省长、市长苏增添为组长，各相关部门负责人组成的“福州市创新型城市试点工作领导小组”；设立福州市建设国家创新型城市专家委员会，作为福州市创新型试点城市工作领导小组的决策咨询机构；由相关专家和领导小组成员单位组成评价小组指导创新型城市创建工作。市政府发布、实施“推进创新型城市试点工作的实施意见”“创新型城市指标体系与考核办法”等创新型试点城市建设规范性文件，推进创新型城市建设。

（方善明）

【行业技术创新中心建设】　在原有23家行业技术创新中心基础上，依托在榕高校和科研院所建立LED应用、功能材料、工业集成自动化、光电信息、工业控制集成应用、中药材种植、动物疫病防控等7家行业技术创新中心。行业中心与500多家企业签订长期服务协议，为企业完成约5万批次的检测及成型服务；举办培训班50多期，培训各类人员4000多人次；引进、推荐各类人才近500人；举办20多场专项研讨会；邀请韩国、日本和中国台湾地区及内地有关专家进行交流、指导；各个行业中心均建立相应的网站，与北京大学、厦门大学、韩国中央大学等国内外高校科研院所建立紧密的合作关系。福州市工业自动化、陶瓷、模具、塑胶等行业中心分别获国家科技部863计划、国家创新基金、省科技重大、区域科技重大项目等资金扶持。工业自动化、食品加工、纺织、纺织服装、漆器等5家行业中心通过专家考核。

【现代农业技术创新基地建设】　市政府重新认定并授牌37家福州市现代农业技术创新基地，包括新考核筛选的16家，以及前期认定经考核通过的21家现代农业技术创新基地。这些基地涵盖福州市所属县（市）区及农业主要产业，其中，水产企业10家、畜牧企业7家、食用菌与茶叶企业7家、果蔬企业6家、花卉企业3家、粮油制品加工企业2家、其他类企业2家。福建仙芝楼生物科技有限公司设立院士工作站，福建海壹食品饮料有限公司、福建光阳蛋业股份有限公司、福建新日鲜集团有限公司、福建省华龙集团饲料有限公司被省科技厅授予省级企业工程技术研究中心；福建光阳蛋业股份有限公司、福建海壹食品饮料有限公司、福清市星源农牧开发有限公司承担国家星火计划项目，11家基地独立或合作承担福建省星火计划项目和区域重大专项。

【科技企业孵化器建设】　市属科技企业孵化器孵化场地面积达11.5万平方米，在孵企业310家，其中高新技术企业26家，在孵企业总产值9.1亿元、利税0.906亿元。面积1万平方米福州海峡工业设计创意园建成投入使用，福州模具公共技术服务平台建设项目列入科技部火炬计划建设项目及市重点建设项目，“福州生物医药企业孵化器”列入工信部中小企业平台建设项目。市科技企业孵化器分别与福州大学机械工程及自动化学院签订合作建立硕博创新实践基地合作协议，与福建省信息职业技术学院签订合作建立产学研实践基地合作协议。市科技企业孵化器举办专业技术培训15期，培训人数达1200人以上，组织在孵企业参加公益培训和论坛超过35期，培训人员2700人次。市科技企业孵化器在孵企业申报各级政府项目立项47项，落实项目扶持资金1746万元，其中福州泰普生物科学有限公司“福建省分子诊断技术工程实验室创新能力建设”项目获国家发改委资助，福州锐达数码科技有限公司评为国家火炬计划重点高新技术企业。

【生产力促进中心建设】　福州市生产力促进中心组织实施的省科技计划项目“福建省制造业信息化‘两甩’示范工程技术服务体系建设”通过验收；国家火炬计划项目“构建海峡西岸中心城市（福州）生产力促进服务体系”完成等待验收；“福州市食用菌行业技术创新中心”技术服务平台投入运行；组织申报国家火炬计划环境建设项目“海西（福州）工业设计创意产业基地建设”，获国家火炬计划立项；申报国家中小企业公共技术服务补贴项目“福州市中小企业制造业信息化公共服务平台”，获国家创新基金补助项目立项；申报“福清水产养殖与加工行业技术服务平台”，获国家发改委立项。3月24～25日，全市生产力促进中心工作会议召开，会上成立福州市生产力促进服务联盟、福州市食用菌产业科技服务联盟。11月21日，福州市生产力促进中心主办“两岸生产力合作暨海西国家级示范生产力促进中心交流会”，与台湾中国生产力中心签订《两岸生产力中心合作协议书》，这是台湾中国生产力中心首次与大陆生产力促进中心签约，标志着榕台生产力中心之间的合作向前迈进实质性的一步。福州市生产力促进中心被科技部高新司列为服务社会主义新农村建设首批试点单位之一，并获中国技术市场协会“三农科技服务金桥奖先进集体”。

（叶巧　林文亮　陈军　林东）

【科学技术经费】　市本级财政专项经费安排科技事业费用专项预算为

11月21日，福州市生产力促进中心与台湾中国生产力中心签订《两岸生产力中心合作协议书》。

1.18亿元，实际支出1.95亿元。全市获国家和省级科技计划项目127项，扶持经费5278万元，其中，国家级67项，获扶持经费3500万元，省级60项，获扶持经费1778万元。

表19　　福州市科学技术支出占2010年市本级财政一般预算支出比例

考核年份	本级科学技术支出（万元）	本级财政一般预算支出额（万元）	本级科学技术支出占2010年本级财政决算支出比例(%)
2009年	16485	639786	2.58
2010年	19508	750207	2.60

表20　　福州市科学技术支出使用情况

序号	使用领域	经费主管部门	经费额(万元)	
			2009年	2010年
1	科学技术管理事务	市科技局等	383	385
2	基础研究	市科技局等	651	46
3	应用研究	市科技局等	1209	1293
4	技术研究与开发	市科技局等	6856	5290
5	科技条件与服务	市科技局等	2131	4831
6	社会科学	市社科院等	183	221
7	科学技术普及	市科协等	774	837
8	科技交流与合作	市科技局等	24	52
9	其他科学技术支出	市科技局等	4274	6553
合计	—	—	16485	19508

（张大仁）

高新技术产业

【高新技术企业】　开展创新型企业评价工作，组织高新技术企业申报国家、省创新型企业，推动“技术创新引导工程”深入实施。福建邮科技术有限公司被评为第四批国家级创新型试点企业，有16家企业确定为福建省第三批创新型试点企业，至2010年，福州市有5家国家级创新型(试点)企业，有60家省级创新型(试点)企业。福大自动化、飞毛腿(福建)电子股份有限公司获科技部“十一五”制造业信息化科技工程应用示范企业，福建星网锐捷通讯股份有限公司等13家企业被列入福建省制造业信息化示范试点企业。福建新大陆科技集团有限公司等7家优秀创新型企业受到省科技厅的表彰。

组织举办高新技术企业和自主创新产品认定申报辅导班4期，企业参会人数800多人；推荐72家企业申报2010年高新技术企业，福州国德光电设备有限公司等51家企业被认定为高新技术企业。至2010年，福州市共有高新技术企业277家，占全省(厦门除外)40.5%。并根据规定，对2008年第二批和2009年新认定的115家高新技术企业各奖励3万元。　（谢　辉）

【火炬计划与高新技术研究开发计划】　以提升区域重点产业技术支撑水平和区域创新能力为目标，针对区域重点产业发展的重大关键共性技术需求进行扶持，该项目集成省、市科技资源，通过产学研结合，突破制约区域重点产业发展的关键共性技术问题，合力推进区域科技进步。全年，福州市获科技部国家级火炬计划项目13项，省级火炬项目18项，市级火炬计划项目34项。

表21　　2010年国家级火炬计划项目

序号	项目名称	承担单位
1	基于底层编码调用技术的三奥数字播控系统	福建省三奥信息科技有限公司

续表21

序号	项目名称	承担单位
2	基于SOA架构的物流分拣投递生产管理系统	福建国通信息科技有限公司
3	榕基执行先锋	福建榕基软件股份有限公司
4	敏讯企业级SX6000网络通信设备	福建敏讯信息技术有限公司
5	基于GIS雷达预警系统	福州四创软件开发有限公司
6	数字家居智能终端系统	福建省冠林电子有限公司
7	防污抗菌高强聚酯纤维复合材料产业化	福建思嘉环保材料科技有限公司
8	MT-YPY003高解析度低照度彩色摄像机	福州天健光电有限公司
9	高层建筑管网叠压的新型智能补压供水设备	福州科真自动化工程技术有限公司
10	红泥塑料生产厌氧发酵装置和沼气贮气装置产业化项目	福州北环环保技术开发有限公司
11	福州模具公共技术服务平台建设	福州市高新技术产业创业服务中心
12	海西信息服务解决方案体验交易平台	福州软件园产业服务有限公司
13	海西(福州)工业设计创意产业基地建设	福州市生产力促进中心

表22　**2010年省级火炬计划项目**

序号	项目名称	承担单位
1	工业自动化IAP新技术研发及其产业化	福州福大自动化科技有限公司
2	RD系列柴油机和ATS智能移动电站研发	福建联合动力设备制造有限公司、福州金飞鱼柴油机有限公司
3	基于多网络多业务融合的家庭信息化关键技术研发及产业化	福建邮科通信技术有限公司、福建星网锐捷通讯股份有限公司、福建新大陆软件工程有限公司
4	塑料管道材料制造装备节能降耗技术研发及应用	福建亚通新材料科技股份有限公司、福建振云塑业股份有限公司、福建恒杰塑业新材料有限公司、福建祥龙塑胶有限公司、福建师范大学化学与材料学院
5	基于智能小区的数字家居系统研发	福建省冠林科技有限公司、福州金飞达电子有限公司、福州冠林通信技术有限公司、福州大学电气工程与自动化学院
6	陶瓷产业LNG替代煤气低温快烧节能减量技术	福州市陶瓷行业技术创新中心、闽清富兴陶瓷有限公司、百纳(闽清)低压电器有限公司
7	闽台软件创新技术培育与创业服务平台	福州863软件专业孵化器服务中心
8	鸭蛋自动化分选工艺的研究与应用	福建光阳蛋业股份有限公司
9	非开挖电力电缆用改性聚丙烯套管开发及应用	福建亚通新材料科技股份有限公司
10	汽车前挡LOW-E镀膜玻璃	福耀玻璃工业集团股份有限公司
11	镍钴锰(三元材料)锂电池电动车用动力电池	飞毛腿(福建)电子有限公司
12	数字PPC直放站关键技术研发	福建三元达通讯股份有限公司
13	光化学氧化"三苯"废气处理系统研发及产业化	福建新大陆科技集团有限公司
14	基于光纤五类线中频技术的无线通信信号拉远系统	福建邮科通信技术有限公司
15	福州市仓山区生产力促进中心建设	福州市仓山区生产力促进中心
16	福清市生产力促进中心建设	福清市生产力促进中心

续表22

序号	项目名称	承担单位
17	福州经济技术开发区生产力促进中心建设	福州经济技术开发区生产力促进中心
18	闽侯县生产力促进中心建设	闽侯县生产力促进中心

(叶　巧)

农业科技

【农业科技园区】　园区工业总产值72.2亿元(其中规模工业产值60.1亿元),出口交货总值6500万美元,粮食总产量5598吨,农业产值3.98亿元,农民人均收入8151元。签约项目2项,协议投资额1200万美元。接待国内外客商20批次,160多人次,其中台商13批次,100多人次。为企业无偿办理各类证件10项,协助台商、企业融资300万元,协商解决各类纠纷10起。

开展农业科技项目实施和完成项目的结题验收工作,结题验收县级科技项目2项。组织实施省、市、县科技项目3项,总投入3500万元。组织企业申报农业科技项目,立项9项,为企业争取扶持资金75万元。发挥紧邻省会中心城市的优势,发展观光型果园、休闲农庄,吸引市民前来观赏、休闲、游览。接待赏樱采莓、户外烧烤、农业观光游等游客近10万人次,园区休闲观光农业总产值约1000万元。调整产业结构,初步形成闽侯县北部山区以台湾有机茶叶种植、加工为主,中部以园林品种、食品加工、休闲观光农业为主,南部以台湾水果种植、家具生产为主的台商投资农业的格局。

(陈少东)

【星火计划】　开展与福州市农业生产密切相关的关键性和共性技术研究,开发和推广农业新品种、新技术、新肥料、新农药、新机具"五新"成果,推进农业科技创新和推广应用。重点培育农业优势特色产业,鼓励企业和高校、科研院所的密切合作,开展农科教、产学研创新活动。全年实施国家、省、市级星火计划项目59项,扶持金额912万元,其中国家级3项,省级13项,市级43项,项目主要由农业科研与推广机构、农业产业化龙头企业等承担实施。

表23　**2010年国家级星火计划项目**

序号	项目名称	承担单位
1	无公害清洁禽蛋规模化加工技术开发应用与示范	福建光阳蛋业股份有限公司
2	高品质速冻鱼糜制品精深加工技术研究及其产业化	福建海壹食品饮料有限公司
3	万头生猪养殖场粪污循环利用模式构建与关键技术研究	福清市星源农牧开发有限公司

表24　**2010年省级星火计划项目**

序号	项目名称	承担单位
1	双孢蘑菇新品种W192安全高效配套栽培技术研究与示范	长乐希尔帆食用菌开发有限公司、福建省食用菌技术推广总站、福建省农科院食用菌研究所
2	鲍鱼精深加工技术研究示范	福建省梅花水产加工厂、福建省农业科学院农业工程技术研究所
3	高品质速冻鱼糜制品精深加工技术研究及产业化	福建海壹食品饮料有限公司、福建师范大学生命科学学院
4	安全高效环境友好型玻璃鳗配合饲料的产业化开发与示范	福建天马饲料有限公司、厦门大学海洋与环境学院
5	对虾微冻保鲜技术研究及深加工品开发	福清朝辉水产食品有限公司、福建农林大学食品科学学院
6	低温提取青橄榄液汁研制功能饮料食品	福州市鼓楼区大特生物技术有限公司、福建省闽侯县振园实业有限公司

续表 24

序号	项目名称	承担单位
7	太平洋牡蛎精深加工产业化开发	福州今日食品有限公司、福建省水产研究所
8	抗风浪筏式网袖套养俄罗斯江蓠技术示范与推广	连江县金牌海珍品育苗养殖有限公司
9	鲟鱼人工繁育和鱼籽酱开发技术研究与示范	福建省龙翔特种水产养殖有限公司、福建省农业科学院中心实验室
10	速生林地仿野生种植灵芝示范与推广	福建岁昌生态农业开发有限公司、福建省林业科学研究院、福建农林大学
11	福州茉莉花茶加工技术及产业化示范	福州春伦茶业有限公司、福建农林大学茶叶科技与经济研究所、福建敖峰闽榕茶业有限公司等
12	带壳禽蛋规模高效前处理成套技术开发	福建光阳蛋业股份有限公司、福建鸭嫂食品有限公司、福建医科大学、福建农林大学
13	海带良种创制与加工技术研发及产业化示范	福建省连江县官坞海洋开发有限公司、福建师范大学生命科学学院、福建省连江天源水产有限公司、福建省连江远嘉冷冻食品有限公司

表 25　**2010 年市级星火计划项目**

序号	项目名称	承担单位
1	大黄鱼安全高效环境友好型慢沉膨化配合饲料的开发	福建天马饲料有限公司
2	台湾果树主要害虫绿色防控技术研究与示范	福清市琳鹏现代农业有限公司、福建省农科院植物保护研究所
3	高钙高硒菜用黄麻福农 1 号的良种繁育与示范推广	福建济之源科技发展有限公司、福建农林大学能源植物研究中心、福州原创农业技术有限公司
4	蛋鸡球虫病生物防治技术开发	福清市文华实业有限公司、福建农业职业技术学院
5	蔬菜降污专用肥产业化生产与示范推广	福州平衡施肥科技有限公司、福建省农科院土壤肥料研究所
6	方便米汉堡关键技术研究与产业化示范	福州富水综合食品有限公司、福州市食品工业研究所
7	应用复合酶技术生产面包专用粉的研究及产业化	福建省长乐东方面粉有限公司、福建省粮油科学技术研究所
8	TG 酶交联鱼糜与大豆组织蛋白的研究及应用	福建农林大学、福州市水产品深加工行业技术创新中心
9	出口冷冻微波章鱼饼加工技术研究产业化	长乐佳诚食品有限公司
10	台湾休闲农业示范场建设	福州农业科技园区管委会、闽侯县朝阳休闲农场

续表25－1

序号	项目名称	承担单位
11	魔芋香菇即食面关键技术研发	福州旺成食品开发有限公司
12	未剥壳竹笋保鲜关键技术应用研究	福建新日鲜集团有限公司
13	海带调味素的研发与产业化示范	福建农林大学食品科学学院、福州市水产品深加工行业技术创新中心、福州旭煌食品有限公司
14	有机东方美人茶加工技术研究与示范	福建汇和茶业发展有限公司、福建农林大学茶叶研究所
15	利用厌氧与耗氧组合发酵技术制备富含氨基酸的纯微生物有机肥	福建蓝丰现代农业发展有限公司
16	七只虾排精加工生产工艺及产品	福清市东威水产食品实业有限公司、浙江理工大学
17	福建黄兔生态养殖推广及兔肉功能食品开发	福建省连江玉华山自然生态农业试验场
18	利用蛹虫草栽培废渣提取抗癌药原料－虫草素的研究	福州市食用菌工作办公室、福建师范大学生命科学学院
19	优质抗病草莓新品种选育	福州市蔬菜科学研究所
20	菠菜低富集硝酸盐含量的新品种选育	福州市蔬菜科学研究所
21	早熟甜油桃选育研究	福州市农业科学研究所
22	优质高效饲用燕麦品种的筛选与应用研究	福州市农业科学研究所
23	安全、优质肉兔杂交新配套系研究及推广	福州市农业科学研究所、福州市老科技工作者协会
24	福州市杉木优良材料的选育技术体系研究	福建省闽侯白沙国有林场、福建农林大学
25	香蕉枯萎病菌致病性分化及其分子检测技术研究	福州出入境检验检疫局、福建省农科院植保所
26	茉莉花品种收集保存及多倍体繁育	福州市园林科学研究院
27	商业化蝴蝶兰种质资源库的建立与利用	福建新世景园艺有限公司
28	白色金针菇工厂化栽培技术示范	福建益升食品有限公司
29	大宗低值鱼类加工新技术的研究与产业化示范	福建海壹食品饮料有限公司

续表25－2

序号	项目名称	承担单位
30	茉莉花香质差异研究与应用	福建敖峰闽榕茶业有限公司、福建农大科技开发总公司
31	香菇杂交育种与新品种筛选研究	闽侯县大春农科贸食用菌开发有限公司
32	鲍鱼罐头及附产物综合利用加工及产业化	福州日兴水产食品有限公司
33	利用猪粪渣栽培双孢蘑菇技术研究与示范基地建设	福清市星源农牧开发有限公司
34	蔬菜薯粉面低温脱水烘干工艺研究与产业化	福州昌盛食品有限公司
35	抗风油茶优良品种选育与栽培技术示范	福建嘉成现代农业旅游开发有限公司、福建省林业科技推广总站
36	大黄鱼健康养殖全程配合饲料的研究和开发	福建大昌生物科技实业有限公司、福建农林大学动物科学学院、福建省农业科学学院
37	绿色蔬菜新品种生产技术示范推广	福清市绿叶农业发展有限公司
38	有机灵芝绿茶生产加工技术	福建仙芝楼生物科技有限公司
39	有机绿茶种植及深加工技术的研究	福建省蓝湖食品有限公司
40	台湾红心葡萄柚引种与示范园建设	闽清丰达生态农业大观园有限公司
41	日本蔺草产业化配套技术	福建省永泰县安利席业有限公司、福建省农业科学院农业经济与科技信息研究所
42	烤鳗系列产品开发与产业化	长乐聚泉食品有限公司
43	福州市动物疫病防控行业技术创新中心建设	福建省农科院畜牧兽医研究所、福州市动物疫病预防控制中心

（丁可锋）

科技成果管理

【科学技术奖励】　有19项科技成果被授予2010年度福建省科学技术奖，其中，福建福晶科技股份有限公司“福晶激光晶体元器件技术创新平台”获一等奖，福耀玻璃工业集团股份有限公司“钢化夹层隔音汽车窗玻璃”等9项成果获二等奖，福建新大陆电脑股份有限公司“基于32位RISCCPU的专用设备片上系统（NL06F86）”等9项成果获三等奖。

10月13日，市政府签发《福州市人民政府关于颁发2010年度福州市科学技术进步奖的决定》，授予福建邮科通信技术有限公司完成的“第三代移动通信室内覆盖及共建共享关键技术研究”等57项科技成果“2010年度福州市科学技术进步奖”，其中，一等奖2项，二等奖10项，三等奖45项，并对获奖单位和个人颁发奖状、证书和奖金。在获奖项目中，按成果类型分：鉴定或评审类成果16项，验收类14项，专利类11项，软件著作权8项，福建省自主创新产品6项，标准类2项；按技术水平分：国际领先1项，国际先进4项，国内领先16项，国内先进14项，省内领先10项，省内先进3项，市内领先7项。

获奖成果大部分得到推广应用，取得经济效益和社会效益。据可统计经济效益的51项获奖成果的统计，这些成果累计新增产值59.26亿元，新增利润

9.85亿元,新增税收2.38亿元。新增产值超过千万元的获奖成果有39项,其中,超过亿元的有11项。

【科技成果登记与统计】 经市科技局登记的科技成果6项,其中,获省级科技成果登记4项。这些项目按成果形式统计,鉴定类成果4项、评审类成果2项;按承担单位类别统计,分别是企业1项,医疗机构1项,独立科研机构1项,其他类型单位3项;按成果技术水平统计,国内领先水平3项,国内先进水平2项,国内一般1项;按所属高新技术领域分类,软件1项,农业3项。

在登记的科技成果中,可统计经济效益的2项成果累计实现新增利润1402万元、税收467万元、节约资金220万元。

表26 **2010年福州市获省科学技术奖项目**

序号	项目名称	授奖等级	主要完成单位	主要完成人员
1	福晶激光晶体元器件技术创新平台	一等奖	福建福晶科技股份有限公司	
2	钢化夹层隔音汽车窗玻璃	二等奖	福耀玻璃工业集团股份有限公司	林明德 周遵光 王 辉 徐 静 林小玲
3	HF1280蒸压砖自动液压机机组	二等奖	福建海源自动化机械股份有限公司	李良光 王 琳 陈忠霖 吴维萍 廖永辉 刘芳文 李林峰
4	财政票据电子化改革管理系统软件	二等奖	福州博思软件开发有限公司	陈 航 林初可
5	藏文政府办公系统(RJ－TIBGOA)	二等奖	福建榕基软件股份有限公司、西藏自治区藏语文工作委员会办公室	陈明平 洛桑土美
6	“亚通”塑料管道技术创新工程	二等奖	福建亚通新材料科技股份有限公司	
7	脐橙52选育及配套栽培技术研究与推广	二等奖	福州市农业科学研究所、福州市经济作物技术站、福建省闽侯县经济作物站、福州市晋安区经济作物技术推广站	陈雪金 郭建铭 许长同 赵依杰 张光华 熊双伟 余德生
8	第三代移动通信室内覆盖及共建共享关键技术研究	二等奖	福建邮科通信技术有限公司	赖克中 张健荣 江秀清 刘俊富 许祥政 吴 刚 林 宇
9	基于ETStor系统内核设计的网剑网络文件保险柜	二等奖	福建伊时代信息科技股份有限公司	许元进 林华斌 杨小焰
10	规模化养猪场物质循环及菌渣堆肥发酵生产的工艺控制技术及应用	二等奖	福清市星源农牧开发有限公司	潘礼明
11	新型高强工业聚酯纤维充气艇材料	三等奖	福建思嘉环保材料科技有限公司、福州大学	郑玉婴 林生雄 张宏旺 黄万能 蒋石生
12	特大相对孔径全透射式太空望远光电镜头	三等奖	福建福光数码科技有限公司	肖维军 林春生 汪建平 刘 辉 江细嫩
13	基于32位RISC CPU的专用设备片上系统(NL06F86)	三等奖	福建新大陆电脑股份有限公司	胡伦育 王贤福 张义锦 林新忠 钟建榕
14	基于底层编码调用技术的三奥数字播控系统	三等奖	福建省三奥信息科技有限公司	卓 华 邱源峰 谢起望 陈云锋 霍 松
15	便携式数据采集器NLS－PT982	三等奖	福建新大陆自动识别技术有限公司	刘荣生 吴文彬 陈挺立 耿艳鹏 陈立峰

续表26

序号	项目名称	授奖等级	主要完成单位	主要完成人员
16	捷联数字电视研发创新工程项目	三等奖	福建捷联电子有限公司	
17	性早熟病因与诊断系列研究	三等奖	福建省福州儿童医院	陈瑞敏　杜敏联　郑道新　林祥泉　房　涛
18	抗癌新药——志苓胶囊	三等奖	福州志苓医药研究所、福州市第一医院	潘明继　潘云苓　潘远志　施增英
19	基于SOA架构的物流分拣投递生产管理系统	三等奖	福建国通信息科技有限公司	张钦榕　范朝晖　张　骋　潘多鸿　林茂源

表27　**2010年获福州市科技进步奖项目**

序号	项目名称	授奖等级	主要完成单位	主要完成人员
1	第三代移动通信室内覆盖及共建共享关键技术研究	一等奖	福建邮科通信技术有限公司	赖克中　张健荣　江秀清　刘俊富　许祥政
2	印刷用PS版铝板基	一等奖	中铝瑞闽铝板带有限公司	魏祥昭　司开田　黄瑞银　陈孝勤　苏元如
3	船用片冰制冰机	二等奖	福建雪人股份有限公司	范明升
4	203VW+型20″W彩色液晶显示器	二等奖	福建捷联电子有限公司	唐瑞庆　吕金模　陈旭标　钟连生　刘娜妮
5	HF1280蒸压砖自动液压机机组	二等奖	福建海源自动化机械股份有限公司	李良光　王　琳　陈忠霖　吴维萍　廖永辉
6	游离小孢子培养技术在十字花科主要蔬菜育种上的研究与应用	二等奖	福州市蔬菜科学研究所	陈文辉　方淑桂　曾小玲　朱朝辉　林碧英
7	安全型静脉留置针	二等奖	福州百仕韦医用高分子有限公司	陈永曦
8	顶点客户关系营销管理系统(顶点证券行业应用套件-CRM)	二等奖	福建顶点软件股份有限公司	严孟宇　雷世潘　赵　林　戴小戈　谢淑仁
9	基于SOA架构的物流分拣投递生产管理系统	二等奖	福建国通信息科技有限公司	张钦榕　范朝晖　张　骋　潘多鸿　林建荣
10	高抗冲聚氯乙烯(PVC-M)给水管材管件	二等奖	福建祥龙塑胶有限公司	李基安　姚忠亮　戴永顺　林振宇　薛理德
11	计算机外围设备共享服务器控制方法	二等奖	福建升腾资讯有限公司	张　辉　戴太文　钟勇发
12	蛋品规格自动分选方法的应用	二等奖	福建光阳蛋业股份有限公司	黄耀志　余　劼　黄　璐　郭丽华
13	高分辨率矿井地质探测仪	三等奖	福州华虹智能科技开发有限公司	林学龙　陈经章　林存志
14	莱茵鲲鹏大型超市管理信息系统	三等奖	福州莱茵科技有限公司	龚海强　陈　展　邹贻锋

续表27－1

序号	项目名称	授奖等级	主要完成单位	主要完成人员
15	基于3S的公安警用指挥系统关键技术研究	三等奖	福州市勘测院	段东滨　高昭良　兰志武　魏文飞　林　青
16	国家三类新药米格列奈及胶囊	三等奖	福州闽海药业有限公司	陈国华　郭文璟　吴东晶　黄梅峰
17	螺旋型节能灯灯管快速涂粉工艺的研究	三等奖	福建永德吉灯业股份有限公司	赖勇清
18	铝合金熔体绿色精炼新技术	三等奖	福州麦特新高温材料有限公司	柯东杰　陈文石　张孟琛　林　琳　陈　群
19	福州市公路边坡水毁灾害预警系统研究	三等奖	福州市公路局、福州大学土木工程学院	左美俊　胡昌斌　陈思明　刘发水　何天建
20	金针菇工厂化周年生产智能化控制技术的研究与应用	三等奖	福州市食用菌工作办公室	陈秀娟　邓优锦　朱　坚　阮海东　谢宝贵
21	手持无线金融POS/NL－GP730	三等奖	福建新大陆电脑股份有限公司	汪孝晃　郑　文　杨秀元　倪志杰　陈宣清
22	高压气体放电灯电子镇流器	三等奖	福建睿能电子有限公司	杨维坚　王开伟　刘锦强　叶显庆　李光炎
23	联迪射频识别(RFID)技术及应用产品开发	三等奖	福建联迪商用设备有限公司	刘世英　林宏达　蒋锦扬　孟陆强　洪晓辉
24	互动电子白板系统	三等奖	福州锐达数码科技有限公司	丁万年　陈日良　张庆华
25	基于32位RISC CPU的专用设备片上系统(NL06F86)	三等奖	福建新大陆电脑股份有限公司	胡伦育　王贤福　张义锦　林新忠　钟建榕
26	雷达预警系统	三等奖	福州四创软件开发有限公司	刘至仁　陈博嘉　黄　敏　汤　辉　江　峰
27	亿同医院综合管理信息平台软件	三等奖	福州亿同世纪通讯网络技术有限公司	叶守强　林健全　辛金凤　范元飞　陈焰桦
28	RJ－WISP榕基无线信息服务平台	三等奖	福建榕基软件股份有限公司	陈明平　潘俊添　陈　飞
29	基于广域网B/S模式的餐饮娱乐企业管理系统	三等奖	福建海媚数码科技有限公司	程振华　范志勇　洪鑫民　阴忠宏
30	黑盾安全审计系统V3.0	三等奖	福建省海峡信息技术有限公司	赖建华　高　翔　刘志光　张章学　蓝友枢
31	起重机械设计制造信息集成技术的研究与开发	三等奖	福建科杰起重机械有限公司	叶　星　卢统华　刘艳斌　李　伟
32	福富统一认证平台软件	三等奖	福建富士通信息软件有限公司	吴兆斌　黄震奇　江　勇　陈华光　连　城
33	协同数字营销城市消费一卡通系统	三等奖	福建今日特价网络有限公司	江国健　林为炎

续表 27－2

序号	项目名称	授奖等级	主要完成单位	主要完成人员
34	低噪声微型激光器 Module 系列产品的研制与生产	三等奖	福州高意光学有限公司	凌吉武 吴 砺 陈卫民 杨建阳
35	高精度光学非球面元件检测平台的开发与应用	三等奖	福建福光数码科技有限公司、厦门大学	汪建平 肖维军 林春生 郭隐彪 王振忠
36	无石棉汽车用制动器衬片及其生产工艺	三等奖	福建冠良汽车配件工业有限公司	王长达 张世绍
37	EVA 一次注塑成型保暖鞋的专用模具	三等奖	福建五友模具科技有限公司	陈友明
38	高压电力杆塔	三等奖	福建永福工程顾问有限公司	张礼朝 吴聂斌 秦纪宾 宋发兴 何守理
39	WZ1－12 高压纵旋式真空隔离断路器的研制	三等奖	福建东方电器有限公司	陈 强 程道远 卢碧珍 谢伟胜 陈 仲
40	钢化夹层隔音汽车车窗玻璃	三等奖	福耀玻璃工业集团股份有限公司	林明德 周遵光 王 辉 徐 静 林小玲
41	故障区间自动负荷开关研制及产业化	三等奖	福建山亚开关有限公司	阮 晖 林春昭 康爱兰 罗起柱 郑 伟
42	智能中压真空断路器	三等奖	福建森达电气有限公司	陈泽银 陈宏杰 吴定永 陈茂祥 戴远凌
43	车用外后视镜电动折拢机芯研制	三等奖	福州聚丰汽车零部件有限公司、福建信息职业技术学院	廖金堆 李章东 陈 奇 谢裕锋 廖韶钏
44	FPPE 高强度非开挖排污管	三等奖	福建恒杰塑业新材料有限公司	王存奇 任 忠 许建钦 林海英 陆卓丽
45	《学生用品的安全通用要求》国家标准(GB21027－2007)	三等奖	福建新代实业有限公司	郑成锵
46	酶法处理有机废水的工艺	三等奖	福州晨翔环保工程有限公司	孙祥章 任 超 敖小平 张庆祥
47	JY－UFA 型垃圾渗滤液治理技术设备	三等奖	福建嘉园环保有限责任公司	陈泽枝 李泽清 林春明 陈新芳 吴将金
48	有机鹿角灵芝提取及深加工技术	三等奖	福建仙芝楼生物科技有限公司	李 晔 陈先娟 刘国辉 肖志勇
49	沿海防护林相思树种选择及配套技术研究	三等奖	平潭县林业科学技术推广站、福建农林大学林学院、平潭县岚城乡林业站	陈端钦 何宗明 林思祖 曾银花 蔡美仁
50	脐橙 52 选育及配套栽培技术研究与推广	三等奖	福州市农业科学研究所、福州市经济作物技术站、福建省闽侯县经济作物站	陈雪金 郭建铭 许长同 赵依杰 张光华
51	实木地板研究开发与应用	三等奖	福清市信祥木业有限公司	王祖光 王祖祥 程觉民 吴芳兴 吴仪娟
52	无公害橄榄标准化栽培技术体系研究	三等奖	福建绿百合现代农业有限公司	艾洪木 许长同 刘昌发 许思亮 罗美玉

续表 27－3

序号	项目名称	授奖等级	主要完成单位	主要完成人员
53	近临界水提取低值杂鱼蛋白肽及生产海鲜料	三等奖	福州市食品工业研究所	陈日春　陈兴才　黄秀娟　王钢声　苏德福
54	三类抗癌新药——志苓胶囊	三等奖	福州志苓医药研究所、福州市第一医院	潘明继　潘云苓　潘远志
55	软脉灵口服液治疗血管性痴呆的系列研究	三等奖	福州市第一医院	黄俊山　林求诚　林　坚　李璟怡　张维波
56	FAK 与 PTEN 在乳腺癌中的表达及意义	三等奖	福州市第一医院	黄玉钿　郑　曦　吴钦穗　张　声　黄双月
57	福州市传染病流行与气象因素的关系及 BP 神经网络预测模型研究	三等奖	福州市疾病预防控制中心	郑能雄　沈　波　王镜泉　何振峰　官陈平

（郑荣火）

技术市场管理

【产学研活动】 通过走访高校、项目推进、平台建设、校企合作、基地示范、政策保障等措施，深入开展科技人员服务企业活动。1 月 11 日，市科技局组织召开在榕高校科研院所科研处长座谈会，听取高校、科研单位对福州市推进产学研工作的要求，强化政府与高校、院所沟通管道，密切双方的联系。按照“整合、集成、共享、提升”的原则，依托福州技术市场建成福州科技成果转移的新平台“福州市技术转移中心”，并获批“国家级技术转移示范机构”，为企业技术创新以及科技成果转化提供“一站式”服务。利用市科技信息网，征集在榕高校、研究院所最新研发成果和大中型企事业单位难题项目，利用“5·18”海峡两岸经贸交易会和“6·18”海峡两岸项目成果交易会活动平台推进成果转化。福州技术市场与福清市政府联合举办“福清农业科技成果专利技术推介会”，10 家企业与院所在随后的洽谈中与企业达成合作意向，意向协议合同总金额达到 900 多万元。在“6·18”海峡两岸项目成果交易会期间，福州市科技局征集推荐 27 个对接项目、23 个技术需求项目，完成市政府下达的任务指标。

（薛　博）

知识产权

【企事业知识产权工作】 推荐企事业单位列入各级各类知识产权试点示范。福耀玻璃工业集团股份有限公司和福建农林大学入选第二批全国企事业知识产权示范创建单位。福建捷联电子有限公司、福建亚通新材料科技股份有限公司等 6 家企业入选 2010 年福建省知识产权优势企业。福州大学等 5 家事业单位和福建星网锐捷网络有限公司等 24 家企业入选 2010 年福建省知识产权试点单位。市科技局、知识产权局开展第三批市级知识产权试点示范企业评选工作，经专家评审、现场考核，评选出福建升腾资讯有限公司等 21 家为第三批福州市知识产权示范企业。至 2010 年，福州市拥有各级各类知识产权试点示范企业 140 家，其中国家级 17 家、省级 63 家、市级 60 家，在列入省级以上试点示范的企事业单位中，福州市拥有量居全省九地市前列。

【扶持与培育自主知识产权】 办理专利申请资助 3808 件，资助金额 265.34 万元；专利授权奖励 388 件，金额 268.50 万元，奖励资助数量与金额均保持较快增长态势。6 月 18 日，福州市知识产权局作为第三方与福州市科技局、福建海峡银行签署总额 10 亿元的科技项目贷

4 月 23 日，召开福州市商场、媒体专利联络员座谈会。

款合作协议，共同搭建科技项目、知识产权项目融资平台，为福州市科技研发企业提供信贷支持，助力福州市知识产权创新型企业快速发展。

组织推荐专利项目参加各级专利奖评选，争取资金扶持。福耀玻璃工业集团股份有限公司的简易包边玻璃总成的制造方法等3个项目列入2010年福建省专利技术实施与产业化项目，获150万元资金支持。福耀玻璃工业集团股份有限公司的"一种汽车玻璃弯曲成型钢化装备"发明专利（ZL200710008618.2）和福州宜美电子有限公司的"石英钟（1340）"外观设计专利（ZL200730141227.9）分别获第十二届中国专利奖优秀奖和外观设计优秀奖，12件专利项目入选首届福建省专利奖，超过全省总数的1/4。

【专利行政执法】 全市知识产权局系统成立打击侵犯知识产权和制售假冒伪劣商品专项行动领导小组，组织专项行动，净化专利市场。深入开展"雷雨""天网"执法专项行动，指导沃尔玛等8家大型商场超市开展专利产品自查工作，现场抽样检查永辉等4家商场超市，检查涉及药品、医疗器械、电器、食品、玩具、运动用品等10多类近千件专利产品，指导商场超市纠正83件涉及专利标志不规范或涉嫌假冒专利的商品，有效净化福州市专利商品市场，切实维护专利权人、消费者的合法权益。全年，市知识产权局查处假冒专利案件20件，立案受理专利侵权纠纷案件5件，均结案。

制定《福州市专利代理机构信用信息采集和发布管理暂行办法》，在福州市市场中介组织信用信息网公布8家专利代理机构的基本信息，规范福州市专利中介市场正常运行。

【知识产权宣传】 利用"4·26"世界知识产权日、知识产权宣传周、中国专利周、科技宣传周等，开展知识产权系列宣传普及工作，邀请电视台、报社等新闻媒体对知识产权工作进行宣传报道。发布《福州市知识产权发展情况通报》，编写《福州市知识产权政策汇编》，依托福州知识产权网实时更新信息，定期编辑《福州知识产权》，全年编辑12篇期刊、4篇增刊，面向全市近700家企事业单位发行逾7500份。

国家专利技术（福建）展示交易中心开展知识产权宣传培训和专利技术推介会，获"全国专利技术展示交易工作先进单位"称号。推荐福州第八中学等5所中小学入选"2010年福建省知识产权试点中小学"。

【知识产权强县工程】 推进实施国家、省知识产权强县工程，全市12个县（市）区全部挂牌成立知识产权局，鼓楼、仓山、晋安区分别制定区级扶持和培育自主知识产权奖励办法，闽侯县把专利申请量纳入科技副乡镇长年度绩效考核指标，福清、长乐、连江、闽清、罗源等县市也先后出台配套政策，对知识产权进行扶持与奖励。至2010年底，全市有2个县（市）入选全国知识产权强县工程，6个县（市）区入选省知识产权强县。

表28　**2010年各县（市）区专利申请量与授权量统计**

县/市区	专利申请量（件）				专利授权量（件）			
	总数	发明	实用新型	外观设计	总数	发明	实用新型	外观设计
鼓楼区	1521	667	629	225	1030	198	572	260
台江区	433	182	164	87	339	42	150	147
仓山区	1334	424	499	411	958	81	436	441
晋安区	688	254	333	101	443	62	219	162
马尾区	774	323	361	90	522	73	335	114
闽侯县	375	141	177	57	244	18	166	60
长乐市	207	27	146	34	108	4	58	46
福清市	559	147	341	71	422	36	310	76
平潭县	90	15	50	25	55	5	34	16
连江县	45	5	22	18	5	0	5	0
罗源县	59	25	24	10	34	2	17	15
永泰县	36	3	28	5	35	3	15	17
闽清县	13	3	7	3	20	5	7	8
校正值	0	0	0	0	0	0	0	0
合计	6134	2216	2781	1137	4215	529	2324	1362

注：本统计数据的原始资料由福建省知识产权局提供并校正确认，并经福州市知识产权局分离处理后所得。

表 29

2010 年第十二届中国专利奖福州市获奖项目

序号	奖项	项目名称	专利号	专利权人
1	优秀奖	一种汽车玻璃弯曲成型钢化装备	200710008618.2	福耀玻璃工业集团股份有限公司
2	外观设计优秀奖	石英钟(1340)	200730141227.9	陈祖旗

注:根据省政府2010年度福建省专利奖励决定(闽政〔2011〕9号文)对获得中国专利优秀奖的发明或实用新型专利按一等奖给予奖励,获得中国外观设计优秀奖的外观设计按二等奖给予奖励。

表 30

2010 年首届福建省专利奖福州市获奖项目

序号	奖项	项目名称	专利号	专利权人
1	二等奖	自动制砖机的布料夹砖机构	200610040080.9	福建海源自动化机械股份有限公司
2	二等奖	网格布	200810070556.2	福建思嘉环保材料科技有限公司
3	二等奖	USB 映射方法	200710008858.2	福建升腾资讯有限公司
4	三等奖	采用射频开关阵列的 TD-SCDMA 放大器	200610069912.X	福建邮科通信技术有限公司
5	三等奖	复杂背景下 QR 码图像符号区域的精确定位方法	200610113379.2	福建榕基软件股份有限公司
6	三等奖	固体片式铝电解电容器的导电高分子阴极材料的制备方法	200610045344.X	福建国光电子科技股份有限公司
7	三等奖	纺丝卷绕头拨叉片粘结定位装置	200820146034.1	福建锦江科技有限公司
8	三等奖	抗干扰鲎试剂的制备工艺	200310105761.5	丁友玲
9	三等奖	用于自动分选蛋品规格的方法及其设备	03118547.9	福建光阳蛋业股份有限公司、福州大学
10	三等奖	基于触点的路径密码输入方法	200810070756.8	福建伊时代信息科技股份有限公司
11	三等奖	植酸酶 APPB 及编码该植酸酶的 DNA	02137869.X	福建福大百特科技发展有限公司
12	三等奖	前馈环路同步检测装置	200710144130.2	福建三元达通讯股份有限公司

表 31

2010 年福州市获第十九届中国发明展览会金奖专利项目

序号	项目名称	单位名称	发明人
1	组合式异型汽车玻璃钢化成型器、其制造方法及采用的装配工装	福建工程学院	陈文哲、王榕慧等 8 人
2	车用发电机定子与电动机内定子铁芯卷叠工艺卷绕专机	福建农林大学	何聪惠、陈陵等 9 人
3	制备铸造用淀粉黏结剂的方法	福州大学	郑玉婴、吴章宏、陈玉琳
4	智能化存取数据的流媒体点播系统	闽江学院	张福泉
5	10 千伏带电作业用升降旋转式绝缘平台的研制与应用	福建省福州电业局	何书华、王永明等 9 人
6	采用射频开关阵列的 TD-SCDMA 放大器	福建邮科通信技术有限公司	赖克中、张建荣等 4 人
7	功能水过滤器	福建金源泉科技有限公司	徐道华
8	防近视防驼背学生书写笔	福州林文光电子文具有限公司	林　文
9	压力太阳能热水袋	福州百特节能科技有限公司	余美平

(朱旭云)

科学普及

【科技政策宣传与培训】　举办一系列激励创新政策宣传培训活动，如召开专项政策培训辅导会议、科技人员服务企业暨科技特派员工作会议等，进行科技政策解读和研究开发项目确认、高新技术企业认定、自主创新产品申报等工作培训。配合部分县(市)区科技局开展政策宣传。10月，配合省电力公司举办针对全省电力系统生产企业的自主创新政策宣讲会。

针对税务部门落实"加计扣除政策"新动向，进行会商，组织召开市科技局、市经委、市国税局、市地税局等4部门参加的政策执行工作协调会，对2010年度研发项目确认工作，促进该项业务关联部门间的工作衔接与配合；明确自2010年开始，福州市"企业研究开发费用税前扣除"将按国家和省相关规定执行，并对研发项目确认工作进行调整，企业研究开发项目依据企业的需求进行前置确认，已经政府部门立项的研发项目不再要求重新确认；确定2010年度企业研究开发项目确认工作及征税机关有异议项目的鉴定工作于2011年上半年进行。

举办科技人员服务企业暨科技特派员工作会议，为科技特派员创业示范基地授牌，并对与会80多家科技特派员创业示范基地代表进行科技政策辅导和培训。在闽清县梅城镇举办市中药材种植技术行业创新中心、市科技特派员"闽清县金银花种植技术"培训会，对该县各乡镇农技人员和广大金银花种植户进行技术辅导与培训，参训的种植企业代表、种植农户及农技人员计60余人。

（方善明）

【科普宣传活动】　5月8日，"2010年福建省暨福州市科技·人才活动周"开幕式在福州五一广场举行，该届活动周以"携手建设创新型城市——海西建设，科技先行"为主题，有1000多人参加开幕式现场活动。活动周期间，福州市组织举办一系列群众性科技活动，活动项目350多场，参与各项活动总人数21万多，科技人员1590人。

5月8日，2010年福建省暨福州市科技·人才活动周开幕式在福州五一广场举行。

全年开展科技下乡活动78次，活动涉及全市13个县(市)区，组织科技下乡服务团22支，参与下乡的科技人员425人次。举办科技展览32个，科技报告会(讲座、研讨会)35场，科技咨询会26场，科技培训135期。开放高校、科研机构10个，组织产品展示会6场，项目对接会4场。全市各级投入活动经费近120万元。

（王庆金　郑东新）

地震工作

【概况】　2010年，福州市地震局积极做好地震监测、震害防御、应急救援等各项工作，落实值班制和责任制。贯彻落实28个重点建设项目的地震安全性评价工作；依法对福州市辖区内部分高度100米以上的高层建筑的场地地震安全性评价工作进行执法检查；配合相关部门做好福州海峡奥林匹克体育中心工程场地地震安全性评价工作；开展罗源湾、福清江阴半岛小区划项目和农居地震安全示范点的验收工作；与鼓楼区树兜社区联合开展社区居民地震应急演练；联合相关部门完成市综合应急救援支队挂牌；按要求完成防震减灾专项规划的编制上报。

2010年，市地震局在全国市县防震减灾工作综合评比中获三等奖，在省的市县防震减灾工作综合评比中获一等奖，在省地震应急救援工作评比中获三等奖。

【地震监测预报】　开展地震观测、地下流体观测、宏观观测等日常监测工作；根据建立的地震趋势会商制度，开展月、半年和年度震情会商；完成永泰地震台的重建和搬迁工作；完成"三网一员"调整补充工作，及时举办防震减灾"三网一员"培训，对福州五区各乡镇街道258名防震减灾助理员、宣传员和灾情速报员进行培训。

【地震安全性评价】　贯彻落实28个重点建设项目的地震安全性评价工作；对"五大战役"重点项目——福州海峡奥林匹克体育中心工程及时开展场地地震安全性评价工作；罗源湾、福清江阴半岛地震小区划项目通过专家组的验收；依法对中天金海岸、仁文大儒世家、君临盛世茶亭、海晟闽江等福州市辖区内部分高度100米以上的高层建筑进行执法检查，查看各个工程的场地安全性评价报告和施工设计图，深入部分工程现场进行走访检查。

【农居地震安全示范点建设】　11月10日，省专家组对福清市江阴镇工业区拆迁安置工程、连江县东湖镇镇安新村造福工程、闽侯县大湖乡碾坑村造福工程、永泰县赤锡乡水库移民安置工程、平潭县大练乡月举村红山造福工程、罗源县起步镇庭洋坂村造福工程、闽清县东桥镇义由村造福工程7个农居地震安全示范点的农村公共设施、基础设施地震安全情况，农居自建房地震安全情况，村镇基础设施、公共设施防震规划情况，农居自建房地震安全的指导管理情况，进行考查验收。

【地震应急救援】 及时调整补充地震救援志愿者，先后分3次对新增的50名地震救援志愿者进行地震基础知识、地震救援能力和应急救护知识的培训；以一个社区为试点，制定地震应急避险疏散保障预案；编印地震应急指挥工作简明手册和应急工作指南；先后指导晋安区教师进修学校附属小学、文博小学、鼓山沃尔玛等开展地震应急避险演练，与鼓楼区树兜社区联合开展社区居民地震应急演练。福清市地震办与龙山街道办事处在东皋社区文明安全小区联合开展福清市首次地震应急疏散演练活动。应急指挥系统完成招投标、进入初步建设阶段；联合相关部门完成市综合应急救援支队挂牌，各县(市)均挂牌成立综合应急救援大队暨地震灾害紧急救援队。

【防震减灾宣传】 利用防灾减灾日、科技人才活动周、唐山地震纪念日、全国科普日，开展地震科普知识进学校、进社区、进乡村的宣传活动。先后在五一广场、仓山汇达广场、马尾天马山公园等开展20多场科普知识宣传咨询活动，受教育人数达3万多人；在晋安区教师进修校附属小学、文博小学、鼓山沃尔玛、罗源县委党校、闽清党校、罗源一中等开展地震科普知识讲座，有3000多名师生听取讲座；制作《玉树地震》宣传展板一套(10面)；印发防震减灾宣传贺年卡300张，向抗震救灾指挥部成员单位邮寄；与各区科协签订宣传合同，下拨宣传经费2万多元，巩固城区四级网成果；组织全市地震科普夏令营，有50多名优秀中学生参加活动；完成《青少年防震减灾科普读本》的编写和印制工作，为广大中学生编写一本合适的地震科普阅读材料。

8月2日，福州天福塑革有限公司部分外来工受地震谣传影响情绪不稳。8月3日，市地震局及时派出专家和工作人员前往该厂核查辟谣并开展地震科普宣传，发放《防震减灾手册》等地震科普宣传资料800多份，讲解地震科普知识。同时，加强震情值班，解答群众疑问，消除工人心中的疑虑。在福州市地震局网站发布辟谣公告以及相关地震常识，正面宣传防震减灾科普知识。

(郑彩蝉)

社会科学

【概况】 2010年，市社科院围绕海西省会中心城市建设中的热点问题，立项课题37项。其中，院管理项目和管理课题11项，重点课题3项，一般课题23项。一般课题中，基础理论研究4项，应用对策研究16项，地域文化研究3项。有6项科研成果获奖，12项科研成果公开发表。其中，两项科研成果在《中国人文社会科学核心期刊要览(2008)》期刊上发表，一项科研成果获福州市哲学社会科学成果三等奖。

3月，《福州社会科学》由季刊改为双月刊，这是1983年创刊以来的首次尝试。全年共出版6期70多篇理论研究成果，50多万字。

【文化创意产业政策研究】 参与《福州市加快文化创意产业发展的意见》的研究修改工作。4月28日，市政府第十一次常务会议审议通过，5月3日，正式颁布。起草《十二五福州文化创意产业发展规划》初稿。与市旅游局、市体育局、市软件园等部门开展《福州市体育设施管理中心改制模式研究》《十二五福州动画网络游戏产业发展规划》等课题的调研。协助市文化体制改革办公室编辑和印制《福州文化产业招商手册》和《福州文化创意产业政策》单行本，整理编辑《文化产业政策汇编》。

【课题立项和结项】 组成课题组对课题开展设计、多方论证，《区域合作视角下的榕台文化创意产业对接研究》于8月16日获得省社科院规划办立项。

9月，《船政文化与台湾》由鹭江出版社出版发行。该项目是2009年国台办立项的跨年度重大科研项目。10月，《国家支持海西区建设背景下发挥省会中心城市功能作用研究》通过专家评审鉴定，获省社科规划办核准结项。

【课题调研】 完成市发改委委托的3项市十二五规划前期调研课题，分别是《十二五期间福州进一步完善社会保障体系的对策研究》《十二五期间福州加快

10月15日，市社科院、市方志委、省交通职业技术学院教授沈岩三方签订《船政志》编写协议。

文化创意产业发展的对策》《十二五期间福州经济体制改革的基本思路》。

【学术交流】 5月下旬，参加在南宁召开的全国城市社科院第二十次院长联席会议暨"低碳经济与城市发展"论坛，再次获"全国优秀城市社科院"称号，杨济亮、叶钦地获"全国城市社科院优秀个人"称号。南京市社科联（市社科院）副主席、副院长王道德一行5人同时到市社科联、社科院机关考察。6月下旬，以"泛珠区域合作·机遇与挑战"为主题的第六届泛珠三角区域社科院科研协作会议在福州召开。7月下旬，参加在长春举办的2010年全国社科院长联席会议。

【学术研讨活动】 5月下旬，参加由福建省炎黄文化研究会、省社科联、省社科院、省林则徐基金会、省林则徐研究会、福州市政协、市社科联、林则徐纪念馆联合举办的"福建省鸦片战争170周年论坛"。10月25日，参加由台盟福建省委、福州市政协、福建省社科联、福建省文史馆共同主办的"福州船政与近代中国海军史"研讨会，3篇论文入选论文集。10月下旬，参加第五次福州市政协理论研讨会。《协商民主视域下的政协委员履职质量提升》一文作论文交流。11月上旬至12月下旬，参加由福建省社会科学界联合会和相关单位主办的3场学术研讨会，分别是纪念朱熹诞辰880周年朱子文化学术研讨会、"发掘文化资源，服务海西建设"论坛、"五缘文化视阈下闽台合作与发展"论坛。12月，参加由中共福州市马尾区委、马尾区人民政府与省炎黄文化研究会联合主办的"纪念沈葆桢诞辰190周年暨船政文化论坛"活动。12月下旬，《福州市洋留守儿童成长的问题与对策——对福清、长乐、连江的调查》获2010年度福建省妇女理论研讨征文二等奖，福州市妇女理论研讨征文一等奖。

（杨济亮）

（编辑　陈子明）

教育

综述

2010年，福州市教育系统贯彻《国家中长期教育改革和发展规划纲要(2010～2020年)》，推进全市各级各类教育协调有序发展。学前三年入园率91.92%，小学适龄人口入学率99.97%，初中适龄人口入学率98.95%，初中毕业升学率92.15%，高中阶段毛入学率98.2%，高等教育毛入学率32.54%；全市中小学教师学历达标率分别提高到幼儿园 97.06%、小学 99.49%、初中99.43%、高中96.32%、职教87.97%。年内9所高中实现省级达标校达标晋级，全市有省一级达标中学14所，省二级达标中学21所，省三级达标中学26所；国家级重点职业学校11所，省级重点职业学校8所，市级重点职业学校12所。教育均衡化、信息化、现代化水平不断提升。义务教育"两免一补"等惠民政策全面落实；义务教育学校标准化建设、新区学校建设以及校安工程加快实施；在全省率先实现"双高普九"(高水平、高质量普及九年义务教育)，率先推动马尾区实现免费高中教育；逐步形成福州数字青少年宫、福州乡土文化等影响全国、全省的知名教育品牌。

幼儿教育　福州市共有幼儿园和教学点1684个，其中独立园1016所，小学附设幼儿班级数1397个(小学附设幼儿园143所、教学点525个)。1016所独立园中，教育部门办83所，集体办70所，其他部门办32所，民办831所。全市在园幼儿21.62万人，3至未满6周岁在园适龄儿童20.01万人，入园率91.92%，基本普及学前一年教育。4月2日，福州市人民政府发布第43号令，《福州市学前教育管理办法》自2010年6月1日起实施。《办法》内含总则、规划与建立、经费与保障、民办学前教育、管理与监督、附则6章。同月，颁发《福州市0～3岁儿童早期教育机构设置基本条件(试行)》。

小学教育　辖区内共有小学1270所，比2009年(1350所)减5.93%；在校生44.60万人，比2009年(44.63万人)减0.06%；专任教师2.66万人，比2009年(2.61万人)增1.75%。

小学招生仍执行"划片招生、就近入学"的原则。全市小学一年级招生7.69万人，其中农民工子女1.74万人，占小学一年级招生总数的22.56%。

全市小学毕业生6.86万人，升入初一就读6.57万人，升学率95.8%。五区初中招生工作继续实行"中小学相对就近对口入学"的总体方案，全部小学毕业生总体上按中、小学相对就近的办法安排到初中入学。五区小学毕业生2.44万人，录取体育、艺术特长生136人，录取英语、科技特色班946人，录取民办学校3969人，回原籍录取1883人，参加对口升学1.74万人。在五区小学毕业生中，留城生和进城务工人员随迁子女8327人。

普通中学教育　全市共有完全中学85所(民办15所)，高级中学23所(民办2所)，初级中学206所(民办14所)。在校初中生21.52万人，在校高中生11.19万人。全市初中毕业生8.05万人，初中毕业升学率达92.15%，高中阶段教育毛入学率98.2%，优质普高招生人数占总招生人数的72.5%。

优质教育资源逐年增加。2010年2月，福州铜盘中学、福州教育学院附属中学、福州民族中学、福清融城中学、长乐第二中学、长乐市第七中学高中部被省教育厅确认为"福建省二级达标高中"；罗源第二中学高中部被省教育厅确认为"福建省三级达标高中"。9月，长乐华侨中学和福清华侨中学高中部被省教育厅确认为省一级达标学校。至此，福州市共有省级达标学校61所，其中，省一级达标学校14所，省二级达标学校21所，省三级达标学校26所。

中等职业教育　有中等职业技术学校69所，比2009年(71所)减2.28%；在校学生13.76万人，比2009年(14.86万人)减7.4%；专任教师4679人，比2009年(4641人)增0.82%。市级以上重点职专学校31所，占全市中职校总数70%，其中国家级重点职专11所，省级重点职专8所，市级重点职专12所。省级以上重点职专在校生占全市中职校在校生总数68%。

高等教育　有高等学校31所，比2009年(34所)减8.82%；在校研究生1.54万人，比2009年(1.43万)增7.36%；在校普通高校学生28.17万人，比2009年(26.57万人)增6.02%;成人高校在校生6.32万人,比2009年(6.37万人)减0.76%。10所市属高校全年招生数达2万人,全日制在校生总数超过5.2万人。

幼儿教育

【保障建设用地】 新修订的《福州市保护城市中小学幼儿园建设用地若干规定》经省人大常委会通过,于2010年6月正式施行。福州市教育局、福州市城乡规划局、福州市国土资源局、福州市城乡建设委员会、福州市房地产交易登记中心对全市公办幼儿园建设情况展开调研,开展新增公办幼儿园踩点以及配套建设的前期准备工作,联合颁发《福州市建设项目配套建设幼儿园管理规定》。

【发挥示范作用】 开展幼儿园办学水平评估,全市共有各级示范性幼儿园105所,其中省级示范性幼儿园23所,市级示范性幼儿园31所、区县示范性幼儿园52所。在各级示范性幼儿园中,民办园占37所。充分发挥公立园的示范引领作用,开展"公带民"的活动,提升民办幼儿园教育质量。开展省、市、县(市)区示范性幼儿园逐级"对口帮扶"工作,第一批共有18所省级示范性幼儿园与县实验幼儿园和乡镇中心幼儿园签订帮扶协议。指定福州市儿童学园和福州市蓓蕾幼儿园分别与盲校幼儿班和聋哑学校幼儿班结对子,在资金、教育教学等方面给予帮扶。新评的5所省级示范性幼儿园和24所市级示范性幼儿园,面向辖区开展29场开放观摩活动;6所省级示范性幼儿园面向全市开展6场"福州市幼儿园课程改革教育教学现场观摩研讨活动";晋安区4所特色幼儿园面向全市开展4场"幼儿园特色教育开放观摩活动"。

【幼教培训】 采取"研训一体"的形式,对全市在职的专任教师进行全员岗位培训;开展福州市第四期幼儿园骨干教师市级培训;举办福州市第十九期幼儿园园长任职资格培训;举办福州市幼儿园园长提高班培训;开展育婴师培训,经过职业技能鉴定,共有297位学员取得育婴师资格;组织269位幼教专干、教研员以及省、市、区县示范性幼儿园的园长和骨干教师参加"0~3岁婴幼儿早期教育指导培训"。

(陈 洁)

小学教育

【教学改革】 在乌山小学、福州岳峰中心小学等学校举办9场课改开放日活动,交流经验,展示学校课改实验成果。语文、数学、英语3个学科14位名师开课,引领一线教师探讨课堂教学的有效策略。主要课题:语文学科"以实践为基础的小学语文教学实践"系列研究、数学学科"课堂教学有效性"研究、英语学科"小学双语报刊阅读教学研究"等省市级课题研究。举办福州市小学地方课程师资培训班,使任课教师更好地掌握小学地方课程新版教材《海西家园》的内容和教学方法。全市52名教师参加培训。

【科技活动】 一、福州市教育局与市科协联合开展福州市小学生信息学竞赛。二、全市小学积极创建"福建省科技教育基地校"和"福建省知识产权试点小学",福州实验小学、台江第六中心小学、晋安区进修校附小3所小学被省教育厅、省科技厅、省科协确认为首批省科技基地学校,台江第三中心小学、福清龙田中心小学被省科技厅知识产权局、省教育厅、省科协确认为知识产权试点学校。三、开展以"节约能源资源、保护生态环境、保障安全健康、提倡低碳生活"为主题的科普活动周。

【学籍电子化管理】 按照省教育厅统一部署,全面启用"福建省小学新课程管理系统",全市小学全面开展学生信息采集、录入工作,实现全市小学生学籍电子化联网管理。实现对学生学籍实时统计、实时管理、实时跟踪,掌握进城务工人员随迁子女、外籍子女、农村留守儿童等动态情况。

【特殊教育】 鼓楼区和台江区开展为重度残疾儿童少年"送教上门"试点工作,两区共为11名重度残疾儿童"送教上门"。成立福州教育学会特殊教育分会,指导特殊教育课题研究和学术活动,交流特殊教育的成功经验和研究成果。开展特殊教育教研。市教育局指导福州市盲校承办福建省首届特教学校视障组研讨会,福州市聋哑学校承办福建省特教学校北片听障组研讨会,在福州市儿童福利院、台江区特教学校、永泰县

5月7日,省委常委、市委书记、市人大常委会主任袁荣祥带领市直有关部门领导到旗汛口幼儿园、台江第三中心小学、福州八中、闽江学院附中调研。

特教学校等举办多场教学研讨会,为全市乃至全省特教学校教师提供交流平台。

【进城务工人员随迁子女入学服务工作】 延长进城务工人员随迁子女入学报名时间。各小学在满足片内生源入学的基础上,根据学校的学位余额,放开接收进城务工人员随迁子女入学。进城务工人员夫妻有暂住证但不符合要求(不满半年)的,学校或县(市)区教育行政部门对其随迁子女进行先登记,由县(市)区教育局负责与各县(市)区的民办学校对接。全市进城务工人员随迁子女义务教育阶段在校生12.29万人,其中小学9.59万人,初中2.70万人,民办学校8051人。2010年秋季招收2.64万人,其中小学招收1.74万人,初中招收9037人。

(林 楠)

普通中学教育

【素质教育】 修订《福州市教育局关于公布2010年初中素质教育目标要求的通知(征求意见稿)》,对各县(市)和市区各中学2010年初中素质教育目标提出具体要求:一、实行分类表彰,在实行优胜劣汰机制,表彰优质学校的同时,考核的价值取向兼顾扶弱共进,共创和谐,给农村校、薄弱校更多受表彰的机会,提高办学积极性;二、达到素质目标要求的学校表彰校数不设上限,全部表彰;三、设立进步奖,鼓励学校不断提高教学质量。11月11日,召开福州市区学校初中素质教育目标考核表彰会,33所学校获"初中素质教育目标考核优胜学校"奖、5所学校获"初中素质教育目标考核进步学校"奖。从2011年的中考资料看,福州市的初中教学质量主要取得3方面的成效:一、控辍成效明显,2010届市区学校初中三年巩固率、报考率、升学率都保持较高的水平,初中三年巩固率平均98.2%,报考率平均97.8%,而八县的控辍工作成果则更为明显,在生源数量逐年减少的情况下,八县2010年中考报考率比2009年提高4.3个百分点,达到88.9%。二、市区学校普遍重视教学质量的提升,市区中考七科及格率72.79%,优秀率45.12%,及格率和优秀率较去年明显的提高,提高幅度均高于八县。三、各校对中考七科的重视程度和对语数英三科的重视程度更趋一致,学校更关注学生的全面发展,等级科弱化现象有所扭转。

【重点课题通过验收】 福州市普通高中新课程实验7个重点课题(《普通高中新课程工作的组织、领导、规划与管理研究》《普通高中新课程教学实施、评价与管理的研究》《普通高中新课程方案实施与学生选课指导的研究》《普通高中新课程教师培训与课程资源建设研究》《普通高中学生综合素质评定与管理研究》《普通高中综合实践活动实施与管理研究》《普通高中校本课程开发与实施研究》),2010年经福建教育学院、福建省教育科学研究所、福州教育学院联合组成的专家组验收,均已完成各课题的结题工作,并达到预期目的。这7个重点课题于2006年6月立项。

【市级教学开放日活动】 根据《关于2010~2011学年度普通中学市级教学开放(周)日时间安排的通知》,在申报举办开放周(日)活动的学校中,经过严格筛选,福州高级中学、格致中学鼓山校区、福州二中、福州十八中、福州四中桔园洲中学、福州二十五中、师大附中等17所学校开展市级教学开放日(周)活动,组织部分教师听课和评课,检测新课程改革的课堂教学效果。

【扩招福州新疆高中班】 福州市从2010年开始扩招2个新疆高中班、86人,学制四年(含一年预科),满规模后8个班、344人。遴选福清华侨中学和长乐华侨中学承担福州新疆高中班的扩招工作,成立新疆高中班筹建领导小组。4月底,制定福州市新疆高中班筹建方案,市政府成立福州市教育支持新疆工作协调领导小组。市民宗局、财政局、人事局、事业单位登记管理局、公安局、卫生局等部门分工负责。市财政按每个班每年60万元给予定额补助,主要用于新疆高中学生在校期间的伙食费、装备费、校服费、假期活动费、往返路费和各项公杂费用等。福清市、长乐市财政负担新疆高中班的教职工人头费、日常办公经费(含接送学生费用)和校舍修建支出;市财政另外安排"市教育支持新疆工作协调领导小组"协调慰问经费2010~2013年分别为2万元、4万元、6万元和8万元,2014年开始每年安排8万元。

【科技教育】 2月,福州一中、福州三中、福州格致中学、福州八中、福州十八中、罗源一中被省教育厅、省科技厅、省科协确认为首批省科技教育基地学校。10月,福州八中、福州十八中、教育学院附中被确定为省知识产权试点中小学。

在2010年省青少年科技创新大赛中,福州市选手获省一等奖14人,二等奖13人,三等奖15人。在2010年全国青少年科技创新大赛中,福州一中甘霖获全国一等奖,另获全国二等奖2项,获全国三等奖两项。在4月举行的全省青少年计算机机器人大赛上,福州市选手获一等奖11项、二等奖10项、三等奖17项。在7月18日至23日举行的第十届中国青少年机器人竞赛上,福建省总成绩位居全国第一。福州市共派出7支代表队,全部获奖:计获一等奖3项,二等奖1项,三等奖1项。其中福州时代中学和福州第三中学分别获得VEX机器人挑战赛初中组和高中组的冠军,福清玉屏中心小学和福建师大附中分别获得VEX机器人挑战赛小学组和高中组的亚军,获奖总数和成绩均列全省首位。

12月初,在25所中学、5所中职学校和10所小学举办40场"院士专家校园行"科普报告会,由中国科协组织的20名院士、专家和教授深入中小学,激发学生学习科学、探究科学的兴趣。

【中招工作】 2010年,全市初三报考人数8.06万人,共设置99个考点、2674个考室。初三生物重考报考8524人,初三地理重考报考1.42万人;初二地理、生物学业考试报名8.27万人,地理和生物考试共设置160个考点、3307个考室。2010年在普高学校招生投档时享受加分照顾的有5968人,其中,4690人属于"农村独生子女和二女绝育家庭女儿"专案加分,占78.6%;720人属于"少

表 32　福州市学生参加 2010 年青少年科技创新大赛、机器人大赛获全国奖名单

获奖学生	学 校	获 奖 项 目
甘　霖	福州第一中学	第二十五届全国青少年科技创新大赛一等奖
林晨恺　林经纬　张经帆	福建师大附中	第二十五届全国青少年科技创新大赛二等奖
陈舒睿	福州第三中学	第二十五届全国青少年科技创新大赛二等奖
许陈苑	福州第一中学	第二十五届全国青少年科技创新大赛三等奖
吴康承	福州屏东中学	第二十五届全国青少年科技创新大赛三等奖
郭林迪　余之涵　吴　埜	福州时代中学	第十届中国青少年机器人竞赛机器人一等奖
王正钧　李孟航　林德欣	福州三中	第十届中国青少年机器人竞赛机器人一等奖
夏　润　李泽洲　翁宇华	福建师大附中	第十届中国青少年机器人竞赛机器人一等奖
周家新　翁怡婷	福清华侨中学	第十届中国青少年机器人竞赛机器人二等奖
吕皓源　钟宇暄	闽江学院附中	第十届中国青少年机器人竞赛机器人三等奖

数民族考生”项目加分，占 12.1%；292 人属于“音体美或国家二级运动员”项目加分，占 4.9%；除此之外，学科竞赛、创新大赛以及侨胞、台籍、台商子女、部队子女等方面享受普高投档加分的考生共计 266 人，占 4.4%。全市各类高级中等学校录取 7.42 万人，其中，普通高中 4.29 万人，五年制高职和中职学校 3.12 万人。

2010 年中招改革要点：一、普高同分全部录取。二、各级达标学校经市中招办审批，可根据各校实际确定（主要是略微降低）录取条件和收费标准，并在《中招指南》的招生计划栏目中一并公布，个别达标学校的择校生不收择校费，缴费同正常缴费生。三、达标高中招收择校生比例下降，正常缴费生和定向生的比例均有所提高，促进义务教育阶段学校的均衡。四、中招细则取消肝检专限要求，无福州地区学籍、户籍的借读生也可报考。五、将九年级地理、生物重考与八年级的两科会考同步、同卷，以便于考试组织和减轻考点经费负担。

（简素玉）

【普通高中会考】　一、普通高中学业基础会考。2010 年组织两次普通高中学业基础会考和一次普通高中会考重考，分别于 1 月、6 月和 11 月进行。1 月，学业基础会考，报考 9.60 万人次，设 3409 考场。6 月，学业基础会考，报考 8.62 万人次，设 3027 个考场。重考报考 384 人次，设 18 个考场。二、社会考生的管理。为了避免社会生被部分招生学校误导，维护考生的知情权，市会考办通过各种渠道向社会考生告知社会生的性质和省教育厅新颁的《福建省普通高中学生学业基础会考方案（试行）》中新规定的社会考生参加学业基础会考并能够在 5 年内全部达到合格要求者，由省会考办发给普通高中学业基础会考合格证书，作为具备普通高中同等学力的证明，不再发给社会生毕业证书。同时向社会生出示《福州市普通高中社会考生考试须知》，并由学生和家长签字后，方予以办理建档手续。对已经取得普通高中会考社会生毕业证书的考生，由于这类学生中有不少要出国留学，留学学校和涉外机构对这种文凭有不解的地方市会考办都以书面或口头的方式予以解答，尽可能为这类考生提供帮助。三、实验考查。根据省教育厅规定普通高中学生必须参加物理、化学、生物实验和通用技术考查，考查由各设区市自行组织实施。2010 年 5 月，全市高二 4.54 万名考生参加物理、化学、生物实验考查。

（黄增华）

中等职业教育

【中职招生】　2010 年全市招生 3.98 万人，其中市属中等职业学校招生 2.06 万人。全市承担成人中专教育任务的学校 7 所，共招生 3190 人。落实国家资助中职学校学生优惠政策，对工艺美术、闽剧表演等非物质文化遗产专业和涉农专业实行免收学费。鼓励职业学校拓展招生范围和对象，开展多形式办学。各中职学校积极组织送教进军营、进企业、进乡镇活动，开办非全日制的中职班。如福州旅游职专学校开设士兵中职学历班和工艺雕刻专业在职人员学历班，福清龙华职专开设村干中职学历班等。

【毕业生就业】　2010 年福州市中职学校（不含技校）毕业生 1.37 万人，就业（含升学）人数 1.32 万人，就业率 96%。就业去向中，到各种所有制性质的企事业单位 8950 人，从事个体经营 2510 人，升入高一级学校 1704 人；从事第一产业 808 人，从事第二产业 3008 人，从事第三产业 9348 人。就业渠道中，学校推荐 7993 人，中介介绍 504 人，其他渠道 4667 人。

【专业结构调整】　围绕海峡西岸经济区建设和福州市经济结构和产业结构调整对技能型人才需求，科学合理调整专业设置和专业结构，扩大与第二产业和新兴产业相关的专业招生规模，新增设小区公共事务管理、城市轨道交通运营管理和农村电气技术等 33 个新专业。同时深入调研，结合实际，制定《2010～2012 年福州市中等职业教育专业结构调

整规划》。9月,省教育厅、财政厅确认福州建筑职专建筑装饰专业为创建国家示范专业、福州旅游职专工艺美术专业为创建国家改革创新重点专业、福州工业学校创建机电技术应用为第三批省级技能型紧缺人才培养基地,永泰职专、罗源职专、闽清职专确认为县级职教中心标准化建设单位。

【校企合作】 贯彻落实市委办公厅《关于加强校企合作促进职业教育与企业用工对接的若干意见》,召开福州市职教集团和八大行业指导委员会年会,深化中职学校与行业、企业合作与对接工作;中职学校实行工学结合、校企合作、顶岗实习的人才培养模式,广泛开展委托培养、定向培养、订单培养;推进产教结合,在福州建筑职专、电子职专、财金职专等学校探索校企一体化办学实践,引“企”入校,联合举办企业冠名班或订单班,共建实训实习基地等合作项目;在福州建筑职专合作企业福州快科电梯有限公司召开全市中职校校企合作现场会,促进学校与企业合作,实现专业与职业岗位、教学过程与企业生产过程对接;与福州晚报合作举办“深化校企合作,服务海西建设”为主题的职业教育校企对接研讨会。

【教研活动】 举办5场市级公开教学活动,分别在永泰职专、连江职专、福清三华职专、福州文教职专、福州电子职专开展活动,参加教师达到2000人次以上,有100余位教师开展公开教学。同时举办第三届“教师专业成长与教学创新论坛”,13位教师介绍各自的专业成长经验。举办校长论坛活动。与罗源县政府合作以“服务罗源,对接海西;京榕携手,共谋发展”为主题的京榕职业院校校长论坛;与重庆市教育科学院联合举办以“展示战略思维,集聚创新智慧,谋划改革方略,助推榕渝合作”为主题的榕渝职业教育校长论坛。

【技能竞赛】 3月,福州市教育局、福州市劳动与社会保障局联合举办2010年福州市中等职业学校技能大赛。技能大赛设7个分会场、共有12大类47个竞赛项目,有50所(含省属中专)学校的1331名学生参赛。在市赛基础上选拔优秀选手参加省赛和国赛,在全省和全国的职业教育技能大赛中共取得21项全省一等奖和19项全国三等奖以上大奖的成绩(获奖名单见下表)。福州市教育局召开职业技能大赛表彰大会,从教育基金会拨出10万元专项奖金,表彰奖励获奖选手和指导教师以及校企合作成绩突出单位和个人。

【达标评估】 3月,福清市龙江职业技术学校经市教育局批准确定为市级重点中等职业学校,5月罗源县职业高级中学经省政府批准确定为省级重点中等职

表33 **2010年全国职业院校技能大赛福州市获奖学生名单**

项目	姓名	成绩	学校	指导教师
板寸推剪造型	康志娜	一等奖	旅游职专	尤佳
数字影视后期制作技术	孙云	二等奖	电子职专	王斌
网络综合布线技术	赵佳明 卓健 林州	二等奖	电子职专	郑华
电子产品装配与调试	邱建清	二等奖	电子职专	陈品才
工程算量	谢泽胜	二等奖	建筑职专	郑庆波
新娘化妆整体造型	谢爱珍	二等奖	旅游职专	王海兰
服装设计与制作	雷倩倩	二等奖	财金职专	谢伟敏
服装模特表演	陈章妹	二等奖	文教职专	王红
机电一体化设备组装与调试(团体项目)	许建平 陈依品	三等奖	电子职专	侯榕辉
单片机控制装置安装与调试	陈严武	三等奖	电子职专	闫亚红
制冷与空调设备组装与调试	陈勇 储文斌	三等奖	电子职专	郑敏旺
中餐热菜	冯力	三等奖	旅游职专	黄灵亮
汽车维修基本技能	廖诗桓	三等奖	交通职专	齐峰
车身修复	林王继	三等奖	交通学校	邱晨曦
服装模特表演	王希婷	三等奖	财金职专	王海云
工程测量	涂晓松 许步历 方晓忠	三等奖	建筑职专	张利健
板寸推剪造型	李博	三等奖	新华技校	王梅芬
女士中发翻翘发式	王莉	三等奖	商贸职专	林凯
晚宴化妆整体造型	张玉玲	三等奖	商贸职专	张敏

业学校，11 月闽侯县职业中专通过省级重点中等职业学校专家组评估。

【榕台交流】 3 月，福州市部分中职学校校长和专业骨干教师共 24 人赴台学习考察。在 2010 年福州市中等职业学校学生职业技能大赛期间，邀请台湾南亚技术学院王春源院长率该院建筑、电子、艺术教育、幼教、导游、美容美发等 6 个专业的 10 位教师、11 名学生，以及永平工商高等职业学校黄嘉明校长率该校旅游、烹饪、调酒等 3 个专业的 5 名教师、5 名学生到福州市开展示范性公开教学活动。福州市相关专业的数百名教师观摩台湾同行的示范公开教学，并与台湾同行进行教学互动交流。台湾同学在福州建筑职专、福州电子职专、福州旅游职专等 3 个赛场进行职业技能表演，增进福州市职业教育界与台湾同行的相互了解。

【实训基地建设】 8 月，长乐市职业中专学校汽车专业被教育部列为中央财政支持建设的重点实训基地。由教育部拨专款 150 万元，省政府配套 150 万元投资建设标准化汽车设备实训室。

在闽侯上街大学城征地 4.67 公顷，市财政投资 1.5 亿元筹建福州市中等职业学校公共实训基地。基地规模常年保持 2000 人同时进驻训练，功能分区为机械加工、电子、信息、汽车维修、化学技术、纺织服装、现代服务和工程机械等 8 大专业实训区和 1 个学生创业工作室。12 月 31 日，公共实训基地建设举行开工仪式。

【社区教育】 11 月 2 日，福州市人民政府批准成立福州市社区大学（榕政综〔2010〕214 号），12 月 14 日市教育局协同市电大召开福州市社区大学成立大会暨挂牌仪式，同时启动“福州终身学习在线”网上学习平台，以满足群众对终身学习的需求。9 月，省终身教育委员会确认仓山区、马尾区、长乐市、闽侯县为“福建省社区教育实验区”，鼓楼区安泰街道乌山社区为“福建省社区教育先进单位”，福州市总工会、共青团福州市委员会为“福建省学习型组织先进单位”，福州市直机关幼儿园、福建省电力有限公司福州电业局、福州市劳动和社会保障局、鼓楼区华大街道办事处、福州市发展和改革委员会为“福建省学习型组织创建单位”；11 月，鼓楼区被国家教育部确认为“国家级社区教育示范区”。

【农村成人技术培训】 2010 年，依托乡镇文技校和职业技术学校积极开展农村各类成人教育培训工作。以农村新增劳动力为培训重点的各类培训情况为：绿色证书培训 7317 人，获证 7140 人；富余劳动力转移培训 586 期、2.59 万人，就业 1.99 万人；实用技术中长班培训 428 期、1.47 万人；短班培训 1.05 万期、41.21 万人；职业资格证书获证人数 2829 人；初中毕业生 3 + X 培训 7434 人。

（林培斌　徐本元）

12 月 14 日，福州市社区大学成立暨揭牌仪式在福州广播电视大学举行。市委常委、副市长、宣传部部长朱华出席成立大会和揭牌仪式。

高 等 教 育

【思想政治理论课质量年活动】 开展高校思想政治理论课教学质量年活动，部署首届市属高职院校思想政治理论课“优秀教学论文”、“精彩多媒体课件”、“精彩教案”征集评选活动。暑期组织市属高校思想政治理论课骨干教师开展“海西行社会实践活动”。下半年，进行高职学院思想政治理论课教学公开观摩课活动，并请福州大学人文学院教授开设讲座。同时举办市属高职院校思想政治理论课教学比赛活动，共评选出教学比赛一等奖 2 人，二等奖 3 人，三等奖 4 人，由市委教育工委颁发证书。

【辅导员培训】 按照省教育工委、省教育厅《关于进一步推动大学生思想政治教育精细化的通知》要求，市教育工委、教育局加大辅导员培训力度，推动市属高校开展辅导员深入学生、深入宿舍、深入班级做好精细化的思政工作。在福州软件职业技术学院举办市属高校辅导员工作交流培训活动，聘请福建师大省辅导员专业协会专家开设讲座，组织企业界人士与高校辅导员研讨新时期大学生职业道德教育，并结合市属高校实际进行优秀辅导员工作案例交流活动，提高市属高校辅导员工作质量，推动大学生思想政治教育工作的精细化。

【高校建设】 福州外语外贸学院（本科制）经省政府同意组建，9 月 16 日通过省高校设置专家组现场评估，10 月 8 日，正式向教育部申报组建本科“福州外语外贸学院”。福州烹饪职业教育集团由福州黎明职业技术学院和福州烹饪协会牵头组建，20 多所市属高中等院校和饮食企业组成，2010 年 1 月 19 日正式挂牌成立。两所市属高职院校均通过教育部人才培养工作评估。年内，福州英华职业学院和福州海峡职业技术学院也通过教育部评估。至此,市属高校已有6所通过教育部人才培养工作评估。

福州职业技术学院扩大听障学生特教班招生规模,招生范围从全市扩展到全省,从1个专业扩展为2专业,招生计划从10多个扩展到40个。经过考试,最终录取25名听障学生进入高校学习。

【筹备福州市职业院校“黎明杯”烹饪技能大赛】 福州市教育局会同市人力资源和社会保障局联合委托福州黎明职业技术学院筹办福州市职业院校“黎明杯”烹饪技能大赛,并协调市职业教育中心、市劳动技能鉴定指导中心、福州烹饪职业教育集团等单位成立“黎明杯”烹饪技能大赛筹备处,开展赛前各项准备工作,预计正式比赛于2011年初在福州黎明职业技术学院进行。 (马 宁)

【高校招生】 2010年,福州市研究生考试报考7835人,比2009年6975人增加860人,增幅12.3%,其中7499人报名参加全国统考,243人报名参加法硕联考,推荐免试生93人。福州大学、福建师大等院校单考生、MBA共848人委托福州市组织考试。全市共设考点10个、考场308个。

全市普通高考(含高职单招)报名4.44万人,比2009年的4.78万人减少0.34万人,减幅7.0%,其中普通高考报名4.18万人,比2009年的4.40万人减少0.22万人,减幅4.9%;高职单招报名2622人,比2009年的3812人减少1190人,减幅31.2%。全市共设考点49个,考场1814个,其中普通高考考点45个,考场1704个;高职单招考点4个,考场110个。2010年福建省普通高校招生政策与往年相比有较大的调整和变化,主要包括体育类和艺术类实行“平行志愿”投文件录取模式,其中艺术类单独提前批的录取实行“平行投档、一档多投、院校预录、考生确认”的投文件录取模式;“高职单招”考试由原来的13个科类调整为9个,并对部分科类考生进行专业技能水平测试;录取加分照顾的分值由原来可享受加20分、10分不等调整为加10分、5分不等,并减少一些加分照顾政策。

福州市成人高校招生考试于10月17~18日进行。全市2.14万人报考,比2009年的1.80万人多0.34万人,增幅18.6%,其中专科起点升本科的8995人,高中起点升本科的261人,高中起点升专科的1.21万人,免试生15人。全市共设考点29个,考场863个。

福州市高校新生资助管理中心从2010年起在全市范围内全面启动生源地信用助学贷款工作,全市五区八县教育局共受理1373件贷款申请,向银行推荐1218件,经办银行审批通过829件,贷款合同金额1480万元。 (黄存红)

【自学考试】 组织14次30项考试,报考52.14万人次,72.52万科次;2010年与2009年相比报考总人数、总科次分别增长1.53%、1.95%,各类考试报考人数占全省总量的47.6%,非学历证书考试报考人数增长幅度较大,学历证书考试报考人数略有下降。自学考试全年报考7.69万人、14.92万科次,办理毕业审定和毕业生电子注册3489人。全国英语等级考试全年报考432人、622科次。中英合作商务管理、金融管理专业考试全年报名861人,2393科次报考。面向社会认定教师资格“两学”考试全年报名2.61万人,4.04万科次。全国大学英语四、六级考试、全国高等学校英语应用能力考试,福州地区39所高校在校生全年报考29.15万人。资格证书考试全年报名1596人,3316科次报考。自学考试开考体制改革试点专业考试,全年报考7.57万人、17.23万科次。中国书画等级考试全年报考1874人。全国计算机等级考试全年报考3.83万人。新任教师招聘考试6230人、8993科次。政法干警招聘考试5746人、1.72万科次。

(欧阳彪)

【闽江学院】 2010年,闽江学院学科专业设有中文、外语、数学、物理学与电子信息工程、计算机科学、旅游、管理学、服装与艺术工程、地理科学、化学与化学工程、历史学、法律、公共经济学与金融学等13个系;有成人教育学院、美术学院、爱恩学院、软件学院、蔡继琨音乐学院、海峡学院、海外教育学院、新华都商学院、交通学院等9个学院。服务海西的财政学科体系建设项目得到中央财政支持地方高校发展专项资金的资助。本科专业达40个,其中,2010年对外汉语、雕塑、高分子材料与工程等3个专业首次招生,首次获批国家级特色专业建设点2个,新增省级特色专业建设点2个。全校有教职工1000多人、全日制在校生近2万人;校园占地约166.67公顷,校舍建筑面积约48万平方米,全校图书文献资源总量192多万册。

人才培养 新增省级人才培养模式创新实验区1个、省级精品课程5门、省级教学名师1人、省大学生创新性实验计划项目立项10项。2010年在校生在全国大学生数学建模竞赛、第一届“北斗杯”全国青少年科技创新大赛、第三届全国大学生网络商务创新应用大赛华南赛区决赛、2010ATA-微软“校园之星”大赛、福建省第三届大学生美术作品展、2010年福建省经典诵读大赛、省大运会跳绳比赛、第十六届中国模特之星大赛福建总决赛等全国、全省各类赛事中都取得了不俗的成绩。蔡继琨音乐学院师生主创的校园剧《青春起跑线》作为福建省唯一代表参加第二届中国校园艺术节,以非艺术类院校第一的成绩获得由中宣部、教育部联合设立的中国校园戏剧最高奖——“中国戏剧奖·校园戏剧奖”优秀剧目奖。软件学院学生获2010ATA-微软“校园之星”大赛软件方向全国总冠军。

科学研究与服务地方 各类科研项目新增195项,其中,主持国家级科研课题6项(其中获主持国家高新技术项目3项、国家社科基金项目3项),省(部)级项目26项。教师发明成果在第十九届全国发明展览会上摘得1金4铜;1项成果获第八届618项目成果交易会高校优秀参展项目二等奖;获中国当代文学研究第十二届优秀成果奖1项、第九届省自然科学优秀学术论文二等奖2项、三等奖2项。《闽江学院学报》入选《共和国期刊六十年》,获“全国高校优秀社科期刊”称号,其中“闽文化研究”栏目获全国地方高校学报“名栏”以及第四届全国高校社科期刊“特色栏目”称号。年内与省委文明办联合成立福建省文明礼仪培训基地。

师资队伍 引进各类人才76人,其中教授6人,副教授2人,博士15人,硕士53人,在引进国内外著名大学的高层

次人才方面取得重大突破，成功引进诺贝尔奖获得者、“长江学者”等顶尖人才。新增省高等学校新世纪优秀人才 2 人、福州市优秀人才 8 人，入选“福建省高校杰出青年科研人才培育计划”2 人，省“优秀教师”1 人。现有专任教师中，具有高级职称的教师占 37.2%，具有硕士或博士学位的教师占 72.9%。

招生就业　面向全国 31 个省（市、自治区）实际招收全日制普通本专科生 6787 人（其中本科 4818 人，专科 1969 人）。会计、金融等热门专业平均录取成绩接近或超过本一线。成人学历教育共录取本、专科学生 1594 人。组织开展职业技能鉴定、继续教育培训 600 多人。2010 届毕业生就业率达 95.82%。学校被省公务员局、省人力资源开发办公室、省教育厅等单位联合评为“2007～2009 年度福建省大中专毕业生就业工作先进集体”。

交流合作　中外合作方面，学校与加拿大布鲁克大学联合申办孔子学院已获国家汉办正式批准，成为省内新建本科院校承办的第一个孔子学院，也是全国新建本科院校中承办最早的孔子学院之一。与美国杜克大学、哥伦比亚大学、北京大学等国内外著名大学达成合作协议或意向。闽台合作方面，闽台合作办学专业增至 8 个。与台湾中华大学合作举办的交通学院正式成立。与台湾中国文化大学、实践大学合作的海峡学院启动“两岸产学合作计划”。派出首批 10 名在校生赴台湾中国文化大学学习、4 名教师赴实践大学授课。10 月 11 日，国务院参事室参事郭瑞、王湛、袁隐、黄尧、蔡克勤等一行 7 人到校调研闽台合作办学工作。

新华都商学院　1 月 12 日，福州市委、市政府和闽江学院、福建新华都慈善基金会（以下简称“基金会”）联合召开新闻发布会，正式宣布：在福州市委、市政府的促成下，基金会向闽江学院首期无偿捐资 5 亿元人民币，专门用于在闽江学院经济、管理等学科基础上组建闽江学院新华都商学院。聘请 2006 年诺贝尔经济学奖得主埃德蒙·菲尔普斯教授担任院长。8 月初，商学院试点班以本二提前批的资格，招收 57 名超过本一线的学生。商学院主要任务是为中国民营经济培养经营管理人才。

（闽江学院党政办）

【福州职业技术学院】　福州职业技术学院是福州市人民政府举办，由原福州广播电视大学、福州业余大学、福州工人业余大学和福州商业学校合并组建而成的全日制普通高等学校。开设广告设计与制作、旅游管理、市场营销、计算机网络技术、应用电子技术、艺术设计（动漫设计）、国际商务、财会电算化、计算机应用、金融保险等 33 个全日制专业。设有自动化研究所、高等职业教育研究所、礼仪研究所和启航软件、星客动漫、翻译等工作室。2010 年 9 月，学院招收全日制高职新生 2033 人，全院在校生近 1.5 万人，其中，全日制学生 5273 人，电大开放教育学生 8599 人，成人学历生 2500 人。在职教职工 374 人，其中专任教师 230 人。2010 届毕业生一次性就业率 98.6%，年底就业率 99.1%，社会满意率 98%。基本完成省级示范性院校建设项目中期目标任务，并顺利通过省级示范性高职院校建设中期检查。

调整与设置专业　申报影视动画、商务管理、城市轨道交通车辆、城市轨道交通运营管理 4 个专业。年内，会计电算化专业被评为 2010 年度福建省高等职业技术教育精品专业；机械基础、连锁企业人力资源管理被评为 2010 年度福建省高等职业技术教育精品课程。至 2010 年，学院有 3 个省级示范性重点建设专业、5 个省级精品专业、10 个院级精品专业；有 10 门省级精品课程，20 门院级精品课程。

创新人才培养模式　加强显露特色的广告设计与制作专业的“项目实战”、旅游管理专业的“三三”式顶岗预就业、市场营销专业的“三段递进实训 + 订单培养”等人才培养模式；扶持、培育计算机网络技术专业的“课证融合 + 项目实战”、物流管理、金融保险、应用电子技术等专业的“订单培养”、商务英语专业的“语言 + 专项技能”等人才培养模式。闽台合作专业“校—校—企”联合培养人才模式、听障特教“残健融合”人才培养模式均得到省内外专家的肯定。其中“残健融合”培养听障专业人才模式被省政府列为 2010 年为民办实事项目，并录取 25 名新生。

增强科研工作　申报福建省社科规划项目 1 项、省教育科学“十一五”规划 2010 年度教育科学规划项目 4 项、省教育厅课题 10 项，各项省市科研项目立项计 19 项，引进科研经费 37.53 万元。申请专利 1 项，1 项专利申请获得授权，2 项专利正在申请中。召开学院第七届学术年会，提交论文 133 篇。组织力量开展《福州小城镇建设对人才需求的影响与趋势》《适应福建省经济转型，构建中高职衔接的职业教育与培训体系》两个教育厅课题的研究。1 位教师入选 2010 年度“福建省高校杰出青年科研人才培养计划”。

提升学生技能教育　2010 届毕业生“双证书”获取率为 82.72%，其中超过 90% 的有 3 个系，分别是经济系 93.24%，技术工程系 92.14%，商贸系 91.67%。

学院学生在全国、省、市级大型技能大赛中获奖情况：在“第六届全国高职高专实用英语口语大赛”（福建省赛区）中，获专业组三等奖 1 个，获非专业组二等奖和三等奖各 1 个；在 2010 年第九届全国信息化核心技能大赛暨微软办公软件核心技能世界大赛中国区选拔赛总决赛 Excel 2003 项目中获三等奖；在第二届全国旅游院校服务技能（导游服务）大赛中获二等奖 1 个、三等奖 1 个；在第四届“用友杯”全国大学生跨级信息化技能大赛中获二等奖。在 2010 年福建省职业院校技能大赛（高职组）中获二等奖 2 个，三等奖 1 个，优秀奖 1 个，学院获团体优胜奖二等奖；在“万利达”杯海峡两岸高等职业技术教育学生专业技能邀请赛中获团体二等奖 1 个，团体三等奖 2 个，实现工科技能竞赛成绩的突破；在第二届海峡两岸大学生职业技能大赛获团体一等奖 1 个，团体二等奖 1 个，个人二等奖 1 个，个人三等奖 2 个；在第二届海峡印刷创意设计大赛中获优秀奖；在福建省高职院校 2010 年度学生书法技能竞赛获二等奖 1 个，优秀奖 2 个。

拓展社会服务能力　成立福州市社区大学，挂靠福州广播电视大学。启动“福州终身学习在线”网上学习平台，开展多层次的学历教育、非学历培训及社会文化教育活动。继续与市委组织部联合开办村主干学历班，年内新招 306 人，村主干学历班在校生达526人。组织5期300名农民工参加营业员、混凝土工和电子设备装接工等技能培训。协助福州监狱307名服刑人员参加服装缝纫工等职业技能培训和鉴定。分4期完成对台江社区的社区干部271人培训,组织社会人员1860人参加职业技能鉴定。继续教育中心被批准为福州市工会职工(农民工)职业技能培训基地。

重视师资队伍建设　招聘紧缺专业教师3人,有17人晋升副教授,2人晋升副研究员;暑期42名教师完成顶岗挂职计划;安排29名教职工攻读硕、博士学位,选派3位教师外出访学进修;会计电算化专业教学团队被评为2010年省级教学优秀团队,新增1名省级教学名师。

加强闽台高职合作交流　年内闽台合作专业招收200人;邀请3所台湾合作院校13名教师到院讲授12门课程;选派23名学生赴台湾院校进行为期一年的学习,派出7名优秀教师到台湾合作院校访学;每门课程给予2万元~3万元经费,支持开发优秀校本实训教材5部;福建省教育科学“十一五”规划2010年度海峡两岸高等职业教育专项课题研究结题,拨专款120万元采购台版图书。

强化基础建设　先后投入180多万元,加强省级重点配套支持的影视动漫实训中心和机电工程实训中心的建设;投入470万元建成数控技术实训室、网络—物联网综合实训室、建筑工程实训室、汽车技术实训室、国际贸易实训室、特教实训室等16个实训室;新增17个校企合作联合培养人才的院外实践基地。计算机网络技术(物联网)实训基地被评为2010年省财政支持的高等职业教育实训基地建设项目。

完成溪源江北岸13.73公顷土地(含市实训基地)的征地、交地工作;学院二期工程建设项目被列入福州市2011年“五大战役”中“民生工程战役”项目。

(林艺芳)

【福州教育学院】　福州教育学院由原福州教育学院、福州师范学校、福州市普通教育教学研究室、福州市教育科学研究所及福州市成人教育教学研究室等5个单位整合而成。同时,设立福州教育研究院,与学院实行一个机构两块牌子的体系。学院占地面积10.2公顷,总建筑面积达6.8万平方米。2010年,学院在职教职工184人,其中专任教师114人;具有副高级以上职称的教师55人,中级职称教师30人;专任教研员中有4名特级教师、1名福建省学科教学带头人、4名市级名学科带头人。

开展对中、小、幼各类学校各级教师和教育行政干部的继续教育培训,年均培训教师10多万人次,培训教育行政干部700多人次。学院面向全省招收三年制专科生,培养具有专科学历的小学教师和其他各类人才。开办有6个初等教育类专业和6个非师范类专业,在校全日制学生有1676人。与国内知名师范院校合作开办福州各类成人专科班、专升本函授班等。

教学质量监控　推进“福州市基础教育教学质量检测体系”管理,继续在20多所试验学校开展教学质量跟踪检测工作。加强过程的监控,从市区初中年段到高中年段,从高三年段到高一年段,从所有学科到有选择的个别学科,进行网络阅卷和质量分析,了解福州市的教学情况,提出有针对性的方法。为加强教学检测和指导,在高三毕业班单科质检时进行网络阅卷工作,发挥现代技术手段对教学的监测作用,分析测试数据,找出教学薄弱环节,指导后续的复习备考工作。

校长培训　由福州市委教育工委组织部主办、福州教育学院教育行政干部培训中心承办的福州市第二十八期中小学校长任职资格培训班于3月3日至7月2日举办。59名学员(市属中小学后备干部13人,区县(市)初级中学32人、小学6人、私立中学8人)经过近5个月理论学习、在岗实践、总结提高3个阶段学习,完成规定学习科目结业。

由福州市委教育工委主办、福州教育学院承办的福州市首期市属学校党组织负责人培训班4月12~23日举办。有43名学员参加,采取理论学习和实践考察相结合的培训方式。培训期间组织学员到福建“古田会议”会址参观学习,完成规定学习科目结业。

由福州市委教育工委组织部主办、福州教育学院教育行政干部培训中心承办的“福建省农村校长教育管理能力提升工程”福州市级第一期培训班暨福州市第十六期中小学校长提高培训班于2009年10月19日至2010年6月25日举办。60名参训学员经过为期8个月的理论提高、在岗研修、总结提高3个阶段的学习,完成规定学习科目结业。

由福州市委教育工委组织部主办、福州教育学院教育行政干部培训中心承办的“福建省农村校长教育管理能力提升工程”福州市级第二期培训班暨福州市第十七期中学校长提高培训班于5月10日至12月27日举办。53名参训学员经过为期8个月的理论提高、在岗研修、总结提高3个阶段的学习,完成规定学习科目结业。

由福州市委教育工委组织部主办、福州教育学院教育行政干部培训中心承办的“福建省农村校长教育管理能力提升工程”福州市级第三期培训班暨福州市第十八期中学校长提高(连江)培训班于9月29日在连江县教师进修学校报告厅举行开班仪式,31名参训学员全部来自连江初级中学,学员将经过为期8个月的理论提高、在岗研修、总结提高3个阶段的学习。

由教育部办公厅举办的“2010全国中小学校长校园安全管理国家远程培训”于6月15日开班。福州教育学院教育行政干部培训中心组织全市中小幼校(园)长共951人参加培训,9月初结业。

由福州教育学院主办、教育行政干部培训中心承办的福州市教育管理者培训高级研修班于10月26日至11月3日在东北师范大学理想信息技术研究院举行。各县(市)区共18名学员参加,均完成规定学时,考核合格,顺利结业。

由福州市委教育工委组织部主办、福州教育学院承办的福州市第一期中学校长高级研修班于10月26日在东北师范大学举行开班仪式。市委教育工委常务副书记翁桂香、组织部长郭榕生、福州教育学院副院长程季平等参加并随班听课。12月11日,全班23名学员完成研修班第一阶段理论提升学习。

教师培训　继续开展中学新教师见习期培训,分为岗前集中理论培训和见习期实践跟踪培训两个阶段,有163位新教师参训,每位新教师接受120学时培训。组织全市中学5100位初、中级职称教师开展全员岗位培训,每位教师接受72学时培训;组织8750名县(市)中级教师,私立中学初、中级教师全员岗位培训。开展一般校高三教师高考研究专项培训54场,参训教师1500多人。开展中学骨干教师市级培训,645名中学优秀教师在培。举办福州市中学名优教师高级研修班。举办福州市中学教师继续教育管理者培训。举办福州市"学习贯彻纲要精神、创新校本培训模式"系列培训,200多名教师参加培训。首次将中小学教师教育技术培训这一国家级、强制性并涉及上千万中小学教师的全员培训(人均需接受50学时教育技术培训)纳入福建省教育学院网络平台,组织285位中小学各学科骨干教师参训。组织实施"班主任全员培训项目",1000多名市属中学班主任参加培训。举办福州市中小学命题者培训,选拔600多名中小学各学科优秀教师参加培训。举办福州市初中新教材培训暨学科会议,来自县(市)区教师进修学校各科教研人员及县(市)区初中初三备课组长、骨干教师等共550人参加培训。举办英特尔未来教育培训班,有100名教师参加为期6天的培训。组织89名中学英语教师参加听说能力培训,同时组织全市200多名中学英语教师参加听说能力考试。

毕业生实习　调整师范专业的毕业生实习时间,由原定三年级下学期进行的春季毕业实习提前至秋季的11月1日开始。全年,安排师范专业学生毕业实习2次,人数700余人次。实习学校均为福州教育学院实习基地校,并安排优秀教师和教育学院教师进行指导。部分参加自主实习的学生,由学院教师跟踪指导。非师范专业学生毕业实习仍按原教学计划安排在春季,很大一部分学生与实习单位签订用工合同。

考证考级　12月25日,教务处组织师范专业学生参加福州市普通话测试中心普通话等级考试;12月18～19日,组织学生参加英语四六级考试;组织09级非计算机专业学生参加全国计算机等级考试(一级MS OFFICE),并进行考前学习指导,有589人参加考试,优秀54人、合格478人、不合格57人,合格率为90.3%。人文社科系组织09级心理咨询班23人报名参加心理咨询国家三级咨询师,14名获得证书。09级导游班31人报名参加导游证考试,18人获得导游证书。08级文秘班有13人拿到秘书职业资格证。计算机系组织08级和09级计算机应用技术专业学生参加北大青鸟认证考试,08级获得S2(程序员)证书的有31人,09级获得S1(初级程序员)有26人。

毕业生就业服务　4月～7月,开展毕业生就业指导工作,为毕业生编印《2010年毕业生就业政策汇编》。组织学生参加福建省中小学教师招考。做好离校未就业学生的就业跟踪服务工作。至9月底,初次就业率为86.9%,年终就业率为90.3%。

招生工作　面向全省计划招收全日制新生700人。8月下旬,按照省高招办及上级文件精神,针对福州地区大学城考生,录取18名闽侯考生,实际招生数718人。9月5日,报到学生598人,报到率83.3%。成人招生计划招收高起专考生50人,其中初等教育20人,学前教育30人。实际录取高起专考生109人。其中初等教育专业12人,学前教育97人。

(福州教育学院党政办)

德育体育卫生艺术

【中小学经典诵读大赛】　福州市委文明办、市委教育工委组织全市中小学校广泛开展经典诵读活动。在基层比赛的基础上,组织全市中小学经典诵读大赛。经过专家评委评选,51个基层学校选送的优秀诵读节目作品获奖。10月31日,福州市委文明办、福州市委教育工委、福州市教育局、福州市广电局联合举办福州市中小学经典诵读展演。11月7日、17日福州市钱塘文博小学的"走进国学浸润经典"等11个优秀节目在福州市电视台播出。

【"做一个文明有礼的福州人"系列活动】　结合第七个"弘扬和培育民族精神月",全市中小学开展"做一个文明有礼的福州人"活动。活动期间,中小学生做到"六个一":即听一次国旗下主题讲话、上一堂主题班(团队)课、看一个文明礼仪宣传视频、答一份礼仪知识问卷、评一种不文明行为、做一次文明志愿劝导。

5月8日开始,在福州文庙连续举办以《弟子规》为主要内容的15场传统文化讲座,30所学校1500多名学生参加讲座活动。依托数字青少年宫,开辟"践行弟子规"专题网页,提供《弟子规》学习与培训相关数据。围绕"浓浓拗九节,深深感恩情"主题,全市中小学开展煮粥送粥体验活动、敬老爱老志愿服务等系列活动。

市委教育工委、市教育局在全市中小学生中开展"不给他人添麻烦,做一个文明有礼的福州人"主题实践活动:做孝敬自立的孩子,不给父母添麻烦;做尊师

10月31日,福州市中小学经典诵读展演在福州电视中心举行。

乐学的学生,不给老师添麻烦;做友善互助的同窗,不给同学添麻烦;做文明有礼的市民,不给他人添麻烦;做遵纪守法的公民,不给社会添麻烦。发挥团员在创建文明城市、文明学校中的先锋模范作用,学生团员深入小区、交通干道、30多个公交站等进行慰问、文明劝导志愿服务,宣传文明新风,劝导市民注重城市公共文明。

【法制宣传教育】 市教育局与市司法局、福州电视台《法眼》栏目联合制作5期“青春的阴霾”法制教育系列专题片,在电视节目中播出。暑期,开展福州市第二届中小学暑期“聚焦法眼,快乐学法”征文活动,180篇优秀征文分别获得一、二、三等奖。市教育局、司法局联合组织普法讲师团深入岳峰中心小学等17所中小学开展法制宣讲活动,加深学生对《中华人民共和国预防未成年人犯罪法》《中华人民共和国义务教育法》《中华人民共和国未成年人保护法》等法律法规的认知。组织学生代表参加法院开放日活动,近距离了解法院工作与青少年违法犯罪情况,警醒学生树立法制观念,遵纪守法。

【环保教育】 结合节能宣传周,在全市学校开展以倡导节能生活方式、消费模式为重点的节能减排宣传教育活动。教育局团委组织开展以“茉莉清香飘榕城我为福州添新绿”为主题的青少年环保教育活动,向学校免费发放茉莉花苗、花盆、植绿手册等装点环境,美化福州。举办全市创建绿色学校工作培训,指导学校提高创建绿色学校水平。2010年全市共创建27所市级绿色学校,19所学校接受市级绿色学校复查。

【健康教育】 推广福州二中心理健康教育工作经验,组建由20多名具有国家心理咨询师资格的一线心理健康教师工作团队,开通“心灵家园”福州市青少年心理健康网站,免费在线咨询。网站包括心灵鸡汤、开心一笑、在线沟通等8个栏目,介绍各种心理常识。

市教育局联合市关工委开展爱眼活动及“多功能眼保仪”捐赠仪式;联合福建省儿童口腔医院开展“爱牙—窝沟封闭活动”,并请专家给学生讲解如何爱牙、护牙;联合琼森公司、宝洁公司、高露洁公司开展青春期健康教育活动和爱牙、护牙活动。

【诚信教育】 省诚信教育促进会、市教育局联合对部分学校诚信教育开展情况进行调研。11月20日,经过参评学校自评自愿申报,福州市诚信促进会、市委文明办、市教育局推荐,福建省“诚信教育进校园活动先进单位”评审委员会评审,福州市钱塘小学等31所学校被评为“福建省诚信教育进校园活动先进单位”,并在省诚信促进会年会上受到表彰。

【榕台联谊活动】 以“传家传情”为主题的2010年两岸城市青少年创意族谱联展历时一个月,在台北市孙中山纪念馆举行。7月1~8日,应台湾“中华基金会”邀请,福州市教育学会组织2010年两岸城市青少年创意族谱联展交流团一行19人,携42件获奖作品赴台进行为期8天的联展交流活动。

7月11日,“2010年两岸中学生自然探索夏令营”在福州拉开帷幕。活动由福州市科协、福州市教育局、台湾自然科学博物馆等单位联合主办,为期9天,福州市16位优秀中学生与台湾地区的14位优秀中学生共同参加。

【“千名小记者海西行”活动】 福州市教育局与海峡教育报社联合组织“千名小记者海西行”活动,福州十一中、铜盘中学等15所学校近200名优秀校园小记者采访福建农林大学等10多家单位,内容涉及闽台交流、生态建设、信息产业、海洋科技、文化创意产业等海西建设的多个方面。

(方炳泉)

【实施《国家学生体质健康标准》】 市教育局对福州市中小学实施《国家学生体质健康标准》情况进行检查评估。根据教育部信息中心公布数据,2010年,鼓楼区上报《国家学生体质健康标准》成功学校30所,占全区中小学总数的93%,位居全市第一名;台江区达标率85%,第二名;福清市达标率84.7%,第三名;市直中小学、马尾区达标率80%,并列第四名;连江县达标率78%,第六名;闽侯县达标率66%,第七名;长乐市达标率64%,第八名;仓山区达标率52%,第九名;晋安区达标率43%,第十名;闽清县达标率26%,第十一名;永泰县达标率25%,第十二名;罗源县达标率18%,第十三名。

【体育教学评比】 4月12日,福州市教育局公布福州市中小学优秀体育课评审结果:高中组6人获一等奖,10人获二等奖,12人获三等奖;初中组7人获一等奖,10人获二等奖,12人获三等奖;小学组12人获一等奖,16人获二等奖,20人获三等奖。5月17日,福建省教育厅公布第二届全省中小学体育教学评比结果,其中福州高中组、初中组各3人获奖,小学组六人获奖。

【全国校园足球活动】 举办福州市“全国校园足球活动”裁判、教练培训班和校长、教练员培训班,百余名校长、教练参加培训。5月8日,46所校园足球示范校的中小学校长和近百名学生参加启动仪式。7月,10支足球队进行循环赛,挑选28名优秀选手参加在武汉市举办的为期8天的“全国足球夏令营”活动。

【体育赛事】 1. 举办福州市中小学生游泳、篮球、足球、排球、羽毛球、乒乓球比赛,参赛队员3000多人。举办“李宁杯福州市羽毛球传统校公开赛”,8个代表队近百名中小学生参加。2. 举办2010年福州市中小学生田径运动会,1200人参加,设24个组别,6人打破同龄组记录。3. 组队参加福建省中学生运动会,在9个项目16个组别中福州市代表队获得7个组别的冠军,并以总分195分获团体第一名,同时获体育道德风尚奖。4. 市教育局与肯德基公司联合举办福州市高中组健美操、啦啦操比赛,28个代表队参加,6个代表队获冠军、8个代表队获得亚军、其余14个代表队取得优秀奖。10月,福州三中金山校区和福州一中代表福州市参加全国高中组健美操、啦啦操比赛,获团体及个人二等奖。

【疫苗接种】　完成全市近百万师生的甲型H1N1流感疫苗的接种工作，以及4岁以下幼儿的麻疹强化疫苗的接种和14岁以下学生的乙肝疫苗接种工作。新学期开始后每天下午向市政府和省教育厅汇报全市学校甲流发生人数、停课班级和晨检人数、缺勤人数、病假人数、发热人数及伴流感人数。2009年9月1日至2010年4月1日，全市教育系统共618人（其中教师4人）确诊为甲型H1N1流感病例，全部治愈。

【校园艺术活动】　全市中小学广大学生参加“班班有歌声、班班有美展”等活动。在此基础上举办以“爱祖国、爱家乡”为主题的“福州市第九届学校艺术周及校园艺术节”活动，参加“福建省第三届中小学生艺术节”活动。福州屏东中学、福州旅游职专学校、福州乌山小学获教育部授予“全国学校艺术教育工作先进单位”称号。

举办为期10天的小茉莉艺术团暑期业务培训，组织小茉莉艺术团指导教师赴绍兴观摩国际合唱节比赛。

8月，市教育局共举办3场全市中小学生的“管乐、弦乐、小主持人、小记者”比赛，历时一个月，近千人参加，经过海选、复赛、决赛，181名学生获一、二、三等奖及优秀奖。

【非物质文化遗产传承活动】　6月12日第五个文化遗产日，市委教育工委、教育局、文化局联合举办“福州市非物质文化遗产进校园活动授牌暨启动仪式”。全市中小学分别邀请专家、名人、传承人到学校开讲座，传授技艺，让广大中小学生认识到保护和传承非物质文化遗产就是保护好福州城市的文化根脉。

（李　莉）

教　师

【城乡教师轮岗】　2010年，福州市教育局贯彻市政府《关于进一步推进义务教育均衡发展的决定》，深入台江、闽侯、闽清、福清、平潭，通过座谈会和个别访谈等方式，详细调查收集数据、讯息，撰写《关于义务教育师资配置现状存在问题及对策课题的调研报告》。

同时调整充实部分市直学校与长乐、闽侯、连江、罗源、仓山区等农村学校、薄弱学校帮扶共建工作，进一步推进城镇教师到农村学校任（支）教工作常态化开展。有1316名教师参加农村学校、薄弱学校以及区内捆绑学校间帮扶共建互派交流，其中市直学校到农村学校支教的教师207人。结合2010年教师年度考核，根据派出学校，接收学校与教师本人三方签订协议书，任（支）教课时及任（支）教工作情况鉴定等，开展2009～2010年农村任（支）教经历确认工作。闽侯县和台江区试点单位初步形成县区政府统筹，相关职能部门分工协调，教育部门具体实施的管理机制和运行模式。两个县（区）2010年参加校际交流的教师有443人，其中闽侯县407人，台江区36人。

3月21日，福州市中小学生民俗文化节在三坊七巷举行。

【教师招聘】　赴省外招聘。福州市教育局于2月底组织部分市属及晋安、马尾区属学校赴北京师大、华东师大、华中师大及西南大学召开毕业生供需见面会，通过供需见面、双向选择、用人学校现场面试考核，与75名毕业生签订就业协议，其中硕士研究生8人，师范本科毕业生67人。

福州市中小学与高校毕业生供需见面。3月14日，福州市教育局在群众路小学组织召开福州市中小学与应届硕士研究生、部属重点师范院校师范本科毕业生供需见面会，共有近600名高校毕业生参加，通过供需见面、双向选择，由用人学校组织面试考核，市区中小学与59位应届毕业生签订就业协议，其中硕士研究生47人、部属重点师范院校师范本科毕业生12人。

公开招考。4月20日，根据省教育厅关于“今年中小学新任教师招考统一笔试由省教育厅组织”的规定及考试时间安排，公布《2010年福州市区中小学面向全国公开招考教师公告》和《2010年福州市区中小学招考师范毕业生及非师范毕业人员公告》，共有2845名（5141人次）毕业生和215名在职教师报名。2010年公开招考，共录用毕业生448人，其中高校3人（市属），中学94人（市属中学录用71人，区属中学录用23人），职专38人（市属），小学313人（市属小学录用29人，区属小学录用284人）。通过公开招聘、招考，2010年市区中小学共录用毕业生583人，其中文化课教师535人。文化课教师中，硕士研究生69人，部属重点师范院校本科毕业生76人，省内高校前20%师范本科毕业生98人，三种类型优秀生共243人，占录用总数45%。市属中小学共录用毕业生217人，其中文化课教师172人。文化课教师中，硕士研究生58人，部属重点师范院校本科毕业生29人，省内高校前20%师范本科毕业生23人，三种类型优秀生共110人，占录用总数64%。从总体上

表 34　**2010 年教育先进人物(摘录)**

获奖称号	获奖者	工作单位
全国先进工作者	钱秀榕	福州市聋哑学校校长
福建省五一劳动奖章	林　琴	福州教院一附小
福州市特级教师(31人)	林明华	福州教育研究院
	苏　芸	福州高级中学
	柯有我	福州金山小学
	陈炳建	闽侯实验小学
	夏　金(女)	福清市城关小学
	陈育平(女)	福州台江实验小学
	徐　聪	福州华侨中学
	郭莉萨(女)	福州第四中学
	周　灵(女)	福州屏东中学
	林　玲(女)	福州第十五中学
	周大明	福州华侨中学
	林晓枫(女)	福州格致中学
	林　杰	福州第三中学
	方　颖(女)	福州第三中学
	李　文	福州第三中学金山校区
	方晓敏(女)	福州教育学院第一附属小学
	王卫红(女)	福州教育学院第二附属小学
	林世凤	闽清实验小学
	薛彩云(女)	永泰实验小学
	林　枫(女)	平潭实验小学
	余金国	福州市乌山小学
	杨彦伟(女)	福州市群众路小学
	林　琴(女)	福州教育学院第一附属小学
	方柏爱(女)	福州市蓓蕾幼儿园
	林水啸(女)	福州格致中学
	张德耀(女)	福州第三中学
	王钦敏	福清第三中学
	张依芳(女)	闽侯上街中心小学
	高必兴	福清市高岭中心小学
	陈华忠	福清市岑兜中心小学
	陈芝敏(女)	福州马尾建阪小学
福州市第二届“十佳班主任”	胡　冰	福建省福州第一中学
	刘淑芳(女)	福建省福州第三中学
	王小秋(女)	福建省福州第十九中学
	吴　瑜(女)	福建省福州教育学院第二附属小学
	吴敏华(女)	闽侯县大湖中学

看,2010 年市区中小学,尤其是市属中小学吸收录用的毕业生整体素质较以往有较大的提高。市区学校还通过公开招考,录用在职教师 48 人,其中名教师(学科带头人)2 人,中学高级教师 8 人,中学一级教师 19 人,小学高级教师 19 人。录用的在职教师中,安排市属学校 32 人,区属学校 16 人。

【教师职务职称评审】　特级教师推荐评选工作。按省分配的 39 个推荐名额扩大至 60 名确定福州市推荐候选人。7 月 29 日,福州市教育局组织由省高校教授、副教授、省属中小幼学校以及在职和退休特级教师组成的特级教师推荐委员会,对推荐对象进行认真评议。全年福州市有 31 位优秀教师被省政府授予特级教师。

“小中高”推荐评审工作。11 月组织召开中小学中级职务评委会会议,对申报人选的任职资格进行评审,申报中学一级 577 人,评审通过 480 人,否决 97 人。申报小学高级教师职务任职资格人选 26 人,评审通过 23 人,否决 3 人。

申报教师职务任职资格评审。一、对 2010 年申报高一级教师职务任职资格评审的对象进行业务考核。申报中专讲师 126 人,参加考核 126 人,合格 120 人,不合格 6 人;申报中学一级教师 577 人,参加业务考核 574 人,合格 548 人,不合格 29 人;申报小学高级教师职务任职资格 26 人,参加业务考核 26 人,合格 26 人。申报高级讲师 113 人,参加考核 113 人,合格 105 人,不合格 8 人;申报中学高级教师 998 人,参加考核 998 人,合格 939 人,不合格 59 人。二、完成市直学校初级职务确认 190 人。三、完成市直学校初级评委会(推荐组)换届审批工作。

(陈佐宇)

教育经费

【义务教育阶段在校学生补助】　全年下拨城乡义务教育阶段学杂费 3.13 亿元;教科书补助 3421 万元;对农村义务教育阶段的寄宿生免收寄宿费和发放生

续表 34

获奖称号	获奖者	工作单位
福州市第二届“十佳班主任”	陈　静(女)	福清第二中学
	吴敏华(女)	闽侯县大湖中学
	高孝妃(女)	福建省罗源第一中学
	林　红(女)	平潭县城中小学
	许为凤(女)	福州市麦顶小学
	翁　玮(女)	福建省福州市鼓山中学

活补助费,对义务教育阶段特殊学校的在学生全部实行免收学杂费、书本费、作业本费、寄宿生免收住宿费并发放生活补助费。继续完善农村义务教育阶段寄宿生的营养早餐工作,以保证农村义务教育阶段寄宿生的身体健康。免收义务教育阶段学生借读费。

【非义务教育在校学生助学补助】 一、2010 年下拨助学金 858 万元,作为城乡高中经济困难家庭学生助学金和农村经济困难家庭中职学生、涉农专业学生及非物质文化遗产专业学生免收学杂费的经费。二、下拨 5316 万元,作为全市中职校和技工学校在校一、二年级学生生活补助费。三、下拨助学金 978 万元,作为市属高校经济困难家庭学生资助。四、下拨 59 万元,继续做好少数民族中学生的资助工作。五、下拨 40 万元,继续做好四川彭州市学生在福州市中等职业教育学校就学资助工作。六、下拨资金贷款额度 1469 万元,做好闽江学院和福州职业技术学院家庭经济困难大学生的助学贷款额度的申报与下达工作。七、下拨 84 万元,做好高校家庭经济困难学生的生源地助学贷款的贴息与风险补偿金的核算与申请工作。

【新区学校布点建设和市属学校工程建设】 列入 2010 年建设计划的三江口高级中学、福州六中分校、金山七期小学、职业教育公共实训基地,根据市政府专题《会议纪要》要求实行代建制,与代建单位签订代建协议(福州城乡建总代建三江口高级中学、福州六中分校、金山七期小学,福州规划研究院代建职业教育公共实训基地)。三江口高级中学、金山七期小学主体工程经公开招投标,动工建设;职业教育公共实训基地基本完成征地工作。

新建的福州建筑职专学生公寓楼与学生实训楼主体完工,群众路小学教学楼建成投入使用,福州教育学院新校区二期工程与学生公寓楼竣工投入使用。

【校舍安全工程】 加固项目竣工面积达到 10 万平方米,完成年度计划的 100%;拆除重建项目开工工程总量达到 35.9 万平方米,完成年计划的 100%。完成农村义务教育阶段寄宿生宿舍建设工程 31 项,竣工面积达到 4 万平方米,完成年度计划的 100%。市属校校舍安全工程完成福州三中等 12 所 15 项市属中小学校舍抗震加固改造工程建设任务,完成面积 3 万平方米。铜盘中学教学楼等 11 项拆除重建项目的校园总平规划已经完成,屏东中学高中教学楼进入基础建设,福州八中体艺楼、教育学院二附中食堂进行工程施工建设的招投标,乌山小学教学楼等在办理建设的前期各种手续。

【校园绿化】 根据市政府“四绿”工程建设的统一部署,成立“福州市教育局创建绿色校园工作领导小组”,负责组织、指导、协调全市各级各类学校的绿化工作,并聘请福州市园林专家为全市学校校长、总务主任做校园绿化的布局、种植与管护的视频会议。在义务植树月期间,福州市 106 所学校参加省教育厅组织的“百校万人校园绿化”行动。2010 年全面完成市政府下达的 164 所学校创建绿色校园的任务数,共植树 6.31 万株,新增绿地面积 33.71 公顷,投入资金 628.64 万元,164 所学校平均绿化覆盖率达 32.2%。

【义务教育标准化学校建设】 按照省教育厅关于实施义务教育标准化学校建设,逐步实现义务教育均衡的要求,市教育局组织计财处、督导室、中教处、初教处等有关职能部门做好义务教育标准化学校的建设工作,并开展义务教育标准化学校验收。验收通过符合义务教育标准化学校 100 所,完成年任务的 100%。

【中小学收费管理】 3 月,根据省教育厅部署,组织全市教育收费大检查,规范教育收费,各校自查自纠面达 100%。市、县区教育部门共组成 82 个检查小组,有计划地对 1011 所学校进行检查。10 月份,根据省治理教育乱收费联席会议办公室的部署,在全市各级各类学校 100% 自查的基础上,对 196 所学校进行抽查。通过检查,发现极少数违规收费现象,且金额较小。

(楼卫国)

(编辑　陈子明)

文艺创作演出

【概况】 2010年，福州市多项艺术创作获国家级和省级大奖。在省第十届“水仙花”戏剧奖、省第七届“武夷杯”青年演员比赛和省第六届百花文艺奖等专业文艺比赛上成绩优异。全年举办各类艺术展览36场，王和平等8位画家作品入选“福建省当代美术（晋京）大展”。在重要节庆期间，组织开展各类文化活动，完成各项重大演出任务。举办“两岸同歌”第十二届海交会开幕式文艺晚会、“游闽江·观焰火”焰火燃放、“大爱无言”第五届全国特奥会闭幕式文艺晚会和国庆焰火晚会等大型文化活动。

2010年6月，市政府机构改革，组建福州市文化新闻出版局，加挂市文物局、市版权局牌子。将文化局、市新闻出版局的职责，整合划入市文化新闻出版局。不再保留市文化局、市新闻出版局。

【元旦期间文艺活动】 元旦期间，闽侯县在县城街心广场举办庆元旦闽剧小戏专场演出；深入竹岐乡竹岐村、荆溪镇关东村开展“服务三农”下乡演出活动；在县文化馆举办闽剧票友迎新联欢活动，在县城街心公园举行闽剧票友“庆元旦”演唱会；在县图书馆举办地方文献专题展览活动。1月11日，鼓楼区举行迎新春暨三山艺术团成立20周年文艺晚会。三山艺术团表演《市井民风》《打肉燕的汉子》《古巷悠悠》《我家住在闽江边》《榕城圆舞曲》和《我爱福州美我鼓楼》等作品。1月19日，福州市文化局组织王和平、郑大干、张剑、柯学刃、陈云等部分书画家到驻榕某预备役高炮团参加“迎新春军地书画交流笔会”。

【春节期间文艺演出】 2月13～20日，福州市曲艺团在八旗会馆举办8场迎新春福州评话、福州伬唱传统曲艺演出。2月16日，福州市2010年春节“舞动春天”大型演出在五一广场上演。福州市歌舞剧院演出小品、杂技、萨克斯演奏和歌舞等节目。2月16～17日，2010年春节传统艺术专场（曲艺、闽剧）在西湖公园举行。表演伬艺《水榭欢歌》、评话《施三德》及经典闽剧折子戏等。2月17日，“2010年钢琴学子新春音乐会”在九日台音乐厅上演。9位来自中央音乐学院附中、上海音乐学院附中、福建艺术职业学院、中国音乐学院钢琴系、上海音乐学院钢琴系的榕籍学子，演奏莫扎特、柴可夫斯基、肖邦、李斯特等大师的经典名曲《奏鸣曲第一乐章》《胡桃夹子》选段、《谐谑曲》等。2月23日，“2010年新春民族音乐会”在九日台音乐厅上演，台江区民间乐团表演十番伬《秦楼月》、安南伬《欢》和古筝《渔舟唱晚》等传统民乐。

【“五一”期间文艺演出】 5月1日，“五一欢歌——2010年福州市庆五一文艺演出”在五一广场上演。同日，福州闽剧院和福州市曲艺团举办“美在西湖”——优秀传统文化展演。5月1～3日，福州市曲艺团在八旗会馆举办3场传统曲艺（评话、伬艺）专场展演。

【“六一”期间书画义拍】 六一儿童节期间，“援建玉树灾区‘爱心图书室’福建书画名家作品慈善义拍活动”在福州画院启动，福州画院组专职画家和特聘画家王和平、陈德宏等举行现场笔会义卖。

【国庆期间文艺演出】 9月29日，“我们的节日”——福州市庆国庆“凤之旅”女子打击乐专场音乐会在九日台音乐厅举行。该场演出由福建省第一支女子业余打击乐团队——“凤之旅女子打击乐团”担纲主演。演奏《龙腾虎跃》《圣鼓》《老鼠娶亲》《天地无极》等作品。

10月1～3日，2010年福州市庆国庆广场系列文艺演出在五一广场举行。演出以“盛世中华”为主题，3天举办3个（歌舞、学生和老干部）专场演出。第二场学生专场是由来自福州屏东中学、福州市艺术学校、福州市文教职专的学生带来的歌舞节目。“美在西湖”系列活动在西湖公园举行。来自福州市艺术学校、福州市曲艺团和福州市歌舞剧院带来闽剧、曲艺和歌舞等3场专场演出。10月1～7日，福州市曲艺团在“八旗会馆”举办评话、伬唱表演，每场演出都吸引近200名观众。

【海交会开幕式文艺晚会】 5月17

日,"两岸同歌"第十二届海交会开幕式文艺晚会在福建省体育馆上演。晚会突出"福州地域文化",呈现"海峡两岸同根同宗文化",推及"大中华文化"。演出多个福州地域文化特色的原创节目。福州市歌舞剧院、福州闽剧院和福建艺术职业学院、福建省杂技团等演出团体参演。5月18日,在闽江南岸一线1500米距离内举办一个多小时的"游闽江·观焰火"焰火燃放活动。

【第五届全国特奥会闭幕式文艺晚会】

9月25日,为期7天的第五届全国特奥运动会落幕。福建省委书记、省人大常委会主任孙春兰,福建省省长黄小晶,中国残联主席张海迪,省政协主席梁绮萍,全国政协常委、港澳台侨委员会副主任陈明义等领导出席在省体育馆举行的闭幕式。闭幕式开始前,仓山高湖舞龙队表演《龙腾虎跃》,仓山区中洲岛激情广场献演《36婆官送平安》等节目。闭幕式结束后,以"大爱无言"为主题的大型文艺晚会拉开帷幕。晚会由著名节目主持人朱迅、张泽群、罗旭、陈黎贞共同主持,阎维文、吕薇、凯丽、刘一祯、吕宏伟、太阳部落组合等与部分特奥运动员一起演出。

【其他文化活动】　4月5日,文艺评论家、剧作家李准、王朝柱、李硕儒、季国平、夏潮、李树生等在福州闽剧院观摩新版闽剧《王茂生进酒》。4月13日,福州市文化局召开"福州市现代戏征文暨第二十二届戏剧剧本征文动员部署会",各县(市)区文体局分管副局长、福州市主要戏剧作者及重点剧团团长等参会。会议部署市现代戏征文暨第二十二届戏剧剧本征文的任务。6月26日至7月1日,中国剧协党组书记、副主席季国平与来自全国各地的戏曲专家,在福州大戏院观摩新版闽剧《红裙记》。中央新闻纪录电影制片厂在观摩期间对演出进行拍摄。9月25日,以"心系国策真情服务"为主题的纪念中共中央"9·25"《公开信》发表30周年大型文艺晚会在温泉公园举行,三山艺术团等单位献演歌舞、小品、民乐演奏和杂技等节目。

【获奖文艺演出节目】　4月,在首届"百合花奖"专业舞蹈比赛中,福州市歌舞剧院选送的,《林觉民·与妻书》获群舞类唯一的表演金奖及创作银奖和最佳灯光设计奖,并代表福建省参加世博会期间在上海举办的华东六省一市舞蹈大赛。《冰心·繁星》获群舞表演三等奖、创作铜奖。福州市歌舞剧院多名舞蹈演员获专业舞蹈大赛奖项,其中,邹洋获创作铜奖;高菲菲、赵博文、种雨佳获表演铜奖。6月6日,《林觉民·与妻书》《冰心·繁星》舞蹈作品在"2010华东六省一市专业舞蹈比赛"上,双双获群舞组三等奖。

5月24日,在广州举行的第九届中国艺术节暨第十五届"群星奖"颁奖晚会上,福州市选送的由良文作词、池小霞作曲、汤露莹表演的原创伬艺《水榭欢歌》获曲艺类"群星奖"。

5月,首届"巴黎中国曲艺节"在巴黎举行。这是中国曲艺艺术在欧洲规模最大的一次集中展示。福州市曲艺团叶兆辰表演的福州评话《孝义巷传奇》获"卢浮"金杯大赛优秀节目奖。这是福州评话首次在国际舞台上获奖。

6月7日,在全国曲艺大赛第六届中国曲艺牡丹奖中,福州市曲艺团演员邓萍萍、陈峰获新人提名奖。福州市曲艺团还有评话《玉娘烧忌》、《陈景润的童年》、伬唱《孔雀东南飞》3个节目入围。

6月21日,福州闽都合唱团等6个合唱团获"海峡论坛·第三届海峡两岸合唱节"的金茉莉奖;浙江师范大学音乐学院合唱团等6个合唱团获银茉莉奖;台湾静宸合唱团等7个合唱团获铜茉莉奖;长乐爱之声合唱团等6个合唱团获"激情广场"展演奖。

9月,舞蹈《冰心·繁星》在第七届中国舞蹈"荷花奖"当代舞、现代舞大赛中,获全国表演名次第八名,获中国舞蹈艺术的最高奖项——中国舞蹈"荷花奖"铜奖。这是福州市歌舞剧院舞蹈作品首次获得全国最高奖项。

10月,小品《应该做的》在文化部社会文化司、天津市委宣传部等单位联合主办的"天穆杯"全国第二届"新农村、新文化、新风貌"小品比赛上获优秀剧目奖,并赴天津展演。

11月18日,以"青春校园,理想人生"为主题的第二届中国校园戏剧节在上海闭幕。福州艺术创作研究中心和闽江学院联合创作、排演的校园剧《青春起跑线》位列非专业组榜首,获"中国戏剧奖·校园戏剧奖",导演王芳获导演奖。

12月5日,小品《试用品》(辛海伟、周凯编剧,魏方南导演)在福建省艺术馆主办的全省文化馆廉政小品邀请赛上获唯一金奖。

12月,"长江颂"全国曲艺作品征集获奖名单揭晓,福州评话伬艺传习所周兰创作的伬唱《堤外人家》获三等奖。

在福建省第七届青年演员比赛中,福州市歌舞剧院的王春黎、陈乃航、马世斌获声乐金奖,郑晓晶、李纬芳、程艳获声乐银奖,高菲菲获舞蹈银奖,种雨佳、

闽剧《王茂生进酒》　　(杨婀娜　摄)

郑小檀获舞蹈铜奖,林婕、林敏敏获器乐铜奖。

【首届全国戏剧文化奖】 10月,福州剧作家创作的戏曲剧本与论文获“首届全国戏剧文化奖”各项奖。其中,林广(福州闽剧院)的《双玉婵》、陈元挺的《遗恨姑苏台》与陈则东、郑卫健(福清市文体局)的《门槛》获剧本银奖;王宇(福州评话伬艺传习所)的《从闽剧中看福州清末民初社会生活》、李仲才(福州艺术创作研究中心)的《互联网时代的戏曲网络化生存》获论文三等奖。

【首届茉莉花文艺奖】 福州市推出的面向文学、音乐、舞蹈、戏剧、曲艺、民间工艺、美术、书画、摄影等门类的茉莉花文艺奖每三年评选一次。12月30日,首届福州市茉莉花文艺奖颁奖活动在于山堂举行,107件文艺精品获奖。

报告文学《商道和人道》、小说《风火墙》《铁甲家族》等15件作品获一等奖,小说《诛仙》、歌曲《鼓山》《东岸西岸》等33件作品获二等奖,诗歌《天桥上的乐队》、散文《闽人素描》、国画《歌声,穿过雨林》、舞蹈《月光光》等50件作品获三等奖。民间工艺《玺印春秋》、戏剧《红豆缘》《王茂生进酒》、曲艺《网上情缘》《水榭欢歌》和摄影《橱窗里的风景》等6件作品获特别荣誉奖,美术《雁儿们》、音乐《节日榕城》和舞蹈《走进绿色的花季》3件作品获荣誉奖。

【福州市艺术学校师生获奖】 在福建省第十届“水仙花戏剧奖”比赛中,福州市艺术学校教师翁林森、张林娜、林特获优秀新秀奖,林俤俤、林晓铭、陈新如获新秀奖;学生杨帅获优秀新苗奖,黄冰冰、陈思婷、宋利利、余根舒、陈林兴、林杰堃、郑恒、黄梦奇、黄允杰获新苗奖;教师陈志勇、刘立斌获银奖,张如清获铜奖,陈乃春获优秀辅导教师奖,林萍、林梦萍、李晓燕、谷恩东、王华、林理杰、王和平、张林娜、林晓铭获辅导教师奖;学校获组织奖。11名教师参加福建省第七届“武夷杯”青年演员比赛,教师刘立斌、林特、翁林森、张林娜、黄求真进入决赛。教师李时茜参加海峡两岸首届琵琶、古筝大赛琵琶青年组获金奖;新加坡国际华人艺术节民乐大赛青年组获金奖。

【艺术展览】 全年,福州画院举办各类艺术展览36场。1月30日至2月1日,“迎虎年·张威画展”在福州画院举办,展出以虎为题材的中国画50多幅。2月14日,“寂寞之墨——陈云画展”在福州画院举行,为期8天,接待观众约3000人次。4月14~18日举办“合肥市书画院画师作品展”。4月20~25日,举办“南京书画院画师作品展”。画展是“南京书画院成立30周年全国巡回展”的一站。5月1~20日,“福州市现代绘画艺术展”在福州市博物馆举办。艺术展集聚林有光、蓝世明、高义谦、温心坦、郑志光、危忠超6位当代福州画家的50余幅画作。5月29日至6月1日,“庆世博、迎六一”福州市首届侨界青少年书画展在福州画院开幕。展出海峡两岸、海外侨胞少年儿童作品约500幅。6月4~7日,《雪里吟香》——许元英水墨展在福州画院举行,展出作品40多幅。7月10日,“爱我福州·闽都夜色”专题摄影展开幕暨揭牌仪式在市林则徐纪念馆举行。主办方从1682件作品中选出106件参展,评出4大奖项。8月8~15日,“锦绣海西——福建省当代美术(晋京)大展”在中国美术馆开幕,这是新中国成立以来福建省美术领域最具规模的对外展示活动之一,展出福建美术家的作品221幅。福州画院专职画师刘兴森、王和平、陈云、张剑及特聘画师翁振新、郭辉、余忠为、张永海等8位画师的国画作品入选。专职画家李木教的5件书法作品入选文化部主办的“盛世华章”全国书法名家作品展,1件作品被中国美术馆收藏。9月6日,由福建省高级人民法院主办的“庆祝福建法院建院60周年书画摄影展”举行,汇聚全省百余名法官270多幅作品。9月13~15日,福州市人口计生委主办的“寄甜蜜的事业”——福州市人口计生书画作品展在福州画院举行。展出从3500多幅书画作品选出的217幅作品。9月24日,“石溪鸿泥——陈志声书法个展”在福州画院揭幕,展出书法作品72件100多幅。10月5~7日,福州市吴建峰、张惠榕和武夏红等3位美术家在福州画院举办1场以“国色天香·盛世年华”为主题的美术作品联展,展出吴建峰的“国色天香”花卉作品、张惠榕的“唐风宋韵”手募古画和武夏红的“盛世年华”漆画作品。10月15~16日,“福州市老干部‘海西霞光’书画展”在福州画院举行,展出全市老干部优秀书画作品。10月29~31日,“重阳乐·翰墨情书法展览”在福州画院展厅举行。11月13~15日,“壶梅舅缘书画作品展”在福州画院举行,展览作品集同时首发。12月18日,“海西闽南风中青年书法展”在福州画院举行。12月24~26日,“心文秀发——五人书画展”在福州画院开幕。画展展出林锦荣、吴茂长、柯学刃、黄梦洁、沈益群等5位青年画家的书画精品。

群众文化

【概况】 2010年,福州市继续扶持“激情广场大家唱”活动,举办公益性合唱、指挥、舞蹈及音响操作等专业培训班,培训群众文艺骨干7000多人次。组织第四届福州市合唱音乐周和“激情广场大家唱”展演等展示活动。福州闽都合唱团在第三届海峡两岸合唱节获“金茉莉”奖第一名。持续开展每月一场的“走进美的小区”文艺演出,已深入社区、学校、广场演出81场。完成37家乡镇综合文化站建设。举办第十届新福州人歌手大赛,打造福州市群众文化活动品牌。

【“激情广场大家唱”】 福州市群众艺术馆常年举办激情广场文艺骨干免费艺术培训,聘请艺术专家讲课,开设一对一的课程培训。全年举办声乐、合唱指挥、舞蹈、音响操控和少儿免费艺术培训班等各类免费艺术培训班25期,626个课时,参训人数2.6万人次。举办激情广场文艺骨干培训结业汇报演出。

2月4日,“唱出多娇、宜居福州”2011千人迎新歌咏会在福州于山九日台音乐厅上演。来自福州市温泉公园、西湖公园、五一广场、中洲岛以及建瓯市的10支激情广场队伍和2支专业合唱团约1000人参加歌咏会。

2月12日，福州市群艺馆及市歌舞剧院在温泉公园与“湖畔之声”激情广场合唱团联欢。

3月3日，福州市文化局在市群艺馆小礼堂举行向全市18家“激情广场”赠送音响设备仪式，邀请音响专家祁元栋为“激情广场”音响员举办免费培训活动。

5月24日，在广州举行的第九届中国艺术节暨第十五届“群星奖”颁奖晚会上，“福州激情广场大家唱”获项目类“群星奖”，这是福州市“激情广场大家唱”活动项目首次获国家级大奖。福州市群众艺术馆池小霞被授予“群文之星”称号。

6月20日，福州各激情广场合唱团骨干成员和台湾南荣青少年合唱团成员300多人，在福建会堂观摩第三届海峡两岸合唱节专家讲座，郭孟雍、徐锡宜、曹丁3位专家现场讲解。

8月29日，“2010年福州激情广场大家唱声乐骨干培训班”开班，60多名业余声乐骨干参加培训。培训课时达320节，是福州市历年来课间最长的群众培训活动。

【群艺活动】 1月1日，福州市第十届新福州人歌手大赛落幕。来自长乐的游艇获县(市)组冠军，来自河南的选手肖豆豆获院校组第一名，来自南平的选手陈华君获城区组桂冠。1月16日，福州闽都合唱团在福州画院开班。国家一级指挥、福建省合唱协会会长邱孝胥和闽江学院音乐系主任邹敏华被聘为福州闽都合唱团艺术总监、艺术顾问。1月27～30日，中国音协合唱联盟主席、著名作曲家和指挥家徐锡宜为福州市闽都合唱团及合唱爱好者授课，并受聘为“中国音协合唱基地(福州)艺术顾问”。3月1日，2010年福州元宵灯会落幕。四大灯会点(五一广场、南后街、闽江公园、马尾区)赏灯超过300万人次。“两马同春闹元宵”演出琅岐肩头戏《海龙王娶亲》、马祖舞蹈团舞蹈《马祖风灯舞》《搓丸乐马祖》等节目。3月17日，福州市群众艺术馆新一轮的“艺术扶贫”工作正式启动。每周三下午在关东小学和关西小学两所小学开设声乐、美术、舞蹈、朗诵等兴趣班，每周8个课时，受教学生310多人。5月1～2日，“庆五一”民族民间音乐演奏会在南后街风雨亭举行。三山民乐团演奏十番音乐《石鼓涌泉》、禅和曲《三捻香》、民乐合奏《茉莉花》、重奏《赛马》、弹拨乐合奏《采茶扑蝶》、笙独奏《挂红灯》、广东民间音乐《雨打芭蕉》等。5月10日，第四届福州市合唱音乐周活动在于山九日台音乐厅正式启动。合唱音乐周为期4天，有闽都合唱团、省合唱协会直属合唱团、福州水之声合唱团、市老干部合唱团、湖畔之声合唱团和福州大学晚霞合唱团等31支省、市优秀合唱团队参赛。5月23日，第二届福州市少儿故事大王比赛在九日台音乐厅落幕。有来自各县(市)区幼儿园、小学的266名小朋友报名参赛。5月27日，17支合唱队在于山九日台音乐厅里参加第三届海峡两岸(福州)合唱节展演队伍选拔。6月4～6日，第六届全省少儿故事大王比赛在漳州市举行，福州市推荐参赛的25名选手取得5金10银9铜的成绩。7月初，福州市群众艺术馆组建闽都舞蹈团。

在全国重点文物保护单位水榭戏台表演福州地方戏曲、曲艺。 (杨婀娜　摄)

【文艺培训和讲座】 长期对福州闽都合唱团、福州闽都舞蹈团进行每周固定培训2个课时，闽都合唱团排练506个课时，2.08万人次参训；闽都舞蹈团集体班排练86个课时，1888人次参训。

11月5日，2010年度福州市第一期农村文化协管员培训班在永泰县开班，来自永泰县、闽清县和闽侯县约100名农村文化协管员参加培训班。有关专家为协管员讲授《文化信息资源共享工程的建设实施》《非物质文化遗产的发掘与保护》《如何加强农村文化市场的管理》和《如何做好农村文物保护工作》等课程。11月10日和11月19日，福州市文化新闻出版局在长乐市和连江县举办第二期和第三期农村文化协管员培训班，来自长乐、鼓楼、仓山区、马尾、晋安、连江、罗源等地200多名文化协管员参加培训。

【“走进美的小区”演出】 3月5日，“走进美的小区第71场——舞动江南”文艺晚会在江南水都美域小区举行。3月26日，“星光璀璨——走进美的小区”第72场文艺专场演出在晋安区星光大道小区举行。5月25日，“走进美的小区”第74场文艺演出——“福满榕城”在福屿社区举行。7月9日，“走进美的小区”第75场——“夏夜欢歌”文艺晚会在世欧彼岸城社区举行。7月30日，“走进美的小区”第76场——“我爱祖国的蓝天”送欢乐进军营慰问演出在94620部队驻地礼堂举行。8月26日，“走进美的小区”第77场文艺演出——“缤纷夏夜”在中城名仕小区举行。9月28日，“走进美的小区”第78场——“欢乐金秋迎国庆”文艺演出在台江区君临天华社区举行。10月26日，“走进美的小区”第79场——“情浓邻里”在台江区洋中街道东方百货广场举行。12月

17 日,“走进美的小区”第 81 场——“相约西湖”文艺晚会在西湖举行。

【第三届闽都民俗文化节】 2 月 25 日至 3 月 8 日举行。开幕暨展演活动在金牛山公园举行。展演 13 个民俗节目:鼓楼传统工艺表演《扎花灯》、台江十番与渔歌《贻顺哥逛庙会》、晋安制作与伬唱《线面情》、福清民俗表演《作鼓瑞兽闹新春》、马尾肩头戏《海龙王娶亲》、闽侯喜娘系列之《拜堂》、长乐琴江台阁《春暖琴江》、闽清礼乐吟诵《梅邑古乐》、永泰原生态演唱《山歌对唱》、罗源服饰与生活《畲家风情》、连江民俗绝活《拉线狮》、仓山陈靖姑信俗《十二婆姐送平安》、平潭藤牌操《藤牌雄风》。推出元宵灯会、“两马同春闹元宵”、第三届陈靖姑民俗文化节、第三届“畲族·风”民俗风情展示活动和满族民俗文化节等 16 大项近 70 小项活动。

【民俗活动】 3 月 8 日,第三届(福州)陈靖姑民俗文化旅游节在仓山下渡陈靖姑故居举行,两岸共 26 支临水宫观代表队及上千名信众参加。2 月 25 日晚,第三届闽都民俗文化节福清专场——作鼓瑞兽闹新春活动在福清新厝镇硋灶村举行,1000 多人观看表演。2 月 26 日,满族民俗文化节开幕仪式在长乐航城街道琴江村八旗广场举行。2 月 28 日,民俗文艺闹元宵活动在闽侯县城街心广场举行,组织民间文艺踩街、花灯展和猜灯谜等活动。3 月 1 日,昙石山民族管乐团在闽侯县城街心广场举办新春音乐会,演奏《春韵》《喜洋洋》等经典民乐曲目和《航海者》《卡门幻想曲》等世界名曲。2 月 26 日,第三届闽都民俗文化节暨罗源站“畲族·风”展示活动在“中国民间文化艺术之乡”——罗源县飞竹镇举行。举办畲族民俗运动会、畲歌对唱、道士表演、美食文化展等活动。2 月 28 日,“元宵千人踩街活动”拉开为期半个月的平潭第三届民俗文化节的序幕,近 3 万民众观看。

【文化馆站建设】 1 月 19 日,福建省艺术扶贫工程 5 周年经验交流暨表彰大会在榕召开,台江区文化馆、闽清县文化馆被评为“福建省艺术扶贫工程先进单位”,3 人被授予“福建省艺术扶贫工程先进个人”。

2 月 25 日,福州市第三届闽都民俗文化节展演。(宣传部 供)

9 月中旬,福州市文化新闻出版局在全市全面开展乡镇综合文化站改造完善工程督查工作。5 个工作组分赴闽侯、连江等相关县(市)区实地检查督导。年底,全市 130 个乡镇综合文化站改造完善工程基本完成,其中,福州市争取省级财政核拨补助资金 1480 万元、配套市级资金 420 万元,改造完善 89 个乡镇综合文化站项目;各乡镇以自建或共建的形式改造完善 41 个乡镇综合文化站项目。

非物质文化遗产

【概况】 2010 年,福州市着力构建非遗保护体系。主办第三届闽都民俗文化节开幕暨展演活动,组织伬唱、评话专场演出、汉服表演等民俗文化活动。与市教育工委、市教育局联合举办“非物质文化遗产进校园”活动,全市有 82 所中小学校成为“非物质文化遗产进校园示范校”。至 2010 年,全市有 10 人入选国家级非物质文化遗产项目代表性传承人,有 20 人入选省级第二批非物质文化遗产项目代表性传承人,63 人入选首批市级非物质文化遗产项目代表性传承人,15 项列入福州市第三批市级非物质文化遗产项目。2010 年,福州市群众艺术馆、鼓楼区、罗源县和闽侯县文化馆等 4 家单位被省文化厅授予“福建省非物质文化遗产普查先进单位”称号。

【非物质文化遗产普查成果】 全年,全市收集非物质文化遗产项目线索 3.14 万条,调查项目 8964 个,撰写文字资料约千万字,录音 103 小时,录像 61 小时,征集民间作品、实物 33 件,初步摸清全市非物质文化遗产的现状。福州市群众艺术馆,鼓楼区、罗源县和闽侯县文化馆 4 家单位被省文化厅授予“福建省非物质文化遗产普查先进单位”称号。

【非物质文化遗产保护】 3 月 9 ~ 25 日,省文化厅第二调研组先后到仓山区、鼓楼区、永泰县、罗源县对非物质文化遗产和文物保护工作进行调研。3 月 24 日,省文化厅调研组在市博物馆召开座谈会,了解福州市文化遗产保护现状。

5 月 27 日,由国家文化部非物质文化遗产司、财务司及国家发改委产业所等单位共同组成的调研组,对福州市非物质文化遗产保护工作进行调研。

10 月,福建省文化厅向全省 47 名第一、二批国家级非物质文化遗产项目代表性传承人一次性下发每人 8000 元、计 37.6 万元的补助经费,福州市有 9 位传承人获该项补助经费。

【非物质文化遗产进校园】 4 月 19 日下午,演出在福州市第十八中学举行。福州闽剧院、福州市曲艺团和福州市歌舞剧院的演员表演闽剧《牡丹亭》(选段)、评话《林则徐智惩贪腐》、伬艺《七遛八遛莫敌福州》、福州语歌曲《一粒橄榄丢过溪》、十番音乐《春回坊巷》和摇滚评话《搓坩齐搓搓》等节目。

福州闽剧院演员作为课外辅导员，在台江区实验小学闽剧培训实践基地，定期给学生上课。

【全国第五个“文化遗产日”宣传活动】

6月12日，福州市开展以“文化遗产，在我身边”“非遗保护，人人参与”为主题的宣传活动。

“福州市非物质文化遗产展演暨非遗进校园授牌启动仪式”在福州文庙举行，全市88所学校成为首批非遗教学和活动基地。启动仪式后，福州市属艺术院团的专业演员和来自5所小学的学生参加福州市非物质文化遗产展演。演出闽剧、福州伬艺、陈靖姑信俗、茶亭十番音乐等国家级非遗项目及闽江渔歌、香店拳等省级、市级非遗项目。

举办第三次全国文物普查成果展、福州传统曲艺（评话、伬唱）展演、闽剧优秀经典剧目专场演出和免费鉴宝等宣传展示活动。

鼓楼区在三坊七巷水榭戏台举办“非物质文化遗产项目展演欣赏会”。三山民乐团、三山金秋艺术团的大头娃娃舞、旱船、钱剑舞，三山曲艺团、三山同心闽剧团及自然门武术参加表演。在水榭戏台旁的展厅，展出鼓楼区非遗产名录项目的宣传版面。中央电视台《走遍中国·走进福州》摄制组到现场拍摄，福建经济台、海峡电视台、文汇报福建新闻办及省、市各新闻媒体到场采访。

仓山区在汇达广场举行“文化遗产日”宣传活动。城门打钱哨、林浦安南伬等非物质文化遗产项目展示表演。福州林氏中医骨科世家、福州壶山林氏中医内科的传人在现场义诊。

图　书　馆

【概况】　2010年，福州市图书馆和福州市少儿图书馆在世界读书日、图书馆宣传服务周和读书月期间，举办“花季护航·共享和谐”电影展播、“读书与成才”讲座、“中外名人与读书”图片巡回展和读书征文比赛等活动；开展“共享阅读进基层”图书馆延伸服务活动，至2010年，社区、学校、军营、农村等基层单位共设立图书流通点203个，流通图书约37.5万多册次，服务读者32.7万人次。2010年，福州市少年儿童图书馆被省委宣传部、省科协授予“福建省科普教育基地”称号。

全年福州市图书馆采购图书5827种、1.83万册；报刊647种、9475册。购买电子图书10.30万册；添置超星名师讲坛、爱迪科生就业库、起点考试等数据库；各窗口部门增加OPAC计算机检索系统，在馆期刊部新增大型电子报浏览器。总藏量95.38万册，其中纸质中文书刊53.80万册。馆总流通17.73万人次，总流通36.63万册次。

市少儿图书馆采购图书6000种、1.5万册，报刊417种、417册，电子图书500册。总藏量为27.14万册，其中纸质中文书刊27.04万册。馆总流通7.57万人次，总流通17.54万册次。

【流动图书点】　1月18日，首批6个“福州市图书馆流动图书点”授牌仪式在平潭北厝镇务里村举行。市图书馆每年向平潭县委组织部提供3000册流动图书。7月29日，福州市图书馆在武警福建省总队汽车中队建立部队图书流通点，为官兵们送去500册图书。福州市图书馆在新建社区、企业、驻榕部队建立图书流通点12个，在平潭县流水镇、鼓山镇文化站、福州市艺术学校建立3个“通借通还”图书流通点。全年送书57次、3.45万册。至2010年，建立图书流通点82个。

11月17日，福州市少儿图书馆联合闽清县图书馆在闽清县桔林乡汤兜村设立图书流通点，帮助该村成立首个村级文化图书室，送去各类图书、报刊近900册，为图书室配送书架4组、阅览桌2张、阅览椅12张和报架1个。

【图书馆服务活动】　6月1日，福州市图书馆在馆内开展“花季护航·共享和谐”电影展播，在河南社区举办图书馆服务宣传周活动。与林则徐纪念馆合作，委托“北京世纪超星信息技术发展有限责任公司”将两馆的馆藏中相关林则徐图书及文献通过数字化技术转换为电子图书。

福州市少儿图书馆举办“读书与成才”讲座；在闽清县东桥中心小学、闽侯县洋里中心小学设立图书流通点暨挂牌仪式，开展“中外名人与读书图片巡回展”、百部经典影视展播和新书展借等活动。在馆内开展系列特色服务：在外借处设置阅读专区，特设低幼动漫专架、名著专架和新书专架，把读者暑期中喜欢阅读的图书资料集中；开展《名人与图书馆》专题的图片展览和宣传活动。收集毛泽东、孙中山、马克思、恩格斯等名人在图书馆学习的资料及学习的感悟。

【图书馆专业技术培训】　6月10日，举办“驻榕部队图书流通点管理人员培训班”，还为基层点举办4期文化共享工程基层站点培训班。10月25～29日，由福州市图书馆承办的图书馆专业技术人员继续教育培训班开班。采取全脱产集中面授与自学相结合的培训形式，聘请福建省内图书情报专家担任培训班讲师，全面、系统地传授图书馆读者服务工作、图书情报专业论文写作等方面的知识。

【“读书月”活动】　福州市图书馆在福州第五届读书月期间，开展系列读书宣传活动：一是举办“迎国庆，金秋养生系列图书展”“祝福你，我的祖国”图片展等展览活动，设立优秀图书、重点图书推介专栏；二是举办第一届“双拥杯”读后感写作比赛；三是开展图书馆延伸服务，举办“共享阅读进社区、进军营”活动，在部队、社区建立图书流通点。“读书月”期间，市图书馆电子图书、林则徐专题库和全国文化资源共享工程视频库对读者免费开放。

少儿图书馆也开展一系列读书宣传活动：一是在设置新书专架、图书阅读区提供3000册的新书供读者选择借阅，在图书馆外借处以醒目位置宣传第五届读书月活动。二是在闽清县鼎村文化活动中心设置图书流通点，为该点周边学校提供时效性强、内容新颖的图书资料；在闽清县东前村幼儿园设立图书流通点。三是联合福建日报、福州日报和闽清县图书馆等单位，为闽清县云渡小学和樟山小学图书流通点换书各500册,举办“名人与图书馆”图片展览宣传活动。

对外交流

【福州闽剧院赴香港演出】 3月5~12日,福州闽剧交流演出团50多人赴香港演出。该团在葵青剧场和荃湾大会堂上演《王茂生进酒》《天鹅宴》《珍珠塔》《打神告庙》《姐妹看花》《挡马》等21出闽剧剧目和经典折子戏。

【两岸文化交流】 5月17~25日,第三届两马书画展在福州画院举行。书画展以“海峡西岸、有福之州”“海上明珠,马祖之美”为主题,参展作品200多幅。5月18日,台湾县市主题日活动之“花莲山海之恋”——福州与花莲专场文艺联欢晚会在闽江公园缤纷园举行。台湾新党主席郁慕明、省台办领导及市领导等出席晚会。福州市歌舞剧院演员和20多名来自台湾的演员联袂登台。6月1日,福州于山九日台音乐厅举行哈曼尼两岸青少年钢琴音乐会。6月19日,儿童剧《判官审石头》在厦门莲花影剧院上演,该剧是两岸艺术界首次联手打造的精品剧目。9月26日,台湾著名指挥家杜黑教授在于山九日台音乐厅为近500名合唱团团员、声乐爱好者举办讲座。杜黑教授以合唱音乐与音乐剧工厂为主题,介绍台湾合唱的现状以及营销形式、现代合唱艺术理论等。台湾音乐剧工厂合唱团现场示范演唱《我只在乎你》《春风吻上我的脸》等歌曲。10月1~8日,福州闽剧院《陈靖姑》剧组一行75人在基隆、台中进行2场交流演出。10月9日,“亲情海峡彩虹书画——2010年榕台中小学生书画交流展”在福州画院举行开幕式。展出两岸中小学生优秀书画作品120多件。

【“儿童阅读在德国”巡讲】 7月12~13日,由中国图书馆学会歌德学院(中国大区)、全国中小型公共图书馆联合会主办,长乐市图书馆承办的“儿童阅读在德国”长乐巡讲报告会在长乐市少儿图书馆多功能厅举行。报告的主讲人爱娃、冯、约旦、博琳女士和赫尔嘉、霍芙曼女士为与会人员作“儿童阅读在德国”的演讲报告,报告主要论述德国学校图书馆在激发儿童阅读习惯的重要性。与会人员与德国专家们还进行互动讨论。

【日本长崎客人参观“激情广场大家唱”】 8月24日,日本长崎市友好访问团在市长田上久富、议长吉原孝的带领下,专程到福州温泉公园“激情广场大家唱”参观,演唱日本经典歌曲《北国之春》。歌友们献上《谁不说俺家乡好》等曲目。

【书画交流展】 4月,合肥书画院带着60幅具有新安派特色的作品到福州画院举办画展,与该院画师举行笔会活动;同月,南京书画院建院30周年活动巡回展在福州画院举办,展出朱道平、刘二刚等全国著名画家作品80幅,举办南京书画院画师作品研讨会,近200名福建省画家、理论家到会;9月,台湾著名书法家、台中县文化局局长陈志声应邀到福州画院举办个人书画展。同月,福州画院组织画师到合肥举办“福州画院画师作品展”,展出该院专职画师作品60幅。福州画院专职画师陈云分别到上海、南京、合肥、厦门等地举办个人画展。

文化市场

【概况】 2010年,福州市组建成立福州市文化市场综合执法支队,开展网吧专项整治,在全市推行网吧网格化管理。启用网上行政处罚系统,完成网吧、电子游戏机、出版物零售企业、出版物批发企业及电子出版物零售企业年检换证工作。

【市场安全检查】 福州市社会文化管理办公室召开市属娱乐场所消防安全经验交流会;召开市属文化娱乐场所安全生产工作部署会议;对场所的消防设施进行专项检查。全年消防安全及创建全国文明城市检查出动人员687人次,检查娱乐场所410家,发现存在问题的场所85家,发出整改通知书85份,同时对存在问题的场所进行复查。11月26日,召开市属文化娱乐场所做好今冬明春消防安全工作部署会议,会后,对市属文化娱乐场所进行全面检查。

【网吧管理】 开展网吧专项整治,在全市推行网吧网格化管理,通过定人、定位、定责任的“三定”措施,强化对责任区的网吧实施有效监控,重点加强对学校及周边文化市场的整治。全年出动执法人员3319人次,检查6146家(次),查处违法违规网吧143家、罚款113.4万元;受理各类举报电话274起。启用网上行政处罚系统,上网登记143起文化市场行政处罚案件。完成670家网吧、263家电子游戏机、108家出版物零售企业、74家出版物批发企业及11家电子出版物零售企业年检换证工作。福州市城区有近百家网吧安装和使用二代身份证实名上网登记系统。

闽侯县文体局新聘76位老人为第三届网吧义务监督员,同时举办网吧义务监督员聘任仪式暨岗前业务培训,闽侯县关工委、县文体局、县文化协会等有关单位领导及网吧义务监督员90多人参加聘任仪式。

【市场稽查与综合执法】 1月12日与2月3日,长乐市、闽侯县分别召开2010年元旦春节寒假期间“扫黄打非”集中统一行动部署会与2010年“打黄扫非”工作联席会议。

2月13~19日,福州市文化市场稽查大队对城区文化市场进行巡查,检查娱乐场所56家(次),查获台江区泡泡网吧等6家违规单位,罚款4.6万元。2月20日,分4组对闽侯、长乐、福清、连江、罗源、闽清和永泰的文化市场进行检查,检查经营单位67家(次),查处违规单位9家(次),罚款10.5万元。

12月,福州市文化市场综合执法支队正式挂牌成立。新组建的福州市文化市场综合执法支队受市文化新闻出版局、市广播电影电视局委托,承担全市文化市场行政处罚以及相关的行政强制、监督检查职能。

【第三届海峡两岸文博会】 在第三届海峡两岸文博会上，福州市文化产业签约项目19个，签约总额约25.39亿元。其中，合同项目8个，金额6.9亿元；协议项目3个，金额2.3亿元；意向项目8个，金额16.19亿元。在连江海峡文化中心温泉休闲旅游项目、"芍园壹号"文化创意园3D动漫制作项目等19个签约项目中，动漫游戏业项目7个，设计创意业项目4个，文化休闲旅游业项目5个，其余为现代传媒业、广告创意业、工艺美术业项目。

【领导调研和经验交流】 4月23日，福建省文化产业发展情况专题调研组到榕开展调研。先后赴福建网龙有限公司、福州闽剧院和福州日报社，分别就动漫创意产业发展、地方剧种演艺市场及报社产业发展状况进行调研。

12月16～17日，市属30多名文化娱乐业经营场所业主参加文化产业经验交流会。

出　版

【概况】 2010年，市政府实行机构改革，组建市文化新闻出版局，加挂市文物局、市版权局牌子。将市文化局、市新闻出版局的职责，整合划入市文化新闻出版局。全年，福州市文化新闻出版局年检出版物零售企业108家，电子出版物零售企业11家，出版物批发企业74家。上半年审核审批印刷企业18家，其中审核后报省局审批14家，本级审批4家，新设立企业7家，变更申请11家。审批出版物发行企业26家、非连续性内部资料性出版物准印证18份。至5月底，审核登记出版物印刷企业47家、出版物专项印刷企业23家、包装装潢印刷企业符合印刷经营条件186家，升级印刷企业1家，暂缓年检企业62家。

全年，受理举报38件(次)，检查人数523人次，收缴非法书报刊38365册，盗版DVD光碟1万多张(套)，盗版电脑软件800多张。查扣2批从北京发往福州的非法出版物，查获2批(次)盗版的社科类书籍，当场查扣103件(箱)5000余本盗版及非法出版物，其中有11件440本涉及黄色淫秽图书。

在全市范围内开展文化产业园区、主题公园、示范基地调查摸底，组织第四批国家级文化产业示范基地和第五批省级文化产业示范基地的推荐申报工作。

【农家书屋】 2010年，开展农家书屋建设工程，完成719家农家书屋建设和出版物配套工作。组织参加全省"我的书屋我的家"——海峡杯农家书屋讲演比赛，推荐4人参赛，1人获三等奖，3人获优秀奖。协助省新闻出版局相关部门做好仓山区台屿农家书屋宣传片的拍摄工作，整个片长8分钟，于5月上旬在福建公共频道播出。

【打击非法出版物】 1月7日，配合台江区执法部门抓获一名批发"六合彩"刊报不法分子。2月4日，在福州八一七中路查获一贩卖非法出版物无证书店。现场查缴各种出版物1000余册，价值约2万码洋。3月15日至4月上旬，福州市新闻出版局组织开展严厉打击盗版音像制品专项行动。各县(市)区、有关部门出动执法队员5423人次，检查3130个音像制品经营网点，收缴盗版音像制品2.71万张，取缔非法摊点106个。其中四起租售淫秽光碟案件移送公安机关依法处理。4月22日，福州市销毁各种非法出版物61余万册。4月28日，配合公安部门抓获贩卖"六合彩"非法书报刊人员1人，查获涉嫌印刷"六合彩"书报刊窝点，抓获涉案人员4人，查扣"六合彩"非法出版物和宣传材料约5000份，以及一批印刷工具。5月5日，联合省扫黄打非稽查队、工商、公安、文化部门对仓山区盖山叶下工业区一家非法印刷厂进行联合执法检查，现场查扣非法印刷品3.8万册(份)，其中非法宗教刊物《福音》2万册，非法医疗广告《康复家园》8000册，福建省地质医院的宣传册1万册。8月6日，福州市公安局晋安分局象园派出所与省"扫黄打非"稽查队联合行动，破获一起特大"六合彩"类非法报刊批发窝点，当场查获"六合彩"类非法报纸5542份，抓获犯罪嫌疑人王某某等9人。8月9日，与福州市公安局治安支队联合行动，在仓山区高湖村查获一非法出版物批发窝点，现场查缴各种非法出版物3000余册，其中涉嫌黄色淫秽类非法出版物217册。

【首届中国·福州海峡版权(创意)产业精品博览交易会】 5月18～22日举行。国内外及台湾地区300多家企业和单位参加展出，参观人数近40万人次，签约及拍卖总成交额约1亿元。牵头组织近30家文化企业参加第三届海峡两岸(厦门)文化产业博览交易会，签约项目19个、签约金额25.33亿元，位居全省首位。福州市主题馆获最佳展会展示奖银奖，福州三宝工艺美术研究开发有限公司送展的脱胎漆器《古韵》获最佳文化精品奖银奖。福州市软件园等5家企业入选全省版权保护产业基地和版权保护重点企业。

【培训和检查】 7月1日，福州市文化新闻局在福州大饭店召开福州第三期其他印刷品印刷企业入网安装使用培训工作会议。各县(市)区文体局印刷管理负责人和全市150多家其他印刷品印刷企业负责人参加培训。印刷技术服务公司技术人员现场讲解印刷系统软件的安装及使用。

9月3日，福州市举办印刷业负责人法规培训班，全市100多家印刷企业的负责人参加培训，邀请省市专家讲授印刷业法规知识、印刷企业经营管理、文化市场执法和办案程序等内容。市文化新闻局与印刷企业负责人签订《福建省印刷企业守法经营承诺书》。

国庆前夕，福州市文化新闻局对全市印刷企业进行清理检查，检查重点印刷企业16家。对个别印刷企业内部管理不善，印刷品承印管理"五项制度"不健全、落实不到位的问题，检查人员现场责令整改并依法查处。

（王　宇）

文物博物

【概况】 2010年，福州市启动三坊七巷申报世界文化遗产前期工作。在福州市文物局的鉴证下，市三坊七巷管委会

9月29日,市博物馆讲解员在象园小学为学生讲解福州名城及历史文化。

委托北京清华城市规划设计研究院文化遗产保护研究所编制《三坊七巷突出普遍价值研究报告》。12月,马尾区亭江镇闽安村、长乐市航城街道琴江村获评第五批中国历史文化名村。至2010年,福州市有1个中国历史文化名街、1个中国历史文化名镇,2个中国历史文化名村,2个省级历史文化名镇和4个省级历史文化名村。

市博物馆举办多场文物与现代艺术精品展,与全市26所大中小学签订馆校共建德育基地协议。福州市博物馆、林则徐纪念馆举办17场博物馆走进校园和社区系列活动,为10余所大中小学免费讲解闽都文化特色。经全国旅游景区质量评定委员会评选,市博物馆和文庙保管所被评为"2A国家级旅游景区"。

"十一五"期间,投入文物保护资金近35亿元。完成第三次全国文物普查野外实地调查工作,登记文物点5136处。配合国家文物局等单位开展"碗礁一号"水下沉船、大练岛古沉船遗址等抢救性发掘。全市有博物馆、纪念馆27所,文博陈列总面积6.8万多平方米,馆藏文物1.9万多件,年均接待观众逾150万人。

【第三次全国文物普查野外实地调查工作】 完成福州市第三次全国文物普查第二阶段野外实地调查工作,并通过省文化厅、省第三次全国文物普查领导小组办公室组织的验收,7个县(市)区评定等级为优良。至12月31日,福州市实地调查登记文物点5136处,其中,新发现3413处,复查1712处,总数列福建省第一。连江县"海峡之声"广播站列入第三次全国文物普查重要新发现(福建省仅8项)。福州市文物普查队等3个普查队获评"福建省第三次全国文物普查实地文物调查阶段突出贡献集体奖",闽清县1人获评"第三次全国文物普查实地文物调查阶段突出个人奖",闽侯县14人获评"福建省第三次全国文物普查实地文物调查阶段突出贡献个人奖"。

【碗窑山窑址考古发掘】 碗窑山窑址位于闽侯县南屿镇双龙村东,1989年公布为闽侯县级文物保护单位。因福永高速公路建设工程,7~12月,福建博物院文物考古研究所受托对遗址进行考古,发掘面积近2000平方米,是福州考古发掘面积最大的宋代窑址。经考古发掘,发现4处北宋晚期—南宋晚期保存较完整的窑炉遗迹,其中Y1窑底坡度达35°,是国内已知宋代龙窑中窑底坡度最大的。出土大量用于出口的碗、壶、炉、瓷枕等青瓷、青白瓷和黑釉器。窑址的发掘对东南沿海宋代窑业技术的发展及海上丝绸之路的研究均具有重要意义。

【馆藏珍贵文物数据库采集录入】 福州市各文博馆所按照《博物馆藏品文物信息指标体系规范》的要求开展馆藏珍贵文物数据采集、录入工作。通过对馆藏一级、二级和三级文物进行文字描述、拍照、电子数据采集、录入、数字化建档等程序,截至12月31日,全市完成5066件珍贵文物数据采集、录入和数字化建档工作,完成率99.3%。

【编制"十二五"文物保护项目库】 4月,福州市文物局组织编制"十二五"期间福州市文物保护项目库并上报。经审核,福州市有85项工程列入国家文物局文物保护"十二五"规划项目库,其中全国重点文物保护单位保护维修、消防和技防工程34项;博物馆消防设施改造提升和可移动文物藏品保护10项;重点涉台文物保护维修、消防和技防工程38项;平潭海域水下文物调查与考古工作3项。

【"三坊七巷"文物保护修复工程】 修复小黄楼、二梅书屋、宫巷林氏民居、光禄坊刘氏民居等一批文物保护单位,并通过省文物局的初验。启动刘冠雄故居等11处各级文物保护单位的修复工程。

【完成陈氏五楼二期工程】 2月,陈氏五楼二期修复工程通过福建省文物局组织的验收。陈氏五楼由陈宝琛在清光绪年间兴建,至民国初竣工,五楼是沧趣楼、赐书楼、还读楼、北望楼、晞楼,为省级文物保护单位。2008年10月,福州市立项投资625万元进行陈氏五楼二期修复工程。2009年,按照文物精品工程的要求和"不改变文物原状"的原则,福州市文物局修复赐书楼,修复面积约2500平方米。

【完成八角井恢复工程】 为创建中国温泉之都,12月,在市文物局的指导下,福州聚春园集团结合三山座澡堂改造工程,按清代建筑形制在八角井原址附近恢复八角井温泉古井。八角井是福州市温泉古井之一,位于金汤境,因历史原因现已无存。

【开展涉台文物保护】 结合第三次全国文物普查，对全市涉台文物进行梳理、补充，发现台湾银行等212处涉台文物，向省文物局申请增补列入国家涉台文物保护名录。12月16～18日，承办国家文物局涉台文物保护工程“十一五”绩效评估暨“十二五”规划编制调研会。会上，福州市就重点涉台文物保护项目——福州“三坊七巷”保护修复工程作典型发言。

启动闽王祠修复工程 2010年，完成修复方案的设计、二进建筑人员拆迁、违章搭盖的拆除、工程招投标等。预计2011年春节后动工修复。闽王祠系王审知府第旧址。明万历二十九年（1601年）奉旨重建，改称闽王祠。现为重点涉台文物和市级文物保护单位。2009年，福州市立项投资350万元进行闽王祠修复工程。

完成鳌峰书院修复工程 2010年，福州市文物局联合市教育局、市格致中学，共同投资300万元，在鳌峰书院原址南面动工重建书院。5月，修复工程竣工，并通过市级验收。重点涉台文物鳌峰书院，是清代福州四大书院之首，林则徐等众多名人曾在此就读，因历史原因现仅存部分园林。修复后书院占地约650平方米，建筑面积约600平方米。

启动福州台湾会馆修复前期工作 为促进对台交流，增加一处闽台文化交流基地，根据台盟中央汪毅夫副主席的提议，福建省台办、省台联、福州市文物局、市台办启动福州台湾会馆修复前期工作。组织文史专家查阅有关史料、地图、房产历史档案等，走访附近老居民了解情况，进行实地踏勘和论证，提出选址在福州台湾会馆原址区域的方案。有关方案已上报待批。福州台湾会馆是台湾地方官拨款于清光绪九年（1883年）以后兴建的，位于福州贡院左近天衢边，为接待台湾士子到榕应试的场所。

【博物馆展览】 1月1～31日，举办文房雅趣——馆藏文房用具展，展出南北朝至近现代的203件馆藏文房雅具，包括砚台、笔筒、镇纸等，其中有端砚精品—青花雨淋墙、鱼脑冻砚台等，部分文物是市博物馆首次对外进行展出，有3.13万名观众参观。2月14日至3月13日，市博物馆举办“茶韵飘香—紫砂壶珍品展”，展出211件紫砂精品，其中国家一、二、三级文物达19件。包括有明代紫砂大师时大彬制覆顶盖三足紫砂壶”，“中华第一紫砂壶”的鸣远仿古款朱泥紫砂壶等。结合展览，市博物馆举办5场茶文化知识讲座，推出3200多条有关茶文化的谜语竞猜，培训152位茶艺表演人员。3月5～6日，市博物馆邀请高级工艺师、广东省工艺美术大师、国家非物质文化遗产潮州手拉壶传承人吴瑞深进行4场紫砂制作现场表演，有3308位观众参与互动、制作。展览吸引5.62万人参观。5月1～20日，举办福州市现代绘画艺术展，展出福州籍画家林有光、蓝世明、高义谦、温心坦等人105幅现代绘画作品，吸引3.22万人次前来参观。6月12日至7月12日，举办福州地区第三次文物普查新发现成果图片展，展出福州地区第三次文物普查最具代表性的文物点及普查新发现的文物点，有1.9万人次参观。7月28日至8月3日，举办“爱心助残情系桑梓”书画作品义卖展览活动。展览义卖福建省内著名书画家捐赠的145幅书画作品。有8000人参与。9月22～29日，市博物馆举办福建省工艺艺术精品展，展出各类玉器、瓷器、木雕作品等各类艺术精品186件，吸引1.5万人前来参观。9月10日至10月20日，举办“共享文明共筑名城”——社会各界捐赠文物展，展出自市博物馆建馆以来社会各界捐赠的瓷器、铜器、玉器、砚石、字画等文物精品217件，其中有闽江学院历史系叶芳琪教授捐赠的海军宿将叶祖珪用过的莲瓣单把瓷壶、白铜墨盒等。吸引2.6万人前来参观。

【第二期“博物馆之友—文化志愿者”活动】 2月1～10日，市博物馆开展第二期“博物馆之友—文化志愿者”活动，208位志愿者报名参加。经培训，102位志愿者入选“博物馆之友—文化志愿者”，有公务员、教师、医生、工程师、下岗职工以及离退休干部等，其中年纪最大的82岁，最小的只有7岁。2月14～18日，志愿者分别为市博物馆、福州文庙、于山辛亥纪念馆游客进行636场次讲解服务，接待观众5.16万人次。

【开办国学讲座】 2月27日，市博物馆在福州文庙举办《家和万事兴》国学讲座，福州十一中、福州十八中和晋安第四中心小学的近百位学生及家长参与。4月3日，市博物馆联合福州众人公益社团，在福州文庙举办“缅怀祖德，源远流长——诠释《弟子规》”讲座，福建师范大学管理学院朱人求教授主讲，福州二十五中100多名学生参与。5月8～30日的双休日，市教育局和市博物馆、福建众人公益社团联合，在福州文庙举办15场《弟子规》系列讲座。传承国学精华，讲授中华传统道德、礼仪和行为规范，有3000多位学生、市民前来听讲。全年，市博物馆举办国学讲座28场，45所中小学的5000多名学生参与。

【免费鉴宝活动】 市博物馆与福州晚报社联合，每月挑选一天在市博物馆或福州文庙举办免费鉴宝活动，邀请省文物鉴定组2名专家对文物收藏者的藏品进行文物鉴定。全年举办12次鉴宝活动，先后邀请省文物鉴定组林存琪、梅华全、陈卫三、周端等专家，为1217名文物收藏爱好者免费鉴定2843件收藏品，包括有陶瓷、字画、铜器、寿山石、玉器、杂项等，其中发现有蜜蜡雕鱼化龙摆件、老子骑牛笔搁等具有一定文物价值的收藏品。

【开展榕台交流活动】 5月9～11日，市文物局组织7部10册清代、民国时期的族谱，赴台湾台南市吴园参加由福建省政府主办，福建省考古博物馆学会、福建省闽台交流协会、台湾台南各省市同乡会联合承办的“闽台宗亲交流暨姓氏族谱展”，福建省政府省长黄小晶，副省长、福州市市长苏增添，台湾台南市议长黄郁文等出席仪式。10月8日至12月26日，福州市博物馆选送红剔犀葵瓣式三层套盒、堆红漆八方三层套盒等5件宋代漆器赴台湾台北市，参加由故宫博物院与台北故宫博物院联合举办的《文艺绍兴—南宋艺术与文化特展》及相关交流活动，这是两岸故宫博物院继举办“雍正大展”后的再次联合展出。

台北故宫博物院展出的《文艺绍兴——南宋艺术与文化特展海报》。

12月24日，福建中国船政文化博物馆和台湾长荣海事博物馆联合在台北举办为期6个月的“福建船政——清末自强运动的先驱”特展。展览分为船政创办、科教夙愿、产业先驱、海军摇篮4部分。展出70多件文物及展品和百余帧图片。

【开展“博物馆走进校园”系列活动】 5月14日，“展板忆往昔，书画写情怀”在福州大学阳光学院举行，数千名师生参加。活动展出50面反映福州历史文化内涵的展板，结合博物馆的文物及馆藏精品、文庙楹联、辛亥革命志士的名言警句开展书画大赛、竞猜活动，还邀请省市知名书法家进行书画知识讲座。5月19日，“光荣与梦想·感受福州”在福建职业信息技术学院举行，众多师生参加。活动展出50面反映福州历史文化内涵的展板，讲解福州的民俗、名人以及福州文化底蕴等。11月7日，“情注海岛，心系侨乡”在福建农林大学东方学院举行，福建省书法家协会主席陈奋武和学校3000多名师生参加。活动展出《国家历史文化名城——福州》等50个流动展板，还开展东方学院第九届书画大赛。

【馆校联合举办各种活动】 3月28日，福州市博物馆与福州八中、福州二十五中、晋安四小、象园小学等16所学校签订馆校共建德育基地协议。5月21日，福州市博物馆成为闽江大学、福州大学阳光学院、福建工程学院等7所高校的8个院系校外实践活动基地。7月24日，市博物馆与福州大学阳光学院联合举办“手拉手，心连心”暑期夏令营活动。来自福大阳光学校的50名闽藏学生参观市博物馆、文庙保管所、于山辛亥革命纪念馆、华林寺大殿等。

【文物捐赠】 2月23日，福州市政协委员、爱国华侨阮幼兰将家藏的朱德、彭德怀的三幅墨宝捐赠给福州市博物馆。填补市博物馆在国家领导人字画收藏领域的空白。6月18日，中国新生代书法家之一、书画鉴定专家萨本介委托其堂弟萨本敦、萨本珪、萨本辉、萨本涛，将其收藏的一幅林纾画作捐赠给福州市博物馆，该画是京剧大师梅兰芳的母亲60寿辰时林纾贺赠的。11月11日，美籍华人收藏协会秘书长招思虹女士将收藏的辛亥革命文献资料捐赠给福建辛亥革命纪念馆，其中有1942年美国邮政总署纪念中国抗战5周年发行的邮票；1961年美国邮政总署纪念中国辛亥革命50周年发行的邮票首日封一枚；董必武等出席联合国宪章签署会议时在旧金山圣玛莉公园孙中山纪念铜像前的合照等13份史料。

（陈毓彪　林声哲　翁　英）

福州日报社

【概况】 《福州日报》《福州晚报》发行量比上年增加20%，阅读率不断提高；新闻网日均访问量达28万人次；《家园》杂志作为“本土优质城市生活杂志”向全省拓展。报社改革成效明显，报业实力不断增强。报社获“中国十大地市报社”称号和2009～2010年度全国报业经营管理优秀单位。《福州日报》被评为“2010中国十大城市党报”，《福州晚报》被评为“中国最具创新城市晚报”称号。2010年，福州日报社实现利润2225万元，偿还债务2200万元。广告结构不断完善，多种经营收入在报社经营收入中的比重不断提高。

【贯彻胡锦涛总书记重要讲话精神的宣传】 《福州日报》开设“学习贯彻总书记重要讲话精神，加快建设海峡西岸省会中心城市”专栏，《福州晚报》开设“海西潮涌　福州先行”专栏，福州新闻网开设“聚焦海西”等专栏，以动态消息、深度报道，用图片、视频、音频等表现形式，全方位、多角度地宣传全市贯彻总书记重要讲话精神，不断开创海峡西岸省会中心城市建设新局面。《福州日报》《福州晚报》、福州新闻网（以下简称“两报一网”）共刊发稿件537篇。

【“海西建设”宣传报道】 “两报一网”开设专栏专版专题网页，组织开展“海西建设”的主题宣传。日报推出《切实增强跨越发展的紧迫感责任感》《以思想大解放引领跨越发展》《以项目大推进支撑跨越发展》等评论员文章。“两报一网”宣传福州市实施重点建设项目，扩大消费、稳定外需等方面采取的重大举措，宣传建设海西省会中心城市的发展战略，反映加快经济发展方式转变，提高经济增长质量与效益，保持经济平稳较快发展的做法和成效。

开辟专栏，及时转载新华社、人民日

报等中央媒体反映海西建设的报道；加强策划，推出系列综述《新起点上的大跨越》《做大总量　增强实力》《榕台往来迈大步》等报道，展示福州市贯彻落实国务院《意见》一周年取得的成效；突出重点，结合福州市经贸代表团赴台交流访问、“5·18”海峡两岸经贸交易会等活动，宣传在招商引资、榕台交流合作、文化建设、生态文明建设等方面取得的新进展。全年推出动态报道、综述、深度报道等各类新闻报道110多篇。

“两报一网”开设《大干150天　打好五大战役》等专栏专版专题网页，详尽报道确定实施“五大战役”的重点项目；做好重点项目建设、新增长区域发展、城市建设、小城镇改革发展、民生工程等“五大战役”综述；组织采访小分队，深入“五大战役”主战场，采访报道“五大战役”具体项目进展。“两报一网”刊发报道660多篇。

“两报一网”围绕“海西建设”在平潭综合实验区建设上谋求新突破，报道平潭综合实验区建设成为探索两岸合作示范区、海峡西岸经济区科学发展先行区、海峡西岸现代化新兴滨海城市的特殊区域。日报重点报道平潭综合实验区的规划编制、基础设施建设、海峡大桥、入岛路、环岛路、码头、水、电、绿化等；平潭与口岸查验部门、周边地区的对接协作等。晚报利用专副刊资源，全面介绍平潭的风土人情、文史典故、旅游资源等。福州新闻网及时把“两报”关于平潭综合实验区的重要新闻报道上传到网站。

【创建全国文明城市宣传】　“两报一网”开设专版专栏专题网页，采取动态消息、现场报道、图片新闻、舆论监督、网友评论以及“有奖征集十类文明和不文明言行”等多种形式报道创建工作。日报开设《创文明城市为福州添福》《共建宜居城市》《城市文明观察哨》等专栏；晚报与市委文明办联合主办《做文明人　创文明城》专版；福州新闻网开设《福州文明频道》，报道开展创建全国文明城市专项整治工作。“两报一网”刊发相关稿件800多篇。

日报开设《创建文明城市，提升文明素质——人人参与维护省会良好交通

报社召开专题会议研究深化报业改革发展工作，3月下旬制定《2010年福州日报社体制机制改革总体方案》，并经市委宣传部专题会议研究通过。

秩序》专栏，晚报开设《整治交通文明出行》专版，福州新闻网开辟《整治交通乱象》《免费交通违章查询》专栏，“两报一网”推出“榕重点整治13个交通突出问题”“交通综合整治，严格文明并重”“违章现象少了，秩序明显改善”等报道，刊出20个专版、300多篇稿件。

【“十一五”成就宣传】　“两报一网”组织“十一五”成就宣传，日报开设《回眸“十一五”展望“十二五”》专栏，晚报开设《辉煌十一五》专版，新闻网开设《辉煌十一五，展望十二五》专题网页，宣传“十一五”期间经济建设、社会建设、文化建设、党的建设等方面的成就，突出宣传为民办实事项目。

【对台宣传】　日报继续办好《台海新闻》专版，晚报继续办好《台湾新闻》《海峡新闻》专版，福州新闻网继续办好《台湾新闻》栏目，重点宣传对台政策、对台经贸文化以及相关活动。加大“两报”通过航班、客轮入岛的力度。3月1日起，向“两马”航线配送《福州日报》《福州晚报》各50份，由报社发行中心提供4个报架，在码头候船室供旅客免费取阅。

宣传省市经贸文化交流团赴台“走亲、访友、做生意”主题，日报在头版显要位置、福州新闻网在首页、晚报开设《闽台交流共求发展》专版，报道省、市经贸文化交流团在台湾期间开展的闽台、榕台经贸文化交流活动，推出“闽台合作先行先试十新政公布”“榕台交流合作迈开新步伐”“走亲访友增进感情共创榕台互利双赢”“福州将开通‘海峡两岸快捷走廊’”等报道。“两报一网”发稿100多篇。

【对外宣传】　发挥晚报海外版、福州新闻网的优势，加大对东南亚、美国、日本、欧洲等海外福州华侨聚集地的宣传，把福州市经济社会发展情况传递到海外。晚报海外版在搞好美国《侨报》“福州新闻”专版和马来西亚《联合日报》“福州晚报专版”的基础上，开办英国《英中时报》和印尼《国际时报》的“今日福州”专版。

【重大主题活动宣传】　开展上海世博会、福州特奥会等的主题宣传和“5·18”海峡两岸经贸交易会，“6·18”海峡项目成果交易会，“9·8”厦门投资贸易洽谈会等重大经贸活动以及泛珠大会、APEC中小企业技展会、海峡版权创意（产业）精品博览交易会等大型活动的宣传。

第十二届“5·18”海峡两岸经贸交易会期间，日报在头版开设海交会专栏、晚报开设《潮涌海西魅力5·18》专版、福州新闻网开设《福州“5·18”海交会》专题网页开展报道。海交会开幕当天，对开幕式盛况进行报道，对福州市签约

项目进行重点报道。报道海交会的意义、特点以及海交会各项筹备进展、项目落实等情况。对海交会首次移师新落成的海峡国际会展中心进行报道。通讯《为‘福州速度’喝彩——写在海峡国际会展中心启用之际》,报道为会展中心展馆建设、启用付出辛勤努力的部门和广大建设者;专栏《海交会逛展全攻略》提供在新展馆的实用信息和服务指南。从参展商、市民的角度反映福州会展业发展的成效、反映签约项目对福州加快建设海峡西岸省会中心城市的作用,抓住首届版博会等新亮点,反映福州文化产业发展的新成效。“两报一网”刊发海交会的稿件600多篇、图片165幅。

围绕扩大闽都文化的影响力,宣传报道加强公共文化服务体系建设的举措、活跃群众文化的活动、推动文艺精品创作的重点剧目(晚会)。宣传报道加快三坊七巷历史文化街区保护修复和开发利用、推动昙石山遗址厅和闽王文化园等项目建设、加紧寿山石文化资源整合、构建陈靖姑文化圈。

宣传各级党委中心组学习,开展“创建学习型党组织”评选活动。推进理论的宣传普及,建立全市科级以上党员干部手机理论信息平台。宣传推进应用性理论研究,开展“书面问计、网上问策、调研问政”活动。《福州日报》开辟理论专版,福州新闻网开设《理论在线》专栏。

加强对楼市股市、节能减排、物价、就业就学就医等热点难点的引导。加大对市委、市政府出台的各项民生工程的宣传报道力度,及时充分报道各级各有关部门的具体做法和成效。做好突发公共事件的新闻报道,做到快报事件、重报处置、缓报结果、慎报原因。妥善引导网上热点。加强和改进舆论监督,推动解决损害群众切身利益的问题。

【报业体制机制改革】 3月下旬,制定《2010年福州日报社体制机制改革总体方案》,经市委宣传部专题会议研究通过。报社采编工作创新用工机制、分配机制,建立绩效考核及优胜劣汰的用人机制。制定鼓励记者深入一线采写体现“三贴近”的新闻和鼓励出好稿、重头稿的分配机制,建立编委会、部室、个人三级策划机制。晚报建立新的分配用工机制,包括建立总策划例会制度、对首席记者、采访组组长以及中层以上干部进行量化考核的制度。

7月,新组建的福州报业传媒有限公司正式运行,传媒公司整合晚报广告、发行、多种经营等经营性资源,构建主体明晰、责权利统一的晚报经营平台。报业传媒公司作为报社注册成立的全资子公司、二级法人公司,按照“自主经营,独立核算”原则,实行目标管理责任制、全员聘用制、绩效考核制以及优胜劣汰的用人机制。晚报所有经营人员(包括事业编制人员、社聘人员)全部与现有身份脱钩,进入报业传媒公司,按公司化运作。同时拓展会展业、户外广告业、演艺业等多种经营。整合“两报一网一刊”资源,打造以住交会品牌为核心的会展业,不断培育年货博览会品牌,拓展药博会等大型展会,主动对接福州市海交会、泛珠大会的宣传业务。同时介入福州演出市场,拓展演艺业。8月,《东街口》晚报在线投入试运行,突出报网联动,强化晚报与读者、网民的在线交流。突出生活服务,网友互助,打造“一站式”榕城生活服务信息,突出读者增值服务,通过发布信息,组织读者参与各种优惠活动以及开展网上拍卖等让利读者的活动。同时利用晚报在线平台组织开展各种读者俱乐部活动。新闻网参照晚报模式深化改革,《家园》杂志按照市场化运作模式加快发展。推进印刷厂改制和金山新厂建设。

(游向东)

新华书店

【概况】 2010年,福建新华发行集团福州分公司遵循集团公司“守住本土、经营全国、做大规模、做强内核”的工作方针,抓住主业,实现教材教辅、一般书、音像制品销售稳步增长。中小学教材采取征订上门、送书上门、结算上门的“三上门”服务方式,确保教材配套齐全、发行及时。一般书籍销售则科学把握进货品种、数量和退货速度,实现一般书音像制品稳步增长。团购业务继续扩大覆盖范围,大中专教材投标在巩固老客户、发展新客户上取得新突破,图书馆投标保持良好的中标势头。承办第四届福建省读书月暨第五届福州读书月活动,举办福建省首届馆配图书样采会。参与“文化三下乡”活动和“农家书屋”工程建设,开展121场图书流动下乡镇、村,进社区、进学校、进军营活动;向有关农村捐赠各类扶贫资金9000元,援建农家书屋10个,向有关乡镇捐赠图书或现金12.35万元;向有关单位、学校捐赠图书或现金25.817万元。公司各单位参与农家书屋工程建设,农家书屋的图书配送工作有序开展,配送农家书屋454个,配送码洋608万元。同时热心社会公益事业,全年向灾区捐款,向特奥、残联、慈善总会等机构捐款计24.32万元。年内,福州分公司被出版总署授予“全国出版系统行业文明单位”称号;福州分公司安泰图书城、杨桥图书城、福清分公司后埔街图书城被确定为“省级文明窗口示范点”;罗源分公司、连江分公司、福州分公司金山图书城被确定为“市级文明窗口示范点”;团购中心、台江图书城被福州市妇联授予“巾帼文明岗”称号;安泰图书城被福州市委市直机关工委授予“工人先锋号”称号。

【图书经营状况】 福州分公司始终坚持规范管理,着眼创新,争创一流服务。贯彻集团公司《门市标准化建设》(试行办法),坚持服务软硬件建设并重,提升网点规范化服务水平。借助节庆日开展虎年新春图书系列营销、三八妇女节“关爱女性,热爱生活”主题图书展、“4·23”世界阅读日系列活动、上海世纪版图书“迎世博”促销联展、六一节系列促销活动等。与媒体合作举办针对在校学生的《孩子学习不用愁》、针对歌迷和歌词写作爱好者的方文山歌词创作主题讲座;举办歌手刘力洋、著名词人方文山签售会。

闽侯分公司扩大《教育周报》的发行工作,2010年度《中国教师报》合订本和2010年春秋季中小学《教育周报》征订发行2886份,码洋9.27万元。

全年,福州分公司销售码洋3.736亿元,同比增长5.33%,完成全年预算的104.8%。其中,教材教辅(含大中专教材1874.93万元)销售2.519亿元,同比增长5.15%,完成年预算的104.13%;一般书销售9618.18万元,同比持平,完成全年预算的101.5%;音像电子出版物销售1797.16万元,同比增长10.86%,完成全年预算的103.86%;非出版物销售756.57万元,同比增长264.95%,完成全年预算的299.51%。全面完成集团下达的销售任务,与上年同比有所增长。福州分公司实现利润总额545.63万元,完成全年预算的100.37%。全区实现利润总额1520.04万元,完成全年预算的106.58%。

【图书网点建设】　福州分公司在原有安泰、杨桥、台江、金山、供销新华图书城的基础上,又在福州鼓楼区南后街创办"福州古籍书店(聚成堂)",9月28日正式营业。连江分公司购置位于连江县凤城镇华光西路2号的"凤凰城",总面积为906.01平方米的16间物业。

【首届图书馆样书现采会】　福州分公司举办全省首届图书馆样书现采会。吸引全国150余家重点大型出版社参展,展示2009年10月以来出版的适合馆藏的5万多种新书及音像制品,其中有1500种台湾版社科文艺类图书。邀请全省高校图书馆、公共图书馆及中小学图书馆100余家参会。样采会期间,举行福建馆配图书社馆前沿论坛,与会嘉宾就中国图书数字化资源建设与发展这一主题展开研讨。样采会实现交易约500万码洋。

（吴晓鹰）

广播电影电视

【概况】　2010年,福州广电集团广播电台、电视台推出宣传专栏25个,实施报道战役137场次,宣传报道"深入学习贯彻胡锦涛总书记在闽考察重要讲话精神""学习贯彻党的十七届五中全会精神""贯彻落实省委八届九次、市委九届十四次全会精神"和"大干150天,打好五大战役"等重点内容,为中央和福建广电播出提供936条反映福州发展的广播电视新闻。

全年超额完成"一个行政村一个月放映一场电影"的任务,电影票房收入突破8000万元,居全省第一。动画产业稳步发展,全市动画片年产量超过3000分钟,福州获准设立全国动漫影视实验园。

市广电与中央电视台联合拍摄的电视纪录片《天趣人意——福州脱胎漆艺》获第二十五届中国电视金鹰奖好作品奖,这是福州市电视作品第一次获此类全国性大奖,该片还获福建省广播电视类评奖一等奖和福建省电视艺术奖长纪录片一等奖。

纪录片《天趣人意——福州脱胎漆艺》获第二十五届中国电视金鹰奖。

福州电台长消息《福建沿海与澎湖地区海上货运直航今日福州首航》获中国广播影视大奖提名奖;广播访谈《酒驾的代价》获福建新闻一等奖;广播评论《到底是统战洗脑还是正视历史?》等5件作品分别获福建广播新闻奖一等奖、福建播音主持奖一等奖等省级政府一等奖;《畅通正前方(新闻资讯)》评为福建新闻名专栏。

福州电视台电视作品《钢铁战士的阅兵路》获中国广播影视大奖提名奖。《攀讲》栏目、《男生女生》栏目分别获第十四届福建省电视艺术奖电视栏目和少儿电视栏目一等奖。《我们的节日·中秋—中华长歌行》(福州篇)获第十四届福建电视艺术类电视文艺(专题文艺)一等奖。《福州记忆》《和谐福州》等18件作品获省级一等奖。

2010年6月,市政府机构改革将市广播电视局更名为市广播电影电视局。将原市文化局的电影行政管理职责划入市广播电影电视局。

【新闻宣传报道】　福州电台新闻广播以时政节目《榕广新闻网》为龙头,开展主题宣传48项,主要内容包括坚持科学发展观、学习贯彻"十七大"及"两会"精神、学习贯彻十七届五中全会精神、贯彻胡锦涛总书记在闽考察重要讲话精神、创建文明城市、海交会、党风廉政建设和"大干150天,打好五大战役"等。增办读报节目《城市moringcall》、娱乐资讯节目《新娱乐》、民生资讯节目《生活这点事》《消费新主张》及话题节目《每日杂谈》等5档节目,对《博客生活圈》《律师热线》《刘珊评说》《依然开讲》《榕广资讯》等节目的播出时段和栏目设置进行调整。全年向中央人民广播电台和福建广播电台分别提供反映福州经济社会发展的稿件56篇和230篇。

福州电视台新闻围绕五大主题宣传为核心进行89场次舆论宣传战役。围绕胡锦涛总书记视察福建时的重要讲话,各频道持续开设《学习贯彻胡总书记讲话精神,加快推进海西省会中心城市建设》等专栏;围绕党的十七届五中全会,推出《认真学习贯彻十七届五中全会精神》专栏;围绕贯彻落实中共福建省委八届九次全会、中共福州市委九届十四中全会精神,“大干150天,打好五大战役”,推动福州跨越发展,推出系列报道《大干150天福州新变化》,从重点工程、新增长区域发展、城市建设、小城镇改革发展,民生工程5个方面,集中展示“大干150天”以来“五大战役”给福州带来的新变化。围绕“5·18”海峡两岸经贸交易会宣传,开设“迎接5·18”“关注5·18”等专栏,播放电视新闻300多条,上中央台14条、《新闻联播》2条。围绕福州市经济工作重点,开设《树信心、保增长、促发展》《转方式、调结构、抓机遇》等专栏。2010年福州电视新闻上福建新闻728条,上中央电视台218条,其中上《新闻联播》33条。

打造具有“闽都”特色电视作品,与中央电视台联合拍摄电视片《中国十大名街—三坊七巷》、推出大型电视系列片《走进福州》并在中央电视台播出。制作招商专题片《海西明珠有福之州》《多福之州》在海交会等重要活动中播放,同时还摄制《福地金汤》《悠悠昙石山》专题片。拍摄《温泉之都(申报片)》,12月,福州获“中国温泉之都”称号。

【专业频率频道】 福州电台交通广播“交通之声”继续开办《畅通正前方(新闻资讯版)》和互动性板块《我在路上有话说》两个重点节目。2010年元旦,“交通之声”节目组发起文明行车活动,提出“2010文明行车看我的”的口号,将其贯穿于全年一百多场次的活动中。9月20日,福州有史以来规模最大的游艇汽车大展在海峡国际会展中心开幕,“交通之声”作为省内唯一广播媒体对展会进行全程直播,近30万参展市民与“交通之声”近距离接触。

福州电台音乐广播5月推出一套新的5大类10个节目《耶,上班喽》《动力调查中心》《噢,下班了》《结婚进行时》《幸福男女》《越听越快乐》《流行通天下》《车旅杂志》《汽车天下》和《呀勿媚》。结合社会热点推出“声临世博”连线直播、“1加1的世界杯”“世界杯进球时刻”等多个特别节目。据赛立信媒介研究有限公司收听率调查数据表示,该频率7月、9月收听率分别为0.55%和17.4%,均列福州地区前两位。

福州电视台影视频道创办情景喜剧《暖洋洋妇产科》。

福州电视台生活频道突出节目的地域性、服务性和平民性。《攀讲》栏目是生活频道首档福州市方言杂志型节目。重点围绕“本土”主题,形成晚间黄金时段“大攀讲板块”播出模式。

福州电视台少儿频道重点设有《欢乐逗逗营》和周末大型互动娱乐周播节目《向前看齐》《向日葵》《男生女生》栏目。

1月1日,福州电视台家禧购物付费电视频道正式开播,设有《家禧购物街》《家禧百分百》《家禧大卖场》《数码新主张》《靓丽时尚馆》《特别推荐》等6档栏目,全天候24小时滚动播出。

【福州明珠网】 着手建设网络电视台,通过加入城市新媒体硬盘和与杭州华数集团开展业务合作,提升网站品质和传播覆盖面,在互联网、手机、电视三频覆盖上取得成效,实现福州广电集团媒体在全国乃至全球的有效传播。网站注册用户超过3万户,每天点击率达12万次,获“福州市十佳文明网站”称号。

【电影与动画】 2010年福州市广播电视局更名为福州市广播电影电视局,增加对电影行政管理职能。全年新审批电影放映经营证2件,年审电影放映经营证6件,年审福州电影公司电影发行许可证1件。各级广电部门按照“基本上保证一村(行政村)一月一部电影”的目标,完成2.83万场次。以3D为代表的现代数字电影技术逐步普及,全年电影票房收入突破8000万元,位居全省第一。福州金逸影城以5631万元的票房收入居全省影院之首。福州获准设立全国动漫影视实验园,动画片产量超出3000分钟。

【精品与品牌栏目】 福州电台品牌栏目《政风行风热线》在福州市人民政府网站“中国福州”和福州广电集团网站“福州明珠网”上开设专栏。至10月13日,网站累计点击量达5.07万次。全年上线单位76家,其中单位主要领导上线的有73家,上线率97.4%;节目组接件1148件,办理反馈1119件,反馈率97.5%,当事人满意率89.8%。该节目组获2010年“福建省三八红旗集体”称号。

福州电视台栏目《攀讲》是全国首档福州方言杂志型节目,2010中国城市台标杆品牌电视栏目,获第十四届福建省电视艺术奖电视栏目一等奖。该栏目开播于2008年3月16日,每晚7:30在福州三频道首播,2009年1月从20分钟扩版为40分钟。2010年收视率突破5.0,成为福州地面收视冠军。

《男生女生》是福州电视台少儿频道2009年打造的一档少年综艺类节目,是不同年龄层青少年参与的才艺竞技节目。获得2010年第十四届福建省电视艺术奖少儿电视栏目一等奖。

【网络与数字电视】 年底前基本完成有线电视用户的数字化整体转换。广电系统双向改造58万户,五城区完成数字电视整转45万户,发展互动电视用户1.3万户。各县(市)的数字电视整转工作取得进展,完成网络改造技术方案和分前端设备招投标工作,完成200个行政村有线电视网络改造工作。

【市场份额与创收】 福州广播电视集团的广播电视收视(听)市场份额创福州地区第一。电视收视市场份额达23.6%,比增20%,其中,生活频道市场份额达9.1%,比增139%,列福州地区单频道综合排名第一,《攀讲》登收视冠军。广播收听市场份额达43.9%,比增7.4%,其中交通频率市场份额达17.4%,列福州地区单频率综合排名第一。产业经营总收入首次突破5个亿,实现20%以上增长。

【广播频率《左海之声》开播】 10月18日,福州电台《左海之声》频率FM90.1兆赫开播,是全国首个经国家广播电影电视总局批准的福州话广播频率。设有《两岸一家亲》与《讲新闻》(新闻资讯类)、《左海之声》(文化思考类)、《虾油弟和橄榄妹》(情景喜剧类)、《左海故事会》与《福州话齐来讲》(娱乐轻松类)、《生活丫精通》(生活服务类)、《空中剧院》(闽剧评话类)等12档节目,以直播为主,全天24小时播出,广播电波覆盖福州地区和马祖地区,也可在福州明珠网上收听。

【广电行政监管】 市广电局组织新闻阅评员监听监看广电节目,重点听看综艺等6类节目内容,全年编发阅评通报12期。落实《广告播放管理办法》,处理违规广告9件次。依法加强互联网视听节目管理,发出整改通知664张,查处14家违规网站。配合有关部门开展打击破坏"三电"设施专项行动,检查单位158个次,投入整改资金58.4万元。全系统查处违规安装卫星地面接收设施120余户,清理私拉乱接广电线路5782户、欠费3761户。

【广电设施建设】 全年投入资金1200万元,改造200个行政村广电网络,建设闽侯、连江、罗源3个发射台和福州广电两台节目无线覆盖工程。推进广电基础设施建设,购置10+2讯道高清转播车和4+2讯道卫星新闻采访直播车,启用北峰发射台,进行电视制播系统数字化升级改造,建立6个频道数字化播出平台。双向改造和数字化整体转换有线电视用户103万户,其中双向改造58万户,整转45万户。完善安全生产工作机制,实现连续9年安全播出无重大事故。

【文化生活报】 《文化生活报》推出30多期《关注》专刊报道社会关注的新闻,刊发75篇由文化名人撰写的文章,宣传"闽都文化";改《一周电视节目预告》为图文并茂的《影视看台》。开辟专版《点击数字电视》,推介优秀影视剧,普及数字电视知识,发布收视政策信息。开设"广播"专版,刊登《政风行风热线》民生节目等内容。该报还开办网络电子版。

【交流与合作】 福州电台加入中国之声新闻协作群,实现第一时间向中央台报送选题、传递稿件。9月29日,《福州至台北货运航线开通》这篇报道,从采写、传稿到中央台播出仅需1小时40分钟。

9月26日至10月5日,国家广电总局与台湾广电界联合举办台北电视节交流活动,福州市广电局选送纪录片《天趣人意—福州脱胎漆艺》、《中国寿山石》与《中国十大名街——三坊七巷》,福州电视台选送电视节目《攀讲》参加交流。

(*郑润生　周培灿　颜新华*)

主流媒体看福州

【概况】 2010年,中央、省属媒体及港澳台等海内外媒体关注福州经济社会发展成就,宣传报道福州的内容不断拓展、数量不断增多、质量不断提升,全年刊播福州的宣传报道1.3万多篇条,其中在中央电视台各频道栏目的新闻、专题等正面宣传报道400余篇条。

【"五大战役"宣传报道】 围绕福州市委、市政府贯彻落实省委做出"大干150天,实现福建跨越发展"的重大决策部署,策划组织《经济日报》采访系列报道《福州市转变经济发展方式》;策划组织《福建日报》系列报道《福州建设宜居宜业生态城市》和《福建跨越发展八闽行》福州市采访报道活动;策划组织《海西正东风——两岸媒体聚集海西走进福州》《全球华文媒体福州行》等大型采访活动。《人民日报》、新华社、中央人民广播电台、中央电视台、《经济日报》《欧洲时报》《美国侨报》《台湾联合报》《旺报》、东森电视台等境内外主流媒体深入福州江阴开发区、福州软件园、动漫产业基地、火车南站、福清核电厂、温泉旅游在建项目、文化创意(动漫)创业园等福州市重点项目、重大基础设施、经济生产一线进行采访,宣传报道福州市科学发展、跨越发展的新进展新成就。中央13家新闻媒体集中采访报道华映光电优秀农民工、全国劳模、技术创新能手鲍光耀事迹。10月,《人民日报》连续刊登福州文化创意产业报道文章、福州为民办实事工程——"福乐家园"建设情况、福州市出台限购第三套房新政策的解读文章等。10月14～16日,《经济日报》连续3天头版刊登福州市加快转变、跨越发展的新闻报道。

【第12届海峡经贸交易会报道】 近百家海内外媒体派出500多名记者参与采访报道,刊出各类新闻报道(含图片、视频)3000多条。中央电视台派出4个报道小组,一套《新闻联播》,二套《经济信息联播》,四套《中国新闻》《海峡两岸》,七套《聚焦三农》和新闻频道等都以各种形式播发各类新闻报道达14条。央视一套《新闻联播》当天播发海交会新闻简讯。央视四套《海峡两岸》播出4条新闻,并制作时长5分钟的专题《台湾大米热销海交会》。《人民日报》5月19日4版刊发《海峡两岸经贸交易会开幕》。新华社陆续推出85篇(条)文章(视频)。"两岸同歌"文艺晚会实况录像在《央视国际频道》(央视4套)播出4次。

《福建日报》、福建电视台各频道、福建人民广播电台相关频率、《海峡都市报》等30多家省属新闻媒体一直密切关注海交会的最新动态,在重要版面、时段、频率进行深入报道,报道篇数近千篇(条)。其中,《福建日报》12名记者组成的采访组,刊发各类稿件(图片)100多篇(条)。海交会还吸引67家台港澳及对台对外媒体参加报道,刊播各类报道200多条次、专版专栏13个。台湾主流媒体首次在岛内直播海交会盛况,播出时间长2个小时,并在黄金时段重播,谷歌搜索对该直播活动的报道条数超过9万次。

【福州市经贸文化交流团赴台交流活动宣传报道】 5月,由副省长、市长苏增添为团长的福州市经贸文化交流团赴台开展经贸交流活动,两岸33家主要新闻媒体共刊发各类报道217篇(含图片新闻、不含转载)、专访8场。《人民日报》国内版、海外版、人民网刊发福州市在台活动新闻报道7条;中央电视台播发新闻5条,其中2次在台湾演播室连线报道;《海峡两岸》栏目做深度报道;新华社、中新社刊发报道13篇;中央人民广播电台播报新闻8条;《台湾联合报》《中国时报》《经济日报》《旺报》等主要媒体每天都有福州相关深度专题报道,累计刊发113篇报道(含图片新闻)。这是福州市单项活动台湾岛内集中报道量最多、持续时间最长的一次入岛宣传。

【创建文明城市宣传报道】 在创建全国文明城市活动中,福州市"突出区域特色,彰显人文福州""创建关注民生,成果惠及百姓""突出环境优先,打造宜居城市""注重榕台交流,构建特色文明"的创建经验独具特色,受到中央主流媒体的高度关注。从11月16日起,新华社、《人民日报》《光明日报》《经济日报》、中央电视台、中央人民广播电台、《工人日报》《中国青年报》《中国妇女报》等中央级媒体在重要版面和黄金时段分别报道福州市文明城市创建经验。新华社彩图新闻刊发《文传千秋,福气暖榕城——福州创建全国文明城市纪实》报道;《人民日报》头版头条刊发《一幅山水画,满城文明风——"人文福州"绽放城市之美》报道;《光明日报》刊发《从"人文福州"到"文明福州"——福州市创建文明城市纪实》报道;中央人民广播电台播发《两千年文脉给力文明福州创建》报道;《经济日报》刊发《福建省福州市:文明城市创建绘新图》《在文明创建中实现新跨越——福建省福州市创建全国文明城市纪实》报道;中央电视台《新闻联播》播发《福州:传承历史文脉,创建文明之城》报道;《工人日报》刊发《共建共享中凸显民生——文明创建的"福州路径"》报道;《农民日报》刊发《海纳百川,有容乃大——福州市创建全国文明城市纪实》报道;《中国青年报》刊发《有福之州,为民而建——福州市创建文明城市纪实》报道;《中国妇女报》刊发《以人为本,普惠民生——福州创建全国文明城市纪实》报道;《法制日报》刊发《法治文明让榕城焕发时代风采——福州市创建全国文明城市工作亮点扫描》报道;《福建日报》刊发《人文传千秋,福气暖榕城——福州创建全国文明城市扫描》报道。

【"温泉古都,有福之州"主题宣传】 结合申报中国温泉之都,围绕"温泉古都,有福之州"旅游主题口号,深入挖掘福州自然历史文化资源,提升城市形象。中央电视台《走遍中国——走进福州》连续7天在黄金时段播出反映三坊七巷、温泉等福州市重点文化品牌与旅游资源的系列专题节目7集,《城市新体验》栏目拍摄播出《榕城福州》专题片,《移动生活,远方的家》栏目拍摄播出福州旅游专集,《探索发现》栏目播出大型纪录片《中国脱胎漆器》6集,《发现之旅》栏目播出纪录片《穿越时空的真相》5集,全年在中央电视台播出城市人文旅游专题片21集,每轮播出节目时长1000多分钟。同时,多渠道展播福州城市旅游宣传片,在中央电视台投放《温泉古都,有福之州》广告片,在《请您欣赏》时段推出《福州风光》高清专题片,通过东南卫视及"5·18"海峡两岸经贸交易会、"6·18"海峡项目成果交易会、全国省会城市论坛等大型经贸文化活动的展播、馈赠嘉宾等方式做好对象性传播。

【福建船政文化入岛展出宣传报道】 12月,福建船政文化入岛开展为期半年的展出,吸引中央及福建省驻台所有媒体、台湾主流媒体计39家媒体到场采访报道。《人民日报》图文并茂大篇幅报道,刊发特写、新闻等3篇,海外版2次在海峡新闻版头条刊发图文报道3篇,中央电视台一、二、四、九频道的《新闻联播》《中国新闻》《海峡两岸》等5个栏目滚动报道,新华社、中新社、《光明日报》要闻版、中国台湾网刊发报道23篇,《福建日报》头版报道2次,这是年内福州市单场活动中央权威媒体报道较充分的一次。台湾《中国时报》《工商时报》、东森电视台、TVBS、中天电视等30家媒体进行报道,台湾《联合报》《经济日报》《旺报》《民众日报》《前锋日报》等媒体以专版、半版和图文并茂的大篇幅进行报道,台湾中央社向全球刊发4篇新闻;凤凰台(网)、《新民晚报》等国内外媒体大量转载,谷歌搜索网络报道量达11万条次。

【平抑菜价宣传报道】 引导新华社、《人民日报》、中央电视台、中央人民广播电台,特别是中央电视台《朝闻天下》、央视新闻频道以及福建电视台《福建新闻联播》《新闻启示录》等主流媒体以及国内各大网站对福州市采取多项措施平抑物价情况进行宣传报道。《人民日报》刊发《既不是政府定价,也不是行政限价福州这样"干预"菜价》报道;人民网刊发《政府补贴国有蔬菜批发商,福州超市推出限价菜》报道;新华社刊发《福州市采取应对措施平抑菜价,市场菜价平均回落两三成》《福州:政府出面抑菜价》《福州:政府主导的"菜价保卫战"显成效》报道;中央电视台新闻频道播发《政府出台新政,平抑食品价格》《平抑菜价调查》报道;中央电视台一套《朝闻天下》播发《福州:政府调控菜价重回"一元时代"》报道;中国人民广播电台播发《从福州菜价回落说政府主动作为》报道;中国新闻网刊发《政府主导打响菜价保卫战,福州首开蔬菜"限价令"》报道;《工人日报》刊发《福州部分菜价已跌回1元钱1斤》报道;《福建日报》刊发《福州蔬菜批发市场菜价持续回落》《福州将出台长效机制稳定蔬菜市场》《空心菜首降一元以下》《逛早市》报道;福建电视台《福建新闻联播》播发《福州:蔬菜指导价显成效,80家本土超市调菜价》报道;福建电视台《新闻启示录》深度报道《福州:打出稳定菜价的"组合拳"》。

(朱嘉碧)

(编辑　陈子明)

卫生 体育

卫生事业

【概况】 2010年，福州市卫生部门贯彻《中共中央、国务院关于深化医药卫生体制改革的意见》，制定下发《福州市2010年医药卫生改革实施方案》，落实各项政策任务的责任单位和责任人。9项城乡基本公共卫生服务列入2010年市委、市政府为民办实事项目。全面完成免疫规划和重大传染病防控。提前一年实现新型农村合作医疗（下称新农合）制度全面覆盖和社区卫生服务以街道为单位100%覆盖的目标。加强妇幼、保健工作，按期完成妇幼“两纲”任务，孕产妇系统保健管理率和7岁以下儿童保健覆盖率分别达90%和95%；孕产妇、婴儿和5岁以下儿童死亡率分别降至15.06/10万、4.5‰和5.91‰。加强医院管理，稳步推进基本药物保障制度，控制医药费用过快增长。

“十一五”期间，全市卫生基本建设投入5.84亿元，较“十五”期间增2.1亿元，增长56%；新增业务用房20.73万平方米，较“十五”期间增7.2万平方米，增长53%。全市医疗机构诊疗人次由2467.34万人次增至3647.16万人次，年均增长10%；住院人次从43.68万人次增至73.06万人次，年均增长14%；病床使用率从81.8%升至87.35%；出院者平均住院日从10.16天缩短至10天。

【实施基本药物制度】 率先探索采用筛选临床常用剂型、常用规格、常用包装的做法，完成基本药物分片确标，实现日使用3元以下药品价格比省招标平均价格下降26.6%，减少特殊规格高价药品，杜绝借机提价药品，降低基层医疗机构药价水平。全市34家二级以上医疗机构全部实现药品网上采购，全年采购集中招标药品总金额13.37亿元，占医院用药总金额的89.91%，集中采购药品让利3.34亿元。基本药物集中采购后，全市各级医疗机构均配备和使用基本药物，各县（市）区实行药品零差率销售，基层医疗卫生机构药品零差率范围达到70.8%，比省定目标高出10.8%。开展药品零差率销售后，台江区社区卫生服务中心门诊量比上年同期增长36.7%，门诊人均费用降低34.4%。

【新型农村合作医疗制度建设】 2010年，参合人数343.6万，参合率97.66%（任务95%），比上年提高2.39%。人均筹资标准从100元提高到150元，其中，各级财政补助每人120元，低保、优抚对象每人150元，共筹集新农合资金5.15亿元，资金使用率91%，比省定85%的指标提高6%。乡镇卫生院、县级医院、县外医院住院费用报销比例分别提高到80%、60%和40%左右，住院费用报销封顶线统一提高到6万元。重大疾病的大额费用通过市级统筹可再报销20万元；特殊门诊费用报销统一扩大到高血压、糖尿病等15个病种以上。

全年有22.7万参合农民享受医疗费用报销，其中，平均每次住院费用报销1985元（同比增长10.2%），平均每次特殊门诊费用报销726元（同比增长10.2%），有32名参合农民获得重大疾病住院补充报销。新农合信息系统实现市、县、乡一体运作。率先实现新农合与农村医疗救助一个窗口审核结算的“一站式”服务，实现本市农民在省级市级医院住院即时结算报销。有8040人享受医疗救助一站式服务，占农村医疗救助对象的9.26%，共发放医疗救助金798.6万元。农民在中心城区即时结报1.33万人次，报销医疗费用2669.7万元。

各县（市）区成立由人大代表、政协委员、农民代表组成的新农合监督委员会，定期对资金使用进行监督。定期对报销情况进行县、乡、村三级公示，并接受审计、财政等部门监督。223家新农合定点医院严格执行协议管理，定期开展服务质量和医疗收费抽查。

【公共卫生服务】 9项基本公共卫生将“城乡健康教育、预防接种、传染病防治、儿童保健、孕产妇保健、居民建档率、老年人健康管理率、高血压糖尿病等慢性病管理率、重性精神疾病规范管理率”等9项城乡基本公共卫生服务列入2010年市委、市政府为民办实事项目督促落实。全市统一编印《基本公共卫生服务手册》6000册，做到基本公共卫生服务人员人手一册。市、县、乡分级开展系列专题培训,普及服务技能。9项基本公共卫生服务均超额完成任务。

7项重大公共卫生　超额完成“15岁以下儿童补种乙肝疫苗、低保妇女常见病免费检查、农村妇女乳腺癌检查、贫困白内障患者免费复明手术、农村育龄妇女免费增补叶酸、农村孕产妇住院分娩补助、农村孕产妇和城市低保妇女免费产前筛查诊断”等7项重大公共卫生服务项目。

【公立医院改革试点】　福州市第二医院作为全市公立医院改革试点单位,与台湾医院管理有限公司合作,引入先进管理理念,在科学定岗定编基础上,改革内部运行机制,推行绩效分配制度,在已有1个国家级、2个省级、2个市级重点中西医结合专科基础上,加快形成重点专科优势学科群。福州市第二医院2010年门诊量、出院人数较同期分别增长18.66%、83.33%,每门诊、住院人均费用较同期分别下降1.66%、16.04%。在全市引导市属公立医院通过人才、技术、管理、资金等方式帮扶,逐步建立公立医院和基层医疗机构分工协作机制。探索组建医疗集团或联合体。市属医院和部分省属医院领办29家社区卫生服务中心,形成各种形式的医疗联合体。

【公共卫生事件应急处置】　完善预案体系,制定《福州市突发化学品事故医疗卫生应急救援预案》,并修订完善3部相关卫生应急预案。开展突发公共事件应急医疗救援工作,全年报告传染病疫情、食物中毒、火灾、车祸等6起突发公共卫生事件,协调组织省、市医疗救治力量,全力开展伤病员医疗救治工作,成功抢救多名危重伤员,最大限度降低事故损害。马尾、福清、长乐、闽侯4个独立设置应急办的县级卫生行政部门人员编制到位。各县(市)区均建立突发公共卫生事件专家委员会。

【农村卫生工作】　2010年,全市有乡镇卫生院119所,其中甲类大型卫生院5所,乙类中型29所、丙类小型85所。全年市财政安排1000万元用于卫生院基本建设,400万元用于社区卫生服务中心设备标准化配置,县(市)区给予不低于市级的配套补助。争取到中央和省级14个卫生院、8个社区卫生服务中心、17个村卫生所基建项目,获得补助资金3490万元;争取到省级29个卫生院设备补助和10个卫生院救护车配置项目,获得补助资金481万元。卫生院、卫生所建设项目全部完工,设备采购和救护车采购到位,项目进度位居全省前列。卫生院业务用房均达到国家标准,所有卫生院诊疗设备均达到省定标准。

【社区卫生工作】　社区卫生服务中心累计建立45家,提前一年完成规划任务目标,实现社区卫生服务中心以街道为单位覆盖率达100%。鼓楼、台江区列为省社区卫生服务重点联系县(区),在此基础上确定10所社区卫生服务中心开展示范创建工作,通过示范创建带动全市社区卫生服务水平全面提升。

在全省率先建立第三方考核评估机制。委托福建医科大学公共卫生学院进行第三方考核,在考核中坚持随机抽样,加大入户随访和电话核查力度,提高考核结果的公信力。

台江区瀛洲社区卫生服务中心成为全省首家、全国第12家“中国社区卫生协会培训基地”,并成功举办一期全国基本公共卫生服务项目培训班。推行公办社区卫生服务站,要求新设立的社区卫生服务站原则上由社区卫生服务中心或公立医院延伸举办,鼓楼区设立公立社区卫生服务站5家。

市、县(市)区两级安排800万元用于25家社区卫生服务中心设备标准化配置,促进社区基本公共卫生服务均等化。至11月上旬,社区卫生服务机构建立健康档案120.6万份,建档率达49.31%,其中65岁以上老人建档数15万份,建档率达66.88%,糖尿病管理率达59.42%,高血压管理率达38.31%。

【卫生监督】　卫生监督宣传　开展“食品安全大型宣传活动”“《职业病防治法》宣传周”“诚信兴商宣传月”“12·4法制宣传日”等卫生法制宣传活动,发放各类宣传资料6000多份。通过各种媒体报道案件查处、队伍建设、文明城市创建工作等动态。全年相关媒体报道工作状态12篇。每周收集汇总监督工作情况,形成《卫生监督周报》《创建文明城市督导通报》,及时向市领导和上级有关部门汇报监督工作信息,全年刊出周报45期、督导通报26期,编辑出版4期《福州卫生监督》杂志。

创建文明城市卫生督查　按照《全国文明城市测评体系》要求,制定详细实施方案,明确创建机构、人员、工作目标、具体措施和实施步骤;分别召开两场餐饮和公共场所单位创建全国文明城市动员暨培训会议,共有900多名相关单位人员参加。发放《福州市餐饮业及公共场所单位创建全国文明城市倡议书》,与900多家业主签订卫生承诺书,提高相关单位对福州市创建全国文明城

福州市急救中心

市工作的知晓率和支持率。在加大直管单位创建工作力度的同时,依照网格化管理的模式,卫生监督人员对五城区的中小餐馆和公共场所“五小店”进行巡回督导。共出动卫生监督人员8981人次,督查426个路段的4107家中小餐馆和284家公共场所“五小店”,下发《创建文明城市专项整治整改意见书》226份。

餐饮业专项整治　1月、2月、7月先后3次开展乳粉专项整治,共出动卫生监督人员1650人次,检查单位859家次。4月、8月和9月先后开展餐饮服务环节“地沟油”“烤鸭油”专项检查。共出动卫生监督员1080人次,检查餐饮单位745家次。3～6月在全市开展学校、托幼机构及周边食品安全专项整治,共出动监督员1809人次,检查单位1063家次,取缔无证单位22家,立案处罚1家。4月6～10日,开展一次性筷子专项检查,共出动卫生监督员150人次,检查餐饮单位74家。3月23～29日,对五城区23家餐饮具集中消毒单位开展专项监督和产品抽检,发出卫生监督意见书23份,对抽检不合格的6家单位予以行政处罚,罚款6000元。9月26日至10月20日,开展一次性塑料餐盒专项整治,出动卫生监督员588人次,检查225家餐饮服务单位。

公共卫生监测　对45所学校5000多名学生进行健康体检营养评价,对5所市属中小学校舍进行卫生监测。配合市教育局,对中小学生进行体质健康调研,加强校园食品安全教育。11月18～19日,出动卫生监督员567人次,对286所(次)学校的餐饮安全、饮用水卫生、传染病防治、生活设施卫生情况进行全面检查,完成2所托幼园所消毒效果监测,对所有市属幼儿园进行消毒规范指导。对13家公立医院进行消毒与灭菌效果监测,共采样品1000多份。接受16所医疗美容门诊委托对其进行消毒与灭菌效果监测,共采样品180多份。监测工厂18家,监测各种公共场所200多家。开展公共场所量化工作,完成对住宿业和游泳场所量化评级,量化率100%;对全市10家三星级以上宾馆的集中式空调通风系统进行监督检查和采样监测;7～8月,对30家市直管的游泳池进行全面监督检查并进行每半月一次的水质采样监测;开展全市城乡饮用水监测数据的收集、汇总、分析和上报。开展管网末梢水、水厂出厂水、二次供水的水质采样工作,共采样品600多件。

医政执法检查　10月21～27日,对民营医院、社区卫生服务中心、个体诊所等群众反映问题较多的医疗单位进行监督检查,共出动卫生监督人员92人次,检查单位32家,查处医疗违法案件4件,罚没款0.92万元。

传染病防治监督　对市管医疗卫生机构开展传染病防治监督,促进落实疫情报告、消毒隔离、医疗废物处理等传染病防控措施。

重点监督抽查　一次性塑料餐盒抽检样品21份,合格率100%。一次性筷子抽检样品22份,合格率95.45%。熟肉制品抽检样品27份,合格率92.59%。冷饮食用冰抽检样品21份,合格率76.19%。餐饮具消毒效果抽检样品375份,其中餐饮业自洗餐具170份,合格率90%;餐饮单位使用的集中式消毒餐具205份,合格率98.05%。同时开展乳制品及含乳食品、淡水鱼、食用油、月饼等专项抽检,根据抽检结果,加大对餐桌污染的整治力度,建设食品放心工程。

重大活动卫生保障　根据卫生部《重大活动食品卫生监督规范》要求,制定专项卫生保障方案,派出卫生监督员提前介入接待单位开展卫生监督检测和卫生状况评估。活动期间,抽调骨干监督员入驻接待单位,实行从原料采购到生产加工、从餐具清洗到消毒保洁24小时动态监督,使用现场快速检测仪器,对食品进行抽样检测,对住宿场所空气质量和饮用水检测,确保监督到位。完成中央首长和各级领导、外国官员到榕视察及省市两会、第十二届海交会、第八届海峡项目成果交易会、第六届APEC技展会、第六届泛珠大会及全国性体育运动会等30场重大活动卫生保障任务。全年卫生监督员驻点时间达100余天,出动人员3500人次,加班加点1500余人次,监督检查接待酒店、宾馆、饭店、学校食堂等餐饮单位1000余家次。未发生一起突出公共卫生事件。

监督队伍建设　加强卫生监督员法律、法规和专业知识的学习与培训,派14名业务骨干进行授课交流,提高综合执法能力和业务水平。成立食品卫生、公共场所卫生、医政监督、职业卫生、学校卫生、法律法规6个专业骨干组。卫生行政许可通过实行一站式服务、首问负责制、限时办结制、一次性告知和许可否定报备等措施,大大缩短审批时限,提高办事效率。全年共通过网络审批办结各种卫生行政许可件1309件。

【计划免疫】　开展扩大国家免疫规划综合审评、AEP病例调查随访,共调查27例病例,均达到卫生部规定的目标。组织全市重点人群进行第四批甲流疫苗接种,共有19万余人自愿接种甲流疫苗。完成32.63万0～4岁儿童脊髓灰质炎疫苗强化免疫,接种率达97%;34.2万8月龄到4岁儿童麻疹疫苗强化免疫,接种率达95%以上。继续开展第四批甲流疫苗接种工作。全市范围内开展第三轮乙肝疫苗补种活动,实际补种25万人,接种率为95.48%。开展二类疫苗的管理和供应工作,向各县(市)区供应各种二类疫苗48万余支(份)。开展预防医学门诊疫苗接种工作,为群众接种各类疫苗5万多人次。成功承办全国省会城市流行病协作组第21次会议。

【重大传染病防控】　流感、人禽流感防治　制定《福州市2010年流感、人禽流感监测工作方案》,共采集流感样病例咽拭子标本1396份,其中甲型阳性33份,乙型阳性90份,甲型H1N1流感阳性243份。在连江、闽清、闽侯人禽流感高暴露人群监测点采集100份家禽养殖、宰杀、销售人员血清标本,进行禽流感H5抗体检测,结果100份抗体均呈阴性,采集连江、闽清、闽侯县的活禽市场、家禽养殖场外环境标本100份,进行流感病毒A型核酸检测,结果均为阴性。

鼠疫霍乱防治　制定下发《2010年福州市霍乱防治工作方案》和《2010年福州市霍乱监测工作计划》,除在市疾控中心开展监测外,还在鼓楼、台江、仓山、长乐、连江、福清、罗源和平潭8个县(市)区设立霍乱监测点开展外环境监测。4～10月,各级医疗单位肠道门诊共接诊腹泻病人1.31万例,采检标本3716份,未检出霍乱弧菌,未发现霍乱。

鼠疫中期评估两个监测点均未检测出血清阳性鼠。

登革热防治　制定下发《2010年福州市登革热防治工作方案》与《2010年福州市登革热监测工作计划》,确定台江、连江为国家级监测点,鼓楼、仓山、晋安、闽侯、长乐、福清、永泰为市级监测点。入户调查6033户,调查容器1.17万个,其中阳性容器数547个,平均布雷图指数为9.07。共报告4例输入性登革热病例,1例本土病例。

手足口病防治　重点加强重症病例的调查与检测,共检测手足口病标本943份,检出阳性标本546份,调查重症病例248例,死亡6例。

艾滋病、性病防治　制定"五年遏制防治计划",开展全球基金艾滋病项目工作。加强感染者和病人的流调和管理,全市检出HIV感染者260例,其中归属福州监测管理170例。加强新发病例疫情管理和个案流调,完成首次随访162例,首次随访率达95.3%,达到艾滋病质量考核的标准。落实重点人群筛查,逐步纳入常规工作。开展艾滋病自愿咨询检测(VCT),各县、区均设立咨询检测点,共接待咨询1.22万人次,其中1.16万人接受检测。扩大治疗和关怀覆盖面,加强基层疾控部门对存活的HIV/AIDS进行随访,及时了解他们的生活状况和需求,同时对配偶定期开展HIV抗体检测,对临床发展为AIDS的病人及时开展转介服务。加强高危人群干预,建立美沙酮门诊,遏制HIV经吸毒途径传播。全市5家门诊累计治疗3238人,正在治疗892人。监测5种性病5983例,对2716例性病病例及咨询者进行艾滋病监测,从中发现16例艾滋病。

结核病防治　整合全球基金第一、四、五轮结核病控制项目,加强病人发现工作,新发现活动性肺结核病人3394例,其中新涂阳1583例,复治涂阳178例,涂阴1629例。加强痰检、质控、病例资料和病人治疗管理工作。开展十年规划终期评估。开展全国第五次结核病流行病学调查。在全市5个项目区县开展结核病耐药监测工作。加强肺结核病人发现、转诊和追踪工作。全市非结防机构网络直报肺结核病人数4320例,剔除重报395例,转诊患者数3875例,需要追踪患者数2467例,实际追踪2647例。市疾控中心被评为福建省世行贷款、英国赠款结核病控制项目先进单位。

【其他疾病防控】　麻风病防治　共发现麻风12例、治疗48例、治愈9例,年底尚有现症病人39例,累计5400例。发现率为0.15/10万、患病率为0.58/10万。开展1次麻风病线索调查,发放线索调查表2580张,收集线索241条,经排查后确诊麻风6例。对近10年新发现麻风病例的家属和密切接触者开展调查,共查159人次。组织12人次参加国家级麻风病防治专业培训,22人次参加省级麻风病防治专业培训,组织市级培训1次,共有市、县两级综合性医疗机构皮肤科医生55人次参加,组织县级培训9次共有乡镇卫生院防疫组医生236人参加。全市共有7个市、县麻防机构开展"麻风病防治日"宣传活动,开展座谈会7场、义诊3场,组织卫生、民政、残联、红十字会、慈善总会等政府和社会团体慰问麻风病患者和麻防工作者活动7场,在电视和报纸等媒体开展麻风病防治工作宣传报道6次。编印麻风病防治知识挂图1万张、麻风病防治知识小册子5万张在全市社区、乡村张贴。开展麻风病畸残预防与康复工作,对已发生畸残的病例开展畸残康复工作,共实行外科手术2例、截肢手术1例、安装假肢1支。

地方病慢性病防治　监测盐样3708份,碘盐覆盖率97.98%,碘盐合格率99.29%,合格碘盐食用率97.29%。监测原地氟病区县病情,调查显示各地氟病区村改水工程运行正常,水氟未超标,各项地氟病指标均在控制标准以下。

寄生虫病防治　加强血吸虫病监测,在长乐、福清、闽侯开展血防查螺1500多万平方米。检查输入性疟疾29例,全部为外境感染病例。广州管圆线虫病重点加强螺类食品监测,未接到症状监测医疗卫生机构报告的广州管圆线虫病例或疑似病例。平潭、永泰和闽侯竹歧镇开展重点人群驱虫,平潭完成3万人的驱虫工作,永泰完成2.1万人的驱虫工作,闽侯完成1万人的驱虫工作,闽清驱虫1万人份。

【疾病预防监测】　病媒生物监测　制定下发《福州市病媒生物种群密度及杀虫剂抗性监测工作方案》,在台江、仓山设立蚊幼虫密度监测点,在连江县设立蝇密度监测点。共调查容器数5694个,其中,阳性容器161个,容器指数为2.83。连江县共捕蝇591只,蝇密度9.9只/笼。开展鼠情、蚤情和血清学监测。

预防医学体检　启用慧通健康体检系统,从业人员健康体检项目由原来的乙肝检查项目更改为甲肝和戊肝的检查。完成从业人员健康体检4.66万人次,制作、发放健康合格证2.39万本。完成从业人员卫生知识培训工作4.65万人次。全年,共对57家企业的5126名劳动者进行职业健康体检。

职业(放射)卫生检测　完成福州地区纳入预警监测企业的基本情况收集汇总上报,完成2份预警分析报告。建立健全职业中毒应急管理长效机制,妥善处理职业中毒应急突发事件。4月26日至5月10日,对县(市)区粉尘与高毒物品危害治理、督查,现场抽查相关单位20家。全年,共对55家企业1856个作业点开展职业卫生检测与评价,对2家企业开展建设项目职业病危害控制效果评价,对17家医疗单位26台X射线机开展放射卫生检测,对1家医疗单位开展建设项目职业病危害控制效果(放射防护)评价,对75家委托单位383名放射工作人员开展个人剂量检测。组织市、县(市)两级卫生监督人员对324家放射诊疗机构摸底调查。

死因监测　制定2010年福州市五城区居民死因监测工作计划、福州市五城区居民死因监测工作方案和专项检查方案,健全死因监测三级报告网络。

【健康教育与宣传】　结合卫生日主题宣传,针对季节性疾病防控工作重点,组织开展多种形式的健康教育与促进活动。先后在平潭、连江、永泰等地开展健康教育"三下乡"活动,开展"世界防治结核病日"宣传活动、开展"全国预防接种日""世界无烟日""防治碘缺乏病日""全国精神卫生日""世界艾滋病宣传日"等主题宣传活动。编印、发放各类卫生防病知识的宣传折页、墙报、健康读本等宣传材料40多万份。编发《我爱健康》刊物6期6万册，召开《我爱健康》读者座谈会。抓好中央补助地方烟草控制项目，全市创“无烟医疗卫生机构”扩大至13家。

【妇幼保健系统规范化管理】 3月，组织所辖妇幼院（所）的领导及相关人员召开孕产妇与儿童健康管理规范专题研讨会，就《福建省基本公共卫生服务项目考核标准》中“0～36个月儿童健康管理服务规范”“孕产妇健康管理服务规范”细化内容、规范指导及《福建省孕产妇系统保健管理规范》修订草案展开学习讨论。9月、11月先后举办“福州市基层医疗卫生机构儿保人员培训班”“福州市孕产妇系统保健管理培训班”，各县（市）区妇幼保健院（所）、市属医院及县（市）区级助产技术服务机构、乡镇中心卫生院与社区卫生服务中心妇儿保人员307名参加培训。

【妇幼卫生督导】 3～4月，抽调业务骨干组成督导组，对61家市、县、区及基层医疗单位的城乡低保妇女疾病免费普查、农村孕产住院分娩补助、孕妇增补叶酸预防神经管畸形项目以及妇幼卫生监测，预防艾滋病母婴传播、婚前医学检查和孕产系统保健等妇幼卫生工作开展情况进行全面督导，先后3次派员赴闽清县进行省级高危孕产妇管理项目的督导，该项目于11月顺利通过省级验收。为实现《福州市妇女儿童发展纲要（2001～2010）年》终期目标，分别于7月、10月份组织数批专家赴各县（市）区妇幼保健院（所）、助产技术服务机构、乡镇中心卫生院和社区卫生服务中心进行两轮的“两纲”工作督导检查，发现问题及时提出整改意见并督促落实。同时，进行婚检工作换证考核。6月，举办“福州市预防艾滋病母婴传播工作师资培训班”，全市助产机构及妇幼机构妇产科人员69人参加培训。推进免费婚前医学检查工作，组织对13家县（市）区婚检机构进行业务指导和督察，市妇幼保健院全年婚检7719人。

【妇幼适宜技术培训】 3月，举办“城乡低保妇女常见妇女病免费检查技术培训班”，培训人员35人。5月，以会代训召开“增补叶酸预防神经管缺陷项目”和“农村孕产妇住院分娩补助项目”工作会议，规范其项目流程及统计数据上报。11月，举办“新生儿室息复苏培训班”，采取理论与操作相结合的方式，共培训市、县级及市管民营医疗卫生机构产、儿科医护人员94人。先后举办6期托幼园所卫生保健人员业务讲座，培训学员244人次。

福州市传染病院

【妇幼卫生“三网”监测】 *孕产妇死亡监测网*　及时收集、审核、上报孕产妇死亡相关报表、个案及评审资料。5月、12月，分别组织围产协作组专家进行孕产妇死亡个案评审，并于12月召开全市围产协作组工作会议；10月，对市、区级医院进行孕产妇死亡线索摸底；11月，对台江、晋安、鼓楼、连江、永泰进行孕产妇死亡监测调查补漏工作，共抽查20个乡镇（街道），83个村（居委会），未发现孕产妇死亡漏报。

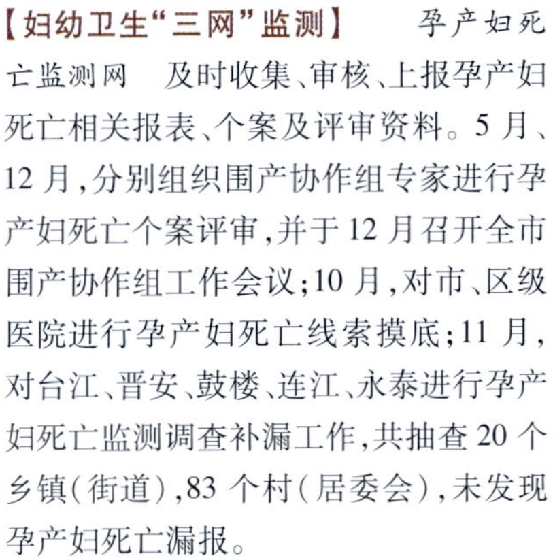

出生缺陷监测网　填报出生缺陷报表，做好每季度数据的收集、审核与上报。11月起陆续对省立医院等8家省、市、县级医院进行为期9天的出生缺陷质控。

5岁以下儿童死亡监测网　上半年与省、市医疗保健机构对全市5岁以下儿童死亡监测点进行督导检查；11月组织人员到闽侯县、台江区、永泰县、鼓楼区、连江县开展5岁以下儿童死亡监测质控工作。

【儿童饮食与流行病学监测】 参与中国妇幼保健中心组织的“中国儿童饮食行为问题流行病学调查项目”，完成福州地区7个月至4岁7个年龄组200人的现场调查任务；与福建医科大学合作，开展儿童肥胖相关因素的调查，共同完成3～6岁年龄组2000人的调查任务，为福州儿童饮食行为与儿童肥胖相关因素提供可靠依据；5至11月组织开展“福州市7岁以下儿童维生素A缺乏与缺铁性贫血”流行病学监测，共抽查6000余名儿童，为今后采取干预措施提供基础数据。

【托幼园所儿童保健管理】 根据卫生部、教育部新颁布的《托儿所幼儿园卫生保健管理办法》，配合教育主管部门，重新修订托幼机构卫生保健考核标准。在隶管41家托幼园所开展在园儿童定期体格检查、口腔保健、眼保健，受检儿童6.18万人次。同时应对手足口病疫情，及时组织县（市）区妇幼保健院（所）儿保负责人及托幼园所卫生保健人员60人进行防控知识培训，对隶管托幼园所进行手足口病防控工作督导检查，针对检查中存在问题进行通报及下发整改通知书，促进托幼园所春夏季传染病防控，托幼园所无发生聚集性疾病。

【医疗服务管理】 *完善医院管理体系*　确定16所二级甲等以上医院为临床路径管理试点医院，确定福州市第二医院、福清市医院、长乐市医院等3家医院为单病种付费改革试点医院，确定福清市医院、连江县医院为卫生部县医院建设发展重点联系医院。福州神经精神病防治院、福州肺科医院、福州市传染病医院等专科医院顺利通过“三甲”复评。在全市公立医疗机构中开展以“方便、周到、安全、满意”为主题的优质服务活动，优化门诊流程，推行预约挂号，增设延时门诊、简易门诊、夜间门诊、为行动不便的病人床边结算等便民措施方便患者。120 急救中心全年出诊 2.8 万车次。

市级医院差异化发展　市级医院突出专科特色，走出一条小综合、大专科的发展道路。福州市传染病医院打造肝病治疗优势品牌，建成国家级“中西医结合传染病重点研究室”，肝病内科治疗水平达到国内先进水平；福州肺科医院打造肺结核、肺肿瘤治疗优势品牌，成为全省肺结核防治技术指导中心；福州神经精神病防治院打造精神病防治优势品牌，成为全省精神卫生技术指导中心；福州市第二医院打造骨科治疗优势品牌，骨科治疗水平省内领先，脊柱微创手术填补华东地区空白；福州儿童医院打造儿童哮喘、内分泌、耳鼻喉、心理等优势品牌，治疗水平省内领先。福州市皮肤病防治院打造皮肤病治疗品牌，皮肤病治疗水平省内领先，服务人群覆盖全省。

推进县级医疗卫生中心建设　先后为罗源、连江、闽清、永泰、平潭等县医院争取到中央建设项目，总投资 2.15 亿元，其中，争取中央补助资金 5500 万元。罗源县医院年内已投入使用，其他县(市)也加大力度建设县级医疗机构，马尾区医院、连江县医院、闽清县医院病房大楼及闽侯县人民医院门诊综合楼基本建成，福清市立医院和市妇幼保健院、长乐市中医院正在搬迁扩建。

持续发展中医药事业　开展以发挥中医药特色优势为主题的中医医院管理年活动，组织 9 批次专家组对福清市中医院、平潭县中医院等进行医院管理年检查评估，组织省市专家完成 7 家等级中医院评审工作。继续开展闽清县创建全省农村中医工作先进县工作，开展市中医院和仓山区中医院中医“治未病”试点工作。做好重大中医药科技项目的申报，加大中医药适宜技术推广力度，加强农村中医药人员培训，提高中医药人员技术水平。

干部保健　加强对定点医院管理。进一步规范医院的医疗行为，切实做到“因病施治，合理用药，杜绝浪费”。每月对各定点医院的医疗费用情况进行审核，管好用好医疗经费，审核非定点医院的住院医疗医疗费用 292 例。加强外诊报销管理制度，办理老干部外诊医疗费报销手续 2288 人次，审批“特殊检查”申请 564 人次。加强日常服务工作，全年办理入(住)院手续 3911 人次，为 27 位新增保健人员办理病历和医疗证，为 276 位长期瘫痪在床、行动不便的保健人员办理“代诉取药卡”。

卫生人才队伍建设　2010 年，各乡镇卫生院考录 161 人，各社区卫生服务中心考录 115 人，市属医疗卫生单位通过人员招聘考试，招聘 117 名卫生专业技术人员。健全经费保障机制，留住一批人才，实行全额工资政策和绩效工资政策，大幅度提高乡镇卫生院和社区卫生服务中心在编人员工资。建立进修培训机制，培养一批人才，2010 年共免费培训卫生院技术骨干 233 人、社区卫生技术骨干 165 人，培训乡村医生 4035 人。落实城市支援、帮扶乡村政策，落实城市医院医生晋升中高级职称前到农村服务一年以上的制度，加强管理，确保帮扶工作取得实效。全年继续选派 124 名中级以上职称医师到卫生院驻点帮扶。

卫生信息化建设　提前完成市、县两级医院社保卡(市民卡)就诊一卡通的医院端软件接口改造，推进社保卡(市民卡)在医疗卫生行业的配套应用。按时完成福州市居民健康档案信息系统市级平台搭建和市级医院信息系统改造，市级平台与省卫生信息中心和市级医院实现互联 1.58 万份次。

(林任飞　林钟淦)

4 月 10 日，福州市 2010 年世界卫生日暨第 22 个爱国卫生月活动在五一广场启动。

【爱国卫生月活动】　4 月 10 日，福州市 2010 年世界卫生日暨第 22 个爱国卫生月活动在五一广场启动。市爱卫会向全市发出“改善福州环境，保护市民健康”的倡议书。在爱国卫生月期间，全市开展专题咨询活动 50 多场，出宣传展板 1000 多面，免费义诊 300 多人次，举办健康教育讲座 60 多课次，发放宣传材料 10 万多份、发放除四害药品 3 万多份；市爱卫办发出环境卫生整改通知书 4 份，对 4 家单位进行黄牌警告，落实群众举报 5 件、人大代表建议 1 项。

【开展环境卫生大整治】　发动全市开展卫生大扫除，彻底清理卫生死角，疏通沟渠，清理垃圾。6 月 27 日、30 日，福州市爱卫会分别在晋安区和仓山区先后组织两场大型环境卫生整治活动，开展水灾灾后恢复工作。省、市、区有关领导、机关干部、驻榕部队(武警)、辖区单位、社区居民、青年志愿者近 1 万人参加义务劳动。各县(市)、区也组织各街镇设点开展环境卫生大整治活动。全市出动垃圾车80余部,清理垃圾、杂草、淤泥1400余吨。组织各区开展乱张贴整治工作。每半月向各区通报一次乱张贴整治情况和整改通知书,福州市爱卫办下发13份通报、12份整改通知书,城区的"牛皮癣"现象得到有效治理。

【健康城市试点项目】 印发健康城市宣传墙报1200套,健康城市培训教材5000本,健康城市宣传台历5000本。拟定《福州市健康社区参考指标》。开展试点社区调研,确定在台江苍霞街道苍霞社区、茶亭街道阳光社区,马尾区罗星街道马限社区开展试点工作并正式启动健康社区试点工作。

【创建卫生城镇卫生村】 利用宣传栏、农村广播、墙报,结合爱国卫生月,"三下乡"等活动在农村广泛宣传卫生创建活动。组织开展"爱国卫生百日行动""洁我家园,共创文明""清洁、卫生、文明、构建和谐健康生活"等为主题的系列环境卫生大整治活动。将卫生创建与"家园清洁行动"、文明、旅游、生态村、改厕建设等相结合,各县(市)、区申报创建省级卫生镇1个、卫生村20个;市级卫生镇(乡)1个、卫生村72个。对2005年以前命名的市级卫生乡镇、卫生村进行复查。

【城区除"四害"】 2010年是省爱卫办对福州市"灭鼠、灭蝇、灭蟑先进城区"复查年,福州市爱卫办下发《关于做好省爱卫会对我市灭鼠、灭蝇、灭蟑先进城区复查迎检工作的通知》,并组织专家分别对五城区各街(镇)、社区(村)干部近600人进行除"四害"专业技术培训。9月份福州市通过福建省爱卫办组织的"灭鼠、灭蝇、灭蟑螂先进城区"的复查。全年共发放鼠药、蟑螂笔、毒饵、烟熏片等计3.58万份;市区开展2次统一灭鼠活动,使用"溴鼠灵"灭鼠蜡丸50吨;开展4次全市外环境下水道热烟雾灭蟑螂、6次外环境灭蚊蝇,2次全市室内统一烟熏灭蟑螂活动。6~10月,对登革热监测超标点进行督查、指导。在重要活动期间,分别对海峡国际会展中心、镇海楼、芳沁园等重要活动场所进行消杀和督查。

【农村改水改厕】 农村改厕项目被列为2010年市委、市政府为民办实事项目。全年,改建、新建农村无害化卫生户厕2.88万户,其中,市爱卫办完成1.51万户、市委农办完成2244户、市城乡建委完成1万户、市农业局完成1430户,11月份通过福建省爱卫办的检查验收。2010年底,全市改造农村卫生户厕97.85万户,卫生厕普及率78.89%,无害化卫生厕普及率77.21%。

(郭耀武)

体育事业

【概况】 2010年,福州市体育工作围绕"科学发展、跨越发展"总体要求,注重体育后备人才培养,竞技体育水平有明显提高,在第十四届省运会上,福州代表队取得金牌总数、奖牌总数、团体总分"三个第一"。群众参加全民健身活动人数约占全市总人口的43%。投资30多亿元的惠民工程福州海峡奥林匹克体育中心破土动工,为申办2015年第八届全国城市运动会创造条件。至2010年,全市有各级体校13所,单项体育后备人才基地30个,体育传统校90所。

"十一五"期间,全市全民健身活动每年举办上千场,活动人数上百万。建成2700多条健身路径,1318个省级农民健身工程,24个省级乡镇农民体育健身活动中心,10个市级农民体育活动中心,92条健身登山道,培训各级社会体育指导员3210人,占全市城区常住人口2‰。获"全国群众登山健身大会最佳城市和组织奖"称号;第六届全国农民运动会,福州市代表队获6金5银2铜;省第七届老年人运动会,获7金1银2铜;省第八届老年人运动会获团体金牌8枚,个人金牌16枚;团体银牌1枚,个人银牌3枚;团体铜牌1枚,个人铜牌8枚。第十届世界门球锦标赛获个人冠军杯1个、金牌1枚。市体育局连续五年获全国、全省开展全民健身活动优秀组织奖。2009年获"全国群众体育先进单位"称号。

"十一五"期间,竞技体育突出奥运发展战略,抓人才培养输送,发展传统重点项目。在国际比赛中获金牌13枚,银牌1枚,铜牌2枚。在全国第六届城市运动会上,获金牌8枚、银牌6枚、铜牌4枚,金牌总数列全国省会城市第6位;在全国第十一届运动会上,获7个项目的冠军。在第十三届省运动会上,获金牌219枚、银牌190枚,铜牌165.5枚,总锦标6486.5分;在第十四届省运动会上,获金牌268.5枚、总奖牌624枚、总分7094.25分的历史最好成绩。

【全民健身】 2010年,投入资金

10月22日,福建省第十四届省运会开幕。 (俞松 摄)

2.206亿元用于全民健身体育设施的建设。完成省级农民体育健身工程422个,省级乡镇农民体育健身活动中心10个,市级农民体育活动中心2个,健身路径427条。建设县(市)区青少年校外体育活动中心12个,建成街道、乡镇青少年校外体育活动场所130个。

发展基层体育社团组织6个,全市举行全民健身比赛上千场,参加人数百万人次。主要有:迎新春千人横渡闽江,首次承办2010年国际铁人三项洲际杯赛暨全国铁人三项冠军杯赛,2010年全国群众登山健身大会闭幕式暨福建省福州市第三届海峡两岸登山活动,8月8日“全民健身日”暨纪念《全民健身条例计划纲要》颁布15周年全民健身展示活动,“全民健身与省运同行”农村百队千场篮球赛,老年人万人健步行,福州市第二十五届冬泳比赛,半程马拉松比赛,第四届燕京惠泉啤酒杯全民健身登山大赛,中国平安万人健步行活动和福州国际会展杯羽毛球、乒乓球赛等。民间体育社团组织集资60万元,开展54项活动,参与人数103万人次。

举办两期国家二级社会指导员培训班,各级体育部门培训社会体育指导员850多人。开展全国第三次国民体质监测工作。

【竞技体育】 在第十四届省运会赛事中,福州市代表团夺得金牌268.5枚,奖牌624枚,总分7094.25“三个第一”,创历史最好成绩,获体育道德风尚奖,保持全省领先地位,游泳运动员陈孟昶在男子少年甲组200米自由泳比赛中以1分57秒46的成绩超过全国少年纪录,有12人破11项、平2项省青年纪录。有10名运动员、10名教练员被评为“十佳运动员、教练员”,受到市委、市政府通令嘉奖。

在广州举办的第十六届亚运会上,有9名福州籍运动员参赛,取得金牌6枚、银牌1枚、铜牌1枚。在世界杯系列赛上,黄珊汕获女子网上个人冠军。在首届青奥会上,林声获女子重剑金牌,付海涛获男子三级跳远银牌。在全国田径、武术、蹦床、举重、体操锦标赛(冠军赛)上,福州市运动员26人次获冠军。在全国青少年比赛中,福州市跆拳道队获全国青年跆拳道男子团体冠军,张容、吴俞超获全国高水平后备人才举重锦标赛青年组冠军,市体校女篮队获全国少年U15锦标赛第一名。全年,福州市体校、体工队运动员在全国性比赛中有34人次进入前三名。

福州市体育局举办2010年“李宁杯”全国少年体操比赛和2010年全国跆拳道青年锦标赛。出台《福州市关于加强竞技体育后备人才培养工作的实施意见》和《福州市教练员及聘用考核办法》。福清、闽清、长乐、连江、闽侯5所县(市)区少体校成为福建省体育后备人才基地。

【体育交往】 市体育局、市体育总会全方位开展与台湾体育界和民间体育组织的技术交流、人员互访。自行车运动协会首次邀请台湾马祖自行车委员会元旦到榕交流访问。举办半程马拉松赛,有12名来自台湾体育学院和马祖体育会的马拉松长跑选手参加,台湾体育学院选手蒋介文以1小时6分52秒获男子组第一名。该赛事已申报为国家级G类赛事。举办海峡两岸10万人登山活动、海峡两岸百队千人门球赛、千人横渡闽江活动、海峡两岸武术交流大会、海峡两岸龙舟赛以及第二届海峡论坛体育交流活动。

组织赴日乒乓球赛、龙舟赛活动。6月27日至7月2日,组织乒乓球项目代表队赴日本参加第四届中日群众体育交流活动,与日本乒乓球爱好者进行友谊赛。福州市女队获女团冠军,男队获单打冠军。7月29日至8月3日,以江振荣为团长的龙舟代表团一行16人参加在长崎港举行的日本龙舟大赛。8月23日,长崎市代表团到榕回访,参观福州市体校并进行交流。12月5日,日本派队到福建参加第四届中日群众体育交流活动,福州市体育局承办乒乓球项目的交流活动。

【福州海峡奥林匹克体育中心动工】 2010年12月23日开工,选址在福州仓山区福湾地块(福州南台岛仓山组团的中部,北至建新大道,南至凤山路,西至金洲路,东至福湾路),总用地面积约73.33公顷。是集竞技、训练、健身休闲为一体的综合性体育中心,场馆设置上达到承办全国大型综合性运动会主会场和举办国际性单项赛事的要求,其规模比照同类城市,达到先进水平。建设主要由6万人体育场、万人体育馆、4千人游泳跳水馆、4千人决赛场网球馆及配套设施等组成。计划总投资约30亿元。

表35 **2010年福州市运动员参加世界、亚洲、全国比赛获奖名单**

姓 名	比赛名称	名次	成绩	地点
黄珊汕	蹦床世界杯系列赛网上女子个人	一	—	俄罗斯
黄珊汕	蹦床世界杯系列赛网上女子个人	一	—	葡萄牙
薛 晨	世界沙滩排球大满贯	一	—	莫斯科
薛 晨	世界沙滩排球巡回赛	一	—	芬兰玛丽港
林 声	世界青年奥运会击剑赛女重个人	一	—	新加坡
杨礼光	第十六届亚运会男子双人10米台	一	—	广州
张 杰	第十六届亚运会男子62公斤级总成绩	一	321公斤	广州
徐云丽	第十六届亚运会女子排球	一	—	广州

续表35

姓　名	比赛名称	名次	成绩	地点
张　娴	第十六届亚运会女子排球	一	—	广州
黄珊汕	第十六届亚运会蹦床比赛网上女子个人	一	41.4分	广州
薛　晨	第十六届亚运会沙滩排球比赛	一	—	广州
徐云丽	第二届亚洲杯女排赛	一	—	江苏太仓
薛　晨	2010年亚洲沙滩排球锦标赛	一	—	海口
陈时伟	全国田径锦标赛暨亚运会选拔赛男子4×100米	一	39"39	济南
周炎川	全国武术太极拳锦标赛男子传统武式太极拳	一	9.31分	莆田
周炎川	全国武术太极拳锦标赛男子集体项目	一	9.77分	莆田
庄莹莹	全国武术太极拳锦标赛女子42式太极剑	一	9.67分	莆田
庄莹莹	全国武术太极拳锦标赛女子42式太极拳	一	9.65分	莆田
王安燃	全国武术太极拳锦标赛女子传统孙式太极拳	一	8.8分	莆田
王安燃	全国武术太极拳锦标赛女子集体项目	一	9.77分	莆田
庄莹莹	全国武术太极拳锦标赛女子集体项目	一	9.77分	莆田
郑磊石	全国武术套路锦标赛男子南棍	一	9.64分	浙江
黄珊汕	全国蹦床锦标赛网上女子个人	一	39.8	温州
黄珊汕	全国蹦床锦标赛网上女子团体	一	139.55	温州
林巧榕	全国蹦床锦标赛网上女子团体	一	139.55	温州
刘灵玲	全国蹦床锦标赛网上女子团体	一	139.55	温州
梁晨曦	全国举重冠军赛男子77公斤级抓举	一	158	北京
梁晨曦	全国举重冠军赛男子77公斤级挺举	一	190	北京
梁晨曦	全国举重冠军赛男子77公斤级总成绩	一	348	北京
庄莹莹	全国武术套路冠军赛(传统项目)女子42式太极剑	一	8.92分	江西
王安燃	全国武术套路冠军赛(传统项目)女子集体项目太极扇	一	9.1分	江西
谢沁芬	全国武术套路冠军赛(传统项目)女子集体项目太极扇	一	9.1分	江西
庄莹莹	全国武术套路冠军赛(传统项目)女子集体项目太极扇	一	9.1分	江西
郑磊石	全国武术套路冠军赛男子南棍	一	9.7分	上海
俞大康	全国蹦床冠军赛网上男子团体	一	122.3	泉州
昝　捷	全国蹦床冠军赛网上男子团体	一	122.3	泉州
黄珊汕	全国蹦床冠军赛网上女子团体	一	118.2	泉州
刘灵玲	全国蹦床冠军赛网上女子团体	一	118.2	泉州
陈学章	全国体操冠军赛男子单杠	一	15.7	仙桃

（林　英　林　俊）

（编辑　陈子明）

旅游

综述

2010年，全市旅游接待人数2344.97万人次，位居全省首位，同比增长17.2%；实现旅游收入267.62亿元，同比增长15.9%。其中，接待入境游客69.86万人次，创汇8.43亿美元，分别增长11%和8.9%。全市有30个国家A级旅游景区、3个国家级风景名胜区、4个国家森林公园、17个国家重点文物保护单位。12月，成功创建"中国温泉之都"，福州成为全国唯一获批此称号的省会城市。温泉游、文化游、闽江游成为福州旅游三大品牌。

以旅游项目建设带动旅游规模升温、品牌升温、市场升温，推动旅游产业转型升级。以"温泉古都·有福之州"为主题，构筑多角度、全方位、立体化的宣传模式，"走出去"营销、媒体营销、宣传品营销、活动营销和城市旅游氛围营销均超以往。全市四、五星级饭店增至19家，在建几家高星级饭店，发展大量的专业化商务酒店、快捷饭店；旅行社规模数量达120家，同时增加社会餐馆、娱乐场所数量。

12月28日，福州市旅游协会成立大会暨第一届会员代表大会在福州人民会堂召开。饭店、旅行社、景区、商品、餐饮、交通、购物、院校等涵盖旅游战线多个领域的400多个会员单位参加大会。大会按程度选举产生协会第一届领导班子。

景区开发

【旅游项目建设】 围绕温泉、生态、滨海等优势旅游资源，对全市的项目进行筛选和深化，建立完善的项目储备库，并深入实地考察，请有关专家评估、论证，确保项目的可操作性。利用赴台举办福州旅游推介会、"9·18"旅博会等大型推介活动的机会推广福州旅游重点项目，吸引更多企业到榕投资兴办旅游项目。其中在"9·18"旅博会上，筛选8个温泉旅游策划项目、5个生态与工农业旅游策划项目、2个历史文化民俗风情策划项目、2个酒店策划项目、3个滨海旅游策划项目等23个重点项目汇编成《福州旅游招商项目册》推出招商，并完成签约项目7项，总投资达61.5亿元人民币，比上届增长89.64%。在实施"五大战役"中，旅游重点项目有20项，总投资269.94亿元。计划竣工项目7项，总投资6.94亿元；在建项目9项，总投资27亿元；前期推进项目4项，总投资236亿元。推进旅游景区整治提升工作，市区各重点4A级旅游景区按照进度安排展开全面实施。其中三坊七巷景区完成郎官巷32号游客服务中心、澳门西地面停车场、地下停车场、乌山北坡停车场和南后街步行道的建设，新增和完善二梅书屋、林觉民·冰心故居、郎官巷、塔巷、黄巷、安民巷的旅游标志牌制作。于山景区完成南入口旅游标志牌制作。福州国家森林公园完成木栈道建设工程和登山道旅游提示牌制作。马尾船政文化景区完成生态游步道修建。

【三大旅游品牌建设】 温泉游　创建"中国温泉之都"，整合全市温泉资源，推进"五个一批"温泉项目建设。改造恢复一批老字号温泉澡堂和温泉古井遗迹；提升完善一批温泉文化景观设施及温泉旅游饭店，评定首批10家星级酒店为"温泉旅游饭店"；推动建成一批在建温泉旅游项目，其中乐峰赤壁温泉度假村、七叠温泉生态农业观光园、福州旗山森林(温泉)度假村可于2011年竣工对外营业；促成福州北区水厂源脉温泉园等一批温泉旅游项目动工建设，推出中国温泉博物馆及温泉体验区、桂湖温泉旅游综合体项目、贵安温泉度假村等一批重点温泉旅游招商项目，推进以温泉为核心，集休闲、度假、娱乐功能于一体的一大批大型旅游综合体项目。

文化游　以三坊七巷、马尾船政、昙石山、寿山石为代表的文化旅游不断完善配套设施，深入挖掘景区内涵，游客人数持续快速增加。

闽江游　建成南江滨公园九龙壁码头和北江滨公园缤纷园码头，改造完成滨江旅游步行街(三期)工程；新购置150客位、100客位和50客位的3艘豪华游船，闽江游船增至8艘600多客位；闽江游项目在日游、夜游等常态化经营的同时，还推出新的航线，新开辟船岸互动的"水上巴士"航线外，"闽江夜游"将在2011年新增两条航线。

【4A级旅游景区创建工作】　马尾船政文化景区、福清天生农庄、永泰天门山景区等3家景区创建4A级景区工作通过国家旅游局验收。

宣传与促销

【"走出去"营销】　组织赴浙江、闽南、长三角动车沿线和东北地区13个城市举办旅游专场推介，吸引各地参会媒体、旅游企业近1000家，发放福州旅游消费券总价值380万元，签订客源订单30多万人次。

【媒体宣传营销】　在中央电视台高密度宣传福州城市旅游形象，连续播出《三坊七巷·才俊云集》《三坊七巷·诗意栖居》《三坊七巷·福地永远》《天下寿山石》《福地金汤》《远方的家》之《福州：大隐之地，有福之州》等福州系列报道专题片，介绍福州人文荟萃的三坊七巷、历史悠久的温泉、寿山石文化以及闽菜代表佛跳墙。在央视《朝闻天下》《走遍中国》栏目以及东南卫视、台湾东森电视台投放福州城市旅游形象宣传广告、温泉专题片。继续在福州电视台打造旅游专题节目《玩转福州》，在覆盖全国890趟次动车的《报林》《高铁生活》等动车媒体刊登福州旅游专版，与福州新闻网合作开辟福州旅游网络频道。

【评选活动营销】　开展福州旅游主题口号评选。历时4个月，收到全国32个省、市、自治区、直辖市的有效投稿作品1.12万条，"温泉古都·有福之州"最终当选。

【旅游氛围营销】　在市区重要节点设立福州旅游公益广告，展示旅游形象；在市区50个邮政报刊亭开辟免费"福州旅游资料取阅点"；在福州汽车南站和西客站售票厅设立《福州市旅游交通图》；设立机场游客服务中心，提供文明优质的旅游服务；在主要星级酒店、旅游景区投放新编印的《福州旅游指南》《福州旅游导图》《夜宴福州》明信片、《精品旅游线路指南》、福州一日游、自驾游、自助游等宣传品。

海峡两岸摄影家乘船拍摄闽江风光。　（杨婀娜　摄）

旅游管理

【加强旅游安全工作】　严格落实旅游安全责任制，签订旅游安全责任状，完善旅游安全目标网络体系。全年出动检查人员157人次，检查市区饭店45家，发现隐患5条，均落实整改。

【开展行业整规】　市旅游局联合安监、消防、卫生、新闻媒体等部门对市场反映较为强烈的"黑社""黑车"、非星级饭店攀附星级宣传等违法违规行为进行查处，出动检查人员85人次。查处非星级饭店攀附星级宣传3家；查处违规经营旅游业务单位1家，处罚金10万元；对2名无证"黑导"予以行政处罚。

【提升服务质量】　以"全国旅游服务质量提升年"为契机，开展为期3个月的"导游队伍提升月活动"，全市有2514名导游员参加导游培训班；开展"十佳导游员"评选工作，把导游培训贯穿于比赛活动的全过程，实行赛训结合，以赛带训；开展政务导游员培训，为"5·18"海峡两岸经贸交易会、"6·18"海峡项目成果交易会、泛珠会议、APEC技展会等重要会务提供一批出色的接待导游。完成26家星级饭店无障碍改造工作，在星级酒店投放100辆自行车。

（董晓燕）

（编辑　陈子明）

人民生活

【概况】 2010年,福州市集中力量打好“五大战役”,经济社会实现较快发展,城乡居民收入稳步增长,收入结构不断优化,CPI、PPI呈现温和上涨态势。城镇居民人均可支配收入、农民人均纯收入分别比2005年实际增长59.1%和45%。

【城乡居民收入】 城镇居民人均可支配收入22723元,同比增长12%,增幅比2009年提高2.9个百分点,扣除价格因素后实际增长8.5%。主要原因:一是工资性收入稳步增长。全年城镇居民人均工资性收入1.66万元,增长12.1%,是居民增收的主要动力。二是经营性收入企稳回升。全年城镇居民人均经营性收入1289.69元,增长9.7%。三是财产性收入增长快。全年城镇居民人均财产性收入1134.18元,增长20.6%。四是转移性收入平稳增长。全年城镇居民人均转移性收入6036.63元,增长10.4%。市民为购房或还房贷而提取的住房公积金较多,同比增长3.7倍。

【城乡居民消费支出】 城镇居民人均消费性支出15778元,同比增长11.9%,增幅比2009年提高5.3个百分点,扣除价格因素实际增长8.4%。主要因素:一是城镇居民人均教育文化娱乐服务支出为2076.85元,同比增长29.3%,其中,文化娱乐服务支出增长48.5%,主要是受世博游、台湾游热潮的推动,居民旅游较多,仅团体旅游支出就增长46.0%。二是城镇居民人均居住支出1535.67元,同比增长24.9%。其中,住房支出增长83.0%,主要是近年城市改造力度的加大及房地产市场的活跃,居民陆续对所购买及取回的拆迁房进行装修,使住房装潢支出增长1.1倍。三是城镇居民人均交通通讯支出2308.20元,同比增长14.6%,其中,人均交通支出1253.93元,同比增长26.6%,主要影响因素依然是汽车消费。四是城镇居民人均家庭设备用品及服务支出1033.94元,同比增长14%。(见表1)

【农村居民收入】 全市农民人均纯收入8543元,同比增长11.4%,扣除价格因素,实际增长8.2%。主要因素:一是全年农民人均工资性收入4474元,同比增长12.6%,增幅比2009年提高2.3个百分点。二是全年农民人均家庭经营纯收入2580元,同比增长6.1%。三是全年农民人均非生产性收入1489元,同比增长17.8%。非生产性收入增长较快,成为农民收入的重要补充。

【农村居民支出】 全市农民人均生活消费支出6071元,同比增长10.3%。从生活消费支出的八大类看,呈现全面增长态势。食品支出2761元,增长11.1%;衣着支出410元,增长11.9%;居住支出910元,增长5%;家庭设备用品及服务支出335元,增长9.9%;交通和通讯支出644元,增长14.5%;文化教育娱乐用品及服务支出528元,增长4.1%;医疗保

表36 **2010年福州市城镇居民人均消费支出情况**

指标名称	金额(元)	比上年增长(%)
城镇居民人均消费性支出	15777.64	11.9
#食品	6144.61	8.3
衣着	1467.77	11.2
家庭设备用品及服务	1033.94	14.0
医疗保健	646.02	-4.7
交通和通讯	2308.20	14.6
教育文化娱乐服务	2076.85	29.3
居住	1535.67	24.9
杂项商品和服务	564.58	-16.4

健支出323元，增长19.6%；其他商品和服务支出159元，增长13.6%。（见表2）

表37　　2010年福州市农民人均消费支出情况

指标名称	金额（元）	比上年增长（%）
农村居民人均消费性支出	6071	10.3
#食品	2761	11.1
衣着	410	11.9
家庭设备用品及服务	335	9.9
医疗保健	323	19.6
交通和通讯	644	14.5
文化教育娱乐用品及服务	528	4.1
居住	910	5.0
其他商品和服务	159	13.6

市场价格

【概况】　2010年，CPI走势基本面为前期温和，第四季度涨势较强。全市居民消费价格总水平（CPI）同比上涨3.2%，其中，农村居民消费价格总水平同比上涨3%，城市CPI涨幅高于农村0.2个百分点。食品价格、非食品价格同步上涨，其中食品价格涨6.5%、非食品价格涨1%。

表38　　2010年福州市居民消费价格指数

指标名称	指数（以上年价格为100）
居民消费价格总指数	103.2
食品	106.5
烟酒及用品	101.9
衣着	98.3
家庭设备用品及维修服务	98.8
医疗保健和个人用品	102.7
交通和通讯	99.3
娱乐教育文化用品及服务	100.5
居住	104.0

【居民消费价格指数运行情况】　从月份走势看：2月，受春节节日消费影响，当月同比指数涨幅较大，上涨3.7%。3～9月，价格水平上涨较为温和，10～11月，受鲜菜、鲜瓜果、油脂等食品价格呈较大幅度上涨影响，CPI呈现快速上涨态势，10月上涨3.8%，11月涨幅达全年峰值5.7%，12月回落至4.4%。产生这种情况的主要原因：2010年春季福州的“倒春寒”气候持续久，近年罕见，气温偏低，对叶菜生长不利，市场鲜菜供应量明显减少，水果上市推迟，引起当季鲜菜、鲜瓜果类价格大幅上扬。同时，国家不断提高粮食收购价格，粮食类价格呈现较大幅度上涨。鲜菜、粮食、鲜瓜果价格分别同比上涨19.9%、15%、12%。（见图1）

与上年比，构成居民消费价格总指数的八大类指数呈“五升三降”的态势。“五升”为食品类升6.5%、居住类升4.0%、医疗保健和个人用品类升2.7%、烟酒及用品类升1.9%、娱乐教育文化用品及服务升0.5%。“三降”为衣着类降1.7%、家庭设备用品与维修服务类降1.2%、交通和通信类降0.7%。（见表3）

粮食、鲜菜、鲜瓜果等食品价格上涨是拉升CPI走高的主要动力（拉动CPI上涨2.6个百分点）。粮食价格：农民种粮成本逐年提高，为确保农民利益，提高其种粮积极性，国家不断提高粮食收购价格，受此影响2010年福州市粮食价格比上年同期涨15%，其中大米价格上涨18%、面粉价格上涨4.9%、粮食制品上涨6.6%。鲜菜价格：2010年福州市鲜菜价格同比涨19.9%。主要原因：一是春季福州的“倒春寒”气候持续久，近年罕见，气温偏低，对叶菜生长不利，市场鲜菜供应量明显减少，引起当季鲜菜价格大幅上扬。二是受鲜菜种植成本有所增加影响，1～10月，鲜菜价格在高位运行，11月中旬后，福州市政府采取强有力的价格调控措施，福州市场鲜菜价格快速回落。鲜瓜果价格：受倒春寒时间持续长、本地春季、夏初时令水果推迟上市、北方红富士苹果走俏周边国家等因素影响，2010年鲜瓜果类同比价格涨12%。

非食品价格波动大。受国际成品油价格持续上涨影响，福州市成品油价格明显上涨，与上年同期比液化石油气价格上涨25.8%，汽油、柴油价格分别上涨14.7%、16%。随着科学技术日新月异，电子产品市场竞争日益激烈，打折促销活动接连不断，受此影响，2010年通信工具同比降15.6%。受种植成本加大等因素影响，2010年中药材类价格同比上涨19.5%。

【工业品出厂价格保持上涨态势】　福州市工业品出厂价格同比上涨3.09%。原材料燃料动力购进价格同比上涨6.69%。1～3月，工业品出厂价格涨幅逐渐递增，3月出现峰值，涨幅创2004年以来同比涨幅的新高，为5.04%，之后涨幅逐渐收窄，9月达全年最低点1.4%，10～12月，同比涨幅逐渐扩大。主要原因：一是全国经济发展形势明显好转，实体经济全面复苏，多数工业品的出厂价格呈总体上升的趋势。二是国际基础能源和农副产品价格推动原材料购进价格

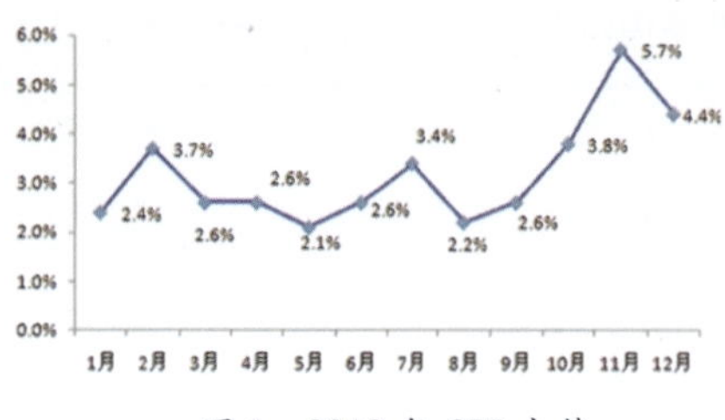

图 1　2010 年 CPI 走势

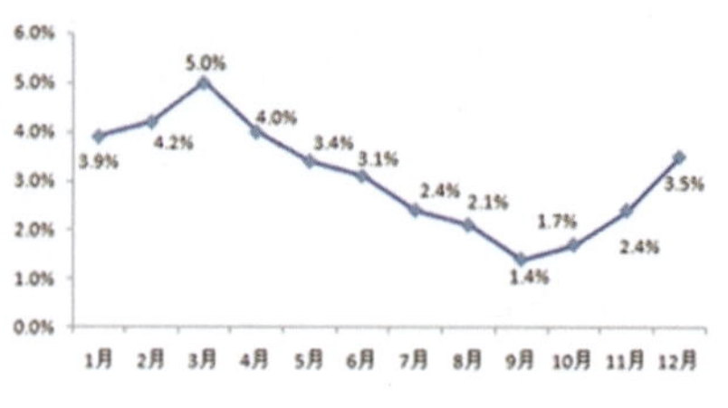

图 2　2010 年 PPI 走势

指数上涨,原材料购进价格的走高传导推动福州 PPI 的上行。(见图 2)

（杨　军）

人口和计划生育

【概况】　2010 年,福州市新出生人口 5.76 万人,人口出生率为 9.43‰,人口自增率为 4.30‰,出生人口政策符合率为 95.88%,全面完成省委、省政府下达的人口责任目标。

制定并实施《关于进一步加强依法行政坚持文明执法的通知》《关于开展基层文明执法专项活动的通知》等。配合省人口计生委组成联合督查组赴福清市、长乐市开展人口计生依法行政工作专项督查。举办全市人口计生政策法规和信访业务培训班,对各县(市)区计生执法和信访工作人员进行人口计生政务法规、社会抚养费案卷制作、人口计生信访业务知识、行政处罚和征收社会抚养费证据采集要点等进行专题培训,并组织培训人员前往龙海考察。鼓楼区、马尾区对再生育审批时间由法定 20 天提速为 9 天,并将再生育审批纳入电子监察系统管理,进行网上公示。将农村部分计划生育家庭奖励扶助制度对象年龄提前到男 55 岁、女 50 岁,奖励扶助标准从每人每月 80 元提高到 100 元。在福清、罗源、闽清、晋安开展"爱心保险"试点工作,为城乡 0~6 周岁的计生"两户"(独生子女户和二女结扎户)家庭每年购买 40 元~80 元保险。

【落实计生政策】　1 月 8 日,市委、市政府召开全市人口计生工作千人会议,向各县(市)区下达责任书。市委、市政府分管领导定期召开县(市)区分管领导、计生局长工作汇报会,解决计生工作中的难点问题。计生委定期组织考核队深入乡、村督查。对县(市)区人口计生工作每 20 天排位一次,并在后位县(市)区召开现场会推进工作。每季度计生排位处在后三位的乡镇主官在帮促期间不调动、不重用、不提拔。同时实行计生"一票否决"。全年全市审核各类评先和干部提拔,单位 1641 个,否决 37 个;个人 4237 人,否决 85 人。

【计生国策宣传】　组织开展纪念《中共中央关于控制我国人口增长问题致全体共产党员共青团员的公开信》发表 30 周年系列活动,举办"情寄甜蜜的事业"——福州市人口计生优秀书画作品展和开展"唱响甜蜜的事业"——福州市人口计生优秀歌曲征集活动。同时将计生宣传融入到群众娱乐文体活动中,将计生歌曲纳入群众自发组织的"激情广场大家唱"活动中。推进计划生育新农村新家庭计划"百镇千村万户"创建活动,推广"签字式""承诺式"宣传模式。全市签订《计划生育新家庭计划书》41.43 万份,签订率 95.85%。

【社会抚养费征收】　突出抓名人富人违法生育的社会抚养费征收。一是拓宽案件来源渠道,实行有奖举报制度;二是发挥各级计生领导小组的作用,加大统筹协调力度,争取有关部门特别是人民法院的配合,提高流动人口计划生育区域协作水平;三是赋予人口计生行政执法人员更多的行政执法权。全年全市应征收社会抚养费 2.02 亿元,征收 1.49 亿元,征收率 73.75%。全市突破 10 万元以上征收案例 229 例,征收金额 2453.6 万元,其中一案例依法征收 72 万元,起到很好的震慑效应。

【打击"两非"工作】　贯彻全省部分县(市)区人口计生工作第四次帮促会暨出生人口性别比重点治理县(区)会议精神,在全市推行出生人口、孕妇 B 超检查和终止妊娠实名制,严格执行 14 周以上的孕妇终止妊娠手术审批、查验报告制度,严格 B 超使用和开展终止妊娠手术

3 月 16 日,市人口计生委聘请市农科院教授陈雪金深入晋安区日溪乡为柑橘种植户讲课,并作现场指导。

准入制度。加强部门配合,深化“政府组织、部门联动、区域协作、综合治理”。全市“两非”案件立案54件,结案45件,查处35人(医师10人,开除公职1人),查处金额51万元。

【计划生育技术服务体系建设】 加大站(所)规范化建设。全市151个技术服务机构,有129个进行不同程度的改、扩建及内部装修,占总数85.4%。全市11个县级以上服务机构全面免费开展以孕前优生健康检查为主要内容的优生检测,全年优生检查2.95万人。开展妇科病普查52万人次,生殖健康咨询15万人次,并为全市农村育龄妇女建立生殖健康档案。全市11个市县级技术服务机构全部安装和使用技术服务软件,103个乡镇服务机构安装使用“双查”管理服务系统。开展计划生育优质服务先进单位创建活动。推动计生药具进校园。闽侯县获评国家计划生育优质服务先进单位。鼓楼区、仓山区联合组队代表福州市参加全省计生药具三基知识竞赛,获全省第一名。

【流动人口服务管理】 一是创新区域协作模式。建立“以流动党组织为依靠,以商会为依托,以工作站为基础,以流动人口为主人”区域协作机制,在外流人口集中居住地建立流动人口自我管理站。截至2010年,全市各级分别与省内外520个地、市、县签订流动人口协作双向协议,永泰、福清、闽侯、罗源、连江、闽清在上海、深圳、海南、湖北、宁夏、广东等地建立10个流动人口自我管理工作站。二是开展流动人口服务管理“一盘棋”。分别接受国家和省人口计生委流动人口服务管理“一盘棋”暨人口计生工作联合评估检查。三是开展全员流动人口信息统计工作。登记流动人口164.67万人,其中流入人口123.93万人,流出人口40.74万人。

(林　涛)

劳动就业和社会保障

【概况】 2010年,福州市进行政府机构改革,组建市人力资源和社会保障局。将市劳动和社会保障局的职责、市人事局的人才市场管理等职责,整合划入市人力资源和社会保障局,不再保留市劳动和社会保障局。

1月10日,省、市联合举办2010年公共就业服务系列活动暨就业援助月活动启动仪式。

全年,福州市城镇新增就业15.23万人,完成任务105.03%;下岗失业人员再就业9036人,完成任务112.95%,其中城镇就业困难人员再就业4132人,完成任务133.29%;农业富余劳动力转移就业5.9万人,完成任务118%;期末城镇登记失业率3.14%,控制在省下达的3.9%目标以内。截至2010年,全市城镇企业职工基本养老保险参保单位4.35万家、参保人数91.5万人,机关事业养老保险参保单位3300家、参保人数9.1万人;城镇职工和居民基本医疗保险参保人数分别为101万人和143万人,合计参保率95.4%;失业保险参保人数82.44万人,工伤保险参保人数90.97万人,生育保险参保人数76.34万人。

【就业工作】 开展“充分就业社区”评选表彰活动,评出市级充分就业社区116个,省级充分就业社区60个。鼓楼区军门社区获评首批“国家级充分就业示范社区”。落实各项鼓励自主创业和自谋职业的积极就业政策,制定并实施《福州市小额(担保)贷款实施细则》,发放小额担保贷款115笔544万元,有4.5万名就业困难人员享受灵活就业社保补贴4000万元,为吸纳就业困难人员企业发放社保补贴320万元。

与财政、地税部门联合制定并实施《关于进一步做好减轻企业负担稳定就业局势有关工作的通知》,将降低企业缴纳失业、工伤保险基数和费率、使用失业保险基金对企业实施社保补贴的政策延长执行至2010年底,为企业减轻社保缴费负担1.47亿元。

开展订单培养、合作办班、冠名培养等校企合作,有43家企业与省内外58所(福州地区29所)职业院校、技工学校签订校企合作协议。坚持每周五举办大、中型公益招聘会活动,开展“就业援助月”“春风行动”“民营企业招聘周”“大中专学生暑假工专场招聘会”“复退军人和军嫂就业专场”等就业服务专项行动。免费发放《福州市春节后寻工地图》等宣传材料30多万份,帮助进城务工人员求职的做法为全国首创。创新就业服务模式,在市就业中心服务大厅设立“就业超市”,开辟普通工、技术工、专业技术工等3个岗位信息专区,方便劳动者求职择业。适时开展工业园区和重点骨干企业用工需求调查,全面掌握各县(市)区、各类重点企业结构性用工情况,在市人力资源市场网开设“企业用工需求直报”专区;继续拓展跨省市劳务协作网络,组织县(市)区劳动保障部门和缺工重点企业赴四川达州、贵州黔南州、云南南坝、河南洛阳、甘肃、宁夏等地开展招聘活动,为企业用工搭建长期稳固的对接平台。至2010年,全市与省内外38个城市签订劳务合作协议,6个劳务输出地区在福州市组建驻榕劳务服务工作站。全年发布企业用工岗位信息10.3万个,举办各类型招聘会128场(其中劳务输出地10场),参加招聘企业7680家次,推荐各类农民工及失业人员就业近4万人。

【技工教育与职业培训】 实施“高技能人才培养工程”和“产业技工培养计划”,改革高技能人才评价办法。与市总工会、市国资委、市经委联合在全市100

家企业开展企业技能人才考核认定试点工作,全年新增高技能人才5115人,其中,技师、高级技师730人,全面完成省下达工作任务。组织开展农业富余劳动力免费职业技能培训3.2万人。引进和利用台湾职业技能教育资源,举办维修电工、机修钳工等职业工种高级技师培训班,与省人力资源和社会保障厅联合举办海峡两岸插花艺术大赛和美容美发大赛,构筑榕台技能培训和学术交流合作平台。

推行国家职业资格证书制度,扶持、规范民办培训机构建设,组织开展形式多样职业技能竞赛和岗位练兵活动。至2010年,全市民办职业培训机构达48家,职业技能鉴定站56家,可鉴定工种183个。全年开展职业技能鉴定6.2万人次,SYB创业培训3287人次,特种作业安全技术培训4253人。建立职业培训资金直补用人单位机制,对制定培训计划,依法提取职工培训经费,组织职工开展技能培训并取得初级工至高级技师等级证书的企业,按400元/人~2000元/人标准给予经费补贴。与42家用人单位开展对接培训1.5万人,落实直补资金700多万元。

坚持突出"机、电"特色和以实践训练为主的办学模式,提升技工教育办学层次与教学水平。2010年,全市技工学校在校学生人数6500人,毕业生就业率达99%以上。市第一技工学校新校区二期工程竣工,通过专家评审晋级为国家重点技工学校;市第二高级技工学校建成福州市首个农民工培训示范基地,新征用地5.33公顷,申报创建福州市首所技师学院,初步形成以初级工培训为基础,中级工培训为主体,高级工、预备技师培训为主导的多功能、多层次的技工培训体系。

【社会保险】 企业退休人员月人均养老金水平达1350.39元,比增14.64%;23万企业退休人员100%实现社会化管理服务并纳入社区管理。落实省、市为民办实事项目,将符合条件而无力参保的县及县以上集体所有制企业退休人员纳入老年生活保障范畴。晋安区提前超额完成新农保工作任务,综合参保率达95.76%;连江县启动第二批新农保试点工作,春节前将60周岁以上人员老年养老补助金全部发放到位。4月,国务院副总理张德江到福州市视察新农保试点工作,肯定福州市的工作成效。鼓楼、台江、仓山、晋安四城区被征地农民养老保障工作全面启动,参保人数6598人,全市被征地农民养老保障预留资金达2.983亿元。

继续采取财政补助、定额补贴的办法,帮助12.04万名关闭破产国有、城镇集体企业退休人员和1.46万名困难企业在职人员解决医保问题。大学生以及城镇未成年居民(包括中小学生)财政补助标准从每人每年80元提高到每人每年120元,将鼠疫、霍乱、"非典"等传染病普通门诊医疗保险费用纳入城镇居民基本医疗保险基金支付范围。开通"968906"医保政策服务热线,24小时为全市参保居民和职工提供医保政策咨询服务。实施城镇职工基本医疗保险市级统筹,实现参保范围、缴费标准、待遇水平、经办流程、基金管理、信息系统6个统一。全年稽核医保定点单位450家,查处违规定点医疗机构52家、定点药店87家,其中取消定点资格3家,暂停定点服务4家,经稽核拒付违规医保基金1000多万元。

规范失业保险参保登记管理、保险费申报缴纳、保险金申请发放等工作。实施工伤保险市级统筹,推进以建筑、矿山等高风险行业农民工为重点人群的工伤保险扩面"平安计划"二期,启动有雇工的个体工商户工伤保险工作,全面开展老工伤人员情况摸底调查,完善工伤认定、劳动能力鉴定、工伤保险待遇等各项制度。实施生育保险市级统筹,规范完善生育保险各项制度。

【劳动关系】 健全国家、企业、职工劳动关系三方协调机制。适时发布企业工资增长指导线,调整最低工资标准,推动实施劳动合同签订"春暖行动""彩虹计划"和集体合同制度,督促企业落实高温天气务工人员劳动保护措施和高温津贴政策,开展劳动关系和谐工业园区、企业评选表彰活动。至2010年,有2家企业达国家级创建标准,4个工业园区获评省级劳动关系和谐工业园区,166家企业获评省级劳动关系和谐企业,226家企业获评市劳动关系和谐企业。企业职工劳动合同签订率95.2%,签订有效集体合同5708份,涉及企业5708户,职工60.59万人;22%的工业园区达国家和省级劳动关系和谐园区标准。

【依法行政】 加大劳动维权执法检查力度,加强企业劳动用工年检工作,推行劳动保障监察网格化管理。在全市范围内开展清理整顿人力资源市场秩序、拖欠农民工工资、企业执行最低工资标准情况专项检查,严格落实农民工工资保证金和欠薪应急保障金制度。检查各类用人单位5786户(次),涉及劳动者46万人,立案调查来访投诉案件1810件,结案率98%;取缔非法职业中介11家,督促用人单位与员工补签劳动合同近8万份,为1.1万名员工追回被拖欠工资3945万元;市本级有346家建筑施工企业预存工资保证金达1.364亿元。

推行劳动争议办案简易程序,加大劳动争议仲裁调解力度。受理劳动争议调解仲裁案件6173件,其中调解3278件,立案仲裁2895件,结案率95.5%;受理福州市便民呼叫中心转来"12345"便民诉求

3月24日,市委副书记、纪委书记方清海深入人力资源和社会保障局调研网上审批和网上行政处罚工作。

件5064件,办结率和答复率均100%。

（吴军翔）

民　政

【概况】 2010年,福州市民政工作突出民生优先,再次调高城乡低保标准,出台《关于进一步加强农村五保供养工作的意见》,改善农村五保户供养条件,为解决五保供养机构问题提供政策依据。推行医疗救助“一站式”服务,简化医疗救助程序。制定《福州市建立和完善社区居家养老服务中心(站)实施方案》,居家养老服务工作扩展至有关县(市)。同时,开通福州市区划地名网站,解决38个社区居委会办公用房问题,建成110个社区居家养老服务中心(站),优抚安置、社会救济、社会福利、老龄事务等各项民政工作呈现不断发展态势。

【优抚工作】 开展重点优抚对象数据审定、更新工作,新增重点优抚对象380人,减员339人。开展“两节”期间拥军优属走访慰问活动,慰问各类优抚对象3345人次。配合广电部门落实重点优抚对象数字电视整体转换优惠政策,四城区有2054户优抚对象家庭受益。在福清市开展新一轮双拥模范城评比试点工作,落实优抚对象抚恤补助标准自然增长机制、重点退役士兵安置、退役士兵培训等工作,6月中旬,通过省级验收。

为22名新中国成立前入伍的残疾军人和复员军人配发康复辅助器具,组织消防烈士郑忠华的父母赴上海参观世博会。为58名退役军人办理换补证申报手续,为18名伤残人员办理新评审核手续。

【安置工作】 接收退役士兵、转业士官2771人。其中,城镇安置对象966人(转业士官84人),农村户口1791人,其他14人。继续推行“经济补偿、扶持就业、重点安置、城乡一体”的退役士兵安置政策,鼓励和扶持退役士兵走自主创业的道路,加强城镇退役士兵技能培训,分2期培训退伍军人255人,发放自谋职业一次性补偿金1209.5万元。

在5个军休所开展规范化建设试点活动,完成军休干部现有住房的经济适用房价格评估。分5批次组织284名军休干部前往武夷山疗养。协调解决移交福州市安置的无军籍幼儿园教职工参照地方幼儿园老师相应标准进行绩效工资改革,落实军休干部的“两个待遇”。

【社会救济】 民政局下达自然灾害生活补助资金、冬春救灾款1235万元,开展受灾地区群众紧急转移安置和灾后恢复重建工作。全市完成避灾点建设950个,全年为872户受灾农户办理住房保险理赔手续,赔偿金额达276.23万元。筹建市级救灾物资储备库,完成用地勘测和规划设计。

端午节期间,副省长、市长苏增添看望孤残儿童。

开展低保申请、入户调查、核实审批和监督检查,确保动态管理下的“应保尽保”和低保金的按时足额发放。7月1日起,将城区低保标准调整为多人户290元/月、单人户320元/月,将农村低保标准调整为多人户210元/月、单人户230元/月。全年全市保障城市低保对象1.01万户、2.07万人,发放城市低保金4931.55万元,保障农村低保对象3.63万户、7.58万人,发放农村保金6984.58万元。落实对城乡低保对象等困难群众发放物价补贴和对城乡3种重度残疾对象发放救助金、补助金工作。

将各县(市)区的农村五保供养标准分别提高90元~200元。全市保障农村五保对象8595人,全年发放五保金2245.36万元,人均月补助249.03元。下达配套资金740万元,新建9所农村敬老院。

全市审核批准城乡医疗救助1.16万人次,发放救助金1002.34万元。组织草拟《福州市城乡医疗救助办法》,报市政府批准。

【社会福利】 为各类养老机构提供政策性优惠和资金补助。全市审批的公办养老机构有14家,民办养老机构21家,床位计3586张。投资1000万元,推进连江县福利中心建设。组织实施孤残儿童“明天计划”“重生计划”,开展“肢残助行”工作,为一批贫困残疾人申请配置轮椅和假肢矫形器安装。推进福利事业单位基础设施建设,市儿童福利院蓝天计划楼6月初封顶,并进行配套设施建设;市精神病人疗养院新病房大楼建设项目开工建设;市第二社会福利院3号院民楼建设项目制定建设总体规划;市按摩院病房大楼改造进入规划阶段。采取企业自查、主管部门普查、市局抽查的方式,对全市各类福利企业开展年检换证工作,普查率达100%,抽查率达20%,有63家福利企业达年检、换证标准。开展福利口岗位技能竞赛,有65人参加公文、电脑、医生、护士、护理5个项目的竞赛活动。

开展市属福利企业改制工作,市印

刷厂改制工作全部结束,市工艺漆器厂改制进入后期工作阶段,市塑革制品厂改制工作方案上报市政府研究确定。

闽侯、连江、长乐、福清4个县(市)救助站落实人员编制和场地,其余县(市)均制定工作方案并报当地政府研究。开展"5·18"海峡两岸经贸交易会、"6·18"海峡项目成果交易会以及APEC技展会等重要时段流浪乞讨人员的救助管理工作,全年救助流浪乞讨人员3663人。完成市救助站受理大厅及户外活动场所改造项目,完善救助设施条件。

推进"刮刮乐"网点即开型福利彩票和"中福在线"福利彩票销售工作,全年销量1.5亿元。

【基层群众自治组织】 指导街道、社区开展创先争优活动。面向社会招募30名高校毕业生,安排到连江、罗源、闽清、永泰等县城社区居委会工作。市财政安排资金1200万元,解决38个社区居委会办公用房问题。在五城区18个社区开展信息化社区示范点工作,下拨福利彩票公益金340万元,用于鼓楼区信息化建设和台江区苍霞、洋中街道以及这两个街道所辖的12个社区的便民服务中心和服务站建设。在全市组建10支社区志愿者服务队伍,围绕文明城市创建工作,开展迎世博、迎亚运、迎特奥、讲文明、树新风志愿者服务活动。

抓村(居)换届选举扫尾工作,督促未完成换届选举的村加快换届选举步伐,全市2389个村委会换届选举成功2386个,完成率达99.9%。推进村(居)务公开和"四会"(议事会、听证会、协调会、评议会)制度,召开全市农村社区建设工作经验交流会,开展对新当选的村(居)委会成员轮训,各县(市)区共举办培训班30期,培训3000余人次。

【老区建设】 市政府出台《关于扶持经济欠发达革命老区村加快发展的意见》,明确从2011年起,市财政每年安排400万元扶持老区建设专项资金,比上年增加100万元。全年下达省、市扶持老区建设资金598万元,扶持老区建设项目164项,分别用于道路硬化、安全卫生饮用水、修缮学校、省级老区科技示范基地项目等。下达革命"五老"人员定期补助资金和医疗补助资金827.55万元。走访慰问革命"五老"人员1800多人,发放慰问金59万多元。配合市委统战部开展"百名榕商与百名'三老'结对帮扶"活动,安排70名革命"五老"人员与榕商结对子,接受榕商的帮扶。

【老龄事务】 市、县两级财政共安排专项资金1922万元,用于社区居家养老服务中心(站)设施建设和运营补贴、政府购买服务补助,全市建成110个社区居家养老服务中心(站),增设社区老人活动场所5.56万平方米。制定社区居家养老服务中心(站)建设工作绩效评估考评办法,组织开展养老护理人员专业培训。

部署开展以"关爱老人、构建和谐"为主题的"敬老月"系列活动,开展老年人凭福建省老年人优待证免费乘坐公交车工作。落实老年人权益保障和优待政策,为老年人提供无偿或低偿爱心助老服务,为"空巢老人"免费安装应急呼叫救助"一拨通"。开展为老志愿服务活动。百岁老人营养补贴提高到每月200元,并于老年节前发放到位。推进养老服务社会化示范活动,重点开展第二批省"爱心护理工程"试点单位的筛选、推荐申报工作,新增省"爱心护理工程"试点单位4家。

【殡葬管理】 市殡仪馆继续完善馆区配套设施建设,完成大门和停车场改造。各县(市)加大投资力度,扶持乡村骨灰楼规划与建设,闽侯县制定全县骨灰楼建设总体规划,计划用3年时间,投入1800万资金,对各乡镇建设骨灰楼的给予资金扶持,一批乡镇(村)骨灰楼在审批和建设中。

清明节期间,围绕"文明祭祀、平安清明"的宣传主题,开展宣传文明殡葬、文明祭祀、文明葬法活动,推广无烟祭祀、居家祭祀、网上祭祀、集体公祭等新形式。针对清明节祭扫人流高峰问题做好安全保障工作,以市政府名义成立应急领导小组,制定应急预案,强化安全防范责任制,加大媒体宣传力度,引导市民错峰祭扫、文明祭扫,全市殡葬服务单位接待祭扫群众100余万人次,未发生安全事故。全市平均火化率达93.2%。督促各县(市)区对"三沿五区"违规建坟进行迁移、平毁、深埋、绿化,全市查出"三沿五区"范围内违规建坟1.04万台,清理1.03万台,整治率达99%。

【婚姻、收养登记】 在全市范围内开展婚姻登记规范化建设工作,实现福州市涉外及涉港澳台侨婚姻登记与全国联网、国内婚姻登记与全省联网。推进各县(市)区婚姻登记场所和服务设施改造,罗源县婚姻登记处达规范化建设要求,被民政部命名为全国婚姻登记规范化建设单位,实现全市该项工作零的突破。台江区、晋安区、马尾区、福清市、连江县正协调婚姻登记新的场所。开通"2010.10.10"国内婚姻登记绿色通道,满足市民特殊日子婚姻登记需求。加强婚姻登记规范化管理,婚姻登记合格率保持100%。

【区划地名管理】 开展道路名称命名规划工作,组织力量对市区在建、待建道路开展调查摸底,完成东山片、建新片、城门片、鳌峰片等56条道路名称命名工作,加强市区路名牌、门楼牌管理,设置乡镇村路名牌1005面。完成市区地址编码等数据库建设,整理录入县(市)区地名数据库资料,全市采集地名2.52万条。开通福州市区划地名网站。

【民间组织登记管理】 在全市民间组织中开展社会组织年检工作,完成216家社团、137家民办非企业单位的年检任务,全市59家行业协会全部完成"四分开"(人员、场所、职能和财务与行政机关分开)工作。指导社会组织开展创先争优活动。

【边界管理】 全年完成县、乡级界线联检任务20条。其中,县界9条,总长379.90公里;乡界11条,总长176.03公里。建立边界联管协调机制、纠纷联调化解机制、执法联手互动机制和边界突发事件应急机制,逐步把活动内容、载体和协作制度落实到基层,把边界矛盾排查落实到人。

(翁昌福)

民族　宗教

【概况】　2010年，福州市民族宗教工作围绕“民族团结、宗教和顺、社会和谐”的目标，深入贯彻党和国家民族宗教政策，加大扶持民族乡村基础设施建设力度。以贯彻落实《宗教事务条例》和创建和谐寺观教堂活动为主线，推进宗教活动场所换证工作，协调解决宗教热、难点问题，加强宗教团体和宗教活动场所自身建设，引导宗教界人士参与助学、救灾扶贫帮困等社会公益事业。各宗教团体、宗教活动场所和广大教职人员、信教群众在青海玉树地震、舟曲泥石流、闽西北水灾等各种自然灾害中，捐款捐物金额500多万元，为全国特奥会捐款10万元。

【扶持民族乡村基础设施建设】　投入340多万元，完成25个少数民族自然村解决安全卫生饮用水问题。投入110万元帮助21个民族村完善村道建设，投入65万元改善10个民族村的文化图书室，投入13万元完善3个民族乡村卫生院（所）建设，投入11万元改造3个民族村的电网，投入25万元完善民族特色村寨建设。投入造福搬迁工程57.6万元，惠及少数民族群众209户960人。协调20万元经费帮助福州民族中学、永泰富泉中心小学完善少数民族寄宿制学校的基础设施建设。

【民族团结进步工作】　元旦、春节期间，安排经费8.58万元，走访慰问少数民族贫困户138户、少数民族贫困生70人。召开少数民族代表人士座谈会，交流工作、沟通思想、联络感情。9月，开展第三个民族团结进步宣传月活动，印刷民族村特色畲寨图片2000册、《党和国家民族政策宣传教育提纲》和《福建省少数民族权益保障条例》等有关民族条例、政策宣传材料7000份，悬挂户外宣传标语1000多平方米，并以出墙报专刊、发送短信、举办歌会、征文比赛等各种形式，把宣传教育活动深入到机关、社区、乡村、学校。组织协调福州市医疗、科技、文化专家到闽侯六锦畲族村开展义诊活动，现场为畲族群众义诊100多人次，分发各类科普材料，夏令保健药品等300多份。福州市委农办、马尾区人民政府、罗源县人民政府、晋安区日溪乡人民政府、永泰县民族宗教局5个单位被评为全省民族团结进步模范集体，4人被评为全省民族团结进步模范个人。

【举办少数民族农业科技暨民族特色村寨建设培训班】　11月24～25日，市民族宗教局联合市科协在罗源县霍口乡举办少数民族农业科技暨民族特色村寨建设培训班，来自全市民族村的34名村干部参加培训。培训以毛竹种植技术为主要内容，重点解决种植过程中的疑难问题。学员们实地考察霍口乡王廷洋村毛竹垦复项目建设、罗源县起步镇庭洋坂村和西兰乡石别下村造福新村建设、西兰乡许洋民族村综合发展等具有民族特色村寨建设情况。

【和谐寺观教堂创建活动】　福州市政府确定将创建和谐寺观教堂活动融入新一轮创建平安福州活动中，并将具体工作要求纳入2010年各级各有关部门社会治安综合治理工作责任范畴。市民族宗教局组织召开创建和谐寺观教堂活动动员部署会、示范场所负责人会议和观摩推进会，出台《福州市创建和谐寺观教堂活动场所评价表》。印制创建活动宣传册5000本，群发宣传短信1000多条，在五一广场开展创建活动宣传并组织拍摄创建活动宣传片。福州涌泉寺、西禅寺、崇福寺、普济寺、林阳寺、石竹山道院、南天照天君宫、花巷基督教堂、铺前基督教堂9个宗教活动场所被评为全国创建和谐寺观教堂先进场所，3人被评为全国创建工作先进个人。

【举办首届宗教教职人员高级研修班】　11月9日在福建师范大学正式开班。在闽调研的国家宗教局副局长张乐斌专程看望高级研修班学员，并与大家合影留念；省民族宗教厅副厅长施文，福州市委常委、统战部长王玲，市政府副市长陈奇等参加开班仪式。高级研修班依托福建师范大学社会历史学院开办，为期3个月。开设有历史、文学、国学、心理学、法学、社交礼仪、财务管理、计算机应用等课程，分别由福建师范大学教授12人（其中国务院特殊津贴专家6人）授课。参加研修班学习的有佛教和基督教教职人员71人，分为佛教、基督教两个班。

【宗教教职人员备案工作】　9月28日，与省民族宗教厅联合召开全省宗教教职人员备案工作动员和试点实施工作会议，进行动员部署。分4个阶段组织实施宗教教职人员备案工作，用半年时间争取在2011年3月份完成首批福州市宗教教职人员备案上报工作，基本实现福州市宗教教职人员队伍制度化、系

1月2日，“海峡两岸道教圆梦之旅暨第二届福清石竹山梦文化节”在福清石竹山开幕。

统化管理。

【协调处理宗教房产问题】 配合旧城改造,收回并完成拆迁安置晋安区王庄片区基督教房产19处、天主教房产2处;收回并安置台江区天主教房产1处;协调有关部门,落实基督教萃贤堂安置地块;推动金山新区设立基督教堂工作;协调处理市重点工程三环路二期道路建设涉及仓山甘泉寺的拆迁问题;协助做好绕城高速闽侯昆山寺的拆迁、选址、补偿等问题及因重点工程施工造成对清凉山清凉寺、灵山寺等财产损坏的经济补偿问题;协调解决地藏寺纪念堂的房产回归问题。

【榕台宗教文化交流】 1月1~10日,举行"海峡两岸道教圆梦之旅暨第二届福清石竹山梦文化节"。该项目被国台办列为2010年对台重点规划交流项目之一,是由福建省福清市石竹山道院和台湾中华道教两岸交流协会共同主办、福清市政府指导协办的海峡两岸宗教文化交流活动,是海峡两岸60年来大陆道教首次分炉台湾。1月2日,在福清市石竹山开幕,近500位台湾信众参与,按传统民间习俗复原场景,融入道教仪式,专程迎请石竹山何氏九仙分炉台湾。国家宗教事务局副局长蒋坚永,中央统战部二局副局长袁莎,省、市委统战部和有关部门领导以及中国道教协会会长任法融、福建省道教协会会长林舟等参加开幕式,台湾政界人士王金平、吴伯雄、宋楚瑜、江炳坤等也分别为开幕式题词送匾祝贺。1月5日,在台湾基隆市举行闭幕仪式并开展两岸道教文化交流系列活动,大陆信众约500人赴台参加。基隆市市长张通荣、议长张芳丽出席并讲话,台湾中国国民党主席马英九等为闭幕活动发来"海峡两岸道教圆梦之旅圆满成功"的贺词。闭幕式上两岸道教界还宣读"梦圆仙山、梦圆海峡、梦圆中华、梦圆世界、梦圆自然"海峡两岸道教圆梦活动的共同宣言。

"5·18"海峡两岸经贸交易会期间,组织福州市佛教界人士参加在厦门举行的海峡论坛——闽台佛教文化交流研讨会;11月4~5日,长乐龙泉寺开展方丈升座庆典暨百丈禅师思想学术文化交流活动,来自台湾佛教会理事长净良长老与海峡两岸的高僧大德、专家学者齐聚长乐龙泉寺共同探讨百丈禅师与中国禅宗思想文化;指导配合有关部门开展陈文龙信俗、陈靖姑信俗和田都元帅与台湾的民间文化交流活动。

【市佛教协会第六次代表大会】 11月18日召开,选举产生新一届理事会、监事会。释普法当选为理事会会长,释广霖当选为荣誉会长,释赵雄当选为常务副会长兼秘书长。

(唐良惠)

(编辑　郑姿娟)

鼓楼区

【概况】 鼓楼区位于福州市城区西北部。北以峰福铁路、东以晋安河与晋安区为界，南以琼河、东西河、斗池路、上浦路与台江区为界，西南以闽江与仓山区为界，西北与闽侯县相邻。面积35.7平方公里，户籍人口58.22万人，人口自然增长率4.4‰。辖9个街道、1个镇、78个社区、15个经合社。

区内地热资源丰富，长5公里的温泉带有“千古华清第一汤”之称，温泉水量大、水温高、水质好；名胜众多，屏山、乌山、于山“三山”鼎立，乌塔、白塔“两塔”耸峙，镇海楼“一楼”雄踞，有西湖公园、左海公园、温泉公园、金牛山公园、江滨公园、西禅寺、开元寺、法海寺等游览胜地，著名的“三坊七巷”、朱紫坊是福州历代古民居代表建筑群；有林则徐故居、文庙、闽王祠等重点文物保护单位80多个。

2010年，鼓楼区成功跻身首批37个国家服务业综合改革试点区域，在全市绩效评估中连续4年获评优秀。并获福州市实施“五大战役”先进集体称号。

【经济建设】 实现地区生产总值595.85亿元，比增14.3%，三次产业比例为0:23:77；规模以上工业产值205.4亿元，比增20.5%；社会消费品零售总额442.7亿元，比增24.5%；全社会固定资产投资375.2亿元，比增39.6%；财政总收入27亿元，比增22.1%，其中地方财政收入16.9亿元，比增22%；实际利用外资（验资口径）1.818亿美元，比增0.1%；出口总额37.2亿美元，比增66.7%；城镇居民人均可支配收入25621元，比增12.2%；人口自然增长率4.4‰。

服务业 引进楼宇企业对接面积36万平方米，税收入盘率98%，其中引进注册资金50万元以上的楼宇企业2188家（现代服务业企业占57%）；全区税收超千万元楼宇达79座，其中超亿元楼宇15座，营业额超10亿元楼宇45座；东百、大洋、沃尔玛等商贸大户年销售额均超10亿元，永辉超市上市，新增限上商贸企业114家；引进路易·威登、星巴克、杰尼亚、伯爵等国际一线品牌入驻加盟，共有国际、国内知名品牌300多个。启动中国温泉博物馆规划，加快老字号温泉澡堂的修复；加快推进三坊七巷历史文化街区保护修复工程，修复完成刘家大院、小黄楼等文物古建筑物，全年接待游客量超过800万人次。服务业增加值454.93亿元，约占福州市的1/3。

高新技术产业 福州软件园五期综合研发大楼、动漫产业基地二期动工建设，动漫体验馆开馆，福晶科技大楼主体工程已落架；加快完善软件外包平台建设，打造物联网产业集群；动漫基地获“国家影视动漫试验园”称号，软件园全年完成技工贸收入169亿元，比增39.7%。福州高新区洪山园推进产学研一体化平台建设，对接项目29项，创历年之最；鼓楼科技商务中心顺利招商，西郊商办大楼挂牌出让；高新区洪山园全年完成技工贸总收入100亿元，比增22.4%，其中高新技术产值占78%。

招商引资 利用“5·18”海峡两岸经贸交易会，“6·18”海峡项目成果交易会，“9·8”厦门投资贸易洽谈会等招商平台，推动香港网格科技集团在鼓楼区设立中国区运营总部，引进海峡汇富、国泰产险等14个台资项目；推进恒力城、信和广场等重点楼宇招商工作，以金融、保险、会计、物流为主体的生产性服务业，依托五四路中央商务区向周边辐射发展。“5·18”海峡两岸经贸交易会签约项目29项，总投资2.14亿元，协议外资1.37亿美元，其中合同18项，合同外资0.9亿美元。“6·18”海峡项目成果交易会完成对接项目50个，涵盖电子、生物医药、新能源、新型材料等领域，项目总投资4.81亿元，比增28.6%。“9·8”厦门投资贸易洽谈会签约项目20项，总投资2.652亿美元，协议外资2.073亿美元，其中合同项目15项，合同外资1.648亿美元，签约成果超出上届水平。

项目建设 实施城建项目23项，投资约133亿元。基本完成东牙巷、国棉厂、山头角、杨桥新村（一期）等19片旧屋区改造项目拆迁工作，地铁1号线、福大片（二期）等项目启动拆迁，全年拆迁量约65万平方米，动迁居民4000多户；新建、续建安置房15片，计126万平方米；凤湖新城四区及丞相坊小区安置房

10月16日,举行首届乌石山登高节启动仪式。　　(张远　摄)

竣工回迁,安置居民3500多户;灰炉村、凤湖二A、打铁桥、公正二村、明望新村等5片安置房采用BT投融资模式动工建设;福飞路、通湖路、贤南路等一批市政道路建成通车,甘洪路拓宽改造稳步推进;湖前巷、西峰支巷、北院后巷等20条小街巷完成改造;金泉路、琴湖路、乌山西路、鼓屏路、杨桥路等路段162幢建筑进行景观改造;五四路、五一路等9条道路店牌、店招整治完成。乌山历史风貌区冰壶景区、南入口广场及乌塔公园,温泉公园3000平方米绿化及儿童游乐场,三坊七巷安泰河公园及光禄吟台公园等项目陆续完工并对外开放。

【社会事业】　科技教育　获"福建省知识产权强区"称号,专利申请量居全市之首、全省第二,17位软件人才得到省政府表彰。鼓二小一期、铜盘小学一期教学楼交付使用,井大小学教学楼主体已验收,推进鼓五小、洪山小学、中山小学、湖滨新城小学等教学楼建设,区生均面积6.11平方米;落实"校安工程",完成茶园山小学、鼓一小等9所学校抗震加固及鼓实小、西峰小学等26所学校围墙改造工程;加强与台湾的教育文化交流,延安中学、鼓一小等学校与台湾中小学开展结对交流。推广普及人口早期教育,全省首家公办早教中心——"海西宝贝"正式开园。

文化卫生体育　举办第四届福州南后街元宵灯会;激情广场大家唱获第九届中国艺术节公共文化服务"群星奖";完成第三次全国文物普查工作。"芍园壹号"文化创意园对外开放。西河游泳场建成开放;推进青少年校外体育活动中心及场所建设。水部和五凤街道社区卫生服务中心开业,至2010年,全区共有10个社区卫生服务中心和40个社区卫生服务站;开展全省首批实施国家基本药物制度改革试点工作,制定相关配套政策措施,较好完成各项公共卫生任务,群众看病难、看病贵问题得到缓解。

计划生育　完成第六次全国人口普查阶段性工作,计生各项指标均达省级先进水平,获省"人口与计生工作综合改革示范区"称号。

社会保障　开辟就业岗位,新增就业人数2.96万人,实现下岗失业人员再就业2215人;全区78个社区全部实现充分就业,军门社区被评为首批国家级充分就业示范社区,"零就业家庭"实现动态脱零目标。城镇居民医保继续扩面,参保人数12.7万人;加大对低保等低收入家庭的救助力度;率先提高社区干部待遇;新建成16个居家养老服务站点;区慈善总会多渠道筹措善款约220万元,资助困难群众6000多人次。

城区管理　扩展市容数字化网格管理功能,推进环卫快速保洁制,对夜间摊点、"五小店"、乱张贴等开展专项整治行动;启动文儒坊转运站服务区垃圾机械化收运改革;提高环卫工人生活待遇,改善工作条件;加大违法建设拆除力度,拆除违法建设279起,面积1.6万平方米;加快公厕建设,建成5个标准公厕、31个移动公厕;启动物联网智能交通管理项目,区机关大院停车场在夜间及周末率先对外开放;开展"交通安全专项整治年"活动,严厉查处酒后驾驶、非法营运等违法行为。

社区建设　完成49个无物业小区整治及5231户自来水一户一表改造;推进第三届"一、二级社区"届中复查工作;新建成的安泰街道办公楼、华大街道市民服务中心投入使用,改善琼河、梅峰等9个社区办公条件。围绕"争创全省文明城区"目标,深入开展"五情""五爱"等活动,在全省公共文明指数测评中名列城区组第三名。

生态环境保护　二氧化硫排放量削减3.6吨,削减3.2%;原厝水源地水质连续14年保持100%达标,西湖、左海水质持续改善;全年环境空气质量优良率超过90%;绿色创建持续走在全省前列,区属学校100%通过绿色学校验收,其中国家级1所,省级5所;绿色社区66个,占84.6%。新增各类绿地10.85公顷,全区绿地率31.3%,绿化覆盖率37.2%,人均公共绿地面积7.1平方米。

平安建设　建成78个社区网上警务室,初步建立并运行社区矫正电子监控平台;开展区委书记、区长大接访活动,全年接待群众225批次,化解各类纠纷201件,化解率89%;开展食品安全整治行动,取缔无证餐馆367家次;新增便民早市5个,加强"菜篮子"价格监测检查,组织区属企业及时有效控制物价上涨,维护市场价格秩序;强化安全生产监管,加大对旧屋区、公众聚集场所、建筑工地、危化品等安全检查力度。

表 39　　**2010 年鼓楼区街道(乡镇)基本情况一览**

街道(乡镇)	辖地面积(平方公里)	人口		社区(经合社)(个)	规模以上工业总产值(万元)	财政总收入(万元)	地方财政收入(万元)	财政支出(万元)
		户数(户)	人口数(人)					
鼓东街道	1.084	14224	46339	6+1	50323	44904	24732	1163
鼓西街道	1.837	19061	62939	7+1	1267	20055	12771	1012
温泉街道	2.242	17773	86247	7+1	11906	41307	27387	1494
东街街道	0.720	10375	33591	5	32110	29982	17243	1307
南街街道	1.544	17417	52720	7	982	9106	5579	780
安泰街道	1.588	10977	30811	7	3871	17595	13288	1101
华大街道	3.349	23898	98083	10+1	32870	20280	14114	1828
水部街道	1.310	10854	31444	5+1	5098	26395	18231	1721
五凤街道	9.625	22551	61528	12+4	104570	12833	6258	1406
洪山镇	12.401	26196	78542	12+7	841120	33910	19726	2605

注:数据由鼓楼区统计局、财政局提供。

(张　林)

台江区

【概况】　台江区位于福州市城区中部,闽江下游北岸。东以光明港、晋安河与晋安区为界,西、南以闽江与仓山区为界,北以琼河、东西河、斗池路、上浦路与鼓楼区为界。全区陆域面积 18 平方公里,水域面积 1.91 平方公里,岸线全长 7800 多米,中部丘陵地稍高,四周低倾,尤以流沙冲积成陆的南部、东南部、西南部、西部平原地势更低。辖 10 个街道、73 个社区。户籍人口 32.75 万人,常住人口 45 万人,日流动人口 25 万人,人口自然增长率 0.8‰。

全区文物保护单位 26 个,古桥 7 座,分别为河口万寿桥、星安桥、白马桥、路通桥、三通桥、彬德桥、台江万寿桥。可供参观或建筑物尚完好的纪念馆、会馆数量较多,如琉球馆、南公园民俗馆、陈文龙纪念馆、古田会馆、汀州会馆、三山会馆、闽清会馆,以及大庙山系列文物、张真君祖殿等。

全长 26 公里的闽江福州段有 12 公里黄金岸线在台江。两大核心商务区——海峡金融商务区和闽江北岸中央商务区沿江落户。闽江台江段沿岸还拥有大连万达广场、威斯汀酒店等一批高端的商贸商务设施。

2010 年,全区加快转变发展方式,完成区十五届人大四次会议确定的任务。集中力量打好"五大战役",完成 68 项"五大战役"项目任务,实现年度投资 221 亿元,为年度计划的 103.3%。加强公共服务和社会管理,获评"全国老龄工作先进单位"和首批"全国法治县(市)区创建活动先进单位"。

【经济建设】　实现地区生产总值 204.62 亿元,比增 14%,三次产业比例为 0:2:8;社会消费品零售总额 210.46 亿元,比增 23.9%;商品销售额 648.8 亿元,比增 26.49%;工业总产值 109.23 亿元,比增 16.8%,其中规模以上工业总产值 102.65 亿元,比增 18.3%;全社会固定资产投资 221.33 亿元,比增 50.9%;财政总收入 18.58 亿元,比增 43.6%,其中地方级财政收入 10.66 亿元,比增 44.9%;合同外资 2.12 亿美元,比增 15.23%;实际利用外资(验资口径)1.12 亿美元,比增 14.05%;出口总额 9.07 亿美元,比增 68.2%;进口总额 2.77 亿美元,比增 20.04%;城镇居民人均可支配收入 21140 元,比增 11.8%。

服务业　巩固发展东方百货、世茂百货、天虹百货等商贸龙头企业,引进星巴克、哈根达斯等知名品牌,海峡金融商务区万达广场建成开业,新增和提升限上商贸企业 81 家。完成鳌峰洲水产、瓜果、禽蛋、蔬菜、副食品五大批发市场搬迁工作。万(象)宝(龙)、中亭街等六大主力商圈年销售额达 255 亿元,比增 31%;家电下乡及家电"以旧换新"销售额达 13 亿元,占全市 50% 以上。

滨江休闲广场建成并投入使用,春伦茶叶、台魅食品等知名品牌入驻开业,南星商城、江滨外滩 1 号等节点建筑动工建设。开通闽江公园南北园"水上巴士"专线,闽江游船扩大至 8 艘 724 客位,年接待游客 5 万人次,比增 85.56%。举办"第二届金秋购物旅游文化节"等品牌会展活动。

榕都 318 文化创意街区开业,闻天传媒、炎龙设计等 18 家文化创意企业入驻,总注册资金 1.5 亿元;青年会广场修复工程基本完成,招商工作顺利开展;海西首个电子商务产业基地正式落户,中国农户网、台湾正品网等 25 家电子商务企业和淘宝商家签约入驻。万达威斯汀酒店正式开业,世茂洲际酒店转入上部施工。鼓励扶持工业企业实行产销分离,明一乳业等重点企业成功实现"工转商"。服务业增加值 160.61 亿元,占 GDP 72.99%。

项目建设　完成 68 项"五大战役"项目任务,实现年度投资 221 亿元,为年度计划的 103.3%。海峡金融商务区和闽江北岸中央商务区建设,出让土地 21 幅 37.18 公顷,吸引 5 家金融机构区域性总部和 15 家知名企业入驻开发写字楼、星级酒店,其中 10 栋 101 万平方米的高层写字楼建成或动建。上海新苑、福机新苑、新港苑73.5万平方米安置房动工建设;红星苑一期、桂园怡景二期、鳌港苑三期28.8万平方米安置房实现封顶,转入内外装修阶段;桂园怡景一期11.3万平方米安置房按时建成交房,1350多户群众回迁。集图书馆、文化馆等多种社会服务功能于一体的区文化活动中心竣工;区青少年校外体育活动中心加快建设,各街道青少年校外体育活动场所建成投入使用;新增、更换社区健身路径30条。

城区建设　实施上海东新村、红星工业区等成片旧屋区改造,拆迁占地面积81.68公顷,拆除建筑面积102.99万平方米。新建、拓宽改造排尾支路、鳌峰支路、鼓山大桥三环连接路等8条主次干道和11条小街巷;完成白马河水系台江段8条内河截污改造,白马河步行道台江段基本贯通;改造提升闽江北岸夜景灯光,完成162处景观改造。严格落实"门前三包"责任制,强化整治流动摊点、占道经营、交通乱象等城市管理顽疾,清理规范户外广告2655面,集中拆除违法建设3万多平方米。新增城区绿地9.33公顷,完成西二环路等重要节点绿化景观改造提升。

【社会事业】　科技教育　修订《台江区科技计划项目和科技计划项目经费管理暂行规定》,加大科技政策扶持力度,推动福建百仕韦科技有限公司等9家企业申报国家、省、市各类科技项目,提升区域创新能力。投资2700万元新扩建宁化小学,完成亚峰中心小学和鳌峰洲小学整合;10所学校2.57万平方米校舍得到加固,新上海幼儿园动工建设,红星苑幼儿园主体竣工;加强校园人防、技防、物防建设,为全区中小学、幼儿园配备126名保安人员。

文化卫生体育　举办"首届滨江元宵节灯会""青年时尚文化节""新春民族音乐会"等群众性文化活动;凤之旅女子打击乐团的《榕城乐》节目获全国"四进社区"文艺展演优秀节目奖;全面完成全国第三次文物普查,新增文物点92处。新增社区卫生服务中心业务用房1600平方米;全面推行免费的基本公共卫生服务,在全市率先开展老年人、慢性病患者等重点人群免费体检服务,受益人数2.38万人;在5家街道社区卫生服务中心试行药品零差率销售,单人次门诊处方价格降幅达31.36%,减轻群众负担110多万元。年内,台江区运动员参加省、市级比赛获团体冠军7个,单项冠军30个。

计划生育　第六次全国人口普查工作全面展开。强化流动人口计生管理,推行"生育关怀行动"、早期教育、幸福工程救助计生贫困母亲和优生检测免费服务等四项流动人口计生服务机制,进一步提升流动人口计生管理水平。开展违法生育专项治理工作,做好社会抚养费征收工作,全年征收社会抚养费275.1万元,征收率达87.23%,破获两例"两非"案件。

社会保障　城镇居民基本医疗保险参保率完成任务数的105.5%。加强区属老人院基础设施建设,在全区建立32个具有综合服务功能的社区居家养老服务站,被国家老龄办评为"全国老龄工作先进单位"。全面完成白内障免费复明手术、资助贫困残疾儿童康复治疗等6项残疾人实事项目,投资650万元的"福乐家园"建成投入使用。城镇新增就业7290人,发放再就业小额(担保)贷款123万元,帮助24名下岗失业人员实现自主创业,再就业小额(担保)贷款发放额居全市第一。

生态环境保护　新增城区绿地5.33公顷,完成西二环路等重要节点绿化景观改造提升。开展环境保护专项整治行动,区域环境质量情况良好,空气质量优良率达100%,内河水质达标率66.7%,饮用水源达标率88.86%,环境安全事故发生率为零。做好"国家环保模范城市"复查迎检准备工作,加强全民环保意识宣传教育,全区"绿色学校"覆盖率85.7%,"绿色社区"覆盖率61.6%。

平安创建　完成水松新村、浦东小区、嘉园郁新村等10个有一定规模和示范作用的无物业小区整治任务;新增社区居委会办公用房1300多平方米;启动社会工作人才队伍试点工作;招收30名大学生社区工作者。开展区领导大接访活动,按照处理信访事项"路线图"要求,引导群众依法表达合理诉求,有效化解拆迁、农民工讨薪等突出矛盾。强化社会治安综合治理、安全生产监管和防风防汛工作,各项安全指标低于全市事故控制指标平均数,人民群众对社会治安的满意率达95.68%。

【海峡电子商务产业基地】　2010年,基地建设招商工作基本完成,有80多家企业和淘宝商家申请入驻正式签约的有

新茶亭街　　(郑敏良　摄)

30家企业,总注册资金2.6亿元。基地位于海峡金融商务区桂园怡景项目内,首期占地面积0.54公顷,分为两栋21层建筑,建筑面积约2万平方米,建设投资1.8亿元,是由省外经贸厅、台湾中华电子商务产业协会和台江区人民政府共同创建的海峡西岸经济区首个电子商务产业基地,列入福建省政府闽台合作重点项目和"十二五数字福建"专项规划及福州市"十二五"规划。

表40　**2010年台江区街道(乡镇)基本情况一览**

街道(乡镇)	辖地面积(平方公里)	人口		社区(村)	规模以上工业总产值(万元)	财政总收入(万元)	地方财政收入(万元)	财政支出(万元)
		户数(户)	人口数(人)					
鳌峰	5.10	9346	26331	6	64835.9	51366.7	15376.3	275.13
瀛洲	2.20	13346	36423	7	11390.8	27458.8	3512.1	698.00
后洲	0.96	15217	37964	11	5617.9	77866.1	18527.1	1193.00
新港	1.35	13065	41467	7	855362	142117.5	12026.3	564.00
茶亭	0.88	8952	24586	6	10442.9	34966.6	5077.6	536.57
洋中	0.88	9229	24074	6	28099.6	18302.7	3093.8	971.62
苍霞	1.07	13081	34144	8	2627.1	11878.1	1464.1	501.99
上海	2.65	17365	48603	10	11510	23543.0	4619.5	674.06
义洲	0.87	11589	30928	7	5365.5	20334.9	3026.3	260.17
宁化	2.90	8576	23029	5	12986.6	31640.4	4502.8	407.19

注:数据来自统计局。

(郑　祥　郑秀铭)

仓山区

【概况】　仓山区位于福州市城区南部,闽江下游南岸。辖闽江入海口处整个南台岛,分别与鼓楼区、台江区、晋安区、马尾区和闽侯县、长乐市隔江相望。全区面积142平方公里,加上洲地面积超过150平方公里。辖5镇8街、81个社区和102个行政村,户籍人口45.97万人。

仓山区四面环江,区内高校密集,科教优势明显,拥有福建师范大学、福建省电力研究所等60多所大中专院校和众多国家、省、市级科研机构,是历史悠久的文教区。区内保留着许多古罗马式、哥特式、巴洛克式等西式风格建筑群,形成仓山区独特的建筑特色和风貌。有200多处自南朝以来的历史文化遗迹,金山古寺、陈若霖故居、严复故居、陈绍宽故居、陈景润纪念馆、烟台山公园、高盖山公园等人文自然景观与正在开发的马杭洲、桔园洲、闽江公园(南园)等沿江沙洲构成仓山区丰富的旅游资源。

2010年,安排"五大战役"项目113项,总投资847.79亿元。其中,以仓山区为责任单位的市"五大战役"项目6项,完成年度投资计划的239.65%;区级管理的13个省市重点项目完成投资40.36亿元,占年度计划投资的149.86%,提前2个月完成省市重点项目全年投资任务。

【经济建设】　实现地区生产总值235.43亿元,比增12.5%,三次产业比例为1.18:55.28:43.54;规模以上工业总产值496.67亿元,比增14.2%;全社会固定资产投资356.9亿元,比增30%;出口总值15.68亿美元,比增22.8%;实际利用外资1.54亿美元,比增0.2%;社会消费品零售总额168.91亿元,比增25.9%;财政总收入16.67亿元,比增15.2%,其中地方级财政收入9.8亿元,比增27.5%;城镇居民人均可支配收入20813元,比增12.5%,农民人均纯收入11281元,比增11.6%。

农业　发展茶叶、花卉、食用菌等特色农业,有省级农业产业化龙头企业3家,市级农业产业化龙头企业10家。春伦茶业成为国家级茉莉花茶加工技术研发专业分中心,闽榕茶业成为国家级农产品加工示范基地,福建绿美生物等6家企业列入市现代农业技术创新基地,蓝湖食品等10家企业被评为省、市级科技特派员创业示范基地。

工业　注重载体建设和招商力度,扩大工业园区集聚和辐射效应,入驻企业712家。城门投资区实现工业总产值19.2亿元,实际利用外资1380万美元,比上年略有上升;计划新批协议外资2100万美元,实际完成2485万美元;计划自营出口1.85亿美元,实际完成2.1亿美元。至2010年,城门投资区累计引进项目32个,投资企业18家。安排劳动力1.3万人。形成产值超千万元的大户10个,其中超过亿元的大户3个。星网锐捷被评为国家级首批创新型企业,锐达数码、敏讯信息等4家企业被评为福建省创新型企业。全区规模以上企业520家,其中新增13家,总数位居全市第一;年产值亿元以上企业139家,上市企业5家。规模以上工业总产值新增76.77亿元。

服务业　限额以上品牌汽车销售企业45家,年销售额89亿元。华威物流(一期)落户福湾,全省最大的机电五金交易市场——龙福机电交易市场建成开业。海峡国际会展中心竣工后,举办第十二届中国科协年会、第六届泛珠大会等多次大型活动。新华文化创意园(一期)建成开业。服务业增加值102.47亿元,比增13.9%,占GDP比重43.5%。

城区建设　先后完成江夏小区、轻轨站、福州地铁1号线白湖亭站等46个项目、518多公顷的交地任务。配合建成福州海峡国际会展中心、火车南站等大型地标性建筑。鼓山大桥、福峡路、三环二期、林浦路等市政设施相继建成通车。原计划年底动工的仓山万达广场、红星美凯龙、中庚大酒店均提前至国庆节前动工,金山特易购如期于国庆节前竣工。原计划2011年元旦竣工项目——财茂淘帝服装城,2010年12月中旬提前竣工。推进东部新城、金山片区31项、总建筑面积425.2万平方米的安置房项目建设,至年底,竣工8项、建筑面积42.3万平方米。推进南江滨、烟台山(一期)等旧屋区改造工程,年内回迁安置51.75万平方米。开展南二环、六一南路等4条主干道的立面景观改造,完成南江滨景观改造升级工程,完成闽江南岸灯光夜景改造提升工程。开展内河专项治理,完成浦下河以及龙津河、跃进河部分河段的整治工作。

【社会事业】　科技教育　组织申报、实施市级以上各类科技计划项目42项。其中,国家科技型创新基金项目16项,省级区域重大科技专项3项,省级创新资金项目4项,市级科技项目19项,共获上级各类科技计划项目资金扶持1500多万元;组织实施区级项目56项,安排区级科技计划项目经费739万元。全年新增高新技术企业14家,累计达50家,约占全市1/5以上,其中福建邮科通讯有限公司跻身第四批国家级创新型试点企业,福建敏迅信息技术有限公司、福州锐达数码科技有限公司等3家企业列入省级创新型试点企业。全年专利申请量突破1000件,同比增长67.3%,其中发明296件,占比为31.4%。区内知识产权示范单位有17家,其中列入国家级5家、省级5家、市级13家。新建省级技术研究中心1个,省、市级科技特派员创业示范基地6个,与福建农大生科院共建联合实验室1个。完善产学研用科技成果转化服务体系。组织48家企业与师大开展科技项目、人才对接活动,22家企业达成合作意向,并签订技术合作意向书,179名本科毕业生、研究生与区内20家企业签订就业意向。

投入建设资金1.32亿元,新建扩建潘墩中心小学、仓山实验小学、仓山小学等学校的12幢教学楼,新增校园面积32.67公顷、校舍面积13.3万平方米;实施中小学校舍安全工程建设,完成危旧校舍拆除重建项目4项、建筑面积9400平方米,修缮加固项目10项、建筑面积1.08万平方米。拥有省级各类示范校11所,市级示范校8所,省市级文明校24所。公立学校免借读费全面接纳农民工子女入学,全区外来工子女占学生总数的43.9%。

三桥共渡——乌龙江大桥群

文化卫生体育　举办陈靖姑民俗文化节,创作婆官祈福、烟山之恋等文艺作品。2010年,申报的福州洪塘篦梳制作技艺、福州跃进太平鼓、福州虾油制作技艺、福州高湖舞龙灯、福州林氏中医内科、林氏中医骨科被列为福建省第三批非物质文化遗产保护名录。全年,查处违规网吧6家,处罚2.2万元,停业整顿1家。查处取缔地摊游商21处,收缴非法音像制品7600余片、书刊3820册(份)。安排100万元资金,改造提升镇卫生院和社区卫生服务中心。开展预防接种工作,全区乙肝全程接种和基础免疫的单苗接种率均在95%以上,为出生八个月至四周岁儿童开展麻疹疫苗强化免疫接种3.81万人,接种率93.28%。加强甲型H1N1流感、霍乱、登革热、手足口等急性传染病防控工作。仓山籍运动员黄珊汕参加广州亚运会获蹦床冠军,林声参加世界青年锦标赛夺取重剑金牌。浦下龙舟队获“第四届全国体育大会”二、三等奖;区小学生羽毛球锦标赛暨传统校考核赛,获团体第二名;各镇街文化站、青少年校外活动场所基本建成,新建全民健身路径15条,启动福州市仓山区级青少年校外体育活动中心、仓山区少体校项目建设。

计划生育　全区出生人口4340人,同比增加10人,出生人口政策符合率为98.55%,出生人口性别比为101.77:100,落实长效节育措施2188例。征收社会抚养费861.04万元,征收率67.63%。录入流动人口25.01万人,信息完整率95.81%。录入总量比上年增加14万人。开展第六次全国人口普查工作,按序时完成各阶段普查任务。

社会保障　全区城乡低保对象3401户7524人,全年发放低保金1596.91万元。帮助低收入家庭申购经济适用房420套,廉租房204套。全区有社会养老机构7家,社区居家养老服务站15家。2010年,辖区内的农村五保对象的月生活补助金由原来每月210元提高到300元,全年发放农村五保对象生活补助金23.1万元,发放困难补助金23.9万元,有367名重度残疾人受惠。至2010年,全区有11.08万名农民参新农合,参合率98.71%,高于省、市平均水平。做好新农合、农村医疗救助和农村孕产妇住院分娩补助"一站式"服务。提高住院补偿比例,封顶线由4万元提高到6万元,实施重大疾病补充补偿,最高支付限额提高到26万元;门诊特殊病种由10种扩大到19种;新农合实现市、区、镇三级定点医院出院即时结报。新增福建省地质医院为区级定点医疗机构,全区有4个新农合定点医疗机构。

生态环境保护　连坂污水处理厂建成投入使用。建成区绿地总面积2149.87公顷,绿地率42.1%,绿化覆盖率43.6%,人均公园绿地面积10.3平方米,绿化指标达到全国绿化模范城市标准。开展闽江流域水环境污染整治,完成畜禽养殖场搬迁,超额完成"十一五"节能减排任务。

平安创建　公众安全感满意率94.1%,平安建设知晓率76.36%,顺利通过全省平安县(区)考评验收。解决征地补偿、拆迁安置、产权证办理、留用地政策兑现等各类信访积案,完成5012套产权总登工作。抓安全生产监督,开展危险化学品、"三合一"厂房、预防道路交通事故等专项整治。

表41　**2010年仓山区街道(乡镇)基本情况一览**

街道(乡镇)	辖地面积(平方公里)	人口		社区(村)(个)	工业总产值(万元)	财政总收入(万元)	地方财政收入(万元)	财政支出(万元)
		户数(户)	人口数(人)					
下渡	1.7	10471	29388	9	993	1366	959	354
仓前	1.9	10094	29982	10	1152	1743	1060	370
上渡	2.0	9043	25421	8	1311	1627	1066	346
临江	1.98	7985	22485	8	26918	2050	961	365
对湖	2.5	11986	35767	7	1554	1173	877	327
三叉街	0.597	9895	27697	7	7903	1814	959	380
东升	1.2	—	—	4	29129	3416	1995	200
金山	13.09	27790	81288	19	9531	19210	14344	815
仓山镇	5.8	—	—	13	724271	12902	7431	1276
城门镇	55.0	22688	78586	25	904730	18947	8814	1648
盖山镇	36.0	23257	78824	31	1061793	20743	9140	1910
建新镇	30.0	10061	29278	34	2094844	29162	17840	1933
螺洲镇	6.4	3561	11216	8	151875	3672	1449	393

注:仓山镇、东升街道人口分属对湖、仓前和下渡街道统计,建新镇含淮安人口。数据来自统计局。　(吴建雄)

晋安区

【概况】　晋安区位于福州市东北部,东邻连江县,西以晋安河与鼓楼区为界,西北与闽侯县接壤,北与罗源县毗连,东南与马尾区相邻,南隔光明港与台江区相望。区域面积552平方公里,其中北峰山区面积约429平方公里。辖4个镇、2个乡、3个街道,113个村委会、76个社区居委会,户籍人口35.2万人。

晋安区是闽越文明的发祥地之一,境内有见证福州2200年历史的冶城遗址,还有鼓山国家级风景名胜区、福州国家森林公园、福州动物园、福州儿童公园、福建寿山国家矿山公园以及鼓岭避暑山庄、涌泉寺、林阳寺、皇帝洞大峡谷等自然人文景观。非金属矿产、地热温泉等资源丰富,是全国最大的叶蜡石矿区之一,国石首选"候选石"、福建省石,世称"天遣瑰宝"的寿山石独产于晋安区,江泽民、李岚清曾分别亲笔题词"国石瑰宝""寿山国石"。宦溪桂湖温泉地热资源不仅储量大、水质好、温度高、分布广,而且含有氯、钾、氡等矿物质和微量元素。福州铁路客货两站和汽车北站坐落其间,温福铁路、向莆铁路、机场二期高速公路、绕城高速公路贯穿境内。

2010年,晋安区坚持打好"五大战役",安排实施的38项区级"五大战役"项目全部完成年度计划,其中,列入市级"五大战役"的思嘉环保公司生产基地建设等5个项目累计完成年度投资15.4亿元,超年度计划79.5个百分点。晋安区被市委、市政府评为2010年绩效管理考核评比优秀单位。

【经济建设】　实现地区生产总值272.3亿元,增长13.7%,三次产业比例为1.5∶37∶61.5;财政总收入16.96亿元,增长16.8%,其中地方财政收入10.06亿元,增长24.5%;规模以上工业总产值245.9亿元,增长14.0%;全社会固定资产投资224.4亿元,增长30%;社会消费品零售总额260.38亿元,增长24.5%;城镇居民人均可支配收入22736元,增长11.6%;农民人均纯收入11601元,增长12.2%;人口自然增长率控制在6.5‰。

农业　改造中低产田66公顷、低产果园66公顷、低产茶园33公顷,播种粮

鼓岭新貌

食面积130公顷。建成宦溪村金针菇生产基地、点洋村中药材基地,北苑等设施农业大棚蔬果基地建设规模不断扩大,满堂香生态农业完成国家农业综合开发项目申报。完成中央新增投资项目173.33公顷纵深沿海防护林建设,新建生物防火林带20公里,扶育生物防护林带300公里。完成月洋水库除险加固工程,改善灌溉面积132公顷,新增节水灌溉面积66公顷。

工业　受城市化进程以及城区“退二进三”政策影响,东南电化、海鼎水产等44家规模以上工业企业向城郊县(市)搬迁。有规模以上工业企业288家,高新技术企业26家,发展高意通讯、闽东本田、日立工机、钜全活塞、德通容器等一批重点工业企业。思嘉集团在香港上市,茶花集团获“中国驰名商标”称号,光机电、机械制造、生物制药、纺织鞋业成为工业主导产业。启动福建省首家民办开发区——福兴经济开发区改造提升工作,编制园区产业发展、城市设计、控制性详规等规划。

服务业　新增喜盈门二期等限额以上商贸企业16家,改造升级农贸市场9个,增设早市和便民服务点17个。挂牌出让秀峰路城市综合体地块,推进盛辉、盛丰、宏捷等全国百强物流企业营运中心、分拨中心建设前期工作。万科·金域榕郡(二期)、世欧·澜山、心家泊·北纬25°、中庚·帝国大苑、丰富·琴亭湖畔等38个房地产在建项目完成投资102亿元。推进北峰宦溪桂湖生态温泉城项目前期工作。服务业增加值167.351亿元,比增13.2%,占GDP 61.5%。

城乡建设　全年拆迁各类旧屋区17片,拆迁面积213.9万平方米,其中福州市规模最大、涉及群众最多的王庄危旧房改造项目拆迁7020户、拆迁面积65万平方米;琴亭湖项目拆迁1992户、拆迁面积67.6万平方米。完成绕城高速、机场高速二期、三环路东北A段及安置房地块、火车北站站改工程、省检察官学院、市儿童公园、鼓山大桥、福飞路、龙头路等项目征地拆迁任务,实施向莆铁路、合福铁路、三环路东北B段以及地铁1号线项目征地拆迁工作。推进福飞路、北二环(晋安段)和东三环(晋安段)景观改造提升工程,清理整治福马路、火车站周边等重点地区店牌店招,配合福州市实施磨洋河整治工程。开展鼓岭地区综合整治,拆除严重影响景观的别墅和其他建筑百余座、面积3万多平方米,完成2条休闲游步道建设和核心区重要节点平面景观整治、房屋立面整治、杆线下地工程以及鳝溪至鼓岭公路拓宽改造工程。改造修复小街巷道路23条,开工建设厦坊路、南平东路等市政道路。

【社会事业】　科技教育　建设全国科技进步先进区和福建省知识产权强区,实施省、市级科技重大项目7项,新认定高新技术企业5家。新建潭园小学交付使用,西园新苑小学开工建设,晋安第二中心小学、王庄幼儿园、盘石小学等涉迁学校实现平稳过渡。实施“校安工程”,完成64所中小学校址及校舍排查监测鉴定,改造修缮红寮中心小学、福州十中等危旧校舍。依法整顿和取缔50多所无证办学机构,新接纳3800多名外来务工人员子女入学。

文化卫生体育　举办第二届闽王(王审知)文化节,编撰出版《晋安区华人华侨志史略》,建成区图书馆、文化馆和“福百祥1958文化创意园”,区档案馆升级为国家二级馆。区青少年校外体育活动中心开工建设,9个乡镇(街道)体育活动场所投入使用。加强疾病预防控制、食品卫生安全监管工作,9家公立基层卫生机构均开始实行基本药物制度。新建岳峰社区卫生服务中心,完善象园、茶园社区卫生服务中心设施。

计划生育　创新流动人口“一站式”服务管理、区域协作新模式,破解社会抚养费征收、打击“两非”等方面的重难点问题,全年,全区投入492.71万元兑现人口计生各项奖励优惠政策,区计生服务站在福州市率先通过“全国计划生育技术服务示范站”考核验收。低生育水平保持稳定,全区出生人口政策符合率为98.04%,性别比为106.78:100,保持在正常值范围;出生人口政策符合率保持在97.75%以上。

社会保障　推进就业再就业工作,新增就业2.6万人,转移农村劳动力2231人。落实城乡居民最低生活保障制度,发放低保金913万元。作为全国首批、福州市唯一的新型农村养老保险试点工作单位,全区参保4.98万人,综合参保率95.79%,发放养老金1044万元。被征地农民养老保障试点工作在西园、鹤林等试点村完成,并在全区全面推开。城镇居民基本医疗保险参保7.68万人,新型农村合作医疗制度参合率99.55%,并解决医改后关闭破产城镇集体企业退休人员医疗保险参保问题。开展助困、助学、助残、助孤、助老等活动,建成福乐家园2个、居家养老服务站点15个。

生态环境保护　综合治理重点流域水环境、集镇集中式饮用水源地,投入2100多万元实施畜禽养殖污染整治,敖江支流考核断面水质达标率70%,集中式饮用水源地水质达标率100%。环境空气质量达二级标准,环境噪声、交通噪声优于国家规定标准,建成区垃圾清运率、生活垃圾处理率100%。重点工业企业污染物排放稳定达标率100%,重点工业企业涉水行业污染物排放口自动监控率100%。创建国家级生态乡镇2个,省级生态乡镇2个,省级生态村8个,市级生态村16个,绿色社区50个,绿色学校26个,所有乡镇、村均通过农村家园清洁行动检查验收。推动"四绿"工程建设,城区新增各类绿地面积11.2公顷。园林绿化指标居五城区前列,建成区绿化覆盖率48.6%。

平安创建　开展和谐创建活动,建成和谐社区56个。启动新一轮平安创建,投入680万元用于技防建设、交通整治、科技强警、维稳等工作,整治无物业小区288个,人民群众对社会治安满意率95.99%。加强矛盾纠纷排查调处,做好行政复议、法律援助、社区矫正、医患纠纷调解等工作,全年排查各类矛盾纠纷727件,成功率95%。建立化解涉法涉诉信访积案的长效机制,开展接访、下访和约访活动,"12345"平台受理群众投诉13675件次,办复率100%,群众集体越级上访批次同比明显下降。落实安全生产责任制,开展以矿山安全、校园安全等为重点的专项整治工作,开展"打非治违",消除各类安全隐患。

表42　**2010年晋安区街道(乡镇)基本情况一览**

街道(乡镇)	辖地面积(平方公里)	人口		社区(村)(个)	规模以上工业总产值(万元)	财政总收入(万元)	财政总支出(万元)
		户数(户)	人口数(人)				
鼓山镇	50.0	33172	94352	38	1277242	26005	9306
新店镇	48.3	21296	55392	38	573043	11384	9422
岳峰镇	11.3	20864	58211	19	186000	9209	3628
宦溪镇	133.0	3797	12163	24	210888	2398	3385
茶园街道	4.7	18770	54522	15	27426	18200	2603
王庄街道	3.6	11838	32720	12	13660	3952	912
象园街道	1.6	9847	27394	9	8708	1752	1073
寿山乡	170.8	3285	10868	22	157997	1337	2752
日溪乡	130.6	1810	7101	12	22742	879	1519

注:数据来自统计局。

(李敏新　陈静静)

马尾区

【概况】　马尾区位于福州市东部,地处东南沿海、闽江下游北岸,距闽江口17海里,是福建省的军商要港,福州的水上门户。东南临江与长乐市隔江相望,东北毗邻连江县琯头镇,西与晋安区宦溪镇接壤,地势西北高东南低。总面积275.58平方公里(其中开发区面积23平方公里)。辖3个镇、1个街道,户籍人口16.44万人。

区内列入国家级文物保护单位2处,省级文物保护单位3处,市级文物保护单位9处,区级文物保护单位66处。开辟的旅游景点主要有罗星公园、昭忠祠、中国船政博物馆。旅游线路主要有船政文化游,"两马"(马尾、马祖)亲情游。

淡水资源丰富,建有设计库容1825万立方米的白眉水库和由胜科水务集团参与经营的日供水12万吨和日供水2.5万吨的自来水厂各1座。建有220千伏变电站2座,容量600兆伏安,其中220千伏鼓山变电站为全省唯一枢纽变电站。建有110千伏变电站4座,容量为189兆伏安。电力供应来源于华东电网,能为客户提供安全、优质的110千伏和10千伏电源。建有燃气混气站1座,日提供LPG混合气6万立方米,主干管压力2公斤/平方厘米,配套管网遍布科技园区主要干道。英国BOC集团在开发区设有分厂,可根据需要制造和运送各种工业气体;美国空气化工等项目也提供各种工业气体。

2010年,围绕"推动马尾由单一的经济技术开发区向新市区转变,着力打造宜居宜业的新城区"的最新发展定位,制定市政提升、快安城市综合体、马尾科技文化中心、马尾公交客运中心、天马山体育公园、船政文化创意、亲水绿化、危旧房及景观改造、企业总部建筑群等"十大工程"建设。年内,列入省"新增长区域发展战役"项目22项,完成投资35.96

亿元;列入市级“五大战役”项目12项,完成投资30.7亿元。

【经济建设】 实现地区生产总值232.08亿元,增长13.3%,三次产业比例为2.0∶67.1∶30.8;财政收入32.2亿元,增长23.1%,地方财政收入19.2亿元,增长26.7%;固定资产投资119.39亿元,增长45.7%;人均地区生产总值9.83万元;实现社会消费品零售总额49.7亿元,增长22%;城市居民人均可支配收入26610元,增长12.3%;农民人均纯收入11831元,增长12%。

农业 实现农林牧渔增加值4.68亿元,比增4.4%。农业产业化龙头企业13家(其中省级1家、市级12家),带动农户4万多户,增加农民收入约2.9亿元。以元盛食品、坤兴海洋生物、聚珍园花卉公司为首的龙头企业坚持以科技为依托,出口创汇为导向,带动农业精品园建设。注册省级著名商标3个,实现总产值20多亿元,通过各类质量体系认证8个,农产品出口额突破1000万美元。

工业 全区完成工业总产值594.88亿元,增长18.2%,其中规模以上工业产值591.04亿元,增长18.7%。上市企业9家累计融资60亿元。中铝瑞闽高精铝板带、华映切裂罐等19个项目竣工投产,东亿食品、福龙生物等20家企业实施搬迁改造,东南造船、力鼎动力等21家企业通过技术改造,实现产品结构调整优化和规模扩张。“国家创新型企业”新大陆成功研制全球第一颗二维码解码芯片,伊时代创建福州首个企业“院士工作站”,三澳数字播控系统等17个项目入选国家火炬计划或省自主创新产品,数字家居智能终端等7个项目获科技型中小企业创新基金扶持。创新成果加速转化,生物医药纳米制剂等60个项目成功对接。

服务业 现代服务业不断集聚,新日鲜、国脉科技等企业总部基本建成,荣泰钢材物流、九州通医药物流等大型交易平台初步形成,物联网等战略性新兴产业成为经济发展的新增长点。海峡水产品交易中心一期建成开业,苏宁电器品牌连锁企业落户马尾。服务业增加值71.6亿元,比增5.3%,占GDP比重30.8%。

招商引资 新增对外贸易经营权企业25家,70家企业获外贸扶持奖励1900万元,29家企业列入首批跨境贸易人民币结算试点。完成出口总值22.6亿美元,增长33.4%,其中机电、高新技术产品出口增长38.2%;完成进出口货值8.3亿美元。新增合同利用外资2.24亿美元,增长3.64倍,实际利用外资2.55亿美元,增长62.6%。按照一类口岸标准改造福州港客运站,开通两岸邮件专船,马尾港成为台湾活鱼搬运直航港口。马尾至台湾本岛海上货运航线实现常态化,“两马”航线运营1440航次,往返人员6万多人次。

城乡建设 琅岐闽江大桥、环山观光道、经五路等重要通道开工建设,新建或完成改造铁南路等7条市政道路,滨江休闲道建成开放。建设快安城市综合体、城市中心广场、青少年活动中心、科技馆、图书馆。完成旧屋区改造62.9万平方米,新建安置房45万平方米。实施重点节能减排工程3项,长安、快安、青洲污水处理厂新改扩建工程竣工投入运行。完成造林133.33公顷,抚育幼林300公顷。新增高速铁路、高速公路马尾段、城区主干道两侧及视线范围的各类绿地68.87公顷,种植乔木4.48万株。完成港口路等6条主次干道电网缆化下地,更新城区公交车17辆,整治交通违规、户外广告等。创建“绿色村庄”10个,完成亭江新店、浩溪和琅岐幸福、龙虎山等水库除险加固,实施万亩片(六垱)海堤除险加固、省道201琅岐段等一批重要基础设施工程。实施“双百工程”“六六工程”和农村家园清洁行动,投入2.1亿元,推动17个示范村、整治村的基础设施、村容村貌、社会事业等建设项目122项,完成闽白公路、茶洋山公路等重点基础设施工程。

【社会事业】 科技教育 通过国家新认定的高新技术企业49家,占全市总量的1/4;新增中国名牌产品4个、中国驰名商标2件、省名牌产品39个;21家企业参与国际、国家和行业标准制修订122项,马尾成为全省唯一的国家高新技术产业标准化示范区,获评全国科技进步先进区、全省科普先进区。闽安小学、实验幼儿园教学楼基本建成,四十一中、琅岐实验小学教学楼等65项校舍加固改造工程启动实施。推进职业教育与行业、企业合作对接,发展学前教育、职业教育,落实义务教育“两免一补”等惠民政策,实现“双高普九”目标,在全省率先实行高中阶段免费教育。

文化卫生体育 船政遗址群成为国家国防教育示范基地。船政文化对台交流系列活动列入国台办2010年重点交流项目,举办船政文化入台展、船政文化论坛、少年儿童体育夏令营等活动。亭

3月16日,马尾造船厂为德国航运公司建造的880箱集装箱船在1号船台下水。 (陈晓静 摄)

江镇被评为创建全国文明村镇先进单位,闽安村列入第五批国家级历史文化名村。城区有线电视数字化整体转换基本实现。新建或改造农家书屋17个、省级农民健身工程项目6个、乡镇农民体育健身活动中心2个。区医院病房大楼、亭江卫生院大楼基本建成,推进城乡基本公共卫生服务和重大公共卫生服务均等化,开展镇卫生院和社区卫生服务中心规范化建设,获"全国优质服务先进区"称号。

计划生育　新出生人口880人,出生率6.03‰,低生育水平保持稳定。计生工作水平进一步提高,稳步推进第六次全国人口普查工作。

社会保障　新增城镇就业8200人,转移农村富余劳动力2100人。提高企业退休人员养老金、城镇居民基本医疗保险、城乡最低生活保障标准,全面启动城乡居民社会养老保险。新建保障性住房345套。增设社区居家养老服务站8个,全区56位孤寡老人享受免费家政服务。率先免费为农民办理新型农村合作医疗,农民参合率98.5%。全面推进城镇居民基本医疗保险,参保率95%。

生态环境保护　率先创建国家生态工业园区,推进ISO 14001区域环境管理体系持续稳定运行,推广低碳经济、绿色经济,二氧化硫排放量削减22.95%,化学需氧量削减10.1%。开展畜禽养殖污染等专项治理。建成区绿化覆盖率40.31%,森林覆盖率62.25%,饮用水源水质达标率100%,获评全国绿化模范区。

平安建设　开展校园及周边治安隐患排查整治行动。开展矛盾纠纷排查和信访维稳工作,群众对社会治安满意率99%,列全市第一。

表43　**2010年马尾区街道(乡镇)基本情况一览**

街道(乡镇)	辖地面积(平方公里)	人口		村居(个)	农业总产值(万元)	财政总收入(不含基金)(万元)	财政总支出(万元)
		户数(户)	人口数(人)				
罗星街道	28.086	10317	34116	11	571	4816	1150
马尾镇	53.625	9890	32010	16	4684	6747	1565
亭江镇	105.604	9735	27201	20	7691	11467	1805
琅岐镇	88.282	21122	71065	28	71806	21160	16479

注:数据来自统计局

(吴　惠)

福清市

【概况】　福清市地处福建东南沿海,福州南翼,北面与长乐市、闽侯县为邻,西北与永泰县相连,西南与莆田市毗邻,东南两面临海,与平潭县隔海相望。市域面积2430平方公里,其中陆域面积1519平方公里,海域面积911平方公里。辖17个镇、7个街道,户籍人口127.2万人。旅居海外的华侨和新移民86万人,遍布世界近120个国家和地区。

海岸线长408公里,其中深水岸线117公里,是福建省"两集两散"和福州市"南集北散"港口发展战略中规划建设的深水集装箱枢纽港。建成江阴港区1~5号5个5万吨级(兼靠10万吨级)集装箱泊位、国电配套7万吨级煤码头、元洪3万吨级散杂货码头、元载5万吨级多用途码头和融侨集装箱码头。2010年全市货物吞吐量1153万吨,集装箱吞吐量64.67万标箱。有众多的人文自然景观,富有"中华梦乡"美誉的石竹山,入列国家4A级旅游风景区;瑞岩山弥勒石佛造像被列为全国重点保护文物;另有日本三大佛教流派之一黄檗宗祖庭万福寺、南少林寺遗址、灵石国家森林公园等诸多名胜古迹。

2010年,以打好"五大战役"、开展重点项目建设立功竞赛活动为抓手,全力推动重点项目建设,提前超额完成省、福州市下达的"五大战役"项目投资量,市本级284项"五大战役"项目完成投资282.55亿元,市级以上86项重点项目完成投资165.16亿元。跻身全国产业发展能力十强和战略性新兴产业最具竞争力二十强县市。

【经济建设】　实现地区生产总值474.65亿元,比增13.5%,三次产业比例为13.5:50.7:35.8;农业总产值105.68亿元,比增4.5%;工业总产值1091.58亿元,比增20.5%,其中规模以上工业产值1033.8亿元,比增21.1%;全社会固定资产投资349.03亿元,比增38%;财政总收入(不含基金)42亿元,比增16.6%,其中地方财政收入25.41亿元,比增20.7%;全市社会消费品零售总额155.68亿元,比增18.6%;城镇居民人均可支配收入22955万元,比增11%;农民人均纯收入10147万元,比增9.5%。

农业　成为全省唯一获批国家现代农业示范区的县市。新发展设施农业600多公顷,完成标准化水产养殖池塘改造333.33公顷;台湾农民创业园新签约7个总投资3.1亿元的项目;全市福州市级以上农业产业化龙头企业37家,带动农户20万户;有54家企业通过无公害农产品认定,8家企业获绿色食品标志使用权,20项农产品获评省级以上名牌农产品。

工业　全年新增上市企业1家,中国驰名商标4件,省名牌产品、著名商标18件,捷联电子获首届福建省质量奖。重点产业性项目建设加快推进,核电1号机组转入设备安装阶段,2号机组进展顺利,3号机组正式动建,累计完成投资166亿元;三山泽岐、嘉儒二期、沙埔牛头尾一期、高山二期4个新建风电项目和捷星、英冠达等项目相继投产或部分投产,东南电化、耀隆化工搬迁项目正式动工,中国化工集团 CPP 项目首期 5 亿元注册资本金到位,中国软包装集团聚丙烯、经纬新纤等项目正式签约。

服务业　创元大酒店、富创世纪城、顺捷钢材城等大型商贸项目建设快速推进,新引进光大银行,新建成 63 家农家店(农资店)和 1 个日用品配送中心,家电下乡和以旧换新工作继续位居福州市首位。全年接待旅客 120.86 万人次,实现旅游业收入 7.5 亿元。服务业增加值 167.87 亿元,比增 8.7%。

招商引资　参加"5·18"海峡两岸经贸交易会、"9·8"厦门贸易投资洽谈会等大型招商活动,举办首届融商大会,全年实际利用外资 1.38 亿美元,内资实际到资 77.5 亿元,全市新批及增资的台资企业 13 家,实际利用台资 6129 万美元。

城乡建设　完成新一轮土地利用总体规划修编和城市总体规划纲要评审,市规划展览馆正式开馆。全年新、拓建城市道路 18 公里,建成或基本建成火车站迎宾大道,东环路、清鸿路等市政主次干道,完成清昌大道、小桥街和清荣大道部分路段"白改黑"工程,启动福俱大道、福百大道、清繁大道、龙江南路 A 段等城市主干道建设,建成龙江公园和火车站站前广场,动建龙江生态文化园。出台推进小城镇综合改革建设试点工作的实施意见,龙田省级试点镇建设初见成效,高山、渔溪两个福州市级试点镇建设开始启动。江阴港区 4 号、5 号泊位顺利开港,福厦铁路福清段全面建成投入运营,渔平高速公路及江阴疏港支线、福泉高速公路拓宽改造工程福清段建成通车,省道 305 线三山至东瀚段拓宽改造工程全面完工。

新启动 4 个镇农村饮水安全工程建设,实施 4 条 19.3 公里河道整治,完成海堤加固 2.6 公里、水库除险加固 5 座,修复水毁工程 26 处;建立农村公路养护管理机制,建成群养公路 52 条 48 公里,完成 1.2 万平方米农村公路大中修和 3 座危桥改造任务,实施 11 条 61 公里农村公路安全保障工程,行政村通班车率 97.3%。全市 17 个镇 438 个村全部通过福州市级"家园清洁行动"创评验收。

建成 4 个省级生态镇街、7 个省级生态村、31 个福州市级生态村;城区新增绿化覆盖面积 225 公顷,建成区绿化覆盖率 46.51%,人均公园面积 12.01 平方米;新建绿色乡镇 8 个、绿色新农村 65 个、绿色开发区 3 个、绿色军营 5 个、绿色校园 50 个;完成"三沿一环"造林绿化 1000 公顷、绿色通道 105 公里;完成一重山绿化 373.33 公顷。

福清火车站　　(郭成辉　摄)

【社会事业】　科技教育　全年新增高新技术企业 8 家,全国企事业知识产权试点单位 1 家,省级知识产权优势企业 3 家、试点企业 3 家,省级创新型试点企业 3 家。完成 43 所义务教育标准化学校建设,启动崇文小学、沙埔实验小学和部分公办幼儿园建设;投入 2 亿元实施 13.46 万平方米中小学校舍安全工程,福清华侨中学升格为省一级达标中学。

文化卫生体育　建成"两馆一中心"(体育馆、侨乡博物馆、文化艺术中心)主体工程,动建"三馆"(科技馆、图书馆、档案馆)和市青少年校外体育中心,完成龙江桥修复及 3 个镇综合文化站改造完善工程和 13 个镇(街)青少年校外体育活动场所建设,新建 152 家"农家书屋"、61 个村级健身工程点、2 个镇农民体育健身活动中心、77 条健身路径,行政村水泥篮球场覆盖率 94%。动建福清市医院新院和市妇幼保健院新院,挂牌成立龙山、石竹两个街道社区卫生服务中心,新建改建 29 家慈善卫生所,行政村卫生所覆盖率 93%。举办建市 20 周年大型演唱会、群众文艺踩街、第五届"读书月"等活动、"海峡两岸道教圆梦之旅暨第二届中华梦乡福清石竹山梦文化节",梦文化节、宗鹤拳分别被国台办和省台办列为对台重点交流项目。举办市第十三届运动会和第八届老年人体育健身大会,融籍运动员在第十六届亚运会上获 2 金 1 铜成绩。

社会保障　新增城镇就业人数 3.2 万人,转移农村富余劳动力 6180 人,城镇登记失业率为 1.87%。帮助 4836 名改制关闭国有、城镇集体企业退休人员和困难企业在职人员解决医保问题,城镇居民医保参保率和新农合参合率分别提高到 95% 和 97%,被征地用海农民养老保障制度全面推行,参保人员 3.3 万人,累计发放养老金 2400 多万元。建成各类保障性住房 1702 套,安置入驻住房困难户 448 户,保障房覆盖对象扩大至城区年收入 3 万元以下家庭。

【渔平高速公路通车】　12 月 25 日,渔平高速公路及福清江阴疏港支线全线通车,比原计划提前 15 个月。这是海峡西岸经济区高速公路网的重要组成部分,是平潭综合实验区、福清市连接沈海高速公路的主通道,2008 年 12 月 19 日动工,项目总投资 45.75 亿元。高速公路主线全长 40.10 公里,起点接沈海高速渔溪复合枢纽互通,经江阴、江镜、港头、高山、东瀚等乡镇,与在建的平潭大桥相连。渔平高速公路江阴支线起于江阴庄前村,经下垄村、高岭村、北郭村等地,终点连接于新江公路,支线全长 14.53 公里。

【福州保税港区设立】 5月18日,国务院正式批准设立福州保税港区。福州保税港区位于江阴港区,总面积9.2平方公里,由福州保税物流园区、铁路物流园区、福清出口加工区及江阴港区部分码头泊位整合而成,是在港口作业区和与之相连的特定区域内,集港口作业、物流和加工为一体,具有口岸功能的海关特殊监管区域。享受保税区、出口加工区相关的税收和外汇管理政策,是国内开放层次最高、优惠政策最多、运行规则基本与国际接轨的一种新的自由贸易港区模式。

【龙江综合整治】 强制拆除龙江中下游等禁养区内281家23.7万平方米畜禽养殖场,实施龙江干流利桥至南门桥段和大北溪立交桥至阳下段河道拓宽改造,启动天宝陂至太城溪入口段的河道清淤拓宽与驳岸建设工程,龙江防洪标准提高至30年一遇,4个省控水质监测断面水质保持稳定达标,入海河口断面水质达标率83.3%,较上年提高16.67%。

表44 **2010年福清市街道(乡镇)基本情况一览**

街道(乡镇)	辖地面积(平方公里)	人口		社区(村)(个)	农林牧渔业总产值(万元)	规模以上工业总产值(万元)	财政总收入(万元)	地方财政收入(万元)	财政总支出(万元)
		户数(户)	人口数(人)						
玉屏街道	9.2	25251	72894	16	1850.00	6397.5	26287.50	17108.10	911.74
龙山街道	34.0	18560	54760	17	26978.00	42345.0	9953.42	6714.17	1355.88
龙江街道	31.1	10885	34011	11	38500.00	383740.0	6989.59	3510.31	978.35
音西街道	51.1	14033	44378	16	33000.00	179000.0	48300.60	34689.43	1849.58
宏路街道	36.6	10265	33260	12	8345.00	483009.0	24204.19	13866.23	1395.84
石竹街道	15.4	4872	14590	9	12700.00	6159.0	63907.34	28947.63	1109.87
阳下街道	69.0	12858	39412	22	22412.50	1010373.0	29654.96	15644.39	1390.61
镜洋镇	88.6	8483	26235	17	27500.00	656976.0	12593.48	4959.76	2041.42
东张镇	128.5	9597	31168	19	41229.00	37106.0	2363.13	1124.50	1222.18
一都镇	108.0	3638	11751	7	18172.00	0.0	110.33	68.57	689.80
渔溪镇	115.3	15650	49687	22	56000.00	160377.0	7174.40	3527.83	965.80
上迳镇	52.5	9280	32179	16	39800.00	223279.0	4057.20	1428.70	1053.31
江阴镇	69.8	22267	81006	23	35200.00	640178.0	24144.77	12972.68	1368.55
新厝镇	73.6	8427	26560	16	22200.00	64732.0	2250.00	1575.13	996.63
海口镇	53.0	23755	74825	20	57400.00	47000.0	3383.60	1918.04	907.84
南岭镇	34.0	2173	6847	8	2100.00	0.0	280.40	223.55	679.10
城头镇	70.5	16821	56934	26	68972.00	794071.0	6914.70	3293.90	1374.14
龙田镇	88.0	35259	129252	42	95000.00	415221.0	9442.60	6222.38	2566.12
江镜镇	56.7	25221	96769	26	74000.00	36695.0	1598.50	793.20	1455.00
港头镇	45.0	20825	80181	31	40300.00	22732.0	1078.16	673.96	1306.33
三山镇	102.0	34043	116634	36	51800.00	16101.0	8251.30	6241.08	3891.60
高山镇	40.5	22392	67545	24	32226.79	50291.3	2836.90	1996.87	1199.64
东瀚镇	74.0	12339	41922	17	31179.00	0.0	265.12	157.00	930.90
沙埔镇	40.0	13078	49234	22	32000.00	3579.0	705.00	413.78	1173.00

注:数据来自统计局。

(郭芳辉 方 南)

长 乐 市

【概况】 长乐地处闽江口南岸,东与台湾隔海相望,北与马尾经济技术开发区一江相连,南邻福清市,距福州城区约30公里,是福建省会窗口城市、两岸"三通"的重要对接点。全市陆域面积约680平方公里,海域面积3313平方公里,江海岸线总长130多公里。辖4个街道、12个镇、2个乡,户籍人口约68.51万人,有海外华人、华侨及港澳同胞40余万人,遍布世界近百个国家(地区),是福建省著名侨乡和台胞祖籍地。

历代名人辈出,杏林始祖董奉、一代高僧百丈禅师、爱国华侨陈振龙、书画名家陈子奋、文学巨匠郑振铎、冰心,以及当代著名导演陈凯歌等都是其中杰出代表。

境内花岗石储量达3亿立方米,硅砂储量居全国市县序列第二位;青山晚熟龙眼曾为历朝贡品,漳港海蚌是世界稀有的海味奇珍。有国家3A级旅游景区显应宫、董奉山国家森林公园、闽江河口国家湿地公园等各类公园及文化展馆100多个。

全市公路总长1100多公里,其中高等级公路总长200公里,沈海、福厦、机场高速公路穿境而过,福州长乐国际机场年旅客吞吐量突破650万人次。境内的华能福州电厂总装机容量达272万千瓦,拥有22万伏变电站3座、11万伏变电站17座,自来水日供水能力达13万吨。松下港区及闽江口内港区建成码头泊位24个,其中万吨级以上泊位17个,年总吞吐量1345万吨。

2010年,坚持以重点项目建设为抓手,以打好"五大战役"为契机,全市动员、层层落实、领导负责、强力推动,223项"五大战役"项目全年完成投资136.02亿元,占年度计划投资的108.1%,其中21项列入福州市"五大战役"重大项目的完成投资57.11亿元,占年度计划投资的134.9%,居福州市前列。经济综合实力继续位居全国"百强"、全省"十强"县(市)行列。市财政统筹用于民生的公共服务支出达3.85亿元,增长25.4%,十大类49项为民办实事项目按计划实施,除跨年度项目外全部完成。

【经济建设】 实现地区生产总值301.28亿元,增长14.0%,三次产业比例为9.5:64.1:26.4;财政总收入(不含基金)25.31亿元,增长16.0%,其中地方财政收入14.37亿元,增长23.4%;全社会固定资产投资151.72亿元,增长49.4%;出口总值2.85亿美元,增长23.4%,进口总值8.52亿美元,增长49.2%;城镇居民人均可支配收入23366元,增长11.8%;农民人均纯收入9967元,增长11.5%。

农业 农业发展保持平稳,全年实现农林牧渔业总产值53.2亿元,增长4.7%。粮食生产稳定,渔业发展较快,全年新增设施农业面积333.33公顷;"漳港海蚌"获国家地理标志产品保护认证。水利设施建设投入1.2亿元,建成外文武海堤除险加固、三营涝片排涝、三溪水库除险加固等9项重点水利工程。

工业 全年实现工业总产值914.73亿元,增长19.3%,其中规模以上工业总产值850.82亿元,增长20.2%。纺织业产销两旺,年产值突破500亿元。年产值亿元以上工业企业达114家,同比增加17家,其中10亿元以上22家。有203家企业增资扩产,新注册内外资企业378家,其中总投资亿元以上25家。

服务业 社会消费品零售总额70.44亿元,增长22.6%。推进大市场、大商贸和酒店业、物流业发展,启动鹤上钢铁五金建材市场填土方工程,建设东关商务大楼、龙门四星级酒店,引进台湾大润发卖场、省总工会劳模技能交流基地、翔孚物流、捷康海峡医用设备市场等项目。文化创意产业有所发展,网龙动漫一期建成,二期天晴在线研发基地动建,三期AI项目正抓紧报批。金融业新引进华夏、民生两家银行,落户长乐银行业机构达16家。服务业增加值79.4亿元,比增8.7%,占GDP26.35%。

项目建设 工业园区方面,长乐人创业基地基础配套设施建设快速推进,项目集聚效应明显,成为长乐市重要的新经济增长点。重大产业项目方面,华能三期、元成豆业精炼油、利德针织等36个项目建成,力恒聚合二期、金纶高纤三四期、恒源纺织等22个项目动建。基础设施项目建设方面,峡漳路拓宽改造、营前口综合整治、201省道文岭至赶兜段等7条道路大部分竣工;东区水厂一期完成土建工程,二水厂扩建工程投入使用,营前22万伏和长林、渡桥等4座11万伏变电站加快推进,滨海污水处理厂一期完成土建工程,全市铺设污水管网31公里;松下码头0号5000吨级泊位建成,3号15万吨、18号5万吨、19号2万吨级和元载码头5万吨级泊位建设有序推进。城市建设方面,华能拆迁安置房主体工程和会堂路、吴航路、香江路、鳌山路改造等7个项目基本建成,汾阳楼、皇庭丹郡、万业锦江城等10个项目动建。民生工程方面,莲柄港泵站更新改造、滨海消防站等11个项目建成,市青少年校外体育活动中心、闽江口海域整治等8个项目动建。

招商引资 依托各类招商平台,按照多中选大、大中选好、好中选快的原则,引进生成雪人制冷压缩机、明一食品、恒申合纤、大唐风电、国发重工、米家储机械等一批高新产业项目。内资实际到资47.31亿元,增长121.0%;实际利用外资7965万美元。

城乡建设 启动新一轮城市总体规划编制,完成江田、古槐、玉田等8个乡镇总体规划修编。完成南山公园、影视公园及朝阳路、吴航路等城区园林景点

长乐金纶石化 (杨婀娜 摄)

和主干道绿化提升改造,完成城区夜景灯光工程和朝阳路、鳌山路缆线下地工程。持续开展城区交通秩序整顿,查处各类交通违规行为3000多起;在全市范围内开展清理违法建设工作,拆除违法建设139处2.5万平方米。

【社会事业】 科技教育 不断提高企业创新能力,鑫港纺机多梳节贾卡电脑提花机通过国家级鉴定,华源纺织成为全国粘胶纱特色生产基地,锦江科技被认定为省级高新技术企业,聚泉食品列为福州市现代农业创新基地,创造者锦纶纺丝、金鑫纺织等31项技改项目列入福州市产业调整和振兴重点项目目录,全市实施产学研合作项目68项,技术项目成果对接61项,引进各类先进机台(设备)近2500台套。推进品牌资本经营,制定商标培育工作三年规划,出台扶持企业上市意见,16项产品被评为福建省名牌产品,11家企业列入省上市重点后备企业名单。撤并整合10所中小学校;新扩建校舍7.4万平方米,拆除改造校舍危房2.57万平方米;顺利通过省级教育"两项督导"评估考核,长乐侨中和长乐二中、七中分别通过省一级和二级达标校评估验收。

文化卫生体育 80个"农家书屋"投入使用,实现乡镇(街道)综合文化站全覆盖,琴江村获评中国历史文化名村;市二医院门诊大楼建成,基本完成漳港、玉田卫生院提升改造,成立医患纠纷调解中心。在所有超过5000人的建置村增配一套健身路径,建成45个村级农民体育健身工程点;在第二届"海峡论坛"海峡两岸传统武术比赛中获39项金奖,长乐代表团成为所有参赛代表队成绩最好的团队,在第十四届省运会中获17枚金牌,团体总分列县(市)区第十六名。

计划生育 抓人口计生工作,有序推进第六次全国人口普查工作。全年出生人口6812人,出生率9.58‰,出生人口政策符合率94.00%;出生性别比105.61。

社会保障 城镇新增就业7553人,农村劳动力转移就业6100人,城镇登记失业率1.9%,低于省、福州市平均水平。提高最低工资及五保供养、各类优抚对象生活补助标准,全年发放各类低保金、生活补助金1900万元。新型农村合作医疗筹资标准提高到150元,参合率96.3%,城镇居民医疗保险参保率96%。投入1000多万元开展助学、助医、助残、助困等扶贫济困活动。建成廉租住房一期工程,完成二期主体工程,启动三期工程。做好"菜篮子"工程建设和市场供应工作,保持市场农副产品价格基本稳定。

生态环境保护 做好饮用水源保护工作,实施矿山整治、取缔河砂开采、定点屠宰废水处理等10项重点流域水环境综合整治项目,完成下洞江干流整治工程,基本拆除禁养区内146家、整治禁养区外169家畜禽养殖场,完成三溪水库上游水源畜禽养殖污染整治。推进节能减排,建成城区污水处理厂中控系统,关停4家造纸和制革企业,按期完成3家国控、18家省控重点污染源自动监控系统,二氧化硫排放量削减2000吨,化学需氧量削减266吨,完成节能减排年度任务。全年完成造林面积800公顷,占全年任务的105%;加快闽江河口国家湿地公园建设,基本建成湿地博物馆,成立全国首家湿地院士工作站。猴屿乡和猴屿乡张村、猴屿村被认定为国家级生态乡镇、生态村,吴航、航城街道和33个村被认定为省级生态乡镇、生态村。

平安建设 加大"平安长乐"创建力度,建立乡镇(街道)综治信访维稳中心,完善城乡社会治安防控体系,严厉打击"两抢两盗"、黑恶势力等各类违法犯罪,排查化解矛盾纠纷7993起,社会公众安全感满意率保持在93%以上。组织开展330多场各级各类安全生产检查整治行动,安全事故起数及死亡人数同比分别下降18.3%、34.9%。对全市所有学校进行拉网式安全检查,限期整改隐患862条,投入850万元用于全市中小学、幼儿园周边安全设施建设,所有学校均配备保安人员。

【长乐人创业基地】 工程开发建设进展顺利,启动区一期97.33公顷土地已批,二期、三期用地正抓紧报批,鹏程路路面工程基本竣工。项目吸引众多企业家的目光,登记项目超过200个,总投资近500亿元。2月,锦源纺织、新华源纺织、鑫港纺机、卡冠纤维、天和纺织、永德信电器、明一食品等项目签约落户,总投资约45亿元,其中锦源纺织、新华源纺织、明一食品、鑫港纺机等项目开工动建。

2009年9月,长乐市委、市政府把航空港工业区二期地块中的306.66公顷作为启动区,副省长、福州市市长苏增添亲自将该区命名为"长乐人创业基地"。区内产业定位以轻工纺织、电子信息、机械装备、生物医药和物流等无污染项目为主。由长乐市政府负责建设可基本满足工业发展需要的路网、供水、供电、通讯、闭路、排水、排污等基础设施项目,基本实现"七通一平",实行熟地招商、熟地出让。同时,在航空港工业区规划范围及周边城镇同步规划建设商业、娱乐、餐馆、文化、教育、医疗等市政公用配套设施。

表45 **2010年长乐市各街道(乡镇)基本情况一览**

街道(乡镇)	辖地面积(平方公里)	人口		社区(村)(个)	农林牧渔业总产值(万元)	规模以上工业总产值(万元)	财政总收入(万元)
		户数(户)	人口数(人)				
吴航街道	8.25	22549	57986	13	349	19896	39327.0
航城街道	57.00	13053	39739	18	13604	654457	39225.5
营前街道	34.56	11211	34717	12	19071	582599	14453.0
首占镇	30.90	7626	26615	13	13856	38628	1886.1
玉田镇	54.50	11207	41076	11	27458	41930	1007.3

续表45

街道(乡镇)	辖地面积(平方公里)	人口		社区(村)(个)	农林牧渔业总产值(万元)	规模以上工业总产值(万元)	财政总收入(万元)
		户数(户)	人口数(人)				
罗联乡	21.50	3289	10745	8	11765	18044	515.6
松下镇	38.60	7033	24861	9	24391	1001002	21387.3
江田镇	86.40	15084	52790	19	27947	1312354	16815.7
古槐镇	51.80	16370	58113	23	20004	329981	5923.0
文武砂镇	32.00	6272	21140	17	42753	267142	5063.8
鹤上镇	48.50	17221	57458	22	27223	926545	13550.4
漳港街道	42.40	16750	53066	19	44379	1142678	11587.8
湖南镇	32.80	9739	28753	11	25305	428464	8345.9
金峰镇	29.88	19964	68342	21	20085	600226	16257.9
文岭镇	28.80	10166	33630	12	52893	227543	3271.5
梅花镇	5.80	6208	15964	6	103577	60307	1255.1
潭头镇	56.00	17527	54942	23	50602	256926	4092.6
猴屿乡	19.60	2004	5168	4	6736	0	258.8

注:数据来自统计局。

(陈　耕)

闽侯县

【概况】 闽侯县地处福建省东部,东邻福州市区、长乐市、罗源县,南接福清市、永泰县,西抵闽清县,北靠古田县,属福州市辖县,呈月牙形拱卫福州市区,素有"八闽首邑"之称。辖1个街道、8个镇、6个乡、315个行政村(居),土地面积2136平方公里,总人口75万人(含上街大学新校区学生数),户籍人口64.38万人。旅居海外华侨及港澳台同胞20多万人,是福建省主要侨乡之一。

全县水力资源理论蕴藏量10多万千瓦,林木总蓄积量251万立方米,探明的矿产有金、钨、钼、铁、铜、硫磺、明矾、石灰石、石英石等21种,闽江砂石是天然的建材,地热资源丰富。有国家级风景名胜区十八重溪、全省八大旅游品牌之一的昙石山文化遗址、与福州鼓山齐名的旗山、"南方第一丛林"雪峰寺等旅游胜地,盛产柑橘、荔枝、龙眼、橄榄等四大名果,是"中国橄榄之乡"。

2010年,全县围绕各项经济指标要求以及"大干150天、打好五大战役"的决策部署,推动经济、社会发展。列全省"经济实力十强"第六名、"经济发展十佳"第一名和"县域科学发展十优"第三名,成为全省唯一的三优县。被评为"国家计划生育优质服务先进县"。

【经济建设】 全县地区生产总值238.55亿元,比增19.8%,三次产业比例为10.1∶57.7∶32.2;农业总产值39.76亿元,比增4.7%;工业总产值487.55亿元,比增34.9%,其中规模以上工业总产值428.25亿元,比增38.8%;财政总收入(不含基金)40.39亿元,比增33.7%,其中地方财政收入21.35亿元,比增28.8%。

农业　农民人均纯收入8027元,比增12.6%。"闽侯橄榄"地理标志获国家商标局核准注册。龙头企业和重点基地实现产值17.2亿元,比增11.6%,带动农户增收6.5亿元。加大财政支农力度,发放各种补贴1.94亿元,比增16.6%。落实农村小额贴息贷款2350万元,近千户农户获益。投入1.3亿元实施"双百工程"。

工业　汽车产业产值213.27亿元,东南汽车年产突破12万辆,创产值87.62亿元,比增42.7%;戴姆勒汽车投入生产,年生产1.14万辆,创产值36.53亿元;获原模具、本特勒等15家配套厂建成投产。高新技术产业总产值突破150亿元,占工业总产值比重35%,新增福特科光电、博思软件等11家高新技术企业。工艺、机电、建材、食品等产业分别完成规模产值40.86亿元、43.35亿元、42.57亿元和28.37亿元。青口投资区新投产企业18家,全区产值267亿元,比增58%。闽侯经济技术开发区52家企业投产,产值突破40亿元。海西高新技术产业园入驻20个项目,其中创业大厦、中科院海西研究院等5个项目动工建设。推进实施生物医药和机电产业园路网等基础配套项目,兆元光电、晶圆科技等12家企业落户园区。

服务业　服务业增加值76.78亿元,比增9.4%。海峡农副产品批发物流中心建成开业,海峡汽车文化广场、永辉(甘蔗)生活中心等项目主体工程基本建成,引进圆通仓储等9家大型物流企业,南通物流园建设规划编制正式启动。实施"万村千乡"市场工程,提升改造一批农村市场,新增农家店34个,发放家电、汽车、摩托车下乡补贴2700万元。荆溪光明温泉旅游度假区、闽都民俗园开工建设,旗山(五峰里)森林人家基本建成,培育形成7个乡村旅游省级示范点。全年接待游客118万人次,旅游收入2.23亿元。完成房地产投资52亿元,建筑面积33.78万平方米。

招商引资　举办“5·18”海峡两岸经贸交易会闽侯招商会，参加“9·8”厦门投资贸易洽谈会，全县新批外资项目(含增资)58项，引进金龙腾动力机械、向阳坊食品等千万美元以上项目19项，新批合同外资2.55亿美元，比增38.6%；实际利用外资(按验资口径)1.35亿美元，比增2.4%。首次主办“6·18”海西高新论坛，对接产业37项，总投4.9亿元。对外贸易实现恢复性增长，出口总额8.6亿美元，比增30.9%。

城乡建设　县城新区建设全面提速，市艺校、新城丽景(一期)建成投用，省建行档案库等主体建筑基本建成，博物馆、科技中心、文化中心、市民服务中心、滨江新城城市综合体等一批项目启动实施；推进旧城改造，一期37万平方米旧房拆迁基本完成，安置房项目进场钻探施工。推进上街大学新区建设，闽江南港南岸防洪排涝(三期)工程建成投用，工贸路等6条道路完成改造，旗山大道东半幅、侯官北路等道路建设快速推进，市政配套日趋完善。省级小城镇综合改革试点建设规划编制基本完成，青口小城镇首期确立31个项目，总投资91.33亿元，中央公园、壶山安置房(一期)等23个项目动建，其中奔驰大道、青潭溪河道整治等8个项目完工。荆溪小城镇首期确立41个项目，总投资76.04亿元，甘洪路拓宽改造、荆溪新城新区中路等28个项目加紧建设。成立上街大学新区市政管理服务中心，建立健全城建监察、市容市貌整治等长效机制。持续开展清理整治违法建设活动，全年拆除违法建设46.5万平方米。

【社会事业】　科技教育　投入1500万元实施县级科技项目83项，14个项目获上级科技部门立项扶持。成立县科技智囊团。年内，获“省知识产权强县”称号，专利申请增长率居全市前列。投入1.52亿元实施“校安工程”建设，改善中小学办学条件，受益学生7.68万人。16所学校通过市级标准化评估，超额完成年度任务。

文化卫生体育　新建图书流通点6家，建成健身路径116条、农家书屋95家，推出《喜娘之歌》等文艺新品，组织民间民俗文艺闹元宵等大型活动。在第十四届省运会上获17项冠军，总分列83个参赛队第13位，创历史最好成绩。免费提供15项卫生服务项目，全面实行乡镇卫生院药品零差率；建立医患纠纷调解机制。

社会保障　新增城镇就业9600人，转移农村富余劳动力7600人。新农合参合率99.96%，年补助6316万元；发放被征地老龄农民生活补助金5000万元，惠及3.9万人。成立县慈善总会和社会救助管理站，启动实施居家养老服务试点工作。保障性住房年度任务全面完成，95户城镇住房困难家庭得到廉租房保障。

生态建设　开展生态县(乡、村)创建工作，全县单位地区生产总值能耗下降5%，化学需氧量和二氧化硫排放量分别削减5.5%和2.3%，节能减排目标全面完成。南通污水处理厂建成运行，县级以上工业区污水管网基本实现全接驳，新修市政道路全面铺设污水管网。开展闽江流域水环境整治，取缔饮用水源保护区内所有生产性、经营性排污口，拆除畜禽养殖场所12.4万平方米，乡镇以上集中式饮用水源地水质100%达标，闽江闽侯段水质均达Ⅲ类标准。实施“家园清洁”行动，建成户用沼气池550户、无害化卫生户厕2148户。推进“四绿”工程，县城建成区绿地率34.42%。

【海峡汽车文化广场】　海峡汽车文化广场4S专营区用地约36公顷。年内，有23家4S汽车销售企业建设用地完成摘牌，其中11家入驻或进场施工。2009年9月，福州市政府决定在青口投资区建设海峡汽车文化广场。海峡汽车文化广场项目总建设用地97.06公顷，分为汽车商务综合区和4S专营区两大部分，是汽车交易、汽车消费和汽车品牌展示宣传、汽车商务交流、汽车文化推广、汽车信息传播的综合汽车商务文化服务园区。汽车商务综合区用地60.67公顷，总建筑面积75.5万平方米，总投资约22.6亿元，计划分3期建设。其中一期建设面积22.4万平方米，总投资11亿元，将于2011年上半年建成并投入使用。

【海峡农副产品物流中心】　9月开业运营。项目总投资约12亿元，一期建设占地面积约58公顷，建筑面积约37万平方米，分为海峡蔬菜批发市场、海峡果品批发市场、海峡副食品批发市场、海峡家禽批发市场和海峡冻品批发市场等五大专业批发市场，配套建设信息发布、电子结算、监控、农残检测、垃圾污水处理等系统。其中，海峡蔬菜批发市场占地面积约16公顷，建筑面积约8万平方米，分南北两区，北区设场位、叶菜、精品菜等交易区，南区设干杂、食用菌、海带、生鲜配送等交易区。海峡果品批发市场占地面积约10公顷，建筑面积约5万平方米，设北方水果整车交易区、南方水果交易区、台湾水果专营区等。海峡副食品批发市场占地面积约9公顷，建筑面积约10万平方米，设食杂烟酒区、干杂调味区、百货日杂区、仓库区、工商办公

9月，海峡农副产品物流中心正式运营。

服务区等。海峡家禽批发市场占地面积约13公顷,建筑面积约4万平方米,设家禽交易区、仓储区、物流区等。海峡冻品批发市场占地面积约10公顷,建筑面积约10万平方米,由商务大楼、6万吨冷库、包装加工车间、冷藏食品交易市场等组成。

表46　**2010年闽侯县街道(乡镇)基本情况一览**

街道(乡镇)	辖地面积(平方公里)	人口		社区(村)(个)	农林牧渔业总产值(万元)	规模以上工业总产值(万元)	财政总收入(万元)
		户数(户)	人口数(人)				
甘蔗街道	47	16596	43814	17	10058	353814	29421
白沙镇	175	10446	33160	23	21225	78310	8830
南屿镇	171	19490	58668	24	24133	251025	20039
尚干镇	5	5942	17395	13	6646	170457	5816
祥谦镇	89	18761	61317	20	37189	262026	10371
青口镇	127	26341	81225	40	50260	2166350	171234
南通镇	112	15993	45035	17	42642	75513	5259
上街镇	157	20705	90121	23	11450	101178	50479
荆溪镇	137	14832	45243	17	39853	602463	22260
竹岐乡	224	8469	28381	22	28661	53416	2556
鸿尾乡	157	9643	32904	20	25505	144300	6031
洋里乡	151	8772	29980	23	31857	14896	777
大湖乡	282	9419	32026	23	31731	4582	564
廷坪乡	217	10027	34761	25	15867	3159	359
小箬乡	46	2782	9796	8	8811	1050	317

注:数据来自统计局。

(施理光)

连江县

【概况】　连江县位于福州市东部,东与台湾、马祖列岛一衣带水,距马祖最近处仅8000米,西傍省会福州,南与琅岐岛隔江相望,北靠罗源湾,是新规划的福州大都市区的重要组成部分。县域总面积4280平方公里,其中陆地面积1168平方公里,海域面积3112平方公里。海岸线长238公里,有"三湾"(罗源湾、定海湾、黄岐湾)、"三口"(可门口、闽江口、敖江口),大小岛屿82座,天然港湾47处。辖22个乡镇、271个村居,人口约62万人,是中国著名的侨乡和台胞祖籍地。

境内矿藏资源丰富,初步探明的金属矿藏有锌、银、铀、钨等15种,非金属矿藏有高岭土、叶蜡石、花岗石、贝壳、泥煤等。花岗石遍布全县,储量1亿立方米,质色俱佳。地热资源充裕,是全省第二个温泉城,被誉为"中国温泉之乡",贵安温泉日合理开采量达6700吨,水温高达82℃,含有数十种对人体有益的矿物质。

海域滩涂广阔,海产资源尤为丰富,近海有东引、东沙、葵只、四母屿4个渔场,与闽中渔场连成一片,北上达浙江渔场,南下至闽南和台湾浅滩渔场,东部为台湾北部渔场,是全国县级水产第二大县、全省水产第一大县。年内,获"中国鲍鱼之乡"称号,"定海湾丁香鱼"地理标志产品申报成功。

2010年,全县安排"五大战役"项目175项,总投资为343.4亿元,年度计划投资64.75亿元,完成投资80.50亿元。列入市"五大战役"项目12项,总投资133.07亿元,年度计划投资19.51亿元,完成投资24.58亿元。

【经济建设】　实现国内生产总值188.61亿元,增长13.5%。其中,第一产业增加值67.22亿元,增长4.5%;第二产业增加值65.42亿元,增长24.8%;第三产业增加值55.98亿元,增长10.5%。第一、第二、第三次产业比例为35.6∶34.7∶29.7。财政总收入15.14亿元(不含基金),增长22.6%。其中,地方财政收入9.8亿元,增长29.6%;上划中央收入5.34亿元,增长11.5%。财政支出16.27亿元,增长37.7%。建筑业实现增加值8.32亿元,增长20.4%;房屋竣工面积373.77万平方米,增长17.8%;实现利润总额1.59亿元,增长48.6%。货物运输周转量227.87亿吨公里,增长24.9%。

农业　全年农林牧渔业总产值115.6亿元,增长4.4%。其中,农业产值9.09亿元,增长0.4%;林业产值0.44亿元,增长11.6%;牧业产值2.91万元,增长3.5%;渔业产值99.75亿元,增长5.0%。

全年发放各类涉农补贴1.16亿元。农业产业化规模扩大,28家农业产业化龙头企业实现销售收入31亿元。抓农业“五新”推广工作,推动设施农业发展,13个龙头企业的22个项目获县科技创新奖励。水产品产量67.52万吨,增长5.5%。修复病险水库6座、加固海堤11.87公里。黄岐国家中心渔港建成投用,东洛、同心三级渔港全面竣工。建成乡镇气象自动站,在全市率先建设农村气象信息预警发布系统。建设和改造农村公路30公里,完成通村公路路面硬化271公里,建成56座农村卫生公厕,完成13个电气化乡镇、96个电气化村建设任务。解决12个乡镇57个行政村的安全饮水问题。组织搬迁203户900人,涉及6个乡镇7个村庄。完成新农村建设项目580项,投资9.80亿元,创建16个示范村,建成陆岛交通码头4座。

工业　完成工业总产值208.17亿元,增长30.2%。工业增加值57.1亿元,增长27.2%。年产值在亿元以上的重点企业15家,能源电力、食品加工、皮革制造、交通运输设备制造等重点行业均保持30%以上的高速增长。37项工业新增长点项目新增产值30亿元,世纪电缆、星源机械等10个工业项目竣工投产,南方石化、青岛啤酒、茶花塑料等20个工业项目开工建设。神州学人、德通金属等超亿元项目相继落地。组织实施省市级重点技改项目7项,投资5.6亿元,对接“6·18”项目成果40项。

服务业　实现服务业增加值55.98亿元,增长10.5%。实现社会消费品零售总额43.55亿元,比上年增长20.3%。分城乡看,城镇消费品零售额19.68亿元,增长20.5%,占全社会消费品零售总额的45.2%;乡村消费品零售额23.87亿元,增长20.1%,占全社会消费品零售总额的54.8%。分行业看,批发零售贸易业零售额35.85亿元,增长18.9%,占全社会消费品零售总额的82.3%;住宿餐饮业零售额7.71亿元,增长20.4%,占全社会消费品零售总额的17.7%,其中,限额以上零售额8.77亿元,增长90.7%;限额以下零售额34.79亿元,增长10.1%。

相继引进海西电子物流配送中心、盛辉物流等现代物流企业,海峡钢贸城动工建设。新增限额以上商贸企业18家,凤翔商贸城初步建成。西方财富四星级酒店、东湖西海岸酒店山庄等服务企业正在建设。贵安旅游升级发展,引进东雁旅游文化综合体、海峡文化创意产业基地等产业龙头项目,游客年接待量突破30万人次。启动编制福州黄岐(环马祖澳)旅游区发展总体规划。

6月29日,青岛啤酒有限公司落地连江经济开发区。

项目建设　可门疏港公路全线贯通,浦口至山坑段完成硬化,可门铁路支线、可门引水工程加快推进;采取BT方式建设的可门工业园区一区200公顷填方造地工程开始动工。连江经济开发区山岗片区平整土地108.67公顷,通园大道基本完成,供电、供水工程正在建设。贵安温泉旅游区互通接线公路与福州西绕城高速公路同步通车,区内路网建设全面铺开。温福铁路连江段、黄岐中心渔港、江滨路城关至潘渡段、东苔线黑点改造工程等一批重大基础设施项目建成或基本建成。“五大中心”、敖江三桥、污水处理二期工程顺利竣工,影剧院、垃圾焚烧发电厂以及敖江路三期、温泉路、火车站迎宾大道等开工建设。

招商引资　组织第五届亲情回归恳谈会,参加“5·18”海峡两岸经贸交易会、“9·8”投洽会等重大招商活动。全年实际利用外资2027万美元,内资到资23.17亿元。全年进出口总额4.31亿美元,增长38.5%。其中,出口3.55亿美元,增长41.6%;进口7550万美元,增长25.6%。

【社会事业】　科技教育　全县经省认定的高新技术企业2家,高新技术产业实现增加值5.91亿元,比上年增长42.1%。申报省科技计划项目5项,市科技计划项目12项。全年专利申请量90件,其中发明15件,实用新型50件,外观设计25件。拥有省名牌产品6个,著名商标16个,知名商标22个。各类教育协调发展,办学条件不断改善,教育经费年均增长比财政增长高出5.05个百分点,累计投入1.05亿元落实“两免一补”惠民政策,顺利通过“双高普九”验收。实施中小学“校安工程”,新建校舍3万平方米,加固校舍6000平方米。教育“两项督导”以“双优”成绩通过省级评估验收。

文化卫生体育　组织举办“福虎闹元宵”文艺晚会、连江县纪念抗日战争胜利65周年经典红歌会、连江县纪念“中国第五个文化遗产日”非物质文化遗产成果展、庆国庆军民联欢会、“连江首届青岛啤酒节”等活动10多场。非物质文化遗产“仁山拉线狮”亮相上海世博会福建周巡演和福州市民俗文艺展演。参加福州市“第三届海峡两岸合唱节”展演,选送歌手参加福州市第十届“新福州人歌手赛”等活动。举办专题书展10期、图片展4期,刊出各类宣传专栏12期。县图书馆接待读者6.04万人次、流通图书10.01万册次,接待读者信息资料咨询1486件次。开展群众文化活动6项,演出闽剧350场。完善疾病预防控制体系、重大疫情信息网络体系和卫生执法监督体系。全县有各类医院卫生机构29个,有村卫生室246个。县医院综合病房大楼主体工程完工,改造提升3所乡镇卫生院。基层医疗卫生机构实行基本药品零差率销售。建成乡镇青少年校外体育活动场所18个、进村健身路径38条、村级篮球场44个。组织和协办2010年福州市(连江站)万名老年人健步行、福州市小学生乒乓球选拔赛暨传统校比赛、"金星杯"第二届新闻界乒乓球邀请赛等群众性体育比赛10多项。在福建省第十四届省运会上,武术项目获2金1银3铜,田径项目获1金1铜,足球项目获1金1铜。组队参加市武术、乒乓球、跆拳道比赛,武术项目获男、女组团体总分第一名、第二名,甲、乙组集体基本功2枚金牌,单项18金13银11铜;跆拳道项目获男子团体总分第一名,单项3金2银2铜。

计划生育　全年出生人口6765人,人口出生率为10.22‰,人口自然增长率为4.87‰,完成市下达的人口计生责任书指标,其中政策内出生6497人,政策符合率为96.04%,比市下达指标高出0.84个百分点。社会抚养费征收力度加强,依法征收社会抚养费1179人,征收金额3392.31万元。加大"两非"打击力度,破获14例"两非"案件,出生人口性别比为106.06:100,同比下降1.29个百分点。落实人口计生各项惠民政策,县财政投入404.93万元资金,兑现计生奖励扶助和优惠帮扶措施。

人民生活　城镇居民人均可支配收入19202元,增长12.0%,居民人均消费性支出12503元,增长9.1%;农民人均纯收入7744元,增长11.5%,人均生活消费支出5757元,增长8.6%。居民消费价格总水平比上年上升2.6%,其中服务项目价格下降0.8%。八大类价格指数呈"六升二降"态势,食品、烟酒及用品、医疗保健和个人用品、交通和通讯、娱乐教育文化用品及服务、居住分别上涨4.6%、3.0%、4.8%、0.1%、0.3%、4.3%;衣着、家庭设备及维修服务分别下降0.2%、0.8%。商品零售价格上涨2.9%。农业生产资料价格上涨5.6%。

社会保障　统筹城乡就业,新增城镇就业人数3075人,转移农村劳动力就业6922人。"五险"累计扩面1.05万人。企业退休人员养老金、城乡低保、农村五保供养标准继续提高。新建苔菉、黄岐敬老院。开展新型农村社会养老保险试点工作,实施被征地农民养老保障制度。至2010年,参加新型农村合作医疗人数48.46万人,参合率99.9%,年度报销补偿突破7000万元;参加农村社会养老保险人数26.67万人。新建保障性住房410套,发放廉租房租赁补贴153户,实物配租33户。

生态环境保护　加强敖江流域综合整治,抓石板材加工业整治,关停石材加工企业54家,削减锯机401台,超额完成年内各削减50%的双控目标。推进"四绿工程",全县新建绿化覆盖面积26.6万平方米,道路绿化64.7公里,造林绿化673.33公顷,森林覆盖率56.4%。

平安建设　制定下发《2010年平安连江建设实施意见》《"平安先行乡镇""平安先行村居""平安先行单位"创建工作实施意见》等文件,推动乡镇、村居、单位开展新一轮平安先行创建活动。敖江镇等15个乡镇通过市综治委"平安先行乡镇"考评验收;204个村居通过县综治委"平安先行村居"考评验收,创建率达75.6%;验收通过96个县直单位达"平安先行单位"标准,创建率达81%。全县发放平安宣传品17万件,宣传资料16万份,展出宣传板面640块,悬挂宣传横幅570条,解答群众咨询11万余人次。

表47　**2010年连江县街道(乡镇)基本情况一览**

街道(乡镇)	辖地面积(平方公里)	人口		社区(村)(个)	农林牧渔业总产值(万元)	规模以上工业总产值(万元)	财政总收入(万元)	财政总支出(含基金)	一般预算支出
		户数(户)	人口数(人)						
凤城镇	4.8	19042	63916	12	704	11762	9319	1011	925
敖江镇	42.2	10693	37075	14	5371	711439	22617	1601	1445
江南乡	79.0	7426	24908	16	8462	12329	4650	647	628
东湖镇	43.9	5050	16599	10	7754	600	680	492	359
浦口镇	50.6	10752	37848	14	39756	10322	1190	663	589
东岱镇	24.4	10088	35524	9	60239	16064	1249	545	535
晓澳镇	21.5	11157	37252	7	99983	143877	2362	768	701
琯头镇	63.8	18082	56726	28	122709	360003	11722	1291	1178
潘渡乡	132.4	5772	19155	11	33160	—	1628	644	482
小沧乡	58.9	1177	4259	5	1631	—	85	284	273
丹阳镇	107.7	8465	28273	18	16319	35254	1380	2076	2002
蓼沿乡	124.3	8014	28472	23	8007	18464	1061	933	912
长龙镇	41.3	3730	12482	7	13667	0	869	363	357
透堡镇	25.5	5769	21309	8	22994	0	809	537	533

续表 47

街道(乡镇)	辖地面积(平方公里)	人口		社区(村)(个)	农林牧渔业总产值(万元)	规模以上工业总产值(万元)	财政总收入(万元)	财政总支出(含基金)	一般预算支出
		户数(户)	人口数(人)						
马鼻镇	38.9	11785	43882	15	43699	4906	1431	703	636
官坂镇	36.5	8605	31580	16	36646	5060	734	649	636
坑园镇	25.9	6008	22215	8	58825	6985	669	619	491
下宫乡	33.8	3717	13708	9	21458	16727	98	708	704
筱埕镇	34.0	8181	28125	11	70370	99577	1055	1433	1420
黄岐镇	14.0	7422	24531	11	176117	16600	697	5196	2544
安凯乡	29.5	4982	17551	11	59876	19126	411	797	724
苔菉镇	8.2	8004	26833	8	193318	3643	492	2164	2164
其他	—	—	—	—	57736	443817	86194	—	—

注:数据来自统计局。

（游元秦）

闽清县

【概况】 闽清县位于福建省东南部,闽江中下游,距省城福州50公里。全县总面积1466平方公里,辖11镇5乡291个村(居),户籍人口31.29万人,是全省著名侨乡,有20多万侨胞旅居新加坡、马来西亚、印度尼西亚等12个国家和地区。

闽清交通发达,316国道横贯境内32.3公里,外福铁路和闽江航运也穿境而过,福银高速公路贯穿境内39公里,有云龙、金沙两个互通口,形成公路、水路、铁路纵横交错、四通八达的交通网络。境内有华东地区最大的水电站——水口水电站,拥有库区水域面积13平方公里。有全国单座最大的古民居"宏琳厝",有全国迄今发现的"世界稀有、中华之最"的黄楮林自然保护区,有"八闽岳祖"白岩山、美菰原始林海和白云山景区,有"中国温泉第一溪"——黄楮林温泉景区、大明谷温泉村和七叠温泉景区等,形成"名山、碧水、温泉、古民居"的特色旅游。

境内有高岭土、叶蜡石、紫砂页岩、铁、锰、钨等矿藏,尤以高岭土蕴藏最为丰富,由此形成的以建陶和电瓷为主的陶瓷业是闽清最具特色的产业,是全国著名的建陶、电瓷生产和出口基地。森林覆盖率68.3%,有杉、松、竹和许多阔叶树种,是福建省重要林业县和23个南方落叶果树基地县之一。盛产橄榄、李果、柑橘、蜜柚和无核柿等"五大名果",糟菜、粉干、橄榄"闽清三宝"闻名遐迩,有全省最大的淡水养殖基地。

2010年,制定《闽清县大干150天、打好"五大战役"工作实施方案》,计划实施"五大战役"项目66个,完成投资7.35亿元。其中,年内竣工项目29个,完成投资1.78亿元,开工动建且达到明显形象进度项目22个,完成投资5.57亿元,为实施"十二五"规划良好开局奠定坚实的基础。

【经济建设】 实现地区生产总值84.15亿元,比增11.9%,三次产业比例为18.6:56.9:24.5;含水口财政总收入11.18亿元,比增42.8%,其中地方财政收入7.04亿元,比增49.5%;不含水口财政总收入8.55亿元,比增36.5%,其中地方财政收入6.38亿元,比增47.9%;工业总产值118.52亿元,比增18.1%,其中规模以上工业产值105.79亿元,比增19.3%;农业总产值25.90亿元,比增4.4%;海关出口总额8315万美元,比增11.6%;全社会固定资产投资19.17亿元,比增65.7%;社会消费品零售总额21.92亿元,比增18.1%;农民人均纯收入6954元,比增9.7%;城镇居民人均可支配收入16028元,比增11.4%;人口自然增长率6.24‰。

农业 发放粮食直补、良种补贴、农机购置补贴等资金1203万元,推广再生稻0.25万公顷,建立超级稻示范片0.4万公顷,年粮食产量8.56万吨,比增2.1%。新植油茶333.33公顷、金银花333.33公顷,新建优质茶园13.33公顷,建成桔林乡100万袋反季节白木耳、上莲乡46.67公顷菌草、雄江镇10万袋灵芝等食用菌生产基地。建立恒大等3个设施农业生产示范基地,新建成标准蔬菜大棚21公顷。引进台湾雪莲果等一批海峡两岸农业合作项目。上莲乡脐橙、东桥镇金针菇等9种农产品获绿色食品产地认证。实施白樟、白中、省璜国家农业综合开发项目建设,改造中低产田766.67公顷;完成岭里等2座水库除险加固,修复水毁工程45处,治理水土流失11.1平方公里;完成塔庄、东桥等2个乡镇农村饮水安全工程建设。实施农村"一事一议"筹资筹劳项目115个,总投资2100万元,获得奖补资金737万元。推进集体林权制度配套改革,换发林权证面积1866.67公顷,发放林权抵押小额贴息贷款520万元。投入1000多万元抢修加固闽江闽清段崩塌江岸,20户暴雨灾害重建对象搬入新居。新建4个自动气象站,完善乡镇区域气象观测网,基本实现全年森林零火灾。

工业 开展"工业发展年"活动,启动白金工业园区建设。新上盛利达等3家新型建材项目,引进联合电工电瓷等一批电瓷项目。全县在建和新建工业项目27个,总投资12.98亿元,其中新丰陶瓷扩产、汇农食品等项目建成投产。

34家企业共投入2.2亿元实施技改,其中金盛钢业完成炼钢车间技改,年新增产值4亿元;小神龙表业启动二期项目,年新增产值1亿元。豪业等6家建陶企业和百纳等10家电瓷企业改用天然气,财政兑现企业使用天然气补助补贴177.5万元。金陶等3家企业安装轨道式锅炉煤耗效率测量装置,燃煤节省率10%以上。

服务业　阳光城综合商业楼建成投入使用,城区新增一批较高档次餐饮服务企业,初步形成华侨城至阳光城较高档次商业零售圈。新建农家店34个,销售家电下乡电器2.67万台,兑现补贴691万元。投资2000多万元的黄楮林温泉宾馆投入使用;投资6000万元的七叠温泉景区投入试营业。全年接待游客48.3万人次,旅游收入5796万元,比增8%。新成立建筑公司2家,提升资质等级2家。闽清一建等建筑公司在全国各地新设立8家分公司,省外建安产值占总产值60%以上。全县建立1个信用乡、139个信用村,年发放各种支农小额贷款5200万元;新设立1242个农村资金支付终端,健全农村支付结算体系。服务业增加值20.652亿元,比增4.3%。

招商引资　举办"十八坂"商品交易会和"5·20"招商专场会,组织参加"5·18"海峡两岸经贸交易会,"6·18"海峡项目成果交易会,"9·8"厦门投资贸易洽谈会等招商活动,共会审27个项目拟入工业区发展。引进回归兴顺、鑫圣等2家物流企业,九鼎建筑、华弩集团等回归企业发展成为财政收入新增长点。实际利用外资222万美元,比增38.8%。

城乡建设　配合做好合福高速铁路闽清段各项建设,填方平整高铁闽清北站及广场。基本完成202省道三溪至塔庄林洞段改造工程。新建成下祝、省璜、白中等3个乡镇客运站和16个候车亭,硬化基础网络道路12.8公里、通自然村公路49.8公里。完成225公里农村公路安全防护设施建设。新建或改扩建坂东110千伏等一批输变电工程,开工建设城关地区亮夜工程,铺设梅溪路600毫米管径供水管道。完成阳光城等房地产项目开发和祥云1号安置楼建设;新开工普通商品房建筑面积8.7万平方米;天行新区一期建设顺利进展;实施南山路、梅溪路等城区道路改造;完成城区防洪堤二期主体工程建设。出让天行新区二期地块;盘活县外贸公司、纸箱厂等国有或集体企业闲置资产及土地;承接收储原省公路二公司闽清地块。

【社会事业】　科技教育　小神龙表业公司建立创新研发中心,福晶公司实施的新型节能灯用软磁材料获国家科技型中小企业创新基金管理中心立项。投入3300万元实施22个中小学"校安工程"建设;组织143名教师开展轮岗交流和学科对口支教,公开招聘13名教师。

文化卫生体育　完成5个行政村有线电视网络改造和10个行政村"模改数"工程建设,实现手机3G网络全县行政村全覆盖。建成省、市级乡镇综合文化站各2个,新建改建农家书屋90家;动工建设县文化馆、图书馆和博物馆"三馆"综合楼和县青少年校外体育活动中心;建成省级农民健身工程46个、县级全民健身路径16个、省级和市级农民健身活动中心各1个、乡镇青少年校外活动场所11个;少体校省重点体育后备人才基地建设通过省级验收。县医院病房大楼建成投入使用,县中医院病房大楼、金沙卫生院综合楼完成装修改造,云龙卫生院病房楼完成主体工程建设;组建县医患纠纷调解处置中心;新招收27名医学类全日制本科毕业生充实医疗卫生队伍。健全重大动物疫情防控预案和应急机制,禽流感、口蹄疫等动态免疫率达100%。

计划生育　开展人口计生"百日大会战"和"150天攻坚战",全年出生3436人,出生率10.64‰,计生率95.55%,同比增长0.86个百分点。出生人口性别比105.50:100,同比下降2.73个百分点。坚持依法征收社会抚养费,完成社会抚养费征收1220万元。

社会保障　全县城镇新增就业2629人,转移农村富余劳动力5856人,城镇登记失业率控制在2.3%以内。全县1278家企业纳入省级养老保险统筹,474

七叠温泉景区

家单位纳入城镇职工基本医疗保险。启动全县机关事业单位工伤和生育保险，提高城镇居民基本医疗保险和新农合医疗补助标准。农村五保补助标准由每人每月100元提高至200元，集中供养标准提高至250元。建成14套廉租房，动工建设126套廉租房。出资45万元为全县人民投保自然灾害公众责任险。为村主干提高工资标准、办理基本养老保险。

生态环境保护　城区污水、垃圾处理项目建成投入试运行。加大城区环卫管理体制改革，合并城区一二级环卫队伍，建成梅溪路垃圾中转站。开展流域水环境综合整治，清理整治畜禽禁养区、养殖场禁建区。实施"四绿"工程，完成造林绿化2333.33公顷，上莲、省璜、雄江3个乡镇通过省级生态乡镇验收。新建农村户用沼气池450口，完成改厕1500户。

平安创建　基本建成云龙等3个乡镇司法所办公楼。在城乡重要部位增设58个监控探头，在全县中小学和幼儿园配备保安255人、安装监控探头85个。

【七叠温泉景区】　位于闽清县塔庄镇斜洋村，2010年底开始对外开放。景区内有室内及露天大小温泉池50个、水疗设备68套，还有完善的娱乐健身、会议接待等配套设施，可同时安排食宿400人。景区毗邻宏琳厝、四乐轩等古民居景点，是集洗浴健身、休闲娱乐、餐饮住宿、会议接待、农业观光为一体的综合性温泉旅游度假胜地，也是福州打造"温泉之都"的重要组成部分。温泉出水口海拔400余米，为全省海拔最高。水温46℃，日流量2000吨，属碳酸氢钠型温泉，含硅、氟、氡等10多种微量元素。其中偏硅酸、氟的含量均达到国家医疗热矿水命名标准，并含有较高的氡含量，对关节炎、神经系统疾病、心血管疾病、痛风、皮肤病等有医疗作用，并具有干净嫩白皮肤、驱除雀斑、减肥等功效，是地道的美人汤、健身汤。

表48　**2010年闽清县街道(乡镇)基本情况一览**

街道(乡镇)	辖地面积(平方公里)	人口		社区(村)(个)	农林牧渔业总产值(万元)	工业总产值(万元)	地方财政收入(万元)	地方财政一般预算支出(万元)
		户数(户)	人口数(人)					
梅城镇	9.27	13817	39811	12	4576	59768	2819.94	202.7
梅溪镇	144.13	6852	22055	21	23759	64347	1311.66	381.99
云龙乡	40.42	3526	11407	10	16192	224831	1099.45	207.07
白樟镇	80.78	5531	18134	14	18503	157073	1140.76	234.00
金沙镇	156.67	4367	14099	19	13974	40131	207.05	244.66
白中镇	41.80	5552	18486	14	10832	160790	1403.78	241.74
池园镇	89.47	7181	23457	20	14276	135606	679.16	264.90
上莲乡	122.68	3830	13202	18	15825	3927	150.95	227.93
坂东镇	58.53	13124	42834	28	27476	54192	511.85	456.51
三溪乡	47.00	3014	9585	12	9791	634	64.55	260.32
塔庄镇	73.27	7297	25454	25	22752	15428	104.33	403.57
省璜镇	116.67	5590	19441	27	20489	1310	230.26	279.88
雄江镇	111.20	2151	6216	13	11301	7397	98.55	153.69
桔林乡	107.20	2124	6882	13	11442	10192	100.32	167.29
东桥镇	187.34	6014	21578	23	19277	18721	242.07	344.49
下祝乡	80.14	5555	20246	22	17078	1013	15.64	212.45

注：数据由统计局和财政局提供

(许孙泉)

罗源县

【概况】　罗源县位于福建东部沿海，闽江口金三角北翼，与台湾、马祖隔海相望，境内三面环山，一面临海。全县面积1187平方公里，其中海域面积52.5平方公里。辖6镇5乡194个村(居)。户籍人口25.54万，其中畲族人口占8.1%，为福建省畲族主要聚居区之一。

境内物产丰富，有花岗岩、叶蜡石、高岭土和食用菌、海带、紫菜及林竹果茶等特色资源。东部的罗源湾口小腹大水深，海域面积240平方公里，避风遏浪，不冻不淤，是福建省六大天然深水良港之一，被确定为福州深水外港、台轮停泊点、对台贸易点和临时一类通商口岸。所辖的北岸港区岸线长25公里，水深在10米以上的岸线约14公里，规划可建万吨级以上深水泊位37个。拥有围垦造地3333公顷及周边可开发利用腹地，土地储量6667公顷，可供成片开发临港工业建设用地。

2010年,全县按照建设福州北翼经济区和罗源湾生态港口工业城市的战略部署,抓住发展第一要务,坚持临港工业主导地位不动摇,实施项目带动战略,推进基础设施建设。全县102个"五大战役"项目完成投资68.17亿元。

【经济建设】 实现地区生产总值103.76亿元,比增19.5%,三次产业比例为18.4∶64.8∶16.8;工业总产值245.58亿元,比增42.7%,其中规模以上工业产值224.59亿元,比增47%;农业总产值32.55亿元,比增4.3%;服务业增加值17.43亿元,比增4.4%;全社会固定资产投资68.17亿元,比增20.6%;财政总收入7.08亿元,比增21.3%,其中地方级财政收入4.14亿元,比增11.3%;实际利用外资2380万美元,与上年持平;出口总额5406万美元,比增51.1%;社会消费品零售总额23.04亿元,比增18.5%;城镇居民人均可支配收入16737元,比增11.4%;农民人均纯收入6962元,比增10.2%。

农业 在稳定粮播面积的基础上,做大做强水产、食用菌、林竹果茶蔬等农业优势产业。全年食用菌生产5.1万吨,产值3.47亿元;水产品生产11.2万吨,产值20.34亿元;各类蔬菜种植4533公顷,产量7.4万吨。引导农民创办农民专业合作组织,全县建立52家农民专业合作社,为农户提供产前,产中,产后信息、技术和销售服务,增加农民收入。扶持建设现代农产品加工园区和特色农产品深加工示范项目、闽台农业示范等农业现代产业化项目,重点发展15家市级农业产业化龙头企业。推广新品种、新技术、新农药、新化肥、新机具"五新"入户。

工业 坚持走新型工业化道路,按照"产业链、产业集群、产业基地"的方向,推进结构调整,促进转型升级,重点推进冶金、建材、能源、化工、船舶修造、轻工食品、机械制造7大产业发展。华东船厂1号船坞、碧里作业区2个5万吨码头、恒久专用汽车一期、恒乐汽车配件、BOPP第三条生产线等13个项目相继投产。开展德盛冷轧线、宇星一期第二条生产线、BOPP第四条生产线、博美生物等一批项目建设。

服务业 完成《霍口乡旅游发展总体规划》修编,开辟霍口福湖畲族村和溪坂、禾山、姆龙谷等农家乐景点,推进正祥希尔顿五星级酒店建设。全年完成商品房销售22.35万平方米,交易金额8.44亿元。年末全县金融机构各项存款余额43.23亿元,比增53.8%;各项贷款余额32.62亿元,比增45.3%;域外贷款72.9亿元,实现零的突破。

招商引资 引进世纪金源集团开发建设罗源湾滨海城;引进央企宝钢集团与德盛公司重组建设不锈钢基地;引进央企华能集团合作开发罗源湾港电基地项目。"5·18"海峡两岸经贸交易会签约项目10项,总投资10.15亿元;"6·18"海峡项目成果交易会实现项目成果对接42项,技术需求对接17项;"9·8"厦门投资贸易洽谈会签约外资项目5项,签约内资项目7项。

城乡建设 新改扩建北大路人行道、罗中路南侧人行道、筑家·蓝波湾2条道路、附小配套道路、渡头桥引桥及南溪南岸污水截污管道等市政工程;推进东方星城、盛世名城、正祥特区、蓝湾明珠等项目建设;推进凤莲小区、莲花小区、渡头新区、筑家双星等项目前期工作;基本建成城区点、线、片夜景灯光工程。开展市容市貌管理工作;严厉打击违章建设及非法营运,规范户外广告和店牌店招;三道地段沿路环境整治成效明显。初步完成洪洋、碧里、飞竹3个乡镇总体规划及廪头、廪尾等10个中心村规划;启动西洋、上长治、石别下、许洋4个市级"双百工程"综合示范村建设,完成建设项目30项;完成256户1145人"造福工程"搬迁。投入2100万元,实施松山围垦、白水围垦、碧里濂澳、鉴江4条海堤及凌洋、羊角垅等水库除险加固工程;投入3000万元,建设起步溪防洪工程;投入

"和谐号"动车驶入罗源火车站。

2200万元,建设凤山、白塔、飞竹、洪洋、鉴江5个乡镇27处小型农田水利工程,受益农田面积833.33公顷;投入1000万元,建成霍口、中房、飞竹、松山4个乡镇农村安全饮水工程,受益人口2万多人。

港区建设　成立罗源湾北岸港区管委会,对罗源湾北岸港区进行统一规划、开发、管理。罗源湾北岸码头运营年总吞吐能力达1140万吨,比增32.4%;推进将军帽作业区15万吨码头建设;开展狮岐作业区4个码头泊位、博澳码头及碧里作业区6号、7号泊位前期工作;航道疏浚工程全线施工。重点推进松山片区"两路一桥一堤"、中央大道以及岐鹤路、岐鹤桥工程建设;实施金港片防洪排涝体系、亿鑫防浪墙等工程建设。进行碧里至将军帽疏港公路、碧里油杭至濂澳公路等工程建设;推进201省道碧里至鉴江公路、沈海高速公路复线、铁路支线等项目前期工作。

【社会事业】　科技教育　完成专利申请41件;"鲟鱼人工繁育和鱼籽酱开发技术研究与示范"列入省科技厅2010年星火计划项目。通过"两项督导"和11所"义务教育标准化学校"省级评估验收;推进"校安工程"和罗源一中创建省一级达标校建设;启动建设职业中学校外实训基地;高考本科上线率63.3%。

文化卫生体育　新、改建农家书屋64家,新建科普宣传栏151座;洪洋乡、起步镇综合文化站被列入省、市综合改造项目并投入使用;文艺创作《奉献你的爱》《民族团结歌舞》等6部文艺作品获国家级大赛金奖;举办第三届"畲族·风"民族民俗展、青少年艺术周等群众性文化活动;开展电影下乡活动,放映电影2500多场;推进城乡广播电视网络改造。建成县医院综合大楼并投入使用;完成洪洋、中房、霍口乡卫生院配套设施建设;推进医药卫生体制改革,全面实施9项基本公共卫生服务项目,落实国家基本药物制度。罗源县运动员参加竞技体育比赛获第八届世界青年跆拳道锦标赛第五名、亚残会五人制盲人足球冠军(主力门将)、全国青年跆拳道锦标赛3金1银1铜、第十四届省运会18金4银5铜成绩。

社会保障　城镇新增就业2365人,转移农业富余劳动力7903人,149名城镇下岗失业人员实现再就业。新增城乡低保对象500人,有1.2万人纳入低保,基本实现应保尽保。扩大城镇职工、居民医保、新型农村合作医疗和住房公积金覆盖面、受益面,全县职工医保参保1.8万人,居民医保参保2.2万人,全县发放医疗救助金1385人次,计110万元;农民参合18.7万人,参合率99.9%,报销医疗费2300万元;发放公积金贷款4729万元。开展沿海退养渔民、被征地农民和畜禽养殖农民转产转业工作。推进保障房、廉租房、安置房建设,完成南洋小区保障房和廉租房部分单体工程;推进可湖、坂沙安置房主体工程,推进下土港村、梅花村、白水主村、先锋村、长基自然村等搬迁工作。开展"扶残助学工程""春风行动""亲情园""爱心园"等活动,帮扶残疾人522人、留守儿童512人、孤寡老人78人和孤儿108人。慈善总会救危扶困1229人次,受益金达166万元。

表49　**2010年罗源县街道(乡镇)基本情况一览**

街道(乡镇)	辖地面积(平方公里)	人口		社区(村)(个)	农林牧渔业总产值(万元)	规模以上工业总产值(万元)	财政总收入(万元)	财政总支出(万元)
		户数(户)	人口数(人)					
凤山镇	131.7	16974	52591	15	5520	131017	9920	1648
西兰乡	117.0	4192	13888	17	16254	112584	1382	775
松山镇	63.6	9697	35755	22	91820	10001	1063	1604
起步镇	72.6	8357	28407	21	29434	26750	741	566
白塔乡	71.0	4461	15305	15	14216	38408	997	655
碧里乡	98.7	6787	23095	12	63543	无	1843	867
洪洋乡	71.0	4069	13734	18	12932	45986	754	514
飞竹镇	120.8	4670	16190	18	16669	20233	413	728
鉴江镇	66.6	3930	13406	9	26896	10201	298	669
中房镇	131.0	7171	23850	23	19724	9516	310	697
霍口乡	190.5	5722	19176	24	25296	无	229	947

注:

(周茂亮　雷桃金)

永泰县

【概况】　永泰县地处福州西南部,东邻闽侯、福清,西界德化、尤溪,南连莆田、仙游,北接闽清。县城距福州62公里,建设中的向莆铁路和福永高速公路经过永泰。区域面积2241平方公里。辖9个镇、12个乡、254个行政村、10个社区。户籍人口36.37万人,户数11.15万户,其中农业人口占91%。多为汉族,还有畲、傣、蒙、回等12个少数民族,人口6000多人。人口自然增长率为4.45‰。

全省重点林业县　有山地面积18.14万公顷，耕地面积2.04万公顷，林地面积16.14万公顷，森林覆盖率76.8%。果树面积1.67万公顷，以李果、青梅、柿子、板栗、柑橘等为主，常年水果产量逾8万吨，其中李果种植面积、产量均居全国首位，素有"李果之乡"称誉，"永泰李干"列入国家地理标志产品保护。

中国优秀旅游县　境内具有游览价值的景观110处，建成并对外营业景区20个，是全省十大旅游重点县之一。青云山景区是"国家4A级旅游区"和"国家重点风景名胜区"，也是"福州十大名片"之一。天门山为国家水利风景区和全国农业旅游示范点，姬岩景区为省级重点风景名胜区，名山室为全国重点文物保护单位，嵩口镇为中国历史文化名镇。

中国温泉之乡　全县8个乡镇都有温泉矿藏；发现的温泉自露点12处，日流量为2666.3升/秒，经勘察评价地下热水日开采量可达1.28万吨。全县温泉储量占福州市的18.4%，为福州各市县之首。

水电及矿产资源　水能理论蕴藏量88万千瓦，可开发水电装机容量51万千瓦，建成电站116座，装机12万千瓦，是全国农村第二批实现电气化县和"十五"全国水电农村电气化建设县之一。发现或初步探明储量的金属矿和非金属矿有金、银、钼、锌、紫砂土、高岭土等10多种。

2010年，永泰县开展"项目建设年"和"交通基础设施建设攻坚年"活动。安排"五大战役"项目59项，完成年度投资48.58亿元，占年度计划的101%，带动全社会固定资产投资完成47.3亿元(含铁路、高速公路)，增长56.7%，超额完成市下达的42.56亿元任务。

【经济建设】　2010年，全县实现地区生产总值72.7亿元，增长11.6%，33.7:36.5:29.8；财政总收入(不含基金)3.21亿元，增长28%，其中地方级财政收入(不含基金)2.1亿元，增长31%；全社会固定资产投资47.3亿元(含铁路、高速公路)，增长56.7%；城镇居民人均可支配收入15655元，增长12%；农民人均纯收入6196元，增长11.1%。

农业　全县农林牧渔业总产值37.7亿元，增长4.8%。粮食产量11.4万吨，增长4.2%；建立超级稻生产基地4000公顷，成为全省推广超级稻20个重点县之一。梧桐镇列入市设施农业示范点。新增省级农产品加工示范企业(盛兴)和GAP标准出口示范企业(永大)各1家，大洋龙泰农业综合开发有限公司列入农业部第一批全国园艺作物标准园创建单位企业。农技推广体系改革列入国家试点。成立全省首家台口村农民田间学校。新种油茶面积466.7公顷，油茶良种繁育及配套技术列为国家林业科技推广示范项目。发展中药材生产，在红星开发金银花生产；建成黄山贡菊、玫瑰花品种示范片33.3公顷。实施城乡绿化一体化"四绿"工程，新增造林面积2600公顷。推进绿色永泰建设，实施大樟溪沿岸造林绿化规划。发展畜牧水产养殖业，制定《永泰县水域水产养殖发展规划》《永泰县畜牧业发展总体规划》。

工业　全县工业总产值32.6亿元，增长17.1%，其中规模以上工业产值24亿元，增长19.2%。产值5000万元以上12家重点骨干企业实现产值14.34亿元，占规模以上工业产值的60%。金泰纺织、华尔锦、美尔奇、顺达食品4家企业列入市级重点规模企业。引进冠城大通股份有限公司开发创意产业园，万科集团、新恒基集团、国电电力等一批知名企业入驻永泰，海峡(永泰)省级影视基地项目正式落地。永泰抽水蓄能电站前期工作进入可研报告阶段。建筑业完成建安产值87.38亿元，增长38.5%；建安和房地产业入库税收1.3亿元，增长34%。

服务业　实现服务业增加值21.5亿元，增长9.3%。全县金融机构人民币存款余额49.65亿元，增长33.5%；各项贷款余额19.95亿元，增长23.3%。新华都、泰盛酒店等一批现代服务业项目投入运营。全社会消费品零售总额22.2亿元，增长18.1%。

编制《青云山风景名胜区提升旅游策划和重点地段建设规划》和《大樟溪流域旅游发展规划》。云顶景区一期工程、乐峰赤壁度假村项目竣工并对外试营业。樱花泉项目完成一期工程，盛亿温泉五星级酒店正式动工，下林五星级酒店完成公开招标。梧桐汤埕温泉项目启动征地拆迁等前期工作。在"三坊七巷"举办"美丽大樟溪摄影展"；在青云山御温泉举办"第二届亲水旅游文化节"，与福清市联手打造福州山海旅游精品线路。全年接待游客166.1万人次，增长20%；旅游产值4.29亿元，增长25%。

招商引资　参加各类招商活动，签约外资项目3项，总投资5500万美元；内资项目12项，总投资56.02亿元；新批合同外资1199万美元，实际利用外资875万美元；新增自营出口企业2家，全县出口总值完成1416.1万美元。内资实际到资5.55亿元，增长40.5%。实现技术对接项目10项，征集企业技术需求9项。

城乡建设　《永泰县城市总体规划修编(2007～2020年)》上报市政府审批，完成南城区等地块控制性详细规划编制。县府路拓宽改造，樟树坂大桥，滨江景观工程等项目完成招投标。南江滨路和刘岐大道BT招标工作正在进行。火车站站前大道、站前广场、北江滨路、龙头大道、龙峰园至县政府路段改造及沿街景观整治等工程有序推进。城区防洪堤建设6个标段进入全面实施阶段。清凉溪整治改造工程完成80%。垃圾无害化处理场、污水处理厂建成运营。城峰路口安置房正在建设，刘岐大桥南侧等3个地块安置房项目完成招投标，樟树坂大桥东侧、高速公路安置地完成施工图设计。御景湾、格林兰景、唐乾明月等房地产项目全面竣工。省道、县道改造全面铺开，向莆铁路永泰段27座隧道贯通19座；福永高速公路打通两条隧道，铺通一座跨大樟溪桥梁，主线征地拆迁全面完成。

以葛岭、嵩口、梧桐、大洋、同安等中心集镇为重点推进小城镇建设。5个乡镇完成总体规划编制。4个市级综合示范村建设完成基础设施投资3480万元。启动国家级生态县创建方案，盘谷乡创建国家级生态乡通过初审。塘前等6个乡镇被省住房和城乡建设厅评为"绿色乡镇"。新建18个乡镇青少年校外体育活动场所。完成造福搬迁105户477人。实施"四绿工程"和农村环境连片整治，关停6家污染企业。新建农村饮水安全工程7个、农村户用沼气池1000户。农村家园清洁行动57个行政村列入省委、省政府为民办实事项目,全部通过市级验收。

【社会事业】 科技教育 组织参加第三届省"6·18"海峡两岸成果展,获金奖10项、银奖4项、铜奖3项。继续开展科普能力"三个一"(一站、一栏、一员)建设,完成30个村级科普惠农服务站、66个村(社区)科普宣传栏建设,配备66个村级科普员,组建一支科普志愿者队伍。永泰三中建立校园科技馆。发展教育事业,学前一年入园率90.1%,小学适龄儿童入学率100%,初中毛入学率99.7%,高中阶段毛入学率87%,三类残疾儿童入学率95.5%。完成永泰一中与城关中学搬迁,新成立青云中学,实验小学附属幼儿园独立建制,并命名"永泰县城关幼儿园"。寄宿制工程全面完成,28个校安工程重建项目有序推进。实验小学搬迁工程开始动建。创建中小学义务教育标准化学校16所。白云中学被省教育厅、省公务员局、省人力资源开发办公室授予"福建省教育系统先进集体"称号。制订中小学校舍安全规划,提升校园安保工作,全县中小学校共配备保安216人,配备率100%,完成校园技防监控系统安装。

文化卫生体育 完成联奎公园、文庙修缮并免费向市民开放。新建或改造农家书屋89个、乡镇综合文化站4个。实施农村电影"2131"工程,放映农村公益电影3169场。《青云山歌》正式出版,《永泰年鉴(2009)》以全国统一书号正式公开发行。实施有线数字电视整体转换工作,66个"模改数"村安装直播卫星接收设备2700多套。县医院门诊综合大楼开始动建。县医院通过省卫生厅"二级甲等"医院评审,县中医院通过市卫生局"二级乙等"评审。清凉、红星卫生院加强建设项目动工,大洋中心卫生院环境改造和污水处理列入中央补助项目,大洋埔头、同安坂头、嵩口月洲3个村卫生所改造完成。启动实施国家基本药物制度,全县所有公立基层医疗卫生机构全部配备使用《福建省基层医疗卫生机构用药目录》内的药品。建立城市支援农村卫生工作的长效机制,实施医院对医院、科室对科室、人对人的"1+1"模式进行技术转移对接。为87例贫困白内障患者免费开展复明手术。县青少年校外体育活动中心动建。建成17条健身路径和48个村级篮球场。参加第四届世界传统武术锦标赛,获2金3银1铜。

社会保障 扩大各类保险覆盖面,参加企业职工基本养老保险9768人,城镇居民基本医疗保险3.2万人,城镇职工基本医疗保险1.96万人。新型农村合作医疗参合率95.51%。新农合个人筹资提高到30元,门诊特殊病种扩大到15种,永泰县列入福州市普通门诊统筹试点县,于10月启动普通门诊报销补偿。调整公务员津补贴及中小学教师绩效工资,公共卫生与基层医疗卫生及其他事业单位实施绩效工资。城乡教师住房公积金全面落实。村干部待遇、退休干部补贴、五保供养标准、最低工资标准提高。新增城镇就业2409人,再就业135人,城镇登记失业率1.99%,转移农业富余劳动力6029人。国有集体关闭破产企业退休人员和困难企业职工医保问题得到解决。建设廉租房79套、3611平方米。启动被征地农民社会养老保障工作。智障人员"福乐家园"投入使用。

【永泰一中新校区建成】 2010年9月,新校区正式投入使用。该项目于2007年2月7日正式立项,总投资3949万元,占地面积8.67公顷。校园南侧毗邻正在建设的30米宽的龙头大道,北侧毗邻规划中30米宽的县城南江滨大道。新校区规划办学规模48个高中教学班、12个初中教学班,按福建省一级达标高中最新标准规划、设计、建设,已建校舍总面积45340平方米。一期新建教学楼2幢、学生宿舍楼4幢、食堂1幢、科学楼1幢,全部完工投入使用。图书馆及连廊完成主体建设正在进行装修。

永泰一中新校区

【海峡(永泰)省级影视基地】 项目选址位于永泰县葛岭镇黄埔村,列入《福建省广播影视业 2010～2012 年发展规划》。规划占地面积 144.33 公顷，计划投资 10 亿元，重点建设影视创作、音像出版、网络文化创作、特色文化展示、影视旅游酒店、影视休闲旅游等相关产业。

【海西(永泰)创意产业园】 项目选址位于永泰县葛岭镇赤壁村，占地面积 215.5 公顷，计划总投资 32.5 亿元，拟建成集广告创意、新闻传媒、文创教育基地、工业研发和设计、高科技保健及休闲度假为一体的综合型园区。8 月 31 日，冠城大通和永泰县政府正式签署海西文化创意产业园项目。

表 50　**2010 年永泰县街道(乡镇)基本情况一览**

街道(乡镇)	辖地面积(平方公里)	人口		社区(村)(个)	农林牧渔业总产值(万元)	工业总产值(万元)	财政总收入(万元)	财政总支出(万元)
		户数(户)	人口数(人)					
塘前乡	88.28	1535	4578	6	7223	23588	127.74	194.49
葛岭镇	255.74	5037	16814	16	26218	6548	205.87	251.93
樟城镇	4.75	11942	33709	7	1638	1117	—	219.92
城峰镇	78.52	7907	24955	16	14435	78953	—	300.17
清凉镇	102.75	3417	11494	12	29910	6610	63.06	250.58
富泉乡	63.82	2040	6793	9	8303	1665	21.64	248.50
岭路乡	114.84	2210	8001	10	11310	978	233.85	247.20
赤锡乡	100.51	4330	15652	15	13273	7533	68.91	278.58
梧桐镇	171.90	11208	38338	22	26360	7152	177.40	453.73
嵩口镇	246.80	9848	31812	21	26257	4003	57.90	330.38
伏口乡	133.03	3747	12720	10	10172	3270	135.57	228.36
盖洋乡	112.74	2808	9113	10	10105	978	19.38	180.37
长庆镇	165.24	7630	24046	15	20908	17815	90.63	240.41
东洋乡	49.65	2688	8484	10	8378	1665	139.02	200.24
霞拔乡	63.10	5188	16886	11	9538	854	17.86	279.95
同安镇	143.26	9324	30796	23	18681	4812	109.12	392.86
大洋镇	109.16	9448	33464	18	16985	9190	49.77	1212
盘谷乡	30.56	2999	10138	6	9757	4768	61.77	292.32
红星乡	46.23	2803	8697	8	10029	2492	209.86	201.04
白云乡	104.40	4200	13345	13	16936	1152	65.87	275.49
丹云乡	57.15	1181	3863	6	8640	1246	12.62	139.43

注：数据经统计局核实

(陈文琳)

(编辑　郑姿娟)

编 者 按

2010年,福州市委、市政府年度重点调研课题共24篇,我们从中挑选6篇有一定存史价值、有大量社会调查数据和资料的重点调研报告。编者从"浓缩精华、过滤一般、保存史实"出发,对其中内容进行了提炼。主要摘录"现状"及"存在的问题"等"已然"内容,对"对策建议""未然"内容全文不录。

福州市规范促进民间投资的调研报告

市政协办公厅课题组

一、福州市民间投资的基本状况

1. 民间投资总量快速增长。近年来,随着国家、省、市鼓励民间投资政策措施的逐步落实,福州市民间投资快速增长,总量不断扩大,民间投资成为全社会固定资产投资的重要力量。2008年,福州市民间投资600.77亿元,占同期全社会固投的48.1%;2009年民间投资770.39亿元,占同期全社会固投的49.9%。民间投资成为福州市工业投资的主体,2009年民营企业项目投资290亿元,占工业重点项目总投资的52%。

2. 民间投资领域不断拓宽。自2002年起,福州市民间投资领域涉及冶金、纺织、船舶、房地产、食品加工、商贸服务、建材等多个行业,个别行业呈现集群化的发展趋势,推动福州市产业结构调整优化升级。

3. 民企融资渠道逐步建立。国有商业银行设立中小企业融资部,加大对中小企业贷款的扶持。为扩大企业融资渠道,政府鼓励并扶持一些企业实现了上市融资。为降低企业贷款风险,全市成立了70多家担保机构,缓解中小企业贷款难、担保难的问题。同时,全市设立19家典当行,有效缓解企业的应急资金困难。

4. 民间资本投资潜能巨大。2009年,全国居民储蓄存款总额22.5万亿元,全省金融机构存款总额15097.82亿元,居民储蓄存款余额为7245.92亿元,占全部存款的47.99%;全市金融机构存款总额4919.09亿元,居民储蓄存款余额2147.46亿元,占全部存款的43.66%。2009年,福州市完成民间投资770.39亿元,仅占居民储蓄存款余额的35.9%。许多民间资金在股市、楼市间游走徘徊,民间投资主体积极性还没有得到充分发挥。此外,目前还有大量的福州民间资本投资外省市,仅钢铁、房地产两个行业,就分别投资1000亿元以上。

二、福州市民间投资存在的主要问题

1. 行业准入限制。近年来,国家和省、市相继出台的鼓励和促进民间投资政策,虽然为拓宽民间投资提供了方向,但由于没有出台相关的具体细则,在实际操作层面,准入难度依然较大。特别是在一些传统的垄断行业,如电力、电信、供水等公用事业,银行、保险等金融业,铁路、高速公路、大型桥梁、公共建筑等基础设施,进入更难。

2. 融资渠道不畅。由于各大银行强化了贷款的风险约束机制,民营企业缺乏有效的信用担保,很难通过正规的金融渠道融到资金。目前,中小企业人民币贷款占商业银行人民币贷款的比例为64.69%。而福州市多元化融资体系尚未形成,民间投资机构除了担保机构、典当行外,形式相当有限,江浙一带近年发展迅速的民间信贷机构、金融公司、私募基金等,在福州市尚未出现。因此,大量的民间融资行为尚处于半隐蔽状态,由于无法律保障,成本高,风险大。

3. 环境有待改善。近年来,投资服务环境得到一定改善,但相对于民营经济发达地区还存在不足:缺乏对民间投资发展的有效规划,没有投资指南;民间投资产业还存在引导政策不明确,部分政策缺乏操作性、连续性;民间投资项目在洽谈、审批过程中,存在服务缺位现象;民营企业在生产经营过程中,后续服务不够完善。

4. 企业素质偏低。福州是一个以中小企业为主的地区,中小企业占全市工商登记企业总数的99%以上。普遍存在

四个方面的不足:一是技术含量较低。大部分民营企业尚未建立专门的技术研发机构,行业关键性技术大多依靠和模仿国外技术,高技术及高附加值产品比重较小。二是品牌意识不强。满足于来料加工和贴牌生产,国家著名商标和名牌企业很少。三是未形成产业链。即使已形成规模的纺织业,也缺少下游产业配套。四是忽视差异性发展。跟风投资、攀比复制现象比较明显,容易造成同质竞争、产能过剩。五是企业管理不规范。大多数民营企业存在管理体制不完善、监事机制不健全、财务制度不规范问题。

(课题指导:陈扬富　执笔:曹波　李伟)

对城市化进程中福州市“城中村”改制工作若干问题的思考

市委政研室课题组

一、福州市推进“城中村”改制工作的基本现状

推进“城中村”改制工作,既是城市化进程中理顺农居混杂地区管理体制的重大改革举措,也是统筹城乡发展、加强城市建设管理的重点工作内容。2003年7月,按照《关于“城中村”改制工作的若干意见(试行)》精神,本着先易后难原则,福州市确定地处城区、已没有土地或仅有少量土地及举村拆迁的“城中村”作为第一批改制对象。改制的模式为撤销村委会,将原村民融入居住地社区居委会,其中仓山区建新镇梅亭村、晋安区象园街道象园村和双坂村就地组建社区居委会,同时保留经济合作社。按照耕地大部分被征用、多数村民不从事农业生产、村民分散居住或村居民交叉居住等情况,截至2010年底,全市有142个“城中村”,其中38个按照程序基本完成改制工作,包括鼓楼区14个、台江区8个、仓山区10个、晋安区4个、马尾区2个,其下集体土地97.46公顷,人口3.14万人,集体房屋不动产(含厂房、办公楼等)面积83.98万平方米,其中没有房产证的面积31.44万平方米,年经合社收入1.401亿元。其余104个还未改制,包括鼓楼区1个、仓山区77个、晋安区19个、马尾区7个,其下集体土地3508.14公顷,其中耕地531.37公顷,人口17.71万人,集体房屋不动产(含厂房、办公楼等)面积230.89万平方米,其中没有房产证的面积125.59万平方米,年村财收入1.854亿元。

二、制约福州市“城中村”改制工作的难点问题及原因分析

1. 改制后的经济合作社发展定位模糊和运转不畅。原村集体土地和村委会名下的资产、债权债务及签订的合同,在改制后全部由经济合作社(以下简称经合社)承接。但在法律层面上,经合社不具备法人资格,既不能在民政部门登记为社会团体法人,也难以在工商部门登记为企业法人,造成在经营活动中难以运用法律武器保护自身权益;在职能定位上,经合社过度承担公共设施建设、公益事业发展等社会管理职能和本应由财政负担的相应支出,严重削弱发展后劲;在生产经营上,经合社普遍存在适用法律政策模糊、主体缺位和治理结构错位、民主监督失效等体制机制性缺陷,带来经营管理水平低、资产盈利能力弱、社员权益受损失等一系列问题。

2. 清产核资过程中暴露的历史遗留问题难以处置。在开展清产核资、财务审计和资产评估工作中,早期一些村的土地被上级无偿平调、上级政府拖欠较大数额的土地征用补偿款等历史遗留问题暴露出来。这些问题由于时间久远、成因复杂,解决起来难度很大,但也因此造成清产核资结果无法获得村民通过,使得改制工作无法继续推进。比如,仓山区人民政府请求市政府协调兑现2000年至2009年10月因各征地拆迁项目征用农村土地,核定的175.03公顷留用地的货币补偿款26.255亿元,同时协调市国土资源局尽快核定建新镇无批文征地项目及螺城路补征项目的留用地面积。又如,晋安区茶园街道红星经合社反映作为主要经营性资产的茶园工业区面临拆迁,经营将遇到严重困难,希望减免在建设火车站商贸城时未缴的投资方向税及滞纳金约280万元(目前该税种已取消)。

3. “城中村”村民关心的切身利益仍需得到有效解决。首先是房产“两证”的办理问题。“城中村”集体和个人目前拥有不少商业用房、专业市场、个人住宅等实物资产,并多以租赁、出租等物业经营为主,有的还有一些土地。这些房产由于经合社土地归属、城市规划等众多原因不能办理两证,一方面正常开展经营活动受限,另一方面这些实物资产在今后被征用或者拆迁时不能得到合理标准的经济补偿。“城中村”房产不能办理“两证”登记的有400多宗。其次是社员社保的办理问题。目前城市社保还未实现对原“城中村”地区居民的全覆盖,社员普遍希望按照城镇企业职工标准参加社保,部分社员对既因达不到最低缴费年限不能办理居民养老保险,又因已转为居民身份不能享受国家给予农民的农保优惠政策和待遇而心存不满。最后是福利待遇的延续问题。一些未改制村村民担心改居后享受的适用农民的福利待遇立即被取消,比如计划生育政策问题,对于农嫁居和就地农转非人员是否享有村财收益等问题顾虑重重,所以对改制积极性不是很高。

4. 集体资产处置困难制约经济合作社公司制改革。经合社按照现代企业制度要求改制为公司,是适应社会主义市场经济运行的必然选择。但在技术层面上,改制前需要科学确定集体资产总量特别是土地资产价值,对于村民投资的企业资产如何入账、村民所属股份如何确定、村与村之间的土地界限如何划分以及历史上土地被无偿划拨和占用如何补偿等问题也需要下大力气研究解决。在实践层面上,一方面以产权界定、股权设置等为主要内容的改制方案在形成过程中政策依据不足或者不科学、不民主,另一方面改革配套政策措施不落实,都在一定程度上损害集体和个人的利益,进而导致内部纠纷不止和村民上访,引发社会矛盾。

5. 政策法规不完善和认识行为偏差制约改制进程。“城中村”改制工作,涉及面广、政策性强、工作量大、利益矛盾突出,亟待强有力的政策法规给予指导。但是目前国家没有完整的规范“城中村”改制的法规文件,各地也都是根据自己的情况同时参照外地的一些做法制定政策法规,普遍存在由于政策法规不完善造成操作中缺乏依据制约实际工作的问题。

同时,“城中村”改制涉及权利、利益的调整和分配,干部群众存在不同程度的认识行为偏差。一些社员对经合社干部班子高度不信任,对其管理好集体资产没信心,也有一些年龄偏大的社员担心身故后集体资产的所有权会被经合社收走,出于对今后保有现实收益的担心,要求平分包括征地或拆迁补偿款在内的集体资产从而引发内部纷争;一些村干部一怕改革后选不上董事长或董事会成员现有权力丧失,二怕改革后工作压力加大、做不好难以向群众交代,所以改革的动力不足。一些领导干部特别是街道(镇)领导干部怕改革会引发历史和现实矛盾进而影响社会稳定,所以对需要解决的问题采取“拖”字诀,不愿捅“马蜂窝”,工作的积极性不高;业务干部由于改制工作没有成熟完善的经验和做法可遵循,普遍存在畏难情绪。

6.“城中村”改制和旧城改造未能同步形成难解怪圈。前期的“城中村”改制工作在理顺农居混杂地区的管理体制、维护村民的现实利益等方面作出很大努力。但是,在盘活城市土地资源、拓展城市发展空间和改善群众生产生活条件等方面,力度不是很大、成效也不明显,特别是一些“城中村”地区卫生环境恶劣、违章搭建严重、社会治安较差等问题依然严重。未改制的“城中村”实行农村管理体制,法律允许农民在宅基地上建造不超过规定面积的住房。随着城市地价、房价飞涨,大量外来民工涌入“城中村”居住,村民违章搭建赚取经济利益的动力不断加大,造成城市管理的难度也不断加大,和城市规划的矛盾也越来越突出。面对这种情况,在推进“城中村”改制的同时如不抓紧实施“城中村”旧城改造,必然形成越推迟改制时间今后改造难度越大、成本越高的怪圈。

近年来,福州市“城中村”问题累积的社会矛盾不断加大,引发的上访纠纷逐年增多,已经成为影响社会安定稳定的严重障碍。据统计,2003 年以来仅 58 个“城中村”的问题引发各种上访纠纷有 637 起,占同期全市上访案件的 5.8%,特别是仅 2009 年就发生 191 起,占全市上访案件的 8.9%。在严峻的现实面前,“城中村”改制工作必须认真研究怎么突破、如何推进。

(课题指导:李新贤、王振松　执笔:白俊超)

福州市加强社会工作人才队伍建设的实践与探索

市委政研室课题组

社会工作是指以助人自助为宗旨,综合运用专业知识、理论和方法,帮助有需要的个人、家庭、群体、组织和社区,整合社会资源,协调社会关系,预防和解决社会问题,恢复和发展社会功能,促进社会和谐的专门职业。社会工作人才是指以社会工作为职业的专门人才,他们通过从事困难救助、矛盾调处、权益维护、心理疏导、行为矫治、关系调适等社会管理与服务工作,为党和政府依靠社会力量、化解社会矛盾、解决社会问题做了大量的工作,是中国人才队伍的重要组成部分。

一、福州市社会工作事业发展基本情况

“十一五”以来,福州市除原先有一定工作基础的民政部门外,共青团、司法、公安和一些县(市)区也结合部门和区域工作实际,积极开展社会工作。

——在社会养老服务方面。福州市社会福利院从 2005 年开始成为福建师范大学社会历史学院社会工作系的“社会工作实践基地”,并聘请该校专业教授担任督导指导工作。同时,他们还组织院内职工参加全国社会工作职业资格考试,招收社会工作本科毕业生,接受多所在榕高校具有医学、护理专业知识的大学生志愿者参与养老社会服务,不断优化社会工作人员结构。在此基础上,福州社会福利院利用专业社会工作资源,整合、健全工作体系。针对老年人的心理生理特点,开展心理疏导和康复活动,使住院老人的晚年生活幸福和谐、充满乐趣。

——在青少年事务方面。福州团市委从 2006 年开始借鉴港、沪等地经验,启动青少年事务社会工作。建立“督导 + 专兼职社工 + 志愿者”的工作网络,依托社工站、社工机构、“12355”青少年服务台等平台,在城市社区、中学(含职业学校)和欠发达地区开展青少年事务社会工作试点。青少年事务社会工作者们积极了解和把握青少年(主要指问题青少年)的动态,通过定期沟通、定期访谈、心理治疗、组织活动等工作方式,提供个人心理辅导,解决青少年失学、失业和维权等方面的实际问题。

——在社区矫正监管方面。福州市司法局从 2008 年开始分两批面向全市公开招聘 253 名社区矫正专职社会工作者,并安排在基层司法所协助开展社区矫正日常事务。他们协助司法所接收社区服刑人员、办理衔接手续;协助司法所开展社区矫正基础性和日常性管理工作;制定矫正计划方案,组织社区服刑人员参加公益性劳动,对社区服刑人员进行形势政策教育、法制教育、公民道德教育、心理健康教育、犯罪心理矫正等;协调有关部门和单位,为社区服刑人员提供职业技能培训和就业指导,为符合条件的社区服刑人员提供最低生活保障,指导和帮助社区服刑人员解决遇到的有关问题。2009 年以来,全市累计接收的 4635 名社区服刑人员中,有 618 人刑满解除矫正,在矫的 4017 名社区服刑人员相当于一个中型监狱的押犯规模,为福州市司法体制、机制改革作出贡献。

二、福州市社会工作人才队伍建设基本情况

福州市十分重视以加强社会工作人才队伍建设为抓手推进社会工作,尤其是 2009 年福州市社会福利院、台江区、长乐市被国家福州市民政部确定为第二批社会工作人才队伍建设试点后,着力从调查研究、组织领导、制度建设、宣传动员、培训教育、经验总结等方面入手,全面推动社会工作人才队伍的规范化、职业化、专业化建设,为社会工作事业发展提供人才支撑。目前,福州市社会工作人才队伍具有以下几个特点:

——分布广泛。福州市从事社会工作的人员主要分布在民政、残联、劳动、司法、共青团、医疗卫生、教育、社区等部门,在社会福利、社会救助、减灾救灾、慈善事业、残障康复、婚姻家庭以及公共卫生、学校教育、就业服务、司法矫正、青少年事务等领域从事社会工作,具有跨部门、跨行业、跨所有制和高度分散的特点。

——专兼相辅。福州市从事社会工作的人员主要包括民政系统社会服务类事业单位人员(如社会福利院)、有关部门招聘的社会工作者(如司法部门的社区矫正社工)和有关社会工作机构(如鲲鹏青少年事务中心)的正式从业人员、社会工作志愿者(义工)等三大部分。在现阶段乃至相当长的一个时期,开展社会工作主要还是要采取以社会工作人才为核心、职业社会工作人员为主导、广大志愿者积极参与的运作模式。

——素质较好。市司法局先后招聘的两批248名社区矫正专职社会工作者中,本科学历者有187人,专科学历者有61人;现有的58名青少年事务社会工作者中,99%为本科学历,75%为社会工作专业,40%取得专业资质;市禁毒办招考的113名禁毒社会工作者均具备大专以上学历。

——成长迅速。尽管福州市社会工作人才队伍建设还处于起步阶段,但已初具规模。有关部门招聘的社会工作者和有关社会工作机构的正式从业人员已成为福州市社会工作者的骨干力量,约在500多人。从国家关于社会工作人才严格定义来衡量,当前福州市符合专业化、职业化要求并通过全国社会工作资格考试的社会工作人才数量有100人,其中取得中级资格的(含2010年6月份报名参加统一考试者)约占四分之一。鲲鹏青少年事务服务中心负责人刘安娟被评为"第七届福建青年五四奖章标兵"。

近年来,福州市着重从以下几方面努力造就一支结构合理、素质优良的社会工作人才队伍:

一是加强组织领导。福州市的社会工作人才队伍建设工作主要由组织部门牵头抓总、民政部门具体负责,形成多方配合、齐抓共管的工作机制。台江区、长乐市、市社会福利院作为第二批社会工作人才队伍建设试点获得国家民政部批准后,福州市即筹备成立社会工作人才队伍建设领导小组,指导相关县(市)区成立领导机构。台江区成立社会工作人才队伍建设领导小组,组长由区委副书记担任,区委组织部部长、区政府分管副区长担任副组长。长乐市成立社会工作人才队伍建设试点工作领导小组,由市分管领导任组长,组织部、民政局、宣传部、教育局等部门领导任小组成员,并在民政局下设办公室,定期研究、协调解决试点工作中遇到的难点、疑点问题。

二是推进试点工作。市委组织部(市委人才办)会同市民政局,在省民政厅社工办的指导下,深入调研,根据福州市实际,研究并制定相关试点工作方案。试点工作方案获国家民政部批准以后,台江区、长乐市等县(市)区即开展试点建设。台江区注重将理论学习与调查研究相结合,并依托社区试行"居家养老"等社会工作试点,确保试点工作的思路和举措符合本地区经济社会发展的实际状况。长乐市对全市21个社区居委会进行全面的调查摸底,确定吴航街道2个社区、航城街道1个社区为试点社区。文化建设和社区建设取得试点成功后,在社会福利、社会救助、残障康复、优抚安置、社会公益类等民间组织中全面推广。福州市社会福利院专门设立"工作站"负责试点工作的全面协调和具体实施。团市委在开展青少年事务社工工作方面也取得显著成绩,2008年4月被团中央确定为全国首批15个、全省唯一的"青少年事务社会工作试点"之一。

三是强化培训考核。市民政局举办多场社会工作知识讲座,先后对200多名各级领导及相关工作人员进行社会工作知识培训。公开招考6名社会工作专业本科毕业的局机关公务员和基层事业单位工作人员。积极鼓励民政系统机关事业单位有关工作人员参加社会工作资格考试,全系统有36人取得中、初级资格。台江区组织全区副科级以上领导干部专场学习社会工作基础理念与知识。相关职能部门与福建医科大学人文学院开展社会工作研讨,聘请社会工作专家依托福州市职业技术学院对73个社区居委会工作人员进行社会工作基础理论、社区建设基本知识和技能的轮训。长乐市对试点工作人员、村(居)委会主任等进行社会工作基本理论培训。

四是建立规章制度。近年来相关部门根据工作需要,出台多份规章制度,对社会工作和人才队伍进行标准化、规范化管理。在工作指导方面,主要有市司法局、人事局、财政局联合发文出台的《关于招聘社区矫正专职社会工作者的意见》,市政府转发市禁毒办的《关于加强社区戒毒(康复)工作意见的通知》,团市委制定的《福州市青少年事务社会工作者管理办法》(试行)等。在组织管理方面,主要有市司法局印发的《福州市社区矫正专职社会工作者管理暂行办法》,市禁毒办制定的《社区戒毒(康复)专职工作人员工作职责》和《社区戒毒(康复)专职监护人员工作纪律》,以及团市委制定的《福州市青少年事务社会工作者分类管理办法》(试行)。在工作考评方面,主要有市禁毒办制定的《社区戒毒(康复)工作考评方案》,团市委制定的《福州市青少年事务社会工作者考核办法》。在服务规范方面,主要有市禁毒办制定的《社区戒毒工作规范》,团市委制定的《福州市青少年事务社会工作者职业守则》和《青少年事务中心投诉事项受理、处理办法》等。团市委还在全市青少年事务社会工作站实行统一标志(LOGO)、统一工作牌、统一佩戴工作证,服务中统一操作流程、统一宣传口径、统一分类标准,配套36种工作表单,形成全套《工作规范汇编》,为专职社会工作者制定《专职社工手册》,进行规范化管理。

五是提供基本资金保障。福州市社会工作人才的薪酬和办公经费主要采取政府购买服务为主、社会资金为辅的资金保障方式。其中,相关部门社会工作人才的薪酬和办公经费开支主要由各级政府按照分级负担的原则进行承担并支付报酬,如司法局招聘的社区矫正专职社会工作者待遇除平潭县为800元外,其余县(市)区均按不低于1200元予以保障(含养老保险、医疗保险、失业保险等);市禁毒办招聘的戒毒专职社工除连江、闽清、平潭、罗源、永泰按每月800元标准进行核定外,其余县(市)区也均按照不低于1200元的标准进行核定。鲲鹏青少年事务中心等社会服务机构则采取政府购买服务(市、区共青团经费)和社会化运作(爱心企业捐助)相结合的经营模式进行运行,并设立董事会、监事会对事务中心的运作进行管理监督。

六是广泛宣传推广。注重利用报纸、电视台、宣传栏等宣传媒体,大力宣传社会工作和社会工作人才在和谐社会建设中的重要作用,宣传社会工作的基本知识和社会工作人才培养使用的政策措施,宣传优秀社会工作人才的典型事迹,提高社会关注度和影响力。同时,通过举办社工节、社工论坛等活动,总结交流各领域社会工作的经验,展示社会工作丰富的职业内涵、社会价值及广大社会工作者的职业风采,吸引广大社区工作者主动参与到试点工作中来。

三、福州市社会工作人才队伍建设存在的问题

在队伍自身建设方面,福州市社会工作者队伍的数量、质量和结构及分布,还不能满足社会工作事业迅速发展对人才的需求,如随着社区矫正工作的推进,平均每名专职社会工作者要负责16名社区服务刑人员的社区矫正工作,基本处于满负荷、超负荷工作状态,人员不足的问题日益严重。同时,由于社会工作者队伍薪酬待遇低、工作压力大、发展空间窄等原因,士气不振、流失严重,如市司法局招聘的社区矫正社会工作者中有37人另谋职业,许多有一定经验和资质的年轻社会工作者纷纷流往待遇高、发展好的厦门和深圳等地。这些问题既有社会工作事业刚起步阶段自身难免存在的种种客观不足,也反映出目前福州市在抓社会工作人才队伍建设方面还有不少薄弱环节。主要表现在以下几方面:

一是缺乏充分认识。社会上对“社会工作”和“社会工作人才”还缺乏应有的认识、了解和理解。将其等同于传统意义上的民政工作,认知的偏差导致包括党政部门在内的社会各界对社会工作的重要性和重大意义认识的不足。对社会工作人才队伍的专业性和职业性认识不清,常常把他们与从事社会工作的义工和志愿者混为一谈,或者只是当做一般工作人员、临时工、编外人员来对待,使他们的薪酬待遇、福利保障、工作条件与其所面临的压力、所付出的劳动极不相称。

二是缺乏统一领导。福州市大部分社会工作分散在社会管理的各个部门和领域,大多数市、县两级还没有建立统一的领导机构和协调机制。其他城市,如广州市已经成立了以市委副书记为组长的社会工作人才建设领导小组。北京市、厦门市也是由市委组织部牵头协调各部门开展社会工作人才队伍建设工作。

三是缺乏政策支持。在市一级层面上,还没出台全局性的社会工作人才队伍建设工作指导意见以及相关的配套实施文件,工作实践中出现的问题大都靠市有关部门临时出台单项文件来推动解决。

(课题指导:李新贤 王振松 执笔:潘佳 林徐峰)

关于振兴福州茉莉花茶产业的研究

民建福州市委员会、
市委政研室联合课题组

一、福州市茉莉花茶产业发展的历史及现状

茉莉原产于印度,福州是国内首先引种地之一,深受群众喜爱,被选为市花。福州茉莉花茶制作始于南宋,至明代时加工有了较大发展。清咸丰年间,福州茉莉花茶作为皇家贡茶,开始进行大规模商品性生产。新中国成立至今,福州茉莉花茶一直是国家的外事礼茶,改革开放前,中国出口的茉莉花茶也均为福州出产。在《中国名茶志》里,福州茉莉花茶是茉莉花茶类唯一的中国历史名茶。福州茉莉花茶曾有过两次历史辉煌。第一次是在19世纪中叶,第一次鸦片战争后,福州作为五口通商之一,福州茉莉花茶生产加工总量超过2万吨,外国商人先后来福州开洋行,花茶畅销欧、美和南洋。第二次是1987~1995年间,在省、部及全国花茶评比会上,福州茉莉花茶获奖30余次,花茶厂近千家,仅仓山区城门镇就有400家以上,全市产量8万吨,占全国产量的60%以上,产品远销40多个国家,出口量居全国之冠,产值超过15亿元,福州茉莉花茶达到鼎盛时期。

进入20世纪90年代中后期,随着城市迅速扩张,仓山、闽侯等近郊地区的花田被征为城市建设用地,种植面积迅速萎缩,产量锐减。同时,行业内部也普遍存在小作坊式生产、低水平维持、无序竞争现象,福州茉莉花茶产业开始急速滑坡、持续萎缩。最低谷时,全市茉莉花种植面积降至不足333公顷,在福州市挂牌的生产企业仅有20多家,有生产的不到10家,年加工量不足3000吨。大部分生产企业向外迁移,省内向闽东的福安等地迁移,使福安成为省内最大的茉莉花茶生产地;省外向广西的横县迁移,使横县成为全国最大的茉莉花茶生产加工地,茉莉花茶产业也成为该县的主导产业。

近年来,在省、市领导的关注下,福州市茉莉花茶产业正逐步迈向复兴,主要表现在以下几个方面:

——产量销量稳中有升。全市茉莉花种植面积约667公顷,占全国的6%左右。2009年全市茉莉花茶产量1.2万吨,销售收入15.3亿元,利税总额1.4亿元,带动花农7800户,茶农3.25万户,农产品加工增值率68%。福州茉莉花茶主要销往中国“三北”(东北、华北、西北)尤其是北京、天津、山东、济南、大连等北方城市,并占据着全国茉莉花茶高端市场及出口的主要份额。

——生产企业逐渐壮大。2009年,全市有茉莉花茶生产企业200多家,其中春伦、满堂香、闽榕3家花茶加工企业均为中国茶业百强企业前三十强。春伦、闽榕、满堂香、仙芝楼等4家获省级龙头,基地面积4333.33公顷,产量6300吨。2009年,福州市茶业十二强企业自有茶园面积5835公顷,年茶叶加工能力1.2亿吨,茶叶产量约1.1亿吨,销售额达13.7亿元。

——品牌运作初见成效。福州茶厂的茉莉花茶作为外交部指定的外事礼茶已有多年历史。2009年,春伦公司生产的“春伦”茉莉花茶被确定为全国政协礼堂专供及指定会议用茶而进入国宾茶行列,并被推选为全国“两会”用茶、福州市政府办公用茶,闽榕生产的茉莉花茶也被选为全国“两会”用茶指定用茶,并被授权“中国2010年上海世博会福建馆茉莉花茶唯一指定用茶”,成为此次上海世博会福建馆招待嘉宾首批用茶。同时,“春伦”还获中国名牌农产品称号,“春伦”“闽榕”“仙芝楼”等获福建省著名商标。

——认证体系日益健全。2009年,福州市通过无公害认证的企业有2家,面积300公顷;绿色食品认证5家,产量1000吨;有机食品认证2家,产量500吨。春伦等企业还通过ISO 9001质量管理体系认证、ISO 14001环境管理体系认证、ISO 18001职业健康安全管理体系认证、HACCP食品安全管理体系认证、QS认证、绿色食品认证,质量体系建设得到进一步健全。

——扶持举措有序推进。2009年起,福州市对发展茉莉花生产基地的企业在第一年进行每亩300元的补贴,2010年补贴标准提高到每亩500元。2009年4月17日,福州市政府牵头,正式成立由35家茉莉花茶生产、销售及科研单位组成的福州茉莉花茶产业联盟。统一实施复合无公害食品或绿色食品的标准,加强会员在科技研发、市场销售、产业链等方面的横向联系与合作,并组织会员参加各种经贸活动。

——知识产权得到保护。2008年1月,国家工商总局商标局对福州茉莉花茶核发地理标志证明商标。2009年9月,国家质检总局通过对福州茉莉花茶地理标志产品保护。11月,农业部通过对福州茉莉花茶实施国家农产品地理标志保护。2010年3月17日,在福州茉莉花茶产业联盟的推动下,福建省地方标准《地理标志产品,福州茉莉花茶》正式发布,于3月20日起实施,并启用防伪标签。在2010中国茶叶区域公用品牌价值评估中,福州茉莉花茶品牌价值达16.85亿元,位列83个茶叶品类的11名。

二、福州市茉莉花茶产业振兴发展过程中存在的问题

一是种植面积下降明显。福州曾有多个茉莉花种植基地,如晋安区的新店镇,仓山区的盖山镇、城门镇、建新镇,以及闽侯县上街镇都有大面积的种植基地。但由于城市的建设发展,大量土地被征用,加上种植茉莉花利润较低,花农的种植积极性也在锐减。原有的茉莉花种植基地大部分都已消失,福州的茉莉花种植基地主要分布在长乐、连江,福州市区只有仓山还保留不足267公顷的种植面积。

二是税收偏高企业外迁。2005年,国家取消农业税和特产税前,福州茶叶产业的税率高达市场成交价的45%,沉重的茶叶税负使得一些茶厂被迫外移。目前茶叶税仍较高,企业的所得税和增值税仍需12%左右,而广西横县等多是对企业征收定额税,税收低,吸引福州市大量茉莉花茶生产企业转移投资。广西横县生产的花茶有近40%是福建茉莉花茶茶商委托当地花茶加工厂加工生产的。此外,加之当地低廉的用地成本和劳动力成本,横县一跃成为全国最大的茉莉花产地,达到0.67万公顷,“中国茉莉花之乡”这一烫金地域名片也被其抢注。

三是文化内涵挖掘不深。福州市至今还没有大规模、高规格的茉莉花茶文化节或交易盛会,区域公共品牌建设尚显薄弱,与福州茉莉花茶的历史地位也极不相符。同时,福州茉莉花茶至今仍未形成一套具有自身特色且被广泛认同的茶艺,也未能在历史文化底蕴等方面进行深度挖掘,加上整体塑造的缺乏和宣传推广的缺失,导致茉莉花茶的内涵和精神无法对消费者形成有效吸引。此外,春伦茶厂直营店虽已成功进入福州名街三坊七巷,但在茶文化的传播上仍较为薄弱,营销运作也明显不足。

四是科技含量有待提高。福州茉莉花茶生产企业生产设备较为陈旧、生产工艺较为落后。对产品科技创新投入不足,也造成福州茉莉花茶从花、茶到产品都没有统一的标准化生产,产品档次难以提升,致使茉莉花茶在同铁观音、大红袍、云南普洱、浙江龙井等国内茶叶的较量中处于劣势,也难以同英国立顿、新加坡立德、斯里兰卡茶叶等“洋茶”有效抗衡。

此外,福州茉莉花茶产业布局相对分散,工艺大师人才流失,对茉莉花茶的加工工艺传承缺乏投入,以及消费群体在口感、习惯上的改变等原因,在一定程度上影响福州茉莉花茶产业的发展。

(课题指导:李新贤　王振松　执笔:林徐峰)

加快福州市第三产业发展的研究

市统计局课题组

一、第三产业发展现状

1. 规模及水平不断提升。1993年,全市第三产业增加值突破百亿,2004年超过500亿元,据第二次经济普查数据核算,2008年突破千亿元达1142.09亿元,占全市生产总值的48.48%,比2004年提高8.53个百分点。2008年末,全市第三产业法人单位3.59万个,比2004年增长61.00%,从业人员82.42万人,增长33.25%,第三产业个体经营户30.22万个,从业人员108.93万人,批发和零售业、金融业、房地产业、交通运输、仓储和邮政业、信息传输、计算机服务和软件业、租赁和商务服务业等6大行业的营业收入超过百亿元,其中批发和零售业超过千亿元,金融业超过500亿元。

2. 结构进一步优化。传统服务业得到进一步壮大提升,交通运输、仓储和邮政业、批发和零售业、金融业、房地产业的比重年增长率保持在10%以上。一些新型服务业开始起步发展,具有相对优势的信息传输、计算机服务和软件业、金融业、租赁和商务服务业得到较快发展。据第二次经济普查数据核算,2008年,信息传输、计算机服务和软件业、金融业、房地产业、租赁和商务服务业、科学研究、技术服务和地质勘查业、文化、体育和娱乐业等6大行业的比重上升,批发和零售业、交通运输、仓储和邮政业、金融业分别占第三产业增加值的21.97%、11.72%、11.99%。

3. 企业规模不断壮大。据第二次经济普查数据核算,2008年末,全市第三产业法人企业2.22万个,从业人员48.93万人,总资产15806.85亿元,主营业务收入3159.23亿元,分别比2004年增长87.37%、44.11%、119.52%、91.28%。涌现出一批大型企业,带动全市第三产业快速发展,提高第三产业发展的质量。全市第三产业企业主营业务收入的74.65%,来自478个全年主营业务收入过1亿元的企业,695个年末总资产过亿元的企业的主营业务收入占全市第三产业企业主营业务收入的59.06%,资产或主营收入超过10亿元以上企业45个。

4. 创造的就业空间进一步扩大。据第二次经济普查,

2008年,福州市服务业从业人员199.26万人,占全社会从业人员的42.83%,比2004年经济普查时增加78.70万人,增长65.28%,比第二产业新增就业人员多16.22万人。服务业从业人员主要集中在传统服务业上,金融、科学研究、技术服务和地质勘查业、商务服务业和居民服务业的就业人数增长较快。2008年,批发和零售业、住宿和餐饮业的就业人员占服务业从业人员的44.22%,居民服务和其他服务业就业人员占9.44%,金融业就业人员增长37.17%,商务服务业和居民服务业的就业人数成倍增长。

二、存在的问题

1. 总量仍显偏小。据第二次经济普查数据核算,2008年,福州市第三产业增加值1142.09亿元,与同期26个省会城市统计公报的数据比较只有广州市的23.55%、杭州市的51.61%、武汉市的57.46%、南京市的60.52%、成都市的62.95%。2008年,福州市第三产业增加值比重48.48%,与同期26个省会城市统计公报的数据比较处于中等水平,落后于广州、武汉、济南、南京等城市。从产业支撑的角度看,福州市服务业发展的产业支撑差距明显。2009年,福州市社会消费品零售总额低于济南、长沙、苏州、杭州、沈阳等城市,居省会城市第12位;金融机构本外币存贷款余额不到南京、苏州的一半,落后济南、西安、长沙、沈阳等市;高校在校学生26.56万人,与济南、长沙、苏州、杭州、沈阳等城市比较处明显劣势。从旅游业看,旅游业的接待人数,尤其是国内过夜游客人数增长相对缓慢,2009年接待过夜境内游客比2005年增长24.62%,与同期第三产业增加值增长70.01%落差明显,旅游接待人数落后南京、济南、西安、长沙、沈阳、苏州等市;福州港货物吞吐量比2005年增长8.74%,其中集装箱吞吐量增长52.10%,同期厦门港增长1.33倍、40.01%,泉州港增长89.47%、98.13%。

2. 第三产业内部结构调整步伐有待加快。传统产业占有较高比重,信息传输、计算机服务和软件业、商务服务业、文化、卫生、体育等其他行业发展相对滞后。据第二次经济普查数据核算,2008年,福州市批发零售和住宿餐饮业、交通运输业、房地产业的增加值合计占第三产业增加值的49.00%,信息传输、计算机服务和软件业、商务服务业、科学研究、技术服务、教育、文化、卫生、体育产业的增加值比重30.29%。文化、体育产业的核心层发展不足,相对于北京、上海、广州等发达城市,福州的文化体育产业还处于起步阶段。2008年,文化产业核心层增加值比重不足30%,体育产业中的本体产业比重只有11%。旅游业形象不够突出,滨海和温泉旅游发展缓慢,休闲度假和观光旅游发展不平衡,温泉度假产品缺乏大手笔,没有形成滨海时尚度假和休闲温泉之都的大型旅游支撑产品。绝大多数商品处于供过于求的同时,服务产品却存在明显的供给不足,路不畅,看病难,买票排队,交费排队等等,生活中的诸多不便,反映出服务业发展的滞后。

3. 服务业的投资结构不尽合理。科技含量较高的服务业投资力度不足,影响产业结构调整,制约服务业的发展和竞争力的提高。2005年以来,信息传输、计算机服务和软件业、文化、体育和娱乐业、卫生、社会保障和福利业等服务业的固定资产投资268.44亿元,占同期全市第三产业固定资产投资的7.82%,而房地产的投资比重达47.21%。据第二次经济普查数据核算,2008年末,投向第三产业的外商及港澳台实收资本203.36亿元,其中投向房地产业占60.23%。会展业硬件设施和配套建设不足,除新会展中心外其他展馆个体面积偏小,高档宾馆接待能力有限,无法同时办展,导致很多大型会展活动无法落户,制约会展业的加快发展。体育场馆、设施建设与厦门、泉州等地相比,福州市虽有与省共享的优势,但运动训练场馆与后勤保障设施不配套,规划无法有效落实,难以承担国内外较大规模的体育竞赛项目。旅游业招商引资力度不大,基础设施配套投入不足,滨海和温泉旅游开发启动缓慢。

4. 区域发展不协调。县域经济的发展相对滞后,优质社会公共服务资源主要集中在中心城区,城市功能拓展区和城市发展新区配置相对不足,农村地区社会公共服务基础薄弱、供给不足、水平较低,缺乏能够有效承载人口和产业转移的社会公共服务配套设施,存在大城市没做好、县域经济、小城镇经济"发育不良"现象。2008年,第三产业经济总量中的2/3集中在市辖区,福清、长乐、闽侯、连江四县(市)不到30%,市辖区服务业比重已超60%,所辖县(市)第三产业增加值比重仅33%。相对省内其他地市,福州所辖县(市)城镇化率普遍偏低,小城镇发展滞后。2009年,福州市所辖县(市)城镇化率平均36.49%,最高的闽侯39.4%,最低的永泰29.0%,而2008年泉州市所辖县(市)城镇化率为45%,南平市43.45%,宁德市38.11%。

5. 服务业企业发展水平偏低。服务业企业规模偏小,在全国有影响力的大企业很少,有影响力的大行业几乎没有。2008年,主营业务收入10亿元以上的企业仅有40家,主要集中在金融行业,100亿元以上企业只有中石化森美(福建)石油有限公司。正是服务业各个行业中缺乏龙头大企业,企业的关联程度低,配套服务的多是小企业和个体经营户。商贸业的服务贸易网点功能区分不够明确,缺乏特色,连锁经营企业规模普遍偏小,集约化程度较低,营销方式和管理水平不高,电子商务采购、销售比例偏低,企业竞争力不强。据第二次经济普查数据核算,2008年末,全市2.22万个第三产业法人企业中,年营业收入100万元以下的占57.06%,从业人员不足10人的单位占62.88%,3124家商务服务业企业中,年营业收入不足100万元的占74.36%。全市软件业275个,营业收入34.76亿元,从业人员1.3万人,而无锡市软件产业销售收入265亿元,规模以上软件企业470余个,软件从业人员数量超过5万人。服务业经营管理中应用信息计算机网络不充分,有计算机的单位比例55.23%,电子商务销售金额29.62亿元,占主营业务收入的0.94%,信息资源开发与利用能力、信息化人才与员工素质等方面远远不足。

6. 政府管理服务有待加强。据第二次经济普查数据核算,2008年,全市拥有第三产业法人单位3.59万个,个体经营户30.23万个,是第二产业的2.9倍和4.6倍。面对如此众多的服务业单位,还没有一个统一的强有力的规划、协调、管理服务机构,相关部门的管理服务工作处于又管又不管的状态,管理体制各自为政,相关部门之间有效沟通与协调不足,在一定程度上造成市场分割。各部门发展服务业的合力优势没有形成,难以从宏观的层面进行引导和规范,也不利于结合本地特点突出重点行业的发展。福州市服务业领导小组办公室的职能没能充分发挥,对全市服务业的协调管理有限。

7. 产业统计不适应。目前,国内许多城市,如宁波、长沙、杭州、太原、沈阳、广州、苏州等地根据发展和工作的需要,由政府统计机构设立服务业统计处。而福州市统计部门还没有设立专门的服务业统计相关部门。政府统计部门在内部机构的设置上,也没有单独的服务业统计机构。部门统计多数仍沿用传统的统计模式,统计范围仅限于系统内直接管理的企业和单位,不能突破系统框框,对系统外的同行业统计困难,不能适应新形势的需要。从现有的国家和地方统计调查制度看,还没有建立一套系统和可操作性的调查方法制度,现行统计调查方法制度无法满足服务业形势发展和核算的要求,在非经济普查年度,只能通过年度重点服务业调查取得有限的统计资料,难以掌握现代服务业的总体发展情况,从而影响服务业统计的完整性。

(课题指导:陈为民　课题负责:郑新清　林岑　课题成员:曹寿全　黄忠春　陈晖　范国山)

完善农民专业合作社社会化服务体系研究

市委农办课题组

一、福州市农民专业合作社发展现状

1. 基本情况

农民专业合作社是福州市合作经济组织的重要组成部分,它在服务农业生产、带动农民增收、提高农民组织化程度等方面发挥着重要作用。其广泛涉及农、林、牧、果、蔬、水产、农业生产资料等多个产业,经营服务范围涵盖粮食、蔬菜、水果、水产品、畜牧产品的生产、销售、技术及其他产前、产中、产后服务等各个领域。截至2010年5月30日,福州市经工商部门登记在册的农民专业合作社有381家,吸收社员3140多户(其中农民成员所占比例达96%),带动农户3.8万户,注册资金4.2亿元。合作社负责人身份以农民为主,约340人,占90%。

在辐射带动方面,福州市许多合作社在带动社员发展的同时,也带动村庄农户及周边乡村农户的发展,如连江丹阳西瓜专业社,通过新栽培技术,解决西瓜重茬问题,年供应嫁接苗70多万株,开发西瓜基地200多公顷,带动周边农户50多户,辐射当地5个乡镇和莆田、宁德地区。在品牌意识方面,福州市合作社所经营产品从有品无牌逐渐向品牌化方向发展。目前,福州市合作社拥有注册商标数11个、无公害农产品数10个、绿色食品数6个、地理标志产品数5个。如永泰仙洲农业经济专业合作社经营的芙蓉李被国家工商总局商标局核准为地理标志证明商标。在提供服务方面,合作社为成员及农民提供技术、信息、加工、流通等各种服务,为成员及农民的增产增收提供诸多有利条件。目前合作社共培训成员和农民2.2万人,推广新品种155个,推广面积15万亩,发布信息2.2万条,发放信息技术资料4.5万份。

2. 主要类型

(1)龙头企业带动型。以龙头企业为核心,福州市众多农民专业合作社把从事专业生产或同类产品生产的农户组织起来,按照企业的要求为企业提供原材料或初级农产品,并为农户提供产供销一条龙服务。这种类型的合作社有57家,占15%,如闽侯元翔食用菌专业合作社、连江华大农村科技合作社等。

(2)能人牵头领办型。一些能人、专业大户利用自身在技术、信息、经济、社会影响上的优势,影响带动周边的农民并牵头组建合作社。这种类型的合作社有169家,占45%,如闽侯竹岐乡蘑菇生产专业合作社、连江农佳种植专业合作社等。

(3)农民自发组建型。由地缘相近、血缘相亲、认知相同的农民围绕同一产业或产品自发联合组建合作社。这种类型的合作社有46家,占12%,如闽侯大湖花榈栏果蔬专业合作社、闽清金沙五龙果龙专业合作社等。

(4)村集体组织牵头型。由村负责人发起,以服务群众为主导,帮助解决农民在产、供、销等方面的困难和问题。这种类型的合作社有85家,占22%,如连江丹朱蘑菇专业合作社、罗源上长治食用菌专业合作社等。

(5)部门牵头领办型。由政府或相关部门牵头,把相应的机构或团体、人员组合到一起推动形成,主要是由科技、农技和供销社等部门牵头兴办的合作社,开展以培训、指导、咨询及销售等服务活动。这种类型的合作社有24家,占6%,如罗源县水果蔬菜专业合作社、永泰同安席草专业合作社等。

3. 合作社在农业社会化服务体系中的功能及作用

(1)降低生产成本。合作社采取统一采购苗种、统一农资供应、统一技术指导等方式,生产成本大幅下降。如永泰县高盖山蓝丰蔬果专业合作社实施种植信息共享,统一采购农资,农药单价降价30%、化肥单价降价15%、种子单价降价20%,为社员减少投入达20多万元。

(2)提高组织化程度。合作社通过一定方式把分散的农户组织起来,扩大生产经营规模,促进技术、信息、资金、品牌、市场等资源的共享,提高市场竞争力、抗风险能力和农民在谈判中的主体地位。同时,合作社严抓源头管理,严格养殖标准和完善检测体系,在市场竞争中的优势不断体现出来。如福清鳗鱼养殖合作社将养殖户组织起来,同日本商人开展贸易活动,规避了一家一户不利的谈判地位。

(3)活跃农村生产经营体制。合作社把农民组织起来,把农民分散承包经营的土地集中使用,充分利用农村劳动力资源和土地规模经营的优势,突破现有的农村生产经营体制。如长乐市航农农民蔬菜专业合作社通过土地流转,将210户菜农组织起来,充分发挥合作社在连接基地、带动市场的作用和种植专业户在技术和管理上的优势,带领农户实行科技兴菜,帮助340多个菜农实现增产增收。

(4)提高农业产业化经营水平。以合作社为依托,推进实施规模化、标准化、品牌化战略,促进农业产业化的形成和发展。如连江华大农村科技合作社,通过龙头企业的带动及依托其团体成员市芦荟协会,大力推行甘蔗、芦荟规模化种植并形成集产、供、销于一体的生产经营体系,带动甘蔗、芦荟产业的发展。

(5)提高农民收入。合作社在帮助农民提高收入上具有重要的促进作用。主要表现在四个方面:一是降低生产成本;二是减少交易费用;三是扩大市场份额;四是提高市场竞争力。入社农民收入比入社前年增加收入近1200元,增幅约17%。如永泰杰健畜禽业专业合作社对社员通过"五统一"服务,降低生产成本,减少交易费用,提高销售价格。合作社自成立以来,累计帮助成员增收达205万元。

(6)浓厚农村民主管理氛围。合作社的出现,使得农民合作、协作意识明显增强;民主选举、民主管理、民主决策和民主监督能力也得到进一步提高。如闽侯马坑现代农业合作社严格实行成员一人一股制,合作社涉及土地承包、土地拍卖、产品引进等任何决策行为都要纳入民主程序,而且成员(在家农户几乎是合作社成员)的参与积极性普遍较高。

二、存在的主要困难和问题

1. 合作社自身发展水平有待提高

福州市农民专业合作社在合作方式、规范运作、自身积累等方面还存在不少困难和问题。主要表现在:

(1)数量规模较小。福州市合作社数量规模总体偏小,发展速度比较缓慢,主要体现在:一是合作社及成员数量少。截至2009年底,全国合作社数量近30万家,实有成员约2700万人;福建省合作社数量约4435家,成员约14万人,增幅34%,增幅水平位居全国第二。而福州市仅有合作社381家,占全省8.6%,位列全省倒数第三位(仅高于厦门和莆田),成员数量约3410人。按测算,全国每个合作社成员平均约90人,福建省平均约32人,而福州市平均约9人;若仅从出资者的数量计算,合作社社员大多在6人以下。另外,三明、南平等地市合作社发展速度明显快于福州市,如三明市合作社数量是福州市的2.2倍左右。二是注册资金少。全市约161家合作社注册资金在15万元以下,占42%,若只考虑原始注册资金,不考虑追加投资,约有63%左右的合作社注册资金低于15万元。合作社在帮助社员发展生产、提供服务、开拓市场方面财力有限。合作社资金紧张、运行困难是大部分合作社共同反映的问题。三是农户覆盖率低。全国大中城市合作社农户覆盖率大多在10%以上(如北京高达35%以上),发达国家高达80%以上,台湾省高达98%,福州市仅有3%,明显落后于全省约8%的平均水平。

(2)运行质量不高。总的来看,福州市农民专业合作社从组织机制、决策机制、利益分配机制、运行机制等各个方面相对不规范,同《合作社法》的要求差距较大。农民专业合作社和合作社成员及农户之间的利益联结都较为松散,在不同程度上存在着管理水平不高、服务不到位等问题,无论从数量上还是质量上都不能满足合作社及其成员的需求。主要表现在三个方面:一是组织机构不健全。组织机构比较健全的专业合作社数量不多,且只能定性为形式上比较健全,在实际运作中,成员大会、理事会、监事会等只是流于形式,合作社运作和管理的随意性较大。二是缺乏有效的内部控制制度。合作社中的大多数成员被排斥在生产经营决策之外,特别是在一些大户、社会能人与企业控制的合作社中,不按章程办事或违背成员意志行事的现象时有发生。三是利益联结机制脆弱。福州市约有80%的合作社与成员之间的合作不是以经济利益互补为基础,农民从合作社获得的利益主要是社会化服务,合作社几乎没有对成员及农民进行盈余分配,财政扶持的资金也没有惠及合作社中的农户成员。

(3)经济社会效益偏低。主要体现在:一是带动创收能力差。2009年,全市381家合作社产值约4亿元,实现利润2300万元,平均仅有8万元左右。合作社年带动农户(社员及其他农户)增收约900元,增幅约10%,落后于全省约20%的增幅水平,内陆部分省、市合作社带动农民增收幅度高达35%。二是品牌效果不理想。目前,全国约有20%的合作社执行农产品质量安全标准,9.5%的合作社取得无公害、绿色、有机等"三品"认证,约10%的合作社拥有自主注册商标。而福州市这三个指标分别为10%、8%和6%,均落后于全国平均水平。三是经营水平偏低。福州市大部分农民专业合作社仅停留在初级农产品的简单销售上,农业产业链短、农产品附加值低,市场竞争力不强。再加上部分专业合作社负责人简单地把合作社等同于经销商、代理商进行经营、社员队伍素质不高等因素,合作社经营水平偏低。

2. 合作社服务功能有待于进一步完善

福州市合作社在降低农户生产成本、提高农民收入、组织农户进入市场等方面尽管起到一定程度的作用,但在实际发展过程中,合作社的功能难以充分发挥。福州市绝大多数农民专业合作社的社会化服务功能较弱,往往只有一种或少数几种功能,难以有效满足农民对产前、产中、产后的多样化需求。受经济实力、经济水平和政策环境等因素的制约,福州市70%的农民专业合作社多以提供农资服务、技术和信息服务为主,而真正能够凭借自身发展实力或通过建立实较雄厚的经济实体,进入流通环节、加工环节,涉足农产品营销和加工服务的合作社,为数不多。

3. 合作社发展环境有待于进一步优化

合作社发展急需政府加大扶持力度,特别需要得到政府在政策和资金上的扶持,但福州市对合作社的扶持服务并不到位。主要体现在三个方面:一是政策扶持不到位。由于相关部门之间沟通协调不够、政策执行随意性大、政策操作性差,再加上农民贷款缺少相应的抵押物、合作社财务管理制度不够规范等原因,导致政府对合作社在资源要素、税收优惠、金融信贷等方面的扶持政策难以有效落实。福州市的政策帮扶扶持力度相对浙江、山东、北京等其他外省、市而言,差距明显;相对于省内三明、南平等地市而言,也存在一定的差距。二是资金扶持不到位。政府对合作社投入不足,合作社贷款难、融资难,再加上自身综合实力不强,自我发展后劲不足,导致许多正常的业务活动无法展开,也无力支持社员发展新产业和扩大经营规模。近年来,福州市各级财政对合作社的扶持仅有38.5万元,金融信贷仅有130万元,其他扶持情况也仅有12万元。有些县(市)区还没有安排或还不能安排足够的专项扶持资金。三是市场体系建设不到位。政府在帮助、引导建立大型批发市场和网络销售平台,为合作社提供良好的市场销售渠道明显不足。福州市大型农产品批发市场不多,只有福州水产品批发市场、亚峰蔬菜批发市场等少数几家,这大大限制合作社的发展规模和空间。四是品牌推动力不足。政府在推动合作社发展特色农产品、争创名牌商标和提高合作社发展水平上所采取的措施和办法力度不够,实际效果不明显。

(课题指导:方清海　课题负责人:严金官　执笔:游峰　徐桂鹏)

(编辑　苏　颖)

2010年在榕工作的院士

姓　名	出生日期	籍贯	当选年度	职务　职称	毕业院校	研究领域
谢联辉	1935.3	龙岩	1991	中国科学院院士、福建农林大学学术委员会主任、病毒研究所所长	福建农学院	植物病理学
魏可镁	1939.8	福清	1997	中国工程院院士、福州大学教授、原校长	福州大学	化学催化剂工程
吴新涛	1939.4	晋江	1999	中国科学院院士、福建省科协主席、中国科学院福建省物质结构研究所研究员	厦门大学	物理化学（结构化学）
洪茂椿	1953.9	莆田	2003	中国科学院院士、中科院福建物质结构研究所所长、研究员	福州大学	无机化学
谢华安	1941.8	龙岩	2007	中国科学院院士、福建省农科院研究员、原院长	龙岩农校	杂交水稻育种
付贤智	1957.7	邵武	2009	中国工程院院士、中共福州大学委员会常委、副书记、副校长、教授、博士生导师	北京大学	光催化

（苏燕铃）

2010年先进人物

全国劳动模范（15人）

姓　名	工　作　单　位	职务（职称）
郑碧玉（女）	福州市鼓楼区人口和计划生育局	局　长
陈其清	福州市公安局鼓楼分局	副局长
郑金贵	福建农林大学、农业部海峡两岸农业技术合作中心	校长、首席科学家、教授、博士生导师
郑能雄	福州市疾病预防控制中心	主　任
钱秀榕（女）	福州市聋哑学校	校长、书记

姓　名	工　作　单　位	职务(职称)
鲍光耀	华映光电(福州)有限公司	职　工
杨光平	福建省阳光生态农业发展有限公司	总经理
李良光	福建海源自动化机械股份有限公司	董事长、总经理
马昭森	中国农业银行福州市鼓楼支行	行　长
王建民	福建省华科光电有限公司	职　工
黄锦铨	福州市台江区环境卫生管理处	驾驶员
黄信楷	福州自来水总公司西区水厂	厂　长
余　强	福州市冠城大通股份有限公司	车间主任
蔡蒙军	福州市公路局福清分局	职　工
冯振波	福州电业局送电部带电班	班　长

福建省“五一”劳动奖章获得者(37人)

姓　名	工　作　单　位	职务(职称)
蔡铁强	福州福光百特自动化设备有限公司	研发部部长
傅祥文	北京福富软件技术股份有限公司福州分公司	电信业务部副总监
林　秀(女)	福建山亚开关有限公司	技术员
吴荣芳	福建省福抗药业股份有限公司	EHS负责人
张爱玉(女)	福州福雷电子有限公司	主　管
林新青	福建福人木业有限公司	车间主任
田克亮	福建九州通医药有限公司	主　管
林　明	永泰建筑工程公司第一分公司	项目经理
卢贤存	福州渔平高速公路	项目部副经理
陈　华	海峡国际会展中心	项目经理
陈　岚	福清融高建筑工程有限公司	技术主管
刘可宝	罗源县供电有限公司	供电所所长
韩　晋	国电福州发电有限公司	设备管理部主任
张　颖	福州新安德鲁森食品有限责任公司	糕点师
吴燕芳(女)	福建外运公司	会　计
杨光宁	闽侯县地方税务局城关分局	科　员
安克忠	连江尚德中学	教　师
林建梅(女)	闽清县城关中学	教　师
林　琴(女)	福州教育学院附属第一小学	教　师
陈丽钦(女)	平潭县环卫所	清洁工
金秀华(女)	福州市晋安农贸市场	场　长
赵　敏(女)	福州市鼓楼区华大街道社区卫生服务中心	主　任
唐素萍(女)	福州儿童医院	主治医生
李玉华(女)	福州市规划设计研究院市政所	所　长
林伯淦	福清市公安局渔溪派出所	所　长
黄训清	福州市公安局行动技术支队应急侦察大队	大队长

姓　名	工　作　单　位	职务(职称)
王乾伟	福州市台江区房管局	副科长
王　坤	福州市对口支援彭州市灾后恢复重建前方指挥部综合协调组	组　长
翁　杰	福州经济技术开发区市政公用事业管理处	主　任
黄丹红(女)	福州市歌舞剧院表演队	队　长
邵遵林	福建省汽车运输总公司福州客运北站	站　长
高建全	福州市公交集团有限公司	工会主席
翁海辉	永辉超市股份有限公司	董事长助理
黄月喜(女)	福建经纬集团有限公司	生产厂长
谢建华	福建省第一电力建设公司	总经理
林高日	福建省盐业公司福州分公司	书记、经理
王绍平	福州市公路局福州路信公路设计有限公司	总经理

（余荣发）

（编辑　苏　颖）

福州市人民政府2010年地方文献、法规、规章选编

福州市人民政府令

第42号

《福州市学前教育管理办法》已经2010年3月2日市人民政府第4次常务会议通过,现予发布,自2010年6月1日起施行。

市长:苏增添

二〇一〇年四月二日

福州市学前教育管理办法

第一章 总 则

第一条 为了加强对学前教育的管理,促进我市学前教育事业健康发展,根据《中华人民共和国教育法》、《中华人民共和国民办教育促进法》等法律、法规,结合本市实际,制定本办法。

第二条 本办法适用于本市行政区域内从事学前教育及其管理活动的单位和个人。

本办法所称学前教育,是指对0~6岁儿童实施的教育。

本办法所称学前教育机构,是指对0~6岁儿童实施教育的机构,包括幼儿园和0~3岁儿童早期教育机构。

本办法所称学前教育设施,是指学前教育机构的房舍、场所和活动设施。

第三条 学前教育实行地方政府负责、分级管理和各有关部门分工负责的管理体制。

教育行政部门是本行政区域内学前教育的主管部门,负责贯彻学前教育方针、政策,制定有关规章制度和事业发展规划并组织实施。

卫生、编制、人事、财政、物价、城乡规划、国土资源、公安、消防、民政、劳动与社会保障、工商、计生等部门按照职责分工,负责相关的学前教育管理工作。

第四条 市、县(市)区政府应当建立由教育、卫生、编办、人事、财政、物价、城乡规划、国土资源、公安、消防、民政、劳动与社会保障、工商、计生等相关部门组成的学前教育联席会议制度,联席会议由市、县(市)区政府分管教育的领导召集,定期研究、协调解决学前教育问题。

第五条 各级政府应积极推进0~6岁托幼一体化进程,重视0~3岁儿童早期教育工作,统筹教育、卫生、计生、妇联等部门建立和完善面向0~3岁儿童家长和看护人员普及科学育儿指导的工作机制。

第二章 规划与设立

第六条 市、县(市)区应完善学前教育的规划布局。学前教育设施应按照《城市居住区设计规范》,结合居住区范围、人口规模等实际情况设置,其选址定点和设计方案应向辖区教育行政主管部门备案,教育行政主管部门可视情提出意见。

建设项目按规划需配套建设学前教育设施的,城乡规划部门应当在规划条件中予以明确;国土资源主管部门在土地使用权出让公告、出让合同或划拨决定书等文件中应当明确学前教育设施的权属。

学前教育设施建设必须与建设项目同时规划、同时设计、同时施工、同时交付使用,设施建设应当符合国家有关建设规范要求,并进行竣工验收。

第七条 禁止擅自改变规划配套建设的学前教育设施的使用性质。

教育行政部门应当会同城乡规划部门对本办法实施前的学前教育设施进行清理整治,对擅自改变使用性质的,责令其恢复原使用功能,并依法处罚。

土地、规划、建设等行政主管部门对不按规划配建学前教育设施或者将学前教育设施挪作他用的开发建设单位,应当记入不良信用记录,采取措施限制其进入本市房地产市场。

第八条　各级人民政府应当加强公办学前教育机构的建设。城市每个街道应至少设置1所公办幼儿园;农村每个乡镇应至少设置1所公办乡镇中心幼儿园。

第九条　学前教育机构应当人事独立、经费独立、园舍独立。本市五城区和县(市)政府所在地的城关不得举办学前班和小学附设幼儿园。

中小学布局调整后闲置的校舍应优先用于举办学前教育机构。

第十条　申办学前教育机构必须向所辖的各县(市)区教育行政部门申请许可登记。幼儿园的设立必须符合《福建省幼儿园(班)基本条件》;0~3岁儿童早期教育机构的设置必须符合《福州市0~3岁儿童早期教育机构设置基本条件(试行)》。举办学前教育机构的单位和个人在申领办学许可证前,应当取得卫生行政部门的卫生评价报告、建筑和消防部门的审验证明。

申办民办学前教育机构应符合《福州市民办学校设立设置标准和审批办法》的有关规定。

教育行政部门应当对学前教育机构申办者的办学理念、办学目的、社会信用等情况进行评估,并从园所布局、办学条件、安全卫生、师资配备、教材使用等方面进行审查,做出是否许可的决定。

第三章　经费与保障

第十一条　各级政府应加大对学前教育的经费投入,在财政预算教育经费中设立学前教育专项经费,并实现逐年增长。

学前教育专项经费主要用于学前教育机构的建设、各类学前教育师资培训、奖励各类优秀学前教育机构。

第十二条　学前教育机构应按要求招收教职员工,并按规定的师生比例配齐人员。

学前教育机构教职员工岗位应按市及县(市)区有关岗位比例标准进行设置,并按设置岗位予以聘任(其中教师岗位占幼儿园岗位总量的比例一般不低于88%,其他岗位原则上不超过12%)。农村小学附设学前教育机构教职员工岗位设置应按附设园的办学规模和标准按比例设置附设园教职工的岗位。

第十三条　市、县(市)区政府要落实公办学前教育机构教师的编制,对现有核定空编的教师在三年内分期分批补充到位。编制部门应对公办学前教育机构人员编制实行动态管理,定期核编,人事、教育部门要及时补充空编人员。

财政部门对暂时空编的公办幼儿园按编制部门核定的幼儿园编制数,对空编人员参照幼儿园教师年平均工资标准核拨经费,用于聘请教职员工。

第十四条　税务部门应按国家有关规定落实学前教育机构的税收优惠政策,并为已进行税务登记的民办学前教育机构提供税务票据。

第十五条　学前教育机构的保育教育费收费标准由物价部门会同财政、教育部门按照分类定级、成本核算、家长合理分担的原则进行核准。具体实施办法由市物价部门会同财政、教育部门另行规定。

公办学前教育机构收取的保育教育费及代办费使用财政部门统一印制的财政票据;民办学前教育机构向幼儿收取保育教育费,应使用当地税务部门提供的税务票据。

第十六条　教育行政部门应当制定学前教育机构教师培训计划,对各级各类学前教育机构教师进行多种形式的业务培训。

第四章　民办学前教育

第十七条　鼓励和支持社会力量采取多种形式举办学前教育机构。教育行政部门应当将民办学前教育机构纳入当地学前教育的统一管理,加强对民办学前教育机构的服务与引导,促进民办学前教育的健康发展。

第十八条　教育行政部门应当建立公办、民办学前教育机构的交流平台,通过教学管理、教研培训、评估定级等活动,提升民办学前教育机构的整体办学水平。鼓励和支持民办幼儿园积极争创示范性幼儿园。

第十九条　教育行政部门应将民办学前教育机构教师的培训工作纳入本地教师培训的整体计划,培训经费在学前教育专项经费中统筹开支。民办学前教育机构教师在职称评定、评优评先方面享有与公办学前教育机构教师同等的待遇。社会保险待遇按国家和省的有关规定执行。

第二十条　民办学前教育机构不得发布与其招生、教育、管理等行为不相符合的虚假信息与广告。民办学前教育机构的招生简章和广告,应报县(市)区教育行政部门备案。

第二十一条　民办学前教育机构应严格规范收费行为,自觉接受物价、教育部门的指导和监管,公示各项收费项目和标准。不得收取与入园挂钩的赞助费,不得以开办实验班、特色班、兴趣班等为由另外收取费用。

第二十二条　教育行政部门要加强对民办学前教育机构的指导和管理,落实民办学前教育机构的年审制度,对办园的基本条件进行定期检查,规范办学行为。

第五章　管理与监督

第二十三条　各级政府应建立督政与督学相结合的学前教育督导制度,将学前教育工作纳入教育督导的内容,适时对学前教育工作的先进单位和个人予以表彰。

第二十四条　教育行政部门应按照《福建省示范性幼儿园评估标准》对各类幼儿园进行示范性幼儿园评估,创建省、市、县(市)区三级示范性幼儿园。对各级示范性幼儿园应进行动态管理,定期开展专项督查,对不符合示范性幼儿园条件的园所,予以限期整改、降低等级和撤销称号处理。

第二十五条　教育行政部门应加强对0~3岁儿童早期教育机构的指导和管理,建立以社区为依托、以学前教育机构为核心、向家庭辐射的科学育儿指导服务体系,满足0~3岁幼儿和家长多元化的服务需求。完善儿童早期教育指导人员培训制度,促进各级示范性幼儿园成为区域早期教育的指导、咨询服务中心。

第二十六条 教育行政部门应定期对各级各类学前教育机构的基本办学水平进行评估,促进各类学前教育机构办学质量的整体提升。对评估不合格的,根据不同情况责令其限期整改或停止招生、停止办学。

第二十七条 对未经批准的学前教育机构由教育行政部门依法处罚,并由辖区政府组织有关部门予以取缔。

第二十八条 卫生部门根据《托儿所幼儿园卫生保健管理办法》制定卫生保健工作分级考核办法,并按照分级管理的原则,负责监督和指导辖区内学前教育机构开展卫生保健工作。

第二十九条 学前教育机构的安全实行属地管理。各县(市)区政府应组织有关部门、乡镇(街道)对辖区内学前教育机构的食品卫生安全、建筑及设施设备安全、交通安全、消防安全及内部保卫工作等进行专项检查和整治,落实综合治理措施,消除安全隐患。

第三十条 学前教育机构应当贯彻《幼儿园工作规程》和《幼儿园教育指导纲要(试行)》,严格执行《福州市幼儿园保育教育常规管理细则》,规范办学行为。

0~3岁儿童早期教育机构的管理人员(园长)、教师,除具备幼儿教师的基本条件外,还应经过专业培训,取得劳动部门颁发的育婴师资格证书。

第三十一条 学前教育机构设施应当经消防验收合格或办理竣工验收消防备案手续。辖区公安机关消防机构和派出所应按职权分工加强对学前教育机构场所消防安全工作的指导和监督。

第三十二条 学前教育机构应严格执行国家的各项安全、卫生、保健管理制度,制定安全工作责任制和事故责任追究制,建立突发性事件的应急预案和报告制度,定期开展安全教育培训,保障幼儿的人身安全。

第三十三条 学前教育机构用于接送幼儿的校车,应当报送教育行政部门及所在地公安交通管理部门备案。由公安交通管理部门对车况进行核实,并设置统一的校车标志。

学前教育机构聘用的校车驾驶员,应当报所属的教育行政部门和公安交通管理部门备案,由公安交通管理部门对驾驶员资质进行核实。

第六章 附 则

第三十四条 本办法自2010年6月1日起施行。

福州市人民政府令

第43号

《福州市电动自行车管理办法》已经2010年3月26日市人民政府第7次常务会议通过,现予发布,自2010年5月20日起施行。

市长:苏增添

二〇一〇年四月十六日

福州市电动自行车管理办法

第一章 总 则

第一条 为了加强电动自行车管理,维护道路交通秩序,保障道路交通安全畅通,根据《中华人民共和国道路交通安全法》等法律法规规定,结合我市道路交通实际,制定本办法。

第二条 本办法适用于本市五城区电动自行车的销售、登记和通行管理。

第三条 本办法所称的电动自行车,是指以蓄电池作为辅助能源,具有两个车轮,能实现人力骑行、电动或电助动功能且符合相关国家安全技术标准的电动自行车。

第四条 市、区人民政府公安交通、质量技术监督、工商行政、环境保护、城管执法等有关部门,依据下列职责共同做好电动自行车管理工作:

(一)公安机关交通管理部门负责电动自行车登记上牌、道路行驶管理;

(二)质量技术监督部门负责编制并公布符合现行国家标准的电动自行车目录;

(三)工商行政管理部门依法对销售电动自行车实施监督管理;

(四)环境保护部门依法对生产者和销售者收集、贮存、处置电动自行车废电池的行为实施监督管理;

(五)城管执法部门负责电动自行车在临街人行道、公共场所停放管理,查处占道销售电动自行车的违法行为。

第五条 本市电动自行车实行合格产品目录管理。

市质量技术监督管理部门应当根据现行国家标准编制《福州市合格电动自行车产品目录》,并向社会公布。

在本市销售和登记报牌的电动自行车产品应当符合《福州市合格电动自行车产品目录》。

电动自行车产品目录登记具体办法由市质量技术监督管理部门制定。

第二章 销售管理

第六条 销售电动自行车应当经工商行政管理部门注册登记。

禁止销售不符合现行国家标准的电动自行车。

第七条 电动自行车生产企业或者其授权的销售商应当持营业执照、电动自行车产品照片及相关技术数据等材料向市质量技术监督管理部门申请电动自行车合格产品目录登记。

市质量技术监督管理部门收到申请后,应当进行审核,对符合现行国家标准的电动自行车,列入产品目录,并向社会公告。

未列入产品目录的电动自行车产品不得在本市五城区销售。

第八条 销售商销售电动自行车应当向消费者提供有效发票。

禁止店外占道销售电动自行车。

第九条 电动自行车废铅酸蓄电池应当回收利用。

铅酸蓄电池生产经营者、使用铅酸蓄电池产品的电动自行车经营者应当实行以旧换新销售等办法并负责回收废铅酸蓄电池,收集的废铅酸蓄电池应交给具有危险废物经营许可证的单位统一处理。

第三章 登记报牌

第十条 电动自行车应经公安机关交通管理部门登记并领取牌证后方可上道路行驶。

电动自行车登记事项及号牌、行驶证的式样由公安机关交通管理部门制定、监制。

第十一条 电动自行车登记由五城区公安机关交通管理部门负责组织实施。

五城区公安机关交通管理部门应当将电动自行车登记的条件、程序、收费标准、需提交材料和申请表示范文本等进行公布,并提供业务查询、证件快递等便民服务。

第十二条 申请登记上牌的电动自行车应当符合《福州市合格电动自行车产品目录》。

申请人应当持下列材料向所在辖区公安机关交通管理部门办理登记上牌手续:

(一)本人合法有效的身份证明原件和复印件(委托他人办理的还应当提交被委托人身份证明原件和复印件);

(二)购车发票或者其他车辆合法来历证明原件和复印件;

(三)车辆整车出厂合格证明原件和复印件。

辖区公安机关交通管理部门对申请材料齐全且属目录范围的电动自行车,当日内予以登记,发放电动自行车号牌和行驶证。

第十三条 本办法颁布前已经购买的电动自行车,车主应当在登记公告之日起30日内按第十二条规定申请办理登记上牌手续。电动自行车不属现有目录范围的,由公安交通管理部门认定其外观、设计时速、重量等是否符合电动自行车现行国家标准,符合标准的可登记报牌。

第十四条 禁止改装、拼装电动自行车。

对改装、拼装的电动自行车,不予登记报牌。

第十五条 电动自行车登记收取牌、证工本费。牌证工本费按照物价部门核定的收费标准收取,并全部上缴国库。

第十六条 电动自行车号牌必须按照规定位置安装,并保持清晰、完整,不得故意遮挡、污损,不得转借、涂改。

任何单位或者个人不得伪造、变造或者使用伪造、变造的电动自行车号牌、行驶证;不得使用他人电动自行车的号牌、行驶证。

除公安机关交通管理部门外,任何单位和个人不得收缴、扣留电动自行车牌证。

第十七条 电动自行车号牌、行驶证灭失、丢失、损毁的,由电动自行车所有人持身份证明到原登记机关补换号牌、行驶证。

第十八条 对设计最高时速、空车质量、外形尺寸不符合电动自行车国家安全技术标准的电动自行车,由公安机关交通管理部门采取分阶段实施限制道路通行的措施进行管理,具体实施办法由公安机关交通管理部门制定。

第十九条 鼓励电动自行车销售商对消费者已经购买的超标准电动自行车予以回购,或者采取以旧换新方式换购符合国家标准的电动自行车,车主也可以通过旧车交易市场进行交易。对于采取回购方式回收超标准电动自行车的,政府给予车主适当补贴。

第四章 通行管理

第二十条 电动自行车按照非机动车进行管理。

第二十一条 在划分机动车道和非机动车道的道路上,驾驶人应当在非机动车道驾驶电动自行车。在没有划分中心线、机动车道和非机动车道的道路上,驾驶人应当靠右边驾驶电动自行车。

电动自行车最高设计时速不得超过20公里/小时。

第二十二条 驾驶电动自行车应当遵守下列规定:

(一)遵守交通信号灯、交通标志、交通标线的指示;

(二)携带行驶证;

(三)转弯前应当减速慢行,伸手或打转向灯示意,超越前车时不得妨碍被超越的车辆行驶;

(四)横过机动车道或制动器失效时,须下车推行;

(五)驾驶电动自行车只允许搭载一名12周岁以下的未成年人,搭载学龄前儿童的,应当使用安全座椅。

第二十三条 驾驶电动自行车禁止下列行为:

(一)中小学生驾驶电动自行车;

(二)醉酒驾驶;

(三)牵引、攀扶车辆或被其他车辆牵引,双手离把或者手中持物;

(四)扶身并行、互相追逐或曲折竞驶;

(五)擅自安装、使用妨碍交通安全管理的装置。

第二十四条 驾驶人在电动自行车上载物,高度从地面算起不准超过1.5米,宽度左右各不准超出车把15厘米,长度前端不准超出车轮,后端不准超出车身30厘米。

第五章 法律责任

第二十五条 违反本办法第六条第二款规定,销售不符合现行国家标准电动自行车的,由工商行政管理部门依据有关法律法规没收产品和违法所得,依法处罚。

违反本办法第七条第三款规定,销售未列入《福州市合格电动自行车产品目录》电动自行车的,由工商行政管理部门封存或者暂扣车辆,限期改正,并处以三万元以下的罚款。

有前两款情形之一的,购买者可要求销售商退货或者更换符合现行国家标准的电动自行车。

第二十六条 电动自行车、电动车驾驶人违反道路通行规定的,处以警告,警告后不改正的,处以二十元罚款。

有下列行为之一的,由公安交通管理部门处以五十元罚款,电动自行车、电动车驾驶人拒绝接受当场罚款处罚的,可以暂扣其车辆:

(一)使用伪造、变造的电动自行车号牌、行驶证或者其他

电动自行车的号牌、行驶证的;

(二)违反信号灯、禁令标志、标线通行的;

(三)驾驶改装、拼装的电动车。

第二十七条 违反本办法第十四条规定,对改装、拼装电动自行车的单位,由工商行政管理部门按每辆车处以五千元罚款;情节严重的,依据有关法规吊销营业执照。

第二十八条 违反本办法第八条第二款规定,经营者在店外占道销售电动自行车的,由城管执法部门依据市容管理有关法规予以处罚。

第二十九条 违反本办法第九条规定的,由环境保护部门责令停止违法行为,限期改正,处一万元以上三万元以下的罚款。

第六章 附 则

第三十条 根据《电动自行车通用技术条件》(国家标准GB17761-1999)规定,电动自行车主要技术指标应当符合以下要求:

(一)最高设计时速不大于20公里/小时;

(二)整车重量不大于40公斤;

(三)电动机额定输出功率不大于240瓦;

(四)轮胎宽度不大于54毫米;

(五)蓄电池标准电压不大于48伏;

(六)必须具有良好的脚踏骑行功能,其30分钟的脚踏行驶距离不小于7公里。

上述电动自行车标准国家如有调整,按新的标准执行。

第三十一条 本办法自2010年5月20日起施行。福州市人民政府于2003年10月20日颁布的《福州市电动自行车通行管理规定》(市人民政府令第29号)同时废止。

福州市人民政府令

第44号

《福州市停车场管理办法》已经2010年3月29日市人民政府第8次常务会议通过,现予发布,自2010年6月1日起施行。

市长:苏增添

二〇一〇年四月三十日

福州市停车场管理办法

第一章 总 则

第一条 为了加强本市停车场管理,满足停车需求,改善交通状况,根据《中华人民共和国城乡规划法》、《中华人民共和国道路交通安全法》等法律、法规的规定,结合本市实际,制定本办法。

第二条 本办法适用于本市城市规划区内停车场的规划、建设、使用及其相关管理活动。

本办法所称的停车场包括公共停车场、专用停车场和道路停车泊位。

第三条 市公安机关交通管理部门是本市停车场主管部门,负责停车场使用的行政管理,并参与停车场专项规划编制和建设规划的审查。

市城乡规划主管部门负责组织编制停车场专项规划,以及公共停车场、专用停车场建设规划的审查和监督。

市建设、工商行政、价格、城管执法、交通等行政管理部门在各自的职责范围内,协同实施本办法。

第四条 市人民政府根据停车场专项规划和停车需求情况,组织建设公共停车场,并制定促进停车场建设和机动车停放服务发展的相关政策。

鼓励单位和个人投资兴建公共停车场。投资者可以享有建设市政公用设施项目的优惠待遇。

公安机关交通管理部门应当会同有关部门组织公共停车信息系统的建设,鼓励和推广应用智能化、信息化等手段管理停车场。

第二章 停车场的规划与建设

第五条 市城乡规划主管部门应当根据城市总体规划和交通需求状况,会同市公安交通等行政管理部门编制本市停车场专项规划,报市人民政府批准后实施。

停车场专业规划确定的停车场用地,未经法定程序批准,不得改变用途。

第六条 市城乡规划主管部门应当根据停车场专项规划制定近期建设规划,并对停车场建设予以规划指导。

第七条 新建公共建筑、居民住宅区和商业街(区)、大(中)型建筑应当按照停车场的设置标准和设计规范,配套建设停车场。配套建设的停车场应当与主体工程同步设计、同步施工、同时验收、同时交付使用。

鼓励新建建筑物超过停车场设置标准增建停车场。

第八条 市城乡规划主管部门在审查停车场建设规划方案时,应当通知公安交通管理部门参加。

第九条 任何单位和个人不得将经批准建成的公共停车场、供单位和居住区公共使用的专用停车场挪作他用或者停止使用,不得擅自改变规划确定的公共停车位、专用停车位的数量。

建筑物依法改变功能的,已配建停车场不得挪作他用,已配建停车场达不到改变功能后标准的,应当按标准配建。

第十条 已有居民住宅区、商业街(区)规划未配建停车场或者配建的停车场已无法满足现有停车需求的,城乡规划、公安交通管理部门应当在其周边具备条件的区域设置适量的公共停车场、道路停车泊位。

第十一条 下列公共建筑未按停车场的设置标准和设计规范配套建设停车场的,应当在改建、扩建时按规划要求合理补建:

(一)火车站、客运码头、机场、道路客运站等交通枢纽;

(二)体育(场)馆、影(剧)院、图书馆、展览馆、博物馆、医院、旅游景点、商务办公楼以及对外承办行政事务的办公场所;

（三）商场、旅馆、餐饮、娱乐等大（中）型经营性场所。

第三章　公共停车场管理

第十二条　公共停车场应当遵守下列规定：

（一）在停车场出入口的显著位置设置统一的停车场标志，标明停车位数量；

（二）保持场内交通标志和标线的清晰、准确、醒目、完好，按规范配置照明、消防等设备，并确保其正常运行；

（三）制定并落实车辆停放、安全保卫、消防等管理制度；

（四）配有相应的管理人员负责进出车辆的查验登记，引导车辆进出和停放，维护停车秩序。

公共停车场禁止停放无号牌机动车以及装载易燃易爆、有毒有害等危险物品的车辆。

第十三条　公共停车场应当向社会公众开放。

公共停车场向社会公众提供有偿服务的，经营者应当依法办理工商登记手续，并在登记后十五日内，向公安机关交通管理部门备案登记。备案登记内容应当包含：停车场名称、交通组织图则、停车场平面图、开放泊位数量、开放服务时间、收费方式与标准、服务与投诉电话等。

公共停车场经营者应当在停车场显著位置标示服务项目、收费标准和监督电话，在入口处显示剩余车位数量，按价格主管部门核定的标准收费，并使用统一的停车票据。

第十四条　设立临时停车场并提供有偿服务的单位或者个人，应当向市公安机关交通管理部门提出申请，并取得许可。

设立临时停车场应当具备下列条件：

（一）拥有土地使用权；

（二）有停车场地和经营管理设施；

（三）有交通组织图则，包括总平面、出入口、标志标线、车行路线、停车泊位示意图等；

（四）有相应的停车场管理制度。

第十五条　市公安机关交通管理部门受理临时停车场许可申请后，应当征求市城乡规划、环境保护、公安消防等行政管理部门意见，并在受理之日起十五日内作出许可或者不予许可的决定。

临时停车场设立期限不超过三年。期满后需要延续的，应当在有效期届满三十日前提出延续申请。

第十六条　机动车驾驶人在公共停车场停放车辆应当服从管理人员引导，有序停放车辆。

第四章　道路停车泊位管理

第十七条　市公安机关交通管理部门应当会同市建设行政主管部门，根据城市道路状况、区域停车需求、车辆通行条件和道路承载能力，设置道路停车泊位，并规范施划道路停车泊位标志标线。

第十八条　下列路段不得设置道路停车泊位：

（一）和机动车道之间设有硬隔离、宽度小于5米的非机动车道；

（二）非机动车道和人行道共用道；

（三）净宽小于6.5米的人行道；

（四）法律法规规定的其他不得设置道路停车泊位的情形。

第十九条　实施单向通行的道路，市公安机关交通管理部门可以根据道路交通状况和周边停车需要施划道路停车泊位。

公安机关交通管理部门可以施划夜间停车泊位或者确定夜间停车路段，供机动车在夜间规定时段停放。具体停放时段由市公安机关交通管理部门另行制定。

夜间停车泊位应当按照以下要求进行施划（设置）：

（一）双向2车道，车行道宽度10米以上的二环路以内道路实行单侧设置，二环路以外道路可实行单侧或双侧设置；

（二）车行道宽度6米以上，10米以下双向通行的道路实行单侧设置；

（三）宽度6米以上的街巷、小区内通道，在不影响车辆（含消防车）通行的情况下单侧灵活设置；

（四）车行道宽度5米以上的单行道，可在车辆通行方向右侧设置；

（五）机非车道采取绿化带隔离且宽度5米以上的非机动车道，可在车辆通行方向右侧设置；

（六）人行道净宽4米以外的区域（两车停放点除外）及高架桥下不影响行人和车辆正常通行的路段可设置夜间停车泊位。

按照前两款规定施划（设置）停车泊位的，可以不受第十八条第（一）项至第（三）项规定限制。

第二十条　任何单位和个人不得擅自占用道路设置停车泊位或者擅自撤销停车泊位。

第二十一条　市公安机关交通管理部门对道路停车泊位每年至少评估一次，并根据道路交通状况、周边停车需求情况，对道路停车泊位予以调整并向社会公布。

第二十二条　有下列情形之一的，市公安机关交通管理部门应当对道路停车泊位及时予以撤销：

（一）道路交通状况发生变化，道路停车已影响车辆正常通行；

（二）道路周边的公共停车场已能满足停车需求；

（三）因城市基础设施建设或者其他公共项目建设需要；

（四）其他需要撤销的情形。

道路停车泊位撤销后，市公安机关交通管理部门应当及时消除泊位标线并恢复道路通行。未及时消除泊位标线，导致当事人在撤销的停车泊位停放车辆的，不得实施处罚。

第二十三条　道路停车泊位根据区域及地段繁华程度，按路面停车高于同一区域地下停车价格的原则，采取按时或者按次方式计收停车费。采取计时收费的，可以实行累进计费的方法。收费标准由市价格主管部门制定。

道路停车泊位的经营管理办法另行制定。

第二十四条　市公安机关交通管理部门应当将道路停车泊位的数量、设置地点、使用时间、停车种类、收费标准、投诉电话等事项向社会公布，并在该路段设置明显标志。

第二十五条　机动车驾驶人在道路停车泊位停车时，应当按标志、标线停放，按规定缴费。在限制时段的道路停车泊位，驾驶人不得超出规定的时间段停车。

第五章　住宅区停车场及其他专用停车场管理

第二十六条　专用停车场在满足自身停车需求的情况下,可以向社会公众开放。

鼓励单位的专用停车场在节假日或者夜间向社会公众开放。单位停车场向社会开放的,收费可以实行市场调节价。

第二十七条　居民住宅区规划建设的停车场,产权属建设单位的,由建设单位依法确定管理方式;产权属业主共有的,由业主共同决定管理方式。

第二十八条　居民住宅区规划建设的停车场不能满足业主停车需求时,经业主大会决定,可以在住宅区内公共道路或者其他场地设置停车泊位。停车泊位不得占用消防通道,不得降低住宅区绿化率。

居民住宅区停车场禁止停放大型货车。

第二十九条　居民住宅区停车场应当统一管理,建设单位或者业主委员会委托物业服务企业提供停车管理服务的,应当在物业服务合同中约定。

未成立业主委员会又未实行物业管理的居民住宅区停车场,可交由社区居民委员会组织管理。

第三十条　居民住宅区停车场向社会公众提供有偿服务的,收费标准由市价格主管部门核定,使用统一的停车票据。

第六章　法律责任

第三十一条　违反本办法第七条第一款、第十一条规定,未配建停车场或者配建停车场达不到标准的,由城乡规划主管部门责令限期补建;逾期不补建或者确实无法补建的,由城乡规划主管部门按照规划配建标准所需停车场建设工程造价征收停车场建设补偿费,可以并处建设工程造价百分之十的罚款。

第三十二条　违反本办法第九条规定的,由城乡规划主管部门责令限期改正;逾期未改正的,按照改变功能、挪作他用或者停止使用的停车泊位数量,每个泊位处以一万元的罚款。

第三十三条　违反本办法第十二条规定之一的,由公安机关交通管理部门责令改正;逾期未改正的,处以一千元以上二千元以下罚款;情节严重的,处以二千元以上五千元以下罚款。

第三十四条　违反本办法第十三条第二款规定,公共停车场经营者未按规定备案登记的,由公安机关交通管理部门责令改正;逾期未改正的,处以二千元罚款。

第三十五条　违反本办法第十四条规定,未经许可擅自设立临时停车场的,由公安机关交通管理部门予以撤销,有违法所得的,没收违法所得。

第三十六条　违反本办法第二十条规定,擅自占用道路设置停车泊位或者擅自撤销停车泊位,由公安机关交通管理部门责令改正,并按泊位数量,每个泊位处以一千五百元罚款。

第三十七条　公安机关交通管理、城乡规划、建设等行政管理部门工作人员违反本办法规定,玩忽职守、滥用职权、徇私舞弊或者不履行本办法规定职责的,由其所在单位或者有关部门对直接责任人员和主要负责人给予处分;构成犯罪的,依法追究刑事责任。

第七章　附　则

第三十八条　本办法中下列用语的含义:

"停车场",是指供四轮以上机动车辆停放的露天或者室内场所。

"公共停车场",是指为社会车辆提供停放服务的场所,主要包括社会公共停车场、公共建筑配建的停车场和临时停车场。

"专用停车场",是指供本单位、本居住区机动车停放的场所和私人停车泊位。

"道路停车泊位",是指在车行道、人行道、路肩边坡、公共广场、桥下空地等道路上设置的供机动车停放的场地。

第三十九条　县(市)停车场的规划、建设和使用管理参照本办法执行。

第四十条　本办法自2010年6月1日起施行。市人民政府于2005年8月29日颁布的《福州市市区机动车道路停车管理办法》(榕政〔2005〕15号)同时废止。

福州市人民政府令

第45号

《福州市商品交易市场业主责任规定》已经2010年4月9日市人民政府第9次常务会议通过,现予发布,自2010年7月1日起施行。

市长:苏增添

二〇一〇年五月二十五日

福州市商品交易市场业主责任规定

第一章　总　则

第一条　为了加强对商品交易市场业主的监督管理,明确市场业主的社会责任,维护商品交易市场经营秩序,根据《中华人民共和国产品质量法》、《中华人民共和国农产品质量安全法》、《中华人民共和国食品安全法》、《福州市食用农产品质量安全管理办法》等有关法律、法规的规定,结合本市实际,制定本规定。

第二条　本市行政区域内各类商品交易市场业主经营服务、监督管理等活动适用本规定。

本规定所称的商品交易市场(以下简称市场),是指由投资建设者、经营者或管理者提供场所,有若干经营者入场,对生产资料、生活资料进行现货集中交易的场所。

第三条　本规定所称的市场业主,是指投资建设、经营或者管理市场,为入场经营者提供服务,进行管理,收取费用的法人、其他组织或者自然人。

符合下列情形之一的法人、其他组织或者自然人,属于本规定所称的市场业主:

（一）投资建设市场，通过出售或者出租店面、摊位等方式直接吸纳经营者入场经营，提供管理服务的，以投资者为市场业主；

（二）投资建设市场，将市场整体或部分通过委托或者发包等方式交由他人管理（经营），以投资者名义提供管理服务的，以投资者为市场业主；以管理者名义提供管理服务的，以管理（经营）者为市场业主；

（三）向市场投资建设者承租场地，对外招商吸纳经营者入场经营，提供管理服务的，以管理（经营）者为市场业主；

（四）依政府部门授权负责管理（经营）国有资产性质的市场，为入场经营者提供管理服务的，以管理（经营）者为市场业主；

（五）依政府部门或其派出机构划定区域，从事市场管理服务，收取费用的，以管理（经营）者为市场业主；

（六）其他投资或从事市场管理服务活动、收取费用的，按照“谁经营、谁管理、谁负责”的原则确定市场业主。

商品展销会的开办者、经营柜台的出租者、临时交易市场的收费管理者，有若干供货者进场、具有类似市场业主对入场经营者管理特征的专业或综合商场、超市，视为本规定所称的市场业主。

本规定所称的入场经营者，是指市场业主允许其入场经营，在市场内独立从事商品交易活动的法人或其他组织、个体工商户、自产自销农副产品的农民。

第四条　商贸、工商、卫生、农业、海洋与渔业、物价、公安、消防、城市管理执法、质量技术监督、环境保护、建设、园林绿化等相关行政管理部门在各自职责范围内，遵循依法、公开、效率和便民的原则，对市场业主实施监督管理，督促市场业主严格履行本规定的责任和义务。

第五条　各类市场实行业主责任制。按照“谁经营市场，谁管理市场”的原则，由市场业主依法承担对上市商品质量、食品安全、市场经营秩序、环境卫生、物价、计量、公共安全等方面管理责任和义务。

第六条　市场业主对入场经营者的管理和服务应当遵循自愿、平等、公平、诚实信用的原则，遵守商业道德。

鼓励市场业主成立自律组织，加强对入场经营者的法制教育、职业道德教育和食品安全培训教育，引导入场经营者文明守法经营。

第七条　鼓励和支持新闻媒体对市场业主履行社会责任进行舆论监督。

第二章　市场业主的责任和义务

第八条　市场业主应当承担下列责任和义务：

（一）依照有关市场管理的法律、法规，制定本市场的治安、消防、环境卫生、物价、计量、商品质量、食品安全等方面的规章制度并组织实施，维护市场环境卫生、日常交易秩序和安全；

（二）负责对市场内消防、安保、环保、给排水、卫生、用电、计量、食品质量自检、广告等设施设备的建设配备和管理，设置明显的消防疏散标志，设立专项维修资金，对市场设施设备及时维护和更新，保证相关设施设备处于完好状态；

（三）负责市场场容场貌整洁，商品陈列有序、明码标价，按照商品种类设置规格统一、醒目的经营区域标志牌及市场导购图；

（四）负责做好卫生“门前三包”工作，保证责任区内环境卫生、立面整洁、周边秩序符合要求。负责管护好责任区内的花草树木和绿化设施；

（五）负责按照《福州市市区户外广告设置与管理办法》等有关规定加强户外广告和店牌店招的设置管理。

有活禽入场经营的市场应当按规定设立相对独立鲜活家禽经营区域，并建立消毒、无害化处理等制度，配备相应设施设备；未实行集中屠宰地区的市场，还应当修建专门的活禽屠宰室，实行封闭式屠宰加工。

第九条　市场业主应当与具有相对固定场所的入场经营者依法签订入场经营合同，明确双方的权利义务，依照合同对入场经营者的经营活动实施管理。

入场经营合同除应当符合法律、法规的规定外，还必须明确约定以下内容：

（一）入场经营者应当取得有关证照后方可开业，并亮照（证）经营；

（二）入场经营者应当建立并执行食品等商品的进货查验、索证索票、商品购销台账、不合格商品下架、退市（召回）等质量安全制度；

（三）入场经营者应当服从市场业主和相关行政管理部门的监督检查和管理；

（四）消费纠纷解决机制；

（五）市场业主有权对违规经营者予以清退的情形。

市场业主提供的格式条款中不得含有扩大市场业主权利、免除或者部分免除市场业主责任的内容，也不得含有排除入场经营者或供货者主要权利、加重入场经营者或供货者责任的内容。

第十条　市场业主应当指导、督促、配合入场经营者办理相关证照，在入场经营者开业前查验其许可证（批准文件）、营业执照、税务登记证等必要的经营资质证明文件，并建立入场经营者基本信息登记档案。

第十一条　市场业主应当指导、督促入场经营者建立并严格执行下列商品质量安全管理制度：

（一）进货查验和索证索票制度。按照食品等商品的性质和类别，依照相关规定，查验供货者各类许可证、认证证书、授权证书，以及出库单、产地证明、产品质量检验合格证、具有法定资质的检测机构出具的检验结果报告等证明商品符合国家质量、安全、卫生标准等法定要求的票证，并留存相关复印件备查，按规定需要提供原件的，应索取原件备查。

（二）进销货台账制度。按照国家规定，经营企业进货台账应当如实记载商品的名称、规格、质量等级、数量、生产批号、保质期、供货者名称及联系方式、进货日期、商品条码等内容；批发企业销售台账应当如实记载售出商品的名称、规格、质量等级、数量、购货者名称及联系方式、销售时间等信息。

（三）不合格商品退市制度。发现不合格或者不安全的食品等商品,应当督促经营者采取中止进货、停止销售、召回、退货、销毁等措施,将相关信息予以公示,并立即报告相关行政管理部门。

(四)商品和服务质量保障制度。对提供的商品或服务按照国家有关规定或商业惯例向消费者提供“三包”等承诺或保障。

商品展销会的开办者、经营柜台的出租者和超市(商场)应当建立并严格执行本条规定的食品等商品质量安全管理制度。

第十二条 市场业主应当建立和完善食品等商品质量检测制度,保障上市交易商品的质量安全。

法律、法规规定应当检验检测合格方可销售的食品等商品,市场业主应当查验有效的检验检测合格证明。市场业主应当在市场内配备必要的有毒、有害物质检测设备和专兼职检测人员,并按政府有关规定对农副产品等商品进行检测,对未取得检测合格证明或检测不合格的农副产品等商品不得上市销售。

第十三条 市场业主应当在市场显著位置设立信息公示栏(牌)或者电子信息屏,公布市场管理制度、投诉电话,及时发布商品质量监测、消费警示和提示、入场经营者的奖惩等信息。

市场业主应当建立消费纠纷解决机制,在工商部门指导下设立消费维权服务点、设置投诉信箱,受理消费者投诉,并把处理结果记录备案。

第十四条 鼓励市场业主建立先行赔付保证金制度,由市场业主和入场经营者共同出资设立先行赔付保证金,用于发生消费纠纷时向消费者先行赔付,确保消费者放心安全消费。

保证金的具体金额、管理、使用、退还方法等由市场业主和入场经营者共同协商,以书面形式确定,并报当地工商部门备案。

保证金实行专款专用,由市场业主定期公布使用情况,接受入场经营者和相关行政管理部门的监督。

第十五条 市场业主应当对入场经营者使用的属于强制检定的计量器具登记造册,向当地质量技术监督部门备案,并配合质量技术监督部门做好强制检定工作。未经检定、超过检定周期或者经检定不合格的计量器具不得使用。

市场业主应当在市场内设置合格的复检计量器具,并负责保管、维护和定期送法定计量检定机构进行检定。

第十六条 市场业主之间不得以明示或者默示的形式达成排除、限制竞争的协议,联合实施扰乱市场经济秩序的不正当竞争行为。

市场业主不得以排挤竞争对手为目的,采取低于市场价格收取摊位费、租赁费等不正当竞争方式招商。

第十七条 市场业主应当督促入场经营者亮照(证)守法经营,确保经营的商品标志完整清晰,招聘的从业人员符合法定条件,依照法律规定或合同约定及时清退违规入场经营者。

市场业主建立的入场经营者基本情况、商品进销货台账、上市商品检测、不合格商品退市(召回)、消费者投诉等信息档案应当保留不少于二年。

第十八条 市场业主应当加强对市场内经营活动的日常检查,发现销售不符合法定要求的商品、法律法规以及政府明令禁止上市销售的商品和其他违法行为的,应当立即制止并报告所在地相关行政管理部门。

市场业主应当配合相关行政管理部门指导、督促违法经营者改正违法行为。市场业主知道或者应当知道经营者拒不改正、继续从事该违法行为的,不得为其提供经营场所、保管、仓储和其他便利条件。

第十九条 市场业主应当建立应急处置工作机制;配备必要的报警装置和应急救援设备、设施,并定期检测、维护;制定食品等商品安全、消防安全等突发事件应急预案,并组织定期演练,保证应急预案有效实施。

市场内发生突发事件时,市场业主应当采取有效措施,防止事态扩大,并配合政府及相关行政管理部门做好应急处置和后勤保障工作。

第三章 监督管理

第二十条 各级地方人民政府统一领导本行政区域市场业主监督管理工作。

工商行政管理部门负责组织协调各相关行政管理部门按照各自职责具体实施对市场业主的监督管理,并对市场业主履行商品质量管理、食品安全管理、商标标志使用管理、消费者权益保护责任进行检查、指导和监督。

商贸、卫生、农业、海洋与渔业、物价、公安、消防、城市管理执法、质量技术监督、环境保护、建设、园林绿化等相关行政管理部门按照下列分工承担对市场业主的监督管理职责:

(一)商贸主管部门负责指导、培育、管理全市各类消费品、生产资料及生产要素市场,督促市场业主落实责任制,对市场业主履行规范场容场貌责任进行检查、指导和监督;

(二)卫生行政部门对市场内开办的餐饮业、食堂等场所进行检查、指导和监督;

(三)农业行政部门对市场业主履行农产品质量安全检测、动物及其产品的检疫、病死动物无害化处理及不符合农产品质量安全标准的农产品处置等管理责任进行检查、指导和监督;

(四)海洋与渔业部门对市场业主履行水(海)产品质量检测、质量安全管理责任进行检查、指导和监督;

(五)物价部门对市场业主履行商品价格和服务收费的管理责任进行检查、指导和监督;

(六)公安治安部门对市场业主履行安全保卫制度、落实安全保卫措施进行检查、指导和监督;

(七)公安消防机构对市场业主履行消防安全管理责任进行检查、指导和监督;

(八)城市管理执法部门对市场业主落实“门前三包”和车辆停放管理,清除店外摊、摊外摊等现象进行检查、指导和监督,严格相关早夜市、占道市场食品等商品质量安全的管理;

(九)质量技术监督部门对市场业主设置复检计量器具和履行督促入场经营者依法使用计量器具责任进行检查、指导和监督;

（十）环境保护部门对市场业主履行防止噪音、油烟、水污染等环境保护责任进行检查、指导和监督；

（十一）建设行政部门对市场业主履行户外广告和店牌店招设置管理责任进行检查、指导和监督；

（十二）园林绿化部门对市场业主履行绿化管理责任进行检查、指导和监督。

第二十一条　乡镇人民政府、街道办事处应当组织、引导、督促辖区内无证照经营的市场业主办理有关证照，配合相关行政管理部门对市场业主进行监督管理，督促市场业主严格履行本规定的责任和义务。

第二十二条　市场业主请求相关行政管理部门给予指导的，相关行政管理部门应当及时予以指导。

相关行政管理部门接到市场业主报告入场经营者违法行为的，应当立即受理，报告的事项属于本部门职责的，应当依法进行核实、处理、答复，不得推诿；不属于本部门职责的，应当及时移交有权处理的部门，并告知报告人。

第二十三条　相关行政管理部门必须依照法定职责和程序查处市场业主的违法行为。行政执法人员在执行监督检查任务时，应当出示执法证件。

第二十四条　相关行政管理部门及其工作人员在管理工作中，应当秉公执法、文明管理，不得滥用职权，刁难、勒索市场业主或者压价强行购买商品，不得徇私舞弊、包庇违法行为，不得参与市场经营活动。

第二十五条　市场业主应当接受相关行政管理部门的监督检查，不得拒绝和阻碍行政执法人员依法执行公务。

第四章　法律责任

第二十六条　违反本规定第八条至第十三条、第十五条至第十九条规定的，由相关行政管理部门责令改正，拒不改正的，处以5000元至10000元罚款。

其中违反第八条第一款第（三）项的，由商贸部门和物价部门行使；违反第八条第一款第（四）项的，由城市管理执法部门和园林绿化部门行使；违反第八条第一款第（五）项的，由建设行政部门行使；违反第八条第二款的，由农业行政部门行使；违反第十五条的，由质量技术监督部门行使；违反第九条、第十条、第十一条、第十三条、第十六条、第十七条的，由工商行政管理部门行使；违反第十二条的，由工商行政管理部门、农业行政部门、海洋与渔业部门行使；违反第八条第一款第（一）项、第（二）项、第十八条、第十九条的，由各相关行政管理部门依据各自的职责行使。

第二十七条　市场业主拒绝和阻碍行政执法人员依法执行公务的，由公安机关依照《中华人民共和国治安管理处罚法》的规定给予处罚；构成犯罪的，依法追究刑事责任。

第二十八条　相关行政管理部门及其工作人员滥用职权、玩忽职守、徇私舞弊、收受贿赂、刁难勒索市场业主、压价强行购买商品、参与市场经营活动的，依法给予行政处分；构成犯罪的，依法追究刑事责任。

相关行政管理部门及其工作人员违法行使职权，侵犯公民、法人和其他组织的合法权益造成损害的，应当按照《中华人民共和国国家赔偿法》的有关规定给予赔偿。

第五章　附　则

第二十九条　本规定自2010年7月1日起施行。

福州市人民政府令

第46号

《福州市“门前三包”责任制管理办法（试行）》已经2010年8月4日市人民政府第16次常务会议通过，现予发布，自2010年10月1日起施行。

市长：苏增添

二〇一〇年八月十六日

福州市“门前三包”责任制管理办法（试行）

第一条　为了加强城市市容环境卫生管理，创造整洁、文明、优美的城市环境，根据国务院《城市市容和环境卫生管理条例》、《福建省城市市容和环境卫生管理办法》和建设部《城市生活垃圾管理办法》等规定，结合本市实际，制定本办法。

第二条　在本市鼓楼、台江、仓山、晋安、马尾区范围内道路两侧的下列单位和个人（以下统称“责任人”）应当遵守本办法：

（一）党政机关、企事业单位、社会团体、个体工商户和其他组织；

（二）火车站、汽车站、停车场、集贸市场、商场、超市、住宅小区、公园、广场等场所业主或经营管理单位；

（三）人行天桥、地下通道、公交站台、公共厕所、垃圾转运站等市政公用设施的业主或管理单位。

第三条　本办法所称的“门前三包”，是指责任人负责管理其责任区内的环境卫生、立面整洁和门前秩序达到本办法规定的要求。

第四条　市市容管理部门负责全市“门前三包”责任制管理的组织协调、指导监督和检查评比工作。各区市容管理部门负责组织实施本辖区“门前三包”责任制的管理工作。

工商行政、园林绿化、城乡建设、环境保护、房产管理、国土资源、商贸、民政、文化、公安交通等相关部门，应当按照各自职责，协同做好“门前三包”责任制的管理工作。

第五条　各区街道办事处、镇人民政府按照属地管理的原则，负责与辖区内的责任人签订“门前三包”责任书，并检查责任人“门前三包”责任制的具体落实情况。

设有专门管理机构的火车站、广场、公园等区域，由专门管理机构与管理范围内的责任人签订“门前三包”责任书，并检查责任人“门前三包”责任制的具体落实情况。

上述与责任人签订“门前三包”责任书的街道办事处、镇人民政府、专门管理机构统称为管理单位。

第六条　任何单位和个人都有维护和改善城市市容环境卫生、爱护公共环境卫生设施的义务。对不履行“门前三包”

责任制的责任人以及未履行管理职责的管理单位,任何单位和个人都有权向有关部门举报。

第七条 责任人“门前三包”的范围,包括责任人产权所有或租赁承包经营管理场所(地)的临街建筑物、构筑物的外立面及其周围地面。周围地面的范围为建筑物墙基至道路沿石。责任人“门前三包”的具体范围,由所在地的管理单位划定,难以划定或划定后有争议的,由所在地的区市容管理部门确定。

无责任人的地段,由所在地的管理单位做好环境卫生、立面整洁和门前秩序的管理工作。

第八条 责任人应当按照要求与所在地的管理单位签订“门前三包”责任书,并制定相关管理制度,落实人员负责“门前三包”责任制工作。

“门前三包”责任书的格式文本,由市市容管理部门统一制定。

第九条 责任人应当按照下列要求做好“门前三包”责任制工作:

(一)环境卫生

1. 负责责任区内环境整洁,清扫地面,清除痰迹、污物、废弃物,制止随地吐痰、乱扔乱倒废弃物的行为;

2. 实行垃圾袋装,并按照规定时间和指定地点投放袋装垃圾,垃圾收集容器应当放置在门内;

3. 维护门前果皮箱等公共卫生设施的洁净、完好,不得擅自拆除、占用或移位;

4. 不得在责任区路面从事清洗、加工等影响环境卫生的活动,不得将垃圾扫入道路、下水道或绿地内。

(二)立面整洁

1. 建筑物、构筑物的外立面应当保持完好、整洁,无乱张贴、乱涂写、乱刻画、乱悬挂,炉口、油烟等排污口不得朝向街面;

2. 沿街建筑物顶部、阳台上无吊挂、晾晒和堆放影响市容观瞻的物品,设置的遮阳篷帐(遮阳伞)应当清洁完好;

3. 沿街招牌和夜景灯光应当按照规定批准后设置,并保持规范整洁。

(三)门前有序

1. 自行车、电动车、摩托车应当在划定的停放点分类有序排放,不准随意占道停放;

2. 不得占用道路从事摆摊设点、乱堆乱放、设置告示牌、宣传促销、散发广告等生产经营活动;

3. 负责管护好责任区内树木花草和绿化设施;制止和劝阻攀折树木、践踏草坪、借助树木搭棚和悬挂衣物、损坏花草树木和绿化设施、擅自占用绿地等行为。

第十条 责任人应当将“门前三包”责任书张贴或悬挂在醒目位置,自觉接受“门前三包”管理单位和有关管理部门的监督与检查。

第十一条 管理单位应当建立辖区各责任人的“门前三包”责任制检查评比制度,配备专职管理人员,实行“日检查、周评比”工作机制。

各区市容管理部门应当对“门前三包”责任制进行检查、监督和考核。

第十二条 责任人落实“门前三包”责任制情况作为创建文明单位的重要考核内容,对执行“门前三包”责任制不力的单位不得评为“文明单位”。

第十三条 责任人违反本办法规定,不签订“门前三包”责任书、不履行“门前三包”责任制或履行“门前三包”责任制未达到规定要求之一的,由市容管理部门责令限期改正;逾期未改正的,由市容管理部门对个人处200元至500元的罚款、对单位处1000元至5000元的罚款。

第十四条 责任人年度内两次违反本办法规定的,除由市容管理部门按照第十三条规定予以处罚外,由管理单位挂牌警示、并在媒体上曝光。

责任人年度内三次以上(含三次)违反本办法规定的,除按前款规定处理外,由市容管理部门移送工商行政管理部门对责任人依法予以责令停业整顿、直至吊销营业执照,并在媒体上曝光。

第十五条 对阻挠、妨碍行政执法人员执行公务的,由公安机关依照《中华人民共和国治安管理处罚法》的有关规定予以处罚。

责任人违反本办法其他规定的,由相关行政管理部门依法予以处罚。构成犯罪的,由司法机关依法追究刑事责任。

第十六条 市容管理等相关部门和管理单位的工作人员应当依法管理、文明执法,有下列行为之一的,由所在单位或上级主管机关给予行政处分:

(一)不尽职履行“门前三包”责任制检查督促的;

(二)违法批准管理事项的;

(三)违反规定收取费用或者侵占、私分公私财物的;

(四)有玩忽职守、滥用职权、徇私舞弊行为的。

第十七条 各县(市)的城镇道路两侧“门前三包”责任制管理,可以参照本办法执行。

第十八条 本办法自2010年10月1日起施行。

福州市人民政府令

第47号

《福州市人民政府关于修改部分市政府规章的决定》已经2010年11月8日市人民政府第27次常务会议通过,现予公布,自公布之日起施行。

市长:苏增添

二〇一〇年十一月十七日

福州市人民政府关于修改部分市政府规章的决定

为了维护我国社会主义法制统一,更好地适应加快建设法治政府、全面推进依法行政的要求,根据《国务院办公厅关于做好规章清理工作的通知》(国办发〔2010〕28号)要求,市人民

政府对现行市政府规章进行了全面清理。经过清理,市人民政府决定:

一、因机构名称或者相关法律依据名称发生变化,对下列3件市政府规章进行修改:

(一)《关于加强环境卫生设施建设和管理的规定》(榕政综〔1996〕255号,1996年12月26日颁布)

1. 将第四条、第七条、第十二条、第十六条"市容管理委员会"改为"市容和环境卫生行政主管部门"。

2. 将第十四条"《治安管理处罚条例》"改为"《中华人民共和国治安管理处罚法》"。

3. 将第十五条"《行政复议条例》"改为"《中华人民共和国行政复议法》"。

(二)《福州市城市机动车辆清洗管理暂行规定》(榕政〔1997〕5号,1997年3月12日颁布)

1. 将第三条、第四条、第二十一条"市容管理委员会"改为"市容和环境卫生行政主管部门"。

2. 将第十九条"《行政复议条例》"改为"《中华人民共和国行政复议法》"。

(三)《福州市城市管理行政执法程序规定(试行)》(市政府令第27号,2003年4月16日颁布)

将第二条"城市管理执法局"改为"市容和环境卫生行政主管部门"。

二、因个别条款内容与上位法不一致,或者不适应经济和社会发展要求,对下列3件市政府规章进行修改:

(一)《福州市停车场管理办法》(市政府令第44号,2010年4月30日颁布)

删除第十四条、第三十五条。

(二)《福州市闲置土地处置办法》(市政府令第30号,2004年4月11日颁布)

1. 将第十条修改为"土地使用者未按本办法第九条第(三)项规定的期限提出闲置土地处置申请,或所提出的处置申请不符合本办法第六条、第七条规定的,由市国土资源局提出收回土地使用权的建议或者按本办法第六条、第七条规定拟订处置方案,报经市人民政府批准后,会同有关部门组织实施"。

2. 将第十一条第一款修改为:"市国土资源局认定为闲置土地的,有关土地使用者应当缴纳土地闲置费。土地闲置费按照出让或划拨土地价款百分之二十的标准核算"。

3. 将第十一条第三款修改为:"土地使用者拒不缴纳土地闲置费的,市国土资源局依法申请人民法院强制执行,并在报经市人民政府批准后,终止实施原批准的闲置土地处置方案,直至无偿收回土地使用权"。

(三)《福州市科学技术奖励办法》(市政府令第33号,2004年10月11日颁布)

1. 第十三条第一款修改为:"福州市科学技术进步奖每年评审一次,分设一等奖、二等奖、三等奖三个等级。单项受奖人数和受奖单位实行限额,单项受奖人数不超过5人,受奖单位数不超过3个。具体奖金额度由市政府另行规定"。

2. 删除第十三条第一款第(一)项中"每项奖金为3万元"。

3. 删除第十三条第一款第(二)项中"每项奖金为1.5万元"。

4. 删除第十三条第一款第(三)项中"每项奖金为0.8万元"。

本决定自公布之日起施行。

福州市人民政府令

第48号

《福州市人民政府关于废止、宣布失效部分市政府规章的决定》已经2010年11月8日市人民政府第27次常务会议通过,现予公布,自公布之日起生效。

市长:苏增添

二〇一〇年十一月十六日

福州市人民政府关于废止、宣布失效部分市政府规章的决定

为了维护我国社会主义法制统一,更好地适应加快建设法治政府、全面推进依法行政的要求,根据《国务院办公厅关于做好规章清理工作的通知》(国办发〔2010〕28号)要求,市人民政府对现行市政府规章进行了全面清理。经过清理,市人民政府决定:

下列8件市政府规章予以废止:

1.《福州市城市危险房屋管理规定》(榕政〔1991〕30号,1991年10月30日市人民政府颁布)

2.《福州市城市房屋拆迁纠纷裁决办法》(市政府令第3号,1993年5月11日市人民政府颁布)

3.《福州市经济适用住房建设管理暂行办法》(榕政综〔1998〕210号,1998年9月3日市人民政府颁布)

4.《福州市计算机信息系统安全管理规定》(榕政综〔1996〕204号,1996年10月29日市人民政府颁布)

5.《福州市引进高层次人才若干规定》(榕政综〔1998〕199号,1998年8月19日市人民政府颁布)

6.《福州市实施〈福建省计划生育条例〉办法》(榕政〔1993〕16号,1993年8月10日市人民政府颁布)

7.《福州市组织机构代码管理办法》(市政府令第17号,1997年8月28日市人民政府颁布)

8.《福州市个人购房公积金贷款管理暂行办法》(榕政综〔1998〕87号,1998年4月16日市人民政府颁布)

下列3件市政府规章宣布失效:

1.《福州市水利建设基金筹集和使用管理实施细则》(榕政综〔1998〕90号,1998年4月20日市人民政府颁布)

2.《福州市科技园区暂行管理办法》(榕政〔1997〕15号,1997年7月2日市人民政府颁布)

3.《福州名牌产品管理办法》(榕政综〔1999〕199号,1999年8月9日市人民政府颁布)

本决定自公布之日起生效。

福州市人民政府关于颁发《福州市公共汽车客运线路经营权管理办法》的通知

榕政〔2010〕1号
(2010年2月11日)

各县(市)区人民政府,市直各委、办、局(公司):

《福州市公共汽车客运线路经营权管理办法》已经2010年1月21日市人民政府第1次常务会议审议通过,现予颁布施行。

福州市公共汽车客运线路经营权管理办法

第一章 总 则

第一条 为加强本市公共汽车客运线路经营权管理,促进公共汽车客运事业的发展,根据有关法律法规,结合本市实际,制定本办法。

第二条 本办法所称公共汽车客运线路经营权(以下简称公交线路经营权),是指福州市人民政府(以下简称市政府)或者其授权的机构依照法定程序授予经营者在一定期限和范围内经营特定公共汽车客运线路的权利。

本办法所称取得线路经营权的企业或经营者,是指已经取得部分线路经营权的国有公交企业和依照本办法通过招投标方式取得特定范围内线路经营权的企业。

本办法适用本市市区公共汽车客运线路经营权的管理及相关活动。

第三条 福州市建设行政主管部门(以下简称市主管部门)是本市公交线路经营权的行政主管部门,负责实施本办法,对公共汽车经营服务活动实行监督管理,并代表市政府与中标者签订经营协议,颁发线路经营许可证。

市财政、规划、物价、公安、审计、交通等行政管理部门应当按照本规定履行各自职责,共同做好公共汽车客运经营管理工作。

第四条 市主管部门应当根据本市公共汽车客运事业发展规划,组织编制年度公共汽车客运线路发展计划,报市人民政府批准后予以公布。

第五条 市人民政府按照有关规定通过直接委托经营和特许经营方式授予经营者公交线路经营权。

第二章 委托经营

第六条 市人民政府依据有关规定采取直接委托的方式授予福州市公共交通集团有限责任公司现有已营运的公交线路经营权,并授权市主管部门与其签订经营协议。

第七条 直接委托的公交线路经营权期限为八年。经营期满后,应当依据本办法第三章规定取得线路经营权。

第三章 特许经营

第八条 特许经营权是指通过招投标方式取得的在特定范围内经营线路的权利。

实施特许经营的公交线路,由市人民政府确定。

第九条 特许经营权的授予以提升公交行业服务质量和服务水平为宗旨,遵循公平、公正、公开和公共利益优先的原则采用招标投标方式确定经营者。招标投标采取公开招标或者邀请招标方式。

依照招标投标方式确定的市区公交线路经营者原则上不超过4家。

第十条 申请经营公共汽车客运线路,应当具备下列条件,依法取得特许经营权:

(一)在本市依法注册的企业法人,且注册资本不低于人民币3000万元;外地市企业法人提出申请的,应承诺在取得线路经营权后在本市注册企业法人,且注册资本不低于人民币3000万元;

(二)企业净资产不低于拟经营线路所占股权比例购车资金的2倍。

(三)有两年以上汽车客运线路运营经历且具有良好的经营业绩和相应规模;

(四)有合理可行的线路经营方案,以及保障线路正常营运的各项管理措施;

(五)有健全的客运服务、行车安全等方面的营运管理制度;

(六)有与经营规模相适应的管理人员及驾乘人员。

第十一条 市主管部门按照相关规定的程序组织招投标活动,择优选择特许经营者:

(一)市主管部门组织有关单位编制招标文件,向社会公开发布招标公告或者向特定对象发出投标邀请书,并组织有关方面专家成立招标评审委员会;

(二)申请人在规定时间内提出申请,提交符合第十条规定条件的材料,按照规定时间缴纳投标保证金并将投标文件报送市主管部门;

(三)市主管部门对申请人进行资格审查和经营方案预审,推荐出符合条件的投标候选人;

(四)市主管部门组织评审委员会对投标文件进行评审,确定中标人,并向中标人发出中标通知书;

(五)市主管部门向社会公示中标结果,公示时间不少于20天;

(六)公示期满后,对中标者没有异议的,经市政府批准,市主管部门在七日内作出特许经营许可决定,与中标者签订公交线路特许经营协议,并向未中标投标人退还投标保证金;

(七)市主管部门委托评估机构评估线路经营权使用费,中标者按照评估结果向市财政部门缴纳线路经营权使用费;

(八)市主管部门在特许经营协议签订后十个工作日内向中标者颁发《公共汽车客运线路特许经营许可证》。

第十二条 公共汽车客运线路特许经营协议应当包括以下内容:

（一）线路名称、起止站点、行驶路线及有效期限；

（二）产品和服务标准；

（三）价格和收费的确定方法、标准以及调整程序；

（四）设施的权属与处置；

（五）设施维护和更新改造；

（六）安全生产管理；

（七）履约担保；

（八）特许经营权的终止和变更；

（九）违约责任；

（十）争议解决方式；

（十一）双方认为应该约定的其他事项。

第十三条　经营者应当在取得经营许可证之日起3个月内按照特许经营协议组织营运。

第十四条　公共汽车客运线路特许经营许可期限为五年至八年。经营期限届满需要延续经营许可的，应当重新申请取得许可。经营者在投标原经营线路时，在同等条件下享有优先权。

第四章　监督与管理

第十五条　未取得经营权的单位和个人不得从事公共汽车客运线路经营服务业务。

第十六条　市主管部门应当就经营者营运服务、安全行车、车容车貌、站容秩序、票务管理、投诉处理、遵章守纪、市民评价等方面进行监督考评，根据考评结果制定经营者参加第二次招投标时的奖惩措施，包括同等条件下原经营者优先，在线路经营权招标前的上两年度考评成绩连续两年被评为优秀（良好）等级的经营者，允许其直接参加线路经营权转让竞价，在评标时按其报价的1.1倍（连续2年被评为良好等级的按其报价的1.05倍）计算竞价排序等，具体考评方法由市主管部门另行制定。

第十七条　经营者应当遵守下列规定：

（一）履行经营协议，执行不低于行业规定的服务标准和行业安全等方面的营运管理制度；

（二）按不低于行业规定的标准定期对其客运服务设施进行维护和更新改造，确保设施完好；

（三）承担政府组织的抢险救灾等应急性和公益性的调度任务；

（四）执行物价部门核定的客运服务价格；

（五）未经市主管部门批准，不得停业、歇业；

（六）接受市主管部门的监督、检查、管理；

（七）按规定时间将中长期发展规划、年度经营计划、年度报告、董事会决议、上一年经营发展计划的执行情况和有关财务报表等报送市主管部门和相关部门；

（八）按时提交市主管部门和其他相关部门要求提供的其他材料。

承担前款第（三）项任务的，政府给予适当补偿。

第十八条　有下列情形之一的，市主管部门可以对经营者的线路进行调整：

（一）因城市发展需要进行调整的；

（二）因道路交通等发展及实施线网优化、场站优化需要进行线网调整的；

（三）因城市建设或城市规划需要而实施线路调整的；

（四）因城市基础设施建设或根据道路状况实施线路临时调整的；

（五）有关部门和单位因特殊情况需要临时调整线路的；

（六）因市场经济发展和民生需求需要进行调整的其他情形。

第十九条　市主管部门应当建立城市公共汽车客运经营者信用档案，将经营者的基本情况、服务质量、经营中的不良行为等记入信用档案，并以适当的方式向社会公布。

第二十条　公交线路配套的公交场站（包括：首末站、停车场、停靠站等），以及公交车辆车载设备（包括但不限于IC卡设备、计数系统、监控系统以及发布广告的设备等）等相关配套服务设施的提供和使用，应报经市主管部门批准。

第二十一条　获得经营权的经营者在经营期间有下列行为之一的，由市主管部门责令其限期改正，逾期不予整改或者情节严重的，由市主管部门终止经营协议，收回经营权：

（一）擅自转让、出租、抵押、质押经营权或以承包、挂靠等方式处分经营权的；

（二）擅自停业、歇业，影响社会公共利益和安全的；

（三）经营者在取得经营许可证后逾期未投入营运的；

（四）擅自将所经营的财产进行处置或者抵押；

（五）线路的经营服务规范不符合标准和要求；

（六）未按规定对客运服务设施进行维护和更新改造的；

（七）发生特大安全责任事故或者连续发生重大安全责任事故的；

（八）未按规定执行物价部门核定的客运服务价格标准且未按要求整改的；

（九）拒绝接受市主管部门按照本规定进行管理监督的；

（十）其他违反法律、法规规定的行为。

被收回经营权的经营者3年内不得参与公交线路经营权的招投标。

第二十二条　因前条所列情形被终止线路经营权的，经营者应在市主管部门规定的期限内继续维持线路正常的经营和服务。

经营者在有效期内因关闭、解散、破产等原因需解除经营协议，终止经营的，应当提前3个月向市主管部门提出申请，未获得批准期间经营者不得停止营运。

第二十三条　依照本办法规定重新确定经营者的线路，同等条件下，新经营者应当优先录用原经营者在该线路的员工。

第五章　附　则

第二十四条　本办法自颁布之日起施行。福州市人民政府于2005年5月31日颁布实施的《福州市公共汽车客运线路经营权管理办法》（榕政〔2005〕12号）同时废止。

福州市人民政府关于开展机动车交通秩序专项整治工作的通告

榕政〔2010〕2号

(2010年3月28日)

为加强城市道路交通管理,规范机动车行车秩序,营造文明安全行车氛围,创建文明城市,树立良好的省会中心城市形象。根据《中华人民共和国道路交通安全法》等相关法律法规以及中央文明办、公安部部署的"文明交通行动计划",经市政府研究决定,自4月起至今年底在市区(五城区)开展机动车交通秩序专项整治。现将有关事项通告如下:

一、整治区域:市区主次干道及重点路口、路段。

二、整治车辆:在市区行驶的各类机动车,重点整治公交车、出租车、党政机关(含省属)公务车、军队和武警车辆、政法机关制式警车和公务车、低速载货汽车、摩托车。

三、整治机动车下列交通违法行为:

(一)违法行驶:查处机动车闯红灯、醉酒驾驶、酒后驾驶、转弯未让行、违法超车、行经人行横道(斑马线)未减速或让行、在交叉路口不按规定排队依次通行、不按规定掉头、逆行、抢道、占道行驶、乱停放以及公交车、出租车争道抢行,公交车辆站外停靠上下客,出租车违反禁令标志停车等。

(二)违反车辆号牌使用规定:查处机动车无牌、套牌、使用伪造和变造机动车号牌,遮挡机动车号牌。

(三)特种车辆违法行为:查处军警车、消防车、救护车、工程抢险车、政法系统车辆在非执行紧急任务时违规使用警灯警报器、在禁鸣喇叭路段鸣喇叭,公务车辆违规安装和使用警灯警报器以及各类交通违法行为。

(四)驾驶拼装、改装和报废车违法行为:查处私自拼装、改装车辆和报废车上路行驶。

四、对上述机动车交通违法行为,由公安机关交通管理部门依照《中华人民共和国道路交通安全法》及《福建省实施〈中华人民共和国道路交通安全法〉办法》等法律法规规定,给予从重处罚。

五、对查处的机动车交通违法行为将在市属媒体和政府网站上进行公开曝光。

鼓励市民举报交通违法行为,对查证属实的举报,给予奖励。奖励办法由公安机关交通管理部门另行制定。

六、凡党政机关、企事业单位车辆交通违法行为年累计超过10起(含)的,对该单位予以通报,并对部门主要负责人予以交通告诫。

七、各单位、各部门要切实加强对本单位车辆和驾驶人的管理,客运企业要落实交通安全责任制,强化对从业人员的教育。各级党政机关、企事业单位驾驶人要带头遵守交通行车秩序,广大交通参与者应当自觉遵守道路交通法律法规,共同创造安全、有序、和谐、文明的交通环境。

八、本通告自2010年4月6日起施行。

福州市人民政府关于福州绕城高速公路西北段、福州机场高速公路二期工程施工期间禁止非施工车辆及行人通行等有关事项的通告

榕政〔2010〕6号

(2010年4月30日)

福州绕城高速公路西北段(以下简称绕城高速)、福州机场高速公路二期(以下简称机场二期)工程已进入施工关键阶段,但沿线非施工车辆、人员随意进入施工现场通行的现象时有发生,严重影响了高速公路的正常施工,也带来了极大的安全隐患。为确保人民群众生命财产安全,保证工程质量、安全、进度,根据《中华人民共和国道路交通安全法》及《中华人民共和国公路法》等法律法规的规定,现将有关事项通告如下:

一、自本通告发布之日起,禁止任何非施工车辆、行人从施工便道、互通入口等位置进入绕城高速、机场二期工程施工现场。

二、禁止沿线任何单位或个人擅自恢复已弃用的施工便道进入绕城高速、机场二期工程施工现场,或在绕城高速、机场二期工程现有施工便道及路基、边坡等高速公路地界范围内放养牲畜、家禽等。

三、禁止在绕城高速、机场二期工程两侧建筑控制区,包括高速公路两侧隔离栏外缘以外不少于50米、互通立交不少于100米的区域及第一重山视线范围内,违法修建坟墓及其他未经批准的地面建筑物。

四、沿线各级政府及有关部门要切实做好宣传工作,做到家喻户晓,并积极主动地配合绕城高速、机场二期工程各参建单位做好施工安全工作,营造良好的施工环境。

五、绕城高速、机场二期工程项目业主单位要督促各参建单位加强施工便道、互通口交通的安全管理,设置警示标志,在主要路段、重要路口设专人看守,加大日常巡查,发现强行进入、通行的非施工车辆、人员应及时予以制止并报告当地公安部门。

六、凡违反本通告第一条至第三条规定的,由有关职能部门依法予以查处;对于不听劝阻强行进入、通行的非施工车辆及人员,将进行严肃处理;对严重影响工程建设或造成安全事故的,将依法追究其法律责任。

七、本通告自发布之日起施行,自绕城高速、机场二期工程建成试通车之日起失效。

特此通告。

福州市人民政府关于开展违法建设专项清理整治的通告(第二号)

榕政〔2010〕7号

(2010年7月15日)

为进一步推进清理整治违法建设工作深入开展,有效遏制

我市五城区集体土地上的非法占地、违法建设行为，保障城乡规划有序实施，消除违法建筑安全隐患，保障人民群众生命财产安全，根据《中华人民共和国城乡规划法》、《中华人民共和国土地管理法》、《中华人民共和国消防法》、《中华人民共和国安全生产法》等法律法规的规定，市政府决定对本市五城区集体土地上的违法建设开展专项清理整治行动。现将有关事项通告如下：

一、本次专项清理整治的范围为五城区集体土地上未经规划、国土资源部门批准，或不按规划审批要求建设的建筑物、构筑物以及逾期未拆除的临时建筑。

重点整治集体土地上人员聚集或存在安全隐患的下列经营性违法建筑物、构筑物：1. 木材、化工、制鞋、塑胶、电镀等企业的生产用房及仓库；2. 餐饮、网吧、歌舞厅等经营性娱乐性场所；3. 集市、商品交易市场；4. 学校及周边违法建筑物、构筑物；5. 用于出租谋利的生产生活用房；6. 其他人员聚集或存在安全隐患的生产经营场所。

二、凡属本次重点整治的违法建设必须在本通告发布之日起停止经营，配合清查整治工作，并按照相关行政执法部门规定和要求的期限自行拆除。逾期拒不拆除的，由各区清理整治违法建设领导机构组织相关行政执法部门和当地乡（镇）人民政府、街道办事处予以强制拆除。

三、供水供电、广播电视、通信、工商行政管理、安全生产监督、教育、文化新闻出版、卫生、住房保障和房产管理、消防、公安等部门要按照市、区清理整治违法建设专项工作的要求，对违法建设立即依法采取停止供水供电、停止通信、停止网络服务、吊销营业执照、停止生产经营、停止办学、清理房屋租赁、清理人员等措施。对不按要求采取上述措施的，追究单位领导和相关责任人员的行政责任；发生安全事故造成严重后果的，应依法追究相关责任人员的法律责任。

四、各区人民政府负责牵头组织实施本行政区内违法建设清理整治工作。各乡（镇）人民政府、街道办事处负责组织各村（居）民委员会开展清理整治违法建设的清查工作。

各区应当设立并向社会公开专门的举报电话，负责受理本行政区域内违法建设的举报。

市清理整治违法建设专项工作小组负责组织协调、督促检查各区清理整治违法建设工作。

五、加强清理整治违法建设专项工作的宣传报道和舆论监督。对清查认定的违法建设项目应当分期分批在新闻媒体上予以公示，接受社会监督。各新闻媒体要开辟专栏，加大报道和曝光力度，营造良好的舆论氛围。

六、市、区纪检监察部门、效能办、清理整治工作机构应当组织对清理整治违法建设工作开展专项督查，定期通报督查情况。对清理整治违法建设专项工作中清查不力、隐瞒不报、徇私舞弊、严重失职的相关责任人员依法给予行政处分。党员干部、公职人员参与违法建设的，由纪检监察机关予以党纪政纪处分。

七、对阻挠依法执行公务的人员，由公安机关依法追究其法律责任。对鼓动、组织暴力抗法的，依照《中华人民共和国治安管理处罚法》的规定从重处罚；涉嫌犯罪的，移交司法机关处理。

八、各县（市）参照本通告执行。

九、本通告自颁布之日起施行。

各区清理整治违法建设工作举报电话：

鼓楼区：87620670

台江区：83268615

晋安区：83658340

仓山区：83474934

马尾区：83989110

福州市人民政府关于2010年城区道路沿线景观整治改造的通告

榕政〔2010〕10号

（2010年9月13日）

为进一步提升城市综合功能，构建和谐的人居环境，树立海峡西岸经济区和省会中心城市形象，市人民政府决定2010年继续对城区道路沿线景观进行整治改造。根据《中华人民共和国城乡规划法》、《福州市市容和环境卫生管理办法》等法律法规，现将整治改造有关事项通告如下：

一、城区道路景观整治改造范围为：八一七北路、鼓屏路（省政府—东街口）、福飞路、乌山西路、琴湖路、金泉路、温泉路与温泉支路交叉路口（温泉澡堂周边）、西二环路、北二环路、八一七南路（洋头口—解放大桥）、江滨路（解放大桥—闽江大桥）、五一南路、斗池路、西洋路、连江南路、南二环路、福湾路、罗星西路、青洲路、港口路、建设路以及市政府确定的其他主次干道沿线。

二、整治改造工作按照“统一规划、统一方案设计、分类组织实施”的原则。公共建筑、商业建筑由各产权单位组织实施，住宅建筑由各区政府统一组织实施。市、区城乡规划、建设、房管、城市管理执法、工商等部门各司其职，协同做好整治工作。

三、整治改造工作内容：为了实施道路景观规划，有关部门将对整治改造范围内的建筑物和构筑物，分别采取保留、整治和拆除的措施。

对整治改造范围内已办理产权登记的各类建筑，需要拆迁（除）的，由实施单位根据产权性质，按照有关规定予以补偿；对破墙开店、改变产权用途的建（构）筑物，责令恢复原状；对违法建筑和各类有碍于景观的临时建筑及构筑物，有关单位和个人应当限期自行拆除；逾期不拆除的，由城乡规划管理部门依法组织强制拆除。

各类建筑物外立面应当按照道路景观规划和设计要求进行整治。建筑物不得设置遮阳、遮雨篷帐、防盗网，外墙不得擅自布设各类管线，空调外机应当按照规划指定的位置进行安装。

二环路、三环路等城区主次干道周边保留的农村居民自建房屋必须按照规划要求粉刷建筑外立面，由各所在区政府组织实施。

除经审批的商业街区墙体商业广告外，其他擅自设置的户外广告一律拆除，店牌店招按标准规范设置，读报栏、电话亭及市政设施配套设备设置在道路上的应满足景观要求且不影响道路通行，不合理设置的，予以拆除。

沿街实体围墙应按要求改造为通透式栏杆结合绿篱（灌木）围墙，对于涉及安全保密确需设置实体围墙的，应将其实体围墙退让至规定距离并在其外侧种植绿篱（灌木）。

四、整治改造费用：办公建筑、商业建筑的整治改造费用由产权人或者使用人承担；住宅建筑的整治改造费用由市、区政府共同承担。

五、整治改造工作要求：道路景观规划和整治改造设计标准经法定程序批准后具有法律效力，任何单位和个人必须服从和遵守。

整治改造范围内建筑物业主及有关单位和个人应当顾全大局，支持配合统一整治改造工作。因整治改造工作需要入户调查或者对房屋实施整改、拆迁的，各业主应当予以支持配合。整治改造范围内的机关事业单位应当起带头示范作用，对行动迟缓或拖延不办的单位，要予以通报批评、责令限期整改，并视情追究单位主要负责人行政责任。

六、本通告自颁布之日起施行。

特此通告。

福州市人民政府关于地铁1号线建设征地拆迁和管线迁改的公告

榕政〔2010〕13号

（2010年11月25日）

地铁1号线工程是我省重点项目之一，是坚持民生优先、提高城市承载能力、方便市民出行的有效举措，对增强城市区域辐射功能，完善综合交通体系、提高公共交通服务水平具有重要作用。为加快地铁1号线工程征地拆迁和管线迁改工作，保证工程建设按计划顺利进行，早日造福全市人民，现将有关事项公告如下：

一、地铁1号线工程概况：地铁1号线工程（一期）北起象峰站，沿线经过秀山站、罗汉山站、福州火车北站站、斗门站、树兜站、屏山站、东街口站、南门兜站、茶亭站、达道站、上藤站、三叉街站、白湖亭站、葫芦阵站、黄山站、排下站、城门站、三角埕站、胪雷站、南至福州火车南站站，全线包括21座车站以及110千伏主变电站、轨道交通控制中心、新店车辆基地、清凉山停车场等，正线线路长24.89公里。

二、地铁1号线工程建设所涉及的拆迁安置工作由沿线所在区政府具体组织实施。各区政府要严格按照国家、省、市征地拆迁的有关法律、法规和政策规定制定拆迁实施方案，在征地拆迁过程中要遵循公平、公正、公开的原则，做到组织到位、宣传到位、政策到位、安置到位、补偿到位。

地铁1号线征地拆迁范围内的土地所有权人以及建（构）筑物的产权单位或个人，要从全局、大局利益出发，服从安排，按照城市公益性建设的需要，积极配合，在拆迁公告期限内与拆迁人协商签订拆迁安置补偿协议，完成搬迁工作。

三、地铁1号线管线迁改所涉及的各管线权属单位要切实按照我市有关规定，认真做好管线迁改工作，在市地铁公司现场指挥部统一协调下，按照市政府已确定的管线迁改时间表有序推进，确保现场施工安全、质量和进度，做到精心组织、合理安排、文明施工。

四、市地铁公司在地铁站点及管线迁改施工前应将各站点的交通疏解、施工便道方案和施工范围、施工时间等有关事项登报告知市民。市地铁公司及市直相关部门要切实做好地铁施工的交通疏解工作，尽量减少对市民日常出行的影响。对市民日常出行造成的不便，敬请广大市民谅解与支持。

五、在地铁1号线工程建设施工期间需要临时占用沿线行政机关、企事业单位土地时，各单位应积极配合与支持，不得以任何理由、形式干扰影响工程施工。

六、对在地铁1号线工程建设过程中，阻挠、破坏工程建设，影响正常施工秩序，妨碍公务的单位或个人，由公安机关根据《中华人民共和国治安管理处罚法》等法律法规予以处理；情节严重，构成犯罪的，依法追究刑事责任。

七、欢迎广大市民对地铁1号线工程提出意见和建议，联系单位：市地铁公司，联系电话：88110033。

八、本公告自公布之日起施行。

特此公告。

福州市人民政府印发关于加快工业发展的若干意见的通知

榕政综〔2010〕4号

（2010年1月12日）

各县（市）区人民政府，市直各委、办、局（公司）：

《关于加快工业发展的若干意见》已经市政府常务会议审议通过，现印发给你们，请认真贯彻执行。

关于加快工业发展的若干意见

为贯彻落实国家、省关于产业调整与振兴的一系列决策部署，加快建设海峡西岸先进制造业基地，促进工业经济又好又快发展，制定如下意见：

一、总体要求

深入贯彻落实科学发展观，牢牢把握国家支持加快建设海峡西岸经济区的发展机遇，进一步发挥省会中心城市综合优势，坚持走新型工业化道路，加快转变经济发展方式，加快信息化与工业化融合，增强企业自主创新能力，推进工业结构优化。加快国家级开发区、省级工业园区载体建设，高起点、高标准规划建设一批特色产业园，整合提升城区工业，大力发展都市型工业和高新技术产业，加快南北两翼产业集聚，大力发展临港工业。以国家产业政策为导向，认真对接国家、省产业调整振兴规划，推进榕台产业深度交流和合作，培育和发展新兴产业，促进重点产业转型升级。大力推动工业投资，培育一批大企业大集团，促进产业链向上下游延伸拓展，打造在全国具有较强竞争力的海峡西岸先进制造业基地和闽江口榕台产业对接集中区。

二、发展目标

1. 工业总量迅速提升。2012 年，我市全部工业总产值达 6000 亿元，工业增加值达 1500 亿元；2015 年，我市全部工业总产值达 10000 亿元，工业增加值达 2500 亿元，工业经济成为国民经济增长的重要支撑。

2. 产业结构加快升级。2012 年，电子信息、机械制造、纺织服装、轻工食品等 4 个产业产值超千亿元；2015 年力争 10 家以上企业产值超百亿元。

3. 产业布局更加优化。中心城区都市型工业、高新技术产业和总部经济迅速发展，海西高新技术产业园、福州生物医药产业园和机电产业园初具规模，福兴经济开发区等城区工业园区整合提升上新水平，南北两翼工业园区载体作用凸显，港区联动、临港工业集聚加快。

4. 发展方式明显转变。工业经济加快向创新型、资源节约型、环境友好型发展方式转变，冶金、纺织、化工、塑胶、建材等高耗能行业的节能降耗成效明显，单位工业增加值能耗年均下降 2.5% 以上。

5. 核心竞争力显著增强。坚持创新驱动，建立以企业为主体的自主创新体系和产学研相结合的研发机制。高新技术产业快速发展，拥有一批支撑产业持续发展的自主知识产权和知名品牌。

三、产业调整与振兴

1. 机械制造产业。装备制造业要着力发展基础装备、基础部件和基础工艺，重点发展高速、精密、复合数控机床和纺织、轻工、建材、冶金机械，积极承接台湾先进装备制造业转移，加快建设闽侯南屿机电产业园和福清洪宽机械和数控机床产业园，推进江阴、罗源湾大型装备制造基地建设。整合提升内燃机、发电机传统产品，加强输变电设备技术改造升级，壮大输变电设备及配件产业。汽车产业要加快建设青口汽车及零部件出口基地，以东南汽车、戴姆勒汽车为龙头，加快技术改造，发展核心技术，增强汽车零部件的设计、制造和配套能力，引进发动机总成、变速箱总成及汽车电子等关键零部件项目，培育自主品牌，迅速扩大整车产量和市场占有率。船舶产业要加快技术改造步伐，推进冠海造船二期、华东船厂 30 万吨造船等重点项目建设，引导支持马尾造船、东南造船等企业研发制造高新技术新型船舶，推进船舶产业改造提升，积极发展船用电器、船用泵阀及甲板机械等船舶配套产品生产企业，形成闽江口百亿船舶产业集群。2012 年，产值达 1200 亿元；2015 年，产值达 2000 亿元。

2. 纺织服装产业。化纤行业要大力扶持金纶高纤、力恒锦纶、锦江科技等龙头企业发展，加快原料项目实施，增加新型化纤原料供给；引进先进纺丝、高效卷绕头以及差别化后加工等关键装置，使化纤产品差别化率提升到 60% 以上；实施新溶剂法纤维素纤维和碳纤维项目产业化。棉纺行业要推广应用清梳联、高速并条、喷气纺纱机、涡流纺纱机、气流纺纱机、自动络筒机等新型纺纱机械，发展新型纺纱技术，带动织造业迅速扩张，促进服装、家纺、产业用面料的发展，培育新增长点。服装行业要引进时尚创意设计模式，做强做大具有我市特色的时尚女装、休闲装、童装及婴幼儿装，打造国内外知名服装品牌。加快推进长乐纺织基地建设，完善产业链上下游的配套，发挥龙头企业集聚效应，建设现代纺织城。2012 年，产值达 1100 亿元；2015 年，产值达 2000 亿元。

3. 电子信息产业。以做强做大信息产业国家高新技术产业基地为重点，以创建“国家新型工业化产业示范基地”为契机，以促进工业化与信息化融合为要求，加强榕台合作，优化产业结构，增强自主创新能力，推动产业由加工制造业为主向集研发、生产、服务、应用为一体的转变。发展壮大平板显示、集成电路、计算机外设、通信及网络终端、光电、应用软件及动漫创意等产业集群，引导产业链向上、下游延伸。培育壮大国家（福州）显示器件产业园、国家（福清）显示器产业园、福州软件园、海峡动漫产业基地，促进海西高新技术产业园、东南 IC 制造业基地的建成发展，形成数个产值超百亿元的园区。培育一批具有核心竞争力、在行业内领先的企业。2012 年，产值达 1000 亿元；2015 年达 1500 亿元。

4. 轻工食品产业。重点发展食品、塑胶等传统特色优势行业。按照安全、营养、方便、多样的要求，大力发展绿色及精深加工为特色的水产品、粮油食品、方便休闲食品和果蔬饮料，推进海西（连江）水产品加工基地建设，提升食品安全水平，加快食品工业配套产业发展。提升福清塑胶产业集群，开发功能化、复合化、环保型新产品，大力拓展高分子材料应用，研发以塑代钢的新节能制品，发展医用塑胶制品。培育发展绿色照明、钟表、新型高档家具和新型包装材料产业，加大名优特轻工产品推介力度。2012 年，产值达 1000 亿元；2015 年，产值 1500 亿元。

5. 冶金建材产业。调整优化钢铁产业结构，引导企业联合重组，积极引进央企和国内外大型企业入股或控股组建大型企业集团。大力发展建筑用高强钢筋、金属加工用高线、涂镀层优特钢板、不锈钢板及其制品。加快以德盛镍业、中铝瑞闽等企业为龙头的不锈钢产业园、铝深加工产业园建设，延伸和完善下游产业链。支持高精铜（铝）板、带、箔、管材及型材技术开发与应用，提高铜、镍、镁、钼等行业深加工水平。推动闽清陶瓷结构调整产业优化升级，加快引进抛光砖生产建设，提高产品附加值。2012 年，产值达 500 亿元；2015 年，产值达 1000 亿元。

6. 石油化工产业。加快建设江阴石化基地，推进中国化工 CPP（重油催化热裂解）项目和东南电化、耀隆化工异地搬迁项目，鼓励台湾等境内外石化企业在我市沿海具备条件的区域布局建设大型石化项目。充分利用临港发达的交通运输条件和物流供应网络，进口有机化工原料和单体，采用先进技术生产市场缺口较大的高附加值产品，发展化工新材料和高端化工产品，形成完整的石化产业链。2012 年，产值达 300 亿元；2015 年，产值达 1000 亿元。

7. 生物医药产业。高起点、高标准规划建设生物医药产业园，培育发展基因工程药物、现代中药、现代医疗器械和化学原料药等产品,重点开发基因工程、细胞工程、发酵工程和酶工程、海洋药物等现代医药生物技术,提高生物医药的研发及产业化水平。加强榕台生物医药和中药产业对接。建立以企业为主体、市场为导向、产学研相结合的产业创新体系。通过原始创新、集成创新和引进消化吸收再创新,使一批具有自主知识产权的一、二类新药进入临床试验阶段和实现产业化。鼓励骨干企业研仿到期专利药,积极争取首仿药先机,推广应用一批生物医药领域新品种、新技术。加快发展生物医学分析仪器、可快速诊断的家庭用医疗保健仪器、物理治疗及康复设备,建设全国最大的口腔牙科医疗器械研发和生产基地。2012年,产值达300亿元;2015年,产值达500亿元。

8. 新材料及能源产业。重点推广低能耗化学建材,发展特种功能、纳米、高性能金属、光伏、固体废弃物综合利用等新材料、新技术和新产品。火电行业以华能长乐电厂、华电可门电厂、国电江阴电厂为重点,加快华能、华电、国电、鲁能集团等央企投资我市大型能源项目建设步伐,形成海西能源发展基地。新能源行业以福清核电基地为龙头,加快中核集团福清核电公司1~6号机组建设,改善能源结构。开发利用平潭、福清、连江等地风能产业,加强潮汐能的开发研究,培育发展新能源装备业。2012年,产值达500亿元;2015年,产值达700亿元。

四、工作举措

实现上述工业发展目标,必须采取强有力措施,加强规划指导,加大政策扶持,强化协调服务。2010年至2012年逐步加大市财政扶持工业发展投入,2010年安排的各类工业扶持资金从1.5亿元增加到3亿元,主要用于工业园区基础设施建设及工业用地开发投资、技改项目贴息、培育高成长性企业、鼓励工业企业节能和发展循环经济补助,以及扶持中小企业服务平台建设、企业上规模、自主创新、产学研、大项目招商引资、农副产品深加工、企业开拓市场等。同时,采取十项举措,进一步增强工业可持续发展后劲。

1. 大力推动工业投资。以国家产业政策为导向,大力实施项目带动,引导全社会投资。鼓励企业增资扩股,支持企业引进具有国际先进水平以及能提升产业层次的大、重、高项目。强化工业项目前期工作,安排专项资金用于强化工业重大项目的谋划生成、新兴产业和专业工业园区的前期规划。完善招商机制,建立工业项目招商部门责任制,推动榕台产业深度对接,主动承接台湾先进装备制造业转移,吸引先进国家和地区以及央属、省属大型企业、长三角、珠三角大型企业投资高新技术产业、临港重化工业。根据我市产业发展重点,建立工业发展招商项目库,不断更新、滚动、充实。对招商引进项目落地作出贡献的单位,牵头联系人给予适当奖励。

2. 加快工业园区建设。建立政府推动与市场化运作相结合的运作机制,以园区带动投资,鼓励各类投资者通过投资、联营、入股等多种方式参与工业园区总体开发。开展省、市、县三级联手推动产业园区建设。各县(市)区在本轮土地规划修编中,要预留一定数量的工业用地用于承载工业项目。对成片工业用地开发的,可从市工业发展资金中给予基础设施建设贴息补助。工业园区应实行统一规划、统一征地、统一开发,严格准入标准,实行差别优惠地价,确保符合产业政策的工业项目用地。对鼓励类工业项目且符合节约集约用地的,可按国家颁布工业用地最低标准的70%作为招拍挂出让底价;对限制类工业项目,其土地出让最低价标准提高20%;对利用符合规划的国有未利用地的工业项目用地,按国家工业用地最低价标准的50%执行。加快推进南屿生物医药产业园和机电产业园、罗源湾不锈钢产业园、铝深加工产业园、东南IC制造基地等专业园区建设。

3. 推进企业技术进步。增强企业自主创新能力,鼓励产业集群技术提升及行业重大关键技术、共性技术研究开发,推动技术创新公共服务平台建设,积极创建国家级、省级、市级企业技术中心和研发中心,创新产学研合作方式,加快科技成果转化。瞄准国际前沿,充分发挥比较优势抢占科技和产业制高点,培育发展新一代移动通信、新能源、新材料、精密仪器、生物医药及海洋生物资源开发、工业设计、创意等新兴产业。在电子信息、光电、新材料、生物医药等高新技术领域,培育发展一批高成长性、高效益、拥有自主知识产权的示范企业。

4. 大力培育高成长性企业。重点培育壮大一批具有龙头和示范作用的支柱企业。从2010年起至2012年连续三年年销售收入比上年增长50%及以上的工业制造业企业(包括高新技术企业),列入福州市高成长性企业培育计划。当年销售收入比上年增长50%及以上的企业,其当年缴纳的各项税收市、县(市)区两级地方留成部分,按销售收入增长同比例(最高不超过100%)给予企业奖励。对符合条件高成长性企业的具体奖励办法按照《福州市人民政府印发关于培育高成长性企业的意见的通知》(榕政综〔2009〕215号)办理。对省百家重点企业、省市新增长点企业实现产值、税收增长目标的,给予流动资金贷款贴息。

5. 引导企业集聚发展。以龙头企业带动产业集聚发展、集约发展;合理规划产业集群,大力实施以港兴市战略,加快江阴、罗源湾两翼临港工业集聚发展。加快形成生物医药、不锈钢深加工、铝深加工、石化、纺织服装、汽车零部件、机械制造和光电、发电机部件等一批产业链延伸配套的产业园。

6. 支持发展总部经济。培育总部经济使之成为福州新的经济增长点,变平面发展为立体发展,向空间求发展,向楼宇要效益,不断培育壮大中心城区的税源,促进产业融合与升级,提升福州作为海峡西岸中心城市的辐射力和带动力。在福兴经济开发区和海西高新技术产业园区内可规划一定面积用地建设工业企业总部大楼,重点吸引大中型民营企业总部,跨国公司和国内大企业集团区域性总部,知名企业的营销总部、研发总部、财务总部等入驻。形成面向海峡西岸的区域性总部的聚集形态,释放总部企业"产业乘数效应、消费带动效应、劳动就业效应、社会资本效应",拉动城区经济增长。

7. 扶持中小企业发展。强化对中小企业的指导和服务,加快建设中小企业公共服务平台,加大融资担保服务力度,帮助发展前景好、市场竞争力强、效益好、信誉高的重点企业、创新型企业、高新技术企业解决融资难问题。协调银行贷款,加强对融资担保、再担保、风险投资、小额贷款公司等业务的指导和监管。鼓励中小企业围绕大企业上下游产业链提供协作配套,建立稳定的产、供、销和技术开发等协作关系。扶持具有我市特色的粮油食品、水产品、农副产品深加工企业,促其做大做强。发挥行业协会作用,积极应对反倾销、反补贴、技术壁垒问题。开展中小企业创业培训、精细管理培训、高级管理人才培训,为中小企业快速发展提供人才支持。

8. 支持企业开拓市场。强化地产品营销,完善政府建设项目使用地产材料、政府采购优先采用福州名优地产品制度。鼓励非政府投资项目首购、转购本市设备材料,支持我市生产企业的原材料和零部件改市外配套为市内配套。建立激励自主创新的政府首购、订购制度,大力扶持我市首次投放市场的自主创新产品。推动企业开展电子商务运营,支持工业企业拓展国内外市场,提高产品市场占有率。利用省营销联盟机制,加强政府的组织引导,密切与其他地区企业的营销合作关系,促进企业产品销售。

9. 全面推进节能降耗。围绕重点行业、重点企业、重点区域,积极开发推广资源节约、替代和循环利用新技术、新工艺、新设备,大力发展低碳经济和绿色经济。组织实施重点节能工程,突出抓好高耗能行业和重点耗能企业的节能降耗。强化固定资产投资项目节能评估和审查,对新上项目严把产业政策关、资源消耗关、环境保护关。建设一批循环经济示范项目,全面推进清洁生产,形成低消耗、低排放、高效率的节约型增长方式。

10. 建立风险投资机制。设立市级风险投资基金,由市经委、市财政局等部门组成基金管理工作小组,市投资管理公司具体运作,专项用于对我市各类高成长性企业的风险投资。鼓励有实力的创投机构在我市设立公司开展业务,积极引导各类风险投资公司加大对科技型创业企业的风险投资,提供各种增值服务。建立健全以政府风险投资补助为引导、民营风险投资为主体、风险投资规模不断扩大、风险投资进入与退出良性循环的运行机制。

五、保障措施

1. 加强协调服务。建立工业重大项目协调服务联席会议机制,定期研究解决工业项目建设中遇到的困难和问题;建立重点企业联系制度,对重点骨干企业实行处级以上领导挂点联系服务,及时为企业发展排忧解难。

2. 营造良好环境。进一步简化审批程序,企业设立所涉及的前置审批部门一律实行即到即审、即到即验、即到即办。对重大项目实行整体规划、分期环评、分期核准,总体审批时限控制在1个月内。及时兑现已出台的各项扶持工业经济发展的政策措施。

3. 实施人才集聚。建立企业为主导、政府支持的人才引进机制,积极吸引电子信息、生物医药、装备制造等行业急需的高端人才。充分利用高校科研机构的人才优势,促进科技成果转化为生产力。整合现有职业教育资源,建立与工业发展相适应的现代职业教育体系,加快建设高素质、高技能型职工队伍。

六、附　则

1. 工业扶持资金的使用、管理细则,由市经委会同市财政局制定实施。

2. 本意见自颁布之日起执行,有效期至2012年12月31日。

福州市人民政府印发关于加强计量工作的实施意见的通知

榕政综〔2010〕5号

(2009年12月)

各县(市)区人民政府,市直各委、办、局(公司):

《关于加强计量工作的实施意见》已经市政府常务会议审议通过,现印发给你们,请认真贯彻执行。

关于加强计量工作的实施意见

随着我市工业和科学技术的不断发展,计量工作已彰显出日趋重要的作用。为进一步贯彻落实《中华人民共和国计量法》和《福建省人民政府关于加强计量工作的若干意见》(闽政文〔2008〕411号)精神,充分发挥计量工作在海峡西岸经济区建设和推动我市科学发展、改善民生、促进社会和谐的基础保障作用,提升计量工作水平,结合我市实际,现就加强我市计量工作提出如下实施意见:

一、指导思想

坚持以科学发展观为指导,突出"科学发展、改善民生、保护环境、社会和谐",紧紧围绕计量是经济社会发展和科技进步的重要技术基础,是提高企业综合竞争力、建设资源节约型社会的重要技术手段,是规范市场经济秩序、维护群众切身利益的重要技术保障的总体要求,充分发挥计量工作在促进科技进步、安全生产、企业发展、节能降耗和社会和谐中的作用,为推动我市经济社会持续稳定健康发展,为我市在海峡西岸经济区建设中"打基础、挑大梁、树形象、走前头"提供有力的基础保障。

二、工作目标

认真贯彻落实《中华人民共和国计量法》,以计量综合水平进入我省前列为总体目标,不断夯实计量基础,建立和完善适合我市经济、科技和社会发展需要的计量监督管理和技术支撑体系,大力提高计量保障能力。到2012年,基本建立我市重点耗能企业能源计量数据监测管理体系和运行机制,大中型企业基本建立与生产经营、节能降耗相适应的计量检测体系;全市用于贸易结算、医疗卫生、安全防护、环境监测并列入强制检定目录的在用计量器具受检率达到95%以上,定量包装商品净含量抽检合格率达到90%以上;建立完善涵盖全市各行业的计量检测校准公共服务平台;社会公用计量标准满足社会90%的量值传递(溯源)需求。

三、主要任务

(一)加强企业计量工作。强化企业计量基础工作,指导企业加大对计量基础建设的投入,在生产加工、工艺控制、产品检验等关键过程合理配置合格的计量器具,提高计量检测能力。鼓励并引导我市大中型企业按照国际标准建立计量检测体系,全面提升企业的计量管理水平,促进节能增效、提高产品质量、创建企业品牌;逐步建立和实施对企业定量包装的自我承诺和合格评定制度,确保定量包装商品净含量抽检合格率逐年提升;企业依法强制管理的计量器具受检率达到100%;重点工程项目在用计量器具检测、溯源率达到95%以上,保证计量数据的准确、可靠。

(二)做好能源计量工作。深入贯彻实施《中华人民共和国节约能源法》,加强能源计量基础工作,供(用)能单位要按照《用能单位能源计量器具配备和管理通则》国家强制标准的要求,合理配备、依法管理和正确使用能源计量器具。建立我市能源计量数据采集、监测和管理制度,充分发挥能源计量检测数据在能源利用状况统计分析工作中的作用,把准确的计量数据作为各级政府和有关部门实施能源能耗统计监测及节能减排目标考核评价的依据。强化能源计量技术服务,充分发挥计量技术机构的作用,研究能源计量器具在线检定和校准方法,积极做好能源计量器具的量值传递工作,确保用能单位能源计量检测数据的准确可靠。要加强能源计量专项执法检查,针对存在的突出问题,强化监管,督促整改,有效促进节能减排目标的落实。

(三)强化民生计量工作。进一步加强贸易结算、安全防护、医疗卫生、环境监测、行政执法、产品质量检验等关系国计民生的计量器具的定期检定和监督管理,加大与百姓生活密切相关的计量器具和定量包装商品的监督抽查力度,有效提高强制检定覆盖率和抽检合格率。加大计量执法检查力度,严厉打击短斤少两等损害消费者利益的违法行为。深入开展"关注民生、计量惠民"活动,全面提高集贸市场、医疗机构、眼镜店等在用计量器具的受检率,把提高乡村(社区)医疗服务和市场公平交易的计量保障能力作为各级政府的重要惠民工程,每年两次对全市乡村卫生院(所)、社区卫生服务机构的常用医疗器具(血压计、分光光度计、心脑电图机、B超、X光机、氧气吸入器等)和集贸市场的电子计价秤、台案秤实行免费检定,使计量工作更加深入基层、方便群众、造福百姓。

(四)加强诚信计量建设。建立和完善"生产经营者自律、政府行政部门监管、社会各界监督"的工作机制,加快推进我市诚信计量体系建设。充分发挥相关行业协会、商会的作用,积极引导生产经营者遵守诚信计量准则,在集贸市场(超市)、加油站、眼镜店、医疗机构、液化气充装站等与人民群众生活密切相关的领域以及社会计量(校准)机构、机动车安全技术检验机构等行业开展诚信计量建设活动,努力保证计量行为合法规范,计量检测校准数据公正、准确。强化诚信计量监督,把诚信计量情况纳入企业的征信范围,建立健全企业守信情况公开、社会监督和新闻舆论监督制度,不断拓宽社会参与诚信计量监督的渠道。加大对守法经营、诚信计量单位的宣传,树立一批具有行业性或区域性示范作用的诚信计量典型,努力构建公平、诚信、和谐的计量环境。

(五)加快计量技术机构建设。加大我市经济和社会发展需要的社会公用计量标准的建设力度,不断完善量值传递和溯源体系,拓展测量范围和服务领域;加大对市、县法定计量检定机构的投入,统筹利用社会计量资源,努力形成以市、县级法定计量检定机构为主导,各部门、企业和事业单位计量检定机构为补充的功能完善的量值传递体系;加强与省、市内外计量科研机构的合作,组织计量技术机构参与省内计量标准量值比对工作,提高我市计量检定机构的检定能力和校准水平。

四、主要措施

(一)加强组织领导。建立由市政府分管领导牵头,市发展改革、经委、贸发、科技、财政、建设、交通、卫生、环保、统计、物价、工商、质监等部门参加的"福州市计量工作联席会议"制度,及时研究解决计量工作中的重大问题,制定推进我市计量工作发展的相关政策、措施,协调各部门之间涉及的计量工作,共同促进我市计量工作的不断发展。各县(市)也要建立相应的制度,协调和落实本地区的计量工作。

(二)建立我市能源计量工作专项经费,加大政府扶持力度。根据我市重点耗能企业在节能降耗工作中对能源计量的要求,对全市144家重点耗能企业使用的高耗能设备安装能源计量数据集中采集装置提供资金扶持,重点耗能企业在完成能源计量数据集中采集装置安装并投入实际应用后,由市质监部门组织检查验收,按企业实际投入经费的50%予以补助。所需补助经费由市、相关县(市)区各承担50%,由市财政局分两年安排并先行核拨给市质监局。县(市)区承担部分由市财政先垫付,到年终市县两级结算时予以扣回。闽清、永泰、平潭三县的补助经费由市财政承担。

(三)加强协作配合。市直各有关部门要加强协作,形成合力,共同推进我市计量工作。质监部门要加强对计量工作的组织、协调和指导,充分发挥行业协会等中介组织的桥梁纽带作用,努力提升计量工作水平。市直各有关部门要积极支持计量工作,在资金扶持和奖励政策上予以落实。经委、贸发、建设、交通、卫生、环保等部门要做好本行业的计量管理工作。

(四)做好宣传发动。充分利用新闻媒介广泛宣传计量法律法规,普及计量科学技术知识,推广应用法定计量单位,宣传计量工作先进典型。结合"世界计量日"等活动,开展计量工作主题宣传,提高全社会计量意识,营造政府重视、企业关注、百姓关心的良好氛围。

(五)抓好人才队伍建设和对外交流。建立我市计量专家库,将紧缺急需的高层次计量专业人才列入我市年度紧缺急需人才引进指导目录,加快引进和培养一批高层次计量技术和管理人才。建立政府、企业和中介组织共同培训计量人员的机制,大力加强企业专(兼)职计量管理人员的培训,为提高企业计量管理水平提供人才保证。充分利用计量学(协)会、社会公正计量行(站)等行业和中介服务组织的人力资源,壮大计量服务人才队伍。

福州市人民政府关于推进四城区工业企业优化布局提升改造的若干意见

榕政综〔2010〕38号

(2010年3月14日)

各县(市)区人民政府,市直各委、办、局(公司):

积极推进我市四城区工业企业优化布局、提升改造,是落实科学发展观，实现经济发展方式转变的重要举措，也是扶持我市工业企业做大做强做优，改善城市环境，实现节能减排的现实需要，对于进一步优化提升城区功能，推动产业结构升级具有重要意义。为加快推进我市四城区非工业园区工业企业布局和结构调整，进一步优化提升城区功能，现就鼓楼、台江、仓山、晋安四城区非工业园区工业企业（以下简称“四城区工业企业”）优化布局和提升改造提出如下意见：

一、总体目标和改造提升思路

根据我市城市总体规划和城市建设需要，按照分类调整、循序渐进、分批实施、控制节奏的原则，采取“搬迁一批、关闭一批、保留一批”的方式，积极稳妥推进四城区工业企业优化布局、改造提升工作。通过产业结构调整，加快促进工业经济发展方式的根本转变，引导全市工业企业进一步向南北“两翼”和工业园区聚集；加快发展马尾高新技术产业基地、海西高新技术产业园区、福州生物医药和机电产业园、福州软件园等产业基地；加快推进福兴经济开发区、洪山科技园、金山工业集中区等工业园区整合提升。

1. 搬迁一批。一是搬迁影响铁路、道路等基础设施重点项目建设的企业。二是搬迁影响居民生活、居住环境，特别是存在安全生产隐患和环保、节能减排问题且难以治理的企业。三是搬迁不符合城市功能规划和影响服务业发展的企业。四是搬迁自身空间难以满足进一步发展的企业。

2. 关闭一批。一是对高污染、高耗能、低效益的企业坚决予以关闭。二是对严重亏损、资不抵债、不能偿还到期债务、扭亏无望的企业，依法予以关闭破产。

3. 保留一批。一是在符合规划、环保、安全生产、节能要求的前提下，保留提升发展光电子、精密机械制造和创意产业。二是对必须依托城市或直接服务于城市的工业企业，可就地升级改造。三是对产品销路不畅、效益不佳工业企业，在符合规划和土地使用条件的前提下，可利用现有工业厂房等存量资产，以临时性过渡转产方式，退二进三，兴办配套服务都市型工业的研发设计、创意产业、仓储物流等产业。

二、加强四城区工业企业改造提升工作的组织领导和督查

1. 成立以市政府领导任组长的四城区工业企业改造提升工作领导小组（以下简称“市领导小组”）。市经委、国资委、财政局、劳动保障局、环保局、建设局、规划局、国土局、土地发展中心等部门及鼓楼区、台江区、仓山区、晋安区政府为市领导小组成员。市领导小组负责制定企业改造提升的重大政策，研究、协调、解决企业改造提升过程中的重大问题。市领导小组下设办公室，挂靠市经委，由市经委主任兼任办公室主任，由成员单位派员组成，建立定期、不定期协调例会制度，负责四城区工业企业改造提升工作的日常工作。相关城区也要成立相应的领导机构，加强对本辖区企业改造提升工作的组织领导。

2. 分工协作，稳妥推进。四城区工业企业改造提升及厂区土地开发工作由市领导小组统一领导、统一规划、统一政策、统一审批；领导小组成员单位按照分工，各司其职，通力配合，积极推进。

3. 加强督查，严格考核。市、区两级政府要加强对四城区工业企业改造提升全过程的监察和督查，将辖区内的工业企业改造提升列入本级政府年度工作重点。依法加大对四城区企业环保、安全生产、节能减排等方面的执法力度，严格控制能耗、排污总量，逐步核减鼓楼、台江、仓山、晋安四城区企业的能耗、排污总量指标。

三、科学制定四城区工业企业改造提升计划

1. 积极引导企业通过搬迁改造，做大做强。支持企业通过搬迁，推进技术改造、产业升级和结构调整，转变发展方式。着力建成一批科技含量高的技改项目，培育一批龙头骨干企业。鼓励企业在搬迁过程中，以质量品种、节能降耗、环境保护、更新设备、安全生产为重点，运用高新技术进行技术和装备改造，淘汰落后生产能力，发展高技术、高附加值、低消耗、低碳排放的新工艺和新产品；积极开展合资合作，引进外来资本和技术，积极吸引国内外著名企业投资参股，实现投资主体多元化，做大做强；支持有品牌实力、技术实力、资本实力的企业抓住搬迁改造机会对产品相近、工艺路线相近、产业关联度高的企业进行重组。

2. 制定四城区工业企业改造提升年度计划。为有序推进工业企业搬迁，由市领导小组办公室负责制定四城区工业企业改造提升年度计划，报市领导小组审批后实施。未列入四城区工业企业改造提升年度计划、未按规划搬迁的企业不能享受市级各项改造提升扶持政策；对规定时间而拖延搬迁的企业，根据拖延时间长短相应递减扶持力度。四城区工业企业改造提升年度计划应遵循城市总体规划，与全市工业布局调整相结合，与工业结构调整相结合，与环境保护相结合。列入四城区工业企业改造提升年度计划企业应制订改造提升方案，做好搬迁改造费用预算，制订技术改造和产品结构调整方案，报市领导小组办公室核准。

3. 分期分批推进改造提升。要制定近期、中期改造提升规划，分批实施，滚动推进。

（1）优先重点突破“三大板块”。一是晋安新城板块。以现有钢材市场及周边为主，含福兴投资区部分企业。二是东部新城板块。主要涉及铁路南站和东部新城地区。三是闽江北岸中央商务区及鳌峰洲片区板块。

（2）全力推进化工企业搬迁。重点做好化工企业搬迁规划，加快江阴工业区化学工业功能区基础设施建设，使其尽早具备化工项目落户条件。

（3）加快老城区功能调整和开发。根据城市总体规划、旧城改造要求，加快对涉及工业企业的搬迁改造，调整优化老城区功能。

四、加快工业载体建设，为四城区工业企业改造提升提供基础设施配套齐全的安置地

进一步梳理、统筹规划各县（市）工业发展重点，明确功能定位和发展方向，避免县（市）间的不合理竞争，推进产业集中布局，实现集约发展、集群发展；进一步明确各工业园区功能定位和主导产业，切实解决园区发展过程中的定位雷同、布局分散问题，着力打造一批特色工业园区；加大力度整合各类工业园区，增强园区承载能力；进一步优化资源配置，集中力量新建一批布局合理、重点突出、分工明确、产业配套、基础设施完善的工业集中区。

原则上,化工企业向江阴工业集中区等工业园区搬迁,纺织企业向长乐空港、滨海工业区等工业园区搬迁,食品企业向连江经济开发区、元洪投资区和海峡西岸水产品加工基地等工业园区搬迁,机电企业向福州机电产业园、福清洪宽机电园、青口投资区等工业园区搬迁,冶金企业向罗源湾开发区、江阴集中区等工业园区搬迁,电子企业向融侨开发区等工业园区搬迁,生物制药企业向福州生物医药产业园、江阴工业集中区等工业园区搬迁,其他类别企业根据行业特点,向各特色专业工业园区搬迁。

对不符合国家产业政策、不符合各工业园区准入条件的企业,原则上应转产或关闭。

五、改造提升扶持政策

1. 调整市区搬迁企业原厂区土地收购政策。非国有企业按照《福州市非国有的企业工矿仓储用地土地使用权收购办法》(榕政综〔2010〕43 号)执行,省属国有企业、市属国有企业按省、市有关规定执行。

2. 市属国有全资工业企业因环保、城市规划的需要,经市领导小组批准实施异地搬迁改造的,其土地使用权改变为经营性用地公开出让的净收入作为国有资本注入,专项用于搬迁改造项目建设。

3. 对市区工业企业(含国有和非国有工业企业)在进行布局调整、厂区土地使用权被收购时,需个案处理的,由市领导小组办公室提出,报市领导小组研究、审定。

4. 鼓励四城区工业企业积极向工业园区集中。由市领导小组办公室帮助搬迁企业提出选址意见,协助企业办理征地报批手续。对符合条件、列入四城区工业企业改造提升年度计划的企业,其新厂建设用地按协议出让方式供地。安置地所在工业园区应树立大局观念,制订优惠招商政策,主动承接四城区搬迁工业企业。

5. 对列入四城区工业企业改造提升年度计划的搬迁改造项目,优先安排土地、能耗、排放指标。搬迁企业能耗、排放指标随项目转移到所在地。

6. 理顺四城区搬迁企业税收转移关系。四城区企业跨区整体搬迁的,企业工商登记和税务登记转移到安置区;搬迁企业总部设在四城区的,其纳税按照相应的税收管征规定执行。

7. 搬迁企业职工的养老保险、医疗保险等社会保险关系,按照"老人老办法、新人新办法"的原则处理。企业搬迁前的在职职工,如企业和职工自愿,其原养老保险、医疗保险等社会保险关系可保持不变,仍按照福州市标准在福州市区参保缴费,职工按照福州市养老保险、医疗保险等社会保险规定享受待遇。如职工调动到其他企业,则按政策规定办理缴费。企业搬迁后录用的新职工,其养老保险、医疗保险等社会保险关系按照有关规定属地征收、属地参保。

8. 四城区非工业园区原则上不再批准新成立工业企业。对在四城区非工业园区申请成立新工业企业的,工商部门不予登记,规划部门不予审批,国土部门不予供地。列入四城区工业企业改造提升年度计划的企业除必需的安全、节能减排、环保设施改造项目外,不得在原址投资改造。

六、本意见自颁布之日起执行。

福州市人民政府关于印发福州市非国有的企业工矿仓储用地土地使用权收购办法的通知

榕政综〔2010〕43 号

(2010 年 3 月 15 日)

各县(市)区人民政府,市直各委、办、局(公司):

《福州市非国有的企业工矿仓储用地土地使用权收购办法》已经市十三届政府 2010 年第 2 次常务会议审议通过,现予以印发,请遵照执行。

福州市非国有的企业工矿仓储用地土地使用权收购办法

第一条 为规范非国有的企业土地使用权收购工作,按照国家、省有关规定,结合我市实际,制订本办法。

第二条 凡在本市鼓楼区、台江区、仓山区、晋安区范围内的非国有的企业,以划拨方式或出让方式取得的工矿仓储用地土地使用权的收购,均适用本办法。

第三条 本办法所称非国有的企业是指除国有企业和国有控股企业以外的各类企业。工矿仓储用地包括工业用地、采矿用地、仓储用地。

第四条 福州市土地发展中心受市人民政府委托,负责非国有的企业工矿仓储用地土地使用权的收购工作。

第五条 由于实施城市规划及社会公共利益建设需要,收购非国有的企业工矿仓储用地土地使用权,其土地使用权收购价按以下公式计算:

土地使用权收购价 = 按原用途核定的地价 + 房屋建筑物和构筑物评估价 + 搬迁补助费 + (居住用地基准地价 - 配套费 - 地段差) ×5% ×获益年限

上述所列土地使用权收购价计算公式中各项的含义如下:

(一)按原用途核定的地价:

1. 非国有的企业是由市属国有企业或国有股控股企业改制的,其按原用途核定的地价,是指该企业股东受让国有产权(股权)时核定的地价;

2. 城镇集体企业和其他非国有的企业按原用途核定的地价,是指在该企业土地使用权被收购的年度,根据土地使用权取得方式和福州市人民政府颁布的工业用途的基准地价确定的地价。

(二)房屋建筑物和构筑物评估价,是指企业房屋建筑物和在生产、使用的构筑物(不含报废的)经有资质的中介机构评估的价值(不包括土地使用权的评估价值)。

(三)搬迁补助费,是指企业厂区设备、存货等资产经有资质的中介机构评估的搬迁费用。主要包含以下费用:1. 设备、装置等拆、装及运输费用;2. 存货等物资搬运费用;3. 因设备、装置拆除的直接损坏。

(四)居住用地基准地价,是指收购土地使用权的年度福州市人民政府颁布的居住用地基准地价。

（五）配套费、地段差，是指按基准容积率所计取的配套费、地段差。

（六）获益年限，是指该企业在该地块上经营的年限。本计算公式中获益年限不超过10年，按以下办法确定：

1. 非国有的企业是由市属国有企业或国有股控股企业改制的，其获益年限以市政府批复同意该企业受让国有土地使用权之月为始点计算。

2. 城镇集体企业及其他非国有的企业的获益年限，是指该企业在取得《国有土地使用证》的前提下，自工商注册登记成立之月起在该地块上经营的年限。

3. 由城镇集体企业通过多种形式改制的企业、已妥善安置原集体职工的，原城镇集体企业在该地块上的经营年限可连续计算，但改制前后总计获益年限不得超过10年。

第六条　非国有的企业是由市属国有参股企业重组且国有股已退出的，其股权重组前的获益年限可以分段计算，但股权重组前后的总计获益年限不超过10年。在计算其股权重组前的非国有股权应得的土地补偿时，应按国有股所占比例和国有持股的获益年限扣减国有股应得部分。

第七条　市供销社直属企业及基层社的工业、仓储用地的土地使用权参照市属国有企业工业、仓储用地的土地使用权收购办法收购。收购后，经批准改变用途并变现后的土地使用权净收益，可在市财政局设立专户，在市财政局监管下，专项用于市供销社系统原国有固定职工的分流安置。

第八条　被收购土地使用权的企业，要负责处理企业土地使用权解押、职工安置等一切善后事宜，按时交地。

第九条　建立按时搬迁奖励金。为促进土地使用权被收购的企业加快搬迁交地的进度，对按土地收购合同约定的期限按时或提前搬迁交地的企业，按照土地收购价格的10%给予一次性奖励，所需资金从土地收购成本中列支。

第十条　支持企业搬迁扩产。对列入四城区工业企业改造提升年度计划、按产业布局异地搬迁到我市行政区域内继续生产经营（工商和税务登记在我市行政区内）的非国有工业企业、其新厂工业项目符合国家产业政策且从土地收购合同签订之日起30个月内建成投产的，按其新厂固定资产实际投资超过原厂区土地使用权收购价（不含按时搬迁奖励金）部分的20%给予补贴。市财政局委托中介机构审核确认后，根据新厂工业项目投资进度予以分批核拨；补贴最高金额不超过原厂区土地使用权收购价（不含按时搬迁奖励金）的20%；因企业自身原因拖延搬迁的，每拖延一年，补贴减少三分之一。补贴所需资金从土地收购成本中列支。

第十一条　收购经批准按期实施关闭的特困城镇集体所有制企业土地使用权时，如企业职工安置费不足，其职工解除劳动关系的经济补偿金标准可参照市属国有企业职工解除劳动关系的经济补偿金标准，由企业主管部门会同市劳动保障局、市财政局联合审核后给予补足，差额部分所需资金从土地收购成本中列支。

第十二条　市属国有企业和市属国有控股企业的国有产权（股权）全部转让给国有资产管理权限不在本市的国有或国有控股企业的，其工矿仓储用地的土地使用权的收购可参照本办法执行。

第十三条　本办法自颁布之日起施行，本办法颁布前与本办法不同之处，按本办法的规定执行，《福州市非国有的企业工矿仓储用地土地使用权收购暂行办法》（榕政综〔2004〕230号）、《福州市非国有的企业工矿仓储用地土地使用权收购暂行办法的补充规定》（榕政综〔2005〕258号）文、《福州市人民政府关于“十一五”期间促进工业经济发展的若干意见》（榕政综〔2006〕50号）中的第二条同时予以废止。

福州市人民政府关于进一步加强农村五保供养工作的意见

榕政综〔2010〕48号

（2010年3月19日）

各县（市）区人民政府，　市直各委、办、局（公司）：

为进一步规范和完善我市农村五保供养工作，根据国务院《农村五保供养工作条例》（国务院令第456号，以下简称《条例》），结合我市实际，经市政府研究同意，就进一步加强全市农村五保供养工作，提出如下意见。

一、提高认识，增强做好新时期农村五保供养工作的责任感

加强农村五保供养工作是建设社会主义新农村、构建和谐社会的客观要求，是依法保障五保供养对象基本生活、实现全面建设小康社会目标的重大步骤，是加强社会保障法制建设、完善农村社会救助体系的重大举措。2006年1月国务院公布执行了《条例》，对传统农村五保供养制度进行了全面改革，将农村五保供养对象纳入了公共财政的保障范围，实现了五保供养从村民集体内部互助共济体制向国家财政供养体制的历史性转变。近年来，各地认真贯彻落实《条例》，取得了一定成效，但距离《条例》的要求，特别是供养标准、服务机构建设、整体运行机制方面还有一定的差距。各县（市）区、各部门要增强贯彻落实《条例》的自觉性和紧迫感，把加强农村五保供养工作作为一项重要工作抓好、抓实，努力实现“三个提升”，即大力提升农村五保供养水平，大力提升五保集中供养率，大力提升五保供养服务机构管理服务水平。

二、突出重点，依法做好农村五保供养工作

（一）认真做好五保供养对象的认定管理工作，做到“应保尽保”。

农村五保供养是一项政策性、原则性很强的工作。各级各有关部门要进一步规范对五保供养工作的管理，严格按照《条例》所确定的五保供养条件及申请、审批程序，认真组织开展好本辖区内的农村五保供养对象调查核实和认定工作，将符合条件的人员全部纳入五保供养范围，并及时颁发由民政部监制的《农村五保供养证》。认定五保供养对象既不能随意扩大供养范围，也不能遗漏应保对象，要切实做到应保尽保。同时，对五保供养对象要分门别类、登记造册，建立五保供养对象数据库，随时掌握供养对象的变化情况,搞好五保供养对象的管理和服务工作。各乡(镇)人民政府应当与村民委员会或五保供养服务机构(敬老院)签订供养服务协议,保证五保供养对象享受符合要求的供养。村民委员会可以委托村民对分散供养的五保对象提供照料。

(二)大力规范农村五保对象供养标准,切实保障五保对象的基本生活。

按照《条例》规定的"农村五保供养标准不得低于当地村民的平均生活水平,并根据当地村民平均生活水平的提高适时调整"的原则,综合考虑我市农村经济发展水平和各县(市)区现行的农村五保供养的实际,目前我市农村五保供养标准指导线确定为:市城区分散供养标准不低于年3600元(月300元)、集中供养标准不低于年4200元(月350元);福清市、长乐市、闽侯县分散供养标准不低于年3000元(月250元)、集中供养标准不低于年3600元(月300元);连江县、罗源县、闽清县、永泰县分散供养标准不低于年2400元(月200元)、集中供养标准不低于年3000元(月250元)。同时建立农村五保与农村居民生活水平同步提高的自然增长机制,各县(市)区五保供养标准应根据当地村民在吃、穿、住、医、葬等方面的人均消费支出指标的提高适时调整。

要建立农村五保供养的资金筹措机制。五保供养经费来源主要包括上级专项补助、县(市)区及乡(镇)政府按照规定在财政预算中安排的专项资金。现阶段市财政补助办法为:以本《意见》确定的指导线为基数,扣除省级补助资金后,对仓山区、晋安区给予50%补助(对琅岐经济区的补助由马尾区负责),对人均财力低于或相当于一般转移支付线的永泰县、闽清县给予30%补助。各县(市)区的五保供养资金由县(市)区人民政府确定县(市)区与乡(镇)街道财政的分担比例进行筹集,纳入预算。有农村集体经营等收入的乡村,可以从农村集体经营等收入中安排资金,用于补助和改善农村五保供养对象的生活。政府鼓励社会组织和个人为农村五保供养对象和五保供养工作提供捐助和服务。要积极推行农村五保供养资金社会化发放,确保农村五保供养金及时足额发放到五保户手中。对集中供养的五保对象,各县(市)区可以将五保供养资金直接拨付至敬老院。

要加强对农村五保供养资金的监督管理。农村五保供养资金在地方人民政府财政预算中安排。各县(市)区民政部门要合理编制农村五保供养及相关资金预算。财政部门要根据农村五保对象动态管理的要求及五保供养机构工作需要及时调整预算,按时足额拨付五保供养及相关资金,并实行农村五保供养资金专账管理、专款专用。同时,要加强对农村五保供养相关资金的监督管理,严禁不足额、不及时拨付到位及截留、挪用现象发生。审计机关应当依法加强对农村五保供养资金筹集、管理和使用情况的审计。

(三)进一步加强农村五保供养服务机构的建设,推进农村五保集中供养。

各县(市)区人民政府要把农村五保供养服务机构建设和管理纳入当地经济社会发展规划,结合社会主义新农村建设的要求,加快以敬老院为主的五保供养服务设施建设,加大财政投入,落实经费预算,改善农村五保的工作条件,使农村五保集中供养工作进入良性发展状态。

各县(市)区人民政府和所在乡(镇)人民政府要为新旧敬老院提供必要的设备、管理资金,配备必要的专职工作人员。每个敬老院至少要有一名专职工作人员,工作人员原则上按照与集中供养人员1:10的比例配备,可采取政府购买服务的方式从社会聘用人员或安排乡镇富余人员。所需人员经费、管理经费应列入县、乡财政预算,按集中供养五保人数每人每年不低于1500元的标准安排,县、乡两级的分担比例由县级政府确定后落实。近年来新建、改扩建的敬老院要发挥好示范、引导和辐射作用。同时要充分发挥原有农村敬老院的作用,花大力气改善条件,充实服务力量,提高供养水平。敬老院工作人员应当经过必要的培训,切实提高服务水平。要建立健全内部民主管理制度,促进五保供养服务机构的规范、健康发展。

(四)努力解决五保对象医疗问题,提高保障水平。

充分发挥新型农村合作医疗和农村医疗救助制度的作用,共同为五保供养对象提供基本医疗保障。五保供养对象参加新型农村合作医疗的个人缴费部分实行政府全额补助。在医疗救助上给予五保对象更为优惠的政策,提高救助比例,并提供一定的门诊费用。乡镇卫生院要与农村敬老院建立医疗服务协作关系,为农村五保对象提供优质便捷的医疗服务。

三、加强领导,强化措施,推进农村五保供养工作向更高层次发展

(一)建立健全"政府领导、民政主管、部门配合、社会参与"的工作机制。

各县(市)区政府要把农村五保供养及五保供养服务机构建设纳入当地经济社会发展规划,建立完善的工作机制和激励机制,进一步提升农村五保供养工作整体水平。民政部门要充分发挥主管部门的职能作用,完善管理办法,规范审批程序,加强供养服务设施建设与管理,强化工作人员业务培训,提高管理和服务水平;财政部门要落实五保供养资金及五保供养机构必要的工作经费和管理人员经费,加强资金使用管理和监督,保证按时足额拨付,确保五保集中供养工作正常运转。

(二)发动社会力量支持农村五保供养工作。

各县(市)区要加快农村社会福利事业社会化发展步伐,积极动员社会力量为五保对象和五保工作提供捐助和服务。要引导、鼓励企事业单位、社会团体以及个人认助敬老院建设,认助五保对象生活供养,努力营造政府主导、社会参与的良好氛围。要发扬中华民族尊老爱幼、邻里互助的传统美德,形成全社会共同关心支持农村五保供养工作的良好局面。

(三)加强督促管理,确保农村五保政策落实到位。

各县(市)区要加强对农村五保供养工作的监督管理,制定并落实农村五保供养工作及五保供养服务机构的管理制度。要建立农村五保供养信息公开制度,公开农村五保供养申请条件、审批程序、五保供养标准和五保供养资金发放与使用情况。各县(市)区民政部门要设立举报电话,并建立定期检查和情况通报制度。对于五保供养政策落实不力,未按程序审批、不如实上报、弄虚作假的单位,要给予通报批评,并追究主要责任人的责任;对于不列支或挪用、挤占五保供养相关经费的,根据国家有关政策规定追究当地政府和相关领导的责任。

各县(市)区政府要结合本地实际,于今年3月底前制定本地区农村五保供养标准及供养工作实施细则,并抄送市民政局备案。本意见从2010年1月开始实施。

福州市人民政府关于延长市区工业企业土地使用税优惠政策的通知

榕政综〔2010〕53号

(2010年3月25日)

各县(市)区人民政府,市直各委、办、局(公司):

为了进一步促进我市工业企业发展,经研究,决定对《福州市人民政府关于当前促进工业发展的补充意见》(榕政综〔2008〕80号)文中有关土地使用税优惠政策再予以延期2年。即,市城区工业、物流企业2009年度和2010年度土地使用税的征收,按《福州市人民政府关于调整城镇土地使用税土地纳税等级及税额标准的通知》(榕政综〔2008〕26号)文件规定属于四级(含四级)以上土地的,按每平方米税额8元征收,然后由所属区财政按年度每平方米2元给予补贴;经市经委、国土资源局确定为工业企业闲置土地的,仍按榕政综〔2008〕26号文件执行。各县(市)工业企业土地使用税的征收参照市城区做法,由各县(市)制定征收补贴政策。

特此通知。

福州市人民政府关于印发《福州市工伤保险市级统筹实施办法》的通知

榕政综〔2010〕68号

(2010年4月11日)

各县(市)区人民政府,市直各委、办、局(公司):

《福州市工伤保险市级统筹实施办法》已经2010年3月2日市政府第4次常务会议审议通过,现印发给你们,请认真贯彻执行。

福州市工伤保险市级统筹实施办法

为增强工伤保险基金抗风险能力,进一步扩大工伤保险覆盖面,稳步提高工伤职工待遇水平,根据国务院《工伤保险条例》和省政府《福建省实施〈工伤保险条例〉办法》(闽政〔2004〕12号)和省人力资源和社会保障厅、省财政厅《关于印发〈福建省工伤保险实行设区市统筹实施意见〉的通知》(闽人社文〔2009〕32号)精神,结合本市实际情况,特制定本办法。

第一条　全市工伤保险实行统一参保范围和对象、统一缴费基数和费率、统一基金财务管理、统一工伤认定和劳动能力鉴定、统一工伤待遇支付标准、统一业务流程和信息系统。

第二条　本市行政区域内的各类企业、非财政全额拨款事业单位、民间非营利组织、有雇工的个体工商户为其全部职工或雇工缴纳的工伤保险费实行全市统筹。

第三条　工伤保险费委托地税机关征缴。征缴的工伤保险费划入市级国库,次月转入市级工伤保险基金财政专户。

第四条　工伤保险基金实行"核定收入、全额收缴、合规支出、收支平衡"的财务管理体制。

"核定收入"指每年由市政府核定下达各县(市)区工伤保险基金收入计划;"全额收缴"指各级征收的工伤保险基金全部上缴市级;"合规支出"指工伤待遇费用要按照国家和省市有关规定支付,不擅自开口子增加或提高支付项目和标准;"收支平衡"指完成核定收入任务及按有关规定支出,当期达到收支平衡。

第五条　各县(市)区在完成市下达的收入任务并按规定支出后,仍出现支出缺口的,由各县(市)区劳动保障局、财政局提出拨补申请,经同级人民政府批准同意,上报市劳动保障局、市财政局审批。市劳动保障局、市财政局审核后,按核定的金额从市级工伤保险基金中予以弥补。

第六条　县级工伤保险历年滚存结余基金除预留2个月上年度工伤保险待遇月平均支出额度作为周转金外,其余全部缴入市级工伤保险基金财政专户。劳动和社会保障行政部门工伤认定调查核实经费列入市级财政预算,经办机构管理服务经费列入同级财政预算。地税机关代征工伤保险手续经费列入市级财政预算。

第七条　工伤认定委托管辖办法和工伤保险经办业务管理办法,由市劳动和社会保障局另行制定。

第八条　市劳动和社会保障行政部门按照"金保工程"建设要求,对县级业务网络系统进行统一规划,使用统一的应用软件。县级工伤保险业务数据全部上传市级经办机构数据中心,实行统一管理和监控。

第九条　市级统筹后,工伤保险事务暂维持现行社保经办机构管理各类企业、医保经办机构管理非财政全额拨款事业单位的模式。待省工伤保险经办机构改革方案确定后,按省有关规定执行。

第十条　本办法自2010年1月1日起施行。

福州市人民政府关于印发《福州市推动动漫游戏产业发展的若干政策(试行)》的通知

榕政综〔2010〕69号

(2010年4月11日)

各县(市)区人民政府,市直各委、办、局(公司):

《福州市推动动漫游戏产业发展的若干政策(试行)》已经市政府常务会议审议通过,现印发给你们,请认真贯彻执行。

福州市推动动漫游戏产业发展的若干政策(试行)

第一条　为进一步加快动漫游戏产业发展,全面提升我市文化产业竞争力,根据《国务院办公厅转发财政部等部门关于推动我国动漫产业发展若干意见的通知》(国办发〔2006〕32号)、《福建省人民政府办公厅转发信息产业厅等部门关于推动我省动漫产业发展若干意见的通知》(闽政办〔2007〕181号)以及市委、市政府推动文化创意产业发展一系列政策精神,特制定本政策。

第二条 本政策所指动漫游戏产业(企业)是指在福州市注册登记,以"创意"为核心,以动画、漫画和游戏等为表现形式,以图书、报刊、电影、电视、音像制品、舞台剧为载体,及基于现代信息传播技术手段的动漫游戏新品种等动漫游戏直接产品的开发、生产、出版、播出、演出和销售,以及与动漫形象有关的服装、玩具、电子游戏等衍生产品的生产和经营的产业(企业)。

第三条 加强政府对动漫游戏产业发展的规划、指导,搭建交流、合作和服务平台。重点支持动漫影视、教育动漫、网络游戏开发、手持多媒体终端等领域的原创产品的创作生产,重点扶持优秀品牌、重大项目和龙头企业的发展。

第四条 凡在本市申报,并获得省广电局发行许可证的原创动画片,在福州电视台、省级电视台或卫视台黄金时段播出的二维动画片每分钟奖励500元、三维动画片每分钟奖励1000元;在央视黄金时段播出的二维动画片每分钟奖励1000元、三维动画片每分钟奖励2000元。收视率在该频道年度排名前10位的,按照以上标准加倍奖励。

第五条 凡获得各类奖项的原创动画和游戏作品按下列标准一次性奖励:获国际知名展会奖项的奖励50万元;获国家级政府综合奖项的奖励30万元;获得省政府综合奖项和国家级政府单项奖的奖励10万元;被国家广电总局推荐为优先播出的优秀动画片的奖励10万元;对获"五个一工程"奖项的奖励50万元。

第六条 对动漫游戏企业独立申报并获得国家部委、省人民政府文化产业专项资金资助的项目,给予不超过资助额度25%,最高不超过50万元(国家部委)、25万元(省人民政府)的配套资助。

第七条 每三年举办一次海峡两岸动漫创意大奖赛,设立"茉莉花动漫奖"。在参选作品中评选出最佳编剧、最佳卡通形象、最佳动漫品牌、最佳市场营销策划、动漫游戏技术创新等奖项,并给予相应奖励。

第八条 引导企业积极开发动漫游戏衍生产品,鼓励本市服装、玩具、文具、生活用品等生产企业与我市动漫企业合作开发动漫作品衍生产品。动漫企业原创作品版权收益达到500万元的,经确认后按照版权收益的3%给予企业一次性奖励,最高不超过50万元。

第九条 加大对动漫企业的投融资支持力度,对获得省级投资和融资担保补助的企业,按省里补助金额25%予以配套。

第十条 鼓励国内外动漫企业来榕创业。对自带重大动漫游戏原创题材作品(项目)入驻我市发展且注册资金在300万元以上的动漫企业,经评定后给予20万创业补助。

第十一条 加强与台湾动漫产业的合作和交流,大力吸引台湾动漫企业来我市创业、投资,凡台资企业(或合资企业)落户软件园动漫基地从事原创动漫项目开发,免租两年。

第十二条 建立和完善动漫产业公共技术服务平台和人才培养平台,在信息咨询、项目申报、成果对接、人才培训、技术评估等方面为我市动漫企业提供技术支持和优质服务。动漫企业两年内可免费使用公共技术服务平台所提供的渲染服务器等软硬件设备。

第十三条 鼓励动漫游戏企业与省内外各高校合作,培育多种类型的动漫游戏人才,建立实训基地,积极争取省人才扶持资金的支持。有计划、有重点地引进动漫游戏各类高层次、高素质人才,并享受我市相关的人才优惠政策。

第十四条 本政策所指各项奖励、补助等资金由市和各所在县(市)区按照7:3比例共同承担。获同类奖励、补助的,按从高不重复原则进行奖励。

第十五条 我市已经出台的有关政策中,动漫游戏产业符合条件的可以参照执行。

第十六条 本政策自公布之日起实施,原《福州市鼓励扶持动漫游戏产业发展的若干政策(试行)》(榕政综〔2006〕109号)同时废止。

福州市人民政府关于印发福州市加快文化创意产业发展的意见的通知

榕政综〔2010〕82号
(2010年5月3日)

各县(市)区人民政府,市直各委、办、局(公司):

《福州市加快文化创意产业发展的意见》已经市政府常务会议审议通过,现印发给你们,请认真贯彻执行。

福州市加快文化创意产业发展的意见

为贯彻落实《国务院关于印发文化产业振兴规划的通知》、《国务院关于支持福建省加快建设海峡西岸经济区的若干意见》和《中共福建省委办公厅、省人民政府办公厅关于加快文化产业发展的意见》等文件精神,加快发展我市文化创意产业,现提出如下意见:

一、加强产业规划 明确发展目标

1. 加快制定文化创意产业发展规划。编制《福州市"十二五"文化创意产业发展规划》,促进文化创意产业与经济社会和城市规划相协调;编制《福州市文化创意产业招商目录》,明确鼓励、允许、限制和禁止投资的项目,进一步放宽市场准入条件和领域,鼓励非公有资本及海外资本进入文化创意产业。

2. 明确文化创意产业的发展目标。到2012年,文化创意产业增加值以年均25%以上的速度递增,文化创意产业增加值占地区生产总值的比重超过8%,成为海西省会城市的支柱产业之一;到2020年,形成产业特色鲜明、创新能力强大、专业人才集聚、知名品牌众多、公共服务完善的文化创意产业集群,把福州打造成为引领海西、辐射全国的文化创意产业中心。

3. 推进文化创意产业重点行业发展。充分把握文化创意产业发展趋势，紧密结合福州在海西建设中独特的自然和文化资源条件，确定现代传媒业、动漫游戏业、设计创意业、工艺美术业、文化休闲旅游业、文化会展业、广告创意业等七大行业作为加速福州文化创意产业发展的重点领域。

（1）现代传媒业。主要发展以内容和技术更新为特征的广播影视业、新闻出版报业和互联网信息服务、广播电视传输服务。加快网络媒体、数字电视、移动电视、手机电视等新型媒体发展，推动印刷业技术和设备更新，扶持重点印刷企业发展。到2012年，产业增加值以年均20%以上的速度递增，把福州打造成为海西现代传媒业的发展中心。

（2）动漫游戏业。重点发展动漫原创制作、网络游戏生产、衍生产品开发。加快发展一批有发展潜力和发展优势的动漫企业，实现动漫网游产业规模化发展。到2012年，产业增加值以年均40%以上的速度递增，带动游戏、服装、玩具、音像制品、图书等相关产业收入达到150亿元，把福州打造成为全国重要的动漫产业创作、生产、出口及产品研发基地。

（3）设计创意业。主要发展以先进装备制造设计、服装设计、包装设计、模型设计等为重点的工业设计业，以建筑设计、规划设计、景观设计与室内设计等为重点的建筑景观设计业，努力提高创意要素对相关制造业的贡献率，增加产品的附加值，促进制造业结构调整和产业转型。到2012年，产业增加值以年均35%以上的速度递增，把福州打造成为海西设计创意业的重要基地。

（4）工艺美术业。主要发展以美术技巧制成的各种与实用相结合并有欣赏价值的造型艺术业，推动发展具有浓郁福州特色、在国内外享有盛誉、富有创意内涵的寿山石雕、脱胎漆器、漆艺产品、软木画、木根雕等工艺美术品的发展。到2012年，产业增加值以年均25%以上的速度递增，把福州打造成为海西工艺美术强市。

（5）文化休闲旅游业。以省会城市人文资源和自然资源为依托，加快旅游景区和旅游基地的建设；创新旅游项目，丰富旅游品种，拓展旅游线路，促成文化与旅游有机结合。到2012年，产业增加值以年均25%以上的速度递增，把福州打造成为重要的文化休闲旅游目的地。

（6）文化会展业。依托海西的产业优势，大力整合会展资源，创办、培育一批重大的文化创意会展，形成以海峡国际会展中心为依托的海峡创意产业会展基地。到2012年，产业增加值以年均40%以上的速度递增，把福州打造成为海西重要的文化创意会展业中心。

（7）广告创意业。大力发展广告策划、广告设计、广告创意咨询，重点培育一批拥有自主品牌和技术先进、主业突出、特色明显、核心竞争力强的广告创意龙头企业，形成广告创意产业集群。到2012年，产业增加值以年均30%以上的速度递增，把福州打造成为全国广告创意产业的重要基地。

二、优化资源配置　推动产业升级

4. 科学规划文化创意产业布局。立足于福州的产业基础和文化资源优势，立足于海峡两岸文化创意产业的交流合作，加强文化创意产业资源的整合和扩张。以城区为中心发展现代传媒业、广告设计业、设计创意业；以福州海峡国际会展中心、福州国际会展中心为依托发展文化会展业；以鼓楼、长乐、连江等地的动漫产业园为核心发展动漫游戏业；以闽都四大文化品牌资源、风景名胜地和温泉资源为重心发展文化休闲旅游业；以晋安区和闽侯县的寿山石雕、脱胎漆器、木根雕、竹草编基地为基础发展工艺美术业，努力形成合理有序的文化创意产业地域分工和布局体系。

5. 加快建设一批园区基地。在已有的一个国家级文化产业示范基地和十个省级文化产业示范基地基础上，通过规划引导、政策扶持和市场驱动，加快建设福州国家动画产业基地、长乐海西动漫之都、三坊七巷文化休闲旅游基地、福州海峡国际会展产业基地等一批具有辐射带动和产业聚集作用的重点文化产业基地；利用丝绸厂、金山工业区、福兴投资区等厂房，改造建设芍园一号文化创意园、福百祥文化创意园、榕都318文化创意艺术街区、中国漆空间创意园等一批定位准确、独具特色的文化创意产业园区；继续规划建设海峡影视基地、桂湖—贵安生态温泉城旅游基地、连江海峡文化创意园、闽侯木根雕生产基地、茉莉花茶文化旅游休闲基地以及台湾文化创意产业企业聚集区等一批重点文化创意产业园区（基地），进一步增强福州文化产业的聚集力、辐射力和竞争力。

6. 建设一批文化产业专业市场。依托特色文化产业基地、特色文化产业园区，建设一批有特色、多门类、功能齐全、辐射力强的大型文化产业专业市场。重点建设五大类专业市场，以工艺美术产业和旅游产业的结合为基础，建设大型旅游工艺品交易市场；以晋安区寿山石雕交易为基础，建设大型寿山石专业展示交易市场；以闽侯木、根雕生产和制作为基础，建设大型木根雕专业交易市场；以福州珠宝首饰设计业、加工业为基础，建设高档次专业珠宝展示交易市场；以福州海峡图书交易市场等为基础建设海峡出版物批发交易市场，使之成为福州文化创意产品展示、交易的综合平台。

7. 着力培育一批骨干企业。加快推进文化体制改革，推动国有企事业单位的体制机制创新和产权制度改革，鼓励投资主体多元化；加大对重点文化创意企业的扶持力度，鼓励重点文化产业企业融资、上市，到2012年，培育、发展5家年产值达10亿元和40家年产值超亿元的具有较强竞争力和影响力的大型文化企业和企业集团。

三、着力先行先试　深化榕台合作

8. 创新榕台文化创意产业人才机制。发挥文化创意产业学会、研究会、培训机构等民间团体和组织的作用，拓宽榕台大中专院校和科研院所的学术交流渠道，丰富各类文化创意产业论坛，进一步加强榕台两地文化创意产业人才的交流与互动合作。

9. 加强榕台文化创意产业项目合作。制定和落实有关鼓励和引导台资来榕投资的优惠政策，策划和推出吸引台资投资的文化创意产业项目，巩固和完善有益于榕台文化产业合作的良好环境，鼓励台商来榕建立生产基地、地区总部、研发和营销中心及创办新兴产业项目。重点加强动漫游戏、工艺美术、文化会展、广告和设计创意等文化创意产业领域的深度对接和项目合作。

10. 搭建榕台文化创意产业交易平台。加强榕台两地文化创意产业相关协会的交流合作,办好海峡版权(创意)产业精品博览交易会、图书交易会等活动;创新文化艺术展演、文化产品展销、文化创意产业推介的方式,扩大以"闽都文化"为内涵的福州文化创意产品在台影响力;充分利用"5·18"、"6·18"等会展平台,依托福州文化创意产业专业市场和福州海峡国际会展中心等有利资源,扩大榕台文化产品贸易规模。

四、加强政策扶持　拓宽融资渠道

11. 设立福州市文化创意产业发展专项资金。主要用于资助、奖励政府重点支持的文化创意产业项目。有条件的县(市)区也要设立文化创意产业发展专项资金。

12. 对市文化创意产业示范企业和市级文化创意产业园区(基地)实行认定制度。从2010年起,每两年认定一批,实行动态管理。积极支持文化创意企业申报国家、省级示范基地。凡被国家部委、省人民政府、市人民政府评为文化创意产业示范基地的,经市政府授权部门确认后,一次性给予奖励50万元、20万元、10万元,同一项目分获不同认定的,依照从高不重复的原则予以奖励。

13. 凡新开办的符合鼓励发展的文化创意企业,自开办之日起一年内实际缴纳的营业税和企业所得税税额中地方留成部分予以全额返还。凡被认定为市文化创意产业示范企业的,自被认定之日起3年内,以该企业上一年度实际缴纳的营业税和企业所得税税额为基数,新增的地方留成部分予以全额返还。

14. 鼓励盘活存量房地产资源,用于文化创意产业经营。凡利用具有特殊历史记忆形象的古建筑、老建筑或利用金山工业区、福兴工业区、福州软件园等地空闲的厂房、仓储用房等房地产资源兴办文化创意产业,不涉及重新开发建设,且符合国家规定、城市功能布局优化及有利于产业升级的,经有关行业主管部门和财政部门确认,市政府批准,暂不征收原产权单位土地年租金或土地收益。原产权单位该部分土地系以划拨方式取得的,土地使用权性质可保持不变。

15. 完善中小企业融资担保机制。支持和引导担保机构为本市中小文化创意企业的融资提供担保,并鼓励金融机构开展文化创意企业知识产权权利质押业务试点。对获得省级投资和融资担保补助的文化创意企业,按所获得补助金额的25%予以配套。

16. 对自主申报并获得国家部委、省人民政府奖励的文化创意产品、服务项目或获得国家部委、省人民政府文化创意产业专项资金扶持的文化创意产业项目,原则上一次性给予所获奖金或资助额度25%比例的奖励和配套资助,最高不超过50万元(国家部委)、25万元(省人民政府)。一个项目同时获得两个以上奖项或资助,依照从高不重复的原则予以一次性奖励或配套资助。

17. 把文化创意产品和服务纳入地方政府采购范围。凡纳入本市预算管理的机关、事业单位和社会团体,在采购文化创意产品和服务时,在同等条件下应优先采购本市文化创意产业企业的产品和服务。

18. 鼓励文化创意企业积极拓展境内外市场。文化创意企业主动参加政府主管部门主办的全国性博览会,提前申请并经同意的,给予每个国际标准展位展位费50%、最高不超过1万元的补贴。

五、加强队伍建设　提高人员素质

19. 有计划、有重点地引进各类高层次、高素质人才。建立文化创意产业人才绿色通道,为海内外优秀文化人才来榕创业提供优质服务,创造良好发展环境,促进人才集聚,构筑文化创意产业人才高地。

20. 设立市文化创意产业奖。对发展文化创意产业做出突出贡献的集体和个人给予表彰和奖励。

六、强化组织保障　形成推进合力

21. 加强组织领导。要加强对文化创意产业发展的统筹、协调、组织和指导,建立本级政府文化体制改革和文化创意产业发展领导小组及其专职办事机构,加强对文化创意产业发展的指导协调,定期对文化创意产业发展以及文化经济政策的落实情况进行督促检查,努力形成党委、政府主导,部门分工负责,社会各界积极参与的工作格局。

22. 明确部门责任。市委宣传部拟订文化创意产业发展政策以及实施细则。市发改委、市财政局会同市文化局等文化创意产业牵头部门,研究协调文化创意产业区域布局、重大项目建设,推进文化创意产业服务平台建设,指导文化创意产业基地和区域性特色文化创意产业群建设,督促重大文化创意产业项目实施等。市财政局会同市发改委负责研究制定支持文化创意产业发展的财政政策、文化创意产业发展专项资金管理办法和文化创意企业融资政策。市统计局负责完善文化创意产业统计制度,改进统计方法,做好文化创意产业统计等相关工作。市国税局、市地税局负责落实国家有关文化创意企业的税收政策。市人事局会同市发改委、市教育局、市文化局和团市委等部门,认真落实相关人才政策,推动文化创意产业发展与促进大学生就业相结合。

各县(市)区要根据本意见精神,制定加快文化创意产业发展的具体措施,促进文化创意产业又好又快发展。

福州市人民政府关于
进一步推进企业上市的意见

榕政综〔2010〕94号

(2010年5月16日)

各县(市)区人民政府,市直各委、办、局(公司):

为进一步鼓励和支持我市企业加快改制上市步伐,利用资本市场扩大直接融资规模,为我市经济建设服务,根据《福建省人民政府关于加快推进企业上市的意见》(闽政〔2007〕13号)和《福建省人民政府办公厅关于进一步做好我省企业上市工作的实施意见》(闽政办〔2010〕21号)精神,经研究,现结合我市实际,提出如下意见,请认真贯彻执行。

一、加强对上市后备资源的培育

(一)建立上市后备企业资源库。

列入市上市后备企业资源库的企业应具备以下三项条件:

1. 主营业务符合国家、省、市产业政策，成长性好，有上市意向；

2. 企业法人治理结构健全，运作规范，无违法违规行为；

3. 扣除非经常性损益后，企业净利润最近两年累计达1500万元，最近一年达1000万元以上；如属国家认定的高新技术企业，企业净利润最近两年累计达1000万元，最近一年达500万元以上。

上市后备企业的申报程序：由企业自愿申报，经各县（市）区上市办审核，送市企业上市工作领导小组办公室（以下简称“市上市办”）汇总后报市企业上市工作领导小组审定。上市后备企业实行滚动管理，一年调整一次。后备企业应定期向市上市办报告企业上市进展情况。

（二）确定年度重点推进和培育目标。按照“培育一批、辅导一批、申报一批、上市一批”的工作思路，进行分类指导，对尚未改制为股份有限公司的企业，应引导和推动企业按现代企业制度的要求规范改制，加强辅导和培育；对已设立股份有限公司的企业，应指导其进一步健全法人治理结构，优化股权结构，做强做大主业，增强核心竞争力，按照资本市场要求规范运作。各级上市办每年10月底前从市上市后备企业资源库中，筛选出与具有证券从业资格的中介机构正式签订上市服务协议且其他条件较成熟的企业，经市企业上市工作领导小组审定后，由市上市办具文将其作为下年度重点推进、培育目标，加以重点指导。

二、加强对企业上市工作的领导、协调、服务

（一）加强领导。各级各有关部门应将企业改制上市工作作为本级本部门的工作重点之一，加强对企业上市工作的领导，明确专门的责任领导、责任人，对企业改制上市过程中遇到的困难和问题，及时予以协调解决。重大事项由市上市办提交市企业上市工作领导小组予以研究协调。各级上市办应发挥牵头作用，各成员单位和各行业主管部门应配合市上市办做好日常协调工作。

（二）加强工作机构建设。各级政府应进一步充实上市工作机构力量，加大人力、物力、财力的投入，有条件的可聘请证券专业人才参与一起工作。

（三）强化行政服务。各级发改、国土、规划、建设、房管、科技、劳动、国税、地税、工商、外经、外汇管理、海关、质量监督、环保、消防、安全生产、住房公积金等部门对重点推进企业在争取上市时需办理的募集资金投资项目的核准或备案、用地审批、环境评价、工商登记等审批事项以及需要出具相关守法证明，应开辟“直通车”，简化审批程序，特事特办、限时办结。

（四）认真做好上市后备企业人员的培训。各级上市和行业主管部门应根据不同行业和不同梯次的企业要求，定期组织上市辅导、企业高管专业培训班、董事长研修班、拟上市企业沙龙等活动，使上述企业高管人员对上市的工作程序、应遵守的法律法规、需注意的问题、上市公司规范运作、环保核查的要求等方面有更全面、深入的了解，帮助企业正确认识资本市场形势，提高企业高管人员的实务操作水平。

（五）加强对上市后备企业辅导。我市上市后备企业与证券中介机构签订上市服务合同的，应当在合同签署后的十五个工作日内向企业所在地上市办报备有关情况。市上市办要建立证券中介机构和战略投资机构执业和诚信档案，供我市拟上市企业参考，对企业满意度高、执业质量好的，优先推荐给我市上市后备企业。

三、加大对企业改制上市的政策扶持

（一）设立专项扶持资金。市级和各县（市）区财政应每年从部门预算中安排资金，专项用于扶持企业改制上市。

（二）原则上对除房地产、金融行业以外并列入市上市后备资源库内的企业，在改制上市过程中给予下列资金奖励：

1. 企业与具有证券从业资格的中介机构正式签订上市服务协议并完成股份有限公司改制，在其向福建证监局申报辅导备案后，给予30万元的资金奖励；企业向中国证监会或境外证券监管机关上报上市申请材料，在其取得中国证监会或境外证券监管机关受理函后，给予70万元的资金奖励。该项奖励的兑付办法：税收在市本级的，由市财政全额承担；税收在县（市）区的，由市财政和税收所在地县（市）区财政各承担50%。

2. 企业在境内外挂牌上市后，将募集资金实际不低于80%以上投向本市的，给予一次性奖励200万元；将募集资金实际不低于50%投向本市的，给予一次性奖励100万元。企业按规定异地“买壳”上市后，将该上市公司的注册地迁回本市且企业所得税在本市缴交的，可享受本项奖励政策。该项奖励兑付办法：税收在市本级的，由市财政全额承担；税收在四城区的，由市级和所在区财政各承担50%；税收在马尾区或八县（市）的，由所在的区或县（市）财政全额承担。

上述第1、2两项奖励额不能超过企业上市前一会计年度缴纳税收的地方留成部分。

3. 企业在上市过程中因资产评估增值而补缴的企业所得税或企业将未分配利润转增为股本所缴纳的个人所得税，在企业上市后，市及县（市）区级留成部分，由同级财政按企业将募集资金投向我市的投资比例予以奖励。

（三）上市后备企业上市过程中进行改制重组，涉及土地使用证、房产证、车船使用证、给排水及供电计划指标、资质等级、自有工业产权等过户时，企业法人代表及控股股东没有发生变化的，可酌情免收变更、过户交易服务费。

（四）重点推进企业申请募集资金投资项目用地，可采取“一企一议”的办法予以协调解决，国土资源管理部门优先保证土地使用计划指标，优先办理立项预审和报批手续，保障企业用地。

（五）重点推进企业投资符合国家产业政策、属于我省鼓励发展、列入产业调整振兴规划的重大项目和省重点建设项目，可按照闽政办〔2009〕135号规定实行优惠的地价政策，即：在确定土地使用权出让底价时，可按不低于所在地土地等别相对应《全国工业用地出让最低价标准》的70%执行。

（六）重点推进企业申请政府预算内的各类技术改造、技术开发与创新、科技成果转化以及产业化等专项资金，同等条件下优先予以安排。各级科技型中小企业技术创新资（基）金，在同等条件下优先用于重点推进企业。

（七）积极引导股权投资基金、风险投资基金、创业投资基金等境内外战略投资者参与我市上市后备企业改制重组。

(八)各级政府性投资项目建设中需使用的设备、材料等物资在招标采购时,我市上市公司和上市后备企业能够提供的,同等条件下给予优先采购选用。

(九)上市企业募集资金投资建设的项目,凡符合国家、省、市产业政策导向的,可优先上报纳入省、市级重点项目盘子。对列入省、市盘子,且具有稳定收益的重点建设项目,同等条件下优先选择有投资意向的上市公司作为投资方。

(十)金融机构对上市时间表明确且有合理资金需求的上市后备企业,要优先予以支持。鼓励有条件的上市后备企业发行企业债券、短期融资券和中期票据融资。

四、附 则

(一)相关奖励资金的兑现。由企业向市上市办领取奖励资金申报表,并连同书面申请和相关材料报市上市办审核,财政部门确认奖励金额后,由上市办报请同级政府审批。同级财政部门办理资金拨付手续。

(二)本《意见》自颁发之日起实施。《福州市人民政府关于加快推进企业上市的意见》(榕政综〔2007〕281 号)和《福州市人民政府办公厅关于上市后备企业认定条件和程序的通知》(榕政办〔2008〕18 号)同时废止。

(三)自 2007 年 10 月 22 日至本《意见》发布之日,已按榕政综〔2007〕281 号文件规定兑现相关奖励政策的上市企业,不再享受本《意见》规定的相关奖励政策;尚未按榕政综〔2007〕281 号文件规定兑现相关奖励政策的上市企业,属遗留问题,可继续按照原榕政综〔2007〕281 号文件所规定的标准享受相关奖励政策;已向境内外证券监管机构上报上市申请并经受理的企业,可比照享受本《意见》适用条款中的奖励政策。

(四)本《意见》由市上市办负责解释。

福州市人民政府关于印发《福州市城镇职工基本医疗保险市级统筹实施意见》的通知

榕政综〔2010〕100 号

(2010 年 5 月 19 日)

各县(市)区人民政府,市直各委、办、局(公司):

《福州市城镇职工基本医疗保险市级统筹实施意见》已经 2010 年市政府第 10 次常务会议审议通过,现印发给你们,请认真贯彻执行。

福州市城镇职工基本医疗保险市级统筹实施意见

为进一步完善城镇职工基本医疗保险制度,根据福建省人民政府办公厅《关于印发推进城镇职工基本医疗保险设区市统筹工作指导意见的通知》(闽政办〔2009〕150 号)和《福州市城镇职工基本医疗保险实施细则》(榕政综〔2000〕364 号)等文件精神,现就我市城镇职工基本医疗保险实行市级统筹提出如下实施意见:

一、实行市级统筹后,福州市城镇职工基本医疗保险实行统一参保范围、统一缴费标准、统一待遇水平、统一经办流程、统一基金管理、统一信息系统的制度,各县(市)、马尾区不再自行调整或出台新的医保政策。

市级统筹范围包括城镇职工基本医疗保险(含统筹基金和个人账户)、大病统筹基本医疗保险、住院统筹基本医疗保险、农民工住院医疗保险和大病补充医疗保险,不包括公务员医疗补助。

二、实行市级统筹后,各县(市)、马尾区在参保范围、缴费标准、待遇水平、经办流程、信息管理五个方面须严格按照《福州市城镇职工基本医疗保险实施细则》(榕政综〔2000〕364 号)及相关配套文件执行。基金管理按以下办法执行:各县(市)、马尾区仍保留原基金专户,实行市级统筹前的结余基金(含 10 年预留风险金和统筹前欠缴部分)留归当地调剂使用;统筹后的各县(市)、马尾区当年结余基金(不含个人账户基金)的 40% 纳入市级统筹基金,60% 纳入当地历年结余基金。各县(市)、马尾区在严格执行收、支预算基础上,年度基金收不抵支时,不足部分先由统筹前当地历年结余基金支付;当地统筹前历年结余基金不足支付的,由市级统筹基金和统筹后当地历年结余基金按 4:6 比例分担,市级统筹基金或统筹后当地历年结余基金不足支付部分由同级财政承当。

市政府每年下达基本医疗保险参保扩面和征缴任务各县(市)、马尾区年度内必须按时完成参保扩面和征缴任务,否则当年基金收支缺口市级统筹基金不予支付。各地要切实采取措施,加大对当地参保单位历年欠缴基本医疗保险费的清理和追缴力度,按照原来与企业签订的基本医疗保险费分期付款协议期限完成清欠工作。市级统筹后各县(市)、马尾区困难企业申请基本医疗保险费分期付款,需经市财政局和市劳动保障局批准。基本医疗保险统筹基金收支预决算、结算、缴拨方式、稽核和约束激励制度等由市财政局、市劳动保障局另行制定。

三、实行市级统筹后,对定点医疗机构和定点零售药店实行统一的资格准入条件、申报流程、变更程序、考核评定标准、违规处罚标准、定点服务协议管理标准和医疗费用结算模式。原则上,市本级(含鼓楼区、台江区、仓山区、晋安区)参保人员定点医疗机构和定点零售药店不变,各县(市)参保人员定点医疗机构扩大到市本级定点的三乙(含三乙)以上医疗机构,马尾区参保人员定点医疗机构扩大到市本级定点医疗机构。实行市级统筹后,全市医疗保险定点服务机构资格认定由市劳动保障局负责。

四、组织领导

城镇职工基本医疗保险市级统筹关系到全市广大职工的切身利益和社会和谐稳定,各级政府要加强市级统筹工作的组织协调和监督检查。各级劳动保障、财政、卫生、药监等有关部门要进一步解放思想,服从大局,各负其责,密切配合,精心组织,做好市级统筹各项准备工作,确保能按期启动市级统筹工作;同时,要加强医疗保险经办机构建设,建立与医疗保险业务发展相适应的人员配备和经费保障机制。市医疗保险管理中心要围绕“统一参保范围、统一缴费标准、统一待遇水平、统一经办流程、统一基金管理、统一信息系统”的要求,加强对各县

（市）、马尾区医疗保险经办机构的业务指导，确保市级统筹各项工作扎实推进。

福州市人民政府关于印发《福州市地理标志产品保护管理办法》的通知

榕政综〔2010〕118 号
（2010 年 6 月 10 日）

各县（市）区人民政府，市直各委、办、局（公司）：

《福州市地理标志产品保护管理办法》已经市十三届人民政府 2010 年第 13 次常务会议审议通过，现予以印发，请认真贯彻执行。

福州市地理标志产品保护管理办法

第一章　总　则

第一条　为有效保护地理标志产品，规范地理标志产品名称和专用标志的使用，保证地理标志产品的质量和特色，根据《中华人民共和国产品质量法》、《中华人民共和国标准化法》和《地理标志产品保护规定》等有关法律法规和规章，制定本办法。

第二条　本办法所称地理标志产品，是指产自特定地域，所具有的质量、声誉或者其他特性本质上取决于该产地的自然因素和人文因素，经审核批准以地理名称命名的产品。地理标志产品包括：

（一）来自本地区的种植、养殖产品；

（二）原材料全部或者部分来自本地区，并在本地区按照特定工艺生产和加工的产品。

第三条　地理标志产品保护范围以国家质量监督检验检疫总局（以下简称“国家质检总局”）批准的公告范围为准。

第四条　凡在福州市行政区域内从事地理标志产品的生产、加工、销售及管理活动的单位与个人，必须遵守本办法。

第五条　各级人民政府应加大对地理标志产品申报和保护监督管理工作的资金投入，支持地理标志产品的生产与发展。

第二章　工作机构与职责

第六条　市政府成立福州市地理标志产品保护工作领导小组（以下简称市领导小组），负责统一管理全市的地理标志产品保护工作。领导小组下设办公室和五个保护工作组，办公室设在市质量技术监督局。五个保护工作组包括：

（一）工艺美术类地理标志产品保护工作组，由市工艺美术行业管理办公室具体负责；

（二）风味小吃类地理标志产品保护工作组，由市贸发局具体负责；

（三）特色农产品类地理标志产品保护工作组，由市农业局具体负责；

（四）特色水产品类地理标志产品保护工作组，由市海洋与渔业局具体负责；

（五）特色园林花卉类地理标志产品保护工作组，由市林业局具体负责。

第七条　市领导小组办公室的主要职责是：

（一）负责牵头组织协调和指导各保护工作组做好地理标志保护产品的日常监督管理工作；

（二）协助申请人进行地理标志产品保护的申请；

（三）负责组织草拟地理标志产品省级地方标准和制定地理标志产品生产过程的技术规范或标准；

（四）组织对地理标志产品专用标志使用情况进行监督检查；

（五）负责查处产地范围内发生的地理标志产品的侵权行为。

保护工作组的主要职责是：

（一）负责组织制定具体的专用标志使用管理细则；

（二）负责对生产者申请使用专用标志进行初审，监督管理专用标志的印制、发放和使用；

（三）负责对生产者使用地理标志产品保护专用标志的年审工作；

（四）负责地理标志保护产品的日常监督管理工作；

（五）监督指导各相关行业协会加强对地理标志产品保护专用标志的收费工作。

第八条　各县（市）区政府应加强对本行政区域内地理标志产品保护工作的组织领导，协调和督促有关部门履行地理标志产品保护职责，促进地理标志产品行业协会、产业联盟以及专业合作经济组织的发展。

第三章　地理标志产品保护申请

第九条　申请保护的产品产地在县域范围内的保护申请，由当地县级以上人民政府指定的地理标志产品保护申请机构或人民政府认定的协会和企业（以下简称申请人）提出。申请保护的地理标志产品产地跨县域范围的保护申请，由福州市地理标志产品申报保护工作领导小组提出。

第十条　申请保护的产品在县域范围内的，由县级人民政府提出产地范围的建议；跨县域范围的，由福州市人民政府提出产地范围的建议。

第十一条　申请人应提交以下资料：

（一）有关地方政府关于划定地理标志产品产地范围的建议。

（二）有关地方政府成立申请机构或认定协会、企业作为申请人的文件。

（三）地理标志产品的证明材料，包括：

1. 地理标志产品保护申请书；

2. 产品名称、类别、产地范围及地理特征的说明；

3. 产品的理化、感官等质量特色及其与产地的自然因素和人文因素之间关系的说明；

4. 产品生产技术规范（包括产品加工工艺、安全卫生要求、加工设备的技术要求等）；

5. 产品的知名度,产品生产、销售情况及历史渊源的说明。

(四)拟申请的地理标志产品的技术标准。

第四章　标识标志管理

第十二条　地理标志产品专用标志由国家标准规定的专用标志图案及地理标志产品名称组成。

第十三条　生产者使用地理标志产品专用标志,应向市质量技术监督局提出申请,并提交以下资料:

(一)地理标志产品专用标志使用申请书;

(二)企业营业执照、社团登记证或者其他证明材料;

(三)生产许可证(地理标志产品未涉及生产许可的除外);

(四)由当地政府主管部门出具的产品产自特定地域的证明;

(五)有资格的产品质量检验机构出具的检验报告;

(六)其他要求。

上述申请经各相关保护工作组受理,报市质量技术监督局初审合格后,上报福建省质量技术监督局进行审核,并经国家质检总局审查合格注册登记后,发布公告,生产者即可在其产品上使用地理标志产品专用标志,获得地理标志产品保护。

第十四条　获准使用地理标志产品专用标志资格的生产者,有权在其产品的标签、包装、广告、说明书上使用专用标志,但不得将使用权转给他人。产地保护范围以外的产品不得使用专用标志。

第十五条　地理标志产品专用标志由相关保护工作组或由其指定的行业协会、产业联盟以及专业合作经济组织统一印制,报市领导小组办公室备案,实行使用登记管理制度。地理标志产品专用标志可根据需要按比例放大或缩小,粘贴或印刷在产品包装物上。直接印刷在产品包装物上的,使用者须向相关保护工作组提出申请,并上报选定的印刷企业,经保护工作组核准同意,并报市领导小组办公室备案后,方可按核定数量印刷。使用者应严格管理,按季度向相关保护工作组报告使用情况。

第十六条　专用标志的印刷必须符合国家质检总局2006年109号《关于发布地理标志保护产品专用标志比例图的公告》的规定。

第十七条　地理标志产品专用标志的申请、使用及管理由各相关保护工作组制定具体的专用标志使用管理细则,报市领导小组批准后实施。

第五章　生产和销售管理

第十八条　获准使用地理标志产品专用标志资格的生产者,应按照地理标志产品的国家标准或福建省地方标准及国家质检总局批准公告规定的质量技术要求组织生产,确保原料产地、加工场所、产品质量符合规定要求,等级标注必须与实物质量一致。

第十九条　地理标志产品的销售者,应建立进货可追溯和验收制度,严禁销售假劣产品。

第二十条　禁止伪造或冒用地理标志产品专用标志。未经公告,任何单位和个人不得使用地理标志产品专用标志。任何单位和个人不得使用与专用标志相近的、易产生误解的产品名称或标志。任何单位和个人不得销售未经公告的专用标志产品。

第六章　保护和监督

第二十一条　保护范围在县域范围内的地理标志产品的日常监督管理和保护工作由当地质量技术监督部门负责,相关部门配合;跨县域范围的,由各保护工作组具体负责。重点对相关地理标志产品的产地范围、产品名称、原材料、生产技术工艺、生产环境、生产设备、质量特色、质量等级、产品数量、包装标志;产品专用标志的印刷、发放、数量、使用情况及产品的标准符合性等方面进行日常监督。

第二十二条　对于擅自使用或伪造地理标志产品名称及专用标志、不符合该地理标志产品标准和管理规范要求而使用该地理标志产品的名称的或,者使用与专用标志相近、易产生误解的名称或标志及可能误导消费者的文字或图案标志,使消费者将该产品误认为地理标志保护产品的行为,由质量技术监督部门依法进行查处。

第二十三条　为加强对获准使用地理标志产品专用标志资格的生产者的监督管理,确保其按相应标准和管理规范组织生产,福州市地理标志产品保护专用标志的使用采取企业年度报告及审查工作管理制度。企业年度报告采取每两年企业提交年度自查申报表,按产品保护范围,由县级质量技术监督部门或各保护工作组对企业自查材料进行审核和实地抽查相结合的方式进行。

第二十四条　获准使用地理标志产品专用标志资格的生产者,未按相应标准和管理规范组织生产的,或者在2年内未在受保护的地理标志产品上使用专用标志的,或者年度报告审查不合格的,由各保护工作组收集汇总上报市领导小组办公室,由市领导小组办公室逐级报请国家质检总局注销其地理标志产品专用标志使用注册登记,停止其使用地理标志产品专用标志并对外公告。

第二十五条　市领导小组以及办公室可以根据实际情况,委托有资质的产品质量检验机构统一组织对福州地理标志产品的质量进行监督检查。

第二十六条　违反本规定的,由质量技术监督部门依据《中华人民共和国产品质量法》、《中华人民共和国标准化法》等有关法律法规予以处罚,并按规定取消其使用地理标志产品专用标志资格。

第二十七条　从事福州地理标志产品保护工作的人员应忠于职守,秉公办事,不得滥用职权、以权谋私,不得泄露企业的技术和商业秘密。违反以上规定的,根据情节轻重,予以行政纪律处分;构成犯罪的,依法追究刑事责任。

第七章　附　则

第二十八条　本办法自发布之日起施行。

福州市人民政府关于印发福州市促进金融业发展若干意见的通知

榕政综〔2010〕128 号
(2010 年 6 月 25 日)

各县(市)区人民政府,市直各委、办、局(公司):

《福州市促进金融业发展若干意见》已经 2010 年市政府第 14 次常务会议研究同意,现印发给你们,请结合各自实际,认真贯彻执行。

福州市促进金融业发展若干意见

(2010 年 6 月)

第一条 为贯彻落实省政府《推进闽台金融合作先行先试建立两岸区域性金融服务中心实施意见》,优化海西省会中心城市金融业发展环境,培育壮大福州金融服务业,更好地发挥金融业对海西省会中心城市建设的支撑、服务作用,着力构建海峡西岸区域性金融服务中心,特制定本意见。

第二条 对在福州市区内,2010 年新设立或者新迁入的金融机构(含配套服务机构、中介机构),按以下原则给予一次性奖励:

(一)对在本市新注册成立且营运满一年的银行、证券、保险、期货、产业投资基金、信托投资类金融机构总部(下文简称“法人金融机构”),注册资本在 10 亿元(含 10 亿元)以上的,奖励 1000 万元;7 亿元(含 7 亿元)至 10 亿元的,奖励 800 万元;5 亿元(含 5 亿元)至 7 亿元的,奖励 500 万元;2 亿元(含 2 亿元)至 5 亿元的,奖励 300 万元。

(二)对境内外(含港澳台)银行、证券、保险、期货、产业投资基金、信托投资类金融机构地区总部(下文简称“区域性分支机构”),营运资金在 2 亿元(含 2 亿元)以上的,奖励 200 万元;1 亿元(含 1 亿元)至 2 亿元的,奖励 150 万元;5000 万元(含 5000 万元)至 1 亿元的,奖励 50 万元。

(三)对各类创业(风险)投资公司和创投管理公司、产业投资基金和私募股权投资基金公司,在福州区域范围内属市政府重点发展导向的产业项目,投资总额达到其基金总额 60% 以上的,给予一次性奖励。基金总额 1 亿元至 5000 万元(含 5000 万元)的,奖励 50 万元;1 亿元(含 1 亿元)至 2 亿元的,奖励 150 万元;2 亿元(含 2 亿元)以上的,奖励 200 万元。

第三条 在福州市区内的金融机构实现机构升级或升格的,给予一次性奖励。由驻榕代表处升格为区域性分支机构的,安排办公购房资金 200 万元;由区域性分支机构升格为金融机构总部的,安排办公购房资金 800 万元;对注册资本或营运资金达到本意见第二条(一)、(二)项规模的,按照该项规定给予奖励。

第四条 对其他金融机构的一次性奖励,由有关政府部门根据相关金融机构的注册资本金或营运资金、从业人数、纳税情况等方面因素给予综合评定,给予适当奖励。

对市政府重点引进的上述金融机构,可单项申请,一项一议,适当提高奖励标准。

第五条 对在榕新设立或新迁入的法人金融机构、区域性分支机构,购地、购房及租房给予以下优惠:

(一)对购地自建办公用房,在我市四城区规划范围申请建设用地,符合城市规划要求的,以挂牌出让方式提供土地,土地出让底价按同地段同用途基准地价的楼面地价确定的宗地价格作为出让底价;以基准地价的楼面地价确定的宗地价格低于土地取得费、前期开发费及出让规费之和的,按成本价为底价挂牌出让。

(二)对购买办公用房,按每平方米一次性给予不超过 1000 元的补贴,其补贴的总额度不超过上年度该企业缴纳税收的地方留成部分的 80%,最长分 2 年兑现。

(三)对租用办公用房,按每平方米市场评估价房屋租金的 30% 补贴,补助时间不超过 3 年,其补助金额不超过上年度该企业缴纳税收的地方留成部分的 80%。若新租赁自用办公用房的价格低于房屋租金市场指导价,则以其实际租价为基准计算租房补贴。享受补贴期间的办公用房不得对外转租。

(四)新入驻企业购租其他已兑现房屋补贴企业办公用房的,不再享受购租房政策。

第六条 享受落户一次性奖励和购地、购房及租房补贴的金融机构,应当按照我市要求提供相关材料,并承诺 10 年内不迁离福州、不注销机构。

第七条 鼓励金融机构引进高级管理人员和保险精算师、保荐代表人等专业技术人才来榕发展,其优惠政策为:

(一)符合《福州市引进高层次优秀人才暂行办法》等有关文件规定的,可享受我市关于高层次优秀人才引进在创业科研经费、人才住房、购车补贴、安家补贴、生活津贴,并在职称评审、子女就学、配偶就业、户籍迁入等方面的优惠政策。

(二)赴国(境)外培训纳入本市人才培养计划,并提供便利。

(三)因商务出国赴港澳台申请予以优先办理。

第八条 激励各类金融机构拓展、创新业务支持地方经济发展。

(一)自 2010 年起,金融机构贷款投向在福州辖区内的年度贷款余额每增加 30 亿元,给予 5 万元奖励;对小企业年度贷款余额每增加 10 亿元,给予 5 万元奖励。

(二)对注册资本 2000 万元(含 2000 万元)以上,为中小企业生产经营提供融资担保额 80% 以上,独立核算、自主经营、自负盈亏的中小企业信用担保机构,根据其当年平均担保余额增长部分,按最高不超过 1% 的比例给予奖励。

(三)争取保险机构以债权、股权等方式投资福州支柱产业和重大基础设施项目。自 2010 年起,单项融资额在 10 亿元以上且融资成本不高于同期贷款基准利率的,按融资额的一定比例给予奖励。

(四)市政府设立金融创新奖,对进行金融产品、服务创新以及金融监管成果显著,对争取到对我市经济社会发展具有重要意义的金融政策或创新试点的金融机构和有关人员,按照“一事一议”原则,市政府给予奖励和表彰。

第九条 市财政在总部经济发展专项资金或产业发展资

金中单列安排金融业发展专项基金,专项用于上述意见的落实兑现。

第十条 本意见各条所指资金均以人民币为单位。

第十一条 市政府相关职能部门根据本意见制定实施细则以及金融业专项资金管理办法。

本意见由市金融办负责解释。

第十二条 本意见自发布之日起生效,有效期三年。

福州市人民政府关于印发《福州市城区经济适用住房上市交易办法》的通知

榕政综〔2010〕141 号

(2010 年 7 月 20 日)

各区人民政府,市直各委、办、局(公司):

《福州市城区经济适用住房上市交易办法》已经市人民政府 2010 年第 15 次常务会议研究通过,现予以印发,请认真贯彻执行。

福州市城区经济适用住房上市交易办法

第一条 为进一步规范福州市城区经济适用住房上市交易管理,根据《国务院关于解决城市低收入家庭住房困难的若干意见》(国发〔2007〕24 号)、财政部等部门联合印发的《已购公有住房和经济适用住房上市出售土地出让金和收益分配管理的若干规定》(财综字〔1999〕113 号)以及《福州市经济适用住房管理办法》(榕政综〔2008〕181 号)等规定,制定本办法。

第二条 本办法适用于本市鼓楼区、台江区、仓山区、晋安区、马尾区范围内,于 2007 年 6 月 7 日前取得《房屋所有权证》且取证时间在 5 年以上(含 5 年)的经济适用住房上市交易。

取得《房屋所有权证》时间以房屋所有权证上注记的登记时间或填发时间为准。

第三条 经济适用住房所有权人在按照本办法规定缴交土地收益价款后,可以申请直接上市交易或者办理完全产权变更登记。

土地收益价款按申请缴款时经济适用住房所在地土地级别相对应的基准楼面地价的 10% 缴交(住房面积 × 基准楼面地价 × 10%)。

第四条 部队、机关企事业单位经有权机关批准以单位名义建设后分配并取得《房屋所有权证》的经济适用住房,其上市交易应当征得建设单位的书面同意。

第五条 符合本办法第二条规定条件的经济适用住房上市交易或者申请变更完全产权登记按以下程序办理:

(一)房屋所有权人持《房屋所有权证》至房屋所在地的区级国土部门申请办理土地收益价款的缴款手续,国土部门按规定测算应缴纳的金额、收取相应的款项并开具缴款凭证。

(二)申请人需在土地收益价款缴款凭证开具之日起 90 日内,持该凭证及相关交易材料向福州市房地产交易登记中心申请办理房屋上市交易手续或者办理完全产权变更登记手续。

申请人缴交土地收益价款后逾期未申请办理上市交易或者完全产权变更登记手续的,需向国土部门重新申请核定应缴纳的土地收益价款。重新核定的缴款金额测算基数或标准发生变化的,申请人应根据重新核定的缴款金额补缴款项,并由国土部门开具补缴价款凭证;重新核定的缴款金额测算基数或标准未发生变化的,由国土部门出具确认函。

第六条 福州市房地产交易登记中心应建立已上市交易和已变更为完全产权的经济适用住房统计制度,每季度向福州市住房保障和房产管理局报备相关统计数据。

第七条 本办法自 2010 年 8 月 1 日起实施。2007 年 6 月 7 日以后取得《房屋所有权证》的经济适用住房上市交易办法另行制定。

福州市人民政府关于进一步加快旅游业发展的意见

榕政综〔2010〕178 号

(2010 年 9 月 1 日)

各县(市)区人民政府,市直各委、办、局(公司):

为认真贯彻落实《国务院关于加快发展旅游业的意见》(国发〔2009〕41 号)和《福建省人民政府关于进一步推动旅游产业发展的若干意见》(闽政〔2009〕18 号)精神,充分发挥福州旅游比较优势,加快推进旅游业跨越式发展,特提出如下实施意见:

一、目标定位

发展定位:以科学发展观为指导,紧紧抓住国务院支持福建省加快海峡西岸经济区建设发展的历史机遇,进一步解放思想,充分发挥旅游资源优势,全力打造温泉旅游、滨江旅游、闽都文化旅游、海峡旅游品牌,大力加强项目建设,积极完善旅游要素配套;紧紧把握"高铁时代"契机,重点发展国内旅游,积极发展入境旅游,充分展现福州"温泉古都、有福之州"的特色和魅力,努力打造我国重要的自然文化旅游中心城市和国际知名的旅游目的地。

发展目标:力争到 2012 年,旅游市场规模进一步扩大,经济社会效益更加明显,全市接待国内旅游人数超过 3000 万人次,入境旅游人数超过 100 万人次,旅游业总收入超过 400 亿元。

二、主要措施

(一)完善规划,加快旅游配套服务体系建设

1. 加快制定旅游业发展规划。编制《福州市"十二五"旅游业发展规划》和其他专项规划,促进旅游规划与城市经济社会发展和城市建设规划相衔接;建立福州市旅游项目库,进一步明确项目准入条件,重点吸引规模化资本投入旅游业。

2. 加快旅游公共服务设施建设。加强旅游公共集散服务,根据旅游发展需要,在市区和县(市)建立若干个旅游咨询中心和游客服务中心,打造旅游公共信息服务平台;加快旅游导引标志系统建设,在全市二级以上汽车客运站设置福州旅游交通示意图,在通往重要景区的道路设置旅游交通导引牌;鼓

励发展旅游汽车公司，支持增加旅游车辆，支持开辟旅游专线班车和环线车，完善城区旅游车辆临时停泊系统。市财政安排一定资金用于补助旅游导引标志系统、旅游信息化系统和其他公共服务设施建设。

3. 提升旅游接待水平。鼓励发展国际知名品牌连锁酒店，积极发展特色主题酒店、经济型酒店，大力提升旅游接待水平，满足旅游发展的市场需求；鼓励景区提高规范化、标准化和现代化管理水平，对被新评定为国家3A、4A、5A级旅游区（点）的旅游景区，分别一次性给予5万元、20万元、100万元奖励。

4. 发展特色旅游商品。增加旅游商品在整体旅游消费构成的比重，支持旅游商品（纪念品）的开发研制、产业化生产以及知识产权保护等；开展"优秀旅游商品"评选活动，对获奖旅游商品予以奖励；鼓励开发建设旅游商品专业大卖场，逐步形成以地方土特产品系列、特色旅游纪念品系列和文化产品系列为主的旅游商品。

（二）强力推进，加快旅游重点项目建设

1. 项目服务支持。对重点旅游项目（指投资1亿元以上并经福州市促进旅游业发展管理委员会确认的项目）给予政策扶持，项目所在地的县（市）区政府在签约之日起6个月内，负责协调解决好项目规划用地、征租地手续以及拆迁安置等问题，帮助完成相关行政报批手续；在项目建设的同时负责完成道路、水电、通讯等外部基础设施配套建设。

2. 项目用地支持。按照城市总体规划和土地利用总体规划，科学安排旅游项目用地，对重点旅游项目优先保障用地指标，应缴纳的土地出让金扣除各项成本外用于补助项目配套基础设施建设；温泉旅游项目用地连同地热（温泉）矿产资源捆绑出让，重点温泉旅游项目在项目开发建设或扩建时，优先参与周边土地开发；旅游项目涉及林业用地的，鼓励利用经济林地、疏林地、灌木林地、宜林荒山荒地等非生态公益林林地。

3. 财政奖励支持。重点旅游项目在建设期内，其所缴纳的行政事业性规费地方留成部分全额奖励企业，最长不超过3年；自经营之日起3年内，所缴企业所得税、营业税地方留成部分将根据项目情况实施部分或全额奖励；温泉重点旅游项目（经营企业），其温泉采矿权有偿使用费（温泉有偿使用费）、矿产资源补偿费（温泉资源费）地方分成部分减半征收，采矿权价款地方分成部分按50%给予补助。

4. 融资贷款支持。支持旅游企业拓宽融资渠道，引导金融机构大力扶持重点旅游项目建设，优先安排贷款资金。市财政每年安排专项资金，对非财政投入的重点旅游项目给予不超过三年的贷款贴息支持（已享受省级以上贴息支持的，不再重复享受），单个项目贴息累计不超过300万元。

投资10亿元以上的重大旅游项目，采取一事一议的办法确定扶持政策。

（三）整合资源，大力推进旅游品牌项目建设

1. 全力推进温泉旅游项目建设。制订进一步加强全市温泉旅游资源保护开发与规范管理的意见，对温泉旅游开发项目进行统一规划和审批管理。整合全市温泉旅游资源，打造一批彰显"温泉古都，有福之州"特色的温泉旅游项目。通过创建"中国温泉之都"，加快提升中心城区和县（市）温泉旅游发展水平，形成都市温泉、城郊温泉、淡水温泉、海水温泉、山体温泉等各具特色的温泉旅游产品体系。

2. 加快闽江旅游发展。立足把闽江旅游打造成福州特色城市旅游形象品牌，进一步整合闽江两岸旅游资源，打造闽江黄金旅游带。优化旅游码头布局，引进市场竞争机制，增加闽江游船客运量，提高游船档次和服务品质，完善闽江两岸景观、交通、餐饮等旅游配套设施建设。市财政安排一定资金用于扶持闽江旅游的配套硬件建设和支持游船经营企业扩大经营规模。对闽江旅游企业新购游船、游艇用于旅游的船只，造价500万元以上（含500万元）、1000万元以内（不含1000万元）的，给予一次性补助50万元；超1000万元的，给予一次性补助100万元。游船经营企业以上年度接待游客人次数为存量基数，对超过存量基数的增量部分予以每人次5元的奖励。

3. 着力提升文化旅游品牌。进一步完善三坊七巷、马尾船政等重点文化旅游项目综合功能，着力提升其品牌知名度。三坊七巷按照打造福州文化旅游"龙头"景区的内涵要求规划项目建设和设施配套，推动创建5A级旅游景区；促进福州船政文化创建4A级旅游景区工作，把马尾船政建设成为展现中国近代工业科技和近代海军历史的国家文化遗产公园。

4. 倾力打造海峡旅游品牌。充分发挥福州近台近海独特优势，努力构筑两岸旅游合作前沿平台。积极争取先行先试政策，推动来榕人员落地签证经福州口岸赴金马澎地区旅游；引进大型客轮直航台湾本岛项目，推动"两马"海上客运航线延伸至台湾本岛，由个案包船向常态化运营模式转变，对直航台湾本岛大型客轮项目列为市重点旅游项目给予重点扶持。市财政安排专项资金，对组织国内其他地区居民经福州口岸赴台湾（含金马澎地区）旅游，或经大陆其他口岸赴台湾本岛旅游、返程进入福州并在福州住宿一晚以上的组团旅行社，每人次奖励20元。

5. 培育会展会议旅游。完善福州海峡国际会展中心等会展会议设施配套，充分发挥会展、会议带动旅游消费的功能。鼓励企业积极开拓会展、会议市场，大力引进或合作举办大型会展、会议项目。市财政每年安排资金用于对引进全国性、区域性、国际性大型会展、会议活动的奖励和申办、承办工作经费补助，对在我市连续举办的规模大、效益好的国际国内品牌会展、会议项目给予重点奖励。

6. 积极培育新兴旅游业态。整合各部门资源，鼓励、支持发展乡村旅游，把发展乡村游与新农村建设、调整农村产业结构、促进农民增收有机结合起来，加快乡村环境综合整治和配套设施建设。对评定为全国工、农业旅游示范点的，一次性给予10万元奖励；乡村旅游配套设施项目符合规划和有关要求的，由相关业务主管部门优先列入计划安排或给予资金扶持。

（四）强化营销，扩大福州旅游对外影响力

1. 扩大福州旅游形象宣传。加强福州旅游形象整体策划和包装，在中央电视台及其他主流媒体投放福州重点旅游品牌广告片、专题片，在主要商业街区、游客集中区经规划审批设立旅游公益宣传广告，提升福州旅游知名度和影响力；充分利用旅游网络营销平台，加强与通讯服务商、门户网站等营销渠道的合作，增强福州旅游宣传促销工作的针对性和有效性。

2. 努力拓展境内外市场。坚持走出去,重点组织动车沿线城市、长三角地区、珠三角地区、台湾及东南亚、东北亚地区旅游宣传推介活动,积极与国内外知名旅游企业建立旅游营销伙伴关系,实现资源共享、多方共赢。

3. 积极培育旅游节庆品牌。充分挖掘闽都文化和福州旅游特色资源优势,围绕重点旅游品牌项目,策划各类旅游节庆活动,集聚人气,拉动市场。重点办好三坊七巷文化旅游节、中国温泉文化旅游节、中华石竹山梦文化节等系列节庆活动,培育具有影响力的节庆品牌,提升福州城市影响力。市财政每年安排一定资金,对组织开展节庆活动的单位给予补助。

(五)优化环境,激励旅行社拓展入榕旅游

1. 支持旅行社加快发展。重点扶持培育一批具有国际国内影响力的品牌旅行社企业,提升福州旅行社的对外竞争力;健全旅行社服务质量、信用等级体系,推进旅行社 A 级评定工作,对评定 4A、5A 的旅行社予以适当奖励;支持旅行社的采购公务活动,国家机关、事业单位和社会团体经批准的公务活动,可以委托旅行社安排交通、住宿、餐饮和会务等相关事宜。

2. 鼓励旅行社拓展入榕接待业务。对接待以三坊七巷、温泉旅游、闽江游等福州市重点旅游景区为目的地,在福州市停留一晚二天以上的入榕旅游团队的旅行社,实施以下奖励:

接待国内旅游团队以上一年接待为存量基数(不少于 5000 人次),完成存量基数予以每人次 5 元的奖励;超过存量 20% 的,增量部分予以每人次 10 元的奖励。

接待境外(含港澳地区)旅游团队,以上一年接待人数为存量基数(不少于 1000 人次),完成存量基数予以每人次 10 元的奖励;超过存量 20% 的,增量部分予以每人次 20 元的奖励。

组织旅游团队以包机、包专列、包游船方式来榕,包机、包船人数在 100 人以上的,包专列人数在 300 人以上的,每航次奖励旅行社宣传促销费 1 万元。

(六)培育人才,提高旅游从业人员素质

1. 加大旅游专业人才培养力度。建立适应市场需求的旅游人才培养机制,支持和鼓励校企合作,对紧缺旅游专业人才实行订单式教育,建立教学与就业基地;根据旅游业发展的实际需求,规范旅游院校专业设置,明确培养目标,培育专业人才;建立健全旅游人才激励机制,对贡献突出的旅游人才进行奖励。

2. 加强导游队伍建设。以壮大、提升地接导游员队伍为重点,推动专业院校与重点旅游景区、重点旅行社企业互动合作,建立导游培养和教育培训的新型体系。三年内,每年培养优秀景区讲解员和优秀地接导游员 100 名;组建全市品质导游员队伍,每年组织开展品质导游员考核和星级导游员评选活动。市财政安排一定资金对培训工作给予补助,对进入品质导游员队伍和评为三星级以上导游员给予适当奖励。

(七)形成合力,做大做强福州旅游业

1. 强化基础保障。更好发挥福州市促进旅游业发展管理委员会功能作用和市旅游管理部门及其他业务主管部门的职能作用,充实加强县(市)区旅游部门的力量,支持有条件的县(市)区建立风景旅游一体化的旅游管理新体制。进一步加大旅游业发展投入,市财政设立旅游业发展专项资金,重点用于旅游重点项目建设、服务设施配套、旅游市场营销、旅游行业管理、旅游人才培养和旅游补助奖励。旅游业发展专项资金将根据财力状况逐年适当增加,各县(市)区也要相应安排落实旅游业发展专项资金。

2. 强化工作合力。福州市促进旅游业发展管理委员会组成部门要协调配合、形成合力,市旅游局要制定相应的实施细则,其他部门要根据本《意见》制定促进旅游产业发展的配套政策和细化办法,共同搞好旅游资源的综合开发和科学管理,努力营造全市重旅游、抓旅游、兴旅游的良好氛围。

国务院、省政府已经制定出台的各项适用于福州旅游业发展的政策,要认真遵照执行。

福州市人民政府关于印发福州市省级小城镇综合改革建设试点政策意见的通知

榕政综〔2010〕180 号
(2010 年 9 月 1 日)

各县(市)区人民政府,市直各委、办、局(公司):

市发改委拟制的《福州市省级小城镇综合改革建设试点政策意见》已经市政府研究同意,现印发给你们,请结合各自实际,认真贯彻执行。

福州市省级小城镇综合改革建设试点政策意见

(2010 年 8 月)

为促进我市省级小城镇健康有序发展,提高小城镇综合承载能力,充分发挥小城镇在联系城乡、辐射农村、扩大就业和促进经济社会发展中的重要作用,根据《福建省人民政府关于开展小城镇综合改革建设试点的实施意见》要求,结合我市实际,现提出如下政策意见:

一、指导思想

认真贯彻党的十七大和十七届三中、四中全会精神,以邓小平理论和“三个代表”重要思想为指导,深入贯彻落实科学发展观,全面贯彻落实胡锦涛总书记来闽考察重要讲话精神,以及国务院《关于支持福建省加快建设海峡西岸经济区的若干意见》、福建省开展小城镇综合改革建设试点工作有关精神,以科学规划为前提,坚持以人为本,创新体制机制,突出资源优势,凸显特色功能,强化产业支撑,优化空间布局,实施综合开发,增强集聚能力,探索解决我市“三农”问题和城乡结构矛盾的途径,为统筹城乡协调发展提供示范作用。通过典型带动,加快我市城镇化进程,逐步实现城乡基础设施、公共服务、就业和社会保障的一体化,建成一批“规划先行、功能齐备、设施完善、生活便利、环境优美、保障一体”的宜居城市综合体。

二、发展目标

根据经济社会基础良好、区位优势明显、交通设施便利、人口聚集度高、资源环境承载力强等标准和要求,省里确定我市闽侯县荆溪镇和青口镇、福清市龙田镇等为省级试点小城镇，力争在三到五年内，布局合理、特色明显、生态优美的小城镇发展格局和配套保障政策基本形成。农村人口稳步有序地向镇区集中；基础设施和公共服务设施更加完善，并向相邻地带的农村延伸；各具特色的产业基础初步建立，市场发育比较健全；小城镇居民基本享有与城市居民均等化的公共服务和社会保障；有利于发挥小城镇特色优势的体制机制基本建立；生态环境优美，辐射带动能力较强的宜居城市综合体基本建成。

三、基本原则

（一）规划先行、定位明确。以规划统筹各种要素，优化资源配置，合理谋划空间布局，注重发挥优势和突出特色，处理好生产、生活、休闲、交通四大要素之间的关系，明确功能定位，培育发展商贸服务型、工业主导型等各具特色、各有侧重的经济强镇。

（二）统筹兼顾、协调发展。统筹产业和就业、城镇建设和公共服务等协调发展，构建功能齐备、设施完善、生活便利、环境优美的城市综合体。

（三）保障一体，提升水平。以强化公共管理和服务为重点，加快建立适应小城镇特点的住房、医疗、就业、就学、养老、生活保障等制度，促进公共服务均等化，确保保障有效、到位，切实提升小城镇居民各类保障水平。

（四）政府引导、市场运作。通过改革创新，充分发挥市场机制作用，确保试点镇建设资金自求平衡。

（五）市、县（市）结合，以县（市）为主。成立福州市省级小城镇综合改革建设试点工作领导小组（另文下发），加强对试点工作的指导、协调、推进和检查落实工作。试点镇所在地的县（市）人民政府是试点工作的责任主体，要尽快成立相应的工作机构，建立责任制，明确职责分工。

四、政策措施

（一）规划方面。

1. 明确规划工作职责。试点镇所在县（市）人民政府负责组织修编试点镇总体规划，经省住房和城乡建设厅组织论证后，由福州市人民政府批准。专项规划和详细规划由试点镇人民政府负责组织编制，经福州市城乡规划局审查论证后，由试点镇所在县（市）人民政府批准。

2. 高起点、高标准、高水平编制试点镇总体规划、专项规划和详细规划。总体规划：根据打造宜居城市综合体的目标，统筹考虑试点镇在县（市）域产业发展、功能配置、城镇空间中的地位和作用，修编试点镇总体规划，确定发展定位和目标，合理安排建设用地。进一步优化试点镇基础设施和公共服务设施配置。试点镇总体规划应与经济社会发展规划、土地利用总体规划等有效衔接。专项规划：加快开展试点镇专项规划编制，结合试点镇经济社会发展要求，统筹利用地上地下空间资源，在与经济发展相协调和适度超前的前提下，做好道路交通、给水排水、电力电信、燃气、环卫、绿地系统、公共服务设施等专项规划的编制工作。专项规划必须服从总体规划的统一要求。详细规划：积极开展试点镇控制性详细规划和修建性详细规划编制工作。对城镇主要出入口、主干道沿线、重要交叉口、滨水地段、商贸街区、广场等重要地段和节点地区，可结合详细规划开展城市设计。

（二）财税方面。

1. 参照县级财政管理体制、机构和权限，进一步健全试点镇财政管理机构，赋予试点镇充分的财政支配权，完善试点镇财税管理体制，做到“一级政府一级财政”。2010 年 ~ 2015 年试点镇新增地方级财政收入全部留在当地。

2. 企业在试点镇从事的公共基础设施项目和符合条件的环境保护、节能节水项目，以及新入驻试点镇的大型商贸企业、金融保险企业的房产税、城镇土地使用税、企业所得税、营业税等，除享受省有关优惠政策外，试点镇所在县（市）应研究出台进一步的优惠政策。

（三）土地方面。

1. 鼓励试点镇将农村建设用地整理复垦为耕地，通过城乡建设用地增减挂钩，相应增加城镇建设用地指标，土地增减挂钩指标在全市范围内有偿调剂。城镇建设用地出让获得收益的市、县（市）部分，返回试点镇用于农村土地整治和基础设施、公共服务设施建设。

2. 加强试点镇集体土地所有权、集体建设用地使用权和宅基地使用权登记发证工作。试点镇所在县（市）国土资源部门要做好试点镇周边的农村宅基地和土地类别的调查摸底工作。除宅基地之外，合法取得的集体建设用地使用权可以依法转让、出租和抵押。

（四）基础设施投资方面。

1. 试点镇所在县（市）要把有限的城市建设资金向试点镇基础设施倾斜，加大对试点镇基础设施的投入。同时，建立扶持和激励机制，通过贴息贷款、转移支付等方式支持试点镇基础设施建设。

2. 试点镇建设用地的出让金，除按国家和省相关政策规定必须保证的支出外，全额用于试点镇的发展，并优先支持基础设施建设。试点镇征收的城市维护建设税、基础设施配套费、污水垃圾处理费等税费，全部用于试点镇基础设施的建设、维护和管理。

3. 列入试点镇规划的道路、供水、污水垃圾处理、防洪排涝、公交场站、教育、医疗和计生服务站、文体场馆、公园、保障性安居工程等基础设施建设项目，符合条件的，要列为各级政府重点建设项目。投向试点镇的资金应集中使用，重点向列入各级政府的重点基础设施建设项目倾斜。

4. 鼓励试点镇通过 BOT、BT 等项目融资、经营权转让等方式，吸引社会资金参与试点镇公共基础设施的建设和经营。

（五）房地产方面。

1. 鼓励引进实力强、信誉好的品牌房地产开发企业，按照建设宜居城市综合体的规范和要求，进行房地产成片综合开发。对开发建设规模大、示范带动作用强的项目加大政策支持和管理服务。

2. 试点镇住房建设实行统筹规划，规划区范围内一律停止办理个人建房审批手续。试点镇周边的农村住宅，应加快向试点镇集中建设。对土地整治安置房建设，应统一规划、集中建设。

3. 适当增加试点镇房地产开发用地计划指标。对试点镇经营性房地产开发用地，国土资源部门在年度土地利用计划指标安排上应优先保证。试点镇先行实施城乡建设用地增减挂钩,优先保障试点镇经营性房地产开发用地。

4. 鼓励支持试点镇商品住房消费。试点镇所在县(市)人民政府对个人购买试点镇普通自住房的,所缴交契税给予购房款总额适当比例的财政补贴,并免收存量普通商品住房交易手续费。

5. 加快试点镇棚户区(危旧房)改造。将试点镇棚户区(危旧房)改造纳入所在县(市)城市棚户区(危旧房)改造规划范围,享受城市棚户区(危旧房)改造同等优惠政策。

6. 鼓励试点镇开展保障性安居工程建设。对试点镇保障性安居工程建设项目予以优先安排,统筹使用国家、省用于补助廉租住房建设与租金补贴的资金。

(六)户籍和就业方面。

1. 放宽试点镇入户条件。实行按居住地登记户口的户籍管理制度,凡居住在试点镇建成区内,有合法固定住所、合法稳定职业或稳定生活收入来源的人员以及与其共同居住生活的直系亲属,均可根据本人意愿申报城镇居民户口。对购买试点镇商品住房的购房户,可以家庭为单位办理城镇居民户口。

2. 完善流动人口登记制度。对试点镇流动人口实行登记制度,凡登记在册的试点镇流动人口,在子女入学、就医、就业等方面享有与当地城镇居民同等待遇。

3. 将试点镇纳入我省统筹城乡就业试点范围。选择在试点镇就业的农民,按照本人意愿,其集体土地的承包经营权既可以继续保留,也可有偿退还或转让。

4. 实施失地农民的就业援助制度。通过积极发动机关、企事业、社区等单位干部和职工结对帮扶、政府培训、举办专场招聘会等形式,帮助部分就业困难的试点镇失地农民尽快实现就业,确保试点镇失地农民共享我市小城镇综合改革发展的成果。

(七)金融方面。

1. 鼓励金融机构向试点镇延伸分支机构,完善金融服务。鼓励试点镇发展村镇银行等农村新型金融组织。

2. 鼓励金融机构在试点镇新吸收存款主要用于当地发放贷款,加大对试点镇基础设施、具有比较优势产业和自住型住房消费的信贷支持力度,积极支持符合贷款条件的试点镇房地产开发项目。

3. 发挥政府资金杠杆作用,吸引民间资金、银行信贷资金支持试点镇基础设施建设。

4. 做好与惠农、惠民政策相关的配套金融服务工作。鼓励金融机构结合信用社区、信用村镇建设,通过个人信用评估,为试点镇居民创业提供小额信贷支持。

(八)管理服务方面。

1. 试点镇所在县(市)人民政府要积极探索符合当地实际的建设机制、投融资机制、服务机制、管理机制和用人机制,因地制宜出台配套政策和专项政策。

2. 积极探索试点镇行政管理体制和机制的创新,赋予试点镇更多的行政管理权限。

3. 对符合国家产业政策和省、市产业发展导向、符合试点镇总体规划和产业布局的项目,试点镇所在县(市)人民政府应加强指导,进一步简化项目审批程序,特事特办,为项目的生成、落地、建设等方面提供优质服务,实现试点镇项目审批工作提速增效,确保试点镇项目早落地、早开工、早出成效。

4. 市直有关部门应主动配合试点镇所在县(市)人民政府积极推进试点镇项目招商推介工作,通过共同努力,促进项目及时落地。

5. 建立试点镇建设管理绩效考评机制。试点镇的建设和管理纳入所在地的县(市)人民政府绩效考评范围,考评结果作为我市扶持试点镇建设与发展的重要依据。

福州市示范性小城镇建设比照上述政策意见执行。

附件

福州市省级小城镇综合改革建设试点工作职责分工

市发改委:负责试点镇综合改革试点政策调整和对接工作,研究制订小城镇综合改革建设试点政策意见。

市建委:负责试点镇综合改革工作的组织推进和统筹协调,指导试点镇建设管理工作。

市公安局:负责试点镇户籍管理制度的研究,加大改革力度,促进人员有序流动。

市监察局、市效能办:负责对试点镇开发建设进展情况进行效能督查。

市财政局:负责指导县(市)人民政府制定更加优惠的财政政策和措施,加大对试点镇的财政扶持力度,确保试点镇拥有充分的财政支配权。

市人力资源和社会保障局:负责对试点镇人力资源和社会保障工作进行指导和监管,推进城乡就业和社会保障一体化进程。

市国土资源局:负责对试点镇土地资源合理配置的指导、检查,推进土地管理体制机制改革创新。

市规划局:负责规划指导和管理,制定推动试点镇规划管理工作的具体措施。审查论证试点镇专项规划和控制性详细规划。

市住房保障和房产管理局:负责对试点镇房地产市场管理工作进行指导和监管,推进试点镇房地产市场健康发展。

人行福州中心支行:负责研究制定信贷支持的具体办法,引导金融机构加强对试点镇的金融服务。

福清市、闽侯县政府:负责试点镇综合改革建设试点各项政策措施的落实,因地制宜出台配套政策和专项政策,并结合各自实际制定试点工作计划和具体实施方案,成立机构,落实责任,强化考核,全面加快推进小城镇综合改革建设试点工作。

福州市人民政府关于印发福州市促进重点项目审批工作提速增效意见(试行)的通知

榕政综〔2010〕182号

(2010年9月8日)

各县(市)区人民政府,市直各委、办、局(公司):

《福州市促进重点项目审批工作提速增效的意见(试行)》

已经市政府研究同意，现印发给你们，请结合各自实际，认真贯彻执行。

福州市促进重点项目审批工作提速增效的意见（试行）

（2010 年 9 月）

为贯彻落实省委、省政府和市委、市政府作出的“跨越发展”的重大决策和大干 150 天、打好“五大战役”的工作部署，福州省会城市在项目审批提速上要体现先行先试。按照“简化、提速、下放、服务”的总体要求，应加快重点项目审批工作，推进重点项目动工建设速度。具体实施意见如下：

一、适用范围

（一）“五大战役”重点项目；

（二）福建省级、福州市级重点项目，即：大型旧城改造、大型城市综合体、重大城市交通、城市园林等基础设施类的项目；重大教育、文化、卫生、体育、社会保障等民生和公益类的项目；在福州市设立独立法人机构的国内外著名大企业、大集团投资建设的项目；年度为民办实事的项目。

二、适用条件

属于上述适用范围内并符合以下条件的项目，在按规定程序办理项目审批时，纳入重点项目审批服务绿色通道：

（一）符合国家法律法规，符合国民经济和社会发展规划、行业规划、产业政策、行业准入标准、水土保持、节约能源、技术法规和土地利用总体规划；

（二）符合国家宏观调控政策，地区布局合理，主要产品未对国内市场形成垄断，合理开发并有效利用资源，生态环境和自然文化遗产得到有效保护；

（三）未影响我国经济安全，未对公众利益、公共安全、质量安全，特别是项目建设地的公众利益、公共安全产生重大不利影响，并符合质量安全要求。

三、工作措施

重点项目审批工作包括政府投资项目审批、企业投资项目核准或备案，以及城乡规划、国土资源、环境保护、建设、消防、水利、林业、用海等与项目建设有关的行政审批等工作。凡符合本规定适用范围和适用条件的项目，各审批部门要在遵循依法审批的前提下，进一步简化审批环节，压缩办理时限，下放审批权限，全力做好服务。要采取特事特办、急事急办的方法，切实为重点项目审批服务开辟绿色通道。

（一）简化环节，优化流程

1. 项目决策环节

（1）总投资 1 亿元以下的政府投资项目，实行项目建议书和可行性研究报告两阶段合并审批，只审批可行性研究报告。

（2）总投资 1 亿元以下 5000 万元以上的政府投资项目，建设单位直接报送具备相应资质的投资咨询机构编写的项目可行性研究报告，由行业主管部门组织审查，并出具审查意见（除另有规定外）；总投资 5000 万元以下的政府投资项目，建设单位按照国家规定的深度要求，自行组织编写可行性研究报告，并由行业主管部门出具审查意见；市政府确定建设的一般景观改造、城市道路改造提升、设备购置等简单且不会对环境产生不良影响的政府投资项目，建设单位根据建设内容自行编制可行性研究报告简易文本，并由主管部门出具审查意见。

（3）除跨江大桥、快速路、隧道、地下空间工程和重要景观改造项目及规定必须进行初步设计项目外，建安投资费用不超过 5000 万元并经市政府审定已列入年度重点建设计划的一般市政基础设施项目，可行性研究报告批复后，项目主管部门组织工程设计方案审查并完善设计方案，直接进入施工图设计审查阶段。

2. 城乡规划环节

（1）鼓励建设单位规划总平面审查、建筑方案、施工图同时报审、同时受理，直接发证；建筑景观审查和核发《建设工程规划许可证》同时并联进行。

（2）总建筑面积 1 万平方米以下的建设项目，不再需要进行管线总平面规划会审，由建设单位提供管线总平面规划设计方案，规划部门审核通过后进入核发《建设工程规划许可证》环节；已办过总平面审查的一般地段项目和简单项目，在建审过程中需要调整总平的，不需要重新办理总平面调整审批，直接办理《建设工程规划许可证》。

（3）人防审批意见与规划部门核发《建设工程规划许可证》并联审批，人防审批意见作为建设部门核发《施工许可证》的前置条件。

3. 土地管理环节

（1）涉及集体土地的棚户区（危旧房）改造项目，在集体土地报批转用工作完成后，即组织挂牌出让。

（2）开发建设单位已办理了用地批准手续，项目建成后，可凭房屋所有权证先行为权利人办理土地使用证。

（3）建设用地选址红线范围确定后，由拆迁人或委托拆迁单位自行开展拆迁摸底调查工作，并直接向房屋产权登记部门申请办理产权审查手续；同时，拆迁补偿安置费用审核不再作为拆迁许可审批的前置条件。

4. 环境影响评价环节

（1）已经完成环境影响评价的规划所包含的具体建设项目（对生态环境可能造成重大影响的建设项目除外），在已建成集中污水处理厂等环保基础设施，项目建设符合开发区总体规划和清洁生产要求的前提下，建设项目环境影响评价的内容、形式予以简化，即：编制报告书的简化为编制报告表，编制报告表的简化为填报登记表。

（2）按照《建设项目环境影响评价分类管理名录》对建设项目的环境影响评价实行分类管理，对列入名录的建设项目需办理相应环保审批手续。

5. 建设管理环节

（1）建设工程项目报建资料在核发施工许可时形成，建设单位不需要另外提供资料；招标备案、工程合同价备案不再作为施工许可核发的前置条件，改为后置监管。

（2）房屋建筑与市政基础设施工程安全施工措施备案环节与安全监督登记环节合并办理，且对安全施工措施只做程序性审查，符合规定的当场办结。

（3）除公安部规定的大型人员密集场所和其他特殊建设工程需进行消防审批外，其余建设项目一律实行备案抽查制度;实行公众聚集场所投入使用、营业前消防安全检查与消防验收或验收备案一并办理。

(4)对尚未具备完整行政许可手续的特殊重点项目,在取得建设工程规划许可证后,即可申报消防设计审核,不再需要出具图审中心意见。

(5)城区范围(除鼓岭、北峰等地)内市政基础设施项目、棚屋区(危旧房)改造项目选址地块内没有现状林地且福州市土地利用现状图(第二次土地调查成果)上没有林地图斑的,不再进行林业报批,但要符合园林管理的有关规定。

6. 招标活动环节

(1)具备一级房地产开发资质企业(非国有)开发的棚屋区(危旧房)改造项目、大型城市综合体开发项目、用地面积超过10公顷的开发项目,投资管理部门进行项目备案后,开发企业可直接确定有实力且具备相应资质的勘察、设计、施工、监理、货物采购的承包方。

(2)建设工程规划许可证、消防审核意见书、施工图审查合格证书不再作为招投标前置条件,改为在办理施工许可时把关。

(二)压缩时限,提高效率

1. 项目决策环节

(1)桥梁、隧道、港口、医院、学校、市政道路、内河整治等政府投资项目,以及棚屋区(危旧房)改造项目、大型城市综合体开发等项目,在规划、土地等前置条件具备的情况下,因项目环评或区域环评未完成,由环保部门对项目出具环保初审意见(注明同意先行办理前期立项),投资管理部门给予先行办理项目前期立项,待项目环评审批手续完成后,再进行项目可行性研究报告审批。

(2)实行备案的企业投资项目,在申报材料齐全、形式符合要求的前提下,项目办理时限由法定的5个工作日压缩为2个工作日,一些简单项目力争当天办结;实行审批的政府投资项目和实行核准的企业投资项目,办理时限由法定的20个工作日压缩为3个工作日。

2. 城乡规划环节

(1)划出地块的选址工作红线后,规划部门即可提出规划指标,重要地块的规划指标报市政府审定。

(2)重要地段或影响城市景观形象的建设项目,其总平面规划和建筑景观方案经规划部门审查后报市政府审定。其他项目的总平面规划和建筑景观方案由规划部门负责审批。

(3)规划验收只对规划审批情况进行核实,其他内容不作为规划验收的前置条件;对验收中发现问题但一时无法整改到位的建设项目,在没有严重影响规划的前提下,限制部分产权,其他部分先予通过规划验收。

3. 土地管理环节

(1)协议、划拨供地办理时限由法定的20个工作日分别缩短为5个工作日与7个工作日;保障性住房项目拆迁工作未形成净地但已签订征地拆迁安置协议的,先予以办理供地手续;建设项目办理拆迁用地批复,涉及国有、集体土地的,先予办理国有土地部分拆迁用地批复;土地已交付且报件材料齐全的一般性供地项目,即收即办;未交地或材料不全的项目,协调相关部门缩短供地项目的审批时间。

(2)建设项目用地预审办理时限由法定的20个工作日缩短为5个工作日;已纳入新一轮土地利用总体规划大纲的省、市重点建设项目,在土地利用总体规划未获得正式批准前申请用地预审的,按视同符合土地利用总体规划先行通过用地预审;直接审批可行性研究报告与需核准的建设项目,可暂不提交地质灾害危险性评估报告和压覆矿证明材料,先予通过预审,在项目用地报批阶段再补齐材料;工业项目的预申请,在企业提交投资管理部门备案材料的前提下,及时办理建设项目用地预审。

(3)土地登记审查手续办理时限从法定的20个工作日缩短为14个工作日。

4. 环境影响评价环节

(1)在确保环评文件审批质量的前提下,环评文件审批时限缩短至6个工作日以内。

(2)业主单位与具有环评资质的单位签订环评委托合同、提交环评初步结论后,环保部门在2个工作日内先行出具环保初审意见,同意建设项目开展前期工作。同时要求项目在可行性研究报告审批前必须完成环评文件审批手续。

(3)建设项目在办理用地规划审批、可行性研究报告论证等事项的同时,同步办理环评文件审批。

5. 建设管理环节

(1)建设部门对施工图备案仅做符合性审查,符合规定的当场办结,对施工图审查质量实行日常监管;消防部门对建设工程消防设计审核、消防验收审核由法定的20个工作日缩短为10个工作日,建设工程消防设计、竣工验收备案抽查由法定的30个工作日缩短为10个工作日,公众聚集场所投入使用、营业前消防安全检查由法定的13个工作日缩短为10个工作日;林业部门涉林审批事项中的征占用林地许可时间压缩为3个工作日、人工珍稀树种胸径36厘米以上(含36厘米)采伐许可压缩为1个工作日;海洋渔业部门对材料齐全、符合规定要求的项目用海申请审核在3个工作日内完成。

(2)建设单位在获得工程规划许可证后,即可预约现场踏勘,落实开工条件。

6. 招标活动环节

(1)选择国内10~15家有实力且做过大型房建项目的优秀企业加入我市房建预选承包商名录,承建我市的重点项目;逐步建立园林绿化、水利、交通等基础设施的预选承包商名录;做大社会保障房标的,让预选承包商中有实力的大企业承接大项目。

(2)企业投资的项目其投资占控股或主导地位的,项目业主自身、其控股股东或绝对控股(出资额或持股占注册资本总额50%以上)的子公司具有与项目相适应的勘察、设计、施工、监理资质等级的,或具备自行生产符合项目要求的货物能力的,可承担项目相应的工程勘察、设计、施工、监理、货物采购等工作,但不得出现"同体监理"现象。

(3)允许房建类重点项目,在年度预选承包商名录中有条件地随机抽取中标人,具体操作参照《关于印发〈福建省房屋建筑和市政基础设施工程施工招标在合理造价区间随机抽取中标人办法(试行)〉》(闽建筑〔2007〕35号)的规定执行;允许小型水利工程和单项合同估算价1000万元以下的水利项目，比照《省水利厅、省发改委关于印发〈福建省水利工程施工招标投标在合理造价区间随机抽取中标人办法（试行）〉的通知》（闽水建设〔2010〕39号）的规定，在合理造价区间随机抽取中标人；急需建设的重点项目，允许在符合有关规定的前提下，在可行性研究报告批复前先行核准项目招投标。

（4）采用BT模式建设的项目，可以采用邀请招标方式。

（三）下放权限，减少层级

1. 项目决策环节

（1）实行核准、备案的企业投资项目属市级权限内，又无明确规定必须由市级核准、备案的，全部下放给项目所在地县（市）、区投资管理部门核准、备案。

（2）列入重点项目的县（市）区项目，资本金中有市级政府资金注入的，委托县（市）区投资管理部门审批。

（3）企业投资备案项目，由目前的企业工商注册地投资管理部门备案，改为由项目所在地投资管理部门备案。

（4）省里年底前委托或下放的审批事项，除有明确规定不能下放的外，全部委托或下放给县（市）区投资管理部门审批。

2. 土地管理环节

将土地开发整理许可、临时性用地许可权限下放县（市）区国土资源管理部门审批。

3. 环境影响评价环节

（1）市区餐饮、娱乐、小型商贸等服务行业建设项目全部下放各区环保部门审批。

（2）含Ⅲ类射线装置和含Ⅳ类、Ⅴ类放射源的建设项目全部下放县（市）区环保部门审批。

4. 建设管理环节

（1）除建筑高度大于100米高层民用建筑以及建设总投资（不含土地费用）大于5000万元的易燃易爆场所等建设项目外，其他建设工程的消防审批权限全部下放到各县（市）大队。

（2）除信访、纠纷等特殊原因外，征占用林地许可、人工珍稀树种胸径36厘米以上（含36厘米）采伐许可审批事项中现场查验全部下放县（市）级林业部门负责。

（四）优质服务，创新方式

1. 实行“绿色通道”服务。符合受理条件的重点项目做到即收即办，在申报材料上加盖“急办件”印章，第一时间会商、第一时间审批、第一时间出件。

2. 实行容缺预审制度。项目申报材料中不影响审批的，容许先缺件通过，待出件前补齐所缺材料。

3. 实行预约申请服务。项目需要在非工作时间（包括晚上及节假日）申报的，实行预约服务，照常受理；根据重点项目需要指定专人负责，随时提供上门服务，及时办理。

4. 实行预审、预验制度。提前开展项目出让地块、规划选址、征地拆迁、消防设计文件等阶段的前期指导和初审工作，并在项目消防工程等竣工验收前派技术人员进行现场检查指导。

四、工作要求

（一）专人负责，责任到岗。各审批部门要对每个项目、每个审批环节确定专人负责，明确岗位责任；特别是对需上报省级及省级以上审批（核准）的项目，要落实专人负责上报对应的省级及省级以上审批部门，并会同项目单位共同负责全程跟踪联系、协调，直至完成办理。

（二）超前服务，提前介入。各审批部门要在项目可研、环评等文件编制初期和相关审批材料准备过程中主动提前介入，及时调度相关项目文件编制进度，协调、指导解决影响审批的有关问题。

（三）全程跟踪，解决难题。对重点建设项目的可研、初设、施工、试运行等各阶段，尤其是在项目选址、环评、消防安全等方面出现的问题，各审批部门要及时研究提出解决的意见和建议。

（四）强化指导，优质服务。各审批部门要积极协助项目单位做好项目前期工作，主动与省级部门或国家部委沟通，及时上传下达相关信息，推进审批进程。进一步推进完善预约服务、上门服务、全天候服务、跟踪陪同服务等优质服务措施，针对各类重点项目特性不断延伸服务范围，拓展服务深度，提升服务水平。

（五）健全机制，监督指导。效能监察部门要建立经常性、动态性、长效性的层级监督机制，定期、不定期地进行重点项目审批工作巡视督导，对是否符合公平、公正、公开、效率的原则开展明察暗访，查找在服务保增长和又好又快发展，特别是在大干150天、打好“五大战役”中转变工作作风、提高审批效率方面存在的问题；根据督查情况，对审批服务质量、办事效率进行评估并对有关问题进行督促落实。要按照“谁审批，谁负责”的原则，建立健全审批责任追究制，加大对行政审批违规行为和不作为行为的责任追究力度。

五、本意见自发布之日起试行，试行期一年。各县（市）区、各部门应将在贯彻执行过程中遇到的问题及时报告市政府，以便适时进行调整、完善。

福州市人民政府关于建立社会救助和保障标准与物价上涨挂钩联动机制的通知

榕政综〔2010〕243号

（2010年11月29日）

各县（市）区人民政府、市直各委、办、局（公司）：

为进一步加大对城乡低保对象等困难群众的社会保障，减轻物价上涨对困难群众造成的生活影响，根据福建省人民政府办公厅《关于建立社会救助和保障标准与物价上涨挂钩联动机制的通知》精神，经市政府决定，从2010年10月开始，在全市范围内建立社会救助和保障标准与物价上涨挂钩联动机制（以下简称联动机制）。

一、联动机制的启动

目前暂以居民消费价格指数（CPI）结合食品类消费品价格指数（未实行低收入价格指数之前）作为衡量指标，确定启动联动机制的标准。当CPI同比涨幅达到3%、食品类消费价格同比涨幅达到6%时，每人每月补助10元；之后食品类消费价格涨幅每超过1个百分点,每人每月增加补助5元。当CPI涨幅未达到3%、食品类消费价格涨幅在6%以上时,每人每月补贴10元。

CPI同比涨幅未达到3%且食品类消费价格涨幅回落到6%以下时不启动联动机制。

食品类消费价格同比涨幅连续3个月超过15%,另行研究补助标准和方法。

二、纳入联动机制的补助范围城乡低保对象、农村五保供养对象、领取失业保险金人员。

三、资金保障

联动机制补助所需资金扣除省级补助资金后,市财政对鼓楼、台江、晋安、仓山区给予50%补助。各县(市)及马尾区所需资金自行承担(对琅岐经济区的补助,由马尾区负责)。

四、切实加强联动机制的组织领导各县(市)区政府、市直各部门要把建立和实施社会救助和保障标准与物价上涨挂钩联动机制放在更加突出的位置,加强统筹协调,强化责任分工,精心组织落实。价格主管部门负责会同财政、民政、人力资源和社会保障部门提出启动或停止联动机制的意见,报市、县两级政府审定;负责综合协调有关部门落实联动机制政策,及时向当地政府汇报执行情况。统计部门负责低收入指数的具体编制和低收入家庭住户调查的统计汇总工作。财政部门负责联动机制补助资金的预算;负责协调补助资金的安排落实及监督检查。民政部门、人力资源和社会保障部门根据各自职能,负责提供补助对象基础数据和补助资金发放工作。

各县(市)政府应根据本地实际情况制定相应的联动机制。

福州市人民政府关于印发福州市示范性综合改革建设小城镇实施意见的通知

榕政综〔2010〕244号

(2010年12月1日)

各县(市)区人民政府,市直各委、办、局(公司):

《福州市示范性综合改革建设小城镇实施意见》已经市政府研究同意,现印发给你们,请结合各自实际,认真贯彻执行。

福州市示范性综合改革建设小城镇实施意见

(2010年11月)

为加快我市城乡统筹发展,提高小城镇综合承载能力,充分发挥小城镇在联结城乡、辐射农村、扩大就业和促进经济社会发展中的重要作用,参照《福建省人民政府关于开展小城镇综合改革建设试点的实施意见》,现就我市开展示范性综合改革建设小城镇工作提出如下实施意见:

一、加快推进示范性综合改革建设小城镇工作的必要性和重要性

(一)加快推进小城镇建设进程,是夯实海西省会中心城市经济基础的重要基石。随着我市海西战略的实施,资源环境承载压力日益加大。加快小城镇建设,加强与中心城市的功能互补,有助于缓解中心城市的压力,吸引更多的转移人口在小城镇就业落户,形成合理的城镇布局。

(二)加快推进小城镇建设进程,是加快城镇化发展的重要举措。通过小城镇建设,小城镇基础设施和公共服务设施建设日趋完善,引导更多的企业到小城镇投资兴业,吸引更多的农村人口在小城镇就业和落户,推动我市城镇化进程,实现经济社会平衡较快发展。

(三)加快推进小城镇建设进程,是扩大内需、促进经济协调可持续发展的重要动力。通过小城镇建设,可以有效带动农村基础设施建设和房地产业的发展,进一步扩大投资需求,吸引民间投资,促进产业集中和人口聚集,提高农民消费的商品化程度,扩大对住宅、农产品、耐用消费品和服务业的需求,形成新的投资增长点,有利于扩大内需、增加就业岗位、拉动经济增长。

(四)加快推进小城镇建设进程,是缩小城乡差距,落实“工业反哺农业,城市支持农村”的发展方针,实现城乡统筹协调发展的重要途径。通过小城镇建设,推进城乡规划、基础设施和公共服务设施一体化,促进农村人口向城镇转移,向非农产业转移,可以有效减少农村人口数量,提高农村人均资源占有率,逐步实现农业的适度规模经营,切实增加农民收入,实现城乡经济、社会、环境的协调发展、良性循环。

(五)加快推进小城镇建设进程,是优化农村经济结构,转变经济发展方式的重要手段。通过小城镇建设,引导农村各种生产要素向小城镇聚集,推进一产向二产、三产以及传统农业向现代农业转变,优化农村经济结构,为农村劳动力的转移创造条件。

(六)加快推进小城镇建设进程,是实施主体功能区规划、完善空间布局的重要抓手。选择部分经济社会基础良好、资源承载能力强的小城镇加快发展,明确其功能定位,合理确定功能区,规范开发秩序,完善开发政策,实行公共服务均等化,是有效落实主体功能区规划布局,促进区域经济协调发展的有效途径。

二、总体要求

(一)指导思想。深入贯彻落实科学发展观,全面贯彻落实国务院《关于支持福建省加快建设海峡西岸经济区的若干意见》和福建省开展小城镇综合改革建设试点工作有关精神,以科学规划为前提,坚持以人为本,创新体制机制,突出资源优势,凸显特色功能,强化产业支撑,优化空间布局,实施综合开发,增强集聚能力,探索解决我市“三农”问题和城乡结构矛盾的途径,为统筹城乡协调发展、缩小城乡差距提供示范作用。通过典型带动,加快我市城镇化进程,逐步实现城乡基础设施、公共服务、就业和社会保障的一体化,建成一批“规划先行、功能齐备、设施完善、生活便利、环境优美、保障一体”的宜居城市综合体。

(二)发展目标。根据经济社会基础良好、区位优势明显、交通设施便利、人口聚集度高、资源环境承载力强等标准和要求,确定福清市高山镇和渔溪镇、长乐市江田镇和古槐镇、闽侯县白沙镇和南屿镇、连江县琯头镇、罗源县起步镇、永泰县葛岭镇、闽清县梅溪镇等10个示范性综合改革建设小城镇。

通过示范性综合改革建设，力争在三到五年内，布局合理、特色明显、生态优美的小城镇发展格局和配套保障政策基本形成；农村人口稳步有序地向镇区集中；基础设施和公共服务设施更加完善，并向相邻地带的农村延伸；各具特色的产业基础初步建立，市场发育比较健全；小城镇居民基本享有与城市居民均等化的公共服务和社会保障；有利于发挥小城镇特色优势的体制机制基本建立；生态环境优美，辐射带动能力较强的宜居城市综合体基本建成。

（三）基本原则。

一是规划先行、定位明确。以规划统筹各种要素，优化资源配置，合理谋划空间布局，注重发挥优势和突出特色，处理好生产、生活、休闲、交通四大要素之间的关系，明确功能定位。

二是统筹兼顾、协调发展。统筹产业和就业、城镇建设和公共服务等协调发展，构建功能齐备、设施完善、生活便利、环境优美的城市综合体。

三是保障一体、提升水平。以强化公共管理和服务为重点，加快建立适应小城镇特点的住房、医疗、就业、就学、养老、生活保障等制度，促进公共服务均等化，确保保障有效、到位，切实提升小城镇居民各类保障水平。

四是政府引导、市场运作。通过改革创新，充分发挥市场机制作用，确保示范镇建设资金自求平衡。

五是市、县（市）结合，以县（市）为主。成立福州市示范性综合改革建设小城镇工作领导小组（文件另发），加强对综合改革建设工作的指导、协调、推进和检查落实。县（市）人民政府是综合改革建设工作的责任主体，要尽快成立相应的工作机构，建立责任制，明确职责分工。

三、主要任务

（一）高标准统筹规划。坚持高起点、高标准、高质量编制示范性综合改革建设小城镇总体规划、专项规划和控制性详细规划。突出综合配套、科学合理，确保各具特色。

1. 明确规划时限要求。示范镇要在2010年年底前完成总体规划的编制（修编）工作，2011年上半年完成专项规划及近期建设用地的控制性详细规划编制（修编）工作。

2. 实行分类指导。结合各地经济社会发展水平，发挥示范镇的区位、环境和资源优势，因地制宜，在规划的方向、布局和任务上各有侧重、突出重点。规划的编制（修编）应保持地域特色、文化特色、民俗特色，凸显建筑景观风格，探索形成各具特色的小城镇建设发展模式。

3. 加强规划管理和衔接。切实做好示范镇规划的编制（修编）、审批、监督管理工作，严格依据规划指导各项经济社会活动，维护规划的严肃性和连续性。统筹编制经济社会发展规划、建设规划和土地利用总体规划，做到与基础设施、环境保护、社会事业发展等专项规划相协调。加强示范镇规划与县域规划、市域规划、省域规划的有机衔接。

（二）完善基础设施。按照适度超前的原则，坚持区域统筹、合理布局、联建共享，根据每个示范镇的功能定位和发展规模，建设完善基础设施和公共服务设施。

1. 结合各地自然灾害特点和发生频率，参照城市防范标准，加强防灾减灾设施建设。

2. 构建功能明确、等级结构协调、布局合理的示范镇道路网络，完善与周边高速公路、干线公路、铁路和港口的连接。2013年上半年，镇区人均道路面积达到12平方米以上，主干道路面要硬化（水泥或沥青）、亮化，并铺设人行道；镇区内要开通公交线路，建设一批公交停靠站（点），加密定期班车，并与县城或相邻城市的公交客运有效衔接。

3. 按照“先地下、后地上”，不断完善地下管网、路面养护、路灯照明、停车场等市政公用配套设施。

4. 建设集中式供水、排水系统，提高供水水质，保障居民用水安全，同步开展污水设施建设，2013年上半年，镇区供水普及率达到100%，每个示范镇（除污水已纳入城市、县城处理外）要建成一座污水处理厂，同步建设和逐步完善污水网，镇区生活污水处理率达到70%，并开征污水处理费。

5. 参照城市电网标准并结合实际，加强供电设施的改造和建设，为示范镇发展及生产生活提供稳定可靠的电力保障。

6. 加快燃气设施建设，积极发展管道供气，合理设置供气站点和管网，保障城镇居民用气，2013年上半年，镇区燃气普及率达到90%以上。

7. 加快环卫设施建设。结合“农村家园清洁行动”，完善垃圾收集、清运、无害化处理设施建设，2013年上半年，能够纳入县（市）垃圾处理场处理的示范镇要建成一座以上垃圾中转站，无法纳入县（市）垃圾处理场处理的示范镇要建成一座无害化垃圾处理场。同时每个示范镇要建不少于2个公厕。

8. 加快园林绿化建设。2013年上半年，每个示范镇建成一个供居民休闲、观赏及文化活动的公园，镇区人均公共绿地面积达到6平方米，镇区和新建居住小区绿地率不低于30%。

9. 推动示范镇的信息化建设，健全和完善广播、电视、互联网、通信等网络，建设电子政务、电子商务、电子金融等公共服务平台。

（三）统筹各种要素，建立各具特色的产业支撑，加快产业发展，壮大经济实力。

1. 大力发展规模化、产业化的现代农业。大力发展优势特色农业，加强农业“五新”推广，建设一批特色农业产业基地，加快高优农业和农产品加工业发展，壮大农业产业化龙头企业发展，加强自主创新和产学研结合，不断提升产业技术创新水平，推动现代农业加快发展。

2. 培育壮大主导产业经济。充分发挥比较优势，优化资源配置，因地制宜地确定示范镇经济发展定位，培育壮大特色产业和主导产业，推进产业集聚和布局优化，培育发展商贸服务型、工业主导型、交通枢纽型、农产品加工型、旅游观光型等各具特色、各有侧重的经济强镇。加快发展面向生产和民生的服务业，促进现代服务业提高比重、提升水平。

3. 促进非公有制经济发展。积极创造条件，吸引更多的民营产业项目向示范镇聚集。鼓励农民进镇务工经商办企业。鼓励非公有制企业特别是科技型、创新型非公有制企业到示范镇落户。

（四）促进社会事业发展。着眼于城乡一体化发展的要求,重点促进示范镇社会事业发展,进一步提高教育、医疗卫生以及文化体育等社会事业发展水平。

1. 巩固提高基础教育,调整优化教育布局,引入优质教育资源,全面提高教育质量。坚持初中向镇区集中,办好一所较高标准的中学;按照标准化要求建设中心小学,积极促进义务教育均衡发展;办好若干所优质幼儿园,方便学前教育;加强青少年校外活动场所建设。

2. 发展示范镇卫生事业,加强示范镇医疗机构建设,强化公共服务职能,提高综合服务能力,保证镇村居民享有基本医疗服务。

3. 鼓励、引导和发展新型社会化服务组织,健全完善科技服务中心、农业技术推广、动植物疫病防控等服务体系建设。

4. 加快小城镇公共文化休闲设施建设,加快推进文体活动中心、中心广场、游乐公园等休闲设施建设。

(五)强化公共服务管理。探索建立有利于城乡协调发展的经济调节制度、工作考评机制和目标管理体系,加快公共服务管理体制和机制改革,力争在转变政府职能上有新突破。

1. 进一步加大改革力度,深化乡镇机构改革,健全完善公共决策的民主参与机制,积极推行公推直选、镇务公开和民主选举制度。

2. 完善社会保障体系建设,推进城市劳动就业制度和失业登记制度向示范镇延伸,健全完善示范镇养老保险制度、基本医疗保障制度和住房保障制度,大力发展社会福利和慈善事业,建立健全新型社会救助体系。

(六)打造宜居环境。注重示范镇发展与历史文化保护相结合,搞好示范镇生态保护、环境整治和资源节约利用,建设资源节约型和环境友好型的新型小城镇。

1. 营造良好生态环境。做好天然植被的保护和恢复,落实绿化养护责任制。加强对沼泽、滩涂等湿地的保护。对重点资源开发活动制定强制性的保护措施,划定林木禁伐区、矿产资源禁采区、禁牧区等。

2. 加强环境综合整治。强化湖泊、水库和饮用水源地的水资源保护。有效控制工业、农业、生活造成的面源污染、大气污染和噪声污染。地处沿海的示范镇,要制定保护海洋环境的措施。

3. 建设低碳示范区。统筹协调好住宅小区、商贸街区、产业园区建设,科学设置工业生产环境功能区和居民生活环境功能区,严控高耗能、高污染、不具备安全生产条件的企业进入。推广节肥节药节水技术和集约、高效、生态畜禽养殖技术。充分利用清洁能源,大力发展可再生能源。

4. 做好历史文化保护。妥善处理开发建设和保护的关系。坚持"保护为主,抢救第一,合理利用,加强管理",加强历史文化名镇保护,切实保护好古村落、古宅、特色民居和红色故居等文化遗产。重点做好文物修复、传统风貌街区整治等工程,不断提升示范镇文化品位。

(七)带动新农村建设。按照"生产发展、生活宽裕、乡风文明、村容整洁、管理民主"的新农村建设要求,指导推动示范镇新农村建设,发挥示范镇连接城市、辐射乡村的独特作用,带动周边农村发展,促进农民增收和生活质量的提升。

1. 创造良好条件,推动自然条件和生产生活条件差、分散且规模较小的村落向小城镇整体搬迁,推动周边农村人口向示范镇转移和集聚,促进农业的适度规模经营,增加农民收入。积极探索农民安居、就业、失地补偿、社会保障的有效办法和途径。

2. 推进示范镇基础设施向周边乡村延伸,重点解决水、电、路和生活垃圾处理等问题,切实加强农村供电、通信、广播电视、路灯照明等设施建设,改善农村人居环境和村容村貌。

3. 促进公共服务向农村拓展。示范镇教育、文化、卫生、体育等设施与周边农村要实行资源共享,增强社会事业设施服务周边农村的能力,实现公共服务均等化。

(八)创新开发机制。围绕示范镇发展,完善工作机制。鼓励示范镇创新投融资机制,按市场化模式筹措建设资金,形成多元投资主体,大力开展招商引资,走出一条在政府引导下主要依靠社会资金发展的路子。

1. 积极培育和发展示范镇房地产市场,推动商贸街区建设,完善周边配套,营造良好的宜业宜居环境。

2. 坚持统筹规划,综合开发,加强配套建设,引导示范镇居民集中统一建设住宅,引导企业向工业园区集中,促进土地集约利用。

3. 鼓励示范镇通过多种融资方式,吸引社会资金参与示范镇公共基础设施和公共服务领域的建设和经营。积极探索部分公用设施逐步实行有偿使用制度。

四、政策措施

(一)规划方面。

1. 明确规划工作职责。示范镇人民政府负责组织编制示范镇总体规划,经福州市城乡规划局审查论证后,由示范镇所在县(市)人民政府批准;其中,南屿镇、琯头镇总体规划由福州市人民政府批准。专项规划和控制性详细规划由示范镇人民政府负责组织编制,经示范镇所在县(市)规划主管部门审查论证后,由示范镇所在县(市)人民政府批准;其中,南屿镇、琯头镇控制性详细规划由福州市城乡规划局审查论证后,由福州市人民政府批准。

2. 高层次、高起点、高标准、高水平编制示范镇总体规划、专项规划和详细规划。总体规划:根据打造宜居城市综合体的目标,统筹考虑示范镇在县(市)域产业发展、功能配置、城镇空间中的地位和作用,修编示范镇总体规划,确定发展定位和目标,合理安排建设用地。进一步优化城镇基础设施和公共服务设施配置。示范镇总体规划应与经济社会发展规划、土地利用总体规划等协调衔接。专项规划:加快开展示范镇专项规划编制,结合示范镇经济社会发展要求,统筹利用地上地下空间资源,在与经济发展相协调和适度超前的前提下,做好道路交通、给水排水、电力电信、燃气、环卫、绿地系统、公共服务设施等专项规划的编制工作。专项规划必须服从总体规划的统一要求。详细规划:积极开展示范镇控制性详细规划和修建性详细规划编制工作。对城镇主要出入口、主干道沿线、重要交叉口、滨水地段、商贸街区、广场等重要地段和节点地区,可结合详细规划开展城市设计。

(二)财税方面。

1. 参照县级财政管理体制、机构和权限,进一步健全示范镇财政管理机构,赋予示范镇充分的财政支配权,完善示范镇财税管理体制，做到“一级政府一级财政”。2010～2015年示范镇新增地方级财政收入实行全留。

2. 企业在示范镇从事的公共基础设施项目和符合条件的环境保护、节能节水项目，以及新入驻示范镇的大型商贸企业、金融保险企业的房产税、城镇土地使用税、企业所得税、营业税等，参照省级试点镇有关优惠政策，示范镇所在县(市)应研究出台相应的优惠政策。

(三)土地方面。

1. 示范镇城镇建设用地出让获得收益的县(市)部分，返回示范镇用于农村土地整治和新村、乡镇基础设施和公共设施建设。

2. 加强示范镇集体土地所有权、集体建设用地使用权和宅基地使用权登记发证工作。示范镇所在县(市)国土资源部门要做好示范镇周边的农村宅基地和土地类别的调查摸底工作。除宅基地之外，合法取得的集体建设用地使用权可以依法转让、出租和抵押。

(四)基础设施方面。

1. 示范镇所在县(市)要把有限的城市建设资金向示范镇基础设施倾斜，加大对辖区内示范镇基础设施的投入。同时，建立扶持和激励机制，通过贴息贷款、转移支付等方式支持示范镇基础设施建设。

2. 示范镇征收的城市维护建设税、基础设施配套费、污水垃圾处理费等税费，要全部用于示范镇基础设施的建设、维护和管理。

3. 列入示范镇规划的道路、供水、污水垃圾处理、防洪排涝、公交场站、教育、医疗和计生服务站、文体场馆、公园、保障性安居工程等基础设施建设项目，符合条件的，要列为各级政府重点建设项目。投向示范镇的资金应集中使用，重点向列入各级政府的重点基础设施建设项目倾斜。

4. 鼓励示范镇通过BOT、BT等项目融资、经营权转让等方式，吸引社会资金参与示范镇公共基础设施的建设和经营。

(五)房地产方面。

1. 鼓励引进实力强、信誉好的品牌房地产开发企业，按照建设宜居城市综合体的规范和要求，进行房地产成片综合开发。对开发建设规模大、示范带动作用强的项目加大政策支持和管理服务。

2. 示范镇住房建设实行统筹规划，规划区范围内一律停止办理个人建房审批。示范镇周边的农村住宅，要加快向示范镇集中建设。对土地整治安置房建设，要统一规划、集中建设。

3. 适当增加示范镇房地产开发用地计划指标。对示范镇经营性房地产开发用地，国土资源部门在年度土地利用计划指标安排上应优先保障示范镇经营性房地产开发用地。

4. 鼓励支持示范镇商品住房消费。示范镇所在县(市)人民政府对个人购买示范镇普通自住房的，所缴交契税给予购房款总额适当比例的财政补贴，并免收存量普通商品住房交易手续费。

5. 加快示范镇棚户区(危旧房)改造。要将示范镇棚户区(危旧房)改造纳入所在县(市)城市棚户区(危旧房)改造规划范围，享受城市棚户区(危旧房)改造同等优惠政策。

6. 鼓励示范镇开展保障性安居工程建设。对示范镇保障性安居工程建设项目要予以优先安排。

(六)户籍和就业。

1. 放宽示范镇入户条件。实行按居住地登记户口的户籍管理制度，凡居住在示范镇建成区内，有合法固定住所和合法稳定职业、或有合法固定住所和稳定生活来源的人员，及与其共同居住生活的直系亲属，均可根据本人意愿申报城镇居民户口。对购买示范镇商品住房的购房户，可以家庭为单位办理城镇居民户口。

2. 完善流动人口登记制度。对示范镇流动人口实行登记制度，凡登记在册的示范镇流动人口，在子女入学、就医、就业等方面享有与当地城镇居民同等待遇。

3. 将示范镇纳入我省统筹城乡就业试点范围。选择在示范镇就业的农民，按照本人意愿，其集体土地的承包经营权既可以继续保留，也可有偿退还或转让。

4. 实施失地农民的就业援助制度。针对部分就业困难的示范镇失地农民，要通过积极发动机关、企事业、社区等单位干部和职工结对帮扶、政府培训、举办专场招聘会等形式，帮助其尽快实现就业，确保示范镇失地农民共享我市小城镇综合改革发展的成果。

(七)金融方面。

1. 各级金融机构要加大对示范镇的支持力度。鼓励金融机构向示范镇延伸分支机构，完善金融服务。鼓励示范镇发展村镇银行等农村新型金融组织。

2. 鼓励金融机构在示范镇新吸收存款主要用于当地发放贷款，加大对示范镇基础设施、具有比较优势产业和自住型住房消费的信贷支持力度，鼓励金融机构积极支持符合贷款条件的示范镇房地产开发项目。

3. 发挥政府资金杠杆作用，吸引民间资金、银行信贷资金支持示范镇基础设施建设。

4. 做好与惠农、惠民政策相关的配套金融服务工作。鼓励金融机构结合信用社区、信用村镇建设，通过个人信用评估，为示范镇居民创业提供小额信贷支持。

(八)管理服务方面。

1. 示范镇所在县(市)人民政府要积极探索符合当地实际的建设机制、投融资机制、服务机制、管理机制和用人机制，因地制宜出台配套政策和专项政策。

2. 积极探索示范镇行政管理体制和机制的创新，赋予示范镇更多的行政管理权限。

3. 对符合国家产业政策和省、市产业发展导向、符合示范镇总体规划和产业布局的项目，示范镇所在县(市)人民政府要加强指导，进一步简化项目审批程序，特事特办，为项目的生成、落地、建设等方面提供优质服务，实现示范镇项目审批工作提速增效，确保示范镇项目早落地、早开工、早出成效。

4. 市直有关部门要主动配合示范镇所在县(市)人民政府积极推进示范镇项目招商推介工作，通过共同努力，促进项目及时落地。

5. 建立示范镇建设管理绩效考评机制。示范镇的建设和管理纳入示范镇所在地的县(市)人民政府绩效考评范围，考评结果作为我市扶持示范镇建设与发展的重要依据。

五、组织保障

示范性综合改革建设小城镇是一项复杂的系统工程,时间紧、任务重,各级各部门要从全局出发,统一思想,高度重视,加强领导,落实责任,全面加快推进示范镇建设工作。

市直各有关部门要密切配合,形成合力,在资金、技术、项目等方面给予支持和倾斜。其中:发展改革部门要加强示范镇综合改革政策调整和对接工作,研究制订小城镇综合改革建设政策意见;建设部门要加强对示范镇综合改革工作的组织推进和统筹协调,指导示范镇建设管理工作;公安部门要加强示范镇户籍管理制度的研究,加大改革力度,促进人员有序流动;监察和效能监督部门要对小城镇开发建设进展情况进行效能督查;财政部门要指导县(市)人民政府制定更加优惠的财政政策和措施,加大对示范镇的财政扶持力度,确保示范镇拥有充分的财政支配权;人力资源和社会保障部门要加强对示范镇人力资源和社会保障工作的指导和监管,推进城乡就业和社会保障一体化进程;国土资源部门要加强对示范镇土地资源合理配置的指导、检查,推进土地管理体制机制改革创新;规划部门要加强规划指导和管理,审查论证示范镇总体规划;住房保障和房产管理部门要加强对示范镇房地产市场管理工作的指导和监管,推进示范镇房地产市场健康发展;金融部门要研究制定信贷支持的具体办法,引导金融机构加强对示范镇的金融服务。

示范镇所在的县(市)人民政府是综合改革组织工作和管理工作的责任主体,要负责小城镇综合改革建设各项政策措施的落实,因地制宜出台配套政策和专项政策,结合实际制定综合改革工作计划和实施方案,成立机构,落实责任,强化考核,全面加快推进小城镇综合改革建设工作。

示范镇人民政府是综合改革工作的实施主体,要明确总体目标和具体任务,结合实际制订具体工作计划,进一步落实责任,强化考核,扎实推进综合改革相关工作。要以富民、安民、惠民为宗旨,坚持公开透明、廉洁高效的原则,创造性地开展工作,深入细致地做好思想政治和政策宣传工作,切实维护社会稳定,务求实效。

福州市人民政府关于印发福州市加快现代物流业发展若干意见的通知

榕政综〔2010〕249号

(2010年12月6日)

各县(市)区人民政府,市直各委、办、局(公司):

《福州市加快现代物流业发展的若干意见(试行)》已经2010年第30次市政府常务会议审议通过,现印发给你们,请认真遵照执行。

福州市加快现代物流业发展的若干意见(试行)

(2010年12月)

为贯彻落实国务院《关于支持福建省加快海峡西岸经济区建设若干意见》(国发〔2009〕24号)和《物流业调整和振兴规划》(国发〔2009〕8号)及《福建省物流业调整和振兴实施方案》的总体部署,充分发挥我市作为全国流通领域现代物流示范城市和区域性物流节点城市作用,构建海峡西岸经济区省会中心城市坚强的物流保障体系,现就促进我市现代物流业加快发展提出如下意见:

一、加强对重点项目及重点企业的扶持

1. 以下物流项目列为扶持的重点:市级规划的物流园区;分拨中心、大型专业配送中心、批发市场及其他物流运作平台;保税仓库、监管堆场;物流公共信息平台、榕台物流合作项目、物流业与制造业联动发展项目、冷链物流项目,以及物联网、电子商务物流等业态创新的物流项目。

2. 以下物流企业列为扶持的重点:第三方物流企业;实施物流剥离的工商企业;从传统运输、仓储、货代向现代物流转型的企业;大型连锁经营、快递等物流企业。

3. 建立重点物流项目和重点物流企业的认定制度,根据全市产业布局调整的需要,由市现代物流业发展促进协调小组办公室每年组织认定重点物流项目和重点物流企业。

二、加快物流园区(中心)规划建设

4. 根据我市区位优势、产业结构和经济社会发展水平等实际情况,合理进行物流运作平台的规划建设,形成"物流园区—物流分拨中心—专业物流配送中心"三级物流运作设施网络,促进产业集聚,提高辐射能力。

5. 落实《福州市现代物流发展规划》等专项规划,加大铁路物流园、江阴港区物流园、罗源湾港区物流园、闽江口内港区物流园、松下港区物流园、长乐航空港物流园区等园区以及物流分拨中心的招商引资力度,积极吸引国内外大型物流企业落户,引导城区物流企业向园区中心集聚,促进物流项目集中布局,实现我市物流与环境的可持续发展。

三、加强用地扶持保障

6. 凡符合土地利用总体规划、城乡规划的物流建设项目用地优先列入土地利用年度计划,确保物流项目用地需求;经批准开山、填海的土地和改造的废弃土地可优先用于发展物流业,并按照有关法律、法规和国家有关规定,从使用月份起减免土地使用税10年。

7. 实行优惠的物流用地政策,对纳入现代物流业发展规划的物流园区、物流配送中心中的物流企业物流项目用地、为生产配套的仓储物流项目用地,享受工业用地政策。

8. 物流建设项目用地出让年限可在法定最高年限范围内按需设定,出让金按设定的出让年限计收。可采取出让、租赁、作价出资或入股的方式提供使用权。推行土地年租制,通过租赁方式取得国有土地使用权,逐年缴纳租金,减少一次性用地成本投入。

9. 物流企业利用原有行政划拨或出让(自用)土地设立物流项目,符合规划且未涉及产权变更、转让的,用地可保留行政划拨或出让(自用)性质不变。

10. 鼓励企业"零增地"技术改造,在符合规划的前提下,对企业提高土地利用率和增加容积率利用现有厂区、厂房改造建设的物流项目,不再征收土地出让金,城镇基础设施建设配套费的地方留成部分实行先征后返，通过财政预算支出全额返还企业。

11. 收取的物流园区建设项目的土地费用，扣除土地管理业务费等税费后，可由同级财政部门按不低于50%返还物流园区管理机构，专项用于物流园区的开发及基础设施配套建设。

12. 经市级认定符合条件的物流企业在我市设立总部、区域总部的用地，按《福州市鼓励境内外企业在福州设立地区总部的若干规定》的有关意见办理。

四、加大财政扶持力度

13. 建立福州市现代物流发展专项资金。专项资金可通过贴息、补助、奖励等多种形式，主要用于重点物流项目建设、物流产业规划、园区建设、物流人才培训、标准制度制定、产业发展研究、国际合作、企业奖励等，物流发展专项资金列入年度财政预算。

14. 支持物流企业的品牌建设，鼓励参与创建国家级等级企业，被评为国家3A、4A、5A级的物流企业，可给予10万、30万、50万元奖励。

15. 鼓励企业做强做大。对在福州注册具独立法人资格的物流企业，年纳税在100万元以上的，按照营业税和企业所得税当年增量的地方留成部分，三年内由同级财政给予50%奖励；第四年、第五年，给予30%奖励。

16. 鼓励设立物流企业总部。鼓励国内外知名公司到福州设立物流企业，对全球企业500强和国家5A级大型物流企业到福州设立分拨、配送等物流企业，从事面向全国和区域的总部营运、分拨配送、集中采购、物流方案设计等经营活动的，按其在榕缴纳企业所得税的地方留成部分，自设立起三年内，由同级财政给予20%奖励；第四年、第五年，按照企业所得税当年增量的地方留成部分，由同级财政给予30%奖励。

17. 鼓励第三方物流企业发展。对在榕注册具有独立法人资格提供专业化、社会化和综合化物流服务，经营年限在5年以上(含5年)、年营业收入在1亿元以上(含1亿元)，年纳税总额超过500万元(含500万元)的第三方物流企业，按其在榕缴纳企业所得税的地方留成部分，自认定之年度起三年内，由同级财政给予20%奖励；第四年、第五年，按企业所得税当年增量的地方留成部分，由同级财政给予30%奖励。

18. 支持物流企业的标准化信息化建设。物流企业投入100万元以上用于企业标准化和信息化建设的，按项目投资额的20%给予一次性补助，最高不超过30万元；对以企业为主投资建设的物流公共信息平台，按项目投资额的20%给予一次性补助，最高不超过50万元。

以上第15、16、17条按照就高原则，不重复享受。

五、落实税收优惠

19. 继续推动我市更多的物流企业列入国家税收试点物流企业名单，享受相应的税收优惠政策。纳入国家物流税收试点企业名单中的企业集团、总公司，其所属企业享受同等的税收优惠政策。

20. 在物流企业之间的兼并活动中，对被兼并企业将房地产转让到兼并企业的，暂免征收土地增值税。企业土地、房屋权属不发生转移的，不征收契税。对制造企业利用动产或不动产投资入股成立物流公司，参与物流企业利润分配，共同承担投资风险的行为，不征收营业税。对物流企业租赁制造企业的仓储等闲置物流设施，其租赁支出按税法规定予以税前扣除。

21. 放宽物流企业自开票纳税人资格认定。放宽自开票纳税人认定中自备运输工具的限制，对自备运输工具不足，但具有一定规模的现代物流企业，容许作为自开票纳税人开具“货物运输发票”，鼓励整合利用社会资源。

22. 我市物流企业的土地使用税按工业企业土地使用税征收及补贴办法实施。

六、提供便利的通行环境

23. 公安交通管理部门根据物流配送业务发展的需要，适当放宽区域内配送车辆的许可管理。对为城区提供配送服务的物流车辆，由市商贸局(市物流办)核定后，公安交管部门颁发通行证，提供城区通行和停靠的便利。

七、加快物流人才培养和引进

24. 加大物流专业人才的培训力度，多层次培育我市物流人才。依托院校及相关培训中介机构或行业协会对现有工商企业、物流企业的在职人员及政府有关部门管理人员进行培训；市人力资源和社会保障局、公务员局、教育局要将物流专业人才(如物流师)和物流专业技能培训纳入全市培训计划。

25. 积极引进优秀物流人才。将高级物流专业人才列入我市紧缺急需人才引进目录，对引进的高级物流专业人才，享受我市引进人才政策规定的相关待遇。

八、加强物流业发展工作的领导和协调

26. 市政府成立福州市现代物流业发展促进协调小组，统筹规划我市现代物流业发展工作。协调小组下设办公室，依托市商贸服务业局，负责协调小组的日常工作，负责受理符合本意见扶持范围和条件的企业的申请和审核。

27. 各县(市)区应设立或指定专门的协调工作机构，负责本地区物流业发展相关工作的具体落实。

28. 上述条款所涉及的扶持资金，由市、县(市)区财政按共享收入的分成比例共同承担。

29. 本意见由市现代物流业发展促进协调小组办公室会同有关部门解释。

30. 本意见自发布之日起实施，暂定执行5年。

统计资料

表51

2010年福州市经济社会主要指标完成情况

项目	单位	2010年	2009年	2010年比2009年增长(%)
一、人口与就业				
年末常住总人口	万人	711.54	687.00	3.6
年末户籍总人口	万人	648.90	638.33	1.7
#市区人口	万人	188.59	187.53	0.6
全社会从业人员	万人	389.24	365.73	6.4
#城镇单位年末从业人员数	万人	105.48	98.70	6.9
#城镇单位职工人数	万人	100.11	94.62	5.8
城镇私营个体从业人员	万人	65.35	50.26	30.0
二、经济总量				
地区生产总值	亿元	3123.41	2604.04	14.2
第一产业	亿元	282.73	242.00	3.9
第二产业	亿元	1401.92	1108.19	19.1
#工业增加值	亿元	1127.59	891.64	18.8
第三产业	亿元	1438.76	1253.15	11.5
人均地区生产总值	元	44000.00	38015.00	13.1
三、工业				
全部工业总产值	亿元	4869.05	3965.65	21.7
#规模以上工业总产值	亿元	4544.17	3634.66	22.6
#轻工业	亿元	1819.62	1471.14	20.1
重工业	亿元	2724.55	2163.51	24.4
#国有企业	亿元	298.78	259.65	17.4
集体企业	亿元	54.46	39.51	54.9
外商及港澳台商投资企业	亿元	2335.14	1850.52	25.5
#大中型工业企业	亿元	2780.69	2233.48	21.5
规模以上工业销售产值	亿元	4401.51	3517.51	24.6
#出口交货值	亿元	1170.05	936.48	22.1
四、农林牧渔业				
农林牧渔业总产值	亿元	480.01	410.88	4.1
#农业产值	亿元	129.89	109.32	2.7
林业产值	亿元	13.31	10.17	9.0
牧业产值	亿元	61.10	58.21	3.4
渔业产值	亿元	258.19	216.80	4.7

续表 51－1

项目	单位	2010 年	2009 年	2010 年比 2009 年增长(%)
农林牧渔业主要产品产量				
粮食总产量	万吨	60.69	61.92	(2.0)
水果产量	万吨	34.90	33.84	3.1
蔬菜产量	万吨	288.68	276.51	4.4
茶叶产量	万吨	1.66	1.55	7.1
食用菌产量	万吨	10.67	9.84	9.5
肉类总产量	万吨	25.31	24.48	3.4
禽蛋产量	万吨	12.05	11.78	2.3
水产品产量	万吨	177.10	169.11	4.7
农业机械总动力	万千瓦	132.83	160.70	(17.3)
五、固定资产投资				
全社会固定资产投资	亿元	2317.43	1646.72	40.7
#城镇以上固定资产投资	亿元	2231.69	1544.60	44.5
#城镇项目投资	亿元	1561.00	1182.80	32.0
#房地产开发投资	亿元	670.69	361.80	85.4
施工房屋建筑面积	万平方米	3599.46	2635.06	36.6
#住宅	万平方米	2908.55	2244.38	29.6
竣工房屋建筑面积	万平方米	345.81	485.90	(28.8)
#住宅	万平方米	294.57	423.59	(30.5)
商品房销售额	亿元	502.86	457.61	9.9
六、交通运输、邮电				
客运总量(发送量)	万人次	18600.16	14837.54	25.4
铁路	万人次	1314.00	656.90	94.0
公路	万人次	16898.60	13859.08	0.9
水路	万人次	55.65	49.34	12.8
航空	万人次	331.91	272.22	21.9
货运总量(发送量)	万吨	14907.41	14321.65	4.1
铁路	万吨	336.50	325.70	3.0
公路	万吨	8394.19	7715.00	10.6
水路	万吨	6171.99	6276.60	(1.7)
航空	万吨	4.73	3.65	29.6
沿海港口货物吞吐量	万吨	7124.80	8094.11	(12.0)
集装箱吞吐量	万标箱	147.05	122.27	20.3
年末邮电局(所)	处	239.00	256.00	(1.6)
年末程控电话交换机总容量	万门	349.00	392.40	(11.1)

续表51－2

项目	单位	2010年	2009年	2010年比2009年增长(%)
年末固定电话用户	万户	201.90	246.96	(18.2)
年末移动电话用户	万户	746.73	619.20	20.6
七、贸易旅游、物价				
社会消费品零售总额	亿元	1624.28	1338.64	21.3
接待境外旅游者人数	万人次	67.02	60.60	10.6
居民消费价格指数(以上年为100)	%	103.20	99.20	
八、对外经贸				
进出口总额	亿美元	246.00	178.60	37.8
出口总额	亿美元	163.14	120.12	35.8
进口总额	亿美元	82.86	58.48	41.9
新批外资项目	项	186.00	144.00	29.2
合同外资金额	亿美元	16.73	12.30	36.0
实际利用外资(验资口径)	亿美元	11.85	10.32	14.8
实际利用外资(历史可比口径)	亿美元	24.82	22.96	8.1
接待境外旅游者人数	万人次	67.02	62.93	6.5
九、财政、金融				
财政总收入(不含基金收入)	亿元	402.51	325.44	23.7
财政一般预算收入	亿元	247.82	195.26	26.9
财政一般预算支出	亿元	262.42	205.09	28.0
金融机构年末存款余额(本外币)	亿元	6100.92	4919.10	24.0
金融机构年末存款余额(人民币)	亿元	5961.07	4740.58	24.8
#储蓄存款余额	亿元	2329.09	2047.60	13.7
金融机构年末贷款余额(本外币)	亿元	5231.41	4246.14	23.2
金融机构年末贷款余额(人民币)	亿元	5005.53	4054.36	22.4
银行现金收入	亿元	6286.64	5972.27	5.3
银行现金支出	亿元	6255.87	5931.81	5.5
十、教育				
学校数	所	1800.00	1907.00	(5.6)
#高等院校	所	31.00	34.00	(8.8)
中等职业技术学校	所	69.00	71.00	(2.8)
高中	所	116.00	124.00	(6.5)
初中	所	314.00	328.00	(4.3)
小学	所	1270.00	1350.00	(5.9)
在校学生数	人	1223687.00	1240501.00	(1.4)
#高等院校	人	281680.00	265682.00	6.0

续表 51－3

项目	单位	2010 年	2009 年	2010 年比 2009 年增长(%)
中等职业技术学校	人	137625.00	148631.00	(7.4)
高中	人	123050.00	124938.00	(1.5)
初中	人	235327.00	254965.00	(7.7)
小学	人	446005.00	446285.00	(0.1)
专任教师数	人	74342.00	72903.00	2.0
#高等院校	人	16629.00	15763.00	5.5
中等职业技术学校	人	4679.00	4641.00	0.8
高中	人	9156.00	9124.00	0.4
初中	人	17328.00	17282.00	0.3
小学	人	26550.00	26093.00	1.8
招生数	人	154879.00	169673.00	(8.7)
#普通高校招生数	人	85367.00	80444.00	6.1
成人高校招生数	人	23188.00	19929.00	16.4
中等职业学校招生数	人	46324.00	69300.00	(33.2)
成人高校在校生数	人	63218.00	63703.00	(0.8)
十一、文化				
文化馆	个	13.00	13.00	0.0
博物馆、纪念馆	个	19.00	17.00	11.8
博物馆、纪念馆收藏文物	万件	21.00	24.60	(14.6)
艺术表演团体	个	19.00	19.00	0.0
艺术表演团体演出场次	场	4423.00	4896.00	(9.7)
公共图书馆	个	15.00	15.00	0.0
公共图书馆图书藏量	万册	559.06	513.00	9.0
广播综合人口覆盖率	%	98.26	98.12	
电视综合人口覆盖率	%	98.50	98.59	
有线电视用户	万户	158.59	133.79	18.5
十二、卫生				
卫生机构数	个	1919.00	1899.00	1.1
#医院	个	85.00	82.00	3.7
卫生机构床位数	张	24989.00	23389.00	6.8
#医院	张	19827.00	18579.00	6.7
卫生技术人员数	人	35505.00	32356.00	9.7
#医生	人	14275.00	13413.00	6.4
每千人拥有卫生机构床位数	张	3.97	3.40	16.8
#医院	张	3.18	2.70	17.8

续表 51－4

项目	单位	2010 年	2009 年	2010 年比 2009 年增长(%)
每千人拥有卫生技术人员数	人	5.67	4.71	20.4
#医生	人	2.28	1.95	16.9
十三、人民生活				
在岗职工工资总额	亿元	342.93	286.20	19.8
在岗职工年平均工资	元	34806.00	30704.00	13.4
城镇居民人均可支配收入	元	22723.00	20289.00	12.0
城镇居民人均消费性支出	元	15778.00	14105.00	11.9
城镇恩格尔系数	%	38.95	40.23	
城市居民人均可支配收入	元	23246.00	20748.00	12.0
城市居民人均消费性支出	元	16323.00	14575.00	12.0
农民人均纯收入	元	8543.00	7669.00	11.4
农民人均消费支出	元	6071.00	5502.00	10.3
农村恩格尔系数	%	45.48	45.17	
十四、城市基本情况				
城市道路长度	公里	1101.30	1060.60	3.8
城市道路面积	万平方米	2326.70	2106.70	10.4
人均拥有道路面积	平方米	11.68	11.33	3.1
建成区绿化覆盖面积	公顷	8869.00	7182.00	23.5
建成区绿化覆盖率	%	40.30	40.02	
建成区绿地面积	公顷	8122.00	6544.00	24.1
公共绿地面积	公顷	2294.00	2149.00	6.7
人均公共绿地面积	平方米	11.15	10.61	5.1
年末公园数	个	51.00	41.00	24.4
年末公园面积	公顷	2288.00	2149.00	6.5
年末公交营运车辆	标台	3498.00	2930.00	19.4
年末公交营运线路	条	161.00	133.00	21.1
公交日客运量	万人次	162.00	134.00	20.9
每万人拥有公交车辆	标辆	18.58	15.62	19.0
自来水厂	座	8.00	8.00	0.0
综合生产能力	万吨/日	148.50	148.50	0.0
供水总量	万吨	38974.00	36383.00	7.1
#生活用水量	万吨	20554.00	19849.00	3.6
液化气供气总量	吨	75234.00	85549.00	(12.1)
#家庭用气	吨	30674.00	46152.00	(33.5)
用气普及率	%	98.85	98.76	

表52 **全国26个省会城市对比资料**

城市	土地面积（平方公里）	市区面积	户籍总人口（万人）	地区生产总值（亿元）		第一产业增加值（亿元）	
				2010年	比上年增长（%）	2010年	比上年增长（%）
福州	11968	1043	645.90	3123.41	14.2	282.73	3.9
广州	7434	3843	806.14	10748.28	13.2	188.56	3.2
成都	12121	2172	1149.07	5551.33	15.0	285.09	4.1
南京	6587	4733	632.42	5012.64	13.1	142.28	4.1
哈尔滨	53068	4275	992.00	3665.90	14.0	412.70	7.3
沈阳	12860	3471	719.60	5017.00	14.1	232.40	6.0
长春	20571	4789	758.90	3329.00	15.3	248.60	3.2
济南	8177	3257	604.08	3910.80	12.7	215.17	4.8
武汉	8494	8494	836.73	5515.76	14.7	170.04	4.5
西安	10108	3582	782.73	3241.49	14.5	140.06	6.9
杭州	16596	3068	689.12	5945.82	12.0	207.96	2.5
石家庄	15848	456	989.20	3401.00	12.2	370.00	2.7
太原	6988	1460	365.50	1778.05	11.0	31.37	4.9
合肥	7055	838	494.95	2702.50	17.5	132.60	3.5
南昌	7402	617	502.25	2207.11	14.0	120.56	5.4
郑州	7446	1010	744.60	4000.00	13.0	124.60	3.0
长沙	11816	959	650.12	4547.06	15.5	202.01	4.5
南宁	22112	6479	707.37	1800.43	14.2	244.41	5.6
贵阳	8034	2403	373.16	1121.82	14.3	57.10	8.0
昆明	21013	4105	536.31	2120.37	14.0	120.30	4.8
兰州	13086	1632	323.54	1100.39	12.8	33.79	5.0
西宁	7649	380	196.01	628.28	18.2	24.46	5.8
银川	9025	2311	159.00	763.26	14.8	41.37	6.4
海口	2305	2305	204.62	590.55	17.5	38.19	5.2
乌鲁木齐	13788	9456	243.03	1338.52	12.3	19.94	5.5
呼和浩特	17224	2054	229.56	1865.71	13.5	91.33	17.0

续表52－1

城市	第二产业增加值（亿元）		#工业增加值（亿元）		第三产业增加值（亿元）	
	2010年	比上年增长（%）	2010年	比上年增长（%）	2010年	比上年增长（%）
福州	1401.92	19.1	1127.59	18.8	1438.76	11.5
广州	4002.27	13.1	3644.96	12.7	6557.45	13.6
成都	2480.90	19.8	2062.82	20.5	2785.34	11.8
南京	2327.86	13.6	2005.21	14.4	2542.50	13.0
哈尔滨	1384.60	17.1	1021.60	17.1	1868.60	13.5
沈阳	2542.40	15.6	2296.00	15.4	2242.20	13.2
长春	1724.00	19.2	1469.60	20.8	1356.40	12.5
济南	1637.45	11.0	1352.42	10.7	2058.18	14.9
武汉	2532.82	17.8	2079.82	20.4	2812.9	12.5
西安	1409.53	18.0	1006.38	18.1	1691.9	15.2
杭州	2844.47	12.5	2500.29	12.7	2893.39	12.3
石家庄	1653.76	13.1	1469.89	13.4	1377.26	13.1
太原	798.49	12.0	596.88	12.5	948.19	10.5
合肥	1457.60	22.3	1122.60	23.8	1112.30	12.7
南昌	1252.04	16.0	952.75	18.8	834.5	12.2
郑州	2269.90	15.1	1996.40	15.6	1605.50	10.5
长沙	2437.03	20.7	2020.68	21.6	1908.02	11.5
南宁	652.92	17.8	484.81	15.8	903.11	13.9
贵阳	456.95	15.1	352.77	14.9	607.76	14.3
昆明	960.86	16.7	709.62	13.9	1039.21	12.6
兰州	529.18	13.7	399.06	11.8	537.42	12.4
西宁	320.76	21.2	275.40	23.1	283.05	16.1
银川	379.25	19.0	282.72	19.1	342.63	11.0
海口	140.32	19.3	96.45	20.9	412.04	18.1
乌鲁木齐	600.41	11.2	514.76	12.2	718.17	13.3
呼和浩特	678.95	14.5	557.05	14.4	1095.43	12.6

续表 52－2

城市	农业总产值（亿元）		规模以上工业总产值（亿元）		社会消费品零售总额（亿元）	
	2010 年	比上年增长（%）	2010 年	比上年增长（%）	2010 年	比上年增长（%）
福州	480.01	4.1	4258.26	22.6	1624.28	21.3
广州	322.13	3.1			4476.38	24.2
成都	470.19	6.6	5809.73	—	2417.57	18.8
南京	244.75	3.9	8609.50	25.6	2267.77	17.2
哈尔滨	785.00	7.1	2304.70	—	1770.20	18.8
沈阳	444.89	6.5	9612.53	25.9	2065.90	18.5
长春	474.68	4.8	5750.80	28.3	1286.70	18.1
济南	378.43	4.8	4968.61	23.3	1725.50	18.7
武汉	281.09	4.5	6424.59	28.4	2523.20	19.5
西安	227.10	7.4	3125.36	26.6	1611.04	16.7
杭州	316.34	9.2	11258.49	24.1	2146.08	19.9
石家庄	651.55	3.1	5939.40	32.9	1409.90	18.4
太原	56.06	3.9	1994.65	27.9	825.85	18.0
合肥	227.64	4.0	3799.02	37.3	839.02	19.8
南昌	204.66	5.9	2773.2	—	764.94	20.8
郑州	221.43	3.1	7077.66		1678.00	19.0
长沙	323.64	4.5	4488.51	34.6	1812.12	20.0
南宁	403.24	5.9	1285.41	30.9	905.93	20.0
贵阳	88.09	8.1	1058.35	15.6	484.78	19.6
昆明	200.73	5.5	2235.51	22.5	1060.02	22.6
兰州	55.84	10.7	1591.47	20.5	545.11	18.5
西宁	45.10	7.2	751.38	37.5	231.76	17.0
银川	74.73	7.2	933.94	38.2	225.14	19.8
海口	61.10	5.8	417.97	26.3	326.94	21.2
乌鲁木齐	37.50	6.1	1672.72	—	563.67	19.1
呼和浩特	162.39	5.7			756.62	18.0

续表 52 - 3

城市	全社会固定资产投资(亿元)		#城镇固定资产投资(亿元)		#房地产开发投资(亿元)	
	2010 年	比上年增长(%)	2010 年	比上年增长(%)	2010 年	比上年增长(%)
福州	2317.44	40.7	2231.69	44.5	670.69	85.4
广州	3263.57	22.7	3138.91	21.8	983.66	20.3
成都	4255.37	5.7	—	—	1278.30	35.3
南京	3306.05	24.9	2623.96	21.9	748.35	25.6
哈尔滨	2651.90	40.2	—	—	360.70	29.4
沈阳	4139.15	22.5	4021.30	21.9	1450.08	22.0
长春	3001.50	31.0	2192.80	33.9	542.80	22.3
济南	1987.44	20.1	1297.93	9.9	484.50	45.7
武汉	3753.17	25.1	3651.45	25.0	1017.40	30.7
西安	3250.56	30.0	3101.06	31.0	842.34	21.0
杭州	2753.13	20.1	2651.88	20.8	956.20	35.7
石家庄	2958.00	21.4	2696.81	21.0	538.00	43.9
太原	916.48	17.2	852.29	16.7	241.09	46.1
合肥	3066.97	24.2	2950.16	24.1	819.03	22.2
南昌	1939.35	31.1	1816.78	29.5	230.15	16.1
郑州	2757.00	20.8	2432.50	21.9	775.20	50.9
长沙	3192.57	30.7	2909.83	30.1	684.15	37.5
南宁	1483.02	42.0	1389.30	42.2	317.50	40.0
贵阳	1019.31	30.2	961.54	29.9	310.47	47.6
昆明	2160.00	35.0	2121.12	36.4	440.68	19.3
兰州	660.69	30.5	591.98	24.5	118.28	20.0
西宁	403.02	29.2	365.30	30.2	95.40	49.5
银川	648.69	31.8	625.89	31.9	160.82	66.8
海口	352.65	27.3	344.50	27.6	103.80	33.1
乌鲁木齐	500.11	21.4	349.45	14.9	145.64	38.8
呼和浩特	881.24	5.7	880.37	9.9	254.35	42.7

续表 52－4

城市	进出口总值（亿美元）		#出口总值（亿美元）		实际利用外资额（亿美元）	
	2010 年	比上年增长（%）	2010 年	比上年增长（%）	2010 年	比上年增长（%）
福州	246.00	37.8	163.14	35.8	11.85	14.8
广州	1037.76	35.3	483.80	29.3	39.79	5.4
成都	246.78	38.2	138.74	32.2	48.56	73.6
南京	435.18	29.0	238.75	29.3	26.76	17.3
哈尔滨	43.70	18.1	19.80	33.8	7.00	15.7
沈阳	78.60	19.5	40.80	15.7	50.50	－6.6
长春	132.20	54.7	20.03	85.4	7.00	9.2
济南	74.11	31.0	40.55	33.1	10.40	6.1
武汉	180.55	57.6	87.54	50.3	29.35	12.2
西安	103.82	43.2	53.17	59.5	15.67	28.5
杭州	523.55	29.5	353.37	30.0	43.56	8.5
石家庄	109.74	99.3	57.94	34.6	2.44	－55.1
太原	79.12	33.6	31.38	61.4	2.83	8.3
合肥	99.58	54.9	56.26	26.5	10.96	27.8
南昌	53.04	52.4	36.74	72.5	20.14	27.2
郑州	51.60	43.3	34.60	57.2	19.00	17.4
长沙	60.89	47.9	35.51	45.2	22.38	10.1
南宁	22.13	－20.6	15.93	－33.1	3.30	18.6
贵阳	22.75	25.7	14.41	14.1	1.35	20.1
昆明	101.09	79.4	53.27	79.2	10.09	38.2
兰州	10.60	117.2	8.7	1834.3	—	—
西宁	6.67	50.2	3.96	84.6	0.10	－66.7
银川	9.98	49.9	6.75	43.7	0.45	48.0
海口	39.45	3.5	13.07	30.9	7.16	10.5
乌鲁木齐	59.85	60.2	44.37	47.3	1.39	11.2
呼和浩特	15.06	113.0	7.59	118.7	8.38	8.0

续表 52-5

城市	财政一般预算收入(亿元)		年末金融机构本外币各项存款余额(亿元)	居民储蓄存款余额(亿元)	年末金融机构本外币各项贷款余额(亿元)
	2010 年	比上年增长(%)	2010 年	2010 年	2010 年
福州	247.82	26.9	6100.92	2418.19	5231.41
广州	872.65	20.2			
成都	526.94	36.0	15444	5071.1	12417
南京	518.80	19.4	12887.43	3572.07	10915.34
哈尔滨	238.10	23.2	6015	2580.1	4273.5
沈阳	465.40	17.6	8254.2	3338.2	6068.4
长春	180.80	26.8	4985.9	2062.8	4557.4
济南	266.13	26.6	7610.9	7510.4	7035
武汉	390.19	23.4	10756.52	3590.56	8653.04
西安	241.80	33.3	9044.15	3677.77	6591.73
杭州	671.34	28.9	17084.35	4990.97	15078.73
石家庄	163.63	29.9	6170.31	2934.48	3288.05
太原	138.48	17.8	7008.28	2386.79	5125.1
合肥	259.43	43.4	4591.81	1241.89	4353.79
南昌	146.46	26.4	4199.08	1431.33	3506.3
郑州	386.80	28.1	8040.6	2936.4	5769.3
长沙	314.28	31.2	6427.95	2172.08	6353.68
南宁	156.10	29.6	4021.45	1375.89	4142.3
贵阳	136.30	29.4	3054.07	1094.78	2608.35
昆明	253.83	25.9	6794.04	2361.9	6631.16
兰州	72.26	27.6	3235.84	1295.95	2359.28
西宁	34.52	22.6	1623.21	576.11	1542.08
银川	64.13	45.7	1597.96	634.45	1641.06
海口	50.37	31.0	2205.6	762.2	1697.67
乌鲁木齐	147.99	30.4	3616.79	1251.26	2104.78
呼和浩特	126.76	18.8	2703.98	929.81	2563.32

续表 52－6

城市	城镇居民人均可支配收入（元）		城镇居民恩格尔系数(%)	居民消费价格指数（以上年为100）	农民人均纯收入（元）	
	2010 年	比上年增长（%）	2010 年	2010 年	2010 年	比上年增长（%）
福州	22723	12.0	38.95	103.2	8543	11.4
广州	30658	11.0		103.2	12676	14.5
成都	20835	11.7	37.60	103.0	8205	15.1
南京	28312	11.0	35.50	104.2	11128	12.9
哈尔滨	17557	10.5	33.30	103.7	8020	18.4
沈阳	20541	11.2	31.70	102.9	10022	14.5
长春	17922	11.5	32.20	103.6	6665	17.7
济南	25321	11.4	31.60	102.1	8903	14.1
武汉	20806	13.2	37.00	103.0	8295	15.8
西安	22244	17.3	31.30	103.5	7750	23.5
杭州	30035	11.8	38.50	103.9	13186	11.5
石家庄	18290	10.1	34.60	103.0	6577	10.0
太原	17258	10.6	30.60	103.0	7611	11.5
合肥	19051	11.0	35.80	102.7	7118	17.4
南昌	18276	10.9	34.40	103.2	7193	14.3
郑州	19376	11.2	33.00	103.0	9225	13.6
长沙	22814	13.1	33.60	102.9	11206	18.8
南宁	18032	10.9	38.82	102.5	5005	14.2
贵阳	16597	10.3	37.91	102.9	5976	12.4
昆明	18876	14.4	39.60	104.2	5810	14.4
兰州	14062	10.2	38.83	103.8	4587	14.6
西宁	14085	9.1	41.01	104.5	5521	17.5
银川	17073	8.6	32.10	103.8	6161	14.3
海口	16720	9.7	42.10	104.2	6155	9.1
乌鲁木齐	14402	10.2	38.00	102.7	7471	12.1
呼和浩特	25174	12.4	30.00	102.6	7802	10.7

（黄忠春）

（编辑　苏　颖）

说　明

一、本索引采用主题词分析法，按主题词首字汉语拼音字母(同音字按声调)顺序排列。

二、栏目、分目标题用黑体字。“特载”“专文”“大事记”“人物”“附录”内容不作索引。

三、索引主题词后的数字表示页码，数字后的a、b、c表示栏别左、中、右。

四、空一字起排的款目为上一主题的“附见”。

X

Y